JUS PRIVATUM

Beiträge zum Privatrecht

Band 231

Madeleine Tolani

Parteiherrschaft und Richtermacht

Die Verhandlungs- und die Dispositionsmaxime
im Lichte divergierender Prozessmodelle

Mohr Siebeck

Madeleine Tolani, geboren 1980; Studium der Rechtswissenschaft an der Ernst-Moritz-Arndt-Universität Greifswald; 2003 Erste Juristische Staatsprüfung; 2005 Zweite Juristische Staatsprüfung; 2009 Dissertation; 2010 Master of Laws (Golden Gate University); 2012 akademische Rätin an der Universität Passau; 2012–2015 akademische Rätin an der Albert-Ludwigs-Universität Freiburg; Lehrbeauftragte der Verwaltungs- und Wirtschaftsakademie für den Regierungsbezirk Freiburg und der Steinbeis-Hochschule (SHB) Berlin; 2017 Habilitation und Ernennung zur Privatdozentin, Universität Regensburg

Gedruckt mit Unterstützung des Förderungsfonds Wissenschaft der VG WORT.

ISBN 978-3-16-156533-5 / eISBN 978-3-16-156534-2
DOI 10.1628/978-3-16-156534-2

ISSN 0940-9610 / eISSN 2568-8472 (Jus Privatum)

Die Deutsche Nationalbibliothek verzeichnet diese Publikation in der Deutschen Nationalbibliographie; detaillierte bibliographische Daten sind im Internet über *http://dnb.dnb.de* abrufbar.

© 2019 Mohr Siebeck Tübingen. www.mohrsiebeck.com

Das Werk einschließlich aller seiner Teile ist urheberrechtlich geschützt. Jede Verwertung außerhalb der engen Grenzen des Urheberrechts ist ohne Zustimmung des Verlags unzulässig und strafbar. Das gilt insbesondere für die Verbreitung, Vervielfältigung, Übersetzung sowie die Einspeicherung und Verarbeitung in elektronischen Systemen.

Das Buch wurde von Textservice Zink in Schwarzach aus der Garamond gesetzt, von Gulde Druck in Tübingen auf alterungsbeständiges Werkdruckpapier gedruckt und von der Buchbinderei Spinner in Ottersweier gebunden.

Printed in Germany.

Meinem Großvater
Dr. sc. phil. Erwin Ay

Vorwort

Die vorliegende Arbeit wurde im Sommersemester 2017 von der Juristischen Fakultät der Universität Regensburg als Habilitationsschrift angenommen. Für die Veröffentlichung wurden Rechtsprechung und Schrifttum bis Juni 2018 berücksichtigt.

Meinem akademischen Lehrer, Herrn Prof. Dr. Christoph Althammer, gebühren größte Anerkennung und Dank für die Betreuung der Habilitationsschrift, für seine verständnisvolle Unterstützung, für die Gewährung von Freiräumen und nicht zuletzt für die zügige Erstellung des Erstgutachtens. Dank gilt auch den übrigen Mitgliedern des betreuenden Fachmentorats, Herrn Prof. Dr. Anatol Dutta, M. Jur. (Oxford) und Herrn Prof. Dr. Robert Uerpmann-Wittzack. Besonders danke ich auch dem Zweitgutachter, Herrn Prof. Dr. Herbert Roth, für die Übernahme und umgehende Erstellung des Zweitgutachtens sowie für die ständige Ansprechbarkeit. Danken möchte ich darüber hinaus dem Förderungsfonds Wissenschaft der VG Wort für die Bereitstellung eines großzügigen Druckkostenzuschusses. Für die Aufnahme der Arbeit in die Schriftenreihe Jus Privatum bin ich ebenfalls dankbar. Die Abfassung der Schrift wurde durch ein Habilitationsstipendium im Rahmen des Professorinnenprogrammes II des Bundes und der Länder ermöglicht.

Ganz besonders danke ich meinem Doktorvater, Herrn Prof. Dr. em. Hans-Georg Knothe, für die vielen intensiven und anregenden Gespräche, die wertvollen Hinweise und die jahrelange Begleitung und Unterstützung meines wissenschaftlichen Weges. Großer Dank gilt Herrn Prof. Dr. Dres. h.c. Dieter Leipold für den überaus ertragreichen gedanklichen Austausch und seine stete Diskussionsbereitschaft während und auch nach meiner Tätigkeit als Assistentin am Institut für Deutsches und Ausländisches Zivilprozessrecht an der Albert-Ludwigs-Universität Freiburg. Herzlich danke ich Herrn Prof. Dr. em. Jürgen Kohler als langjährigem Gesprächspartner und herausragendem Impulsgeber meiner verschiedenen wissenschaftlichen Arbeiten.

Innig verbunden bin ich den Menschen, die mich lieben und meine Arbeit mit großer Anteilnahme begleitet haben. Kurz vor Drucklegung dieser Schrift verstarb mein Großvater, Herr Dr. sc. phil. Erwin Ay; ihm ist diese Arbeit gewidmet.

Greifswald im Herbst 2018   *Madeleine Tolani*

Inhaltsübersicht

Vorwort VII
Inhaltsverzeichnis XI

Einleitung 1

*1. Teil: Thematische Einführung unter Berücksichtigung des
 Prozesszwecks und der rechtshistorischen Grundlagen* 5
A. Der Verhandlungsgrundsatz, der Dispositionsgrundsatz und der
   Parteibetrieb als Ausdruck von Parteiherrschaft im Zivilprozess 7
B. Die Bedeutung des Prozesszwecks für die Verfahrensgestaltung 44
C. Die *Common-Law*-Sichtweise auf den deutschen Zivilprozess unter
   Berücksichtigung des Verhältnisses von Richtermacht und
   Parteiherrschaft im U.S.-amerikanischen Zivilprozess 86

*2. Teil: Die sukzessive Einschränkung von Parteiherrschaft
 zugunsten von Richtermacht – Die Vorläufer der CPO,
 die CPO von 1877 und ihre Novellen* 101
A. Vorläufer der CPO, die CPO von 1877, die österreichische
   Zivilprozessordnung von 1895 und die Entwicklung des deutschen
   Zivilprozesses in den Novellen 103
B. Wertende Analyse der historischen Entwicklung im Hinblick auf das
   Spannungsverhältnis von Parteiherrschaft und Richtermacht 168

*3. Teil: Die Einwirkung von EU-Recht auf das nationale
 Prozessrecht im Hinblick auf das Verhältnis von
 Parteiherrschaft und Richtermacht* 209
A. Vorbemerkung 211
B. Die konkrete Einwirkung des Gemeinschaftsrechts auf das nationale
   Verfahrensrecht im Hinblick auf die Verhandlungs- und die
   Dispositionsmaxime 215
C. Zusammenfassung und Bewertung der Wirkung des EU-Rechts auf
   das deutsche Verhältnis von Parteiherrschaft und Richtermacht 247

*4. Teil: Die Bedeutung der Prozessgrundrechte als Schutz der
   Parteien gegenüber gesteigerter Richtermacht* 251
A. Vorbemerkung 253
B. Die Bedeutung einzelner Prozessgrundrechte für den Zivilprozess im
   Hinblick auf das Verhältnis von Parteiherrschaft und Richtermacht . . 256
C. Jüngere Reformen der ZPO zur Verwirklichung der Stärkung von
   Parteirechten vor dem Hintergrund der Prozessgrundrechte 273
D. Die Bewertung der dargestellten Entwicklung 298

*5. Teil: Entwicklungsoptionen und Zukunftsperspektiven für den
   deutschen Zivilprozess im Hinblick auf das Verhältnis
   von Parteiherrschaft und Richtermacht* 307
A. Die Entwicklung eines sozialen Zivilprozesses des 21. Jahrhunderts –
   Perspektiven für Veränderungen durch sogenannte Materialisierung . . 309
B. Der liberale Zivilprozess des 21. Jahrhunderts 410

6. Teil: Schluss 495
A. Die Zukunft der Verhandlungs- und der Dispositionsmaxime auf
   Grundlage einer praktischen Konkordanz des liberalen und des
   sozialen Zivilprozesses 497
B. Abschließende Thesen 503

Literaturverzeichnis 507
Sachwortregister 529

Inhaltsverzeichnis

Vorwort VII
Inhaltsübersicht IX

Einleitung 1

1. Teil: Thematische Einführung unter Berücksichtigung des Prozesszwecks und der rechtshistorischen Grundlagen 5

A. *Der Verhandlungsgrundsatz, der Dispositionsgrundsatz und der Parteibetrieb als Ausdruck von Parteiherrschaft im Zivilprozess* 7
    I. Grundlagen und Bedeutung des Maximendenkens unter Berücksichtigung der Maximenkritik und des aktuellen Diskussionsstandes 10
       1. Die Herausbildung der Dispositions- und der Verhandlungsmaxime bei *Gönner* 10
       2. Die Herausbildung einer Differenzierung zwischen der Dispositions- und der Verhandlungsmaxime 12
       3. Die Abmilderung der Maximenextreme und die Maximenkritik . 12
       4. Die gegenwärtige Bedeutung der Verhandlungs- und der Dispositionsmaxime unter Berücksichtigung der aktuellen prozessualen Maximendiskussion 13
       5. Die Bedeutung der Verhandlungs- und der Dispositionsmaxime in den *Principles of Transnational Civil Procedure* und im europäischen Verfahrensrecht 16
       6. Die verfassungsrechtliche Verankerung der Maximen 17
    II. Die Dispositionsmaxime und die Verhandlungsmaxime im Einzelnen 18
       1. Die Dispositionsmaxime 18
       2. Die Verhandlungsmaxime bzw. der Beibringungsgrundsatz . . . 22
          a) Vorbemerkung 22
          b) Der Begriff der Verhandlungsmaxime bzw. des Beibringungsgrundsatzes 23
          c) Der Inhalt und die Reichweite der Verhandlungsmaxime . . . 25

        aa) Informationsbeschaffung im Wege der substantiierten
            Tatsachenbeibringung unter Berücksichtigung der
            Darlegungslast sowie der sekundären Darlegungslast .. 25
        bb) Beweisführung unter Berücksichtigung der
            Beweisbedürftigkeit, der subjektiven Beweislast sowie
            der Beweiserhebung auf Antrag und der Beweiserhebung
            von Amts wegen 27
        cc) Berücksichtigung in der richterlichen Entscheidung . . . 33
    d) Verhandlungsmaxime und Wahrheitsfindung 33
    e) Die Untersuchungsmaxime als Gegensatz 34
    f) Mögliche Ansätze einer Legitimation der
       Verhandlungsmaxime 36
        aa) Verhandlungsmaxime als Fortsetzung materiell-
            rechtlicher Privatautonomie 36
        bb) Zweckmäßigkeit und Effektivität 36
III. Formelle und materielle Prozessleitungsbefugnisse des Gerichts
     und deren Verhältnis zur Parteiherrschaft 37
    1. Die formelle Prozessleitung 37
    2. Die materielle Prozessleitung gemäß § 139 ZPO im
       Spannungsverhältnis zu der Dispositions- und der
       Verhandlungsmaxime 38
       a) Hinweispflicht und Verhandlungsmaxime 40
       b) Hinweispflicht und Dispositionsmaxime 42

B. *Die Bedeutung des Prozesszwecks für die Verfahrensgestaltung* . 44

  I. Die Bedeutung einer teleologischen Betrachtungsweise
     im Hinblick auf das Spannungsverhältnis von Parteiherrschaft
     und Richtermacht 44
  II. Grundlagen der Diskussion um den Prozesszweck 47
 III. Individuelle und gesamtgesellschaftliche Betrachtungsweisen und
     deren Folgen für die Verfahrensgestaltung 51
    1. Individualistische Prozesszweckbestimmungen auf Grundlage
       der Ideen des Liberalismus des 19. Jahrhunderts 51
    2. Gesamtgesellschaftliche Prozesszweckbestimmungen 55
       a) Die soziale Dimension und der Schutz des Schwächeren
          nach der Konzeption von *Klein* auf Grundlage der
          BGB-Kritik von *Menger* 55
        aa) Der Zivilprozess als „Sozialverhältnis" 56
        bb) Die Neugestaltung der prozessualen Sachaufklärung –
            Modifikationen der klassischen Verhandlungsmaxime
            durch richterliche Kooperation 58
        cc) Die Wahrheitsfindung als Bedingung für ein gerechtes
            Urteil 60

             dd) Die Kooperation der Parteien unter Anerkennung von
                 Editionspflichten   60
             ee) Die Beschleunigung des Verfahrens   61
         b) Der soziale Zivilprozess auf Grundlage der Konzeption von
             Wassermann   62
             aa) Das Modell des sozialen und des liberalen
                 Zivilverfahrens   62
             bb) Die Arbeitsgemeinschaft zwischen dem Richter und
                 den Parteien unter Geltung der sogenannten
                 Kooperationsmaxime   63
             cc) Das Tatsachengespräch zwischen dem Richter und
                 den Parteien unter Stärkung der Kommunikation,
                 der Mündlichkeit und der Effizienz des Verfahrens   64
         c) Gesamtgesellschaftliche Prozesszweckbestimmungen und
             Ideologie in totalitären Systemen   65
             aa) Die Ablehnung von Parteiherrschaft in den
                 Zivilprozessordnungen der Ostblockstaaten   65
             bb) Die Ablehnung von Parteiherrschaft im
                 Nationalsozialismus   66
      3. Die Erzielung von Rechtsfrieden   68
      4. Die Bewährung der Rechtsordnung mit Blick auf besondere
         Verfahren und neuere Entwicklungen   72
         a) Verfahren in Familiensachen und freiwillige
             Gerichtsbarkeit   72
         b) Recht der Revision   74
         c) Schadensersatzklage gemäß § 33a I GWB   76
         d) Verbands- bzw. Musterfeststellungklagen im Lichte
             des sog. *private law enforcement*   76
             aa) Verbandsklagen nach UKlaG, UWG   77
             bb) Musterfeststellungsklagen   79
                 (1) KapMuG   79
                 (2) Musterfeststellungsklage für Verbraucher   79
             cc) Zwischenbetrachtung   80
         e) Strategische Prozessführung und Instrumentalisierung von
             Zivilprozessen   82
   IV. Zusammenfassung und eigene Stellungnahme   83

C. *Die Common-Law-Sichtweise auf den deutschen Zivilprozess
   unter Berücksichtigung des Verhältnisses von Richtermacht
   und Parteiherrschaft im U.S.-amerikanischen Zivilprozess*   86
   I. Vorbemerkung   86
   II. Der Zusammenhang zwischen einer Gesellschaftsstruktur
       und der Ausrichtung des Verhältnisses von Parteiherrschaft
       und Richtermacht   89

III. Der adversatorische und der richterzentrierte bzw. bürokratische
    oder inquisitorische Zivilprozess 89
IV. Kennzeichen des U.S.-amerikanischen Zivilverfahrens im Hinblick
    auf Parteiherrschaft und Richtermacht 90
V. Die U.S.-amerikanische Sichtweise auf den
    kontinentaleuropäischen Zivilprozess 93
    1. Unterschiede der Richteraktivität im Rahmen der Herstellung
       der Grundlage der Beweiswürdigung bei der
       Zeugenvernehmung 93
    2. Unterschiede hinsichtlich der Bedeutung
       des Sachverständigen 96
    3. Weitere Verfahrensunterschiede unter besonderer
       Berücksichtigung der Mitwirkungspflichten der Parteien
       an der Sachverhaltsaufklärung 97
VI. Das Verhältnis von Parteiherrschaft und Richtermacht
    im englischen Zivilprozess 98

2. Teil: Die sukzessive Einschränkung von Parteiherrschaft zugunsten von Richtermacht – Die Vorläufer der CPO, die CPO von 1877 und ihre Novellen 101

A. Vorläufer der CPO, die CPO von 1877, die österreichische
   Zivilprozessordnung von 1895 und die Entwicklung des
   deutschen Zivilprozesses in den Novellen 103
   I. Der deutsche gemeinrechtliche Zivilprozess, die preußische
      Allgemeine Gerichtsordnung und das französische Zivilverfahren
      als Vorläufer der CPO von 1877 103
      1. Der gemeinrechtliche Zivilprozess 103
         a) Schriftlichkeit des Verfahrens 104
         b) Der Verhandlungsgrundsatz 104
         c) Die Zweiteilung des Verfahrens und das Eventualprinzip .. 105
      2. Der preußische Zivilprozess 106
         a) Die Instruktion des Prozesses unter Geltung der
            Untersuchungsmaxime zur umfassenden
            Wahrheitsermittlung 106
         b) Die Ersetzung der Advokaten durch das Corpus Juris
            Fridericianum 109
         c) Schriftlichkeit und Zweiteilung des Verfahrens und der
            Prozessbetrieb 109
      3. Der französische Zivilprozess – Der *Code de Procédure
         Civile* (CPC) von 1806 als Wegbereiter des liberalen
         Prozessmodells 109
         a) Der Prozessbetrieb 110

b) Der Verhandlungsgrundsatz 110
　　　c) Die Grundsätze der Einheitlichkeit der Verhandlung, der
　　　　Öffentlichkeit und der Mündlichkeit 111
II. Die zivilprozessuale Rechtsvereinheitlichung
　　und die CPO von 1877 111
　　1. Kennzeichen der CPO im Hinblick auf Parteiherrschaft
　　　und Richtermacht 112
　　2. Die Ausgestaltung der formellen Prozessleitung durch das
　　　Gericht 113
　　3. Die Verteilung der Verantwortung bei der
　　　Sachverhaltsermittlung zwischen den Parteien und dem
　　　Gericht 115
　　　a) Die Parteipflichten bei der Sachverhaltsermittlung 115
　　　b) Die richterliche Mitwirkung bei der
　　　　Sachverhaltsermittlung 116
　　　　aa) Vorbemerkung 116
　　　　bb) Die richterliche Frage- und Aufklärungspflicht
　　　　　gemäß § 130 I CPO und die Befugnis, das persönliche
　　　　　Erscheinen der Parteien anzuordnen, § 132 CPO 116
　　　　　(1) Die richterliche Frage- und Aufklärungspflicht
　　　　　　gemäß § 130 I CPO und § 464 CPO 116
　　　　　(2) Die Anordnung des persönlichen Erscheinens einer
　　　　　　Partei gemäß § 132 CPO und der Parteieid 117
　　　　cc) Die Beweiserhebung von Amts wegen, insbesondere die
　　　　　Anordnung der Vorlage von Urkunden gemäß
　　　　　§ 133 CPO 120
　　　c) Die Bedeutung des Gütegedankens 121
　　　d) Die zeitliche Freiheit des Parteivorbringens 122
III. Die österreichische ZPO als Wegbereiter
　　eines sozialen Prozessmodells 122
　　1. Vorbemerkung unter Berücksichtigung gesamtgesellschaftlicher
　　　Aspekte 122
　　2. Die formelle Prozessleitung und die Ausgestaltung
　　　des Prozessbetriebs 125
　　3. Die Verteilung der Verantwortung für die
　　　Sachverhaltsermittlung zwischen den Parteien und
　　　dem Gericht 126
　　　a) Die prozessualen Mitwirkungspflichten im Rahmen
　　　　der Sachverhaltsermittlung unter besonderer
　　　　Berücksichtigung der Editionspflichten 126
　　　b) Die richterliche Mitwirkung bei der Sachverhaltsermittlung
　　　　unter Geltung einer abgeschwächten Untersuchungsmaxime . 129
　　4. Die Bedeutung des Gütegedankens 132
　　5. Die zeitliche Freiheit des Parteivorbringens 132
　　6. Ergebnis 133

IV. Die Novelle der deutschen CPO von 1898 135
V. Die Amtsgerichtsnovelle von 1909 136
   1. Die formelle Prozessleitung 136
   2. Die Verteilung der Verantwortung bei der Sachverhaltsermittlung zwischen den Parteien und dem Gericht 137
VI. Die Entlastungsnovelle von 1915 (EntlVO) und weitere Kriegsgesetzgebungen 139
VII. Tendenzen in den Nachkriegsjahren und die *Emminger*-Novelle von 1924 140
   1. Die formelle Prozessleitung 141
   2. Die Verteilung der Verantwortung bei der Sachverhaltsaufklärung zwischen den Parteien und dem Gericht 142
   3. Die Ausgestaltung des Gütegedankens 144
   4. Die zeitliche Freiheit des Parteivorbringens 144
   5. Weitere Veränderungen im Hinblick auf das Spannungsverhältnis von Parteiherrschaft und Richtermacht . . 145
VIII. Die Wahrheitsnovelle von 1933 147
   1. Die Verteilung der Verantwortung bei der Sachverhaltsermittlung zwischen den Parteien und dem Gericht 148
     a) Die Parteipflichten bei der Sachverhaltsermittlung 148
     b) Die richterliche Mitwirkung bei der Sachverhaltsermittlung . 149
   2. Die zeitliche Freiheit des Parteivorbringens 149
   3. Die Bedeutung des Gütegedankens 149
   4. Weitere Veränderungen im Hinblick auf das Spannungsverhältnis von Parteiherrschaft und Richtermacht . . 150
IX. Die 4. Vereinfachungsverordnung vom 12.1.1943 150
X. Das Rechtseinheitsgesetz von 1950 151
XI. Die Gerichtsstandsnovelle von 1974 151
XII. Die Einzelrichternovelle von 1974 152
XIII. Die Vereinfachungsnovelle von 1976 152
   1. Die formelle Prozessleitung 153
   2. Die Verteilung der Verantwortung bei der Sachverhaltsermittlung zwischen den Parteien und dem Gericht 153
   3. Die zeitliche Freiheit des Parteivorbringens 155
   4. Weitere Veränderungen im Hinblick auf das Spannungsverhältnis von Parteiherrschaft und Richtermacht . . 156
XIV. Das Rechtspflegevereinfachungsgesetz 156
XV. Das Rechtspflegentlastungsgesetz von 1993 157

XVI. Das Gesetz zur Förderung der außergerichtlichen
Streitschlichtung 158
XVII. Die ZPO-Reform von 2001 159
  1. Die Verteilung der Verantwortung bei der
     Sachverhaltsermittlung zwischen den Parteien und
     dem Gericht 159
     a) Richterliche Mitwirkung bei der Sachverhaltsermittlung 159
     b) Die Parteipflichten bei der Sachverhaltsermittlung –
        Die Neufassung der gerichtlichen Befugnis zur Anordnung
        der Vorlage von Urkunden gemäß § 142 ZPO 160
  2. Die Bedeutung des Gütegedankens 162
  3. Weitere Veränderungen im Hinblick auf das
     Spannungsverhältnis von Parteiherrschaft und Richtermacht ... 163
XVIII. Das 1. Justizmodernisierungsgesetz von 2004 164
XIX. Das Gesetz zur Änderung des Wohnungseigentumsgesetzes und
     anderer Gesetze von 2007 164
XX. Änderungen der ZPO durch das Mediationsgesetz von 2012 165
XXI. Gesetz zur Förderung des elektronischen Rechtsverkehrs
     mit den Gerichten 166

B. Wertende Analyse der historischen Entwicklung im Hinblick
   auf das Spannungsverhältnis von Parteiherrschaft und
   Richtermacht 168
   I. Die formelle Prozessleitung 168
   II. Stärkung der materiellen Prozessleitung durch das Gericht 170
   III. Ersetzung des Parteieids durch Parteivernehmung und
        Parteianhörung 174
   IV. Verschärfung der Parteipflichten und deren gerichtliche
       Sanktion 179
   V. Die Erweiterung der Beweiserhebung von Amts wegen 182
   VI. Gütliche Einigung 188
   VII. Einschränkungen von Parteidisposition im Rahmen der
        Rechtsinstitute Verzicht und Anerkenntnis 195
   VIII. Die Ausdehnung der Einzelrichterzuständigkeit unter
         Zurückdrängung des Kollegialprinzips 196
   IX. Die Verfahrensvereinfachung im Bereich der Bagatellverfahren ... 198
   X. Ergebnis und Bewertung der Entwicklung unter Berücksichtigung
      des sozialen und des liberalen Prozessmodells sowie der Bedeutung
      der Verhandlungs- und der Dispositionsmaxime 201

3. Teil: Die Einwirkung von EU-Recht auf das nationale
Prozessrecht im Hinblick auf das Verhältnis
von Parteiherrschaft und Richtermacht 209

A. *Vorbemerkung* 211
   I. Grundsatz der Verfahrensautonomie der Mitgliedstaaten und
      Beschränkung desselben durch die Postulate der Äquivalenz und
      Effektivität 211
  II. Einwirkungsebenen des Unionsrechts auf das nationale
      Verfahrensrecht 212

B. *Die konkrete Einwirkung des Gemeinschaftsrechts auf das
nationale Verfahrensrecht im Hinblick auf die Verhandlungs-
und die Dispositionsmaxime* 215
   I. Primäres Vertragsrecht und das Spannungsverhältnis von
      Parteiherrschaft und Richtermacht im nationalen Zivilprozess . . . 215
      1. Die Entscheidung *van Schijndel* und *van Veen* 215
      2. Die Entscheidung *Peterbroeck* 217
      3. Würdigung 217
  II. Sekundäres Gemeinschaftsrecht und nationaler Zivilprozess 218
      1. Europäisches Verfahren für geringfügige Forderungen
         (Bagatellverfahren) 218
         a) Bindung an Fristen und Formen 219
         b) Schriftlichkeit 219
         c) Freibeweis 220
         d) Ergebnis 221
      2. Die Auswirkungen europäischer Richtlinienvorgaben auf die
         deutsche Verhandlungs- und die Dispositionsmaxime 222
         a) Die effektive Durchsetzung der Richtlinie über
            missbräuchliche Klauseln in Verbraucherverträgen und
            der Verbrauchsgüterkaufrichtlinie 222
            aa) Die Klauselrichtlinie 223
               (1) Die Judikatur des EuGH im Hinblick auf die
                  Klauselrichtlinie 223
               (2) Die Würdigung der EuGH-Judikatur unter
                  Berücksichtigung des Prinzips der Prüfung von Amts
                  wegen und der Verhandlungsmaxime 226
                  (a) Grundlagen der Bewertung: Die Prüfung von
                      Zuständigkeitsfragen „von Amts wegen" 226
                  (b) Die Bewertung der dargestellten
                      Entscheidungen 229

bb) Die Verbrauchsgüterkaufrichtlinie 234
    (1) Mögliche Einschränkungen der Verhandlungsmaxime
       im nationalen Zivilverfahren durch die EuGH-
       Entscheidung *Faber* 234
    (2) Einschränkungen der Dispositionsmaxime durch
       die Entscheidung *Duarte Hueros* 236
  b) Die sektorale Einwirkung zur Behebung von
    Informationsdefiziten im Wege der Offenlegung von
    Beweismitteln – Die Kartellschadensersatzrichtlinie und
    die *Enforcement*-Richtlinie 237
    aa) Die *Enforcement*-Richtlinie 237
    bb) Die Kartellschadensersatzrichtlinie 239
III. Bestrebungen zur Einführung eines kollektiven Rechtsschutzes
    unter Berücksichtigung der Dispositionsmaxime als Ausdruck
    von Parteiherrschaft 240
  1. Die gegenwärtige Rechtslage 241
  2. Auswirkungen auf das Spannungsverhältnis von
    Parteiherrschaft und Richtermacht und
    Entwicklungstendenzen 243

C. *Zusammenfassung und Bewertung der Wirkung des EU-Rechts
auf das deutsche Verhältnis von Parteiherrschaft und
Richtermacht* 247

4. Teil: Die Bedeutung der Prozessgrundrechte als Schutz
        der Parteien gegenüber gesteigerter Richtermacht 251

A. *Vorbemerkung* 253

B. *Die Bedeutung einzelner Prozessgrundrechte
für den Zivilprozess im Hinblick auf das Verhältnis
von Parteiherrschaft und Richtermacht* 256
  I. Der Anspruch auf rechtliches Gehör gemäß Art. 103 I GG 256
    1. Bedeutung und Inhalt 256
    2. Die Einwirkung auf konkrete Prozessinstitute der ZPO 258
      a) Die Präklusion gemäß §§ 296, 530 ZPO 259
      b) Die Wiedereinsetzung in den vorigen Stand gemäß
        § 233 ZPO 261
      c) Die Prozesskostenhilfe gemäß §§ 114 ff. ZPO 262
      d) Das Verbot von Überraschungsentscheidungen gemäß
        § 139 ZPO 262
      e) Die Wirkung im Rahmen kollektiven Rechtsschutzes . . . 264

II. Das Gebot des effektiven gerichtlichen Rechtsschutzes,
   Art. 2 I GG, i.V.m. dem Rechtsstaatsprinzip 264
III. Der allgemeine Justizgewährungsanspruch bzw.
   der verfassungsrechtliche Rechtsschutzanspruch 265
   1. Die Ausgestaltung des Gebührensystems und
      der Prozesskostenhilfe 265
   2. Die Etablierung des Rechtsschutzes gegen den Richter
      bei Verletzungen von Art. 103 I GG – Der Beschluss des
      BVerfG vom 30. April 2003 266
IV. Der Grundsatz der prozessualen Waffengleichheit
   gemäß Art. 3 I GG und dessen Bedeutung im Hinblick auf das
   Erfordernis der Behebung von Ungleichgewichtslagen zwischen
   den Prozessparteien 269

C. *Jüngere Reformen der ZPO zur Verwirklichung der Stärkung
   von Parteirechten vor dem Hintergrund der
   Prozessgrundrechte* 273
   I. Die Stärkung von Parteirechten durch die Einführung einer
      Anhörungsrüge gemäß § 321a ZPO 273
      1. Möglichkeiten der Geltendmachung einer Verletzung
         rechtlichen Gehörs 274
      2. Die Novelle der Anhörungsrüge auf Grundlage der Vorgaben
         des BVerfG in dem Beschluss des Plenums vom
         30. April 2003 276
      3. Die Voraussetzungen der Anhörungsrüge und deren
         rechtsdogmatische Einordnung 277
      4. Die Bewertung vor dem Hintergrund des
         Spannungsverhältnisses von Parteiherrschaft und
         Richtermacht 279
   II. Der Rechtsschutz bei überlanger Verfahrensdauer 284
      1. Möglichkeiten der Geltendmachung einer überlangen
         Verfahrensdauer 285
      2. Die Verzögerungsrüge und der Anspruch auf Entschädigung . . 286
      3. Die Bewertung vor dem Hintergrund des
         Spannungsverhältnisses von Parteiherrschaft und
         Richtermacht 289
   III. Die Reform der Berufungszurückweisung durch Beschluss 292
      1. Die Unanfechtbarkeit des Zurückweisungsbeschlusses nach
         § 522 III ZPO a.F. 292
      2. Die Neufassung der Zurückweisung der Berufung durch
         Beschluss gemäß § 522 II, III ZPO 295
      3. Abschließende Bewertung im Hinblick auf das
         Spannungsverhältnis von Richtermacht und Parteiherrschaft . . 297

Inhaltsverzeichnis   XXI

D. Die Bewertung der dargestellten Entwicklung 298
   I. Die Einwirkung der Prozessgrundrechte auf die konkrete
      Ausgestaltung des Zivilverfahrens im Hinblick auf das Verhältnis
      von Parteiherrschaft und Richtermacht 298
   II. Die Wirkung der grundrechtlichen Konstitutionalisierung
      auf die herkömmliche Prozessrechtsdogmatik 300

5. Teil: Entwicklungsoptionen und Zukunftsperspektiven
       für den deutschen Zivilprozess im Hinblick auf das
       Verhältnis von Parteiherrschaft und Richtermacht 307

A. Die Entwicklung eines sozialen Zivilprozesses des
   21. Jahrhunderts – Perspektiven für Veränderungen durch
   sogenannte Materialisierung 309
   I. Vorbemerkung 309
      1. Die Begrifflichkeit der sogenannten Materialisierung
         des Verfahrensrechts 309
      2. Der Schutz des mutmaßlich Schwächeren im Prozess im Wege
         der Ergänzung der Verhandlungsmaxime durch eine sogenannte
         Leistungsmaxime 310
      3. Vorgehensweise 312
   II. Die Begrifflichkeit des sozialen Zivilprozesses im gegenwärtigen
       Zivilverfahren 313
   III. Das Spannungsverhältnis zwischen der Vertragsfreiheit und dem
       sozialen Ausgleich im materiellen Recht 318
      1. Das Zivilrecht auf Grundlage der weltanschaulich-politischen
         Grundhaltung des Liberalismus unter formaler Gleichheit 318
      2. Rechtstheoretische Konzeptionen zur Aufnahme des Aspektes
         des Schutzes des sozial Schwächeren 320
         a) Die Lehre von der Richtigkeitsgewähr des
            Vertragsmechanismus 321
         b) Die Selbstbestimmungstheorie 322
         c) Die sozialstaatliche Zivilrechtsdogmatik 323
      3. Der Schutz des sozial Schwächeren in der Zivilgesetzgebung . . 324
         a) Entwicklungen nach dem Ersten Weltkrieg 324
         b) Die Verbraucherschutzgesetzgebung aufgrund der Annahme
            struktureller Unterlegenheit der Vertragspartner 324
            aa) Das Ziel der Behebung von Ungleichgewichtslagen 324
            bb) Die Bedeutung der rechtstechnischen Umsetzung im
                Wege der Sondergesetzgebung und der anschließenden
                Integration 326

4. Die soziale Akzentuierung des materiellen Rechts bzw. die
   Materialisierung des Privatrechts 328
   a) Vorbemerkung 328
   b) Die Neuausrichtung in der Judikatur des BVerfG 328
      aa) Die Bewältigung von Ungleichgewichtslagen aufgrund
          der Vorgabenim Rahmen des Bürgschaftsbeschlusses . . 328
      bb) Die Bewältigung vertraglicher Ungleichgewichtslagen
          im Bereich von Eheverträgen 330
      cc) Die Umsetzung der Vorgaben durch die Judikatur
          des BGH 330
   c) Das Spannungsverhältnis der Prinzipien der Vertragsfreiheit
      und des sozialen Ausgleichs 331
   d) Die sogenannte Materialisierung des materiellen Zivilrechts
      auf Grundlage der Differenzierung einer formalen und
      materialen Gerechtigkeitskonzeption 331
   e) Zwischenergebnis 334
5. Rechtsdogmatische Kennzeichen der Schutzvorschriften
   zugunsten des mutmaßlich Schwächeren und deren mögliche
   Konsequenzen im Hinblick auf den Durchsetzungsanspruch
   im Prozess 336
   a) Mangelnde Dispositivität der Schutzvorschriften 336
   b) Die Umsetzung von EU-Richtlinien und Wirkungen
      des Effektivitätsgrundsatzes 338
IV. Materialisierung des Prozessrechts – Der Schutz des Schwächeren
    durch materiale Begrenzung der Verhandlungs- und der
    Dispositionsmaxime 339
    1. Die Materialisierung des Zivilverfahrens im Rahmen von
       Spezialprozessen unter dem Einfluss des materiellen Rechts
       und der Waffengleichheit 339
       a) Materialisierung des Verfahrensrechts durch Einwirkung
          des materiellen Rechts 339
       b) Materialisierung des Verfahrensrechts durch Einwirkung
          des Grundsatzes der Waffengleichheit gemäß Art. 3 I GG . . 340
          aa) Die konkrete Einwirkung der Waffengleichheit auf das
              Verfahren 340
          bb) Die Reichweite des Grundsatzes der Waffengleichheit –
              formale *versus* materiale Waffengleichheit 341
              (1) Der Zusammenhang zwischen der Interpretation
                  der Waffengleichheit und der Notwendigkeit
                  sozialkompensatorischer richterlicher Aktivität 341
              (2) Das materiale bzw. soziale Verständnis der
                  Waffengleichheit 341
              (3) Das formale Verständnis der Waffengleichheit
                  mit besonderem Augenmerk auf den
                  Arzthaftungsbeschluss des BVerfG 343

c) Der Arzthaftungsprozess als paradigmatisches Beispiel für die Herausbildung eines Sonderprozessrechts aufgrund von „Materialisierung" 345
aa) Vorbemerkung 345
bb) Die Berücksichtigung von Gerechtigkeitserwägungen zum Schutz des Patienten 347
cc) Die Modifikationen der Verhandlungsmaxime im Arzthaftungsprozess 349
(1) Die Unterbreitung des Prozessstoffs – Darlegungs- und Substantiierungspflicht des Klägers und sekundäre Darlegungslast des Beklagten 349
(2) Geltung besonderer richterlicher Frage- und Hinweispflichten gemäß § 139 ZPO sowie die Anhörung der Partei nach § 141 ZPO 350
(3) Die Beweiserhebung 351
(a) Die Vorlagepflicht des Beklagten hinsichtlich der Behandlungsunterlagen gemäß § 142 ZPO 351
(b) Sachverständige und sachverständige Zeugen 352
(c) Die Erhebung der Parteianhörung zum Beweismittel 355
d) Bewertung der Modifikationen im Hinblick auf die Verhandlungsmaxime 356
2. Verbraucherschutz und Prozessrecht – Legitimation und Dimension eines Sonderprozessrechts im Hinblick auf die Verhandlungs- und die Dispositionsmaxime 359
a) Vorbemerkung 359
b) Einschränkungen der Verhandlungsmaxime 361
aa) Modifikation der Verhandlungsmaxime auf der Ebene der Stoffbeibringung 363
(1) Die Etablierung einer uneingeschränkten bzw. eingeschränkten Untersuchungsmaxime bzw. einer erweiterten gerichtlichen Fragepflicht 363
(a) Die soziale eingeschränkte Untersuchungsmaxime unter rechtsvergleichender Betrachtung des Zivilprozessrechts der Schweiz 363
(b) Die verstärkte bzw. erweiterte richterliche Fragepflicht unter rechtsvergleichender Betrachtung des Zivilprozessrechts der Schweiz .. 366
(c) Die uneingeschränkte Untersuchungsmaxime nach Vorbild des FamFG 370
(2) Die Abschaffung der Präklusion gemäß § 296 ZPO zugunsten des Verbrauchers 374
bb) Modifikationen der Verhandlungsmaxime auf der Ebene des Beweises 374

(1) Modifikation im Rahmen der Offenkundigkeit
gemäß § 291 ZPO 375
(2) Modifikation des Grundsatzes der Beweisbedürftigkeit
nur bei bestrittenen Tatsachen, § 138 III ZPO 375
(3) Modifikation der Geständnismöglichkeit gemäß
§ 288 ZPO 376
(4) Verpflichtung des Gerichts zum Tätigwerden im
Rahmen der Beweiserhebung von Amts wegen 377
c) Einschränkungen der Dispositionsmaxime 377
aa) Vorbemerkung 377
bb) Modifikation der Dispositionsmaxime durch Lockerung
der Bindung des Gerichts an den Klageantrag gemäß
§ 308 I ZPO 379
cc) Modifikation der Dispositionsmaxime durch
Einschränkungen im Rahmen der Rechtsinstitute
Klagerücknahme gemäß § 269 ZPO, Anerkenntnis
gemäß § 307 ZPO und Verzicht gemäß § 306 ZPO ... 381
(1) Vorbemerkung 381
(2) Die uneingeschränkte Beibehaltung der
Dispositionsbefugnisse 382
(3) Begrenzungen im Falle zwingender materiell-
rechtlicher Normen 385
(4) Würdigung 386
d) Besonderheiten für den Bereich kollektiven Rechtsschutzes . 388
V. Rechtsdogmatische Würdigung einer Materialisierung
des Prozessrechts zugunsten der schwächeren Partei 389
1. Grundlagen für eine Kohärenz der Wertungssphären des
materiellen Rechts und des Prozessrechts 389
a) Ausgangspunkt 389
b) Die Verknüpfung von materiellem Recht mit dem
Verfahrensrecht im Rahmen konkreter Rechtsinstitute 391
c) Rechtsvergleichende Überlegungen 392
d) Grundsätzliche rechtsdogmatische Überlegungen unter
Berücksichtigung des Prozesszweckes 393
aa) Der Zivilprozess als Mittel zur Ausübung materieller
Rechte 393
bb) Gewährleistung eines geordneten Verfahrens im
Interesse der Erzielung von Rechtsfrieden 395
cc) Auswirkungen auf die Verhandlungs- und die
Dispositionsmaxime 397
(1) Das Aufgabenspektrum der Verhandlungsmaxime .. 398
(2) Zwischenergebnis 400
e) Das Erfordernis von Rechtssicherheit 401
f) Der Schutz des Schwächeren im Arbeitsgerichtsprozess ... 401
2. Fazit und eigene Stellungnahme 403

B. Der liberale Zivilprozess des 21. Jahrhunderts 410
  I. Vorbemerkung 410
  II. Möglichkeiten der Weiterentwicklung des
      Verhandlungsgrundsatzes 411
    1. Die Strukturierung des Parteivortrags durch die anwaltlich
       vertretenen Parteien 411
       a) Verhandlungsmaxime, Substantiierungsgebot und
          Relationstechnik 411
          aa) Grundlagen 411
          bb) Der Ablauf der Stoffbeibringung durch den Kläger und
              den Beklagten unter Einhaltung des
              Substantiierungsgebots und die Anwendung der Relation
              aus anwaltlicher Perspektive 412
          cc) Die Parteiherrschaft im Rahmen der Beweiserhebung . . . 413
          dd) Das systematische Vorgehen des Richters – Relation aus
              richterlicher Perspektive 414
          ee) Vorteile der Relationsmethode – Effizienzgewinne 415
          ff) Systemimmanente Auflockerungen der Relation 415
          gg) Die Umsetzung der Relationstechnik in der
              zivilprozessualen Praxis 417
       b) Die Schlüssigkeits- und Erheblichkeitsprüfung unter
          Anwendung der Relationslehre nach dem sozialen
          Prozessmodell 419
          aa) Der Zusammenhang zwischen der Relationslehre und der
              Prozessauffassung auf Grundlage des Richterbildes 419
          bb) Die Ansicht von *Wassermann* 421
          cc) Würdigung einer Gesamtbetrachtung der
              Aufklärungsbeiträge unter Berücksichtigung der
              Aufgaben der Substantiierungslast 422
       c) Relation und Verhandlungsmaxime nach einem modernen
          liberalen Zivilverfahren 423
          aa) Arbeitsteilung durch gesteigerte Mitwirkung des
              Anwaltes im Rahmen der Stoffbeibringung im Interesse
              der Stärkung der Verhandlungsmaxime 423
          bb) Die anwaltliche Strukturierung des Parteivortrags –
              Der Vorschlag von *Gaier* auf Grundlage der Beschlüsse
              des 70. Deutschen Juristentags 424
          cc) Bewertung unter Berücksichtigung der Effizienz des
              Verfahrens, der Neutralität des Richters und der
              Prozessförderungspflicht der Parteien sowie Bedürfnisse
              des elektronischen Rechtsverkehrs 427
              (1) Strukturierung im Interesse der Partei 427
              (2) Strukturierung zum Zweck der Vorbereitung
                  richterlicher Tätigkeit und der
                  Verfahrensbeschleunigung 428

		(3) Strukturierung und Einsatz von EDV	428

      (4) Strukturierung, Prozessförderungspflicht der Parteien und Sanktionierung 429

   d) Eigene Stellungnahme 429

      aa) Bedenken im Hinblick auf eine mögliche Verkürzung des Prozessstoffs 429

      bb) „Da mihi facta, dabo tibi ius" bzw. „iura novit curia", argumentum e contrario § 293 ZPO 430

         (1) Tendenzen der Rechtsprechung zu einer Verpflichtung des Anwalts zur Beibringung rechtlicher Gesichtspunkte unter Abschwächung des Grundsatzes „iura novit curia" 431

         (2) Die Judikatur des BVerfG 434

      cc) Stellungnahme 435

2. Einführung eines vorgerichtlichen Verfahrens zur Beweiserhebung für bestimmte Verfahrensarten 437

   a) Vorprozessuale Sachverhaltsermittlung nach dem Vorschlag von *Gaier* 437

   b) Würdigung 438

   c) Alternative Möglichkeiten zwecks Vorstrukturierung des Parteivorbringens 440

      aa) Die Etablierung eines vorgeschalteten Erörterungstermins 440

      bb) Differenzierung anhand der Spezialisierung der Anwaltschaft hinsichtlich gerichtlicher und außergerichtlicher Tätigkeit 442

3. Die Etablierung eines generellen Anwaltszwangs 444

   a) Vorbemerkung 444

   b) Verfahrens- und parteibezogene Zweckrichtungen des Anwaltszwangs 445

   c) Die parteibezogene soziale Schutzdimension des Anwaltszwangs unter dem Gesichtspunkt der Waffengleichheit 446

      aa) Der Aspekt der Waffengleichheit 446

      bb) Die Vorschrift des § 121 II 2. Alt. ZPO als Ausformung zivilprozessualer Waffengleichheit 446

      cc) Anwaltliche Tätigkeit und Kompensation 447

      dd) Die Schutzdimension anwaltlicher Tätigkeit im Verbraucherprozess 448

      ee) Die Qualität anwaltlicher Arbeit 450

   d) Die verfahrensbezogene Dimension anwaltlicher Tätigkeit unter dem Aspekt der Effizienz 451

      aa) Die innere Berechtigung des Anwaltszwangs 451

            bb) Die Auswirkungen eines Anwaltszwangs auf die
                Intensität der richterlichen Frage- und Hinweispflicht
                gemäß § 139 ZPO mit Blick auf die Verhandlungs- und
                die Dispositionsmaxime 452
                (1) Die Ansichten innerhalb der Rechtsprechung 453
                (2) Würdigung 455
            cc) Die Auswirkungen eines Anwaltszwangs auf den
                Umgang mit dem Institut der Parteianhörung gemäß
                § 141 ZPO 459
        e) Vorteile des Anwaltszwangs im Hinblick auf die
           Rechtsdogmatik 462
        f) Bedenken gegen eine Ausweitung des Anwaltszwangs 464
            aa) Fehlende Unmittelbarkeit im Rahmen der Ermittlung
                des Tatsachenstoffes im Zusammenhang mit den
                Entwicklungen zur Verstärkung der Parteianhörung
                gemäß § 141 ZPO 464
            bb) Verfassungsrechtliche und gemeinschaftsrechtliche
                Bedenken gegen eine Ausweitung des Anwaltszwangs .. 467
        g) Abschließende Stellungnahme 469
    4. Möglichkeiten einer Erweiterung der Parteiherrschaft im
       Rahmen der Beweiserhebung von Amts wegen 471
        a) Das Spannungsverhältnis zwischen Richteraktivität und
           Parteiherrschaft im Rahmen der Beweiserhebung gemäß
           § 142 I ZPO 472
            aa) Richterliche Aktivität im Rahmen der Beweiserhebung
                von Amts wegen 472
            bb) Begrenzung von Richtermacht 473
                (1) Vorliegen eines streitigen Tatsachenvortrags 473
                (2) Anforderungen an die Substantiierung des
                    Parteivortrages im Rahmen der amtswegigen
                    Sachverhaltsaufklärung im Wege von § 142 I ZPO ... 474
        b) Das Verhältnis der Beweiserhebung von Amts wegen
           gemäß § 142 ZPO und §§ 422, 423 ZPO 475
        c) Optionen der Fortentwicklung zwecks Begrenzung der
           Reichweite der amtswegigen Anordnung der
           §§ 142, 144 ZPO 476
            aa) Vorbemerkung unter Berücksichtigung des Grundsatzes
                „nemo contra se edere tenetur" 476
            bb) Die Rechtsprechung bezüglich der Handhabung des
                § 142 I ZPO 478
        d) Berücksichtigung von Besonderheiten im Rahmen von
           Patentrechts- und Kartellrechtsverletzungen 479
            aa) Europäische Vorgaben vor dem Hintergrund des
                Effektivitätserfordernisses und eines typischerweise
                bestehenden Informationsgefälles 479

　　　　bb) Die Auslegung des § 142 I ZPO entsprechend der
　　　　　　Vorgaben durch die *Enforcement*-Richtlinie durch
　　　　　　den BGH 480
　　　　cc) Die Umsetzung der *Enforcement*-Richtlinie
　　　　　　und der Kartellschadensersatzrichtlinie 482
　　　　dd) Die Berücksichtigung von Geheimhaltungsinteressen .. 487
　　　　ee) Zwischenergebnis 487
　　　　ff) Lösungsvorschläge *de lege ferenda* unter besonderer
　　　　　　Berücksichtigung des Bedürfnisses des
　　　　　　Geheimnisschutzes 488
　　　　　　(1) Materiell-rechtliche und prozessuale
　　　　　　　　Lösungsansätze 488
　　　　　　(2) Anforderungen an die Substantiierung und Hilfe für
　　　　　　　　eine Partei in Beweisnot durch Grundsätze über die
　　　　　　　　sekundäre Darlegungslast 489
　　　　　　(3) Antrag 492
　　　　　　(4) Die Berücksichtigung von
　　　　　　　　Geheimhaltungsinteressen 492
　　　　　　(5) Abstimmung des § 142 ZPO mit §§ 422, 423 ZPO .. 493
　　　　　　(6) Fazit 494

6. Teil: Schluss 495

A. Die Zukunft der Verhandlungs- und der Dispositionsmaxime auf Grundlage einer praktischen Konkordanz des liberalen und des sozialen Zivilprozesses 497

B. Abschließende Thesen 503

Literaturverzeichnis 507
Sachwortregister 529

Einleitung

Die vorliegende Arbeit untersucht *de lege lata* und *de lege ferenda* das Verhältnis von Richtermacht und Parteiherrschaft im deutschen Zivilprozess mit besonderem Augenmerk auf die Verhandlungs- und die Dispositionsmaxime sowie auf das soziale und das liberale Prozessmodell. Im Fokus der Betrachtung steht die Gewichtung von Parteiherrschaft und Richtermacht für die Ausgestaltung eines funktionsfähigen und den rechtspolitischen Bedürfnissen gerecht werdenden Zivilverfahrens. Die zentrale Aufgabenstellung bildet die Beantwortung der Frage, ob sich der heutige Zivilprozess wieder intensiver an den traditionellen Grundsätzen der Verhandlungs- und der Dispositionsmaxime ausrichten sollte.

Die langgeführte Diskussion um das Verhältnis von Richtermacht und Parteiherrschaft bleibt heute unvermindert aktuell. In der Bundesrepublik Deutschland haben die Gegenpole von Parteiherrschaft und Richtermacht in den rechtspolitischen Auseinandersetzungen der siebziger Jahre des 20. Jahrhunderts aufgrund der politischen Bewegung von 1968 eine große Rolle gespielt. Ausgelöst von neuen Erwägungen zur Rolle des Staates und der Justiz wurde auf Grundlage eines antiliberalen Gedankenguts eine Neugestaltung des Zivilprozesses vor allem durch eine aktiv gestaltende Rolle des Richters, teilweise als „Sozialingenieur" zum Schutz des mutmaßlich sozial Schwächeren unter Modifikation der Verhandlungsmaxime, postuliert.[1] Das der österreichischen Zivilprozessordnung zugrunde liegende Modell des sozialen Zivilprozesses ist dem Modell der liberalen Prozessordnung entgegengesetzt. Während das soziale Modell durch Richteraktivität gekennzeichnet ist, folgt der liberale Zivilprozess – namentlich in Gestalt der Civilprozeßordnung von 1877 – dem Ideal eines passiven Richters und der maximalen Parteiherrschaft unter Verwirklichung der Verhandlungs- und der Dispositionsmaxime. Dementsprechend waren die zentralen richterlichen Befugnisse im Rahmen der Sachverhaltsrekonstruktion, wie die richterliche Frage- und Aufklärungspflicht, die Kompetenz, das Erscheinen der Partei anzuordnen und die Vorlage von Urkunden zu bewirken, zurückhaltend ausgestaltet. Im Rahmen der Kennzeichnung der Prozessmodelle als „sozial" bzw. „liberal" muss aber im-

---

[1] Z.B. *Wassermann*, Der soziale Zivilprozeß, 1978, S. 86.

mer im Auge behalten werden, dass es sich nicht um ontische Begrifflichkeiten handelt, sondern eher um schlagwortartige Bezeichnungen bestimmter Grundtendenzen als Idealtypen im Sinne *Max Webers*.

Gewiss hat die Frage nach dem Verhältnis von Parteiherrschaft und Richtermacht mittlerweile die Schärfe der siebziger Jahre des 20. Jahrhunderts – getragen von Forderungen nach einem sozialen Zivilprozess – verloren und erscheint heute weniger ideologisch geprägt. Die Problematik des Zivilprozesses als sozialer Konflikt bleibt aber im Blickfeld der wissenschaftlichen Diskussion, was in der aktuellen Verbraucherschutzdebatte mit den Vorschlägen, strukturelle Ungleichgewichtslagen durch kompensatorische richterliche Prozessführung zugunsten des Verbrauchers auszugleichen, deutlich wird. Es lässt sich also weiterhin fragen, ob der bereits eingeschlagene Weg der Stärkung von Richtermacht in Richtung eines sozialen Zivilprozesses des 21. Jahrhunderts weiter beschritten werden sollte oder ob nicht ein Rekurs auf mehr Liberalismus unter Stärkung und Weiterentwicklung vor allem des Verhandlungsgrundsatzes und damit der Betonung von Eigenverantwortung der Parteien für die Tatsachenbeschaffung angebracht ist. Diese Thematik ist damit Ausdruck des Spannungsverhältnisses von effektivem Rechtsschutz nach Art. 2 I GG i.V.m. Art. 20 III zugunsten des Schwächeren einerseits und einer ausnahmslosen Gleichbehandlung von Kläger und Beklagtem im Zivilverfahren nach Art. 3 I GG unter Wahrung des Erfordernisses richterlicher Neutralität andererseits.

Es kann demnach konstatiert werden, dass die Bestimmung einer angemessenen Weise eines Zusammenwirkens von Richter und Parteien eine zeitlose Aufgabe für die Rechtstheorie und die Rechtspolitik bleibt.[2] Sie ist eng verknüpft mit der Ausgestaltung der Sachaufklärung, die gemäß der Verhandlungsmaxime in den Verantwortungsbereich der Parteien fällt oder aber nach der Untersuchungsmaxime dem Aufgabenkreis des Richters, der die Wahrheit zu erforschen habe, zugewiesen sein kann. Ausdruck von Parteiherrschaft sind aber neben der Verhandlungsmaxime die Dispositionsmaxime und eine zurückhaltende richterliche Prozessleitung, gekennzeichnet vor allem durch den Parteibetrieb. Umgekehrt geht jede Stärkung von Richtermacht mit einer Schwächung dieser Prinzipien einher. Das Verhältnis von Parteiherrschaft und Richtermacht kann danach auch als Frage nach einem an der Verhandlungs- und der Dispositionsmaxime orientierten Zivilverfahren oder einem richterzentrierten Verfahren, das sich mehr in Richtung Untersuchungsmaxime bewegt, formuliert werden. Dispositionsmaxime und Verhandlungsmaxime sind als Grundformen der Zuständigkeitsabgrenzung zwischen den Parteien und

---

[2] *Böhm*, Ius Commune 7 (1978), S. 136 ff. (159).

dem Gericht anzusehen.³ Hier zeigt sich das Aufeinandertreffen von Rechtsdogmatik und Rechtspolitik im Verfahrensrecht sehr deutlich.⁴

Diskutiert werden muss in diesem Zusammenhang, ob die prozessualen Prinzipien der Disposition und Beibringung – trotz ihrer langen Tradition – heute noch prägende Bedeutung für den deutschen Zivilprozess beanspruchen. Der Kern der Arbeit betrifft damit eine Stellungnahme im Rahmen der aktuellen Diskussion um den Wert und die Bedeutung der Maximen, in der dem prozessualen Maximendenken heute sogar etwas „Antiquiertes, ja Fortschritthemmendes" zugeschrieben wird.⁵

Die vorliegende Arbeit gliedert sich in sechs Teile. Nach einer thematischen Einführung unter Berücksichtigung des aktuellen Diskussionsstands um die Maximen wird der Inhalt der Verhandlungs- und der Dispositionsmaxime und deren Spannungsverhältnis mit der richterlichen Prozessleitung näher beleuchtet. Sodann wird auf die Bedeutung des Prozesszwecks eingegangen; in diesem Zusammenhang werden das liberale und das soziale Prozessmodell vorgestellt. Schließlich enthält der erste Teil eine Darstellung der amerikanischen Sichtweise auf das deutsche Zivilverfahren unter Berücksichtigung des Verhältnisses von Richtermacht und Parteiherrschaft im U.S.-amerikanischen Zivilprozess.

Der zweite Teil wird im Rahmen einer rechtshistorischen Betrachtung die Entwicklung der Zivilprozessordnung durch die grundlegenden Novellen im Hinblick auf die relevante Frage des Verhältnisses von Parteiherrschaft und Richtermacht darstellen. Durch zahlreiche Reformen hat sich das Gesicht der ZPO im Hinblick auf das Verhältnis von Parteiherrschaft und Richtermacht stark verändert. Hierbei hat gerade das österreichische Zivilverfahren mit seiner stärkeren richterlichen Aktivität eine große Vorbildrolle eingenommen, womit die österreichische Zivilprozessordnung von 1895 auch als Wegbereiter eines sozialen Zivilprozesses angesehen werden kann. Es wird sich zeigen, dass die deutsche ZPO durch ihre Novellierungen insoweit ein völlig anderes Gepräge erfahren hat als es ihr im Zeitpunkt ihres Inkrafttretens zu eigen war. Analysiert wird, welche Elemente der Parteiherrschaft geblieben sind und welchen Bedeutungszuwachs die Richtermacht demgegenüber erfahren hat.

Die Entwicklung soll schließlich im dritten Teil dieser Arbeit auch Veränderungen des Verhältnisses von Parteiherrschaft und Richtermacht aufgrund von EU-Recht – vornehmlich durch das Sekundärrecht auf dem Gebiet des Verbraucherschutzes durch die Richtlinie über missbräuchliche Klauseln in Ver-

---

³ So *Brüggemann*, S. 100; vgl. auch *Fasching*, S. 336 Rn. 637: „Prozeßgrundsätze, die die Aufgaben zwischen Gericht und Parteien verteilen".
⁴ Vgl. dazu auch die Ausführungen von *von Planck*, der die Gestaltung des Zivilverfahrens im Kontext der Verhandlungsmaxime als eine „politische Frage" bezeichnet. *Von Planck*, Lehrbuch, 1. Bd. Allg. Theil, S. 197.
⁵ *Althammer*, in: Weller/Althammer, S. 3 ff. (5 f.).

braucherverträgen und die Verbrauchsgüterkaufrichtlinie – darstellen und Probleme der Supranationalisierung im Hinblick auf die Thematik vor dem Hintergrund des Erfordernisses der effektiven Durchsetzung des Gemeinschaftsrechts aufzeigen.

Sodann geht der vierte Teil auf die Bedeutung der Prozessgrundrechte im Sinne der Kontrolle richterlicher Machtübung und damit als Schutz der Parteien gegenüber der gesteigerten Richtermacht unter Berücksichtigung jüngerer Reformen ein. In diesem Kontext werden gesetzgeberische Reformen betrachtet, die einer Stärkung der Parteirechte gegenüber der gesteigerten Richtermacht dienen. Hierzu zählen vor allem: die Einführung einer Anhörungsrüge nach § 321a ZPO und deren Neufassung, die Reform der Berufungszurückweisung durch Beschluss und die Einführung eines Rechtsschutzes bei überlangen Gerichtsverfahren. Insgesamt zeigt sich dabei eine „Konstitutionalisierung" des Zivilprozessrechts. In rechtsdogmatischer Hinsicht ist zu klären, wie die Einwirkung der Prozessgrundrechte auf das Verfahren sowie deren Verhältnis zu den klassischen Maximen erfasst werden kann.

Schließlich werden im fünften Teil im Rahmen eines Ausblicks konkrete Entwicklungsoptionen für den deutschen Zivilprozess im Hinblick auf das Verhältnis von Parteiherrschaft und Richtermacht aufgezeigt. In welche Richtung sollte sich der Zivilprozess des 21. Jahrhunderts entwickeln? In Betracht kommt hierbei einerseits eine weitere Stärkung der Richtermacht oder aber andererseits eine Hinwendung zu einer liberaleren Linie durch eine Weiterentwicklung und Komplettierung der Verhandlungs- und der Dispositionsmaxime unter stärkerer Einbindung der Anwaltschaft. In diesem Teil wird deutlich, dass die Thematik eine deutliche rechtspolitische Akzentuierung erfährt, denn die zentrale Problematik besteht darin, wie der Schutz des mutmaßlich Schwächeren im Zivilverfahren *in concreto* verwirklicht werden kann. In diesem Kontext ist der Blick auf die Fragestellung zu richten, ob zugunsten des Schutzes des Verbrauchers die Etablierung eines Sonderprozessrechts erstrebenswert ist. Dieses würde sich vornehmlich durch eine Erhöhung richterlicher Aktivität in Ausprägung einer kompensatorischen richterlichen Prozessleitung auf Basis eines Übergreifens von Wertungen des materiellen Rechts sowie des Verfassungsrechts auszeichnen. Demgegenüber könnte die soziale Dimension der Kompensation unter Wahrung richterlicher Neutralität auch durch eine Stärkung von Parteiverantwortung erreicht werden. In diesem Kontext spielt das facettenreiche Schlagwort der Materialisierung mit seinen Konsequenzen für das Zivilverfahren eine bedeutsame Rolle.

Letztlich enthält der sechste Teil eine abschließende Stellungnahme zur Zukunft der Verhandlungs- und der Dispositionsmaxime sowie eine Zusammenfassung der wesentlichen Ergebnisse.

1. Teil

Thematische Einführung unter Berücksichtigung
des Prozesszwecks und der rechtshistorischen Grundlagen

A. Der Verhandlungsgrundsatz, der Dispositionsgrundsatz und der Parteibetrieb als Ausdruck von Parteiherrschaft im Zivilprozess

Die Prozessmaximen und deren Interaktion betreffen die Frage der Zuordnung von Partei- und Richtermacht und damit die Verteilung von Freiheit und Verantwortung Privater im Verhältnis zum Staat. Dabei handelt es sich um ein grundlegendes rechtspolitisches Anliegen.[1] Ausdruck der Parteiherrschaft über das zivilprozessuale Erkenntnisverfahren sind der Verhandlungsgrundsatz, der Dispositionsgrundsatz und der Parteibetrieb. Die Erörterung dieser Grundsätze bildet daher den Kern der vorliegenden Arbeit. Sowohl der Dispositionsgrundsatz als auch der Verhandlungsgrundsatz repräsentieren das Prinzip von Parteifreiheit und Parteiverantwortung im Zivilprozess[2] und haben damit eine gewisse Nähe zum materiell-rechtlichen Prinzip der Privatautonomie. Damit sind sie im Ergebnis Ausdruck der in Art. 2 GG verfassungsrechtlich garantierten Handlungsfreiheit. Die Grundsätze der Beibringung und Disposition werden neben den Grundsätzen der Öffentlichkeit, Unmittelbarkeit und Mündlichkeit zu den zentralen Programmsätzen des vom Maximendenken besonders geprägten deutschen Zivilprozesses gezählt. Sie sollen gewissermaßen die grundlegenden rechtlichen Leitlinien des Erkenntnisverfahrens bilden. Rechtstechnisch gesehen handelt es sich bei den Verfahrensmaximen also um Rechtsprinzipien, die als allgemeine Wertungsmaßstäbe verstanden werden.[3] Diese haben sich noch nicht zu einer unmittelbar anwendbaren Rechtsregel verdichtet,[4] sondern tragen den Charakter von leitenden Rechtsgedanken, die ihre Konkretisierungen in der Zivilprozessordnung erfahren haben. Die Begriffe der Verhandlungsmaxime und der Dispositionsmaxime werden in der Zivilprozessordnung nicht explizit bestimmt. Dies entspricht auch der Neigung des deutschen Gesetzgebers des 19. Jahrhunderts, keine allgemeinen Grundsätze in das Gesetz aufzunehmen und auf diese Weise streng zwischen Gesetz und Lehrbuch zu unterscheiden. Es lässt sich konstatieren, dass es insoweit der deutschen Verfahrensordnung an kodifizierter

---

[1] So *Stürner*, ZZP 127 (2014), S. 271 ff. (282 f.).
[2] *Rauscher*, in: Münchener Kommentar ZPO, Einl., Rn. 276; *Leipold*, in: Stein/Jonas, ZPO, 22. Aufl., Vor § 128 Rn. 138; *Kern*, in: Stein/Jonas, ZPO, Vor § 128 Rn. 161.
[3] *Roth*, ZZP 131 (2018), S. 3 ff. (4 f.) m.w.N.
[4] Zu der Begrifflichkeit des Rechtsprinzips im Allgemeinen *Larenz*, Methodenlehre, S. 227.

Dogmatik mangelt.[5] Ausführlich geregelt ist lediglich der Grundsatz der Verfahrensöffentlichkeit im Rahmen der §§ 169 ff. GVG. Demgegenüber operieren andere Prozessordnungen – wie das französische Zivilprozessrecht des *Code de Procédure Civile* (CPC) von 1976 sowie das neue Prozessrecht der im 1. Januar 2011 in Kraft getretenen Zivilprozessordnung der Schweiz – mit ausdrücklich kodifizierten Prinzipiennormen.[6] Allerdings besagt die Kodifikation nicht *per se* einen Fortschritt im Sinne einer größeren tatsächlichen Bedeutung von Maximen für das Verfahren. Insbesondere wird im Hinblick auf das schweizerische Verfahrensrecht angenommen, dass die Detailtiefe der kodifizierten Verfahrensgrundsätze – obwohl sich diese inhaltlich an den deutschen Maximen orientieren – nicht deren Regulierungstiefe erreichen.[7]

Neben den genannten zentralen, allgemein anerkannten (einfachrechtlichen) Verfahrensgrundsätzen werden in der Literatur noch andere rechtliche Wertungen, wie beispielsweise die Konzentrations- bzw. die Beschleunigungsmaxime und die Prozessökonomie, zu den Prozessmaximen gezählt. Auch erfahren mittlerweile die verfassungsrechtlichen Vorgaben, vor allem die Verfahrensgrundrechte – das Recht auf den gesetzlichen Richter, dessen Unabhängigkeit, der Anspruch auf effektiven Rechtsschutz sowie auf rechtliches Gehör und der Anspruch auf ein faires Verfahren – besondere Bedeutung.[8] In der jüngeren Kommentarliteratur werden diese unter der Bezeichnung „verfassungsrechtlich fundierte Verfahrensgrundrechte"[9] in die Verfahrensgrundsätze miteinbezogen, womit ein weites, von einer Überwindung der Trennung von Prozessmaximen und Prozessgrundrechten geprägtes Verständnis der Verfahrensgrundsätze zugrunde gelegt wird.[10] *Roth* unterscheidet zwei Typen von Prozessmaximen: Der erste Typus sei verfassungsrechtlich fundiert, wie das rechtliche Gehör, der Anspruch auf ein faires Verfahren, der Grundsatz der Waffengleichheit, das Willkürverbot, der effektive Rechtsschutz und die

---

[5] Anderes gilt für den französischen *Code de Procédure Civile* von 1976, der die prozessualen Grundprinzipien an den Anfang der Gesamtkodifikation stellt. Vgl. dazu *Stürner*, ZZP 127 (2014), S. 271 ff. (299 f.), danach handelt es sich bei dem *Code des Procédure Civile* um „ein Stück kodifizierter Dogmatik". Die Verhandlungsmaxime ist nach Art. 6 *noveau code de procédure civile* (n.c.p.c.) folgendermaßen geregelt: „*A l'appui de leurs prétentions, les parties ont la charge d'alléguer les faits propres á les fonder.*" Zudem ist es dem Richter gem. Art. 7 n.c.p.c. untersagt, Tatsachen zu berücksichtigen, die die Parteien nicht in den Prozess eingeführt haben. Vgl. dazu *Scherpe*, ZZP 129 (2016), S. 153 ff. (162).
[6] Art. 55 sZPO enthält eine Umschreibung der Verhandlungs- und der Dispositionsmaxime; Art. 58 sZPO regelt den Dispositions- und Offizialgrundsatz. Vgl. dazu *Oberhammer*, ZEuP 2013, S. 751 ff. (761 ff.).
[7] *Althammer*, in: *Weller/Althammer*, S. 3 ff. (16).
[8] *Leipold*, in: Stein/Jonas, ZPO, 22. Aufl., Vor § 128 Rn. 3; *Kern*, in: Stein/Jonas, ZPO, Vor § 128 Rn. 6.
[9] *Musielak*, in: Musielak/Voit, ZPO, 15. Aufl. 2018, Einl. Rn. 27 ff.
[10] Vgl. zum weiten und engen Verständnis der Verfahrensgrundsätze *Kern*, in: Stein/Jonas, Vor § 128 Rn. 6 ff.; vgl. auch *Roth*, ZZP 131 (2018) S. 3 ff. (4).

A. Verhandlungsgrundsatz, Dispositionsgrundsatz und Parteibetrieb

Konzentrationsmaxime. Der zweite Typus, zu denen *Roth* u.a. die Dispositions- und die Verhandlungsmaxime zählt, habe demgegenüber einen abgeschwächten Verfassungseinfluss bzw. beruhe eher auf Nützlichkeitserwägungen.[11] Diesen Prozessmaximen stehen die Prozessgrundrechte, etwa das Recht auf den gesetzlichen Richter, Art. 101 I S. 2 GG, das rechtliche Gehör, Art. 103 I GG, die Gleichheit vor dem Richter, Art. 3 I GG, gegenüber.[12]

Vorzugswürdig erscheint jedoch ein enger Begriff der Prozessmaximen, welcher sich auf die Gestaltung des Verfahrensablaufs und die Verteilung der Aufgaben zwischen Gericht und Parteien bezieht.[13] Bei Einbeziehung aller prinzipiellen Wertungen und Zielvorgaben einschließlich aller verfassungsrechtlichen Vorgaben verliert der Begriff der Prozessmaximen seine Konturen; die Maximen wären eher als Grundlagen des Zivilprozesses zu verstehen.[14] Unter Zugrundelegung des dargestellten engen Verständnisses werden in dieser Arbeit nur die herkömmlichen Prinzipien als Prozessmaximen bezeichnet. Diesen ist gemeinsam, dass sie Gegensatzpaare bilden, denn sie „fragen nach Verfahrensgestaltungen, die so oder auch anders aussehen können".[15] Es handelt sich dabei um Dispositionsgrundsatz und Offizialmaxime; Verhandlungsgrundsatz und Untersuchungsgrundsatz; Amtsbetrieb und Parteibetrieb. Weitere gegenläufige Maximen sind: Mündlichkeit und Schriftlichkeit; Unmittelbarkeit und Mittelbarkeit; öffentliches und geheimes Verfahren. Zwischen diesen Alternativen kann der Gesetzgeber wählen.[16] Insoweit wird rechtstechnisch auch von einer „maximentypischen Antipodenstellung"[17] bzw. von einem „Kontrastprinzip"[18] gesprochen. Die Gegensätzlichkeit der Prinzipien wird im Übrigen in der jungen Zivilprozessordnung der Schweiz hervorgehoben, in der die Prinzipien Verhandlungs- und Untersuchungsgrundsatz sowie Dispositions- und Offizialgrundsatz jeweils in einem Artikel – Art. 55 sZPO sowie Art. 58 sZPO – gegenübergestellt werden. Zu beachten ist, dass den beiden Grundsätzen der Dispositionsmaxime und der Verhandlungsmaxime gemeinsam ist, dass sie die Verteilung der Aufgaben zwischen den Parteien und dem Gericht und deren Verhältnis zueinander regeln. Diese Gruppe von Pro-

---

[11] *Roth*, ZZP 131 (2018), S. 3 ff. (6 f.).
[12] *Roth*, ZZP 131 (2018), S. 3 ff. (7 f.).
[13] *Leipold*, in: Stein/Jonas, ZPO, 22. Aufl., Vor § 128 Rn. 3; *Kern*, in: Stein/Jonas, ZPO, Vor § 128 Rn. 7.
[14] *Leipold*, in: Stein/Jonas, ZPO, Vor § 128 Rn. 3. *Leipold* bezieht in seinen engen Begriff der Verfahrensgrundsätze die verfassungsrechtlichen Vorgaben des Anspruchs auf rechtliches Gehör, der Gleichheit vor dem Richter und des Anspruchs auf ein faires Verfahren mit ein. *Leipold*, in: Stein/Jonas, ZPO, 22. Aufl., Vor § 128 Rn. 4; *Kern*, in: Stein/Jonas, ZPO, Vor § 128 Rn. 7 f.
[15] *Leipold*, in: Globalisierung und Sozialstaatsprinzip, S. 235 ff. (251).
[16] Vgl. *Fasching*, S. 335 Rn. 636.
[17] So *Münch*, in: Die Zukunft des Zivilprozesses, S. 5 ff. (19).
[18] So *Fasching*, Rn. 636.

zessgrundsätzen ist besonders eng mit den leitenden Ideen der jeweiligen Zeit verbunden. Hier werden die Stellung des Individuums zu der staatlichen Gemeinschaft und der Raum, welchen die Gesellschaftsordnung dem Einzelnen gewährt, im Prozess besonders deutlich.[19] So wird gerade die Verhandlungsmaxime als freiheitliche und rechtsstaatliche Errungenschaft angesehen.[20] Demgegenüber bilden die genannten Grundsätze der Öffentlichkeit, Unmittelbarkeit und Mündlichkeit eine zweite Gruppe von Prozessgrundsätzen, welche die technisch-praktische Ausgestaltung des Verfahrens verwirklichen.[21]

I. Grundlagen und Bedeutung des Maximendenkens unter Berücksichtigung der Maximenkritik und des aktuellen Diskussionsstandes

1. Die Herausbildung der Dispositions- und der Verhandlungsmaxime bei *Gönner*

Viele Elemente dogmatischen Denkens im Zivilprozess haben sich lange vor der Entstehung der deutschen Reichscivilprozeßordnung (CPO) entwickelt.[22] Hierzu zählt auch die Systematisierung durch Bildung von Prozessmaximen. Historisch betrachtet geht die Herausbildung der Verhandlungs- und der Dispositionsmaxime auf *Gönner* zurück.[23] In seinem im Jahre 1801 erschienenen „Handbuch des deutschen gemeinen Prozesses" wird der Ausdruck der Verhandlungsmaxime das erste Mal erwähnt. Dort heißt es: „[…] welche man Verhandlungsmaxime nennen kann, weil alles von dem Vorbringen der Parteien, oder von ihren Verhandlungen abhängt".[24] Diesem Grundsatz stellte *Gönner* die Untersuchungsmaxime als zweiten möglichen Weg eines Verfahrens gegenüber: „Hier geschieht nach angebrachter Klage Alles von Amts wegen […]; bei ihr gehet alles den Weg einer richterlichen Untersuchung, man kann sie daher die Untersuchungsmaxime nennen."[25] *Gönner* arbeitete eine Polarität der Verhandlungs- und der Untersuchungsmaxime maßgeblich anhand des seit dem 17. Jahrhundert entstandenen gemeinrechtlichen deutschen Prozesses sowie anhand des Verfahrens nach der Allgemeinen Gerichtsordnung für die preußischen Staaten (AGO) von 1793 heraus. Er kennzeichnete diese vor dem

---

[19] *Fasching*, S. 335 Rn. 635.
[20] *Leipold*, JZ 1982, S. 448.
[21] *Fasching*, S. 335 Rn. 635.
[22] *Stürner*, ZZP 127 (2014), S. 271 ff. (281).
[23] Die Maximenschöpfung hat *Bomsdorf* in seiner 1971 erschienenen Dissertation „Prozeßmaximen und Rechtswirklichkeit" eingehend geschildert.
[24] *Gönner*, Handbuch, S. 261 (IV).
[25] *Gönner*, Handbuch, S. 262 (IV).

Hintergrund der Intensität von Richter- und Parteimacht in dem Sinne, dass der Richter unter der Verhandlungsmaxime nach dem gemeinen Verfahren „nichts von Amts wegen", im Rahmen der Untersuchungsmaxime im preußischen Recht hingegen „alles von Amts wegen" tue.[26] Die Entwicklung einer Maximenlehre aufbauend auf den gegensätzlichen Modellen der Verhandlungs- und der Untersuchungsmaxime gilt als das Verdienst von *Gönner*.[27] Bei *Gönner* heißt es:

„Es kann daher zwei verschiedene allgemeine Arten des gerichtlichen Verfahrens geben, es kann entweder auf die Verhandlungsmaxime berechnet sein, dies ist der Fall bei dem gemeinen Prozesse in Deutschland, es kann aber auch auf der Untersuchungsmaxime ruhen, und dieses finden wir bei dem preußischen Prozesse [...]".[28]

Gönner wies einzelne Bestimmungen der AGO der Untersuchungsmaxime zu und hob entgegengesetzte Regelungen des gemeinen Prozesses hervor.[29] Die Verhandlungsmaxime führt *Gönner* auf den allgemeinen Grundsatz zurück, dass im bürgerlichen Rechtsstreit ein Verfahren von Amts wegen ausgeschlossen sei. Der Grundsatz „nichts von Amts wegen" (*ne procedat iudex ex officio*) beziehe sich auf die Einleitung sowie auf den gesamten Ablauf des Verfahrens.[30] Die Aktivität des Richters sei dabei in jedem Teil „bestimmt und bedingt durch das Vorbringen der Parteien". Der Richter kann dabei „auf keine anderen Beweismittel Rücksicht nehmen, als welche der Beweisführer angegeben hat; er ist im ganzen Ablauf des Prozesses nur thätig, wo ihn das Vorbringen der Parteien in Bewegung setzt".[31] Trotz der Gegensätzlichkeit beider Maximen („Alles oder nichts von Amts wegen"), erkannte *Gönner*, dass ein Prozess, der entweder auf der Untersuchungs- oder auf der Verhandlungsmaxime beruhte, als Ausnahme auch Elemente der jeweils anderen Maxime beinhaltete. Dies bezeichnete er als „Beimischungen der entgegengesetzten Maxime", jedoch ohne hieraus Konsequenzen zu ziehen.[32] Insgesamt ist zu beachten, dass *Gönner* unter dem Verhandlungsgrundsatz nicht nur das Beibringen der Tatsachen, sondern auch das Einwirken der Parteien auf Umfang und Gang des Verfahrens verstand.[33] Damit umfasste die Verhandlungsmaxime von *Gönner* auch die Dispositionsmaxime nach heutigem Verständnis.

---

[26] Vgl. die Darstellung bei *Bomsdorf*, S. 128 und Fn. 26; *Gönner*, Handbuch, S. 191.
[27] *Böhm*, Ius Commune 7 (1978), S. 136 ff. (143).
[28] *Gönner*, Handbuch, S. 268.
[29] Vgl. *Bomsdorf*, S. 131 Fn. 40.
[30] *Böhm*, Ius Commune 7 (1978), S. 136 ff. (143).
[31] *Gönner*, Handbuch, S. 182 f.; *Böhm*, Ius Commune 7 (1978), S. 136 ff. (143).
[32] *Bomsdorf*, S. 132.
[33] *Gönner*, Handbuch, S. 183, 185, 236; *Bomsdorf*, S. 130; *Böhm*, Ius Commune 7 (1978), S. 136 ff. (142).

2. Die Herausbildung einer Differenzierung zwischen der Dispositions- und der Verhandlungsmaxime

In der Folgezeit vollzog sich ein Bedeutungswandel der Verhandlungsmaxime. Das von *Gönner* geprägte Verständnis als „nichts von Amts wegen" wurde dahingehend abgeschwächt, dass auch ein richterliches „Aufhellungs- und Fragerecht" als mit der Verhandlungsmaxime vereinbar angesehen wurde.[34] Die Verhandlungsmaxime wurde nun vielmehr folgendermaßen gekennzeichnet: „[…] der Richter darf kein Factum ergänzen, welches die Partei gar nicht berührt […]"[35] Die Unterscheidung zwischen Verhandlungs- und Dispositionsmaxime nahm schließlich *von Canstein* im Jahre 1877 vor. *Von Canstein* stellte die beiden neuen Prozessprinzipien, die „Maxime des freien Prozessbetriebes der Parteien" und die Dispositionsmaxime auf, indem er sie aus der bisher umfassend verstandenen Verhandlungsmaxime herauslöste.[36]

3. Die Abmilderung der Maximenextreme und die Maximenkritik

Im späteren 19. Jahrhundert wurde in der wissenschaftlichen Prinzipiendiskussion von einigen Prozessualisten der Abbau der „Maximenextreme" postuliert. Man erkannte, dass die Verhandlungs- und die Untersuchungsmaxime von keiner Prozessordnung in einer reinen Form eingehalten wurde, und meinte, dass in der prozessualen Realität nur Mischformen der Prinzipien vorkämen.[37] Als wichtigste Einschränkung der Verhandlungsmaxime galt das richterliche Fragerecht.[38] Teilweise wurde sogar ein wesentlicher Unterschied zwischen dem preußischen und dem gemeinen Prozess in Bezug auf die Aufklärung von Tatsachen verneint.[39] Die Auffassung einer „relativen Identität der beiden Prozessmaximen"[40] wurde partiell auch so weit geführt, dass nicht mehr von zwei Maximen, sondern vielmehr von einem graduellen Unterschied im Sinne eines Mehr oder Weniger richterlicher Tätigkeit gesprochen wurde.[41]

Jonas konstatierte hinsichtlich der Maximen im Jahre 1941, sie seien keine Leitbilder für den Gesetzgeber, sondern „Zerrbilder", wie man den Prozess „unvernünftig extrem regeln" könnte.[42] Die Vorstellung, dass ein Verfahren

---

[34] *Gensler*, AcP 3 (1820), S. 289 ff. (306 Fn. 7).
[35] *Gensler*, Beitrag zu der Gesetzgebung, S. 56.
[36] *Canstein*, S. 169 ff.
[37] Vgl. dazu die Darstellung bei *Bomsdorf*, S. 176 ff. m.w.N.
[38] *Osterloh*, § 28 S. 52, § 107 S. 239.
[39] *Puchta*, S. 139.
[40] *Bomsdorf*, S. 180.
[41] Vgl. *Bomsdorf*, S. 180 f. m.w.N.
[42] *Jonas*, DR 1941, S. 1697 ff. (1698).

auf einem einheitlichen Grundsatz fuße, bezeichnet er als „Fehlabstraktion".[43] Sehr ausgeprägt ist die Maximenkritik bei *Bomsdorf* („Prozessmaximen und Rechtswirklichkeit", 1971), nach dessen Auffassung es den Idealtypus von Verhandlungs- und Untersuchungsmaxime in der Wirklichkeit nicht gibt. Die Maximenschöpfung von *Gönner* wird von *Bomsdorf* als „Fehlentwicklung" bezeichnet, weil das Verhältnis von Richter- und Parteienmacht weder im gemeinen Verfahren durch die Verhandlungsmaxime im Sinne eines „nichts von Amts wegen" noch im preußischen Prozess durch den Untersuchungsgrundsatz verstanden als ein „alles von Amts wegen" erfasst werden konnte.[44] Im Zivilverfahren nach der ZPO seien Verhandlungs- und Untersuchungsmaxime ineinander übergegangen,[45] womit die Verhandlungsmaxime nicht als Grundsatz des Zivilverfahrens anzusehen sei.[46] Das Verhältnis von Richter- und Parteienmacht bei der Ermittlung und Aufklärung des Sachverhalts nach der CPO von 1877 war nach *Bomsdorf* nicht nur durch eine Verantwortlichkeit der Parteien für die Beschaffung des Prozessstoffs, sondern durch eine Anzahl richterlicher Befugnisse der Mitwirkung bei der Aufklärung des Sachverhaltes gekennzeichnet,[47] womit die Eigenverantwortlichkeit der Parteien und die richterliche Aufklärungs- und Ermittlungstätigkeit gleichberechtigt nebeneinander standen.[48]

4. Die gegenwärtige Bedeutung der Verhandlungs- und der Dispositionsmaxime unter Berücksichtigung der aktuellen prozessualen Maximendiskussion

Stürner wandte sich im Jahre 1986 gegen den Bedeutungsverlust des Maximendenkens und stellte die Aufgaben von Maximen als „Garanten der Proportionalität eines Gesamtsystems"[49] heraus. In der Geringschätzung von Grundprinzipien liege eine gewichtige Fehlentwicklung; denn Grundprinzipien eines Rechtsgebietes böten „Gewähr für Einzelfallösungen, die Rechtsgleichheit und damit ein hohes Gebot der Gerechtigkeit überhaupt ausreichend berücksichtigen".[50] Die Aufgabe der Prozessmaximen wurde von *Baur* in der Bildung grundlegender rechtlicher Leitlinien für das Verfahren im Sinne einer Garantie einer „Typizität" der Prozesse erblickt. Die Bindung an feste

---

[43] *Jonas*, DR 1941, S. 1697 ff. (1697).
[44] *Bomsdorf*, S. 278.
[45] *Bomsdorf*, S. 278.
[46] *Bomsdorf*, S. 282.
[47] *Bomsdorf*, S. 245.
[48] *Bomsdorf*, S. 256.
[49] *Stürner*, ZZP 99 (1986), S. 291 ff. (292).
[50] *Stürner*, ZZP 99 (1986), S. 291 ff. (292).

Verfahrensregeln schließe richterliche Willkür aus; die Normierung des Prozesses sichere im Ergebnis die Anforderungen der Rechtsstaatlichkeit.[51] Nach Ansicht von *Baur* bewirkt gerade eine reine Realisierung der Maximen, dass sich der Prozess in klaren und festen Formen abspielt und so auch für rechtsunkundige Parteien übersichtlich wird. Eine Gleichbehandlung der Rechtsschutzsuchenden durch das Gericht sowie die bestmögliche Durchsetzung materieller Rechte vor Gericht werden ermöglicht.[52]

Im Rahmen des gegenwärtigen wissenschaftlichen Diskurses, in dem darauf hingewiesen wird, dass von „größerem Nachteil als die Übertreibung des Maximendenkens" dessen Vernachlässigung ist,[53] hat sich in jüngster Zeit eine neue Diskussion um den Wert der Prozessmaximen für die Zukunft des Zivilprozesses entfacht. So konstatierte *Leipold* im Jahre 2012 für das deutsche Zivilprozessrecht überraschend den Abschied von den Prozessmaximen. Nach seiner These haben die Verfahrensmaximen heute kaum noch Bedeutung als Leitlinien für die Gesetzgebung und als Maßstab für die praktische Handhabung des Gesetzes.[54] Der Bedeutungsverlust der Maximen basiert nach Ansicht *Leipolds* auf der Reformgesetzgebung der ZPO, die dem ursprünglichen deutschen Zivilprozess ein völlig anderes Gepräge gab.[55] Die Entwicklung bestehe in einer Abkehr von einem maximenorientierten Parteiprozess des ausgehenden 19. Jahrhunderts, in dem der bestimmende Einfluss der Parteien auf den Inhalt und den Ablauf des Prozesses seinen dogmatischen Ausdruck in der Verhandlungsmaxime fand,[56] unter Zuwendung hin zu einem maximenfreien richterzentrierten Zivilprozess der Gegenwart.[57] Gleichzeitig hätten die Prozessgrundrechte, deren Aufgabe *Leipold* in dem Schutz vor richterlicher Machtübung sieht, stark an Bedeutung gewonnen. In dem richterdominierten Prozess verdienten die Prozessgrundrechte als Schutzwehr der Parteien gegenüber dem Richter größte Beachtung.[58] Das Résumé lautet: „Sich mit den herkömmlichen Maximen des deutschen Zivilprozessrechts aus rechtsdogmatischer Sicht näher zu befassen, ist im Zeitalter des Richterverfahrens weitgehend sinnlos geworden."[59] Die These wirkt sehr überraschend. Jedenfalls sollen die klaren Worte die Realität der sinkenden Bedeutung der Maximen für

---

[51] *F. Baur*, in: Studi in onore di Tito Carnacini, S. 27 ff. (29).
[52] *F. Baur*, in: Studi in onore di Tito Carnacini, S. 27 ff. (33).
[53] So *Braun*, S. 70.
[54] Vortrag von *Leipold* gehalten anlässlich eines gemeinsamen japanisch-deutschen Symposiums der Freiburger Rechtswissenschaftlichen Fakultät und der Fakultät der Städtischen Universität Osaka, 23.–26. März 2012. *Leipold*, in: Globalisierung und Sozialstaatsprinzip, S. 235 ff. (249).
[55] *Leipold*, in: Globalisierung und Sozialstaatsprinzip, S. 235 ff. (241).
[56] *Leipold*, in: Globalisierung und Sozialstaatsprinzip, S. 235 ff. (237).
[57] *Leipold*, in: Globalisierung und Sozialstaatsprinzip, S. 235 ff. (241 ff.).
[58] *Leipold*, in: Globalisierung und Sozialstaatsprinzip, S. 235 ff. (250).
[59] *Leipold*, in: Globalisierung und Sozialstaatsprinzip, S. 235 ff. (249).

das gegenwärtige deutsche Zivilverfahren unter zunehmender Rolle der Prozessgrundrechte als zentrales Gegengewicht zur gesteigerten Richtermacht verdeutlichen. Der Wert der Maximen für das Erkenntnisverfahren wird hingegen keineswegs redimensioniert.

Die Problematik der Bedeutung der Prozessmaximen für den heutigen Zivilprozess griff *Bruns* im Rahmen des Freiburger Symposiums zur Zukunft des Zivilprozesses im Jahre 2013 unter der Fragestellung, ob das Maximendenken im Zivilprozess als „Irrweg oder Zukunftschance" anzusehen sei, auf.[60] *Bruns* hat der Aussage von *Leipold* entschieden widersprochen. Er hebt die lange Tradition der deutschen Prinzipienlehre und die dogmatische Bedeutung der Maximen als Grundlage des Zivilprozesses sowie als Ausdruck wesentlicher rechtspolitischer Grundentscheidungen deutlich hervor. Die Prozessmaximen seien Maßstab für Sachgerechtigkeit von Gleichbehandlung und Differenzierung bei der Anwendung und richterlichen Fortbildung des geltenden Rechts. Darüber hinaus seien sie „wichtige Parameter für die Ausgestaltung von Gesetzesformen *de lege ferenda*". Schließlich bedürfe jegliche Abweichung von Prozessgrundsätzen einer sachlichen Rechtfertigung, ihre Stärkung muss unter Umständen das Verhältnis zu und die Vereinbarkeit mit gegenläufigen Prinzipien erklären.[61] Insgesamt sei die künftige Entwicklung des europäischen Zivilprozessrechts auf eine stärkere Maximenorientierung angewiesen. Das zivilprozessuale Maximendenken wird von *Bruns* dabei im Hinblick auf die Anwendung und Fortentwicklung des deutschen sowie des europäischen Zivilprozessrechts als zentral angesehen und als „echte Zukunftschance" bezeichnet.[62]

Der rechtsdogmatische Streit um die Bedeutung der Maximen wird flankiert von einem Vorschlag zur Weiterentwicklung des Verhandlungsgrundsatzes im Hinblick auf Verfahrensvorteile für die zivilprozessuale Praxis. Nach Ansicht des Richters am BVerfG *Gaier* habe dieser Grundsatz „bestechende Überzeugungskraft"[63], gerade weil er das Gericht bei seiner eigentlichen Aufgabe der Rechtsfindung entlaste und die Tatsachenbeschaffung demjenigen überlasse, der die Tatsachen am besten und typischerweise aus eigenem Erleben kenne. An dieser auf rationalen Erwägungen beruhenden Prozessmaxime sei daher nicht nur festzuhalten, sondern sie sei auch weiterzuentwickeln.[64]

---

[60] *Bruns*, in: Die Zukunft des Zivilprozesses, S. 53 ff. (55 f.).
[61] So *Bruns*, in: Die Zukunft des Zivilprozesses, S. 53 ff. (55 f.).
[62] So *Bruns*, in: Die Zukunft des Zivilprozesses, S. 53 ff. (66 f.).
[63] So *Gaier*, in: Gaier/Freudenberg, ZRP 2013, S. 27 ff. (29).
[64] So *Gaier*, in: Gaier/Freudenberg, ZRP 2013, S. 27 ff. (29).

5. Die Bedeutung der Verhandlungs- und der Dispositionsmaxime in den *Principles of Transnational Civil Procedure* und im europäischen Verfahrensrecht

Die Bedeutung des Maximendenkens soll zudem daran erkennbar sein, dass der Dispositions- und der Verhandlungsgrundsatz als Ausdruck von Parteiherrschaft auch in den vom *American Law Institute* (ALI) sowie von UNIDROIT entwickelten *Principles of Transnational Civil Procedure* aus dem Jahre 2004[65] wiederzufinden sind. Diese Prinzipien sollen eine Musterordnung für grenzüberschreitende zivilprozessuale Rechtsstreitigkeiten im Bereich des Handels darstellen und enthalten hierfür grundlegende verfahrensrechtliche Anforderungen.[66] Die Zielsetzung besteht darin, zu einer weltweiten Harmonisierung des Zivilprozessrechts beizutragen.[67] Die *Principles of Transnational Civil Procedure* zählen damit zu einer Gruppe abstrakter Regelungen, welche sich auf einer Ebene über den technischen Detailregeln des nationalen Zivilprozessrechts herausgebildet haben[68] und von den nationalen Prozessmaximen deutlich zu unterscheiden sind, obgleich sie sich mit ihnen durchaus überschneiden können.[69] Insbesondere zählt zu ihren Leitprinzipien, welche den Charakter und Verlauf des Verfahrens prägen sollen, auch der Dispositionsgrundsatz, *Principles* 10.1., 10.5., 28, und der Verhandlungsgrundsatz verbunden mit einem Recht auf Beweis, *Principles* 5.4, 10.3, sowie die Waffengleichheit, *Principle* 3.1. Nach *Principle* 10.1. beginnt das Verfahren auf Initiative des Klägers und eben nicht auf Initiative des Gerichts. Gemäß *Principle* 10.3 wird der Verfahrensgegenstand durch die von den Prozessparteien schriftsätzlich erhobenen Ansprüche und Einreden bestimmt. Die Parteien haben das Recht, relevante Tatsachen und Beweise in den Prozess einzubringen, *Principle* 5.4. Sie müssen ihren Tatsachenvortrag substantiiert schriftlich darlegen und das Beweismaterial ausreichend spezifiziert benennen, *Principles* 9.2, 11.2, 11.3, 22.4.2, 19.1.[70] Demgegenüber ist zu beachten, dass *Principle* 22 dem Richter als Ausprägung von Richtermacht eine sehr aktive Form der Verfahrensleitung zuweist.[71] Danach kann das Gericht auch von Amts wegen Beweis erheben, ohne Einschränkung auf bestimmte Beweismittel, *Principle* 22.2.2. Diese Befugnis wird jedoch nicht konkretisiert; eine Interpretation von Zweck und Grenzen der Befugnis zur Beweiserhebung von Amts wegen fehlt.[72] Ferner le-

---

[65] Vgl. *Bruns*, in: Die Zukunft des Zivilprozesses, S. 53 ff. (54).
[66] *Scherpe*, ZZP 129 (2016), S. 153 ff. (156).
[67] *Stürner*, RabelsZ 69 (2005), S. 201 ff. (203 f., 209, 211).
[68] *Kern*, in: Stein/Jonas, ZPO, Vor § 128 Rn. 13.
[69] *Kern*, in: Stein/Jonas, ZPO, Vor § 128 Rn. 13.
[70] Vgl. dazu *Bruns*, in: Die Zukunft des Zivilprozesses, S. 53 ff. (59).
[71] So *Althammer*, ZZP 126 (2013), S. 3 ff. (33).
[72] *Scherpe* ZZP 129 (2016), S. 153 ff. (157).

gen die *Principles* – bei ausreichender Substantiierung und Spezifizierung – umfassende Mitwirkungspflichten der Parteien zugrunde, *Principles* 11.3, 16.1, 16.2.[73] Damit lässt sich festhalten, dass sie – trotz der grundsätzlichen Anerkennung von Parteidisposition und Parteibeibringung – eine Abkehr vom Ideal des passiven Richters enthalten und dem Vorbild des Richters als Verfahrensmanager folgen.[74] Dies ist mit einer Relativierung des Verhandlungsgrundsatzes verbunden.

Im Rahmen des europäischen Zivilprozessrechts gibt es bisher keine explizite Herausbildung von Prozessmaximen durch das Primär- bzw. Sekundärrecht. Dementsprechend wird im Schrifttum die Offensichtlichkeit eines Mangels „[…] an konkreten Normen, dogmatischen Überzeugungen und Prozessinstituten" auf Sekundärebene erkannt.[75] Indes werden sog. gemeinsame Mindeststandards des Zivilprozessrechts der EU diskutiert und wurden vom Rechtsausschuss des EU-Parlaments im Jahre 2017 an die Kommission empfohlen.[76] Diese Mindeststandards stellen ebenso wie die *Principles of Transnational Civil Procedure* eine Gruppe abstrakter Regelungen ohne Rechtssatzqualität dar.[77]

Jedenfalls folgt auch der europäische Gesetzgeber im Bereich des Sekundärrechts der Dispositionsmaxime. Dies wird vor allem im Bereich der Verordnung über die gerichtliche Zuständigkeit und Anerkennung und Vollstreckung von Entscheidungen in Zivil- und Handelssachen (EuGVVO) an der Notwendigkeit einer Parteidisposition zur Verfahrenseinleitung deutlich.[78]

6. Die verfassungsrechtliche Verankerung der Maximen

Auf nationaler Ebene wird schließlich ein Bezug zwischen den klassischen Prozessmaximen und der Verfassung derart angenommen, dass die zentralen Prozessmaximen des Verhandlungs- und des Dispositionsgrundsatzes – wie die Prozessmaximen der Öffentlichkeit, §§ 169 ff. GVG, der Unmittelbarkeit und Mündlichkeit, § 128 ZPO – in ihrem Kern verfassungsrechtlich gewähr-

---

[73] Vgl. *Stürner*, in: FS für Frisch, S. 187 ff. (198).
[74] Vgl. *Stürner*, RabelsZ 69 (2005), S. 226: "The principles break with the ideal of a passive judge who is merely the umpire of the justice game between the litigating parties. In doing so they take the German-Austrian procedural model as an example, which has gained more and more acceptance in Europe."
[75] *Althammer*, in: Weller/Althammer, Mindeststandards im europäischen Zivilprozessrecht, S. 3 ff. (28).
[76] Vorschläge des Rechtsausschusses des EU-Parlaments 2017. Nachweise und Kritik bei *Stadler*, JZ 2017, S. 693 ff. (696 f.).
[77] Dazu *Weller/Althammer*, Mindeststandards im europäischen Zivilprozessrecht; *Kern*, in: Stein/Jonas, ZPO, 23. Aufl. Vor § 128 Rn. 13; *Roth*, ZZP 2018, S. 3 ff. (10).
[78] Vgl. dazu *Bruns*, in: Die Zukunft des Zivilprozesses, S. 53 ff. (58).

leistet sind[79] bzw. einem abgeschwächten Verfassungseinfluss[80] unterliegen. Den übergeordneten Rang soll dabei der Anspruch auf rechtliches Gehör gemäß Art. 103 I GG einnehmen. Aus diesem Grundrecht folgt unmittelbar die als wesentliches Element des Verhandlungsgrundsatzes geltende Befugnis der Parteien, Tatsachen und Beweismittel einzubringen,[81] womit aber nur ein Teilaspekt des Verhandlungsgrundsatzes abgesichert ist.[82] Die Dispositionsmaxime als Verfügungsbefugnis der Parteien über das „ob" und „worüber" eines Zivilverfahrens[83] wird als Konsequenz materieller Freiheitsrechte und daher – unter Differenzierung zwischen den einzelnen Elementen der Parteidisposition – in gewissem Umfang als Ausprägung der allgemeinen Handlungsfreiheit gemäß Art. 2 I GG bzw. der Verfügungsbefugnis gemäß Art. 14 GG angesehen.[84]

II. Die Dispositionsmaxime und die Verhandlungsmaxime im Einzelnen

In den folgenden Ausführungen wird das inhaltliche Spektrum der Dispositions- und der Verhandlungsmaxime näher erläutert.

1. Die Dispositionsmaxime

Der Dispositionsgrundsatz beinhaltet die Befugnis der Parteien zur Verfügung über den Prozess im Ganzen, also die Entscheidung der Parteien über Beginn, Gegenstand und Beendigung des Verfahrens,[85] kurz die Verfügungsbefugnis über das „ob" und das „worüber" des Prozesses.[86]

---

[79] Der Grundsatz der Verfahrensöffentlichkeit zählt nach heute h.M. und Auffassung des BVerfG zu den Prinzipien demokratischer Rechtspflege. Ferner enthält Art. 6 I S. 1 EMRK eine subjektive prozessuale Gewährleistung der Öffentlichkeit, BVerfG NJW 2001, 1633 (1635); vgl. dazu *Bruns*, in: Die Zukunft des Zivilprozesses, S. 53 ff. (61). Der Verfassungsrang der Mündlichkeit folgt aus der Garantie der Öffentlichkeit, da Öffentlichkeit ohne Mündlichkeit nicht sinnvoll erscheint. Ein ausnahmslos schriftlicher Zivilprozess für sämtliche Verfahrensarten sowie Verfahrensabschnitte wäre daher verfassungswidrig. So *Bruns*, in: Die Zukunft des Zivilprozesses, S. 53 ff. (62) mit Verweis auf *Stürner*, in: FS für Baur, S. 647 ff. (661). Demgegenüber wird die verfassungsrechtliche Gewährleistung des Grundsatzes der Unmittelbarkeit als „unklar und teilweise umstritten" bezeichnet. So *Bruns*, in: Die Zukunft des Zivilprozesses, S. 53 ff. (64).
[80] So *Roth*, ZZP 131 (2018), S. 3 ff. (7).
[81] *Stürner*, in: FS für Baur, S. 647 ff. (657).
[82] *Roth*, ZZP 131 (2018), S. 3 ff. (7).
[83] *Stürner*, in: FS für Baur, S. 647 ff. (650).
[84] Vgl. *Stürner*, in: FS für Baur, S. 647 ff. (650 ff.).
[85] *Rauscher*, in: Münchener Kommentar ZPO, Einl. Rn. 274, 276.
[86] *Stürner*, in: FS für Baur, S. 647 ff. (650).

II. Die Dispositionsmaxime und die Verhandlungsmaxime im Einzelnen

Diese Verfügungsfreiheit findet in zahlreichen zivilprozessualen Normen ihren Ausdruck: Der Dispositionsgrundsatz betrifft zunächst schon die Freiheit zu entscheiden, ob überhaupt ein Prozess stattfindet. Das zivilprozessuale Verfahren setzt dementsprechend eine Initiative der Parteien in Form einer Klage, § 253 ZPO, oder in Form eines entsprechenden Rechtsschutzgesuches des Klägers bzw. des Antragstellers voraus. Durch dieses Gesuch wird determiniert, vor welchem Gericht, in welchem Verfahren, gegen wen gestritten wird und welchen Inhalt dieser Streit hat, was also den Streitgegenstand bildet. Insofern besteht aber auch eine Gemeinsamkeit mit Verfahren, welche von der Offizialmaxime beherrscht sind, z.B. § 151 StPO. Durch den Antrag wird der Umfang der richterlichen Prüfung bestimmt. Damit ist insbesondere § 308 I ZPO Ausdruck der Dispositionsmaxime. Das Gericht ist demnach an den Antrag der Parteien gebunden (*Ne eat iudex ultra petita partium*); es ist nicht befugt, etwas auszusprechen, was nicht beantragt wurde. Würde es sich völlig vom Parteiantrag lösen, so käme dies inhaltlich einer Neueinleitung eines Verfahrens gleich.[87] Hingegen haben die Parteien nicht die Macht, über ihren Antrag die Entscheidung auf bestimmte rechtliche Grundlagen zu beschränken. Dies bedeutet, dass das Gericht entscheidet, worüber im Prozess gestritten wird. Die Entscheidung erfasst damit den ganzen Anspruch aus jeder in Betracht kommenden Anspruchsgrundlage, z.B. Schadensersatz aus Vertrag oder Delikt. Insoweit besteht ein Unterschied zu dem romanischen Prozessrechtssystem, das eine solche Beschränkung insbesondere bei Gestaltungs- und Schadensersatzklagen kennt.[88] Die Vorschrift des § 308 I ZPO ist nicht nur eine technische Regel, sondern beschreibt die Verteilung von Verantwortlichkeit im Zivilprozess zwischen Gericht und Parteien.[89] § 308 I ZPO ist damit Ausdruck des Prinzips der Parteifreiheit und Parteiverantwortung, auf welches die Dispositionsmaxime und der Verhandlungsgrundsatz zurückzuführen sind.[90] Indem der Vorschrift die Funktion der Begrenzung richterlicher Entscheidungsmacht und des Schutzes des Bürgers vor einer Benachteiligung zuerkannt wird,[91] wird nur ein Aspekt im Verhältnis des Gerichts zu den Parteien betont.[92] Es entspricht dem Rechtsschutzziel, den Parteien die Macht einzuräumen, dem Gericht Grenzen für seine Entscheidung zu setzen, indem diese durch ihre Anträge das Streitprogramm bestimmen.[93] Eine Durchbrechung erfährt die Grundregel der Bindung des Gerichts an die Parteianträge

---
[87] Vgl. *Stürner*, in: FS für Baur, S. 647 ff. (654).
[88] *Stürner*, in: FS für Lindblom, S. 659 ff. (666).
[89] *Musielak*, in: Münchener Kommentar ZPO, § 308 Rn. 1; *Fenge*, in: AK-ZPO § 308 Rn. 1 ff.
[90] *Musielak*, in: Münchener Kommentar ZPO, § 308 Rn. 1.
[91] *Fenge*, in: AK-ZPO, § 308 Rn. 1, 3.
[92] Vgl. *Musielak*, in: Münchener Kommentar ZPO, § 308 Rn. 1.
[93] *Musielak*, in: Münchener Kommentar ZPO, § 308 Rn. 1 und Fn. 6 m.w.N.

gemäß § 308 II ZPO nur für die im öffentlichen Interesse liegende Kostenentscheidung. Nach der Begründung des Gesetzesentwurfs wurde die heutige Vorschrift § 308 I ZPO als Ausdruck der Verhandlungsmaxime gesehen.[94] Aufgrund eines Wandels im Verständnis des Inhaltes der Dispositionsmaxime und des Verhandlungsgrundsatzes ist sie heute als Folge der Dispositionsmaxime zu verstehen.[95]

Aus rechtsvergleichender Perspektive sei angemerkt, dass auch das Zivilverfahrensrecht anderer kontinentaleuropäischer Staaten, die auf der römisch-rechtlichen Tradition basieren, entsprechende Vorschriften kennt, wie beispielsweise Artikel 112 der italienischen Zivilprozessordnung. Demgegenüber gibt es in den U.S.A. nach den F.R.C.P. gemäß F.R.C.P. 54 (c) erstaunlicherweise keine dem § 308 I S. 1 ZPO entsprechende Bindung des Gerichts an den Antrag.[96]

Der Fortgang des Verfahrens wird nach der deutschen Dispositionsmaxime ebenfalls von den Parteien beherrscht; hierzu zählen Änderungen oder Erweiterungen des Streitgegenstands im Wege der Klageänderung, § 263 ZPO, oder Änderungen in Bezug auf die Parteien. Die Dispositionsmaxime beinhaltet schließlich die Berechtigung der Parteien, den Rechtsstreit ohne Urteil in der Hauptsache durch Klagerücknahme, § 269 ZPO, Erledigungserklärung, § 91a ZPO, und Prozessvergleich sowie – im Rahmen des Instanzenzuges – durch Zurücknahme des Rechtsmittels zu beenden. Bedeutsame Bestandteile der Dispositionsmaxime sind die beiden prozessualen Gegenstücke Verzicht, § 306 ZPO, und Anerkenntnis, § 307 ZPO. Auch diese Rechtsinstitute begrenzen die richterliche Nachprüfung. Ferner kann jede Partei ein Versäumnisurteil gegen sich ergehen lassen, §§ 330, 331 ZPO. Dabei führt lediglich die Säumnis des Klägers zu einer wirklichen Disposition, weil das Versäumnisurteil in diesem Fall ohne materiell-rechtliche Prüfung der Klage erlassen wird.[97] Schließlich ist das Urteil „nur insoweit" der Rechtskraft fähig, als über den durch die Klage oder durch die Widerklage erhobenen (prozessualen) An-

---

[94] *Hahn/Mugdan*, Band 2, Abt. 1, S. 285.
[95] *Melissinos*, S. 74; *Musielak*, in: Münchener Kommentar ZPO, § 308 Rn. 3.
[96] Diese Regelung wird selbst von amerikanischen Autoren als interessant und überraschend bezeichnet, vgl. *Freer*, S. 297. Eine Ausnahme von der fehlenden Bindung des Richters an den Antrag bildet das Versäumnisverfahren, weil sich der nicht erscheinende Beklagte hier auf das Klagebegehren verlassen können soll. Die Vorschrift F.R.C.P. 54 (c) ist indes vor dem Hintergrund der größeren Bedeutung des tatsächlichen Geschehens für das amerikanische Zivilverfahren zu verstehen, vgl. dazu *Nakamura*, in: Das deutsche Zivilprozessrecht, S. 442: Während der kontinental-europäische Prozess nach römisch-rechtlicher Tradition auf dem Primat der Norm beruht, ist Vorbild für den U.S.-amerikanischen Prozess der germanische Prozess, für den kein dem römischen Rechtskreis vergleichbares geschriebenes Recht existierte. F.R.C.P. 54 (c) erlaubt dem Gericht ferner keine Verurteilung auf Grundlage von Tatsachen, welche im Verfahren nicht geltend gemacht wurden. *Old Republic Ins. Co. v. Employers reinsurance Corp.*, 144 F3d 1077, 1080 (7th Cir. 1998).
[97] *Rosenberg/Schwab/Gottwald*, § 76 Rn. 4.

spruch entschieden worden ist. Dabei ist der Streitgegenstand Bezugspunkt. Dieser wird nach der bisher überwiegenden Ansicht durch den Klageantrag und den zugrunde liegenden Sachverhalt bestimmt (sogenannter zweigliedriger prozessualer Streitgegenstandsbegriff).[98] Damit legt das enge deutsche Konzept der Rechtskraft den Schwerpunkt auf die Parteidisposition.[99] Im Ergebnis werden nur der Tenor und dessen Gegenteil von der Rechtskraft erfasst. Als Instrumentarium zur Einbeziehung präjudizieller Rechtsverhältnisse in den Umfang der Rechtskraft steht den Parteien die Zwischenfeststellungklage gemäß § 256 II ZPO zur Verfügung. Somit liegt es in der Macht des Klägers bzw. Widerklägers, im Wege des Klageantrags den Umfang der Rechtskraft zu determinieren. Diese Parteiherrschaft in Bezug auf die Begrenzung der Rechtskraft auf den erhobenen prozessualen Anspruch wirkt sich ferner auf das Instrumentarium der Teilklage aus, die dem Kläger ermöglicht, lediglich einen Teil seines materiell-rechtlichen Anspruches geltend zu machen. Die Reichweite der Rechtskraft bezieht sich in einem solchen Falle nur auf den entschiedenen Anspruch, sofern der Kläger die Eigenschaft als Teilklage offenlegt.[100]

Insgesamt wird ersichtlich, dass sich die Dispositionsmaxime aus einer Vielzahl zivilprozessualer Normen und Rechtsinstitute, welche „eigenständige Wirkungsmöglichkeiten der Parteien"[101] im Prozess darstellen, „herausdestillieren" lässt. Sie wird überwiegend als das prozessuale Pendant der materiell-rechtlichen Verfügungsfreiheit und damit der Privatautonomie angesehen.[102] Es lässt sich ferner konstatieren, dass sich das Prinzip der Parteidisposition inzwischen als rechtstheoretische Grundregel etabliert hat.[103] Dies lässt sich auch belegen anhand der vom *American Law Institute* und von *Unidroit* verabschiedeten *Principles of Transnational Civil Procedure*.[104]

Den Gegensatz zum Dispositionsgrundsatz bildet der Offizialgrundsatz. Er besagt, dass die Herrschaft über Einleitung, Bestimmung des Gegenstandes und Beendigung des Verfahrens dem Staat obliegt. Damit bilden die Dispositions- und die Offizialmaxime – rechtstechnisch betrachtet – das Grundsatzpaar, das die Frage löst, wer das Verfahren überhaupt einleitet, den Gegenstand der Entscheidung determiniert und über das zugrunde liegende Recht verfügt.

---

[98] BGHZ 157, 47; BGHZ 166, 253; *Roth*, in: Stein/Jonas, ZPO, Vor § 253 Rn. 11, 18; *Althammer*, in: Stein/Jonas, ZPO, § 322 Rn. 90.
[99] *Stürner*, ZZP 127 (2014), S. 271 ff. (284); *ders.*, RabelsZ 69 (2005), S. 201 ff. (250 f.); *Althammer*, Streitgegenstand und Interesse, S. 643 m.w.N.; *Althammer/Tolani*, ZZPint 2015, S. 227 ff. (229 f.).
[100] *Rosenberg/Schwab/Gottwald*, § 154 Rn. 14 f.
[101] So *Brüggemann*, S. 103.
[102] *Grunsky*, Grundlagen, S. 18 f.; *Rimmelspacher*, S. 24.
[103] *Stürner*, in: FS für Frisch, S. 187 ff. (192).
[104] *Stürner*, in: FS für Frisch, S. 187 ff. (192).

Der Offizialgrundsatz gilt im Strafverfahren, in dem der Staatsanwalt als Kläger auftritt, § 152 StPO. Im Hinblick auf den fürsorgenden Charakter des FamFG-Verfahrens gilt, dass das Gericht von Amts wegen tätig werden kann und unter Umständen sogar muss, sofern das Gesetz nicht einen Antrag vorsieht. Daher gilt auch für das FamFG die Offizialmaxime, die durch die Möglichkeit zur beiderseitigen Verfahrenseinleitung ergänzt wird. Das Offizialprinzip wird im FamFG aber – vor allem hinsichtlich der echten Streitsachen der freiwilligen Gerichtsbarkeit – durchbrochen. Insbesondere gilt das Antragsprinzip nach § 2553 BGB, §§ 223 FamFG, 417 FamFG.[105] Ferner sind die Wirkungen des Anerkenntnisses bei Familien- und Kindschaftssachen nach § 113 IV Nr. 4 FamFG ausgeschlossen. Im Insolvenzverfahren hingegen gilt die Dispositionsmaxime, denn es wird nur auf Antrag eingeleitet, § 13 I InsO.

2. Die Verhandlungsmaxime bzw. der Beibringungsgrundsatz

a) Vorbemerkung

Während der Dispositionsgrundsatz den Dispositionsakt meint, umfasst der Verhandlungs- bzw. der Beibringungsgrundsatz den Bereich der Tatsachenbeibringung. Beide Grundsätze stehen jedoch in einem engen Zusammenhang, denn sie fußen auf der Vorstellung der Parteien als Herren des Verfahrens.[106] Einerseits geben die Parteien dem Prozess einen bestimmten Rahmen, in dem sich der Richter zu bewegen hat (Dispositionsmaxime). Andererseits füllen sie diesen Rahmen aus, indem sie die entscheidungserheblichen Tatsachen beibringen (Verhandlungs- bzw. Beibringungsmaxime).[107] Die Verhandlungsmaxime betrifft die Aufgabenverteilung bei der Stoffsammlung. In der älteren zivilprozessualen Literatur wird diesbezüglich von dem wichtigsten, den Zivilprozess beherrschenden Grundsatz ausgegangen.[108] Auch nach der Rechtsprechung des Reichsgerichts war die Verhandlungsmaxime „oberster Grundsatz der Prozessordnung".[109]

Die Verhandlungsmaxime wird teilweise auf den Gegensatz zu der in dem Sonderverfahren in Familiensachen und in der freiwilligen Gerichtsbarkeit geltenden Amtsermittlung nach §§ 26, 127 FamFG[110] gestützt.[111] Einige Auto-

---

[105] *Ulrici*, in: Münchener Kommentar FamFG, Rn. 10 ff.; *Borth/Grandel*, in: Musielak/Borth, FamFG, § 26 Rn. 3.
[106] *Schreiber*, Jura 1989, S. 86 ff. (86); *Leipold*, in: Stein/Jonas, Vor 128 Rn. 138.
[107] *Schreiber*, Jura 1989, S. 86 ff. (86).
[108] So *Goldschmidt*, Zivilprozeßrecht, § 11 sub 1 S. 22.
[109] RGZ 151, 93 ff. (98).
[110] Bis zum Inkrafttreten des FamFG am 1.9.2009 § 617 I ZPO („Einschränkung der Parteiherrschaft").
[111] *Rosenberg/Schwab/Gottwald*, § 77 Rn. 8; in Bezug auf § 617 I ZPO *Schreiber*, Jura 1989, S. 86 ff. (86).

II. Die Dispositionsmaxime und die Verhandlungsmaxime im Einzelnen 23

ren ziehen einen Umkehrschluss aus §§ 136 III, 137 II, 138 I, 139 I, 139 III, 141 I, 141 II, 278 I S. 1, S. 2, 278 III ZPO, da sich aus diesen Vorschriften die Abwesenheit der Verhandlungsmaxime bzw. deren Einschränkung entnehmen lasse.[112] Andere meinen, der Grundsatz liege der ZPO „mehr oder weniger unausgesprochen zugrunde" und verweisen auf die Gesetzesmaterialien sowie auf § 138 III ZPO.[113]

b) Der Begriff der Verhandlungsmaxime bzw. des Beibringungsgrundsatzes

Früher wurde häufiger der Terminus „Verhandlungsgrundsatz" anstelle des Begriffs der „Beibringungsmaxime" verwendet. So führte *Gönner* aus, dass unter Geltung der Verhandlungsmaxime „alles vom Vorbringen der Parteien oder ihren Verhandlungen abhängt".[114] Demgegenüber wird in der heutigen Terminologie sowohl in der Wissenschaft als auch in der höchstrichterlichen Rechtsprechung eher der Begriff der Beibringungsmaxime anstelle des Verhandlungsgrundsatzes herangezogen.[115] Dies wird mit der größeren Eindeutigkeit begründet. Gegen den Begriff der Verhandlungsmaxime spräche der Umstand, dass eben nicht das Verhandeln der Beteiligten im Vordergrund stehe[116] und nicht gemeint sei, im Zivilprozess finde eine Verhandlung vor Gericht statt.[117] Der Ausdruck „Verhandlungsgrundsatz" wird als „an sich schief"[118], von *Baur* sogar als „nichtssagend" kritisiert.[119] *Zettel*, der den Terminus des Beibringungsgrundsatzes mit seinem „Der Beibringungsgrundsatz" betitelten Werk aus dem Jahr 1977 besonders geprägt hat, bezeichnet die Begrifflichkeit der Verhandlungsmaxime als „irreführend".[120] Der „Beibringungsgrundsatz" sei nach seiner Auffassung „kennzeichnender und treffender".[121] Hierzu wird auch ein Hinweis auf die Begrifflichkeit in der Bestimmung des § 356 ZPO, in der von einer Beibringungsfrist gesprochen wird, herangezogen.[122] Die wesentliche Kritik besteht darin, dass die Bezeichnung

---

[112] Vgl. *Hahn*, JA 1991, S. 319 ff. (320).
[113] *Becker-Eberhard*, in: Zivilprozessrecht im Lichte der Maximen, S. 15 ff. (19).
[114] Handbuch I 2, S. 122 f.
[115] Prägend insoweit *Zettel*, Der Beibringungsgrundsatz, 1977. Jedoch wird in dem grundlegenden Urteil des 2. Zivilsenates des BGH hinsichtlich der fehlenden allgemeinen prozessualen Aufklärungspflicht der nicht beweisbelasteten Partei noch der Terminus „Verhandlungsmaxime" verwendet, NJW 1990, 3151 f.
[116] *Hahn*, JA 1991, S. 319 ff. (319); nach *Becker-Eberhard* ist der Terminus Beibringungsgrundsatz „treffender" und „plastischer"; *Becker-Eberhard*, in: Zivilprozessrecht im Lichte der Maximen, S. 15 ff. (17) und Fn. 8 m.w.N.
[117] *Leipold*, JZ 1982, S. 441 ff. (441).
[118] *Hahn*, JA 1991, S. 319 ff. (320).
[119] *Baur*, Zivilprozessrecht, § 4 B I.1. Rn. 40, S. 26.
[120] *Zettel*, S. 29.
[121] *Zettel*, S. 29.
[122] *Zettel*, S. 29.

„Verhandlungsmaxime" zu extensiv sei, denn sie betreffe an sich nicht nur die Verantwortung der Parteien für die Stoffsammlung, sondern erfasse auch Aspekte des Grundsatzes der Mündlichkeit und des Grundrechts auf rechtliches Gehör, Art. 103 I GG.[123] Die „Verhandlungsmaxime" beschreibe damit nicht die Eigentümlichkeit des Zivilverfahrens, da auch im Strafprozess das Gericht nur solche Gesichtspunkte berücksichtigen dürfe, die in der mündlichen Verhandlung vorgebracht wurden. Daher müsse man eigentlich – so *Zettel* – auch im Strafverfahren von einem Verhandlungsgrundsatz sprechen.[124]

Zuzugeben ist, dass der Terminus „Beibringung" enger ist und nur einen Ausschnitt der Verhandlung einzufangen vermag. Jedoch erscheint der Begriff dabei insofern zu beschränkt, als er maßgeblich die erste Stufe der Informationsbeschaffung im Blick hat und wesentliche Aspekte der Frage des Umgangs des Gerichts mit den beigebrachten Informationen als zweite Stufe ausblendet. Hierzu zählt insbesondere die bindende Wirkung des Geständnisses gemäß § 288 ZPO, bei der es sich zweifelsohne um eine Besonderheit im Zivilverfahren handelt, die insbesondere im Strafprozess aufgrund des Prinzips der Erforschung der Wahrheit von Amts wegen nicht gilt, § 244 II StPO. Dort muss das Gericht – sofern ein Geständnis des Angeklagten vorliegt – weitere Beweismöglichkeiten nutzen, wenn das Beweisergebnis nicht gesichert erscheint.[125] Das Geständnis ist hierfür nur eine Quelle und bildet gerade keine Sperre der Überprüfungskompetenz des Gerichts.

Zudem kann die Bedeutung des Mündlichkeitsgrundsatzes gem. § 128 ZPO, wonach die Parteien über den Rechtsstreit vor dem erkennenden Gericht „verhandeln", als Argument für die Bevorzugung des Begriffs des Verhandlungsgrundsatzes anstelle des Beibringungsgrundsatzes herangezogen werden. Es lässt sich im Hinblick auf die Terminologie konstatieren, dass der Begriff „Verhandlungsgrundsatz" mehr Substanz beinhaltet als der Begriff „Beibringungsgrundsatz". Der Kläger begehrt den Schutz bzw. die Durchsetzung seiner Rechte, der Beklagte dessen Abwehr. Insofern richtet sich das Begehren gegen den Gegner und nicht gegen den Richter. Der Begriff der Verhandlungsmaxime erscheint daher geeigneter, dieses Verhältnis zu verdeutlichen, während die Beibringungsmaxime zu restriktiv ist, da sie die Stoffbeibringung gegenüber dem Gericht in den Fokus stellt. Eine dem Wortlaut der Bestimmung des § 128 I ZPO entsprechende Norm ist im Übrigen in denjenigen Verfahrensordnungen, die der Untersuchungsmaxime folgen, nicht vorgesehen. So lautet § 101 I VwGO: „Das Gericht entscheidet […] auf Grund mündlicher Verhandlung." Entsprechendes gilt nach § 90 I FGO und

---

[123] *Zettel*, S. 25 ff.
[124] *Zettel*, S. 27.
[125] Eine Verurteilung allein aufgrund eines Geständnisses ist daher nicht ausgeschlossen.

II. Die Dispositionsmaxime und die Verhandlungsmaxime im Einzelnen   25

gemäß § 123 I SGG.[126] Im Folgenden wird daher – entgegen der heute wohl überwiegenden Auffassung – der Begriff der Verhandlungsmaxime demjenigen der Beibringungsmaxime vorgezogen.

c) Der Inhalt und die Reichweite der Verhandlungsmaxime

Der Inhalt des prozessualen Begriffes der Verhandlungsmaxime kann mit der Einführung des Tatsachenstoffes in den Prozess durch die Parteien (Stoffbeibringungskompetenz) umrissen werden. Die Verhandlungsmaxime verkörpert mithin die Parteiherrschaft über die Urteilsgrundlagen. Bei genauer Betrachtung können drei Aspekte voneinander unterschieden werden.

aa) Informationsbeschaffung im Wege der substantiierten Tatsachenbeibringung unter Berücksichtigung der Darlegungslast sowie der sekundären Darlegungslast

Der erste Gesichtspunkt betrifft das Vortragen der Tatsachen und die Entgegnung auf Tatsachenbehauptungen. Die Einführung der Tatsachen obliegt allein den Parteien, § 130 Nr. 3 ZPO. Außerdem können nur die Parteien Behauptungen berichtigen und wieder zurücknehmen, §§ 85 I S. 2, 90 II ZPO.[127] Die Frage, welche Partei Tatsachen in den Prozess einführen muss, bestimmt sich nach der subjektiven Darlegungs- bzw. Behauptungslast. Für die Informationsbeschaffung gilt im Grundsatz: Jede Partei hat diejenigen Tatsachen darzulegen, die für sie günstig sind bzw. deren Fehlen ihr zum Nachteil gereichen würden.[128] Damit trägt der Kläger die anspruchsbegründenden Tatsachen vor; der Beklagte hat die einwendungs- und einredebegründenden Tatsachen beizubringen.[129] Jede Partei muss die betreffenden Tatsachen konkret, d.h. substantiiert vortragen. Der substantiierte Vortrag verlangt indes Kenntnis über die entsprechende Tatsachengrundlage. Beweisermittlungs- und Ausforschungsanträge sind unzulässig. Die Verhandlungsmaxime gelangt aber dort an Grenzen, wo eine Partei einen substantiierten Tatsachenvortrag schlicht deshalb nicht leisten kann, weil Tatsachen zwangsläufig ihrer Wahrnehmungssphäre entzogen sind. Hier greift die Rechtsprechung unter dem Begriff der sekundären Behauptungslast korrigierend in das System der subjektiven Darlegungslast ein, indem sie die Substantiierung des Tatsachenvortrags von der an sich darlegungspflichtigen Partei auf den Gegner verlagert. Der Gegner darf in diesen Fällen dem Vortrag nicht im Wege eines einfachen Bestreitens begegnen, sondern hat die für das Gegenteil sprechenden Tatsachen und Um-

---

[126] Vgl. dazu *Zettel*, S. 37.
[127] *Rosenberg/Schwab/Gottwald*, § 77 Rn. 13.
[128] *Stürner*, Die Aufklärungspflicht der Parteien des Zivilprozesses, S. 6.
[129] *Stürner*, Die Aufklärungspflicht der Parteien des Zivilprozesses, S. 6.

stände darzulegen.[130] Unterlässt er dies ohne hinreichenden Grund, kann nach den Grundsätzen der sekundären Darlegungslast sein bestrittener Vortrag als unzureichend bewertet werden.[131] Dann gilt der Vortrag des Klägers als zugestanden, § 138 III ZPO. Die Grundsätze über die sekundäre Behauptungslast erfordern, dass der darlegungspflichtigen Partei ein näherer Vortrag aufgrund fehlender Kenntnis der maßgeblichen Tatsache nicht möglich ist, weil die Tatsache außerhalb des von ihr darzulegenden Geschehensablaufs steht. Zudem muss der Prozessgegner über die betreffenden Informationen verfügen und es muss ihm auch zumutbar sein, diese im Wege des „substantiierten Bestreitens" einzuführen.[132] Nach den Grundsätzen über die sekundäre Darlegungslast kann eine Partei z.B. dazu gehalten sein, Angaben über innerbetriebliche Vorgänge zu machen, die dem Gegner unzugänglich sind, sofern sie dazu unschwer in der Lage ist und die Umstände des Falles eine derartige Beweisführungserleichterung nahelegen.[133]

Über die anerkannten Fälle der Pflicht zum substantiierten Bestreiten hinaus gibt es jedoch im deutschen Zivilprozessrecht keine allgemeine prozessuale Aufklärungspflicht der nicht beweisbelasteten Partei. Damit hat sich die Forderung *Stürners* („Die Aufklärungspflicht der Parteien des Zivilprozesses", 1976) nach einer Etablierung einer prozessualen Aufklärungspflicht auch der nicht risikobelasteten Partei bisher nicht durchgesetzt. Die prozessuale Aufklärungspflicht soll nach der Konzeption von *Stürner* auf Grundlage einer plausiblen Rechtsbehauptung der risikobelasteten Partei gegeben sein, wobei sich die Plausibilität aus einem schlüssigen substantiierten Vortrag bzw. in der Situation typischer Sachverhaltsunkenntnis aufgrund von Anhaltspunkten ergeben soll. Die Aufklärungspflicht soll nach Ansicht *Stürners* die Verpflichtung zur Auskunft über Tatsachen bzw. Beweismittel beinhalten und mit der Verpflichtung zur Duldung bestimmter Maßnahmen und zur nahezu uneingeschränkten Urkundenvorlage einhergehen.[134] Demgegenüber gilt nach dem Grundsatzurteil des BGH aus dem Jahre 1990 das Prinzip, dass keine Partei gehalten ist, „dem Gegner für seinen Prozeßsieg das Material zu verschaffen, über das er nicht schon von sich aus verfügt"[135] (*nemo contra se edere tenetur*). Die wesentliche Bedeutung der Wahrheitspflicht für das Zivilverfahren solle nicht den Schluss erlauben, die Parteien seien generell zu einem Verhalten ver-

---

[130] BGHZ 86, 23 ff. (29); BGHZ 140, 156 ff. (158); BGH NJW 1987, 1201; BGH NJW-RR 2004, 989; BGH NJW 2008, 982; vgl. *Greger*, BRAK-Mitt. 2005, S. 150 ff. (151).
[131] OLG Düsseldorf NVZ 2014, 34 ff. (36).
[132] BGH NJW 1997, 128 (129); BGH NJW 2014, 149; *Greger*, BRAK-Mitt. 2005, S. 150 ff. (151).
[133] OLG Düsseldorf NVZ 2014, 34 ff. (36) m.w.N.
[134] *Stürner*, Die Aufklärungspflicht der Parteien des Zivilprozesses, S. 378 ff.
[135] Grundlegend BGH NJW 1990, 3151 f.; anders *Stürner*, Die Aufklärungspflicht der Parteien des Zivilprozesses, 1976.

II. Die Dispositionsmaxime und die Verhandlungsmaxime im Einzelnen 27

pflichtet, das am besten der Wahrheitsfindung dient.[136] Der Zugang zu Informationen wird traditionell über das Institut materiell-rechtlicher Informationsverschaffungspflichten ermöglicht.[137] Hierzu zählen insbesondere die Besichtigungs- und Urkundenvorlageansprüche gemäß §§ 809, 810 BGB bzw. Ansprüche aus Sondergesetzen wie § 140c PatG, § 101a UrhG, § 24b GebrMG. Daneben hat die Rechtsprechung auch Auskunftsansprüche aus § 242 BGB hergeleitet.[138] An diese materiell-rechtlichen Ansprüche knüpft das Prozessrecht gemäß §§ 422, 423 ZPO an. Nach Maßgabe der Bestimmung des § 422 ZPO muss die Gegenpartei der risikobelasteten Partei die Urkunden zur Beweisführung überlassen, welche sie auch nach materiellem Recht herausgeben bzw. vorlegen müsste bzw. auf die sie selbst zur Beweisführung Bezug genommen hat, § 423 ZPO.[139] Schließlich ermöglicht die Vorschrift des § 142 I ZPO dem Gericht, die Vorlage einer Urkunde auch ohne Bestehen eines materiell-rechtlichen Anspruches anzuordnen.

bb) Beweisführung unter Berücksichtigung der Beweisbedürftigkeit, der subjektiven Beweislast sowie der Beweiserhebung auf Antrag und der Beweiserhebung von Amts wegen

Die zweite zentrale Facette ist die Beweisebene. Hierzu zählen die Frage der Beweisbedürftigkeit sowie die Veranlassung der Beweiserhebung. In einem Verfahren, das der Verhandlungsmaxime folgt, bestimmt in weitem Umfang das Verhalten der Parteien die Frage der Beweisbedürftigkeit.[140] Zunächst darf das Gericht über eine von den Parteien entscheidungserhebliche Tatsache nur dann Beweis erheben, wenn diese Tatsache unter den Parteien einerseits beweiserheblich und andererseits streitig ist. Sofern eine Tatsache von den Parteien übereinstimmend vorgetragen wird bzw. von einer Partei behauptet und von dem Gegner nicht substantiiert bestritten wird, §§ 138 III, 439 III ZPO, bedarf es keines Beweises.[141] Das Gericht ist an eine solche Tatsache gebunden. Ferner muss das Gericht eine Tatsache, die gemäß § 288 ZPO zugestanden ist, als wahr zugrunde legen. Dies gilt selbst dann, wenn der Richter von der Wahrheit der Tatsache nicht überzeugt ist.[142] Sofern es sich um eine bei dem Gericht offenkundige Tatsache handelt, bedarf es nach § 291 ZPO im Sinne

---

[136] BGH NJW 1990, 3151 f.
[137] Dazu *Schlosser*, JZ 1991, S. 599 ff. (606).
[138] *Schlosser*, JZ 1991, S. 599 ff. (606).
[139] Zur Rechtslage vor der Neufassung des § 142 ZPO *Stürner*, Die Aufklärungspflicht der Parteien des Zivilprozesses, S. 12.
[140] *Rosenberg/Schwab/Gottwald*, § 113 Rn. 2.
[141] *Rosenberg/Schwab/Gottwald*, § 77 Rn. 14, § 112 Rn. 20.
[142] *Rosenberg/Schwab/Gottwald*, § 113 Rn. 13: Ausnahmen von der Bindungswirkung bestehen dann, wenn der Richter die Tatsache für unmöglich hält oder davon überzeugt ist, dass es auf einen Betrug zu Lasten Dritter abzielt.

der Effizienz des Verfahrens ebenfalls keines Beweises. Hier ersetzt das richterliche Wissen den Beweis. Offenkundig sind dabei allgemeinkundige und gerichtskundige Tatsachen. Allgemeinkundig sind Tatsachen, welche in einem größeren oder kleineren Bezirk einer beliebig großen Menge bekannt sind oder wahrnehmbar waren, und über die man sich aus zuverlässigen Quellen ohne besondere Fachkunde sicher informieren kann.[143] Als Informationsquelle kommt damit auch das Internet in Betracht; Inhalte aus dem Internet werden dann als allgemeinkundig erachtet, wenn ihre Richtigkeit anerkannt ist.[144] Für die Bewertung von Informationen aus dem Internet als allgemeinkundig soll entscheidend sein, ob „auch ein besonnener Mensch von ihrer Wahrheit überzeugt sein kann".[145] Gerichtskundig ist eine Tatsache, wenn sie dem Gericht als Anstalt, nicht nur als Spruchbehörde, aus amtlicher Tätigkeit bekannt ist.[146] Im Hinblick auf die Verhandlungsmaxime ist umstritten, ob die Offenkundigkeit einer Tatsache nicht nur deren Beweis ersetzt, sondern auch die Notwendigkeit der Behauptung der Tatsache durch eine Partei entfallen lässt und damit die Einführung der offenkundigen Tatsache durch das Gericht selbst ermöglicht.[147] Es wird vertreten, im Bereich der Verhandlungsmaxime komme die Offenkundigkeit – anders als im Geltungsbereich der Untersuchungsmaxime – nur in Bezug auf diejenigen Tatsachen in Betracht, welche von einer Partei in den Prozess eingebracht worden sind.[148] Demgegenüber wird argumentiert, die Parteien könnten die offenkundige Tatsache im Falle einer Beibehaltung der Behauptungslast durch das Unterlassen der Behauptung der richterlichen Urteilsgrundlage entziehen.[149]

Im Übrigen bedürfen vermutete Tatsachen keines Beweises.[150] Hinsichtlich der Frage, wer die Beweiserhebung veranlasst, gilt, dass zum Beweis streitiger, nicht offenkundiger Tatsachen (§ 291 ZPO) i.d.R. nur die Beweise erhoben werden, deren Erhebung von einer Partei beantragt wurde, vgl. §§ 282 I, 359 Nr. 3 ZPO.[151] Die Parteien veranlassen die Aufnahme der Beweise, wobei der Beweisantritt von der Art des Beweismittels abhängt, vgl. § 371 I ZPO (Bezeichnung), § 373 ZPO (Benennung), § 403 ZPO (Bezeichnung der zu begut-

---

[143] *Rosenberg/Schwab/Gottwald*, § 113 Rn. 25.
[144] *Leipold*, in: Stein/Jonas, ZPO, 22. Aufl., § 291, Rn. 5; *Thole*, in: Stein/Jonas, ZPO, § 291 Rn. 4; *Greger*, in: FS für Stürner, S. 289 ff. (293).
[145] *Leipold*, in: Stein/Jonas 22. Aufl., § 291, Rn. 5; *Thole*, in: Stein/Jonas § 291 Rn. 4. Dies soll auf die Internetseiten offizieller bzw. als sachkundig ausgewiesener Stellen zutreffen. So *Greger*, in: FS für Stürner, S. 289 ff. (293).
[146] *Rosenberg/Schwab/Gottwald*, § 113 Rn. 27.
[147] *Prütting*, in: Münchener Kommentar ZPO, § 291 Rn. 13.
[148] So *Leipold*, in: Stein/Jonas, ZPO, 22. Aufl., § 291 Rn. 18 m.w.N. in Fn. 42; *Thole*, in: Stein/Jonas, ZPO, § 291 Rn. 11 m.w.N.
[149] *Prütting*, in: Münchener Kommentar ZPO, § 291 Rn. 13.
[150] Vgl. dazu *Rosenberg/Schwab/Gottwald*, § 113 Rn. 31 ff.
[151] *Leipold*, in: Stein/Jonas, ZPO, 22. Aufl., Vor § 128, Rn. 155; *Kern*, in: Stein/Jonas, ZPO, Vor § 128 Rn. 184.

II. Die Dispositionsmaxime und die Verhandlungsmaxime im Einzelnen 29

achtenden Punkte), § 420 ZPO (Vorlage). Die Parteien können auch auf die Aufnahme der Beweismittel verzichten, §§ 399, 402, 436 ZPO.[152] Der Beweisantritt ist grundsätzlich Sache der beweisbelasteten Partei. Die subjektive Beweislast folgt dabei der Darlegungslast, womit eine Partei die für sie günstigen Tatsachen auch beweisen muss. Demgegenüber regelt die objektive Beweislast, welche Partei den Nachteil trägt, wenn eine beweisbedürftige Tatsache nicht bewiesen werden kann (*non liquet*). Die objektive Beweislast erhält demnach erst dann Bedeutung, wenn die Beweiserhebung abgeschlossen ist. Im Unterschied zur subjektiven Beweislast, die es nur im Verfahren mit Verhandlungsmaxime geben kann,[153] stellt sich die Frage nach den Konsequenzen der Beweislosigkeit sowohl in Verfahren mit Untersuchungsmaxime als auch in Verfahren mit Verhandlungsmaxime.[154] Damit ist die objektive Beweislast von den Verfahrensmaximen unabhängig.[155]

Das Gericht veranlasst dann die Beweisaufnahme, womit von den Parteien eben nicht die Beweisbeschaffung, sondern nur der Beweisantritt verlangt wird. Die Verhandlungsmaxime in seiner reinen Verwirklichung schließt eine Beweiserhebung von Amts wegen aus.[156] Das BVerfG hebt hervor, die Notwendigkeit des Beweisantritts seitens einer Partei sei eine Ausprägung der den Zivilprozess beherrschenden Verhandlungsmaxime, in der die grundlegende Bedeutung der Parteifreiheit und Parteiverantwortung im Zivilprozess zum Ausdruck komme.[157] In seinem Beschluss aus dem Jahre 1994 wurde eine Verletzung des Verhandlungsgrundsatzes darin gesehen, dass ein Urkundenbeweis durch Verwertung einer in Verwahrung des Prozessgerichts befindlichen Urkunde ohne einen erforderlichen Beweisantritt der beweisbelasteten Partei erhoben wurde.[158] Nach der Zivilprozessordnung können aber – abgesehen vom Zeugenbeweis – alle Beweismittel auch von Amts wegen erhoben werden.[159]

---

[152] *Rosenberg/Schwab/Gottwald*, § 77 Rn. 15.
[153] *Leipold*, in: Stein/Jonas, ZPO, 22. Aufl., § 286 Rn. 52; *Thole*, in: Stein/Jonas, ZPO, § 286 Rn. 99.
[154] *Leipold*, in: Stein/Jonas, ZPO, 22. Aufl., § 286 Rn. 48; *Thole*, in: Stein/Jonas, ZPO, § 286 Rn. 94.
[155] *Leipold*, in: Stein/Jonas, ZPO, 22. Aufl., § 286 Rn. 48; *Thole*, in: Stein/Jonas, ZPO, § 286 Rn. 94.
[156] *Rosenberg/Schwab/Gottwald*, § 77 Rn. 9.
[157] BVerfG NJW 1994, 1210 f. (1211) unter Bezugnahme auf *Leipold*, in: Stein/Jonas, ZPO, 22. Aufl., Vor § 128 Rn. 78 und 82.
[158] BVerfG NJW 1994, 1210 f. (1211), wobei in diesem Falle ausreichend, aber auch erforderlich ist, dass sich eine Partei auf die Urkunde berufen hat.
[159] *Rosenberg/Schwab/Gottwald*, § 77 Rn. 15; demgegenüber ist das Gericht im französischen Zivilprozessrecht sogar dazu ermächtigt, die Zeugenvernehmung von Amts wegen anzuordnen, Art. 10, 143 n.c.p.c., sofern es sich um eine von den Parteien streitig gestellte Tatsache handelt. Allerdings gibt es auch im französischen Recht keine explizite Verpflichtung des Gerichts zur Beweiserhebung von Amts wegen; vielmehr stehen diese Befugnisse im Ermessen des Gerichts. Vgl. dazu *Scherpe*, ZZP 129 (2016), S. 153 ff. (163 f.).

Der Richter hat die Befugnis, von Amts wegen einen Augenschein einzunehmen und einen Sachverständigenbeweis zu erheben, § 144 ZPO, sowie die Vorlage von Urkunden und sonstigen Unterlagen, § 142 ZPO, oder Akten, § 143 ZPO, anzuordnen. Letzteres ist vor dem Hintergrund des dargestellten Prinzips einer fehlenden allgemeinen prozessualen Aufklärungspflicht der Parteien und der Geltung des Grundsatzes, dass allein das materielle Recht bestimmt, ob eine Partei Ansprüche gegen die andere auf Erteilung von Auskünften, Rechnungslegung, Herausgabe von Unterlagen etc. hat, bemerkenswert.[160]

Zudem kann der Richter auch eine Parteivernehmung anordnen, § 448 ZPO, sofern das Ergebnis der Verhandlungen und einer etwaigen Beweisaufnahme nicht ausreicht, um seine Überzeugung von der Wahrheit oder Unwahrheit einer zu erweisenden Tatsache zu begründen. Die genannten Maßnahmen können schon zur Vorbereitung des Termins getroffen werden, § 273 II ZPO. In dem erwähnten Beschluss des BVerfG wurde ein Fall einer zulässigen Erhebung des Urkundenbeweises von Amts wegen allerdings deshalb als nicht gegeben erachtet, weil die hierfür erforderliche Voraussetzung einer Bezugnahme einer Partei i.S.v. § 142 I ZPO a.F. *in casu* nicht gegeben war.[161] Diese prozessordnungswidrige Verwendung eines Beweismittels wurde vom BVerfG nicht nur als Verstoß gegen die Verhandlungsmaxime bewertet, sondern auch als eine Verletzung der gebotenen Neutralität und Distanz des Richters gegenüber der anwaltschaftlich vertretenen Partei angesehen, da der Richter hierdurch dem Prozessgegner bei der Prozessführung geholfen habe.[162]

In der Literatur wird hinsichtlich der richterlichen Befugnisse zur Beweiserhebung von Amts wegen lediglich von Auflockerungen bzw. Einschränkungen oder Abmilderungen der Verhandlungsmaxime ausgegangen.[163] Dies wird darauf gestützt, dass es sich bei den Kompetenzen hinsichtlich einer amtswegigen Beweisaufnahme – nicht zu verwechseln mit der Prüfung von Amts wegen – eben nur um „Kann"-Vorschriften handelt. Die Beweiserhebung von Amts wegen liegt damit im Ermessen des Gerichts; es handelt sich um eine Befugnis und nicht um eine Pflicht des Richters.[164] Grundlegend ist diesem Zusammenhang, dass die Beweiserhebung von Amts wegen entsprechend allge-

---

[160] BGH NJW 1990, 3151.
[161] BVerfG NJW 1994, 1210 f. (1211): Die Beklagten hatten die Akten des Verfahrens lediglich in der Klageerwiderung angesprochen. Dies hielt das BVerfG nicht für ausreichend für eine „Bezugnahme", da sich die Beklagten nicht auf eine Aussage einer Zeugin bezogen.
[162] BVerfG NJW 1994, 1210 f. (1211).
[163] *Leipold*, in: Stein/Jonas, ZPO, 22. Aufl., Vor § 128, Rn. 155; *Kern*, in: Stein/Jonas, ZPO, Vor § 128 Rn. 184; *Prütting*, NJW 1980, S. 362 f.; bezüglich der Neufassung von § 142 ZPO durch das ZPO-RG von 2001 *Rosenberg/Schwab/Gottwald*, § 120 Rn. 47.
[164] Eine Pflicht des Gerichts zu amtswegiger Beweisaufnahme wird überwiegend abgelehnt. A.A. *Schöpflin*, S. 317, wonach in dem Bereich amtswegiger Beweiserhebung eine diesbezügliche gerichtliche Pflicht bestehen und die Untersuchungsmaxime gelten soll.

II. Die Dispositionsmaxime und die Verhandlungsmaxime im Einzelnen 31

meinen Voraussetzungen der Beweiserhebung nur dann erfolgen darf, wenn das Geschehen zwischen den Parteien streitig ist. Damit bildet das Parteiverhalten aufgrund des Verhandlungsgrundsatzes an sich eine deutliche Grenze für das richterliche Eingreifen.[165] Eine Beweisanordnung durch den Richter kann erst dann getroffen werden, wenn eine Äußerung der gegnerischen Partei zu dem unter Beweis gestellten Vorbringen gegeben ist.[166]

Der Beweiserhebung *ex officio* wird letztlich eine „reine Ergänzungsfunktion" zugeschrieben.[167] Sie stärke ein eher materiell orientiertes Wahrheitsmodell, ohne dabei das Verhältnis der Parteien zum Gericht im Sinne eines dreiseitigen Prozessrechtsverhältnisses aufzugeben.[168] Im Schrifttum wird allerdings eingeräumt, dass durch die Zulässigkeit amtswegiger Beweiserhebung eine Annäherung an das stärker aufklärungsorientierte Verfahrensrecht stattgefunden habe; hierdurch sei die Grenze, die das deutsche Verfahrensrecht durch den Grundsatz der Parteiherrschaft ziehe, noch nicht überschritten, jedoch als „weitgehend erreicht" anzusehen.[169] In der fehlenden Verpflichtung des Gerichts zur amtswegigen Beweiserhebung wird ein wesentlicher Unterschied zu der Untersuchungsmaxime gesehen,[170] deren Kennzeichen eine Pflicht des Gerichts zur Beweisaufnahme von Amts wegen ist. So hebt *Stürner* hervor, das „bloße Können" des Richters im Rahmen der Beweiserhebung trenne die Verhandlungsmaxime von der Inquisitionsmaxime. Sofern man im Zivilprozess eine richterliche Pflicht zur Beweisaufnahme annehmen würde, wäre daher die Grenze zur Untersuchungsmaxime in dem Bereich der Beweismittel, die von Amts wegen erhoben werden können, aufgehoben.[171] *Stürner* charakterisiert die amtswegige Beweisaufnahme als eine Art Abkürzung des Verfahrens, da sich das Gericht eine Aufforderung zum Beweisantritt als Aspekt der richterlichen Hinweispflicht nach § 139 ZPO erspart.[172] Denn fehle der Beweisantritt, so müsse der Richter darauf grundsätzlich hinweisen.[173] Nach Ansicht *Stürners* beseitige die fakultative amtswegige Beweisaufnahme in Verbindung mit der richterlichen Hinweispflicht nach § 139 I ZPO die Eigenverantwortlichkeit der Parteien nicht, weil sich diese gerade nicht auf eine amtswegige Beweisaufnahme verlassen können.[174] Andere Autoren sehen in

---
[165] *R. Koch*, S. 105.
[166] *Stackmann*, NJW 2007, S. 3521 ff. (3524).
[167] *Scherpe*, ZZP 129 (2016), S. 153 ff. (173, 180).
[168] So *Scherpe*, ZZP 129 (2016), S. 153 ff. (176).
[169] So *Scherpe*, ZZP 129 (2016), S. 153 ff. (176).
[170] *Leipold*, in: Stein/Jonas, ZPO, 22. Aufl., Vor § 128, Rn. 155; *Kern*, in: Stein/Jonas, ZPO, Vor § 128 Rn. 201.
[171] *Stürner*, Die Aufklärungspflicht der Parteien des Zivilprozesses, S. 67.
[172] *Stürner*, JZ 1986, S. 1089 ff. (1093); *ders.*, Die Aufklärungspflicht der Parteien des Zivilprozesses, S. 68.
[173] *Stürner*, JZ 1986, S. 1089 ff. (1093).
[174] *Stürner*, Die Aufklärungspflicht der Parteien des Zivilprozesses, S. 68.

der richterlichen Möglichkeit der Anordnung von Amts wegen eine „Schnittstelle" zwischen der Verhandlungs- und der Untersuchungsmaxime.[175]

Zuweilen wird im Schrifttum hinsichtlich der Kompetenz zur Beweiserhebung von Amts wegen der Blickwinkel insoweit geändert, als gerade nicht der Aspekt einer Beschränkung richterlicher Befugnisse zwecks Abgrenzung zu der Untersuchungsmaxime, sondern die Möglichkeit der Parteien, richterliche Aktivität zum Zwecke der Erlangung von Beweisen einzufordern, in den Fokus gestellt wird.[176] Im Kontext der Beweiserhebung von Amts wegen wird eine uneingeschränkte Freiheit des Gerichts im Rahmen der Ermessensausübung im Interesse eines Rechts der sich in Beweisnot befindlichen Partei abgelehnt und eine Verpflichtung des Gerichts zur Beweiserhebung *ex officio* im Einzelfall begründet. Damit wird die Beweiserhebung von Amts wegen nicht nur als eine Ermächtigung für das Gericht angesehen, sondern ihr wird ein verpflichtendes Element zugunsten der Parteiherrschaft zugeschrieben, welches es dem Gericht untersagt, sich auf den Verhandlungsgrundsatz „zurückzuziehen".[177] Hierzu soll die Möglichkeit der Parteien dienen, an das Gericht einen Antrag zu stellen, eine Vorlageanordnung gegenüber dem Gegner oder Dritten zu treffen, insbesondere wenn im Hinblick auf Dokumente kein materiell-rechtlicher Anspruch auf Herausgabe i.S.v. § 423 ZPO besteht, §§ 428, 142, 371 II, 144 ZPO. Dieser Beweisantritt durch Antrag einer Partei an das Gericht soll mehr sein als eine bloße Anregung, die das Gericht nicht befolgen müsste. Vielmehr soll der erhebliche und erforderliche Antrag einer Partei das Ermessen des Gerichts auf null reduzieren.[178] Diese Beweiserhebung auf Antrag der Parteien bedeute keine Aufweichung der Verhandlungsmaxime, sondern eine Erweiterung der Möglichkeiten der Parteien zum Zugriff auf Beweismittel.[179] Im Falle des fehlenden Beweisantritts soll das Ermessen des Gerichts im Rahmen der Beweiserhebung von Amts wegen aufgrund eines Rechts der Parteien auf Beweis reduziert sein, wenn eine Partei keinen Zugang zu den ihr bekannten Beweisen hat und sich damit in einer unverschuldeten Beweisnot befindet.[180] Gerichtliches Tätigwerden wird hier aufgrund des Justizgewährungsanspruches im Interesse der Parteien gefordert, was wegen des hinsichtlich der anderen Beweismittel bestehenden Antragsrechts der Parteien (vgl. §§ 371 II, 428 ZPO) vor allem im Bereich des Urkundenbeweises relevant ist. Hier soll das nach § 142 ZPO bestehende Ermessen aufgrund eines Rechts auf Beweis reduziert und zu einer Verpflichtung verdichtet sein, wenn eine

---

[175] So *Stackmann*, NJW 2007, S. 3521 ff. (3521).
[176] So *Scherpe*, ZZP 129 (2016), S. 153 ff. (153 ff.).
[177] So *Scherpe*, ZZP 129 (2016), S. 153 ff. (177 ff.).
[178] *Scherpe*, ZZP 129 (2016), S. 153 ff. (179) mit Hinweis auf *Leipold*, in: Stein/Jonas, ZPO, 22. Aufl., § 142 Rn. 8, § 144 Rn. 15.
[179] *Scherpe*, ZZP 129 (2016), S. 153 ff. (179).
[180] *Scherpe*, ZZP 129 (2016), S. 153 ff. (184).

Partei deshalb auf ein Tätigwerden des Gerichts von Amts wegen angewiesen ist, weil sie mangels Bestehens eines materiell-rechtlichen Herausgabeanspruches keine Vorlage nach §§ 421, 422 ZPO verlangen kann, sofern sich die gegnerische Partei nicht nach § 423 ZPO selbst auf die Urkunde bezogen hat. Das Recht auf Beweis als Ausprägung der Justizgewährung erfordere die Aktivität des Gerichts.[181] Dadurch wird der richterliche Zugriff auf Beweismittel als positiv im Parteiinteresse und nicht etwa als Einmischung zu Lasten der Verhandlungsmaxime betrachtet, womit diese Ansicht die Perspektive von einer Begrenzung der Richtermacht zu einer Richteraktivität zwecks Ausschöpfung vorhandener Beweismittel im Parteiinteresse ändert.[182]

cc) Berücksichtigung in der richterlichen Entscheidung

Ein dritter Aspekt der Verhandlungsmaxime betrifft die Frage der Berücksichtigung von Tatsachen durch den Richter in der Entscheidung. Nach der Verhandlungsmaxime darf das Gericht nur diejenigen Tatsachen zur Grundlage seiner Entscheidung machen, die von den Parteien beigebracht wurden.[183] Tatsachen, die von den Parteien nicht vorgetragen oder wieder zurückgenommen wurden, dürfen nicht in das Urteil einfließen, selbst wenn sie bei Gelegenheit einer Beweisaufnahme zutage getreten sind.[184] Schon im Jahre 1936 hat das Reichsgericht in einer viel zitierten Entscheidung festgestellt, dass nur die Tatsachen rechtlich geprüft werden dürften, „auf die sich der Kläger zur Begründung seines Antrages beruft". Weiter heißt es:

„[…] das Gericht darf nicht Tatsachen, die irgendwie in der Verhandlung auftauchen, von Amts wegen an Stelle derjenigen setzen, die vom Kläger als Stütze seines Antrags vorgetragen werden. Das würde dem obersten Grundsatz der Prozeßordnung, dem Verhandlungsgrundsatz, widersprechen."[185]

d) Verhandlungsmaxime und Wahrheitsfindung

Mit der Geltung der Verhandlungsmaxime wird das Prinzip der formellen Wahrheit verbunden bzw. teilweise die Verhandlungsmaxime auch als Prinzip der formellen Wahrheit gekennzeichnet, weil der Umfang und die Beweisbedürftigkeit des Streitstoffs vom Parteiverhalten abhängig sind.[186] Demgegenüber gelte unter der Untersuchungsmaxime das Prinzip der materiellen Wahrheit („die echte Wahrheit"), da das Gericht die Wahrheit des Streitstoffs

---
[181] *Scherpe*, ZZP 129 (2016), S. 153 ff. (183).
[182] So *Scherpe*, ZZP 129 (2016), S. 153 ff. (186).
[183] BGH NJW 1989, 3161.
[184] *Rosenberg/Schwab/Gottwald*, § 77 Rn. 13.
[185] RGZ 151, 93 ff. (97 f.).
[186] *Rosenberg/Schwab/Gottwald*, § 77 Rn. 7.

schrankenlos untersuchen dürfe und müsse.[187] Jedoch ist zu bedenken, dass auch das Verfahren unter Geltung der Verhandlungsmaxime auf Feststellung der Wahrheit abzielt.[188] Dies fußt auf der Überlegung, die Wahrheit träte aus dem Munde beider Parteien leichter zutage als im Wege einer gerichtlichen Untersuchung.[189] Es wird davon ausgegangen, die Wahrheit werde im Rahmen der Geltung der Verhandlungsmaxime anders ermittelt, denn der Egoismus der Parteien und die Gegensätzlichkeit ihrer Interessen führten hier dazu, dass das Streitmaterial beigebracht und aufgeklärt werde.[190] Der Terminus der formellen Wahrheit beinhaltet die Wahrheit, die durch einen bestimmten Beweisprozess formell erreicht wird. Dieser Beweisprozess ist im Zivilverfahren der Strengbeweis, während die materielle Wahrheit im Wege einer freien richterlichen Erforschung, die sich in alle Richtungen erstreckt, ermittelt wird.[191] Wie bereits dargestellt wurde, bestimmt das Parteiverhalten die richterliche Beweistätigkeit. Ein Nicht-Bestreiten bzw. Zugestehen des Gegners bewirkt richterliche Bindung, §§ 138 III, 288 ZPO. Dies gilt unabhängig davon, welche Überzeugung der Richter von der Wahrheit selbst hat.[192] Sofern die rechtserheblichen Tatsachen zwischen den Parteien streitig sind, ist der Richter ebenfalls nicht in seiner Ermittlungstätigkeit frei und erforscht eben nicht den wahren Sachverhalt. Vielmehr bleibt er an die tatsächlichen Behauptungen der Parteien sowie an die Regelungen des Strengbeweises gebunden.[193] Im Ergebnis kann der Unterschied zwischen formeller und materieller Wahrheit als graduell[194] – von einer von den Parteien vermittelten Wahrheit im Rahmen der auf Logik fußenden Beweisvorschriften[195] bis hin zu einer möglichst vollständigen Ermittlung des wahren Sachverhalts durch Hinzuziehung eines Ermittlungsapparats – gekennzeichnet werden.

e) Die Untersuchungsmaxime als Gegensatz

Als diametraler Gegensatz zum Verhandlungsgrundsatz gilt der Untersuchungsgrundsatz (Amtsermittlungs- bzw. Inquisitionsmaxime), unter dessen Geltung die materielle Wahrheit erstrebt wird. Der im Strafprozess

---

[187] *Rosenberg/Schwab/Gottwald*, § 77 Rn. 7.
[188] *Leipold*, in: Stein/Jonas, ZPO, 22. Aufl., Vor § 128 Rn. 152 und *Kern*, in: Stein/Jonas, ZPO, Vor § 128 Rn. 181: „Alle Stoffsammlungsmaximen zielen auf die Erkenntnis der Wahrheit ab." Zur Wahrheit im Zivilprozess *Leipold*, in: FS für Nakamura, S. 301 ff.
[189] *Rosenberg/Schwab/Gottwald*, § 77 Rn. 7; *Leipold*, in: Stein/Jonas, ZPO, 22. Aufl., Vor § 128 Rn. 152.
[190] *Rosenberg/Schwab/Gottwald*, § 77 Rn. 3.
[191] *Diakonis*, S. 40.
[192] *Diakonis*, S. 41.
[193] *Diakonis*, S. 41.
[194] *Rosenberg/Schwab/Gottwald*, § 77 Rn. 3.
[195] Vgl. dazu *Leipold*, in: FS für Nakamura, S. 301 ff. (304).

II. Die Dispositionsmaxime und die Verhandlungsmaxime im Einzelnen 35

(StPO), Verwaltungsprozess (VwGO), im Insolvenzverfahren (§ 5 I S. 1 InsO) und im Verfahren der freiwilligen Gerichtsbarkeit (FamFG)[196] geltende Untersuchungsgrundsatz weist die Stoffsammlung dem Gericht zu. Aufgabe des Geichts ist es, zu bestimmen, welche möglichen Tatsachen im Verfahren zu erörtern und inwieweit Beweise zu erheben sind.[197] Anders als im Bereich der Verhandlungsmaxime entscheidet hier allein das Gericht über die Beweisbedürftigkeit. Beweisanträge der Parteien werden nur als Beweisanregungen verstanden.[198] *Stürner* kennzeichnet den Unterschied zwischen der Verhandlungs- und der Untersuchungsmaxime anhand des Verhältnisses von Parteiherrschaft und Richteraktivität dahingehend, dass im Rahmen der Verhandlungsmaxime der richterlichen Tätigkeit eine „Subsidiarität und Ergänzungsfunktion" zukommen, während in den Verfahren mit Geltung der Untersuchungsmaxime, also im Straf- und Verwaltungsprozess, das Gericht die primäre Verantwortung für die Sachverhaltsaufklärung trägt und den Parteien und ihren Vertretern nur eine Ergänzungs- und Kontrollfunktion zustünde.[199]

Im Zivilverfahren besteht eine Besonderheit, wenn ein öffentliches Interesse an einer umfassenden und richtigen Klärung der tatsächlichen Grundlage einer gerichtlichen Entscheidung vorliegt. Hier findet der Untersuchungsgrundsatz Anwendung. Auf materiell-rechtlicher Ebene wird Gestaltungsfreiheit beschränkt. Ohne Gestaltungsfreiheit im materiellen Recht soll es keine Gestaltungsfreiheit auf prozessualer Ebene geben. Ansonsten könnten auf prozessualer Ebene Ergebnisse herbeigeführt werden, welche auf materiellrechtlicher Ebene nicht erzielt werden können und dürfen.[200] Dies gilt gemäß § 26 FamFG insbesondere in Kindschaftssachen gemäß §§ 151 ff. FamFG, in Aufgebotssachen gemäß §§ 433 ff. FamFG und mit Einschränkungen hinsichtlich der die Scheidung begründenden Umstände (vgl. § 127 II FamFG) sowie die eine Scheidung aufgrund einer besonderen Härte ausschließenden Tatsachen (vgl. § 127 III FamFG) in Ehesachen gemäß §§ 121 ff. FamFG.[201] An dieser Stelle sei bemerkt, dass auch im Rahmen des FamFG die Parteien die Tatsachen beibringen. Darin besteht ein deutlicher Unterschied zum Verständnis des Untersuchungsgrundsatzes insbesondere im Strafprozess, in dem der Sachverhalt von Amts wegen unter Hinzuziehung eines Ermittlungsappa-

---

[196] Der Untersuchungsgrundsatz gilt jedoch nach dem FamFG nicht ausschließlich. In den auf Antrag eingeleiteten Verfahren und in den echten Streitsachen obliegt es den Beteiligten, an der Ermittlung des Sachverhalts mitzuwirken. *Borth/Grandel*, in: Musielak/Borth, FamFG, § 26 Rn. 5.
[197] *Leipold*, in: Stein/Jonas, ZPO, 22. Aufl., Vor § 128 Rn. 178; *Kern*, in: Stein/Jonas, ZPO, Vor § 128 Rn. 208.
[198] *Rosenberg/Schwab/Gottwald*, § 113 Rn. 36.
[199] *Stürner*, JZ 1986, S. 1089 ff. (1093).
[200] *Becker-Eberhard*, in: Zivilprozessrecht im Lichte der Maximen, S. 15 ff. (31).
[201] *Ulrici*, in: Münchener Kommentar FamFG, § 26 Rn. 2.

rats erforscht wird. Die Bedeutung des Untersuchungsgrundsatzes nach dem FamFG liegt damit mehr in einer korrigierenden Funktion gegenüber dem Parteivortrag, womit er graduell hinter dem Untersuchungsgrundsatz des Strafprozessrechts zurückbleibt.

f) Mögliche Ansätze einer Legitimation der Verhandlungsmaxime

aa) Verhandlungsmaxime als Fortsetzung materiell-rechtlicher Privatautonomie

Die Verhandlungsmaxime wird insbesondere von *Grunsky* als „interessengerechte Parallele zur materiell-rechtlichen Verfügungsfreiheit" der Parteien gekennzeichnet.[202] Derjenige, der rechtsgeschäftlich verfügen darf, müsse auch über die zugehörigen Fakten disponieren können.[203] Sofern demnach im materiellen Recht eine Verfügung möglich sei, müsse dies – zur Vermeidung von Wertungswidersprüchen – im Verfahren zur Verhandlungsmaxime führen.[204] Stehe indes schon das materielle Recht einer Verfügung entgegen, so müsse die Verhandlungsmaxime ausscheiden.[205] Damit wirkt die Verhandlungsmaxime als Fortsetzung der Privatautonomie in den Zivilprozess hinein[206] bzw. wird als Korrelat der materiell-rechtlichen Ausübungs- und Verfügungsfreiheit verstanden.[207] Prozessmaximen hätten die gleiche Bedeutung wie die Grundprinzipien des materiellen Rechts.[208] Konsequenz dieser logischen Ableitung aus der Parteiautonomie wäre, die Schranken der prozessualen Parteiherrschaft am materiellen Recht auszurichten.[209] Mit der Aufgabe der Verhandlungsmaxime wäre nach dieser Ansicht auch die parallele materiell-rechtliche Verfügungsfreiheit aufgegeben.[210]

bb) Zweckmäßigkeit und Effektivität

Dieser rechtsdogmatische Ansatz wird vor allem von *Weyers* als „ideologische Rechtfertigung" bezeichnet und abgelehnt.[211] Die von *Weyers* bevorzugte „technische Rechtfertigung"[212] basiert hingegen auf der Zweckmäßigkeit und der ökonomischen Effektivität einer Sachverhaltsermittlung und Sachver-

---

[202] So vor allem: *Grunsky*, Grundlagen, S. 20 f.; *Schönfeld*, S. 11.
[203] *E. Schmidt*, DuR 12 (1984), S. 24 ff. (25).
[204] *Grunsky*, Grundlagen, S. 20 f.
[205] *Grunsky*, Grundlagen, S. 21.
[206] Vgl. zur Darstellung: *Leipold*, JZ 1982, S. 441 ff. (442).
[207] *Rosenberg/Schwab/Gottwald*, § 77 Rn. 3.
[208] *Schönfeld*, S. 91.
[209] Vgl. *Cahn*, AcP 198 (1998), S. 35 ff. (40).
[210] *Schönfeld*, S. 81.
[211] So für die Verhandlungsmaxime *Weyers*, in: FS für Esser, S. 193 ff. (200).
[212] Bezeichnung nach *Weyers*, in: FS für Esser, S. 193 ff. (200).

haltsfeststellung durch die Parteien. Diese Begründung rechtfertigt die Verhandlungsmaxime, „weil sie ein ökonomisches Verfahren zur Rekonstruktion der wirklichen Vorgänge abgibt"[213]. Die Parteien kennen als unmittelbar Beteiligte den Sachverhalt in der Regel am besten[214] und können diesen daher auch am besten darstellen. Der Egoismus der Parteien und die Gegensätzlichkeit ihrer Interessen führen dazu, dass der Sachverhalt vollständig beigebracht und aufgeklärt wird.[215] Auch in der jüngeren Literatur wird eine Stärkung der Verhandlungsmaxime zum Zwecke der Verfahrensökonomie befürwortet.[216] Eine weitere Erwägung für die Rechtfertigung des Verhandlungsgrundsatzes ist die „staatliche Interessenlosigkeit an der Streitsache". Diese Begründung geht auf *Adolf Wach*[217] zurück, der auf Grundlage der liberalen Prozessauffassung des 19. Jahrhunderts meinte, dass es im Zivilprozess allein um private Rechtspositionen gehe und der Staat an deren Durchsetzung zumindest kein einzelfallbezogenes Interesse habe.[218]

III. Formelle und materielle Prozessleitungsbefugnisse des Gerichts und deren Verhältnis zur Parteiherrschaft

1. Die formelle Prozessleitung

Prozessleitung ist die Gestaltung des Verfahrensablaufs. Diese bezieht sich einerseits auf den konkreten förmlichen Ablauf (formelle Prozessleitung) und andererseits auf materielle Aspekte (materielle Prozessleitung). Denkbar ist eine richterliche Prozessleitung, die eher zurückhaltend ist und damit die Gestaltung des Verfahrens den Parteien überlässt, also in gewisser Parallelität dazu, dass Dispositions- und Verhandlungsmaxime es den Parteien überlassen, ob und worüber ein Prozess stattfindet, ob von Rechtsmitteln bzw. Rechtsbehelfen Gebrauch gemacht wird und welches Tatsachenmaterial der Entscheidung zugrunde gelegt wird.[219] Der Gegensatz hierzu wäre eine aktive Prozessleitung, die die Parteiherrschaft über das Verfahren zurückdrängt.

Formelle richterliche Prozessleitungsbefugnisse betreffen zum einen alle Verfügungen und Entscheidungen in Bezug auf den äußeren Gang des Verfahrens. Hierzu zählen beispielsweise die Aussetzung der Verhandlung, §§ 148 f.

---

[213] *Weyers*, in: FS für Esser, S. 193 ff. (200).
[214] *Kern*, in: Stein/Jonas, ZPO, Vor § 128 Rn. 180.
[215] BGHZ 103, 265 ff. (267); *Rosenberg/Schwab/Gottwald*, § 77 Rn. 3; *Leipold*, in: Stein/Jonas, ZPO, 22. Aufl., Vor 128, Rn. 83; *Olzen*, ZZP 98 (1985), S. 403 ff. (417).
[216] *R. Koch*, S. 355 f.
[217] *Wach*, Vorträge, S. 53.
[218] Zu *Wach*: *Becker-Eberhard*, in: Zivilprozessrecht im Lichte der Maximen, S. 15 ff. (28); *Leipold*, JZ 1982, S. 441 ff. (442 f.).
[219] Vgl. *Leipold*, in: Stein/Jonas, ZPO, 22. Aufl., Vor § 128 Rn. 186.

ZPO, die Anordnung des Ruhens des Verfahrens, §§ 251, 251a III, 278 IV ZPO, Vertagungen und Aufhebung von Terminen, §§ 227, 337 ZPO. Im Hinblick auf das Ziel der Verfahrensbeschleunigung sind die richterlichen Befugnisse zur Setzung von Fristen, z.B. gemäß §§ 139 V, 273 II Nr. 1, 275 I S. 1, III, 276 I S. 2, III, 283 S. 1, 356 ZPO, Teil der Prozessleitung. Ferner zählt auch die Bestimmung der Verfahrensweise gemäß § 272 ZPO – früher erster Termin oder schriftliches Vorverfahren – zur Prozessleitung des Gerichts.[220] Ein bedeutsamer Teil der formellen richterlichen Prozessleitung ist der Prozessbetrieb. Hierzu zählen Maßnahmen, die den technischen Ablauf des Prozesses in Gang halten und umfasst daher die Bestimmung der Termine, die Ladungen, die Zustellungen und sonstige Bekanntgaben.[221] Der Prozessbetrieb betrifft also das Vorantreiben des Prozesses im Rahmen des äußeren Prozessablaufs. Bei dem Prozessbetrieb handelt es sich damit keinesfalls um eine bloße Formalie des Zustellungswesens. Er kann vielmehr als Ausdruck von Parteiherrschaft bzw. Richtermacht verstanden werden, je nachdem, wem die Verantwortung für den äußeren technischen Prozessablauf und damit vor allem die Bestimmung des Prozesstempos zugewiesen wird: Der Prozessbetrieb kann in den Händen der Parteien („Parteibetrieb") bzw. – wie nach der heutigen ZPO und nach dem FamFG – in den Händen des Gerichts („Amtsbetrieb") liegen. Insoweit liegt – wie bei den Alternativen Dispositionsgrundsatz und Offizialgrundsatz sowie bei den Alternativen Verhandlungsgrundsatz und Untersuchungsmaxime – rechtstechnisch betrachtet ein Grundsatzpaar vor.[222] Der Prozessbetrieb ist streng von der Verhandlungsmaxime zu trennen. Der Einfluss auf den äußeren Gang des Verfahrens kann daher auch bei einem von der Verhandlungsmaxime beherrschten Zivilverfahren dem Gericht zugewiesen sein.

2. Die materielle Prozessleitung gemäß § 139 ZPO im Spannungsverhältnis zu der Dispositions- und der Verhandlungsmaxime

Das Gericht trägt die Verantwortung für die materielle Prozessleitung. Gemäß § 139 I S. 2 ZPO hat das Gericht die Aufgabe, das Sach- und Streitverhältnis mit den Parteien nach der tatsächlichen und rechtlichen Seite zu erörtern und Fragen zu stellen. Es hat auf die rechtzeitige und vollständige Erklärung der Parteien über alle erheblichen Tatsachen, insbesondere auf die Ergänzung ungenügender Angaben zu den geltend gemachten Tatsachen, auf die Bezeich-

---

[220] Vgl. zu der formellen Prozessleitung *Leipold*, in: Stein/Jonas, ZPO, 22. Aufl., Vor § 128 Rn. 189; *Kern*, in: Stein/Jonas, ZPO, Vor § 128 Rn. 219.
[221] *Leipold*, in: Stein/Jonas, ZPO, 22. Aufl., Vor § 128 Rn. 188; *Kern*, in: Stein/Jonas, ZPO, Vor § 128 Rn. 218.
[222] *Fasching*, Rn. 640 S. 337.

III. Prozessleitungsbefugnisse und deren Verhältnis zur Parteiherrschaft

nung der Beweismittel und auf die Stellung sachdienlicher Anträge hinzuwirken. Dem Gericht obliegt damit eine aktive Mitwirkung an der Verhandlung des Rechtsstreits[223] durch eine Erörterungs-, eine Frage- und eine Hinweispflicht, deren Grenzen gesetzlich nicht exakt festgelegt sind. Die richterliche Prozessleitung nach § 139 ZPO findet ihre Entsprechung in §§ 178, 182 öZPO, in den englischen CPR Pr. 1.4. (2) (b), 18.1 und korrespondiert mit Principle 22.2.1. der *Principles of Transnational Civil Procedure*.

Die richterliche Prozessleitung gemäß § 139 ZPO wird heute überwiegend als Mittel der Gewährung rechtlichen Gehörs verstanden. *Stürner* bezeichnet sie als „Ausdruck eines dialogischen Zivilprozesses".[224] Die Interpretation dieser Befugnis ist für die vorstehende Arbeit deshalb von tragender Bedeutung, weil sie in einem besonderen Zusammenhang sowohl mit der Verhandlungs- als auch mit der Dispositionsmaxime und daher im Spannungsverhältnis zu der Parteiherrschaft im Zivilprozess steht. So heißt es in der Kommentarliteratur zu § 139 ZPO, Parteifreiheit und Parteiverantwortung, die ihren Ausdruck u.a. in der Dispositions- und Verhandlungsmaxime finden, werden von der Zivilprozessordnung weder als absolute noch als isolierte Grundsätze verstanden.[225] Der Zusammenhang zwischen der Kompetenz nach § 139 I ZPO und der Verhandlungs- und der Dispositionsmaxime ließe sich dahingehend kennzeichnen, dass die Maximen durch die materielle Prozessleitung des Gerichts nur gestärkt würden.[226] Dies wäre zweifelsohne der Fall, wenn sich die richterliche Befugnis im Sinne einer bloßen Hilfe innerhalb des von den Parteien vorgegebenen Rahmens darauf beschränken würde, im Wege von Hinweisen und Nachfragen eine Ergänzung des Tatsachenstoffs sowie sachdienliche Anträge seitens der Parteien zu erwirken und die Aufmerksamkeit der Parteien auf diejenigen Punkte zu lenken, die das Gericht für erheblich hält.[227] In Teilen des Schrifttums wird angenommen, die Kompetenz des § 139 ZPO habe nicht einmal eine „geringfügige Zurückdrängung" der Verhandlungsmaxime zur Folge, da eine Substantiierung durch die Parteien weiterhin erforderlich bliebe und das Gericht aufgrund der Befugnis nach § 139 I ZPO lediglich Unklarheiten beseitigen könne.[228] Demgegenüber könnte man aber zu der Annahme geneigt sein, je weiter die Grenzen der Befugnisse nach § 139 I ZPO gesteckt würden, desto weiter seien die Dispositions- und die Verhandlungsmaxime eingeschränkt. Insgesamt gilt, dass das Gebot der Unpar-

---

[223] *Leipold*, in: Stein/Jonas, ZPO, 22. Aufl., § 139 Rn. 1; *Kern*, in: Stein/Jonas, ZPO, § 139 Rn. 1.
[224] *Stürner*, ZZP 123 (2010), S. 147 ff. (153).
[225] *Leipold*, in: Stein/Jonas, ZPO, 22. Aufl, § 139 Rn. 1.
[226] So *Scherpe*, ZZP 129 (2016), S. 153 ff. (172).
[227] *Scherpe*, ZZP 129 (2016), S. 153 ff. (172) mit Hinweis auf: *Wagner*, in: Münchener Kommentar ZPO, § 139 Rn. 11.
[228] *Scherpe*, ZZP 129 (2016), S. 153 ff. (172 f.).

teilichkeit bzw. des Neutralitätsgebotes des Richters in die Interpretation des Umfangs des § 139 ZPO einzubeziehen sind.[229] So endet die Befugnis des Richters gemäß § 139 ZPO zur Mitwirkung an der Aufklärung des Sachverhaltes, wenn seine Aktivität den Anschein der Parteilichkeit erhält und die Besorgnis der Befangenheit begründet wird.[230] Damit dient hinsichtlich der Grenzziehung das Ablehnungsrecht nach § 42 ZPO zur Orientierung. Zum Teil wird angenommen, Hinweise, die in den Geltungsbereich des § 139 ZPO fallen, könnten nicht zu einer erfolgreichen Ablehnung des Richters gemäß § 42 ZPO führen.[231]

a) Hinweispflicht und Verhandlungsmaxime

Die Verhandlungsmaxime ist insoweit berührt, als die Frage- und Hinweispflicht des Gerichts den Tatsachenstoff umfasst, also ein richterlicher Hinweis auf Lücken im Sachvortrag (Unschlüssigkeit des Klage- bzw. Verteidigungsvorbringens) ergeht. Eine Hinweispflicht im Falle einer unschlüssigen Klage ist bereits durch das Reichsgericht anerkannt worden.[232] Gewiss bleibt auch im Falle eines entsprechenden Hinweises eine Substantiierung seitens der Parteien erforderlich. Die richterliche Hinweispflicht gilt des Weiteren hinsichtlich der Beweisebene: Die Verpflichtung zur Erteilung eines Hinweises erstreckt sich auch auf die Beweislast durch Anregung eines Beweisangebots. Damit wird die Hinweis- und Fragepflicht ganz besonders dann praktisch relevant, wenn eine Partei an der ungenügenden Darlegung oder an einem ungenügenden Beweisangebot zu scheitern droht.[233] Das durch eine solche Richteraktivität aufgebaute Spannungsverhältnis zu der Verhandlungsmaxime, wonach es Aufgabe der Parteien ist, Tatsachen und Beweismittel in den Prozess einzuführen, wird im aktuellen Schrifttum dahingehend beschrieben, dass die Vorschrift des § 139 ZPO eine nur ergänzende und modifizierende Fürsorgepflicht und Mitverantwortung im Sinne eines fairen, willkürfreien und auf Wahrheitsermittlung bestrebten Verfahrens statuiere.[234] Demnach soll die Richteraktivität die Verhandlungsmaxime eben nicht durchbrechen bzw. verändern, sondern lediglich durch das Gebot richterlicher Hilfestellung modifizieren.[235] Weiter heißt es, § 139 ZPO ändere nichts an der Verhandlungsma-

---

[229] *Leipold*, in: Stein/Jonas, ZPO, 22. Aufl., § 139 Rn. 7a.
[230] BVerfGE 21, 139 (145 f.); BVerfG NJW 1979, 1928.
[231] *E. Schneider* NJW 1970, S. 1884; *Stackmann*, NJW 2007, S. 3521 ff. (3522); kritisch gegenüber dieser Formel *Leipold*, in: Stein/Jonas, ZPO, 22. Aufl., § 139 Rn. 7a.
[232] RGZ 145, 324; RGZ 139, 213; *E. Schneider* MDR 68, 721 ff.; *ders.*, Anmerkung zu OLG Frankfurt NJW 1970, S. 1884 m.w.N.
[233] *E. Schneider*, Anmerkung zu OLG Frankfurt NJW 1970, 1884.
[234] *Stadler*, in: Musielak/Voit, ZPO, § 139 Rn. 1.
[235] *Stadler*, in: Musielak/Voit, ZPO, § 139 Rn. 1.

III. Prozessleitungsbefugnisse und deren Verhältnis zur Parteiherrschaft

xime.[236] Auch wird hervorgehoben, dass die richterliche Frage- und Hinweispflicht sich nicht auf den Sachverhalt als solchen erstrecke, sondern nur auf den Parteivortrag.[237] Daher enthalte sie gerade keine Befugnis zur Aufklärung des Sachverhalts, sondern lediglich des Parteivortrags.[238] Die Grenzen werden von der Rechtsprechung dahingehend gezogen, dass der Richter jeden Anschein der Parteilichkeit vermeiden müsse, also nicht Berater einer Seite sein darf und nicht einer Partei eine neue günstige tatsächliche Begründung ihres Anspruchs aufzeigen und so den Verhandlungsgrundsatz verletzen dürfe. Ferner dürfe der Richter nicht auf eine andere Begründung der Klage hinwirken und auf diese Weise erst den Boden zum Erfolg des Klägers ebnen.[239] Während sich der richterliche Hinweis also auf ergänzende Substantiierung beziehen darf, erscheint fraglich, ob die Grenze dort erreicht ist, wo der Tatsachenvortrag mangelhaft ist und der Richter die Beibringung neuer Tatsachen durch Benennung anregen möchte.[240] Hierzu gehört die umstrittene Frage, ob dem Einwand fehlender Aktivlegitimation durch die Anregung, eine Abtretungserklärung hinsichtlich der Klageforderung beizubringen, entgegengewirkt werden darf, wobei schon problematisch erscheint, ob ein Hinweis auf die fehlende Aktivlegitimation des Klägers überhaupt zulässig ist.[241] Während die Rechtsprechung die richterliche Aufforderung zur Vorlage der Abtretungserklärung früher für einen Befangenheitsgrund hielt,[242] wird der Hinweis heute teilweise als zulässig erachtet.[243]

Im Rahmen der Grenzziehung zwischen richterlicher Aufklärungspflicht und richterlicher Befangenheit gibt es weitere vieldiskutierte Einzelfragen, wie insbesondere die heikle Problematik, ob der Richter auf die Einreden wie die

---

[236] *Kern*, in: Stein/Jonas, ZPO, § 139 Rn. 2.
[237] *Leipold*, in: Stein/Jonas, ZPO, 22. Aufl., § 139 Rn. 5; ders., in: FS für Fasching, S. 329 ff. (341).
[238] *Leipold*, in: Stein/Jonas, ZPO, 22. Aufl., § 139 Rn. 3.
[239] OLG Frankfurt NJW 1970, S. 1884 m.w.N.
[240] Dazu *Stürner*, Die richterliche Aufklärung im Zivilprozess, S. 52.
[241] Dagegen OLG Frankfurt NJW 1970, 1884; kritisch insoweit *E. Schneider*, Anmerkung zu OLG Frankfurt NJW 1970, 1884; für die Zulässigkeit eines solchen Hinweises OLG Frankfurt NJOZ 2007, 1715 ff.; kritisch: *Stackmann*: „Etwa die Aufforderung, sich auf Verjährung zu berufen oder aber dem Einwand fehlender Aktivlegitimation durch eine Abtretung entgegenzuwirken, überschreitet diese Grenze eindeutig." *Stackmann*, NJW 2007, S. 3521 ff. (3523). Für die Zulässigkeit des Hinweises auf die fehlende Aktivlegitimation ohne die Anregung, eine Abtretung herbeizuführen, OLG Hamm NJW-RR 1995, 579.
[242] OLG Frankfurt NJW 1970, 1884; kritisch insoweit *E. Schneider*, Anmerkung zu OLG Frankfurt NJW 1970, 1884; zustimmend *Stürner*, Die richterliche Aufklärung im Zivilprozess, S. 52.
[243] OLG Frankfurt NJOZ 2007, 1715 ff.; kritisch *Stackmann*, NJW 2007, S. 3521 ff. (3523); für die Zulässigkeit des Hinweises auf die fehlende Aktivlegitimation ohne die Anregung, eine Abtretung herbeizuführen, OLG Hamm NJW-RR 1995, 579.

Verjährung[244] oder auf Zurückbehaltungsrechte aufmerksam machen darf. Der BGH hat sich dahingehend geäußert, das Gericht sei jedenfalls nicht dazu verpflichtet, auf die Einrede der Verjährung und auf die Geltendmachung eines Zurückbehaltungsrechts hinzuweisen, wenn die Partei diese Angriffs- und Verteidigungsmittel nicht von sich aus in den Prozess eingeführt hat.[245] Unzulässig ist ferner nach ganz überwiegender Ansicht ein Hinweis auf die Ausübung von Gestaltungsrechten, wie die Anfechtung oder den Rücktritt, die die materielle Rechtslage ändern.[246] Neben der Tatsachenebene ist freilich auch die Beweisebene von der richterlichen Hinweispflicht betroffen. So muss das Gericht unstreitig aktiv werden, wenn ein fehlerhafter Beweisantrag gestellt wurde.[247] Problematisch hingegen ist die Erforderlichkeit eines Hinweises bei einem völlig fehlenden Beweisantritt[248] bzw. der Hinweis auf neue Beweisantritte.[249]

b) Hinweispflicht und Dispositionsmaxime

Darüber hinaus steht die Richteraktivität aufgrund der Kompetenz nach § 139 I ZPO in einem Spannungsverhältnis zu der Dispositionsmaxime, weil die richterliche Hilfe nicht nur die Sachprüfung, also den Tatsachenvortrag und den Beweis, sondern auch die Hinwirkung auf eine korrekte und sachdienliche Antragstellung und damit das streitgegenstandsbezogene „Worüber" des Verfahrens umfasst.[250] Wie bereits gezeigt, kann nach der Dispositionsmaxime

---

[244] Laut *Stadler* ist der Hinweis auf Einreden unzulässig, sofern diese nicht „im Kern" bereits im Parteivortrag angedeutet waren. *Stadler*, in: Musielak/Voit, ZPO, § 139 Rn. 9 m.w.N. in Fn. 88; gegen eine Verpflichtung zum Hinweis auf Gestaltungsrechte auch *Kern*, in: Stein/Jonas, ZPO, § 139 Rn. 53 f.; für die Zulässigkeit der Einrede der Verjährung u.a. KG NJW 2002, 1732; *E. Schneider*, MDR 1977, S. 969 ff. (974); ders., NJW 1986, S. 1316 ff. (1317); *Bender*, JZ 1982, S. 709 ff. (710); *Grunsky*, AcP 181, S. 564 ff. (566).
[245] BGH NJW 2004, 164 ff. unter Bezugnahme auf die Begründung des BJM-Referentenentwurfes vom 23.12.1999, S. 105 f. Zustimmend auch *Becker-Eberhard*, LMK 2004, 32 ff.: Danach beträfe ein Hinweis auf die Verjährung eine bloße Anregung bzw. keinen bloßen Hinweis auf die bestehende Rechtslage, denn: „So wie die Verjährung im deutschen Recht konstruiert ist, geht es vielmehr um die Schaffung einer neuen Rechtslage durch den sich auf die Verjährung berufenden Schuldner." *Becker-Eberhard*, LMK 2004, S. 32 ff. (33); BGH NJW 2004, 164 ff.; zum Hinweis auf Verjährung als Befangenheitsgrund auch OLG Bremen NJW 1979, 2215; OLG Köln MDR 1979, 1027; gegen die Verpflichtung zum Hinweis auf Verjährung ferner *Rosenberg/Schwab/Gottwald*, § 77 Rn. 31; a.A. *Seelig*, S. 95.
[246] *Stadler*, in: Musielak/Voit, ZPO, § 139 Rn. 9.
[247] *Stürner*, Die richterliche Aufklärung im Zivilprozeß, S. 55.
[248] Bejahend: BGHZ 39, 306 (308); BGH VersR 1970, 258 (259); OLG Düsseldorf NJW 1971, 1707; OLG Köln MDR 1980, 674; vgl. *Stürner*, Die richterliche Aufklärung im Zivilprozeß, S. 56.
[249] Vgl. dazu *Stürner*, Die richterliche Aufklärung im Zivilprozeß, S. 56 ff.
[250] Auch nach *Leipold* ergibt sich aus der Dispositionsmaxime eine Begrenzung der Handhabung des § 139 ZPO. *Leipold*, in: Stein/Jonas, ZPO, 22. Aufl., § 139, Rn. 5 Fn. 12; a.A. *Henckel*, Prozessrecht und materielles Recht, S. 129.

jede Partei über den Streitgegenstand frei verfügen und damit auch ihr Rechtsschutzbegehren eigenständig formulieren.[251] Im Rahmen der Grenzziehung zwischen der richterlichen Hinweispflicht und der Dispositionsmaxime wird in Bezug auf das richterliche Einwirken auf die Antragstellung hervorhoben, dass sich das Gericht darauf zu beschränken habe, das vom Kläger geäußerte Rechtsschutzbegehren zu ermitteln.[252] Das Gericht habe insoweit bei der Stellung sachdienlicher Anträge zu helfen und deren Inhalt aufzuklären.[253] Auch im Bereich richterlicher Hilfestellung im Rahmen der Anträge gibt es kontrovers behandelte Einzelfragen, wie insbesondere die Problematik, ob das Gericht eine Klageänderung anregen darf.[254] Die Grenze wird dort gezogen, wo sich aufgrund eines Hinweises das Prozessziel quantitativ oder qualitativ ändern würde.[255]

---

[251] Zum Umfang der richterlichen Hinweispflicht und Antragstellung *Piekenbrock*, NJW 1999, S. 1360 ff. (1361).
[252] So *Piekenbrock*, NJW 1999, S. 1360 ff. (1361) mit Hinweis auf BGH NJW-RR 1995, 676.
[253] So *Piekenbrock*, NJW 1999, S. 1360 ff. (1361) m.w.N.
[254] Dies soll nach überwiegender Ansicht dann zulässig sein, wenn die Klageänderung ohnehin gemäß § 264 ZPO zulässig bzw. sachdienlich wäre. Dazu *Stadler*, in: Musielak/Voit, ZPO, § 139 Rn. 12 m.w.N.
[255] *Stürner*, Die richterliche Aufklärung im Zivilprozeß, S. 46. Daher dürfe das Gericht nicht anregen, eine offene Teilklage zu erweitern bzw. im Rahmen einer Aufrechnung mit einer Gegenforderung, welche die Klageforderung übersteigt, die Erhebung der Widerklage empfehlen. *Piekenbrock*, NJW 1999, S. 1360 ff. (1361) m.w.N.

B. Die Bedeutung des Prozesszwecks für die Verfahrensgestaltung

I. Die Bedeutung einer teleologischen Betrachtungsweise im Hinblick auf das Spannungsverhältnis von Parteiherrschaft und Richtermacht

Das Spannungsverhältnis von Parteiherrschaft und Richtermacht im Zivilverfahren steht in einem engen Zusammenhang mit dem Zweck des Zivilprozesses. Der Prozesszweck nimmt dabei die bestimmende Rolle ein, denn er wirkt sich auf die Gewichtung von Parteiherrschaft und Richtermacht und damit insbesondere auf die gesetzgeberische Wahl der jeweiligen Prozessmaximen als Instrumente zur Durchsetzung des jeweiligen Prozesszwecks[1] aus. Der teleologischen Betrachtungsweise entsprechend ist der Prozesszweck als Ausgangspunkt des Verfahrens anzusehen. Einzelne Bestimmungen und Institutionen – wie vornehmlich die Prozessmaximen als Leitideen des Verfahrens – werden dazu in eine funktionelle Beziehung gebracht.[2] Die Verfahrensgrundsätze haben mithin bezogen auf den bzw. die Prozesszweck(e) „instrumentalen Charakter"[3], da sie der Erreichung des Verfahrensziels dienen.[4] Damit lassen sich auch die Verhandlungs- und die Dispositionsmaxime als Instrumente zur Durchsetzung des Prozesszwecks kennzeichnen.[5]

Für die vorstehende Untersuchung sei vorangestellt, dass eine gesamtgesellschaftliche Bestimmung des Prozesszwecks Grundlage für eine stärkere Aktivität des Richters sowie für eine größere Einbindung der Parteien im Rahmen der Tatsachenermittlung durch eine höhere Pflichtigkeit – insbesondere durch Auferlegung einer Wahrheitspflicht bzw. einer Aufklärungspflicht – wäre. Denn Ziel ist die Findung der materiellen Wahrheit. Ein solcher Prozess bewegt sich mehr in Richtung Untersuchungsmaxime. Im modernen Zivilverfahren werden die genannten Aspekte als Verwirklichung eines sozialen Prozessmodells angesehen.

Betont man hingegen die individualistische Seite des Prozesses im Sinne des Schutzes privater subjektiver Interessen, dann wäre der Zivilprozess eine Pri-

---

[1] Vgl. *Roth* ZZP 131 (2018), S. 3 ff. (6).
[2] *Gaul*, in: Zivilprozessrecht im Lichte der Maximen, S. 68 ff. (77); *ders.*, AcP 168 (1968), S. 27 ff. (43 ff.).
[3] So *Kern*, in: Stein/Jonas, ZPO, Vor § 128 Rn. 12.
[4] So *Kern*, in: Stein/Jonas, ZPO, Vor § 128 Rn. 12.
[5] *Roth*, ZZP 2018, S. 3 ff. (6).

vatangelegenheit unter Herrschaft der Parteien, und der Richter wäre eher ein neutraler Schiedsrichter. Die Pflichtigkeit der Parteien wäre gering. Diese das Verfahren leitenden Gedanken sollen es im modernen Prozess rechtfertigen, von einem liberalen Prozessmodell zu sprechen. Wer demnach auf Grundlage des Schutzes subjektiver Rechte auf die Fähigkeit des Einzelnen vertraut, sein Recht selbst zu vertreten, wird auch die Verhandlungsmaxime verteidigen.[6]

Die erhebliche Auswirkung der unterschiedlichen Bestimmungen des Prozesszwecks kommt im Kommissionsbericht des Bundesjustizministeriums zur Vorbereitung einer Reform der Zivilgerichtsbarkeit aus dem Jahre 1961 zum Ausdruck. Dort heißt es:

„[…] die Auffassung vom Prozesszweck nötigt zu Folgerungen für die Ausgestaltung des Verfahrens. Sieht man den Hauptzweck des Prozesses etwa in der Bewährung der Rechtsordnung, so drängt sich der Schluss auf, dass die Rechtsordnung in der gerichtlichen Entscheidung ohne Rücksicht auf das Parteiverhalten berücksichtigt werden müsse; dies würde u.a. dazu führen, die Amtsermittlung dem Beibringungsgrundsatz vorzuziehen. Betont man hingegen den Rechtsschutzgedanken als Prozesszweck, so wird man der Disposition der Parteien über den Prozess freieren Raum gewähren müssen."[7]

Der Prozesszweck findet seinen Niederschlag mithin in der konkreten Ausgestaltung des Verfahrens. Er ist richtungsbestimmend bei der Gesetzgebung.[8] Für die Ausrichtung des Prozesszwecks selbst maßgeblich und dieser Ebene daher übergeordnet ist aber die jeweilige Gesellschaftsauffassung. So lässt sich annehmen, dass der Aspekt der Bewährung objektiven Rechts für einen stärkeren sozialen Ausgleich eintritt, während sich der Zweck des Schutzes subjektiver Rechte mit einer liberalen Gesellschaftsauffassung verbinden lässt.[9] Hervorgehoben wird, dass im Allgemeinen sowohl zwischen der Rechtsordnung und der Werteordnung einer Gesellschaft, als auch zwischen dem Recht und dem politischen System mit seiner Ideologie ein untrennbarer Zusammenhang besteht.[10] Der Zweck des Rechts und der Zweck der Gesellschaft sind untrennbar miteinander verbunden.[11] Der Prozesszweck wird daher auch als „Spiegelbild der Gesellschaft" bezeichnet.[12] Gewiss ist Vorsicht dabei geboten, einfache Rückschlüsse von einem Gesellschaftsmodell auf die Ausgestaltung des Verhältnisses von Richter und Parteien im Zivilverfahren zu zie-

---

[6] Vgl. *Leipold*, in: Stein/Jonas, ZPO, 22. Aufl, Vor § 128, Rn. 149 und *Kern*, in: Stein/Jonas, ZPO, Vor § 128 Rn. 178.
[7] Bericht der Kommission zur Vorbereitung einer Reform der Zivilgerichtsbarkeit, hrsg. vom BJM, S. 166 f.
[8] *Gaul*, AcP 168 (1968), S. 35.
[9] *Münch*, in: Die Zukunft des Zivilprozesses, S. 5 ff. (11).
[10] *Roth*, in: Recht und Gesellschaft, S. 149 ff. (155).
[11] *Radbruch*, Rechtsphilosophie, S. 142.
[12] *Gottwald*, ZZP 95 (1982), S. 245 ff. (259); *Roth*, in: Recht und Gesellschaft, S. 149 ff. (155).

hen. *Stürner* weist darauf hin, die These „je liberaler die Gesellschaft, desto passiver der Richter [...]" sei nicht völlig falsch, aber nur in Extremfällen zutreffend.[13] Natürlich geht eine pauschale Gleichsetzung richterlicher Passivität mit dem freiheitlichen Zivilprozess einer demokratischen Gesellschaft sowie eine Gleichsetzung richterlicher Aktivität mit einer illiberalen Gesellschaft zu weit.[14] Jedoch lässt sich eine gewisse Prägung des Zivilverfahrens und gerade der richterlichen Rolle im Verhältnis zur Rolle der Parteien durch das jeweils herrschende Gesellschaftsmodell nicht leugnen. Auch nach *Stürner* gibt es sicher einen Zusammenhang zwischen der richterlichen Rolle im Prozess und der Grundverfassung einer Gesellschaft, in der die Prozessbeteiligten leben.[15] Als Konsequenz der unterschiedlichen Determinierung des Prozesszwecks aufgrund der Gesellschaftsauffassung wird im modernen Prozessrecht auf der Ebene der Verfahrensausgestaltung zwischen einem sozialen und einem liberalen Prozessmodell unterschieden. Die Charakteristika dieser beiden Modelle werden dabei vornehmlich im Hinblick auf die Gewichtung von Parteiherrschaft *versus* Richtermacht herausgebildet und kontrastiert.

Es lässt sich damit festhalten: Der Zivilprozess ist mit seiner Ausgestaltung des Prozesszwecks und der daraus folgenden Austarierung des Spannungsverhältnisses von Parteiherrschaft und richterlicher Gestaltungsmacht nach der jeweiligen Prozessordnung in die jeweilige Gesellschaft eingebettet. Aufgrund der Interdependenz von Recht und Gesellschaft kann er nicht losgelöst von der jeweiligen Gesellschaftsstruktur gesehen werden. Der Zivilprozess ist eben eine staatliche Einrichtung zur Erreichung von Zielen der Rechtsgemeinschaft. Das Zivilprozessrecht ist damit politisch. Die politische Prägung des Zivilverfahrens wird ganz besonders deutlich in den Ausgestaltungen der Zivilprozessordnungen totalitärer Systeme,[16] die natürlich Extremfälle betreffen. Kennzeichen der Zivilverfahren dieser Systeme ist vor allem eine Einschränkung des Verhandlungsgrundsatzes und eine Zuwendung zur Untersuchungsmaxime.[17] Denn der Verhandlungsgrundsatz ist maßgeblicher Ausdruck von Parteifreiheit und damit Parteiherrschaft über das Verfahren. Besonders ausgeprägt war der Grundsatz daher im Rahmen der CPO von 1877, die auf Grundlage der politischen Weltanschauung des Liberalismus mit der Grundidee der Eigenverantwortung des Einzelnen für sein Handeln und Eigentum geschaffen wurde.[18] Die CPO von 1877 wird damit dem liberalen Prozessmodell zugeordnet. Angemerkt sei an dieser Stelle im Hinblick auf die Zuord-

---

[13] *Stürner*, ÖJZ 2014/1, S. 1 ff. (5).
[14] Laut *Stürner* hält eine derartige Gleichsetzung einer gründlicheren Analyse nicht stand. *Stürner*, ÖJZ 2014/1, S. 1 ff. (12 f.).
[15] *Stürner*, ÖJZ 2014/1, S. 1 ff. (12 f.).
[16] Dazu *Roth*, in: Recht und Gesellschaft, S. 149 ff. (157 ff.).
[17] Vgl. hierzu *Leipold*, JZ 1982, S. 441 ff.
[18] Vgl. dazu auch *Jonas*, DR 1941, S. 1697 ff. (1698).

nung der sozialen und liberalen Aspekte zu jeweiligen Prozessmodellen, dass das Denken in den Prozessmodellen erst später aufkam und dann dem historischen Gesetzgeber unterstellt wurde. Maßgeblich war insoweit die aus dem Jahre 1978 stammende Schrift „Der soziale Zivilprozess" von *Wassermann*, in der der soziale Zivilprozess dem liberalen Verfahren diametral entgegengesetzt wurde.[19] Die Ausrichtung der Rollenverteilung zwischen Parteien und Gericht steht mithin in einer gewissen Korrelation zu der jeweiligen Gesellschaftsstruktur, denn „jedem Staatsmodell entspricht ein bestimmtes Prozessmodell".[20]

Ansichten, die die Frage nach dem Prozesszweck als wenig sinnvoll erachteten, konnten sich nicht etablieren. Als Gegner der Prozesszweckbetrachtung gilt vor allem *von Hippel*, der die Frage nach dem Zweck des Prozesses als „pseudo-metaphysisches Einheitsdogma" bezeichnete.[21] Denn der Prozess sei „keine zielstrebige Einheitsexistenz, sondern ein Schlagwort zur Bezeichnung eines ganzen Aufgabengebiets, nämlich der Liquidierung von Rechtsstreitigkeiten".[22]

II. Grundlagen der Diskussion um den Prozesszweck

Die Diskussion um den Verhandlungsgrundsatz ist so alt wie die Diskussion um den Zweck des Zivilprozesses. Sie hat vor dem geistigen Hintergrund des Naturrechts im 18. Jahrhundert begonnen.[23] Im vernunftrechtlichen Prozessrecht setzte sich die Auffassung vom Rechtsstaat als Ersatz der Selbsthilfe[24] mit dem einzigen Ziel des Schutzes von Privatrechten durch. Dementsprechend ordnete *Gönner* das Prozessrecht dem Privatrecht zu.[25] Aus dem Zweck der Durchsetzung der Privatrechte mit anderen als den eigenen Mitteln folgerte *Gönner*, diejenigen Sätze müssten gelten, welche bei Wahrung der Privatrechte ohne Prozess wirken.[26] *Savigny* sah die Aufgabe des Zivilprozesses darin, „dem Einzelnen, der in seinen Rechten verletzt ist, Schutz zu gewähren".[27] Der Prozess wurde vom subjektiven Standpunkt des Klägers her gese-

---

[19] *Wassermann*, 1978.
[20] *Fasching*, Rn. 25, 13.
[21] *Von Hippel*, S. 170 f.
[22] *Von Hippel*, S. 170 f.
[23] Vgl. *Nörr*, S. 47 f.: „Jetzt, im Kielwasser der Rechtslehre Kants, verlagert sich der Schwerpunkt zivilprozessualen Denkens nach dem Privatrecht hin [...] in den Vordergrund rückt der Gegenstand des Rechtsstreits, der Schutz des ‚Mein und Dein'".
[24] *Gönner*, Handbuch, S. 120, 125.
[25] *Gönner*, Entwurf, S. 6.
[26] *Gönner*, Handbuch, S. 264 und *ders.*, Entwurf, S. 509.
[27] Vgl. die Darstellung bei *Gaul*, AcP 168 (1968), S. 43 und Fn. 75 mit Hinweis auf *Savigny*, System I, S. 23 f.

hen. Daher wird vertreten, dass *Gönner* und *Savigny* eher den Klagezweck als den Zweck des Zivilprozesses definierten.[28]

Als Begründer der klassischen Prozesszwecklehre gilt *Wach*. Dieser postulierte: „Der Aufbau der Prozessrechtswissenschaft hat auf der objektiven, nicht auf der subjektiven Zweckbestimmung zu erfolgen."[29] Die Prozesszwecklehre der Bewährung objektiven Rechts wird daher auf *Wach* zurückgeführt. Er hat im Jahre 1885 („Handbuch des Deutschen Civilprozeßrechts") erstmalig die Frage nach dem Prozesszweck gestellt. *Wach* schrieb: „Es ist unrichtig, den Prozesszweck subjektiv zu fassen. Er ist nicht der von dem einzelnen Prozesssubjekt und speziell dem Kläger verfolgte Zweck."[30] Auch schrieb er: „Der Aufbau der Prozesswissenschaft hat auf der objektiven, nicht der subjektiven Zweckbestimmung zu erfolgen."[31] Ferner vertrat *Wach* die Thesen: „Zweck des Prozesses ist die Bewährung der Privatrechtsordnung durch Gewährung von Rechtsschutz" und „Der Civilprozeß ist [...] die Form der gerichtlichen Verwirklichung des objektiven Privatrechts mit Beziehung auf ein ihm unterstelltes Lebensverhältnis zum Zwecke des Schutzes privatrechtlicher Interessen."[32] *Wach* bezeichnete seine Prozesszwecklehre als „metaphysische Betrachtungsweise des Prozesses".[33] Diese – scheinbar objektive Lehre – sollte indes keinen Gegensatz zum Schutz des subjektiven Rechts beinhalten, sondern neben der Rechtverfolgung des Klägers auch die Rechtsverteidigung des Beklagten miteinbeziehen. Der Gedanke des Individualrechtsschutzes stand also in der Konzeption von *Wach* durchaus im Vordergrund.[34] Es ging *Wach* nicht um die Etablierung eines objektiven Prozesszwecks, sondern um eine Verobjektivierung der Perspektive, losgelöst von einer einseitigen Fokussierung auf den Kläger unter Verknüpfung der klägerischen Position mit der gleichwertigen Position des Beklagten.[35] *Wach* folgerte aus dem „Rechtsschutzzweck" zugleich den „Rechtsschutzanspruch" des Klägers auf ein günstiges und den „Rechtsschutzanspruch" des Beklagten auf ein klageabweisenden Urteil.[36] Von diesem Prozesszweck sei der Klagezweck zu unterscheiden, denn dieser bestimme den Gegenstand und nicht den Zweck des Prozesses.

---

[28] *Gaul*, AcP 169 (1968), S. 43.
[29] *Wach*, Handbuch, S. 3; vgl. auch *Gaul*, in: Zivilprozessrecht im Lichte der Maximen, S. 68 ff. (76).
[30] *Wach*, Handbuch, S. 4.
[31] *Wach*, Handbuch, S. 5.
[32] *Wach*, Handbuch, S. 1.
[33] *Wach*, S. 7 Fn. 7; *ders.*, ZZP 32 (1904), S. 1 ff. (5 f.).
[34] So *Gaul*, in: Zivilprozessrecht im Lichte der Maximen, S. 68 ff. (76).
[35] *Wach*, Handbuch, S. 5: „Allerdings besteht der Verteidigungszweck nur mit Rücksicht auf den Angriffszweck und fällt mit ihm." Vgl. auch *Münch*, in: Die Zukunft des Zivilprozesses, S. 5 ff. (18).
[36] *Wach*, Handbuch, S. 19 ff.; *ders.*, ZZP 32 (1904), S. 1 ff. (5 f.); *Gaul*, in: Zivilprozessrecht im Lichte der Maximen, S. 68 ff. (76).

Kennzeichnend für den Zweck des Prozesses sei, dass sich die kollidierenden Interessen des Klägers und des Beklagten gegenüberstünden, d.h. das behauptete Rechtsschutzinteresse des Klägers und das des Beklagten.[37] Die Verhandlungsmaxime bezeichnete *Wach* als „Grundsatz der staatlichen Interesselosigkeit an der Streitsache".[38] Der Richter empfange den Prozessstoff von den Parteien als Konsequenz der Herrschaft der Parteien über die Streitsache. Nach seiner Ansicht müsse die Verhandlungsmaxime das „Fundament [...] jeder CPO in Deutschland bilden".[39] Die Feststellung der Wahrheit sei nicht Ziel des Zivilprozesses, sondern lediglich „zufälliges Resultat".[40] *Wach* sah auf Grundlage der Auffassung vom liberalen Rechtsstaat den Zivilprozess vom Einzelnen her, der diesen führt, um seine berechtigten privaten Interessen durchzusetzen.[41]

Im heutigen Schrifttum wird der langgeführte Streit um den Zweck des Zivilprozesses fortgesetzt. Als Prozesszwecke genannt werden: subjektiver Rechtsschutz, Schutz von Allgemeininteressen, Bewährung des objektiven Rechts, Sicherung des Rechtsfriedens, Lösung privater Konflikte[42], Erzielung von Rechtskraft[43], Rechtsfortbildung[44]. In jüngerer Zeit gibt es Tendenzen, neben den genannten klassischen Prozesszwecken ganz neuartige Prozesszwecke herauszustellen. Hierzu zählt die effektive Durchsetzung des Gemeinschaftsrechts.[45] Des Weiteren gibt es Erwägungen, die Sicherung übergreifender Interessen, insbesondere im Rahmen der Verbandsklage, als Prozesszweck anzuerkennen.[46]

Insgesamt betrachtet werden jedoch vielfach folgende drei Aspekte hervorgehoben: Sicherung und Durchsetzung subjektiver Rechte, Bewährung des objektiven Rechts, Wahrung des Rechtsfriedens.[47] Eine explizite Aussage zum Zweck des Zivilprozesses findet sich – anders als in den englischen *Civil Procedure Rules* (CPR) 1.1. – in der ZPO nicht. Die Motive zur CPO von 1877 sind unergiebig; sie enthalten, im Gegensatz zu den Materialien der österreichischen ZPO,[48] kaum Ausführungen zu einem Prozesszweck. Als „oberstes Erforderniß einer Prozessordnung" wird aufgeführt, dass diese „praktisch

---

[37] *Wach*, Handbuch, S. 4.
[38] *Wach*, Vorträge, S. 53.
[39] *Wach*, KritVjschr. 14 (1872), S. 329.
[40] *Wach*, Vorträge, S. 149.
[41] Vgl. *Gaul*, in: Zivilprozessrecht im Lichte der Maximen, S. 68 ff. (76).
[42] Vgl. *Rosenberg/Schwab/Gottwald*, § 1 Rn. 9 ff.
[43] So *Goldschmidt*, der die Rechtskraft als Prozessziel ansieht. *Goldschmidt*, Der Prozeß, S. 151 ff.
[44] *Lames*, S. 131 ff.
[45] Vgl. dazu *Herb*, S. 64 ff.
[46] *E. Schmidt*, in: AK-ZPO, Einl. Rn. 12 f.; *Prütting*, in: Prütting/Gehrlein, ZPO, Einl. Rn. 3.
[47] Vgl. z.B. *Rimmelspacher*, S. 10.
[48] Vgl. dazu *Gaul*, AcP 168 (1968), S. 27 ff. (36).

brauchbar und zweckmäßig ist", damit sie „den Rechtsstreit auf dem einfachsten, kürzesten, sicheren Wege seiner Entscheidung zuführt".[49] Jedoch findet sich eine Aussage in § 1 InsO für das Insolvenzverfahren als Teil des Vollstreckungsverfahrens. Danach soll das Insolvenzverfahren dem Individualrechtsschutz – nämlich der gemeinschaftlichen Befriedigung der Gläubiger eines Schuldners (S. 1) sowie der Schuldnerbefreiung (S. 2) – dienen. Nach § 3 I der Konkursordnung (KO), welche mit der CPO als Teil der Reichsjustizgesetze 1879 in Kraft trat, diente die Konkursmasse der gemeinschaftlichen Befriedigung der Konkursgläubiger.

Zu bedenken bleibt, dass der Prozesszweck bzw. die Prozesszwecke von dem Zweck einzelner Prozessinstitute – wie beispielsweise der im Interesse des Rechtsfriedens wirkenden Rechtskraft und dem Prozessvergleich – zu unterscheiden sind. Schließlich betreffen einzelne Rechtsinstitute nicht das gesamte zivilprozessuale System. Zur Ermittlung des Prozesszwecks bzw. der Prozesszwecke ist eine abstrahierte Gesamtbetrachtung erforderlich.[50] Als methodische Vorgehensweise einer Ermittlung des Prozesszwecks im Ganzen sollte der Rückgriff auf einzelne Prozessinstitute als Teil zur Unterstützung und Herausfilterung der Prozesszwecke dennoch legitim und notwendig sein, denn schließlich bilden diese Institute die Grundlage des teleologischen Gesamtsystems und damit logischerweise die Basis der abstrahierten Betrachtung. Es ist folglich danach zu fragen, wie das Verfahren insgesamt angelegt ist. Notwendig ist also eine Betrachtung der vom einfachen Recht vorgezeichneten Struktur.[51]

Sind die Zweckrichtungen des Zivilprozesses ermittelt, stellt sich die Frage nach deren Rangfolge.[52] Denkbar ist, dass es nur den einen systemischen und dominierenden Prozesszweck gibt. Die Bewährung objektiven Rechts und der Schutz subjektiver Rechte könnten sich im Sinne eines „Entweder-oder" wechselseitig ausschließen („Antithesen-Lehre"). Es können aber auch mehrere Prozesszwecke nebeneinander gleichberechtigt und sich gegenseitig ergänzend existieren, etwa im Wege einer Synthese von objektivem und subjektivem Recht im Sinne eines „Sowohl-als-auch" („Synthesenlehre"). Des Weiteren gibt es die Möglichkeit, dass ein Prozesszweck mittelbare Reflexe bzw. Nebeneffekte mit sich bringt, welche nicht als eigenständige Prozesszwecke qualifiziert werden können. Die Beantwortung der aufgeworfenen Fragen ist Ergebnis einer Analyse von Normwortlaut, Normgenese und von einer Betrachtung des Gesamtsystems.[53]

---

[49] Vgl. *Hahn/Mugdan*, Band 2, Abt. 1, S. 115; vgl. auch *Gaul*, AcP 168 (1968), S. 27 ff. (36); vgl. auch *Münch*, in: Die Zukunft des Zivilprozesses, S. 5 ff. (25).
[50] Vgl. dazu *Münch*, in: Die Zukunft des Zivilprozesses, S. 5 ff. (31, 39).
[51] Vgl. *Stürner*, Die Aufklärungspflicht der Parteien des Zivilprozesses, S. 49.
[52] Vgl. dazu *Münch*, in: Die Zukunft des Zivilprozesses, S. 5 ff. (11 ff.).
[53] *Münch*, in: Die Zukunft des Zivilprozesses, S. 5 ff. (22 ff.).

III. Individuelle und gesamtgesellschaftliche Betrachtungsweisen und deren Folgen für die Verfahrensgestaltung

1. Individualistische Prozesszweckbestimmungen auf Grundlage der Ideen des Liberalismus des 19. Jahrhunderts

Kennzeichnend für den bürgerlichen Rechtsstaat des späten 19. Jahrhunderts war ein vom Individualrechtsschutz geprägtes liberales Modell des Zivilprozesses. Wegbereiter des liberalen Prozessmodells war der *Code de Procédure Civile* von 1806. Diese Prozessordnung und die deutsche CPO von 1877 gelten beide als „Manifestation liberaler Prozessgesetzgebung".[54] Als Elemente des liberalen Gedankenguts, das erhebliche Auswirkungen auf die Gestaltung der Prozessrechtsordnungen zeitigte, gelten die individuelle bürgerliche Freiheit als Garantie und Grundlage jeder gesellschaftlichen, wirtschaftlichen und sozialen Aktivität und ein hiermit verbundener Wettbewerb beim Austausch von Gütern und Ideen sowie die Subsidiarität des staatlichen Eingriffs und jedweder staatlichen Aktivität.[55] Die Weltanschauung des Liberalismus fußt auf der Grundidee der Eigenverantwortlichkeit des Einzelnen für sein Handeln und Eigentum.

Für das liberale Prozessverständnis jener Zeit in Deutschland ist – wie bereits erläutert – die Prägung vor allem von *Wach* maßgebend. Dieser bezeichnete das Privatrecht als „Ordnung der individuellen Interessen". „Funktion des Privatrechts sollte nach seiner Auffassung sein, „die Herrschaftssphäre der Einzelnen in ihrem Verhältnis zueinander" zu umgrenzen.[56] Dem entsprachen auch seine bereits dargestellte individualistische Zweckbestimmung des Zivilprozesses sowie sein Richterbild. Nach seiner Ansicht sei der Staat zwar formell Träger des Rechtsschutzes, doch bestand dieser materiell „nicht für ihn als das berechtigte interessierte Subjekt".[57] Weiter heißt es bei *Wach*, dass die Feststellung der Wahrheit nicht Ziel des Zivilprozesses sei.[58] Ein auf materielle Wahrheit gerichteter Prozesszweck mit einem Offizialverfahren war nach Ansicht von *Wach* zur Durchsetzung privatrechtlicher Ansprüche rechtspolitisch nicht zu rechtfertigen. Denn dies könne nur dort „geschehen, wo die Streitsache ein öffentliches Interesse ist".[59] Dies sei aber für den bürgerlichen Rechtsstreit nicht einschlägig. *Wach* meinte, dass in der zivilprozessualistischen Sachverhandlung die privatrechtliche Natur der Streitsache die „freie Forschungsmaxime" und damit den Prozesszweck der objektiven Feststellung des wahren

---

[54] So *Stürner*, in: FS für Frisch, S. 187 ff. (187); *ders.*, ÖJZ 2014/1, S. 1 ff. (2).
[55] So *Stürner*, in: FS für Frisch, S. 187 ff. (187); *ders.*, ÖJZ 2014/1, S. 1 ff. (2).
[56] *Wach*, Handbuch, S. 4.
[57] *Wach*, Handbuch, S. 4. Vgl. auch die Darstellung bei *Böhm*, Ius Commune 7 (1978) S. 136 ff. (150 f.).
[58] *Wach*, Vorträge, S. 199.
[59] *Wach*, Vorträge, S. 199; vgl. auch die Darstellung bei *Böhm*, Ius Commune 7 (1978), S. 151.

Sachverhaltes eliminiere.[60] *Wach* postulierte, eine „Einmischung in das dem Staate fremde Privatinteresse" müsse vermieden werden.[61] Für *Wach* war der Prozess damit „bloßer Rechtskampf zwischen den Parteien unter Beobachtung bestimmter Formen und Regeln der Konfliktausstattung".[62]

Die CPO von 1877 war Spiegelbild des liberalen Prozessmodells nach französischem Vorbild. Die Rechtsverfolgung stand im Interesse des Einzelnen, seiner Freiheitssphäre und seines Rechtsschutzes.[63] Zentrales Anliegen des Zivilprozessrechts war die Verwirklichung subjektiver Rechte, also Individualrechtsschutz; der Zivilprozess war damit eine Privatsache auf Grundlage der „Interesselosigkeit der Staates an der Streitsache".[64] Dementsprechend war die Richtermacht beschränkt; die Sachverhaltsaufklärung lag in den Händen der Parteien und dem Richter wurde eine aktive Rolle bei der Sachverhaltsermittlung versagt,[65] was aber keinesfalls mit vollkommener richterlicher Passivität gleichzusetzen ist. So war es für die Vertreter der liberalen Prozessrechtswissenschaft selbstverständlich, dass der Richter nicht die Rolle eines passiven und schweigenden Zuschauers einnahm; abgelehnt wurde eine richterliche gerichtliche Aufklärungsarbeit, die den Parteivortrag ersetzen sollte.[66] Die Einschränkung der Richtermacht nach der liberalen Doktrin basierte auf dem Gedanken, dass jeder für sein Glück verantwortlich ist. Zudem wurde es als Aufgabe des Prozessrechts angesehen, staatliche Machtausübung zu begrenzen. Die Parteiherrschaft im Zivilverfahren hatte damit auch die Aufgabe, den rechtssuchenden Bürger vor der Willkür des Richters zu schützen.[67]

In der Rechtsprechung des Reichsgerichts wurde eindeutig der Gedanke des subjektiven Rechtsschutzes hervorgehoben.[68] Danach sollten die Vorschriften der ZPO nicht die Rechtsverfolgung erschweren und nicht Hindernisse schaffen, an denen die materiellen Rechte einer Partei scheitern.[69]

Auch nach der heutigen Prozesskonzeption wird die Aufgabe des Zivilprozesses vorrangig im Schutz und in der Durchsetzung subjektiver Rechte gesehen.[70] *Stürner* räumt dem Schutz subjektiver Rechte von Verfassung wegen das

---

[60] *Wach*, Vorträge S. 214.
[61] *Wach*, Vorträge, S. 199 Fn. 2.
[62] So *Böhm*, Ius Commune 7 (1978), S. 152.
[63] *Gaul*, AcP 168 (1968), S. 45.
[64] Vgl. *Wach*, Vorträge, S. 40.
[65] *Brehm*, S. 11.
[66] *Brehm*, S. 39.
[67] *Brehm*, S. 12.
[68] Vgl. *Rimmelspacher*, S. 11.
[69] RGZ 150, 357 (363).
[70] BGHZ 10, 333, 336 = NJW 1953, 1830; BGHZ 161, 138, 143 = NJW 2005, 291, 293; *Grunsky*, Zivilprozessrecht, Rn. 4; *Rosenberg/Schwab/Gottwald* § 1 Rn. 9 ff.; *Brehm*, in: Stein/Jonas, ZPO, Vor § 1 Rn. 9; *Rauscher*, in: Münchener Kommentar ZPO, Einl. Rn. 8; *Schilken*, Zivilprozessrecht, § 1 Rn. 10; *Stürner*, in: FS für Baumgärtel, S. 545 f.; *Murray/Stürner*, S. 152; *Roth*, ZfPW 2017, S. 129 ff. (152).

III. Individuelle und gesamtgesellschaftliche Betrachtungsweisen

Primat vor anderen Prozesszwecken ein.[71] Dieser individuelle Prozesszweck umfasse nach *Stürner* aber logisch zwingend auch das Finden der materiellen Wahrheit als Mittel der Gewährung von Rechtsschutz für zwei Parteien.[72] Nach dieser Ansicht werden daher Rechtsverwirklichung und Wahrheitsermittlung miteinander verbunden, denn Zweck des Zivilprozesses sei Individualschutz durch Findung der materiellen Wahrheit.[73]

Weitere Prozesszwecke wie die Bewährung des objektiven Rechts und die Sicherung des Rechtsfriedens werden von Teilen der Literatur nicht als gleichberechtigte und selbständige Prozesszwecke, sondern lediglich als Folge bzw. „Nebeneffekte" der Feststellung des subjektiven Rechts angesehen.[74] Der individualistische Prozesszweck wird auch auf das in einem Rechtsstaat (Artikel 20 III GG) grundsätzlich geltende Verbot der Selbsthilfe (vgl. § 229 BGB) gestützt. Gewissermaßen als Ausgleich dafür, dass der Rechtsstaat dem Bürger eine gewaltsame Selbsthilfe zur Durchsetzung seiner Rechte verbietet, steht diesem gegen den Staat ein Anspruch auf Einrichtung von gerichtlichen Verfahren zu, in denen der Bürger das Bestehen von Rechten durch unabhängige Richter feststellen kann (Justizgewährungsanspruch, Artikel 20 III i.V.m. Artikel 28 I S. 1 GG). Hier wird die verfassungsrechtliche Prägung des Prozesszwecks deutlich. Der Staat kann die Selbsthilfe nur verbieten, wenn er den Parteien selbst durch seine Organe Rechtsschutz gewährt.[75] Bei *Wach* heißt es dazu: „Der regelmäßige Ausschluss der Selbsthilfe auf dem Gebiete des Privatrechts geht Hand in Hand mit der Gewähr von Staatshilfe […]"[76] Instrument zur Feststellung und Durchsetzung der Rechte gegen Private ist der Zivilprozess. Hieraus ergibt sich als Zweck des Zivilprozesses die Feststellung und Durchsetzung subjektiver Rechte.[77] Gewiss stößt diese Erklärung dort an ihre Grenze, wo ein Recht überhaupt nicht im Wege der Selbsthilfe durchsetzbar ist, sondern von vornherein eines Prozesses bedarf. Hierzu wird auf den Anspruch auf Vornahme eines Rechtsgeschäftes und auf Immaterialgüterrechte verwiesen, die ohne gerichtlichen Rechtsschutz nicht vorstellbar wären.[78]

---

[71] *Stürner*, FS für Baumgärtel, S. 545 f.
[72] *Stürner*, Die Aufklärungspflicht der Parteien des Zivilprozesses, S. 50; ders., FS für Baumgärtel, S. 545 f. („zentraler Prozesszeck").
[73] Vgl. dazu *Münch*, in: Die Zukunft des Zivilprozesses, S. 5 ff. (21): „Rechtsverwirklichung und Wahrheitsermittlung werden also kurzerhand hier zu ‚siamesischen Zwillingen': beide können nicht ohne einander sein. Das legt der *Stürner*schen Aufklärungspflicht dogmatisch die Fundamente."
[74] So *Rosenberg/Schwab/Gottwald*, § 1 Rn. 16 f. und *Grunsky*, Grundlagen, S. 3 f.
[75] *Rosenberg/Schwab/Gottwald*, § 1 Rn. 12. Kritisch dazu *Leipold*, in: FS für Klamaris, S. 443 ff. (448).
[76] *Wach*, Handbuch, S. 4.
[77] *Rosenberg/Schwab/Gottwald*, § 1 Rn. 12; *Brehm*, in: Stein/Jonas, ZPO, Vor § 1 Rn. 9; *Laumen*, S. 77 f.
[78] So die Kritiker des Erklärungsmodells des Zivilprozesses als Ersatz der Selbsthilfe. Vor allem *Gaul*, in: Zivilprozessrecht im Lichte der Maximen, S. 68 ff. (83).

Ferner wird der Zusammenhang zwischen einem staatlichen Verbot von Selbsthilfe und der Prozesszweckermittlung in Frage gestellt, da eine Nichtexistenz eines Verbots der Selbsthilfe in einer Rechtsordnung nicht unbedingt eine Anerkennung einer Durchsetzung des Rechts durch Selbsthilfe bedeuten müsse.[79] Der Einsatz der Selbsthilfe würde nur dem Schutz eigener Interessen unter Nichtexistenz von Recht und damit gerade nicht der Durchsetzung von Recht entsprechen.[80]

Der individualistische Prozesszweck lässt sich indes auch auf die Erwägung stützen, dass das Grundgesetz subjektive Rechte in besonderem Maße schützt.[81] Der Schutz subjektiver Rechte darf nicht wesentlich beschnitten werden, weil ansonsten Freiheitsrechte verletzt wären.[82]

Die individualistische Zwecksetzung wurde ferner im Rahmen jüngerer Reformen der ZPO explizit hervorgehoben. In dem bereits erwähnten Kommissionsbericht zur Vorbereitung einer Großen Justizreform von 1961 heißt es dazu: „Der konkrete Zivilprozess dient dem Rechtsschutz des einzelnen, der seine subjektiven Privatrechte verwirklichen will."[83] Dabei wurden jedoch auch die Gemeinschaftsinteressen miteinbezogen: „Bei der Gestaltung des Zivilprozessrechts sind aber neben dem Rechtsschutzzweck gleichrangig die Notwendigkeiten zu berücksichtigen, die sich aus der dem Staat zukommenden Rechtspflegeaufgabe ergeben."[84] Auch die Rechtsprechung sieht die Aufgabe des Zivilprozesses im Schutz und in der Durchsetzung subjektiver Rechte:[85] Das BVerfG sieht den Zivilprozess als ein Verfahren zur Durchsetzung subjektiver Rechte an, in dessen Vordergrund der einzelne Bürger steht, der um sein Recht kämpft.[86] Der BGH konstatiert: „Der Zivilprozess hat die Verwirklichung des materiellen Rechts zum Ziele; die für ihn geltenden Vorschriften sind nicht Selbstzweck, sondern Zweckmäßigkeitserwägungen, gerichtet auf eine sachliche Entscheidung des Rechtsstreits."[87] Im Jahre 2005 stellte der BGH fest: „Der Zweck des Zivilprozesses besteht also in der Feststellung und Verwirklichung subjektiver Rechte."[88] Sofern man die Aufgabe des Zivilprozesses im Schutz subjektiver Rechte sieht, verdeutlicht sich die Funktion des Prozessrechts als dienendes Recht.

---

[79] *Leipold*, in: FS für Klamaris, S. 443 ff. (448).
[80] *Leipold*, in: FS für Klamaris, S. 443 ff. (448).
[81] Vgl. hierzu *Rensen*, S. 58.
[82] Vgl. *Stürner*, in: FS für Baumgärtel, S. 545 f.
[83] Bericht der Kommission zur Vorbereitung einer Reform der Zivilgerichtsbarkeit, hrsg. vom BJM, S. 166 f.
[84] Bericht der Kommission zur Vorbereitung einer Reform der Zivilgerichtsbarkeit, hrsg. vom BJM, S. 168.
[85] BGHZ 10, 359.
[86] BVerfGE 52, 131 ff. (153).
[87] BGHZ 10, 350 (359); BGHZ 34, 53 f.
[88] BGHZ 161, 138 (143) = NJW 2005, 291 ff. (293).

III. Individuelle und gesamtgesellschaftliche Betrachtungsweisen

Ferner ist die bereits erwähnte Vorschrift des § 308 I ZPO Ausdruck des Zwecks des Zivilprozesses. Der Rechtsinhaber entscheidet selbst, ob und wie er seine Rechte ausüben will.[89] Es ist also seine Sache, ob und in welchem Umfang er Rechtsschutz begehrt. Hieran wird deutlich, dass der Zivilprozess in erster Linie dem Schutz subjektiver Rechte dient.[90]

2. Gesamtgesellschaftliche Prozesszweckbestimmungen

Schließlich lässt sich an den Gedanken anknüpfen, der Zivilprozess diene eben nicht nur der Konfliktbewältigung unter den streitenden Parteien selbst. Der Zweck ließe sich auch in der Bewährung der objektiven Rechtsordnung erblicken. Konsequenz einer Abwendung von einem rein kontradiktorischen Charakter des Zivilprozesses kann eine Änderung der Struktur des Verfahrens sein, weil der Prozess mehr mit einem Allgemeininteresse verbunden wird.[91] Ein solches Verfahren ist gekennzeichnet durch eine stärkere Ausrichtung von Richteraktivität unter Zurückdrängung von unbedingter Parteiherrschaft. Tragender Gesichtspunkt ist das Ziel der Wahrheitsfindung verbunden mit einer entsprechenden Wahrheitspflicht der Parteien. Im Rahmen einer Abkehr von einer Betrachtung, die den Rechtsstreit unter den Parteien in den Fokus stellt, kann indes auch die Verwirklichung von Ideologien, zu verstehen als weltanschauliche Grundeinstellung von der richtigen Ordnung in Staat und Gesellschaft, und damit die politische Prägung des Zivilprozessrechts unter dem Blickwinkel einer Ausrichtung am Gemeinwohl deutlich hervortreten.

a) Die soziale Dimension und der Schutz des Schwächeren nach der Konzeption von Klein auf Grundlage der BGB-Kritik von Menger

Gesamtgesellschaftliche Prozesszwecke wurden historisch schon früh vertreten. So wurde die Zweckrichtung des Schutzes des sozial Schwächeren von *Klein* unter Fortsetzung der Gedanken seines Lehrers *Menger* als zentrale Aufgabe des Zivilprozesses betrachtet,[92] wodurch die Grundlagen eines

---

[89] *Mellisinos*, S. 30.
[90] *Althammer*, Streitgegenstand, S. 222.
[91] Vgl. *Brehm*, S. 30.
[92] Zu Beginn des 20. Jahrhunderts gab es aber auch in den U.S.A. Tendenzen der Stärkung von Richtermacht zur Verwirklichung sozialer Interessen. Als einer der Hauptvertreter der rechtssoziologischen Schule begriff *Pound* subjektive zivilistische Rechte als Kompetenzen, deren Zweck vornehmlich in der Schaffung eines sozialen Ausgleichs im Dienste der Gesellschaft lägen. Das Recht und dessen Durchsetzung müssten immer der Gesellschaft verpflichtet sein. Dementsprechend habe der Zivilprozess nicht vornehmlich individuellen, sondern gesellschaftlichen Interessen zu dienen. Richterliche Rechtsfindung beschrieb *Pound* als "process of legal social engineering as a part of the whole process of social control"; *Pound*, 18 Yale L.J. 454, 464 (1909).

sozialen Zivilprozesses schon lange vor *Wassermanns* Konzeption geschaffen wurden.

aa) Der Zivilprozess als „Sozialverhältnis"

Durch die Betonung der sozialen Funktion des Zivilprozesses verlässt die Prozessauffassung von *Klein* den Boden einer rechtsimmanenten Prozesszwecklehre. Dem Zivilprozess wird nicht mehr nur die Aufgabe einer Rechtsbewährung, Rechtsfeststellung bzw. Durchsetzung subjektiver Rechte zugeschrieben; er wird vielmehr als „Sozialverhältnis" verstanden.[93] Die sozialpolitischen Ursachen für eine Reflexion des Zivilverfahrens auch von außerrechtlichen Aspekten her[94] liegen in der fortschreitenden Industrialisierung gegen Ende des 19. Jahrhunderts, die zur Herausbildung einer Massengesellschaft führte, in der eine besitzlose Mehrheit des Volkes dem liberalen Bürgertum gegenüberstand.[95] Das liberale Wertesystem mit der Vorstellung eines freien Spiels der Kräfte wurde durch die zunehmende Verarmung der Arbeitnehmer erschüttert.[96]

Klein – Schöpfer der österreichischen ZPO von 1895[97] – stellte auf Grundlage der Veränderungen in Wirtschaft und Gesellschaft in der zweiten Hälfte des 19. Jahrhunderts[98] den Gemeinschaftsbezug des Zivilprozesses her und vertrat damit die Gegenposition zu der liberalen Prozessanschauung von *Wach*. An den Zivilprozess seien aufgrund der Umwälzungen in der Wirtschaft – gekennzeichnet durch die Steigerung von Produktion und Erwerb – und die damit verbundenen Veränderungen in der Gesellschaft mit der Zunahme der Komplexität der Rechtsbeziehungen und des Tatsachenmaterials sowie der Bedeutung des sozialen Elements neue Anforderungen zu stellen.[99] Der Prozess verlange von den Parteien mehr als früher.[100] Zudem betreffe er eben nicht nur allein die Parteien, er sei nach Auffassung von *Klein* ein „Insti-

---

[93] *Stahlmann*, in: Pieper/Breunung/Stahlmann, Sachverständige im Zivilprozeß, S. 73.
[94] Vgl. *Stahlmann*, in: Pieper/Breunung/Stahlmann, Sachverständige im Zivilprozeß, S. 74.
[95] Zur historischen Entwicklung *Trepte*, S. 38.
[96] *Trepte*, S. 38.
[97] *Franz Klein* (1854–1926) wurde vom österreichischen Justizministerium mit seiner Berufung als Ministerialsekretär mit der Ausarbeitung neuer Zivilprozessgesetze beauftragt. Vgl. dazu *Rechberger*, R.L.R. No. 25 (2008), S. 101 ff. (101); *Dölemeyer*, in: Europäische und amerikanische Richterbilder, S. 359 ff. (370 ff.). Die österreichische Zivilprozessordnung soll im Hinblick auf die Ausgestaltung von Parteiherrschaft und Richtermacht *en détail* an späterer Stelle dargestellt werden.
[98] *Klein*, Zeit- und Geistesströmungen im Prozesse (Vortrag 1901), in: Reden, Vorträge, Aufsätze, Briefe. Bd. 1, S. 117 ff. (126 f.).
[99] *Klein*, Zeit- und Geistesströmungen im Prozesse (Vortrag 1901), in: Reden, Vorträge, Aufsätze, Briefe. Bd. 1, S. 117 ff. (127).
[100] *Klein*, Zeit- und Geistesströmungen im Prozesse (Vortrag 1901), in: Reden, Vorträge, Aufsätze, Briefe. Bd. 1, S. 117 ff. (127).

tut des öffentlichen Rechts". Darin sei die Verpflichtung begründet, „neben den Privatinteressen auch den höheren Gesellschaftswerten Genüge zu tun".[101] Darüber hinaus bezeichnete *Klein* den Zivilprozess als „unentbehrliche staatliche Wohlfahrtseinrichtung"[102] bzw. „Mittel der Wohlfahrtsförderung"[103] und schrieb ihm eine öffentliche Aufgabe zu. Der Rechtsstreit sei „soziales Übel".[104] „Auch in den Formen der Austragung solcher Konflikte" sei „auf die Interessen von Staat und Gesellschaft Rücksicht zu nehmen."[105] Hinsichtlich der Ausgestaltung des Zivilverfahrens anhand von Maximen meint *Klein*, ein Zivilprozess, der das Ziel verfolge, effektiven Rechtsschutz für den Einzelnen zu gewährleisten und zugleich die mit dem Prozess für die Gemeinschaft verbundenen Nachteile zu minimieren, müsse sich von einem starren Maximendenken lösen und vor allem zweckmäßig und praktikabel sein.[106] Ein grundlegendes Übel eines liberalen Verfahrens liege in der formalen Strenge, mit der es seine wesentlichen Strukturmerkmale der Mündlichkeit und der Zweckmäßigkeit gestaltet habe.[107] Verfahrensgrundsätze dürften nach seiner Ansicht nicht zum Selbstzweck werden, sondern sollten wegen der Erfordernisse der Zweckmäßigkeit soweit beschränkt werden, wie es dem Erreichen des Verfahrenszwecks dient.[108] Ein ähnliches Prozessverständnis basierend auf einem sozialen Rechtsdenken wurde vor *Klein* auch schon von *Gönner* vertreten, der es nicht als mit dem Zwecke der richterlichen Gewalt im Staate vereinbar ansah, wenn der Richter „als leblose Maschine [...] erst durch Handlungen der Parteien in Bewegung gesetzt würde".[109]

Die Verschiebung der Prozesszwecke wird bei *Klein* sehr deutlich. Nach seiner Ansicht schütze der Zivilprozess primär die Rechtsordnung als Ganzes, während der Schutz des Einzelnen lediglich als Reflex und Teil des Ganzen angesehen wurde.[110] Bemerkt sei an dieser Stelle, dass in terminologischer Hinsicht noch nicht von einem sozialen und liberalen Prozessmodell gesprochen wurde, obgleich die Konzeption von *Klein* eine bewusste Abkehr von der liberalen Prozessdoktrin darstellte, indem die soziale Perspektive des Zivilprozesses im Interesse des sozial Schwächeren im Zentrum der Überlegungen stand, so wie *Menger* bereits 1890 in seiner Schrift „Das bürgerliche Recht und

---

[101] *Klein/Engel*, S. 190.
[102] *Klein*, Zeit- und Geistesströmungen im Prozesse (Vortrag 1901), in: Reden, Vorträge, Aufsätze, Briefe. Bd. 1, S. 117 ff. (134).
[103] *Klein/Engel*, S. 191.
[104] Vgl. *Rechberger*, R.L.R. No. 25 (2008), S. 101 ff. (104).
[105] *Klein/Engel*, S. 187.
[106] *M. Kohler*, S. 124 m.w.N.
[107] *M. Kohler*, S. 124.
[108] *M. Kohler*, S. 124.
[109] *Gönner*, Handbuch S. 237.
[110] *Klein/Engel*, S. 188.

die besitzlosen Volksklassen"[111] die unbemittelten Schichten in Rahmen des Zivilrechts und des Zivilprozessrechts in den Fokus stellte. In der programmatischen Schrift *Mengers* zeigt sich eine Parallele zwischen der Kritik am liberalen Privatrecht und am liberalen Zivilprozess.[112] Hier gleicht das Gericht unter Geltung der Verhandlungsmaxime „einem verdorbenen Uhrwerk, welches fortwährend gestoßen und geschüttelt werden muss, um wieder auf kurze Zeit in Gang zu kommen."[113] Einem solchen fehle es an einer Berücksichtigung der sozialen Wirklichkeit, nämlich der Ungleichheit der Rechtssubjekte, welche sich im liberalen Zivilprozess in die Rechtsverfolgung hinein perpetuiere.[114] *Menger* stellte konkrete Forderungen an die Justiz. Nach seiner Ansicht „müsste der Zivilrichter verpflichtet werden, jedem Staatsbürger, besonders aber dem Armen, unentgeltlich Belehrung über das geltende Recht zu erteilen und ihm auch sonst bei der Sicherung seiner Privatrechte Hilfe […] leisten".[115] Der Richter könne die Gleichheit des besitzenden und der besitzlosen Partei herstellen, indem er die Vertretung der armen Partei übernimmt. Denn wenn man den Besitzenden gestattet, sich in dem Rechtsstreit durch Advokaten vertreten zu lassen, so müsste der Richter die Gleichheit zwischen den Parteien dadurch herstellen, dass er die Vertretung der armen Prozesspartei übernimmt.[116] Sehr deutlich wurde damit das Richterbild von einem „Sozialingenieur". Die Verbindung zwischen dem materiellen Recht und dem Prozessrecht tritt bei *Menger* zutage, denn „zu der Ungleichheit der Rechte" werde „noch die Ungleichheit der Rechtsverfolgung hinzugefügt".[117] Als temporäre Lösung – bis zu einer Umarbeitung der Gesetze – schlug *Menger* den Einsatz von sogenannten Armenadvokaten vor, die die richterlichen Kompensationsaufgaben übernehmen könnten.[118]

bb) Die Neugestaltung der prozessualen Sachaufklärung – Modifikationen der klassischen Verhandlungsmaxime durch richterliche Kooperation

Für *Klein* war aufgrund sozialpolitischer Bedenken gegen die Parteiherrschaft die Neugestaltung der zivilprozessualen Sachaufklärung ein zentrales Anliegen.[119] Ein prozessuales Instrument zur Erreichung des Ziels der bestmöglichen Sachverhaltsermittlung war – neben der richterlichen Befugnis, das persönliche Erscheinen der Partei zu verlangen[120] – die richterliche Frage-, Hin-

---

[111] *Menger*, S. 35.
[112] So *Dölemeyer*, in: Europäische und amerikanische Richterbilder, S. 369 ff. (372).
[113] *Menger*, S. 23 ff., 31.
[114] Vgl. *Dölemeyer*, in: Europäische und amerikanische Richterbilder, S. 369 ff. (372).
[115] *Menger*, S. 34.
[116] *Menger*, S. 34 f.
[117] *Menger*, S. 34 f.
[118] *Menger*, S. 34 f.
[119] *Leipold*, in: Die Aktualität, S. 131 ff. (132).
[120] *Klein*, Pro Futuro, S. 33.

III. Individuelle und gesamtgesellschaftliche Betrachtungsweisen

weis- und Aufklärungspflicht. Indes sollte diese richterliche Prozessleitung nach Ansicht *Kleins* nicht in einem Gegensatz zur Parteidisposition stehen. Vielmehr war ein angemessenes Verhältnis von Richtermacht und Parteifreiheit im Interesse eines Gleichgewichts erstrebt.[121]

Klein kritisierte in seiner Aufsatzreihe „Pro Futuro" (1890/1891)[122] die Verhandlungsmaxime vehement, da diese den Prozessstoff in das Eigentum der Parteien stelle.[123] Der soziale Gedanke in Verbindung mit der Thematik der Verhandlungsmaxime wird bei *Klein* unter Bezugnahme auf die zuvor bereits von *Menger* an der liberalen Gesetzgebung geäußerte Kritik sehr deutlich. Nach *Klein* sei für den „des Rechts unkundigen Unbemittelten, der keinen Rechtsfreund bestellen kann" die Parteimacht mit der Herrschaft über den Prozessstoff gefährlich, denn sie gleiche einer Waffe, die der Unkundige nicht handhaben könne und die ihn eher selbst verletzen könne als dass sie ihm zu einem Erfolg über den Prozessgegner zu verhelfen vermag.[124] Die Herrschaft der Parteien über den Prozessinhalt sei nach *Klein* die „Befugnis, den Richter zu einem irrigen oder doch nur relativ richtigen, beziehungsweise ungenauen Urtheil zu leiten und zu verhalten".[125] Eine derartige Parteidisposition über die Richtigkeit eines Urteils bewirke aber eine Herrschaft der Parteien über das Gericht und werde der sozialen Dimension des Prozesses nicht gerecht.[126] Damit tritt die Zielsetzung einer richtigen, d.h. an der materiellen Wahrheit ausgerichteten Entscheidung hervor. Ferner überfordere das „Dogma der verantwortlichen Parteiherrschaft" den Einzelnen und mache „so dem Armen die nicht bloß für ihn, sondern für das ganze Gemeinwesen so wichtige staatliche Leistung des Rechtsschutzes entweder ganz unerreichbar, oder will er nicht verzichten, so nöthigt es ihn, auch dort einen Anwalt zu bestellen, wo der Gegenstand des Streites die Belastung mit Vertretungskosten nicht verträgt".[127] Die dem Richter aufgezwungene Passivität gereiche vor allem dem des Rechts unkundigen Unbemittelten zum Nachteil.[128]

Daher plädierte *Klein* dafür, dass an die Stelle der reinen Verhandlungsmaxime eine pflichtgemäße richterliche Kooperation zur Sicherstellung richterlicher Mitsorge für das Vorhandensein einer genügenden Urteilsgrundlage treten müsse.[129] Insoweit kann die Kooperation des Gerichts mit den Parteien

---

[121] *Klein/Engel*, Der Zivilprozess Oesterreichs, S. 184 f.
[122] Es handelt sich dabei um einen Aufsatz *Franz Kleins* in den „Juristischen Blättern" von 1890 und 1891. Diese Aufsatzreihe wurde 1891 als Buch verlegt. Vgl. dazu auch *Damrau*, in: Forschungsband Franz Klein, S. 157 ff. (158).
[123] *Klein*, Pro Futuro, S. 10; vgl. dazu *Leipold*, in: Die Aktualität, S. 131 ff. (132 f.).
[124] *Klein*, Pro Futuro, S. 19.
[125] *Klein*, Pro Futuro, S. 10.
[126] *Klein*, Pro Futuro, S. 16.
[127] *Klein*, Pro Futuro, S. 19 f.
[128] *Klein*, Pro Futuro, S. 19.
[129] *Klein*, Pro Futuro, S. 23.

anstelle der klassischen Verhandlungsmaxime als ein Grundgedanke gekennzeichnet werden.[130] Indessen intendiert *Klein* nicht die Einführung richterlicher Instruktion. Allerdings soll der Richter nach der Vorstellung von *Klein* befugt sein, auch ohne Beweisantrag einer Partei einen Zeugen zu vernehmen[131] und das persönliche Erscheinen der Parteien anordnen zu dürfen.[132] Das Selbstbestimmungsrecht der Parteien erachtet *Klein* als gewahrt, sofern an der bindenden Kraft des Geständnisses festgehalten wird.[133] So betrachtet *Leipold* in seiner Analyse der Ausführungen *Kleins* die Kooperation des Gerichts mit den Parteien bei der Sachverhaltsfeststellung als ersten wegweisenden Grundgedanken.[134] Dabei erhält der Aspekt der Fürsorge des Gerichts gegenüber den Parteien eine entscheidende Bedeutung. Richteraktivität und damit Richtermacht wurden verstanden als richterliche Fürsorge. Hinsichtlich der Richteraktivität heißt es, der Richter müsse „wißbegierig und thatkräftig sein".[135]

cc) Die Wahrheitsfindung als Bedingung für ein gerechtes Urteil

Hauptbedingung für ein gerechtes Urteil war für *Klein* die Gewinnung eines wahren, richtigen Bildes der Tatsachen, wie sie dem Rechtsstreit zugrunde lagen.[136] Demgemäß war es Aufgabe des Richters, „Wahrheit zu forschen und Wahrheit zu verkünden".[137] Ferner heißt es: „Der Prozess ist ein Mittel zur Feststellung der materiellen Wahrheit und muss es bleiben, sonst fehlt dem Prozesse die soziale Berechtigung."[138] Hier wird der Zusammenhang zwischen der sozialen Funktion des Zivilprozesses und der Zwecksetzung der Ermittlung der materiellen Wahrheit evident.[139] Dementsprechend vertrat *Klein* die explizite Anordnung einer Wahrheitspflicht der Parteien, worin eine wesentliche Forderung des sozialen Zivilprozesses besteht.

dd) Die Kooperation der Parteien unter Anerkennung von Editionspflichten

Klein kritisierte das liberale Verständnis des Prozesses als Kampf zwischen den Parteien. Dies sei mit der Auffassung der Funktion staatlicher Rechts-

---

[130] *Klein*, Pro Futuro, S. 23; *Leipold*, in: Die Aktualität, S. 131 ff. (132 f.).
[131] *Klein*, Pro Futuro. S. 35.
[132] *Klein*, Pro Futuro. S. 33.
[133] *Klein*, Pro Futuro, S. 31.
[134] So *Leipold*, in: Die Aktualität, S. 131 ff. (132 f.).
[135] *Klein*, Vorlesungen, S. 55 f.
[136] *Klein*, Zeit- und Geistesströmungen im Prozesse, in: *Klein*, Reden, Vorträge, Aufsätze, Briefe, S. 117 ff. (122).
[137] *Klein*, Zeit- und Geistesströmungen im Prozesse, in: *Klein*, Reden, Vorträge, Aufsätze, Briefe, S. 117 ff. (122); vgl. *ders.*, Pro Futuro, S. 18.
[138] Zit. nach *Wassermann*, S. 56 f.
[139] Vgl. *Wassermann*, S. 56.

pflege nicht vereinbar.[140] Demgegenüber richtet er den Fokus nicht nur auf die Kooperation des Gerichts mit den Parteien, sondern auch auf die Kooperation der Parteien untereinander. In diesem Zusammenhang spielen die Anerkennung sowie die Ausgestaltung von Auskunfts- und Vorlagepflichten der Parteien – insbesondere in Bezug auf Urkunden – eine zentrale Rolle. Bemerkenswert ist, dass sich *Klein* nicht nur mit dem römischen Recht, sondern bereits mit dem englischen Recht auseinandersetzt und hier deutliche Vorzüge einer Kooperationspflicht der Parteien während der *discovery* erblickt. So hält er das umfassende Fragerecht der Parteien (*discovery by interrogatories*) sowie die Pflicht des Gegners zur Benennung und Vorlage relevanter Schriftstücke (*discovery by documents*) sowie eine entsprechende Sanktionierung fehlender Kooperation für vorbildlich. Dementsprechend postuliert er eine umfassende Befugnis der Parteien zur gegenseitigen Befragung sowohl während des vorbereitenden Schriftsatzwechsels als auch im Laufe der mündlichen Verhandlung.[141] Zudem plädiert er für das Recht, vom Gegner die Vorlage „aller in seinem Besitze befindlichen, wenn auch von ihm nicht selbst im Prozesse verwendeten, für die Beweisführung [...] wichtigen Urkunden wirksam zu begehren".[142] Die Sanktion im Falle der Nichtvorlage soll darin bestehen, dass die betreffende Tatsache als bewiesen angesehen wird. Angemerkt sei im Zusammenhang mit der Ausgestaltung der Editionspflichten, dass der Weg über materiell-rechtliche Auskunfts- und Vorlagepflichten von *Klein* wegen der „Weitläufigkeit" und „Umständlichkeit" kritisiert wurde.

ee) Die Beschleunigung des Verfahrens

Die Charakterisierung des Verfahrens als soziale Einrichtung, die nicht nur den Parteiinteressen diene und von diesen nicht missbraucht werden dürfe, war für die soziale Prozessrechtskonzeption bei *Klein* der Ausgangspunkt für seine Forderung einer Beschleunigung des Verfahrens.[143] Denn „mangelt es dem Prozesse an Spann- und Schnellkraft [...], dann geht ein Riß durch das ganze [...] Gebäude unserer Volkswirtschaft".[144] Der Prozess sollte demgemäß billig und schnell sein, um das „soziale Übel" zügig zu beseitigen.[145] *Klein* schrieb dazu „Jeden Streit soll man, wo Gelegenheit dazu ist, bald aus der Welt schaffen. Das gilt [...] ganz besonders vom Prozesse."[146]

---

[140] *Klein*, Pro Futuro, S. 39.
[141] *Klein*, Pro Futuro, S. 47.
[142] *Klein*, Pro Futuro, S. 49.
[143] *Klein*, Pro Futuro, S. 72 ff.; vgl. auch *ders.*, Zeit- und Geistesströmungen, in: Reden, Vorträge, Aufsätze, Briefe, S. 117 ff. (130 f.).
[144] *Klein*, Zeit- und Geistesströmungen, in: Reden, Vorträge, Aufsätze, Briefe, S. 117 ff. (130).
[145] *Rechberger*, R.L.R. No. 25 (2008), S. 101 ff. (104).
[146] *Klein/Engel*, Der Zivilprozeß Oesterreichs, 1927, S. 244; zu den konkreten Mitteln der Prozessbeschleunigung *Klein*, Pro Futuro, S. 72 ff.

b) Der soziale Zivilprozess auf Grundlage der Konzeption von Wassermann

In den siebziger Jahren des 20. Jahrhunderts wurden – eingebettet in die gesellschaftlichen Verhältnisse – Forderungen nach einem sogenannten sozialen Zivilprozess in der Bundesrepublik Deutschland selbst aktiviert.

aa) Das Modell des sozialen und des liberalen Zivilverfahrens

Programmatisch war insoweit die vielbeachtete Schrift von *Wassermann* mit dem Titel „Der soziale Zivilprozess" (1978). Hier wurde wieder an die Gedanken von *Klein* und *Menger* angeknüpft, wobei an dieser Stelle bemerkenswert ist, dass *Wassermann* – anders als *Klein* und *Menger* – expressis verbis zwei Prozessmodelle entgegensetzt – das „Modell des liberalen Zivilprozesses"[147] und dasjenige des sozialen Zivilprozesses. *Wassermann* ging davon aus, der liberale Zivilprozess genüge den Gerechtigkeitserwartungen der Gegenwart nicht und trüge der Tatsache der menschlichen Ungleichheit nicht Rechnung. Den liberalen Zivilprozess treffe der Vorwurf, dass er „den Starken größere Chance einräumt als den Schwachen"[148] und die Tatsache seines Charakters als Massenerscheinung ausblende. Dementsprechend gestalte das liberale Prozessmodell den Prozess derart, dass die Parteien ohne jegliche soziale Verbundenheit mit anderen Rechtsuchenden allein stünden.[149] Diesem liberalen Prozessmodell setzte *Wassermann* einen Zivilprozess mit sozialer Akzentuierung basierend auf den Vorgaben von *Menger* und *Klein* entgegen, betonte aber, ein solcher solle in Konformität des sozialen Rechtsstaates des Grundgesetzes keinen Gegenpol zum liberalen Verfahren durch Ausschaltung der individuellen Freiheitsansprüche darstellen.[150] Jedenfalls nahm *Wassermann* in seinen Vorstellungen und Forderungen nach einem stärkeren Richter unter dem Schlagwort „sozialer Zivilprozess" Ideen auf, die schon lange Zeit zuvor in konservativen Richterkreisen vor dem ersten Weltkrieg Eingang in die Diskussion fanden, in denen stärkere Richtermacht als Ausfluss der Repräsentation der Staatsautorität für erforderlich gehalten und Parteiherrschaft als Entwürdigung des Richterstandes betrachtet wurde.[151] Dementsprechend erhielt der liberale Zivilprozess schon früh und lange vor *Wassermanns* Schrift von der Richterschaft keine Anerkennung und wurde teilweise als „undeutsch" abgelehnt.[152]

---

[147] *Wassermann*, S. 32 ff.
[148] *Wassermann*, S. 84.
[149] *Wassermann*, S. 84.
[150] *Wassermann*, S. 85.
[151] *Brehm*, S. 162.
[152] *Brehm*, AnwBl 1983, S. 193 ff. (196); ders., S. 162.

III. Individuelle und gesamtgesellschaftliche Betrachtungsweisen

bb) Die Arbeitsgemeinschaft zwischen dem Richter und den Parteien unter Geltung der sogenannten Kooperationsmaxime

Signifikant für den sozialen Zivilprozess ist eine Verschiebung des Verhältnisses von Parteiherrschaft und Richtermacht aufgrund eines Bedürfnisses nach Kompensation. Sozialstaatliche Anforderungen an den Zivilprozess sollen eine Stärkung richterlicher Befugnisse einhergehend mit der richterlichen Kompetenz, die aus der Ungleichheit der Parteien resultierenden Defizite zum Schutz des sozial Schwachen auszugleichen, verlangen.[153] Der Richter könne nicht mehr bloß passiver Schiedsrichter sein, sondern müsse gestaltend als unparteiischer Helfer der Parteien fungieren.[154] Gegenstand der Überlegungen von *Wassermann* waren auch die Prozessmaximen Verhandlungsmaxime, Dispositionsmaxime und das Mündlichkeitsprinzip. Die Maximenfrage habe aber seiner Ansicht nach keine praktische Relevanz; die Bedeutung der Prozessmaximen sei vielmehr darin zu sehen, dass durch sie Orientierungspunkte gesetzt würden.[155] *Wassermann* lehnte im Hinblick auf die Rolle der Parteien und des Richters im Rahmen der Stoffsammlung den Verhandlungsgrundsatz ab; er ging jedoch nicht soweit, die Verhandlungsmaxime durch den Untersuchungsgrundsatz zu ersetzen. Nach seiner Auffassung bleibt es auch im sozialen Zivilprozess dabei, dass die Parteien verpflichtet seien, die Grundlagen für die Entscheidung beizubringen. Die Aufgabe könne von der nicht anwaltlich vertretenen Partei kaum erfüllt werden, weswegen *Wassermann* die Bedeutung des Rechtsanwalts als „sachkundigen Rechtshelfer" hervorhebt.[156] Auf Grundlage des Verständnisses des Zivilprozesses sah *Wassermann* den Prozess als „prozessuale Arbeitsgemeinschaft" des Richters mit den Parteien an und schlug vor, die „Kooperationsmaxime" als geeigneten Verfahrensgrundsatz an die Stelle der Verhandlungsmaxime treten zu lassen.[157] Die dargestellten Ausführungen erfolgten im Übrigen unter der Überschrift „Abschied vom Maximendenken".[158] Die gewünschten Modifikationen sollten indes nicht auf die Dispositionsmaxime übergreifen. Diesbezüglich führt *Wassermann* aus, auch im sozialstaatlichen Zivilprozess blieben sämtliche Institute, welche Ausdruck der Dispositionsfreiheit der Parteien sind, erhalten.[159]

Im Hinblick auf die Begrifflichkeit der „Arbeitsgemeinschaft" sei an dieser Stelle angemerkt, dass es sich auch hierbei nicht um eine Erfindung *Wassermanns* handelt. Der Terminus lehnt sich an das Schrifttum des frühen 20. Jahrhunderts an; insbesondere bei dem linksliberalen Richter *Levin* („Richterliche

---

[153] *Wassermann*, S. 89.
[154] *Wassermann*, S. 86.
[155] *Wassermann*, S. 109.
[156] *Wassermann*, S. 189.
[157] *Wassermann*, S. 88.
[158] *Wassermann*, S. 108 ff.
[159] *Wassermann*, S. 87.

Prozeßleitung und Sitzungspolizei", 1913; „Die rechtliche und wirtschaftliche Bedeutung des Anwaltszwangs", 1916) wird das Zusammenwirken zwischen Richter und Anwälten im Sinne einer Arbeitsteilung zu einem gemeinsamen Zweck als „natürliche Arbeitsgemeinschaft" umschrieben.[160] Die soziale Dimension des Wesens des Zivilprozesses kommt bei *Levin* dahingehend zum Ausdruck, dass das Gericht den persönlichen und wirtschaftlichen Gründen des einzelnen Prozesses nachgehen soll, Ursachen der Feindseligkeiten ermitteln und bemüht sein müsse, die Grundlagen für einen dauernden Rechtsfrieden zu schaffen.[161] *Levin* schwebte dabei das erstrebenswerte Ideal einer „wahren Gemeinschaft" zwischen einem gewissenhaften Richter und einem gewissenhaften Anwalt vor.[162]

cc) Das Tatsachengespräch zwischen dem Richter und den Parteien unter Stärkung der Kommunikation, der Mündlichkeit und der Effizienz des Verfahrens

Die Arbeitsgemeinschaft unter Kooperation des Gerichts mit den Parteien war nach Auffassung *Wassermanns* ferner gekennzeichnet durch Kommunikation zwischen den Rollenträgern. Zudem zog *Wassermann* neben den Schlagwörtern Kooperation und Kommunikation das Stichwort der Partizipation heran, um zu verdeutlichen, dass die Arbeitsgemeinschaft auf die Mitarbeit aller Verfahrensbeteiligten angewiesen ist.[163]

Wassermann postulierte eine Abwendung vom Parteivortrag hin zu einem Rechts- und Tatsachengespräch zwischen dem Richter und den Parteien. Im Hinblick auf das Mündlichkeitsprinzip plädierte er für eine Aufwertung im Sinne einer offenen und argumentativen Kommunikation zwischen allen Verfahrensbeteiligten als Kernstück des Verfahrens. Dies solle auch Parteien aus der sozialen Unterschicht zugutekommen, da sich diese erfahrungsgemäß schriftlich weniger gut artikulieren könnten.[164] Mit der Etablierung des Haupt-

---

[160] *Levin*, Richterliche Prozeßleitung und Sitzungspolizei, S. 56. Bei *Levin* heißt es: „Zwischen Richter und Anwalt besteht [...] eine natürliche Arbeitsgemeinschaft, und die Betonung und Begrenzung dieser Gemeinschaft ist eine der wichtigsten Fragen der richterlichen Prozeßleitung." Mit Hinweis (Fn. 3) auf OLG Jena, wonach Gerichte und Parteivertreter in „ehrlicher Arbeitsgemeinschaft zusammen wirken" müssen; *Levin*, Die rechtliche und wirtschaftliche Bedeutung des Anwaltszwangs, S. 85 ff.
[161] *Levin*, Richterliche Prozeßleitung und Sitzungspolizei, S. 273. *Levin* war im Jahre 1920 bereits Mitglied der Kommission im Reichsjustizministerium zur Reform der ZPO. Der Gesetzesentwurf von 1931, der die soziale Auffassung vom Wesen des Zivilprozesses hervorhob, wurde nie Gesetz. Ferner war *Levin* Mitglied der DDP, des Republikanischen Richterbundes und – wie *Wassermann* – Präsident des Braunschweiger OLG.
[162] *Levin*, Die rechtliche und wirtschaftliche Bedeutung des Anwaltszwangs, S. 92.
[163] *Wassermann*, S. 88 ff., 144 ff.; ders., AnwBl 1983, S. 481 ff. (482).
[164] *Wassermann*, S. 88 f.

III. Individuelle und gesamtgesellschaftliche Betrachtungsweisen

termins durch die Vereinfachungsnovelle von 1976 sieht er die Stärkung der Kommunikation bereits verwirklicht.[165]

Ähnlich wie nach der Konzeption bei *Klein* müsse ein sozialer Zivilprozess auch nach Ansicht *Wassermanns* effizient gestaltet sein.[166] *Wassermann* sah für das Bedürfnis einer Straffung des Verfahrens aber – anders als *Klein* – nicht allein den Aspekt einer Verhinderung des Missbrauchs staatlicher Ressourcen durch die Parteien als maßgeblich an, sondern die Interessen der sozial schwächeren Schichten.[167]

Zusammenfassend können wesentliche Postulate des sozialen Zivilprozesses mithin in der Kompensation sowie in der Kommunikation, der Effizienz des Verfahrens und der Humanisierung erblickt werden.[168]

c) Gesamtgesellschaftliche Prozesszweckbestimmungen und Ideologie in totalitären Systemen

Die politische Prägung des Zivilprozessrechts tritt besonders in totalitären Systemen hervor.[169] Im Sozialismus und im Nationalsozialismus wird der Zusammenhang der Ausgestaltung des Rechtssystems mit den jeweiligen ideologisch geprägten Ideen und Vorstellungen von einem Zusammenleben der Menschen in einer Gemeinschaft unter Zurückdrängung freier, individueller Selbstgestaltung deutlich.

aa) Die Ablehnung von Parteiherrschaft in den Zivilprozessordnungen der Ostblockstaaten

Aus sozialistischer Sicht wurde der bürgerlich-liberale Zivilprozess mit der Verhandlungsmaxime als Ausdruck von Parteiverantwortung in den Zivilprozessordnungen der sozialistischen Ostblockstaaten abgelehnt. An dieser Stelle sei der Blick auf die im Jahr 1976 in Kraft getretene ZPO der DDR gerichtet, die als Prozesszweck gemäß § 2 I den Gerichten die „Aufgabe, die sozialistische Staats- und Gesellschaftsordnung zu schützen [...]" zuwies. Der Rechtsschutz des Einzelnen war lediglich sekundärer Zweck, sofern der Rechtsschutz für die Volksgemeinschaft nötig war.[170]

In zivilprozessualer Hinsicht ist Ausdruck der staatstragenden Ideologie einer Übereinstimmung der individuellen und kollektiven Interessen das „Prinzip der aktiven und initiativreichen Prozessgestaltung durch das Gericht"[171]

---

[165] *Wassermann*, S. 88 f.
[166] *Wassermann*, S. 90 f.
[167] *Wassermann*, S. 91.
[168] *Wassermann*, S. 86 ff.
[169] Ausführlich dazu *Roth*, in: Recht und Gesellschaft, S. 149 ff. (157 ff.).
[170] *De Boor*, Die Auflockerung, S. 35.
[171] *Kellner*, S. 82.

zu Lasten der Parteiherrschaft. Der Richter hatte dabei eine „erzieherische Funktion" im Sinne der „sozialistischen Gesetzlichkeit".[172] Eine wesentliche Stellung im Zivilprozess der DDR hatte das „Prinzip der Feststellung der objektiven Wahrheit".[173] Dementsprechend verfolgte die ZPO der DDR von 1975 nicht mehr den liberalen Verhandlungs-, sondern den Untersuchungsgrundsatz.[174] Zentral war die Bestimmung des § 2 II ZPO-DDR, die die gerichtliche Pflicht etablierte, die für die Entscheidung erheblichen Tatsachen aufzuklären und wahrheitsgemäß festzustellen.[175] In der zivilprozessualen Literatur der DDR bezeichnete man die Verhandlungsmaxime als Ausfluss einer verfehlten rechtsideologischen Grundhaltung des bürgerlichen Zivilprozesses, welche als ausbeuterisches „Klasseninteresse der Bourgeoisie" gekennzeichnet wurde.[176] Die Verhandlungsmaxime galt als „typische Manifestation bürgerlichen Denkens",[177] womit der Zusammenhang zwischen der Verhandlungsmaxime und dem „bürgerlichen Individualismus" deutlich hervorgehoben wurde.[178] Die Interessengegensätze der Parteien im Zivilverfahren traten in den Hintergrund.

bb) Die Ablehnung von Parteiherrschaft im Nationalsozialismus

Auf Grundlage der Ablehnung bürgerlich-liberaler Freiheit sah die nationalsozialistische Ideologie des Dritten Reichs den Zivilprozess von der Volksgemeinschaft aus.[179] Dementsprechend wurde auch hier die Abschaffung des Verhandlungsgrundsatzes auf Grundlage seiner Unvereinbarkeit mit dem nationalsozialistischen Prozesszweck verlangt.[180] Es zeigen sich damit im nationalsozialistischen Zivilprozess deutliche Parallelen zum sozialistischen Zivilver-

---

[172] *Gaul*, in: Zivilprozessrecht im Lichte der Maximen, S. 68 ff. (74).
[173] Das Prinzip der Feststellung der objektiven Wahrheit findet Ausdruck in verschiedenen Normen der DDR-ZPO. Neben § 2 II DDR-ZPO sei auf § 3 I DDR-ZPO hingewiesen. Danach sind die Prozessparteien verpflichtet, in ihren Erklärungen und Aussagen den Sachverhalt vollständig und wahrheitsgemäß darzulegen. *Kellner*, S. 90 ff.
[174] Vgl. dazu *Leipold*, JZ 1982, S. 444.
[175] § 2 II ZPO-DDR lautete: „Die Gerichte sind verpflichtet, in einem konzentrierten und zügigen Verfahren die für die Entscheidung erheblichen Tatsachen aufzuklären, wahrheitsgemäß festzustellen und nach den Rechtsvorschriften zu entscheiden […]".
[176] So *Kellner*, S. 93 f.; vgl. zu der Prägung des Zivilprozesses der DDR auch *Roth*, Recht und Gesellschaft, S. 149 ff. (158).
[177] *Kellner*, S. 90.
[178] *Roth*, in: Recht und Gesellschaft, S. 149 ff. (158); Ziel des Zivilprozesses der DDR war das Leisten eines Beitrages zur Lösung der Aufgaben der sozialistischen Staatsmacht bei der Gestaltung der entwickelten sozialistischen Gesellschaft (Art. 90 Verfassung DDR, § 3 GVG-DDR, § 2 ZPO-DDR) und gemäß § 2 I ZPO-DDR die Förderung sozialistischer Beziehungen im Zusammenleben der Bürger.
[179] *De Boor*, Die Auflockerung, S. 30.
[180] So zunächst *de Boor*, Zur Reform, S. 8 und *Bernhardt*, DGWR Bd. 1 (1935/1936), S. 70, 71. Vgl. auch die Darstellung bei *Leipold*, JZ 1982, S. 445 f.

III. Individuelle und gesamtgesellschaftliche Betrachtungsweisen

fahren.¹⁸¹ Zwar gelang es während der nationalsozialistischen Zeit nicht, eine neue ZPO zu etablieren. Es erfolgte im Jahre 1933 eine Novelle der ZPO („Novelle 1933"),¹⁸² welche selbst aber nicht auf nationalsozialistischem Gedankengut beruhte.¹⁸³ In dem Vorspruch heißt es jedoch: „Die Parteien und ihre Vertreter müssen sich bewusst sein, daß die Rechtspflege nicht nur ihnen, sondern zugleich und vornehmlich der Rechtssicherheit des Volksganzen dient."¹⁸⁴ Die Grundgedanken der Novelle wurden von dem Reichsjustizminister *Gürtner* in drei Punkten folgendermaßen zusammengefasst: (1) der Richter müsse „Herr des Verfahrens" sein; (2) die Partei dürfe nicht „in der Lage sein, den Prozeß in Bezug auf Zeitdauer und Methode nach ihrem Belieben zu führen"; (3) „die Partei muß verpflichtet sein, die Wahrheit zu sagen".¹⁸⁵

Es galt aber nach der Gesetzeslage weiterhin die Verhandlungsmaxime. Im Jahre 1941 wurde ein allgemeines Mitwirkungsrecht des Staatsanwalts anerkannt.¹⁸⁶ Aber auch ohne Schaffung einer neuen, auf der nationalsozialistischen Ideologie basierenden ZPO wurde eine Umbildung der Gesetze im Wege der Bindung der Richterschaft an die nationalsozialistische Weltanschauung im Rahmen der Auslegung der Gesetze erreicht.¹⁸⁷ Richterlicher Machtzuwachs wurde vor allem durch mehr Unabhängigkeit des Richters von einem Gesetzespositivismus bewirkt. Konsequenz war ein größerer richterlicher Gestaltungsspielraum zur Durchsetzung der staatstragenden Ideologie. Die Rechtspflege wurde durch systematische Justizlenkung durch die Exekutive im Interesse des Staates instrumentalisiert.¹⁸⁸ Faktisch gab es damit keine Unabhängigkeit der Richter im Sinne einer Weisungsfreiheit. Insgesamt wurde der auf die „Volksgemeinschaft" ausgerichtete Prozesszweck in das Zivilverfahren auch ohne dessen förmliche Änderung implementiert. Die Verhandlungsmaxime als Ausdruck von Parteiherrschaft war mit dieser Zwecksetzung nicht kompatibel. Denn für die Bindung des Richters an das Parteiverhalten gab es keinen Raum.¹⁸⁹ Infolgedessen wurde die Abschaffung der Verhandlungsmaxime postuliert.¹⁹⁰

---

¹⁸¹ So *Roth*, in: Recht und Gesellschaft, S. 149 ff. (159).
¹⁸² Gesetz zur Änderung des Verfahrens in bürgerlichen Rechtsstreitigkeiten vom 27.10.1933, RGBl. I 780 mit Neubekanntmachung S. 821.
¹⁸³ So *Roth*, in: Recht und Gesellschaft, S. 149 ff. (159).
¹⁸⁴ Gesetz zur Änderung des Verfahrens in bürgerlichen Rechtsstreitigkeiten vom 27.10.1933 RGBl. I 1933 780.
¹⁸⁵ *Gürtner*, zitiert nach *Linz*, DRiZ 1933, S. 315 ff. (316).
¹⁸⁶ Gesetz vom 15.7.1941, RGBl. I 383.
¹⁸⁷ *Roth*, in: Recht und Gesellschaft, S. 149 ff. (159).
¹⁸⁸ Hierzu diente auch das Mitteilungsblatt „Richterbriefe – Mitteilungen des Reichsministers der Justiz", welches u.a. Stellungnahmen des Justizministers zur Auslegung und Anwendung der Gesetze nach nationalsozialistischem Verständnis enthielt. Nachweise dazu bei *Roth*, in: Recht und Gesellschaft, S. 149 ff. (159 Fn. 55).
¹⁸⁹ *Roth*, in: Recht und Gesellschaft, S. 149 ff. (160).
¹⁹⁰ *De Boor*, Zur Reform, S. 8.

3. Die Erzielung von Rechtsfrieden

Nach dem zweiten Weltkrieg wurden in der Rechtswissenschaft zunehmend die Aspekte der Sicherung des Rechtsfriedens und der Bewährung des objektiven Rechts hervorgehoben.

Die Festsetzung und Durchsetzung subjektiver Rechte wurde von *Schönke* lediglich als Folge der Bewährung objektiven Rechts gesehen. Die das subjektive Recht in den Vordergrund stellende Ansicht verkenne den Unterschied zwischen dem Zweck der Klage und dem Zweck des Prozesses als Institution. Nach seiner Ansicht stehe im Zivilprozess das Interesse der Allgemeinheit im Vordergrund; die Prozesszwecke bestünden daher in der Bewährung des Rechts und in der Wahrung des Rechtsfriedens.[191] *Rimmelspacher* bezeichnete die Wahrung des Rechtsfriedens als ideales Ziel des Zivilprozesses, während sein reales Ziel der Schutz subjektiver Privatrechte sei.[192] *Schönke* betonte hingegen die Bedeutung des Rechtsfriedens als selbständigen Prozesszweck. Diesen leitete er aus der Möglichkeit ab, dass auch ein sachlich unrichtiges Urteil in Rechtskraft erwachsen könne.[193] Die Funktion der Sicherung des Rechtsfriedens wird aus dem Verbot der Selbsthilfe, an deren Stelle die Staatshilfe in Form des Zivilprozesses trete, hergeleitet.[194]

Demgegenüber nehmen andere Autoren an, der Rechtsfrieden sei gegenüber der Rechtsbewährung kein selbständiger Zweck, und verstehen den Begriff „Rechtsfrieden" als Unterbegriff der Rechtsordnung.[195] Insbesondere sei die Ableitung dieses Prozesszwecks aus der Möglichkeit eines unrichtigen Urteils methodisch verfehlt, weil sie auf einem „pathologischen Ausnahmefall" beruht.[196] Eine solche Ableitung ist gewiss bedenklich, denn es kann nicht von einem Ausnahmefall der Verfahrenspraxis auf einen allgemein gültigen Prozesszweck geschlossen werden. Der Prozesszweck ist am verfahrensmäßigen Normalfall festzumachen.[197]

Die höchstrichterliche Rechtsprechung sieht die Erreichung von Rechtsfrieden als einen eigenständigen Prozesszweck an.[198] In den Begründungen verschiedener Novellen findet sich der Rechtsfriedensaspekt, dessen Ansätze bereits in der CPO in der gemäß § 268 bestehenden richterlichen Befugnis zur Vermittlung und in der Novelle von 1924, welche das obligatorische Güteverfahren vor den Amtsgerichten einführte, vorhanden waren. In der Begrün-

---

[191] *Schönke*, AcP 150 (1949), S. 216 ff. (218); *ders.*, Das Rechtsschutzbedürfnis, S. 12.
[192] *Rimmelspacher*, S. 23.
[193] *Schönke*, AcP 150 (1949), S. 216.
[194] Kritisch dazu *Gaul*, in: Zivilprozessrecht im Lichte der Maximen, S. 68 ff. (83).
[195] *Gaul*, AcP 168 (1968), S. 59; *ders.*, in: Zivilprozessrecht im Lichte der Maximen, S. 68 ff. (84).
[196] *Gaul*, in: Zivilprozessrecht im Lichte der Maximen, S. 68 ff. (94).
[197] *Münch*, in: Die Zukunft des Zivilprozesses, S. 5 ff. (39).
[198] BGHZ 46, 300 ff. (302).

dung der Novelle von 1976 heißt es: „Für die anspruchsberechtigte Partei erfüllt der Zivilprozeß seine Rechtsschutzaufgabe nur dann, wenn in angemessener Zeit die Partei zu einer Verwirklichung ihres Rechts gelangt und der Rechtsfriede wiederhergestellt wird."[199] In der Gesetzesbegründung zu der Bestimmung des § 15a EG-ZPO wird konstatiert, dass „konsensuale Lösungen […] in manchen Fallgestaltungen eher dauerhaften Rechtsfrieden stiften als eine gerichtliche Entscheidung".[200] Ferner wird in der Begründung der ZPO-Reform von 2001 auf die „berechtigten Ansprüche der rechtssuchenden Bürgerinnen und Bürger" sowie auf die gesellschaftliche Funktion des Zivilprozesses – „der zügigen Herstellung von Rechtsfrieden und Rechtssicherheit" – abgestellt. Ziel der Reform sei es, dass die Prozessparteien „schnell zu ihrem Recht kommen". Die „Zufriedenheit der Bürgerinnen und Bürger mit dem materiellen Recht" sollte erhöht werden und der „Rechtsfrieden nachhaltig gestärkt" werden.[201] Damit in einem möglichst frühen Stadium des Prozesses Rechtsfrieden eintreten kann, müssten alle Optionen einer einvernehmlichen Konfliktlösung zwischen den Parteien genutzt werden.[202] Demgemäß soll das Gericht nach § 278 I ZPO in jeder Lage des Verfahrens auf eine gütliche Beilegung des Rechtsstreits oder einzelner Streitpunkte bedacht sein.

Gerade eine gütliche Streitbeilegung durch Prozessvergleich ist im Lichte der Befriedungsfunktion zu sehen. Freilich ist der Prozessvergleich methodisch gesehen auch Ausdruck der Verwirklichung von Individualinteressen. Er beruht auf der Vorstellung einer privatautonomen Gestaltung durch die Parteien. Der Rechtsstreit der Parteien wird materiell fixiert, § 779 BGB, und der Prozessvergleich ist ein vollstreckbarer Titel, § 794 I Nr. 1 ZPO. Er dient damit der Durchsetzung von Privatinteressen. Der Aspekt der vergleichsweisen Einigung ist damit zumindest teilweise Ausdruck eines individuell geprägten Prozesszwecks.[203] Daher kann der Prozessvergleich durchaus Teil des Prozesszwecks der Durchsetzung subjektiver Interessen sein.[204] Indes dient eine gütliche Einigung der Parteien auch der Verhütung von Prozessen und einer Entlastung der Gerichte, womit der Prozessvergleich eher dem Zweck der Befriedung zuzuordnen ist. Der Prozesszweck der Erzielung von Rechtsfrieden ist damit einerseits mehr als Bestandteil, Reflex oder Folge des subjektiven Rechtsschutzes. Subjektiver Rechtsschutz wird durch die Feststellung, ob das Recht besteht, gegebenenfalls durch einstweilige Sicherung sowie durch zwangsweise Durchsetzung im Wege der Zwangsvollstreckung verwirklicht. Der Prozessvergleich stellt die Rechtslage aber nicht fest, obgleich er gewiss

---

[199] BT-Drucks. 7/2729, S. 33.
[200] BT-Drucks. 14/980, S. 5.
[201] BT-Drucks. 14/3750, S. 35.
[202] BT-Drucks. 14/4722, S. 110.
[203] So *Münch*, in: Die Zukunft des Zivilprozesses, S. 5 ff. (42 f.).
[204] Vgl. dazu *Roth*, ZfPW 2017, S. 129 ff. (140).

eine Annäherung an die Rechtslage beinhalten kann.[205] Oftmals decken sich jedoch die im Wege eines Vergleichs erzielten Ergebnisse nicht mit der realen Rechtslage. Eine Einigung im Wege des Prozessvergleichs setzt nicht die Klärung der Rechtslage voraus, sondern regelt das Rechtsverhältnis für die Zukunft unabhängig von der Vergangenheit.[206] Der Rechtsstreit wird damit im Falle eines Prozessvergleichs durch gegenseitiges Nachgeben (§ 779 BGB) zugunsten des Rechtsfriedens beigelegt,[207] denn die Parteien wirken bei der Lösung des Konflikts zusammen und niemand verlässt den Gerichtssaal als Verlierer. In der Literatur wird darauf hingewiesen, ein Vergleich könne den Konflikt u.U. „umfassender und nachhaltiger" befrieden als ein Urteil.[208]

Freilich ist eine gütliche Einigung von Parteien nicht nur spezifische Aufgabe des Zivilprozesses, sondern kann ebenso gut außerhalb des Zivilprozesses erreicht werden,[209] wie beispielsweise im Wege der außergerichtlichen Mediation. So konstatierte das BVerfG im Jahre 2007, durch Konsensbildung werde ein Beitrag zum dauerhaften Rechtsfrieden ermöglicht.[210] Der hohe Stellenwert des Rechtsfriedens durch Förderung einer einvernehmlichen Streitbeilegung durch das Gericht zeigt sich vornehmlich im reformierten Zivilprozess.[211] Dies ergibt nicht allein aus der erwähnten Einführung des § 15a EG-ZPO und durch das ZPO-Reformgesetz von 2001, sondern jüngst auch durch das am 26.7.2012 in Kraft getretene Gesetz zur Förderung der Mediation und anderer Verfahren der außergerichtlichen Konfliktbereinigung[212] mit der Etablierung des Güterichters nach § 278 V ZPO,[213] der gemäß § 278 V S. 2 ZPO „alle Methoden der Konfliktbeilegung einschließlich der Mediation einsetzen" darf. Da der Güterichter kein Mediator im Sinne des Mediationsgesetzes ist, sondern vielmehr als Teil der rechtsprechenden Gewalt als – freilich als nicht entscheidungsbefugter – Richter tätig wird, ist er der Gesetzesbindung aus Art. 97 I GG und § 25 DRiG unterworfen. Im Ergebnis wird die große Bedeutung gütlicher Streitbeilegung – jüngst auch durch die Anwendung der Techniken der Mediation durch den Güterichter – als richterliche Aufgabe deutlich. Damit zählt gütliche Konfliktbeilegung ebenso zu den richterlichen Aufgaben wie die Verfahrensbeendigung durch streitiges Urteil.[214] Mit Blick

---

[205] *Leipold*, in: FS für Klamaris, S. 443 ff. (450).
[206] *Rensen*, S. 72 f.
[207] *Rensen*, S. 73.
[208] *Steinberg*, DRiZ 2012, S. 19 ff. (20).
[209] So die Kritiker einer Eigenständigkeit des Prozesszweckes Rechtsfrieden. Z.B. *Gaul*, in: Zivilprozessrecht im Lichte der Maximen, S. 68 ff. (84).
[210] BVerfG NJW-RR 2007, 1073 ff. (1074).
[211] Vgl. auch *Althammer*, in: Grundfragen und Grenzen, S. 26; *Greger*, in: FS für Beys, S. 459 ff. (463).
[212] BT-Drucks. 17/5335.
[213] Siehe dazu Teil 2 A. XX.
[214] *Leipold*, in: FS für Klamaris, S. 443 ff. (451).

III. Individuelle und gesamtgesellschaftliche Betrachtungsweisen

auf die Befriedungsaufgabe des staatlichen Zivilprozesses bleibt die sog. echte, nicht am Recht orientierte Mediation, wie sie § 278a ZPO mit der gerichtsnahen Mediation als Unterfall der außergerichtlichen Mediation meint, außer Betracht, da dieses ein vollends rechtsfernes Verfahren für eine private Lösung des Rechtsstreites außerhalb der staatlichen Justiz bereitstellt.[215]

Die Befriedigungsfunktion findet indes ihre Stütze nicht allein in den Möglichkeiten der gütlichen Streitbeilegung innerhalb der Justiz, sondern auch in der Endlichkeit des Zivilprozesses mit der Beilegung des Konflikts durch ein Urteil und durch dessen Unangreifbarkeit (*causa finita*) durch das Prozessinstitut der Rechtskraft.[216] Ein rascher Eintritt der Rechtskraft dient daher ganz besonders der endgültigen Wiederherstellung von Rechtsfrieden. Dieser Gedanke lag der Novelle von 1976 zugrunde.[217] Die Rechtskraft wurde indes schon vor dem zweiten Weltkrieg in der zivilprozessualen Literatur als eigenständiger Prozesszweck erachtet. Bei *Goldschmidt* wird dies in der Überschrift „Die Rechtskraft als Prozessziel" deutlich.[218] Die Herausbildung des Prozesszwecks der Herbeiführung eines rechtskräftigen Urteils stellt eine rein prozessuale Determinierung des Prozesszwecks dar, welche von der Zielsetzung einer Verwirklichung materiellen Rechts vollkommen losgelöst ist.[219] Die Lehre *Goldschmidts* war damit gekennzeichnet durch eine Trennung vom Prozessrecht und vom materiellen Recht und auch von einer Ideologiefreiheit des Prozessrechts.[220]

Daneben ist im Hinblick auf den Rechtsfrieden auf Beweislasturteile hinzuweisen. Diese ergehen, obgleich der Lebenssachverhalt im Rahmen des Prozesses nicht geklärt werden konnte. Die Beweislastregelungen führen dabei zu Ergebnissen, die oftmals nicht den wirklichen Rechtsverhältnissen der Parteien entsprechen.[221] In diesen Fällen erachtet der Gesetzgeber die Wiederherstellung von Rechtsfrieden als schutzwürdiger als eine zeitlich unbegrenzte Erforschung der Wahrheit, welche Rechtsunsicherheit herbeiführen könnte.[222]

---

[215] Dazu *Roth*, ZfPW 2017, S. 129 ff. (141 f.).
[216] *Laumen*, S. 84; *Schumann*, in: Stein/Jonas, ZPO, 20. Aufl., Einl. Rn. 11.
[217] Vgl. auch *Schumann*, in: Stein/Jonas, ZPO, 20. Aufl., Vor 166, Rn. 8. Zu der Vereinfachungsnovelle von 1976 Teil 2 A. VIII.
[218] *Goldschmidt*, Der Prozess als Rechtslage, S. 151 ff.
[219] Vgl. dazu *Bahnsen*, S. 22.
[220] Vgl. *Jauernig*, JuS 1971, S. 329 ff. (330); *Henckel*, Prozessrecht und materielles Recht, S. 409.
[221] *Diakonis*, S. 35 mit Hinweis auf *Leipold*, Beweislastregeln und gesetzliche Vermutungen, S. 42.
[222] *Leipold*, Beweislastregeln und gesetzliche Vermutungen, S. 49.

4. Die Bewährung der Rechtsordnung mit Blick auf besondere Verfahren und neuere Entwicklungen

Während der Prozesszweck der Durchsetzung subjektiver Rechte der gesetzgeberischen Tradition entspricht und die Befriedungsaufgabe gerade im reformierten Zivilprozess relevant wird, gewinnt der Aspekt der Bewährung der Rechtsordnung indes in Teilbereichen an Bedeutung und erfährt aufgrund der jüngeren Entwicklungen im Verfahrensrecht deutlichen Auftrieb, wie es im Folgenden dargestellt werden soll. Dies führt schließlich zu der Frage nach einer Notwendigkeit einer möglichen neuen Akzentuierung in der Prozesszwecklehre.[223]

a) Verfahren in Familiensachen und freiwillige Gerichtsbarkeit

Der Prozesszweck der Bewährung der Rechtsordnung erhält Eigenständigkeit im Anwendungsbereich nach dem Gesetz über das Verfahren in Familiensachen und in den Angelegenheiten der freiwilligen Gerichtsbarkeit (FamFG), dessen Leitbild sich vor dem Hintergrund einer Sicherstellung der der objektiven Rechtslage entsprechenden Regelung und unter dem Aspekt der Rechtsfürsorge von der ZPO unterscheidet. In Ansehung der erhöhten staatlichen Verantwortung und der gesamtgesellschaftlichen Zwecksetzung muss die Aufgabenverteilung zwischen dem Gericht und den Beteiligten hier anders verteilt sein als im klassischen Zivilprozess. Dementsprechend wird nach § 26 FamFG für sämtliche Verfahrensarten des FamFG die Parteiherrschaft eingeschränkt und die Geltung des Amtsermittlungsgrundsatzes vorgeschrieben. Die Verantwortung für die Stoffsammlung liegt demnach beim Gericht und nicht bei den Beteiligten.[224] Damit wird deutlich, wie der Prozesszweck deutliche Auswirkungen auf das Maß der Parteiherrschaft zeitigt. Infolgedessen wird kontrastiert, es gehe im streitigen Zivilverfahren im Gegensatz zu Verfahren der freiwilligen Gerichtsbarkeit prinzipiell um die Durchsetzung eines klagbaren subjektiven Rechts.[225]

Der Unterschied zum streitigen Verfahren tritt klar in Fürsorgeverfahren (Vormundschafts-, Nachlass-, Register- und Urkundssachen) als dem klassischen Bereich der freiwilligen Gerichtsbarkeit[226] zu Tage. Hier entscheidet das Gericht nicht über einen Anspruch, welchen eine Partei gegenüber einer anderen geltend macht, sondern es trifft Maßnahmen der Personen- oder Rechtsfürsorge. Es handelt sich mithin eindeutig um ein Verfahren, in dem es ausschließlich um die Bewährung objektiven Rechts geht. In diesem Bereich wird

---

[223] Vgl. dazu *Roth*, ZfPW 2017, S. 129 ff.
[224] *Gomille*, in: Haußleiter FamFG, § 26 Rn. 1.
[225] *Brehm*, Freiwillige Gerichtsbarkeit, § 1 Rn. 2.
[226] Dazu *Gomille*, in: Haußleiter FamFG, § 1 Rn. 11.

III. Individuelle und gesamtgesellschaftliche Betrachtungsweisen

die freiwillige Gerichtsbarkeit als staatliche Verwaltungstätigkeit im Interesse der Privatrechtsordnung charakterisiert.[227]

In Verfahren über Familiensachen (§ 111 FamFG) werden hingegen sowohl der Schutz subjektiver Rechte als auch öffentliche Interessen verfolgt. Insoweit besteht eine Schnittmenge mit der ZPO. Es obliegt dem Gericht in diesen Verfahren eine Fürsorge für die Beteiligten und es besteht eine erhöhte staatliche Verantwortung für die materielle Richtigkeit der Entscheidung.[228] Von Bedeutung ist dabei, dass die einzelnen Bereiche der Familiensachen oftmals sogar auf dem Schutz einer Rechtsinstitution – wie etwa der „Ehe" – als Element des objektiven Rechts fußen,[229] also institutionenschützend sind. Diese Erwägung reicht teilweise so weit, dass der Schutz von Rechtsinstitutionen als eigenständiger Prozesszweck qualifiziert wird.[230] Der Gesetzgeber begründet seine Entscheidung für eine eigenständige Regelung von Familiensachen im FamFG damit, dass das Verfahrensrecht der ZPO mit der Dispositions- und der Verhandlungsmaxime diesem Ziel nicht Rechnung tragen könne.[231] Hieraus wird ersichtlich, wie eng die Dispositions- und die Verhandlungsmaxime als Ausdruck von Parteiverantwortung und Parteiherrschaft an den Zweck des Prozesses geknüpft sind. In Ehesachen gilt indes nach § 127 FamFG ein sogenannter eingeschränkter Untersuchungsgrundsatz, vgl. § 127 II, III FamFG. Der Schutz subjektiver Rechte erhält auch hier Bedeutung. Der Amtsermittlungsgrundsatz gilt gemäß § 127 II FamFG nur in Bezug auf ehefreundliche Tatsachen, da ein öffentliches Interesse an der Aufrechterhaltung nicht gescheiterter Ehen besteht.[232] Des Weiteren können außergewöhnliche Gründe für die Aufrechterhaltung der Ehe nur dann berücksichtigt werden, wenn sie von dem Ehegatten, der die Scheidung ablehnt, vorgebracht worden sind, § 127 III FamFG. Dies fußt auf der Erwägung, dass dem Antragsgegner die Entscheidung überlassen bleiben soll, ob er an der gescheiterten Ehe festhalten will.[233] Ebenfalls zu der Gruppe von Streitsachen, in denen ein nur eingeschränkter Untersuchungsgrundsatz gilt, zählen Klagen zur Anfechtung der Ehelichkeit eines Kindes. Hier gilt der Untersuchungsgrundsatz nur in Bezug auf solche Tatsachen, die geeignet sind, dem Fortbestand der Vaterschaft zu dienen, § 177 I Alt. 1 FamFG, oder wenn der Anfechtende einer Berücksichtigung nicht widerspricht, § 177 I Alt. 2 FamFG. Denn schließlich besteht an der Beseitigung des Status eines ehelichen Kindes kein öffentliches Interesse.[234]

---

[227] *Gomille*, in: *Haußleiter* FamFG 2011, § 1 Rn. 11; *Pabst*, in: Münchener Kommentar FamFG, § 1 Rn. 17.
[228] BT-Drucks. 16/6308, S. 162.
[229] *Bahnsen*, S. 155.
[230] So *Jauernig*, JuS 1971, S. 329 ff. (331); vgl. *Bahnsen*, S. 155 Fn. 577.
[231] BT-Drucks. 16/6308, 162.
[232] OLG Frankfurt NJW 1969, 194.
[233] *Fest*, in: Haußleiter FamFG, § 127 Rn. 9.
[234] BGH NJW 1980, 1335, 1337 = FamRZ 1979, 1007.

Im Hinblick auf die Parteidisposition gilt ebenfalls eine Einschränkung in Ehe- und Familienstreitsachen nach dem FamFG vor dem Hintergrund des Schutzes von Ehe und Familie aus Art. 6 GG.[235] Hingewiesen sei auf die Vorschrift des § 113 IV FamFG, wonach zentrale zivilprozessuale Rechtsinstitute der Parteidisposition wie das Geständnis (Nr. 5), die Klageänderung (Nr. 2) sowie das Anerkenntnis (Nr. 6) in Abweichung der ZPO für unanwendbar erklärt werden. Grund hierfür ist, dass die Parteien eben nicht über den Bestand der Ehe disponieren können. Demgegenüber greifen hinsichtlich solcher Parteidispositionen, die der Aufrechterhaltung der Ehe dienen, keine Einschränkungen. Folgerichtig verbleibt es bei der Wirkung des Klageverzichts nach § 306 ZPO.[236]

An den Ausführungen wird deutlich, wie auch in Bereichen des FamFG die Durchsetzung subjektiver Rechte relevant wird. Auch in Verfahren der freiwilligen Gerichtsbarkeit kann die Durchsetzung streitiger subjektiver Rechte im Mittelpunkt der Auseinandersetzung stehen.[237] Dementsprechend gibt es hier eine Gruppe von Streitsachen, in der zwar im Allgemeinen der Untersuchungsgrundsatz gilt, aber in Bezug auf die Befugnis des Gerichts, neue Tatsachen ohne Rücksicht auf den Parteiwillen in den Prozess einzuführen, relativiert wird.[238] Dieser Befund spricht gegen die These eines gegenseitigen Ausschlusses des Schutzes subjektiver Interessen und der Bewährung der Rechtsordnung.

b) Recht der Revision

In jüngster Zeit wird eine Debatte über den Zweck des Rechts der Revision gemäß §§ 542 ff. ZPO geführt. Diese Diskussion wurde durch bedeutsame Fälle in bank- und versicherungsrechtlichen Angelegenheiten ausgelöst, bei denen in der Revisionsinstanz kurz vor Erlass einer grundsätzlichen Entscheidung die Revision zurückgenommen wurde, wie im Fall der Klagen gegen *Lehman* geschehen.[239] *Hirsch* stellte die These auf, die Revision diene nur dem Allgemeininteresse und nicht der Kontrolle der Instanzenentscheidung im Interesse der Parteien.[240] Mit Blick auf die Verfahrensgestaltung wird gefolgert,

---

[235] *Stürner*, in: FS für Baur, S. 647 ff. (651).
[236] *Henckel*, Prozessrecht und materielles Recht, S. 134.
[237] *Gomille*, in: Haußleiter FamFG, § 1 Rn. 2.
[238] Vgl. zur Einschränkung des Untersuchungsgrundsatzes: *Leipold*, in: Stein/Jonas, ZPO, Vor § 128 Rn. 180.
[239] So im Fall des Urteils des OLG Hamburg, BeckRS 2012, 02375: BGH, BeckRS 2012, 02358 und im Fall des Urteils des OLG Frankfurt, VuR 2010, 184: BGH, BeckRS 2011, 07976.
[240] *Hirsch*, NJW-Editorial, Heft 18, 2012; so auch *Bräutigam*, AnwBl 2012, S. 533.

III. Individuelle und gesamtgesellschaftliche Betrachtungsweisen

der Sinn und Zweck der Revision kollidiere mit der Parteiherrschaft im Zivilprozess,[241] die entsprechend einzuschränken sei.[242]

Zwar steht im Rahmen der Revision seit der ZPO-Reform von 2002 der Aspekt der grundsätzlichen Bedeutung der Rechtssache im Vordergrund.[243] Die Revision erfüllt die Aufgabe der Wahrung von Rechtseinheit und der der richterlichen Rechtsfortbildung. Dies wird deutlich an der Zulassungsrevision gemäß § 543 II Nr. 1 ZPO, wonach die Revision zuzulassen ist, wenn die Rechtssache grundsätzliche Bedeutung hat, also sich Fragen stellen, die sich in einer unbestimmten Vielzahl von Fällen ergeben können und daher das abstrakte Interesse der Allgemeinheit an der einheitlichen Handhabung des Rechts berühren.[244] Der Revisionszweck der Zulassungsrevision nach § 543 II Nr. 2 ZPO, der greift, wenn es für die Beurteilung typischer bzw. verallgemeinerungsfähiger Lebenssachverhalte an einer Orientierung fehlt,[245] ist ausschließlich am öffentlichen Interesse ausgerichtet.[246] Die objektive Zielrichtung im Interesse einer Fortbildung des Rechts und Sicherung einer einheitlichen Rechtsprechung wird in Ansehung der Bedeutung der Rechtsprechung des BGH durch Vorgabe von Leitlinien jüngst besonders hervorgehoben. Allerdings bleibt die Revision auch nach den Neuregelungen des § 555 III ZPO und des § 565 ZPO[247] im Jahre 2014 Parteirechtsmittel, § 549 ZPO[248], und eröffnet nicht die Möglichkeit einer abstrakten Entscheidung über Rechtsfragen.[249] Sie dient mit der Abänderung des Berufungsurteils bzw. des Urteils des ersten Rechtszuges (§ 566 ZPO) weiterhin dem Parteiinteresse; sowohl Einlegung als auch Durchführung der Revision bleiben der beschwerten Partei überlassen.[250] Es lässt sich festhalten: Angesichts der Notwendigkeit der Einlegung der Revision auf Betreiben der beschwerten Partei, „bedient sich die ZPO insoweit subjektiver Parteiinteressen, um ein Anliegen zu realisieren, das im Grunde überindividueller Natur ist",[251] womit die Revision ein „Spannungsverhältnis objektiver und subjektiver Momente" enthält.[252]

---

[241] *Bräutigam*, AnwBl 2012, S. 533.
[242] *Rinkler*, NJW 2002, S. 2449 f. (2450); *Hirsch*, NJW-Editorial, Heft 18, 2012; *Bräutigam*, AnwBl 2012, S. 533.
[243] *Rinkler*, NJW 2002, S. 2449 ff. (2449).
[244] Vgl. dazu *Krüger*, in: Münchener Kommentar ZPO, § 543 Rn. 6.
[245] BGH NJW 2004, 289 f. (290).
[246] *Roth*, JZ 2006, S. 9 ff. (16). Ferner kommt gemäß § 132 IV GVG zum Ausdruck, dass der Zivilprozess auch öffentlichen Interessen dient. Nach dieser Vorschrift besteht die Möglichkeit, eine Entscheidung des Großen Senats herbeizuführen, sofern dies zur Sicherung von Rechtsfortbildung und Rechtseinheit erforderlich ist.
[247] Siehe dazu Teil 2 B. XXI.
[248] Vgl. dazu *Roth*, ZfPW 2017, S. 129 ff. (150).
[249] Vgl. zur Rechtslage vor der Reform *Prütting*, AnwBl 2013, S. 401 ff. (403 f.).
[250] *Roth*, ZfPW 2017, S. 129 ff. (150).
[251] So *Braun*, Lehrbuch des Zivilprozessrechts, § 64 S. 1013.
[252] So *Braun*, Lehrbuch des Zivilprozessrechts, § 64 S. 1013.

c) Schadensersatzklage gemäß § 33a I GWB

Die Schadensersatzklage des § 33a I GWB dient der Durchsetzung des subjektiven Privatrechts des Geschädigten, wie es auch die Kartellschadensersatz-Richtlinie von 2014 bestätigt.[253] Die zivilrechtliche Klage dient aber zugleich auch dem Schutz des unverfälschten Wettbewerbs als Teil der öffentlichen Ordnung und damit dem Schutz der Institution Wettbewerb.[254] Hierbei handelt es sich – so *Roth* – um einen qualifizierten Fall der Bewährung objektiven Rechts.[255]

d) Verbands- bzw. Musterfeststellungklagen im Lichte des sog. private law enforcement

Der Aspekt der Bewährung der Rechtsordnung als Prozesszweck erhält im reformierten Zivilprozess zunehmend Bedeutung durch die Rechtsinstitute der Verbandsklage sowie der Musterfeststellungsklage. Die Diskussion um die Einführung verschiedener Instrumente kollektiver Rechtsdurchsetzung wird seit einigen Jahren kontrovers geführt. Im Jahre 2013 hat die EU-Kommission gemeinsame europäische Leitlinien als Orientierung für die Einzelstaaten bei der Einführung kollektiven Rechtsschutzes entworfen.[256] Vorab lässt sich bemerken, dass die BRD – der Tradition des grundsätzlichen Zweiparteienprozesses entsprechend[257] – bisher doch eher zurückhaltend auf die Einführung kollektiven Rechtsschutzes reagierte.[258] Gegenwärtig gibt es bereits außerhalb der ZPO mit dem Kapitalanleger-Musterverfahren nach dem Gesetz über Musterverfahren in kapitalmarktrechtlichen Streitigkeiten (Kapitalanleger-Musterverfahrensgesetz, KapMuG), mit den Verbandsklagen nach dem Gesetz über Unterlassungsklagen bei Verbraucherrechts- und anderen Verstoßen (UKlaG) und nach dem Gesetz über den unlauteren Wettbewerb (UWG) Son-

---

[253] Dazu *Roth*, ZfPW 2017, S. 129 ff. (149) mit Hinweis auf Erwägungsgrund 3 der Richtlinie 2014/104/EU über bestimmte Vorschriften für Schadensersatzklagen nach nationalem Recht wegen Zuwiderhandlungen gegen wettbewerbsrechtliche Bestimmungen der Mitgliedstaaten und der Europäischen Union, ABl. EU vom 5.12.2014, L 349, S. 1.
[254] *Roth*, ZfPW 2017, S. 129 ff. (149).
[255] So *Roth*, ZfPW 2017, S. 129 ff. (149).
[256] Europäische Kommission, Empfehlung vom 11.6.2013: Gemeinsame Grundsätze für kollektive Unterlassungs- und Schadensersatzverfahren in den Mitgliedstaaten bei Verletzung von durch Unionsrecht garantierten Rechten, KOM (2013) 396; vgl. *Kilian*, ZRP 2018, S. 72 ff. (72). Siehe dazu Teil 3 B. III.
[257] Die Beteiligung Dritter kommt in diesem Zweiparteienprozess nur in Betracht im Fall der Intervention, Streitverkündung, Streitgenossenschaft. Vgl. zu dem deutschen Zweiparteienprozess *Stürner*, in: Recht und Rechtswirklichkeit, S. 19 ff. (25).
[258] Zu den Gründen der deutschen Zurückhaltung *Stürner*, Recht und Rechtswirklichkeit, S. 19 ff. (26 ff.).

III. Individuelle und gesamtgesellschaftliche Betrachtungsweisen 77

derformen kollektiven Rechtsschutzes.[259] Die Klagebefugnis für Verbraucherverbände nach § 13 UWG markierte mit ihrer Einführung im Jahr 1965 den Beginn verbraucherschützender Verbandsklagen.[260]

aa) Verbandsklagen nach UKlaG, UWG

Das Gesetz über Unterlassungsklagen bei Verbraucherrechts- und anderen Verstößen (UKlaG) vom 26.11.2001[261] fußt auf der EU-Richtlinie über Unterlassungsklagen zum Schutz der Verbraucherinteressen (Unterlassungsklagenrichtlinie).[262] Zum Anwendungsbereich dieser Richtlinie gehören u.a. der unlautere Wettbewerb, Haustürgeschäfte, Verbraucherkreditgeschäfte.[263] Die Klagebefugnis steht dabei Behörden oder Verbraucherschutzorganisationen zu. Nach § 1 UKlaG kann derjenige auf Unterlassung in Anspruch genommen werden, der in Allgemeinen Geschäftsbedingungen Bestimmungen verwendet, welche gemäß §§ 307–309 BGB unwirksam sind. Nach § 2 I UKlaG kann auf Unterlassung in Anspruch genommen werden, wer solchen Vorschriften zuwiderhandelt, die dem Schutz des Verbrauchers dienen. Hierzu zählen vor dem Hintergrund der Notwendigkeit eines Verbraucherschutzes im Internet gemäß § 2 Nr. 11 a, b UKlaG seit dem Jahr 2016 auch Vorschriften, die die Erhebung, Verarbeitung und/oder Nutzung personenbezogener Daten eines Verbrauchers durch einen Unternehmer regeln,[264] womit eine Verbandsklage bei Datenschutzverstößen geschaffen wurde, die nunmehr von der nach der Datenschutz-Grundverordnung (DS-GVO) gemäß Art. 80 eröffneten Möglichkeit des kollektiven Rechtsschutzes überholt wird.[265] Anspruchsberechtigt sind die in § 3 UKlaG genannten Einrichtungen, Verbände und Kammern.

Ebenfalls kollektiv im Wege der Verbandsklage verfolgbar sind Beseitigungs- und Unterlassungsansprüche bei unlauterem Wettbewerb nach § 8 I, III Nr. 2–4 UWG. § 8 III UWG regelt dabei die Anspruchsberechtigung von Verbraucherverbänden. Dies gilt auch kartellrechtlich für Unterlassungs- und Schadensersatzansprüche nach § 33 II GWB.[266]

---

[259] Dazu Diskussionsentwurf des Bundesministeriums der Justiz und für Verbraucherschutz. Entwurf eines Gesetzes zur Einführung einer Musterfeststellungsklage, S. 10 f.
[260] BGBl. I 1965, 625. Dazu *E. Schmidt*, NJW 2002, S. 25 ff. (25).
[261] BGBl. I 2001, 3138 (3173). Zuvor war eine entsprechende Verbandsklagebefugnis in § 33 AGBGB geregelt.
[262] Richtlinie 98/27/EG des Europäischen Parlaments und des Rates vom 19. Mai 1998, ABl. EG Nr. L 166 vom 11.6.1998, S. 51.
[263] Siehe dazu Anhang zu Art. 1 der Unterlassungsklagenrichtlinie.
[264] Gesetz zur Verbesserung der zivilrechtlichen Durchsetzung von verbraucherschützenden Vorschriften des Datenschutzrechts vom 17.2.2016. BGBl. I 2016, 233.
[265] Datenschutzgrundverordnung in Kraft seit 18.5.2018, ABl. EU 4. Mai 2016 L 119 S. 1 f.; zum Verhältnis des Art. 80 DSGVO zu der Verbandsklage nach UKlaG: *Nemitz*, in: Ehmann/Selmayr, EU-DSGVO, Art. 80 Rn. 4.
[266] Vgl. zum kollektiven Rechtsschutz und Prozesszweck auch *Münch*, in: Die Zukunft des Zivilprozesses, S. 5 ff. (44 f.).

Verbandsklagen nach § 1 ff. UKlaG, § 8 III UWG, § 33 II GWB dienen – das ist vorstehend von Bedeutung – nicht dem Zweck des Schutzes des Einzelnen und damit nicht der Durchsetzung klassischer subjektiver Rechte.[267] Die Verbände verfolgen Allgemeininteressen, z.B. den Zweck, „den Rechtsverkehr von unzulässigen Klauselwerken freizuhalten" oder etwa die Durchsetzung des Datenschutzrechts. Das Vorgehen dient demnach der Bewährung der objektiven Rechtsordnung.[268] Dies gilt auch für den Gewinnabschöpfungsanspruch von Verbänden nach § 10 I UWG zugunsten der Staatskasse, der eingreift, wenn der Zuwiderhandelnde durch die wettbewerbswidrige Handlung einen Gewinn auf Kosten einer Vielzahl von Abnehmern erzielt hat.[269] Dabei dient er – im Gegensatz zum Schadensersatzanspruch – gerade nicht dem individuellen Schadensausgleich und daher nicht dem Individualrechtsschutz; er steht vielmehr den Verbänden im Interesse der Sanktion und Abschreckung in Ansehung der Durchsetzung der objektiven Rechtsordnung zu.

Aufgrund der Verfolgung überindividueller gesellschaftlicher Ziele werden Verbands- und Behördenklagen im Schrifttum auch als „Erscheinungsformen eines sozialen Zivilprozesses" bezeichnet.[270]

Mit Blick auf die Verfahrensmaximen gilt gegenwärtig die Prägung der Verbandsklage durch den Verhandlungsgrundsatz, obgleich die genannten Gesetze besondere Verfahrensbestimmungen, wie etwa §§ 8–12 UKlaG[271] enthalten. Damit ist das Funktionieren der Verhandlungsmaxime auch in solchen Verfahren, die nicht prioritär auf die Durchsetzung klassischer subjektiver Privatrechte zielen, sondern auf die Bewährung objektiven Rechts ausgerichtet sind, belegbar. Die Bedeutung des öffentlichen Interesses in den Verbandsklagen nach dem UKlaG rechtfertigt allein nicht ein Abwenden von der Verhandlungsmaxime.[272] In der Kommentarliteratur heißt es, der Gesetzgeber habe „eben darauf vertraut, dass die klagebefugten Verbände die ihnen im Rahmen der Verhandlungsmaxime zustehenden Möglichkeiten zur Wahrung des allgemeinen Interesses nutzen".[273] An der Geltung der Verhandlungsmaxime auch bei Verbandsklagen soll schließlich deutlich werden, wie diese sogar prozessualen Institutionenschutz bewirken kann.[274]

---

[267] *Roth*, in: Recht und Gesellschaft, S. 149 ff. (174); *ders.*, in: FS für Henckel, S. 283 ff. (289).
[268] *Gaul*, in: Zivilprozessrecht im Lichte der Maximen, S. 68 ff. (80); *Roth*, ZfPW 2017, S. 129 ff. (148).
[269] BT-Drucks. 15/1487, S. 24.
[270] So *Bruns*, in: Globalisierung und Sozialstaatsprinzip, S. 255 ff. (272).
[271] Nach § 5 UKlaG wird auf die ZPO verwiesen, soweit sich aus dem UKlaG nichts anderes ergibt.
[272] *Kern*, in: Stein/Jonas, ZPO, Vor § 128 Rn. 211.
[273] So *Kern*, in: Stein/Jonas, ZPO, Vor § 128 Rn. 211.
[274] *Roth*, in: Recht und Gesellschaft, S. 149 ff. (175).

III. Individuelle und gesamtgesellschaftliche Betrachtungsweisen   79

bb) Musterfeststellungsklagen

(1) KapMuG. Ferner sei auf das Kapitalanlegermusterverfahren nach dem Kapitalanleger-Musterverfahrensgesetz (KapMuG) vom 16.8.2005[275] hingewiesen. Danach kann in einem Verfahren über einen Schadensersatzanspruch wegen fehlerhafter Kapitalmarktinformation ein Musterverfahrensantrag auf Feststellung gestellt werden. Über diesen Feststellungsantrag wird im Wege eines Musterentscheids entschieden. Es handelt zwar kein Verband. Für die Frage des Prozesszwecks ist das Verfahren nach dem KapMuG aber insofern relevant, als in diesem Verfahren der individuelle Prozess, also der Rechtsschutz des Einzelnen, bis zum Abschluss des Musterverfahrens ausgesetzt wird. Individualprozesse werden erst nach rechtskräftigem Abschluss des Musterverfahrens wieder aufgenommen, § 22 Abs. 4 KapMuG. Als Konsequenz dieser Verfahrensgestaltung wird der individuelle Zugang zum Gericht zeitweilig versagt.[276] *Roth* stellt zutreffend fest, dass hierdurch der Prozesszweck der Durchsetzung des subjektiven Rechts „zugunsten der Lösung eines Sozialproblems" und auch „zugunsten der Entlastung der Justiz" eingeschränkt wird.[277]

(2) Musterfeststellungsklage für Verbraucher. Angefacht durch die VW-Abgasaffäre wurde die Einführung einer Musterfeststellungsklage für Verbraucherverbände in Anlehnung an das UKlaG und das KapMuG. Infolgedessen wurde die Ausweitung kollektiven Rechtsschutzes im Interesse des Verbrauchers im Rahmen der Justizministerkonferenz im Herbst 2016 befürwortet.[278] Während die Umsetzung in der 18. Legislaturperiode blockiert worden war,[279] bildete die Einführung einer Musterfeststellungklage für Verbraucher bis spätestens 1. November 2018 ein klares Ziel der neuen Bundesregierung.[280] Gemäß Art. 2 des Diskussionsentwurfes des Bundesministeriums der Justiz[281] und für Verbraucherschutz vom 31.7.2017 und des Gesetzentwurfs der Bundesregierung vom 9.5.2018[282] soll die Musterfeststellungsklage im Sechsten Buch der ZPO gemäß §§ 606 ff. ZPO verankert werden. Sie soll in allen verbraucherrechtlichen Angelegenheiten allgemein anwendbar sein und es Ver-

---

[275] BGBl. I 2437.
[276] *Roth*, ZfPW 2017, S. 129 ff. (152).
[277] *Roth*, ZfPW 2017, S. 129 ff. (152).
[278] Vgl. dazu *Kutschaty/Freudenberg/Gerhardt*, ZRP 2017, S. 27 ff. (27).
[279] *Ludwig*, SZ vom 6.2.2017, S. 17.
[280] Koalitionsvertrag zwischen CDU, CSU und SPD vom 7.2.2018, S. 124; vgl. Justizministerin *Barley* Weltverbrauchertag am 15.3.2018 http://www.bmjv.de/SharedDocs/Zitate/DE/2018/180315_Weltverbrauchertag.html (zuletzt aufgerufen am 23.9.2018).
[281] https://www.bmjv.de/SharedDocs/Gesetzgebungsverfahren/Dokumente/DiskE_Musterfeststellungsklage.pdf?__blob=publicationFile&v=3 (zuletzt aufgerufen am 23.9.2018).
[282] https://www.bmjv.de/SharedDocs/Gesetzgebungsverfahren/Dokumente/RegE_Musterfeststellungsklage.pdf?__blob=publicationFile&v=2 (zuletzt aufgerufen am 23.9.2018).

braucherschutzverbänden ermöglichen, zugunsten der Betroffenen das Vorliegen bzw. Nichtvorliegen zentraler Voraussetzungen für das Bestehen oder Nichtbestehen von Ansprüchen bzw. Rechtsverhältnissen feststellen zu lassen.[283] Ziel ist die verbindliche Feststellung mit Bindungswirkung; der Gegenstand der Feststellung lehnt sich damit an § 2 I KapMuG an. Die Klagebefugnis soll dabei gemäß § 607 ZPO-E auf die nach § 3 I UKlaG bezeichneten Stellen beschränkt sein. Damit kombiniert das neue Modell die dargestellten Elemente des UKlaG und des KapMuG und verzichtet auf eine Aufnahme von Elementen einer Leistungsklage.[284] Echte Gruppenklagen auf Schadensersatz in Gestalt von *class actions* werden letztlich nicht etabliert.

cc) Zwischenbetrachtung

Die dargestellten Entwicklungen der sektoralen Etablierung der Verbandsklage belegen eine bemerkenswerte Änderung der Perspektive im Lichte eines *private law enforcement*, das durch die Durchsetzung öffentlicher Interessen durch Private im Rahmen des Zivilprozesses gekennzeichnet ist. Das *private law enforcement* basiert auf der Vorstellung, dass der zivilprozessuale Rechtsschutz neben der Verwirklichung individueller Rechte insbesondere auch der Verfolgung überindividueller Ziele und daher auch der Bewährung der Gesamtrechtsordnung dient. Privatinitiative wird also in den Dienst des öffentlichen Interesses an der Ahndung von Gesetzesverstößen gestellt.[285]

Dieser aus dem U.S.-amerikanischen Recht stammende und für das deutsche Recht neue Ansatz wird gerade an dem dargestellten jüngst eingeführten Verbandsklagerecht bei Datenschutzverstößen besonders deutlich: Vor dem Hintergrund einer bisherigen defizitären behördlichen Rechtsdurchsetzung werden nunmehr „Verbraucherverbände als neue Hoffnung der Rechtsdurchsetzung"[286] angesehen. Der zentrale Anknüpfungspunkt liegt damit in einer Skepsis gegenüber der Gewährleistung effektiver Rechtsdurchsetzung durch Behörden vor dem Hintergrund ihrer unzulänglichen Ausstattung und Motivation.[287] Darin wird die Notwendigkeit einer Initiative privater Akteure zur

---

[283] Diskussionsentwurf S. 11 und Gesetzentwurf der Bundesregierung S. 1. Abrufbar unter https://www.bmjv.de/SharedDocs/Gesetzgebungsverfahren/DE/Musterfeststellungsklage.html (zuletzt aufgerufen am 30.9.2018).
[284] Dies wurde aber z.B. von der 12. Verbraucherschutzministerkonferenz am 22.4.2016 in Düsseldorf gefordert. So TOP 51 – Stärkung des kollektiven Rechtsschutzes für Verbraucherinnen und Verbraucher und TOP 52 – Verbraucherpolitische Eckpunkte für Musterklagen in Verbraucherangelegenheiten. S. 87: „Abweichend von der Beschränkung des KapMuG auf Feststellungsklagen sollte auch die Möglichkeit einer Leistungsklage […] geschaffen werden." https://www.verbraucherschutzministerkonferenz.de/documents/endgueltiges_protokoll_vsmk_2016_1510317519.pdf (zuletzt aufgerufen am 23.9.2018).
[285] *Stürner*, in: Recht und Rechtswirklichkeit, S. 19 ff. (25).
[286] So *Ritter/Schwichtenberg*, VuR 2016, S. 95 ff. (97).
[287] Vgl. dazu *Reimann*, in: Bitburger Gespräche, S. 105 ff. (108).

Sanktion des Gesetzesverstoßes im Rahmen des Zivilprozesses, die durch prozessuale Erleichterungen – wie insbesondere durch die Verbandsklage – aktiviert werden soll, erblickt. Als Ergebnis werden staatliche Aufgaben auf Private verlagert (Rechtsdurchsetzung im öffentlichen Interesse), womit – aufgrund eines entsprechenden Drucks der Europäischen Union auf mehr *private law enforcement*[288] – ein fundamentaler Richtungswandel verbunden ist, da die Rechtsdurchsetzung im europäischen Nationalstaat aufgrund eines Vertrauens in den Staat als Garant für Fürsorge und Wohlergehen im Wesentlichen Staatsaufgabe ist.[289] Öffentlich-rechtliche Streitigkeiten werden traditionell eben nicht den Zivilgerichten mit der Verhandlungs- und der Dispositionsmaxime, sondern einer besonderen Gerichtsbarkeit mit am öffentlichen Interesse ausgerichteten Prozessmaximen zugewiesen.[290]

Gewiss geht mit der privatrechtlichen Verbandsklage stets Kontrolle und Beeinträchtigung privaten Freiheitsraums, wie es *Stürner* hervorhebt,[291] einher. Unter dem Blickwinkel des Spannungsverhältnisses von Parteiherrschaft und Richtermacht und der Prozessgestaltung durch die Verhandlungs- und die Dispositionsmaxime lässt sich indes festhalten, dass es trotz der dargestellten Verschiebungen im Prozesszweck bei der Geltung der Verhandlungs- und der Dispositionsmaxime verbleibt. Schließlich handelt es sich rechtsdogmatisch um einen Zweiparteienprozess zwischen dem Verband und dem Beklagten,[292] da die klagebefugte Stelle, die eigentlich öffentliche Interessen durchsetzt, nach überwiegender Ansicht entsprechend der gesetzlichen Konstruktion einen eigenen Anspruch geltend macht, vgl. § 3 I S. 1 UKlaG, § 8 I UWG.[293]

Mit der künftigen Etablierung einer Musterfeststellungsklage wird das Konzept eines *private law enforcement* in die ZPO transferiert, freilich (noch) beschränkt auf den Verbraucherschutz. Hierdurch wird das *private law enforcement* keineswegs mehr eine Randerscheinung darstellen, sondern einen integralen Bestandteil des Zivilprozessrechts bilden. Damit werden sich gewisse Verschiebungen des Prozesszwecks von der auf die Durchsetzung subjektiver Interessen geprägten Betrachtung zugunsten der Bewährung objektiven Rechts verwirklichen; im Bereich der Verbandsklage als Form überindividuellen Rechtsschutzes zwecks Bewährung objektiven Rechts[294] wird der

---

[288] *Reimann*, in: Bitburger Gespräche, S. 105 ff. (146).
[289] Dazu dezidiert *Reimann*, in: Bitburger Gespräche, S. 105 ff. (144).
[290] *Reimann*, in: Bitburger Gespräche, S. 105 ff. (144).
[291] *Stürner*, in: FS für Baur, 1981, S. 647 ff. (653).
[292] Vgl. *Bruns*, ZZP 125 (2012), S. 399 ff. (415).
[293] Dazu *Roth*, ZfPW 2017, S. 129 ff. (148); *Stadler*, Verbraucherrecht in Deutschland, S. 319; *Kodek*, in: Instrumentalisierung von Zivilprozessen, S. 93 ff. (102); a.A. *Brehm*, in: Stein/Jonas, ZPO, Vor § 1 Rn. 11: Interessenwahrer der repräsentierten Personengruppe; kritisch auch *E. Schmidt*, nach dessen Ansicht das Verständnis der Verbandsklagen als prinzipiell gewöhnliche Prozesse verfehlt ist. *E. Schmidt*, NJW 2002, S. 25 ff. (30).
[294] *Stürner*, in: FS für Baumgärtel, S. 545 ff. (547).

Prozesszweck der Bewährung objektiven Rechts unter bloßer Reflexwirkung des Individualrechtsschutzes deutlich aufgewertet.[295] Die Bewährung objektiven Rechts umfasst dabei nicht allein das nationale Recht, sondern letztlich die effektive Durchsetzung des Gemeinschaftsrechts im Interesse der Gewährleistung eines wirksamen und unverfälschten Wettbewerbs auf dem gemeinsamen Markt, womit der Zweck des nationalen Zivilprozesses in Teilbereichen eine neue europarechtlich geprägte Dimension erhält.

Ob sich diese Tendenzen zu einer nachhaltigen Veränderung mit Blick auf die allgemeine Determinierung des Prozesszwecks verdichten, vermag angesichts der derzeit noch sektoralen Beschränkung, etwa auf das Kartell- und Verbraucherschutzrecht, bezweifelt werden.[296] Jedenfalls bleibt abzuwarten, inwieweit das neue Rechtsinstitut der Musterfeststellungsklage für Verbraucher mit Blick auf eine Rechtsdurchsetzung gerade angesichts der Notwendigkeit nachgeschalteter individueller Leistungsklagen überhaupt Durchschlagskraft entwickeln wird,[297] oder ob es in der Rechtswirklichkeit nicht bereits von dem sog. prozessfinanzierten Abtretungsmodell – wie es in dem prominenten Fall *Schrems* gegen *Facebook*[298] im Bereich des Datenschutzrechts praktiziert wurde – überholt worden ist.

e) Strategische Prozessführung und Instrumentalisierung von Zivilprozessen

Mit diesem Konstrukt einer Abtretung subjektiver Rechte zwecks Erreichung übergeordneter Ziele ist das in Europa neue Phänomen der sog. strategischen Prozessführung (*strategic litigation*) angesprochen. Darunter ist „ein rechtliches Vorgehen, das die (zivil-)gerichtliche Auseinandersetzung wählt, um durch Musterverfahren oder mit Präzedenz-Entscheidungen zunächst rechtliche und im Gefolge politische, wirtschaftliche oder soziale Veränderungen über den Einzelfall hinaus zu erreichen"[299], zu verstehen. Die Erscheinungsformen sind vielfältig;[300] so wird auch das Rechtsinstrument der Sammelklage dem Bereich der Instrumentalisierung bzw. der strategischen Prozessführung zugeordnet, da der Prozessführer mit seiner Klage zahlreichen Betroffenen zu

---

[295] Vgl. *Stürner*, in: FS für Baumgärtel, S. 545 ff. (547).
[296] Vgl. dazu *Althammer*, Streitgegenstand, S. 243: „Sollte sich dieser Trend fortsetzen, werden damit massive Änderungen für den traditionellen deutschen Zivilprozess einhergehen, insbesondere wenn es im selben Zuge zur Einführung von Gruppen- und Sammelklagen kommen sollte."
[297] Kritisch im Hinblick auf das erforderliche zweistufige Verfahren *Stadler*, VuR 2018, S. 83 ff.
[298] EuGH, Urt. v. 25.1.2018, C-498/16 – *Schrems ./. Facebook Ireland Limited*.
[299] So die Definition von *H. Koch*, AnwBl 2015, S. 454 ff. (454); vgl. dazu *Roth*, ZfPW 2017, S. 129 ff. (143).
[300] Dazu näher: *H. Koch*, AnwBl 2015, S. 454 ff. (454) und *Kodek*, in: Instrumentalisierung von Zivilprozessen, S. 94 ff. (96 ff.).

ihrem Recht verhelfen will. Als weiteres mögliches Anliegen strategischer Prozessführung wird die Rechtsfortbildung oder Reform genannt; zudem kann der Zivilprozess – wie im Fall *Schrems* gegen *Facebook* – dazu benutzt werden, mithilfe publizistischer Wirkung auf Missstände und Fehlentwicklungen hinzuweisen. Teilweise wird auch von einer „Instrumentalisierung" des Zivilprozessrechts gesprochen.[301] Jedenfalls besteht der Zweck dieser Prozesse – und das ist vorstehend von Interesse – nicht mehr in der Gewährung von Individualrechtsschutz, da politische, wirtschaftliche oder soziale Ziele verfolgt werden, womit das öffentliche Interesse deutlich im Vordergrund steht.[302] Dabei kann sich der Aspekt der Bewährung der objektiven Rechtsordnung – wie es *Roth* herausstellt[303] – noch weiter verflüchtigen, indem außerrechtliche politische bzw. kulturelle Motive in den Vordergrund rücken.

IV. Zusammenfassung und eigene Stellungnahme

Im Hinblick auf den Streit, ob der Zivilprozess den Schutz subjektiver Rechte oder die Bewährung objektiven Rechts bezweckt, soll vorliegend – trotz der dargestellten zunehmenden Bedeutung der Bewährung der objektiven Rechtsordnung – dahingehend Position bezogen werden, dass der Zweck des heutigen deutschen Zivilprozesses vornehmlich im Individualrechtsschutz besteht. Dies lässt sich durch die Struktur des Zivilprozesses, geprägt von den einzelnen Rechtsinstituten, belegen. Der Schutz umfasst dabei – wie *Wach* es hervorgehoben hat – nicht nur das vom Kläger behauptete Recht, sondern auch die Rechtsposition des Beklagten, welcher sich gegen den (angeblichen) Anspruch des Klägers wehrt. Kristallisationspunkt ist hierbei die Leistungsklage.[304] Auch hier hat der Beklagte ein subjektives Recht, *in concreto* das Recht, nicht ohne rechtliche Grundlage – beispielsweise vermögensmäßig – in Anspruch genommen zu werden, etwa nicht zahlen zu müssen. So erfüllt auch der Prozess seinen Zweck, der mit einer Klageabweisung endet.[305] Es zeigt sich an dieser Stelle aber auch die Einseitigkeit der Formulierung des Schutzes subjektiver Rechte, die allein den Schutz des Rechtsinhabers in den Fokus stellt. Der Miteinbeziehung des Beklagten käme die allgemeinere Formulierung des Prozesszwecks „Gewährung von Rechtsschutz" entgegen.[306] Das Verfahren

---

[301] Vgl. dazu *Kodek*, in: Instrumentalisierung von Zivilprozessen, S. 94 ff.
[302] Dazu *Kodek*, in: Instrumentalisierung von Zivilprozessen, S. 94 ff.
[303] *Roth*, ZfPW 2017, S. 129 ff. (144).
[304] *Münch*, in: Die Zukunft des Zivilprozesses, S. 5 ff. (36).
[305] Ebenso hat auch ein solcher Prozess, der ohne streitiges Sachurteil, §§ 306, 307, 331 ff. ZPO, oder ohne Urteil, §§ 91a, 251, 269, 794 I Nr. 1 ZPO, endet, einen Zweck gehabt. So *Münch*, in: Die Zukunft des Zivilprozesses, S. 5 ff. (38).
[306] *Leipold*, in: FS für Klamaris, S. 443 ff. (448).

ist damit auf die Durchsetzung subjektiver Rechte und auch auf den Schutz vor unberechtigter Inanspruchnahme angelegt.[307] Dies gilt nicht nur für die Leistungsklage. Im Rahmen eines Feststellungsantrags nach § 256 ZPO beugt die Partei einer Gefährdung subjektiver Rechte vor; bei der Gestaltungsklage macht eine Partei das ihr zustehende Recht auf Gestaltung geltend. Ein Zivilverfahren kommt daher zum Schutz eines subjektiven Rechts oder zum Schutz vor einem vermeintlich subjektiven Recht in Gang. Andererseits – aus Perspektive des Beklagten – dient der Prozess dem Schutz vor unberechtigter Inanspruchnahme. Dies belegen ebenfalls einzelne Prozessinstitute, vornehmlich die Verteidigungsrechte des Beklagten.[308] Damit lässt sich festhalten, dass der Prozess dem Individualrechtsschutz schlechthin dient.

Die Bewährung der Rechtsordnung – auch der Europäischen Gemeinschaftsrechtsordnung – bleibt grundsätzlich bloße Folge dieses Individualrechtsschutzes, denn der Schutz der subjektiven Rechte erfolgt in Anwendung des objektiven Rechts.[309] Diese These ist aber für bestimmte Bereiche zu relativieren:

Allgemeininteressen treten in der Revisionsinstanz hervor, obgleich die Revision Parteirechtsmittel bleibt, bei dem der jeweilige Parteierfolg bzw. die Erfolglosigkeit des Parteibegehrens zentral ist.[310] Außerhalb der ZPO gewinnen gesamtgesellschaftliche Aspekte vor allem im FamFG an Bedeutung. Das FamFG stellt daher auch eine eigenständige Verfahrensordnung dar. Es ist im Rahmen der vorliegenden Arbeit aber insoweit von Interesse, als sich die Abhängigkeit der Ausgestaltung des Verfahrens im Wege der Maximen von seiner Zielrichtung ganz besonders verdeutlicht. Der überindividuelle Prozesszweck wirkt sich damit auf die Gestaltung des Zivilverfahrens in Ansehung eines Institutionenschutzes erheblich aus.

Angesichts der jüngsten Entwicklungen erfährt der Prozesszweck Modifikationen im Rahmen kollektiven Rechtsschutzes. Im Rahmen der Verbandsklagen rückt die Verfolgung öffentlicher Interessen in den Vordergrund,[311] während der Individualrechtsschutz im Sinne eines Reflexes dahinter zurückbleibt. Es dominiert mithin der Prozesszweck der Bewährung des objektiven Rechts.[312] Als Folge der künftigen Etablierung einer allgemeinen Musterfeststellungsklage für Verbraucherverbände innerhalb der ZPO wird der Gedanke eines *private law enforcement* auch in der BRD Einzug in die ZPO erhalten, womit öffentliche Rechtsdurchsetzung durch die Exekutive ergänzt wird.

---

[307] *Stürner*, Die Aufklärungspflicht der Parteien des Zivilprozesses, S. 49, der jedoch auch die Wahrheitsfindung als Zweck des Prozesses ansieht.
[308] *Stürner*, Die Aufklärungspflicht der Parteien des Zivilprozesses, S. 49 f.
[309] *Leipold*, in: FS für Klamaris, S. 443 ff. (448).
[310] So zur Rechtslage vor der Reform von 2014 *Prütting*, AnwBl 2013, S. 401 ff. (404).
[311] *Hess*, R.L.R. No. 27 (2010), S. 191 ff. (206).
[312] So *Roth*, ZfPW 2017, S. 129 ff. (153).

Dies geschieht in der Praxis bereits durch prozessfinanzierte Abtretungen, bei denen der Prozessfinanzierer als Garant der Durchsetzung der Rechtsordnung agiert. Im Falle der sog. strategischen Prozessführung werden dem Zivilprozess verschiedenste öffentliche Interessen aufgebürdet. Dennoch verbleibt es hier bei den klassischen Maximen, woran deutlich wird, dass auch die Verhandlungsmaxime Institutionenschutz zu gewähren imstande ist.

Der Zweck des Zivilprozesses ist dennoch an einer Gesamtbetrachtung zu orientieren. Die Betrachtung zeigt: Das zentrale zivilprozessuale Anliegen der Gewährung von Rechtsschutz wird gegenwärtig lediglich sektoral preisgegeben. Neben der prioritären Aufgabe des Schutzes und der Durchsetzung subjektiver Interessen erhält die Befriedungsfunktion eigenständige Bedeutung, die – angesichts der jüngsten gesetzgeberischen Bestrebungen – über eine bloße Reflexwirkung oder Folge des subjektiven Rechtsschutzes weit hinausgeht.[313]

---

[313] A.A. *Gaul*, der die Befriedung als bloße „Begleiterscheinung" ansieht. Vgl. *Gaul*, in: Zivilprozessrecht im Lichte der Maximen, S. 68 ff. (84).

C. Die *Common-Law*-Sichtweise auf den deutschen Zivilprozess unter Berücksichtigung des Verhältnisses von Richtermacht und Parteiherrschaft im U.S.-amerikanischen Zivilprozess

I. Vorbemerkung

Die Ausgestaltung des Spannungsverhältnisses von Richtermacht und Parteiherrschaft im U.S.-amerikanischen Zivilverfahren ist eine der bedeutsamsten Folgen einer anderen Rechts- und insbesondere Prozesskultur als der kontinentaleuropäischen. In diesem Zusammenhang ist – wie es *Stürner* in seiner Schrift „Markt und Wettbewerb über alles" feststellt – entscheidend, dass die U.S.-amerikanische Gesellschaft eine Wettbewerbsgesellschaft (*competitive society*) ist, die das selbst definierte Individualglück zum zentralen Staatszweck erklärt.[1] Gesellschaft, Wirtschaft und der Staat sind auf diesem Verständnis aufgebaut.[2] Der Gleichheitssatz wird dementsprechend als gleiche Chance zur Verwirklichung eigenen Strebens nach Glück verstanden. Für das Recht lässt sich konstatieren, dass es öfter als in Deutschland nicht schon präventiv, sondern oft erst repressiv im Fall einer verfehlten autonomen Konfliktlösung eingreifen soll.[3] Verhaltenssteuerung erfolgt weniger durch präventiv-administrative Regulierung als durch private Rechtsverfolgung. Im Gegensatz zur europäischen Tradition, die sowohl auf nationaler als auch auf europäischer Ebene gesellschaftliches Wohlergehen und Fürsorge als öffentliche Aufgabe begreift,[4] wird dem *private law enforcement* in den U.S.A. eine ganz zentrale Rolle im Hinblick auf die Bewährung des Rechts zugewiesen.[5] Rechtsdurchsetzung im öffentlichen Interesse erlangt insbesondere auf den Gebieten des Wettbewerbsrechts, Kapitalmarktrechts, Umweltrechts, und für die Durchsetzung von Bürger- und Menschenrechten Bedeutung.[6] Das Verfah-

---

[1] Vgl. zu dem U.S.-amerikanischen Gesellschaftsverständnis *Stürner*, Markt und Wettbewerb über alles?, S. 33 ff. *Stürner* weist darauf hin, dass die Gründungsväter der U.S.A. die Freiheit zu einem selbst definierten Individualglück (*pursuit of happiness*) in der *Declaration of Independence* zum zentralen Staatszweck erklärten.

[2] *Stürner*, Markt und Wettbewerb über alles?, S. 33 ff.

[3] *Stürner*, Markt und Wettbewerb über alles?, S. 48–80; *ders.*, in: Recht und Rechtswirklichkeit, S. 19 ff. (21 f.).

[4] So *Reimann*, in: Bitburger Gespräche, S. 105 ff. (145).

[5] Dazu *Reimann*, in: Enforcement of Corporate and Securities Law, S. 14 ff.

[6] *Reimann*, in: Bitburger Gespräche, S. 105 ff. (110 ff.).

rensziel des U.S.-amerikanischen Zivilprozesses ist die faire Lösung des Konflikts zwischen den Parteien in möglichst einem Verfahren.[7] Neben der „Konfliktlösung" wird als Aufgabe des Zivilprozesses auch die effektive Regulierung und Zügelung der Marktteilnehmer gesehen und von *regulation through litigation* gesprochen.[8] Insgesamt lässt sich feststellen: Im Rahmen des Prozesszwecks liegt das Gewicht mehr auf der Bewährung objektiven Rechts, der Aspekt des subjektiven Rechtsschutzes steht nicht so sehr im Vordergrund.[9]

Verschiedene Rechtsinstitute des U.S.-amerikanischen Prozessrechts sind Ausdruck für das Verständnis, wonach der zivilprozessuale Rechtsschutz neben der Verwirklichung individueller Rechte insbesondere auch der Verfolgung überindividueller Ziele und daher auch der Bewährung der Gesamtrechtsordnung dient. Hierzu zählt die dem deutschen Recht fremde Institution der *punitive damages*, die gewiss auch private Rechtsverfolgung motivieren bzw. belohnen soll (*private attorney general*), aber als Ausdruck des Glaubens an die Steuerungswirkung strafender Sanktion anzusehen ist.[10] Ein besonders schlagkräftiges und von den Gegnern, etwa Handel und Industrie, gefürchtetes Rechtsinstrument[11] ist die Gruppenklage in Form der *class action*, welches – offiziell vor allem – der Verfahrenseffizienz dienen soll, aber auch auf der Vorstellung basiert, Privatinitiative in den Dienst des öffentlichen Interesses an der Ahndung von Gesetzesverstößen zu stellen.[12] Bei dem sehr komplexen Sonderverfahren der *class action* werden Interessen gebündelt, um Rechte, die im Individualprozess nicht bzw. nicht effizient durchsetzbar sind, zu verwirklichen und so die Steuerungsfunktion des Rechts zum allgemeinen Wohl durchzusetzen.[13] Die individuelle private Initiative wird dabei zur Bewährung der Gesamtrechtsordnung aktiviert. Private Rechtsdurchsetzung erfährt im Ergebnis eine gewisse Sozialbindung, die sich nicht in der Durchsetzung der Verwirklichung von Individualinteressen erschöpft, sondern zugleich überin-

---

[7] "Civil procedure is about litigation, which is the basic model by which disputes are resolved in our society". und "The civil justice system must strive to achieve the fair resolution of disputes", *Freer*, Civil Procedure, S. 2 und S. 4; F.R.C.P. 1: The rules "should be construed and adminstered to secure the just, speedy, and inexpensive determination of every action and proceeding"; "First, the purpose underlying the establishment of most rules of civil procedure, in any judicial system, is to promote the just, efficient, and economical resolution of civil disputes"; "The judicial process deals with actual controversies between real parties and also helps to express abstract values for the society." *Friedenthal/Miller/Sexton/Hershkoff*, Civil Procedure, S. 1.
[8] *Murray/Stürner*, S. 575 Fn. 13 m.w.N.; Mittel der Regulierung sind nicht zuletzt die Verbandsklagen (*class actions*).
[9] *Stürner*, in: FS für Stiefel, S. 763 ff. (783).
[10] Dazu *Stürner*, in: Recht und Rechtswirklichkeit, S. 19 ff. (28).
[11] So die Europäische Kommission, KOM (2013) 401 vom 11.6.2013, S. 9.
[12] *Stürner*, in: Recht und Rechtswirklichkeit, S. 19 ff. (25).
[13] *Bruns*, ZZP 125 (2012), S. 399 (406).

dividuelle gesellschaftliche Zwecke verfolgt.[14] Dies basiert auf dem amerikanischen Gesellschaftsmodell, das eine verlässliche behördliche oder parlamentarische Kontrolle eher meidet.[15] In dieser Marktgesellschaft mit großer Freiheit haben *class actions* die Aufgabe sozialer Steuerung.[16] Sie können daher auch als Erscheinungsformen eines sozialen Zivilprozesses gekennzeichnet werden.[17] Als Mittel der Steuerung werden nachträgliche Sanktionen sowie Abschreckung eingesetzt.[18]

Konsequenz dieses Verständnisses der Privatrechtsordnung als Lebensordnung ist eine gewisse Verschiebung des Prozesszwecks zugunsten der Bewährung objektiven Rechts.[19] Diese Sichtweise fußt letztlich auf der fehlenden scharfen Trennung zwischen privatem und öffentlichem Recht in kontinentaleuropäischem Sinne, womit die ordentlichen Gerichte in den U.S.A. auch über Streitigkeiten entscheiden, die aus kontinentaleuropäischer Perspektive eindeutig öffentlich-rechtlich einzuordnen wären.[20]

Anders als in den U.S.A. gilt in Deutschland wie im übrigen Kontinentaleuropa im Hinblick auf die gesellschaftliche und rechtliche Gestaltung stärker die Tradition sozial gestalteter Freiheit.[21] Der Gleichheitssatz wird dementsprechend auch als Teilhaberecht verstanden. In dem Modell normativ gestalteter Freiheit wird dem Recht eine stärkere Steuerungs- und Ausgleichfunktion beigemessen; präventiver Rechtsschutz für den sozial, wirtschaftlich bzw. intellektuell Unterlegenen findet stärkere Betonung.[22] Die moderne U.S.-amerikanische Wettbewerbsgesellschaft begegnet in Europa gerade seit den letzten Jahren, insbesondere aufgrund der aus dem Freiheitsverständnis der angloamerikanischen Finanzkultur resultierenden Finanzkrise, erheblicher Skepsis.[23]

---

[14] *Bruns*, in: Globalisierung und Sozialstaatsprinzip, S. 255 ff. (262) m.w.N.
[15] *Bruns*, ZZP 125 (2012), S. 399 ff. (402, 405).
[16] *Bruns*, in: Globalisierung und Sozialstaatsprinzip, S. 255 ff. (266).
[17] *Bruns*, in: Globalisierung und Sozialstaatsprinzip, S. 255 ff. (262 ff.).
[18] *Stürner*, ÖJZ 2014/1, S. 1 ff. (6).
[19] *Stürner*, in: FS für Stiefel, S. 763 ff. (783).
[20] *Kodek*, in: Instrumentalisierung von Zivilprozessen, S. 93 ff. (99).
[21] *Stürner*, in: Recht und Rechtswirklichkeit, S. 19 ff. (20).
[22] *Stürner*, in: Recht und Rechtswirklichkeit, S. 19 ff. (21). Zu den Bestandteilen sozialer Prävention zählen das Versicherungssystem sowie die vorsorgende Rechtspflege mit ihrer Bedeutung der Streitvermeidung, *Stürner*, in: Recht und Rechtswirklichkeit, S. 19 ff. (27).
[23] *Stürner*, in: Recht und Rechtswirklichkeit, S. 19 ff. (20).

II. Der Zusammenhang zwischen einer Gesellschaftsstruktur und der Ausrichtung des Verhältnisses von Parteiherrschaft und Richtermacht

Wie bereits erläutert, steht die Ausrichtung der Rollenverteilung zwischen den Parteien und dem Gericht in einer gewissen Korrelation zu der jeweiligen Gesellschaftsstruktur. An dieser Stelle sei bemerkt, dass der Zusammenhang zwischen dem Ausmaß richterlicher Aktivität im Zivilprozess und der Liberalität der gesellschaftlichen Verfassung auch von amerikanischer Seite betont wird. Hier wird besonders die historisch bedingte ablehnende Haltung der Amerikaner gegenüber staatlicher Autorität hervorgehoben.[24] So heißt es bei *Stürner*: „Die Richtermacht des kontinentaleuropäischen Prozesses begreift der US-Jurist [...] als Ausdruck inquisitorischen und obrigkeitlichen Denkens, das mit eigenverantwortlichem Handeln demokratischer Bürger schlecht harmoniert."[25] Jedenfalls kann man im Hinblick auf die vorstehende Thematik des Spannungsverhältnisses von Parteiherrschaft und Richtermacht eine Wirkung eines liberalen Denkens auf den U.S.-amerikanischen Zivilprozess in dessen Prägung von einer größeren Freiheitlichkeit des Parteiverhaltens erblicken. Der Kontrast zwischen dem europäischen und dem angloamerikanischen Rechtsdenken wird im Übrigen in struktureller zivilprozessualer Hinsicht auch reflektiert in der Diskussion um die Zweiseitigkeit oder Dreiseitigkeit des Prozessrechtsverhältnisses.[26]

III. Der adversatorische und der richterzentrierte bzw. bürokratische oder inquisitorische Zivilprozess

Der Vergleich des Verhältnisses von Parteiherrschaft und Richtermacht im angloamerikanischen Zivilverfahren einerseits und im kontinentaleuropäischen Zivilprozess andererseits betrifft eine Grundsatzfrage der prozessualen Rechtsvergleichung. In der angloamerikanischen Literatur wird das Zivilverfahren kontinentaleuropäischer *Civil-Law*-Systeme als richterzentriert beschrieben.[27] Teilweise wird es auch als „bürokratisch und hierarchisch" (*bureaucratic and*

---

[24] Vgl. *Chase*, 5 Cardozo J. Int'l & Comp. L. (1997), 1, 7, 8: "The greater authority of the German judge reflects deeply held differences between two societies regarding the role of the authority" und "[...] Germans are in general more comfortable with the exercise of authority than Americans".Vgl. auch *Auerbach*, S. 10: In Bezug auf die amerikanische Gesellschaft gelte: "the dominant ethic is competitive individualism", was in einem Zusammenhang zum Prozess steht.
[25] *Stürner*, JZ 1986, S. 1089 ff. (1093).
[26] *Stürner*, ZZP 2014, S. 271 ff. (283).
[27] *G. Hazard, JR./Taruffo*, American Civil Procedure, 1993, S. 20: "The adversary system should be contrasted with the judge-centered procedure used in most modern legal systems, including those of continental Europe and Japan."

hierarchial)²⁸ bezeichnet. Nach älterer Ansicht wird in scharfer Kontrastierung zum amerikanischen Zivilprozess eine Charakterisierung des kontinentaleuropäischen Zivilprozesses als „inquisitorisch" (*inquisitorial*)²⁹ vertreten. Der kontinental-europäische Richter wurde von früheren Vertretern des anglo-amerikanischen Rechtskreises teilweise als paternalistisch mit Eigenschaften eines Bürokraten charakterisiert.³⁰

IV. Kennzeichen des U.S.-amerikanischen Zivilverfahrens im Hinblick auf Parteiherrschaft und Richtermacht

Demgegenüber wird für das amerikanische Zivilverfahren das Bild einer fast vollständigen Parteiherrschaft unter Zurückdrängung der Rolle des Richters herangezogen. Der amerikanische Zivilprozess folge dem theoretischen Leitbild eines adversatorischen Verfahrens, in dem die Parteien das Verfahren weitgehend beherrschen. Hiermit korrespondiert eine passive Rolle des amerikanischen Richters, der – wie ein Schiedsrichter (*neutral umpire*) – lediglich über die Einhaltung der Spielregeln in dem Zweikampf der Parteien wacht.³¹ Materielle Prozessleitungsbefugnisse des amerikanischen Richters gibt es nur ansatzweise.³² Formelle Prozessleitung ist nicht vollkommen ausgeschlossen, der Richter agiert aber selten von sich aus, sondern eher im Falle eines Parteiversagens.³³ Insbesondere erfolgen Zustellungen und Mitteilungen im Parteibetrieb, F.R.C.P. 4 (c), (d) und F.R.C.P. 5.

Eine Aktivität des Richters im Sinne eines *managerial judge* ist demgegenüber in den U.S.A. nur in bestimmten Fällen anerkannt, und zwar als eine Reaktion auf eine Steigerung der Komplexität der Zivilverfahren.³⁴ Hierzu zählen insbesondere die der kontinentaleuropäischen Rechtstradition mit ihrer grundsätzlichen Ausrichtung auf den Zweiparteienprozess fremden und in der Arbeit bereits als Beispiel eines *private law enforcement* in der Marktgesellschaft U.S.A. genannten *class actions*, F.R.C.P. 23, als Instrumentarien der Steuerung in der Marktgesellschaft, was insbesondere bei der Verfolgung von

---

²⁸ Vgl. *Stürner*, ZZP 123 (2010), S. 147 ff. (148).
²⁹ Vgl. *Jacob*, S. 5 ff.
³⁰ *Kaplan/von Mehren/Schaefer*, Phases of German Civil Procedure (Parts I and II), 71 Harv. L. Rev. (1958), 1193 und 1443 (1472): "With some stretch of the imagination one can see in the German judge a common image of the paterfamilias – also endowed, to be sure, with some of the characteristics of the bureaucrat."
³¹ "In this adversary system, the judge's role – at least in theory – is rather limited. Classically, the judge is expected to be a passive umpire." *Freer*, Civil Procedure, S. 5; vgl. auch *Hazard/Taruffo*, S. 19 ff.
³² *Stürner*, in: FS für Stiefel (1987), S. 763 ff. (767).
³³ *Stürner*, in: FS für Stiefel (1987), S. 763 ff. (769).
³⁴ *Freer*, S. 6: "The role of the judge as a largely neutral umpire has eroded significantly in the past generation, in response to increasingly complex litigation."

Streu- und Massenschäden evident zu Tage tritt. Im Rahmen der Rechtsverfolgung im Wege der *class action* repräsentiert ein Einzelner – der *lead plaintiff* – die Interessen der Allgemeinheit oder eines größeren Personenkreises. Die Prozesshandlungen dieses Klägervertreters binden die übrigen Gruppenmitglieder, es sei denn diese treten nach der Bekanntmachung rechtzeitig aus der Gruppe aus (*opt-out-Modell*). *Class actions* haben ihren Anwendungsbereich insbesondere im Kartellrecht (*anti-trust*), als Aktionärsklage (*securities litigation*), in Produkthaftungs- und Verbraucherschutzfällen, in Fällen von Bürgerrechtsverstößen und Streitigkeiten aufgrund von Rassen- oder Geschlechterdiskriminierung und im Rahmen von Umweltstreitigkeiten.[35] Im Bereich der *class actions* kommt dem amerikanischen Richter von Anfang an viel Richtermacht zu, denn die Klage muss – vor dem eigentlichen Prozess – von ihm durch Zertifizierung ausdrücklich zugelassen werden (*process of class certification, certification order*, F.R.C.P. 23 (c)). Hierin ist die maßgebliche Hürde für die Klägerseite zu sehen.[36] Erfolgt keine gerichtliche Zertifizierung, gibt es keine *class action* und es muss individuell prozessiert werden. Auch während des Verfahrens wird der Richter aktiv, bestimmt z.B. einen *class counsel*, F.R.C.P. 23 (g). Des Weiteren bedarf der Abschluss eines Vergleichs der gerichtlichen Genehmigung.[37] Diese aktive Rolle des Richters im Bereich der *class action* dient dem Schutz der nicht direkt am Prozess beteiligten Gruppenmitglieder und fungiert als Kompensation der starken Position der klägerischen Anwälte, die als Motor der *class action* gelten.

Aber auch im Rahmen der *pre-trial-discovery* hat der Richter weitreichende Befugnisse. Diese, dem deutschen Recht unbekannte Phase des amerikanischen Zivilverfahrens dient dazu, den Parteien einen umfassenden Zugang zu Informationen und Beweismitteln zu ermöglichen.[38] Sie wurde im Jahre 1938 mit Inkrafttreten der *Federal Rules of Civil Procedure* etabliert und wird als Ausdruck des Ziels des U.S.-amerikanischen Zivilprozesses, das in der Aufdeckung der objektiven Wahrheit bestehen soll, gesehen. Maßgeblich ist die Geltung des Prinzips der wechselseitigen Offenlegung aller prozessrelevanten Informationen. Der *Supreme Court* konstatierte dementsprechend: „Wechselseitige Kenntnis aller von beiden Parteien gesammelten Tatsachen ist unerlässlich für ein korrektes Verfahren."[39] Die *discovery* ist Mittel zur Durchsetzung des materiellen Rechts im Prozess.[40] Entscheidend für die vorliegende Untersu-

---

[35] *Bruns*, ZZP 125 (2012), S. 399 ff. (402) mit Hinweis auf *Friedenthal/Kane/Miller*, Civil Procedure, 4th ed. 2005, S. 758.
[36] So *Bruns*, ZZP 125 (2012), S. 399 ff. (406).
[37] F.R.C.P. 23 (e) und Class Action Fairness Act 28 U.S.C. § 1712.
[38] Dazu *Schack*, Einführung, Rn. 110 ff.
[39] *Hickman v. Taylor* 329 U.S. 495, 507 (1947); zitiert bei *Greger*, BRAK-Mitt. 2005, S. 150 ff. (154) und bei *Schlosser*, JZ 1991, S. 599 ff. (600).
[40] *Lorenz*, ZZP 111 (1998), S. 35 ff. (49).

chung ist, dass diese Phase zwar im Wesentlichen von den Parteien unter Geltung einer Kooperationspflicht beherrscht wird. Aufklärung erfolgt damit unter Parteiherrschaft bereits vor dem *trial*. Der Richter hat aber erhebliche Kompetenzen. Eine wesentliche Verfahrenserneuerung erfolgte durch die F.R.C.P. 16 mit Einführung der *final pretrial conference* zwecks Vorbereitung der Hauptverhandlung durch Aufbereitung der Streitpunkte im Wege der Erörterung der Sach- und Rechtslage am Ende der *pre-trial-discovery*. Die Einführung dieses neuen Verfahrenselements wird als eine bis dahin ungewöhnliche Akzentuierung richterlicher Beteiligung im Vorverfahren angesehen.[41] Zudem erhielt das Gericht durch das *Amendment* der *Federal Rules* aus dem Jahre 1983 weitreichende Befugnisse.[42] Für das *Pre-trial*-Verfahren wird daher angenommen, dass der amerikanische Prozess vor den *Federal Courts* Tendenzen der Annäherung an das kontinentale Modell der Sachverhaltsermittlung beinhaltet. In diesem Bereich des Verfahrensstadiums werde deutlich mit dem Modell des passiven Richters gebrochen.[43] Beispielsweise kann der Richter *protective orders*, F.R.C.P. 26 (c) erlassen und Zwangsmittel anordnen, F.R.C.P. 37,[44] freilich nur auf Antrag und wenn die Parteien ihre Pflicht zur Kooperation verletzen. Ferner ist die Bedeutung der *pre-trial-conferences*, F.R.C.P. 16, gerade in jüngster Zeit gewachsen. Hier kann der amerikanische Richter auf Schwächen eines Tatsachenvortrages oder auf Schwächen bisheriger Beweismittel hinweisen, Streitpunkte herausarbeiten, *admissions* und *stipulations* über Tatsachen veranlassen, aber er kann keine *admissions* erzwingen oder sogar selbst Beweise erheben.[45] Ferner kann der amerikanische Richter auch auf eine gütliche Einigung hinwirken, im *pre-trial* durch spezielle *settlement conferences*. Zu beachten ist indes, dass die genannten richterlichen Befugnisse fakultativ sind. Im *trial* ist dagegen mehr Zurückhaltung geboten.[46] Insgesamt lässt sich feststellen, dass der amerikanische Richter ein weites Ermessen bei seiner Hilfestellung besitzt.[47] Dies gilt sowohl für das *pre-trial*-Verfahren, in welchem z.B. die Durchführung der *pre-trial-conference* im richterlichen Ermessen steht, als auch für die Hauptverhandlung. Freilich wird in der Praxis jeder Richter seine eigene Art haben, wie er das ihm eingeräumte Ermessen nutzt und wie er das Verfahren leitet, d.h. ob er entsprechend der *umpire*-Rolle zurückhaltend ist und die Gestaltung des Verfahrens

---

[41] *Braun*, Die Rolle des Federal District Court Judge im Verhältnis zu den Parteien, S. 40.
[42] Das Amendment von 1983 verfolgte – aufgrund von Forderungen aus der Richterschaft – das erklärte Ziel, richterliches *case management* des *Pre-trial*-Verfahrens zu verstärken und genauer zu regeln. *Gottwald*, in: Law in East and West, S. 705 ff. (710).
[43] So *Gottwald*, in: Law in East and West, S. 705 ff. (717).
[44] „Sanctions and judicial supervision of discovery".
[45] *Stürner*, in: FS für Stiefel (1987), S. 763 ff. (768).
[46] *Stürner*, in: FS für Stiefel (1987), S. 763 ff. (769).
[47] *Stürner*, in: FS für Stiefel (1987), S. 763 ff. (768 f.).

den Parteien überlässt oder dieses dem *active-judge*-Konzept entsprechend selbst straff leitet.[48] Dabei stehen gewiss pragmatische Aspekte und nicht theoretische Leitbilder im Vordergrund. Die Übergänge zwischen aktiven und passiven Richtern gelten als fließend.[49]

V. Die U.S.-amerikanische Sichtweise auf den kontinentaleuropäischen Zivilprozess

Die Rechtstheorie jedenfalls setzt das amerikanische Verhältnis von Parteiherrschaft und Richtermacht – wie bereits dargestellt – dem kontinentalen Zivilprozess entgegen. Amerikanische Autoren sehen die starke Dominanz des kontinentaleuropäischen – damit auch des deutschen Richters – insbesondere aufgrund seiner Aktivität im Rahmen der Beweiserhebung bezogen auf den Zeugen als praktisch bedeutsamstes Beweismittel sowie in Bezug auf den Sachverständigen.[50] Gerade im Bereich der richterlichen Tätigkeit bei der Sachverhaltsermittlung im Zusammenhang mit der Beweiserhebung sind Unterschiede zwischen den beiden Verfahrensverständnissen evident.

1. Unterschiede der Richteraktivität im Rahmen der Herstellung der Grundlage der Beweiswürdigung bei der Zeugenvernehmung

Gewiss ist Voraussetzung einer Zeugenvernehmung nach deutschem Verfahrensrecht ein entsprechender Antrag der Partei, § 373 ZPO, was als Ausdruck von Parteiherrschaft gewertet werden kann. Alle anderen Beweise kann der deutsche Richter auch von Amts wegen erheben. Jedoch vernimmt der Richter selbst die Zeugen und die Parteien; er fasst die Vernehmungsergebnisse selbst in einem richterlichen Protokoll zusammen. Natürlich muss Beachtung finden, dass gemäß § 396 ZPO der Zeuge vor der Befragung durch den Richter

---

[48] *Braun*, Die Rolle des Federal District Judge im Verhältnis zu den Parteien, S. 77. Vgl. dazu *Schack*, Einführung Rn. 150: „Von ihren vielfältigen Möglichkeiten machen die Richter ganz unterschiedlich Gebrauch. Es gibt den passiven Schiedsrichter ebenso wie den aktiven case manager. Der konkrete Prozessablauf hängt deshalb ganz von der Persönlichkeit des zuständigen Richters ab. So gesehen gibt es keinen typischen US-amerikanischen Zivilprozess."
[49] *Schack*, Einführung Rn. 150.
[50] *Glendon/Carozza/Picker*, S. 185, 189: "The judge plays an active role in questioning witnesses [...]" und "The way a witness is interrogated indicates the somewhat inquisitorial nature of German civil procedure". *Chase*, 5 Cardozo J. Int'l & Comp. L. (1997), S. 1 ff. (3): "The most important difference between German and American civil procedure is the control the German judge maintains over the factual inquiry [...] Of all the modes in which the German judge is more powerful than the American, it is the German judge's power to conduct the actual interrogation of the witnesses [...]"; *Mattei/Ruskola/Gidi*, S. 780 ff.

zunächst unbeeinflusst und mit eigenen Worten dasjenige, was ihm über das Beweisthema bekannt ist, wiederzugeben hat.[51] Demgegenüber haben die Anwälte – anders als im Strafprozess bei der Vernehmung von Belastungszeugen[52] – nicht die Möglichkeit, einen Zeugen zusammenhängend zu vernehmen, sondern nur das Recht, einzelne Fragen zu stellen, §§ 373 ff. ZPO. Gemäß § 397 II ZPO kann der Vorsitzende den Parteien gestatten und hat ihren Anwälten auf Verlangen zu gestatten, an den Zeugen unmittelbar Fragen zu richten. Selbst dieses Fragerecht des anwaltlichen Vertreters wird in der deutschen zivilrechtlichen Praxis nur zurückhaltend ausgeübt. In der einschlägigen praxisrelevanten Literatur wird darauf hingewiesen, der Anwalt solle von seinem Fragerecht „nur vorsichtigen Gebrauch machen".[53] Diese Zurückhaltung der deutschen Anwälte wird übrigens auch in der amerikanischen Literatur hervorgehoben.[54] Es wird sogar die Gefahr gesehen, dass durch anwaltliche Fragen die Stimmung des Richters negativ beeinflusst werden kann.[55] Durch den Zugriff auf den Zeugen ist der deutsche Richter bei der Herstellung der Grundlage der Beweiswürdigung selbst aktiv. Er beginnt bereits während der Vernehmung des Zeugen mit der Beweiswürdigung, indem er insbesondere Hypothesen entwickelt, wie sich der Sachverhalt abgespielt haben könnte, die dann durch den Zeugen bestätigt, verändert oder verworfen werden.[56] Es ist also im Ergebnis der Richter, der unter Zuhilfenahme der Zeugen das Bild von den Geschehnissen entwirft.[57]

Die angloamerikanische Kritik sieht in der dargestellten Praxis der kontinentaleuropäischen richterlichen Vernehmung einen schweren Eingriff in die Parteiautonomie.[58] Gerade wegen des unlösbaren Zusammenhangs zwischen Beweiswürdigung und Vernehmung[59] wird im angloamerikanischen Prozess die Zeugenvernehmung in die Hände der Parteien und Anwälte gelegt, welche dazu das verfassungsrechtlich im 6. Verfassungszusatz garantierte Kreuzverhör (*cross examination*)[60] nutzen. Dabei kann – anders als im deutschen Zivilprozess – Zeuge auch die Partei selbst sein. Unter dem Kreuzverhör versteht

---

[51] *Thomas/Putzo*, ZPO, § 396 Rn. 1.
[52] Vgl. dazu BGH NJW 2000, 3505 ff. (3509).
[53] *Stoll*, ZRP 2009, S. 46 ff. (47) mit Hinweis auf *Meyke*, Rn. 327; *Schack*, Einführung, Rn. 158 f.
[54] *Chase*, 5 Cardozo J. Int'l & Comp. L. (1997), 1, 3: "In the ordinary case there is relatively little questioning by the lawyers or parties [...] A seasoned German lawyer says that he is wary of putting „more than three" questions to a witness. That number is of course very often exceeded, but in this catch phrase we have an indication of the lawyer's narrow role in proof taking."
[55] *Stoll*, ZRP 2009, S. 46 ff. (47) mit Hinweis auf *Rinsche*, Rn. 167.
[56] *Brehm*, S. 37.
[57] *Brehm*, S. 37.
[58] *Stürner*, ÖJZ 2014/1, S. 1 ff. (14).
[59] *Brehm*, S. 37.
[60] Vgl. dazu *Stoll*, ZRP 2009, S. 46 ff. (46).

V. Die U.S.-amerikanische Sichtweise auf den kontinentaleuropäischen Zivilprozess

man die selbständige Befragung eines Zeugen durch eine andere Partei als diejenige, welche den Zeugen benannt hat. Das Kreuzverhör durch die gegnerische Partei – in der amerikanischen Praxis trotz fehlenden Anwaltszwangs typischerweise durch deren Anwalt – dient erstens dazu, dem Zeugen für den eigenen Standpunkt günstige Fakten zu entlocken und zweitens, den gegnerischen Vortrag als unglaubhaft bzw. den Zeugen als unglaubwürdig darzustellen.[61] Vorrangige Methode der Befragung ist dabei die Suggestivfrage (*leading question*).[62] Anders als in der Vernehmung des eigenen Zeugen (*direct examination*) soll der gegnerische Zeuge nicht zu einer zusammenhängenden Darstellung mittels *open-ended questions*, sondern zu einer knappen Antwort mit erwartetem Inhalt geführt werden. Diese Art der Vernehmung des Zeugen ist im Zusammenhang mit der möglichen Beteiligung der Jury im amerikanischen Zivilprozess zu sehen. Gerade die Möglichkeit des Kreuzverhörs durch den gegnerischen Anwalt wird aber von den amerikanischen Juristen als große Ausprägung der Parteiherrschaft über den Zivilprozess gesehen. Denn die Partei bzw. ihr Anwalt befragt den Zeugen nicht nur ergänzend, sondern in eigener Regie, auf Grundlage eines eigenen informierten professionellen Konzepts.[63] Es ist nicht der Richter, der das Bild von den Geschehnissen entwirft, sondern es sind die Parteien, die über die Zeugenbefragung ihren jeweiligen Standpunkt verdeutlichen.[64] Im Übrigen ist im Hinblick auf die Parteifreiheit im amerikanischen Verfahren erstaunlich, dass der amerikanische *trial-judge* ermächtigt ist, Zeugen *on its own motion or at the suggestion of a party* vorzuladen, F.R.E. 614 (a), und den Zeugen selbst zu befragen, unabhängig davon, ob er vom Gericht oder einer Partei geladen wurde, F.R.E. 614 (b). Eine derartige materielle Leitungsbefugnis des Richters wird jedoch als Ausnahmefall angesehen.[65] Jedenfalls gilt auch hier: Der Richter hat es entsprechend seinem weiten Ermessen selbst in der Hand, ob er eigenständig tätig wird. Eine Pflicht zu einer richterlichen Zeugenbefragung besteht jedenfalls nicht.[66] Den ersten Zugriff auf einen Zeugen haben aber immer die Anwälte der Parteien,[67] worin ein wesentlicher Unterschied zum Ablauf der deutschen Verhandlung liegt.

---

[61] Vgl. dazu *Mauet*, S. 254: "eliciting favorable testimony (the first purpose)" and "conducting a destructive cross (the second purpose)".
[62] Vgl. zur Technik des Kreuzverhörs *Mauet*, S. 258 ff.
[63] Vgl. *Stoll*, ZRP 2009, S. 46 ff. (47).
[64] *Brehm*, S. 37.
[65] *Stürner*, in: FS für Stiefel (1987), S. 763 ff. (769).
[66] *T. Braun*, Die Rolle des Federal District Court Judge im Verhältnis zu den Parteien, S. 78 f.
[67] *T. Braun*, Die Rolle des Federal District Court Judge im Verhältnis zu den Parteien, S. 79.

2. Unterschiede hinsichtlich der Bedeutung des Sachverständigen

Darüber hinaus wird bei der dargestellten theoretischen Klassifizierung des deutschen Zivilprozesses als richterzentriert – früher als *inquisitorial* – und des angloamerikanischen als *adversarial* auch der Rolle des Richters bzw. der Parteien bei der Bestellung der Sachverständigen große Bedeutung im Sinne von Richtermacht bzw. Parteiherrschaft beigemessen. Denn die Sachverständigen (*expert witnesses*) werden in den U.S.A. in der Regel von den Parteien frei ausgewählt und bezahlt.[68] Die Auswahl wird sich im Hinblick auf die Intention, den Rechtsstreit zu gewinnen, in der Regel für jede Partei danach richten, ob der Sachverständige die eigene Ansicht zu stützen vermag.[69] Auch in Bezug auf den Sachverständigen gilt, dass der amerikanische Richter von sich aus Sachverständige bestellen kann. Aber dies ist – wie die Berufung eines Zeugen durch den Richter – ein Ausnahmefall und kann im Zusammenhang mit anderen Befangenheitsgründen sogar negativ ins Gewicht fallen.[70] Das Gericht überprüft die Verlässlichkeit des Sachverständigen anhand eines Kriterienkataloges nach F.R.E. 702 auf Antrag der gegnerischen Partei.[71] In diesem Zusammenhang wird die richterliche Aufgabe der Überprüfung der Zulässigkeit von Beweismitteln – der Richter fungiert insoweit als *gatekeeper* – evident. Nach der Festlegung auf eine konkrete Person hat die Partei einen erheblichen Einfluss auf „ihren" Sachverständigen, wobei die zur Verfügung gestellten Informationen von der Partei, die den Sachverständigen beauftragt hat, gefiltert werden und daher nicht der objektiven Tatsachenlage entsprechen müssen.[72] Auch der amerikanische Sachverständige wird – wie der Zeuge – von den Parteien bzw. deren Rechtsanwälten direkt vernommen und dem Kreuzverhör unterzogen. Gleiches gilt in Bezug auf den vom gegnerischen Anwalt gewählten Sachverständigen. Im Ergebnis führt dies zum von *Langbein* zu recht kritisierten *battle of opposing experts*,[73] der übrigens sehr hohe Kosten verursacht. Der Parteieinfluss erfährt gewisse richterliche Beschränkungen, F.R.E. 611, wonach das Gericht u.a. bei der Aussage eine angemessene Kontrolle ausüben soll und zwar im Hinblick auf die Möglichkeit, effektiv zur Wahrheitsfindung

---

[68] Kritisch insoweit *Langbein*, 52 U. Chi. L. Rev. (1985) 823, 835: "Since the expert is party-selected and party-paid, he is vulnerable to attack on credibility regardless of the merits of his testimony."; vgl. auch *Schack*, Einführung, Rn. 157.

[69] *Meyer*, ZDAR 2/2014, S. 55 ff. (57).

[70] *Stürner*, in: FS für Stiefel (1987), S. 763 ff. (768 f.) mit Hinweis auf *Reserve Mining Co. v. Lord*, 529 F. 2 d 181, 185 f. (1976).

[71] Sog. *Daubert*-Standard, der seit 1993 Anwendung findet. Die Kriterien gehen maßgeblich auf die sog. *Daubert*-Entscheidung, *Daubert et. al. v. Merrell Dow Pharmaceuticals, Inc.* 509 U.S. 579, zurück.

[72] *Meyer*, ZDAR 2/2014, S. 55 ff. (58).

[73] *Langbein*, 52 U. Chi. L. Rev. 823, 835 (1985).

beizutragen.⁷⁴ Diesbezüglich gibt es aber keine konkreten gesetzlichen Vorgaben, sondern nur eine richterliche Ermessensausübung. Der Richter übt keine eigenständige unmittelbare Kontrolle aus, sondern berücksichtigt die in F.R.E. 611 genannten Prinzipien lediglich im Rahmen seiner Entscheidung über Anträge bzw. Einsprüche seitens der Parteien. Dies soll der Positionierung des amerikanischen Richters als Schiedsrichter entsprechen.⁷⁵ Der Richter hat im Übrigen die Befugnis, Fragen an die Sachverständigen zu richten, F.R.E. 614 (b), was aber kaum praxisrelevant ist.⁷⁶

Demgegenüber werden deutsche Sachverständige von dem Gericht ernannt und verstehen sich als unparteiische Richtergehilfen. Ihre Aussage wird zumeist schriftlich eingebracht. Der Sachverständigenbeweis wird von dem Gericht im Haupttermin nach §§ 404 ff. ZPO nach Beweisantritt oder von Amts wegen nach § 144 I ZPO angeordnet. Die Anordnung ist aber auch schon vorbereitend möglich im Hinblick auf die erste mündliche Verhandlung nach § 273 II Nr. 4 ZPO. Die richterliche Entscheidung hinsichtlich der Auswahl des Sachverständigen ist eine Ermessensentscheidung. Die Parteiherrschaft in Form der Beteiligung an der Auswahl der Person des Sachverständigen ist eher gering. Sie besteht insoweit, als diese nach Aufforderung seitens des Gerichts eine Person vorschlagen können, § 404 III ZPO, sich mit einer für das Gericht bindenden Wirkung hinsichtlich der Person des Sachverständigen einigen können, § 404 IV ZPO, und ein Ablehnungsrecht haben. Sofern jedoch ein öffentlich-rechtlich bestellter Sachverständiger vorhanden ist, genießt dieser gemäß § 404 II ZPO Vorrang. Bei einer solchen öffentlichen Bestellung besteht also weder eine gerichtliche Entscheidungskompetenz noch eine Mitwirkung der Parteien.⁷⁷ Ein Partei- bzw. Privatgutachten gilt als Parteivortrag.⁷⁸

3. Weitere Verfahrensunterschiede unter besonderer Berücksichtigung der Mitwirkungspflichten der Parteien an der Sachverhaltsaufklärung

Bemerkenswert ist, dass der dargestellte Grundsatz *nemo contra se edere tenetur* im amerikanischen Zivilprozess seit Inkrafttreten der F.R.C.P. 1938 keine Geltung mehr beansprucht. In der Regelung der F.R.C.P. 26 (b) (1) heißt es dementsprechend: „Parties may obtain discovery regarding any matter [...] which is relevant to the subject matter involved in the pending action, whether it relates to the claim or defense of the party seeking discovery or to

---

⁷⁴ *Meyer*, ZDAR 2/2014, S. 55 ff. (58).
⁷⁵ *Meyer*, ZDAR 2/2014, S. 55 ff. (58).
⁷⁶ Vgl. *Meyer*, ZDAR 2/2014, S. 55 ff. (58).
⁷⁷ Vgl. dazu auch *Meyer*, ZDAR 2/2014, S. 55 ff. (55).
⁷⁸ *Rosenberg/Schwab/Gottwald*, § 122 Rn. 14.

the claim or defense of any other party [...]." Die Vorschrift wird als umfassende Garantie des Zugangs zu Informationen und Beweis angesehen.[79] Damit gibt es in den U.S.A. eine sehr viel ausgeprägtere Mitwirkungspflicht der Parteien an der Sachverhaltsaufklärung, die – wie bereits gezeigt – vor dem eigentlichen *trial* stattfindet. Der amerikanische Zivilprozess lässt sich der Grundform des Parteienprozesses zuordnen; hier zwingt ein System von risikozuweisenden Lasten und von Parteipflichten die Parteien zur Aufklärung, während das Gericht mehr die Rolle eines Zuschauers einnimmt.[80] Von jeder Partei wird im Rahmen der *discovery* ein Aufklärungsbeitrag erwartet; allerdings werden die Aufklärungspflichten von einem Schutz von Geschäftsgeheimnisses (*privileges*) flankiert, wie insbesondere dem Schutz der Vertraulichkeit der Beziehung zwischen Mandant und Anwalt nach F.R.C.P. 26 (b) (3).[81] Die intensiven Aufklärungspflichten der Partei setzen sich im Prozess fort.

Dem Fakt, dass die Parteien nach dem deutschen Verhandlungsgrundsatz die Tatsachen in den Zivilprozess einbringen und dementsprechend das Prinzip der formellen Wahrheit gilt, wird von amerikanischer Seite wenig Bedeutung beigemessen. Scharfe Kritik an der früher vertretenen Kennzeichnung als *inquisitorial* wurde in Deutschland gerade aus diesem Grund ausgeübt.[82]

VI. Das Verhältnis von Parteiherrschaft und Richtermacht im englischen Zivilprozess

Die starke Kontrastierung zwischen einem inquisitorischen und einem adversatorischen Verfahren findet sich im Übrigen auch in der englischen Literatur der 1980er Jahre wieder. Vor der *Woolf Reform* von 1998 wurde auch das englische *adversarial system* mit einer passiven, nicht intervenierenden Rolle des Gerichts beschrieben, während das sogenannte *inquisitorial system* der *Civil-Law*-Staaten Europas durch die aktive, autoritäre und intervenierende Stellung des Richters gekennzeichnet wurde. Mit der dominierenden Rolle des Richters korrespondierend wurde die Rolle der Parteien des konti-

---

[79] *Schlosser*, JZ 1991, S. 599 ff. (600).
[80] Vgl. *Stürner*, Die Aufklärungspflicht der Parteien, S. 62 f.
[81] Eingefügt nach *Hickman v. Taylor* 329 U.S. 495 (1947).
[82] Gegen die Kontrastierung *Kötz*, DUKE JCIL 2003 S. 61 ff. (66): "The judge's conspicious role in the actual taking of evidence [...] has led common lawyers to label Continental civil procedure as "inquisitorial or „non-adversarial". This is misleading because it conjures up the Spanish Inquisition [...]" Und weiter heißt es: "This is not only misleading, but also downright wrong." Weiter: "In the United States, just as on the Continent, the civil courts must work with what they are given, and they must establish the factual basis of their judgments from the materials the parties supply, and no others." Vgl. auch *Langbein*, 52 U. Chi. L. Rev. (1985) 823, 824: "Both are adversary systems of civil procedure".

nentaleuropäischen Zivilprozesses als „gering" und „unterstützend" bezeichnet.[83] Dieses Verhältnis von Richter- und Parteimacht hat sich jedoch in Bezug auf das englische Zivilverfahren insoweit geändert, als seit der Novelle der *Civil Procedure Rules* (CPR) im Rahmen der *Woolf Reforms* 1998 ein stärkerer richterlicher Aktivismus (*managerial judge, active case management* CPR 1.4; part 3: *the court's case management powers*) Geltung beansprucht. Im Schrifttum wird konstatiert, dass das englische Zivilverfahren durch die *Woolf Reforms* näher an den kontinentaleuropäischen Zivilprozess geführt wurde[84] und Machtverschiebungen zwischen Gericht und Anwaltschaft angestrebt wurden.[85] Dieser Befund wird auf die stärkere Prozessleitungsverantwortung des Gerichts gestützt. Markant ist dabei die zunehmende Herausarbeitung des Prozessstoffs durch den Richter.[86] Dies bezieht sich gerade auf die Beweiserhebung, denn hier ist es dem Richter gestattet, Beweisthemen und erforderliche Beweismittel vorzugeben und die Dauer der Beweisführung durch die Parteien einzugrenzen, um Verzögerungen zu vermeiden (CPR 32.1.: *power of court to control evidence*).[87] Es wird allerdings betont, das Verständnis des englischen Zivilprozesses überlasse weiterhin den Parteien selbst die Herrschaft über den Prozessstoff und die Präsentation der Beweismittel. Bemerkenswert ist, dass das englische Zivilprozessrecht dabei dem Erfordernis der Waffengleichheit der Parteien – also einer Waffengleichheit mit überwiegend horizontaler Wirkung – eine besondere Bedeutung beimisst. So heißt es in CPR. 1.1. (2) 1(a): *ensuring that the parties are on an equal footing*.[88] Ziel ist dabei die Herstellung gleicher Ausgangspositionen, wonach die Parteien den Prozess auf gleicher Augenhöhe ohne Informationsdefizite betreiben können. Der weitestmögliche Abbau von Informationsasymmetrien wird vornehmlich durch vorprozessuale Maßnahmen umgesetzt, denn die mit der US-amerikanischen *discovery* vergleichbare, aber weniger weitreichende *disclosure* (CPR Part 31) soll eine *evidential balance* zwischen den Parteien selbst bewirken.[89] Schließlich soll keine Partei wegen überlegenem Wissen sei-

---

[83] *Jacob*, S. 6 ff.: "[…] under the civil law inquisitorial system, the court plays an active, authoritative, interventionist role; and correspondingly, under the adversary system, the parties play a major, dominating, independent role […]".
[84] *Andrews*, S. 121.
[85] *Kocher*, S. 165 ff.
[86] *Scherpe*, ZZP 129 (2016), S. 153 ff. (158).
[87] *Scherpe*, ZZP 129 (2016), S. 153 ff. (158 f.).
[88] Vgl. dazu *Scherpe*, ZZP 129 (2016), S. 153 ff. (159).
[89] *Scherpe* ZZP 129 (2016), S. 153 ff. (159 ff.). Laut *Scherpe* handelt es sich bei der englischen *disclosure* – anders als bei der US-amerikanischen *discovery* – um ein stärker streitstoffbezogenes Verfahren. Insbesondere hat sich dabei die Vorlagepflicht reduziert auf solche Unterlagen, auf die sich die Partei selbst berufen möchte, weil diese den eigenen Vortrag stützen. Zudem erstreckt sich die Vorlagepflicht auf solche Unterlagen, welche den Behauptungen der anderen Partei bzw. eigenen Behauptungen entgegenstehen bzw. dem Vorbringen der Gegenpartei günstig sind (sogenannte *standard disclosure*, CPR 31.6.). Insgesamt soll

tens des Gegners benachteiligt werden, wobei das Prozessrisiko, welches durch die Beweislast und Beweisführungslast bestimmt wird, unangetastet bleibt.[90] Die Beweisführung obliegt – als Ausprägung des englischen Verständnisses von der Waffengleichheit mit überwiegend horizontaler Wirkung – ausschließlich den Anwälten unter Geltung der Pflicht zur Offenlegung von Beweisen, die sich beim Gegner oder Dritten befinden, und zwar ohne direkte Einschaltung des Gerichts.[91] Dem Gericht wird demgegenüber keine aktive Rolle im Sinne einer eigenständigen Beweiserhebung zugesprochen; vielmehr hat es eher die Aufgabe einer Moderation und es hat die Kompetenz, sanktionierend einzugreifen.[92] Insbesondere nimmt der englische Richter Beweise lediglich entgegen und ist in Bezug auf kein Beweismittel befugt bzw. verpflichtet, von Amts wegen zu ermitteln.[93]

---

durch das Kriterium des Bezugs auf die Behauptungen der Parteien ein „Überschütten" mit Dokumenten verhindert werden. Außerdem sollen sogenannte *fishing expeditions* ausgeschlossen werden. Ausführlich dazu *Scherpe*, ZZP 129, (2016) S. 153 ff. (161).
[90] *Scherpe*, ZZP 129 (2016), S. 153 ff. (169 Fn. 99).
[91] *Scherpe*, ZZP 129 (2016), S. 153 ff. (169).
[92] So der Befund von *Scherpe*, ZZP 129 (2016), S. 153 ff. (159, 162, 166).
[93] *Scherpe*, ZZP 129 (2016), S. 153 ff. (162).

2. Teil

Die sukzessive Einschränkung von Parteiherrschaft zugunsten von Richtermacht – Die Vorläufer der CPO, die CPO von 1877 und ihre Novellen

A. Vorläufer der CPO, die CPO von 1877, die österreichische Zivilprozessordnung von 1895 und die Entwicklung des deutschen Zivilprozesses in den Novellen

Die CPO in ihrer ersten Fassung wurde bereits als Spiegelbild eines liberalen Prozessmodells bezeichnet. Im Folgenden werden zunächst die Vorläufer der CPO, die CPO von 1877 sowie die österreichische Zivilprozessordnung von 1895 dargestellt. Anschließend werden die Novellen der deutschen CPO im Hinblick auf das Spannungsverhältnis von Parteiherrschaft und Richtermacht untersucht. Dabei fokussiert sich die Analyse vornehmlich auf die Ausgestaltung des Prozessbetriebes, auf die Verteilung der Verantwortung für die Sachverhaltsermittlung zwischen den Parteien und dem Gericht, auf die Bedeutung des Gütegedankens und schließlich auf den Aspekt der zeitlichen Freiheit des Parteivorbringens.

I. Der deutsche gemeinrechtliche Zivilprozess, die preußische Allgemeine Gerichtsordnung und das französische Zivilverfahren als Vorläufer der CPO von 1877

Die deutsche Rechtsentwicklung auf dem Gebiet des Zivilprozessrechts wurde durch die drei großen Prozessrechtssysteme des gemeinen, des preußischen und des französischen Rechts geprägt.[1] Alle drei Prozesstypen beanspruchten in den lokalen Rechten in Deutschland in der ersten Hälfte des 19. Jahrhundert Geltung. Ihre Grundzüge sollen daher vorliegend skizziert werden.[2]

1. Der gemeinrechtliche Zivilprozess

Wie bereits dargestellt wurde, gab es vor Inkrafttreten der CPO den aus einer Verschmelzung des Kammergerichtsprozesses und des sächsischen Prozesses

---

[1] Im Gesetzgebungsverfahren zur CPO, in welchem man sich u.a. mit der preußischen Gerichtsordnung und mit dem rheinisch-französischen Prozess auseinandersetzte, trat man jedoch einer schlichten Übernahme eines fremden Verfahrens sehr skeptisch gegenüber: „Eine Nation, deren in bedeutenden Geschichtsepochen stärker hervorragendes Rechtsbewußtsein nicht blos das materielle Recht, sondern auch das Rechtsverfahren umfaßt, würde sich in einem fremden Verfahren nicht wiedererkennen." *Hahn/Mugdan*, Band 2, Abt. 1, S. 115.

[2] Vgl. zu den Grundzügen auch: *Hess*, in: Heidelberger Thesen, S. 143 ff. (146 f.).

hervorgegangenen gemeinen deutschen Zivilprozess.[3] Dieser bildete sich seit dem 17. Jahrhundert heraus und beherrschte das deutsche Zivilprozessrecht bis in das 19. Jahrhundert hinein.[4] Der gemeinrechtlich deutsche Prozess galt subsidiär neben territorialen Prozessordnungen.[5]

a) Schriftlichkeit des Verfahrens

Das Prinzip der Schriftlichkeit war ein leitender Grundsatz des gemeinen Zivilprozesses. Danach mussten sämtliche entscheidungsrelevante Erklärungen zwischen den Parteien und dem Gericht der schriftlichen Form entsprechen und erlangten erst dadurch prozessuale Wirksamkeit (*Quod non est in actis, non est in mundo*).[6] Das stärkste Argument für die Schriftlichkeit war die gründlichere und sicherere Feststellung des Verfahrensstoffs.[7]

b) Der Verhandlungsgrundsatz

Auf Grundlage der Schriftlichkeit des geheimen, nicht öffentlichen Verfahrens galt die Verhandlungsmaxime, denn das Gericht war an den schriftlichen Parteivortrag gebunden.[8] Die Schriftlichkeit bildete damit die Grundlage der Verhandlungsmaxime und wurde daher auch als Element derselben betrachtet.[9] Mit der Verhandlungsmaxime wurden die Parteiherrschaft über die Einführung der entscheidungserheblichen Tatsachen in das Verfahren sowie die Beibringung der Beweise gesichert.[10]

Nach den Ausführungen von *Gönner* in dem im Jahre 1801 erschienenen „Handbuch des deutschen gemeinen Prozesses" bildete die Verhandlungsmaxime den Wesensausdruck des gemeinen Prozesses,[11] wobei er zu diesem Grundsatz – wie im ersten Teil der Arbeit gezeigt wurde – auch Elemente der Dispositionsmaxime zählte. Im Rahmen der bereits erläuterten Maximenkritik von *Bomsdorf* wird demgegenüber dezidiert herausgearbeitet, dass der Richter keine bloß passive Stellung einnahm. Vielmehr gab es eine große Anzahl von Einschränkungen des Grundsatzes *iudex ex officio non procedit*.[12] Als

---

[3] *Goldschmidt*, Zivilprozessrecht, § 6 S. 12.
[4] *Conrad*, Deutsche Rechtsgeschichte Band II, S. 456; *Ahrens*, S. 12; *Brehm*, in: Stein/Jonas, ZPO, Vor § 1, Rn. 128.
[5] *Rosenberg/Schwab/Gottwald*, § 4 Rn. 24 f. In einigen Territorien, z.B. in Schleswig, Holstein, Mecklenburg und Sachsen, galt bis zum Inkrafttreten der CPO ein „praktisch unverfälschtes gemeines Verfahrensrecht". So *Ahrens*, S. 12.
[6] *Ahrens*, S. 15.
[7] *Ahrens*, S. 15 f.
[8] Näher dazu *Ahrens*, S. 21 f.
[9] *Ahrens*, S. 21 f.
[10] *Ahrens*, S. 20.
[11] So *Böhm*, Ius Commune 7 (1978), S. 136 ff. (141).
[12] *Bomsdorf*, S. 42 f.

ein wesentliches Kennzeichen einer „tätigen Rolle" des Richters wird zudem das Bestehen eines richterlichen Fragerechts als Mittel zur Aufklärung der wirklichen Rechtslage angesehen.[13] Des Weiteren wird die Befugnis des Richters hervorgehoben, Tatsachen zu ergänzen, die sich aus den Akten ergaben.[14] Ferner gab es richterliche Mitwirkungsrechte im Rahmen des Beweisverfahrens. Hinsichtlich des Urkundenbeweises galt, dass allein der Kläger dem Beklagten die zur Begründung der Klage dienenden Urkunden herausgeben musste. Allerdings gab es die gerichtliche Praxis, den Beklagten zu verpflichten, die Urkunde an das Gericht herauszugeben. So half man sich in den Konstellationen ab, in denen eine Klage abzuweisen war, weil sich eine Urkunde, auf die sich der Kläger bezog, in den Händen des nicht an den Kläger herausgabepflichtigen Beklagten befand.[15] Außerdem waren der Augenscheins- und der Sachverständigenbeweis von Amts wegen zulässig.[16] Zwar war der Richter nicht befugt, Zeugen von Amts wegen heranzuziehen. Jedoch konnte er die Zahl der Zeugen beschränken. Ferner konnte er im Rahmen der Zeugenvernehmung den Zeugen über das eigentliche Beweisthema hinausgehend ohne Antrag einer Partei bezüglich konnexer Themen befragen.[17] Zudem hatte er die Kompetenzen im Rahmen des wichtigen Beweismittels des Eides, welchen eine Partei der anderen zuschieben konnte. Der Richter konnte hier den Eid unterbinden, wenn eine geringfügige Streitigkeit vorlag bzw. wenn er den Eid als überflüssig betrachtete.[18] Schließlich hatte er gewisse Befugnisse im Rahmen des sogenannten Reinigungs- und Erfüllungseids.[19] *Bomsdorf* folgerte aus den dargestellten Ausnahmen, dass der Grundsatz des „Nichts vom Amts wegen" entgegen den Ansichten von *Gönner* aus dem gemeinen Prozess nicht zu ermitteln war.[20]

c) *Die Zweiteilung des Verfahrens und das Eventualprinzip*

Ein weiteres Kennzeichen des gemeinrechtlichen Zivilprozesses war die Zweiteilung des Verfahrens durch das Beweisinterlokut in ein der Stoffsammlung dienendes Behauptungs- und ein sich anschließendes Beweisverfahren („System der Beweistrennung"). Der erste Teil des Verfahrens endete mit dem anfechtbaren Beweisinterlokut, welches beweisbedürftige Tatsachen nannte und die Beweislast regelte. Zudem galt die Eventualmaxime, nach welcher die

---
[13] *Bomsdorf*, S. 49 f.
[14] *Bomsdorf*, S. 51 ff.
[15] *Bomsdorf*, S. S. 56 f.
[16] *Bomsdorf*, S. 58 f. m.w.N.
[17] *Bomsdorf*, S. 55.
[18] *Bomsdorf*, S. 60.
[19] *Bomsdorf*, S. 60 f.
[20] *Bomsdorf*, S. 64.

Parteien auf jeder Verfahrensstufe alles vortragen mussten, was verfahrensmäßig zu dieser Stufe gehörte.[21] Dementsprechend gab es auch die Sanktion der Präklusion. Die Prozessgliederung in zwei Verfahrensabschnitte und die Eventualmaxime hatten sich in Deutschland seit der Rezeption des italienisch-kanonischen Prozesses entwickelt.[22] Schriftlichkeit und Aktenversendung führten zu einer langen zeitlichen Dauer der Prozesse.[23] Insgesamt kann der gemeinrechtliche Zivilprozess als außerordentlich schwerfällig charakterisiert werden.[24]

2. Der preußische Zivilprozess

Der preußische Gesetzgeber gestaltete den Zivilprozess mit einer Prozessreform unter dem Großkanzler *von Carmer* und seinem Mitarbeiter *Svarez* von der naturrechtlichen Denkweise beeinflusst in eine andere Richtung grundlegend um. *Friedrich der Große* ließ das neue Zivilprozessgesetz „Corpus Juris Fridericianum. Erstes Buch von der Proceßordnung" (1781) ausarbeiten. Interessant ist die Entwicklung konkreter Leitgedanken, an denen sich der Prozess als Ganzes zu orientieren hatte. Hierzu wurden Zielvorstellungen und Prinzipien statuiert und erklärt.[25] Nach der neuen Prozessordnung sollte Endzweck des Zivilverfahrens sein, den Richter in die Lage zu versetzen, den wirklichen Zusammenhang der Fakten deutlich und vollständig zu überblicken und anschließend die Gesetze richtig anwenden zu können. Alle einzelnen Vorschriften dienten als Mittel zur Erreichung dieses Zwecks.[26] Entsprechend der Zwecksetzung der Ermittlung der materiellen Wahrheit, konnten – anders als im gemeinen Prozess – die Parteien nicht mit einem späteren Vorbringen präkludiert werden.[27] Das Gesetzeswerk wurde später mit einigen Änderungen von der Allgemeinen Gerichtsordnung für die Preußischen Staaten von 1793 (AGO) abgelöst.

a) Die Instruktion des Prozesses unter Geltung der Untersuchungsmaxime zur umfassenden Wahrheitsermittlung

Das preußische Zivilverfahren nach dem *Corpus Juris Fridericianum* von 1781 und nach der AGO führte die dem gemeinrechtlichen Zivilprozess

---
[21] *Schubert*, ZRG GA 85 (1968), S. 127 ff. (129).
[22] *Schubert*, ZRG GA 85 (1968), S. 127 ff. (148).
[23] *E. Koch*, in: Französisches Zivilprozessrecht, S. 157 ff. (158).
[24] *Brehm*, in: Stein/Jonas, ZPO, Vor § 1, Rn. 129.
[25] *Nörr*, S. 25.
[26] So *Svarez*, zitiert nach *Nörr*, 4. Kapitel, S. 26.
[27] *Ahrens*, S. 108.

fremden Grundsätze der richterlichen Instruktion des Prozesses und der richterlichen Wahrheitserforschung in den Zivilprozess ein.[28] Die richterlichen Befugnisse wurden insgesamt gestärkt. Dies war getragen von dem Zweck der umfassenden Wahrheitsermittlung. Oberstes Ziel des preußischen Zivilprozesses war eine gerechte und auf wahren Tatsachen beruhende Entscheidung.[29]

Der Richter sollte in einem direkten Gespräch mit den Parteien den Sachverhalt aufklären und am Ende des ersten Verfahrensabschnitts – in der Instruktion – den Sachverhalt zu Protokoll nehmen.[30] Das wesentliche Kennzeichen der „Instruktion des Prozesses" beinhaltete – unter Zugrundelegung des heutigen Verständnisses – sowohl die Untersuchungsmaxime (Inquisitionsmaxime) als auch Elemente der Offizialmaxime.[31] In der Einleitung der AGO §§ 6, 7, 10 hieß es, dass die Instruktion des Prozesses beim Richter liegt, der sich bemühen muss, „die wahre Bewandtnis der dabei zu Grunde liegenden erheblichen Tatsachen auf dem sichersten und zugleich nächsten Wege zu erforschen und auszumitteln." Außerdem bestand die Pflicht der Parteien, „dem Richter die Wahrheit zu sagen" (Einleitung §§ 13, 14). Zudem war der Richter „bei seinen Bemühungen zur Erforschung der Wahrheit an die Angaben der Parteien nicht gebunden", sondern hatte „das Recht und die Pflicht, auch andere Mittel, die sich ihm aus dem Vortrage der Parteien und aus ihren Verhandlungen darbieten" anzuwenden (Einl. § 17).[32] Eine Verwertung privaten Wissens des Richters war indes nicht zulässig. Es lässt sich festhalten, dass der preußische Zivilprozess im Interesse der Wahrheitsfindung die Aufklärung und Feststellung des entscheidungserheblichen Sachverhaltes dem Richter zuwies.[33]

In diesem Instruktionsprozess gab es einen vom erkennenden Gericht ernannten und von diesem verschiedenen Instruenten, der – bevor das Verfahren vor das erkennende Gericht kam – den Sach- und Streitstand festzustellen und notwendige Beweise aufzunehmen hatte.[34] In der Konsequenz einer solchen Zielsetzung hatte der Richter auf alle Tatsachen und Beweismittel „während

---

[28] *Conrad*, Deutsche Rechtsgeschichte, Band II, S. 467; *Schubert*, ZRG GA 85 (1968), S. 127 ff. (145).
[29] Vgl. *Hernandez-Marcos*, in: 200 Jahre Allgemeines Landrecht für die preußischen Staaten, S. 327 ff. (333).
[30] *Hess*, in: Heidelberger Thesen, S. 143 ff. (147).
[31] *Schubert*, ZRG GA 85 (1968), S. 127 ff. (145).
[32] *Conrad*, Deutsche Rechtsgeschichte, Band II, S. 468.
[33] Unter dem Einfluss des französischen Zivilprozesses wurden durch Verordnungen vom 1.6.1833 und vom 21.7.1846 die Verhandlungs- und die Eventualmaxime und eine mündliche Verhandlung nach Beendigung des Schriftwechsels eingeführt. Wie unter Geltung der Untersuchungsmaxime blieb der Richter weiterhin an ein Geständnis der Partei gebunden, § 82 AGO. Vgl. *Schönfeld*, S. 48.
[34] *Schubert*, ZRG GA 85 (1968), S. 127 ff. (145).

des Laufs der Instruktion Rücksicht [zu] nehmen, ohne sich zu kehren, in welchem Zeitpunkt dieselben [...] zum Vorschein gekommen sind" (I 10 § 3 AGO). Sogar neue Tatsachen, die nach abgeschlossener Instruktion vorgetragen wurden, konnte der Richter berücksichtigen, musste dies jedoch nicht (I 10 § 3 AGO).[35] Präklusionsfristen wurden dementsprechend völlig beseitigt[36] und in der Praxis war eine Prozessdauer von 10 Jahren durchaus Realität.[37]

Gönner stellte hierzu in seinem „Handbuch des deutschen gemeinen Prozesses" fest, dass der AGO von 1793 das „Alles von Amts wegen" der Untersuchungsmaxime zugrunde lag.[38] Auch dieser These widersprach Bomsdorf und arbeitete überzeugend heraus, dass ein „absoluter Gegensatz zwischen gemeinem und preußischem Prozeß" nicht bestand.[39] Hierzu verwies er auf das Fehlen einer derartigen richterlichen Inquisition, welche die Parteibefugnisse verdrängte; insbesondere zog Bomsdorf das auch im preußischen Zivilverfahren geltende Verbot heran, *ultra petita* zu erkennen.[40] Maßgeblich erscheint die wesentliche Einschränkung von Richtermacht in dem Bereich der Tatsachenermittlung, indem nur solche Tatsachen verwertet werden durften, die sich aus dem Vortrag der Parteien und dem Zusammenhang der Verhandlungen ergaben (Einl. § 17 AGO).[41] Ferner waren die Parteien zur Eideszuschiebung befugt; der Richter konnte den Eid nicht verhindern. Schließlich war das Geständnis ein echtes Beweismittel, woran deutlich wird, dass der Richter eben nicht mit allen Mitteln die Wahrheit erforschen sollte.[42] Entscheidend ist, dass im Falle von zugestandenen Tatsachen – wie auch bei unbestrittenen Tatsachen – keine richterliche Untersuchungspflicht bestand.[43] Bomsdorf hob treffend hervor, dass es sich dabei um ein Kennzeichen handelt, das in der Rechtswissenschaft dem Verhandlungsgrundsatz zugewiesen wird.[44] Schließlich gab es keine Nachforschungskompetenz des Instrucnten in Ehesachen, womit – so Bomsdorf – die Verhandlungsmaxime im preußischen Zivilverfahren in einem Bereich galt, der nach der ZPO a.F. von der Untersuchungsmaxime beherrscht wurde. Bomsdorf folgerte, dass sich die AGO bei ihrer Zielsetzung, die Wahrheit zu ermitteln, gerade nicht über die Rechte der Parteien hinwegsetzte.[45]

---

[35] *Schubert*, ZRG GA 85 (1968), S. 127 ff. (146).
[36] *Schubert*, ZRG GA 85 (1968), S. 127 ff. (148).
[37] *Schubert*, ZRG GA 85 (1968), S. 127 ff. (148).
[38] Handbuch I, S. 261 f.
[39] *Bomsdorf*, S. 96.
[40] *Bomsdorf*, S. 96.
[41] *Bomsdorf*, S. 93.
[42] *Bomsdorf*, S. 93.
[43] *Bomsdorf*, S. 93 f.
[44] *Bomsdorf*, S. 94.
[45] *Bomsdorf*, S. 94.

b) Die Ersetzung der Advokaten durch das Corpus Juris Fridericianum

Bemerkenswert ist die Korrelation der Stärkung der Richtermacht mit der Schwächung der Advokatur. So ersetzte das *Corpus Juris Fridericianum* die Anwälte durch beamtete Assistenzräte.[46] Denn den Advokaten wurde vorgeworfen, sie würden das Verfahren verzögern und verteuern.[47] Die AGO führte indes zu einer Wiederzulassung der Advokaten in Form von verbeamteten Justizkommissaren.[48]

c) Schriftlichkeit und Zweiteilung des Verfahrens und der Prozessbetrieb

Wesentliche Grundstrukturen des gemeinen Prozesses blieben indes erhalten. Hierzu zählen vor allem die Schriftlichkeit des Verfahrens, die Zweiteilung in ein Behauptungs- und in ein Beweisverfahren sowie die formellen Beweisregeln.[49] Der Prozessbetrieb lag in den Händen des Gerichts.[50]

3. Der französische Zivilprozess – Der *Code de Procédure Civile* (CPC) von 1806 als Wegbereiter des liberalen Prozessmodells

Der französische Zivilprozess war kodifiziert durch die *Ordonnance civile* von 1667 und später durch den – weitgehend auf der *Ordonnance* beruhenden – *Code de Procédure Civile* (CPC) von 1806. Der CPC gilt als die erste moderne Prozessordnung Europas[51] und als Wegbereiter des liberalen Prozessmodells. Der CPC legte in Übereinstimmung mit der liberalen Vorstellung den Grundsatz der Mündlichkeit der Verhandlung und die Eigenverantwortlichkeit der Parteien zugrunde. Das Gewicht des Juristenstandes wurde besonders betont und es herrschte Anwaltszwang.[52] Ferner lag der Kodifikation die Vorstellung des umfassend gebildeten Richters, welcher Fachfragen selbst beurteilen kann, zugrunde. Dementsprechend war die Kompetenzverteilung zwischen dem Richter und dem Sachverständigen von der Auffassung getragen, der Richter benötige einen Sachverständigen lediglich als Erkenntnisgehilfen im Rahmen der Urteilsfindung und könne Sachverständigengutachten genauso wie andere Beweismittel frei würdigen.[53] Die Förderung materiell-rechtlich richtiger Entscheidungen war – anders als nach der preußischen Ge-

---

[46] *Schubert*, ZRG GA 85 (1968), S. 127 ff. (147).
[47] *Ahrens*, S. 111.
[48] *Bomsdorf*, S. 85.
[49] *Hess*, in: Heidelberger Thesen, S. 143 ff. (147).
[50] *Bomsdorf*, S. 95.
[51] *Fasching*, S. 19 Rn. 32.
[52] *Fasching*, S. 19 f. Rn. 32.
[53] *Olzen*, ZZP 93 (1980), S. 66 (75 ff.).

richtsordnung – gerade nicht das Anliegen des französischen Zivilprozesses. Es sei an dieser Stelle angemerkt, dass die französische Prozessrechtslehre mit ihrem liberalen Gedankengut der Parteiautonomie, der Mündlichkeit, der Öffentlichkeit und der freien Beweiswürdigung die Grundsatzdiskussionen prozessualer Dogmatik in der ersten Hälfte des 19. Jahrhunderts determinierte.[54] Im Einzelnen galt nach der Verfahrensgestaltung des *CPC* Folgendes:

a) Der Prozessbetrieb

Die Einleitung und der Betrieb des Prozesses oblagen den Parteien.[55] Die Zustellung erfolgte durch den Gerichtsvollzieher im Auftrag der Parteien.[56]

b) Der Verhandlungsgrundsatz

Im Hinblick auf die Sachverhaltsermittlung war das Verfahren durch die Vorlage des Tatsachenstoffs als Aufgabe der Parteien gekennzeichnet. Der CPC stellte den Parteien indes keine effektiven Mittel zur möglichst vollständigen und wahrheitsgemäßen Aufklärung des Sachverhaltes zur Verfügung. Bemerkenswert ist das Fehlen einer Wahrheitspflicht bzw. einer Pflicht zur vollständigen, substantiierten Darstellung. Auch bestand keine Pflicht zur Herausgabe von Urkunden bzw. zur Vorlage von Augenscheinsobjekten zur Unterstützung der Beweisführung der Gegenseite.

Der Richter nahm eine „mehr entgegennehmende Stellung"[57] bzw. „schwache Stellung"[58] ein. Die richterliche Prozessleitung war zugunsten der Verhandlungsmaxime stark beschränkt.[59] Er hatte sich als Schiedsrichter (*arbitre supérieur*) im Wesentlichen auf die rechtliche Würdigung des von den Parteien und Anwälten beigebrachten Prozessstoffes zu beschränken. Auch in der Vorbereitung der Hauptverhandlung war der französische Richter passiv und die gesamte Instruktion des Prozesses oblag den Parteien. Die schwache Stellung des Richters wird besonders deutlich bei den beiden zentralen Instituten richterlicher Sachverhaltsaufklärung: erstens bei der Ausgestaltung des Frage- und Hinweisrechts und zweitens bei der Parteibefragung zu Aufklärungs- und Beweiszwecken.[60] Interessanterweise war eine Befugnis des Richters, durch Fragen oder Hinweise auf eine Beseitigung von Widersprüchlichkeiten im Vor-

---

[54] *Stürner*, ZZP 127 (2014), S. 271 ff. (297).
[55] *Fasching*, S. 19 f. Rn. 32.
[56] Vgl. *Dahlmanns*, in: Coing, Handbuch, S. 2735.
[57] So *Schubert*, ZRG GA 85 (1968), S. 127 ff. (148).
[58] So *E. Koch*, in: Französisches Zivilprozessrecht, S. 157 ff. (163).
[59] *E. Koch*, in: Französisches Zivilprozessrecht, S. 157 ff. (163).
[60] *M. Kohler*, S. 360.

bringen der Parteien hinzuwirken bzw. eine Befugnis zur Hinwirkung auf Substantiierung unzureichenden Sachvortrages nicht explizit geregelt. Sie sollte sich vielmehr aus der richterlichen Kompetenz zur Anordnung des persönlichen Erscheinens der Parteien ergeben.[61] Des Weiteren war es dem Richter nicht gestattet, die förmliche Befragung einer Partei von Amts wegen anzuordnen. Vielmehr lag es in den Händen der Parteien, die persönliche Vernehmung des Gegners zu beantragen.[62]

c) Die Grundsätze der Einheitlichkeit der Verhandlung, der Öffentlichkeit und der Mündlichkeit

Es galten die Grundsätze der Einheitlichkeit der Verhandlung sowie deren Öffentlichkeit und Mündlichkeit. Vor allem die beiden letzteren Prinzipien fanden in der Gesetzgebung der deutschen Territorialstaaten Berücksichtigung. Insbesondere die bayerische Prozessordnung von 1869 wurde dem französischen Prozessrecht nachgebildet.[63] Der Grundsatz der Mündlichkeit des Prozesses wurde in den Jahren 1848/1849 mit der Verankerung in § 178 I der Paulskirchenverfassung zu einem „politischen Grundsatz".[64] Dem französischen Prozessrecht wurde gerade aufgrund der Prinzipien der Mündlichkeit und Öffentlichkeit Vorbildfunktion beigemessen, denn beide Grundsätze verwirklichten die Garantien für die Wahrung der staatsbürgerlichen Freiheit im Gerichtsverfahren.[65]

II. Die zivilprozessuale Rechtsvereinheitlichung und die CPO von 1877

Die Rechtsvereinheitlichung auf dem Gebiet des Zivilprozessrechts wurde erstmals 1862 – begleitet von der politischen Entwicklung des Zusammenschlusses im Norddeutschen Bund – mit der Einsetzung einer Kommission zur Ausarbeitung einer „allgemeinen ZPO für die deutschen Bundesstaaten" vorbereitet. Auf Grundlage der Hannoverschen Bürgerlichen Prozessordnung wurde im Jahre 1866 der Hannoversche Entwurf vorgelegt.[66] Auf diesem Vorbild basierte der Norddeutsche Entwurf von 1870.[67] Dieser wiederum führte

---

[61] *M. Kohler*, S. 360.
[62] *M. Kohler*, S. 360.
[63] Nach *Bomsdorf*, S. 232, lehnte sich Bayern mit der Prozessordnung von 1869 am stärksten dem französischen Vorbild an. Vgl. auch *Schönfeld*, S. 48; *Rosenberg/Schwab/Gottwald*, § 4 Rn. 27 ff.
[64] *Bomsdorf*, S. 230.
[65] Vgl. *E. Koch*, in: Französisches Zivilprozessrecht, S. 157 ff. (161).
[66] *Rosenberg/Schwab/Gottwald*, § 5 Rn. 1.
[67] *Rosenberg/Schwab/Gottwald*, § 5 Rn. 3.

zu dem ersten Entwurf der CPO, welcher 1871 veröffentlicht wurde. Der dritte Entwurf wurde 1876 vom Reichstag angenommen und trat mit den übrigen Reichsjustizgesetzen (GVG, StPO, KO, RAO) am 1.10.1879 als Civilprozeßordnung in Kraft.[68] Damit erhielten weite Teile Deutschlands ein ganz anderes Zivilverfahren, als sie es gewohnt waren.[69]

1. Kennzeichen der CPO im Hinblick auf Parteiherrschaft und Richtermacht

Wie bereits erörtert, basierte die CPO von 1877 auf der liberalen Doktrin einer Beschränkung staatlicher Aufgaben. Sie stellte einen Versuch dar, die liberalen Prinzipien und Postulate voll zu verwirklichen.[70] Allerdings sei bereits an dieser Stelle bemerkt, dass die Verwirklichung der Verhandlungsmaxime nach Vorbild des französischen Zivilverfahrens den deutschen Prozessualisten des 19. Jahrhunderts zu weit ging. Man hielt die geringen richterlichen Befugnisse unter Geltung des Anwaltszwangs für bedenklich und sah die Gefahr einer zu starken Macht der Anwälte.[71] Jedenfalls lag der CPO die Vorstellung vom „Kampf ums Recht" zugrunde.[72] Diesen Kampf um das Recht führten nicht die Parteien selbst, sondern deren Anwälte.[73] Schließlich wurde die ZPO auf das landgerichtliche Verfahren mit Anwaltszwang ausgerichtet. Nach dem traditionellen Modell muss jeder Rechtsanwalt den Standpunkt seines Mandanten so gut wie möglich vertreten. Das „wohl organisierte Institut der Rechtsanwaltschaft" war „eine unabweisliche Forderung bei der Durchführung der Verhandlungsmaxime".[74] Aufgabe des Richters ist es, zu entscheiden, welche Argumente überzeugen. Den Charakter des „Kampfes" belegt auch der Sprachgebrauch der ZPO: Zwei „Parteien" tragen einen „Rechtsstreit" aus, haben eventuell dabei „Streitgenossen" und können Dritten „den Streit verkünden". Es gibt „Angriffs- und Verteidigungsmittel", bis letztlich eine Partei „obsiegt" und die andere „unterliegt".[75] Erzieherische Gedanken widersprachen diesem Verständnis von der Selbstregulierung der Gesellschaft und von der Selbstre-

---

[68] CPO v. 30.1.1877, RGBl. 83.
[69] *Bettermann*, ZZP 91 (1978), S. 365 ff. (367).
[70] *Bettermann*, ZZP 91 (1978), S. 365 ff. (368).
[71] *E. Koch*, in: Französisches Zivilprozessrecht, S. 157 ff. (163) m.w.N.
[72] Diese Vorstellung hat in dem gleichnamigen Vortrag von *Rudolph von Jhering* aus dem Jahre 1872 ihren Ausdruck gefunden. *Von Jhering* stellte den Zivilprozess in eine Reihe mit Krieg, Revolution, Zweikampf und Notwehr. *Von Jhering*, S. 74.
[73] *Schwarz* hält den neu eingeführten Anwaltszwang für das „Gegenteil der altdeutschen Pflicht eines jeden Rechtsuchenden, persönlich vor dem Richter zu erscheinen und selbst seine Sache zu führen". *Schwarz*, S. 667.
[74] *Von Planck*, Lehrbuch 1. Bd. Allg. Theil, S. 197.
[75] *Greger*, JZ 1997, S. 1077 ff.

II. Die zivilprozessuale Rechtsvereinheitlichung und die CPO von 1877

gulierung des Zivilprozesses durch das freie Spiel der Kräfte. Hierbei war der Grundsatz der Mündlichkeit nach französischem Vorbild von entscheidender Bedeutung. Die Parteien bestimmen den Inhalt der mündlichen Verhandlung. In dem bis heute geltenden § 128 I CPO heißt es dazu: „Die Parteien verhandeln über den Rechtsstreit vor dem erkennenden Gericht mündlich." Diese mündliche Verhandlung stand nach der Konzeption der CPO im Mittelpunkt des Zivilprozesses. Dabei wurde als Folge des Grundsatzes der Einheit der mündlichen Verhandlung jedes Vorbringen der Parteien grundsätzlich bis zum Schluss der mündlichen Verhandlung als zulässig angesehen. Die mündliche Verhandlung war zwingende Voraussetzung jeder richterlichen Entscheidung und daher nicht nur des Endurteils.[76]

2. Die Ausgestaltung der formellen Prozessleitung durch das Gericht

Zwar verwirklichte die deutsche CPO nicht das französische Dogma von der „Reinhaltung des richterlichen Amtes", wonach der gesamte Prozessbetrieb Parteisache sein sollte.[77] Der Prozessbetrieb der CPO war aber dennoch dem liberalen Prinzip entsprechend ausgestaltet. Denn der CPO lag – mit einigen Einschränkungen – der Parteibetrieb zugrunde.[78] Insoweit wird auch von einem modifizierten Parteibetrieb gesprochen.[79]

Die Ladung oblag nur dann dem Gericht, wenn sie eine ausschließlich richterliche Handlung, die Beweisaufnahme, bezweckte.[80] Die Ladung von Zeugen und Sachverständigen erfolgte demnach durch das Gericht, §§ 342, 367 CPO. Demgegenüber erfolgte die Ladung dann durch die Parteien, wenn die Rechtsverfolgung im Parteiinteresse stand, also wenn die Ladung der Parteien oder Dritter zu einem Termin betroffen war, vgl. §§ 191 I, 300 CPO.[81] Sofern mit der Ladung eine Klageschrift zugestellt werden sollte, so war die Ladung in den Schriftsatz aufzunehmen, § 214 II CPO. Das Gericht hatte lediglich den Termin für die mündliche Verhandlung zu bestimmen.[82] Zu diesem Zwecke war die Ladung bei dem Gerichtsschreiber gemäß § 193 CPO einzureichen,

---

[76] *Leipold*, in: Globalisierung und Sozialstaatsprinzip, S. 235 ff. (237).
[77] *Wach*, Vorträge, S. 63; vgl. *Hahn/Mugdan*, Band 2, Abt. 1, S. 115 zum rheinisch-französischen Prozess: „Seine Thätigkeit ist die richterliche Funktion in ihrer Reinheit, eine urteilende."
[78] Vgl. dazu *Schumann*, in: Stein/Jonas, ZPO, 20. Aufl., Vor § 166 Rn. 2.
[79] *Leipold*, in: Stein/Jonas, ZPO, 22. Aufl. Vor § 128 Rn. 188 und *Kern*, in: Stein/Jonas, ZPO, Vor § 128 Rn. 218.
[80] *Wach*, Vorträge, S. 65.
[81] § 191 CPO: „Die Zustellung einer Ladung zur mündlichen Verhandlung erfolgt auf Betreiben der Partei, die mündlich verhandeln will." Vgl. dazu *Damrau*, S. 17; *Wach*, Vorträge, S. 65.
[82] *Damrau*, S. 6 f. Insgesamt lag die Terminbestimmung überwiegend beim Gericht.

und der Vorsitzende hatte innerhalb von 24 Stunden den Termin festzulegen. Im Ergebnis wurde dem Richter die Klageschrift mit der Ladung lediglich zur Bestimmung des Termins zugeleitet. Damit waren eine sachliche Prüfung des Schriftsatzes und vorbereitende richterliche Anordnungen ausgeschlossen.[83] Es war Aufgabe der Partei, die Ladung mit dem Terminvermerk bei Gericht abzuholen und die Zustellung zu bewirken. Eine Einschränkung der Zustellung im Parteibetrieb bestand für Amtsgerichtsprozesse. Hier erfolgte die Zustellung durch Vermittlung des Gerichtsschreibers (§§ 152, 155, 458, 463 CPO), wenn nicht die Partei erklärte, dass sie selbst den Gerichtsvollzieher mit der Zustellung beauftragen wolle.[84] Sofern die Partei untätig blieb, betrieb der Gerichtsschreiber den Prozess als „Vermittler für die Partei" und nicht von Amts wegen.[85] Der Prozessbetrieb nach der CPO von 1877 war demnach gekennzeichnet durch eine weitgehende Ladungs- und Zustellungstätigkeit der Parteien.[86]

Ferner konnten die Parteien das Ruhen des Verfahrens vereinbaren. Das Nichterscheinen beider Parteien im Termin stand dem gleich. Des Weiteren konnten die Parteien sich auch auf die Aufhebung des Termins einigen, § 227 CPO, und dann einen neuen Termin beim Gericht beantragen. Zu diesem hatte dann wiederum die Partei zu laden.[87] Insoweit beruhte die CPO auf dem Grundsatz der Parteiherrschaft über den Termin.[88]

Die Leitung des Prozesses durch Zeitbestimmungen lag hingegen in den Händen des Gerichts.[89] Daher kann nur von einem eingeschränkten bzw. modifizierten Parteibetrieb[90] gesprochen werden. Denn das Gericht bestimmte – wie gezeigt – die Termine. Des Weiteren konnte es für eine Reihe von Maßnahmen, wie z.B. für vorbereitende Schriftsätze (§ 254 II CPO = § 281 ZPO), den Parteien Fristen setzen. Jedoch waren die Parteien gemäß § 202 CPO (§ 224 ZPO) befugt, alle gesetzlichen und richterlichen Fristen – mit Ausnahme der Notfristen – durch Vereinbarung zu verlängern oder zu verkürzen,[91] was als Ausdruck von Parteiherrschaft zu begreifen ist.

---

[83] So *Leipold*, in: Globalisierung und Sozialstaatsprinzip, S. 235 ff. (236).
[84] Vgl. *Wach*, Vorträge, S. 64.
[85] *Damrau*, S. 17 f.
[86] So auch: *Wach*, Vorträge, S. 65.
[87] *Damrau*, in: Forschungsband Franz Klein, S. 157 ff. (157).
[88] So *Levin*, Die rechtliche und wirtschaftliche Bedeutung des Anwaltszwangs, S. 95.
[89] *Wach*, Vorträge, S. 69.
[90] Zum sogenannten modifizierten Parteibetrieb *Leipold*, in: Stein/Jonas, ZPO, Vor § 128 Rn. 188.
[91] Vgl. zu den Fristen *Damrau*, S. 18 f.

3. Die Verteilung der Verantwortung bei der Sachverhaltsermittlung zwischen den Parteien und dem Gericht

Schließlich ist gerade die Thematik der Verteilung der Verantwortung zwischen den Parteien und dem Gericht im Hinblick auf die Sachverhaltsermittlung für die vorliegende Untersuchung relevant.

a) Die Parteipflichten bei der Sachverhaltsermittlung

Auf der Ebene der Parteien sah die CPO – dem liberalen Prozessmodell entsprechend – die Einbringung der entscheidungserheblichen Tatsachen in den Zivilprozess durch die Parteien vor.[92] Nach der Kommission ergab sich aus der Struktur des Verfahrens und aus zahlreichen Einzelbestimmungen, dass der Entwurf von der Verhandlungsmaxime ausging.[93] Jedoch nahm man an, die Verhandlungsmaxime solle nicht uneingeschränkt gelten, sondern müsse eine den praktischen Bedürfnissen entsprechende Begrenzung erhalten, um einer „Ausartung derselben, wie sie auf dem Gebiete des gemeinen Prozeßrechts hervorgetreten ist", vorzubeugen.[94]

Hinsichtlich der Parteipflichten bei der Sachverhaltsermittlung erscheint das Fehlen einer Verpflichtung zu wahrheitsgemäßem Vortrag bedeutsam. Die Parteien waren lediglich nach § 129 CPO dazu gehalten, sich über die vom Gegner behaupteten Tatsachen zu erklären. In diesem Kontext ist die verbreitete Auffassung bemerkenswert, die Parteien hätten das Recht, im Prozess die Unwahrheit zu sagen.[95] In dem Rückblick der Entwurfsbegründung der ZPO von 1931 hieß es dazu: „Steht ein Gesetz, wie die alte deutsche ZPO auf dem Standpunkt des *laissez faire* […], so muss es der Partei überlassen bleiben, ob sie sich dem Gericht gegenüber ehrlich und rückhaltlos erklärt oder durch unwahre und lückenhafte Angaben Vorteile zu gewinnen trachtet."[96] Des Weiteren gab es nach der CPO von 1877 keine eigenständige generelle Vorlagepflicht von Urkunden. Eine Pflicht zur Vorlage bestand in zwei Konstellationen: Gemäß § 388 CPO war der Prozessgegner zur Vorlage derjenigen in seinen Händen befindlichen Urkunde verpflichtet, auf die er sich selbst bezogen hat. Eine weitere Vorlagepflicht bezog sich nach § 387 CPO nur auf Fälle bestehender materiell-rechtlicher Herausgabe- oder Vorlegungspflichten (Nr. 1) bzw. bestand, wenn die Urkunde ihrem Inhalt nach für den Beweisführer und für den Gegner eine gemeinschaftliche war (Nr. 2). Im Hinblick auf Augenscheinsobjekte gab es keine Regelung einer Editionspflicht.

---

[92] Vgl. *Schönfeld*, S. 49 f.
[93] *Hahn/Mugdan*, Band 2, Abt. 1, S. 210.
[94] *Hahn/Mugdan*, Band 2, Abt. 1, S. 210.
[95] *Hahn/Mugdan*, Band 2, Abt. 2, S. 1161.
[96] Entwurf einer Zivilprozessordnung, S. 286.

b) Die richterliche Mitwirkung bei der Sachverhaltsermittlung

aa) Vorbemerkung

Demgegenüber ging die CPO von der richterlichen Rolle eines Schiedsrichters aus, womit das liberale Modell auch auf Seiten des Gerichts verwirklicht wurde. Nach *Wach* war es eine „unabweisbare Folge der privatrechtlichen Natur der Streitsache […], dass der Richter den gesammten thatsächlichen Streitstoff von den Parteien empfängt, dass er weder Thatsachen amtlich ergänzen, noch Beweismittel in den Process einführen kann".[97] In der Begründung zur CPO heißt es, es entspreche dem deutschen Rechtsbewusstsein, „die richterliche Machtvollkommenheit durch Formen heilsam einzuschränken".[98] Ziel war – der Vorstellung von *Wach* entsprechend – eben nicht die Gewährleistung eines richtigen Urteils. Daher waren hierfür auch nicht die Voraussetzungen zu schaffen, sondern man ließ die „formelle Wahrheit" genügen.

bb) Die richterliche Frage- und Aufklärungspflicht gemäß § 130 I CPO und die Befugnis, das persönliche Erscheinen der Parteien anzuordnen, § 132 CPO

Richterliche Verantwortung für die Sachverhaltsermittlung wurde abgelehnt. Allerdings waren zwei Kompetenzen des Richters, die für die vorstehende Arbeit besonders relevant sind, bereits in der CPO angelegt. Hierzu zählen die richterliche Frage- und Aufklärungspflicht sowie das Recht, das persönliche Erscheinen der Parteien anzuordnen. Der Richter war damit nach der ursprünglichen Konzeption der CPO und entsprechend der liberalen Prozessauffassung eben nicht völlig passiv,[99] weshalb sich das Bild eines unbeteiligten Schiedsrichters zur Kennzeichnung als nicht geeignet erweist. *Bomsdorf* nimmt in diesem Zusammenhang sogar eine neben der Eigenverantwortlichkeit der Parteien gleichberechtigt bestehende richterliche „Aufklärungs- und Ermittlungspflicht" an.[100]

(1) Die richterliche Frage- und Aufklärungspflicht gemäß § 130 I CPO und § 464 CPO. Anders als nach dem französischen CPC war eine richterliche Frage- und Aufklärungspflicht explizit geregelt. Gemäß § 130 I CPO hatte der Vorsitzende durch Fragen darauf hinzuwirken, dass unklare Anträge erläutert, ungenügende Angaben der geltend gemachten Tatsachen ergänzt und die Beweismittel bezeichnet werden und „überhaupt alle für die Feststellung des Streitverhältnisses erheblichen Erklärungen abgegeben werden". In den Moti-

---

[97] *Wach*, Vorträge, S. 61.
[98] *Hahn/Mugdan*, Band 2, Abt. 1, S. 115.
[99] Vgl. auch *Brehm*, S. 39.
[100] *Bomsdorf*, S. 256.

ven heißt es hierzu, es werde dem Vorsitzenden und dem Gericht ein umfassendes Fragerecht eingeräumt, da der Richter eben mehr als Zuhörer sei. Er habe vielmehr die Verhandlung zu leiten und wirke bei der Gestaltung des Rechtsstreits mit. Aufgabe des Richters sei es, für eine erschöpfende Erörterung der Sache zu sorgen.[101] Im amtsgerichtlichen Verfahren wurde die Pflicht verstärkt, indem der Amtsrichter für die vollständige Erklärung der Parteien über alle erheblichen Tatsachen sowie nicht nur für die Erläuterung unklarer, sondern auch für die Stellung sachdienlicher Anträge zu sorgen hatte, § 464 CPO (§ 503 n.F.).

Das richterliche Fragerecht wurde allerdings als ein bloßes Informationsmittel verstanden, welches unklares bzw. widersprüchliches Parteivorbringen klarstellen sollte. Es hatte eben nicht den Zweck, im Interesse materiell richtiger Entscheidungsfindung auf eine wahrheitsgemäße Vervollständigung bereits hinreichend deutlicher Angaben hinzuwirken.[102] Eine richterliche Ermittlungstätigkeit, die nicht die Feststellung des Parteiwillens bezweckte, sondern darauf gerichtet war, den Parteivortrag zu ersetzen, wurde abgelehnt.[103] Auch war eine Parteipflicht zur Beantwortung der richterlichen Fragen nicht anerkannt.[104] Zu dieser restriktiven Anwendung des richterlichen Fragerechts sei angemerkt, dass schon die Existenz eines solchen in Teilen der Literatur als Ausnahme[105] von der Verhandlungsmaxime und als Ausfluss von Richtermacht gesehen wurde. *Wach* sah die Gefahr des Missbrauchs und des möglichen Umschlagens in ein richterliches Mittel zur Inquisition.[106]

(2) Die Anordnung des persönlichen Erscheinens einer Partei gemäß § 132 CPO und der Parteieid. Gemäß § 132 CPO konnte das Gericht das persönliche Erscheinen einer Partei „zur Aufklärung des Sachverhältnisses" anordnen.[107] Die Vorschrift, welche das Institut der *interrogatio ad clarificandum positiones* des kanonischen Prozesses übernahm, entspricht dem heutigen § 141 ZPO. Die Befugnis des Gerichts zur Anordnung des persönlichen Erscheinens fehlte im Entwurf der CPO,[108] obwohl die partikulären Rechte eine Befugnis zur Anordnung des persönlichen Erscheinens enthielten. In der ersten Lesung zur CPO hat die Reichsjustizkommission eine entsprechende Vorschrift als notwendige Ergänzung der freien Beweiswürdigung beschlossen, denn es gebe in der Praxis Fälle, in denen ohne persönliches Erscheinen der

---

[101] *Hahn/Mugdan*, Band 2, Abt. 1, S. 133; vgl. *Bomsdorf*, S. 245.
[102] *Wach*, Vorträge, S. 72 ff.
[103] *Brehm*, S. 39.
[104] *Wach*, Vorträge, S. 74.
[105] *Bomsdorf*, S. 246 m.w.N.
[106] *Wach*, Vorträge, S. 75.
[107] Vgl. *Bomsdorf*, S. 248 f.
[108] Vgl. zur Gesetzesgeschichte *Bomsdorf*, S. 193 ff., 248 f.

Parteien Klarheit nicht zu gewinnen sei.[109] In zweiter Lesung hielt die Kommission an dieser Vorschrift fest, obwohl es die Forderung nach einer Streichung gab, welche u.a. mit einem Eingriff in die Verhandlungsmaxime begründet wurde.[110] Es ist bemerkenswert, dass das Recht des Gerichts, das persönliche Erscheinen einer Partei zur Aufklärung des Sachverhalts anzuordnen, als Ergänzung des richterlichen Fragerechts und damit als Mittel des Richters zur Erforschung der Wahrheit und Absicherung der freien Beweiswürdigung angesehen wurde.[111] Insofern könnte die Anordnungsbefugnis nach § 132 CPO als eine erhebliche richterliche Befugnis angesehen werden. Indessen wurde keine Erscheinungspflicht der Parteien angenommen. Es handelte sich im Gegensatz zu der geltenden Rechtslage (§ 141 ZPO) lediglich um eine „Kann-Vorschrift". Die Anordnung des persönlichen Erscheinens konnte nur in einer mündlichen Verhandlung getroffen werden, also nicht schon zur Vorbereitung des ersten mündlichen Termins. Zudem wurde das Nichterscheinen der Partei nach § 132 CPO nicht sanktioniert. Schon aus diesem Grunde kann die Vorschrift nicht als ein effektives Mittel zur Aufklärung des Sachverhaltes verstanden werden. Der Gesetzgeber sah ihre Bedeutung gerade im Parteiprozess.[112] Nach den Ausführungen von *Wach* handelte es sich um eine Art richterliche Hilfestellung, womit dieser die Bedeutung des Prozessinstituts der richterlichen Anordnung des persönlichen Erscheinens als gering erachtete.[113]

In diesem Zusammenhang ist es bedeutsam, dass die CPO eine Vernehmung einer Partei als beweismäßige Erfassung von Parteiwissen bewusst nicht zuließ. *Wach* schreibt hierzu: „Die Partei im Civilproceß ist Beweisführer, nicht Beweismittel."[114] Zwar wurde die Aufnahme der zeugeneidlichen Vernehmung einer Partei als Konsequenz des Grundsatzes der freien Beweiswürdigung und als ein Mittel zur Erforschung materieller Wahrheit gefordert,[115] jedoch sahen die Gegner in einer frei zu würdigenden Parteiaussage eine dem Wesen des deutschen Zivilprozesses widersprechende Inquisition, die es dem Richter ermöglichen würde, „auf die Persönlichkeit und das Benehmen mehr Gewicht zu legen, als gerecht sein würde".[116] Diese Ausführungen zeigen im Übrigen deutlich, dass der Parteianhörung nach § 132 CPO

---

[109] *Hahn/Mugdan*, Band 2, Abt. 1, S. 566.
[110] Protokolle der Kommission, Zweite Lesung, S. 527 = *Hahn/Mugdan*, Band 2, Abt. 2, S. 989 f.
[111] *Hahn/Mugdan*, Band 2, Abt. 2, S. 1160: „Die Kommission hielt diese Befugnis für nothwendig, um die Mündlichkeit, Unmittelbarkeit und freie Beweiswürdigung zur vollen Geltung kommen zu lassen, ihre Anwendung giebt dem Fragerechte erst die rechte Geltung [...]".
[112] *Hahn/Mugdan*, Band 2, Abt. 2, S. 1160.
[113] *Wach*, Vorträge, S. 75 f.
[114] *Wach*, Vorträge, S. 218.
[115] *Hahn/Mugdan*, Band 2, Abt. 1, S. 330.
[116] *Hahn/Mugdan*, Band 2, Abt. 1, S. 330.

keine Beweismittelqualität zugeschrieben wurde. Die CPO von 1877 rezipierte statt der zeugeneidlichen Vernehmung der Parteien den gemeinrechtlichen Parteieid („Schiedseid") in den §§ 410 ff. als subsidiäres Beweismittel[117], welcher von der Mehrheit der Kommission gegenüber einer zeugeneidlichen Vernehmung der Parteien als vorzugswürdig erachtet wurde. Denn eine eidliche Vernehmung der Parteien sei „rein auf das willkürliche Ermessen des Richters" gestellt und sei mit dem deutschen Rechtsbewusstsein, „welches scharf zwischen Zeugen und Parteien unterscheide", nicht vereinbar. Es bedeute ein Aufgeben der Grundlagen des Zivilprozesses und führe zu einer Untersuchungsmaxime.[118]

Der Parteieid war folgendermaßen konzipiert: Jeder Partei stand gemäß § 410 CPO gleichermaßen das Recht zu, der anderen Partei den Eid zuzuschieben, d.h. zu beantragen, dass sich der Gegner unter Eid über die Wahrheit bzw. Unwahrheit der betreffenden Tatsache äußerte. Dies galt gemäß § 412 CPO auch für die nicht beweisbelastete Partei. Die Beweislast war dabei jedoch insofern von Bedeutung, als der Richter den Antrag des Beweispflichtigen berücksichtigte, wenn beide Parteien den Eid beantragten. Das Mittel der Eidesdelation wurde verstanden als Beweisantretung durch die Partei und damit als Dispositionsakt.[119] Der Gegner konnte insoweit disponieren, als er den Eid annehmen oder aber auch zurückschieben konnte. Die Leistung des Eides wurde durch ein bedingtes Endurteil auferlegt, § 425 I CPO. Gewiss war der zugeschobene Eid nach § 418 II CPO subsidiär,[120] und zwar derart, dass er erst dann berücksichtigt werden durfte, wenn der Beweis mit anderen Beweismitteln nicht gelang. Entscheidend ist jedoch die volle Beweiskraft des Parteieids gemäß § 428 I CPO hinsichtlich der beschworenen Tatsache. Das Verweigern des Eides führte gemäß § 429 II CPO zum vollen Beweis des Gegenteils der zu beschwörenden Tatsache. Das Ergebnis war für das Gericht also bindend. Hierdurch wurde die richterliche Würdigung einer Parteiaussage unter Anwendung des richterlichen Spielraums in Form des Grundsatzes der freien richterlichen Beweiswürdigung ausgeschaltet, womit im Ergebnis die Parteidisposition – wenn auch in subsidiären Anwendungsfällen – im Vordergrund stand. Richterliche Macht bestand aber insoweit, als die Zulassung des Eides in den Händen des Richters lag und insoweit der richterlichen Anerkennung bedurfte, §§ 410, 415 CPO. War der Richter von dem Gegenteil dessen, was beschworen werden sollte, überzeugt, so ließ er den Eid nach § 411 CPO nicht zu.

---

[117] Seit 1900 in den §§ 445 ff. CPO geregelt.
[118] *Hahn/Mugdan*, Band 2, Abt. 2, S. 1161.
[119] *Wach*, Vorträge, S. 220.
[120] In der Subsidiarität wird ein Gegengewicht zu der fehlenden richterlichen Würdigung gesehen. So *Kollroß*, ZJP 1937, S. 81 ff. (94).

Neben diesem auf Parteiinitiative beruhenden Eid gab es eine zweite Form des Eides, den richterlichen Eid („Notheid") gemäß §§ 437–439 CPO: Nach § 437 CPO konnte das Gericht einer Partei über eine streitige Tatsache einen Eid vom Amts wegen auferlegen, wenn das Ergebnis der Verhandlungen und einer etwaigen Beweisaufnahme nicht ausreichend war, um die Überzeugung des Gerichts von der Wahrheit oder Unwahrheit der zu erweisenden Tatsache zu begründen. Eidesthema konnte dabei jede Tatsache sein, deren Feststellung für den Richter notwendig war, um den bestrittenen wesentlichen Tatbestand klar zu stellen.[121] Die richterliche Auferlegung des Eides stellte damit eine bedeutsame richterliche Befugnis dar. *Wach* spricht insoweit von einer Macht des Richters, welche er darin sah, dass dieser der glaubwürdigen Partei den Eid und damit „den Sieg in die Hand" geben konnte.[122] Durch die Eidesleistung wurde ein absoluter Beweis über die betreffende Tatsache erbracht; Gegenbeweis und weitere richterliche Beweiswürdigung waren somit ausgeschlossen.[123] Insoweit galten gemäß § 439 CPO die §§ 428 f. CPO entsprechend für den richterlichen Eid. Es galt also „ist geschworen, so ist die Beweisfrage endgültig erledigt".[124]

cc) Die Beweiserhebung von Amts wegen, insbesondere die Anordnung der Vorlage von Urkunden gemäß § 133 CPO

Der Richter erhob erforderliche Beweise grundsätzlich nicht von Amts wegen, sondern nur bei einem entsprechenden Beweisantrag durch die Parteien, §§ 255, 336, 338, 368, 385, 386, 393, 416 CPO.[125] Im Rahmen der Beweiserhebung von Amts wegen ist bedeutsam, dass das Gericht nach § 133 I CPO anordnen konnte, dass eine Partei Urkunden und sonstige Unterlagen – Pläne, Risse, Zeichnungen und Stammbäume – vorzulegen hatte, sofern sie diese in Besitz hatte und sich selbst auf sie bezogen hat. Voraussetzung der Vorlageanordnung war demnach die Bezugnahmen derjenigen Partei, welche die Urkunde in den Händen hielt. Hierzu meint *Zettel*, dass die Bestimmung an sich nur etwas „Selbstverständliches" ausdrückte, denn sie hielt die Partei an ihrem eigenen Verhalten fest und forderte die entsprechende Konsequenz.[126]

Gemäß § 134 CPO konnte das Gericht ferner die Vorlage der in den Händen einer Partei befindlichen Akten, die den Rechtsstreit betreffen, anordnen.

---

[121] *Wach*, Vorträge, S. 234.
[122] *Wach*, Vorträge, S. 219.
[123] *Wach*, Vorträge, S. 219.
[124] *Wach*, Vorträge, S. 219.
[125] Vgl. *Bomsdorf*, S. 244. Dies sollte sich – wie auch heute argumentiert wird – aus dem Umkehrschluss aus der Bestimmung, dass das Gericht zum Zwecke der Aufrechterhaltung einer Ehe von den Parteien nicht vorgebrachte Tatsachen berücksichtigen und von Amts wegen Beweise erheben konnte, ergeben, § 581 CPO. Dazu *Bomsdorf*, S. 244.
[126] *Zettel*, S. 71.

Ferner bestand nach § 135 CPO die Befugnis des Gerichts, die Einnahme von Augenschein sowie Begutachtung durch Sachverständige anzuordnen. Auch konnte das Gericht bei der Augenscheinseinnahme Sachverständige hinzuziehen, § 337 CPO. Es gab damit – wie schon im gemeinen und im preußischen Zivilverfahren – Möglichkeiten amtswegiger Beweisaufnahme. Diese wurden jedoch als eine Art Notrecht verstanden und sehr restriktiv interpretiert.[127] Wichtig ist die Bindung des Gerichts gemäß § 369 IV CPO an die von den Parteien übereinstimmend vorgeschlagene Person des Sachverständigen. Auch dies ist als Ausdruck der Zurückhaltung des Richters bei der Beweisaufnahme zu verstehen. Hinsichtlich der Positionierung des Sachverständigen sei angemerkt, dass diesem auf Grundlage des gleichen Verständnisses wie es dem CPC zu eigen war – dem umfassend gebildeten Richter – lediglich eine Funktion als Gehilfe des Gerichts beigemessen wurde. Die Bezeichnung als „Gehilfe des Gerichts" lässt sich bereits in den Motiven zur CPO nachweisen.[128]

Schließlich ist auch die Beseitigung des aus dem gemeinen Recht stammenden Beweisinterlokuts als richterliche Verfügung, die den Parteien die Beweisbedürftigkeit und Beweislast vorgibt, als Folge der erstrebten Beschränkung richterlicher Macht anzusehen.[129]

c) Die Bedeutung des Gütegedankens

Zudem ist die Bedeutung des Gütegedankens für die Untersuchung relevant. Dieser war mit einem liberalen Prozessverständnis vor dem Hintergrund des Streits zweier Parteien vor einem passiven Richter um ihr Recht schwierig vereinbar. Dementsprechend wurde der Gütegedanke nach der CPO nur durch zwei Vorschriften repräsentiert. Gemäß § 268 CPO (§ 296 ZPO) konnte das Gericht in jeder Lage des Rechtsstreits die gütliche Beilegung desselben oder einzelner Streitpunkte versuchen oder die Parteien zum Zwecke des Sühneversuchs vor einen beauftragten oder ersuchten Richter verweisen. Zum Zwecke des Sühneversuchs konnte auch das persönliche Erscheinen der Parteien angeordnet werden. Entscheidend ist die Ausgestaltung als Kann-Vorschrift. Dem Gericht war demnach die Möglichkeit einer gütlichen Beilegung des Rechtsstreits eröffnet. Die Bestimmung des § 471 CPO ermöglichte einen fakultativen außerprozessualen Sühneversuch vor dem Amtsgericht. Der Kläger hatte nach dieser Vorschrift die Berechtigung, ein Sühneverfahren durchzuführen. Jedoch bestand für den Beklagten kein Zwang zum Erscheinen. Ein obligatorisches Sühneverfahren gab es hingegen nur in Ehesachen gemäß §§ 570 ff. CPO.

---

[127] *Wach*, Vorträge, S. 56 f.
[128] Begründung des dritten Entwurfs einer ZPO zu §§ 354–356.
[129] Vgl. dazu *Wach*, Vorträge, S. 158.

d) Die zeitliche Freiheit des Parteivorbringens

Schon nach der CPO von 1877 war der Grundsatz der zeitlichen Freiheit des Parteivorbringens in erster Instanz relativiert, indem der Gefahr einer Prozessverschleppung durch schuldhaft verspätetes Vorbringen entgegnet wurde, § 247 III CPO.[130] Hierfür gab es verschiedene Mittel, welche jedoch – was im Hinblick auf die vorliegende Betrachtung des Verhältnisses von Parteiherrschaft und Richtermacht bedeutsam ist – einen Antrag der Gegenpartei erforderten.[131] Insbesondere hatte das Gericht schon nach § 279 ZPO a.F. die Möglichkeit, Verteidigungsmittel des Beklagten unberücksichtigt zu lassen, wenn diese später, als es nach dem freien Ermessen des Gerichts möglich und angezeigt war, vorgebracht wurden, die Zulassung die Erledigung des Prozesses verzögern würde, der Beklagte in der Absicht der Prozessverschleppung handelte oder das Verteidigungsmittel aus grober Fahrlässigkeit nicht früher vorbrachte und der Kläger die Zurückweisung beantragte.[132] Des Weiteren hatte das Gericht das Recht und die Pflicht, die Vernehmung von neuen Zeugen oder Sachverständigen und die Beachtung von Urkundsbeweisanträgen zu verweigern, wenn die Partei absichtlich oder grob fahrlässig die Beweismittel erst nach Erlass eines Beweisbeschlusses benannte und der Gegner die Zurückweisung beantragte, §§ 374, 402, 433 ZPO a.F.[133]

III. Die österreichische ZPO als Wegbereiter eines sozialen Prozessmodells

1. Vorbemerkung unter Berücksichtigung gesamtgesellschaftlicher Aspekte

An dieser Stelle soll die im Jahre 1898 in Kraft getretene österreichische ZPO[134] wegen ihrer internationalen Anerkennung und wegen ihrer großen Ausstrahlungskraft auf den deutschen Zivilprozess nähere Betrachtung finden. Denn schließlich wurden die Novellen der ZPO maßgeblich von dem österreichischen Verfahrensrecht inspiriert. Schon an dieser Stelle sei erwähnt, dass sich der deutsche Zivilprozess schrittweise dem österreichischen Zivilprozess angenähert hat.[135] So wurde die österreichische ZPO schon früh in der Wissen-

---

[130] *Habscheid*, ZZP 81 (1968), S. 175 ff. (179).
[131] Dies wurde bereits von *Wach* kritisiert, welcher feststellte, dass das Gesetz die Verhandlungsmaxime übertreibt, wenn es die Präklusionsfolgen der §§ 252, 302, 339, 367, 398, die dazu bestimmt sind, der Verschleppung entgegenzusteuern, vom Antrag abhängig macht. *Wach*, Vorträge, S. 61.
[132] *Habscheid*, ZZP 81 (1968), S. 175 ff. (179); *Bettermann*, ZZP 91 (1978), S. 365 ff. (381).
[133] *Habscheid*, ZZP 81 (1968), S. 175 ff. (179).
[134] Gesetz v. 1.8.1895, RGBl. Nr. 113/1895.
[135] *Ballon*, ZZP 96 (1983), S. 409 ff. (427).

III. Die österreichische ZPO als Wegbereiter eines sozialen Prozessmodells 123

schaft auch als „moderner" bezeichnet[136] und erfuhr recht wenig Kritik, während der liberale Zivilprozess nach der deutschen CPO nie uneingeschränkt Akzeptanz erhielt[137] und vornehmlich in den Kreisen der konservativen Richterschaft kritisiert wurde.[138] In der inländischen und österreichischen Literatur sowie in der allgemeinen Öffentlichkeit wurde die mit dem Namen *Klein* verbundene Neugestaltung der Justizorganisation und des Prozessrechts überwiegend als positiv bewertet und als wahre Reform angesehen.[139]

Die österreichische ZPO rezipierte zwar weitgehend die deutsche ZPO.[140] Insbesondere steht ihre Grundstruktur mit mehreren „Tagesatzungen", §§ 259, 277 ff. öZPO, heute noch der CPO von 1877 näher als der heutigen ZPO mit der Konzentration auf einen Haupttermin.[141] Indes sind – trotz des teilweise wörtlichen Gleichlauts einiger Teile der österreichischen und der deutschen ZPO – leitende Prinzipien wesensverschieden.[142] *Schwarz* betitelte das Kapitel zur österreichischen Zivilprozessordnung in seinem Werk „Vierhundert Jahre deutscher Civilproceß-Gebung" im Jahre 1898 als „Umkehr (?)" und beschrieb die Divergenzen zum deutschen Recht folgendermaßen: „Alles fast umgekehrt, als wie es bei uns seit jenem Tage gelehrt und geübt wurde."[143]

Die österreichische Gesetzgebung griff die in Deutschland nach Inkrafttreten der ZPO eingesetzte Kritik auf, die maßgeblich die Prozessverschleppung durch die Parteien und die zu geringen richterlichen Befugnisse betraf. Die liberale deutsche ZPO war unpopulär.[144] Aber nicht allein die Erfahrungen mit der deutschen ZPO trugen zu den Divergenzen der beiden Prozessrechtsordnungen bei. Zu beachten ist vielmehr der gesamtgesellschaftliche Kontext der Gesetzgebung, auch wenn natürlich – wie bereits dargelegt – Vorsicht geboten ist vor einfachen Rückschlüssen im Sinne einer Gleichsetzung richterlicher Passivität mit dem freiheitlichen Prozess einer demokratischen Gesellschaft sowie einer Gleichsetzung richterlicher Aktivität mit einer illiberalen Gesellschaft.[145] Der historische Zeitpunkt der österreichischen Zivilprozessreform

---

[136] *Hess*, in: Heidelberger Thesen, S. 143 ff. (157).
[137] *Brehm*, AnwBl 1983, S. 193 ff. (196).
[138] *Brehm*, S. 162 f.
[139] *Dölemeyer*, in: Europäische und amerikanische Richterbilder, S. 369 ff. (371 f.).
[140] Die beiden letzten Entwürfe der öZPO von 1876 und 1881 basierten völlig auf dem deutschen Vorbild. *Fasching*, S. 22 Rn. 35; *Hess*, R.L.R. No. 27 (2010), S. 191 ff. (192 Fn. 5).
[141] *Stürner*, in: FS für Schumann, S. 491 ff. (502 f.).
[142] *Fasching*, S. 33 Rn. 43.
[143] *Schwarz*, S. 720. *Schwarz* führt die Abweichungen auf die österreichische Verordnung über das summarische Verfahren in Zivilrechtsstreitigkeiten von 1845 zurück, welche seinerseits vom preußischen Prozess stark beeinflusst war und für „minder wichtige Streitsachen" ein einfaches und von der Verhandlungsmaxime losgelöstes schleuniges Verfahren vorsah. *Schwarz*, S. 721, 678.
[144] *Hess*, R.L.R. No. 27 (2010), S. 191 ff. (192 Fn. 5, 194).
[145] *Stürner*, ÖJZ 2014/1, S. 1 ff. (5 f. und 12 f.).

war ein anderer, wie es *Fasching* in seinem Lehrbuch zum österreichischen Zivilprozess dezidiert beschreibt.[146]

Es zeigte sich bereits der Übergang vom Hoch- zum Spätkapitalismus, verbunden mit einer veränderten Einstellung des Einzelnen zu der Gemeinschaft, während die deutsche Zivilprozessordnung noch ausschließlich vom Liberalismus und seinem Staatsverständnis mit einem extrem liberalen Individualdenken geprägt war.[147] In Österreich beherrschte das soziale Denken – mehr als im restlichen Europa – das Geschehen in Staat, Wirtschaft und Gesellschaft. Innenpolitisch gab es eine Wende im Jahre 1879. In der Folgezeit wurden in der Ära des konservativen Sozialreformers *Taafe* dementsprechend in der österreichischen Gesetzgebung insgesamt extrem liberale Positionen eingeschränkt. Dies betraf z.B. Novellen der Krankenversicherung der Arbeiter und der Gewerbeordnung.[148] Ebenfalls distanzierte sich der Gesetzgeber der öZPO von den Leitprinzipien der deutschen ZPO und von dem Richterbild des Liberalismus.[149] Die öZPO verwirklichte – basierend auf den bereits dargestellten Vorstellungen *Kleins* zum „sozialen Zivilprozess" – das soziale Prozessmodell mit dem Bild des Richters als „Sozialingenieur". Das Gedankengut *Kleins* als Begründer der sozialen Prozessauffassung wurde bereits im Rahmen des Prozesszwecks dargestellt.[150] Nach dieser Konzeption des Zivilverfahrens zeichnet sich das Verhältnis von Parteiherrschaft und Richtermacht maßgeblich durch die Verantwortlichkeit des Richters für den Prozessausgang aus, den dieser nicht mehr als passiver Zuschauer den Parteien überlässt, sondern für dessen richtiges Urteil er aktiv und unmittelbar verantwortlich ist, denn nur er kann die Rechtssicherheit und den Rechtsfrieden der Gemeinschaft gewährleisten.[151] Die richterliche Aktivität ist im Ergebnis Ausdruck staatlicher Intervention zugunsten des sozial Schwächeren. So wird in den „Vorbemerkungen" des Entwurfs von 1893 erläutert, die „strenge Durchführung der sogenannten Verhandlungsmaxime" verursache die „Ohnmacht des Richters".[152] Eine weitere antiliberale Haltung offenbart die Kritik an einer formalen abstrakten Ordnung des Prozessverlaufs, der dem Prozess die „Geschmeidigkeit" nehme.[153] Mit Blick auf die spätere deutsche Entwicklung lässt sich schon an dieser Stelle festhalten, dass die Konzeption des österreichischen Zivilverfahrens der deutschen Dogmatik maßgeblich zu der Erkenntnis der Übergewichtung von Parteiautonomie verholfen hat.[154]

---

[146] *Fasching*, S. 22 f. Rn. 35.
[147] *Fasching*, S. 22 Rn. 35 unter Nennung weiterer Bedingungen.
[148] Vgl. dazu *Dahlmanns*, in: Coing, Handbuch, S. 2730.
[149] *Wassermann*, S. 53; *Fasching*, S. 23 Rn. 35.
[150] 1. Teil B. II. 2. a).
[151] *Fasching*, S. 23 Rn. 35.
[152] Zitiert nach *Schwarz*, S. 688.
[153] Zitiert nach *Schwarz*, S. 688.
[154] *Stürner*, ZZP 2014, S. 271 ff. (288).

In den Materialien der öZPO finden sich umfassende Ausführungen zum Zweck des Zivilprozesses. Dort heißt es u.a.:

„Die gerichtliche Rechtsverfolgung ist im gewissen Sinne nur eine Art der Rechtsausübung, nur eines der Mittel zur Erlangung des Rechtsgenusses und daher so einzurichten, daß sie den zu erreichenden Genuß tunlichst wenig schmälert und immer im richtigen Verhältnis zum konkreten Werte des Rechtsgenusses bleibt."[155]

Für die Gestaltung des Verfahrens wurde daraus gefolgert, es solle „ein möglichst einfaches und rasches" sein.[156] Im Übrigen sollte die prozessuale Entwicklung in Österreich zu Beginn des 20. Jahrhunderts durch Teilnovellierungen des AGBGB ihre materiell-rechtliche Parallele finden.[157]

Im Folgenden wird die Ausgestaltung des Verhältnisses von Parteiherrschaft und Richtermacht nach der österreichischen Zivilprozessordnung dargestellt.

2. Die formelle Prozessleitung und die Ausgestaltung des Prozessbetriebs

Im österreichischen Zivilverfahren gilt der Amtsbetrieb. Es obliegt also dem Gericht, nach dem eingeleiteten Verfahren für den äußeren Gang des Verfahrens zu sorgen.[158] Die Zustellungen, die Ladungen, die Anberaumung von Tagessatzungen, § 130 I S. 2 öZPO, die Bestimmung von Fristen, §§ 123, 128 f. öZPO, erfolgen von Amts wegen.[159] Die Parteien sind nicht befugt, die Dauer prozessualer Fristen zu vereinbaren, insbesondere diese einverständlich zu verlängern.[160] Dies kann nur das Gericht. Die Parteien können jedoch eine Verkürzung vereinbaren, sind aber verpflichtet, dies dem Gericht urkundlich nachzuweisen, § 129 I öZPO.[161] Des Weiteren ist die Möglichkeit, Termine zu verlegen, stark beschränkt und darf nur vom Gericht bei Vorliegen wichtiger Gründe vorgenommen werden.[162] Die Parteien können indes das Ruhen des Verfahrens vereinbaren. Hierfür ist eine einverständliche Erklärung der Parteien ausreichend, § 168 öZPO. Das Verfahren darf dann jedoch vor Ablauf von drei Monaten ab der Anzeige des Ruhens nicht wieder aufgenommen

---

[155] Zitiert nach *Gaul*, AcP 168 (1968), S. 27 ff. (36).
[156] *Schwarz*, S. 689.
[157] *Dölemeyer*, in: Europäische und amerikanische Richterbilder, S. 369 ff. (372 f., Fn. 46).
[158] *Ballon*, S. 33 Rn. 15.
[159] *Ballon*, S. 115 Rn. 140; *Dahlmanns*, in: Coing, Handbuch, S. 2735.
[160] *Klein/Engel*, Der Zivilprozeß Oesterreichs, 1927, S. 245; *Schwarz*, S. 693.
[161] *Fasching* S. 287 Rn. 551.
[162] *Dahlmanns*, in: Coing, Handbuch, S. 2735.

werden.¹⁶³ Dies sollte eine vorschnelle Anwendung des Ruhens mit dem Ziel der Parteien, kurzfristige Verfahrenspausen zu erlangen, verhindern und daher gewissen Abschreckungscharakter haben.¹⁶⁴

3. Die Verteilung der Verantwortung für die Sachverhaltsermittlung zwischen den Parteien und dem Gericht

a) Die prozessualen Mitwirkungspflichten im Rahmen der Sachverhaltsermittlung unter besonderer Berücksichtigung der Editionspflichten

Eine zentrale Pflicht der Parteien besteht in der Wahrheitspflicht gemäß § 178 öZPO. Diese wurde schon in der ersten Fassung der öZPO statuiert. Bei der Wahrheitspflicht handelt es sich um eine Rechtspflicht.¹⁶⁵ Obgleich diese Vorschrift keine ausdrücklichen Sanktionen bei Verletzung der Pflicht enthält, sind solche anerkannt. Insbesondere führt bewusst unrichtiges oder unvollständiges Vorbringen zu Kostenfolgen. Denn der Ersatz des erhöhten Kostenaufwandes kann ohne Berücksichtigung des Prozessausgangs der schuldhaft verursachenden Partei auferlegt werden, § 48 öZPO.¹⁶⁶ Des Weiteren stellt eine Verletzung der Wahrheits- und Vollständigkeitspflicht eine mutwillige Prozessführung dar. Dies kann zu den Folgen einer Verweigerung oder Entziehung von Verfahrenshilfe, auf Antrag des Gegners zu einer Verurteilung zum Schadensersatz nach § 408 öZPO oder zu einer Verhängung sogenannter Mutwillensstrafen führen.¹⁶⁷

Die Parteien sind verpflichtet, zu den gegnerischen Angaben substantiiert Stellung zu nehmen und sich über die gegnerischen Ausführungen bezüglich des Ergebnisses der Beweiserhebung zu äußern, § 178 2. HS öZPO.¹⁶⁸

Zudem haben die Parteien die Pflicht, auf Verlangen des Richters persönlich zu erscheinen und Fragen des Richters zu beantworten, § 183 I Nr. 1 öZPO. Eine Nichtbeantwortung der Fragen durch eine Partei kann gemäß § 272 öZPO sogar Nachteile bei der Würdigung des Ergebnisses der Verhandlung und der Beweiswürdigung zur Folge haben.¹⁶⁹

Entscheidend für die vorliegende Betrachtung ist der das österreichische Beweisrechts prägende Grundsatz, wonach es keiner Partei möglich sein soll,

---

¹⁶³ *Dahlmanns*, in: Coing, Handbuch, S. 2735.
¹⁶⁴ *M. Kohler*, S. 263 mit Hinweis auf *Klein/Engel*, S. 258.
¹⁶⁵ *Fasching*, S. 345 Rn. 654.
¹⁶⁶ *Fasching*, S. 345 Rn. 654.
¹⁶⁷ *Fasching*, S. 345 Rn. 654.
¹⁶⁸ *M. Kohler*, S. 372.
¹⁶⁹ So *M. Kohler*, S. 370 Fn. 1924.

III. Die österreichische ZPO als Wegbereiter eines sozialen Prozessmodells 127

der anderen Partei Beweismittel vorzuenthalten.[170] In diesem Prinzip, das mit erweiterten Mitwirkungspflichten des Gegners hinsichtlich der Wahrheitsermittlung korreliert, liegt einer der wichtigsten Unterschiede zur Rechtslage nach dem deutschen Zivilprozessrecht[171], wonach gewissermaßen der gegensätzliche Grundsatz, nach dem keine Partei verpflichtet ist, dem Gegner das Material zum Prozesssieg zu verschaffen, Geltung beansprucht.[172] Zu den Mitwirkungspflichten im Interesse der Wahrheitsfindung zählen vornehmlich prozessuale Vorlagepflichten zwecks vollständiger Sammlung der Beweismittel. Damit beschränkt sich die Mitwirkungspflicht der Parteien an der Aufklärung des Sachverhalts im Hinblick auf die Funktion des Zivilprozesses eben nicht nur auf materiell-rechtliche Pflichten. Der österreichische Zivilprozess erkennt vielmehr zusätzliche prozessuale Mitwirkungspflichten der Parteien und auch von Dritten an, um seiner Aufgabe gerecht zu werden.[173] Im Hinblick auf die Urkundenvorlagepflicht gemäß §§ 303 ff. öZPO wird betont, der österreichische Gesetzgeber habe im Interesse der Wahrheitsfindung eine weitgehende Verpflichtung der Parteien an der Sachverhaltsfeststellung als bewusste Grundsatzentscheidung für die prozessuale Ausgestaltung geregelt.[174]

Die Vorschrift des § 303 I öZPO bestimmt dementsprechend, dass das Gericht auf Antrag der Partei dem Gegner die Vorlage einer Urkunde auftragen kann, wenn eine Partei behauptet, dass sich „eine für ihre Beweisführung erhebliche Urkunde in den Händen des Gegners befindet". Damit kann eine Partei grundsätzlich vom Gegner die Vorlage aller relevanten Urkunden verlangen. Das Bestehen einer materiell-rechtlichen Verpflichtung zur Vorlage erlangt nur insoweit Bedeutung als die Vorlage allenfalls nach § 305 Nr. 5 öZPO verweigert werden kann, da § 304 I Nr. 2 öZPO die Verweigerung explizit ausschließt, wenn der „Gegner nach bürgerlichem Recht zur Ausfolgung oder Vorlage der Urkunde verpflichtet ist".[175] In der Existenz prozessualer Vorlagepflichten wurde im österreichischen Schrifttum ein wichtiger Unterschied zum deutschen Zivilprozessrecht gesehen, das eine Vorlagepflicht ursprünglich lediglich nach Maßgabe des materiellen Rechts gemäß § 810 BGB anerkannte.[176] Allerdings besteht im Hinblick auf die gegenwärtige Rechtslage ein Unterschied nur noch derart, dass das Bestehen eines materiell-rechtlichen Vorlageanspruchs nach Maßgabe des § 810 BGB lediglich für die Beweiserhebung auf Antrag einer Partei gemäß §§ 422, 423 ZPO erforderlich ist und nach überwiegender Ansicht für eine Beweiserhebung von Amts wegen nach § 142

---

[170] *McGuire*, GRUR Int 2005, S. 15 ff. (16) m.w.N.
[171] *McGuire*, GRUR Int 2005, S. 15 ff. (21) m.w.N.
[172] Grundlegend BGH NJW 1990, 3151 f.
[173] So *Kodek*, ÖJZ 2001, S. 281 ff. (293).
[174] *Kodek*, ÖJZ 2001, S. 281 ff. (292).
[175] Vgl. dazu *Kodek*, ÖJZ 2001, S. 281 ff. (292).
[176] *Kodek*, ÖJZ 2001, S. 281 ff. (292).

ZPO keinerlei Bedeutung hat.[177] Jedenfalls ist nach österreichischem Recht aber ein Antrag der Partei erforderlich. Zudem sind bestimmte Inhaltserfordernisse einzuhalten. § 303 II öZPO verlangt einschränkend, dass die antragstellende Partei eine Abschrift dieser Urkunde beizubringen hat oder den Inhalt der Urkunde „möglichst genau und vollständig" anzugeben hat, wodurch ein Ausforschungsbeweis verhindert wird. Zudem hat die antragstellende Partei Tatsachen anzuführen, die im Wege der Vorlage bewiesen werden sollen (Beweisthema). Des Weiteren sind die Umstände darzulegen, die den Besitz der Urkunde seitens des Gegners wahrscheinlich machen. Schließlich hat der Entscheidung des Gerichts eine Stellungnahme des Gegners vorauszugehen, wenn der Antrag außerhalb der mündlichen Verhandlung – z.B. in der Klage, Klageerwiderung, in den vorbreitenden Schriftsätzen – gestellt wird.

Den Vorschriften hinsichtlich der Vorlage wird eine von der Beweislast unabhängige Verpflichtung entnommen, dem Gericht die für die Beweisführung des Gegners erheblichen Beweismittel vorzulegen.[178] Der Vorteil prozessualer Vorlagepflichten soll in der „raschen und energischen Realisierung der Vorlagepflicht" bestehen.[179] Die Verweigerung der Vorlage ist gemäß § 304 öZPO unzulässig, wenn der Gegner selbst auf die Urkunde Bezug genommen hat, eine Verpflichtung nach materiellem Recht besteht oder sofern die Urkunde „ihrem Inhalt nach beiden Parteien gemeinschaftlich ist".[180] In den genannten Fällen besteht mithin eine unbedingte Vorlagepflicht.[181] Die Vorlage aller anderen, aber von § 304 öZPO nicht genannten Beweismittel, kann nur dann verweigert werden, wenn ein Verweigerungsgrund nach § 305 öZPO besteht.[182] Sofern der Beweisführer zur genauen Bezeichnung des Beweismittels, des vermuteten Inhalts und der zu beweisenden Tatsache nicht imstande ist, kann er den Gegner gemäß § 184 öZPO über das Vorhandensein weiterer Beweismittel befragen. Der Gegner ist dann wegen der allgemeinen Wahrheitspflicht nach § 178 öZPO verpflichtet, sich über alle erheblichen Beweismittel wahrheitsgemäß zu äußern.[183] Allerdings ist die Beantwortung der Fragen nicht erzwingbar; unkooperatives Verhalten wird jedoch im Rahmen der Beweiswürdigung berücksichtigt.

---

[177] A.A. *Leipold*, in: Die Aktualität, S. 131 ff. (141) und *Althammer*, in: Stein/Jonas, ZPO, § 142 Rn. 19. Siehe dazu 5. Teil B. II. 4.
[178] *McGuire*, GRUR Int 2005, S. 15 ff. (16) m.w.N.
[179] *McGuire*, GRUR Int 2005, S. 15 ff. (16) mit Hinweis auf Materialien zu den neuen österreichischen Prozessgesetzen I (1895), S. 309 und *Klein*, Pro Futuro, S. 30, 46 ff.; Vorlagepflichten werden aber im Wege von materiell-rechtlichen Ansprüchen mittlerweile auch in Sondergesetzen geregelt, welche die öZPO ergänzen. Insoweit gibt es also prozessuale und materiell-rechtliche Vorlageansprüche. Dazu *McGuire*, GRUR Int 2005, S. 15 ff. (16).
[180] *Stadler*, in FS für Beys, S. 1625 ff. (1634).
[181] *McGuire*, GRUR Int 2005, S. 15 ff. (20).
[182] *McGuire*, GRUR Int 2005, S. 15 ff. (21).
[183] *McGuire*, GRUR Int 2005, S. 15 ff. (21).

III. Die österreichische ZPO als Wegbereiter eines sozialen Prozessmodells

Ferner gibt es gemäß § 183 I Nr. 2 öZPO die richterliche Befugnis, die Vorlage von Urkunden, Akten und Augenscheinsobjekten anzuordnen, welche sich in den Händen der Parteien befinden, wenn sich eine Partei darauf berufen hat. Jedoch können sich gemäß § 183 II öZPO beide Parteien dagegen erklären.

b) Die richterliche Mitwirkung bei der Sachverhaltsermittlung unter Geltung einer abgeschwächten Untersuchungsmaxime

Wie im Rahmen des Prozesszwecks bereits dargelegt wurde, sollte der österreichische Richter eine möglichst weitgehende richterliche Pflicht zur Aufklärung des Sachverhalts haben. Dieser sollte nach Ansicht *Kleins* „wißbegierig und thatkräftig sein".[184] Ihm wurde also eine Aktivität im Rahmen der Aufklärung des Sachverhaltes zugesprochen, um der Entscheidung ein wahres Tatsachenbild zugrunde zu legen.[185] Dementsprechend ist die materielle Prozessleitung des Gerichts sehr stark ausgeprägt. Diese umfasst nach § 182 ZPO eine Anleitungspflicht und eine Aufklärungspflicht.[186] Insoweit wird anstelle der Verhandlungsmaxime von einer abgeschwächten bzw. eingeschränkten Untersuchungsmaxime[187] bzw. von einer Kooperationsmaxime bzw. einer Sammelmaxime[188] gesprochen. *Wassermann* kennzeichnet dies als „kraftvolle richterliche Prozessleitungspflicht".[189] Das Verhältnis von Parteien und Richter wird in Teilen der heutigen Literatur zum österreichischen Zivilprozess als „Arbeitsgemeinschaft" zwischen dem Gericht und den Parteien bezeichnet.[190] Danach tragen sowohl die Parteien als auch das Gericht die Entscheidungsgrundlagen zusammen, wobei die Initiative bei den Parteien liegen soll.[191] Diese haben zunächst – unter Einhaltung ihrer Wahrheits- und Vollständigkeitspflicht – die Tatsachen zu behaupten und die entsprechenden Beweise anzubieten.[192] Schließlich hat das Gericht den wahren Sachverhalt zu ermitteln, da die Partei erwarten könne, im Hinblick auf ein ihr günstiges Urteil „im Sammeln und Feststellen der proceßerheblichen Thatsachen vom Richter unterstützt zu werden".[193] Über die allgemeine Prozessleitungspflicht hinaus gibt es noch eine Anleitungs- und Belehrungspflicht (Manuduktionspflicht) des öster-

---

[184] *Klein*, Vorlesungen, S. 55 f.
[185] *Klein*, Zeit- und Geistesströmungen, S. 8.
[186] *Fasching*, S. 346 Rn. 655 und S. 414 f. Rn. 781 ff.
[187] *Stürner*, in: FS für Stiefel (1987), S. 763 ff. (766); *Fasching*, Zivilprozessrecht (1984), Rn. 652 ff.
[188] Vgl. auch *Ballon*, S. 33 Rn. 16; ders., ZZP 96 (1983), S. 409 ff. (427).
[189] So *Wassermann*, S. 57.
[190] So *Ballon*, S. 33 Rn. 16.
[191] *Ballon*, S. 33 Rn. 16.
[192] *Ballon*, S. 33 Rn. 16.
[193] So die Regierungsvorlage. Zitiert bei *Schwarz*, S. 698 f.

reichischen Richters. Diese findet ihre Ausprägung vornehmlich in der für das bezirksgerichtliche Verfahren bestehenden Pflicht, dem nicht anwaltlich vertretenen Kläger die notwendige Anleitung zur Vervollständigung bzw. Richtigstellung der Klage zu geben, § 435 I öZPO.[194] Die Aktivität des österreichischen Richters manifestiert sich also zum einen in seiner weitgehenden Frage-, Hinweis- und Aufklärungspflicht gemäß § 182 I öZPO sowie der Anleitungs- und Belehrungspflicht, zum anderen in der Möglichkeit, alle Beweise auch von Amts wegen zu erheben.[195] Dies bezieht sich – anders als nach heutigem deutschen Recht (§ 373 ZPO) – auch auf den Zeugenbeweis, § 183 I Nr. 4 öZPO. In diesem Punkt besteht erstaunlicherweise eine Parallele zu der bereits erwähnten Ermächtigung des amerikanischen Richters, einen Zeugen *sua sponte* zu vernehmen, F.R.E. 614.[196] Die richterliche Beweisaufnahme von Amts wegen in Bezug auf Urkunden und Zeugen ist nur dann ausgeschlossen, wenn sich beide Parteien übereinstimmend dagegen entscheiden, § 183 II öZPO.[197] Augenschein und Sachverständigenbeweis können hingegen uneingeschränkt von Amts wegen erhoben werden, § 183 I öZPO. Eine Beweisaufnahme von Amts wegen soll aber nur dann zulässig sein, wenn die beweisbelastete Partei den Beweisantritt ohne Mitwirkung des Gerichts nicht vornehmen kann, § 229 II öZPO analog.[198] Im diesem Falle besteht aber auch eine Pflicht des Gerichts zur Beweiserhebung.[199]

Der reine Untersuchungsgrundsatz gilt nur in bestimmten Bereichen, in denen ein öffentliches Interesse an der Wahrheitsfindung gegeben ist, z.B. teilweise in Eheprozessen. Wichtig ist, dass der Richter im Rahmen eines Ausforschungsbeweises befugt ist, auch solche Tatsachen zu berücksichtigen und Beweis hierüber aufzunehmen, die nicht von einer Partei behauptet wurden, sondern sich im Verlauf einer Beweisaufnahme ergeben haben (sogenannte überschießende Beweisergebnisse).[200] Das im österreichischen Zivilprozess fehlende Verbot eines Ausforschungsbeweises kann als Ausdruck großer Richtermacht bewertet werden. Der österreichische Richter ist gerade nicht auf die von den Parteien behaupteten Tatsachen beschränkt. Vielmehr hat er den gesamten rechtserheblichen Sachverhalt zu erforschen. Insoweit wird von einer „Ermittlungspflicht" des Richters ausgegangen.[201] Grenze hierbei sind

---

[194] Hier wird der Fürsorgeaspekt besonders deutlich. Eine andere wesentliche Ausprägung dieses Aspektes ist die Notwendigkeit einer Rechtsmittelbelehrung nach §§ 432, 447 öZPO im bezirksgerichtlichen Verfahren.
[195] Vgl. *Ballon*, S. 33 Rn. 16.
[196] Vgl. dazu *Gottwald*, in: Law in East and West, S. 705 ff. (708 f.).
[197] *Ballon*, S. 33 Rn. 16; vgl. *Schwarz*, S. 699.
[198] *Kodek*, in: *Fasching/Konecny*, ZPO Band 3, § 297 Rn. 15.
[199] *Kodek*, in: *Fasching/Konecny*, ZPO Band 3, § 303 Rn. 12.
[200] *Fasching*, S. 347 Rn. 659; *Ballon* S. 34 Rn. 16.
[201] *Fasching*, S. 348 Rn. 661.

III. Die österreichische ZPO als Wegbereiter eines sozialen Prozessmodells 131

Geständnisse der Parteien, an welche der Richter gebunden ist, §§ 266, 267 öZPO.[202] Daher gilt nicht der reine Untersuchungsgrundsatz.

Die richterliche Aufklärungspflicht ist das wichtigste Mittel zur Unterstützung der wahrheitsgemäßen Feststellung des Sachverhalts.[203] Die Pflicht nach § 182 öZPO zielt auf die Beseitigung von Widersprüchen und Zweideutigkeiten im Vortrag der Parteien. Darüber hinaus dient sie der Ergänzung und Vervollständigung der von den Parteien vorgetragenen Umstände und der angebotenen Beweismittel.[204] Im Bereich der Zeugenvernehmung („Abhörung") hat der österreichische Richter gemäß § 340 II öZPO die Befugnis, über diejenigen Tatsachen, deren Beweis durch seine Aussage hergestellt werden soll, sowie zur Erforschung des Grundes, auf welchem das Wissen des Zeugen beruht, die geeigneten Fragen zu stellen. Es gibt also – anders als nach § 396 I ZPO – ein direktes anfängliches richterliches Fragerecht, was sich auch gut dazu eignet, richterliche Vorstellungen – sei es bewusst oder unbewusst – in die Vernehmung miteinfließen zu lassen.[205]

Die freie richterliche Beweiswürdigung ist das maßgebliche Prinzip für die richterliche Wahrheitsforschung[206] und ist damit ebenfalls als Ausdruck von Richtermacht anzusehen. Dieses Prinzip überträgt es dem Richter, auf Grundlage seiner persönlichen Wahrnehmungen und seiner Überzeugung festzustellen, welche Tatsachen er als wahr erachtet.[207] In diesem Kontext sei angemerkt,

---

[202] *Fasching*, S. 347 f. Rn. 657 und 660. Eine Bindung an Geständnisse entfällt, sofern das Gegenteil der zugestandenen Tatsachen allgemein- oder gerichtskundig ist, § 269 ZPO, oder von Tatsachenfeststellungen in einem strafgerichtlichen Urteil abweicht, § 268 ZPO. Vgl. dazu *Fasching*, S. 347 Rn. 657.

[203] So *M. Kohler*, S. 369.

[204] § 182 öZPO: (1) Der Vorsitzende hat bei der mündlichen Verhandlung durch Fragestellung oder in anderer Weise darauf hinzuwirken, dass die für die Entscheidung erheblichen thatsächlichen Angaben gemacht oder ungenügende Angaben über die zur Begründung oder Bekämpfung des Anspruches geltend gemachten Umstände vervollständigt, die Beweismittel für diese Angaben bezeichnet oder die angebotenen Beweise ergänzt und überhaupt alle Aufschlüsse gegeben werden, welche zur wahrheitsmäßigen Feststellung des Thatbestandes der von den Parteien behaupteten Rechte und Ansprüche nothwendig erscheinen. (2) Wenn eine Partei in ihrem Vortrage von dem Inhalte eines von ihr überreichten vorbereitenden Schriftsätzes abweicht oder wenn die Vorträge der Parteien mit sonstigen von amtswegen zu berücksichtigenden Processacten nicht im Einklange stehen, hat der Vorsitzende darauf aufmerksam zu machen. Ebenso hat er die Bedenken hervorzuheben, welche in Ansehung der von amtswegen zu berücksichtigenden Punkte obwalten. Bei Bedenken gegen das Vorliegen der inländischen Gerichtsbarkeit oder der sachlichen oder örtlichen Zuständigkeit hat er den Parteien vor einer Entscheidung hierüber die Gelegenheit zu einer Heilung nach § 104 JN beziehungsweise zu einem Antrag auf Überweisung der Rechtssache an das zuständige Gericht (§ 261 Abs. 6) zu geben. (3) Außer dem Vorsitzenden können auch die anderen Mitglieder des Senates an die Parteien die zur Ermittlung des Streitverhältnisses und zur Feststellung des Thatbestandes geeigneten Fragen richten.

[205] Vgl. dazu *Stürner*, ÖJZ 2014/1, S. 1 ff. (15).

[206] *Fasching*, S. 337 f. Rn. 641.

[207] *Fasching*, S. 337 f. Rn. 641.

dass die österreichische ZPO in der Verwirklichung des Prinzips der freien Beweiswürdigung über die deutsche CPO hinausging.[208] Denn es wurde das Rechtsinstitut des Parteieides, das in der österreichischen AGO von 1781 enthalten war, schon in dem Gesetz über das Bagatellverfahren von 1873 abgeschafft und in der öZPO von 1895 vollkommen beseitigt.[209] Dieses galt mit einem freien Beweisverfahren als unvereinbar.[210] An die Stelle des Parteieides tritt das Prinzip der Parteivernehmung, §§ 371 ff. öZPO. Dieses Institut führte die öZPO übrigens als erste kontinental-europäische Verfahrensordnung ein.[211]

4. Die Bedeutung des Gütegedankens

Die Vorteile einer gütlichen Streitschlichtung zwischen den Parteien wurden bereits von *Klein* gesehen. Bei ihm heißt es: „Am meisten wird an Arbeit und Kosten gespart, wenn der Prozeß ganz vermieden wird und der Berechtigte dennoch unter der Aegide des Gerichts befriedigt wird."[212] Die öZPO sah einen gerichtlichen Vergleich zunächst nur bei geringeren Streitwerten vor. Nach *Klein* war das Institut des Prozessvergleichs „nur für einfachere Sachen geringeren Wertes" geeignet.[213] Der Kläger konnte vor Klageerhebung beantragen, den Gegner zu einer Verhandlung zum Zwecke eines Vergleichsversuches zu laden. Ein Nichterscheinen war indes ohne Konsequenzen für den Gegner. Kam es zu einem Vergleich, stellte dieser für den Kläger einen Titel dar. Blieb der Vergleichsversuch hingegen erfolglos, so konnte mit Zustimmung des Gegners sogleich die Verhandlung der Rechtssache stattfinden. Sofern es dazu nicht kam, musste Klage erhoben werden, wenn der Anspruch weiterverfolgt werden sollte.[214] Heute ist die Pflicht des Richters, in jeder Lage des Verfahrens auf eine gütliche Einigung hinzuwirken, § 433 öZPO, Ausfluss der materiellen Prozessleitung.

5. Die zeitliche Freiheit des Parteivorbringens

Die Verfahrenskonzentration ist – wie bereits dargestellt wurde – ein wesentliches Anliegen des sozialen Zivilprozesses und des österreichischen Zivilver-

---

[208] *M. Kohler*, S. 406.
[209] *Wassermann*, S. 57.
[210] *M. Kohler*, S. 406.
[211] So *M. Kohler*, S. 406.
[212] *Klein/Engel*, Der Zivilprozess Oesterreichs, S. 470.
[213] *Klein/Engel*, Der Zivilprozess Oesterreichs, S. 471.
[214] *Klein/Engel*, Der Zivilprozess Oesterreichs, S. 471.

fahrens. Demgemäß sollte vor den Bezirksgerichten die mündliche Verhandlung möglichst bei der ersten Tagessatzung abgeschlossen werden, § 440 I öZPO.[215]

Im Interesse der Verfahrensbeschleunigung obliegt den Parteien eine Prozessförderungspflicht. Sie müssen den Prozess rasch und zielführend zu einer richtigen Entscheidung bringen[216] und dabei ihr gesamtes Vorbringen möglichst frühzeitig, d.h. spätestens in der vorbereiteten Tagessatzung, erstatten.[217] Die Prozessförderungspflicht wurde in der Reform von 2002 weiter betont und Sanktionen bei Nichthandeln einer Partei bei verspätetem Parteivorbringen weiter ausgedehnt.[218] Der Richter hat verschiedene Konzentrationsmöglichkeiten. Insbesondere kann er ein Parteivorbringen zurückweisen, sofern dieses grob schuldhaft verspätet vorgebracht wurde und seine Zulassung den Prozess erheblich verzögern würde, § 179 öZPO.[219] Auch kann der Richter unerhebliche Beweise zurückweisen, § 275 öZPO, die Beweisaufnahme in bestimmten Situationen befristen, § 279 öZPO, und Kostenstrafen verhängen.[220] Des Weiteren herrscht ein das gesamte Rechtsmittelverfahren betreffendes striktes Neuerungsverbot. In Österreich wurde – anders als im ursprünglichen deutschen Zivilprozess – die Berufung von Anfang an als kontrollierendes Rechtsmittel konzipiert, §§ 462, 482 öZPO.[221] Der Tatsachenstoff soll in der ersten Instanz konzentriert werden und deshalb dürfen im Rahmen der Berufung keine neuen, d.h. nicht schon in der ersten Instanz vorgekommenen Tatsachenbehauptungen und Beweise vorgebracht werden.[222]

6. Ergebnis

Die österreichische ZPO verwirklicht den sozialen Zivilprozess. Ihre Ausrichtung unterscheidet sich in zentralen Bereichen von der deutschen liberalen CPO von 1877, in der „die richterliche Machtvollkommenheit durch Formen heilsam einzuschränken" war.[223] Nach Ansicht *Wassermanns* war die öZPO von der sozialen Prozessauffassung „durchtränkt".[224]

Zielsetzung des österreichischen Zivilprozesses war die Zurückdrängung von Parteiherrschaft einhergehend mit einer Konzentration des Verfahrens.

---

[215] *Klein/Engel*, S. 247.
[216] *Fasching*, S. 413 Rn. 779.
[217] *Ballon*, S. 37 Rn. 23.
[218] *Ballon*, S. 24 Rn. 4/1.
[219] *Ballon*, S. 116 Rn. 141.
[220] *Ballon*, S. 37 Rn. 23.
[221] *Stürner*, NJW 2000, S. 31 ff. (34).
[222] *Ballon*, S. 21 Rn. 1.
[223] *Hahn/Mugdan*, Band 2 Abt. 1, S. 115.
[224] *Wassermann*, S. 57.

Ausdruck des sozialen Prozesses ist eine Umverteilung der Rollen von Gericht und Parteien. Diese wird gekennzeichnet durch eine starke formelle Prozessleitung des Gerichts mit der Geltung des Amtsbetriebes ohne Vertagungsfreiheit der Parteien. Insofern handelt es sich um eine Abkehr von den Grundsätzen des Prozessbetriebs durch die Parteien,[225] wie sie der deutschen CPO zugrunde lag. Allein die Anerkennung des Rechtsinstituts des Ruhens des Verfahrens durch einverständliche Erklärung der Parteien erscheint hier als Ausnahme von der weitgehenden Herrschaft des Gerichts über den äußeren Verfahrensablauf. Die österreichische Zivilprozessordnung statuiert im Gegensatz zu der deutschen CPO von 1877 eine Wahrheits- und Vollständigkeitspflicht der Parteien. Entscheidend jedoch ist die Ersetzung des Verhandlungsgrundsatzes durch ein Kooperationsmodell von Parteien und Gericht. Es gilt eine starke materielle Prozessleitung des Richters mit der Befugnis, Beweise auch von Amts wegen zu erheben und sogar Tatsachen zu berücksichtigen, die von den Parteien nicht beigebracht wurden. Der Parteieid, den die deutsche ZPO von 1877 vorsah, wurde im österreichischen Zivilverfahren durch die Parteivernehmung ersetzt. Kurze Fristen und das Neuerungsverbot im Rahmen der Rechtsmittel sind ebenfalls Ausdruck des sozialen Prozessmodells.[226] Die öZPO von 1895 verwirklichte mithin ein anderes Prozessmodell als die deutsche ZPO von 1877. Spätere Reformen des österreichischen Zivilverfahrens fußten maßgeblich auf dem Ziel der Beschleunigung. Dieses Ziel wurde besonders durch die 5. Zivilverfahrensnovelle von 2002 verfolgt.[227] Eine weitgehende Änderung des Verfahrens erster Instanz bewirkte das 5. Zivilprozessreformgesetz aus dem Jahre 2002. Insbesondere wurde die Prozessförderungspflicht der Parteien weiter betont und Sanktionen bei Nichthandeln einer Partei bei verspätetem Parteivorbringen wurden ausgedehnt.[228] In ihrem wesentlichen Bestand blieb die öZPO von 1895 jedoch erhalten.[229]

---

[225] *Dahlmanns*, in: Coing, Handbuch, S. 2735.
[226] *Ballon*, S. 21 Rn. 1.
[227] *Ballon*, S. 37 Rn. 23.
[228] *Ballon*, S. 24 Rn. 4/1.
[229] Als wesentliche Novelle wird die sogenannte Gerichtsentlastungsnovelle von 1914 bezeichnet. Sie betraf jedoch nicht die Grundlagen des Verfahrens, sondern änderte eine Reihe von Vorschriften zum Zwecke der Entlastung und Vereinfachung. Insbesondere schränkte sie die bis dahin bei den Gerichtshöfen erster Instanz obligatorischen Senatskompetenzen zugunsten des Einzelrichters ein. Vgl. dazu *Ballon*, S. 21 Rn. 1; *Dahlmanns*, in: Coing, Handbuch, S. 2742. Des Weiteren bewirkte die Novelle von 1983 grundlegende Änderungen. Vgl. dazu *Fasching*, S. 25.

IV. Die Novelle der deutschen CPO von 1898

Die Novelle von 1898 erfolgte anlässlich der Anpassung der ZPO an das neue BGB,[230] wobei angemerkt sei, dass die österreichische Prozessordnung bereits am 1. Januar 1898 in Kraft getreten war. Hinsichtlich der Novelle von 1898 wird angenommen, sie habe die Verhandlungsmaxime wenig berührt.[231] Es sind in dieser Novelle indes deutliche Änderungen im Hinblick auf die Beschleunigung des Verfahrens erkennbar. Von Anfang an erwiesen sich die zu geringen Prozessleitungsbefugnisse des Richters, die geringen Konzentrationsmöglichkeiten und die weitgehende Herrschaft der Parteien über den äußeren Parteibetrieb als Mängel der CPO. Das Verfahren wurde vor allem durch Prozessverschleppung belastet.[232] *Hess* konstatiert hierzu, dass in die ersten substantiellen Änderungen der ZPO Ergebnisse der ersten Beschleunigungsdebatte eingingen und verweist auf die Modifikation der Vorschrift des § 278 II ZPO durch die Novelle 1898, wonach Angriffs- und Verteidigungsmittel nur bis zum Schluss der mündlichen Verhandlung, auf die das Urteil ergeht, geltend gemacht werden können.[233] Ferner wurde nach § 278 II ZPO die Möglichkeit der Kostenauferlegung bei säumiger Prozessführung eröffnet, worin *Hess* Ansätze der Einführung der Konzentrationsmaxime erblickt.[234] Eine weitere Änderung mit dem Ziel der Bekämpfung von Prozessverschleppung betraf die Dispositionsmaxime. Während die CPO von 1877 noch ein Klageänderungsverbot mit der Maßgabe enthielt, dass eine Klageänderung in der ersten Instanz nur mit Einwilligung des Beklagten und in der zweiten Instanz überhaupt nicht zulässig war, erfolgte durch die Novelle von 1898 eine gewisse Auflockerung.[235] Die Novelle ließ die Klageänderung in der ersten Instanz auch gegen den Willen des Beklagten zu, wenn „nach dem Ermessen des Gerichts die Verteidigung des Beklagten hierdurch nicht wesentlich erschwert wird". Demgegenüber war die Klageänderung in der zweiten Instanz nur mit Einwilligung des Beklagten möglich. Die Änderung belegt eine Steigerung von Richtermacht im Bereich der Disposition, aber immer noch orientiert an den Interessen des Beklagten.

Maßgeblich für die Bewertung der Bedeutung der Novelle von 1898 ist, dass der in den Blick genommene Aspekt der Verkürzung der Dauer des Zivilprozesses die Frage der Effizienz des Verfahrens betrifft. Hierbei handelt es sich

---

[230] Laut *Wassermann* dient die Novelle von 1898 nur der Anpassung an das BGB; *Wassermann*, S. 59.
[231] Vgl. dazu *Damrau*, S. 138. Es wurde nicht der Wortlaut der einschlägigen Vorschriften, sondern nur deren Reihenfolge geändert. Insbesondere wurde § 130 CPO zu § 139 ZPO, § 464 CPO zu § 503 ZPO.
[232] *Fasching*, S. 20 Rn. 33.
[233] *Hess*, R.L.R. No. 27 (2010), S. 191 ff. (194).
[234] *Hess*, R.L.R. No. 27 (2010), S. 191 ff. (194).
[235] *Becker-Eberhard*, in: Münchener Kommentar ZPO, § 263 Rn. 5.

nicht nur um eine Grundfrage der Prozessgestaltung mit Konsequenzen für die Parteiherrschaft, sondern – wie im ersten Teil gezeigt – gerade um ein besonderes Anliegen des sozialen Zivilverfahrens, das den Prozess als eine soziale Einrichtung ansieht, die eben nicht nur den Parteiinteressen zu dienen bestimmt ist.[236]

V. Die Amtsgerichtsnovelle von 1909

Das Modell der im Jahre 1895 in Kraft getretenen österreichischen ZPO begünstigte in Deutschland Kritik an der eigenen Prozessdoktrin und trug nach wissenschaftlicher Auseinandersetzung mit Nachteilen der liberalen Prozesskonzeption zu den Novellen 1909, 1924 und 1933 bei.[237] Vertreter der liberalen Prozessrechtsschule in der Tradition von *Wach* traten den Reformern jedoch kritisch gegenüber. So forderte ihr Anhänger *Stein* auf dem 29. Deutschen Juristentag im Jahre 1908: „Lassen wir uns doch nicht von der Hypnose des Austriazismus betäuben!"[238] Besonders kritisiert und abgelehnt wurde von ihm der straffe österreichische Amtsbetrieb mit dem Ziel einer Beschleunigung des Verfahrens.[239]

Die Amtsgerichtsnovelle vom 1.6.1909 verwirklichte deutliche Abkehrtendenzen von der reinen Parteiherrschaft über das Zivilverfahren vor den Amtsgerichten und brachte nach Ansicht von *Wassermann* für diesen Bereich soziale Gedanken zur Geltung.[240] Schon im Jahre 1904 verfasste der Reichstag eine Resolution, in der er die Verbilligung und Beschleunigung des Verfahrens, vor allem vor den Amtsgerichten, forderte.[241]

1. Die formelle Prozessleitung

Durch die Amtsgerichtsnovelle wurde vor allem der Parteibetrieb im Interesse einer Verfahrensbeschleunigung[242] im amtsgerichtlichen Verfahren durch den Amtsbetrieb ersetzt. Dies betraf die Zustellung, § 496 I ZPO, mit Ausnahme

---

[236] So deutlich *Wassermann*, S. 90.
[237] *M. Kohler*, S. 379 m.w.N. in Fn. 1970.
[238] Zitiert aus „Lebenserinnerungen des Rechtsanwalts Dr. Max Friedlaender" http://www.brak.de/w/files/01_ueber_die_brak/friedlaender.pdf (zuletzt aufgerufen am 23.9.2018).
[239] Bei *Stein* heißt es dazu „Seit die faszinierende Persönlichkeit des österreichischen Justizministers Klein uns immer wieder in glänzenden Bildern die Schnelligkeit des österreichischen Prozessverfahrens vor Augen geführt hat, ist nachgerade den deutschen Juristen der Gedanke an die Fixigkeit zur fixen Idee geworden." *Stein*, Zur Justizreform, S. 102.
[240] *Wassermann*, S. 59.
[241] Drucksachen des Reichstages, 1903/04, Nr. 340, S. 55.
[242] Vgl. dazu *Damrau*, S. 213.

der Urteile, welche nach § 496 I ZPO i.V.m. § 317 I ZPO a.F. weiterhin durch die Parteien erfolgte.[243] Zudem wurden fortan die Termine durch das Gericht bestimmt, § 497 S. 2 ZPO.[244]

Die Befugnis der Parteien, gemäß § 152 ZPO das Ruhen des Verfahrens zu vereinbaren, blieb erhalten. Dies galt auch für das Recht der Parteien, einen Gerichtstermin aufzuheben. Außerdem wurde § 132 CPO – jetzt § 141 ZPO – durch Hinzufügung eines Absatzes 2 dahingehend erweitert, dass die Parteien im Falle der Anordnung ihres persönlichen Erscheinens von Amts wegen zu laden waren. Die Ladung war dabei der Partei selbst zuzustellen, auch wenn sie einen Prozessbevollmächtigten bestellt hat.[245]

2. Die Verteilung der Verantwortung bei der Sachverhaltsermittlung zwischen den Parteien und dem Gericht

Ferner wurde für den Zivilprozess vor den Amtsgerichten – nach österreichischem Vorbild – gemäß § 501 I ZPO normiert, dass das Gericht vorbereitende Anordnungen treffen konnte, z.B. „den Parteien die Vorlegung der in ihren Händen befindlichen Urkunden, auf welche sie sich bezogen haben, sowie die Vorlegung von Stammbäumen, Plänen, Rissen und sonstigen Zeichnungen aufgeben", § 501 I Nr. 1 ZPO. Nach § 501 I Nr. 4 ZPO konnte das Gericht Zeugen, auf die sich eine Partei bezogen hat, sowie Sachverständige von Amts wegen laden. Durch den Zusatz „auf den sich eine Partei bezogen hat" ging die Novelle nicht so weit, wie es der „Vorläufige Entwurf" zur ZPO von 1907 vorsah. Denn dieser befugte, entsprechend der österreichischen Regelung des § 183 öZPO, den Richter, Zeugen auch ohne Beweisantrag von Amts wegen zu laden, § 501 Nr. 4 des Entwurfs.[246] Dieser Entwurf wurde jedoch als beabsichtigte Einführung des Untersuchungsgrundsatzes und als „Bruch mit der Verhandlungsmaxime, dem fundamentalen Grundsatz unseres bisherigen Prozessrechts" abgelehnt.[247] Jedenfalls bewirkte die Novelle eine Erweiterung der Richterbefugnisse. Die Aufzählung der Mittel in der Vorschrift war nicht abschließend, womit das Gericht alle Anordnungen treffen konnte, die es zur Aufklärung des Sachverhaltes als dienlich ansah.[248]

Bedeutsam für die vorliegende Betrachtung sind die Änderungen der richterlichen Mitwirkung an der Sachverhaltsermittlung. Die für den Amtsgerichtsprozess bisher in § 503 ZPO (§ 464 CPO) normierte richterliche Mit-

---

[243] Vgl. dazu *Damrau*, S. 214.
[244] *Schumann*, in: Stein/Jonas, ZPO, 20. Aufl., Vor § 166 Rn. 4.
[245] *Sonnen*, S. 19.
[246] *Damrau*, S. 234.
[247] Nachweise bei *Damrau*, S. 236 Fn. 38 und *Schönfeld*, S. 52 Fn. 44.
[248] *Bomsdorf*, S. 265.

wirkungspflicht wurde erweitert, indem § 502 ZPO vorsah, dass das Gericht in der mündlichen Verhandlung das Sach- und Streitverhältnis mit den Parteien zu erörtern hat und dahin zu wirken hat, dass die Parteien sich über alle erheblichen Tatsachen vollständig erklären und sachdienliche Anträge stellen.[249] Entscheidend ist die Erweiterung der Verpflichtung des Amtsrichters, auf vollständige Erklärung und Stellung sachdienlicher Anträge hinzuwirken, um die richterliche Pflicht der „Erörterung" des Sach- und Streitverhältnisses. Damit wurde der Amtsrichter erstmalig zu „einem tätigen Subjekt der Verhandlung".[250] In der Begründung der Novelle wird ausgeführt, vor den Amtsgerichten verhandelten rechtsunkundige Personen, die der Richter zu unterstützen habe; dabei sei er aber nicht befugt, die Parteien zu Erklärungen zu veranlassen, die diese nicht abgeben wollten.[251] In der Kommentarliteratur heißt es dazu, dem Richter sei die Befugnis eingeräumt worden, den Prozessstoff mit den Parteien in freier Rede und Gegenrede zu besprechen, anstatt einseitige Vorträge der Parteien entgegenzunehmen.[252] Zudem müsse der Amtsrichter im Falle anwaltlicher Vertretung die Anwälte zusammenhängend vortragen lassen und seine Mitwirkung auf die Ausübung des Fragerechts beschränken.[253] Damit kommt klar zum Ausdruck, dass die Unterscheidung zwischen der richterlichen Aktivität im Rahmen des amts- und des landgerichtlichen Verfahrens der Naturalpartei dienen sollte und bei Einschaltung eines Anwalts die besondere richterliche Mitwirkung nicht für erforderlich gehalten wurde.

Im Schrifttum wurde die Novelle von 1909 als Durchbrechung des Verhandlungsprinzips[254] bzw. als „starke Hinneigung zum Offizialprinzip"[255] gesehen. Einige Autoren wiesen auf die Gefährlichkeit einer solchen Erörterung hin, die bewirken könne, dass die Parteien etwas anderes vortragen, als sie eigentlich geltend machen wollten.[256] Laut *Bomsdorf* war mit der Novelle von 1909 ein „vernünftiger Mittelweg zwischen Verhandlungs- und Untersuchungsmaxime" für das Verfahren vor den Amtsgerichten gefunden worden.[257]

---

[249] *Damrau*, S. 239.
[250] *Bomsdorf*, S. 266.
[251] *Levin*, Die rechtliche und wirtschaftliche Bedeutung des Anwaltszwangs, S. 78; vgl. auch *Damrau*, S. 239.
[252] *Förster/Kann*, Die Zivilprozeßordnung, § 502 S. 1155.
[253] *Förster/Kann*, Die Zivilprozeßordnung, § 502 S. 1155.
[254] *Schönfeld*, S. 53.
[255] Vgl. *Bomsdorf*, S. 266 m.w.N.
[256] Nachweise bei *Bomsdorf*, S. 266.
[257] *Bomsdorf*, S. 266.

VI. Die Entlastungsnovelle von 1915 (EntlVO) und weitere Kriegsgesetzgebungen

Die Entlastungsnovelle von 1915 war eine Reaktion des Gesetzgebers auf den kriegsbedingten zunehmenden Personalmangel, ohne dabei eine umfassende Reform der ZPO herbeiführen zu wollen.[258]
Während nach § 296 ZPO (§ 268 CPO) das Gericht zu jedem Zeitpunkt des Rechtsstreits dessen gütliche Beilegung versuchen konnte oder die Parteien an einen ersuchten Richter verweisen konnte, wurde nach § 18 der Entlastungsnovelle für das amtsgerichtliche Verfahren eine Soll-Vorschrift eingeführt[259], wonach der Amtsrichter vor der mündlichen Verhandlung einen Sühneversuch unternehmen sollte. Die Stärkung des Gütegedankens vor dem Hintergrund des Rechtsfriedengedankens entsprach der damaligen Zeitströmung.[260] Im Jahre 1915 hatte sich sogar eine „Vereinigung der Freunde des Güteverfahrens" gegründet, die diese Idee zu fördern beabsichtigte und hierzu im Jahre 1916 sog. „Leitsätze für die praktische Ausgestaltung des Güteverfahrens" vorlegte.[261] Diese sahen u.a. vor, dass allen bürgerlichen Rechtsstreitigkeiten ein Güteverfahren vorausgehen müsse. In der Literatur wurde dem durch die Entlastungsverordnung eingeführten Sühneversuch keine große Bedeutung beigemessen, u.a. deshalb, weil die Anordnung des persönlichen Erscheinens nicht zwingend war.[262]
Die weitere Gesetzgebung der Kriegsjahre forcierte die Untersuchungsmaxime, die das Verfahren zahlreicher eingerichteter Sondergerichte für bestimmte Rechtsgebiete prägte. Beispielsweise wurden Einigungsämter eingerichtet, die insbesondere zwischen Mieter und Vermieter zu vermitteln hatten und auch über die Wirksamkeit einer Kündigung entscheiden konnten (Verordnung zum Schutz der Mieter vom 26.7.1917).[263] Genannt sei in diesem Zusammenhang auch die Schaffung eines Reichschiedsgerichts für den Kriegsbedarf, dessen Verfahren von der Inquisitionsmaxime beherrscht wurde.[264]

---

[258] *Peters*, Der Gütegedanke, S. 84.
[259] Verordnung zur Entlastung der Gerichte vom 9.9.1915, RGBl. I 562.
[260] *Haft/Schlieffen*, S. 108 f. mit Hinweis auf die Forderung von *Radbruch* aus dem Jahre 1918, das „Güteverfahren als ein Glied nur in der Entwicklung des deutschen Rechtsgefühls zu begreifen". Nachweise bei *Haft/Schlieffen*, S. 108 f.; vgl. auch *Damrau*, S. 297 f.; *Peters*, Der Gütegedanke, S. 87.
[261] Vgl. dazu *Peters*, Der Gütegedanke, S. 87.
[262] So *Peters*, Der Gütegedanke, S. 86 m.w.N.
[263] RGBl. 659; siehe *Damrau*, S. 299.
[264] *Damrau*, S. 300 f.

VII. Tendenzen in den Nachkriegsjahren und die Emminger-Novelle von 1924

In den ersten Nachkriegsjahren wurde die dargestellte Gesetzgebung, die zu einer weiteren Verstärkung der Untersuchungsmaxime auf bestimmten Rechtsgebieten führte, fortgesetzt. Durch Anordnungen wurden bestimmte zivilrechtliche Streitigkeiten – Mieterschutz, Kleingartenpacht und Landpacht – der Zuständigkeit sogenannter Einigungsämter zugewiesen, deren Verfahren von dem Untersuchungsgrundsatz beherrscht wurden.[265] Außerdem wurden Schiedsgerichte für die Preiserhöhung bei der Lieferung z.B. von Gas und Leitungswasser eingerichtet. Auch für diese Verfahren galt der Untersuchungsgrundsatz.[266] Gewiss änderten die genannten Bestimmungen nicht unmittelbar den Gesetzestext der ZPO, dennoch unterwarfen sie zahlreiche zivilrechtliche Streitigkeiten der Untersuchungsmaxime und schränkten damit die Parteiherrschaft auf dem Gebiet des Zivilrechts erheblich ein.

Punktuelle Veränderungen des Zivilprozesses wurden bereits durch die „Verordnung zur Beschleunigung des Verfahrens in bürgerlichen Rechtsstreitigkeiten" vom 22.12.1923 erreicht.[267] Hierzu zählt vor allem die Einführung einer neuen Verfahrensart durch § 20 EntlVO, wonach eine besondere Behandlung für Verfahren mit geringwertigen Streitigkeiten vorgesehen wurde. In diesen Bagatellverfahren war ein Schiedsurteilsverfahren einschlägig. Hierbei handelte es sich nicht um ein schiedsrichterliches Verfahren nach §§ 1025 ff. ZPO, sondern um ein besonderes Verfahren vor den ordentlichen Gerichten, welches bei geringwertigen Streitwerten anwendbar war.[268] Kennzeichen des neuen Verfahrens war die völlige Freiheit des Richters im Rahmen der Gestaltung des Verfahrens nach den Grundsätzen der Zweckmäßigkeit.[269]

Sodann erfolgte – nach Vorbild der österreichischen Gesetzgebung – im Jahre 1924 eine Reform der ZPO durch die „Verordnung über das Verfahren in bürgerlichen Streitigkeiten vom 13. Februar 1924" (*Emminger*-Novelle)[270]. Ziel der Novelle war eine straffere Konzentration des gesamten – nicht nur des amtsgerichtlichen – Verfahrens sowie die Stärkung der Richtermacht unter Zurückdrängung der Parteiherrschaft.[271] Eine amtliche Begründung der No-

---

[265] Z.B. Anordnung für das Verfahren vor dem Mieteinigungsamt und der Beschwerdestelle v. 19.9.1923 (RGBl. I 889). Nachweise bei *Damrau*, S. 304 ff.
[266] Bekanntmachung über die Schiedsgerichte für die Erhöhung von Preisen bei der Lieferung von elektrischer Arbeit, Gas und Leitungswasser vom 5.3.1919, RGBl. 288. Nachweise bei *Damrau* S. 305 f. und Fn. 77.
[267] RGBl. I 1239.
[268] *Kunze*, S. 21 f.
[269] *Kunze*, S. 22 f.
[270] RGBl. I 135.
[271] *Brehm*, in: Stein/Jonas, ZPO, Vor § 1 Rn. 160; laut dem Entwurf einer Zivilprozessordnung (S. 253) bestand das Hauptziel der Novelle in der Beschleunigung des Verfahrens.

velle wurde nicht publiziert. Die Motive dieser Novelle sind dem im Jahre 1931 vom Reichsjustizministerium veröffentlichten Entwurf einer ZPO mit Erläuterungen zu entnehmen.[272] Denn dieser war von einer Kommission erstellt worden, welche die Reichsregierung schon im Jahre 1920 eingesetzt hatte. Man hatte zunächst – anstelle von Teilreformen – eine umfassende Reform der ZPO geplant. Aufgrund der wirtschaftlichen und politischen Entwicklung nahm man davon Abstand und entschied sich für einzelne, begrenzte Reformen, deren Ergebnis die *Emminger*-Novelle war. Sie fußte auf den Beratungen der Kommission, welche später zu dem Entwurf von 1931 führten.[273] Die *Emminger*-Novelle hatte folgenden, für das Spannungsverhältnis von Parteiherrschaft und Richtermacht relevanten Regelungsgehalt:

1. Die formelle Prozessleitung

Für den Parteibetrieb als eine Facette von Parteiherrschaft bedeutete die Novelle ausgehend von ihrer Zielsetzung der Bekämpfung von Prozessverschleppung den grundsätzlichen Entzug der Termine und Fristen von der Herrschaft der Parteien, §§ 224, 227, 251 ZPO. Die Verantwortung für den Fortgang des Prozesses wurde im Wesentlichen dem Gericht übertragen, welchem von nun an die Entscheidungsbefugnis über Fristen und Termine zukam.[274] Dies bedeutete im Einzelnen: Während nach alter Fassung (§ 224 ZPO a.F.) die Parteien die Macht hatten, Fristen – mit Ausnahme von Notfristen – sogar zu verlängern, konnten sie diese nun nach § 227 II ZPO nur noch abkürzen.

Eine wichtige Änderung betraf das Recht der Parteien, das Ruhen des Verfahrens zu vereinbaren, § 251 ZPO a.F. Dieses bedurfte fortan immer einer gerichtlichen Anordnung. Weitere Voraussetzung war nun, dass das Ruhen des Verfahrens aus wichtigen Gründen zweckmäßig war, § 251 I ZPO n.F. Damit war den Parteien die Möglichkeit genommen, frei nach ihrem Interesse das Ruhen des Verfahrens ohne Mitwirkung des Gerichts zu vereinbaren. Dies ist ein deutlicher Einschnitt in die Parteifreiheit. Ein Interesse an einer derartigen Vereinbarung besteht vor allem im Zeitpunkt von Vergleichsverhandlungen. Fortan bedurfte es eines Antrags beider Parteien, ansonsten war es denkbar, dass diese trotz ihrer Vergleichsverhandlungen von einem Urteil überrascht wurden.[275] Vor Ablauf von drei Monaten war nach Anordnung des Ruhens des Verfahrens eine Aufnahme nur mit Zustimmung des Gerichts

---

[272] Entwurf einer Zivilprozessordnung, S. 253 ff.
[273] Vgl. dazu *Bomsdorf*, S. 267 Fn. 45; *Rensen*, S. 44 f. Fn. 150.
[274] *Schumann*, in: Stein/Jonas, ZPO, 20. Aufl., Vor § 166 Rn. 4.
[275] Vgl. die Kritik des Preußischen Landtages, dargestellt bei *Damrau*, S. 288 f. mit Hinweis auf die Sitzungsberichte des Preuß. Landtages, 1. Wahlperiode 1921, Bd. 16, Sp. 22575.

möglich, § 251 II ZPO n.F.,[276] worin eine weitere Einschränkung von Parteiherrschaft über das Verfahren zu sehen ist. Durch die Möglichkeit des Richters, nach Lage der Akten zu entscheiden, wurde die Stellung des Richters weiter gestärkt.[277]

Allein das Gericht hatte von nun an die Befugnis, Termine aufzuheben, § 227 I ZPO n.F. Dies war von Amts wegen aus erheblichen Gründen oder auf Antrag möglich. Für den Prozess vor Landgerichten blieb es indes im Wesentlichen bei dem Zustellungs- und Ladungsrecht der Parteien. Gewisse Einschränkungen gab es hier u.a. für den Bereich der Berufung, insbesondere für die Zustellung der Berufungsbegründung, § 519a ZPO n.F., und der Berufungsanschlussschrift, § 522a III ZPO n.F. i.V.m. § 519a ZPO n.F.[278]

Die dargestellten Neuerungen werden als eine Antwort auf die zuvor bestehende „fast schrankenlose Herrschaft der Parteien über die Termine"[279] und als „umwälzende Änderung" des Verhältnisses von Amts- und Parteibetrieb bezeichnet.[280] Bereits im Schrifttum der 1920er Jahre wurde konstatiert, durch die Novelle sei die Parteiherrschaft über Fristen und Termine zugunsten der prozessleitenden Gewalt des Gerichts beseitigt worden.[281] Auch *Wassermann* stellt fest, die Novelle habe die Parteiherrschaft über Fristen und Termine generell beseitigt, denn diese „drang auf Verfahrenskonzentration".[282]

2. Die Verteilung der Verantwortung bei der Sachverhaltsaufklärung zwischen den Parteien und dem Gericht

Zu den maßgeblichen Modifizierungen im Hinblick auf die Sachverhaltsaufklärung zählen die Änderung des § 139 ZPO sowie die Einführung von § 272b ZPO. Im Rahmen der richterlichen Mitwirkung an der Sachverhaltsaufklärung war die Änderung des § 139 ZPO (§ 130 CPO) durch Ausdehnung der bisherigen Spezialvorschriften für das amtsgerichtliche Verfahren auf das landgerichtliche entscheidend. Nach der alten Fassung galt Folgendes:

> „Der Vorsitzende hat durch Fragen darauf hinzuwirken, daß unklare Anträge erläutert, ungenügende Angaben der geltend gemachten Tatsachen ergänzt und die Beweismittel bezeichnet, überhaupt alle für die Feststellung des Sachverhältnisses erheblichen Erklärungen abgegeben werden."

---

[276] *Damrau*, S. 281.
[277] *Schönfeld*, S. 55.
[278] *Damrau*, S. 282.
[279] *Schumann*, in: Stein/Jonas, ZPO, 20. Aufl., Einl. Rn. 100.
[280] So *Damrau*, S. 281.
[281] So *Sonnen*, S. 27.
[282] *Wassermann*, S. 60 f.

Die Vorschrift wurde folgendermaßen reformiert:

„Der Vorsitzende hat dahin zu wirken, dass die Parteien über alle erheblichen Tatsachen sich vollständig erklären und die sachdienlichen Anträge stellen, insbesondere auch ungenügende Angaben der geltend gemachten Tatsachen ergänzen und die Beweismittel bezeichnen. Er hat zu diesem Zweck soweit erforderlich, das Sach- und Streitverhältnis mit den Parteien nach der tatsächlichen und rechtlichen Seite zu erörtern und Fragen zu stellen."

Damit wurde die bisher nur für das amtsgerichtliche Verfahren geltende erweiterte Hinweispflicht nach § 503 (§ 464 CPO) in § 139 I S. 1 ZPO überführt. Darüber hinaus wurde auch die durch die Novelle von 1909 für das amtsgerichtliche Verfahren geschaffene Erörterungspflicht nach § 502 I ZPO in § 139 I S. 2 ZPO aufgenommen. Mit Überführung der erweiterten Hinweis- und Erörterungspflichten, welche ursprünglich allein für das amtsgerichtliche Verfahren geschaffen worden waren, wurde eine umfassende richterliche Pflicht geschaffen, die sich von dem reinen Fragerecht, welches die erste Fassung der CPO dem Richter als bloßes Informationsmittel einräumte, wesentlich unterschied. Im Ergebnis wurde eine richterliche Pflicht zur Mitwirkung an der Sachverhaltsaufklärung unter der amtlichen Überschrift „materielle Prozessleitung" statuiert. Darin liegt eine deutliche Steigerung der Richtermacht.

Neben der Ausweitung der richterlichen Hinweispflicht ist besonders relevant, dass das Institut der Parteianhörung stärker in den Mittelpunkt gerückt wurde.[283] Eine bedeutsame Änderung betraf § 141 ZPO. Zwar blieb es bezüglich der Anordnung des persönlichen Erscheinens einer Partei bei einer gerichtlichen „Kann-Befugnis". Es erfolgte jedoch insofern eine Änderung, als das persönliche Erscheinen einer Partei nicht angeordnet werden sollte, wenn der Partei wegen weiter Entfernung ihres Aufenthaltsortes vom Gerichtssitz oder aus sonstigen wichtigen Gründen die persönliche Wahrnehmung des Termins nicht zugemutet werden konnte. Als wichtige Neuerung konnte das Gericht das persönliche Erscheinen einer Partei im Gegensatz zur Fassung von 1909 erzwingen. So wurde die Festsetzung eines Ordnungsgeldes bei Nichterscheinen einer Partei durch Hinzufügung eines Absatzes III in § 141 ZPO ermöglicht. Dieser Absatz befugte das Gericht, gegen die Partei, die nicht erscheint, mit Ausnahme der Haftstrafe die gleichen Strafen zu verhängen wie gegen einen im Vernehmungstermin nicht erschienenen Zeugen.[284] Damit wurde eine echte Erscheinungspflicht der Partei geschaffen. Die Vorschrift des § 141 ZPO in dieser neuen Fassung kann als verstärkter Ausdruck richterlicher Mitwirkungspflicht an der Sachverhaltsermittlung bezeichnet werden.[285]

---

[283] So *Coester-Waltjen*, ZZP 113 (2000), S. 269 ff. (270).
[284] Vgl. zu diesen Änderungen *Sonnen*, S. 18 f.
[285] *Bomsdorf*, S. 270 f.

Außerdem wurde die Vorbereitung der mündlichen Verhandlung eine Pflicht des Gerichts. Hierzu wurde die bereits dargestellte Vorschrift des § 501 der Novelle von 1909 auf das Verfahren vor den Landgerichten ausgedehnt.[286] Es handelte sich, das ist hervorzuheben, nach der Neufassung nicht mehr um eine Kann-Vorschrift, sondern um eine richterliche Pflicht, alle Anordnungen zu treffen, die zur Aufklärung des Sachverhaltes als notwendig erachtet wurden.[287] Das Gericht hatte fortan die Befugnisse, den Parteien die Ergänzung oder Erläuterung ihrer vorbereitenden Schriftsätze bzw. die Vorlage von Urkunden aufzugeben, (§ 272b Nr. 1 ZPO). Damit entfiel über die Heranziehung des § 272b Nr. 1 ZPO das Erfordernis des § 142 ZPO, wonach das Gericht nur die Vorlage solcher Urkunden lediglich gegen die Partei anordnen konnte, die sich auf die in ihren Händen befindliche Urkunde bezogen hatte.[288]

3. Die Ausgestaltung des Gütegedankens

Dem weiteren Ziel der Novelle, die Verhandlung besser vorzubereiten und diese zu konzentrieren, sollte auch die Stärkung des Gütegedankens entsprechen. Grundsätzlich wurde ein obligatorisches Güteverfahren vor dem Amtsgericht nach § 495a ZPO als Vorstadium zum Klageverfahren konzipiert („Der Erhebung der Klage muss ein Güteverfahren vorangehen."). Dieses wurde durch den Güteantrag eingeleitet und bereits vor dem zuständigen Amtsrichter durchgeführt, welcher das gesamte Streitverhältnis in freier Würdigung aller Umstände mit den Parteien erörterte, § 499c ZPO. Die Beweisaufnahme im Güteverfahren war auf präsente Beweismittel beschränkt, § 499c ZPO. Bei Säumnis einer Partei während der Güteverhandlung konnte der Amtsrichter in das Klageverfahren übergehen, §§ 499 f. ZPO. Bei fehlender Einigung der Parteien während der Güteverhandlung wurde gemäß § 499e ZPO in das Streitverfahren eingetreten. Insgesamt kann von einer engen Verknüpfung von Güteverhandlung und streitiger Verhandlung gesprochen werden, womit das Güteverfahren nach der *Emminger*-Novelle zwar als vorprozessuales Verfahren konzipiert war, in der Praxis aber weitgehend in den eigentlichen amtsgerichtlichen Prozess integriert war.[289]

4. Die zeitliche Freiheit des Parteivorbringens

Zudem erfolgten wichtige Änderungen der Sanktion von Prozessverschleppung, indem die Parteien in ihrer Möglichkeit, Beweismittel und Behauptun-

---
[286] *Bomsdorf*, S. 268.
[287] *Bomsdorf*, S. 268.
[288] *Damrau*, S. 314.
[289] *Peters*, Der Gütegedanke, S. 105.

gen zeitlich fast unbegrenzt in den Prozess einbringen zu können, eingeschränkt wurden.

Eine grundlegende Neuerung betraf die Modifikation der Zurückweisung verspäteten Vorbringens nach § 279 (bzw. § 529) ZPO a.F. durch folgende zwei Erweiterungen: Erstens wurde die Zurückweisungsbefugnis über Verteidigungsmittel hinaus auch auf klägerische Angriffsmittel ausgedehnt. Zweitens ist das Antragserfordernis des Klägers als Voraussetzung der Zurückweisung (Ausnahmen: § 534 II und § 529 V ZPO a.F.) weggefallen. Damit ist die Entscheidung über die Zurückweisung der Macht der Parteien entzogen worden. Diese können nicht einmal durch gemeinsamen Antrag das Gericht an der Zurückweisung hindern, wenn die Voraussetzungen gegeben sind.[290] Für das Berufungsverfahren ergaben sich im Sinne der Verfahrensbeschleunigung ebenfalls weit reichende Änderungen. Ein schriftlicher Begründungszwang wurde eingeführt und eine fehlende, verspätete oder mangelhafte Begründung führte zur Verwerfung der Berufung.[291] Außerdem konnten nach dem neu eingeführten § 529 II ZPO Angriffs- und Verteidigungsmittel sowie Beweismittel bei Verzögerungsabsicht oder grobem Verschulden zurückgewiesen werden. Demgegenüber wurden nach der CPO von 1877 neue Tatsachen und Beweismittel in der zweiten Instanz auch dann zugelassen, wenn diese bereits in der ersten Instanz geltend gemacht werden konnten. Die Bestimmungen des § 529 II und III ZPO gab es noch nicht. So wurde nach der alten Fassung (§§ 502/503 CPO und §§ 540/541 ZPO 1898) ein Beklagter, dessen Verteidigungsmittel das Berufungsgericht aufgrund vorsätzlicher oder grob fahrlässiger Verspätung zurückgewiesen hatte, lediglich „unter dem Vorbehalt von Verteidigungsmitteln" verurteilt.[292]

Neu geschaffen wurde § 279a ZPO, wonach das Gericht, das bestimmte Punkte als aufklärungsbedürftig erachtet, den Parteien eine Frist aufgeben kann, innerhalb welcher sich diese über streitige Punkte erklären sollen.

5. Weitere Veränderungen im Hinblick auf das Spannungsverhältnis von Parteiherrschaft und Richtermacht

Durch die Novelle aus dem Jahre 1924 wurde die Institution des Einzelrichters (§§ 348 ff. ZPO) für das landgerichtliche Verfahren in erster Instanz und in der Berufungsinstanz erstmalig in die ZPO aufgenommen, jedoch nicht als entscheidender, sondern – in Anlehnung an den im österreichischen Prozessrecht vorgesehenen Vortermin – lediglich als vorbereitender Einzelrich-

---

[290] *Sonnen*, S. 82.
[291] Vgl. *Bettermann*, ZZP 91 (1978), S. 365 ff. (382 f.).
[292] *Bettermann*, ZZP 91 (1978), S. 365 ff. (382).

ter.²⁹³ Die Bestimmungen der §§ 348 ff. a.F., welche das „vorbereitende Verfahren in Rechnungssachen, Auseinandersetzungen und ähnlichen Prozessen" betreffen, wurden aufgehoben. An ihre Stelle traten nun die Vorschriften bezüglich des vorbereitenden Einzelrichters beim Landgericht und beim Oberlandesgericht.²⁹⁴ Die Zuständigkeit des vorbereitenden Einzelrichters im Wege der Verknüpfung mit der Zuständigkeit der Kammer wurde folgendermaßen geregelt: Zunächst war gemäß § 348 ZPO a.F. jede Rechtssache vor dem Einzelrichter zu verhandeln. Hiervon konnte abgesehen werden, wenn eine Vorbereitung durch den Einzelrichter nach den Umständen nicht erforderlich erschien. Die Aufgaben des Einzelrichters waren in § 349 ZPO a.F. normiert. Ihm oblag es, zunächst eine gütliche Beilegung des Rechtsstreits zu versuchen. Sofern dies nicht gelang, war er für eine erschöpfende Erörterung des gesamten Sach- und Streitstandes verantwortlich und hatte in bestimmten, enumerativ aufgelisteten Fällen selbst zu entscheiden. Im Übrigen war der Einzelrichter dafür zuständig, den Sachverhalt mit den Parteien „so gründlich" zu erörtern, dass „danach vor dem Kollegium die Sache zu Ende geführt werden kann".²⁹⁵ Hierzu durfte er sogar einzelne Beweise erheben. Im Falle der Entscheidungsreife wurde die Rechtssache dann von der Kammer entschieden.²⁹⁶

Schließlich wurde die Klageänderung nach § 264 ZPO neu geregelt, indem diese neben dem Fall der Einwilligung des Beklagten auch dann zulässig war, wenn sie das Gericht für sachdienlich erachtete. Demgegenüber war die Klageänderung nach früherer Fassung (1898) möglich, „wenn nach dem Ermessen des Gerichts durch die Änderung die Verteidigung des Beklagten nicht wesentlich erschwert wird".²⁹⁷ In der Zulassung der Klageänderung auch bei Sachdienlichkeit wird deutlich, dass die Klageänderungsvoraussetzungen eben nicht mehr ausschließlich im Interesse des Schutzes des Beklagten liegen, sondern dass richterliche Ermessenserwägungen hinsichtlich der Prozesswirtschaftlichkeit unter Ausblendung der Interessen des Beklagten im Bereich der Änderung des Streitgegenstands – und damit im Bereich der Disposition der Parteien – Bedeutung erhalten. Die Novelle wird daher auch als entscheidender Schritt zur Berücksichtigung der Prozessökonomie im Bereich der Klageänderung bezeichnet.²⁹⁸

---

²⁹³ Entwurf einer Zivilprozessordnung, S. 254; *Bartels*, in: Stein/Jonas, ZPO, Vor § 348 Rn. 2.
²⁹⁴ Vgl. dazu *E. Schneider*, Praxis der neuen ZPO, S. 217 f.
²⁹⁵ Entwurf einer Zivilprozessordnung, S. 254.
²⁹⁶ Vgl. dazu *E. Schneider*, Praxis der neuen ZPO, S. 218.
²⁹⁷ Vgl. dazu *Damrau*, S. 349.
²⁹⁸ So *Becker-Eberhard*, Münchener Kommentar ZPO, § 263 Rn. 6; anders *Henckel*, Prozessrecht und materielles Recht, S. 134: „Sachdienlich ist im Zivilprozeß eine Regelung nur, wenn sie die wohlverstandenen Interessen beider Parteien berücksichtigt. In diese Interessenabwägung ist auch das Interesse des Beklagten am vollen Instanzenzug miteinzubringen."

VIII. Die Wahrheitsnovelle von 1933

Die Novelle vom 27.10.1933[299] bewirkte bedeutsame Änderungen des Verfahrens durch Übernahme von Regelungen der österreichischen ZPO von 1895 bzw. aus schweizerischen Zivilprozessordnungen.[300] Sie entstammte nicht dem nationalsozialistischen Gedankengut,[301] sondern beruhte auf einem im Jahre 1931 veröffentlichten Reformentwurf, welcher von einer Kommission ausgearbeitet wurde, die schon 1920 eingesetzt worden war.[302]

Bemerkenswert für die vorstehende Thematik des Verhältnisses von Parteiherrschaft und Richtermacht sind die Erwägungen grundsätzlicher Art. Als Entgegnung auf die Kritik an der Novelle von 1924 wird ausgeführt, die Vorstellung vom Wesen des Zivilprozesses seit Inkrafttreten der CPO habe sich gewandelt.[303] Auch wenn man die Dispositionsfreiheit der Parteien hinsichtlich ihrer im Zivilprozess verfolgten privaten Rechte anerkennen müsse, so habe man weit mehr als früher den Gedanken in den Vordergrund gestellt, bei dem Zivilprozess handele es sich auch um eine staatliche, dem öffentlichen Recht zugeordnete Rechtsschutzeinrichtung. Mit dem Ziel der Beschleunigung des Verfahrens („beschleunigte Zusammendrängung des Streitstoffs")[304] sei eine uneingeschränkte Parteiherrschaft unvereinbar. Die bisherige Verteilung von Richtermacht und Parteiherrschaft beruhe auf überholten weltanschaulichen und wirtschaftspolitischen Vorstellungen, getragen von den Grundsätzen des Individuums.[305] Demgemäß wurde die ZPO als Kampfregel für die vor dem Gericht streitenden Parteien angesehen; sie überlasse den Prozessverlauf und dessen Ausgang der Geschicklichkeit der Parteien. Dies sei aber nur unter der Voraussetzung zu rechtfertigen, dass alle Personen bei der Verfolgung ihrer Interessen gleich geschickt und tatkräftig seien. Diese Annahme sei jedoch Utopie. Die ZPO basiere auf dem Prinzip des *laissez faire*

---

[299] Gesetz zur Änderung des Verfahrens in bürgerlichen Rechtsstreitigkeiten vom 27.10.1933, RGBl. I 780.
[300] *Brehm*, in: Stein/Jonas, ZPO, Vor § 1 Rn. 172; keine Änderungen erfolgten jedoch in Bezug auf den Prozessbetrieb.
[301] Der nationalsozialistische Staat gab die Novelle von 1933 jedoch als eine auf seinem Gedankengut beruhende Novelle aus. Vgl. *Damrau*, S. 408 f. mit Hinweis auf den Vorspruch der Novelle: „Die Parteien und ihre Vertreter müssen sich bewußt sein, daß die Rechtspflege nicht nur ihnen, sondern zugleich und vornehmlich der Rechtssicherheit des Volksganzen dient."
[302] Vgl. dazu die Ausführungen im Rahmen der *Emminger*-Novelle von 1924. Der Entwurf des Reichsministeriums der Justiz von 1931 hat in seinen Erläuterungen die Ergebnisse der Beratungen der Kommission zusammengefasst (Entwurf einer Zivilprozessordnung, S. 253 ff.) und enthielt damit die gesetzgeberischen Motive der Novelle von 1924. Vgl. dazu *Rensen*, S. 44 f. Fn. 150 und *Bomsdorf*, S. 267 Fn. 45.
[303] Entwurf einer Zivilprozessordnung, S. 255.
[304] Entwurf einer Zivilprozessordnung, S. 258.
[305] Entwurf einer Zivilprozessordnung, S. 256.

und leiste damit Verschleppungsversuchen Vorschub. So wenig die ZPO bisher die Ungleichheit der Menschen berücksichtigt habe, so wenig habe sie auch berücksichtigt, dass es sich beim Rechtsstreit nicht mehr um eine Einzelerscheinung, sondern bereits um eine Massenerscheinung handele. Der Staat sei berechtigt und verpflichtet, der „freien Betätigung des Einzelegoismus" zugunsten des Gemeinwohls Schranken zu setzen.[306] Verwiesen wurde ferner auf die Erkenntnis der sozialen Bedeutung des Zivilprozesses und auf die Thesen von *Klein*[307] sowie auf die von *Levin* postulierte „Arbeitsgemeinschaft zwischen Gericht und Parteien".[308] Auch erfolgte die Rechtfertigung der Verstärkung richterlicher Befugnisse mit dem Argument einer engen Arbeitsgemeinschaft von Gericht und Parteien.[309] In der Einleitung der Novelle finden sich folgende Ausführungen:

„Die Parteien […] müssen sich bewußt sein, daß die Rechtspflege nicht nur ihnen, sondern zugleich und vornehmlich der Rechtssicherheit des Volksganzen dient. […] Dem Rechtsschutz, auf den jeder ein Anrecht hat, entspricht die Pflicht, durch redliche und sorgfältige Prozeßführung dem Richter die Findung des Rechts zu erleichtern."[310]

1. Die Verteilung der Verantwortung bei der Sachverhaltsermittlung zwischen den Parteien und dem Gericht

a) Die Parteipflichten bei der Sachverhaltsermittlung

Die Novelle bewirkte eine Änderung des Umfangs der Parteipflichten bei der Sachverhaltsaufklärung. Einen Schwerpunkt bildete die Statuierung einer Wahrheits- und Vollständigkeitspflicht der Parteien gemäß § 138 I ZPO. Danach heißt es: „Die Parteien haben ihre Erklärungen über tatsächliche Umstände vollständig und der Wahrheit gemäß abzugeben". Die Pflicht wurde als Rechtspflicht der Partei gegenüber dem Gericht und gegenüber dem Prozessgegner verstanden. Sie erstreckte sich auf alle Stadien des Verfahrens. Mit der Einführung einer Wahrheits- und Vollständigkeitspflicht intendierte man, die Parteiherrschaft im Zivilprozess weiter einzuschränken. Die Normierung der Wahrheits- und Vollständigkeitspflicht als Einschränkung der Freiheit der Parteien war eine Konsequenz der dargestellten geänderten Einstellung zur Funktion des Zivilprozesses und des Wandels des Charakters der ZPO in Abkehr des *laissez faire* unter Einbeziehung öffentlicher Belange.[311] Zudem wurde zwar keine allgemeine Prozessförderungspflicht der Parteien einge-

---

[306] Entwurf einer Zivilprozessordnung, S. 256 f.
[307] Entwurf einer Zivilprozessordnung, S. 257.
[308] Entwurf einer Zivilprozessordnung, S. 258.
[309] Entwurf einer Zivilprozessordnung, S. 258.
[310] RGBl. I 780.
[311] *Bomsdorf*, S. 274.

führt, jedoch wurde in dem Vorspruch der Novelle die Pflicht erwähnt, durch redliche und sorgfältige Prozessführung dem Richter die Rechtsfindung zu erleichtern. Sofern ein Gesetz wie die CPO von 1877 auf dem Standpunkt des *laissez faire* stehe, müsse es der Partei überlassen bleiben, ob sie sich aufrichtig erkläre oder ob sie die Unwahrheit sage. Ein sozial ausgeglichenes Gesetz – wie die österreichische ZPO – müsse demgegenüber die Freiheit der Parteien einschränken und die Prozesslüge bekämpfen, vgl. § 178 öZPO.[312]

Im Hinblick auf die Verhandlungsmaxime ist bemerkenswert, dass diese als Grundsatz des Zivilverfahrens weiterhin Geltung beansprucht, obgleich sie – wie im ersten Teil der Arbeit gezeigt wurde – an sich als Ausdruck einer liberalen Ideologie aufzufassen ist.[313]

b) Die richterliche Mitwirkung bei der Sachverhaltsermittlung

Ebenfalls nach österreichischem Vorbild erfolgte die Ersetzung des Parteieids durch das Beweismittel der Parteivernehmung gemäß § 448 ZPO. Für die deutsche ZPO wurde das Schwören des Eides durch die Parteiaussage durch die Novelle von 1933 ersetzt, womit die Abschaffung der formellen Beweiskraft und Bindung des Richters an einen Parteieid entfiel. Für diese Änderung sprach sich der 36. Deutsche Juristentag im Jahre 1931 im Rahmen einer umfangreichen Diskussion zur Parteivernehmung aus.[314] Die Ausgestaltung der Parteivernehmung durch die Novelle von 1933 beansprucht bis heute Geltung.

2. Die zeitliche Freiheit des Parteivorbringens

Des Weiteren erfolgte eine straffere Konzentration des Verfahrens in der Hand des Richters. Gemäß § 279 II ZPO wurde ein Zurückweisungsrecht des Richters eingeführt, welches Angriffs- und Verteidigungsmittel betraf, deren rechtzeitige Mitteilung durch vorbereitenden Schriftsatz, § 272 ZPO, die Partei unterlassen hatte.[315]

3. Die Bedeutung des Gütegedankens

Das gerichtliche Güteverfahren blieb hingegen erstaunlicherweise im Nationalsozialismus lange Zeit bestehen,[316] obwohl sich die Stimmen mehrten, die

---

[312] *Bomsdorf*, S. 274 unter Bezugnahme auf den Entwurf einer Zivilprozeßordnung, S. 286.
[313] Vgl. *Popp*, S. 47.
[314] 36. DJT II, S. 730 ff.
[315] Vgl. dazu *Damrau*, S. 374.
[316] Das amtsgerichtliche Güteverfahren wurde durch die Zweite Kriegsmaßnahmeverordnung vom 27.9.1944, § 5, beseitigt, RGBl. I 1658.

davon ausgingen, ein Richter, der den Prozessvergleich der Parteien anstrebe, sei mit den Erfordernissen einer autoritären Zivilrechtspflege nicht zu vereinbaren.³¹⁷ Des Weiteren wurde die Möglichkeit des Richters, auf eine außergerichtliche Streitbeilegung zu verweisen, kritisiert, weil durch Anrufung der Gerichtsgewalt die Herrschaft über den Streit auf den Staat übergehen müsse.³¹⁸ Grund für die Beibehaltung des Güteverfahrens könnte die Ermöglichung eines Eindringens nationalsozialistischer Ideologien durch dieses in das Zivilrecht unabhängig von gesetzlichen Neuregelungen sein.³¹⁹ Diese Erwägung ist für die vorliegende Untersuchung deshalb interessant, weil sie auf einer Lockerung der Bindung des Richters an Normen des Gesetzes durch das Güteverfahren beruht und zeigt, welch große Einflussnahme dem Richter im Güteverfahren eröffnet wird.³²⁰

4. Weitere Veränderungen im Hinblick auf das Spannungsverhältnis von Parteiherrschaft und Richtermacht

Durch die Novelle von 1933 wurde die 1924 geschaffene Möglichkeit einer Klageänderung bei Sachdienlichkeit durch Streichung des § 527 ZPO auf die zweite Instanz übertragen.³²¹

IX. Die 4. Vereinfachungsverordnung vom 12.1.1943

Die 4. Vereinfachungsverordnung vom 12.1.1943³²² bewirkte eine wesentliche Änderung des Prozessbetriebs. Es wurde nach österreichischem Vorbild der Parteibetrieb nun auch im landgerichtlichen Prozess durch den Amtsbetrieb ersetzt. Die Zustellungen erfolgten damit – mit Ausnahme der Urteile – auch im Verfahren vor den Landgerichten von Amts wegen. Ferner wurden auch die Termine von Amts wegen bestimmt und die Ladung der Parteien durch die Geschäftsstelle veranlasst.³²³

---

³¹⁷ Vgl. *Linkhorst*, JW 1934, S. 1322.
³¹⁸ *Linkhorst*, JW 1934, S. 1322.
³¹⁹ Vgl. *Peters*, Der Gütegedanke, S. 127.
³²⁰ Vgl. *Peters*, Der Gütegedanke, S. 127.
³²¹ *Becker-Eberhard*, in: Münchener Kommentar ZPO, § 263 Rn. 6; *Damrau*, S. 407.
³²² RGBl. I 7.
³²³ Siehe *Damrau*, S. 487.

X. Das Rechtseinheitsgesetz von 1950

Während das amtsgerichtliche Güteverfahren durch die Zweite Kriegsmaßnahmeverordnung vom 27.9.1944, § 5, beseitigt wurde,[324] hat man es nach dem Krieg zum Teil wieder eingeführt.[325] Nach dem Rechtseinheitsgesetz ist das obligatorische Güteverfahren jedoch entfallen. Dies wurde damit begründet, es habe sich als „Hemmschuh" bei einer zügigen Durchführung der Prozesse erwiesen.[326] Jedoch wurde dem § 495 ZPO ein Absatz 2 beigefügt, wonach der Amtsrichter in jeder Lage des Verfahrens auf die gütliche Beilegung des Rechtsstreits hinwirken soll. Ferner wurde die Bestimmung des § 279 ZPO geschaffen. Die Einführung des Amtsbetriebs auch für den landgerichtlichen Prozess wurde beibehalten. Zudem wurde § 20 EntlVO hinsichtlich eines besonderen Verfahrens bei Bagatellsachen in § 510c ZPO überführt. Damit wurde das Bagatellverfahren Bestandteil der ZPO. Nach § 510c ZPO bestimmte das Gericht sein Verfahren bei Streitigkeiten über vermögensrechtliche Ansprüche, sofern der Wert des Streitgegenstands zur Zeit der Einreichung der Klage 50 Deutsche Mark nicht überstieg, nach freiem Ermessen. Das Urteil, das in einem solchen Verfahren erging, war – sofern es sich nicht um ein Versäumnisurteil handelte – als Schiedsurteil zu bezeichnen.[327]

XI. Die Gerichtsstandsnovelle von 1974

Im Jahre 1974 erfolgte eine Reform der Gerichtsstandsvereinbarungen, §§ 38 ff. ZPO.[328] Hiernach wurde die bis dahin bestehende Prorogationsfreiheit eingeschränkt, indem die als gefährlich angesehene Möglichkeit der Prorogation von vornherein nur bestimmten, geschäftsgewandten Personen ermöglicht wurde.[329] Diese neue Regelung enthält ein grundsätzliches Verbot von Gerichtsstandsvereinbarungen[330] und dient dem Verbraucherschutz, denn die Verbrauchereigenschaft wird in negativer Weise an das Fehlen der Kaufmannseigenschaft geknüpft. Zuvor wurde dem Verbraucher die Rechtsdurchsetzung häufig durch für ihn sehr ungünstige Gerichtsstandsvereinbarungen

---

[324] RGBl. I 1658. Es wurde nach dem Krieg z.T. wieder eingeführt. Vgl. dazu *Peters*, Der Gütegedanke, S. 130 ff.
[325] Vgl. dazu *Peters*, Der Gütegedanke, S. 130 ff.
[326] *Peters*, Der Gütegedanke, S. 131, unter Bezugnahme auf Verhandlungen des Bundestages, 79. Sitzung vom 26.7.1950, S. 2873.
[327] *Kunze*, S. 42 ff.
[328] Gesetz zur Änderung der Zivilprozeßordnung vom 21.3.1974, in: BGBl. I 1974, 753 ff.
[329] Vgl. die Formulierung der Begründung zum Gesetzentwurf des Bundesrates, in: BT-Drucks. 7/268, S. 5.
[330] BGH NJW 1983, 162; *Bork*, in: Stein/Jonas, ZPO, § 38 Rn. 4.

erschwert, indem in diesen Vereinbarungen ein Gerichtsstand festgesetzt wurde, der örtlich weit vom Wohnsitz des Verbrauchers gelegen war. Insofern stellt § 38 ZPO n.F. eine Kehrtwende dar. Parallel hierzu wurde 1976 für das materielle Recht das Gesetz zur Regelung der Allgemeinen Geschäftsbedingungen erlassen, welches den Beginn des modernen Verbraucherschutzes markiert.

XII. Die Einzelrichternovelle von 1974

Die entscheidende Änderung durch das Gesetz zur Entlastung der Landgerichte und zur Vereinfachung des gerichtlichen Protokolls[331] bestand in der Einführung des allein entscheidenden Einzelrichters für das erstinstanzliche Verfahren vor den Landgerichten. Der allein entscheidende Einzelrichter trat nun an die Stelle des – im Jahre 1924 eingeführten – vorbereitenden Einzelrichters. Die durch die *Emminger*-Novelle geschaffene Aufgabenverteilung zwischen Kammer und Einzelrichter hatte sich in der Praxis nicht etablieren können. Problematisch war insoweit einerseits die dargestellte Zuständigkeitsverschachtelung zwischen Einzelrichter und Kammer, andererseits die Tatsache, dass der Grundsatz der Unmittelbarkeit ausgehebelt wurde, indem die gesamte Beweisaufnahme vor dem Einzelrichter und erst die abschließende Verhandlung vor der Kammer durchgeführt wurde.[332] Nach der Novelle von 1974 erhielt die Kammer gemäß § 348 I ZPO im Wege einer „Kann-Vorschrift" die Befugnis, die Entscheidung des Prozesses dem Einzelrichter zu übertragen. Ausnahmen galten, sofern die Sache besondere Schwierigkeiten tatsächlicher oder rechtlicher Art aufwies oder die Rechtssache grundsätzliche Bedeutung hatte.[333] Die Einzelrichternovelle war von der Zielsetzung einer Entlastung und Beschleunigung des landgerichtlichen Verfahrens erster Instanz getragen. Gleichzeitig wurde der Grundsatz der Unmittelbarkeit der Beweisaufnahme gemäß § 355 I S. 1 ZPO gestärkt.

XIII. Die Vereinfachungsnovelle von 1976

Das Gesetz zur Vereinfachung und Beschleunigung gerichtlicher Verfahren („Vereinfachungsnovelle")[334] vom 3.12.1976 zielte auf Vereinfachung und Be-

---

[331] Gesetz zur Entlastung der Landgerichte und zur Vereinfachung des gerichtlichen Protokolls vom 20.12.1974, BGBl. I 3651; amtliche Begründung BT-Drucks. 7/2769.
[332] *E. Schneider*, Praxis der neuen ZPO, S. 218; vgl. *Grunsky*, in: Stein/Jonas, ZPO, Vor § 348 Rn. 4.
[333] *Grunsky*, in: Stein/Jonas, ZPO, Vor § 348 Rn. 4.
[334] BGBl. I 3281.

schleunigung des Zivilprozesses[335] und setzte damit die Vorschläge von *Baur* um, welche zuvor im sogenannten Stuttgarter Modell erprobt wurden.[336] Zur Verkürzung der Verfahrensdauer sollten Richter, Anwälte und Parteien gleichermaßen stärker in die Pflicht genommen werden.[337] Erneut diente das österreichische Prozessrecht als Modell, wobei dies nicht explizit hervorgehoben wurde. Jedenfalls fußten die Vorschläge von *Baur* im Kern auf den Konzeptionen von *Klein*.[338]

1. Die formelle Prozessleitung

Die Zustellung des Urteils durch die Partei gemäß § 317 I ZPO a.F. wurde beseitigt und durch die Zustellung von Amts wegen ersetzt, §§ 270 I, 317 ZPO n.F. Hierin liegt eine bedeutsame Änderung der Ausgestaltung des Prozessbetriebs. Ferner wurde die Aufhebung, Verlegung oder Vertagung eines Termins erschwert.[339] Erforderlich für die Aufhebung, Verlegung oder Vertagung von Terminen sind erhebliche Gründe. Nicht ausreichend hierfür sind das Ausbleiben einer Partei sowie mangelnde und nicht genügend entschuldigte Vorbereitung einer Partei. Auch rechtfertigt ein übereinstimmender Vertagungsantrag der Parteien keine Verlegung eines Termins mehr, vgl. §§ 227 I Nr. 3 ZPO.

2. Die Verteilung der Verantwortung bei der Sachverhaltsermittlung zwischen den Parteien und dem Gericht

Ausgangspunkt der Novelle war der aktive Richter, dem Belehrungs- und Fürsorgepflichten gegenüber den Parteien zugewiesen wurden.[340] In der Gesetzesbegründung wird dieser als „der energische, auf Beschleunigung und zugleich auf eine überzeugende Rechtspflege bedachte Richter" bezeichnet. Dieser wird das Verfahren „mit der erforderlichen Konzentration und Überzeugungskraft führen".[341] Indes sollten die beiden Grundprinzipien Dispositions- und Verhandlungsmaxime nach dem Willen des Gesetzgebers beibehalten

---

[335] *Brehm*, in: Stein/Jonas, ZPO, Vor § 1 Rn. 197; *Putzo*, NJW 1977, S. 1 ff. (1); *Birk*, NJW 1985, S. 1489 ff. (1490).
[336] *Hess*, R.L.R. No. 27 (2010), S. 191 ff. (197).
[337] *Franzki*, DRiZ 1977, S. 161 ff. (162).
[338] *Kralik*, Forschungsband Franz Klein, S. 89 ff.; *Damrau*, S. 157; *Hess*, R.L.R. No. 27 (2010), S. 191 ff. (197).
[339] Vgl. *Franzki*, DRiZ 1977, S. 161 ff. (165).
[340] *Franzski*, DRiZ 1977, S. 161 ff. (162); *Baur*, in: Tradition und Fortschritt im Recht, S. 165; *Prütting*, NJW 1980, S. 363; *Rauscher*, in: Münchener Kommentar ZPO, Einl. Rn. 80.
[341] BT-Drucks. 7/2729, S. 34.

werden.³⁴² Ein besonderes Anliegen bestand darin, die mündliche Verhandlung wieder in das Zentrum des Prozesses zu stellen.³⁴³ Der Richter hat den Haupttermin nach § 272 I ZPO umfassend vorzubereiten. Nach § 278 I S. 1 ZPO führt das Gericht – nach Stellung der Anträge gemäß § 137 I ZPO – in den Sach- und Streitstand ein. Der Zweck der Vorschrift soll vor allem darin bestehen, für die Parteien Klarheit zu schaffen, worauf es ankommt.³⁴⁴ Hierzu heißt es in der Literatur, das Gericht müsse schon in diesem Stadium „die Karten auf den Tisch legen" und deutlich machen, wie es die Rechtslage einschätzt.³⁴⁵ Von nun an gab es sogar die gerichtliche Befugnis, einen Beweisbeschluss schon vor der mündlichen Verhandlung zu erlassen. Demgegenüber war ein solcher nach der CPO von 1877 nur aufgrund mündlicher Verhandlung möglich.³⁴⁶ Außerdem „soll" – nicht nur „kann" – das Gericht gemäß § 141 I S. 1 ZPO n.F. das persönliche Erscheinen der Parteien anordnen, wenn dies zur Aufklärung des Sachverhalts geboten erscheint. Die Bedeutung der Parteianhörung wurde durch diese Umwandlung des § 141 I ZPO von einer Kann-Vorschrift in eine Soll-Vorschrift sowie durch § 278 I S. 2 (jetzt II S. 3) ZPO n.F., wonach die erschienenen Parteien zum Sach- und Streitstand generell persönlich gehört werden sollen, durch die Vereinfachungsnovelle erheblich verstärkt.

Eine weitere Einschränkung der zeitlichen Freiheit der Parteien hinsichtlich ihres Vorbringens im Sinne einer erwünschten Konzentration betraf § 282 II ZPO. Danach sind Angriffs- und Verteidigungsmittel so zeitig mitzuteilen, dass der Gegner erforderliche Erkundigungen noch einholen kann. Darüber hinaus kann das Gericht eine Frist gemäß § 273 II Nr. 1 ZPO zur Erklärung über bestimmte klärungsbedürftige Punkte setzen, bei deren Versäumung eine Zurückweisung nach § 296 I ZPO in Betracht kommt.

Zudem wurde das Verbot von Überraschungsentscheidungen geschaffen, § 278 III ZPO. Danach darf das Gericht – soweit nicht nur eine Nebenforderung betroffen ist – seine Entscheidung auf einen rechtlichen Gesichtspunkt, den eine Partei erkennbar übersehen oder für unerheblich gehalten hat, nur stützen, wenn es zuvor Gelegenheit zur Äußerung dazu gegeben hat.

---

³⁴² 3. Lesung des Gesetzes zur Vereinfachung und Beschleunigung gerichtlicher Verfahren; Prot. der 247. Sitzung des BT am 3.6.1976, S. 17607 D bis 17614 D; *Stürner*, in: FS für Baur, 1981, S. 647 ff. (649).
³⁴³ BT-Drucks. 7/2729, S. 34.
³⁴⁴ *Grunsky*, JZ 1977, S. 201 ff. (203).
³⁴⁵ *Grunsky*, JZ 1977, S. 201 ff. (203).
³⁴⁶ *Leipold*, in: Globalisierung und Sozialstaatsprinzip, S. 235 ff. (237).

3. Die zeitliche Freiheit des Parteivorbringens

Das Ziel der Beschleunigung sollte durch Konzentration des Verfahrens auf möglichst einen Verhandlungstermin und Stärkung der mündlichen Verhandlung als Kern des Prozesses erreicht werden.[347] Hierfür war die Vorgabe nach § 272 I ZPO zentral, wonach der Rechtsstreit in der Regel in einem umfassend vorbreiteten Termin zur mündlichen Verhandlung zu erledigen ist. Nach der neuen Verfahrensgestaltung wurden zwei Verfahrensweisen zur Wahl gestellt: Der Vorsitzende kann gemäß § 272 II ZPO entweder einen frühen ersten Termin zur mündlichen Verhandlung (§ 275 ZPO) oder ein schriftliches Vorverfahren (§ 276 ZPO) bestimmen. Es bleibt dem Richter überlassen, welche Verfahrensweise er wählt. Entscheidend für die vorliegende Untersuchung ist, dass die Parteien diese Wahl nicht durch Anträge beeinflussen können.[348]

Unmittelbar der Zielsetzung der Beschleunigung dient das Mittel der Zurückweisung verspäteten Vorbringens. Die Verschärfung der Präklusionsvorschriften durch Schaffung eines differenzierten Systems ist ein wesentliches Kennzeichen der Novelle. Mit dieser geht die Einführung einer allgemeinen Prozessförderungspflicht der Parteien gemäß § 282 I ZPO einher. Der Richter sollte, so lässt sich festhalten, den Prozess von Anfang an – insbesondere durch Fristsetzungen zur raschen Sammlung des Prozessstoffs – stärker steuern.[349] An Fristsetzungen des Richters knüpft dessen Zurückweisungsbefugnis an. Gemäß § 296 I ZPO ist verspätetes Vorbringen grundsätzlich zurückzuweisen, wenn eine gesetzte Frist versäumt wurde. Es ist nur dann zuzulassen, wenn nach der freien Überzeugung des Gerichts die Zulassung die Erledigung des Rechtsstreits nicht verzögern würde oder wenn die Partei die Verspätung genügend entschuldigt. Verspätetes Vorbringen kann gemäß § 296 II ZPO zurückgewiesen werden, sofern eine Partei ihrer allgemeinen Prozessförderungspflicht nicht entsprochen hat. Die zeitliche Freiheit des Vorbringens der Partei wurde ferner limitiert durch ihre Verpflichtung zur auf Förderung des Verfahrens bedachten Prozessführung. Nach der erstmals begründeten allgemeinen Prozessförderungspflicht,[350] an welche die Sanktion der Zurückweisung nach § 296 II ZPO geknüpft wurde, hat jede Partei ihre Angriffs- und Verteidigungsmittel so zeitig vorzubringen, wie es nach der Prozesslage, d.h. unter Berücksichtigung des gegnerischen Vorbringens sowie gerichtlicher

---

[347] BT-Drucks. 7/2729, S. 34; *Rauscher*, in: Münchener Kommentar ZPO, Einl. Rn. 80.
[348] Der Kläger kann dem Richter lediglich Anregungen durch Hinweise auf den Streitstoff und auf das voraussichtliche Verhalten des Beklagten geben. *Franzki*, DRiZ 1977, S. 161 ff. (162).
[349] *Franzki*, DRiZ 1977, S. 161 ff. (162).
[350] Von einer Förderungspflicht der Parteien wurde in der Kommentarliteratur indes schon früher gesprochen. Vgl. *Baumbach*, ZPO, 4. Aufl. 1928, Grundz. 2 vor § 128; *Schönke*, Zivilprozeßrecht, S. 7.

Hinweise und Fristen, einer sorgfältigen, auf Förderung des Verfahrens bedachten Prozessführung entspricht, § 282 I ZPO.

Korrespondierend mit der Verschärfung der Präklusionsnormen erster Instanz gingen Änderungen der Zurückweisung von Angriffs- und Verteidigungsmitteln in der zweiten Instanz einher. Für Angriffs- oder Verteidigungsmittel, die im Berufungsrechtszug fristwidrig nicht vorgebracht werden, wurde die Bestimmung des § 527 ZPO mit dem Verweis auf § 296 ZPO (jetzt § 530) ZPO geschaffen. Sie sind damit nur zuzulassen, wenn ihre Zulassung die Erledigung des Rechtsstreits nicht verzögern würde oder die Verspätung genügend entschuldigt wird, § 527 ZPO. Dies trifft auch auf neue Angriffs- und Verteidigungsmittel zu, die bereits in der ersten Instanz nicht innerhalb der dort gesetzten Frist vorgebracht wurden, § 528 I ZPO. Wenn die Partei in der ersten Instanz nur ihre allgemeine Prozessförderungspflicht nach § 282 I ZPO verletzt hat, so sind neue Angriffs- und Verteidigungsmittel im Berufungsverfahren nur dann zuzulassen, wenn dadurch die Erledigung des Rechtsstreits nicht verzögert würde oder die Partei das Vorbringen in erster Instanz nicht aus grober Nachlässigkeit unterlassen hat, § 528 I 1. Alt. ZPO.[351] Angriffs- und Verteidigungsmittel, die in der ersten Instanz trotz gesetzter richterlicher Frist nicht, sondern vielmehr erstmals in der Berufungsinstanz vorgebracht werden, bleiben nach § 528 I ZPO ausgeschlossen.

Zugunsten der Parteiherrschaft gab es folgende Änderung des Wiedereinsetzungsrechts: Während nach alter Rechtslage nur unabwendbare Zufälle die Wiedereinsetzung rechtfertigten, ist die Wiedereinsetzung nun gemäß § 233 ZPO zulässig, sofern die Partei ohne ihr Verschulden an der Einhaltung der Frist gehindert war.[352]

4. Weitere Veränderungen im Hinblick auf das Spannungsverhältnis von Parteiherrschaft und Richtermacht

Ferner wurde das Schiedsurteil nach § 510c ZPO beseitigt.

XIV. Das Rechtspflegevereinfachungsgesetz

Mit dem Ziel der Beschleunigung wurde durch das Rechtspflegevereinfachungsgesetz vom 17.12.1990[353] das amtsgerichtliche Bagatellverfahren gemäß § 495a ZPO wieder aufgenommen. Die Regelung des § 495a ZPO war mit

---

[351] *Franzski*, DRiZ 1977, S. 161 ff. (166).
[352] *Rosenberg/Schwab/Gottwald*, § 69 Rn. 7.
[353] BGBl. I 2827.

dem durch die Vereinfachungsnovelle von 1976 abgeschafften Schiedsurteil inhaltlich vergleichbar.[354]

Gemäß § 495a ZPO wurde den Amtsgerichten ermöglicht, bei einem Streitwert bis 1.000 DM (heute 600 Euro) ein Verfahren „nach billigem Ermessen" durchzuführen. Damit wird das Gericht weitestgehend von der Pflicht zur Befolgung der ZPO entbunden. Die mündliche Verhandlung ist nur noch fakultativ. Sie muss aber erfolgen, wenn sie von einer Partei beantragt wird, § 495a S. 2 ZPO.[355]

Vor dem Hintergrund der Prozessförderung sind zudem neue rechtliche Vorgaben für die Zusammenarbeit des Richters mit dem Sachverständigen durch die Bestimmungen der §§ 404a, 407a ZPO geschaffen worden. Zweck ist die Sicherstellung der raschen Erledigung des Rechtsstreits. Hierzu erhält das Gericht die in § 404a ZPO neu geregelten Befugnisse, wie die allgemeine Leitungs- und Weisungsbefugnis gegenüber dem Sachverständigen nach § 404a I ZPO.[356]

XV. Das Rechtspflegeentlastungsgesetz von 1993

Der Streitwert des § 495a ZPO wurde durch das Gesetz zur Entlastung der Rechtspflege aus dem Jahre 1993[357] auf 1.200 DM erhöht. Zudem bewirkte das Gesetz eine Änderung in Bezug auf den im Jahre 1974 geschaffenen entscheidungsbefugten Einzelrichter. Die Befugnis des § 348 I ZPO, den Rechtsstreit an einen Einzelrichter zu übertragen, wurde von einer Kann- in eine Sollvorschrift umgewandelt. Die Entscheidung durch den Einzelrichter sollte fortan die Regel sein.[358] Hierdurch sollte die bisherige sehr unterschiedliche Praxis im Gebrauch der Übertragungsmöglichkeit vereinheitlicht werden.[359]

---

[354] *Leipold*, in: Stein/Jonas, ZPO, 22. Aufl., § 495a Rn. 1.
[355] Des Weiteren braucht das Urteil, sofern kein Rechtsmittel zulässig ist, keinen Tatbestand enthalten. Die Entscheidungsgründe können ihrem wesentlichen Inhalt nach in das Protokoll aufgenommen werden, § 313a I ZPO.
[356] Weitere Befugnisse enthält § 404a II ZPO, wonach das Gericht Klarheit schaffen soll, indem es – soweit es die Besonderheit des Falls erfordert – den Sachverständigen vor Abfassung der Beweisfrage hören, ihn in seine Aufgabe einweisen und ihm auf Verlangen den Auftrag erläutern soll. § 404a III ZPO enthält die Verpflichtung, Klarheit hinsichtlich der Tatsachen zu schaffen; § 404 IV ZPO stellt ein gesetzmäßiges Verfahren des Sachverständigen bei der Vorbereitung seines Gutachtens sicher; § 404 V ZPO dient der Information der Parteien über getroffene Maßnahmen. Die neue Vorschrift des § 407a ZPO statuiert Pflichten des Sachverständigen, die ebenfalls der Prozessbeschleunigung und der Vermeidung von Zeitverlust dienen sollen.
[357] BGBl. I 50.
[358] *Bartels*, in: Stein/Jonas, ZPO, Vor § 348 Rn. 5.
[359] Die Uneinheitlichkeit bestand darin, dass einzelne Kammern ganz überwiegend durch den Einzelrichter entschieden, während andere von der Möglichkeit einer Übertragung fast keinen Gebrauch machten. Vgl. *Grunsky*, in: Stein/Jonas, ZPO, 22. Aufl., Vor § 348 Rn. 5.

158   A. Vorläufer der CPO und die Entwicklung des deutschen Zivilprozesses

XVI. Das Gesetz zur Förderung der außergerichtlichen Streitschlichtung

Seit dem Jahre 1996 widmete sich die Politik wieder der außergerichtlichen Streitschlichtung.[360] Mit der Schaffung der Öffnungsklausel des § 15a EGZPO im Jahre 2000[361] wurden die Bundesländer ermächtigt, für bestimmte Rechtsstreitigkeiten – vermögensrechtliche Streitigkeiten mit einem Streitwert bis zu 750 Euro, bestimmte Nachbarschafts- und Ehrschutzstreitigkeiten – die Durchführung eines Güteversuchs vor einer außergerichtlichen Schlichtungsstelle als Zulässigkeitserfordernis für die Klage anzuordnen. Von dieser Regelung haben bisher einige Bundesländer Gebrauch gemacht. Allerdings hat sich diese Einführung eines obligatorischen außergerichtlichen Güteverfahrens in bestimmten Fällen nicht bewährt, weshalb z.B. das Bundesland Baden-Württemberg am 5.2.2013 beschlossen hat, das entsprechende Schlichtungsgesetz wieder aufzuheben. Es wurde dabei ausdrücklich klargestellt, diese Aufhebung sei nicht als generelle Absage an Möglichkeiten alternativer außergerichtlicher Streitbeilegung zu verstehen.[362]

Die Vorschrift des § 15a EGZPO soll zur Förderung des Schlichtungsgedankens und der Entstehung einer Infrastruktur des Schlichtungswesens beitragen; die Bestimmung kann als erstmaliger Ausdruck einer Anerkennung konsensualer Streitbeilegung als eine dem Zivilprozess überlegene Form der Rechtsverwirklichung angesehen werden.[363] Nach der Begründung des Gesetzgebers soll mit dieser Regelung ein notwendiger Umdenkprozess eingeleitet werden und eine neue Streitkultur ermöglicht werden.[364] Die Gesetzesbegründung nennt hierzu folgende Ziele: die Entlastung der Justiz in Zivilsachen, die kostengünstigere Konfliktbereinigung, eine Beschleunigung des Verfahrens und dauerhafter Rechtsfrieden, als er durch ein Urteil zu erreichen sei.[365] Damit gab es erstmalig eine Verbindung von außergerichtlicher Schlichtung und obligatorischem Verfahren.[366] Die Vorschrift kann daher als Einstieg in die obligatorische außergerichtliche Streitbeilegung bezeichnet werden. Nach einem Beschluss des BVerfG aus dem Jahre 2007 versperrt diese obligatorische Streitschlichtung in keinem Fall den Zugang zu den staatlichen Gerichten, sondern erschwert diesen lediglich und führt bei Scheitern des Einigungsversuchs vor allem zu Verzögerungen und höheren Kosten.[367] Hiermit

---
[360] *Prütting*, in: Verhandlungen des 62. Deutschen Juristentages, Band II/1, O 16.
[361] Gesetz v. 15.12.1999, BGBl. I 2400.
[362] Landtag Baden-Württemberg, Drucks. 15/3024.
[363] Vgl. *Greger*, in: FS für Beys, S. 459 ff. (462).
[364] *Prütting*, in: Münchener Kommentar ZPO, § 279 Rn. 28.
[365] BR-Drucks. 605/96, S. 52 ff.; BT-Drucks. 14/163, S. 15.
[366] *Peters*, Der Gütegedanke, S. 27 f.
[367] BVerfG NJW-RR 2007, 1073 ff. (1074).

wird ein Widerspruch der praktischen Auswirkung der Gesetzesänderung zu dem Ziel der Effektivierung aufgezeigt.

XVII. Die ZPO-Reform von 2001

Das Ziel der Reform von 2001 war es, den Zivilprozess bürgernäher und effizienter zu gestalten und ihn im Interesse der gewandelten Ansprüche der Bürger und der Wirtschaft zu reformieren. Den Richtern sollte die gesetzliche Möglichkeit eröffnet werden, den Zivilprozess präziser auf seine gesellschaftliche Funktion, der zügigen Herstellung von Rechtsfrieden und Rechtssicherheit, zuschneiden zu können.[368] Ziele waren insbesondere: Stärkung im Sinne einer Perfektion der ersten Instanz und Beschleunigung der Berufungsverfahren im Sinne einer deutlicheren Funktionsdifferenzierung der Rechtsmittelebenen, Förderung streitschlichtender Elemente, Schaffung verfahrensökonomischer Erledigungsmöglichkeiten und Erhöhung der Transparenz richterlicher Entscheidungen durch stärkere Betonung richterlicher Aufklärungs- und Hinweispflichten.[369]

1. Die Verteilung der Verantwortung bei der Sachverhaltsermittlung zwischen den Parteien und dem Gericht

a) Richterliche Mitwirkung bei der Sachverhaltsermittlung

Mit der Neufassung des § 139 ZPO n.F. wurde eine zentrale generalklauselartige Norm der materiellen Prozessleitungspflicht geschaffen, indem die bisher an verschiedenen Stellen der ZPO befindlichen maßgeblichen Regelungen zusammengeführt wurden.[370] Absatz 1 der Vorschrift wurde durch Voranstellung des bisherigen Satzes 2 (Erörterungs- und Fragepflicht – nun Satz 1) umgestaltet, um die allgemeine und umfassende Erörterungspflicht des Gerichts zu betonen.[371] Satz 2 hebt nach der Neufassung die Verantwortung des gesamten Spruchkörpers für die materielle Prozessleitung hervor. Nach der Begründung des Gesetzgebers soll die Neukonzeption des ersten Satzes betonen, dass das Gericht im offenen Gespräch mit den Parteien die entscheidungserheblichen Gesichtspunkte erörtern und dabei auf sachdienliche Verfahrensführung hinwirken soll.[372] Der richterliche Einfluss auf die Stoffsammlung durch die

---

[368] BT-Drucks. 14/3750, S. 35.
[369] BT-Drucks. 14/3750, S. 36 f.
[370] BT-Drucks. 14/3750, S. 52.
[371] BT-Drucks. 14/3750, S. 53.
[372] BT-Drucks. 14/3750, S. 53.

160　A. Vorläufer der CPO und die Entwicklung des deutschen Zivilprozesses

richterliche Hinweispflicht soll aber ausweislich der Gesetzesbegründung ihre Grenzen finden, da es bei dem Grundsatz verbleiben soll, wonach es nicht Aufgabe des Gerichts ist, durch Fragen oder Hinweise neue Anspruchsgrundlagen, Einreden oder Anträge einzuführen, welche in dem streitigen Vorbringen der Parteien nicht zumindest andeutungsweise eine Grundlage haben.[373] Zudem wurde das Verbot von Überraschungsentscheidungen gemäß § 278 III ZPO a.F. in § 139 ZPO n.F. durch Schaffung eines Absatzes 2 unter Streichung des restriktiven Merkmals des „rechtlichen" Gesichtspunktes implementiert. Der neue Satz 2 diene der Hervorhebung, dass das Verbot der Überraschungsentscheidung auch dann eingreift, wenn das Gericht einen Gesichtspunkt abweichend von der übereinstimmenden Auffassung beider Parteien beurteilen will.[374] Zudem wurden die Absätze 4 und 5 neu eingefügt. Nach Absatz 4 hat das Gericht Hinweise so früh wie möglich zu erteilen. Eine Dokumentationspflicht im Hinblick auf gerichtliche Hinweise wurde statuiert, § 139 IV S. 1 ZPO. Nach Hinweiserteilung besteht nunmehr nach Absatz 5 die Pflicht, eine Frist zu bestimmen, innerhalb derer eine Partei die Erklärung in einem Schriftsatz nachbringen kann, wenn die sofortige Erklärung zum Hinweis nicht möglich ist. Insgesamt erfolgten die dargestellten Änderungen des § 139 ZPO, um die Mitverantwortung des Gerichts für eine umfassende tatsächliche und rechtliche Klärung des Streitstoffs zu betonen.[375]

Die in § 278 II S. 2 ZPO a.F. enthaltene Pflicht, nach der Beweisaufnahme erneut den Sach- und Streitstand mit den Parteien zu erörtern, wurde durch § 279 III ZPO n.F. dahingehend erweitert, dass nun auch das „Ergebnis" der Beweisaufnahme zu erörtern ist.[376]

b) Die Parteipflichten bei der Sachverhaltsermittlung – Die Neufassung der gerichtlichen Befugnis zur Anordnung der Vorlage von Urkunden gemäß § 142 ZPO

Darüber hinaus entsprach der Gesetzgeber langjährigen Forderungen nach einer Erweiterung der Aufklärungspflichten der Parteien[377], indem er die Pflicht der Parteien zur Herausgabe von Urkunden und Augenscheinsobjekten nach §§ 142, 144 ZPO verschärfte. Darin ist eine für die vorliegende Betrachtung wesentliche Änderung zu erblicken. Nach bisheriger Rechtslage war eine Anordnung der Urkundenvorlegung und sonstiger Unterlagen nur möglich gegen die Partei, die sich auf die in ihren Händen befindliche Urkunde bzw. Un-

---

[373] BT-Drucks. 14/3750, S. 53.
[374] BT-Drucks. 14/3750, S. 53.
[375] BT-Drucks. 14/3750, S. 52.
[376] Dazu *Greger*, NJW 2002, S. 3049 ff. (3050).
[377] *Brehm*, in Stein/Jonas, ZPO, Vor § 1 Rn. 202.

terlagen bezogen hatte, § 142 I ZPO a.F.[378] Entscheidend ist, dass bisher Bezugnahme der besitzenden Partei erforderlich war. Damit war die Möglichkeit eines Zugriffs auf Unterlagen vom Verhalten der anderen Prozesspartei abhängig. Es stand einer Partei frei, aus Gründen des Geheimnisschutzes oder aufgrund von prozesstaktischen Erwägungen von der Vorlage abzusehen. Hierdurch war die Vertraulichkeit schriftlicher Dokumente gesichert.[379]

Nach den §§ 142, 144 ZPO n.F. – die das Recht der Parteien, einen Urkundenbeweis durch Beweisantrag gemäß §§ 420 ff. ZPO anzutreten, nicht berühren – wird der Richter nunmehr ermächtigt, unabhängig von materiell-rechtlichen Ansprüchen, die Vorlage von Urkunden und Augenscheinsobjekten anzuordnen. Nach § 142 I ZPO kann das Gericht die Vorlage von Urkunden unabhängig von einem Beweisantritt einer Partei anordnen, wenn sich *eine* Partei auf diese Urkunden oder Unterlagen bezogen hat. Der maßgebliche Unterschied zu der bisherigen Rechtslage besteht in der nunmehrigen Verpflichtung einer Partei zur Urkundenvorlage, wenn gerade nicht sie selbst, sondern die Gegenpartei auf die Urkunde Bezug genommen hat. Es kommt dabei auch nicht darauf an, ob die Partei, zu deren Gunsten der Beweis erfolgen soll, einen Anspruch gegen den Gegner auf Vorlage der Urkunde hat. Mit anderen Worten besteht der Vorlageanspruch gegen den Prozessgegner unabhängig vom Bestehen eines materiell-rechtlichen Herausgabeanspruchs.[380] Der Wortlaut erfordert lediglich eine Bezugnahme. Dafür soll ein hinreichend substantiierter Parteivortrag, auf den der Richter gemäß § 139 I S. 2 ZPO hinzuwirken hat, ausreichen, wenn sich aus diesem die Existenz eines schriftlichen Belegs für die streitige Tatsache ergibt.[381] Jedenfalls soll das Gericht durch die Neuregelung die Möglichkeit erhalten, sich im Interesse der Sachaufklärung möglichst frühzeitig einen umfassenden Überblick über den dem Rechtsstreit zugrunde liegenden Sachverhalt zu verschaffen.[382] Die neue Befugnis dient damit der vollständigen Sachverhaltsermittlung sowie der Beschleunigung des Verfahrens.[383] Die Parteien werden dabei verpflichtet, der richterlichen Anordnung innerhalb der nach § 142 I S. 2 ZPO gesetzten Frist zu folgen.

Ferner wurde erstmalig eine gesetzliche prozessuale Vorlagepflicht für Dritte geschaffen, soweit diesen die Vorlage unter Berücksichtigung ihrer berechtigten Interessen zumutbar ist und ihnen kein Zeugnisverweigerungsrecht zusteht. Demgegenüber musste der Beweisführer nach bisheriger Rechtslage

---

[378] So der Wortlaut des § 142 I ZPO a.F.: „[…] die in ihren Händen befindlichen Urkunden, auf die sie sich bezogen hat."
[379] *R. Koch*, S. 152.
[380] *Rosenberg/Schwab/Gottwald*, § 120 Rn. 46.
[381] *Greger*, BRAK-Mitt. 2005, S. 150 ff. (151).
[382] BT-Drucks. 14/3750, S. 53.
[383] *Leipold*, in: Stein/Jonas, ZPO, 22. Aufl. § 142 Rn. 1 und *Althammer*, in: Stein/Jonas, ZPO, § 142 Rn. 1.

den Dritten auf Vorlegung verklagen und bei Gericht den Stillstand des Verfahrens beantragen, §§ 428 Alt. 1, 429 I HS 2 ZPO. Nach neuer Rechtslage kann er gemäß § 428 Alt. 2 ZPO eine Anordnung nach § 142 ZPO beantragen. Das Gericht muss dann die Vorlage – unabhängig vom Bestehen eines Anspruches – anordnen, wenn es davon überzeugt ist, dass sich die Urkunde im Besitz des Dritten befindet, die durch die Urkunde zu beweisende Tatsache entscheidungserheblich ist und der Inhalt der Urkunde zum Beweis der Tatsache geeignet erscheint.[384] In der Schaffung der Vorlagepflicht Dritter wird die wichtigste Änderung im Rahmen der Neufassung des § 142 ZPO gesehen.[385]

§ 144 I S. 2 ZPO enthält eine entsprechende Befugnis gegenüber einer Partei bzw. einem Dritten hinsichtlich der Vorlage von Gegenständen zum Zwecke des Augenscheins sowie einer Begutachtung durch Sachverständige. Eine Bezugnahme ist hier nicht Voraussetzung.

2. Die Bedeutung des Gütegedankens

Eine wichtige Änderung betraf die Einführung einer obligatorischen Güteverhandlung durch eine Neufassung der Vorschrift des § 278 ZPO. Neben der generellen Verpflichtung nach Absatz 1, in jeder Lage des Verfahrens auf eine gütliche Einigung bedacht zu sein, wird nun nach Absatz 2 jeder erstinstanzlichen, erstmaligen mündlichen Verhandlung zu Beginn des Verfahrens ein Gütetermin vorgeschaltet, in welchem vom Gericht der Sach- und Streitstand unter Würdigung aller Umstände erörtert wird. Diese erstinstanzliche Güteverhandlung findet dann nicht mehr statt, wenn schon ein erfolgloser Güteversuch vorausgegangen ist oder eine gütliche Einigung erkennbar aussichtslos erscheint.[386] Durch die Schaffung des § 278 II ZPO soll die Verpflichtung des Richters zur gütlichen Beilegung von Streitigkeiten und damit zur Wahrung des Prozesszweckes von Rechtsfrieden zum Ausdruck gebracht werden.[387] Hintergrund dieser Änderung ist gewiss auch der Aspekt der Kostenersparnis und eine prozessverhütende Wirkung. Daneben erhält auch die entlastende Funktion von gütlicher Streitbeilegung Bedeutung.[388] Die Güteverhandlung soll in persönlicher Anwesenheit der Parteien stattfinden. Das persönliche Erscheinen der Parteien soll hierzu nach § 278 III ZPO angeordnet werden. In der Begründung zum Regierungsentwurf heißt es dazu, die persönliche Anhörung gebe dem Gericht die Gelegenheit, den Sachverhalt durch Befragung der

---

[384] *Greger*, BRAK-Mitt. 2005, S. 150 ff. (152).
[385] *Leipold*, in: Stein/Jonas, ZPO, 22. Aufl. § 142 Rn. 2; *Althammer*, in: Stein/Jonas, ZPO, § 142 Rn. 2.
[386] *Hartmann*, in: Baumbach/Lauterbach/Albers/Hartmann, ZPO, § 278 Rn. 13.
[387] *Prütting*, in: Münchener Kommentar ZPO, § 278 Rn. 1.
[388] Vgl. *Prütting*, in: Münchener Kommentar ZPO, § 278 Rn. 2.

Parteien umfassend aufzuklären.[389] § 278 V S. 2 ZPO ermöglicht dem Richter, die Parteien mit deren Einverständnis auf eine außergerichtliche Streitbeilegung zu verweisen. Gemäß § 278 VI ZPO können die Parteien einen schriftlichen Vergleichsvorschlag des Gerichts durch Schriftsatz gegenüber dem Gericht akzeptieren, womit der Vergleichsabschluss vereinfacht wurde.

3. Weitere Veränderungen im Hinblick auf das Spannungsverhältnis von Parteiherrschaft und Richtermacht

Des Weiteren wurde der Einsatz der Einzelrichter ausgedehnt. In der ersten Instanz bei den Landgerichten entscheidet nunmehr in der Regel der Einzelrichter, § 348 I S. 1 ZPO. Die Neuerung besteht in der originären Zuständigkeit, die mithin automatisch, ohne besonderen Übertragungsakt seitens der Kammer begründet ist.[390] Ausnahmen bestehen nach § 348 I S. 2 Nr. 1 ZPO sowie nach § 348 I S. 2 Nr. 2 ZPO. Nach § 348 III ZPO muss der Einzelrichter den Rechtsstreit der Zivilkammer vorlegen, wenn die Sache besondere Schwierigkeiten tatsächlicher oder rechtlicher Art aufweist oder, wenn grundsätzliche Bedeutung gegeben ist oder wenn die Parteien dies übereinstimmend beantragen. Die Kammer kann Fälle ohne tatsächliche oder rechtliche Schwierigkeit oder ohne grundsätzliche Bedeutung im konkreten Fall auf den Einzelrichter zur Entscheidung übertragen, § 348a ZPO („obligatorischer Einzelrichter"). Ferner wurde erstmals in § 526 ZPO der entscheidende Einzelrichter in zweiter Instanz eingeführt.[391] Danach besteht für das Berufungsgericht die Möglichkeit, den Rechtsstreit einem seiner Mitglieder zur Entscheidung als Einzelrichter zu übertragen. Die Einführung erfolgte vor dem Hintergrund der effektiven Gestaltung des Einsatzes von Personalressourcen auch in der Berufungsinstanz. Ziel ist die Entlastung und Beschleunigung. Zuvor kam nur die Einschaltung eines vorbereitenden Einzelrichters in Betracht.[392]

Rechtspolitischer Hintergrund der Neuerung war eine angestrebte Erhöhung der Einzelrichterquote, die Erhöhung der Kapazität der Landgerichte und ein Ausschluss des sehr unterschiedlich praktizierten Übertragungsermessens.[393] Die auf diese Weise verwirklichte Annäherung der Verfahren vor den Amts- und Landgerichten basierte auf der Unterstellung, ein Qualitätsverlust der Einzelrichterentscheidung gegenüber den Kammerentscheidungen sei statistisch nicht belegbar.[394]

---

[389] Beilage zu NJW 2000, Heft 40, S. 18.
[390] *Rosenberg/Schwab/Gottwald*, § 108 Rn. 1 ff.
[391] *Rosenberg/Schwab/Gottwald*, § 108 Rn. 1 ff.
[392] *Althammer*, in: Stein/Jonas, ZPO, § 526 Rn. 1.
[393] *Rosenberg/Schwab/Gottwald*, § 108 Rn. 6.
[394] *E. Schneider*, in: FS für Madert, S. 187 ff. (193).

Die ZPO-Reform von 2001 konzipierte das Rechtsmittelrecht unter stärkerer Differenzierung der Funktionen der Instanzen neu. Vor der ersten Instanz soll der Rechtsstreit umfassend verhandelt und entschieden werden. In Bezug auf die Berufungsinstanz gab der Gesetzgeber ihre „unökonomische und rechtsstaatlich nicht gebotene Ausgestaltung"[395] als volle zweite Tatsacheninstanz auf und beschränkte ihre Funktion nunmehr auf eine Fehlerkontrolle und Fehlerbehebung durch Neubestimmung des Prüfungsumfangs nach § 529 ZPO n.F. Das von der ZPO ursprünglich umgesetzte Konzept des französischen Rechts der Berufung, welches die Berufung als volle Tatsacheninstanz ansieht, wurde aufgegeben, § 525 ZPO a.F.[396] Das neue Modell beanspruchte indes – wie bereits gezeigt – im österreichischen Prozessrecht von Anfang an Geltung. Absicht des Gesetzgebers war es, eine effektive und bürgerfreundlichere Ausgestaltung des Berufungsrechts zu schaffen.[397] Von der Zielsetzung der Entlastung getragen war insbesondere die Ermöglichung einer Zurückweisung der Berufung durch Beschluss gemäß § 522 ZPO, welche das vom Referentenentwurf vorgeschlagene Annahmeverfahren ersetzte. Hiervon versprach sich der Gesetzgeber einen besonderen Gewinn an Effizienz für die Gerichte. Gemäß § 522 II ZPO a.F. sollte das Berufungsgericht die Berufung durch einstimmigen Beschluss zurückweisen, sofern die Berufung kein Aussicht auf Erfolg hatte, die Rechtssache keine grundsätzliche Bedeutung hatte und die Fortbildung des Rechts oder die Sicherung einer einheitlichen Rechtsprechung eine Entscheidung des Berufungsgerichts nicht erforderte. Nach § 522 III ZPO war ein solcher Beschluss unanfechtbar.

XVIII. Das 1. Justizmodernisierungsgesetz von 2004

Im Jahre 2004 wurde durch das erste Justizmodernisierungsgesetz[398] der Vergleichsabschluss erleichtert, indem die Parteien dem Gericht nun einen schriftlichen Vergleichsvorschlag unterbreiten können, § 278 VI ZPO.

XIX. Das Gesetz zur Änderung des Wohnungseigentumsgesetzes und anderer Gesetze von 2007

Im Jahre 2007 wurden durch das Gesetz zur Änderung des Wohnungseigentumsgesetzes und anderer Gesetze[399] WEG-Streitigkeiten aus dem – mittler-

---

[395] BT-Drucks. 14/3750, S. 40.
[396] *Hess*, R.L.R. No. 27 (2010), S. 191 ff. (201).
[397] BT-Drucks. 14/3750, S. 40 f.; *Musielak*, NJW 2000, S. 2769 ff. (2773).
[398] BGBl. I 2198.
[399] BGBl. I 370.

weile von den FamFG abgelösten – FGG herausgenommen und in das ZPO-Verfahren integriert. Nach § 12 FGG a.F. galt die Verpflichtung des Richters zur Amtsermittlung. Dies wurde als zu umständlich, zu langsam und als der Verhandlungsmaxime unterlegen angesehen.[400] Nach Ansicht der Literatur belegt diese Änderung, dass sich in Deutschland der Untersuchungsgrundsatz auf dem Rückzug befinde. Sie wird dementsprechend als „Renaissance" der Verhandlungsmaxime bezeichnet.[401] *Althammer* erblickt in der Ausgliederung der Wohnungseigentumsstreitigkeiten aus dem Anwendungsbereich der Untersuchungsmaxime einen „Auftrieb" für den Verhandlungsgrundsatz.[402]

XX. Änderungen der ZPO durch das Mediationsgesetz von 2012

Mit dem Gesetz zur Förderung der Mediation und anderer Verfahren der außergerichtlichen Konfliktbeilegung vom 21.7.2012[403] wurde die Richtlinie über bestimmte Aspekte der Mediation in Zivil- und Handelssachen vom 21.5.2008 in nationales Recht umgesetzt. Als flankierende Änderungen der ZPO sind vor allem die Einfügung von § 278a in die ZPO und die Schaffung des Güterichters nach § 278 V ZPO zu nennen. Gemäß § 278a ZPO kann das Gericht den Parteien eine Mediation oder ein anderes Verfahren der außergerichtlichen Konfliktbeilegung vorschlagen. Hierdurch wird § 278 ZPO gewissermaßen konkretisiert. Gemeint ist allein außergerichtliche Streitbeilegung. Die Parteien müssen sich einverstanden erklären. Bei Annahme dieses Vorschlages ruht das Verfahren nach § 278a II ZPO. Mit § 278 V ZPO – mit seiner Entsprechung gemäß § 54 VI ArbGG für das arbeitsgerichtliche Verfahren – wurde der „Güterichter" neu geschaffen. Danach kann das erkennende Gericht die Parteien sowohl für die obligatorische Güteverhandlung nach § 278 II ZPO als auch für weitere Güteversuche an einen nicht entscheidungsbefugten Güterichter verweisen. Damit kann die Güteverhandlung i.S.d. § 278 II S. 1 ZPO vor dem erkennenden Gericht oder vor einem besonderen Güterichter erfolgen. Nach § 278 V S. 2 ZPO hat dieser Güterichter zur Erlangung der Streitbeilegung freie Methodenwahl und kann zur Konfliktbeilegung auch Mediation einsetzen, wobei das neue Mediationsgesetz nicht anzuwenden ist und der Güterichter daher nicht als Mediator im eigentlichen Sinne zu bezeichnen ist.[404] Mediation wurde damit eine auf Grund des Gesetzes den Rich-

---

[400] BT-Drucks. 16/887, S. 12 f.
[401] So *Roth*, in: Recht und Gesellschaft, S. 149 ff. (164).
[402] *Althammer*, in: Weller/Althammer, S. 3 ff. (20).
[403] BGBl. I 1577.
[404] *Ahrens*, NJW 2012, S. 2465 ff. (2469).

tern zugewiesene andere Aufgabe i.S.v. § 4 II Nr. 2 DRiG.[405] Gemäß § 253 III Nr. 1 ZPO n.F. soll die Klageschrift die zusätzliche Information erhalten, ob der Klage ein Versuch der Mediation vorausgegangen ist.

XXI. Gesetz zur Förderung des elektronischen Rechtsverkehrs mit den Gerichten

Durch das Gesetz zur Förderung des elektronischen Rechtsverkehrs mit den Gerichten[406] gab es Änderungen des Revisionsrechts, die für die vorstehende Thematik in Bezug auf den Aspekt der Parteidisposition maßgeblich sind. Zum 1.1.2014 traten Neuregelungen des § 555 ZPO und des § 565 ZPO in Kraft.[407] Diese Änderungen wurden aufgrund einer Beschlussempfehlung des Rechtsausschusses vom 12.6.2013 in den Entwurf eines Gesetzes zur Förderung des elektronischen Rechtsverkehrs mit den Gerichten aufgenommen.[408] Sie betreffen das Spannungsverhältnis zwischen der Parteidisposition in Form der Möglichkeit, die Revision zurückzunehmen, und dem Interesse der Allgemeinheit an einer Grundsatzentscheidung.[409]

Nach bisheriger Rechtslage war es im Revisionsverfahren – wie bereits in den Vorinstanzen – zulässig, frei über den Streitgegenstand zu verfügen.[410] Ebenso wie das Revisionsverfahren gemäß § 549 ZPO allein aufgrund der Initiative des Revisionsklägers eingeleitet wird, konnte es bis zu der Neuregelung einseitig oder einvernehmlich im Wege der Parteidisposition auch wieder beendet werden. Ein Anerkenntnis des Beklagten nach § 307 ZPO war nach alter Rechtslage auch in der Revisionsinstanz ohne einen gesonderten klägerischen Antrag möglich; die Rücknahme seitens des Revisionsklägers war sogar – anders als nach § 269 ZPO – ohne Einwilligung des Revisionsbeklagten bis zur Verkündung des Revisionsurteils zulässig. Das maßgebliche Problem bestand darin, dass es aufgrund der genannten Möglichkeiten der Parteidisposition gerade zu keiner inhaltlich aussagekräftig begründeten Entscheidung des BGH kam.[411] Insbesondere sind vor der Novellierung mehrere Grundsatzentscheidungen des BGH, vornehmlich in bank- und versicherungsrechtlichen Angelegenheiten, verhindert worden.[412] Dementsprechend wurde im Schrift-

---

[405] *Ahrens*, NJW 2012, S. 2465 ff. (2469).
[406] BGBl. I 2013, 3786 ff.
[407] Gemäß Art. 26 BR-Drucks. 500/13, S. 21.
[408] BT-Drucks. 17/13948, S. 12; zum Gesetzgebungsverfahren *Fuchs*, JZ 2013, S. 990 ff. (991).
[409] *Althammer*, in: Die Zukunft des Zivilprozesses S. 89 ff. (100 f.); *ders.*, in: Weller/Althammer, S. 3 ff. (18).
[410] *Fuchs*, JZ 2013, S. 990 ff. (991).
[411] *Fuchs*, JZ 2013, S. 990 ff. (991).
[412] BT-Drucks. 17/13948, S. 35.

tum, wie im ersten Teil der Arbeit im Kontext des Prozesszwecks dargestellt wurde, festgestellt, der Sinn und Zweck der Revision kollidiere mit der Parteiherrschaft im Zivilprozess.[413] Nach der Neuregelung des § 555 III ZPO ergeht ein Anerkenntnisurteil nur auf gesonderten Antrag des Klägers. Die Bestimmung des § 565 ZPO wurde dahingehend erweitert (S. 2), dass die Revision ohne Einwilligung des Revisionsbeklagten nur bis zum Beginn der mündlichen Verhandlung des Revisionsbeklagten zur Hauptsache zurückgenommen werden kann. Der Gesetzgeber begründet die Neuregelung damit, dass der BGH seine Aufgaben, Entscheidungen von grundsätzlicher Bedeutung zu treffen, das Recht fortzubilden und eine einheitliche Rechtsprechung zu sichern, nur dann erfüllen könne, wenn er über die eingelegten zugelassenen Revisionen auch entscheiden kann.[414]

---

[413] *Bräutigam*, AnwBl 2012, S. 533; siehe 1. Teil B. III. 4. b).
[414] BT-Drucks. 17/13948, S. 52.

B. Wertende Analyse der historischen Entwicklung im Hinblick auf das Spannungsverhältnis von Parteiherrschaft und Richtermacht

Im Folgenden soll die dargestellte Entwicklung im Hinblick auf das Verhältnis von Parteiherrschaft und Richtermacht bewertet werden. Dabei sind die Fragen zu beantworten, ob das Zivilverfahren im Hinblick auf das Spannungsverhältnis von Parteiherrschaft und Richtermacht ein anderes Gepräge erfahren hat und ob die Verhandlungs- und die Dispositionsmaxime im Ergebnis der Reformen noch als prägende Leitlinien des Verfahren angesehen werden können.

I. Die formelle Prozessleitung

Im Laufe der Novellengesetzgebung haben sich Änderungen im Bereich der formellen Prozessleitung zu Lasten der Parteiherrschaft ergeben. Während die CPO von 1877 den Prozessbetrieb im Wesentlichen der Herrschaft der Parteien zuwies,[1] erfolgte durch die Novellen eine fast vollständige Ersetzung des Parteibetriebs durch den Amtsbetrieb. Die Ausweitung richterlicher formeller Prozessleitungsbefugnisse begann mit der Einführung des Amtsbetriebs für das amtsgerichtliche Verfahren schon mit der Novelle von 1909 und wurde durch die *Emminger*-Novelle 1924 mit dem Wegfall der Parteiherrschaft über Fristen und Termine sowie über das Ruhen des Verfahrens intensiviert. Bereits im Jahre 1924 wurden durch Mitglieder des Preußischen Landtags die Einschränkungen des Parteieinflusses auf den Verfahrensablauf, insbesondere das fortan nur noch kraft richterlicher Anordnung mögliche Ruhen des Verfahrens (§ 251 ZPO n.F.), als „Bürokratisierung des Zivilprozesses" bezeichnet, welche mit dem „Grundgedanken und Wesen des Zivilprozesses nicht zu vereinbaren sind".[2] Die Novelle von 1976 beseitigte schließlich die Relikte des in

---

[1] Vgl. dazu auch *Schumann*, in: Stein/Jonas, ZPO, 20. Aufl., Vor § 166 Rn. 2.
[2] So die Ausführungen des deutschen Demokraten *Berndt* in Bezug auf die Änderungen des Ruhens des Verfahrens. Siehe *Damrau*, S. 289, mit Hinweis auf die Sitzungsberichte des Preußischen Landtags, 1. Wahlperiode 1921 Bd. 16 Sp. 22575; Ablehnung erfuhr die Neuregelung des Ruhens des Verfahrens auch von Seiten der Anwaltschaft. So kam der Frankfurter Anwaltsverein zu dem Ergebnis, dass „eine Bestimmung wie die des § 251 (Ruhen des Verfahrens nur kraft richterlicher Anordnung) mit den Grundsätzen der ZPO nicht vereinbar" sei und forderte die Ersetzung des § 251 ZPO durch die vor der Novelle geltende Regelung. Siehe *Damrau*, S. 393 m.w.N.

der CPO von 1877 dominierenden Parteibetriebs, indem sein letzter bedeutender Anwendungsbereich – die Zustellung der Urteile – durch die Zustellung von Amts wegen ersetzt wurde, § 317 I ZPO.[3] Diese Zustellung von Urteilen im Wege des Amtsbetriebs wurde übrigens schon lange zuvor, nämlich nach der Amtsgerichtsnovelle von 1909, seitens des Schrifttums gefordert. Danach könne es nicht in den Händen der Parteien liegen, zu bestimmen, ob ein Urteil zur Wirksamkeit gelangt oder nicht.[4] Nach *Wach* hieß es: „Die Logik des Prozesses erfordert es, richterliche Willensakte nicht von der Willkür der Parteien abhängig zu machen."[5] Ziel der Reform von 1976 war ein möglichst früher Beginn der Rechtsmittelfrist mit der Ermöglichung eines raschen Eintritts der Rechtskraft.[6] Mit der Amtszustellung war demnach eine Straffung und Beschleunigung des Verfahrens bezweckt.[7] Damit war es nicht mehr den Parteien überlassen, ob und wann die Zustellung erfolgen sollte und wann daher die Rechtsmittelfrist beginnen sollte.[8] Den Parteien wurde so die Möglichkeit genommen, ohne Zeitdruck über das weitere Vorgehen zu verhandeln.[9] Zwar wird dieser Aspekt der bisherigen Regelung durch die nun gemäß § 317 I S. 3 ZPO bestehende Möglichkeit der Hinausschiebung der Zustellung erreicht.[10] Dies ist jedoch von vornherein „bis zum Ablauf nach fünf Monaten nach der Verkündung" begrenzt, an einen Antrag der Parteien gebunden und steht im Ermessen des Gerichts.[11] Damit wurde die Parteiherrschaft erheblich beschränkt. Der Zivilprozess erhielt im Ergebnis die „Gestalt eines straffen Amtsverfahrens".[12] Durch die Parteien zugestellt werden heute nur noch der Arrestbeschluss, § 922 II ZPO, die einstweilige Verfügung durch Beschluss, § 936 ZPO, Pfändungs- und Überweisungsbeschlüsse, § 829 II, § 835 III S. 1 ZPO und Vollstreckungsbescheide, wenn der Antragsteller dies wünscht, § 699 IV ZPO. Ferner können Zustellungen als Voraussetzung der Zwangsvollstreckung von den Parteien vorgenommen werden, § 750 I S. 2 ZPO.[13]

Im prozessualen Schrifttum wird angenommen, die dargestellten Veränderungen in Bezug auf den Parteibetrieb sollten nicht überbewertet werden, da

---

[3] *Schumann*, in: Stein/Jonas, ZPO, 20. Aufl., Vor § 166 Rn. 6.
[4] *Wach*, Grundfragen S. 90. Vgl. auch *Damrau*, S. 269.
[5] *Wach*, Grundfragen, S. 89.
[6] *Schumann*, in: Stein/Jonas, ZPO, 20. Aufl., Vor § 166 Rn. 8.
[7] *Musielak*, in: Münchener Kommentar ZPO, § 317 Rn. 1.
[8] Vgl. dazu *Schumann*, in: Stein/Jonas, ZPO, 20. Aufl., Vor § 166 Rn. 4.
[9] Vgl. *Schumann*, in: Stein/Jonas, ZPO, 20. Aufl., Vor § 166 Rn. 6.
[10] So *Schumann*, in: Stein/Jonas, ZPO, 20. Aufl., Vor § 166 Rn. 6.
[11] In der Kommentarliteratur wird angenommen, dass bei einem übereinstimmenden Antrag der Parteien eine Verpflichtung des Gerichts zur Entsprechung des Antrags besteht. *Musielak*, in: Münchener Kommentar ZPO, § 317 Rn. 7 m.w.N. in Fn. 28.
[12] So *Vollkommer*, Anmerkung zu OLG Düsseldorf, Beschluss v. 7.11.1977, in: RPfleger 1978, S. 62.
[13] *Leipold*, in: Stein/Jonas, ZPO, 22. Aufl., Vor § 128 Rn. 188 und *Kern*, in: Stein/Jonas, ZPO, Vor § 128 Rn. 218.

es sich lediglich um das „formale Ingangsetzen des Prozesses" handele.[14] Dem kann nach den bisherigen Ausführungen nicht zugestimmt werden. Zwar handelt es sich bei der Ausgestaltung des Prozessbetriebs um technische Fragen, jedoch greifen diese – wie gezeigt – mit den Worten von *Wach* „tief in das Proceßleben ein".[15]

Zu der formellen Prozessleitung zu zählen ist des Weiteren die durch die Vereinfachungsnovelle von 1976 geschaffene richterliche Befugnis zur Bestimmung der Verfahrensweise gemäß § 272 I ZPO mit der Wahl zwischen dem frühen ersten Termin und dem schriftlichen Vorverfahren. Diese Wahl ist nach § 272 II ZPO an keine bestimmten Voraussetzungen gebunden.[16] Die Wahlbefugnis der Richters bewirkt eine gewisse Unfreiheit der Parteien. Diese Entscheidung über die Verfahrensweise geht einher mit der richterlichen Befugnis zur Setzung von Fristen nach § 275 I S. 1 ZPO und nach § 276 I ZPO, die ebenfalls Bestandteil der formellen Prozessleitung ist. Allgemein lässt sich feststellen, dass Fristen der Disziplinierung der Parteien mit dem Ziel der Verfahrensbeschleunigung dienen und Parteiherrschaft über das Verfahren einschränken. Dieser Eingriff in die Parteifreiheit erscheint im Hinblick auf Fristsetzungen in der ersten Instanz einschneidender als Parteidisziplinierung durch gesetzliche Fristen für die Einlegung und Begründung von Rechtsbehelfen, z.B. §§ 517, 548 ZPO, da hier bereits eine erste Instanz gegeben war.[17] Flexible Fristen, also solche, die nicht vom Gesetzgeber fest vorgegebenen sind, sondern im Ermessen des Richters stehen, erhöhen die Aktivität des Richters. Hierzu zählen beispielsweise §§ 139 V, 275 I S. 1, 276 I S. 2 ZPO. Die Befugnis zur Setzung flexibler Fristen ist Kennzeichen des aktiven Richters und damit in besonderem Maße Ausdruck von Richtermacht. Insoweit wird auch von der „flexiblen Frist des aktiven Richters" gesprochen.[18]

II. Stärkung der materiellen Prozessleitung durch das Gericht

Das Spannungsverhältnis von Richtermacht und Parteiherrschaft wurde von Veränderungen der richterlichen Hinweispflicht im Rahmen der materiellen Prozessleitung durch das Gericht maßgeblich beeinflusst. Eine schwache Stellung des Richters im Rahmen des zentralen Prozessinstituts einer Frage- und Hinweispflicht verstanden als bloßes Informationsrecht des Gerichts ist kennzeichnend für den liberalen Zivilprozess. Demgegenüber ist eine umfassende

---

[14] So *Prütting*, NJW 1980, S. 361 ff. (363).
[15] *Wach*, Vorträge, S. 63.
[16] *Leipold*, in: Stein/Jonas, ZPO, 22. Aufl., Vor § 128 Rn. 186.
[17] Vgl. dazu *Kern*, JZ 2012, S. 389 ff. (394 Fn. 79).
[18] *Kern*, JZ 2012, S. 389 ff. (394).

Frage- und Hinweispflicht im Sinne einer kompensatorischen Funktion Ausdruck eines aktiven Richters im Rahmen des sozialen Zivilprozesses.

Eine richterliche Hinweispflicht war zwar mit § 130 I CPO bereits in der ersten Fassung der CPO enthalten. Für das amtsgerichtliche Verfahren, § 464 CPO, gab es zudem eine Hinwirkungspflicht, damit sich die Parteien vollständig erklären und sachdienliche Anträge stellen. Insoweit bestand also ein Unterschied zu dem rein liberalen Modell des französischen CPC, welcher ein richterliches Hinweis- und Fragerecht nicht explizit vorsah. Entsprechend der liberalen Auffassung des deutschen Gesetzgebers war der Umfang der richterlichen Hinweispflicht jedoch limitiert. Sie wurde als ein richterliches Recht im Sinne eines Informationsmittels verstanden. Richterliche Mitverantwortung für die Sachverhaltsermittlung wurde abgelehnt, womit die Benachteiligung der rechtlich nicht informierten oder anwaltlich schlecht vertretenen Partei in Kauf genommen wurde.[19] Die undifferenzierte Zurückhaltung entsprach der Tatsache, dass eben nicht die materielle Wahrheit Ziel des Prozesses war. Sie kann insoweit als systemstimmig bezeichnet werden.

Mit der Amtsgerichtsnovelle von 1908 wurde eine Erörterungspflicht des Amtsrichters eingeführt, § 502 ZPO. Dies entsprach der Vorstellung, dass der „Prozess des einfachen Mannes vor den Untergerichten verstärkte richterliche Aktivität" erforderte.[20] Damit war die entscheidende Grundlage für eine Richteraktivität im Rahmen der Sachverhaltsermittlung geschaffen. Eine erhebliche Änderung erfuhr die richterliche Hinweispflicht im Zuge der *Emminger-Novelle* von 1924, durch die die amtsrichterliche Pflicht aus § 464 CPO in § 139 ZPO überführt und damit über die erste Instanz hinaus erstreckt wurde. Nach der Reform soll der Einzelrichter beim Landgericht den Sachverhalt mit den Parteien mündlich gründlich erörtern und auf vollständige Erklärung der Parteien hinwirken. Mit dieser Ausdehnung der richterlichen Hinweispflicht wurden vor dem Hintergrund eines gewandelten Zivilprozessverständnisses die soziale Aufgabe des Richters sowie die Bedeutung der richterlichen Frage- und Hinweispflicht stärker betont.[21] Die Vereinfachungsnovelle von 1976 brachte neue Erweiterungen durch die Einführung des Verbotes von Überraschungsentscheidungen gemäß § 278 III ZPO a.F. Denn der Richter muss auch auf einen rechtlichen Gesichtspunkt hinweisen, den eine Partei erkennbar übersehen hat. Hiermit kann die Notwendigkeit der Änderung eines Sachvortrags durch eine Partei verbunden sein, weil in der Praxis zumeist nur das vorgetragen wird, was der Rechtsanwalt in Bezug auf die Schlüssigkeit des Klagevortrags im Hinblick auf die geltend gemachte Anspruchsgrundlage für

---

[19] *M. Kohler*, S. 374.
[20] *Stürner*, JZ 1986, S. 1089 ff. (1093).
[21] *Liu*, S. 48.

erforderlich hält.[22] Von großer Bedeutung erscheint in diesem Zusammenhang auch die Änderung zur Durchführung des Haupttermins nach § 278 I S. 1 ZPO, wonach das Gericht in den Sach- und Streitstand einführt. Wie bereits dargestellt, soll das Gericht schon zu diesem Zeitpunkt eine rechtliche Würdigung des Rechtsstreits vornehmen. Durch diese Darstellung des Streitstands durch das Gericht hat sich mit der Novelle von 1976 das Bild der mündlichen Verhandlung, die ursprünglich als Austausch des tatsächlichen und rechtlichen Vorbringens der Parteien konzipiert war, erheblich verändert.

Wie ausführlich dargestellt wurde, schuf der Reformgesetzgeber von 2001 mit § 139 ZPO eine zentrale Prozessleitungspflicht des Gerichts, womit die Mitverantwortung des Gerichts für eine umfassende Klärung des Streitstoffs hervorgehoben wurde.[23] Der Richter soll nun den Rechtsstreit bedeutend stärker als bisher üblich auf die entscheidenden Fragen lenken und konzentrieren.[24] Die Vorschrift des § 139 ZPO modifiziert im Ergebnis das Gebot der Herrschaft der Parteien. Gewiss kann im Hinblick auf die Verhandlungsmaxime konstatiert werden, dass der Richter nach wie vor nicht von sich aus neue Tatsachen in den Prozess einführen darf.[25] Jedoch übt der Richter einen deutlichen Einfluss auf den Sachverhaltsvortrag und das rechtliche Verhalten der Parteien aus, indem er fragt und hinweist.[26] Die Bestimmung des § 139 ZPO etabliert den aktiven Richter im Zivilprozess.[27] Die Rechtsprechung nahm im Zusammenhang mit der Bestimmung des § 139 I S. 2 ZPO bei unzureichend substantiiertem Klagevorbringen an, dass der Richter nicht allein die Aufgabe „eines rein passiven Beobachters und distanzierten Entscheiders hat, sondern aktiv zur Klärung der Sach- und Rechtslage beitragen soll".[28] Diese praktische Handhabung im Sinne einer aktiven Hilfestellung wird selbst in der Judikatur explizit als Modifizierung der Verhandlungsmaxime bezeichnet.[29] Teilweise wird sogar angenommen, der Zivilprozess nähere sich aufgrund der in § 139 ZPO enthaltenen materiellen Prozessleitung insgesamt dem Untersuchungsgrundsatz.[30] Diese Reform liegt aufgrund der richterlichen Verpflichtung, Hinweise aktenkundig zu machen, aber auch im Interesse der Parteien. Auf diese Weise werden Fehler des Gerichts dokumentiert. Richtermacht wird in gewisser Weise eingeschränkt, was mit einer weiteren Bürokratisierung des Zivilprozesses verbunden ist. Es wurde im Rahmen eines Gesetzesantrages durch

---

[22] So *Herr*, DRiZ 1988, S. 57 ff. (58).
[23] BT-Drucks. 14/3750, S. 52.
[24] *Greger*, in: FS für Beys, S. 459 ff. (464).
[25] *Greger*, BRAK-Mit. 2005, S. 150 ff. (151).
[26] *Heiderhoff*, ZEuP 2001, S. 276 ff. (293).
[27] *Leipold*, in: Stein/Jonas, ZPO, § 139 Rn. 1 und *Kern*, in: Stein/Jonas, ZPO, Vor § 128 Rn. 1; *Gaier*, NJW 2013, S. 2871 ff. (2872).
[28] So das OLG Brandenburg, BeckRS 2013, 22388.
[29] So OLG Brandenburg, BeckRS 2013, 22388 II. 1. a).
[30] So *Borth/Grandel*, in: Musielak/Borth, FamFG, § 26 Rn. 5.

das Bundesland Hessen zur Abschaffung des § 139 IV und V ZPO in der Verpflichtung zur Dokumentation die Gefahr einer Verleitung der Parteien, Anlass für Rechtsfehler des Gerichts zu setzen, die den Zugang zur zweiten Instanz eröffnen könnten, gesehen.[31] Ferner heißt es, der Richter werde unangemessen „gegängelt".[32] Ein geringes Gegengewicht zur richterlichen Aufklärung bietet zudem § 139 V ZPO, denn danach ist einer Partei, die sich in der mündlichen Verhandlung nicht auf richterliche Hinweise erklären kann, eine Erklärungsfrist zu gewähren. In dem erwähnten Antrag Hessens wird dies deshalb kritisiert, weil die Vorschrift derjenigen Partei, welche entgegen § 282 ZPO einen Termin nur mangelhaft vorbereitet wahrnehme, oder durch einen nicht ausreichend informierten Vertreter repräsentiert wird, einen Vorteil ermögliche und den Rechtsstreit verzögere.[33]

Stürner erblickt in der Reform von 2001 einen weiteren Schritt in Richtung des „Richterprozesses".[34] Die Bewertung von *Stürner* ist insofern positiv, als in der materiellen Prozessleitung des Gerichts „in erster Linie eine Form von Verfahrensmoderation und weniger eine Form von Machtübung"[35] gesehen wird. Der Richter soll durch seinen Hinweis Parteiaktivität motivieren.[36] Die richterliche Hinweispflicht sei Mittel rechtlichen Gehörs und wegen ihrer Bedeutung als ein Instrument des prozessualen Dialogs. Sie wird von *Stürner* als Ausdrucksform eines „dialogischen Zivilprozesses" betrachtet, der sich dadurch auszeichnet, dass der Richter die Parteien über seinen Meinungsstand zu der Entscheidungslage informiert, den weiteren Verfahrensgang mit den Parteien offen bespricht und ihnen Gelegenheit zur Stellungnahme gibt, insbesondere um Überraschungsentscheidungen zu vermeiden.[37] *Stürner* kennzeichnet den „modernen dialogischen Zivilprozess" als diskursives Verfahren.[38] Dieses weist aufgrund der wesentlichen Elemente der offenen Kommunikation des Gerichts mit den Parteien in Form eines transparenten Diskurses und der Verfahrenseffizienz durchaus Gemeinsamkeiten mit dem sozialen Prozessmodell auf. Jedoch sei der „moderne dialogische Zivilprozess" nach Ansicht *Stürners* von dem Modell einer Kooperationsmaxime bzw. von einer prozessualen Arbeitsgemeinschaft zu unterscheiden, weil der „dialogische Zivilprozess" den selbstverantwortlichen, wohlinformierten Bürger[39] sowie die gegensätzliche Interessenlage der Parteien zugrunde lege und damit nicht „der Sozialromantik harmonischer gemeinsamer Entscheidungsfindung […] unter-

---

[31] Gesetzesantrag des Bundeslandes Hessen vom 10.12.2002, BR-Drucks. 911/02.
[32] Gesetzesantrag des Bundeslandes Hessen vom 10.12.2002, BR-Drucks. 911/02.
[33] Gesetzesantrag des Bundeslandes Hessen vom 10.12.2002, BR-Drucks. 911/02.
[34] Stürner, NJW 2000, S. 31 ff. (33).
[35] Stürner, ZZP 123 (2010), S. 147 ff. (153).
[36] Stürner, ÖJZ 2014/1, S. 1 ff. (16 f.).
[37] Stürner, ZZP 123 (2010), S. 147 ff. (153); ders., ÖJZ 2014/1, S. 1 ff. (17).
[38] Stürner, ÖJZ 2014/1, S. 1 ff. (17).
[39] Stürner, in: FS für Frisch, S. 187 ff. (203).

liegt".[40] Das kontradiktorische Element wohnt dem „dialogischen Zivilprozess" damit noch inne. Der dialogische Zivilprozess manifestiert sich nach Auffassung *Stürners* schließlich in der Konzentration der mündlichen Verhandlung, wie es nach dem Stuttgarter Modell in den Novellen von 1976 und 2001 umgesetzt wurde.[41]

Zwar ließe sich argumentieren, richterliche Hinweisbefugnisse oder Hinweispflichten würden den Parteien ihre eigene Verantwortung und Autonomie belassen, indem sie die „Parteiaktivität gerade nicht ersetzen, sondern zu optimieren versuchen".[42] Jedoch birgt die Hinwirkungspflicht des Richters mit dem Ziel einer vollständigen Erklärung der Parteien über alle erheblichen Tatsachen sowie einer Ergänzung ungenügender Angaben die Gefahr, dass der Richter eben nicht nur den vorgetragenen Sachverhalt rechtlich würdigt, da er mitberücksichtigen muss, welche anderen Alternativen es in den Tatsachen des vorgetragenen Sachverhaltes noch geben kann und welche anderen Rechtsfolgen daraus resultieren können.[43]

III. Ersetzung des Parteieids durch Parteivernehmung und Parteianhörung

Durch die Novelle von 1933 erfolgte eine wesentliche Erweiterung richterlicher Entscheidungsmacht: Bedeutsam ist, dass die CPO im Zeitpunkt ihres Inkrafttretens – anders als die öZPO von 1898 – noch nicht das Beweismittel der Parteivernehmung vorsah. Der nach der CPO von 1877 als subsidiäres Beweismittel gestaltete Parteieid ermöglichte die freie richterliche Würdigung einer Parteiaussage nicht, weil ihm absolute, formale Beweiskraft zukam. Aufgrund seiner für das Gericht bindenden Wirkung – auf Grundlage von Parteiinitiative durch Eideszuschiebung bzw. Zurückschiebung – stand er einem Dispositionsakt der Partei nahe.[44] Der Parteieid kann damit als Ausdruck von Parteiautonomie im Zivilprozess verstanden werden. Er beansprucht im Übrigen in anderen Zivilprozessordnungen, wie z.B. nach der französischen, belgischen und italienischen, immer noch Geltung.[45] Eine Parteivernehmung kennen diese Rechtsordnungen nicht.[46] Demgegenüber ist durch die Ersetzung des Parteieids durch die Parteivernehmung im Wege der Novelle von 1933 die mit dem Parteieid verbundene Macht der Parteien entfallen. Die Par-

---

[40] *Stürner*, ÖJZ 2014/1, S. 1 ff. (17 f.).
[41] *Stürner*, ZZP 127 (2014), S. 271 ff. (287 f.).
[42] So *Stürner*, in: FS für Frisch, S. 187 ff. (202); ders., ÖJZ 2014/1, S. 1 ff. (16 f.).
[43] So *Herr*, DRiZ 1988, S. 57 ff. (58).
[44] *Polyzogopoulos*, S. 56 f.; *Schöpflin*, NJW 1996, S. 2134 ff. (2136).
[45] Art. 1358–1365 fr. CC; Art. 1358–1365 belg. CC; Art. 2736 f., 2960 it. CC.
[46] Vgl. *Coester-Waltjen*, ZZP 113 (2000), S. 269 ff. (277); *Kwaschik*, S. 314 f.

III. Ersetzung des Parteieids durch Parteivernehmung und Parteianhörung

teivernehmung als reines Beweismittel – die Partei sagt hier wie ein Zeuge aus – unterliegt der freien richterlichen Beweiswürdigung nach § 286 I ZPO. Es lässt sich die Unvereinbarkeit des Grundsatzes der freien richterlichen Beweiswürdigung mit dem normierten Eid feststellen. Dies verdeutlichte *Klein* anschaulich, indem er ausführte, die freie Beweiswürdigung und der normierte Eid vertrügen sich „wie Feuer und Wasser".[47]

Ferner ist zu beachten, dass eine Parteivernehmung von der Partei – nämlich allein des Gegners – lediglich unter engen Voraussetzungen gemäß § 445 ZPO beantragt werden kann. Im Gegensatz zum angloamerikanischen Prozessrecht, in dem es praktisch keinen Unterschied zwischen einem trainierten Zeugen und einer Partei gibt, besteht also eine Subsidiarität der Parteivernehmung. Im Übrigen entscheidet das richterliche Ermessen über die Vernehmung der Parteien, welches die Lehre und Rechtsprechung im Rahmen des § 448 ZPO gewähren. Daneben werden die restriktiven Voraussetzungen einer gewissen Wahrscheinlichkeit der Behauptung und ein Überzeugungswert der Aussage gefordert.[48] Die Parteiaussage im Rahmen der subsidiären Parteivernehmung ermöglicht den Parteien damit nicht, ihr Wissen um den Sachverhalt uneingeschränkt – etwa als Aussage im eigenen Interesse – beweismäßig einzubringen.[49] Die Einführung der Parteivernehmung hat, wie festgehalten werden kann, zu einer Erweiterung der Richtermacht verbunden mit einem Verlust von Parteiherrschaft geführt.

Zwar enthielt schon die CPO von 1877 das Institut der Parteianhörung (§ 132 CPO, § 141 ZPO) als Befugnis des Gerichts im Rahmen der Feststellung des Sachverhalts und damit als Ausdruck von Richtermacht. Diese war indes nur als sanktionslose „Kann"-Vorschrift ausgestaltet. Nach den Motiven wurde die Befugnis als Ausnahme betrachtet. Man ging davon aus, dass ein Bedürfnis, die Partei selbst zu befragen, nur selten bestünde und Zwang zum Erscheinen leicht den Schein eines Misstrauens erwecken könne.[50] Die Bedeutung der Parteianhörung sah man vornehmlich für den Parteiprozess.[51] Heute besteht indes eine Gefahr weiterer Ausweitung von Richtermacht durch Nutzung der Parteianhörung nach § 141 ZPO als Instrument zur Wahrheitssuche unter Anerkennung einer Beweisfunktion.[52] Die Bedeutung der Parteianhörung wurde durch die Umwandlung des § 141 ZPO von einer Kann-Vor-

---

[47] *Klein/Engel*, S. 364; vgl. auch *Oberhammer*, ZZP 113 (2000), S. 295 ff. (299).
[48] *Schreiber*, in: Münchener Kommentar ZPO, § 448 Rn. 2 ff.
[49] Mit der Beschränkung der Einführung des Parteiwissens in den Zivilprozess hat sich der EGMR in der Entscheidung *Dombo Beheer B.V. ./. Niederlande* vom 27.10.1993 befasst, NJW 1995, 1413.
[50] Vgl. dazu *Levin*, Richterliche Prozeßleitung und Sitzungspolizei, S. 130 f., der diese Zurückhaltung kritisch sah und die Vorschrift bereits als geeignetes Mittel zur Aufklärung des Sachverhalts betrachtete.
[51] *Hahn/Mugdan*, Band 2, Abt. 2, S. 1160.
[52] Zur Beweismittelqualität der Parteianhörung: *Schöpflin*, NJW 1996, S. 2134 ff.

schrift in eine Soll-Vorschrift sowie durch § 278 I S. 2 ZPO, wonach die erschienenen Parteien zum Sach- und Streitstand persönlich gehört werden sollen, durch die Vereinfachungsnovelle von 1976 erheblich verstärkt. Zudem wurde die Vorschrift durch Aufnahme einer Ordnungssanktion in § 141 III S. 1 ZPO im Falle des Nichterscheinens der Partei schon durch die Reform von 1924 den Beweismitteln angenähert. Die Rechtsprechung des Bundesgerichtshofs ist widersprüchlich. Einerseits wird die Parteianhörung nur als Mittel zur Klärung des tatsächlichen Parteivorbringens mit dem Zweck des besseren richterlichen Verständnisses bezeichnet und es wird festgestellt, dass sie eben nicht der Aufklärung eines streitigen Sachverhalts diene.[53] Andererseits wird konstatiert, dass das Gericht im Rahmen der Würdigung des gesamten Inhalts der Verhandlungen und des Ergebnisses der Beweisaufnahme einer Parteierklärung, auch wenn sie außerhalb einer förmlichen Parteivernehmung erfolgt ist, den Vorzug vor Bekundungen eines Zeugen geben kann.[54] Die gerichtliche Instanzpraxis verwendet die Parteianhörung faktisch durchaus als Beweismittel, indem diese durch Veranlassung der Partei zur zusammenhängenden Darstellung des Sachverhalts mit dem Ziel einer Klärung streitiger Behauptungen genutzt wird.[55] Auf diesem Wege solle insbesondere Waffengleichheit im Rahmen einer Beweisaufnahme hinsichtlich entscheidungserheblicher Gespräche unter vier Augen zwischen dem Zeugen einer Partei und der anderen Partei oder zwischen beiden Parteien ohne Existenz weiterer Beweismittel gefördert werden. Diese sogenannte Vier-Augen-Konstellation liegt etwa dann vor, wenn bei einem nur mündlich erfolgten Vertragsabschluss auf der einen Seite der Vertragspartner selbst, auf der anderen Seite ein Angestellter des Vertragsgegners beteiligt war. Im Rahmen einer Beweisaufnahme führt die Vier-Augen-Konstellation zu der Problematik, dass nur einer Partei ein Zeuge zur Verfügung steht, während die andere Partei auf die Parteivernehmung angewiesen ist. Diese Situation war Gegenstand der Entscheidung *Dombo* des EGMR im Jahre 1993 in Bezug auf das niederländische Recht.[56] Hier urteilte der EuGH für den Fall der Vernehmung eines leitenden Angestellten als Zeuge der beklagten Partei und der fehlenden Vernehmung der Klägerin aufgrund ihrer Parteistellung als Geschäftsführerin, die klagende Partei sei auf ihren Antrag hin zu Beweiszwecken zu vernehmen, um dem Erfordernis der Waffengleichheit im Sinne einer fairen Balance zwischen den Parteien gerecht zu werden. Der EGMR sah in dem konkreten Fall einen Verstoß gegen den Grundsatz auf eine faire Anhörung nach Art. 6 I

---

[53] Vgl. BGH NJW 2002, 2247 ff. (2249); so auch schon BGH LM § 141 ZPO Nr. 3 = MDR 1967, 834.
[54] BGH NJW 1999, 363 ff. (364); BGH NJW 1998, 306.
[55] *Schöpflin*, NJW 1996, S. 2134 ff. (2134 f.); *Brehm*, S. 234 ff.; *Hahn*, S. 285 f.; *Kollhosser*, ZZP 91 (1978), S. 106; *Meyke*, MDR 1987, S. 358 ff. (358).
[56] No. 37/1992/382/460 = NJW 1995, 1413 – Dombo Beheer ./. Niederlande.

III. Ersetzung des Parteieids durch Parteivernehmung und Parteianhörung

EMRK. Das BVerfG bezog zu den verfassungsrechtlichen Anforderungen an das deutsche zivilprozessuale Beweisrecht dahingehend Stellung, ein Verstoß gegen Art. 103 I GG sowie gegen den Anspruch auf Gewährleistung wirkungsvollen Rechtsschutzes aus Art. 2 I i.V.m. Art. 20 III GG liege vor, wenn hinsichtlich des Inhalts eines Vier-Augen-Gesprächs ein Zeuge gehört wird, während der Gegner jedoch nicht zumindest nach § 141 ZPO informatorisch angehört wird.[57] Die gesetzliche Konzeption stellt sich folgendermaßen dar: Die Anordnung der Parteivernehmung ist nur unter engen Voraussetzungen zulässig. Gemäß § 445 ZPO ist ein Antrag auf Vernehmung des Gegners notwendig. Die Vernehmung von Amts wegen nach § 448 ZPO erfordert eine Erschöpfung der dem Beweisführer bekannten Beweismittel, eine gewisse Wahrscheinlichkeit der Richtigkeit seiner Behauptungen und einen zu erwartenden Überzeugungswert der Parteiaussage.[58] Zudem führt der Parallelismus von Parteivernehmung gemäß § 448 ZPO sowie der Parteianhörung gemäß § 141 ZPO zu erheblichen Abgrenzungsschwierigkeiten. Es könnte in der dargestellten Situation der sich in Beweisnot befindenden Partei entweder durch Vernehmung gemäß § 448 ZPO oder durch persönliche Anhörung gemäß § 141 ZPO geholfen werden. Damit stehen zwei Wege zur Abhilfe der Beweisnot offen; der erste wäre mit einer Notwendigkeit der Entschärfung der Voraussetzungen des § 448 ZPO verbunden; der zweite ist nur im Wege einer Aufwertung des § 141 ZPO als Beweismittel gangbar.[59] Die Judikatur ist diesbezüglich uneinheitlich. So entschied sich der BGH für eine Berücksichtigung des Umstands des Vier-Augen-Gesprächs im Rahmen der Ermessensentscheidung nach § 448 ZPO. Dem Grundsatz der Waffengleichheit könne durch die persönliche Anhörung der benachteiligten Partei nach § 141 ZPO entsprochen werden. Das Gericht sei dabei nicht daran gehindert, einer solchen Parteierklärung, die außerhalb einer förmlichen Parteivernehmung erfolgt, den Vorzug vor den Bekundungen eines Zeugen zu geben.[60] Die Linie des BGH ist damit einerseits gekennzeichnet durch ein Absenken der Anforderungen an die Zulässigkeit der Parteivernehmung nach § 448 ZPO, ohne dabei auf die Notwendigkeit einer Anfangswahrscheinlichkeit zu verzichten, sowie andererseits durch Erweiterung des Anwendungsbereichs unter Zuerkennung einer Beweismittelqualität hinsichtlich der Parteianhörung nach § 141 ZPO.[61] An anderer Stelle heißt es allerdings, das Gericht könne sich nur der Parteivernehmung gemäß § 448 ZPO als Mittel zur Gewinnung letzter Klarheit unter

---

[57] BVerfG NJW 2001, 2531 f.
[58] Die Subsidiarität der Parteivernehmung von Amts wegen ist umstritten. Ablehnend *Lange*, NJW 2002, S. 476 ff. (482); befürwortend *Greger*, in: Zöller, ZPO, § 448 Rn. 3.
[59] *Reinkenhof*, JuS 2002, S. 645 ff. (646).
[60] BGH NJW 1999, 363 ff.; BGH NJW 1998, 306 f.
[61] Vgl. auch BVerfG NJW 2001, 2531 f. (2532).

Durchbrechung des Verhandlungsgrundsatzes bedienen.[62] In der gerichtlichen Praxis werden im Ergebnis die Aussage eines Zeugen und die Angaben einer bloß angehörten – gerade nicht nach § 448 ZPO vernommenen – Partei als gleichwertige Informationsquelle nach § 286 ZPO frei gewürdigt.[63] Eine derartige Erhebung der Parteianhörung von einem bloß informatorischen Instrument des Gerichts zwecks Klarstellung des Parteivorbringens zu einem Beweismittel ermöglicht es dem Richter, die Äußerungen von Parteien nach Belieben zu verwerten. Hierdurch werden jedoch *contra legem* die dargestellten restriktiven Voraussetzungen der Parteivernehmung nach § 445 ZPO bzw. § 448 ZPO umgangen.[64] Als Folge dieser Praxis wird die Unterscheidung zwischen Parteianhörung und Parteivernehmung aufgegeben.[65]

Demgegenüber lehnt ein Teil des zivilprozessualen Schrifttums eine Aufwertung der Parteianhörung zu einem Beweismittel ab.[66] Denn diese sei kein Beweismittel, sondern lediglich ein durchaus wichtiges Mittel zur Klärung des Tatsachenvorbringens und der Vervollständigung der Stoffsammlung als Ergänzung der richterlichen Hinweispflicht nach § 139 ZPO im Rahmen eines Gesprächs zwischen Partei und Gericht. Betont wird, die Parteianhörung diene nicht dazu, streitige Tatsachen aufgrund der Parteiausführungen als festgestellt oder widerlegt zu behandeln.[67] Gerade wenn es darum geht, einen persönlichen Eindruck von einer Partei zur Beurteilung ihrer Glaubwürdigkeit zu gewinnen, kann dies eben nicht durch Parteianhörung gemäß § 141 ZPO, sondern allein durch Parteivernehmung erfolgen.[68] Eine scharfe Trennung von Parteianhörung und Parteivernehmung hat im Übrigen auch das Reichsgericht nach der Einführung der Parteivernehmung durch die Novelle von 1933 vorgenommen, indem es feststellte, die Parteianhörung sei auf den Zweck der Klarifizierung des Parteivorbringens beschränkt, während die Parteivernehmung dem Beweis streitiger Behauptungen diene.[69]

Schließlich sei im Hinblick auf die praktische Handhabung des § 141 ZPO – unabhängig von der Konstellation der Vier-Augen-Gespräche – schon an dieser Stelle bemerkt, dass die persönliche Anhörung einer Partei insofern eine

---

[62] BGH NJW 2002, 2247 ff. (2249).
[63] *Meyke*, MDR 1987, S. 358 ff. (358).
[64] *Leipold*, in: Stein/Jonas, ZPO, 22. Aufl., § 141 Rn. 2; *Wagner*, in: Münchener Kommentar ZPO, § 141 Rn. 1.
[65] *Leipold*, in: Stein/Jonas, ZPO, 22. Aufl. § 141 Rn. 6.
[66] *Coester-Waltjen*, ZZP 113 (2000), S. 269 ff. (289); *Oberhammer*, ZZP 113 (2000), S. 295 ff. (320); *Leipold*, in: Stein/Jonas, ZPO, 22. Aufl., § 141 Rn. 6; *Althammer*, in: Stein/Jonas, ZPO, § 141 Rn. 3.
[67] Vgl. *Wagner*, in: Münchener Kommentar ZPO, § 141 Rn. 1; *Leipold*, in: Stein/Jonas 22. Aufl., § 141 Rn. 2.
[68] *Leipold*, in: Stein/Jonas, ZPO, 22. Aufl., § 141 Rn. 2 und *Althammer*, in: Stein/Jonas, ZPO, § 141 Rn. 3.
[69] RGZ 169, 63 ff.; vgl. *Meyke*, MDR 1987, S. 358 ff. (359).

hohe Bedeutung für das Verfahren als berechtigtes und wichtiges Mittel im Rahmen der aktiven Teilnahme des Gerichts an der Stoffsammlung genießt, als sich der Richter einen unmittelbaren Eindruck von der Partei und dem Geschehen verschaffen kann. Dieser direkte Eindruck der Aussage und der Partei vermag psychologisch anders zu bewerten sein als der Vortrag des Anwalts.[70] Zudem ist im positiven Sinne auch zu bedenken, dass das Instrumentarium der Parteianhörung mit einer Stärkung der Befriedungsfunktion einhergehen kann, da die Akzeptanz einer Entscheidung gefördert wird, sofern eine Partei sich selbst geäußert hat.

Nach der dargestellten heutigen Anwendung in der Praxis mit der freien richterlichen Würdigung der Parteianhörung nach § 141 ZPO besteht indes die Gefahr einer Kollision mit der Verhandlungsmaxime.[71] Der Richter kann durch seine Fragen den Sachverhalt erweitern und die Grenze zur unzulässigen Amtsermittlung überschreiten. Die Parteianhörung könnte sich so zur gerichtlichen Inquisitionsmöglichkeit entwickeln, womit die Parteiverantwortung für den Tatsachenstoff zurückgedrängt würde.[72] Besondere Bedenken bestehen im Falle einer anwaltlichen Vertretung, deren Schutzfunktion untergraben würde, sofern die Antworten der nach § 141 ZPO befragten Partei, welche von sich aus über den bisherigen Vortrag hinausgeht bzw. abweicht, im Rahmen der nicht protokollpflichtigen Anhörung unmittelbar, d.h. ohne vorherige Übernahme durch den Prozessbevollmächtigten, übernommen würden.[73] Auf diesen Aspekt hat *Brehm* bereits im Jahre 1982 hingewiesen.[74]

IV. Verschärfung der Parteipflichten und deren gerichtliche Sanktion

Im Verlauf der Novellengesetzgebung fand die Pflichtenstellung der Parteien gegenüber dem Gericht stärkere Betonung. Damit wurde von dem Grundsatz, wonach den Parteien im Rahmen ihrer Stellung im Prozessrechtsverhältnis keine Handlungspflichten, sondern nur im eigenen Interesse bestehende Handlungslasten obliegen, mehr und mehr abgewichen.[75] Besonders markant sind

---

[70] So bereits *Levin*, Richterliche Prozeßleitung und Sitzungspolizei, S. 133.
[71] *Althammer*, in: Stein/Jonas, ZPO, § 141 Rn. 5: „Mit Recht wird im durch die Rsp begünstigten Verschwimmen der Grenzen zwischen Parteianhörung und Parteivernehmung auch eine Gefahr für den Beibringungsgrundsatz erkannt, weil die praktische Handhabung der Parteianhörung ein inquisitorisches Element beinhalte."
[72] *Leipold*, in: Stein/Jonas, ZPO, 22. Aufl., § 141 Rn. 3; vgl. *Althammer*, in: Stein/Jonas, ZPO, § 141 Rn. 5 m.w.N.
[73] Vgl. dazu auch *Wagner*, in: Münchener Kommentar ZPO, § 141 Rn. 6; kritisch auch *Althammer*, in: Stein/Jonas, ZPO, § 141 Rn. 11: „[Es ist …] nicht Aufgabe des § 141, die Anwälte beiseite zu schieben […]".
[74] *Brehm*, S. 240 ff.
[75] Allgemein zur Stellung der Parteien im Prozessrechtsverhältnis *Rosenberg/Schwab/Gottwald*, § 2 III S. 11 f.

hier die Einführung einer Mitwirkung an der Sachverhaltsermittlung durch die Vorlagepflicht von Urkunden und Dokumenten, einer allgemeinen Prozessförderungspflicht sowie die Etablierung der Wahrheitspflicht.

Die Parteiherrschaft im Sinne zeitlicher Freiheit des Parteivorbringens wurde stark durch die Verschärfung von Präklusionen zur Bekämpfung von Prozessverschleppung beschnitten. Historisch gesehen gab es bereits nach der CPO von 1877 Zurückweisungsmöglichkeiten. Indes konnten lediglich verzögerte „Verteidigungsmittel des Beklagten" präkludiert werden. Zudem war die Zurückweisung an einen entsprechenden Antrag des Klägers gebunden und stand somit in der Parteiherrschaft. Durch die Novelle von 1924 erfolgte eine radikale Verschärfung, zum einen durch eine gegenständliche Erweiterung auf klägerische „Angriffsmittel", zum anderen durch Entfallen des Antragserfordernisses. Damit wurden Präklusionen zu „echten Befugnissen des Gerichts".[76] In rechtsdogmatischer Hinsicht sei an dieser Stelle bemerkt, dass das Entfallen des Antragserfordernisses im Rahmen der Zurückweisung verspäteten Vorbringens zu einem Widerspruch zu den Voraussetzungen des Erlasses eines Versäumnisurteils nach §§ 330 ff. ZPO führt. Denn ein solches erfordert einen Antrag den Klägers bzw. des Beklagten, §§ 330 f. ZPO, obwohl es im Vergleich zu der Zurückweisung eines einzelnen Angriffs- bzw. Verteidigungsmittels eine weitaus größere Reichweite hat. Denn es wird entweder die gesamte Klage als unbegründet abgewiesen („echtes Versäumnisurteil" bei Säumnis des Klägers, § 330 ZPO) oder das gesamte Vorbringen des Klägers als zugestanden angesehen, § 331 I („echtes Versäumnisurteil gegen den Beklagten"). Damit führt das Versäumnisurteil wie die Präklusion zu einer Beschränkung der Stoffbeibringung.

Die Verschärfung der Präklusionen durch die Vereinfachungsnovelle bewirkte einen weiteren „Zuwachs an schwer kontrollierbarer Richtermacht"[77], insbesondere durch Anknüpfen an eine allgemeine Prozessförderungspflicht der Parteien gemäß § 282 I ZPO und an das Ermessen des Gerichts. Das richterliche Instrument der Präklusion berührt die Beibringung von Tatsachen in erheblichem Maße, denn die Berufung auf die dem Angriffs- bzw. Verteidigungsmittel zugrunde liegenden Tatsachen wird dem Kläger bzw. Beklagten im Ergebnis endgültig verwehrt. Fakten werden also ausgeblendet, womit die Stoffbeibringung letztlich abgeschnitten wird. Das Instrumentarium ermöglicht also einen „tatsachenwidrigen Schnellprozess".[78] Die Folgen einer Zurückweisung sind damit im Hinblick auf die Stoffbeibringung schwerwiegend. Insgesamt entsteht ein Spannungsverhältnis zwischen Prozessbeschleunigung durch Präklusion und dem zentralen verfassungsrechtlichen Prinzip des An-

---

[76] *Habscheid*, ZZP 81 (1968), S. 175 ff. (181).
[77] So *Putzo*, NJW 1977, S. 1 ff. (5).
[78] *Schumann*, in: FS BGH III, S. 3 ff. (22).

IV. Verschärfung der Parteipflichten und deren gerichtliche Sanktion

spruches auf rechtliches Gehör gemäß Art. 103 I GG.[79] Das Instrumentarium der Zurückweisung verspäteten Vorbringens erhält damit eine verfassungsrechtliche Dimension. Dem Zweck der Prozessbeschleunigung würde eine großzügige praktische Anwendung der Präklusion entsprechen. Jedoch vertreten das BVerfG[80] und der BGH[81] eine einschränkende Auslegung. Danach sollen Zurückweisungsvorschriften strengen Ausnahmecharakter haben. Von dieser Rechtsprechung wird betont, dass eine sachgerechte Entscheidung nur in Grenzen an Fristversäumnissen scheitern darf;[82] das rechtliche Gehör dürfe nicht stärker eingeschränkt werden als der Beschleunigungszweck es erfordert.[83] Im Hinblick auf den Gesichtspunkt der Parteienmacht bleibt darauf hinzuweisen, dass die Parteien auch bei Verspätung die Zurückweisung des Vorbringens vermeiden können, nämlich durch Flucht in die Säumnis oder durch Flucht in selbständige Angriffs- oder Verteidigungsmittel wie die Widerklage, Klageerweiterung, Klageänderung oder Aufrechnung.[84] Sofern eine endgültige Zurückweisung nach § 528 III ZPO a.F. drohte, war bis zum Jahre 2001 die Flucht in die Berufung möglich. Diese Flucht in die Berufung ist nach der Novellierung des Berufungsrechts nicht mehr möglich, womit Parteiherrschaft in der zweiten Instanz eingeschränkt wurde. Insgesamt muss trotz der einschränkenden Auslegung und trotz der verbleibenden Reaktionsmöglichkeiten der Parteien bezüglich der Fragestellung des Verhältnisses von Richtermacht und Parteiherrschaft festgehalten werden, dass die ZPO mit dem grundlegenden Wandel der Zurückweisung verspäteten Vorbringens vom Recht des Gegners hin zu einer Befugnis des Gerichts einen entscheidenden Beitrag für einen Zuwachs von Richtermacht vorsieht.

Im Hinblick auf die Verhandlungsmaxime bringt die seit 1933 bestehende Verpflichtung der Parteien zur Wahrheit und Vollständigkeit und damit auch zur Verpflichtung zum Vorbringen negativer Tatsachen Einschränkungen. Zwar handelt es sich nicht um Gegensätze im logischen Sinne,[85] denn eine Verpflichtung zur Wahrheit und Vollständigkeit belässt die Stoffbeibringung weiterhin bei den Parteien. Eine Wahrheits- und Vollständigkeitspflicht greift aber in die Entscheidungskompetenz der Parteien ein, da diese in ihrer Freiheit, etwas nicht vortragen zu wollen, beschränkt werden. Die Einführung der Wahrheitspflicht nach § 138 II ZPO hat im Ergebnis die Grundstruktur des

---

[79] Vgl. *Leipold*, ZZP 97 (1984), S. 395 ff. (397); vgl. *Gaier/Freudenberg*, ZRP 2013, S. 27 ff. (29).
[80] BVerfGE 51, 188 ff. = NJW 1980, 277 ff.; vgl. *Prütting*, in: Münchener Kommentar ZPO, § 296 Rn. 10 m.w.N. in Fn. 22.
[81] BGH NJW 1980, 1167 f.
[82] BVerfG NJW 1981, 271; BGH NJW 1983, 822 ff. (823 f.).
[83] BVerfG NJW 1981, 271 ff.
[84] *Hermisson*, NJW 1983, S. 2229 ff. (2234).
[85] *Brüggemann*, S. 122.

Zivilprozesses verändert.[86] Schließlich ist die Zurückhaltung im Hinblick auf eine Förderung materiell-rechtlich richtiger Entscheidungen ein wesentliches Kennzeichen eines liberalen Zivilprozesses, der – wie nach dem CPC – eben keine Verpflichtung der Parteien zur Wahrheit enthält. Die Aufnahme einer Wahrheitspflicht der Parteien bedeutete die Übernahme eines wesentlichen Elementes des sozialen Prozessmodells, das maßgeblich – wie der österreichische Zivilprozess – von einem öffentlichen Interesse an wahrheitsgemäßer Entscheidung geprägt ist. Die Novelle von 1933 stellte eine eindeutige Wendung zum Modell des sozialen Zivilprozesses nach *Klein* dar.[87] Angemerkt sei, dass die Etablierung der Wahrheitspflicht von Auseinandersetzungen zwischen dem Richter- und Anwaltsstand[88] und Forderungen nach einer stärkeren Stellung des Richters seitens des konservativen Richterstandes begleitet wurde. *Brehm* stellt fest, der Kampf gegen die liberale Ausrichtung der ZPO wurde „unter der Flagge der Wahrheitspflicht" geführt.[89]

V. Die Erweiterung der Beweiserhebung von Amts wegen

Schließlich ist für die vorliegende Thematik auch das Verhältnis von Parteiherrschaft und Richtermacht auf der Beweisebene im Hinblick auf die Veranlassung der Beweiserhebung interessant. Eingangs wurde dargestellt, wie die Verhandlungsmaxime in ihrer reinen Verwirklichung eine Beweiserhebung von Amts wegen ausschließt. Die historische Betrachtung ergibt, dass die CPO schon im Zeitpunkt ihres Inkrafttretens die richterliche Befugnis zu einer Beweiserhebung von Amts wegen losgelöst von einer Parteiinitiative in Form eines Antrags kannte. Diese Anordnungskompetenzen betrafen den Augenschein, § 135 CPO (§ 144 n.F.), eine Begutachtung durch Sachverständige, § 135 CPO (§ 144 n.F.), die Vorlage von Plänen, Rissen, Zeichnungen und Stammbäumen, § 132 CPO (§ 141 n.F.) und von Akten, die den Rechtsstreit betreffen und sich im Besitz der Partei befinden, § 134 CPO (§ 143 n.F.). Die zivilprozessuale Literatur der zwanziger Jahre des 19. Jahrhunderts ging in Bezug auf diesen Bestandteil der Verhandlungsmaxime bereits von starken Durchbrechungen aus.[90] *Damrau* erblickte hierin sogar eine Hindeutung auf die Inquisitionsmaxime.[91] Festzuhalten ist: Der Verhandlungsgrundsatz galt aufgrund der richterlichen Kompetenzen zur Beweiserhebung von

---

[86] So auch *Herr*, DRiZ 1988, S. 57 ff. (57).
[87] So auch *M. Kohler*, S. 379.
[88] *Brehm*, AnwBl 1983, S. 193 ff. (196).
[89] *Brehm*, S. 42.
[90] So *Goldschmidt*, Zivilprozessrecht, § 11 sub 1 b) S. 23.
[91] *Damrau*, S. 26.

Amts wegen bereits im Zeitpunkt des Inkrafttretens der CPO nicht in seiner reinen Form.

Im Hinblick auf die Beweisebene als Facette der Verhandlungsmaxime gab es aber deutliche Änderungen seit Inkrafttreten der CPO. Wie ausführlich gezeigt wurde, erfolgten durch die Novelle von 2001 entscheidende Modifizierungen im Rahmen der Vorlage von Urkunden und Dokumenten gemäß §§ 142, 144 ZPO. Zwar konnte der Richter schon zuvor den Urkundenbeweis ohne Parteiantrag durchführen. Nach der bisherigen Fassung des § 142 ZPO konnte eine Partei nur zur Vorlage solcher Urkunden verpflichtet werden, auf die sie sich selbst bezogen hatte. Jedoch ist bei der Bewertung der Neuregelung im Hinblick auf das Verhältnis von Parteiherrschaft und Richtermacht zu beachten, dass das Erfordernis der Bezugnahme in der Praxis schon lange vor der Reform von 2001 wenig Bedeutung hatte. Denn die richterliche Anordnung der Urkundenvorlegung ohne Parteiantrag erfolgte regelmäßig im Wege einer prozessvorbereitenden Maßnahme nach § 273 II Nr. 1 ZPO. Diese Möglichkeit der Prozessvorbereitung bestand – wie bereits gezeigt wurde – mit der Vorschrift des § 272b ZPO schon seit der *Emminger*-Novelle und schließlich ab 1976 normiert in § 273 II Nr. 1 ZPO. Es konnte also schon lange vor der Novelle aus dem Jahre 2001 den Parteien bzw. den Streithelfern die Vorlage von Urkunden auferlegt werden, ohne dass dabei eine Bezugnahme notwendig war.[92] Die Voraussetzungen des § 142 ZPO mit dem Erfordernis der Bezugnahme wurden im Ergebnis unterlaufen. Entscheidend ist jedoch die Zulässigkeit der Anordnung der Urkundenvorlage gemäß § 273 II Nr. 1 ZPO nur gegenüber der beweispflichtigen Partei. Eine Vorlageverpflichtung des Gegners kam nur unter den strengen Voraussetzungen des Bestehens eines materiell-rechtlichen Herausgabeanspruches, § 422 ZPO, bzw. der Bezugnahme des Gegners selbst, § 423 ZPO, in Betracht.[93] Die Neufassung betrifft die Vorlageanordnung gegenüber einer Partei sowie die erstmalige Etablierung der Vorlageanordnung gegenüber Dritten, die nach alter Fassung wie eine Partei zur Urkundenvorlegung verpflichtet werden konnten, aber zusätzlich verklagt werden mussten, § 429 ZPO a.F.[94] Zwar wurde die Umgehungsmöglichkeit im Wege der vorbereitenden Anordnung durch Streichung der Urkundenvorlage und durch den Verweis nach § 273 II Nr. 5 ZPO n.F. auf §§ 142, 144 ZPO aufgehoben. Eine Bezugnahme ist mithin erforderlich. Diese Voraussetzung hat mit der Neufassung wieder an Bedeutung gewonnen.[95] Jedoch genügt nach der geltenden Regelung – wie bereits dargestellt wurde – der Be-

---

[92] *Stadler*, in: FS für Beys, S. 1625 ff. (1637); *Damrau*, S. 314.
[93] *Stadler*, in: FS für Beys, S. 1625 ff. (1637).
[94] Für die Vorlagepflicht Dritter gelten die Einschränkungen nach § 142 II ZPO, wonach Dritte nicht zur Vorlage verpflichtet sind, sofern ihnen diese nicht zumutbar ist oder ihnen Zeugnisverweigerungsrechte nach §§ 383–385 ZPO zustehen.
[95] So auch *Stadler*, in: Musielak/Voit, ZPO, § 142 Rn. 4.

zug einer Partei auf die Urkunde. Es muss nicht mehr diejenige sein, die die Urkunde in Besitz hat. Damit kann nun auch der Gegner der beweisbelasteten Partei zur Vorlage einer Urkunde verpflichtet werden, ohne selbst auf die Urkunde im Prozess Bezug genommen zu haben.[96]

Die Voraussetzung der Bezugnahme ist gewiss als Ausdruck der Parteiverantwortung – entweder der Partei oder der Gegenpartei – und als Sperre gegenüber der Etablierung einer richterlichen Ausforschung zu sehen. Eine von dem Parteiverhalten gänzlich unabhängige Amtsermittlung ist damit unzulässig; der Verhandlungsmaxime wird in gewisser Weise Rechnung getragen.[97] Der Referentenentwurf enthielt dieses Erfordernis noch nicht. Der Gesetzgeber wollte durch die Einführung verdeutlichen, dass die Neuregelung gerade nicht als Etablierung der Untersuchungsmaxime zu verstehen ist.[98] Auch in der Kommentarliteratur wird hervorgehoben, eine Einführung der Untersuchungsmaxime erfolge nicht, sofern man davon ausgeht, dass die Vorschrift dem Gericht nicht die Einführung neuer Tatsachen, auf die sich keine Partei bezogen hat, erlaubt.[99] Eine Bezugnahme im Sinne der Vorschrift ist dann gegeben, wenn eine Partei ausdrücklich oder konkludent auf eine Urkunde verweist, deren Existenz sich aus dem Parteivortrag ergibt.[100] Der BGH hebt hervor, das Gericht dürfe die Urkundenvorlegung nicht zum Zwecke der Informationsgewinnung, sondern allein bei Vorliegen eines schlüssigen, auf konkrete Tatsachen bezogenen Parteivortrags anordnen.[101] Hierdurch lasse sich verhindern, dass die Vorlageanordnung ein Mittel zur Ausforschung der Gegenpartei oder eines Dritten wird,[102] indem sie dazu benutzt werde, alle Dokumente, die irgendeine Bedeutung erlangen könnten, vorzulegen. Sofern hingegen die Anforderungen an die Substantiierung des Tatsachenvortrages und an die konkrete Bezeichnung der Urkunde zu niedrig angesetzt werden, ist die Gefahr für den Verhandlungsgrundsatz durch einen Übergang zur Untersuchungsmaxime jedoch Realität.[103]

Für die Bewertung im Rahmen der vorstehenden Thematik ist ausschlaggebend, dass der Neuregelung eine Tendenz zur amtswegigen Beweisaufnahme anhaftet.[104] Dies resultiert aus einem fehlenden Gleichlauf des § 142 ZPO mit dem Normenkomplex der §§ 422, 423 ZPO: Sofern der Prozessgegner sich

---

[96] *Stadler*, in: FS für Beys, S. 1625 ff. (1639).
[97] Vgl. auch *Beckhaus*, S. 99 f.
[98] BT-Drucks. 14/6030, S. 120 f.; *Leipold*, in: Die Aktualität, S. 131 ff. (137).
[99] So *Leipold*, in: Stein/Jonas, ZPO, 22. Aufl., § 142 Rn. 4; *Althammer*, in: Stein/Jonas, ZPO, § 142 Rn. 4.
[100] *Stadler*, in: Musielak/Voit, ZPO, § 142 Rn. 4.
[101] BGH NJW 2007, 2989 ff. (2992).
[102] *Leipold*, in: Stein/Jonas, ZPO, 22. Aufl., § 142 Rn. 9; *Althammer*, in: Stein/Jonas, ZPO, § 142 Rn. 4.
[103] Vgl. *Leipold*, in: Stein/Jonas, ZPO, 22. Aufl., § 142 Rn. 4.
[104] *Stadler*, in: Musielak/Voit, ZPO, § 142 Rn. 7.

unstreitig im Besitz einer streiterheblichen Urkunde, auf welche er sich weder selbst bezogen hat (§ 423 ZPO – Vorlegungspflicht des Gegners bei Bezugnahme) und die er auch nicht nach materiellem Recht vorlegen muss (§ 422 ZPO – Vorlegungspflicht des Gegners nach bürgerlichem Recht), befindet, so kann die beweisbelastete Partei die Beweisaufnahme nicht durch einen Beweisantrag herbeiführen. In dieser Situation ist die Verfügbarkeit des Beweismittels ausschließlich davon abhängig, ob der Richter die Vorlage nach § 142 I ZPO von sich aus anordnet.[105] Hier ist der Richter gerade nicht nur berechtigt, sondern verpflichtet, die Vorlage einer relevanten Urkunde anzuordnen.[106] Das im Rahmen der Beweiserhebung von Amts wegen bestehende Ermessen des Richters reduziert sich daher – anders als nach alter Rechtslage – oftmals auf null und der Richter muss dann eine Vorlageanordnung erlassen.[107] Ein Unterlassen der Anordnung erscheint kaum vorstellbar, wenn der Richter von der Vorlage einen Beitrag zur Wahrheitserforschung erwartet und wenn keine schutzwürdigen Belange entgegenstehen.[108] In diesem Zusammenhang wurden seitens der Bundesrechtsanwaltskammer gegenüber der Neufassung aufgrund einer Gefahr der Ausforschung von Prozessparteien erhebliche Bedenken geäußert.[109] Es wird u.a. darauf hingewiesen, dass – anders als nach den *IBA Rules on the Taking of Evidence in International Commercial Arbitration* – keine Einwendungsmöglichkeiten gegen ein Vorlageverlangen gibt, was gerade im Hinblick auf Geheimhaltungsinteressen des Vorlagepflichtigen als problematisch anzusehen ist.[110] Zwar kann das Interesse an Geheimhaltung im Rahmen des richterlichen Ermessens Beachtung finden,[111] jedoch muss sich ein Richter, sofern er keinen Verfahrensfehler aufgrund eines Ermessensnichtgebrauchs riskieren will, mit der Frage der Vorlageanordnung von Amts wegen auseinandersetzen.

Die Parteien selbst und ihnen gleich gestellte Dritte werden demnach weitergehend verpflichtet, als dies nach der alten Fassung gegeben war.[112] Deutlich wird damit die bereits erläuterte Zunahme der Pflichtigkeit der Parteien gegenüber dem Gericht. Damit einhergehend wurden die Möglichkeiten des Richters, außerhalb des förmlichen Beweisverfahrens Beweismittel in den Prozess einzuführen, erweitert.[113] Die Richtermacht bei der Sachverhaltsermittlung in dem Bereich der Beibringung der Beweismittel wurde damit wesentlich ge-

---

[105] *Stadler*, in: FS für Beys, S. 1625 ff. (1644).
[106] *Rosenberg/Schwab/Gottwald*, § 112 Rn. 47.
[107] *Stadler*, in: FS für Beys, S. 1644.
[108] So *Greger*, BRAK-Mitt. 2005, S. 150 ff. (152).
[109] *Dombek*, BRAK-Mitt. 2001, S. 122 ff. (124).
[110] *Dombek*, BRAK-Mitt. 2001, S. 122 ff. (124).
[111] BT-Drucks. 14/6036, S. 120.
[112] *Stadler*, in: FS für Beys, S. 1625 ff. (1640).
[113] *Stadler*, in: FS für Beys, S. 1625 ff. (1640).

stärkt.[114] Von der Einführung des Untersuchungsgrundsatzes kann indes nicht gesprochen werden, da das Erfordernis der Bezugnahme an den Parteiwillen als Grundlage zur Einführung von Tatsachen und Beweismitteln anknüpft.

Die Reform wurde vor dem Hintergrund der auf dem Verhandlungsgrundsatz beruhenden deutschen Prozesstradition als „beinahe revolutionär" bezeichnet.[115] Angenommen wird, dass der in der CPO nach ihrer ursprünglichen Fassung geltende Grundsatz, wonach keine Partei verpflichtet ist, dem Gegner das Material zu liefern, welches dieser zum Prozesssieg benötigt (*Nemo tenetur se accusare*; *Nemo tenetur edere contra se*), aufgrund der Verschärfung der Pflichten nach §§ 142, 144 ZPO durch die Reform aus dem Jahre 2001 durchbrochen wird.[116] Hierbei handelt es sich um eine bisher nicht geklärte Grundsatzfrage. Die Position des BGH, der trotz der Neufassung der §§ 142, 144 ZPO eine allgemeine prozessuale Aufklärungspflicht der nicht darlegungs- und beweispflichtigen Partei weiterhin ablehnt, wurde bereits erläutert.[117]

In rechtsvergleichender Hinsicht lässt sich feststellen, dass der deutsche Gesetzgeber in Bezug auf die Mitwirkung der Parteien nicht so weit ging wie beispielsweise der französische, der bereits 1976 eine allgemeine prozessuale Mitwirkungspflicht der Parteien statuierte und diese in Einzelvorschriften konkretisierte.[118] Eine Einführung der bereits dargestellten, im Interesse der Waffengleichheit der Parteien untereinander bestehenden *discovery* des US-amerikanischen Rechts ist durch die Neuregelung ebenfalls nicht eingetreten.[119] In Deutschland wurde aber durch die Reform von 2001 nicht die Macht der Parteien, sondern die des Richters im Rahmen der Beweiserhebung gestärkt.[120] Mit Blick auf die Verhandlungsmaxime lässt sich festhalten, dass diese durch die Neufassung der §§ 142, 144 ZPO in dem Bereich der Beibringung der Beweismittel partiell aufgehoben worden ist.[121] In der Literatur wird vereinzelt sogar angenommen, die Neufassung schaffe „ein Stück weit ein inquisitorisches Element".[122]

---

[114] Vgl. *Leipold*, in: Globalisierung und Sozialstaatsprinzip, S. 235 ff. (244).
[115] So *Greger*, in: FS für Beys, S. 459 ff. (465).
[116] So auch *Greger*, in: FS für Beys, S. 459 ff. (466) mit Hinweis darauf, dass für Unterhaltsprozesse der im Jahre 1998 eingefügte § 643 ZPO noch weitergehende Amtsaufklärungsbefugnisse des Gerichts begründet; anders aber *Stürner*: „Es ist […] gerade der Beibringungsgrundsatz als Ausfluss der Parteiautonomie, der Aufklärungspflichten der Parteien verlangt." *Stürner*, ÖJZ 2014/1, S. 1 ff. (11).
[117] BGH NJW 2007, 155 ff. (156).
[118] *Stürner*, FS für Frisch, S. 187 ff. (197); vgl. auch *Stadler*, FS für Beys, S. 1625 ff. (1632).
[119] Vgl. Bericht des BT-Rechtsausschusses, BT-Drucks. 14/6036, S. 120.
[120] *Leipold*, in: Globalisierung und Sozialstaatsprinzip, S. 235 ff. (245).
[121] *Greger*, BRAK-Mitt. 2005, S. 150 ff. (152); nach *Rosenberg/Schwab/Gottwald* wird „auf diese Weise ein rigider Beibringungsgrundsatz abgemildert." § 120 Rn. 47 mit Hinweis auf *Roth*, JZ 2009, S. 194 ff. (205).
[122] So *Stadler*, FS für Beys, S. 1625 ff. (1646).

Im Kontext der Steigerung von Richtermacht verbunden mit Einschränkungen der Verhandlungsmaxime im Bereich der Beweiserhebung ist zwar bedeutsam, dass – anders als beispielsweise im österreichischen (§ 183 öZPO) Prozessrecht – eine richterliche Befugnis zur Vernehmung von Zeugen, die von keiner Partei beantragt worden ist, §§ 141–145, 273 II Nr. 4 ZPO, noch nicht eingeführt worden ist. Indes ist der Fall, in dem ein bekannter Zeuge von beiden Parteien nicht benannt wird, nur theoretischer Natur. Es entspricht vielmehr der Praxis, dass ein bekannter Zeuge auch von den Parteien präsentiert wird. Es sei angemerkt, dass das deutsche Zivilverfahrensrecht mit der fehlenden richterlichen Befugnis zur Vernehmung von Zeugen von Amts wegen auch nicht so weit reicht wie die *Principles of Transnational Civil Procedure*, nach denen dem Richter gestattet wird, Beweisaufnahmen anzuordnen, die von keiner Partei beantragt worden sind, *Principle 22.2.2*. Dieser sehr weitgehende Schritt wird als „zukunftsweisender gemeinsamer Nenner"[123] in der Literatur teilweise begrüßt, um Divergenzen in den europäischen Rechtsordnungen zu beseitigen.[124]

Weitere Änderungen im Rahmen der Beweiserhebung von Amts wegen ergeben sich nach der höchstrichterlichen Rechtsprechung im Bereich des Sachverständigenbeweises, sofern das Gericht die Unzulänglichkeit der eigenen Sachkunde zur Würdigung des Parteivortrages erkennt oder erkennen müsste, bzw. sofern ein bereits erstelltes Sachverständigengutachten widersprüchlich ist oder noch keine abschließende Beurteilung ermöglicht.[125] Angesichts der zunehmenden Komplexität der Zivilprozesse nimmt der Wirkungsbereich der Sachverständigen stetig zu. Dies gilt in besonderem Maße für Arzthaftungs- und Bauprozesse, auf die an späterer Stelle einzugehen sein wird. Im Rahmen dieses Beweismittels gibt es zusätzlich zu der dargestellten Ermessensreduzierung noch folgende Besonderheit: Sachverständige sind nach deutschem Verständnis – im Unterschied zum angloamerikanischen Verfahren – Gehilfen des Gerichts, die nach Auswahl und Bestellung seitens des Gerichts, § 406 ZPO, unter dessen Anleitung und unter Einsatz der notwendigen speziellen Sachkunde den Sachverhalt neutral untersuchen[126] und das Verfahren damit oftmals faktisch entscheiden (*iudex facti*), womit der Sachverständige an sich der Sphäre des Gerichts zuzuordnen ist.[127] Dieses Verständnis steht im Übrigen im

---

[123] Zitat nach *Althammer*, ZZP 126 (2013), S. 31 mit Hinweis auf *Stürner*, RabelsZ 69 (2005), S. 229.
[124] *Althammer*, ZZP 126 (2013), S. 3 ff. (33).
[125] *Stadler*, in: FS für Beys, S. 1625 ff. (1643) m.w.N.
[126] Die Gewährleistung der Neutralität gerichtlich beigezogener Sachverständiger ist auch Bestandteil des Koalitionsvertrages zwischen CDU, CSU und SPD, 18. Legislaturperiode, S. 107. https://www.cdu.de/sites/default/files/media/dokumente/koalitionsvertrag.pdf (zuletzt aufgerufen am 24.9.2018).
[127] Ausnahmen bestehen freilich für das Beibringen vorprozessualer privater Gutachten. Ein Privatgutachten gilt als Parteivortrag. Vgl. *Rosenberg/Schwab/Gottwald*, § 122 Rn. 14.

Einklang mit den seit den siebziger Jahren des 20. Jahrhunderts bestehenden Reformüberlegungen, den Sachverständigen – vergleichbar mit dem Laienrichter in der Kammer für Handelssachen[128] – in den Spruchkörper zu integrieren.[129]

Der Richter muss im geltenden Zivilprozessrecht von seinen Befugnissen zur Beweiserhebung von Amts wegen in vielen Bereichen Gebrauch machen. Voraussetzung ist aber – wie schon im ersten Teil der Arbeit hervorgehoben wurde – das Vorliegen eines streitigen Tatsachvortrages. Der Verhandlungsgrundsatz wird durch die Möglichkeit einer Beweiserhebung von Amts wegen nicht nur modifiziert, sondern – insbesondere im Rahmen der Beweiserhebung von Urkunden, im Rahmen des Augenscheins und im Rahmen des Sachverständigenbeweises – im Wege einer Loslösung von einem Parteiantrag, durch eine Ermessensreduzierung auf null und durch Umwandlung einer bloßen richterlichen Befugnis in eine richterliche Pflicht durchbrochen.

VI. Gütliche Einigung

Die Bedeutung des Gütegedankens war im Zeitpunkt des Inkrafttretens der CPO noch gering. Im Allgemeinen herrschte die Vorstellung von den aktiv um ihr Recht kämpfenden Parteien.[130] Änderungen ergaben sich durch die Vereinfachungsnovelle, die mit der Vorschrift des § 279 I ZPO, wonach das Gericht in jeder Lage des Verfahrens auf eine gütliche Beilegung des Rechtsstreits oder einzelner Streitpunkte bedacht sein soll, den Gedanken der gütlichen Beilegung des Rechtsstreits stärker betonte. Der Richter soll der Möglichkeit einer einvernehmlichen Regelung nicht rein passiv gegenüberstehen, sondern Initiativmöglichkeiten zur Erreichung einer Einigung in Erwägung ziehen.[131] Die Vorschrift entspricht dem heutigen § 278 I ZPO. Die Entwicklung führte so weit, dass das BVerfG im Jahre 2007 feststellte, die Bewältigung einer streitigen Problemlage durch einvernehmliche Lösung sei in einem Rechtsstaat grundsätzlich vorzugswürdig gegenüber einer gerichtlichen Entscheidung. Durch Konsensbildung sei nicht nur eine schnellere und kostengünstigere Lösung der Streitigkeit möglich, sondern zugleich ein Beitrag zum dauerhaften Rechtsfrieden gegeben, welcher durch das gerichtliche Verfahren

---

[128] Die Kammer für Handelssachen entscheidet gemäß §§ 105, 109, 114 GVG in der Besetzung mit einem Mitglied des Landgerichts und zwei ehrenamtlichen Richtern aus dem Kreis der Kaufleute.

[129] Vgl. dazu *Kilbrandon*, 5. Kolloquium des Europarats zum europäischen Recht, Zivilrechtliche Arzthaftung in Europa, mitgeteilt von *Griess*, JZ 1975, S. 581 ff. (582); *Deutsch*, NJW 1978, S. 1657 ff. (1660); kritisch insoweit *Katzenmeier*, Arzthaftung, S. 399 ff.

[130] Vgl. *Greger*, JZ 1997, S. 1077 ff.; *ders.*, in: FS für Beys, S. 459 ff. (464).

[131] *Baumbach/Lauterbach/Albers/Hartmann*, ZPO, § 279 Anm. 2) A.

so nicht erzielt würde.[132] Damit hat sich die Aussage *Leipolds* aus dem Jahre 1991 „Die Geschichte des Schlichtungsgedankens in Deutschland ist im Großen und Ganzen die Geschichte seine Scheiterns"[133] aus heutiger Perspektive nicht bestätigt. Gerade in den neunziger Jahren des 20. Jahrhunderts lebte der Gütegedanke wieder auf und wurde – beginnend mit dem am 1. Januar 2000 in Kraft getretenen „Gesetz zur Förderung der außergerichtlichen Streitschlichtung"[134] sowie mit der seit 1. Januar 2002 geltenden ZPO-Reform[135] – intensiv gefördert.

Die Stärkung des Gütegedankens in der ZPO ist für die vorliegende Betrachtung des Spannungsverhältnisses von Parteiherrschaft und Richtermacht relevant. Die vorstehend genannten jüngsten Veränderungen im Hinblick auf die konsensuale Einigung der Parteien betreffen das landesrechtlich obligatorische Güteverfahren, § 15a EG-ZPO, die zwingend vorgeschaltete Güterverhandlung, § 278 II-IV, VI ZPO, sowie die von der Güteverhandlung abzugrenzende zivilgerichtsinterne Mediation gemäß § 278a ZPO, bei der das reguläre Zivilverfahren gemäß § 278a II ZPO ruht.[136]

Im Hinblick auf die Konfliktlösung im klassischen Zivilverfahren lässt sich ein Bedeutungszuwachs der Streitbeendigung durch Prozessvergleich beobachten.[137] Der Prozessvergleich wird als Alternative zum Urteil angesehen. Für die vorliegende Betrachtung ist die Beteiligung des Richters einhergehend mit der Gefahr einer Überaktivität unter dem Gesichtspunkt von Vergleichsdruck bedeutsam. Zwar ist der Prozessvergleich Ausprägung der Dispositionsmaxime, womit er scheinbar zu der Freiheitsausübung der Parteien zählt.

---

[132] BVerfG NJW-RR 2007, 1073. Die Entscheidung befasst sich mit der Verfassungsmäßigkeit einer obligatorischen Streitschlichtung nach Landesgesetz auf Grundlage von § 15a EGZPO.

[133] *Leipold*, unveröffentlichter Vortrag vom 6.7.1991, zitiert von *Prütting*, in: Verhandlungen des 62. Deutschen Juristentages, Band II/1, O 15.

[134] BGBl. I 2400.

[135] Art. 2 I Nr. 41 ZPO-RG.

[136] Die außergerichtliche Streitbeilegung verbraucherrechtlicher Streitigkeiten wird zudem erheblich durch die Richtlinie 2013/11/EU (ADR-Richtlinie), umgesetzt durch das Verbraucherstreitbeilegungsgesetz, und durch die Verordnung (EU) Nr. 524/2013 (ODR-Verordnung) gefördert. Siehe dazu 5. Teil A. VI.

[137] Gewiss sind die Vergleichsquoten nicht annähernd mit denen in den U.S.A. vergleichbar. Dort werden bis zu 95 % der Verfahren schon vor dem eigentlichen *trial* durch Vergleich beendet. Dies ist aber auf Besonderheiten des amerikanischen Zivilprozessrechts zurückzuführen, wie z.B. das hohe Kostenrisiko wegen fehlender Prozesskostenerstattung für die obsiegende Partei und die Unsicherheiten und der Aufwand eines Jury-Prozesses. Statistiken belegen, dass der Anteil der Vergleiche in Deutschland vor den Landgerichten zwischen 2001 und 2004 von 29,6 % auf 38 % gestiegen ist; *Dietrich*, ZZP 120 (2007), S. 443 ff. (445) mit Hinweis auf F.A.Z. vom 18.5.2006. Im Jahre 2011 wurden bundesweit 14,9 % aller Zivilsachen vor den Amtsgerichten, 24,1 % erstinstanzlich bzw. 12,7 % berufungsinstanzlich vor den Landgerichten, sowie 17,4 % der Berufungssachen vor den Oberlandesgerichten durch Prozessvergleich beendet. So Fachserie 10 Reihe 2.1. – 2011 (Zivilgerichte) des Statistischen Bundesamtes.

Denn rechtsmethodisch gesehen entziehen diese gemeinsam – wie bei einer einverständlichen Erledigungserklärung nach § 91a ZPO – den Rechtsstreit einer gerichtlichen Entscheidung.[138] Die Stärkung der gütlichen Einigung durch den Gesetzgeber ist jedoch bei genauerer Betrachtung keineswegs gleichbedeutend mit einer Stärkung der Parteiherrschaft. Ganz im Gegenteil, die Macht des Richters wird insgesamt durch Stärkung des Prozessvergleichs erweitert, indem dem Richter im Hinblick auf Vergleichsbemühungen eine aktive Rolle zugewiesen wird, die sich auch in konkreten Vergleichsvorschlägen (vgl. § 278 VI S. 1 ZPO) äußern kann.[139] Gewiss sind solche Vergleichsvorschläge des Richters als legitim anzusehen. Dennoch gibt es Bedenken. Seit der Reform des Jahres 2001 geht die obligatorische Güteverhandlung zum Zweck der gütlichen Beilegung des Rechtsstreits der mündlichen Verhandlung voraus. Im Rahmen dieser der mündlichen Verhandlung vorgeschalteten Güteverhandlung ist es Aufgabe des Gerichts, die Chance einer Einigung der Parteien auszuloten. Dabei sind tatsächliche und rechtliche Aspekte des Rechtsstreits zu erörtern. Das Gericht erklärt den Parteien dabei gleich zu Beginn des Prozesses, wie es die Sache einschätzt. Dabei kann der Richter seine vorläufigen rechtlichen Überlegungen und mögliche Beweisrisiken offen legen.[140] Dies geschieht ohne Bindung an die strengen Regeln der ZPO über das Beweisverfahren. Der Richter kann damit auch ganz konkret auf Zweifel hinweisen, ob er einer Aussage eines Zeugen Glauben schenken wird oder nicht. Das Recht der Parteien auf Beweiserhebung sowie das Verbot, Beweismittel im Voraus zu würdigen, haben keine Bedeutung mehr.[141] Der Richter geht damit insgesamt über bloße Information und bloßes Aufzeigen von Vor- und Nachteilen hinaus, indem er Wertungen im Rahmen der Streitschlichtung vornimmt. Vergleichsförderndes Verhalten des Richters bedeutet also aktives Verhalten und Vergleichsförderung kann – wie gütliche Streitbeilegung schlechthin – als neue richterliche Aufgabe begriffen werden. Die Praxis zeigt dabei ein recht forciertes Bestreben mancher Richter, die Parteien zum Abschluss eines Prozessvergleichs – teilweise auf „dringendes Anraten des Gerichts" – zu bewegen. Dies geht indes auch so weit, dass auf Parteien durch das Gericht Druck ausgeübt wird. Unter Vergleichsdruck versteht man ein aktives richterliches Verhalten, durch das die Parteien zum Abschluss eines Vergleichs bewegt werden sollen.[142] Es besteht damit die Gefahr, dass der Richter kraft seiner Autorität un-

---

[138] Vgl. dazu auch *Münch*, in: Die Zukunft des Zivilprozesses, S. 5 ff. (42): „Die Anregung vergleichsweiser Einigung rechnet damit nicht bloß historisch, sondern gerade darum auch methodisch als Erscheinungsform einverständlicher Prozessbeendigung zum individuell geprägten Prozesszweck, weil er eben insoweit Freiheitsausübung eröffnet."
[139] *Dietrich*, ZZP 120 (2007), S. 443 ff. (446).
[140] BAG, Urt. v. 12.05.2010, NZA 2010, 1250 ff. (1254).
[141] So *Leipold*, in: Globalisierung und Sozialstaatsprinzip, S. 235 ff. (246).
[142] *W. Gottwald*, Streitbeilegung, S. 71; *W. Gottwald/Treuer*, Vergleichspraxis, S. 33.

ter zweckwidrigem Einsatz prozessualer und argumentativer Mittel die Parteien zu einem eigentlich ungewollten Vergleich drängt.[143] Als Druckmittel im Falle mangelnder Vergleichsbereitschaft kommen insbesondere Verunsicherung der Parteien, ein Hinweis auf schlechte Erfolgschancen, auf das Kostenrisiko und auf eine lange Verfahrensdauer, das Drohen mit Anwaltshaftung oder mit Aktenvorlage an die Staatsanwaltschaft und mit Verhängung von Ordnungsstrafen in Betracht.[144] Dies wurde bereits in den neunziger Jahren des 20. Jahrhunderts empirisch für Teile der Schweiz (Kanton Zürich) durch *Egli* in der Arbeit „Vergleichsdruck im Zivilprozess" belegt. Die Methoden einer aktiven Einflussnahme des Richters auf die Rechtssuchenden kann von einer direkten Druckausübung, welche auf die Einschränkung der Entscheidungsfreiheit des Betroffenen abzielt, sogar bis hin zu einer Einflussnahme durch manipulative Methoden reichen. Bei einer solchen trifft der Rechtssuchende die vom Richter angestrebte Entscheidung als eigene.[145] Schon im Jahre 1966 befasste sich der BGH mit der Anfechtung eines Vergleichs wegen richterlicher Androhung eines ungünstigen Urteils.[146] Eine aktuelle Entscheidung des BAG aus dem Jahre 2010[147] fußt auf einem extremen Fall, in dem ein Prozessvergleich aufgrund einer widerrechtlichen Drohung des Richters dem Kläger gegenüber, mit den Worten „Seien Sie vernünftig. Sonst müssen wir sie zum Vergleich prügeln", wirksam gemäß § 123 I BGB angefochten wurde. Der Kläger musste befürchten, bei endgültiger Verweigerung eines Vergleichsabschlusses kein unbefangenes Urteil mehr erlangen zu können. Gewiss handelt es sich dabei um einen krassen Fall des Einsatzes autoritär geprägter Vergleichsbemühungen. Jedoch wird verdeutlicht, dass das Gericht, das in jeder Lage des Verfahrens auf eine gütliche Streitbeilegung bedacht sein soll (§§ 64 VII, 57 II ArbGG, § 278 I ZPO), dabei den Eindruck erwecken kann, die Partei müsse sich der Autorität des Richters beugen. Damit wird jedoch die Grenze überschritten, die der Verfahrensgrundsatz der Dispositionsmaxime vorgibt. Der Richter bewegt sich insgesamt in einem Spannungsverhältnis, denn er muss sich einerseits um eine gütliche Beilegung des Rechtsstreits bemühen und in gewisser Weise die Parteien dabei „führen", darf andererseits die Parteien nicht in einer gegen die Verfahrensmaximen verstoßenden Weise beeinflussen.[148] In der Literatur wird sogar jegliche aktive richterliche Streitschlichtung abgelehnt. Insbesondere *Stürner* plädiert in diesem Zusammenhang für eine Beschränkung auf zurückhaltende und lediglich informative

---

[143] *Steinberg*, DRiZ 2012, S. 19 ff. (20).
[144] Vgl. auch *Steinberg*, DRiZ 2012, S. 19 ff. (20) mit Hinweis auf *W. Gottwald/Treuer*, Verhandeln, S. 113–126.
[145] *Egli*, S. 71.
[146] BGH NJW 1966, 2399 ff.
[147] BAG NZA 2010, 1250 ff. = BeckRS 2010, 74221 = ArbRAktuell 2010, 607.
[148] Vgl. *Winzer*, Anmerkung zu BAG, Urt. v. 12.5.2010, in FD-ArbR 2010, 310428.

Vergleichshilfe.[149] In dem geschilderten Fall hatte der Richter unmittelbar zu Beginn der Verhandlung seine Unzufriedenheit bezüglich des Verfahrensstandes zum Ausdruck gebracht und dem Kläger gegenüber geäußert: „Passen Sie auf, was Sie sagen; es wird sonst alles gegen Sie verwendet." Hierdurch ist bei dem Kläger der Eindruck entstanden, der vorsitzende Richter wolle jede Erörterung des Streitstoffs gleich zu Beginn unterbinden,[150] womit der Verhandlungsgrundsatz erheblich beschränkt wird. Ferner spricht auch für sich, wenn ein vorsitzender Richter an einem Oberlandesgericht es in einem Aufsatz für erforderlich hält, darauf hinzuweisen, dass dem Richter „eine Darstellung wider besseres Wissen als vermeintlich sicher oder unsicher und andere Formen der Druckausübung auf die Parteien, unter Anwälten als „Vergleichsquetsche" gefürchtet", verboten seien.[151]

Gestärkt wird die Richtermacht auch durch die Einführung des § 278 V ZPO. Dieser betrifft die richterliche Kompetenz, über den Verlauf des Verfahrens zu bestimmen. Nach der Vorschrift des § 278 V S. 1 ZPO „kann" das Gericht die Parteien willkürlich an einen „Güterichter" verweisen. Dies kann sowohl für die oben beschriebene obligatorische Güteverhandlung nach § 278 II ZPO oder für weitere Güteversuche erfolgen. Kriterien der Ermessensausübung sollen die Art und Komplexität des Rechtsstreits, die Wahrscheinlichkeit weiterer Streitigkeiten und die Stellungnahme in der Klageschrift sein.[152] Nach § 278 V S. 2 ZPO hat der Güterichter zur Erlangung einer Streitbeilegung freie Methodenwahl und kann „alle Methoden der Konfliktbeilegung einschließlich der Mediation" einsetzen (Grundsatz der Methodenfreiheit). Der Güterichter ist aber nicht in der Sache entscheidungsbefugt.[153] Die Schaffung des Güterichters als eigener Richtertypus führt durch die Ausübung von Mediationstechniken zu einem richterlichen Machtzuwachs.[154] Zwar ist die Mediation gerade nicht autoritär geprägt, denn ihr liegt der Gedanke zugrunde, dass der Mediator als neutrale Instanz mit den Parteien einen Kompromiss erarbeitet. In diesem herrschaftsfreien Diskurs besteht ein grundsätzlicher Strukturunterschied zu der gerichtlichen Güteverhandlung.[155] Jedoch befinden sich die

---

[149] *Stürner*, in: FS für Walder, S. 273 ff. (282 ff.). In DRiZ 1976, 202 ff. (204) schreibt *Stürner*: „Es ist nicht Aufgabe des Richters, als Makler der Parteien eine gütliche Konfliktlösung herbeizuwirken." Ferner heißt es: „Der Richter soll informieren, nicht manipulieren."
[150] BAG NZA 2010, 1251 ff. (1251).
[151] *Probst*, JR 2011, S. 507 ff. (510); *Leipold*, in: Globalisierung und Sozialstaatsprinzip, S. 235 ff. (247).
[152] *Ahrens*, NJW 2012, S. 2465 ff. (2469).
[153] *Prütting*, in: Münchener Kommentar ZPO, § 278 Rn. 34.
[154] *Roth*, JZ 2013, S. 637 ff. (641). Schließlich bleibt in rechtsdogmatischer Hinsicht zu beachten, dass die Schaffung des Güterichters mit einer Verzerrung der Strukturen des Zivilprozesses einhergeht. Denn in den Zivilprozess werden Funktionen der gesetzesfernen Mediation integriert, welche nicht zu der richterlichen Aufgabe der Rechtsverwirklichung passen. *Roth*, JZ 2013, S. 637 ff. (641 f.).
[155] *Steinberg*, DRiZ 2012, S. 19 ff. (21).

Parteien – nicht nur räumlich – in der Sphäre des Gerichts, denn es begegnet ihnen eben ein Richter.[156] Damit ist die Gefahr, dass dieser aktiv bzw. autoritär die Kompromissfindung beeinflusst, schon in der Struktur der gerichtsinternen Mediation angelegt.[157]

Ein weiterer Machtzuwachs ist mit der Entscheidungsbefugnis des Richters über den Ablauf des Verfahrens ohne Möglichkeit einer Beeinflussung durch die Parteien verbunden. Die Verweisungsmöglichkeit gemäß § 278 V S. 1 ZPO engt damit die Parteifreiheit ein. Eine Abhilfemöglichkeit diesbezüglich wäre allein das Erfordernis eines Einverständnisses beider Parteien hinsichtlich der Verweisung. Kehrseite der freien Methodenwahl ist also die Unfreiheit der Parteien, welche positiv-rechtlich nicht über die Verfahrensweise bestimmen.[158] Im Schrifttum wird zutreffend darauf hingewiesen, hieraus könne mit Blick auf den Anwalt ein Beratungsproblem resultieren.[159] Die Einführung des § 278 V S. 1 ZPO beschneidet die Freiheit der Parteien im Ergebnis erheblicher als die im Rahmen der formellen Prozessleitung dargestellte Befugnis des Richters zur Bestimmung der Verfahrensweise nach § 272 I ZPO und die damit verbundene Befugnis zur Setzung von Fristen. Denn die Verweisungsbefugnis an den Güterichter betrifft nicht nur die Wahl des Richters zwischen zwei Verfahrensweisen. Nach dem Verweisungsrecht nach § 278 V S. 1 ZPO kann der zuständige Richter den Parteien, die Rechtsschutz im Rahmen eines kontradiktorischen Verfahrens mit dem Ziel eines schnellen Urteils als Vollstreckungstitel anstreben und sich dazu bereits an das Gericht gewendet haben, in einem laufenden Verfahren Zeitverzögerungen aufzwingen,[160] was dem bereits dargestellten Bestreben eines sozialen Zivilprozesses mit dem besonderen Anliegen der Verfahrenseffizienz zuwiderliefe. Der Richter kann also die Wahlfreiheit des Bürgers durch Aufnötigung eines Verfahrens vor dem Güterichter einengen[161] und die Parteien „gewissermaßen vom Gericht erst einmal wieder wegschicken"[162], obgleich diese im Falle anwaltlicher Beratung ohnehin die Chance einer außergerichtlichen Streitbeilegung unter Beratung eines Rechtsexperten bereits ausgelotet hatten.[163] Mit Einreichung der Klage macht der Kläger aber deutlich, dass er einen Prozess anstrebt und da-

---

[156] *Steinberg*, DRiZ 2012, S. 19 ff. (21); vgl. auch *Greger*, NJW 2007, S. 3258 ff. (3258): „Der Mediationsrichter bleibt, auch wenn er den Beteiligten erklärtermaßen in einer ganz anderen Rolle gegenübertritt, Richter." Der Güterichter ist im hoheitlichen Bereich tätig und der Gesetzesbindung aus Art. 97 I GG und § 25 DRiG unterworfen. Dazu *Ahrens*, NJW 2012, S. 2465 ff. (2469).
[157] *Steinberg*, DRiZ 2012, S. 19 ff. (21).
[158] So *Ahrens*, NJW 2012, S. 2465 ff. (2469).
[159] So *Ahrens*, NJW 2012, S. 2465 ff. (2469).
[160] *Steinberg*, DRiZ 2012, S. 19 ff. (23).
[161] Vgl. auch *Steinberg*, DRiZ 2012, S. 19 ff. (22 f.).
[162] So *Leipold*, in: Globalisierung und Sozialstaatsprinzip, S. 235 ff. (248).
[163] *Leipold*, R.L.R. No. 30 (2013), S. 135 ff. (162).

mit den Streitgegenstand für einen Prozess für geeignet hält. Der Kläger möchte einen Prozess und kein rechtsfernes Verfahren. Diese Entscheidung als Ausdruck der Dispositionsmaxime wird ihm nun partiell genommen. Dadurch kann das Ziel einer Verfahrensstraffung im Wege des frühen ersten Termins oder des schriftlichen Vorverfahrens durch die Verweisung auf das Verfahren vor dem Güterichter durchaus konterkariert werden. Bei einem Scheitern dieses Verfahrens vor dem Güterichter – das klar von dem eigentlichen Verfahren und der klassischen Güteverhandlung abzugrenzen ist – geht das Verfahren letztlich wieder zurück an ein reguläres Verfahren vor dem entscheidungsbefugten Richter. Damit ist das prozessökonomische Argument der Mediation *ad absurdum* geführt. Die Neuregelung bewirkt Zeitaufwand anstelle von Zeitersparnis und Kostenbelastung durch ein besonderes Verfahren anstelle von Kostenersparnis.

Positiv zu bewerten ist in diesem Zusammenhang, dass die eingefügte Bestimmung des § 278a ZPO keine richterliche Kompetenz einer Verpflichtung der Parteien zu einem außergerichtlichen Mediationsverfahren[164], sondern lediglich ein Vorschlagsrecht des Gerichts hinsichtlich der Mediation nach Einleitung des Rechtsstreits enthält.[165]

Im Hinblick auf die Schaffung der Öffnungsklausel des § 15a EGZPO lässt sich keine unmittelbare Stärkung von Richtermacht erkennen. Jedoch entsteht ein gewisser Zwang für die Parteien zur Inanspruchnahme eines Schlichtungsverfahrens, selbst wenn die Parteien dies überhaupt nicht wünschen. Die Parteien haben eben keine Wahl, welches Forum sie zur Beilegung ihres Streits wählen. Ihnen wird der Zugang zum Gericht zeitweilig versagt.[166] Denn vor Durchführung dieses Schlichtungsverfahrens ist die Klage unzulässig. Damit wird die Parteiherrschaft über die Verfahrenseinleitung im Ergebnis geschwächt. Demgegenüber ist im Hinblick auf die jüngste Entwicklung im Bereich außergerichtlicher Streitbeilegung bemerkenswert, dass der Gesetzgeber des Verbraucherstreitbeilegungsgesetzes (VSBG) aus dem Jahre 2016[167] keinen Zwang zur Durchführung eines Schlichtungsverfahrens etabliert, sondern den Aspekt der Freiwilligkeit zur „Grundlage außergerichtlicher Streitbeilegungsverfahren" erhebt und sich klar dahingehend positioniert, dass „einvernehmliche Konfliktbeilegung ihre Grundlage in der Privatautonomie" hat, „denn wer sich freiwillig auf eine einvernehmliche Lösung einlässt, wird diese in der Regel auch respektieren".[168] Dementsprechend erfordert die Durchführung des

---

[164] Eine solche Verpflichtung wäre indes nach Art. 5 II der MedRL und Art. 1 S. 2 RL 2013/11/EU zulässig gewesen. Dazu *Ulrici*, in: Münchener Kommentar ZPO, § 278a Rn. 5.
[165] *Steinberg*, DRiZ 2012, S. 19 ff. (23).
[166] *Leipold*, in: FS für Klamaris, S. 443 ff. (457).
[167] BGBl. I 2016, 254 ff.
[168] BR-Drucks. 258/15, S. 46; vgl. dazu auch *M. Stürner*, in: Alternative Streitschlichtung, S. 87 ff. (92 f.).

Schlichtungsverfahrens nach dem VSBG einen Antrag des Verbrauchers, § 4 VSBG, setzt auf die Freiwilligkeit der Beteiligung des Unternehmers, § 15 VSBG, und ermöglicht die Beendigung des Verfahrens auf Wunsch der Parteien, § 15 VSBG.

Der fehlende Wille der Parteien zur außergerichtlichen Einigung im Rahmen eines vorgeschalteten Schlichtungsverfahrens nach § 15a EG-ZPO ist insbesondere denkbar in Verfahren wegen Verletzung der persönlichen Ehre, in denen die Beziehung der Beteiligten eskaliert sein kann und damit kaum einer einvernehmlichen Lösung zugänglich sein wird. Auch geht es in den nach § 15a EGZPO aufgeführten Nachbarschaftsstreitigkeiten sowie bei Verfahren mit geringen Streitwerten[169] den Beteiligten oft mehr um das Prinzip als um die Sache. Damit erscheint sehr fragwürdig, ob der Gesetzgeber bei der Einführung der obligatorischen Streitschlichtung die richtigen Verfahrensgegenstände ausgewählt hat.[170]

VII. Einschränkungen von Parteidisposition im Rahmen der Rechtsinstitute Verzicht und Anerkenntnis

Parteidisposition wurde im Rahmen der Rechtsinstitute des Verzichts, § 306 ZPO, sowie des Anerkenntnisses, § 307 ZPO, eingeschränkt. Nur noch das Verzichtsurteil setzt einen Antrag – in Form eines allgemeinen Abweisungsantrags – voraus. Demengegenüber wurde das auch im § 307 ZPO a.F. enthaltene Antragserfordernis („[…] so ist sie dem Antrag gemäß zu verurteilen") durch die ZPO-Reform von 2001 gestrichen. Des Weiteren wurde die Parteidisposition und damit die Parteiherrschaft im Bereich des Revisionsrechts seit dem 1.1.2014 in Bezug auf die Möglichkeit der Rechtsmittelrücknahme und des Anerkenntnisses durch die Neufassung von § 565 ZPO sowie des § 555 ZPO weiter eingeschränkt. Das Spannungsverhältnis zwischen der spezifischen Zwecksetzung der Revision, Fälle grundsätzlicher Bedeutung zu entscheiden, und der Parteiherrschaft durch Disposition auch in der dritten Instanz, wurde zugunsten einer – positiv anzusehenden – Stärkung des BGH als Revisionsin-

---

[169] Dieser Verfahrensgegenstand gemäß § 15a I Nr. 1 EGZPO wurde zunächst in die entsprechenden Landesausführungsgesetze aufgenommen, aber später (vgl. z.B. Gütestellen und Schlichtungsgesetz NRW ab 1.1.2008, Sachsen-Anhalt ab 1.1.2009) wieder gestrichen, womit das obligatorische Schlichtungsverfahren nur für Nachbarschaftsstreitigkeiten und bei Ehrverletzungen Bedeutung hat. Anstelle des obligatorischen Schlichtungsverfahrens wurde das obligatorische Mahnverfahren gewählt, vgl. § 15a II Nr. 5 EGZPO.
[170] So *Stadler*, NJW 1998, S. 2479 ff. (2481). Ein weiterer Kritikpunkt besteht nach *Stadler* darin, dass die Ermächtigung an den Landesgesetzgeber mit einer Rechtszersplitterung durch unterschiedliche Landesregelungen und Schaffung von unterschiedlichen Verfahrensarchitekturen verbunden ist. So *Stadler*, NJW 1998, S. 2479 ff. (2481).

stanz und zu Lasten der Parteiherrschaft entschieden.[171] Gewiss hindert nichts den Revisionsbeklagten, einer Rücknahme der Revision während oder nach der mündlichen Verhandlung zuzustimmen.[172] Vor der mündlichen Verhandlung ist eine einseitige Rücknahme der Revision weiterhin möglich. Auch steht es dem Kläger frei, an der Intention des Beklagten, die Entscheidung durch Anerkenntnis zu verhindern, mitzuwirken.[173] Dem Kläger verbleibt nach einem Anerkenntnis des Beklagten insofern Dispositionsfreiheit, als er zwischen einer Beendigung des Rechtsstreits durch Anerkenntnisurteil und durch streitiges Urteil mit Begründung wählen kann.[174] Jedoch geht die Neuregelung des Anerkenntnisses nach § 555 III ZPO zu Lasten der Freiheit des Beklagten. Die Freiheit des Revisionsklägers wird beschnitten, indem dessen Entscheidung, das Rechtsmittel zurückzunehmen, an die Zustimmung des Gegners gekoppelt wird. Damit wird die Freiheit der Parteien, das laufende Revisionsverfahren autonom zu torpedieren, sofern kein Interesse mehr an einer Entscheidung besteht, im Ergebnis erheblich beschränkt.[175]

VIII. Die Ausdehnung der Einzelrichterzuständigkeit unter Zurückdrängung des Kollegialprinzips

Diese Zielsetzung der Effektivierung des Zivilprozesses lag auch der – dem europäischen Trend entsprechenden[176] – stetigen Verstärkung des Einzelrichterprinzips zugrunde, denn hierdurch sollte die Eingangskapazität der erstinstanzlichen Gerichte gesteigert werden.

Nach der CPO von 1877 begannen Rechtssachen mit größeren Streitwerten immer vor drei Richtern. Demgegenüber bekannte sich der österreichische Zivilprozess im Rahmen der ersten Instanz auch bei den Landesgerichten zum Einzelrichterprinzip, wovon bei höheren Streitwerten durch Beantragung ei-

---

[171] Eine Alternative wäre die Einführung eines Annahmerechtsmittels nach Vorbild des U.S.-amerikanischen *Supreme Court* gewesen. Vgl. *Althammer*, in: Die Zukunft des Zivilprozesses, S. 89 ff. (101); *ders.*, in: Weller/Althammer, S. 3 ff. (18).
[172] So *Winter*, NJW 2014, S. 267 ff. (268).
[173] So *Winter*, NJW 2014, S. 267 ff. (268). *Winter* geht von keiner Aufhebung der Parteiherrschaft in dritter Instanz aus.
[174] BT-Drucks. 17/13948, S. 35.
[175] Positiv aber *Fuchs*, JZ 2013, S. 990 ff. (993): „Die neue Rechtslage schränkt den Dispositionsgrundsatz in der Revisionsinstanz geringfügig ein und kann im Ergebnis zu einem ‚Mehr' an streitigen Entscheidungen seitens des BGH führen, die mit einer aussagekräftigen Begründung versehen sind."
[176] Vgl. dazu *Stürner*, NJW 2000, S. 31 ff. (34) mit Hinweis auf die Entwicklung in den größeren EU-Staaten. In der Literatur findet sich folgende Kritik: „Der originäre Einzelrichter ist ein Kind leerer Staatskassen, gezeugt gegen bessere Einsicht unter dem Diktat der Kosteneinsparung." *E. Schneider*, Praxis der neuen ZPO, S. 220 Rn. 522.

ner Senatsentscheidung abgewichen werden konnte.[177] Die Novelle von 1924 führte in Deutschland erstmalig einen Einzelrichter ein, der – vergleichbar mit dem heutigen Vorsitzenden der Kammer für Handelssachen nach § 349 I ZPO[178] – im Hinblick auf die Arbeit des Kollegiums nur vorbereitend agieren konnte. Im Jahre 1974 wurde erstmals der allein entscheidungsbefugte Einzelrichter etabliert. Die Übertragung der Kammer an den Einzelrichter sollte aufgrund der Neufassung des § 348 ZPO im Jahre 1993 der Regelfall werden, obgleich die rechtstechnische Umsetzung durch das intendierte Ermessen den Kammern weiterhin einen gewissen Spielraum einräumte. Das Zivilprozessreformgesetz von 2001 schuf erstmalig den originären Einzelrichter.

Obwohl die Ausweitung des Einzelrichterprinzips nicht in erster Linie die Frage der strukturellen Machtverteilung zwischen Gericht und Parteien im Prozess betrifft, ist die Richterzentriertheit für die vorstehende Betrachtung aus verschiedenen Blickwinkeln relevant. Zunächst führt sie zu einer Angleichung des Verfahrens vor den Amtsgerichten und vor den Landgerichten insofern als Prozesse mit Streitwerten unter 5.000 Euro (§ 23 I Nr. 1 GVG) mit solchen Streitigkeiten, die einen unbegrenzten Streitwert haben, gleich behandelt werden. Es entscheidet nunmehr am Landgericht der Einzelrichter, und zwar auf erheblichen Rechtsgebieten, wie dem Bank- und Kapitalmarktrecht, bei Urheberrechtssachen, bei Ansprüchen aus Arzthaftung etc.[179] Außerdem erlangt die Verschärfung des Einzelrichterprinzips im Hinblick auf die Frage der Qualität und Richtigkeitsgewähr der richterlichen Entscheidungsfindung Bedeutung. Schließlich spricht viel dafür, dass Kollegialentscheidungen eine höhere Richtigkeitsgewähr als Einzelrichterentscheidungen bieten.[180] Der Vorteil der Kammer gegenüber dem Einzelrichter in Gestalt der Vermehrung und gegenseitigen Befruchtung fachlichen Wissens im Rahmen eines Teams ist evident. Zudem können gehäufte Assoziations- und Kombinationsmöglichkeiten, die insgesamt zu einer Steigerung der Kreativität führen, zu einer qualitativen Überlegenheit der Kammer gegenüber dem Einzelrichter führen. Letztlich zeichnet sich die Kammerentscheidung gegenüber der Einzelrichterentscheidung durch das Zusammentreffen sich ergänzender, wechselseitig schützender und korrigierender Persönlichkeitsstrukturen aus.[181] In seiner Annahme, es gebe keinen Qualitätsverlust der Einzelrichterentscheidung gegenüber den Kammerentscheidungen, widerlegt sich der Gesetzgeber im Übrigen selbst, indem er den Einzelrichter gemäß § 348 III S. 1 Nr. 1 ZPO anweist, besonders schwierige Sachen tatsächlicher oder rechtlicher Art der

---

[177] *Stürner*, NJW 2000, S. 31 ff. (34).
[178] Vgl. *Bartels*, in: Stein/Jonas, ZPO, Vor § 348 Rn. 2.
[179] Vgl. dazu auch die Kritik von *Deutsch*, NJW 2004, S. 1150 ff. (1151).
[180] *Rosenberg/Schwab/Gottwald*, § 108 Rn. 1; *Schäfer*, BRAK-Mitt. 1996, S. 2 ff. (8 f.).
[181] So *E. Schneider*, Praxis der neuen ZPO, S. 221 Rn. 524.

Kammer zur Entscheidung vorzulegen.[182] Die Höherwertigkeit des Rechtsschutzes durch die Kammer wird insoweit vom Gesetzgeber offenbar selbst angenommen.[183]

Schließlich bleibt neben der Gefahr von Qualitätsverlust im Hinblick auf die Richtermacht auch der Aspekt von Machtallokation in einer Person zu bedenken. Denn die Verankerung des Einzelrichterprinzips, mit der die Macht des Einzelrichters gestärkt wird, eröffnet zudem dem Einfluss subjektiver, in der Person des Richters liegender Einschätzungen, Tür und Tor.

Die Entwicklung birgt die Gefahr eines Verlustes an Rechtsstaatlichkeit und wird aus verfassungsrechtlicher Perspektive auch wie folgt beschrieben:

„Die Tendenz innerhalb der Gesetzgebung, Rechtsprechungsaufgaben zunehmend auf den Einzelrichter zu übertragen, erscheint aus dem Blickwinkel der legitimierenden ‚Intra-Organ-Kontrolle' insofern alles andere als unproblematisch – ein Aspekt, der in der jüngsten, fast ausschließlich unter vordergründigen Effizienzgesichtspunkten geführten Diskussion über die Reform des Zivilprozesses einmal mehr nicht ausreichend berücksichtigt worden ist."[184]

IX. Die Verfahrensvereinfachung im Bereich der Bagatellverfahren

Ebenfalls von der Zielsetzung der Beschleunigung und der Entlastung war die Einführung des § 495a ZPO durch das Rechtspflegevereinfachungsgesetz getragen. Ein derartiges Sonderverfahren für geringfügige Streitwerte war der

---

[182] *E. Schneider*, Praxis der neuen ZPO, S. 193.
[183] *Bartels*, in: Stein/Jonas, ZPO, Vor § 348 Rn. 8; *Grunsky*, in: Stein/Jonas, ZPO, 22. Aufl., Vor § 348 Rn. 8. Schließlich sei angemerkt, dass wohl kaum von einem allzuständigen Einzelrichter, dessen juristische Karriere von dienstlichen Beurteilungen abhängt, zu erwarten ist, dass er eine Rechtssache an das Kollegium abgibt, weil er sich der Bearbeitung aufgrund ihrer Schwierigkeit nicht gewachsen sieht. *E. Schneider*, Praxis der neuen ZPO, S. 194. Des Weiteren lässt sich konstatieren, dass sich die Schaffung des originären Einzelrichters konträr zu den tragenden Zielsetzungen des Zivilprozessreformgesetzes verhält. Denn dieses zielte auf Einschränkung des Rechtsschutzes im Rechtsmittelverfahren, was durch eine angebliche Stärkung der ersten Instanz gerechtfertigt werden sollte. Dies ist im Hinblick auf die Reform der §§ 348 ff. ZPO grundlegend falsch. *Grunsky*, in: Stein/Jonas, ZPO, 22. Aufl., Vor § 348 Rn. 8: „Die weitgehende Ersetzung der Kammerzuständigkeit durch eine Zuständigkeit des Einzelrichters lässt sich keinesfalls als Stärkung des Rechtsschutzes erster Instanz verkaufen." Schließlich ist höchst bedenklich, dass in der Berufungsinstanz nach § 526 I Nr. 1 ZPO eine Übertragung an den Einzelrichter dann möglich ist, wenn schon die angefochtene Entscheidung von einem Einzelrichter erlassen wurde. Das Gesetz betrachtet die Tatsache, dass in der ersten Instanz ein Einzelrichter entschieden hat, als Anknüpfungspunkt für die Übertragungsmöglichkeit an den Einzelrichter in zweiter Instanz. Damit können „große, ja existenzvernichtende Prozesse […] von zwei Juristen, jeweils als Einzelrichter sitzend, der zweite auch deswegen sitzend, weil schon in der Vorinstanz ein Einzelrichter gesessen hat, nach deren juristischem Verständnis entschieden werden." So *Deutsch*, NJW 2004, S. 1150 ff. (1151).
[184] *Voßkuhle/Sydow*, JZ 2002, S. 673 ff. (679).

CPO von 1877 hingegen nicht bekannt. Grundgedanke der Vorschrift des § 495a ZPO ist, dem Richter bei niedrigem Streitwert eine an der Prozessökonomie ausgerichtete Gestaltung des Verfahrens je nach Lage des Einzelfalls zu ermöglichen.[185] Der Zweck der Vorschrift soll indes nicht in der Verstärkung der Richtermacht gegenüber dem Parteieinfluss bestehen.[186] Im Hinblick auf die Maximen erscheint es aber bedenklich, aufgrund von prozessökonomischen Erwägungen rechtsstaatliche Verfahrensstandards durch richterliches Ermessen auszuhebeln und so einen maximenfreien Raum zu eröffnen. Zwar wird im Schrifttum betont, auch im Rahmen des § 495a ZPO seien wesentliche Grundsätze eines rechtsstaatlichen Verfahrens einzuhalten, wozu auch die Dispositions- und die Verhandlungsmaxime zählen.[187] Allerdings besteht unter dem Aspekt der Entformalisierung in der praktischen Handhabung der Vorschrift die Gefahr der Förderung von Richtermacht durch Schaffung richterlicher Flexibilität. Angesichts des Streitwerts von bis zu 600 Euro sind hiervon eben nicht nur Bagatellsachen betroffen. Überzeugend ist daher die Mahnung von *Althammer* nach einer Konkretisierung der prozessualen Billigkeit zur Absicherung zentraler prozessualer Mindeststandards.[188] Im Übrigen sei angemerkt, dass die praktische Handhabung, im Wege willkürlicher richterlicher Herabsetzung des Streitwerts die Anwendbarkeit des § 495a ZPO zu ermöglichen,[189] sehr problematisch erscheint.

Die Vorschrift ist Gegenstand vielfacher Kritik.[190] Im Auftrag der Bundesrechtsanwaltskammer erging eine rechtstatsächliche Untersuchung mit der Fragestellung, ob rechtsstaatliche Prinzipien in der alltäglichen amtsgerichtlichen Praxis des § 495a ZPO tangiert würden. Die Studie belegt die Entwicklung eines eigenständigen, der ZPO fernen, selbst erfundenen Prozessrechts zumindest an einigen Amtsgerichten.[191] In der Literatur heißt es, die Vor-

---

[185] *Leipold*, in: Stein/Jonas, ZPO, 22. Aufl., § 495a Rn. 4 und *Berger*, in: Stein/Jonas, ZPO, § 495a Rn. 4.
[186] So *Leipold*, in: Stein/Jonas, ZPO, 22. Aufl., § 495a Rn. 1 und *Berger*, in: Stein/Jonas, ZPO, § 495a Rn. 1.
[187] *Deppenkemper*, in: Münchener Kommentar ZPO, § 495a Rn. 32; *Pukall*, in: HK-ZPO, § 495a Rn. 6; *Thomas/Putzo*, ZPO, § 495a Rn. 2.
[188] *Althammer*, in: Weller/Althammer, S. 3 ff. (26).
[189] Einer solchen Praxis hat das Landgericht München entgegnet, dass gegen derartige Streitwertfestsetzungen die Ausnahmebeschwerde gemäß § 567 I ZPO analog gegeben ist. LG München, NJW-RR 2002, 425.
[190] Kleine Anfrage des Abgeordneten *Volker Beck* (Köln) und der Fraktion Bündnis 90/Die Grünen zu den Auswirkungen des „vereinfachten Verfahrens" nach § 495a der Zivilprozessordnung auf rechtsstaatliche Standards, http://dipbt.bundestag.de/doc/btd/13/052/1305299.asc (zuletzt aufgerufen am 24.9.2018).
[191] Diese Untersuchung wurde von *Rottleuthner* durchgeführt. Ders., Umbau des Rechtsstaats? Zur Entformalisierung des Zivilprozesses im Bereich der Bagatellverfahren – Ergebnisse einer rechtstatsächlichen Untersuchung zur Praxis von § 495a ZPO, NJW 1996, S. 2473 ff.; vgl. Kleine Anfrage des Angeordneten *Volker Beck* (Köln) und der Fraktion Bündnis 90/Die Grünen zu den Auswirkungen des „vereinfachten Verfahrens" nach § 495a

schrift verführe manche Richter dazu, „recht eigenwillige Privat-Prozessordnungen zu erfinden."[192] Auch wird darauf hingewiesen, die Vorschrift des § 495a ZPO diene in der Praxis sogar als „Ermächtigungsgrundlage" für die vorsätzliche Verweigerung rechtlichen Gehörs.[193] Die konkreten Probleme der Verfahren nach § 495a ZPO bestehen im Einzelnen darin, dass oftmals kein mündlicher Termin stattfindet, zu kurze Fristen für die Anzeige der Verteidigungsbereitschaft und die Klageerwiderung eingeräumt werden, was zum Ausschluss von Stellungnahmen des Beklagten führt[194] und zu Lasten der Verhandlungsmaxime dessen Stoffbeibringung abschneidet. Bedenklich ist ferner die Möglichkeit des Erlasses eines Endurteils bei Säumnis in dieser Verfahrensart.[195] Dem Säumigen ist die Möglichkeit des Einspruchs gemäß §§ 338 ff. ZPO verwehrt. Ferner erscheint – gemäß der genannten Untersuchung – bedenklich, dass in nur wenigen Fällen eine Beweisaufnahme durchgeführt wird. Auch erfolgt eine Beweisaufnahme ohne Beweisbeschluss, weshalb sich die Parteien bzw. ihre Vertreter eventuell nicht ausreichend vorbereiten konnten.[196]

Die insgesamt laut der genannten Untersuchung bestehende Uneinheitlichkeit der Handhabung des § 495a ZPO ist gerade vor dem Hintergrund des Prinzips der Gleichbehandlung fragwürdig. Eine gesetzliche Regelung, die dem Rechtsanwender einen weiten Spielraum belässt, führt in der juristischen Praxis zu einem hohen Maß an Uneinheitlichkeit.[197] Im Hinblick auf die vorstehende Thematik kann konstatiert werden, dass die Entformalisierung des Zivilprozesses in den Verfahren auf Grundlage des § 495a ZPO in ihrem Anwendungsbereich eine erhebliche Steigerung der richterlichen Freiheit und damit der Richtermacht bedeutet und mit der Gefahr eines maximenfreien Raums im Zivilverfahren einhergeht.

---

der Zivilprozessordnung auf rechtsstaatliche Standards, http://dipbt.bundestag.de/doc/btd/13/052/1305299.asc (zuletzt aufgerufen am 23.9.2018); *E. Schneider*, in: FS für Madert, S. 188 ff. (191).

[192] So *E. Schneider*, in: FS für Madert, S. 188 ff. (191 f.).
[193] *E. Schneider*, in: FS für Madert, S. 188 ff. (191).
[194] *Rottleuthner*, NJW 1996, S. 2473 ff. (2475 ff.).
[195] *Rottleuthner*, NJW 1996, S. 2473 ff. (2476).
[196] *Rottleuthner*, NJW 1996, S. 2473 ff. (2476). Schließlich wird eine geringere Sorgfalt beim Urteil beobachtet, wobei § 313a ZPO und § 495a ZPO oftmals kombiniert werden. *Rottleuthner*, NJW 1996, S. 2473 ff. (2476).
[197] So *Rottleuthner*, NJW 1996, S. 2473 ff. (2476).

X. Ergebnis und Bewertung der Entwicklung unter Berücksichtigung des sozialen und des liberalen Prozessmodells sowie der Bedeutung der Verhandlungs- und der Dispositionsmaxime

Betrachtet man die Entwicklungen der ZPO zunächst im Hinblick auf die Differenzierung zwischen einem sozialen und einem liberalen Prozessmodell anhand der strukturellen Machtverteilung von Parteien und Gericht im System, so lässt sich feststellen, dass Parteiherrschaft vor allem im Hinblick auf das Ziel der Verfahrensbeschleunigung eingeschränkt worden ist. Effektivierung kristallisiert sich als permanentes Hauptziel der Novellen heraus.[198] Während das liberale Verfahren wenig Wert auf eine zeitliche Straffung des Verfahrens legte,[199] war der Gesichtspunkt der Prozessbeschleunigung unter dem Aspekt der Verhinderung des Missbrauchs des Zivilprozesses, der als soziale Einrichtung begriffen wurde, bereits bei *Klein* ein wichtiges Anliegen des sozialen Zivilprozesses.[200] Das Zeitmoment erhält aber – damals wie heute – insofern eine soziale Dimension in Bezug auf die Parteien, als die zügige Erlangung des Titels und damit der Vollstreckungsgrundlage für den Kläger u.U. von existentieller Bedeutung sein kann (*Justice delayed is justice denied*). Im Hinblick auf die dargestellten Novellen sind erste Tendenzen unter dem Zeichen der Beschleunigung und erste Ansätze der Konzentrationsmaxime schon in der Novelle von 1898 erkennbar, womit ein wesentliches Anliegen des sozialen Zivilverfahrens schon durch die erste Novellierung der CPO zum Ausdruck kam. Konkrete Mittel zur Verwirklichung eines effizienten Verfahrens waren eine Erweiterung richterlicher Befugnisse im Bereich der formellen Prozessleitung, eine stetige Verstärkung des Einzelrichterprinzips, die Neugestaltung des Rechtsmittelrechts unter Schaffung der Zurückweisungsbefugnis nach § 522 ZPO[201] und die Einführung des § 495a ZPO.

Entscheidend für die Zuordnung des Zivilverfahrens zu einem eher sozialen oder einem eher liberalen Verfahren sind neben dem Anliegen einer Straffung des Verfahrens einerseits der Gesichtspunkt der Pflichtigkeit der Parteien und andererseits das Ausmaß der Kompetenzen des Richters.

Nach der Vorstellung der CPO von 1877 ergab sich eine möglichst gerechte Lösung aus dem Streit, in dem jeder der Anwälte den Standpunkt seines Man-

---

[198] Der Gesichtspunkt der Effizienz wurde gewiss schon im Rahmen des Entwurfs der CPO als Erfordernis einer Prozessordnung genannt. *Hahn/Mugdan*, Band 2, Abt. 1, S. 115: „Als oberstes Erforderniß einer Prozessordnung darf hingestellt werden, daß sie praktisch brauchbar und zweckmäßig ist, daß sie den Rechtsstreit auf dem einfachsten, kürzesten, sichersten Wege seiner Entscheidung zuführt."
[199] Vgl. *Wassermann*, S. 91: Es kann „[…] nur verwundern, daß die liberale Ära so wenig Wert darauf gelegt hat, Prozesse kurz zu halten, […]".
[200] *Klein*, Pro Futuro, S. 72 ff.; siehe 1. Teil C. III. 2. a) dd).
[201] Hierdurch versprach sich der Gesetzgeber „erhebliche Effizienzgewinne" für die Gerichte. BT-Drucks. 14/3750, S. 41.

danten so gut wie möglich vertreten sollte. Traditionelle Aufgabe des Richters dabei war, zu entscheiden, welche Argumente überzeugen. Dabei oblag dem Richter auf Grundlage des Liberalismus nur eine helfende und dienende Funktion. Hinsichtlich der Parteipflichten ist auffällig, dass es nicht einmal eine Wahrheitspflicht und Editionspflichten gab. Durch diese Minimierung von Mitwirkungspflichten der Parteien sollten richterliche Übergriffe auf die Parteiautonomie bei der Tatsachenbeschaffung von Anfang an ausgeschlossen werden.[202] Der deutsche Zivilprozess nach der CPO von 1877 war demnach ein liberales Verfahren, gekennzeichnet durch weitgehende Passivität des Richters sowie einem Überwiegen der Parteifreiheit gegenüber der Parteipflichtigkeit. Bei Analyse der dargestellten Novellen lässt sich neben der stärkeren Orientierung des Verfahrens an der Effizienz eine Zurückdrängung von Parteiherrschaft verzeichnen. Daher wird die Geschichte der Novellierungen der ZPO zutreffend auch als die Geschichte der Zurückdrängung von Parteiherrschaft bezeichnet.[203] Dies geschah unter starker Änderung des oben dargestellten Charakters der mündlichen Verhandlung, die heute nicht mehr als freier Austausch des Vorbringens durch die Parteien gekennzeichnet werden kann, sondern eine Darstellung des Streitstands durch das Gericht und richterliche Befragungen der Parteien zum Inhalt hat.[204] Aufgrund der dargestellten Novellen hat sich die Bedeutung des für ein liberales Verfahren sehr wichtigen Grundsatzes der Mündlichkeit und dabei das Bild der mündlichen Verhandlung insgesamt geändert. Zwar war die Vereinfachungsnovelle 1976 von der Zielsetzung, durch Konzentration der mündlichen Verhandlung das Mündlichkeitsprinzip zu stärken, geleitet.[205] Allerdings lässt sich dies durch Maßnahmen wie einer umfassenden richterlichen Vorbereitung und richterlichen Fristsetzungen zwecks rascher Stoffsammlung mit dem Ziel, Termine möglichst gering zu halten, schwierig erreichen.[206] Im Ergebnis erscheint die Bedeutung der Vorschrift des § 128 I ZPO, die als wichtige Stütze der Verhandlungsmaxime und als Verwirklichung der Grundidee des liberalen Zivilprozesses anzusehen ist, fraglich. Nach dieser Vorschrift verhandeln die Parteien schließlich *vor* dem Gericht und nicht *mit* diesem und erst recht verhandelt das Gericht nicht mit den Parteien.[207]

Betrachtet man die Stellung der Parteien gegenüber dem Gericht, dann lässt sich eine eindeutige Abkehr vom liberalen Zivilprozess hin zum sozialen Pro-

---

[202] *Stürner*, in: FS für Frisch, S. 181 ff. (196).
[203] Vgl. *Schönfeld*, S. 53; *Hess*: „Seit ihrem Inkrafttreten war die Rechtsentwicklung von einer kontinuierlichen Rückdrängung der zunächst (umfassenden) Parteiherrschaft und der Aufwertung richterlicher Prozessverantwortung geprägt." R.L.R. No. 27 (2010), S. 191 ff. (194).
[204] So *Leipold*, in: Globalisierung und Sozialstaatsprinzip, S. 235 ff. (242 f.).
[205] BT-Drucks. 7/2729, S. 34.
[206] *Franzki*, DRiZ 1977, S. 161 ff. (162).
[207] *Leipold*, in: Globalisierung und Sozialstaatsprinzip, S. 235 ff. (237).

zessmodell durch die Einführung einer Wahrheitspflicht der Parteien im Jahre 1933 verzeichnen.[208] Mit Blick auf die Differenzierung zwischen einem sozialen und einem liberalen Zivilverfahren lässt sich feststellen, dass der reformierte deutsche Zivilprozess spätestens seit 1933 nicht mehr zu den liberalen Verfahrensmodellen gezählt werden kann, sondern denjenigen Verfahren angehört, die neben dem privaten Charakter des Rechtsstreits auch die öffentliche Funktion des Zivilprozesses betonen, ohne jedoch hierzu eine richterliche Aufklärung des Sachverhalts von Amts wegen im Sinne einer Untersuchungsmaxime anzustreben.[209] Damit lässt sich der Wandel in der Prozessauffassung gerade nicht vor dem Hintergrund kompensatorischer richterlicher Prozessführung zugunsten einer schwächeren Partei, sondern maßgeblich mit der Einführung der Wahrheitspflicht erklären.[210]

Auf der Ebene des Gerichts können die drei richterlichen Befugnisse der Frage- und Hinweispflicht gemäß § 139 ZPO, des Zugriffs auf die Partei selbst durch die Parteivernehmung und Parteianhörung nach § 141 ZPO sowie die von Amts wegen bestehende Befugnis der Anordnung der Vorlage von Urkunden nach § 142 ZPO als richterliche Kernkompetenzen bezeichnet werden. Diese Befugnisse unterlagen dem dargestellten Wandel mit der Folge einer Abkehr von der liberalen Vorstellung richterlicher Zurückhaltung. In Bezug auf die richterliche Frage- und Hinweispflicht nach der CPO ist die unterschiedliche Gestaltung für das amtsgerichtliche (§ 464 CPO) und für das landgerichtliche Verfahren (§ 139 I CPO) auffallend: Nur der Amtsrichter hatte auf vollständige Erklärung und Stellung sachdienlicher Anträge hinzuwirken. Aufgrund dieser Beschränkung auf das amtsgerichtliche Verfahren ist ersichtlich, dass der Prozess in der Regel von der Mitwirkung der Rechtsanwälte und dem Vertrauen auf deren Sachkunde getragen war.[211] Durch die im Jahre 1909 etablierte Erörterungspflicht des Amtsrichters gemäß § 502 ZPO war der Grundstein für eine aktive Einbindung des Richters, die mit einer „Erörterung" seitens des Gerichts denklogisch einhergeht, gelegt, und es war der Weg für eine veränderte Prozessauffassung geebnet, obgleich die Kommentarliteratur davon ausging, der Amtsrichter habe sich bei anwaltlicher Vertretung auf die Ausübung des Frage-

---

[208] Es kann aber angenommen werden, dass auch die Einrichtung von Sondergerichten während des ersten Weltkrieges und in den ersten Nachkriegsjahren, für deren Verfahren überwiegend der Untersuchungsgrundsatz galt, die Tendenzen zu einer stärkeren Einschränkung der Verhandlungsmaxime begünstigten. *M. Kohler*, S. 379 Fn. 1971.
[209] Vgl. *M. Kohler*, S. 383. *Bomsdorf* konstatierte sogar, dass die Novellen von 1909, 1924 und von 1933 die Verhandlungsmaxime immer mehr zurückgedrängt und letztlich beseitigt hätten. Die Verhandlungs- und die Untersuchungsmaxime seien ineinander übergegangen. *Bomsdorf*, S. 278.
[210] Die Wahrheitspflicht wurde in den Kreisen der konservativen Richterschaft, in denen das liberale Verfahren nie wirkliche Akzeptanz gefunden hatte, mit der Ablehnung der Verhandlungsmaxime in einen deutlichen Zusammenhang gebracht. *Brehm*, S. 163.
[211] *Leipold*, in: Globalisierung und Sozialstaatsprinzip, S. 235 ff. (238).

rechts zu beschränken.[212] Das Schrifttum des 20. Jahrhunderts hat nach der Neufassung durch die Novelle von 1909 auf die Gefahr der Ausforschung hingewiesen.[213] Die unterschiedliche Ausgestaltung im Rahmen der richterlichen Frage- und Hinweispflicht zwischen dem amtsgerichtlichen und dem landgerichtlichen Verfahren ist mit der Novelle von 1924 gegenstandslos geworden.

In rechtsdogmatischer Hinsicht stellt sich schließlich die Frage, welche Bedeutung die Verhandlungs- und die Dispositionsmaxime im heutigen Zivilprozess noch haben. Hierbei ist zwischen der Geltung der Maximen einerseits und ihrer Wirkungskraft als Leitlinien für das Verfahren andererseits zu differenzieren. Die Frage nach der prägenden Bedeutung einer „Maxime" ist denklogisch kein Widerspruch in sich. Zwar könnte man dazu neigen, die prägende Bedeutung einer Maxime als eine notwendige Voraussetzung für die Charakterisierung als „Maxime" zu betrachten.[214] Anders gewendet ließe sich annehmen, mit dem Verlust der prägenden Bedeutung gehe auch der Verlust der Geltung als „Maxime" im Sinne einer Leitlinie, die feste Konturen und klare Abgrenzbarkeit ermöglicht, einher. Demgegenüber ist die Frage nach der gegenwärtigen Bedeutung der Maximen durchaus berechtigt, wenn man die Verhandlungs- und die Dispositionsmaxime als vom historischen Gesetzgeber gewählte Prinzipien betrachtet und danach fragt, ob die vom Gesetzgeber vorgegebenen Maximen immer noch prägend sind oder ob der Grad ihrer Erfüllung für die Annahme einer Prägung zu sehr abgenommen hat. Insofern muss vorstehend, wenn man von der Geltung der Verhandlungs- und Dispositionsmaxime überhaupt noch ausgeht, geklärt werden, wieweit sich der Gesetzgeber selbst von seinen Leitlinien entfernt hat und ob er die Form des Prinzips, die er ursprünglich angedacht hatte, immer noch ausfüllt. Daher ist *Leipold* zuzustimmen, wenn er prinzipielle Regelungen mit Ausnahmen als vereinbar ansieht, aber betont, dass ein Prinzip, das nicht mehr im Regelfall Geltung beansprucht, seine prägende Wirkung zu verlieren droht.[215] In diesem Sinne agiert der Gesetzgeber scharf an der Grenze.

Mit Blick auf die erste Frage nach der Geltung der Verhandlungs- und der Dispositionsmaxime sind folgende Überlegungen maßgeblich:

In Bezug auf die Verhandlungsmaxime steht die richterliche Frage- und Hinweispflicht in einem besonderen Spannungsverhältnis zu dieser Maxime. Gewiss muss bei der Beurteilung der Kompetenz nach § 139 ZPO klar festge-

---

[212] *Förster/Kann*, § 502, S. 1155.
[213] So *Levin*, Die rechtliche und wirtschaftliche Bedeutung des Anwaltszwangs, S. 78.
[214] Vgl. dazu die Feststellung von *Baur*, wonach Prozessrechtsgrundsätze nur dann wirksam sind, wenn sie durch das Gesetz rein verwirklicht werden und wenn unerlässlich notwendige Durchbrechungen an enge tatbestandliche Voraussetzungen geknüpft werden. *Baur*, in: Studi in onore di Tito Carnacini, S. 27 ff. (29).
[215] Vgl. *Leipold*, in: Stein/Jonas, ZPO, Vor § 128 Rn. 6. Nach *Leipold* ist ein Prinzip durchaus mit Ausnahmen vereinbar. Allerdings verliert ein Prinzip nach seiner Ansicht seine prägende Wirkung, wenn es nicht mehr im Regelfall Geltung beansprucht.

X. Ergebnis und Bewertung der Entwicklung

halten werden, dass die Vorschrift nicht die Untersuchungsmaxime einführt,[216] weil eine Hinweispflicht gerade keine Berechtigung und Verpflichtung des Gerichts beinhaltet, selbständig neue Tatsachen in den Prozess einzuführen. Sofern eine Partei dem richterlichen Hinweis nicht entspricht, darf das Gericht nicht von sich aus Nachforschungen betreiben.[217] Damit ist der Aufgabenzuweisung nach der ZPO die Grundvorstellung, wonach die Parteien den Tatsachenstoff in den Prozess einbringen, erhalten geblieben.[218] Der deutsche Zivilprozess ist demnach nicht als inquisitorisch zu bezeichnen. Der Gesetzgeber hat aber – beginnend mit einer richterlichen Verpflichtung zur „Erörterung" – eine Entwicklung begünstigt, die in der Praxis dem Richter durch eine entsprechende Handhabung der Kompetenzen nach §§ 139, 141, 142 ZPO gewisse Möglichkeiten für richterliche Überaktivität und Inquisition gibt. Insbesondere kann die „Erörterung" seitens des Richters durchaus bewirken, dass die Parteien nicht das vortragen, was sie eigentlich geltend machen wollen.[219] Die richterlichen Aufklärungs- und Anregungsmöglichkeiten sind praktisch unbegrenzt.[220] Eine starke Durchbrechung der Verhandlungsmaxime existiert auf der Beweisebene insofern als das Gericht – bis auf den Zeugen – alle Beweismittel von Amts wegen erheben darf. Daher kann man die Verhandlungsmaxime nicht damit beschreiben, das Gericht dürfe in der Regel keine Beweismittel von Amts wegen erheben. In diesem Punkt ist der Unterschied zur Untersuchungsmaxime sehr geschrumpft und es hat sich das Verhältnis der Regel zur Ausnahme verkehrt.[221] Von einem Stoffbeibringungsmonopol der Parteien kann jedenfalls nicht mehr gesprochen werden, wenn diese zur wahrheitsgemäßen und vollständigen Beibringung verpflichtet werden, wenn der Richter Beweise von Amts wegen zum Teil erheben muss und Stoffbeibringung gemäß § 296 ZPO abschneiden und durch Fragen und Hinweise auf die Beibringung aktiv einwirken kann. Im Hinblick auf die Durchführung der Beweisaufnahme sei angemerkt, dass der Richter Fragen an Zeugen und Sachverständige formuliert und die Vernehmungsergebnisse in seinem richterlichen Protokoll zusammenfasst.[222] Der richterliche Einflussbereich sowohl

---

[216] *Leipold*, in: Stein/Jonas, ZPO, 22. Aufl., § 139 Rn. 2 und *Kern*, in: Stein/Jonas, ZPO, § 139 Rn. 2.
[217] *Saare/Sein*, EUVR 2013, S. 15 ff. (25).
[218] *Schönfeld*, S. 79.
[219] So im Kommentar zu § 502 ZPO bei *Förster/Kann*, § 502 Rn. 2.; zitiert bei *Wassermann*, S. 99.
[220] So *Leipold*, in: Globalisierung und Sozialstaatsprinzip, S. 235 ff. (244).
[221] *Martens*, JuS 1974, S. 785 ff. (788).
[222] Demgegenüber erfolgt die Vernehmung unter Anwendung des Kreuzverhörs in den U.S.A. durch die Parteien – d.h. durch deren Rechtsanwälte – und wird grundsätzlich in ihrem Wortlaut dokumentiert. Diese nach deutschem Recht fehlende Befugnis der Vernehmung durch die Parteien dient zwar dem Schutz des Zeugen, denn die anglo-amerikanische Praxis des Kreuzverhörs geht zweifelsohne auch mit der Gefahr der Verletzung von Persön-

im Rahmen der Stoffsammlung als auch bei der Beweiserhebung ist damit erheblich.[223] Der Richter kann bereits auf die Stoffbeibringung durch seine Fragen und Hinweise gemäß § 139 ZPO, durch den Zugriff auf die Partei nach § 141 ZPO sowie durch die Möglichkeit der Abschneidung des Prozessstoffs nach § 296 ZPO einwirken.[224] Auf der zweiten Ebene der Verhandlungsmaxime – der Beweisebene – ist aufgrund der Kompetenzen der Beweiserhebung von Amts wegen vor dem Hintergrund der Modifikation des § 142 ZPO eine Durchbrechung der Verhandlungsmaxime evident.

Der wesentliche Aspekt, wonach das Gericht nicht neue Tatsachen anstelle der Parteibehauptungen von Amts wegen in den Prozess einführen darf, wird nicht tangiert, was für eine Geltung der Verhandlungsmaxime spricht.[225] Das stärkste Argument für die Geltung des Verhandlungsgrundsatzes ist die Bindung des Richters an das Geständnis nach § 288 I ZPO.

Im Hinblick auf die Dispositionsmaxime lassen sich ebenfalls deutliche Einschnitte verzeichnen. Die Einschränkungen resultieren hier maßgeblich aus den dargestellten Änderungen vor dem Hintergrund der Stärkung der gütlichen Einigung der Parteien. Hier wird zum einen durch § 278 V S. 1 ZPO sowie durch § 15a EGZPO die Dispositionsfreiheit eingeengt, zum anderen besteht die Gefahr richterlicher Steuerung von Parteiverhalten im Rahmen von Verfahrensbeendigung durch Prozessvergleich. Insgesamt fördern die genannten Novellen eine Unfreiheit der Parteien über Beginn, Ablauf und Beendigung des Zivilprozesses. Damit gewinnt das Anliegen der Förderung gütlicher Einigung Bedeutung für die Dispositionsmaxime. Ein weiteres Beispiel für die Tendenz der Einschränkung der Parteidisposition bieten die Rechtsinstitute des Verzichts gemäß § 306 ZPO sowie des Anerkenntnisses gemäß § 307 ZPO. Demgegenüber spricht für die Geltung der Dispositionsmaxime der weiterhin beachtliche Bestand an Gestaltungsmöglichkeiten der Parteien.[226] Als wichtige

---

lichkeitsrechten des Zeugen einher. Die deutsche Rechtslage hinsichtlich der Zeugenvernehmung schränkt aber zweifelsohne die Möglichkeiten der Parteien ein. Gerade in dieser Praxis richterlicher Vernehmung erblicken die Anglo-Amerikaner einen erheblichen Eingriff in die Parteiautonomie und kritisieren daher die „inquisitorische Macht" des kontinentalen Richters. Vgl. dazu *Mattei/Ruskola/Gidi*, S. 780 ff.

[223] Nach der Feststellung von *Rimmelspacher* im Jahre 1966 hat die bei Inkrafttreten der ZPO fast uneingeschränkt geltende Parteiherrschaft über die Urteilsgrundlagen an Absolutheit verloren, da sich der Einfluss des Gerichts bei der Stoffsammlung und dem Beweis „allmählich erhöhte". *Rimmelspacher*, S. 27.

[224] *Baur* stellte im Jahre 1974 fest, dass sich die Grenzen zwischen der Verhandlungsmaxime und dem Untersuchungsgrundsatz zugunsten einer richterlichen Aktivität des Richters auch bei der Tatsacheneinführung in den Prozess verschoben haben. *Baur*, Die Aktivität des Richters im Prozess, S. 187 ff. (194).

[225] So *Katzenmeier*, S. 385 Fn. 61, gegen die Ansicht, die davon ausgeht, dass angesichts der zahlreichen Ausnahmen nicht mehr von einer allgemeinen Geltung der Verhandlungsmaxime gesprochen werden könne.

[226] Vgl. schon *Brüggemann*, S. 103.

Anwendungsfälle dieses Prinzips seien die Einleitung des Verfahrens durch Klageerhebung nach § 253 II ZPO und die Bindung des Gerichts an den Antrag gemäß § 308 ZPO genannt.[227]

Damit beanspruchen die Verhandlungs- und die Dispositionsmaxime im gegenwärtigen Zivilprozess immer noch Geltung; allerdings hat sich der Zivilprozess im Hinblick auf das Verhältnis zwischen Parteiherrschaft und Richtermacht von seiner ursprünglichen Konzeption von 1877 weit entfernt. Eine prägende Bedeutung der Verhandlungs- und der Dispositionsmaxime muss angesichts der zahlreichen Ausnahmen negiert werden.

Abschließend sei an dieser Stelle der Blick auf eine mögliche Kennzeichnung des heutigen Zivilverfahrens gerichtet. Die Charakterisierung als dialogisch oder das Zurückgreifen auf eine Kooperationsmaxime[228] überzeugen nicht. Sicherlich ist der Prozess ein Gedankenaustausch zwischen den Parteien und dem Gericht, insofern müsste man aber von einem „Trialog" sprechen, sofern es einen solchen überhaupt gibt. Entscheidend sollte sein, dass eine derartige Beschreibung nicht die Frage nach der strukturellen Machtverteilung im Verfahren beantwortet. Sie lässt das bestehende Spannungsverhältnis zwischen den Prozessbeteiligten, dessen Existenz man selbst bei den gegenwärtigen deutlichen Abmilderungen des die CPO im Zeitalter des Liberalismus beherrschenden Kampfgedankens nicht leugnen kann, vollkommen außer Betracht. Schließlich hat selbst *Wassermann* in seiner Schrift „Der soziale Zivilprozeß" eingeräumt, der Prozess beruhe auf einem Konflikt der Parteien und diesem sei ein Kampfmoment immanent.[229]

Der moderne deutsche Zivilprozess ist – gemäß der heutigen Einschätzung der Vertreter des angloamerikanischen Rechtskreises – als richterzentriert und bürokratisch zu kennzeichnen. Bürokratisch ist der heutige Zivilprozess deshalb, weil der Prozessbetrieb als technischer Aspekt des Verfahrens in den Händen des Gerichts liegt. In der Zunahme der Bürokratie zeigt sich im Übrigen eine gewisse Parallele in der Entwicklung des römischen Verfahrens als Spiegel des verfassungsrechtlichen Wandels von der republikanischen Verfassung mit ihren gewählten Magistraten hin zum Beamtenstaat des Prinzipats.[230] Während im frühen römischen Legisaktionenverfahren und auch im späteren Formularprozess z.B. die Ladung (*in ius vocatio*) ein privater Akt war,[231] begann das neue Kognitionsverfahren unter stärkerer Herrschaft des Gerichts vor einem beamteten Richter mit einer amtlichen oder amtlich unterstützten Ladung.[232]

---

[227] Zu den weiteren Ausprägungen zählen §§ 306, 307, 91a, 264 ZPO.
[228] Terminus von *Bettermann*, JBl 1972, S. 62; dazu auch *Hahn*, S. 85 ff.
[229] *Wassermann*, S. 109.
[230] Vgl. dazu *Hausmaninger/Selb*, S. 505.
[231] *Kaser/Hackl*, Das römische Zivilprozessrecht, Erster Abschnitt II § 10, S. 64 ff., Dritter Abschnitt III § 30, S. 221.
[232] *Kaser/Hackl*, Das römische Zivilprozessrecht, Dritter Abschnitt II § 71, S. 472.

3. Teil

Die Einwirkung von EU-Recht auf das
nationale Prozessrecht im Hinblick auf das Verhältnis
von Parteiherrschaft und Richtermacht

A. Vorbemerkung

Nach eingehender Betrachtung und Bewertung der nationalen Reformen des deutschen Zivilprozessrechts im Hinblick auf das Verhältnis von Parteiherrschaft und Richtermacht, stellt sich die Frage, ob dieses Verhältnis auch durch das supranationale Gemeinschaftsrecht – also durch primäres und sekundäres EU-Recht – beeinflusst wird. Anders gewendet fragt sich, ob Entwicklungen auf EU-Ebene zu einer weiteren Stärkung von Richtermacht im deutschen Zivilprozess führen.

I. Grundsatz der Verfahrensautonomie der Mitgliedstaaten und Beschränkung desselben durch die Postulate der Äquivalenz und Effektivität

Das Zivilprozessrecht galt lange Zeit als ein vom Europarecht weitgehend unberührtes Gebiet des nationalen Rechts.[1] In der Rechtsprechung des EuGH wurden indes bereits im Jahre 1976 in den Entscheidungen *Rewe*[2] und *Comet*[3] Vorgaben für die Verfahrensgestaltungen des nationalen Zivilprozesses statuiert. Hiernach ist es Aufgabe der nationalen Gerichte, entsprechend ihrer Mitwirkungspflicht aus Art. 5 EGV a.F. (jetzt Art. 4 III AEUV), den Rechtsschutz zu gewährleisten, der sich für den einzelnen Bürger aus der unmittelbaren Wirkung des Gemeinschaftsrechts ergebe. Mangels einer gemeinschaftsrechtlichen Regelung auf dem Gebiet des Verfahrensrechts sei es deshalb Sache der innerstaatlichen Rechtsordnungen der Mitgliedstaaten, die zuständigen Gerichte zu bestimmen und das Verfahren für die Klagen auszugestalten, die den Schutz der dem Bürger aus der unmittelbaren Wirkung des Gemeinschaftsrechts erwachsenden Rechte gewährleisten sollen (Grundsatz der Verfahrensautonomie der Mitgliedstaaten).[4] Der Grundsatz der Verfahrensautonomie der Mitgliedstaaten wurde in den genannten Entscheidungen indes beschränkt: Die Verfahren dürfen einerseits nicht ungünstiger gestaltet sein als bei gleichartigen Klagen, die das innerstaatliche Recht betreffen (Grundsatz der Äquivalenz bzw. Nichtdiskriminierungsprinzip bzw. Grundsatz der Gleichwertigkeit). Andererseits dürfen die nationalen Verfahrensregelungen die Verfolgung der durch

---
[1] *Heinze*, EuR 2008, S. 655 ff. (655).
[2] EuGH Slg. 1976, 1989, Rn. 5 – *Rewe*.
[3] EuGH Slg. 1976, 2043, Rn. 11/18 – *Comet*.
[4] EuGH Slg. 1976, 1989, Rn. 5 – *Rewe*; EuGH Slg. 1976, 2043, Rn. 11/18 – *Comet*.

das Unionsrecht gewährten Rechte nicht unmöglich machen (Grundsatz der Effektivität, *effet utile*).[5] Die Mitgliedstaaten sind im Ergebnis im Rahmen ihrer Verfahrensautonomie bei der Ausgestaltung ihrer Verfahrensrechte an gewisse Vorgaben des primären Unionsrechts gebunden: erstens an den zentralen Grundsatz der Äquivalenz und zweitens an den zentralen Grundsatz der Effektivität,[6] Art. 19 I S. 3 AEUV.[7] Es besteht damit ein Spannungsverhältnis zwischen dem Äquivalenz- und Effektivitätsgrundsatz auf der einen und dem Grundsatz der Autonomie mitgliedstaatlicher Verfahrensrechte auf der anderen Seite. Der Vollzugsverpflichtung der Mitgliedstaaten stehen damit – teilweise gegenläufige – Grundsätze des nationalen Verfahrensrechts gegenüber. Im Hinblick auf die vorliegende Untersuchung gehören hierzu die Prozessmaximen, deren Geltung die effektive Durchsetzung des Unionsrechts nicht unmöglich machen bzw. übermäßig erschweren dürfen.

II. Einwirkungsebenen des Unionsrechts auf das nationale Verfahrensrecht

Insbesondere seit den neunziger Jahren des 20. Jahrhunderts unterliegen die nationalen Zivilprozessrechte dem wachsenden Einfluss des Unionsrechts.[8] Als europarechtliche Ausstrahlungsebenen auf das nationale Verfahrensrecht in Betracht kommen das primäre und das sekundäre Gemeinschaftsrecht.

Das primäre Gemeinschaftsrecht kann den nationalen Zivilprozess lediglich ausnahmsweise beeinflussen. Denn nur in bestimmten Fällen begründet das Primärrecht explizit Rechte und Pflichten für natürliche und juristische Personen („unmittelbare Wirkung" bzw. „unmittelbare Anwendbarkeit"). Dies ist zutreffend z.B. für die grundlegenden – den Wettbewerb regulierenden – Vorschriften der Art. 101, 102 AEUV (Art. 81, 82 EGV a.F.). Indes gibt es auch eine unmittelbare Wirkung solcher Vertragsbestimmungen, die nach ihrem Wortlaut nur an die Mitgliedstaaten gerichtet sind. Dies gilt nach der Rechtsprechung des EuGH unter den Prämissen, dass die Vorschrift rechtlich vollkommen ist, inhaltlich unbedingt ist und den Mitgliedstaaten Handlungs- oder Unterlassungspflichten auferlegt.[9] Eine unmittelbare Wirkung des Pri-

---

[5] Vgl. zum Grundsatz der Effektivität auch EuGH, Urt. v. 3.10.2013, C-32/12, Rn. 34 – *Soledad Duarte Hueros ./. Autociba.*

[6] Vgl. dazu auch: EuGH EuZW 2009, 852, Rn. 38 – *Asturcom Telecomunicaciones*; EuGH NJW 2012, 2257, Rn. 46 – *Banco Español de Crédito*; EuGH NJW 2013, 987, Rn. 26 – *Banif Plus Bank Zrt ./. Csaba Csipai.*

[7] Das Grundrecht auf effektiven Rechtsschutz wird durch Art. 47 I der EU-Grundrechtecharta mittlerweile explizit garantiert. Vgl. dazu *Heinze*, EuR 2008, S. 655 ff. (656).

[8] *Heinze*, EuR 2008, S. 655 (655).

[9] EuGH, Rs. 26/62, Slg. 1963, 1 ff. – *van Gend & Loos*; Rs. 57/65, Slg. 1966, 257 – *Lütticke.*

märrechts auf Rechtsverhältnisse zwischen Privatpersonen („horizontale unmittelbare Wirkung") – und damit auf den zivilrechtlichen Rechtsstreit – kommt grundsätzlich dann in Betracht, wenn der Vertrag dies explizit vorsieht, z.B. Art. 101, 102 AEUV (Art. 81, 82 EGV a.F.). Dann kann sich der einzelne Unionsbürger gegenüber einer anderen Privatperson vor dem nationalen Gericht auf die Vorschrift berufen. Diese horizontale unmittelbare Wirkung bedeutet für den mitgliedstaatlichen Richter, dass er die Vorschrift des EU-Rechts als unmittelbar geltendes Recht anzuwenden hat und eventuell entgegenstehende Vorschriften des nationalen Rechts unangewendet lassen muss (Grundsatz des Vorrangs des Gemeinschaftsrechts).[10] Der Schnittpunkt zu der vorliegenden Thematik von Parteiherrschaft *versus* Richtermacht im nationalen Zivilverfahren ergibt sich maßgeblich aus der Überlegung, dass nach der Verhandlungsmaxime das Gericht nur über solche Tatsachen entscheiden darf, welche die Parteien vorgetragen haben. Hat die Partei indes keine Tatsachen eingebracht, welche zu der Anwendung einer horizontal unmittelbar wirkenden Norm des Vertragsrechts führen, bleibt diese unberücksichtigt, sofern es bei der Geltung der Parteiherrschaft im Sinne der Verhandlungsmaxime bleibt. Der nationale Zivilprozess könnte daher in seinen Grundsätzen beispielsweise durch Art. 101, 102 AEUV (Art. 81, 82 EGV a.F.) beeinflusst oder sogar durchbrochen werden, da das nationale Prozessrecht das primäre EU-Recht nicht verletzen darf und das nationale Prozessrecht im Falle der Kollision mit EU-Recht zurückstehen muss. Schließlich hat das nationale Verfahrensrecht – wie bereits dargestellt – auch die Aufgabe, Gemeinschaftsrecht durchzusetzen. Zwar ist das nationale Verfahrensrecht autonom, es darf aber die Durchsetzung von Gemeinschaftsrechten nicht übermäßig erschweren.[11]

Bedeutsamer hinsichtlich der Wirkung von EU-Recht auf den Privatrechtsstreit erscheint indes das sekundäre Gemeinschaftsrecht. Dieses kann den nationalen Zivilprozess beeinflussen durch Verordnungen i.S.v. Art. 288 II AEUV (Art. 249 II EGV a.F.), welche direkt Geltung im nationalen Recht beanspruchen, und auch durch Richtlinien i.S.v. Art. 288 III AEUV (Art. 249 III EGV a.F.), die der Umsetzung durch den nationalen Gesetzgeber bedürfen. Die auf Grundlage von Art. 81 AEUV (Art. 65 EGV a.F.) erlassenen Rechtsakte der Gemeinschaft bilden dabei inzwischen für grenzüberschreitende Zivilsachen innerhalb Europas ein Europäisches Internationales Zivilprozessrecht.[12]

---

[10] EuGH, Rs. 26/62, Slg. 1963, 1 ff. – *van Gend & Loos*.
[11] *Heiderhoff*, ZEuP 2001, S. 276 ff. (283).
[12] Hierzu zählen z.B. die Verordnung über die gerichtliche Zuständigkeit und die Anerkennung und Vollstreckung von Entscheidungen in Zivil- und Handelssachen („Brüssel Ia", Verordnung (EG) Nr. 2015/2012 ABl. L. 351 S. 1 vom 12.12.2012), die Verordnung über die Zuständigkeit und die Anerkennung und Vollstreckung von Entscheidungen in Ehesachen und in Verfahren betreffend die elterliche Verantwortung (EuEheVO bzw. Brüssel IIa-Ver-

Im Rahmen des sekundären Gemeinschaftsrechts ist in Bezug auf die Richtlinien festzuhalten, dass diese keine direkte horizontale Rechtswirkung entfalten. Sie haben aber gewisse Direktwirkung, denn es besteht eine Verpflichtung nationaler Gerichte der Mitgliedstaaten zur richtlinienkonformen Auslegung. Schließlich setzen die nationalen Vorschriften die Richtlinienvorgaben des Gemeinschaftsrechts um. Die für den nationalen Zivilprozess relevanten Richtlinien betreffen vor allem die Gebiete des Arbeitsrechts, des Verbraucherrechts und des Wettbewerbsrechts. Damit wirken die Richtlinien nicht direkt auf die deutsche ZPO ein, sondern beeinflussen diese über ihre Einwirkung auf das materielle Recht und die Verpflichtung des nationalen Richters zu einer richtlinienkonformen Auslegung desselben. Die Berührung zu der vorstehenden Thematik von Parteiherrschaft *versus* Richtermacht ergibt sich maßgeblich aus Folgerungen des Verhandlungsgrundsatzes. Sofern der Betroffene beispielsweise seine Verbrauchereigenschaft nicht vorträgt und z.B. nicht über sein Widerrufsrecht belehrt worden ist, bleibt der gesetzliche Verbraucherschutz unberücksichtigt.[13] Des Weiteren ist in dem Bereich des sekundären EU-Rechts zu untersuchen, ob sich hieraus Änderungen im Hinblick auf das Verhältnis von Parteiherrschaft und Richtermacht im deutschen Zivilprozess aus anderen Aspekten als dem Verhandlungs- und dem Dispositionsgrundsatz ergeben. Denkbar ist in diesem Kontext die Einwirkung von Sekundärrecht durch direkte Wirkung auf das Zivilprozessrecht, vornehmlich auf den Ablauf des nationalen Zivilverfahrens.

---

ordnung; Verordnung (EG) Nr. 2201/2003, ABl. L 338 vom 27.11.2003), die Verordnung über die Zusammenarbeit zwischen den Gerichten der Mitgliedstaaten auf dem Gebiet der Beweisaufnahme in Zivil- oder Handelssachen (Verordnung (EG) Nr. 1206/2001, ABl. L 174 vom 28.5.2001), die Verordnung über das Insolvenzverfahren (Verordnung EU 2015/848 ABl. L 141 vom 5.6.2015), die Verordnung zur Einführung eines Europäischen Mahnverfahrens (Verordnung (EG) Nr. 1896/2006, ABl. L 399 vom 12.12.2006), die Verordnung zur Einführung eines europäischen Verfahrens für geringfügige Forderungen (Verordnung (EG) Nr. 861/2007, ABl. L 199 vom 11.7.2007), und die Richtlinie über bestimmte Aspekte der Mediation in Zivil- und Handelssachen (Richtlinie 2008/52/EG, ABl. L 136 vom 21.5.2008).
[13] Vgl. *Heiderhoff*, ZEuP 2001, S. 276 ff. (279).

B. Die konkrete Einwirkung des Gemeinschaftsrechts auf das nationale Verfahrensrecht im Hinblick auf die Verhandlungs- und die Dispositionsmaxime

I. Primäres Vertragsrecht und das Spannungsverhältnis von Parteiherrschaft und Richtermacht im nationalen Zivilprozess

In Betracht kommen Modifizierungen nationalen Prozessrechts zu Lasten der Parteiherrschaft im Falle eines Verstoßes gegen primäres Gemeinschaftsrecht. Es stellt sich also die Frage, ob das nationale Zivilverfahrensrecht Änderungen erfährt, um im Interesse des Effektivitätsgebotes die Durchsetzung zwingenden Gemeinschaftsrechts zu bewirken.[1] Eine Grenze der effektiven Durchsetzung primären Gemeinschaftsrechts kann sich aus dem Grundsatz von Parteiherrschaft bezogen auf den tatsächlichen Prozessstoff ergeben.[2]

1. Die Entscheidung *van Schijndel* und *van Veen*

Die Frage, ob der Verhandlungsgrundsatz durchbrochen werden müsste, wenn andernfalls zwingende Normen des EUV (jetzt AEUV) unangewendet blieben, wurde vom EuGH in der Rechtssache *van Schijndel* und *van Veen*[3] entschieden. Das niederländische Gericht begehrte mit der Vorlage an den EuGH die Beantwortung der Frage, ob es die zwingenden Wettbewerbsregeln des Art. 3 I lit. g, 10, 81, 82 und/oder des Art. 86 EGV a.F.[4] auch dann anzuwenden habe, wenn sich die Prozesspartei, zu deren Gunsten die Anwendung erfolgen würde, nicht auf diese Normen berufen hat. Des Weiteren war zu entscheiden, ob das Gericht dadurch die grundsätzlich geltende Passivität des Gerichts aufgeben müsste, indem es erstens die Grenzen des Rechtsstreits zwischen den Parteien überschreiten und/oder zweitens sich auf andere Tatsachen und Umstände stützen müsste, als die Parteien zugrunde gelegt haben.[5] Die Entscheidung betraf das niederländische Prinzip der „Passivität des Gerichts",

---

[1] *Heiderhoff*, ZEuP 2001, S. 276 ff. (284).
[2] *Heinze*, EuR 2008, S. 655 ff. (664); ausführlich dazu *Herb*, S. 35 ff., 261 ff.
[3] EuGH, Urt. v. 14.12.1995, Rs. C 430/93 und 431/93, Slg. 1995, 4705 ff. – *van Schijndel ./. Stichting Pensioenfond*.
[4] Im Zeitpunkt der Vorlage: Art. 3 lit. f., 5, 85, 86 und/oder 90 EGV.
[5] EuGH Slg. 1995, I-4705, Rn. 12 – *van Schijndel ./. Stichting Pensioenfond*.

das dem deutschen Verhandlungsgrundsatz im Wesentlichen entspricht.[6] Das niederländische Prinzip der Passivität des Gerichts gilt ebenso wie der deutsche Verhandlungsgrundsatz unabhängig davon, ob die geltend gemachten Ansprüche auf das nationale Recht gestützt werden oder ihre Grundlage im Unionsrecht finden.[7] Damit war das Verhältnis zwischen zwingendem primären Gemeinschaftsrecht und einem fundamentalen nationalen Verfahrensgrundsatz Gegenstand der Entscheidung. Der EuGH entschied bezüglich der ersten Vorlagefrage Folgendes: Die betreffenden Wettbewerbsregeln seien zwingende und unmittelbar anwendbare Vorschriften. Sofern die Gerichte nach ihrem nationalen Recht verpflichtet seien, die rechtlichen Gesichtspunkte, welche sich aus einer von den Parteien nicht geltend gemachten innerstaatlichen Vorschrift zwingenden Charakters ergeben, von Amts wegen zu prüfen, bestehe eine derartige Verpflichtung auch, wenn es sich um zwingende Gemeinschaftsnormen handelt.[8] Das Gleiche gelte, wenn die Gerichte nach nationalem Recht befugt seien, eine zwingende Vorschrift von Amts wegen anzuwenden.[9] Hinsichtlich der zweiten Vorlagefrage entschied der Gerichtshof:

„Jeder Fall, in dem sich die Frage stellt, ob eine nationale Verfahrensvorschrift die Anwendung des Gemeinschaftsrechts unmöglich macht oder übermäßig erschwert, ist unter Berücksichtigung der Stellung dieser Vorschrift im gesamten Verfahren, des Verfahrensablaufs und der Besonderheiten des Verfahrens vor den verschiedenen nationalen Stellen zu prüfen. Dabei sind gegebenenfalls die Grundsätze zu prüfen, die dem nationalen Rechtssystem zugrunde liegen, wie z.B. der Schutz der Verteidigungsrechte, der Grundsatz der Rechtssicherheit und der ordnungsgemäße Ablauf des Verfahrens."[10]

Der EuGH hat eine Verpflichtung der nationalen Gerichte zur amtswegigen Aufklärung des Sachverhalts in solchen Verfahren, in denen die Parteien die Tatsachen in den Prozess einbringen, verneint, und zwar auch dann, wenn als Konsequenz möglicherweise anwendbare Vorschriften des Unionsrechts außer Betracht bleiben. Er respektiert damit die Parteiherrschaft im Sinne einer Beschränkung des Tatsachenstoffs auf den Parteivortrag.[11] Dies entspricht auch der früheren Rechtsprechung des BGH, wonach es dabei bleibt, dass die Partei, die sich auf Art. 81 EGV (jetzt: Art. 77 AEUV) berufen will, die Voraussetzungen der Vorschrift darzulegen und zu beweisen hat.[12]

---

[6] *Heiderhoff*, ZEuP 2001, S. 276 ff. (284).
[7] *Cahn*, ZEuP 1998, S. 974 ff. (975).
[8] EuGH Slg. 1995, I-4705, Rn. 13 – *van Schijndel ./. Stichting Pensioenfond*.
[9] EuGH Slg. 1995, I-4705, Rn. 14 – *van Schijndel ./. Stichting Pensioenfond*.
[10] EuGH Slg. 1995, I-4705, Rn. 21 – *van Schijndel ./. Stichting Pensioenfond*.
[11] Vgl. dazu auch *Heinze*, EuR 2008, S. 655 ff. (664).
[12] BGH NJW 1992, 2145 ff. (2145).

2. Die Entscheidung *Peterbroeck*

Die Rechtssache *Peterbroeck* betraf keine zivilrechtliche, sondern eine abgabenrechtliche Streitigkeit zwischen der Gesellschaft *Peterbroeck* und dem belgischen Staat. Dem EuGH wurde die Frage vorgelegt, ob das Gemeinschaftsrecht der Anwendung einer nationalen Verfahrensregel entgegensteht, welche es dem nationalen Gericht verbietet, die Vereinbarkeit einer innerstaatlichen Rechtsnorm von Amts wegen zu prüfen, wenn sich kein Verfahrensbeteiligter innerhalb einer bestimmten Frist auf die Gemeinschaftsvorschrift berufen hat.[13] Der EuGH kam zu dem Ergebnis, dass das Gemeinschaftsrecht der betreffenden nationalen Verfahrensregel entgegenstehe. Die Begründung fußt vor allem auf Besonderheiten des konkreten Verfahrens, u.a. darauf, dass der Zeitraum, in dem die Gesellschaft *Peterbroeck* neue Rügen hätte vorbringen können, bereits abgelaufen war, als eine erste gerichtliche Kontrolle möglich war. Damit war keine Möglichkeit gegeben, die Prüfung von Amts wegen vorzunehmen.

3. Würdigung

Den Entscheidungen in den Rechtssachen *van Schijndel* und *van Veen* lässt sich entnehmen, dass der Verhandlungsgrundsatz aufgrund zwingender Normen des primären Gemeinschaftsrechts nicht angetastet wird. Selbst die Einführung solcher Tatsachen, aus denen sich die Anwendbarkeit zwingender Vorschriften des Gemeinschaftsrechts ergibt, bleibt den Parteien vorbehalten und ist dem Gericht verwehrt.[14] Für den deutschen Zivilprozess ergeben sich mithin im Hinblick auf den Verhandlungsgrundsatz im Falle der Durchsetzung zwingenden materiellen Gemeinschaftsrechts keine Veränderungen.[15] Die Parteien haben demnach die Sachverhaltsherrschaft, da sie durch ihren Tatsachenvortrag die Anwendbarkeit und Durchsetzbarkeit gemeinschaftsrechtlicher Normen des Primärrechts beeinflussen können.[16] Die Tatsachenbeschaffung verbleibt daher auch im Anwendungsbereich zwingender Normen des EU-Vertragsrechts bei den Parteien.[17] Ob sich hieran aufgrund der Entscheidung *Peterbroeck* Änderungen ergeben, ist zweifelhaft, da es sich nicht um eine privatrechtliche Streitigkeit, sondern um eine abgabenrechtliche Streitigkeit auf dem Gebiet des öffentlichen Rechts handelt.[18] Teilweise wird

---

[13] EuGH Slg. 1995, I-4599 – *Peterbroeck*.
[14] *Cahn*, ZEuP 1998, S. 974 ff. (978).
[15] Vgl. *Herb*, S. 68.
[16] *Herb*, S. 68.
[17] *Herb*, S. 70.
[18] Vgl. dazu *Herb*, S. 264.

aus der Entscheidung für den Zivilprozess gefolgert, dass der EuGH im Interesse von Verfahrenskonzentration und Rechtssicherheit eine Beschränkung des Verfahrensstoffs durch angemessene Ausschlussfristen und Präklusionsregelungen gestattet, sofern die konkrete Ausschlussfrist nicht vor der Sitzung abläuft, in der erstmalig eine gerichtliche Kontrolle des nationalen Rechts anhand des Gemeinschaftsrechts möglich ist.[19]

II. Sekundäres Gemeinschaftsrecht und nationaler Zivilprozess

1. Europäisches Verfahren für geringfügige Forderungen (Bagatellverfahren)

Die im Jahre 2009 in Kraft getretene Verordnung zur Einführung eines europäischen Verfahrens für geringfügige Forderungen („Small-Claims-Verordnung", EuGFVO, EuBagVO)[20] etabliert das erste europäische Erkenntnisverfahren. Die Verordnung soll die nationalen Prozessordnungen der Mitgliedstaaten nicht verändern, sondern ein additives Instrument bilden.[21] Sie tritt für den deutschen Zivilprozess also neben § 495a ZPO. Gemäß Art. 19 EuBagVO wird nationales Recht für anwendbar erklärt, sofern die Verordnung keine Abweichung enthält. Es handelt sich um ein fakultatives europäisches Verfahren, welches unter Zurückdrängung des Grundsatzes der Mündlichkeit (vgl. Art. 5) auf ein Urteil gerichtet ist, das ohne Vollstreckbarerklärung in jedem Mitgliedstaat anerkannt und vollstreckt wird. Ziel ist es, grenzüberschreitende Streitigkeiten in Zivil- und Handelssachen mit einem Streitwert von bis zu 5.000 Euro (zuvor 2.000 Euro) schnell, einfach und kostengünstig zu erledigen, vgl. Erwägungsgr und Nr. 8.

Obwohl die Verordnung für die Praxis eine geringe Bedeutung hat, soll sie vorliegend betrachtet werden, denn sie beansprucht direkte Geltung im nationalen Verfahren. Es fragt sich, ob und inwieweit ihre Verfahrenselemente das nationale Spannungsverhältnis von Parteiherrschaft und Richtermacht im Zivilprozess tangieren. Das Verfahren sieht bestimmte Vereinfachungen vor, damit der Verfahrensaufwand für das Gericht und für die Parteien in einem angemessenen Verhältnis zur geringen wirtschaftlichen Bedeutung der Streitigkeit gehalten wird.[22]

---

[19] So *Heinze*, EuR 2008, S. 655 ff. (664).
[20] VO (EG) Nr. 861/2007 des Europäischen Parlaments und des Rats vom 11.07.2007 zur Einführung eines europäischen Verfahrens für geringfügige Forderungen, ABl. Nr. L 199 vom 31.07.2007, S. 1–22, geändert durch VO (EU) 2015/2421 vom 16.12.2015.
[21] *Hess*, Europäisches Zivilprozessrecht, § 10 III 2 S. 575.
[22] *Jahn*, NJW 2007, S. 2890 ff. (2892).

II. Sekundäres Gemeinschaftsrecht und nationaler Zivilprozess

a) Bindung an Fristen und Formen

Das Verfahren ist geprägt durch ein strenges Fristenregime und durch Bindung an bestimmte Formen.[23] Gemäß Art. 4 EuBagVO leitet der Kläger das Verfahren durch Einreichung eines ausgefüllten Klageformblatts (Klageformular A) bei dem zuständigen Gericht ein. Das Gericht prüft sodann, ob der Antrag offensichtlich unzulässig oder unbegründet ist, Art. 4 IV EuBagVO. In diesem Falle wird die Klage abgewiesen. Der Kläger kann indes offensichtliche Mängel auf Aufforderung des Gerichts berichtigen oder fehlende Angaben ergänzen. Andernfalls hat das Gericht gemäß Art. 5 II S. 2 der Verordnung das Klageformblatt, beigefügte Unterlagen und das entsprechend ausgefüllte Antwortformblatt innerhalb von 14 Tagen ab Eingang des ordnungsgemäß ausgefüllten Klageformblatts an den Beklagten zu senden. Wenn der Beklagte Widerklage erhebt, wird das Verfahren nach nationalem Prozessrecht des angerufenen Gerichts fortgesetzt, sofern die Wertgrenze von 5.000 Euro überschritten ist, Art. 2 EuBagVO. Das Gericht muss innerhalb von 30 Tagen, nachdem die Antworten des Beklagten oder des Klägers unter Einhaltung bestimmter Fristen eingegangen sind, reagieren, d.h. ein Urteil erlassen, weitere Unterlagen anfordern oder eine Anhörung anberaumen, Art. 7 EuBagVO.[24] Das dargestellte Fristenreglement fußt auf der – vor allem in romanischen Prozessrechten verbreiteten – Vorstellung, durch derartige Vorgaben könnte das Verfahren beschleunigt werden.[25]

Durch diese strengen Vorgaben des Verfahrensablaufs, insbesondere durch den vorgeschriebenen engen zeitlichen Rahmen, und die Freiheit des Richters zu agieren, wie er es für angemessen hält, wird Richtermacht eingeschränkt. Diese Vorgaben stehen gewissermaßen im Gegensatz zu der Flexibilität, die dem deutschen Richter nach §§ 275 I S. 1, III, 276 I S. 2, 277 III ZPO eingeräumt wird und – wie bereits dargestellt – den aktiven Richter markiert. Durch das Fristenreglement nach der EuBagVO werden demgegenüber feste Vorgaben mit disziplinierender Wirkung geschaffen,[26] womit Richtermacht geschmälert wird.

b) Schriftlichkeit

Das europäische Verfahren für geringfügige Forderungen wird nach Art. 5 I S. 1 EuBagVO schriftlich durchgeführt. Der Richter kann eine mündliche Verhandlung durchführen, wenn er diese für erforderlich hält, Art. 5 I S. 2 Eu-

---

[23] Vgl. *Kern*, JZ 2012, S. 389 ff. (391 f.).
[24] Vgl. bezüglich des Verfahrens *Hess*, Europäisches Zivilprozessrecht, § 10 III 2 S. 577 ff.
[25] *Kern*, JZ 2012, S. 389 ff. (393).
[26] Vgl. *Kern*, JZ 2012, S. 389 ff. (394).

BagVO. Es verhält sich mithin umgekehrt zu § 128 II ZPO, wonach das Gericht nur mit Zustimmung beider Parteien auf die andere Alternative – die schriftliche Form – überwechseln darf. Zwar kann eine mündliche Verhandlung nach Art. 5 I EuBagVO auch dann stattfinden, wenn eine der Parteien einen entsprechenden Antrag stellt. Dies soll eine Konformität mit Art. 6 EMRK, wonach eine öffentliche und damit mündliche Verhandlung notwendig ist, herstellen.[27] Jedoch kann das Gericht einen solchen Antrag – im Unterschied zu § 495a S. 2 ZPO – mit schriftlich begründeter Entscheidung ablehnen, wenn es der Auffassung ist, in Anbetracht der Umstände des Falles könne ein faires Verfahren offensichtlich auch ohne mündliche Verhandlung sichergestellt werden, Art. 5 I S. 3 EuBagVO. Dies wird damit begründet, ein Antragsautomatismus sei wegen entsprechender Missbrauchsgefahr bei grenzüberschreitenden Streitigkeiten nicht zielführend.[28] Gegen die Ablehnung ist kein Rechtsmittel gegeben, Art. 5 I S. 3, 5 EuBagVO. Es gibt damit kein Recht der Parteien, eine mündliche Verhandlung erzwingen zu können.[29] Gerade diese Ablehnungsbefugnis wird in der Literatur vor dem Hintergrund von Art. 6 EGMRK als kritisch erachtet.[30] Es zeigt sich mithin große Richtermacht in der grundsätzlichen Frage „Schriftlichkeit oder Mündlichkeit".

c) Freibeweis

Die Beweisaufnahme wird durch Art. 9 EuBagVO vereinfacht und flexibel ausgestaltet.[31] Dem Gericht wird dabei bei der Wahl der Beweismittel und bei dem Umfang der Beweisaufnahme Ermessen eingeräumt.[32] Es ist das Freibeweisverfahren zugelassen, und zwar – anders als nach § 284 ZPO – ohne Zustimmung der Parteien.[33] Denn der Strengbeweis ist mit einer gewissen Schwerfälligkeit, Langsamkeit, Kostspieligkeit des Verfahrens, mit größerem Auswand sowie mit einer stärkeren Belastung des Gerichts verbunden.[34] Demgegenüber bestimmt das Gericht im Rahmen des Freibeweises nach seinem Ermessen die einfachsten und kostengünstigsten Beweismittel.[35] Eine

---

[27] *Hess*, Europäisches Zivilprozessrecht, § 10 III 2 S. 578.
[28] *Jahn*, NJW 2007, S. 2890 ff. (2892).
[29] *Roth*, JZ 2013, S. 637 ff. (644).
[30] *Hess*, Europäisches Zivilprozessrecht, § 10 III 2. S. 578.
[31] *Hess*, Europäisches Zivilprozessrecht, § 10 III 2. S. 579.
[32] *Jahn*, NJW 2007, S. 2890 ff. (2892).
[33] *Hess*, Europäisches Zivilprozessrecht, § 10 III 2, S. 579. Das Freibeweisverfahren ist im deutschen Zivilprozess nach der Rechtsprechung und einem großen Teil der Literatur zugelassen, wenn es um die Feststellung von Tatsachen geht, die von Amts wegen zu prüfen sind, vor allem im Rahmen der Feststellung von Verfahrensvoraussetzungen, vgl. *Habscheid*, ZZP 96 (1983), S. 306 ff. (323).
[34] *Habscheid*, ZZP 96 (1983), S. 306 ff. (323).
[35] *Steinert/Theede/Knop*, Zivilprozess, 5. Kapitel Rn. 272.

Vernehmung von Sachverständigen, Zeugen oder einer Partei im Wege der Videokonferenz ist – anders als nach § 128a I ZPO – auch ohne Einverständnis der Parteien möglich.[36] Kennzeichnend für die Beweisaufnahme ist das fehlende Recht auf Erhebung eines Sachverständigenbeweises nach Art. 9 II EuBagVO. Sachverständigengutachten sollen nur dann eingeholt werden, wenn dies nach der Entscheidung des Gerichts erforderlich ist. Demgegenüber ist nach dem deutschen Zivilprozessrecht – neben der im zweiten Teil der Arbeit aufgezeigten bestehenden richterlichen Kompetenz zu einer Beweiserhebung von Amts wegen gemäß § 144 ZPO – nach § 403 ZPO eine Beweisantretung der Parteien vorgesehen, wobei der Richter – sofern er über genügend eigene Sachkunde verfügt – nicht verpflichtet ist, dem zu entsprechen.[37] Indes räumt § 404 IV ZPO hinsichtlich der Auswahl der Person des Sachverständigen den Parteien sogar die Rechtsmacht ein, sich auf eine bestimmte Person als Sachverständigen zu einigen und hierdurch den Richter zu binden. Art. 9 EuBagVO tangiert den Verhandlungsgrundsatz auf der Ebene der Beweiserhebung mithin in erheblichem Maße.

d) Ergebnis

Innerhalb des eher bürokratischen Verfahrens nach der EuBagVO lassen sich bezüglich des Spannungsverhältnisses von Parteiherrschaft und Richtermacht durchaus gegenläufige Tendenzen finden. Einerseits wird durch feste Vorgaben des Verfahrensablaufs richterliche Freiheit und damit Richtermacht geschmälert. Andererseits bleibt der Richter frei in der Wahl der grundlegenden Frage „Schriftlichkeit oder Mündlichkeit". Hier zeigt sich große Richtermacht in einer gewissen Parallele zu § 495a ZPO, obgleich der Streitwert nach der EuBagVO mit 5.000 Euro bedeutend höher ist.[38] In diesem Kontext ist gerade die richterliche Ablehnungsbefugnis eines Antrags auf Durchführung einer mündlichen Verhandlung als eine erhebliche richterliche Befugnis zu Lasten von Parteiherrschaft über das Verfahren zu werten. Dasselbe gilt für die Zulässigkeit des Freibeweisverfahrens und das fehlende Recht der Parteien auf Erhebung eines Sachverständigengutachtens. Den Parteien bleibt nur noch die Möglichkeit, Beweiserhebungen anzuregen. Das Recht der Parteien auf Beweis wird damit deutlich geschwächt, worin eine starke Einschränkung des Verhandlungsgrundsatzes zu erblicken ist. Ferner lässt Art. 12 EuBagVO dem

---

[36] *Steinert/Theede/Knop*, Zivilprozess, 5. Kapitel Rn. 277.
[37] Vgl. dazu *Rosenberg/Schwab/Gottwald*, § 122 Rn. 19.
[38] Eine Erhöhung von 2.000 Euro auf 5.000 Euro erfolgte durch VO (EU) 2015/2421 ABl. L. 341 vom 24.12.2015; die Kommission plante zunächst eine Erhöhung des Streitwerts auf 10.000 Euro im Rahmen einer Überarbeitung der Verordnung. http://ec.europa.eu/transparency/regdoc/rep/1/2013/DE/1-2013-794-DE-F1-1.Pdf (zuletzt aufgerufen am 24.9.2018).

Richter viel Raum, u.a. bemüht sich das Gericht danach um eine gütliche Einigung der Parteien, Art. 12 III EuBagVO. Dies gilt aber nur bei Angemessenheit, womit das Gericht freier ist als nach der ZPO.[39]

Gewiss ist zu beachten, dass das Verfahren nach der EuBagVO fakultativ ist, vgl. Erwägungsgrund Nr. 8. Jedoch gilt das nur für den Kläger, denn der Beklagte muss sich – jedenfalls zunächst – mit dieser Wahl abfinden.

2. Die Auswirkungen europäischer Richtlinienvorgaben auf die deutsche Verhandlungs- und die Dispositionsmaxime

Im Rahmen der Einwirkung sekundären Gemeinschaftsrechts auf die Verhandlungs- und die Dispositionsmaxime ist nun ein besonderes Augenmerk auf die Richtlinienvorgaben zu legen. Ein besonderes Spannungsverhältnis zwischen dem gemeinschaftsrechtlichen Grundsatz der Effektivität und der deutschen Verhandlungs- und der Dispositionsmaxime wird erstens im Kontext mit Verbraucherschutzbestrebungen aufgrund der Auswirkung der Verhandlungsmaxime dahingehend aufgebaut, dass eben nur der von den Parteien beigebrachte Tatsachenstoff Beachtung findet. Zweitens hat der EU-Gesetzgeber in bestimmten Rechtsgebieten – im Bereich des Wettbewerbsrechts und zum Schutz des geistigen Eigentums – den Gesichtspunkt einer typischen Informationsasymmetrie zwischen den Prozessparteien im Blick und versucht hier auf der Beweisebene – insbesondere im Kontext mit der Vorlage von Urkunden – einen Ausgleich zu schaffen.

a) Die effektive Durchsetzung der Richtlinie über missbräuchliche Klauseln in Verbraucherverträgen und der Verbrauchsgüterkaufrichtlinie

Zunächst fragt sich, inwieweit verbraucherschützende Richtlinien über den Weg des materiellen Rechts Auswirkungen auf das prozessuale Spannungsverhältnis von Richtermacht und Parteiherrschaft haben. Dabei stehen die im Jahre 1993 erlassene Richtlinie über missbräuchliche Klauseln in Verbraucherverträgen (RL 93/13/EWG)[40] – im Folgenden Klauselrichtlinie – sowie die aus dem Jahre 1999 stammende Richtlinie zu bestimmten Aspekten des Verbrauchsgüterkaufs und der Garantien für Verbrauchsgüter (RL 1999/44/EG)[41] – im Folgenden Verbrauchsgüterkaufrichtlinie – im Fokus der Betrachtung. Maßgeblich ist die gemäß Art. 4 III EUV bestehende Verpflichtung, die Vorschriften des nationalen Rechts so anzuwenden, dass die Ziele des Unions-

---
[39] *Steinert/Theede/Knop*, Zivilprozess, 5. Kapitel Rn. 277.
[40] ABl. EG Nr. L 95, S. 29.
[41] ABl. EG Nr. L 171, S. 12.

rechts nicht gefährdet werden und dieses seine größtmögliche Wirkung entfalten kann.[42] Diese richtlinienkonforme Auslegung der nationalen materiellrechtlichen Umsetzungsvorschriften – in Deutschland §§ 305 ff. BGB und §§ 474 ff. BGB – umfasst die Verpflichtung zur Berücksichtigung der die Auslegung der Richtlinie betreffenden Judikatur des EuGH.[43] Gerade diese Rechtsprechung des EuGH zu der „Klauselrichtlinie" ist für das Spannungsverhältnis von Parteiherrschaft und Richtermacht im deutschen Zivilprozess im Rahmen der Anwendung der §§ 305 ff. BGB bemerkenswert. Jüngst hat aber auch die Judikatur zur Verbrauchsgüterkaufrichtlinie im Hinblick auf die Verhandlungs- und die Dispositionsmaxime im nationalen Verfahrensrecht Bedeutung erlangt. Auf die entsprechenden Vorgaben soll in den folgenden Ausführungen ein besonderes Augenmerk gelegt werden.

aa) Die Klauselrichtlinie

Die Klauselrichtlinie verfolgt neben dem Ziel der Marktintegration und Angleichung der Wettbewerbsbedingungen den Verbraucherschutz und dient damit der Verwirklichung der verbraucherpolitischen Programme der Gemeinschaft, vgl. Erwägungsgrund 8. Art. 1 I der Klauselrichtlinie bestimmt als Zielsetzung die Gewährleistung eines einheitlichen Verbraucherschutz-Mindestniveaus im Rahmen des Binnenmarkts.

Vor dem Hintergrund der Annahme einer schwächeren Position des Verbrauchers gegenüber Gewerbetreibenden verpflichtet Art. 6 der Klauselrichtlinie die Mitgliedstaaten zur Sicherstellung der Unverbindlichkeit missbräuchlicher Klauseln für den Verbraucher in Verträgen, die ein Gewerbetreibender mit einem Verbraucher geschlossen hat, und zur Sicherstellung der Verbindlichkeit des Vertrages, wenn dieser ohne die missbräuchliche Klauseln bestehen kann. Nach Art. 7 I der Klauselrichtlinie ist es Ziel der Richtlinie, im Interesse der Verbraucher und der gewerbetreibenden Wettbewerber angemessene und wirksame Mittel zu schaffen, damit der Verwendung missbräuchlicher Klauseln durch einen Gewerbetreibenden in Verträgen, die er mit Verbrauchern abschließt, ein Ende gesetzt wird. Die Entwicklung der EuGH-Judikatur zur Verwirklichung der formulierten Ziele der Richtlinie soll im Folgenden dargestellt werden.

(1) Die Judikatur des EuGH im Hinblick auf die Klauselrichtlinie. In der *Océano*-Entscheidung aus dem Jahre 2000 ging es um die Frage, ob der Verbraucherschutz, den die Klauselrichtlinie gewährleistet, dem nationalen Gericht erlaubt, von Amts wegen zu prüfen, ob eine Klausel des ihm vorliegen-

---

[42] *Basedow*, in: Münchener Kommentar BGB, Vor § 305 Rn. 27.
[43] Vgl. *Basedow*, in: Münchener Kommentar BGB, Vor § 305 Rn. 28.

den Vertrags missbräuchlich im Sinne der Richtlinie ist, wenn es über die Zulässigkeit der Klage zu entscheiden hat.[44] Die Entscheidung betraf die Situation der Prorogation des Gerichtsstands zwischen Unternehmer und Verbraucher und damit die Zulässigkeitsfrage der Zuständigkeit des Gerichts. Die Gerichtsstandsklausel wurde von einem Verlagshaus in Spanien zu Lasten von Privatpersonen verwendet. Das Verlagshaus beabsichtigte, auf Grundlage dieser Gerichtsstandsklausel an seinem Sitz gegen Verbraucher wegen ausstehender Raten für Bücherabonnements zu klagen. Im Prozess des Ausgangsverfahrens hat sich damit das Verlagshaus als Kläger auf die Klausel berufen. Der EuGH entschied, der nationale Richter dürfe im Rahmen der Zulässigkeitsprüfung der Klage von Amts wegen prüfen, ob eine Klausel des ihm vorgelegten Vertrags missbräuchlich ist. Ein wirksamer Verbraucherschutz setze voraus, dem Zivilgericht diese Kompetenz der Prüfung von Amts einzuräumen. Die Entscheidung statuierte demnach eine Befugnis zur Rechtsanwendung von Amts wegen im Rahmen der Zulässigkeit der Klage. Denn das Ziel des Art. 6 der Richtlinie, „nach dem die Mitgliedstaaten vorsehen, dass missbräuchliche Klauseln für den Verbraucher unverbindlich sind, könnte nicht erreicht werden, wenn die Verbraucher die Missbräuchlichkeit solcher Klauseln selbst geltend machen müssten".[45]

In der Entscheidung *Codifis*[46] von 2002 war hingegen nicht die Zuständigkeit des Gerichts betroffen, sondern eine nationale Ausschlussfrist. Nach französischem Recht sind Klagen aus Verbraucherkreditverträgen innerhalb einer Ausschlussfrist von zwei Jahren nach dem Streit auslösenden Ereignis zu erheben. Der EuGH entschied, die Effektivität des von der Richtlinie intendierten Verbraucherschutzes sei beeinträchtigt, wenn die Befugnis nationaler Gerichte zeitlich begrenzt wird, vorformulierte Klauseln von Amts wegen zu prüfen. Der EuGH stellte fest, der durch die Richtlinie intendierte Schutz erstrecke sich auf alle Fälle, in denen sich der Verbraucher nicht auf die Missbräuchlichkeit einer Vertragsklausel beruft, weil er seine Rechte nicht kennt oder durch Kosten, die eine Klage verursachen würde, von der Geltendmachung seiner Rechte abgeschreckt wird. Damit ging die Entscheidung deutlich über die *Océano*-Entscheidung hinaus, denn eine Restriktion auf Zuständigkeitsfragen gab es nun nicht mehr.

Die Linie der Rechtsprechung wurde vom EuGH bestätigt und weiterentwickelt. In dem Verfahren *Mostaza*[47] hatte eine Verbraucherin es versäumt, die Missbräuchlichkeit einer Schiedsklausel bereits im Schiedsverfahren geltend zu machen. Das spanische Recht sah vor, dass Einwendungen gegen eine

---

[44] EuGH Slg. 2000, I-4941 = NJW 2000, 2571 – *Océano*.
[45] EuGH Slg. 1999, I-4941 Rn. 26 – *Océano*.
[46] EuGH Slg. 2002, I-10875 = NJW 2003, 275 – *Codifis SA ./. Fredout*.
[47] EuGH Slg. 2006, I-10421 = NJW 2007, 135 – *Elisa María Mostaza Claro ./. Centro Móvil Milenium SL*.

Schiedsabrede bereits im Schiedsverfahren zusammen mit den Sachanträgen vorgetragen werden mussten. Der EuGH nahm sogar eine Verpflichtung des nationalen Gerichts an, die Missbräuchlichkeit von Vertragsklauseln zu kontrollieren. Denn nur auf diese Weise werde der Verbraucher vor den Gefahren einseitig vorformulierter Vertragsbedingungen geschützt. Dem Verfahren *Pannon*[48] lag ein ähnlicher Sachverhalt wie dem Verfahren *Océano* zugrunde. Hier verhandelte die Verbraucherin vor dem prorogierten Gericht zur Sache und rügte die Zuständigkeit dabei nicht. Der EuGH betonte, das nationale Gericht sei verpflichtet, von Amts wegen die Missbräuchlichkeit einer Vertragsklausel zu prüfen, und zwar auch dann, wenn es um die Beurteilung der örtlichen Zuständigkeit gehe. Der EuGH führte hierzu aus, ohne eine Kontrolle von Amts wegen bestünde die Gefahr einer Durchsetzung von Vertragsklauseln trotz ihres missbräuchlichen Inhalts, weil der Verbraucher möglicherweise aus Unwissenheit oder aus Scheu vor Kosten seine Rechte nicht wahrnimmt. Dem möglichen Interesse des Verbrauchers an der Durchsetzung der fraglichen Regelung trägt der EuGH Rechnung, indem er darauf verweist, es bleibe dem Verbraucher unbenommen, nach einem entsprechenden gerichtlichen Hinweis auf die Unwirksamkeit der Klausel, die Unwirksamkeit nicht geltend zu machen.[49] In der letzten Feststellung liegt die Neuerung gegenüber der *Océano*-Entscheidung. Die Entscheidung *VB Pénzügyi Lízing Zrt*.[50] aus dem Jahre 2010 betraf wiederum eine Zuständigkeitsklausel zu Lasten eines Verbrauchers. Die Besonderheit bestand in diesem Fall in der Frage, ob ein nationales Gericht von Amts wegen die Missbräuchlichkeit von Vertragsklauseln nur dann prüfen kann, wenn ihm die dafür erforderlichen Tatsachen von den Parteien beigebracht wurden, oder ob das nationale Gericht verpflichtet ist, von Amts wegen die für die Beurteilung erforderlichen Tatsachen festzustellen und hierzu eine Untersuchung vornehmen kann. Der EuGH entschied hier, das nationale Gericht sei verpflichtet, von Amts wegen „Untersuchungsmaßnahmen" durchzuführen, um festzustellen, ob eine Klausel in einem Vertrag zwischen einem Gewerbetreibenden und einem Verbraucher in der Anwendungsbereich der Richtlinie fällt. Ferner urteilte der EuGH, dass das Gericht – sofern die Klausel in den Anwendungsbereich der Richtlinie fällt – von Amts wegen beurteilen muss, ob eine Klausel möglicherweise missbräuchlich ist.

In der Entscheidung *Banif* stellte der EuGH fest, das nationale Gericht müsse, wenn es nach Feststellung der Anwendbarkeit der Richtlinie zu dem Ergebnis der Missbräuchlichkeit einer Klausel gelangt ist, die Parteien darüber

---

[48] EuGH Slg. 2009, I-4713 = EuZW 2009, 503 – *Pannon GSM Távközlési Rt ./. Erzsébet Sustinkné Györfi.*
[49] EuGH Slg. 2009, I-4713 = EuZW 2009, 503 – *Pannon GSM Távközlési Rt ./. Erzsébet Sustinkné Györfi.*
[50] EuGH, Rs. C-137/08 = EuZW 2011, 27 – *VB Pénzügyi Lízing Zrt ./. Ferenc Schneider.*

informieren und diese auffordern, dies in der von den nationalen Verfahrensvorschriften vorgesehenen Form kontradiktorisch zu erörtern.[51]

(2) Die Würdigung der EuGH-Judikatur unter Berücksichtigung des Prinzips der Prüfung von Amts wegen und der Verhandlungsmaxime. Im Hinblick auf die vorliegende Untersuchung fragt sich, ob der EuGH mit den dargestellten Vorgaben zur Missbräuchlichkeitskontrolle bei Verbraucherverträgen auf das Spannungsverhältnis von Parteiherrschaft und Richtermacht nach deutschem Zivilverfahrensrecht einwirkt. Dies könnte durch einen Eingriff in die Verhandlungsmaxime als wesentlicher Bestandteil des Grundsatzes der Parteifreiheit geschehen. Es erscheint von Bedeutung zu sein, dass ein deutsches Gericht seine Zuständigkeit und damit die Wirksamkeit einer Gerichtsstandsvereinbarung ohnehin von Amts wegen zu prüfen hat. Man könnte daher auf den ersten Blick annehmen, dem Parteiverhalten komme dabei keine bestimmende Bedeutung zu. Zu berücksichtigen ist zudem das seit der Gerichtsstandsnovelle bestehende Prorogationsverbot nach § 38 I ZPO.[52] Gerichtsstandsvereinbarungen zwischen Unternehmern und Verbrauchern sind nach § 38 II ZPO nur unter sehr restriktiven Voraussetzungen – im internationalen Rechtsverkehr, Prorogation nach Entstehen der Streitigkeit, Gerichtsstandsvereinbarung für den Fall des Verlassens der Bundesrepublik oder der Unauffindbarkeit – zulässig.

(a) Grundlagen der Bewertung: Die Prüfung von Zuständigkeitsfragen „von Amts wegen". Von grundlegender Bedeutung für die Analyse ist der Inhalt der Prinzips der Amtsprüfung im Hinblick auf Tatsachenfeststellung, Beweisinitiative und Beweislast. Die Prüfung von Amts wegen bezieht sich nicht nur auf die Rechtsanwendung, sondern auch auf die Stoffsammlung. Als Ausgangspunkt ist festzuhalten, dass das Verfahrensrecht hinsichtlich des Gegenstands und der Art der Durchführung einer „Prüfung von Amts wegen" kaum Aussagen trifft.[53] Nach § 56 ZPO hat das Gericht den Mangel der Parteifähigkeit, der Prozessfähigkeit, der Legitimation eines gesetzlichen Vertreters und der erforderlichen Ermächtigung zur Prozessführung von Amts wegen zu berücksichtigen.

Wichtig ist, dass diese „Prüfung von Amts wegen" nicht mit dem Prinzip der „Amtsermittlung" gleichzusetzen ist. Vielmehr handelt es sich um einen Grundsatz, der zwischen der Verhandlungsmaxime und dem Untersuchungsgrundsatz steht.[54] Insbesondere verbleibt bei der Prüfung von Amts wegen die

---

[51] EuGH NJW 2013, 987 Rn. 31 – *Banif Plus Bank Zrt ./. Csaba Csipai.*
[52] *Hau*, IPRax 2001, S. 96 ff. (97); *Leible*, RIW 2001, S. 422 ff. (427 f.).
[53] *Rimmelspacher*, S. 31.
[54] *Leipold*, in: Stein/Jonas, ZPO, 22. Aufl., Vor § 128 Rn. 163; *Kern*, in: Stein/Jonas, ZPO, Vor § 128 Rn. 198.

II. Sekundäres Gemeinschaftsrecht und nationaler Zivilprozess

Einführung von Tatsachen weiterhin bei den Parteien. Das Gericht erforscht also nicht selbständig von Amts wegen über das Parteivorbringen hinaus,[55] führt eben keine „Untersuchungsmaßnahmen" durch. Amtsprüfung bedeutet demnach – anders als im Verwaltungsprozess gemäß § 86 I VwGO – nicht Amtsermittlung im Sinne eines Untersuchungsgrundsatzes.[56] Die Herrschaft der Parteien über den beweiserheblichen Prozessstoff wird von der Amtsprüfung gerade nicht berührt.[57] Die zu der Prüfung notwendigen tatsächlichen Umstände sind daher im Sinne der Verhandlungsmaxime von den Parteien vorzutragen. Zudem bleibt es auch bei den von Amts wegen zu prüfenden Umständen Sache der Parteien, die Beweismittel beizubringen. Beweiserhebungen von Amts wegen sind in demselben Maß gestattet wie im Bereich der Verhandlungsmaxime.[58] Eine Verpflichtung des Gerichts zur Beweiserhebung von Amts wegen im Sinne der Untersuchungsmaxime existiert nicht.[59] Das Gericht weist nur auf die Bedenken hin[60] und ermittelt nicht selbst. Es hat auf diese Bedenken aufmerksam zu machen, § 139 III ZPO, und muss das Bestehen bzw. Fehlen der Prozessvoraussetzungen auch ohne formelle Rüge prüfen. Das Gericht hat die von den Parteien vorgebrachten Tatsachen im Rahmen der rechtlichen Beurteilung auf jeden Fall, also ohne Vorliegen entsprechender Hinweise, Rügen bzw. Einreden der Parteien, zu berücksichtigen. Das Gericht ist vom prozessualen Verhalten der Parteien unabhängig. Das heißt in Bezug auf die Prozessvoraussetzungen *in concreto*, dass bei einem Mangel die Klage abzuweisen ist, auch ohne Einwand des Beklagten. Damit bedeutet Prüfung von Amts wegen nur amtswegige Rechtsprüfung auf Grundlage der von den Parteien beigebrachten Tatsachen, nicht aber Tatsachenprüfung von Amts wegen.[61] Die Begründung für dieses besondere Prüfungsverfahren lässt sich auf verschiedene Erwägungen stützen. Als maßgeblich zu erachten ist das öffentliche Interesse, das an der Einhaltung der Prozessvoraussetzungen besteht.[62] Im Zusammenhang mit den negativen Prozessvoraussetzungen der Rechtshängigkeit und Rechtskraft wird der Aspekt der Rechtssicherheit[63] herangezogen. Damit wird die Verknüpfung einer Einschränkung

---

[55] *Rosenberg/Schwab/Gottwald*, § 39 Rn. 9.
[56] *Rosenberg/Schwab/Gottwald*, § 77 Rn. 49; *Weth*, in: Musielak/Voit, ZPO, § 56 Rn. 2.
[57] Vgl. auch *Rimmelspacher*, S. 33.
[58] *Leipold*, in: Stein/Jonas, ZPO, 22. Aufl., Vor § 128 Rn. 170; *Kern*, in: Stein/Jonas, ZPO, Vor § 128 Rn. 200.
[59] *Leipold*, in: Stein/Jonas, ZPO, 22. Aufl., Vor § 128 Rn. 171; *Kern*, in: Stein/Jonas, ZPO, Vor § 128 Rn. 201.
[60] *Greger*, in: Zöller, ZPO, Vor § 128 Rn. 12.
[61] *Rosenberg/Schwab/Gottwald*, § 77 Rn. 49 ff.
[62] *Rimmelspacher*, S. 37.
[63] *Rimmelspacher*, S. 37 mit Hinweisen in Fn. 36 u.a. auf *Baumbach/Lauterbach*, ZPO, 28. Aufl. 1965, 4 A c zu § 263 (Rechtshängigkeit) und *Blomeyer*, Zivilprozeßrecht, § 88 II S. 440 (Rechtskraft).

von Parteiherrschaft mit dem Vorliegen eines öffentlichen Interesses auch an dieser Stelle deutlich. Des Weiteren wurde bereits Ende des 19. Jahrhunderts vom Reichsgericht neben dem Allgemeininteresse auch der Aspekt der besonderen Stellung der Gerichte bei der Prüfung der Prozessvoraussetzungen zum Schutze der Parteien betont.[64]

Es ist auch im Bereich der Zulässigkeitsvoraussetzungen grundsätzlich Sache der Parteien, diese darzutun und die erforderlichen Nachweise zu beschaffen.[65] Die Beweislast der Parteien bleibt von der Prüfung von Amts wegen unberührt.[66] Nach der Rechtsprechung gilt der Freibeweis, womit das Gericht alle in Frage kommenden Beweise auch ohne Antrag von Amts wegen zu erheben hat.[67] Das Gericht ist demnach nicht an die Regelungen der ZPO über das Beweisverfahren gebunden, es ist also nicht auf die von der ZPO geregelten Beweismittel beschränkt, womit die Prüfung von Amts wegen mit gesteigerter Richtermacht verbunden ist. Im Interesse einer zuverlässigen Tatsachenfeststellung und des Schutzes der Parteien wird diese Ansicht im Schrifttum indes abgelehnt.[68]

Im Hinblick auf die Zulässigkeitsvoraussetzung der Zuständigkeit des Gerichts gelten ebenfalls die dargestellten allgemeinen Grundsätze der Prüfung von Amts wegen. Allerdings gilt für die Frage der Zuständigkeit in vermögensrechtlichen Angelegenheiten ein größerer Einfluss des Parteiverhaltens. Es genügt beispielsweise die Aufstellung der die Zuständigkeit ergebenden Behauptungen durch den Kläger, die bei Nichtbestreiten gemäß § 138 III ZPO oder bei einem Zugestehen nach § 288 ZPO gelten. Die dargestellten Grundsätze wirken, weil das Gericht durch Vereinbarung zuständig werden könnte.[69] Das Gericht muss aber auch hier in die Prüfung der Zuständigkeit eintreten, sofern Bedenken auftreten, denn schließlich darf ein unzuständiges Gericht zur Sache weder verhandeln noch entscheiden.[70] Ist demgegenüber eine Zuständigkeitsvereinbarung schlechthin ausgeschlossen, gilt der Grundsatz der Prüfung von Amts wegen uneingeschränkt. Das Gericht ist deshalb nicht an Behaupten, Zugestehen, Bestreiten gebunden, weil ansonsten durch dieses Parteiverhalten doch eine Verschiebung der Zuständigkeit erreicht wer-

---

[64] RGZ 1, 438 ff. (440); vgl. auch *Rimmelspacher*, S. 38 m.w.N. in Fußnote 42.
[65] *Leipold*, in: Stein/Jonas, ZPO, 22. Aufl., Vor § 128 Rn. 171; *Kern*, in: Stein/Jonas, ZPO, Vor § 128 Rn. 201.
[66] *Leipold*, in: Stein/Jonas, ZPO, 22. Aufl., Vor § 128 Rn. 173; *Kern*, in: Stein/Jonas, ZPO, Vor § 128 Rn. 203.
[67] *Rosenberg/Schwab/Gottwald*, § 77 Rn. 52.
[68] *Leipold*, in: Stein/Jonas, ZPO, 22. Aufl., Vor § 128 Rn. 174; kritisch auch *Kern*, in: Stein/Jonas, ZPO, Vor § 128 Rn. 204.
[69] *Rosenberg/Schwab/Gottwald*, § 39 Rn. 9; *Leipold*, in: Stein/Jonas, ZPO, 22. Aufl., Vor § 128 Rn. 175 f.; *Kern*, in: Stein/Jonas, ZPO, Vor § 128 Rn. 205 f.
[70] *Rosenberg/Schwab/Gottwald*, § 39 Rn. 17.

den könnte.⁷¹ Wenn die Zuständigkeit gerügt wird, jedoch eine Zuständigkeitsvereinbarung behauptet ist, so sind angesichts des grundsätzlichen Prorogationsverbotes gemäß § 38 I ZPO die Voraussetzungen einer wirksamen Gerichtsstandsvereinbarung ohne Rücksicht auf das Parteiverhalten von Amts wegen zu prüfen.⁷² Das Gericht prüft also von Amts wegen, ob seine Zuständigkeit durch Vereinbarung begründet oder ausgeschlossen ist. Und zwar auch dann, wenn der Beklagte säumig ist.⁷³ Dies belegt, dass das Parteiverhalten aufgrund eines öffentlichen Interesses an der Einhaltung des Prorogationsverbotes nach § 38 I ZPO für den Bereich der Zuständigkeitsvereinbarung gering ist. Behauptet der Kläger durch Beibringung entsprechender Fakten die Begründung eines Gerichtsstands und bleibt der an diesem Gerichtsstand beklagte Verbraucher säumig, so muss das Gericht von sich aus prüfen, ob die Prorogation wirksam erfolgt ist. Das Vorbringen des Klägers, aus welchem sich Abschluss und Wirksamkeit einer Gerichtsstandsvereinbarung ergeben sollen, gilt dabei gemäß § 331 I S. 2 ZPO demnach nicht als zugestanden.⁷⁴ Dies muss erst recht gelten, wenn der beklagte Verbraucher zwar verhandelt, aber die Zuständigkeit nicht rügt. Es gilt die Prüfung von Amts wegen, da eine Zuständigkeitsvereinbarung nach § 38 I ZPO ausgeschlossen ist.

(b) Die Bewertung der dargestellten Entscheidungen. Es fragt sich, ob die dargestellten Entscheidungen des EuGH unter Zugrundelegung des dargestellten Verständnisses der Prüfung von Amts wegen Auswirkungen auf das nationale Verhältnis von Parteiherrschaft und Richtermacht haben.

Die Missbräuchlichkeit der betreffenden Klausel ergab sich in den Entscheidungen *Océano* und *Codifis* aus den Tatsachen und Umständen, die dem Gericht bereits vorlagen: In der *Océano*-Entscheidung hatte der Unternehmer die Zuständigkeit des von ihm angerufenen Gerichts gerade mit der vorformulierten Gerichtsstandsklausel an seinem Gewerbesitz begründet. In dem Judikat *Codifis* hatte der Unternehmer den Verbraucher verklagt, um gerade die vorgedruckte finanzielle Vertragsklausel, deren Missbräuchlichkeit fraglich war, durchzusetzen.⁷⁵ Nach deutschem Zivilprozessrecht muss der Richter in derartigen Fällen auf Grundlage der vom Kläger beigebrachten Fakten die Wirksamkeit der Vereinbarung von Amts wegen auch bei fehlender Eigeninitiative des beklagten Verbrauchers in Form einer einredeweisen Geltendmachung der Missbräuchlichkeit der Klausel prüfen. Der Verhandlungsgrund-

---

⁷¹ *Leipold*, in: Stein/Jonas, ZPO, 22. Aufl., Vor § 128 Rn. 175; *Kern*, in: Stein/Jonas, ZPO, Vor § 128 Rn. 205.
⁷² *Leipold*, in: Stein/Jonas, ZPO, 22. Aufl., Vor § 128 Rn. 176; *Kern*, in: Stein/Jonas, ZPO, Vor § 128 Rn. 206.
⁷³ *Bork*, in: Stein/Jonas, ZPO, § 38 Rn. 74.
⁷⁴ *Bork*, in: Stein/Jonas, ZPO, § 38 Rn. 74.
⁷⁵ *Herb*, S. 267.

satz wird von den Vorgaben der *Océano*-Entscheidung sowie der *Codifis*-Entscheidung nicht tangiert, weil dem Richter keine Amtsermittlungspflicht in dem Sinne auferlegt wird, derzufolge dieser die Beurteilung der für Missbräuchlichkeit maßgeblichen Umstände selbst aufzuklären hat. Der EuGH entschied lediglich die Frage, ob die nationalen Gerichte berechtigt oder verpflichtet sind, Vorschriften zum Schutz der Verbraucher vor missbräuchlichen Klauseln von Amts wegen auf den ihnen vorgelegten Rechtsstreit anzuwenden, oder ob der Verbraucher sich auf die Missbräuchlichkeit der Klausel berufen haben muss.[76] Dabei kann es passieren, dass die Tatsache, aus der sich die Stellung als Verbraucher ergibt, mangels Parteiinitiative in Form der Beibringung der Tatsache nicht zur Geltung kommt, denn eine dahingehende Aufklärungspflicht des Gerichts wurde in *Océano* und *Codifis* (noch) nicht etabliert. Dies wird deutlich in der *Océano*-Entscheidung, in der es heißt, das Gericht müsse von Amts wegen prüfen können, „ob eine Klausel des ihm vorgelegten Vertrages" missbräuchlich sei.[77] In der Entscheidung *Codifis* ging es um die Prüfung der Missbräuchlichkeit von Amts wegen hinsichtlich einer Klausel, „zu deren Durchsetzung der Gewerbetreibende Klage erhoben hat".[78] Die beiden Entscheidungen werden daher auch in der Literatur nicht als Eingriff in den Verhandlungsgrundsatz bewertet.[79]

Dementsprechend wird angenommen, ein deutsches Gericht hätte die Vorlagefragen in *Océano Grupo* in dieser Form nicht zu stellen brauchen.[80] Diese Annahme geht indes zu weit. Die Entscheidung kann sich dort auswirken, wo es im Rahmen der Zulässigkeit bei der Überprüfung der Wirksamkeit von Gerichtsstandsklauseln eben keine Prüfung von Amts wegen gibt. Dies gilt im Rahmen des Verweisungsbeschlusses gemäß § 281 ZPO, der für das darin bezeichnete Gericht gemäß § 281 II S. 4 ZPO bindend ist. Bindend festgestellt ist dabei zum einen die Unzuständigkeit des verweisenden Gerichts, zum anderen die Zuständigkeit des angewiesenen Gerichts.[81] Ausnahmen von den positiven Bindungswirkungen bestehen nur im Ausnahmefall, wie bei grob unrichtigen Beschlüssen oder bei Verletzung des rechtlichen Gehörs. Die Bindungswirkung der Entscheidung des verweisenden Gerichts müsste jedoch aufgrund richtlinienkonformer Auslegung nach der dargestellten Rechtsprechung weitere Durchbrechungen erfahren. Der Richter, an den verwiesen wurde, muss den Richtlinienvorgaben so weit wie möglich zur Geltung ver-

---

[76] *Herb*, S. 267.
[77] EuGH Slg. 1999 I-4941, Rn. 29; *Herb*, S. 267.
[78] EuGH Slg. 2002, I-10875, Rn. 36, 38; *Herb*, S. 267.
[79] Vgl. *Borges*, NJW 2001, S. 2061 ff. (2061); *Hau*, IPRax 2001, S. 96 ff. (97); *Leible*, RIW 2001, S. 422 ff. (427 f.); *Saare/Sein*, euvr 2013, S. 15 ff. (20).
[80] Vgl. *Borges*, NJW 2001, S. 2061 ff. (2061).
[81] *Leipold*, in Stein/Jonas, ZPO, 22. Aufl., § 281 Rn. 36; *Thole*, in: Stein/Jonas, ZPO, § 281 Rn. 43.

helfen und muss die Gerichtsstandsklausel auf Grundlage der Richtlinie als unwirksam behandeln. Denn nimmt er ohne jegliche Prüfung der Wirksamkeit der Gerichtsstandsklausel am Maßstab der Klauselrichtlinie aufgrund des Verweisungsbeschlusses seine Zuständigkeit an, so verhilft er der Richtlinie nicht zur Wirksamkeit. Die ausnahmslose Bindungswirkung des Verweisungsbeschlusses würde nicht der nach Art. 6 der Richtlinie geforderten Unverbindlichkeit einer missbräuchlichen Klausel entsprechen. Hat der verweisende Richter z.B. die Anwendbarkeit der Richtlinie übersehen, so ist der mit der Sache befasste Richter berufen, die Wirksamkeit der Richtlinie durchzusetzen. Insoweit wird die Wirkung der *Océano*-Rechtsprechung im nationalen Zivilverfahren deutlich. Einem Verweisungsantrag einer Partei, welche sich auf eine Gerichtsstandsklausel beruft, die an sich nach § 38 I ZPO zulässig wäre, darf der deutsche Richter nicht entsprechen, wenn eine richtlinienkonforme Auslegung des § 307 I S. 1 BGB die Unwirksamkeit der Klausel ergibt. Diese Situation kann indes nur entstehen, wenn die Gerichtsstandsklausel von zwei Kaufleuten vereinbart wurde und damit von nach deutschem Zivilprozessrecht gemäß § 38 I ZPO prorogationsbefugten Parteien geschlossen wurde.[82] Alle Kaufleute gelten als prorogationsbefugt, selbst dann, wenn das konkrete Rechtsgeschäft kein Handelsgeschäft gemäß § 343 HGB, sondern ein privates Rechtsgeschäft ist.[83] Es liegt auch keine unangemessene Benachteiligung i.S.v. § 307 II S. 1 BGB vor. Handelt es sich aber um ein privates Rechtsgeschäft, muss der deutsche Richter auf Grundlage der Klauselrichtlinie die Gerichtsstandsvereinbarung nach § 307 I S. 1 BGB als unwirksam behandeln und einen Verweisungsantrag, der auf der Gerichtsstandsvereinbarung beruht, ablehnen.[84] Falls dennoch ein Verweisungsbeschluss ergeht, ist denkbar, dass auf Grundlage der Rechtsprechung des EuGH vor dem Hintergrund des Effektivitätsgebotes, die Bindungswirkung des Verweisungsbeschlusses zu durchbrechen wäre. Dies ist nach nationalem Recht – wie bereits dargestellt – nur in Ausnahmen zulässig. Die Durchbrechung der Bindungswirkung müsste aber vor dem Hintergrund von der nach Art. 6 I der Klauselrichtlinie geforderten Unverbindlichkeit der Klausel zugelassen werden.[85] Es zeigen sich damit am Beispiel des Verweisungsbeschlusses deutlich die Auswirkungen der Rechtsprechung des EuGH in der *Océano*-Entscheidung auf das deutsche Zivilprozessrecht zu Lasten von Parteiherrschaft.

Im Übrigen geht auch die grundsätzliche Anerkennung einer Beschränkung des Verfahrensstoffs durch Ausschlussfristen und Präklusionen durch den EuGH zu Lasten von Parteiherrschaft über den Verfahrensstoff, denn – wie

---

[82] *Möslein*, GPR 2003–2004, S. 59 ff. (63).
[83] *Thomas/Putzo*, ZPO, § 38 Rn. 9.
[84] *Möslein*, GPR 2003–2004, S. 59 ff. (63).
[85] *Möslein*, GPR 2003–2004, S. 59 ff. (66).

bereits gezeigt – wird die Beibringung von Tatsachen hierdurch abgeschnitten. Dies lässt sich daraus folgern, dass die Entscheidung *Codifis* in Bezug auf eine Ausschlussfrist erging, welche konkret vor derjenigen Sitzung ablief, in der erstmalig eine gerichtliche Kontrolle des nationalen Rechts stattfinden konnte, nicht aber Ausschlussfristen im Allgemeinen betraf. Insofern besteht eine Parallele zu der bereits dargestellten Entscheidung *Peterbroeck*, welche allerdings eine abgabenrechtliche Rechtsstreitigkeit betraf.

In der Entscheidung *Pénzügyi* begründete der EuGH die Verpflichtung nationaler Gerichte, im Rahmen der Zulässigkeitsprüfung „Untersuchungsmaßnahmen" durchzuführen,[86] um festzustellen, ob eine Klausel über einen ausschließlichen Gerichtsstand in den Anwendungsbereich der „Klauselrichtlinie" fällt, d.h. ob es sich um vorformulierte Bedingungen handelt, und ob diese missbräuchlich ist. Dieses Judikat führt – im Gegensatz zu den anderen dargestellten Entscheidungen des EuGH – zu einem unmittelbaren Eingriff in das deutsche Zivilverfahren, konkret in die Parteiherrschaft über die Beibringung von Tatsachen. Der EuGH hat in der Entscheidung *Pénzügyi* eine Untersuchungspflicht des Gerichts in Bezug auf das Vorliegen vorformulierter Vertragsbedingungen und auch bezüglich der Verbraucher- und Unternehmereigenschaft statuiert.[87] Diese Pflicht des nationalen Gerichts zur Ermittlung soll nach dieser Entscheidung des EuGH auch dann bestehen, wenn die Parteien überhaupt keine Tatsachen für das Vorliegen der Missbräuchlichkeit der Klausel vorgetragen haben.[88] Im Rahmen der Zulässigkeitsprüfung gilt nach deutschem Recht – wie gezeigt wurde – der Verhandlungsgrundsatz, und eine „Prüfung von Amts wegen" ist eben nicht dem Untersuchungsgrundsatz gleichzustellen. Die Durchführung von „Untersuchungsmaßnahmen" in Bezug auf das Vorliegen von vorformulierten Vertragsbedingungen und bezüglich der Verbraucher- und Unternehmereigenschaft ist mit diesen Grundsätzen des deutschen Zivilprozessrechts nicht vereinbar. Die Erfüllung der Forderung des EuGH in der Entscheidung *Pénzügyi* führt im deutschen Verfahrensrecht zu einem erheblichen Eingriff in den Grundsatz prozessualer Verfahrensautonomie, und zwar dahingehend, dass der Verhandlungsgrundsatz partiell – nämlich im Bereich der Zulässigkeit – aufgegeben wird und durch den Untersuchungsgrundsatz ersetzt wird.[89] Denn die Kontrollentscheidung des nationalen Gerichts erfordert zwingend die Berücksichtigung der entscheidenden Tatsachen i.S.v. Art. 4 der „Klauselrichtlinie" – also die Berücksichtigung der einzelnen Umstände des Vertragsschlusses.[90] Zwar enthält das

---

[86] EuGH, EuZW 2011, 27 Rn. 5.
[87] *Saare/Sein*, euvr 2013, S. 15 ff. (21).
[88] *Saare/Sein*, euvr 2013, S. 15 ff. (17).
[89] Vgl. *Graf von Westphalen*, NJW 2013, S. 961 ff. (965) mit Verweis auf *Basedow*, in: Münchener Kommentar BGB, § 305 Rn. 38.
[90] *Graf von Westphalen*, NJW 2013, S. 961 ff. (965).

deutsche Recht in Bezug auf die Belastung des Verbrauchers im Kontext mit der Darlegung und dem Beweis der für ihn günstigen Tatsachen niedrige Anforderungen.[91] Der Verbraucher hat danach darzulegen und zu beweisen, dass dem Vertrag vorformulierte und eben nicht im Einzelnen ausgehandelte Klauseln zugrunde liegen.[92] Diese Pflicht gilt aber schon dann als erfüllt, wenn dem Gericht – unabhängig von welcher Partei – Vertragsklauseln in gedruckter oder anderer vervielfältigter Form vorgelegt werden oder sich aus der Formulierung der Klauseln die Intention einer mehrfachen Verwendung ergibt.[93] Einer Eigeninitiative des Verbrauchers in Form einer – erleichterten – Beibringung der entscheidenden Tatsachen für seine Verbrauchereigenschaft bedarf es aber nicht mehr, sofern eine „Untersuchungspflicht" des erkennenden Gerichts angenommen wird. Nach der Rechtsprechung des EuGH wird Parteiherrschaft durch Amtsermittlung von Tatsachen gänzlich eingeschränkt. Die Generalanwältin am EuGH *Trstenjak* beschrieb diese Entwicklung im Jahre 2011 vorsichtig: „[…] a less stringent application of the concept of procedural autonomy of the Member states can be observed in the case law of the ECJ with regard to the enforcement of consumer rights under the different consumer protection directives."[94] Eine gewisse „Abmilderung" der Stärkung von Richtermacht – jedoch nur zugunsten einer Partei – erfolgte in der Entscheidung *Pannon*, in der klargestellt wurde, es liege in der Entscheidungsmacht der Verbrauchers, ob er die Missbräuchlichkeit der Klausel geltend machen möchte. Als Versuch der „Abmilderung" gewertet werden kann auch die Entscheidung *Banif*, in der die Verpflichtung des nationalen Gerichts zur Information der Parteien und Aufforderung zur Äußerung derselben statuiert wurde. Die Entscheidung *Pénzügyi* betrifft zwar nur die Missbräuchlichkeit einer durch AGB getroffenen Gerichtsstandsvereinbarung. Sie enthält indes keine Aussage darüber, ob die „Klauselrichtlinie" bei der Beurteilung der Missbräuchlichkeit von allen vorformulierten Klauseln – also auch bei Klauseln über vorformulierte materielle Vertragsregelungen wie z.B. Schadenspauschalierungsklauseln i.S.v. § 309 Nr. 5 BGB – auf der Ebene des nationalen Verfahrensrechts eine Durchbrechung des Verhandlungsgrundsatzes, der die Beibringung und den Beweis der tatsächlichen Grundlagen durch die Parteien selbst erfordert, durch Anwendung der Untersuchungsmaxime gebietet.[95] Die Generalanwältin *Trstenjak* hat eine so weitgehende Konsequenz in ihren

---

[91] *Saare/Sein*, euvr 2013, S. 15 ff. (21).
[92] *Saare/Sein*, euvr 2013, S. 15 ff. (21) mit Hinweis auf *Basedow*, in: Münchener Kommentar BGB, § 310 Rn. 66.
[93] *Saare/Sein*, euvr 2013, S. 15 ff. (21) m.w.N.
[94] *Trstenjak/Beysen*, 48 CMLRev 2011, S. 95 ff. (119).
[95] Vgl. *Basedow*, in: Münchener Kommentar BGB, Vor § 305 Rn. 38; zu den Schadenspauschalierungsklauseln in diesem Kontext *Saare/Sein*, euvr 2013, S. 15 ff. (22).

Schlussanträgen jedoch abgelehnt.[96] Für das Beispiel der Schadenspauschalisierungsklauseln i.S.v. § 309 Nr. 5 BGB würde die Geltung der Untersuchungsmaxime bedeuten, dass das Gericht von sich aus ermitteln müsste, ob eine solche Pauschale den Verbraucher benachteiligt oder nicht.[97] Hierzu müsste der Richter die tatsächlichen Umstände, insbesondere die Höhe der Durchschnittsschäden ermitteln, um diese mit der Schadenspauschale zu vergleichen.[98] Damit wäre es nicht mehr Aufgabe der Parteien, die tatsächlichen Grundlagen, welche zu einer Beurteilung der Missbräuchlichkeit der Klausel notwendig sind, beizubringen.[99] Sollte der EuGH jedoch generell, also nicht nur für Zulässigkeitsfragen, sondern auch bei Klauseln über materielle Vertragsregelungen, eine richterliche Amtsermittlungspflicht statuieren, so würde dies für das deutsche Zivilprozessrecht den Abschied vom Verhandlungsgrundsatz bedeuten.

bb) Die Verbrauchsgüterkaufrichtlinie

Eine weitere Richtlinie, deren Auslegung durch den EuGH vor dem Hintergrund der effektiven Durchsetzung des Gemeinschaftsrechts Auswirkungen auf das nationale Verhältnis von Parteiherrschaft und Richtermacht zeitigt, ist die Verbrauchsgüterkaufrichtlinie.[100] Die beiden folgenden Entscheidungen des EuGH ergingen mit Blick auf das Erfordernis der effektiven Durchsetzung des Gemeinschaftsrechts.

(1) Mögliche Einschränkungen der Verhandlungsmaxime im nationalen Zivilverfahren durch die EuGH Entscheidung Faber. In der Entscheidung *Faber* des EuGH vom 4.6.2015[101] befasste sich der EuGH auf Vorlage eines niederländischen Gerichts mit der Reichweite des Art. 5 III der Verbrauchsgüterkaufrichtlinie im Rahmen eines Gewährleistungsverlangens der Klägerin. Zwar stand im Fokus der Entscheidung die Reichweite der Vermutung der Vertragswidrigkeit nach Art. 5 III der Richtlinie. In prozessualer Hinsicht ist für die vorliegende Arbeit von Bedeutung, dass die Klägerin – Käuferin eines Fahrzeugs, das sie am 27.5.2008 erwarb und das am 26.9.2008 Feuer fing und vollständig ausbrannte – in dem Verfahren gegen den Verkäufer – ein Autohaus – gerade nicht geltend machte, den Kauf des Fahrzeugs als Verbraucherin getätigt zu haben. Damit ist der Berührungspunkt zwischen der Verbraucher-

---

[96] Vgl. *Trstenjak*, Schlussanträge vom 6.7.2010 in der Rs. C-137/08 = EuZW 2011, 27 Tz. 110 ff. – *VB Pénzügyi Lízing Zrt ./. Ferenc Schneider*.
[97] *Saare/Sein*, euvr 2013, S. 15 ff. (24).
[98] *Saare/Sein*, euvr 2013, S. 15 ff. (24).
[99] *Saare/Sein*, euvr 2013, S. 15 ff. (27).
[100] Vom 25. Mai 1999, ABl. 171, S. 12.
[101] EuGH, Urt. v. 4.6.2015, Rs. C-497/13 – *Faber*.

eigenschaft und der Verhandlungsmaxime gegeben.[102] Das erstinstanzliche niederländische Gericht ging davon aus, die Frage, ob die Klägerin als Verbraucherin gehandelt habe, müsse nicht ermittelt werden. Auch im Rahmen des Rechtsmittels trug die Klägerin nicht vor, das Fahrzeug als Verbraucherin erworben zu haben. Der EuGH entschied diesbezüglich, der Grundsatz der Effektivität verlange, in einem Rechtsstreit über einen Vertrag, der möglicherweise in den Geltungsbereich der Richtlinie fallen könnte, müsse das nationale Gericht – sofern es über die dafür nötigen rechtlichen Anhaltspunkte verfügt oder im Wege eines einfachen Auskunftsersuchens erlangen kann – die Frage prüfen, ob die Käuferin als Verbraucher eingestuft werden kann, selbst wenn sie sich nicht ausdrücklich auf diese Eigenschaft beruft.[103] Offen bleibt aber, wie das Gericht die Frage der Verbrauchereigenschaft einer Partei *in concreto* zu prüfen hat. Die Reichweite der gerichtlichen Aktivität ist mithin interpretationsbedürftig; insbesondere ist unklar, ob eine Sachverhaltserforschung im Sinne einer Untersuchungsmaxime gemeint ist oder ob eine lediglich besondere Aktivität im Rahmen einer richterlichen Hinweis- und Fragepflicht gefordert wird. Der EuGH sieht als Prämisse der richterlichen Überprüfung das Vorhandensein der „dafür nötigen rechtlichen und tatsächlichen Anhaltspunkte" bzw. die Möglichkeit einer Erlangung dieser Anhaltspunkte im Wege eines einfachen Auskunftsersuchens an. In dem dem Judikat zugrunde liegenden Sachverhalt wurde für den Kauf des Fahrzeugs ein Kaufvertrag unter der Überschrift „Kaufvertrag Privatpersonen" verwendet, womit folglich Anhaltspunkte für die Verbrauchereigenschaft gegeben waren. Der EuGH stuft das Vorhandensein des vorgelegten Dokuments als „Indiz" ein.[104] Er stützt sich auf nach dem niederländischen Verfahrensrecht bereits vorhandene Möglichkeiten, den Parteien aufzugeben, bestimmte Behauptungen zu präzisieren oder bestimmte Unterlagen vorzulegen. Dies spricht mehr für ein Verständnis als richterliche Frage- und Hinweispflicht und nicht für die weitgehende Annahme der gerichtlichen Untersuchungsmaxime. Damit ist die Annahme berechtigt, dass der EuGH wohl mehr ein richterliches Nachfragen aufgrund bereits gegebener Anhaltspunkte als die Etablierung einer Untersuchungsmaxime im Auge hat. Die Frage, ob der Verbraucher anwaltlich vertreten ist oder nicht, vermag nach Ansicht des EuGH an dieser Schlussfolgerung der richterlichen Aktivität bemerkenswerterweise nichts zu ändern, weil die Auslegung des Unionsrechts sowie die Tragweite der Grundsätze der Effektivität und der Äquivalenz von den konkreten Umständen jedes Einzelfalls unabhängig sind.[105]

---

[102] Vgl. dazu auch *Podszun*, EuCML 2015, S. 149 ff. (152).
[103] EuGH, Urt. v. 4.6.2015, Rs. C-497/13, Rn. 46 – *Faber*.
[104] EuGH, Urt. v. 4.6.2015, Rs. C-497/13, Rn. 40 – *Faber*.
[105] EuGH, Urt. v. 4.6.2015, Rs. C-497/13, Rn. 47 – *Faber*.

(2) Einschränkungen der Dispositionsmaxime durch die Entscheidung Duarte Hueros. Die Rechtssache *Duarte Hueros* betraf die Frage, ob ein Richter von Amts wegen den Kaufpreis einer mangelhaften Kaufsache mindern muss, wenn die Vertragsauflösung aufgrund der Geringfügigkeit des Mangels ausgeschlossen ist und der Verbraucher seine Klage auf Auflösung des Kaufvertrags sowie Rückzahlung des Kaufpreises und nicht auf Kaufpreisminderung richtet.[106] Auch hier betraf das Vorabentscheidungsersuchen nicht die Ausgestaltung des deutschen, sondern des spanischen Zivilprozessrechts. Die Klägerin begehrte die Auflösung des Kaufvertrags über ein Fahrzeug, das nicht dem Kaufvertrag entsprach. Für die vorliegende Betrachtung ist bedeutsam, dass auch das spanische Zivilverfahren von der prozessualen Dispositionsmaxime, Art. 218 I span. LEC, geprägt wird. Damit muss die gerichtliche Entscheidung dem gestellten Antrag entsprechen (Grundsatz der Kongruenz zwischen den Anträgen der Parteien und den gerichtlichen Entscheidungen).[107] In dem konkreten Fall wäre die von der klagenden Verbraucherin beantragte Auflösung eines Kaufvertrags wegen der Geringfügigkeit des Mangels gescheitert. Eine Kaufpreisminderung war von der Klägerin weder im Wege eines Haupt- noch im Wege eines Hilfsantrag geltend gemacht worden. Der EuGH entschied für die beschriebene Fallgestaltung, die Verbrauchsgüterkaufrichtlinie stehe nationalen zivilprozessualen Vorschriften entgegen, welche eine Berücksichtigung eines Rechts auf Preisminderung nicht von Amts wegen erlauben. Dies gelte insbesondere dann, wenn nach nationalem Zivilprozessrecht dem Verbraucher eine Klageänderung und die Erhebung einer neuen Klage wegen der Wirkung der Rechtskraft (Art. 400 LEC) verwehrt sind. Denn nach spanischem Recht erfasst die Rechtskraft alle Ansprüche, die in einem früheren Verfahren hätten geltend gemacht werden können. In einem solchen Verfahrenssystem wäre einem Verbraucher, der lediglich die Auflösung des Vertrags begehrt, „endgültig die Möglichkeit genommen, […] in den Genuss des Rechts auf Minderung des Kaufpreises nach Art. 3 Abs. 5 der Richtlinie 1999/44 zu kommen", sofern der nationale Richter die Geringfügigkeit der Vertragswidrigkeit annimmt und der Verbraucher auch nicht hilfsweise einen Antrag auf Minderung gestellt hat.[108] Eine derartige Verfahrensgestaltung sei geeignet, den unionsrechtlichen Grundsatz der Effektivität des angestrebten Verbraucherschutzes zu beeinträchtigen.[109] Die Entscheidung bedeutet eine Einschränkung der Parteiherr-

---

[106] EuGH Urt. v. 3.10.2013, Rs. C-32/12, EuZW 2013, S. 918 – *Soledad Duarte Hueros ./. Autociba SA u.a.*

[107] EuGH Urt. v. 3.10.2013, Rs. C-32/12, Rn. 21 – *Soledad Duarte Hueros ./. Autociba SA u.a.*

[108] EuGH Urt. v. 3.10.2013, Rs. C-32/12, Rn. 37 – *Soledad Duarte Hueros ./. Autociba SA u.a.*

[109] EuGH Urt. v. 3.10.2013, Rs. C-32/12, Rn. 39 – *Soledad Duarte Hueros ./. Autociba SA u.a.*

schaft in Gestalt der Dispositionsmaxime, denn sie durchbricht den Grundsatz der Bindung des Richters an den in der Klageschrift gestellten Antrag, ohne dabei alternative Optionen wie insbesondere die Möglichkeiten einer – auch nach spanischem Recht möglichen – nachträglichen Klageänderung ausreichend zu würdigen.[110]

b) Die sektorale Einwirkung zur Behebung von Informationsdefiziten im Wege der Offenlegung von Beweismitteln – Die Kartellschadensersatzrichtlinie und die Enforcement-Richtlinie

Der europäische Gesetzgeber versucht auf bestimmten Rechtsgebieten ein typischerweise bestehendes Informationsgefälle zwischen den Parteien vor dem Hintergrund des Effektivitätsgrundsatzes zu beheben, indem durch Richtlinienvorgaben die Offenlegung von relevanten Beweismitteln durch den Gegner oder Dritte im Wege der Anordnung der nationalen Gerichte verlangt wird. Mithilfe des Zugriffs des Geschädigten auf Dokumente soll die Rechtsdurchsetzung erleichtert werden. Wegen der hiermit verbundenen Folgen für die Beweiserhebung durch Urkundenvorlage nach dem nationalen Zivilverfahren gemäß § 142 ZPO können die Vorgaben Auswirkungen auf die Verhandlungsmaxime zeitigen.

aa) Die Enforcement-Richtlinie

Ein Ausgleich des dargestellten Informationsgefälles zwischen dem Verletzer und dem Verletzten wird mit der *Enforcement*-Richtlinie aus dem Jahre 2004 intendiert.[111] Die Richtlinie bezweckt die Stärkung des Schutzes geistigen Eigentums für den Erfolg des Binnenmarktes.[112] Ihr liegt die Erkenntnis zugrunde, eine effektive Durchsetzung von Immaterialgüterrechten in den einzelnen Mitgliedstaaten der Europäischen Union werde nicht gleichwertig ermöglicht.[113] Damit wirkt die Richtlinie vor dem Hintergrund des Effektivitätsgebots, das bei gewerblichen Schutzrechten besondere Bedeutung erhält, in das nationale Recht ein. Die *Enforcement*-Richtlinie bestimmt gemäß Art. 1 Maßnahmen, Verfahren und Rechtsbehelfe, die erforderlich sind, um die Durchsetzung der Rechte des geistigen Eigentums sicherzustellen. Im Hinblick auf

---

[110] Vgl. auch *Althammer*, in: Weller/Althammer, S. 3 ff. (19).
[111] Richtlinie 2004/48/EG des Europäischen Parlaments und des Rates vom 29. April 2004 zur Durchsetzung der Rechte aus geistigem Eigentum, ABl. EG Nr. L 157 und Nr. L 195/16. Die Richtlinie knüpft an das Übereinkommen über handelsbezogene Aspekte der Rechte des geistigen Eigentums (sogenanntes TRIPS-Übereinkommen) an. Vgl. dazu *R. Koch*, S. 90; die Richtlinie wurde umgesetzt u.a. durch das Gesetz zur Verbesserung der Durchsetzung von Rechten des geistigen Eigentums, BT-Drucks. 16/5048.
[112] So Erwägungsgrund 1 der Richtlinie.
[113] *R. Koch*, S. 90.

die dargestellte Problematik enthält die Richtlinie im Abschnitt 2 („Beweise") gemäß Art. 6 eine prozessuale Vorgabe hinsichtlich des Rechts, einen Antrag auf Beweismittelvorlage durch den Gegner zu stellen, und im Abschnitt 3 („Recht auf Auskunft") gemäß Art. 8 eine materiell-rechtliche Vorgabe in Bezug auf den materiellen Anspruch auf Informationsgewährung.[114] In diesem kombinierten Ansatz wird mit Verweis auf den dargestellten materiellen Ansatz des deutschen Rechts sowie auf den prozessualen Lösungsweg im österreichischen Recht eine Widerspiegelung der unterschiedlichen Traditionen der Mitgliedstaaten gesehen.[115]

Art. 6 I der Richtlinie regelt die Pflicht der Vorlage von Beweismitteln durch den Prozessgegner; Art. 6 II der Richtlinie betrifft die Übermittlung von Bank-, Finanz- oder Handelsunterlagen. Die Vorlagepflicht nach Art. 6 I der Richtlinie ist an folgende Voraussetzungen geknüpft: Es muss ein Antrag einer Partei gegeben sein, der Rechtsinhaber hat alle verfügbaren Beweismittel zur hinreichenden Begründung der Ansprüche vorgelegt, der Rechtsinhaber hat das Beweismittel genau bezeichnet, das Beweismittel liegt in der Verfügungsgewalt der gegnerischen Partei, die Vorlage verletzt keine Geheimhaltungsinteressen der gegnerischen Partei. Nach Art. 6 II der Richtlinie ist den mitgliedstaatlichen Gerichten die Möglichkeit einzuräumen, auf Antrag einer Partei die Übermittlung von in der Verfügungsgewalt der gegnerischen Partei befindlichen Bank-, Finanz- oder Handelsunterlagen anzuordnen, sofern der Schutz vertraulicher Informationen gewährleistet ist. Das Bestehen eines materiell-rechtlichen Anspruchs auf Vorlage wird indes nicht als Voraussetzung der Beweismittelvorlage aufgenommen.

Gemäß der Begründung zum deutschen Umsetzungsgesetz dieser Richtlinie – das Gesetz zur Verbesserung der Durchsetzung von Rechten des geistigen Eigentums – durchbricht die Vorschrift des Art. 6 die Verhandlungsmaxime.[116] Zu beachten ist zunächst, dass Art. 6 I der Richtlinie jedenfalls einen Antrag als Ausdruck der Parteiherrschaft verlangt, weshalb von einem Übergang zur der Untersuchungsmaxime nicht ausgegangen werden kann.[117] Eine erhebliche Einschränkung der Verhandlungsmaxime wäre aber dann gegeben, wenn die Anordnung ohne konkreten Tatsachenvortrag der antragstellenden Partei erfolgen würde, um erst aufgrund der vorgelegten Unterlagen die entscheidenden Tatsachen zu ermitteln. Allerdings ist es nicht eindeutig, ob Art. 6 I der Richtlinie derart verstanden werden kann, dass nicht lediglich der Zugriff auf Beweismittel ermöglicht werden soll, sondern bereits die Erlangung nöti-

---

[114] Laut *McGuire* belegt die Einteilung in Art. 6 „Beweise" und Art. 8 „Recht auf Auskunft", dass die Richtlinie einen gemischten Ansatz verfolgt. So *McGuire*, GRUR Int 2005, S. 15 ff. (21).
[115] So *McGuire*, GRUR Int 2005, S. 15 ff. (15).
[116] BT-Drucks. 16/5048, S. 26.
[117] Dazu *Leipold*, in: Die Aktualität, S. 144.

ger Informationen.[118] Schließlich verlangt Art. 6 der Richtlinie die Bezeichnung der Beweismittel zur Begründung der Ansprüche. Hieraus könnte man folgern, die Partei müsse auch konkrete Tatsachen hinsichtlich der Art und des Umfangs ihrer Rechtsverletzung vortragen.[119] Andererseits enthält Art. 6 II der Richtlinie eine sehr allgemeine Umschreibung, woraus man folgern könnte, erst aus den vorzulegenden Unterlagen sollen konkrete Informationen hinsichtlich der Verletzung der Schutzrechte zu entnehmen sein.[120]

bb) Die Kartellschadensersatzrichtlinie

Hingewiesen sei ferner auf die im Jahre 2014 in Kraft getretene Richtlinie „über bestimmte Vorschriften für Schadensersatzklagen nach einzelstaatlichem Recht wegen Zuwiderhandlungen gegen wettbewerbsrechtliche Bestimmungen der Mitgliedstaaten".[121] Diese enthält Vorgaben für eine erleichterte Geltendmachung von Schadensersatzansprüchen durch Geschädigte im Hinblick auf das Erfordernis der effektiven Rechtsdurchsetzung bei Zuwiderhandlungen gegen das Wettbewerbsrecht, vgl. Art. 4 der Richtlinie.

Wie bei der *Enforcement*-Richtlinie ist die Verhandlungsmaxime dahingehend von den Vorgaben betroffen, dass der Zugang zu den Beweismitteln, die sich ausweislich des 14. Erwägungsgrunds oftmals ausschließlich im Besitz der gegnerischen Partei oder Dritten befinden und dem Gegner daher nicht hinreichend bekannt bzw. zugänglich sind. Ferner heißt es, „das strenge rechtliche Erfordernis, dass der Kläger zu Beginn des Verfahrens im Detail alle für seinen Fall relevanten Tatsachen behaupten und dafür genaue bezeichnete einzelne Beweismittel anbieten muss, [...] die wirksame Geltendmachung des durch den AEUV garantierten Schadensersatzanspruch übermäßig erschweren" kann.[122] Dementsprechend betrifft Kapitel II die Offenlegung von Beweismitteln. Art. 5 I S. 1 der Richtlinie sieht vor, dass in Schadensersatzverfahren wegen Kartellverstößen nationale Gerichte auf Antrag des Klägers anordnen können, relevante Beweismittel durch den Beklagten oder einen Dritten offenzulegen, wenn eine substantiierte Begründung gegeben ist, die den Schadensersatzanspruch ausreichend stützt (Substantiierungserfordernis). Die Anordnung der Offenlegung soll nach Art. 5 I S. 2 der Richtlinie auch auf Antrag des Beklagten gegen den Kläger oder gegen einen Dritten möglich sein. Absatz 2 verlangt, die Beweismittel möglichst genau zu benennen und abzugrenzen, soweit dies mit zumutbarem Aufwand und den zugänglichen Tatsa-

---

[118] *Leipold* mit Hinweis auf die sehr allgemeine Umschreibung in Art. 6 II der Richtlinie. *Leipold*, in: Die Aktualität, S. 144.
[119] *Leipold*, in: Die Aktualität, S. 144.
[120] *Leipold*, in: Die Aktualität, S. 144.
[121] Richtlinie 2014/104/EU ABl. 2014 Nr. L 349 S. 1.
[122] Erwägungsgrund 14.

chen möglich ist. Hierdurch sollen Anträge zwecks „Beweisausforschung" verhindert werden. Bemerkenswert ist an dieser Stelle, dass der Geschädigte Kategorien von Beweismitteln benennen kann, womit sich sein Vorlageanspruch nicht auf ein bestimmtes Beweismittel beschränkt. Zudem müssen die gerichtlichen Anordnungen gemäß Art. 5 III der Richtlinie unter Berücksichtigung aller Parteien verhältnismäßig sein. Art. 8 der Richtlinie statuiert Vorgaben in Bezug auf die Sanktionierung bei Nichtbefolgung der Anordnung bzw. bei Vernichtung von Beweismitteln.

III. Bestrebungen zur Einführung eines kollektiven Rechtsschutzes unter Berücksichtigung der Dispositionsmaxime als Ausdruck von Parteiherrschaft

Die EU-Kommission ist seit Jahren bestrebt, kollektiven Rechtsschutz und kollektive Rechtsdurchsetzung voranzutreiben. Im Jahr 2013 hat die EU-Kommission einen europäischen Rahmen allgemeiner unverbindlicher Grundsätze für die Etablierung kollektiven Rechtsschutzes vorgelegt.[123] In der Empfehlung hat sich die EU-Kommission[124] für „Gemeinsame Grundsätze für kollektive Unterlassungs- und Schadensersatzverfahren bei Verletzung von durch Unionsrecht garantierten Rechten"[125] ausgesprochen und hat diesen Empfehlungen in ihrem Bericht vom 25.1.2018 über die Umsetzung dieser Empfehlung[126] nochmals Nachdruck verliehen.

Kollektive Rechtsschutzverfahren seien nach den Vorgaben der EU-Kommission in den Bereichen einzuführen, in denen das EU-Recht den Bürgern und Unternehmen Rechte gewährleistet. Die Empfehlungen bilden dabei einen allgemeinen Ansatz für den kollektiven Rechtsschutz in bestimmten Sektoren, insbesondere im Bereich des Verbraucherschutzes, des Wettbewerbs, des Umweltschutzes und der Finanzdienstleistungen. Hierzu werden eine

---

[123] Dieser umfasst (1) eine Mitteilung der Kommission an das Europäische Parlament, den Rat, den Europäischen Wirtschafts- und Sozialausschuss und den Ausschuss der Regionen „Auf dem Weg zu einem allgemeinen Rahmen für den kollektiven Rechtsschutz", KOM (2013) 401/2, 11.6.2013, (2) eine Empfehlung der Kommission, L 201/60 und (3) einen Richtlinienvorschlag für Vorschriften über Schadensersatzklagen nach einzelstaatlichem Recht wegen Zuwiderhandlung gegen wettbewerbsrechtliche Bestimmungen der Mitgliedstaaten und der Europäischen Union, KOM (2013) 404 endg. Zuvor wurde im Hinblick auf Schadensersatzklagen wegen Verletzung des EU-Wettbewerbsrechts im Jahr 2005 ein Grünbuch veröffentlicht (KOM (2005) 672 vom 19.2.2005), dem im Jahr 2008 ein Weißbuch folgte (KOM (2008) 165 vom 2.4.2008). Für den Bereich von Kollektivklagen im Verbraucherschutz wurde im Jahr 2008 von der Generaldirektion *Sanco* ein Grünbuch entwickelt. KOM (2008) 864 vom 27.11.2008.
[124] 2013/396/EU vom 11.6.2013.
[125] ABl. L. 201 vom 26.7.2013, S. 60.
[126] Rats.-Dok. 6043/18; KOM (2018) 40 final.

Reihe gemeinsamer Grundsätze festgelegt. Jedenfalls soll nach der Vorstellung der Kommission ein System von Sammelklagen nach U.S.-amerikanischem Vorbild vermieden werden. Von den amerikanischen *class actions* sei der Begriff des kollektiven Rechtsschutzes nach Ansicht der Kommission klar zu unterscheiden. Dabei legt die Kommission mit Blick auf das Kriterium der Klagebefugnis zwei Arten kollektiver Rechtsverfolgung zugrunde: Bei den Gruppenklagen wird die Klage gemeinsam von denjenigen erhoben, die behaupten, einen Schaden erlitten zu haben. Demgegenüber gibt es kollektiven Rechtsschutz in Form von in Vertretung erhobenen Klagen. Hier wird die Klage von einer Vertreterorganisation, wie einem Verband oder einer Behörde, im Namen einer Gruppe von Personen erhoben. Klagepartei ist dann allein die Vertreterorganisation.[127]

Bereits im ersten Teil dieser Arbeit wurde im Rahmen der Erörterung des Prozesszwecks und im Kontext des amerikanischen Zivilverfahrens auf die Formen kollektiven Rechtsschutzes in der BRD eingegangen. In diesem Bereich erfährt der Prozesszweck, wie verdeutlicht wurde, Änderungen, denn die Verfolgung öffentlicher Interessen steht im Vordergrund.[128]

1. Die gegenwärtige Rechtslage

Vor dem Hintergrund einer Einteilung kollektiven Rechtsschutzes in die Erscheinungsformen der Verbandsklagen einerseits und der echten Gruppenklagen/Sammelklagen andererseits sowie einer Einteilung in Unterlassungsklagen und in die für Massenschäden bzw. Streuschäden einschlägige Schadensersatzklage lässt sich die gegenwärtige Rechtslage innerhalb der EU folgendermaßen darstellen[129]:

Im Rahmen eines europäischen Rechtsvergleichs lässt sich konstatieren, dass es kollektive Rechtsbehelfe in Gestalt von Verbandsklagen in fast allen Mitgliedstaaten gibt; diese dominieren – so der Bericht der EU-Kommission vom 25.1.2018 – bei Unterlassungsklagen im Umwelt- und Verbraucherrecht.[130] Für die BRD gilt dies nach dem UKlaG auf Grundlage der Umsetzung der EU-Richtlinie über Unterlassungsklagen zum Schutz der Verbraucherinteressen,[131] wie im ersten Teil der Arbeit dargestellt wurde. Des Weiteren kennen einige EU-Staaten Verbandsklagen nach einem *opt-in*-Verfahren auf Geldleistungen bzw. Geldentschädigung, wie z.B. Frankreich mit der Ver-

---

[127] KOM (2013) 401/2, 11.6.2013 S. 12.
[128] *Hess*, R.L.R. No. 27 (2010), S. 191 ff. (206).
[129] Eine rechtsvergleichende Übersicht gibt *Stadler*, ZfPW 2016, S. 61 ff.
[130] So der Bericht der Kommission vom 25.1.2018 KOM (2018) 40 final S. 5.
[131] Richtlinie 98/27/EG des Europäischen Parlaments und des Rates vom 19. Mai 1998, ABl. EG Nr. L 166 vom 11.6.1998, S. 51.

braucherverbandsklage von 2014 und Italien.¹³² In der BRD gibt es hingegen bisher keine gesetzlich geregelte Möglichkeit einer Geltendmachung von Geldersatz durch Verbände.¹³³ Dies wird auch – nach dem derzeitigen Stand – nicht durch die künftige Musterfeststellungsklage für Verbraucher ermöglicht, da diese auf bloße Feststellung zielen soll.¹³⁴

Demgegenüber bilden kollektive Rechtsbehelfe in Gestalt von echten Gruppen- oder Klassenklagen gerichtet auf eine Geldleistung in Europa die Ausnahme.¹³⁵ Echte Gruppenklagen bzw. Klassenklagen bzw. Sammelklagen nach U.S.-amerikanischem Vorbild finden sich gerade in den englischen *representative proceedings*, bei denen eine Partei als Repräsentant all derjenigen klagen kann, die dasselbe Interesse verbindet.¹³⁶ Oftmals geht es bei der klassischen Sammelklage um sogenannte Streuschäden, die massenhaft auftreten, aber den Einzelnen nur mit einem geringen Streitwert betreffen. In dieser Situation greifen nach dem geltenden deutschen Zivilprozessrecht lediglich die Rechtsinstitute der Streitgenossenschaft nach §§ 59, 60 ZPO oder die Prozessverbindung nach § 147 ZPO.¹³⁷ Eine Besonderheit im deutschen Recht bildet insoweit das bereits erwähnte Verfahren nach dem Kapitalanleger-Musterverfahrensgesetz (KapMuG).¹³⁸ Dieses betrifft die Situation moderner Massengeschäfte im Kapitalmarktrecht und damit durchaus einen klassischen Anwendungsbereich der Schadensersatzklage bei gleich gelagerten Sach- und Rechtsfragen. Der deutsche Gesetzgeber hat mit dem KapMuG ein neues Rechtsinstrument zwecks Bündelung und Durchsetzung gleichgerichteter Schadensersatzansprüche eingeführt und damit – so das Schrifttum – einen neuen Weg beschritten.¹³⁹ Das KapMuG sieht keine Verbandsklage vor; vielmehr wird ein Musterkläger aus dem Kreis der Kläger bei dem vorlegenden Prozessgericht bestimmt, § 8 II KapMuG. Ziel ist lediglich eine der individuellen Klage vorgelagerte Feststellung im Wege eines Musterbescheides. Damit hält das KapMuG aber an der Linie verbundener Einzelverfahren fest; es vermeidet Einschnitte prozessualer Individualrechte zugunsten einer Gruppe, wie es *Stürner* hervorhebt.¹⁴⁰ Jedenfalls wird Parteifreiheit aufgrund der in § 8 I KapMuG vorgesehenen Aussetzung des Verfahrens nur partiell beschnitten; letzt-

---

¹³² *Bruns*, in: Globalisierung und Sozialstaatsprinzip, S. 255 ff. (267 f.); vgl. *Meller-Hannich*, GPR 2/2014, S. 92 ff. (93).
¹³³ *Bruns*, in: Globalisierung und Sozialstaatsprinzip, S. 255 ff. (269).
¹³⁴ 1. Teil B. IV. 4. B) bb).
¹³⁵ *Bruns*, in: Globalisierung und Sozialstaatsprinzip, S. 255 ff. (270).
¹³⁶ *Bruns*, ZZP 125 (2012), S. 399 ff. (413 f.).
¹³⁷ Dazu *Roth*, in: FS für Henckel, S. 283 ff. (289).
¹³⁸ 1. Teil B. IV. 4. b) aa).
¹³⁹ So *Rechberger*, in: Instrumentalisierung von Zivilprozessen, S. 1 ff. (9) mit Hinweis auf *Reuschle*, AnwBl 2006, 271.
¹⁴⁰ *Stürner*, in: Recht und Rechtswirklichkeit, S. 19 ff. (26).

lich mündet das Verfahren schließlich wieder in den klassischen Zivilprozess, § 22 IV KapMuG.[141]

2. Auswirkungen auf das Spannungsverhältnis von Parteiherrschaft und Richtermacht und Entwicklungstendenzen

Während die Verbands- und die Musterfeststellungsklage den herkömmlichen Maximen folgen,[142] wäre im Falle einer Etablierung echter Gruppenklagen Veränderungen mit Blick auf das Spannungsverhältnis von Parteiherrschaft und Richtermacht zu erwarten. Zwar fördern Zusammenschlüsse einerseits individuelle Freiheit; andererseits bedrohen sie diese, denn sie erfordern die Unterwerfung des Einzelnen unter ein Gruppenreglement und schaffen damit Abhängigkeit.[143]

Allerdings zielt die EU-Kommission mit ihren Vorgaben nicht auf die Einführung von Gruppenklagen nach U.S.-amerikanischem Vorbild. Die EU fordert die Mitgliedstaaten zur Anwendung eines freiwilligen *opt-in*-Mechanismus zur Bildung der Klägergruppe auf, der sich durch das Erfordernis einer expliziten Zustimmung der Mitglieder auszeichnet,[144] wie er z.B. der französischen Verbraucherverbandsklage von 2014 zugrunde liegt.[145] Demgegenüber werden bei einem besonders effektiven *opt-out*-Mechanismus die Ansprüche sämtlicher Geschädigter erfasst und daher auch über Ansprüche von Anspruchsberechtigten entschieden, die unter Umständen überhaupt keine Kenntnis von dem betreffenden Verfahren besitzen.[146] Dieser – den amerikanischen *class actions* entsprechende – Mechanismus mit größerer Bündelungswirkung belegt die stärkere Lösung vom Individualrechtsschutz[147] und ist mit einem großen Verlust von Dispositionsfreiheit verbunden, obwohl jedes Gruppenmitglied die Option einer Abgabe einer Erklärung gegenüber dem Gericht hat, mit dem Ziel, an dem Verfahren nicht teilzunehmen und dementsprechend auch nicht von den Entscheidungswirkungen betroffen zu werden. Der *opt-out*-Mechanismus stößt vor allem vor dem Hintergrund einer fehlenden Absicherung der Kenntniserlangung von dem Verfahren als notwendige Voraussetzung einer *opt-out*-Erklärung auf Kritik. Es gehe nicht an, alle Mitglieder der Gruppe der Gefahr auszusetzen, ihr Recht in einem Verfahren – und zwar im Falle der Abweisung der Gruppenklage – zu verlieren, an dem diese nicht mit-

---

[141] *Roth*, ZfPW 2017, S. 129 ff. (153); siehe 1. Teil B. IV. 4. b) aa).
[142] Siehe dazu auch 1. Teil B. IV. 4. c).
[143] *Schwab*, Einführung in das Zivilrecht, Rn. 78.
[144] KOM (2013) 401/2, 11.6.2013, S. 13; KOM (2018) 40 final, 25.1.2018, S. 15.
[145] Vgl. dazu *Stadler*, ZfPW 2015, S. 61 ff. (67).
[146] Vgl. *Poelzig*, S. 533.
[147] So *Kodek*, in: Instrumentalisierung von Zivilprozessen, S. 93 ff. (97).

gewirkt haben.[148] In der BRD wird ein *opt-out*-Verfahren aufgrund verfassungsrechtlicher Bedenken im Hinblick auf das rechtliche Gehör, Art. 103 I GG, und im Hinblick auf Art. 14 GG sowie insbesondere wegen seiner Unvereinbarkeit mit dem deutschen Dispositionsgrundsatz in Frage überwiegend abgelehnt.[149] Die verfassungsrechtliche Garantie des rechtlichen Gehörs nach Art. 103 I GG erfordert, dass jeder sein eigenes Recht prozessual verfolgen können muss und es sich gerade nicht gefallen lassen muss, dass dies ein anderer ohne Zustimmung für diesen übernimmt.[150]

Demgegenüber bedarf es im Rahmen der Regelungstechnik eines *opt-in* zur grundsätzlichen Wahrung verfahrensmäßiger Rechte der vorherigen Zustimmung der Geschädigten. Diese entscheiden also selbst, ob ihr Anspruch gerichtlich geltend gemacht werden soll. Damit tritt auch die Bindung an ein Urteil oder an einen Vergleich nur für die Personen ein, die freiwillig am Verfahren partizipieren und sich ganz bewusst einer Prozessführung durch den Klägerrepräsentanten unterworfen haben.[151] Der von der EU-Kommission favorisierte *opt-in*-Klagemechanismus begegnet im Hinblick auf Parteiherrschaft – *in concreto* im Hinblick auf den Dispositionsgrundsatz – aufgrund der freiwilligen und ausdrücklich erklärten Entscheidung auf Klägerseite eindeutig weniger Bedenken als das *opt-out*-Prinzip. Nach Ansicht der Kommission wird der *opt-in*-Mechanismus „der Parteiautonomie eher gerecht".[152] Nach Bildung der Gruppe werden aber alle Parteien, die der betroffenen Gruppe angehören, als Folge der Unterwerfung unter das Gruppenreglement[153] letztlich vollständig oder doch sehr weitgehend von einer Herrschaft über das Verfahren ausgeschlossen.

Die EU-Kommission will zu jedem Zeitpunkt des Verfahrens ein Ausscheiden aus der Klagepartei „unter denselben Bedingungen, die für die Rücknahme einer Individualklage gelten" sicherstellen,[154] womit dem Dispositionsgrundsatz Rechnung getragen wird. Im Hinblick auf die Parteiherrschaft erscheint das Fehlen einer Abberufungsmöglichkeit des Klägervertreters in Kommissionsempfehlungen problematisch. Diese sollten aber vielmehr – anstelle eines Austritts – die Möglichkeit haben, die Ablösung des Repräsentanten zu beantragen.[155] Die fehlende Abberufungsmöglichkeit ist im Ergebnis bedenklich. Die Kommission vertraut auf die Kontrolle des Repräsentanten durch die Geschädigten selbst, die jederzeit die Möglichkeit des Austritts ha-

---

[148] *Grunsky*, Zivilprozessrecht, S. 81 Rn. 92a.
[149] Vgl. *Poelzig*, S. 533.
[150] *Grunsky*, Zivilprozessrecht, S. 81 Rn. 92a.
[151] *Stadler*, GPR 2013, S. 281 ff. (288).
[152] KOM (2013) 401/2, 11.6.2013, S. 13.
[153] Vgl. *Schwab*, Einführung in das Zivilrecht, Rn. 78.
[154] So die Empfehlung der Kommission in KOM (2013) 401/2, 11.6.2013, V. 22.
[155] So *Stadler*, GPR 2013, S. 281 ff. (288).

III. Bestrebungen zur Einführung eines kollektiven Rechtsschutzes

ben. Jedoch ist zu beachten, dass diese oftmals ohne eine – unter Umständen kostenintensive – anwaltliche Beratung nicht in der Lage sind, den Prozess im Einzelnen zu verfolgen und rechtzeitig zu intervenieren.[156] Parteiherrschaft wird damit im Hinblick auf die repräsentierten Mitglieder eingeschränkt. Doch auch die Partei, welche die anderen Betroffenen repräsentiert, ist in ihrem Verhalten keineswegs frei, da sie auf die von ihr repräsentierten Gruppenmitglieder Rücksicht nehmen muss. Parteiherrschaft wird damit – selbst bei Geltung des *opt-in*-Grundsatzes – geschmälert, freilich nicht in dem Maße, wie im Rahmen des *opt-out*-Prinzips.

Im Gegenzug ist der Richter in einer starken Position, wie sich aus dem Positionspapier der Kommission ergibt, wonach ihm bei Kollektivprozessen eine zentrale Rolle zukommen soll.[157] Es verdeutlicht sich eine Parallele zu den U.S.-amerikanischen *class actions*, für die eine gesteigerte Richtermacht (*managerial judges*), wie dargestellt wurde, prägend ist. Der Richter soll – gemäß den Empfehlungen der Kommission – im Interesse des Beklagtenschutzes vor Missbrauch von Amts wegen möglichst früh prüfen, ob die erhobenen Ansprüche offensichtlich unbegründet sind.[158] Denn mit Blick auf den potentiellen Beklagten ist zu bedenken, dass dieser im Rahmen einer Sammelklage besonders einem Missbrauch durch vorschnell erhobene Klagen, die mit dem alleinigen Ziel, einen Vergleich zu erpressen, erhoben werden, ausgesetzt ist.[159] Ob diesem Erpressungspotential durch gerichtliche Vorabprüfung entgegengewirkt werden kann, erscheint zweifelhaft. Sie ist wohl dem U.S.-amerikanischen *motion to dismiss* nach F.R.C.P. 41 (b) nachgebildet.[160] Diese beruht indes auf einigen Besonderheiten des amerikanischen Prozessrechts. Hierzu zählen insbesondere die nach dem amerikanischen Recht geringeren Substantiierungserfordernisse in Rahmen der Klage (*notice pleading*) und die Konsequenzen eines Eintretens in die teure *pre-trial discovery*.[161]

Im Rahmen von echten Sammelklagen kontrolliert der Richter das Parteiverhalten auch darauf, ob die Repräsentation „fair" ist. Auf konkrete Vorgaben wird indes verzichtet.[162] Eine konkrete Kontrolle der Verfahrensführung auf Klägerseite kann – dies ist zu bedenken – mit einer Gefährdung der richterlichen Neutralität verbunden sein.[163]

Bezugnehmend auf die vorstehende Thematik von Parteiherrschaft und Richtermacht lässt sich mit Blick auf eine künftige Entwicklung festhalten:

---

[156] So *Stadler*, GPR 2013, S. 281 ff. (288).
[157] Pressemitteilung vom 11.6.2013, http://europa.eu/rapid/press-release_IP-13-524_de.htm. (zuletzt aufgerufen am 24.9.2018).
[158] So die Empfehlung der Kommission in KOM (2013) 401/2, 11.6.2013, III. 8.
[159] Zu der Missbrauchsgefahr: *Stadler*, GPR 2013, S. 281 ff. (288).
[160] So *Stadler*, GPR 2013, S. 281 ff. (288).
[161] *Stadler*, GPR 2013, S. 281 ff. (288).
[162] *Stadler*, GPR 2013, S. 281 ff. (288).
[163] Vgl. *Stadler*, GPR 2013, S. 281 ff. (288).

Die Favorisierung des zivilprozessualen Instruments des kollektiven Rechtsschutzes wird mit einem Zuwachs der Richtermacht und einer Schwächung der Parteiherrschaft – jedenfalls auf Klägerseite – verbunden, sofern diese in Gestalt echter Gruppenklagen etabliert werden. In Bezug auf die Maximen besteht *prima facie* die Gefahr einer Einschränkung vornehmlich der Dispositionsmaxime. Jedoch könnte die Einführung kollektiven Rechtsschutzes auch zu einer Modifikation des Verhandlungsgrundsatzes beitragen,[164] da die Stoffbeibringung des Einzelnen abgeschnitten wird. Auch wird erwogen, die Verhandlungsmaxime im Rahmen von Kollektivklagen durch einen Untersuchungsgrundsatz zu ersetzen.[165]

Aus Sicht der Kommission ist diese Entwicklung indes positiv zu beurteilen, da anderenfalls Rechtsschutz – angeblich – ausscheide und dies ein Gerechtigkeitsdefizit und ein Defizit in der Rechtsdurchsetzung darstelle. Diese positive Haltung der Kommission entspricht gewiss dem dominierenden Denken in Marktfreiheiten, auf denen die Unionsverträge fußen.[166] Ein solches Denken könnte für die Zukunft auch in Europa zu einer Zurückdrängung präventiver Regulierung unter Schwerpunktsetzung auf nachträgliche Sanktion und Abschreckung führen, wie sie im amerikanischen Recht gerade durch die *class actions* erreicht wird.[167]

---

[164] *Althammer*, in: Weller/Althammer, S. 3 ff. (23).
[165] Kritisch: *Althammer*, in: Weller/Althammer, S. 3 ff. (23) m.w.N.
[166] *Stürner*, ÖJZ 2014/1, S. 1 ff. (9).
[167] *Stürner*, ÖJZ 2014/1, S. 1 ff. (9); kritisch hinsichtlich einer Einführung von Gruppenklagen nach amerikanischem Vorbild in Europa: *Bruns*, in: Globalisierung und Sozialstaatsprinzip, S. 255 ff. (274).

C. Zusammenfassung und Bewertung der Wirkung des EU-Rechts auf das deutsche Verhältnis von Parteiherrschaft und Richtermacht

Im Rahmen der Betrachtung der Auswirkungen des Gemeinschaftsrechts auf das Spannungsverhältnis von Parteiherrschaft und Richtermacht im deutschen Zivilverfahren lässt sich konstatieren, dass dieses einerseits unter dem Aspekt der Herrschaft der Parteien über den Sachverhalt – Verhandlungsgrundsatz – und andererseits unter dem Gesichtspunkt der Herrschaft der Parteien über den Verfahrensablauf unter Beachtung der Dispositionsmaxime beeinflusst wird. Maßgebliche Einwirkungsebene bildet das europäische Sekundärrecht.

Die Einwirkung auf die Sachverhaltsherrschaft erfolgt dabei vornehmlich indirekt über den Weg des materiellen Rechts als Folge der von den Mitgliedstaaten zu gewährleistenden effektiven Durchsetzung des Gemeinschaftsrechts. Hier wurde die Judikatur des EuGH bezüglich der Richtlinie über missbräuchliche Klauseln in Verbraucherverträgen untersucht. Es wurde dargestellt, dass trotz des deutschen Grundsatzes einer Prüfung von Zulässigkeitsfragen von Amts wegen und trotz des nach der ZPO geltenden weitgehenden Prorogationsverbots, die Rechtsprechung des EuGH Auswirkungen auf das deutsche Verhältnis von Parteiherrschaft und Richtermacht zeitigt. Zu beachten ist, dass es sich bei den dargestellten Entscheidungen des EuGH zur Klauselrichtlinie um Entscheidungen im Einzelfall handelt. Keine dieser Entscheidungen betraf die Vorlage eines deutschen Gerichts.

In rechtspolitischer Hinsicht lässt sich vor dem Hintergrund der Annahme einer schwächeren Position des Verbrauchers eine gewisse Tendenz zu „sozialen Eingriffen"[1] feststellen. Rechtsdogmatisch betrachtet ist zunächst festzuhalten: Bei einem Aufeinandertreffen supranationaler Rechtssysteme mit nationalen Rechtsordnungen können gewisse Abweichungen auftreten, die „Irritationen" in Bezug auf die nationale Rechtsordnung bedeuten. Derartige „Irritationsmomente" stellen den nationalen Gesetzgeber und Rechtsanwender dann vor die Problematik und Herausforderung, wie damit im System umzugehen ist. *Stürner* konstatiert, dass von der Europäisierung und Internationalisierung Anstöße zu einer Harmonisierung ausgehen, die das „Gebäude na-

---

[1] Vgl. *Rauscher* („gruppentypisierende soziale Eingriffe") bezüglich des Europäischen Prozessrechts, z.B. durch die Schaffung von ausschließlichen besonderen Gerichtsständen für Verbraucher, Versicherte und Arbeitnehmer, Art. 17 ff., 10 ff., und 20 ff. Brüssel Ia-VO. *Rauscher*, in: Münchener Kommentar ZPO, Einl. Rn. 15.

tional geprägter Dogmatik" verändern. Weiter heißt es: „Man sollte allerdings sehen, dass eine Zerstörung dogmatischer Konsistenz nur zu befürchten ist, wenn es zum Konflikt zwischen der supranationalen Entwicklung mit nationalen Systemen in Grundsatzfragen kommt [...]."[2] Als ein solcher Konflikt bzw. als besonderes „Irritationsmoment" ist in der dargestellten Judikatur des EuGH die Entscheidung *Pénzügyi* zu sehen. Denn diese etabliert – zumindest partiell – den Untersuchungsgrundsatz für den deutschen Zivilprozess und ist damit mit dem dogmatischen Gesamtsystem der Prozessmaximen des deutschen Zivilprozesses, so wie sie sich *de lege lata* darstellen, nicht vereinbar. Es handelt sich damit um einen Eingriff in die deutsche Prozessdogmatik durch das supranationale System. Insofern lässt sich ein Konflikt zwischen dem gemeinschaftsrechtlichen Grundsatz der Effektivität und der deutschen Prozessrechtsdogmatik konstatieren. Zu Recht kritisiert die Literatur daher, dass die Entscheidung *Pénzügyi* „weit über das Ziel hinaus" schießt.[3]

Einen empfindlichen Eingriff in die nationale Verfahrensautonomie bewirkt ferner die Rechtsprechung des EuGH zur Verbrauchsgüterkaufrichtlinie. Gerade die Zurückdrängung der Dispositionsmaxime durch das Judikat *Soledad Duarte Hueros* wird in der Literatur im Hinblick auf die nationale Verfahrensautonomie als schwerwiegender als die Zurückdrängung des Verhandlungsgrundsatzes im Anwendungsbereich der Klauselrichtlinie bezeichnet.[4]

Die Einwirkung auf die Herrschaft über den Verfahrensablauf erfolgt im Rahmen des europäischen Verfahrens für geringfügige Forderungen auf direktem Wege, indem der EU-Gesetzgeber ein Europäisches Erkenntnisverfahren etabliert. Dieses bewirkt eine Unfreiheit der Parteien, über die Verfahrensweise zu bestimmen unter Zurückdrängung des Prinzips der Mündlichkeit. Es zeigt sich damit auch hier eine verstärkte Entwicklungstendenz in Richtung Schriftlichkeit des Verfahrens. Gesteigerte Richtermacht wird im Rahmen der Frage „Mündlichkeit oder Schriftlichkeit" dieses Verfahrens und im Rahmen des Beweisverfahrens deutlich.

Auswirkungen zeitigen ferner die Bestrebungen des EU-Gesetzgebers, vor dem Hintergrund des Effektivitätsgrundsatzes durch Richtlinienvorgaben in Bezug auf spezielle Rechtsgebiete die Offenlegung von Beweismitteln zu erleichtern, um eine Informationsasymmetrie zu beheben.

Schließlich wurde im Rahmen einer intendierten Etablierung eines kollektiven Rechtsschutzes als Ausdruck eines *private law enforcement* für ausgewählte Rechtsbereiche im Hinblick auf das Verhältnis von Parteiherrschaft *versus* Richtermacht die damit verbundene Tendenz einer Steigerung von

---

[2] *Stürner*, Die Rolle des dogmatischen Denkens im Zivilprozess, in: ZZP 127 (2014), S. 271 ff. (302).

[3] So *Roth*, in: Die Zukunft des Zivilprozesses, S. 69 ff. (85); *ders.*, JZ 2014, S. 801 ff. (807): „recht unüberlegte Entscheidungen des EuGH".

[4] So *Althammer*, in: Weller/Althammer, S. 3 ff. (19).

Richtermacht unter dem Blickwinkel der Dispositionsmaxime aufgezeigt. Die weitere Entwicklung des kollektiven Rechtsschutzes bleibt abzuwarten; jedenfalls ginge die Einführung echter Gruppenklagen mit einer Autonomieeinschränkung der Parteien unter richterlichem Machtzuwachs einher. Der von der Kommission im Jahre 2013 eingeschlagene Weg einer Empfehlung an die Mitgliedstaaten erscheint indes vor allem mit Blick auf das Prinzip des *opt-in*-Grundsatzes zur Bildung der Klägerpartei und auf den Dispositionsgrundsatz als rechtsdogmatisch verträglich. Es bleibt zu beachten, dass sich diese Empfehlungen auf bestimmte Rechtsgebiete beziehen. Freilich hat die EU zur Einführung einer allgemeinen Sammelklage ohnehin keine Kompetenz.[5]

---

[5] *Bruns*, ZZP 125 (2012), S. 399 ff. (416).

4. Teil

Die Bedeutung der Prozessgrundrechte als Schutz der Parteien gegenüber gesteigerter Richtermacht

A. Vorbemerkung

Die im zweiten Teil dieser Arbeit aufgezeigte rechtspolitische Entwicklung einer Steigerung von Richtermacht durch den Novellengesetzgeber geht mit einer Schwächung der Verfahrensmaximen einher. Demgegenüber darf nicht außer Betracht bleiben, dass es eine Reihe von Entscheidungen des BVerfG sowie Reformen der ZPO gab, welche einer Stärkung der Parteimacht dienten. Gerade im Rahmen jüngerer Novellen der ZPO gab es Impulse im Hinblick auf die konkrete Ausgestaltung des Zivilverfahrens aus dem Verfassungsrecht. Gegenstand war die Wahrung prozessbezogener Grundrechte der Parteien gegenüber dem Gericht selbst.[1]

Schon die zivilprozessuale Rechtsentwicklung gerade der späten siebziger und achtziger Jahre des 20. Jahrhunderts war von einer verfassungsrechtlichen Prägung gekennzeichnet.[2] Diese Entwicklung wurde maßgeblich durch das BVerfG forciert und dann etwas später von den Fachgerichten sowie der Lehre positiv aufgenommen.[3] Grundlage hierfür ist der Vorrang des Grundgesetzes vor dem einfachen Recht und damit auch vor dem Zivilprozessrecht. Gemäß Art. 1 III GG binden die Grundrechte Gesetzgebung, vollziehende Gewalt und Rechtsprechung als unmittelbar geltendes Recht. In der Literatur wird auch von einer „Meinungsführerschaft" des BVerfG[4] gegenüber dem BGH in den Jahren 1978–1981 ausgegangen. In dieser Zeit gab es hinsichtlich der Auslegung der ZPO durch das BVerfG Widersprüche zu Ansichten des BGH.[5] Freilich kann die Judikatur des BVerfG hinsichtlich der ZPO im Folgenden nicht erschöpfend erläutert werden. Es erfolgt vielmehr eine Konzentration auf diejenige Rechtsprechung, die das Spannungsverhältnis von Parteiherrschaft und Richtermacht im Zivilverfahren nachhaltig geprägt hat. „Einfallstor" für diese Entwicklung ist – neben richterlichen Vor-

---

[1] *Hess*, in: Heidelberger Thesen, S. 143 ff. (157). Die Wirkung materieller Grundrechte auf den Zivilprozess findet im Folgenden keine Berücksichtigung. Vgl. zu den prozessualen Konsequenzen materieller Grundrechte: *Schumann*, in: FS BGH III, S. 3 ff. (24 ff.).

[2] *Hess*, R.L.R. No. 27 (2010), S. 191 ff. (198); vgl. zur „Konstitutionalisierung" des Zivilprozesses auch: *Gaier*, NJW 2013, S. 2871 ff. (2871).

[3] So *Hess*, R.L.R. No. 27 (2010), S. 191 ff. (198); laut *Schumann* gab es einen bedeutsamen Anteil von Entscheidungen des BVerfG mit zivilprozessualem Bezug in den Jahren 1977–1982. Vgl. *Schumann*, ZZP 96 (1983), S. 137 ff. (140).

[4] So *Schumann*, in: FS BGH III, S. 3 ff. (15).

[5] *Schumann*, in: FS BGH III, S. 3 ff. (21) mit Hinweis auf die Judikatur hinsichtlich der Annahmerevision, der Problematik, wann ein fristwahrender Schriftsatz eingereicht worden ist und auf die Rechtsprechung zur Wiedereinsetzung in den vorigen Stand. *Ders.*, ZZP 96 (1983), S. 137 ff. (141 f.).

lagen von ZPO-Vorschriften im Wege des konkreten Normenkontrollverfahrens nach Art. 100 I GG – die Urteilsverfassungsbeschwerde gemäß Art. 93 I Nr. 4a GG i.V.m. §§ 13 Nr. 8 a, 90 ff. BVerfGG. Diese gestattet die Behebung schwerer Verfahrensfehler auch nach Erschöpfung des Instanzenzugs. Sie wurde im Übrigen erst im Jahre 1969 in das Grundgesetz aufgenommen.[6] Zielrichtung der Urteilsverfassungsbeschwerde können der Inhalt des Zivilurteils bzw. die Verletzung von Grundrechten durch das gerichtliche Verfahren sein.[7]

Aus rechtshistorischer Perspektive sei im Hinblick auf die deutschen Verfassungen bemerkt, dass weder die Reichsverfassung von 1871 noch die Weimarer Reichsverfassung von 1919 prozessuale Grundrechte garantierten.[8] Die Frage des Verhältnisses des Zivilprozessrechts – einschließlich der Prozessmaximen – zu den prozessualen Grundrechten stellte sich daher nicht. Eine grundlegende Änderung dieser Rechtslage wurde erst durch das Grundgesetz bewirkt. Es enthält Vorgaben aus dem Verfassungsrecht für den Zivilprozess, insbesondere die Verfahrensgrundrechte, die ausschließlich an die Gerichte gerichtet sind und die Einhaltung rechtsstaatlicher Mindeststandards im Verfahren sichern.[9] Die verfassungsrechtlichen Sicherungen betreffen den gesamten Bereich der Ziviljustiz.[10] Zentrale Bestimmungen (Art. 92–104 GG) lassen sich maßgeblich im neunten Teil des Grundgesetzes finden.[11] Sie umfassen das Recht auf den gesetzlichen Richter, Art. 101 I S. 2 GG, die persönliche und sachliche Unabhängigkeit des Richters, Art. 97 I und Art. 98 GG, den Anspruch auf rechtliches Gehör, Art. 103 I GG, das in Anlehnung an die U.S.-amerikanische *Fair-Trial*-Doktrin aus dem Rechtsstaatsprinzip i.V.m. Art. 2 I GG vom BVerfG hergeleitete Recht auf ein faires Verfahren[12] und schließlich das Verfahrensgrundrecht auf ein objektiv willkürfreies Verfahren, Art. 3 I GG.[13] Auch in Bezug auf die vorliegende Thematik des Spannungsverhältnisses von Parteiherrschaft und Richtermacht wird die Rolle des Verfassungsrechts deutlich.[14] Für diese Arbeit sind der Anspruch der Parteien auf rechtli-

---

[6] Gesetz vom 20.1.1969, BGBl. I 97.
[7] Vgl. dazu *Rosenberg/Schwab/Gottwald*, § 17 Rn. 13 ff.
[8] Vgl. dazu *Schumann*, in: FS BGH III, S. 3 ff. (3).
[9] BVerfGE 107, 395 (407) = BVerfG NJW 2003, 1924 (1926).
[10] *Schumann*, in: FS BGH III, S. 3 ff. (4).
[11] *Schumann*, in: FS BGH III, S. 3 ff. (6).
[12] BVerfGE 78, 123 ff., (126); BVerfGE 57, 250 ff. (275); BVerfGE 93, 99 ff., (113); *Voßkuhle*, Rechtsschutz gegen den Richter, S. 109; gegen die Einordnung als allgemeines Prozessgrundrecht *Lüke*, in: Münchener Kommentar ZPO, Einl. Rn. 140.
[13] *Vollkommer*, in: Zöller, ZPO, Einl. Rn. 103; *Musielak*, in: Musielak/Voit, ZPO, Einl. Rn. 33.
[14] Die große Bedeutung der Verfassung für das Prozessrecht wurde bereits im Rahmen der Darstellung der Verfahrensgrundsätze gezeigt. Diese haben heute Verfassungsrang. Die verfassungsrechtliche Verankerung der Prinzipien wurde teilweise erst in jüngerer Zeit aner-

ches Gehör gemäß Art. 103 I GG mit seinen Berührungspunkten zum Recht auf ein faires Verfahren, Art. 2 I GG in Verbindung mit dem Rechtsstaatsprinzip, sowie der allgemeine Justizgewährungsanspruch besonders relevant. Des Weiteren sind das Gebot der prozessualen Waffengleichheit nach Art. 3 I GG[15] und das Gebot des effektiven, gerichtlichen Rechtsschutzes, Art. 2 I GG in Verbindung mit dem Rechtsstaatsprinzip, von Bedeutung.[16] Vorab sei bereits an dieser Stelle auf die fließenden Grenzen zwischen den genannten Grundrechten hingewiesen. In der konkreten Betrachtung werden sich daher Überschneidungen zeigen.

Aus rechtsdogmatischer Perspektive stellt sich schließlich die zentrale Frage, wie sich eine zunehmende Bedeutung des Verfassungsrechts auf das Maximendenken auswirkt, also wie das Verhältnis der Verfahrensgrundrechte zu den klassischen Verfahrensmaximen zu bestimmen ist.

---

kannt. So haben die h.M. und das BVerfG dem Öffentlichkeitsgrundsatz zunächst den Verfassungsrang abgesprochen. Dieser wurde erst im Jahre 2001 zu den Prinzipien demokratischer Rechtspflege gezählt. BVerfG NJW 2001, 1633 ff. (1635).

[15] Diese wurde im Rahmen des Arzthaftungsbeschlusses vom BVerfG aus dem Strafrecht auf den Zivilprozess übertragen. BVerfGE 52, 131 ff. (156) = BVerfG NJW 1979, 1925 ff.; vgl. dazu *Schnabl*, S. 85.

[16] *Hess*, in: Heidelberger Thesen, S. 143 ff. (157).

B. Die Bedeutung einzelner Prozessgrundrechte für den Zivilprozess im Hinblick auf das Verhältnis von Parteiherrschaft und Richtermacht

Die folgende Betrachtung befasst sich mit der Bedeutung des Anspruchs auf rechtliches Gehör gemäß Art. 103 I GG, des Gebots effektiven gerichtlichen Rechtsschutzes, Art. 2 I GG i.V.m. dem Rechtsstaatsprinzip, des allgemeinen Justizgewährungsanspruches sowie der prozessualen Waffengleichheit gemäß Art. 3 I GG für den Zivilprozess.

I. Der Anspruch auf rechtliches Gehör gemäß Art. 103 I GG

1. Bedeutung und Inhalt

In Art. 103 I GG heißt es: „Vor Gericht hat jedermann Anspruch auf rechtliches Gehör." Der Anspruch auf rechtliches Gehör weist mit seinen Ursprüngen in der Antike eine lange Tradition auf. Zwar wurde das lateinische Rechtssprichwort „audiatur et altera pars" in der Rechtsterminologie erst im 16. Jahrhundert verwendet, möglicherweise in Anlehnung an *Augustins* Satz „audi partem alteram".[1] Der Grundsatz beanspruchte schon im römischen Prozessrecht Geltung. Es wird angenommen, dass die Idee des beiderseitigen Gehörs bereits in den Zwölftafelgesetzen um 450 v. Chr. enthalten war.[2]

Im Hinblick auf die kontinentaleuropäische Verfassungsgeschichte fand der Anspruch auf Gehör erstmals in der französischen Verfassung von 1793 und von 1795 Gewährleistung.[3] Die deutschen Verfassungen von 1871 und von 1919 enthielten demgegenüber noch keine explizite Gewährleistung des Rechts auf Gehör.[4] Die Aufnahme von Art. 103 I in das Grundgesetz „sollte Missbräuche in gerichtlichen Verfahren, wie sie unter nationalsozialistischem Regime vorgekommen waren, unmöglich machen und das Vertrauen des Volkes in eine unparteiische Rechtspflege wiederherstellen".[5] Heute wird der An-

---

[1] *Rüping*, S. 29.
[2] *Tavolari*, S. 10 mit Hinweis auf *Düll*, Das Zwölftafelgesetz, S. 29.
[3] Art. 14 S. 1 (1793) und Art. 11 (1795). Vgl. *Tavolari*, S. 14.
[4] Der Anspruch galt aber natürlich im Prozessrecht und wurde auch in den Lehrbüchern zur CPO zwar nicht sehr ausführlich, aber schon eigenständig behandelt. So z.B. bei *Von Planck*, Lehrbuch 1. Bd. Allg. Theil, S. 245–249.
[5] BVerfGE 9, 89 (95); *Schmidt-Aßmann*, in: Maunz/Dürig, GG Kommentar, Art. 103 I Rn. 3a.

spruch auch durch das Recht auf ein faires Verfahren gemäß Art. 6 I EMRK gewährt.

Im ersten Teil dieser Arbeit wurde der Grundsatz des rechtlichen Gehörs als die wichtigste verfassungsrechtliche Leitidee für die Ausgestaltung des Verfahrensablaufs gekennzeichnet.[6] Das BVerfG hebt die besondere Bedeutung dieses Rechts hervor und sieht in ihm ein „prozessuales Urrecht" des Menschen und ein „objektivrechtliches Verfahrensprinzip, das für ein rechtsstaatliches Verfahren im Sinne des Grundgesetzes schlechthin konstitutiv ist".[7] Der Anspruch auf rechtliches Gehör zählt zu den Grundrechten und unterliegt damit dem besonderen Schutz des Art. 19 II GG.[8] Dieses Grundrecht hat für die vorliegende Betrachtung des Verhältnisses von Parteiherrschaft und Richtermacht eine ganz besondere Bedeutung, denn es betrifft die Gestaltung des Verfahrensablaufs und wirkt dabei als zentrale verfassungsrechtliche Garantie der Verfahrensgerechtigkeit für die Parteien. Der Anspruch auf rechtliches Gehör steht damit in einem engen Zusammenhang mit der Zielsetzung des Verfahrens, eine gerechte Entscheidung zu finden. Dies ist indes am besten möglich durch eine Zusammenarbeit zwischen Parteien und Gericht im Wege eines „lebendigen Dialogs".[9] Insgesamt verwirklicht der Anspruch auf rechtliches Gehör eine parteibezogene Gerechtigkeit des Verfahrens und berührt daher auch Erwägungen, die als Recht auf ein faires Verfahren gekennzeichnet werden.[10] Das BVerfG hebt hervor, dass der Anspruch auf rechtliches Gehör den Parteien ein faires Verfahren gewährleisten will.[11] Der Einzelne soll gerade nicht allein Objekt der richterlichen Entscheidung sein, sondern vor einer Entscheidung, welche seine Rechte betrifft, auch zu Wort kommen, um so als Subjekt des Verfahrens Einfluss auf dieses und auf dessen Ergebnis nehmen zu können.[12]

Der Anspruch auf Gehör gibt den Parteien ein Recht auf Information, Äußerung und Berücksichtigung ihrer Äußerungen mit der Konsequenz, dass sie

---

[6] 1. Teil B. I. 6.
[7] BVerfGE 107, 395 (408) = NJW 2003, 1924 ff. (1926); vgl. auch BVerfGE 55, 1 (6).
[8] *Schmidt-Aßmann*, in: Maunz/Dürig, GG Kommentar, Art. 103 I Rn. 4a (Prozessgrundrecht); *Leipold*, in: Stein/Jonas, ZPO, 22. Aufl., Vor 128 Rn. 9 und *Kern*, in: Stein/Jonas, ZPO, Vor § 128 Rn. 15 mit Hinweis auf die uneinheitliche Terminologie, die das BVerfG im Hinblick auf den Anspruch auf rechtliches Gehör verwendet, z.B. „Grundrecht", „Prozessgrundrecht", „Verfahrensgrundrecht", „grundrechtsähnliches Recht", „grundrechtsgleiches Recht". Nachweise bei *Leipold*, in: Stein/Jonas, ZPO, 22. Aufl., Vor 128 Rn. 9 und bei *Kern*, in: Stein/Jonas, ZPO, Vor § 128 Rn. 15.
[9] So *Leipold*, in: Stein/Jonas, ZPO, 22. Aufl., Vor 128 Rn. 13; *Kern*, in: Stein/Jonas, ZPO, Vor § 128 Rn. 19.
[10] *Leipold*, in: Stein/Jonas, ZPO, 22. Aufl., Vor 128 Rn. 15; *Kern*, in: Stein/Jonas, ZPO, Vor § 128 Rn. 21.
[11] BVerfG NJW 1998, 2004 ff.
[12] BVerfGE 107, 395 (409) = NJW 2003, 1924 (1926) mit Hinweis auf BVerfGE 9, 89 (95) = NJW 1959, 427.

ihr Verhalten im Prozess eigenbestimmt und der Situation entsprechend gestalten können. Dabei sichert der Anspruch vor allem das Gehör der Parteien mit ihren Ausführungen und Anträgen.[13] Nach der Bestimmung des Inhalts durch das BVerfG gewährleistet Art. 103 I GG „[…] dem an einem gerichtlichen Verfahren Beteiligten ein Recht darauf, dass er Gelegenheit erhält, im Verfahren zu Wort zu kommen, namentlich sich zu dem einer gerichtlichen Entscheidung zugrundeliegenden Sachverhalt und zur Rechtslage zu äußern […], Anträge zu stellen und Ausführungen zu machen […] Dem entspricht die grundsätzliche Pflicht, die Ausführungen der Prozessbeteiligten zur Kenntnis zu nehmen und in Erwägung zu ziehen".[14] Ferner lässt sich hinsichtlich des Inhalts dieses Anspruchs sein Verlangen konstatieren, dem Berechtigten – sei es auf mündlichem oder auf schriftlichem Wege – eine auch tatsächlich wahrnehmbare Gelegenheit zur Äußerung zu geben.[15] Das BVerfG hebt hervor, Art. 103 I GG enthalte weitergehende Garantien als die, sich irgendwie zur Sache einlassen zu können. Sofern sich eine Partei in einer Instanz zu der Sache geäußert hat und dabei die Möglichkeit hatte, alles vorzutragen, was im Hinblick auf diese Instanz erheblich erschien, können sich in der nächsten Instanz aufgrund neuer tatsächlicher Gegebenheiten oder aufgrund anderer rechtlicher Auffassungen der nun entscheidenden Richter neue oder geänderte Gesichtspunkte ergeben. Daher müsse die Partei in die Lage versetzt werden, ihren Sachvortrag darauf auszurichten. Ansonsten werde ihr Recht auf rechtliches Gehör verletzt.[16] Insgesamt lassen sich folgende drei gleichrangige Aspekte des Garantiebereiches systematisieren: Informationspflicht über das Verfahren, Äußerungsrecht der Parteien und Beachtenspflicht des Gerichts. Diese Aspekte werden auch als Verwirklichungsstufen des Rechts auf Gehör bezeichnet.[17]

2. Die Einwirkung auf konkrete Prozessinstitute der ZPO

Die Verwirklichung des Anspruchs auf rechtliches Gehör auf den genannten drei Stufen ist im Rahmen der ZPO einerseits denkbar durch eine bloße Entgegennahme der Äußerung der Parteien, andererseits durch aktives Handeln des Gerichts.[18] Es fragt sich, inwieweit der Anspruch auf Gehör auf konkrete Prozessinstitute einwirkt. Schließlich vollzieht sich die Ausübung des Rechts

---

[13] BVerfGE 107, 395 (409) = NJW 2003, 1924 ff. (1926).
[14] BVerfGE 64, 135 ff. (143 f.).
[15] *Leipold*, in: Stein/Jonas, ZPO, 22. Aufl., Vor 128 Rn. 42, 47; *Kern*, in: Stein/Jonas, ZPO, Vor § 128 Rn. 48.
[16] BVerfGE 107, 395 ff. = NJW 2003, 1924 ff. (1927).
[17] *Schmidt-Aßmann*, in: Maunz/Dürig, GG Kommentar, Art. 103 I Rn. 69 ff.
[18] *Leipold*, in: Stein/Jonas, ZPO, 22. Aufl., Vor 128 Rn. 73.

auf Gehör in einfachgesetzlichen Rechtsinstituten, die allen Verfahrensordnungen gemeinsam sind oder spezielle Fragestellungen des jeweiligen Verfahrens betreffen.[19] Die Pflicht des Gerichts, den Parteien rechtliches Gehör zu gewähren, ist in der ZPO nicht explizit normiert. Es liegt vielmehr der gesamten Ausgestaltung durch das einfache Recht des Zivilverfahrens als selbstverständlich zugrunde.[20]

a) Die Präklusion gemäß §§ 296, 530 ZPO

Der erste Aspekt – Entgegennahme der Äußerung der Parteien durch den Richter – betrifft die Verwirklichungsstufen des Äußerungsrechts der Parteien und die damit korrespondierende Beachtenspflicht seitens des Gerichts. Diese beiden Facetten wurden in dieser Arbeit bereits im Kontext der Zurückweisung verspäteten Vorbringens gemäß § 296 ZPO (Präklusion) – im Rahmen der Berufungsinstanz § 530 ZPO – diskutiert. Hier wurde der konträre, freilich legitime rechtsstaatliche Belang der Beschleunigung des Verfahrens herausgearbeitet, der im Rahmen der Präklusion zu Lasten des rechtlichen Gehörs wirken kann. Die durch die *Emminger*-Novelle von 1924 radikal erweiterte gerichtliche Befugnis zur Zurückweisung im Hinblick auf die Restriktion der Stoffbeibringung und damit der Einschränkung von Rechtsverfolgung und Rechtsverteidigung[21] wurde bereits als sehr problematisch angesehen.[22] Nach der Rechtsprechung des BVerfG wurden die Präklusionsvorschriften im Grundsatz für verfassungsgemäß erachtet. Damit ist § 296 I ZPO mit Art. 103 I GG vereinbar. Denn das Grundrecht auf rechtliches Gehör gewährt keinen Rechtsschutz gegen Entscheidungen, die den Sachvortrag eines Beteiligten aus Gründen des formellen oder des materiellen Rechts ganz oder zum Teil außer Betracht lassen.[23] Auch ist der sogenannte absolute Verzögerungsbegriff, wonach die Verzögerung danach zu bestimmen ist, ob der Rechtsstreit bei Zulassung des Vorbringens länger dauern würde als im Fall der Präklusion, verfassungsgemäß.[24]

Trotz der Verfassungsmäßigkeit ist es notwendig, im Rahmen der Anwendung die Anforderungen des Verfassungsrechts, insbesondere des Art. 103 I GG, zu berücksichtigen.[25] Es wurde bereits gezeigt, dass die Befugnis zur Zu-

---

[19] *Schmidt-Aßmann*, in: Maunz/Dürig, GG Kommentar, Art. 103 I Rn. 68.
[20] So *Leipold*, in: Stein/Jonas, ZPO, 22. Aufl., Vor 128 Rn. 11; *Kern*, in: Stein/Jonas, ZPO, Vor § 128 Rn. 17.
[21] Vgl. *Schmidt-Aßmann*, in: Maunz/Dürig, GG Kommentar, Art. 103 I Rn. 128.
[22] 2. Teil B. IV.
[23] BVerfGE 36, 92 ff. (97) = NJW 1974, 133 ff.; BVerfGE 54, 117 ff. (123) = NJW 1980, 1737 ff.
[24] BVerfGE 75, 302 ff. (315 ff.).
[25] *Leipold*, in: Stein/Jonas, ZPO, 22. Aufl., § 296 Rn. 9; *Thole*, in: Stein/Jonas, ZPO, § 296 Rn. 4.

rückweisung nach der gefestigten Rechtsprechung des BVerfG und des BGH vor dem Hintergrund des Anspruches auf rechtliches Gehör gemäß Art. 103 I GG – entgegen dem Willen des Gesetzgebers – wegen ihrer einschneidenden Folgen in der Praxis sehr eng anzuwenden ist.[26] So wird seitens des BVerfG der „strenge Ausnahmecharakter" der Präklusionsbestimmungen hervorgehoben.[27] Im Rahmen der Auslegung und Anwendung der Präklusionsvorschriften muss die Verpflichtung, den Parteien in sachgerechter Weise Gehör zu gewähren und ihr Vorbringen im Regelfall zu berücksichtigen, Beachtung finden.[28] Das BVerfG nimmt im Rahmen der Auslegung und Anwendung der Präklusionsvorschriften explizit eine strengere verfassungsrechtliche Kontrolle vor als dies sonst bei der Anwendung einfachen Rechts der Fall ist.[29] Aber nicht jede fehlerhafte Anwendung der Präklusionsvorschriften verletzt Art. 103 I GG. Nach Ansicht des BVerfG ist entscheidend, ob dadurch „eine verfassungsrechtlich erforderliche Anhörung nicht stattgefunden hat".[30]

Die Judikatur des BVerfG zur Abmilderung der strengen Anwendung der Sanktion der Präklusion erging schon Anfang der achtziger Jahre des 20. Jahrhunderts. Vor allem wurde die Schärfe des absoluten Verzögerungsbegriffs durch das BVerfG abgeschwächt.[31] Danach sei der hypothetische Kausalverlauf heranzuziehen,[32] sofern ohne weitere Erwägungen die Annahme nahe liegt, dieselbe Verzögerung wäre auch im Fall rechtzeitigen Vorbringens eingetreten, wenn demnach „[...] ohne weiteren Aufwand erkennbar ist, dass die Pflichtwidrigkeit – die Verspätung allein – nicht kausal für die Verzögerung ist. In diesen Fällen ist die Präklusion rechtsmissbräuchlich".[33]

Eine Präklusion scheidet ferner aus, wenn das Gericht die Verspätung mitverursacht hat.[34] Das Gericht muss dabei über die Konsequenzen der Verspätung belehren, die Hinweispflicht nach § 139 ZPO beachten, Fristen ordnungsgemäß setzen und alle gebotenen Möglichkeiten zur Vorbereitung des Termins nutzen.[35] Als Beispiel für einen Verstoß gegen Art. 103 I GG durch

---

[26] BVerfGE 59, 330 ff. (334); BVerfGE 60, 1 ff. (6); BVerfGE 62, 249 ff. (254); BVerfGE 63, 177 ff. (180); BVerfGE 66, 260 ff. (264); BVerfGE 69, 145 ff. (149); BVerfG NJW 1982, 1453 ff. und BGH NJW 1980, 1167 ff. 2. Teil B. IV.
[27] BVerfGE 69, 145 ff. (149).
[28] *Leipold*, in: Stein/Jonas, ZPO, 22. Aufl., Vor § 128 Rn. 55 und *Kern*, in: Stein/Jonas, ZPO, Vor § 128 Rn. 65 mit Hinweis auf BVerfGE 59, 330, 334.
[29] *Leipold*, in: Stein/Jonas, ZPO, 22. Aufl., Vor § 128 Rn. 55 und *Kern*, in: Stein/Jonas, ZPO, Vor § 128 Rn. 65 mit Hinweis auf BVerfGE 75, 302 ff. (315).
[30] *Leipold*, in: Stein/Jonas, ZPO, 22. Aufl., Vor § 128 Rn. 55 und *Kern*, in: Stein/Jonas, ZPO, Vor § 128 Rn. 65 mit Hinweis auf BVerfGE 75, 302 ff. (315).
[31] *Rosenberg/Schwab/Gottwald*, § 68 Rn. 31.
[32] BVerfGE 75, 302.
[33] BVerfGE 75, 302; BVerfG NJW 1995, 1417.
[34] BVerfGE 75, 183 = NJW 1987, 2003.
[35] BVerfG NJW 1989, 705; BGH NJW 1990, 2389; *Rosenberg/Schwab/Gottwald*, § 68 Rn. 30.

eine Zurückweisung von Vorbringen aufgrund einer Verspätung sei die offenkundige Unrichtigkeit der Anwendung der Präklusionsvorschriften genannt.[36] Des Weiteren wurde ein Verstoß gegen das Recht auf Gehör angenommen, wenn das Verhalten des Gerichts den Eindruck erweckt hat, eine beantragte Fristverlängerung würde gewährt.[37] Ferner liegt eine Verletzung von Art. 103 I GG vor, wenn ein früheres, nicht verspätetes Vorbringen nicht berücksichtigt wurde, welches die wesentlichen Aspekte bereits enthielt.[38]

Anhand der Judikatur hinsichtlich des Präklusionsrechts wird die Beeinflussung der konkreten Verfahrensgestaltung durch das Verfassungsrecht im Sinne des Schutzes der Parteien durch Begrenzung von Richtermacht deutlich. Diese Rechtsprechung hinsichtlich der Präklusion im Zivilverfahren ist als deutlicher Schritt der Stärkung der Parteien durch das BVerfG zu werten.

b) Die Wiedereinsetzung in den vorigen Stand gemäß § 233 ZPO

Das Instrumentarium der Wiedereinsetzung in den vorigen Stand gemäß § 233 ZPO, wodurch eine verspätet vorgenommene Prozesshandlung als rechtzeitig vorgenommen gilt, dient besonders der Gewährleistung der Rechtsschutzgarantie und des rechtlichen Gehörs.[39] Dieses kann verletzt sein, wenn an die Wiedereinsetzung zu strenge Anforderungen gestellt werden. Die Judikatur zur Anwendung und Auslegung des § 233 ZPO mit dem Ziel der Stärkung der Parteien setzte schon in den siebziger Jahren des 20. Jahrhunderts ein. Diese richtete sich zunächst gegen überspannte Anforderungen an die Formulierung des Gesuchs und an die Glaubhaftmachung.[40] Es folgte Rechtsprechung hinsichtlich der Frage des Verschuldens. So wurde entschieden, dass Verzögerungen der Briefbeförderung durch die Deutsche Post – nach den Vorgaben des BVerfG – auch im Zivilprozess nicht zu einem Verschulden im Sinne des § 233 I ZPO a.F. führen dürfen.[41] In Bezug auf die Parteipflichten wurde angenommen, eine Partei sei grundsätzlich nicht verpflichtet, bei vorübergehender Abwesenheit von der ständigen Wohnung wegen der möglichen Zustellung einer gerichtlichen Entscheidung besondere Vorkehrungen zu treffen.[42] Insgesamt wurden die Parteien durch die Rechtsprechung des BVerfG hinsichtlich der Zurückweisung von Wiedereinsetzungsanträgen von

---

[36] BVerfGE 69, 145 ff. (149).
[37] BayVerfG NJW 1989, 215 (216). Weitere Beispiele bei *Leipold*, in: Stein/Jonas, ZPO, 22. Aufl., Vor § 128 Rn. 56 und bei *Kern*, in: Stein/Jonas, ZPO, Vor § 128 Rn. 66.
[38] BVerfG NJW 1992, 679.
[39] *Roth*, in: Stein/Jonas, ZPO, § 233 Rn. 2.
[40] BVerfGE 37, 93.
[41] BVerfGE 50, 1 ff. = NJW 1979, 641 ff.; BVerfGE 51, 146 ff. Die Judikatur hinsichtlich des fristgemäßen Einreichens bei einem unzuständigen Gericht erging in den neunziger Jahren des 19. Jahrhunderts. BVerfGE 93, 99.
[42] BVerfG NJW 1976, 1537.

unzumutbaren Anforderungen entbunden.[43] Die verfassungsrechtlichen Vorgaben hinsichtlich der Auslegung des Wiedereinsetzungsrechts im Lichte des Art. 103 I GG betrafen auch das Anwaltsverschulden, § 85 II ZPO. Diesbezüglich wurden deutliche Abmilderungen im Hinblick auf den Sorgfaltsmaßstab von Rechtsanwälten statuiert.[44] Es gilt heute, dass die Anforderungen an das Vorliegen der Voraussetzung einer Wiedereinsetzung, insbesondere im Hinblick auf die anwaltliche Sorgfalt und die Kausalität der Pflichtverletzung, nicht überhöht werden dürfen.[45]

c) *Die Prozesskostenhilfe gemäß §§ 114 ff. ZPO*

Die Vorschriften der Gewährung von Prozesskostenhilfe nach §§ 114 ff. ZPO werden ebenfalls vom Recht auf Gehör nach Art. 103 I GG beeinflusst. Denn dieses verpflichtet den Staat, die Ausübung des Grundrechts nicht an unüberwindbaren finanziellen Schwierigkeiten scheitern zu lassen.[46] Die Versagung kann also Art. 103 I GG verletzen, wie das BVerfG schon im Jahre 1959 feststellte. Hiernach kann eine ungerechtfertigte Ablehnung der Gewährung von Prozesskostenhilfe bzw. der Beiordnung eines Rechtsanwalts gegen das Grundrecht auf rechtliches Gehör verstoßen.[47]

d) *Das Verbot von Überraschungsentscheidungen gemäß § 139 ZPO*

Der zweite Aspekt – Verwirklichung des Anspruchs auf rechtliches Gehör durch aktives Handeln des Richters – bewegt sich auf den Verwirklichungsstufen des Äußerungsrechts der Parteien und der Informationspflicht seitens des Gerichts. Diesem Gesichtspunkt dient vornehmlich das Rechtsinstitut der richterlichen Frage- und Hinweispflicht gemäß § 139 I ZPO. Denn schließlich erfordert die wirksame Ausübung des Rechts auf Gehör einen bestimmten Kenntnisstand der Beteiligten.[48] Aus dem Anspruch auf rechtliches Gehör kann sich eine Pflicht zu tatsächlichen oder rechtlichen Hinweisen ergeben, wenn das Gericht erkennen kann, dass eine Partei ohne einen solchen Hinweis nicht in der Lage ist, vom Recht auf Gehör sinnvoll Gebrauch zu machen.[49]

---

[43] *Schumann*, in: FS BGH III, S. 3 ff. (22) m.w.N.
[44] *Roth*, in: Stein/Jonas, ZPO, § 233 Rn. 3.
[45] *Roth*, in: Stein/Jonas, ZPO, § 233 Rn. 2; BVerfG NJW 2004, 2583; vgl. auch *Leipold*, in: Stein/Jonas, ZPO, 22. Aufl., Vor § 128 Rn. 77 und *Kern*, in: Stein/Jonas, ZPO, Vor § 128 Rn. 91.
[46] *Leipold*, in: Stein/Jonas, ZPO, 22. Aufl., Vor § 128 Rn. 78; *Kern*, in: Stein/Jonas, ZPO, Vor § 128 Rn. 94.
[47] BVerfGE 9, 256 ff. (259) = NJW 1959, 1028 ff.
[48] *Schmidt-Aßmann*, in: Maunz/Dürig, GG Kommentar, Rn. 138.
[49] *Leipold*, in: Stein/Jonas, ZPO, Vor § 128 Rn. 73; *Kern*, in: Stein/Jonas, ZPO, Vor § 128 Rn. 85; *Schmidt-Aßmann*, in: Maunz/Dürig, GG Kommentar, Rn. 77.

Dazu soll aber beispielsweise nicht die Pflicht gehören, einen Rechtsanwalt über das Recht auf Akteneinsicht zu belehren,[50] obgleich die Akteneinsicht als ein wichtiges Institut im Vorfeld wirksamen rechtlichen Gehörs anzusehen ist.[51] Es wurde in dieser Arbeit bereits gezeigt, wie § 139 ZPO heute – entgegen der Konzeption der CPO von 1877 – zu einer sehr weitgehenden richterlichen Aktivität führt.[52] Der Richter nimmt insgesamt Einfluss auf den Sachverhaltsvortrag und auf das rechtliche Verhalten der Parteien. Die Vorschrift des § 139 ZPO etabliert – wie bereits gezeigt – den aktiven Richter im Zivilprozess.[53] Auch dies wurde im zweiten Teil der Arbeit als kritisch angesehen. Insofern könnte man von einem Korrespondieren des Anspruches auf rechtliches Gehör mit gesteigerter Aktivität des Richters ausgehen, das mit der Gefahr der gesteigerten Richtermacht einhergeht. Eine allgemeine richterliche Frage- und Aufklärungspflicht kann zwar der Durchsetzung des verfassungsrechtlichen Anspruches gemäß Art. 103 I GG dienen, wird von diesem aber nicht erfordert. Der Anspruch aus Art. 103 I GG würde es vielmehr zulassen, im Zivilprozess in stärkerem Maße auf eine Selbstverantwortung der Parteien zu setzen.[54] Denn aus Art. 103 I GG soll sich nur der Kern der richterlichen Hinweispflicht im Sinne einer „Minimal- oder Basisgewährleistung" ergeben.[55] Ein Verstoß gegen den Anspruch auf rechtliches Gehör liegt jedenfalls dann vor, wenn ohne den gerichtlichen Hinweis eine Partei nicht auf den Gedanken kommen konnte, sie müsse sich zu einer konkreten Frage äußern oder bestimmte prozessuale Initiativen vornehmen.[56] Dem Art. 103 I GG ist ferner ein Verbot von Überraschungsentscheidungen zu entnehmen. Die Beteiligten müssen davor geschützt werden, im Verlauf des Verfahrens durch vollendete Tatsachen um ihren Erfolg gebracht zu werden, also mit neuen rechtlichen Gesichtspunkten überfahren zu werden.[57] Sie müssen demnach in die Lage versetzt werden, situativ auf Änderungen im Verfahren reagieren zu können. Das Recht auf Gehör erfordert jedenfalls dann einen Hinweis, wenn das Gericht durch sein eigenes Verhalten im Verfahren zuerst den Eindruck erweckt hat, es komme auf bestimmte tatsächliche oder rechtliche Fragen nicht an, und dann

---

[50] OLG Köln NJW-RR 1986, 1124; *Leipold*, in: Stein/Jonas 22. Aufl., Vor § 128 Rn. 73; *Kern*, in: Stein/Jonas, ZPO, Vor § 128 Rn. 85.
[51] *Schmidt-Aßmann*, in: Maunz/Dürig, GG Kommentar, Rn. 74.
[52] 2. Teil B. II. So auch *Leipold*, in: Stein/Jonas, ZPO, Vor 128 Rn. 74.
[53] 2. Teil B. II. So auch *Leipold*, in: Stein/Jonas, ZPO, 22. Aufl., § 139 Rn. 1 und *Kern*, in: Stein/Jonas, ZPO, § 139 Rn. 1.
[54] *Leipold*, in: Stein/Jonas, ZPO, 22. Aufl., Vor § 128 Rn. 74; *Kern*, in: Stein/Jonas, ZPO, Vor § 128 Rn. 86.
[55] *Schmidt-Aßmann*, in: Maunz/Dürig, GG Kommentar, Rn. 76.
[56] *Leipold*, in: Stein/Jonas, ZPO, 22. Aufl., Vor § 128 Rn. 74; *Kern*, in: Stein/Jonas, ZPO, Vor § 128 Rn. 86.
[57] *Schmidt-Aßmann*, in: Maunz/Dürig, GG Kommentar, Rn. 138, 140.

aber seine Meinung ändert.[58] Hier wird der Schutzaspekt des Art. 103 I GG vor der Richtermacht in Form der richterlichen Willkür deutlich. Es zeigt sich die Möglichkeit von Überschneidungen von Art. 103 I GG mit Art. 3 GG.

e) Die Wirkung im Rahmen kollektiven Rechtsschutzes

Schließlich sei auf die bereits im dritten Teil dieser Arbeit thematisierte Bedeutung von Art. 103 I GG unter dem Aspekt der Entgegennahme der Äußerung der Parteien im Rahmen des kollektiven Rechtsschutzes hingewiesen. Auch hier entfaltet der Anspruch auf Gehör eine Schutzwirkung zugunsten der Parteien, indem er als Schranke gegen die Einführung des *opt-out*-Grundsatzes nach amerikanischem Vorbild dient. Wie bereits ausgeführt wurde, geht dieser Mechanismus aufgrund der fehlenden praktischen Sicherstellung der Kenntnisnahme mit der Gefahr einher, dass sich die potentiellen Parteien über ihren Nichtbeitritt nicht äußern können und im Ergebnis Rechte verlieren, obwohl sie nicht am Verfahren mitgewirkt haben.

II. Das Gebot des effektiven gerichtlichen Rechtsschutzes, Art. 2 I GG, i.V.m. dem Rechtsstaatsprinzip

Aus Art. 2 I GG i.V.m. dem Rechtsstaatsprinzip, Art. 20 III GG, folgt der Anspruch der Parteien auf effektiven Rechtsschutz. Dieses umfasst einen Anspruch auf eine wirksame gerichtliche Kontrolle.[59] Diesem entspricht ein Gericht insbesondere dann nicht, wenn es derart hohe Anforderungen an einen Rechtsbehelf stellt, dass dieser praktisch leer läuft, weil die Anforderungen sogar von einem auf das jeweilige Rechtsgebiet spezialisierten Rechtsanwalt mit zumutbarem Aufwand nicht mehr erfüllt werden können.[60] Des Weiteren enthält das Effektivitätsgebot einen Anspruch auf Entscheidung oder sonstige Erledigung des Rechtsstreits in angemessener Zeit. Auch Art. 6 I EMRK statuiert explizit das Recht auf eine angemessene Verfahrensdauer als Bestandteil des Rechts auf ein faires Verfahren. Der Anspruch der Parteien auf effektiven Rechtsschutz beinhaltet auch einen Anspruch auf Entscheidung oder sonstige Erledigung des Rechtsstreits innerhalb einer angemessenen Zeit.[61]

Im zweiten Teil dieser Arbeit wurde dargestellt, wie Effektivierung ein permanentes Hauptziel des Novellengesetzgebers der ZPO war. Die Entwicklung zu Lasten der Parteien und ihrer Herrschaft über das Verfahren wurde –

---

[58] *Leipold*, in: Stein/Jonas, ZPO, Vor 128 Rn. 74 f.; *Kern*, in: Stein/Jonas, ZPO, Vor § 128 Rn. 87. Weitere Beispiele bei *Vollkommer*, in: FS für Schumann, S. 507 ff. (525 f.).
[59] BVerfG NVwZ 2005, 1176 (1177); BVerfGE 40, 272 (274 f.).
[60] Vgl. BVerfG NVwZ 2005, 1176 ff. (1177); *Schnabl*, S. 89.
[61] *Leipold*, in: Stein/Jonas, ZPO, 22. Aufl., Vor 128 Rn. 193.

z.B. durch Etablierung einer Prozessförderungspflicht derselben (§ 282 ZPO) und Schaffung von gerichtlichen Sanktionsmöglichkeiten zur Konzentration des Verfahrens (§ 296 ZPO) – aufgezeigt. Insoweit mangelt es in der heutigen ZPO nicht an Handlungsanweisungen und Sanktionsmöglichkeiten des Gerichts gegenüber den Parteien, um den Rechtsstreit zu konzentrieren.[62] Indes ist zu beachten, dass Verzögerungen des Rechtsstreits eben nicht nur auf das Verhalten der Parteien zurückzuführen sind, sondern auch denkbar sind aufgrund prozessverzögernden Verhaltens des Gerichts. Insofern richtet sich das Gebot des effektiven gerichtlichen Rechtsschutzes auch an den Richter und kann dessen Richtermacht einschränken. Es ist eben Engagement des Gerichts gefordert, damit der Rechtsstreit zügig zu einem Ende gebracht wird.[63] Insofern gab es aber bisher kaum Sanktionsmöglichkeiten der Parteien gegen das Gericht als Pendant zu den gesteigerten Sanktionsmöglichkeiten des Gerichts gegen die Parteien.[64] Seit dem Jahre 2011 gibt es nun Rechtsschutz im Falle überlanger Verfahrensdauer. Dieser soll an späterer Stelle näher beleuchtet werden.

III. Der allgemeine Justizgewährungsanspruch bzw. der verfassungsrechtliche Rechtsschutzanspruch

Zentraler Bestandteil der Grundrechtsorientierung des Zivilprozesses im Hinblick auf das Spannungsverhältnis von Parteiherrschaft und Richtermacht ist ferner der allgemeine Justizgewährungsanspruch[65], der durch Art. 19 IV GG und durch Art. 2 I GG in Verbindung mit dem Rechtsstaatsprinzip gewährleistet ist.[66]

1. Die Ausgestaltung des Gebührensystems und der Prozesskostenhilfe

Diesbezügliche Judikate des BVerfG betreffen die Ausgestaltung des Systems der Gerichts- und Anwaltsgebühren sowie der Prozesskostenhilfe, wobei es im Rahmen der Prozesskostenhilfe auch Überschneidungen mit dem bereits dargestellten Grundrecht auf rechtliches Gehör und im Hinblick auf Art. 3 I GG geben kann. Das BVerfG befasste sich mit der Verfassungsmäßigkeit des

---

[62] *Leipold*, in: Stein/Jonas, ZPO, 22. Aufl., Vor § 128 Rn. 196.
[63] *Kern*, in: Stein/Jonas, ZPO, Vor § 128 Rn. 227.
[64] Vgl. dazu *Leipold*, in: Stein/Jonas, ZPO, 22. Aufl., Vor § 128 Rn. 197 und *Kern*, in: Stein/Jonas, ZPO, Vor § 128 Rn. 227.
[65] Das BVerfG und der BGH verwenden diesen Terminus. BVerfGE 80, 103 ff. (107); BVerfGE 85, 337 ff. (345); BVerfGE 107, 395 ff. (403) = NJW 2003, 1924 ff. (1925); BGHZ 134, 201 ff. (211).
[66] BVerfGE 80, 103 ff. (107).

an den Einkommens- und Vermögensverhältnissen der Parteien ausgerichteten Gebührenrechts, nach welchem die Parteien abhängig von ihren wirtschaftlichen Verhältnissen unterschiedlich hohe Gerichtskosten zahlen müssen. Hier war abzuwägen zwischen dem allgemeinen Gleichheitssatz nach Art. 3 I GG und dem Grundsatz der Verhältnismäßigkeit nach Art. 2 I GG i.V.m. Art. 20 III GG einerseits und dem Sozialstaatsprinzip, Art. 20 I GG sowie dem Justizgewährungsanspruch andererseits.[67] Das BVerfG entschied im Ergebnis, die Vorschriften des § 12 II S. 1 GKG und des § 8 I S. 1 BRAGO a.F. verstießen nicht gegen das Grundgesetz, soweit hiernach die Einkommens- und Vermögensverhältnisse Berücksichtigung finden.[68] Ferner heißt es im Zusammenhang mit der Prozesskostenhilfe nach §§ 114 ff. ZPO, das Grundgesetz gebiete bei der Verwirklichung des Rechtsschutzes eine weitgehende Angleichung der Situation von Bemittelten und Unbemittelten.[69] Nach den Vorgaben des BVerfG ist die Abhängigkeit des Zugangs zum Fachgericht von der wirtschaftlichen Leistungsfähigkeit des Rechtsuchenden zu vermeiden.[70] Auch dürfe das Kostenrisiko zu dem Zweck, der mit dem Verfahren angestrebt wird, nicht derart außer Verhältnis stehen, dass eine Anrufung der Gerichte nicht mehr als sinnvoll erscheint.[71] Vorschriften, welche den Zugang zu den Gerichten ausgestalten, dürfen diesen nicht tatsächlich unmöglich machen oder ihn in unzumutbarer Weise erschweren.[72] Deutlich wird, dass über den Justizgewährungsanspruch – wie auch über den Anspruch auf Gehör – sozialstaatliche Erwägungen und damit Vorstellungen vom sozialen Zivilprozess in das Zivilverfahren implementiert werden.[73]

2. Die Etablierung des Rechtsschutzes gegen den Richter bei Verletzungen von Art. 103 I GG – Der Beschluss des BVerfG vom 30. April 2003

Für die vorstehende Thematik erlangt ferner der Beschluss des Plenums des BVerfG vom 30. April 2003 Bedeutung. Das Instrumentarium der Plenarentscheidung ist, das sei besonders erwähnt, sehr selten. Es erhielt im Hinblick

---

[67] BVerfGE 80, 103 ff. (107 ff.).
[68] BVerfGE 80, 103 ff. (106 ff.).
[69] BVerfGE 81, 347 ff. (356).
[70] BVerfGE 81, 347 (356); *Schumann*, in: FS BGH III, S. 3 ff. (16).
[71] BVerfGE 50, 217 (231); BVerfGE 85, 337 (347); *Schumann*, in: FS BGH III, S. 3 ff. (16) m.w.N.
[72] BVerfGE 85, 337 (347) mit Hinweis auf BVerfGE 10, 264 ff. (267 f.) und BVerfGE 74, 228 ff. (234).
[73] Im Hinblick auf den Justizgewährungsanspruch *Schumann*, in: FS BGH III, S. 3 ff. (16).

auf die ZPO zuvor hinsichtlich der Annahmerevision Bedeutung.[74] In dem Plenarverfahren aus dem Jahre 2003 ging es auf Anrufung des Ersten Senats um die Frage, ob und in welchem Umfang es das Grundgesetz verlange, Verstöße eines Richters gegen das Recht auf Gehör aus Art. 103 I GG durch die Fachgerichte selbst zu beheben. Die Entscheidung fußt auf dem allgemeinen Justizgewährungsanspruch, weshalb sie an dieser Stelle dargestellt werden soll. Sie verwirklicht dabei eine gewisse Abkehr von dem bisherigen Grundsatz, die Verfassung enthalte keinen Anspruch auf Überprüfung einer richterlichen Entscheidung, also garantiere keinen Rechtsschutz gegen den Richter.[75] Die Entscheidung wird daher auch als „spektakulär" bezeichnet.[76] Der Beschluss des Plenums gibt den allgemeinen Grundsatz, wonach das Grundgesetz keinen Instanzenzug gewährleistet, gerade nicht auf. Die Entscheidung bezieht sich auf die Wirkungen des allgemeinen Justizgewährungsanspruches, konkret auf den Rechtsschutz bei Verletzungen des Anspruches auf rechtliches Gehör. Das Plenum stellt fest, die Besonderheiten dieses Grundrechts wirkten sich auf die Rechtsschutzgarantie aus.[77]

Der Erste Senat wollte die Rechtsprechung beider Senate des BVerfG, wonach das Grundgesetz keinen Rechtsschutz gegen den Richter gewährt, insoweit aufgeben, als es sich um entscheidungserhebliche Verstöße des Richters gegen das Verfahrensgrundrecht aus Art. 103 I GG handelt.[78] Das Plenum entschied, es sei von Verfassungswegen geboten, Rechtsschutz auch gegen richterliche Entscheidungen zu gewähren. Diesen Anspruch leitete das Plenum indes aus dem allgemeinen Justizgewährungsanspruch und nicht aus Art. 19 IV GG ab. Es verdeutlichte dabei die unterschiedlichen Anwendungsbereiche des allgemeinen Justizgewährungsanspruches einerseits und der Spezialregelung der Rechtsweggarantie nach Art. 19 IV GG andererseits („Wird jemand durch die öffentliche Gewalt in seinen Rechten verletzt, so steht ihm der Rechtsweg offen."). Bezüglich Art. 19 IV GG soll es demnach bei der engen Auslegung der öffentlichen Gewalt im Sinne einer Beschränkung auf die vollziehende Gewalt verbleiben. Aufgrund der Ausklammerung der Rechtsprechung von der öffentlichen Gewalt im Rahmen des Art. 19 IV GG gelte weiterhin das Prinzip, das Grundgesetz gewährleiste Rechtsschutz durch den Richter, nicht aber gegen den Richter.[79] Das aus dieser Auslegung resultierende Rechtsschutzdefizit schließt das Plenum nun mit dem allgemeinen Justizgewährungsanspruch und etabliert – beschränkt auf die Verletzung rechtlichen Gehörs – damit den neuen Grundsatz: „Die Verfassung garantiert Rechtsschutz gegen den Rich-

---

[74] BVerfGE 54, 277 ff.; *Schumann*, in: FS BGH III, S. 3 ff. (21) m.w.N.
[75] Vgl. dazu ausführlich *Voßkuhle*, NJW 2003, S. 2193 ff.
[76] So *Voßkuhle*, NJW 2003, S. 2193 ff. (2193).
[77] BVerfGE 107, 395 ff. (408) = NJW 2003, 1924 ff. (1926).
[78] BVerfGE 107, 395 ff. (398) = NJW 2003, 1924 ff. (1924).
[79] BVerfGE 107, 395 ff. (403) = NJW 2003, 1924 ff. (1925).

ter."⁸⁰ Denn der allgemeine Justizgewährungsanspruch ermögliche Rechtsschutz in weiteren Fällen, in denen dies rechtsstaatlich geboten ist, insbesondere bei der erstmaligen Verletzung von Verfahrensgrundrechten durch ein Gericht. Dem stehe Art. 19 IV GG nicht entgegen, denn dort heißt es nicht, dass Rechtsschutz „nur" in seinem Rahmen garantiert sei.⁸¹ Die Bedeutung des Anspruchs aus Art. 103 I GG als „prozessuales Urrecht", das für ein rechtsstaatliches Verfahren „schlechthin konstitutiv" sei, wird hervorgehoben.⁸² Der Justizgewährungsanspruch müsse Rechtsschutz im Falle der Verletzung dieses Anspruchs in jeder gerichtlichen Instanz, also auch dann, wenn das Verfahrensgrundrecht erstmalig in einem Rechtsmittelverfahren verletzt wird, gewährleisten.⁸³ Der Weg zum Gericht dürfe eben nicht nur formal gegeben sein. Der funktionale Zusammenhang mit der Rechtsschutzgarantie wird dabei folgendermaßen beschrieben: „Wer bei Gericht formell ankommt, soll auch substanziell ankommen, also wirklich gehört werden."⁸⁴ Sofern noch ein Rechtsmittel gegen die gerichtliche Entscheidung gegeben ist, das auch zur Überprüfung der behaupteten Verletzung des Verfahrensgrundrechts führen kann, sei dem Anliegen der Justizgewährung ausreichend Rechnung getragen. Wenn aber die behauptete Verletzung des Verfahrensgrundrechts in der letzten Instanz erfolgt und dabei auch entscheidungserheblich ist, müsse die Verfahrensordnung eine eigenständige gerichtliche Abhilfemöglichkeit vorsehen.⁸⁵ Das BVerfG betont im Rahmen des Verhältnisses von Verfassungs- und Fachgerichtsbarkeit die Notwendigkeit einer fachgerichtlichen Abhilfemöglichkeit. Das Ziel der Effektivität des Rechtsschutzes werde am wirkungsvollsten durch eine möglichst sach- und zeitnahe Behebung von Gehörsverstößen erreicht.⁸⁶ Dies könne von den Fachgerichten geleistet werden. Schließlich habe das Grundgesetz die rechtsprechende Gewalt in erster Linie den Fachgerichten anvertraut.⁸⁷ Demgegenüber sei die – weiterhin zulässige – Verfassungsbeschwerde kein zusätzlicher Rechtsbehelf zum fachgerichtlichen Verfahren, sondern eine besondere Vorkehrung zur Durchsetzung von Grundrechten und grundrechtsgleichen Rechten.⁸⁸ Es handele sich dabei um einen Rechtsschutz besonderer Art, der dem Grundsatz der Subsidiarität folge und ein Annahmeverfahren voraussetze.⁸⁹ Hinsichtlich der Ausgestaltung dieser Abhilfemöglichkeit räumt das BVerfG dem Gesetzgeber einen Spielraum ein, in dem

---

⁸⁰ Vgl. dazu ausführlich *Voßkuhle*, NJW 2003, S. 2193 ff.
⁸¹ BVerfGE 107, 395 ff. (404, 407) = NJW 2003, 1924 ff. (1926).
⁸² BVerfGE 107, 395 ff. (401 ff., 408) = NJW 2003, 1924 ff. (1926).
⁸³ BVerfGE 107, 395 ff. (401 ff., 407, 409) = NJW 2003, 1924 ff. (1926).
⁸⁴ BVerfGE 107, 395 ff. (409) = NJW 2003, 1924 ff. (1926).
⁸⁵ BVerfGE 107, 395 ff. (410 f.) = NJW 2003, 1924 ff. (1927).
⁸⁶ BVerfGE 107, 395 ff. (410) = NJW 2003, 1924 ff. (1927).
⁸⁷ BVerfGE 107, 395 ff. (413) = NJW 2003, 1924 ff. (1927).
⁸⁸ BVerfGE 107, 395 ff. (413) = NJW 2003, 1924 ff. (1927).
⁸⁹ BVerfGE 107, 395 ff. (413) = NJW 2003, 1924 ff. (1928).

es diesem überlässt, die Überprüfung einer behaupteten Verletzung des Art. 103 I GG entweder im allgemeinen Rechtsmittelsystem oder im Rahmen eines Sonderrechtsbehelfs vorzusehen. Es darf dabei von der Eröffnung eines eigenen Rechtsmittelzugs abgesehen werden, sofern eine angemessene Kontrolle der Verletzung des Verfahrensgrundrechts anderweitig, vor allem durch den *iudex a quo*, wirksam erreicht wird.[90]

IV. Der Grundsatz der prozessualen Waffengleichheit gemäß Art. 3 I GG und dessen Bedeutung im Hinblick auf das Erfordernis der Behebung von Ungleichgewichtslagen zwischen den Prozessparteien

Schließlich beansprucht auch der allgemeine Gleichheitssatz gemäß Art. 3 GG im Zivilprozess Geltung. Insoweit wird dieser als „prozessualer" Gleichheitssatz bezeichnet.[91] Er erfordert nicht nur Gleichheit der Rechtsanwendung, sondern auch Gleichwertigkeit der prozessualen Stellung der Parteien vor dem Richter. Verschiedene besondere Ausprägungen des Gleichheitssatzes auf prozessualem Gebiet sind das Willkürverbot, die Zugangsgleichheit, die Rechtsanwendungsgleichheit, das Gleichbehandlungsgebot sowie die Chancen- und Waffengleichheit.[92] Der Grundsatz der Waffengleichheit ist eine Ausprägung des allgemeinen Gleichheitssatzes sowie der Rechtsstaatlichkeit.[93] Dieser Grundsatz erfordert eine gleichmäßige Verteilung der prozessualen Risiken.[94] Der Richter hat auch im Rahmen der Gestaltung des Verfahrensablaufs – insbesondere bei der Ausübung seines Ermessens – darauf zu achten, dass er beiden Parteien gleichwertige Möglichkeiten zwecks Ausübung ihrer Rechte eröffnet.[95] In der Literatur wird davon ausgegangen, dass es sich beim Grundsatz der Waffengleichheit – sofern sich dieser auf die Gewährleistung formeller Gleichheit der prozessualen Rechtspositionen der Parteien beschränkt – um eine traditionelle „klassische" Prozessmaxime handelt.[96] Der

---

[90] BVerfGE 107, 395 ff. (411 f.) = NJW 2003, 1924 ff. (1927).
[91] *Leipold*, in: Stein/Jonas, ZPO, 22. Aufl., Vor § 128 Rn. 113 und *Kern*, in: Stein/Jonas, ZPO, Vor § 128 Rn. 124.
[92] *Vollkommer*, in: FS für Schwab, S. 503 ff. (505 f.).
[93] *Leipold*, in: Stein/Jonas, ZPO, 22. Aufl., Vor § 128 Rn. 115; *Vollkommer*, in: FS für Schwab, S. 503 ff. (508); BVerfGE 69, S. 126 ff. (140).
[94] *Leipold*, in: Stein/Jonas, ZPO, 22. Aufl., Vor § 128 Rn. 115.
[95] *Leipold*, in: Stein/Jonas, ZPO, 22. Aufl., Vor § 128 Rn. 115 und *Kern*, in: Stein/Jonas, ZPO, Vor § 128 Rn. 126 mit Hinweis auf OLG Köln, VersR 1972, 179.
[96] So *Vollkommer*, in: FS für Schwab, S. 503 ff. (519). Soweit dieser die – u.U. im Wege der richterlichen Aktivität erst zu schaffende – materielle Gleichwertigkeit der Prozessparteien betrifft, soll es sich nach der Ansicht von *Vollkommer* um einen „modernen, noch der vollen Anerkennung bedürftigen Grundsatz handeln".

prozessuale Grundsatz der Waffengleichheit bildet als „Gleichheit vor dem Richter" neben dem Grundrecht auf den gesetzlichen Richter und dem Grundrecht auf rechtliches Gehör eines der drei „klassischen" Prozessgrundrechte.[97] Allerdings besteht lediglich in Bezug auf einen „Kernbereich" Einigkeit hinsichtlich der inhaltlichen Reichweite: Danach sollen die Parteien unabhängig von ihrer Stellung als Angreifer oder Gegner oder eines außerprozessual existenten Über- und Unterordnungsverhältnisses vor Gericht die gleiche Rechtsstellung haben.[98] Hinsichtlich der näheren inhaltlichen Reichweite der prozessualen Waffengleichheit ist das Meinungsspektrum jedoch groß.[99]

Für die vorstehende Betrachtung ist die unterschiedliche Interpretation der Waffengleichheit mit der umstrittenen Fragestellung, inwieweit aus der prozessualen Waffengleichheit die Pflicht des Richters resultiert, bestehende „faktische" Ungleichheit der Parteien im Wege ausgleichender Verfahrensgestaltung zu kompensieren, von tragender Bedeutung. Derartige Ungleichgewichtslagen zwischen den Prozessparteien sind denkbar hinsichtlich der Fachkunde, der Prozesserfahrung, des Zugangs zu Informationen, der Einschätzung der Rechtslage sowie der Geschicklichkeit.[100] Die verfassungsrechtliche Maßgabe des Waffengleichheitsgebots erhält eine entscheidende Rolle im Bereich des Arzthaftungsprozesses. In diesem Kontext verdeutlicht der Arzthaftungsbeschluss des BVerfG[101] aus dem Jahre 1979, der in der vorstehenden Arbeit an späterer Stelle einer eingehenden Betrachtung unterzogen werden wird, die Relevanz der Waffengleichheit bei der Beweisrisikoverteilung.[102] Gegenstand des Beschlusses war Verteilung der Beweisführungs- und Beweislast vor dem Hintergrund, dass sich der Patient „[…] wegen der tatsächlichen Gegebenheiten einer Heilbehandlung üblicherweise erheblichen Schwierigkeiten in seiner Beweisführung ausgesetzt sieht […]".[103] Dies bedeute typischerweise einen Vorteil des Arztes. Allerdings führen die Richter, deren Meinung die Entscheidung trägt, aus, dass sich aus der so verstandenen prozessualen Waffengleichheit für den Zivilprozess keine verfassungsrechtlichen Konsequenzen ableiten lassen. Infolge dieser Entscheidung des BVerfG hat das Grundrecht der „Waffengleichheit" seit Beginn der achtziger Jahre des 20. Jahrhunderts in der Judikatur des BGH eine verstärkte Rolle eingenommen.[104] Der BGH hat allerdings den Inhalt des Grundrechts nicht präzisiert, sondern wen-

---

[97] *Schumann*, Bundesverfassungsgericht, Grundgesetz und Zivilprozeß, S. 22 f., 80 f.
[98] *Schumann*, Bundesverfassungsgericht, Grundgesetz und Zivilprozeß, S. 23.
[99] *Katzenmeier*, Arzthaftung, S. 380 mit Hinweis auf *Vollkommer*, in: FS für Schwab, S. 503 ff. (516 ff.).
[100] *Katzenmeier*, Arzthaftung, S. 380.
[101] BVerfGE 52, 131 = BVerfG NJW 1979, 1925.
[102] BVerfGE 52, 131 (147) = BVerfG NJW 1979, 1925 ff. (1927).
[103] BVerfGE 52, 131 (146) = BVerfG NJW 1979, 1925 ff. (1927).
[104] *Katzenmeier*, Arzthaftung, S. 379; *Giesen*, Arzthaftungsrecht, Rn. 366: „erhebliche Resonanz" in den Entscheidungen des BGH.

IV. Der Grundsatz der prozessualen Waffengleichheit

det das „Gebot einer weitgehenden Waffengleichheit" einfach an.[105] Der Beschluss zeitigt damit Konsequenzen für die konkrete Ausgestaltung des Arzthaftungsprozesses im Wege richterlicher Rechtsfortbildung hin zu einem Sonderprozessrecht, das im fünften Teil dieser Arbeit ausführlicher erläutert werden soll. Das Postulat der Waffengleichheit wird so gerade im zivilprozessualen Beweisrecht relevant. Jedoch hat das BVerfG in seiner bereits dargestellten Entscheidung zu den sogenannten Vier-Augen-Gesprächen mit dem Grundsatz des rechtlichen Gehörs nach Art. 103 I GG gearbeitet,[106] obgleich der EGMR die Garantie des fairen Verfahrens gemäß Art. 6 I EMRK herangezogen hat.[107] Auch im Schrifttum wird die Vier-Augen-Situation unter dem Aspekt der Waffengleichheit behandelt. Diese sei verletzt, wenn es einer Partei aus formalen Gründen verwehrt sein sollte, die Beweisführung der Gegenpartei mit ihrer eigenen Wahrnehmung als ihr einziges zur Verfügung stehendes Beweismittel zu widerlegen oder zu erschüttern.[108]

Die Rechtsprechung des BVerfG zur Waffengleichheit erfolgte verstärkt seit dem Beginn der achtziger Jahre des 20. Jahrhunderts,[109] obgleich sie aber vergleichsweise gering ist.[110] Auch hier betrifft die Judikatur thematisch die Prozesskostenhilfe und damit sozialstaatliche Erwägungen. So wurde entschieden, die Bestimmung des § 121 II ZPO zu der Beiordnung eines Rechtsanwalts diene der Herstellung der Waffengleichheit zwischen den Parteien im Zivilprozess.[111] Bereits im Jahre 1959 hat das BVerfG – jedoch ohne Bezugnahme auf die prozessuale Waffengleichheit – konstatiert, der allgemeine Gleichheitssatz in Verbindung mit dem Sozialstaatsprinzip erfordere es, die prozessuale Stellung von Bemittelten und Unbemittelten weitgehend anzugleichen.[112] Hingewiesen sei ferner auf die Rechtsprechung des BVerfG, wonach die fehlerhafte Anwendung des einfach-gesetzlichen Verfahrensrechts dann gegen Art. 3 GG verstoße, wenn diese bei einer verständigen Würdigung der Gedanken, welche das Grundgesetz beherrschen, nicht mehr verständlich ist und sich die Schlussfolgerung aufdrängt, sie basiere auf sachfremden Erwägungen.[113] Das BVerfG hat das Grundrecht auf Waffengleichheit immer wieder herangezogen, um Zivilurteile auf prozessuale Willkür hin zu untersu-

---

[105] *Katzenmeier*, Arzthaftung, S. 379 f.
[106] BVerfG NJW 2001, 2531 f.
[107] *Leipold*, in: Stein/Jonas, ZPO, 22. Aufl., Vor § 128 Rn. 116; *Kern*, in: Stein/Jonas, ZPO, Vor § 128 Rn. 128.
[108] *Stürner*, in: FS für Gottwald, S. 631 ff. (638).
[109] *Vollkommer*, in: FS für Schwab, S. 503 ff. (503).
[110] *Schumann*, Bundesverfassungsgericht, Grundgesetz und Zivilprozeß, S. 40.
[111] BVerfGE 63, 380 ff. (393 f.) = BVerfG NJW 1988, 2597.
[112] BVerfGE 9, 124 ff. (131); BVerfGE 10, 264 ff. (270); BVerfGE 22, 83 ff. (86); *Vollkommer*, in: FS für Schwab, S. 503 ff. (506) m.w.N.
[113] BVerfGE 42, 64 ff. (74); BVerfGE 54, 117 (125); *Leipold*, in: Stein/Jonas, ZPO, 22. Aufl., Vor § 128 Rn. 119 m.w.N.

chen.¹¹⁴ Entscheidungen in diesem Zusammenhang betrafen auch die Aufhebung fehlerhafter Präklusionen wegen Verstoßes gegen Art. 3 I GG¹¹⁵, wobei – wie bereits gezeigt wurde – andere Entscheidungen zu diesem Themenkomplex hingegen auf Art. 103 I GG gestützt wurden.¹¹⁶ Eine Verletzung von Art. 3 I GG in Gestalt des Willkürverbotes zieht das BVerfG auch im Rahmen von groben Verstößen gegen die richterliche Belehrungs- und Hinweispflicht heran.¹¹⁷ Die Rechtsprechung des EGMR wirkte auf die deutsche Zivilgerichtsbarkeit insbesondere im Rahmen wichtiger Fragen im Kontext der Parteianhörung und Parteivernehmung durch das Urteil vom 27. Oktober 1993¹¹⁸ zur Waffengleichheit bei den im zweiten Teil dieser Arbeit bereits dargestellten Vier-Augen-Gesprächen ein.¹¹⁹ Hier wurde ein Verstoß gegen Art. 6 I der EMRK angenommen, wenn ein Zivilgericht im Rahmen einer sogenannten Vier-Augen-Konstellation, also unter Beteiligung nur der Parteien selbst, lediglich einen Partner anhört, die Vernehmung des anderen Partners aber wegen dessen Parteistellung ablehnt. Der EGMR statuierte das Erfordernis, dass hier auch die Partei selbst zur Aussage vor Gericht zugelassen werden muss.¹²⁰ In Bezug auf das deutsche Zivilprozessrecht gibt diese Rechtsprechung Anlass dazu, die Bestimmung des § 448 ZPO verfassungskonform auszulegen und eine Parteivernehmung auch ohne Anfangswahrscheinlichkeit zuzulassen.¹²¹ Es wird an dieser Entscheidung deutlich, dass das deutsche Zivilprozessrecht nicht nur durch das Grundgesetz, sondern auch durch die EMRK beeinflusst wird,¹²² obgleich diese in Deutschland im Rang unter dem Grundgesetz steht.

---

¹¹⁴ *Schumann*, Bundesverfassungsgericht, Grundgesetz und Zivilprozeß, S. 19.
¹¹⁵ BVerfGE 54, 117; BVerfGE 69, 248; *Vollkommer*, in: FS für Schwab, S. 503 ff. (507).
¹¹⁶ BVerfGE 69, 126.
¹¹⁷ BVerfGE 42, 64 ff. (72); *Vollkommer*, FS für Schwab, S. 503 ff. (507).
¹¹⁸ NJW 1995, 1413 (1414) – *Dombo Beheer B.V. ./. Niederlande*; 2. Teil B. III.
¹¹⁹ 2. Teil B. III.
¹²⁰ *Schumann*, Bundesverfassungsgericht, Grundgesetz und Zivilprozeß, S. 40 f.; *Leipold*, in: Stein/Jonas, ZPO, 22. Aufl., Vor § 128 Rn. 116; *Kern*, in: Stein/Jonas, ZPO, Vor § 128 Rn. 128; vgl. auch 2. Teil B. III.
¹²¹ *Leipold*, in: Stein/Jonas, ZPO, 22. Aufl., § 141 Rn. 6; *Althammer*, in: Stein/Jonas, ZPO, § 141 Rn. 6; 2. Teil B. III.
¹²² So *Schumann*, Bundesverfassungsgericht, Grundgesetz und Zivilprozeß, S. 41.

C. Jüngere Reformen der ZPO zur Verwirklichung der Stärkung von Parteirechten vor dem Hintergrund der Prozessgrundrechte

In der folgenden Betrachtung soll konkret untersucht werden, inwieweit jüngste Impulse aus dem Verfassungsrecht zu einer Stärkung der Parteiherrschaft gegenüber der Richtermacht im Zivilprozess im Wege von Gesetzesreformen geführt haben. Hierzu werden die Anhörungsrüge gemäß § 321a ZPO und deren Neufassung, die Reform der Berufungszurückweisung durch Beschluss gemäß § 522 II ZPO sowie der Rechtsschutz bei überlanger Verfahrensdauer nach § 198 GVG beleuchtet. Dabei wird vor dem Hintergrund der Thematik dieser Arbeit bewertet, ob und wie die jeweilige Novellierung die Parteiherrschaft im Verfahren effektiv zu stärken vermag.

I. Die Stärkung von Parteirechten durch die Einführung einer Anhörungsrüge gemäß § 321a ZPO

Die Wahrnehmungschance des Anspruchs auf rechtliches Gehör wird u.a. durch solche Prozessinstitute gesichert, die dem Betroffenen die Möglichkeit der Geltendmachung der Verletzung rechtlichen Gehörs durch eine gerichtliche Entscheidung geben. Die Verletzung rechtlichen Gehörs ist in verschiedenen Konstellationen möglich. Auf Grundlage der „Einstellung" des Gerichts zu seiner Entscheidung kann folgendermaßen differenziert werden:[1] Die Verletzung des rechtlichen Gehörs ist einerseits denkbar durch eine rechtsfehlerhafte und methodisch falsche Auslegung und Anwendung des einfachen gehörsspezifischen Verfahrensrechts.[2] Dies kann zusammengefasst werden als ein gewolltes, rechtsirriges Verhalten des Richters.[3] Hierzu zählen vor allem die Fälle einer unzulässigen Präklusion im weiteren Sinne – nicht gleichbedeutend mit Präklusion nach §§ 296, 528 ZPO verstanden[4] –, in der das Äußerungsrecht der Parteien durch fehlerhafte Rechtsanwendung bewusst abgeschnitten wird, z.B. wenn ein Vorbringen einer Partei gemäß § 296 ZPO zu

---

[1] *Vollkommer* nimmt eine Einteilung in die zwei Obergruppen „bewusste Entscheidung" und „versehentliche Fehlleistungen" vor und ordnet die vier Fallgruppen Pannenfälle, Präklusion, Hinweisfälle und Unrichtigkeitsfälle diesen beiden Obergruppen zu. *Vollkommer*, in: FS für Schumann, S. 507 ff. (520 ff.).
[2] *Schmidt-Aßmann*, in: Maunz/Dürig, GG Kommentar, Rn. 142.
[3] *Vollkommer*, in: FS für Schumann, S. 507 ff. (520).

Unrecht als verspätet zurückgewiesen wird oder z.B. wenn ein erheblicher Beweisantrag aus dem Prozessrecht unbekannten Gründen zurückgewiesen wird.[5] Zudem sind auch Konstellationen möglich, in denen das rechtliche Gehör durch Unterlassung eines rechtlich gebotenen Hinweises verletzt wird. In Betracht kommt ferner eine Verletzung durch eine Überraschungsentscheidung.[6] Schließlich ist eine Verletzung des Anspruchs auf rechtliches Gehör bei offensichtlich unrichtigen Entscheidungen denkbar.[7]

Demgegenüber besteht neben den genannten Fällen einer bewussten richterlichen Entscheidung eine andere Möglichkeit der Gehörsverletzung in der versehentlichen Fehlleistung des Richters oder der Geschäftsstelle, z.B. in der versehentlichen Unterlassung einer gebotenen Anhörung, Nichtkenntnisnahme eines Schriftsatzes oder in einem versehentlichen Übersehen von Beweisantritten. Diesbezüglich meint das BVerfG, der Grundrechtsverstoß sei „oftmals bloß eine Panne".[8] Daher wird dieser zweite Fehlertypus auch als „Pannenfall" bezeichnet. Zu bedenken ist, dass in den der bewussten richterlichen Entscheidung zugeordneten Fällen evidenter Unrichtigkeit eine gewisse Ähnlichkeit zu den sogenannten Pannenfällen besteht, sofern das Handeln des Gerichts aus Versehen erfolgte. Der Unterschied dieser Fallgruppe zu den sogenannten Pannenfällen soll aber darin bestehen, dass bei den sogenannten Pannenfällen die Fehler oftmals bei der Aktenführung und formellen Prozessleitung liegen, während das Gericht in den sogenannten Unrichtigkeitsfällen nachträglich etwas übersieht, z.B. ein Parteivorbringen übergeht oder Bestrittenes als unstreitig behandelt.[9]

1. Möglichkeiten der Geltendmachung einer Verletzung rechtlichen Gehörs

Eine Verletzung des Rechts auf Gehör kann durch die allgemeinen Rechtsmittel – Berufung, Revision, Beschwerde, Rechtsbeschwerde – und durch Rechtsbehelfe, z.B. durch Einspruch gegen ein Versäumnisurteil, geltend gemacht werden.[10] Vor Einführung der Anhörungsrüge gemäß § 321a ZPO durch das

---

[4] „Präklusion" ist hier nicht technisch im Sinne einer Zurückweisung des Vorbringens als verspätet (§§ 296, 528 ZPO) gemeint, sondern soll jeden Ausschluss aus Gründen meinen, die sich nicht auf das Prozessrecht stützen lassen. *Vollkommer*, in: FS für Schumann, S. 507 ff. (523).

[5] *Vollkommer*, in: FS für Schumann, S. 507 ff. (522 f.).

[6] *Vollkommer*, in: FS für Schumann, S. 507 ff. (525) (sogenannte Hinweisfälle).

[7] *Vollkommer*, in: FS für Schumann, S. 507 ff. (529 ff.) (sogenannte Unrichtigkeitsfälle).

[8] BVerfGE 42, 243 (258); BVerfGE 46, 185 (187); *Schmidt-Aßmann*, in: Maunz/Dürig, GG Kommentar, Art. 103, Rn. 142; *Vollkommer*, in: FS für Schumann, S. 507 ff. (520 ff.).

[9] *Vollkommer*, in: FS für Schumann, S. 507 ff. (532 f.).

[10] *Leipold*, in: Stein/Jonas, ZPO, 22. Aufl., Vor 128 Rn. 87; *Kern*, in: Stein/Jonas, ZPO, Vor § 128 Rn. 104.

ZPO-RG vom 27. Juli 2001[11] waren bei einem unanfechtbaren Urteil diejenigen Mängel, welche außerhalb des Anwendungsbereichs der §§ 319–321 ZPO lagen, nicht fachgerichtlich korrigierbar.[12] In der Situation der Verletzung rechtlichen Gehörs gemäß Art. 103 I GG konnte der Betroffene als äußerste Möglichkeit die dem Grundsatz der Subsidiarität unterliegende und annahmebedürftige Verfassungsbeschwerde einlegen, Art. 93 I Nr. 4a GG, § 13 Nr. 8 lit. a, §§ 90 ff. BVerfGG. Der Betroffene musste daher gegen ein Urteil des Amtsgerichts oder Landgerichts, z.B. wenn die Berufungssumme nicht erreicht war, Verfassungsbeschwerde einlegen.[13] Solche Verfassungsbeschwerden, welche eine Verletzung von Art. 103 I GG rügten, waren besonders häufig und auch relativ oft erfolgreich.[14] In der Literatur wird von einer „hohen edukatorischen Bedeutung" dieser Pannenhilfe seitens des BVerfG ausgegangen. Denn sie verdeutliche dem Richter die Überprüfbarkeit seiner Entscheidung durch die Verfassungsgerichtsbarkeit trotz ihrer Unanfechtbarkeit.[15] In der rechtspolitischen Diskussion beginnend in den achtziger Jahren des 20.Jahrhunderts wurde indes kritisiert, dass das BVerfG als „Pannenhilfe" zur Berichtigung richterlicher „Alltagsfehler" fungiere.[16] Es wurde dementsprechend vertreten, die Korrektur von Fehlern im Rahmen der Handhabung des rechtlichen Gehörs sei prioritär Aufgabe der Fachgerichte selbst.[17]

Durch das ZPO-RG vom 27. Juli 2001[18] wurde eine eigene Abhilfemöglichkeit in Form des außerordentlichen Rechtsbehelfs der Anhörungsrüge gemäß § 321a ZPO eingeführt.[19] Im Wege der Anhörungsrüge in ihrer Fassung aus dem Jahre 2001 konnte ein entscheidungserheblicher Verstoß gegen den Anspruch auf rechtliches Gehör auch dann innerhalb der ordentlichen Gerichtsbarkeit im Wege der Selbstkorrektur geltend gemacht werden, wenn gegen die erstinstanzliche Entscheidung eine Berufung nicht zulässig war. Der Zweck der Einführung der Anhörungsrüge besteht folglich darin, im Falle der Verlet-

---

[11] BGBl. I 1887.
[12] *Vollkommer*, in: FS für Schumann, S. 507 ff. (514).
[13] *Schumann*, Bundesverfassungsgericht, Grundgesetz und Zivilprozeß, S. 31.
[14] *Schmidt-Aßmann*, in: Maunz/Dürig, GG Kommentar, Rn. 152.
[15] So *Schumann*, Bundesverfassungsgericht, Grundgesetz und Zivilprozeß, S. 31.
[16] So *Schumann*, NJW 1985, S. 1134 ff. (1134).
[17] In der Begründung des Regierungsentwurfes wird auf diese Diskussion eingegangen. BT-Drucks. 14/4722 S. 85; vgl. auch *Schmidt-Aßmann*, in: Maunz/Dürig, GG Kommentar, Art. 103, Rn. 152; vgl. auch *Vollkommer*, in: FS für Schumann, S. 507 ff. (507 f.), mit Hinweisen auf gesetzgeberische Initiativen aus den Jahren 1979/80 und 1983 (Mitt. DRiZ 1983, S. 445), auf *Schumann*, NJW 1985, S. 1134 ff. sowie auf den entsprechenden Vorschlag *Gottwalds* auf dem 61. Deutschen Juristentag 1996 zur Einführung einer Anhörungsrüge (Gutachten A zum 61. DJT Karlsruhe 1996, S. A 28 ff., A 30).
[18] BGBl. I 1887.
[19] Die Anhörungsrüge wurde auch in die anderen Verfahrensordnungen aufgenommen: vgl. §§ 33a, 356a StPO, § 55 IV JGG, § 44 FamFG, § 81 III GBO, § 78a ArbGG, § 152 VwGO.

zung des rechtlichen Gehörs eine Selbstkorrektur – in der Fassung von 2001 durch das Gericht des ersten Rechtszuges – zu erreichen, ohne das BVerfG anrufen zu müssen. Dieses soll ausweislich der Gesetzesbegründung nicht mit der Korrektur von objektiven Verfahrensfehlern belastet werden, die sich durch das Fachgericht einfacher und ökonomischer beheben lassen.[20] Die Einführung erfolgte vor allem, um das BVerfG nicht mit den bereits beschriebenen sogenannten Pannenfällen zu belasten. Hieraus wird teilweise gefolgert, der Anspruch auf rechtliches Gehör nach § 321a ZPO sei im Sinne des Art. 103 I GG zu verstehen.[21] Denn es sei nicht Zweck der Vorschrift, die Einhaltung des Verfahrensrechts insgesamt mit einem Sonderrechtsbehelf gegenüber ansonsten unanfechtbaren Entscheidungen zu sichern.[22] Die Vorschrift hebt dabei auch die Pflicht des Gerichts hervor, sorgfältig auf die Wahrung des Anspruchs auf rechtliches Gehör zu achten und sich nicht aus Praktikabilitätserwägungen darüber hinweg zu setzen.[23]

2. Die Novelle der Anhörungsrüge auf Grundlage der Vorgaben des BVerfG in dem Beschluss des Plenums vom 30. April 2003

Die Möglichkeit der Gehörsrüge beschränkte sich nach dem Wortlaut der Vorschrift in ihrer Fassung aus dem Jahre 2001 zunächst auf Urteile des erstinstanzlichen Gerichts. Denn die Anhörungsrüge setzte neben der Verletzung des rechtlichen Gehörs in entscheidungserheblicher Weise voraus, dass eine Berufung nach § 511 II ZPO nicht zulässig ist, § 321a I ZPO a.F. Am 1. Januar 2005 trat eine Neufassung der Vorschrift durch das Anhörungsrügengesetz vom 9. Dezember 2004[24] mit Wirkung zum 1.1.2005 in Kraft. Die Rüge knüpft nun – neben der entscheidungserheblichen Gehörsverletzung – daran an, dass ein Rechtsmittel oder ein anderer Rechtsbehelf gegen die Entscheidung nicht gegeben ist, § 321a I Nr. 1 ZPO. Die Anhörungsrüge wurde damit auf alle unanfechtbaren Entscheidungen aller Instanzen ausgedehnt.[25] Diese

---

[20] BT-Drucks. 14/3750, S. 59. Begründung des Regierungsentwurfes BT-Drucks. 14/4722, S. 85.
[21] So *Leipold*, in: Stein/Jonas, ZPO, 22. Aufl., § 321a Rn. 38 und *Althammer*, in: Stein/Jonas, ZPO, § 321a Rn. 38. Nach a.A. soll § 321a ZPO über den verfassungsrechtlichen Anspruch auf rechtliches Gehör einen zivilprozessualen Gehörsbegriff beinhalten. So *Musielak*, in: Münchener Kommentar ZPO, § 32 ZPO Rn. 12; *Vollkommer*, in: Zöller, ZPO, § 321a ZPO Rn. 3a, 7; *Saenger*, in: HK-ZPO, § 321a ZPO Rn. 5; *Schwab/Rosenberg/Gottwald*, § 61 Rn. 50.
[22] *Leipold*, in: Stein/Jonas, ZPO, 22. Aufl., § 321a Rn. 38 und *Althammer*, in: Stein/Jonas, ZPO, § 321a Rn. 39.
[23] *Leipold*, in: Globalisierung und Sozialstaatsprinzip, S. 235 ff. (251).
[24] BGBl. I 3220.
[25] BT-Drucks. 15/3706, S. 13 f.

Erweiterung des Anwendungsbereichs setzte die prozessualen Vorgaben des BVerfG aus dem – hier bereits dargestellten – Plenarbeschluss vom 30. April 2003 um.[26]

3. Die Voraussetzungen der Anhörungsrüge und deren rechtsdogmatische Einordnung

Die Anhörungsrüge verlangt also in ihrer novellierten Fassung die Unanfechtbarkeit der Entscheidung. Sie ist damit nur dann statthaft, wenn die Verletzung des Anspruchs auf rechtliches Gehör nicht mit einem Rechtsmittel oder Rechtsbehelf geltend gemacht werden kann (Grundsatz der Subsidiarität), § 321a I Nr. 1 ZPO. Bei Verletzung des rechtlichen Gehörs muss damit zunächst das zulässige Rechtsmittel eingelegt werden. Dies soll auch für offenkundige Pannenfälle gelten. Denn eine Sonderregelung für diese Fälle schien dem Gesetzgeber nicht als praktikabel, weil sich Pannenfälle möglicherweise erst im Rahmen der Prüfung der Anhörungsrüge als solche erweisen und nicht von vornherein als solche erkennbar seien.[27]

Zentrales Tatbestandsmerkmal ist die entscheidungserhebliche Gehörsverletzung. Der inhaltliche Regelungsgehalt der rechtlichen Gehörs i.S.v. § 321a ZPO ist indes umstritten. Für eine großzügige Interpretation soll vornehmlich sprechen, dass sich auf den Anspruch auf rechtliches Gehör nach Art. 103 I GG verschiedene, das Prozessrecht prägende Verfassungsprinzipien wie beispielsweise der Anspruch auf ein faires Verfahren und in gewisser Weise auch der Grundsatz der Waffengleichheit zurückführen lassen.[28] Teilweise wird daher angenommen, ein Verstoß gegen Art. 103 I GG sei nicht erforderlich und es genüge, wenn eine einfachgesetzliche zivilprozessuale Norm, welche der effektiven Ausübung des rechtlichen Gehörs dient, verletzt werde. Es wird also von einem eigenständigen zivilprozessualen Gehörsbegriff ausgegangen, der sich nicht mit dem verfassungsrechtlichen Gehörsbegriff vollständig deckt, da er weiter ist und insoweit einen „überschießenden Bereich" hat.[29] Kongruenz besteht daher nur in Bezug auf die verfassungsrechtliche Mindestgarantie des rechtlichen Gehörs.[30] Hinweis- und Präklusionsfälle wären hiernach erfasst. Nach anderer Ansicht sichert die Gehörsrüge den verfassungsrechtlichen Anspruch auf rechtliches Gehör und beinhaltet eben keinen eigenständigen zivil-

---

[26] BVerfGE 107, 395 = NJW 2003, 1924.
[27] BT-Drucks. 15/3706, S. 13.
[28] Vgl. *Leipold*, in: Stein/Jonas, ZPO, 22. Aufl., Vor § 128 Rn. 14, 113 ff.; *Musielak*, in: Münchener Kommentar ZPO, § 321a Rn. 12.
[29] *Vollkommer*, in: FS für Schumann, S. 507 ff. (519).
[30] So *Musielak*, in: Münchener Kommentar ZPO, § 321a ZPO Rn. 12; *Vollkommer*, in: Zöller, ZPO, § 321a Rn. 3a, 7; *Vollkommer*, in: FS für Schumann, S. 507 ff. (516 ff.); *Saenger*, in: HK-ZPO, § 321a Rn. 5; *Schwab/Rosenberg/Gottwald*, § 61 Rn. 50.

prozessualen Gehörsbegriff.³¹ Dann könnte nicht jeder Verstoß gegen die richterlichen Frage- und Hinweispflichten und auch nicht jede rechtsfehlerhafte Zurückweisung von verspätetem Vorbringen gerügt werden.³² Hier decken sich das verfassungsrechtliche und das zivilprozessuale Verständnis des rechtlichen Gehörs nicht, denn der verfahrensrechtliche Gehörsbegriff ist weiter.³³ Jedenfalls soll bei Pannenfällen auch nach dieser engeren Ansicht der Verstoß unzweifelhaft gegeben sein. Denn hier stimmen der verfassungsrechtliche und der zivilprozessuale Gehörsbegriff überein.³⁴ Im Falle evidenter Unrichtigkeit greift die Gehörsrüge ebenfalls nach beiden Ansichten. Diesbezüglich ist der verfassungsrechtliche Gehörsbegriff sogar weiter als der verfahrensrechtliche.³⁵

Ferner muss die Gehörsverletzung entscheidungserheblich sein. Hierbei soll die bloße Möglichkeit einer Auswirkung der Gehörsverletzung auf die Entscheidung genügen.³⁶ Ein Verschulden ist nicht erforderlich. Die Beweislast für das Vorliegen einer Verletzung trifft nicht den Rügeführer. Es besteht eine Aufklärungs- und Amtsermittlungspflicht des Gerichts. Denn es soll nicht zu Lasten der betroffenen Partei gehen, wenn dem Gericht ein verfahrensmäßiger Fehler unterlaufen ist.³⁷

Die Anhörungsrüge ist bei dem Gericht zu erheben, dessen Endentscheidung angegriffen wird (*iudex a quo*); es gelten eine Notfrist von zwei Wochen ab Kenntnis der Gehörsverletzung, § 321a II S. 1 ZPO, und eine Ausschlussfrist von einem Jahr ab Bekanntgabe der Entscheidung, § 321a II S. 2 ZPO; im Falle des Erfolgs der Rüge muss das Verfahren in der Lage fortgesetzt werden, in der sich dieses vor der mit der Gehörsrüge angefochtenen Entscheidung befand; die Entscheidung ist unanfechtbar.³⁸ Ein die Gehörsrüge ablehnender Beschluss „soll" seit der Änderung im Jahre 2004 nur noch begründet werden.

Durch die Anhörungsrüge wird den Fachgerichten im Falle der Verletzung des Anspruches auf rechtliches Gehör gemäß Art. 103 I GG die Möglichkeit der Selbstkorrektur unanfechtbarer Urteile gegeben.³⁹ Bei dieser Rüge handelt es sich nicht um ein Rechtsmittel, denn sie hat keinen Devolutiveffekt und – seit ihrer Änderung im Jahre 2004 – keinen Suspensiveffekt. Die Anhörungs-

---

[31] Vgl. dazu *Leipold*, in: Stein/Jonas, ZPO, 22. Aufl., § 321a Rn. 38 f. und *Althammer*, in: Stein/Jonas, ZPO, § 321a Rn. 38 f.
[32] *Leipold*, in: Stein/Jonas, ZPO, 22. Aufl., § 321a ZPO Rn. 39 und *Althammer*, in: Stein/Jonas, ZPO, § 321a Rn. 38 f.
[33] Vgl. dazu *Vollkommer*, in: FS für Schumann, S. 507 ff. (523; 526).
[34] *Vollkommer*, in: FS für Schumann, S. 507 ff. (522).
[35] *Vollkommer*, in: FS für Schumann, S. 507 ff. (530 f.).
[36] *Leipold*, in: Stein/Jonas, ZPO, 22. Aufl., § 321a ZPO Rn. 41 und *Althammer*, in: Stein/Jonas, ZPO, § 321a Rn. 41.
[37] *Rosenberg/Schwab/Gottwald*, § 61 Rn. 50.
[38] BT-Drucks. 15/3706, S. 13.
[39] *Musielak*, in: Münchener Kommentar ZPO, § 321a Rn. 1.

rüge ist damit ein Rechtsbehelf *sui generis*, durch den das Gericht zum Zwecke der Selbstkorrektur von der innerprozessualen Bindungswirkung gemäß § 318 ZPO sowie von der formellen und materiellen Rechtskraft freigestellt wird, sofern die Rüge begründet ist.[40] Die zulässige und begründete Gehörsrüge führt zu einer Zurückversetzung des Verfahrens in den Stand, in dem es sich vor Schluss der mündlichen Verhandlung befunden hat. Dies gilt nach § 321a V S. 1 ZPO aber nur, „soweit dies auf Grund der Rüge geboten ist". Die zivilprozessuale Funktion der Gehörsrüge entspricht damit der Wiedereinsetzung in den vorigen Stand bzw. der Wiederaufnahme des Verfahrens.[41] Zweifelsohne besteht auch eine Vergleichbarkeit mit der Wirkung des Einspruchs gegen ein Versäumnisurteil gemäß § 342 ZPO.

4. Die Bewertung vor dem Hintergrund des Spannungsverhältnisses von Parteiherrschaft und Richtermacht

Im Hinblick auf die vorstehende Thematik von Parteiherrschaft und Richtermacht lässt sich konstatieren, dass die Einführung der Anhörungsrüge prinzipiell zu einer gewissen Stärkung von Parteiherrschaft führt, obgleich sie ausweislich der Begründung des Gesetzesentwurfs vornehmlich aus Gründen der Prozessökonomie eingeführt wurde. Neben der Befriedigung des Bedürfnisses des erstinstanzlichen Gerichts zur Selbstkorrektur einer vorwiegend unbeabsichtigten Verletzung des Anspruchs auf rechtliches Gehör sollte die Gehörsrüge zu einer Entlastung des BVerfG führen.[42] Der Grundrechtsschutz der Parteien wird demgegenüber in der Begründung des Gesetzesentwurfs nicht hervorgehoben.

Die Gehörsrüge ermöglicht Rechtsschutz für die Parteien gegen den Richter. Die Bedeutung dieses Rechtsbehelfs wurde durch die Reform von 2004 erheblich gestärkt, denn faktisch waren mit der Gehörsrüge in ihrer Fassung von 2001 nur Urteile in Bagatellverfahren angreifbar.[43] Nach wie vor greift die Gehörsrüge aber nur im Fall der Verletzung rechtlichen Gehörs und nicht etwa in der Situation einer Verletzung des Anspruches auf ein faires Verfahren, Art. 20 III i.V.m. Art. 2 I GG oder der Verletzung des Willkürverbotes, Art. 3 I GG. Die Rügemöglichkeit stellt mithin ein zusätzliches Verteidigungsmittel in Form eines spezifischen Rechtsbehelfs für die Parteien dar, wenn auch eines mit einem sehr limitierten Anwendungsbereich und ohne Rechtsmittelqualität.

---

[40] *Musielak*, in: Münchener Kommentar ZPO, § 321a Rn. 4.
[41] BT-Drucks. 15/3706, S. 13.
[42] BT-Drucks. 14/3750, S. 59.
[43] Vgl. *E. Schneider*, in: FS für Madert, S. 187 ff. (189).

Bezüglich der Konkurrenzproblematik zwischen der Gehörsrüge und der Verfassungsbeschwerde sei ferner angemerkt, dass letztere nach dem Subsidiaritätsprinzip nicht mehr eingreift, wenn die Gehörsrüge nach § 321a ZPO unterblieben ist. Voraussetzung der Verfassungsbeschwerde ist mit anderen Worten die erfolglose Einlegung der Gehörsrüge. Die Gehörsrüge ist damit Bestandteil des nach der einschlägigen Prozessordnung maßgeblichen, zu erschöpfenden Rechtswegs nach § 90 II S. 1 BVerfGG.[44] Sofern das Rügeverfahren nach § 321a ZPO erfolglos war, bleibt die Möglichkeit der Verfassungsbeschwerde, denn der Beschluss ist nach 321a IV S. 3 ZPO unanfechtbar.[45] Die Konsequenz der unterlassenen Gehörsrüge soll darin bestehen, dass die Verfassungsbeschwerde insgesamt, d.h. beispielsweise auch im Hinblick auf einen Verstoß gegen das Recht auf ein faires Verfahren, unzulässig sein soll, sofern sich die behauptete Gehörsverletzung auf den gesamten Streitgegenstand erstreckt.[46] Es soll nach der Rechtsprechung des BVerfG gar nicht zulässig bzw. erforderlich sein, parallel zu der Gehörsrüge eine Verfassungsbeschwerde hinsichtlich der Verletzung anderer Grundrechte einzulegen.[47] Dies erscheint auf den ersten Blick günstig für den Beschwerdeführer, denn man verlangt von ihm nicht, neben der Anhörungsrüge die Verfassungsbeschwerde zu erheben, was letztlich auch der Prozessökonomie entspricht.[48] Ferner wird der Betroffene auch nicht mit der Wahl zwischen der Verfassungsbeschwerde und der Anhörungsrüge belastet, denn es genügt, wenn er letztere erhebt. Schließlich wird die dargestellte Wirkung gewissen Überschneidungen des Anwendungsbereichs der Verfahrensgrundrechte gerecht. Vor allem sind die Grenzen zwischen Gehörsverletzung und Willkür in der Rechtsprechung des BVerfG fließend.[49] Dies gilt ferner hinsichtlich des Anspruchs auf ein faires Verfahren.[50] Jedoch ist die Erfassung anderer Grundrechte im Rahmen der Kollision mit der Verfassungsbeschwerde eine weitreichende Folge, die angesichts der klaren Beschränkung des Wortlauts der Gehörsrüge auf den Anspruch auf rechtliches Gehör für den Beschwerdeführer nicht eindeutig erkennbar ist. Hingegen böten parallele Verfahren – Anhörungsrüge einerseits hinsichtlich der Verletzung rechtlichen Gehörs und Verfassungsbeschwerde andererseits hin-

---

[44] BVerfG NJW 2005, 3059; *Leipold*, in: Stein/Jonas, ZPO, 22. Aufl., § 321a Rn. 54; *Musielak*, in: Musielak/Voit, ZPO, § 321a Rn. 1; *Schnabl*, S. 162.
[45] *Leipold*, in: Stein/Jonas, ZPO, 22. Aufl., § 321a Rn. 52 und *Althammer*, in: Stein/Jonas, ZPO, § 321a Rn. 52.
[46] BVerfG NJW 2005, 3059 ff.; *Leipold*, in: Stein/Jonas, ZPO, 22. Aufl., § 321a Rn. 54 und *Althammer*, in: Stein/Jonas, ZPO, § 321a Rn. 54.
[47] BVerfG NJW 2005, 3059 ff. (3059 f.); *Leipold*, in: Stein/Jonas, ZPO, 22. Aufl., § 321a ZPO Rn. 54 und *Althammer*, in: Stein/Jonas, ZPO, § 321a Rn. 52; a.A. *Zuck*, NJW 2005, S. 1226 ff. (1228).
[48] Vgl. BVerfG NJW 2005, 3059 ff. (3060).
[49] Vgl. *Vollkommer*, in: Zöller, ZPO, § 321a Rn. 3 ff.
[50] *Schnabl*, S. 90.

sichtlich der Verletzung anderer Verfahrensgrundrechte – mehr Klarheit und Rechtssicherheit für den Rechtsuchenden. Die Notwendigkeit der Wahrung des Grundsatzes der Rechtssicherheit, der in dem Postulat der Rechtsmittelklarheit eine Konkretisierung findet, wird auch in dem erwähnten Beschluss des Plenums vom 30.4.2003 besonders hervorgehoben. Für den Rechtsuchenden müsse demnach der Weg zur Überprüfung gerichtlicher Entscheidungen klar vorgegeben sein.[51] Die dargestellte Vorgehensweise einer parallelen Erhebung von Gehörsrüge und Verfassungsbeschwerde wäre schließlich die einzig rechtslogische Konsequenz des engen Anwendungsbereichs, den der Wortlaut des § 321a ZPO vorzeichnet. Sofern die Tatbestände der Anhörungsrüge dem Wortlaut entsprechend eng gefasst werden, sind nur sie einer Verfassungsbeschwerde vorgeschaltet. Die Verletzung anderer Prozessgrundrechte müsste sogleich mit der Verfassungsbeschwerde angegriffen werden. Dann kommt es zu parallelen Verfahren.[52]

Neben dieser Kollisionsfrage erscheint ferner die Unklarheit, ob der Anspruch auf rechtliches Gehör kongruent mit Art. 103 I GG ist oder ob vielmehr ein eigenständiger Gehörsbegriff der ZPO zugrunde zu legen ist, problematisch. Im Hinblick auf den Schutz der Parteien wäre es jedenfalls zu erwägen, eine Verletzung einfachrechtlicher Vorschriften genügen zu lassen. Dieses Verständnis eines „zivilprozessualen Gehörsgrundsatzes"[53] ließe sich auch auf den Wortlaut von § 321a ZPO stützen, wonach eine Verletzung des Anspruches auf rechtliches Gehör vorliegen muss und Art. 103 I GG keine Erwähnung findet.[54] Es führt ferner zu einem weiten Schutz der Parteien gerade gegenüber dem scharfen richterlichen Mittel der Präklusion verspäteten Vorbringens gemäß § 296 I ZPO und lässt den Schutzeffekt des § 139 ZPO zur Geltung kommen.

Die Einführung der Gehörsrüge war ausweislich der Gesetzesbegründung vornehmlich von Effektivitätserwägungen getragen, denn das BVerfG soll eben „nicht mit der Korrektur objektiver Verfahrensfehler belastet werden, die instanzintern einfacher und ökonomischer behoben werden können".[55] Als Folge wird es dem Betroffenen vereinfacht, den Verstoß gegen Art. 103 I GG zu rügen, denn die hohen Hürden einer Verfassungsbeschwerde – Notwendigkeit eines Annahmeverfahrens und Geltung des Grundsatzes der Subsidiarität – entfallen.

---

[51] BVerfGE 107, 395 ff. (416 f.) = BVerfG NJW 2003, 1924 ff. (1928) mit Hinweis auf BVerfGE 49, 148 ff. (164) und BVerfGE 87, 48 ff. (65).
[52] *Schmidt-Aßmann*, in Maunz/Dürig, GG Kommentar, Art. 103, Rn. 155; *Zuck*, NVwZ 2005, S. 739 ff.
[53] So *Vollkommer*, in: FS für Schumann, S. 507 ff. (518).
[54] So *Zuck*, NJW 2005, S. 1226 ff. (1228).
[55] BT-Drucks. 14/3750, S. 59.

Entscheidend für die Beurteilung der Frage der Stärkung der Parteiherrschaft durch Einführung der Gehörsrüge ist indes vor allem deren Effektivität. Zunächst ist zu bedenken, dass die Anhörungsrüge nur subsidiär eingreift, womit ihr Anwendungsbereich stark eingeschränkt ist. In der Regel wird ein vorrangiger Rechtsbehelf einschlägig sein (Berufung, Revision, Beschwerde und Nichtzulassungsbeschwerde), welcher – bei Zulässigkeit – im Hinblick auf die Anhörungsrüge Sperrwirkung entfaltet.[56] Bei der Frage der Schutzwirkung zugunsten der Parteien ist jedoch auch zu beachten, dass die Einlegung der Anhörungsrüge seit ihrer Reform im Jahre 2004 nicht mehr den Eintritt der Rechtskraft der angegriffenen Entscheidung verhindert. Nach der ursprünglichen Fassung hatte sie einen Suspensiveffekt, denn ihre Einlegung hemmte nach § 705 S. 2 ZPO a.F. die formelle Rechtskraft eines Urteils (Rechtskrafthemmung) solange bis das erstinstanzliche Gericht über die Rüge entschieden hatte, womit der Titelgläubiger auf die vorläufige Vollstreckbarkeit angewiesen war.[57] Demgegenüber kann nach Maßgabe der neuen Fassung das angerufene Gericht nur Vollstreckungsschutz gewähren, indem es nach § 707 ZPO die einstweilige Einstellung der Zwangsvollstreckung anordnet.[58] Diese Lösung soll nach der Gesetzesbegründung Flexibilität bieten.[59] Es zeigen sich an dem gewählten Lösungsmodell erneut die den Novellen zugrunde liegenden Erwägungen der Effizienz. Denn der fehlende Suspensiveffekt dient dem Interesse an einem zügigen rechtskräftigen Abschluss des Verfahrens.[60] Eine schnelle Titelerlangung ist mit Blick auf den Gläubiger als positiv zu bewerten; im Hinblick auf den Schuldner gilt, dass dieser durch die dargestellte Möglichkeit des Vollstreckungsschutzes einen gewissen Schutz vor Schaffung vollendeter Tatsachen hat. Dieser Effekt tritt indes nicht automatisch ein, sondern bedarf eines Antrages nach § 707 I S. 1 ZPO, auf den das Gericht die Zwangsvollstreckung gegen oder ohne Sicherheitsleistung vorläufig einstellen kann. Diese Entscheidung ergeht durch nicht anfechtbaren Beschluss, § 707 II ZPO.

Insgesamt erscheint jedoch problematisch, dass die Entscheidung über die Anhörungsrüge keinen Zugang zu einer höheren Instanz eröffnet, sondern dem *index a quo* zugewiesen wird. Es fragt sich, ob die Anhörungsrüge für den Betroffenen so überhaupt effektiv sein kann oder nicht dem *index ad quem* hätte übertragen werden müssen. Mit der Frage der Effektivität für den Betroffenen geht auch die Frage der Tauglichkeit der Anhörungsrüge als Mittel zur Entlastung des BVerfG und damit die Frage der Prozessökonomie ein-

---

[56] *Schnabl*, S. 256.
[57] *Tavolari*, S. 218.
[58] *Leipold*, in: Stein/Jonas, ZPO, 22. Aufl., § 321a ZPO Rn. 2 und *Althammer*, in: Stein/Jonas, ZPO, § 321a Rn. 52.
[59] BT-Drucks. 15/3706, S. 14.
[60] BT-Drucks. 15/3706, S. 14.

I. Die Stärkung von Parteirechten durch die Einführung einer Anhörungsrüge   283

her. Das BVerfG hat in seiner Plenarentscheidung aus dem Jahre 2003 zwar festgestellt, auch ein Rechtsbehelf an dasjenige Gericht komme in Betracht, dessen Verfahrenshandlung als fehlerhaft gerügt werde. Jedoch kommt ein solcher Rechtsbehelf zum *iudex a quo* nur dann in Betracht, wenn „auf diese Weise der Mangel effektiv beseitigt werden kann". Insoweit ist eine differenzierte Betrachtung geboten. In einem sogenannten Pannenfall – einem Versehen der Geschäftsstelle oder des Richters – ist mit der Rüge in der Regel kein fachlicher oder persönlicher Vorwurf an den Richter verbunden. Es handelt sich vielmehr um ein „Versehen, das immer einmal unterlaufen kann".[61] Dies lässt eine unvoreingenommene Entscheidung über die Gehörsrüge und eine höhere Bereitschaft zu einer Selbstkorrektur durch den *iudex a quo* erwarten.[62] Daher ist die Gehörsrüge in den sog. Pannenfällen eine effektive Rechtsschutzmöglichkeit.[63] Dies gilt in Teilbereichen auch für Fälle offensichtlicher Unrichtigkeit, sofern der tatsächliche oder rechtliche Fehler auf ein Versehen zurückzuführen ist, z.B. wenn der Richter etwas übersehen hat.[64] Demgegenüber verhält es sich in Fällen vorsätzlich herbeigeführter Gehörsverletzungen durch das Gericht anders. Denn dem Fehlervorwurf, den jede Gehörsrüge enthält, ist auch ein Verschuldensvorwurf inhärent. Konsequenz ist – ähnlich wie bei einer Dienstaufsichtsbeschwerde – die Aktivierung von Abwehrmechanismen, wie einem Leugnen des Fehlers oder einem Leugnen des Beruhens der Entscheidung auf diesem Fehler.[65] Es lässt sich daher prognostizieren, dass im Falle eines Fehlervorwurfs der *iudex a quo* kaum bereit sein wird, die eigene fehlerhafte Rechtsanwendung einzugestehen. Seine Entscheidung fußt schließlich auf rechtlichen Erwägungen und erfolgt damit – im Kontrast zu den sogenannten Pannenfällen – eben nicht versehentlich, sondern ganz bewusst.[66] Von dem jeweiligen verursachenden Richter kann hier nicht erwartet werden, innerhalb kürzester Zeit seine Rechtsmeinung zu ändern und sein eigenes verletzendes Handeln zu korrigieren.[67] Es ist überaus zweifelhaft, ob dies mit dem Anspruch der Partei auf einen aus Neutralität und Distanz handelnden Richter harmoniert.[68] Betroffen hiervon sind insbesondere die Fälle

---
[61] BVerfGE 42, 249.
[62] *Schnabl*, S. 210. Laut *Vollkommer* ist in diesen Fällen „mit einer hohen Bereitschaft der „Fachgerichte" zur Selbstkorrektur unterlaufener Fehler zu rechnen." *Vollkommer*, in: FS für Schumann, S. 507 ff. (522) mit Hinweis auf *E. Schumann*, NJW 1985, S. 1134 ff. (1139).
[63] So *Schnabl*, S. 210; vgl. auch *Voßkuhle*, Rechtsschutz gegen den Richter, S. 236.
[64] *Vollkommer*, in: FS für Schumann, S. 507 ff. (532 f., 534).
[65] *E. Schneider*, in: FS für Madert, S. 187 ff. (192).
[66] *Schnabl*, S. 210 ff.
[67] *Voßkuhle*, Rechtsschutz gegen den Richter, S. 237 m.w.N; *Vollkommer*, in: FS für Schumann, S. 507 ff. (524): „Die Tauglichkeit des Rügeverfahrens gem. § 321a ZPO-RG zur Behebung von Gehörsverstößen – und damit zur Entlastung des BVerfG – darf in den „Präklusionsfällen" bezweifelt werden."
[68] *Kahlke*, NJW 1985, S. 2231 ff. (2233); *Voßkuhle*, Rechtsschutz gegen den Richter, S. 237.

der Präklusion im weiteren Sinne, aber auch die Hinweisfälle.[69] In der Literatur wird auf die Häufung der Fälle vorsätzlicher Gehörsverletzungen in der Praxis hingewiesen, insbesondere – wie schon im zweiten Teil der Arbeit gezeigt wurde[70] – im Rahmen der richterlichen Gestaltungsfreiheit nach § 495a ZPO, wodurch dem Richter ermöglicht wird, auf Grundlage einer selbst kreierten „Privat-Prozessordnung" rechtliches Gehör bewusst zu verweigern.[71]

Die Anhörungsrüge zum *iudex a quo* stellt daher in der Konstellation rechtsirriger Gehörsverletzungen durch den Richter keine effektive Rechtsschutzmöglichkeit für den Betroffenen und kein taugliches Mittel zur Entlastung des BVerfG dar. Hier müsste nicht notwendigerweise die nächste Instanz, aber zumindest ein anderer als der die Gehörsverletzung verursachende Richter entscheiden. Die gebotene Differenzierung unter Zugrundelegung der dargestellten psychologischen Erwägungen wurde im Rahmen der Gesetzgebung indes versäumt.[72] Dies erscheint vor dem Hintergrund der Einführung des Prinzips des originären Einzelrichters nach § 348 I S. 1 ZPO im Jahre 2002 besonders bedenklich. Hierdurch erfährt die Ineffizienz des § 321a ZPO im Ergebnis eine weitere Steigerung.[73]

II. Der Rechtsschutz bei überlanger Verfahrensdauer

Wie bereits dargestellt wurde, folgt aus Art. 2 I GG i.V.m. dem Rechtsstaatsprinzip, Art. 20 III GG, der Anspruch der Parteien auf effektiven Rechtsschutz. Dieser umfasst einen Anspruch auf Entscheidung oder sonstige Erledigung des Rechtsstreits in angemessener Zeit. Ferner statuiert Art. 6 I EMRK das Recht auf eine angemessene Verfahrensdauer. Die Mitgliedstaaten der Konvention sind demnach verpflichtet, ihre Justiz so einzurichten, dass der Vollzug der Rechtsprechung den Anforderungen des Art. 6 I S. 1 EMRK genügt.

Der Europäische Gerichtshof für Menschenrechte hat durch Urteil vom 26.10.2000 entschieden, im Fall überlanger Verfahrensdauer könne neben dem Recht auf ein faires und zügiges Verfahren nach Art. 6 I EMRK auch das Recht auf einen wirksamen Rechtbehelf aus Art. 13 EMRK verletzt sein. Danach garantiert Art. 13 EMRK im Rahmen der innerstaatlichen Instanz dem Betroffenen die Erhebung der Rüge einer Verletzung von Art. 6 EMRK auf-

---

[69] *Vollkommer*, in: FS für Schumann, S. 507 ff. (526).
[70] 2. Teil IX.
[71] *E. Schneider*, in: FS für Madert, S. 187 ff. (191 f.); vgl. auch *Kunze*, S. 113: „Gerade die Gestaltungsfreiheit im vereinfachten Verfahren wird Rügen des Art. 103 GG verstärkt auftreten lassen […]".
[72] Vgl. *E. Schneider*, in: FS für Madert, S. 187 ff. (189).
[73] *E. Schneider*, in: FS für Madert, S. 187 ff. (193 f.) mit dem Fazit, die Anhörungsrüge sei eine „Placebo-Vorschrift".

grund überlanger Verfahrensdauer.[74] Der EGMR statuiert für die nationalen Justizsysteme das Erfordernis wirksamer Rechtsbehelfe bei überlanger Verfahrensdauer. Dies sei gegeben, sofern der Rechtsbehelf geeignet ist, das Gericht zu einer zügigeren Entscheidungsfindung zu veranlassen (präventive Wirkung) oder dem Rechtsuchenden eine angemessene Entschädigung, auch für immaterielle Nachteile, zu gewähren (kompensatorische Wirkung). Insgesamt wurde die Bundesrepublik Deutschland in mehr als vierzig Entscheidungen vom EGMR wegen überlanger Verfahrensdauer in den verschiedenen Zweigen der Gerichtsbarkeit verurteilt.[75] Im Jahre 2006 entschied der EGMR in Bezug auf die Bundesrepublik Deutschland, ein wirksamer Rechtsschutz gegen überlange Verfahrensdauer existiere nicht.[76] Diese Entscheidung betraf ein zivilrechtliches Verfahren, womit deutlich wird, dass überlange Verfahrensdauer eben nicht nur ein Problem der Sozial- und Finanzgerichtsbarkeit darstellt. Schließlich wurde die Bundesrepublik Deutschland im Jahre 2010 vom EGMR dazu aufgefordert, binnen eines Jahres einen Rechtsbehelf zu normieren, der den Anforderungen der EMRK entspricht.[77]

1. Möglichkeiten der Geltendmachung einer überlangen Verfahrensdauer

Vor Umsetzung dieser Vorgaben durch Schaffung eines speziellen Rechtsbehelfs gab es parallel zur Entwicklung der Anhörungsrüge auch im Falle einer überlangen Verfahrensdauer andere Rechtsbehelfe im Interesse der Beschleunigung des Rechtsstreits und damit zum Schutze der Parteien. Hierzu zählten insbesondere die Dienstaufsichtsbeschwerde nach § 26 DRiG und die Verfassungsbeschwerde. Daneben wurde im Wege richterlicher Rechtsfortbildung eine außerordentliche Beschwerdemöglichkeit anerkannt. Dabei wurde teilweise das Unterlassen einer unverzüglichen Terminfestsetzung einer beschwerdefähigen Aussetzung gleichgesetzt und § 252 i.V.m. § 567 ZPO analog angewendet oder eine außerordentliche Untätigkeitsbeschwerde gewährt, sofern ein Fall von Justizverweigerung gegeben war.[78] Ferner kam der Amtshaftungsanspruch gemäß § 839 BGB i.V.m. Art. 34 GG in Betracht. Nach der Rechtsprechung des EGMR ist keiner dieser Rechtsbehelfe für das Zivilverfahren als wirksam i.S.v. Art. 13 EMRK anzusehen.[79] Die genannten Rechtsbe-

---

[74] EGMR NJW 2001, 2694 (2699 ff.) – *Kudla ./. Polen.*
[75] EGMR NJW 2010, 3355 ff. (3357) – *Rumpf ./. Deutschland*; *Leipold*, in: Globalisierung und Sozialstaatsprinzip, S. 235 ff. (253); *Althammer/Schäuble*, NJW 2012, S. 1 ff. (1).
[76] EGMR NJW 2006, 2389 ff. – *Sürmeli ./. Deutschland.*
[77] EGMR NJW 2010, 3355 ff. – *Rumpf ./. Deutschland.*
[78] *Althammer/Schäuble*, NJW 2012, S. 1 ff. (5).
[79] EGMR NJW 2006, 2389 ff. (2390 ff.) – *Sürmeli ./. Deutschland.*

helfe seien nicht gefestigt und nicht einheitlich genug; der Schadensersatzanspruch aus Amtshaftung nach BGB beschränke sich nur auf schuldhafte Verzögerungen und klammert Nichtvermögensschäden aus.[80] Auswirkungen auf die Rechtsentwicklung hatte ferner der im Rahmen der Anhörungsrüge dargestellte Beschluss des BVerfG aus dem Jahre 2003, wonach das Plenum das Gebot der Rechtsbehelfsklarheit herausstellte.[81] So entschied das BVerfG im Jahre 2007, die gesetzlich bis *dato* nicht geregelte Untätigkeitsbeschwerde genüge dem in dieser Plenarentscheidung hervorgehobenen Gebot der Rechtsmittelklarheit nicht.[82] Daher wurde die Zulässigkeit einer Verfassungsbeschwerde auch ohne vorherige Erhebung einer solchen Untätigkeitsbeschwerde bejaht. In diesem Beschluss konstatiert der Erste Senat, die aus dem Rechtsstaatsprinzip abzuleitende Rechtsschutzgarantie gewähre nicht nur das Recht, dass überhaupt ein Rechtsweg offensteht, sondern erfordere im Interesse der Rechtssicherheit auch, strittige Rechtsverhältnisse in angemessener Zeit zu klären.[83] Diese Entscheidung betraf eine zivilrechtliche Klage. Der Abschluss des Verfahrens vor dem zuständigen Landgericht war im Zeitpunkt der Entscheidung des BVerfG noch nicht absehbar, obwohl der Prozess mehr als sechs Jahre andauerte.

Die Verpflichtung, effektive innerstaatliche Abhilfeverfahren gegen Verzögerungen zu schaffen, erfüllte Deutschland mit Wirkung zum 3.12.2011 durch das Gesetz über den Rechtsschutz bei überlangen Gerichtsverfahren und strafrechtlichen Ermittlungsverfahren.[84]

2. Die Verzögerungsrüge und der Anspruch auf Entschädigung

Es wurde die Lösung der Einführung eines neuartigen verschuldensunabhängigen Entschädigungsanspruchs im Rahmen der Schaffung eines 17. Titels des GVG gewählt. Der neuartige Anspruch wird in der Gesetzesbegründung als staatshaftungsrechtlicher Anspruch *sui generis* eingeordnet.[85] Gemäß § 198 I S. 1 GVG hat eine Partei, die durch eine überlange Verfahrensdauer Nachteile erlitten hat, gegen den Staat einen Anspruch auf eine angemessene Entschädigung für materielle und immaterielle Einbußen. Dieser Anspruch steht nur ei-

---

[80] EGMR NJW 2006, 2389 ff. (2390 ff.) – *Sürmeli ./. Deutschland*; BT-Drucks. 17/3802, S. 15.
[81] BVerfG 107, 395 ff. (416).
[82] BVerfG NJW 2008, 503 f.
[83] BVerfG NJW 2008, 503 f. (503).
[84] BGBl. I 2302. Für die ordentliche Gerichtsbarkeit gelten die Neuregelungen nach dem GVG unmittelbar. Für die Fachgerichtsbarkeiten wird in den einschlägigen Prozessordnungen eine Anwendung der GVG-Regelungen über den Rechtsschutz bei überlanger Verfahrensdauer angeordnet, vgl. z.B. § 173 VwGO; § 202 SGG; § 155 FGO.
[85] BT-Drucks. 17/3802, S. 19.

nem Verfahrensbeteiligten zu, § 198 I, VI Nr. 2 GVG. Tatbestandliche Voraussetzung des Entschädigungsanspruchs ist, dass der Betroffene zuvor gegenüber dem mit der Sache befassten Gericht die Dauer des Verfahrens gerügt hat, § 198 III S. 1 GVG. Diese der Entschädigung vorgeschaltete Verzögerungsrüge kann erst dann erhoben werden, wenn Anlass zur Besorgnis besteht, dass das Verfahren nicht in einer angemessenen Zeit abgeschlossen wird, § 198 I S. 2 GVG. Nach § 198 V GVG kann die Klage auf Entschädigung erst sechs Monate nach Erhebung dieser Verzögerungsrüge erhoben werden. Die vorgeschaltete Verzögerungsrüge soll aber mehr als eine bloße Voraussetzung der Entschädigung sein. Sie ist Ausprägung des Grundsatzes der Priorität von Primärrechtsschutz und soll ein „Dulde und liquidiere" ausschließen.[86] Nach der Gesetzesbegründung soll sie dem Ausgangsgericht Anlass zur Prüfung geben und die Möglichkeit einer Abhilfe eröffnen.[87] Der Gesetzgeber geht davon aus, dass der *index a quo* den Vorwurf überlanger Verfahrensdauer im Kontext eines späteren Entschädigungsprozesses in der Regel vermeiden wollen wird.[88] Er betont aber andererseits, die Verzögerungsrüge sei Voraussetzung für den Entschädigungsanspruch und stelle daher eine Obliegenheit des Betroffenen und gerade keinen neuen Rechtsbehelf dar. Eine Pflicht zu einer förmlichen Entscheidung bestehe nicht.[89]

Das zentrale Tatbestandsmerkmal des Entschädigungsanspruchs ist die unangemessene Dauer eines Gerichtsverfahrens. Das Gesetz verwendet also einen unbestimmten Rechtsbegriff anstelle einer pauschalen Frist. Die Verfahrensdauer ist dann als unangemessen zu bewerten, wenn eine Abwägung aller Umstände ergibt, dass die aus Art. 2 I i.V.m. Art. 20 III GG und Art. 19 IV GG sowie die aus Art. 6 I EMRK resultierende Verpflichtung des Staats, Gerichtsverfahren in einer angemessenen Zeit abzuschließen, verletzt ist.[90] Nach § 198 I S. 2 GVG hat sich eine Bestimmung der Angemessenheit der Verfahrensdauer an den Umständen des Einzelfalls zu orientieren. Maßgeblich zur Ausfüllung des unbestimmten Rechtsbegriffs sind Schwierigkeit und Bedeutung des Verfahrens sowie das Verhalten der Verfahrensbeteiligten und Dritter. Mit diesen Maßstäben orientiert sich der Gesetzgeber an der einschlägigen Rechtsprechung des BVerfG und des EGMR.[91] Im Rahmen der Bedeutung des Verfahrens sind die Auswirkungen einer langen Dauer des Verfahrens für die Beteiligten miteinzubeziehen.[92] So müssen nach der Rechtsprechung des EGMR gerade Verfahren über das Sorge- oder Umgangsrecht für Kinder, Ver-

---

[86] *Althammer/Schäuble*, NJW 2012, S. 1 ff. (3); *Althammer*, JZ 2011, S. 446 ff. (451).
[87] BT-Drucks. 17/3802, S. 16.
[88] BT-Drucks. 17/3802, S. 16.
[89] BT-Drucks. 17/3802, S. 16.
[90] BGH NJW 2014, 220 ff. (222); BVerwG NJW 2014, 96 ff.
[91] BT-Drucks. 17/3802, S. 18.
[92] *Althammer/Schäuble*, NJW 2012, S. 1 ff. (2).

fahren über den Personenstand und die Geschäftsfähigkeit oder Arbeitsrechtsstreitigkeiten besonders beschleunigt werden.[93] Im Allgemeinen wird von der aktuellen Rechtsprechung betont, die überlange Verfahrensdauer müsse einen gewissen Schweregrad erreicht haben. Dabei sei nicht jede Abweichung von einer optimalen Verfahrensdurchführung ausreichend.[94] Hervorgehoben wird auch, im Rahmen der Beurteilung des Verhaltens des Gerichts müsse der Grundsatz richterlicher Unabhängigkeit gemäß Art. 97 I GG Berücksichtigung finden.[95] Zu beachten sei der richterliche Gestaltungsspielraum, welcher es dem Gericht ermöglicht, dem Umfang und der Schwierigkeit der einzelnen Rechtssachen gerecht zu werden und zu bestimmen, wann es welches Verfahren mit welchem Aufwand sinnvollerweise durchführen kann und welche Verfahrenshandlungen dafür notwendig sind.[96] Eine unangemessene Verfahrensdauer soll erst dann vorliegen, wenn die Verfahrenslaufzeit in Abwägung mit den Kriterien nach § 198 I S. 2 GVG unter Berücksichtigung des tatrichterlichen Gestaltungsspielraums sachlich nicht mehr zu rechtfertigen sei.[97] Gemäß § 198 III S. 2 GVG kann die Verzögerungsrüge frühestmöglich erst dann erhoben werden, wenn Anlass zur Sorge besteht, dass das Verfahren nicht in angemessener Zeit abgeschlossen wird. Eine zuvor erhobene Rüge schlägt fehl. Sie ist nicht geeignet, einen Entschädigungsanspruch entstehen zu lassen.[98]

Zuständig für die Entscheidung über die Entschädigungsklage, die gegen das betreffende Bundesland gerichtet ist, ist ausschließlich das Oberlandesgericht, § 201 I S. 1 GVG; für Klagen auf Entschädigung gegen den Bund ist gemäß § 201 I S. 2 GVG der Bundesgerichtshof zuständig. Für einen kausalen materiellen Nachteil sieht § 198 I S. 1 GVG nur eine angemessene Entschädigung, also keine vollständige Kompensation i.S.v. §§ 249 ff. BGB, vor. Nicht umfasst ist damit insbesondere der Ersatz entgangenen Gewinns gemäß § 252 BGB.[99] Im Hinblick auf kausale immaterielle Nachteile statuiert § 198 II S. 1 GVG eine widerlegbare Vermutung, dass im Falle einer unangemessenen Verfahrensdauer ein immaterieller Nachteil vorliegt. Diesbezüglich wird für jedes Jahr der Verzögerung eine Pauschale von 1.200 Euro gewährt, § 198 II S. 3 GVG. Diese Entschädigung kann aber nur dann beansprucht werden, sofern nicht eine Wiedergutmachung auf andere Weise ausreichend ist, § 198 II S. 2 GVG. Hierzu zählt gemäß § 198 IV GVG vor allem die gerichtliche Feststel-

---

[93] *Althammer/Schäuble*, NJW 2012, S. 1 ff. (2) mit Hinweis auf EGMR 2006, 2389 ff. (2393).
[94] BGH NJW 2014, 220 ff. (222).
[95] BGH NJW 2014, 220 ff. (223).
[96] BGH NJW 2014, 220 ff. (223).
[97] BGH NJW 2014, 220 ff. (223).
[98] *Althammer/Schäuble*, NJW 2012, S. 1 ff. (3).
[99] BT-Drucks. 17/7217, S. 27 f.

lung der überlangen Verfahrensdauer. Neben dem Entschädigungsanspruch nach § 198 GVG soll ein Anspruch gemäß § 839 BGB i.V.m. Art. 34 GG weiterhin in Betracht kommen. Soweit sich beide Ansprüche decken, führt die Erfüllung des einen zum Erlöschen des anderen.[100]

3. Die Bewertung vor dem Hintergrund des Spannungsverhältnisses von Parteiherrschaft und Richtermacht

In der jüngeren Rechtsprechung des BVerfG und des EGMR wird die zunehmende Bedeutung der Verfahrensdauer als Belastung für die Parteien deutlich. Als Reaktion auf diese Judikatur sieht das reformierte Verfahrensrecht nun Rechtsschutz der Parteien gegenüber dem Gericht im Falle überlanger Verfahrensdauer vor. Vor dem Hintergrund der Betrachtung im zweiten Teil dieser Arbeit kann die Schaffung eines Rechtsschutzsystems bei überlanger Verfahrensdauer als Korrelat gegenüber den stetig gesteigerten richterlichen Sanktionsmöglichkeiten gegen die Parteien im Falle einer Prozessverschleppung angesehen werden. Einem „Rechtsbruch durch das Mittel der Zeit" wurde insofern entgegengewirkt. Vor dem Hintergrund der Erkenntnis, jede Verzögerung der Justizgewährung sei ein Schritt in Richtung einer Rechtsverweigerung zu Lasten des Rechtsuchenden, ist die Erweiterung des Rechtsschutzsystems durch Einführung eines Entschädigungsanspruches gemäß § 198 GVG auf den ersten Blick als positiv zu bewerten. Im Hinblick auf die gerichtliche Praxis wird von Seiten der Richterschaft hervorgehoben, das neue Gesetz entfalte bereits Wirkungen. Es wird darauf hingewiesen, dass im Jahre 2012 beim OLG Hamm 29 Entschädigungsklagen gemäß § 198 V GVG eingegangen sind.[101] Gewiss muss im Hinblick auf die Richterschaft auch beachtet werden, dass hochkomplexe Sachverhalte nicht unter Zeitdruck entschieden und durchdrungen werden können.

Parallel zu der Betrachtung der Anhörungsrüge hängt daher auch hier die Beurteilung der Frage einer Stärkung der Parteiherrschaft durch Einführung des Rechtsschutzes bei überlanger Verfahrensdauer davon ab, ob die neuen Möglichkeiten als effektiv anzusehen sind. Im Hinblick auf diese Bewertung sei zunächst angemerkt, dass die Verwendung des unbestimmten Rechtsbegriffs der Unangemessenheit der Verfahrensdauer anstelle der Statuierung einer pauschalen Frist den Betroffenen mit erheblichen Unsicherheiten belastet. Die erforderliche Abwägung aller Umstände des Einzelfalls führt dazu, dass der darlegungspflichtige Antragsteller nur in für ihn eindeutigen Fällen das Vorliegen des Tatbestandsmerkmals annehmen kann.[102] Die Hürden für den

---
[100] *Althammer/Schäuble*, NJW 2012, S. 1 ff. (5).
[101] *Keders/Walter*, NJW 2013, S. 1697 ff. (1697 f.).
[102] *Althammer/Schäuble*, NJW 2012, S. 1 ff. (2).

Rechtssuchenden sind damit hoch und er wird mit der praktisch schwierigen Einschätzung belastet, ob das Verfahren unter Berücksichtigung aller Umstände des Einzelfalls nach § 198 I S. 2 GVG unangemessen lange dauern wird. Der Betroffene muss also den Zeitpunkt seiner Rüge bestimmen und trägt damit das Risiko, seine Rüge zu früh zu erheben. In einem solchen Fall wäre der Tatbestand des Entschädigungsanspruchs aber nicht erfüllt. Sofern die Verfahrensdauer hingegen so spät gerügt wird, dass sich das Verhalten bei Würdigung aller Gesamtumstände als ein „Dulden und Liquidieren" darstellt, kann dies nach Auffassung des Gesetzgebers im Rahmen der Beurteilung der Angemessenheit der Verfahrensdauer nach § 198 I GVG und bei der Frage, ob Wiedergutmachung auf andere Weise durch Feststellung der Überlänge nach § 198 IV GVG ausreicht, Berücksichtigung finden.[103] Bei der Entscheidung, ob das Verfahren des Ausgangsgerichts unangemessen lange gedauert hat, kann der überprüfende Richter eine Rechtfertigung annehmen, wenn der Gestaltungsspielraum des Gerichts aus einer *ex ante*-Sicht in noch vertretbarer Weise genutzt wurde.[104] Wichtig ist, das von der jüngsten Rechtsprechung miteinzubeziehende Kriterium der richterlichen Unabhängigkeit nicht als Mittel zur Rechtfertigung jeder Untätigkeit des Ausgangsgerichts durch Berufung auf den Gestaltungsspielraum im Rahmen der Verfahrensdurchführung zu benutzen.[105] Diese Gefahr birgt die jüngste Rechtsprechung des BGH zur Auslegung des § 198 I GVG[106] jedoch in sich, denn die verfassungsimmanente Beschränkung der richterlichen Unabhängigkeit durch das Beschleunigungsgebot aus Art. 2 II S. 2 GG wird zu gering gewichtet.[107] In der Anwaltschaft wird dementsprechend bereits die Besorgnis geäußert, das Gesetz über den Rechtsschutz bei überlangen Gerichtsverfahren könnte sich zu einem „zahnlosen Tiger" entwickeln.[108]

Der EGMR verlangt – wie bereits dargelegt – dass der Rechtsbehelf entweder das befasste Gericht zu einer schnelleren Entscheidung veranlassen kann oder dem Rechtsuchenden im Nachhinein eine angemessene Entschädigung gewährt. Ein vorbeugender Rechtsbehelf ist – so der EGMR – im Vergleich zu einer Kompensationslösung „absolut betrachtet die beste Lösung", weil dieser Verletzungen des Rechts auf eine angemessene Dauer verhindert, anstatt sie erst nachträglich auszugleichen.[109] Der deutsche Gesetzgeber versucht, beide Ansätze miteinander zu kombinieren. Positiv ist dabei zu bewerten, dass die Entschädigung – entgegen der deutschen Rechtsdogmatik – auch den Ersatz

---

[103] BT-Drucks. 17/3802, S. 21.
[104] *Heinisch*, Anmerkung zu BGH, Urt. v. 14.11.2013, NJW 2014, S. 220 ff. (224).
[105] *Heinisch*, Anmerkung zu BGH, Urt. v. 14.11.2013, NJW 2014, S. 220 ff. (225).
[106] BGH NJW 2014, 220 ff.
[107] *Heinisch*, Anmerkung zu BGH, Urt. v. 14.11.2013, NJW 2014, S. 220 ff. (225).
[108] *Heinisch*, Anmerkung zu BGH Urt. v. 14.11.2013, NJW 2014, S. 220 ff. (224).
[109] EGMR NJW 2006, 2389 ff. (2390) – *Sürmeli ./. Deutschland*.

immaterieller Nachteile vorsieht. Die der Entschädigungsklage vorgeschaltete Verzögerungsrüge soll ausweislich der Gesetzesbegründung den Gedanken der Prävention umsetzen. Die Verzögerungsrüge habe konkret-präventive Beschleunigungswirkung.[110] Auch in der Literatur wird angenommen, von der Neuregelung könne durchaus eine präventive Wirkung erwartet werden, die darin besteht, das Gericht zur Beschleunigung zu motivieren.[111] Die Beschlussempfehlung des Rechtsausschusses geht davon aus, die Verzögerungsrüge werde in aller Regel Anlass für eine Kommunikation zwischen Gericht und Verfahrensbeteiligten sein.[112] Somit könnte die Etablierung der Verzögerungsrüge von den Vertretern eines sogenannten dialogischen Zivilprozesses als weiterer Bestandteil der Verständigung zwischen dem Gericht und den Parteien angesehen werden. Zu beachten ist indes, dass nach der Konzeption des deutschen Gesetzgebers die Verzögerungsrüge doch mehr als Voraussetzung der späteren Kompensation anzusehen ist. Sie ist eher eine Obliegenheit des Betroffenen und besitzt – wie die Gehörsrüge – keine Rechtsmittelqualität. Es entscheidet der *iudex a quo*, der es nach Einlegung der Verzögerungsrüge selbst in der Hand hat, ob das Verfahren beschleunigt wird oder nicht. Der Gesetzgeber geht dabei davon aus, das Gericht werde in aller Regel einen manifesten Vorwurf überlanger Verfahrensdauer im Kontext des späteren Entschädigungsverfahrens vermeiden.[113]

Zu beachten ist jedoch das Fehlen einer Pflicht zu einer förmlichen Entscheidung. Auch erscheint problematisch, dass Verfahrensverzögerungen, für die es gewiss eine Vielzahl von – teilweise außerhalb der Sphäre des erkennenden Gerichts liegende – Ursachen geben kann,[114] auch aus mangelnder Ausstattung bzw. Organisation des Gerichts resultieren können. Eine Rüge dieser Umstände wird in einem anhängigen Verfahren selten für Abhilfe sorgen.[115] Die Verzögerungsrüge kann dem Präventionsgebot damit nicht in allen Fällen genügen, sie ist vielmehr nur einseitige Mitteilung an das Gericht.[116] Eine wirkliche Kombinationslösung aus präventiven und kompensatorischen Elementen wurde damit vom Gesetzgeber nicht gewählt.[117] Der Schwerpunkt

---

[110] BT-Drucks. 17/3802, S. 16.
[111] *Leipold*, in: Globalisierung und Sozialstaatsprinzip, S. 235 ff. (254).
[112] BT-Drucks. 17/7217, S. 27.
[113] BT-Drucks. 17/3802, S. 16.
[114] Zu den vielfältigen Ursachen einer überlangen Verfahrensdauer anhand einer statistischen Untersuchung: *Keders/Walter*, NJW 2013, S. 1697 ff. (1699 ff.). Als Faktoren in Betracht kommen z.B. die Komplexität der Rechtsmaterie, die Einholung eines Sachverständigenbeweises, unzureichende Verfahrensförderung des Gerichts, Richterwechsel. Die Einholung eines Sachverständigenbeweises und fehlende beschleunigende Maßnahmen in diesem Zusammenhang waren auch als wesentliche Ursachen des der Entscheidung des BVerfG NJW 2008, 503 f. zugrundeliegenden Zivilverfahrens angesehen worden.
[115] *Althammer/Schäuble*, NJW 2012, S. 1 ff. (2).
[116] So *Althammer/Schäuble*, NJW 2012, S. 1 ff. (7).
[117] So *Althammer/Schäuble*, NJW 2012, S. 1 ff. (7).

liegt vielmehr in der Kompensation. Eine solche ist jedoch nicht in allen Konstellationen wirksam, wie es insbesondere im Rahmen nichtvermögensrechtlicher Rechtsstreitigkeiten aus dem Bereich des Familienrechts deutlich wird. Gerade im Rahmen von Umgangs- und Sorgerechtsstreitigkeiten birgt der Zeitablauf die Gefahr einer Entfremdung des Kindes von seinem Elternteil,[118] womit eine wirkliche Prävention zur Verhinderung der Schaffung irreversibler und irreparabler Zustände zu Lasten der Betroffenen besonders notwendig ist. Demgemäß entschied der EGMR im Jahr 2015, dass weder die Verzögerungsrüge noch die Entschädigungsklage nach §§ 198 ff. GVG im Hinblick auf Sorge- und Umgangsrechtssachen den Anforderungen von Art. 13 EMRK in Verbindung mit Art. 8 EMRK (Recht auf Achtung des Privat- und Familienlebens) genügen, denn diese hätten nur kompensatorische Wirkung.[119] Verfahren, in denen die Dauer deutliche Auswirkungen auf das Familienleben hat und die nach Art. 8 EMRK zu prüfen sind, verlangen – so der EGMR – einen präventiven und kompensatorischen Rechtsbehelf.[120] Diese Vorgaben setzte der deutsche Gesetzgeber im Jahr 2016 mit der Schaffung der Beschleunigungsrüge gemäß § 155b FamFG, über die das Gericht nach § 155b II S. 1 FamFG spätestens einen Monat nach Eingang zu entscheiden hat, und mit der Beschleunigungsbeschwerde gemäß § 155c FamFG um,[121] womit die Parteirechte auf dem Gebiet des Familienrecht im Ergebnis gestärkt wurden.

III. Die Reform der Berufungszurückweisung durch Beschluss

1. Die Unanfechtbarkeit des Zurückweisungsbeschlusses nach § 522 III ZPO a.F.

Gemäß § 522 II ZPO a.F. musste das Berufungsgericht die Berufung durch einstimmigen Beschluss zurückweisen, sofern die Berufung keine Aussicht auf Erfolg hatte (Nr. 1), die Rechtssache keine grundsätzliche Bedeutung hatte (Nr. 2) und die Fortbildung des Rechts oder die Sicherung einer einheitlichen Rechtsprechung eine Entscheidung des Berufungsgerichts nicht erforderte (Nr. 3). Diese Möglichkeit eröffnete die grundlegende Umgestaltung der Rechtsmittel durch die ZPO-Reform von 2001 mit dem Ziel der Schonung von Justizressourcen bei substanzlosen Berufungen. Dies wurde bereits im zweiten Teil dieser Arbeit beleuchtet.[122] Die Parteien mussten auf die beab-

---

[118] Die diesbezügliche Notwendigkeit einer Beschleunigung erkennt auch der Gesetzgeber im Rahmen der Ausführungen zu einer Unangemessenheit der Verfahrensdauer, BT-Drucks. 17/3802, S. 18.
[119] EGMR, Urt. v. 15.1.2015 – 62198/11, NJW 2015, 1433 – *Kuppinger ./. Deutschland*.
[120] EGMR Urt. v. 15.1.2015 – 62198/11, NJW 2015, 1433 – *Kuppinger ./. Deutschland*.
[121] Gesetz vom 11.10.2016, BGBl. I 2222.
[122] 2. Teil A. XVII. 3.

sichtigte Zurückweisung der Berufung hingewiesen werden, § 522 II S. 2 ZPO. Die Begründung dieses Hinweises genügt sogar auch für den Zurückweisungsbeschluss.[123] Entscheidend für die vorliegende Betrachtung des Spannungsverhältnisses von Parteiherrschaft und Richtermacht war die Unanfechtbarkeit des Zurückweisungsbeschlusses nach § 522 III ZPO a.F. Die Zurückweisung der Berufung durch Beschluss verlangte eine Entscheidung des vollbesetzten Spruchkörpers. Eine Zurückweisung durch den Einzelrichter, § 526 ZPO, war ausgeschlossen.[124] Dies sollte die generelle Unanfechtbarkeit legitimieren. Gegen den Zurückweisungsbeschluss gab es freilich die Möglichkeit der Anhörungsrüge nach § 321a ZPO, die allerdings beschränkt war auf die Verletzung rechtlichen Gehörs; ferner kam eine Verfassungsbeschwerde in Betracht. Demgegenüber konnte das Berufungsgericht im Fall einer Entscheidung durch Urteil, das eine Berufung als unbegründet zurückwies, die Revision zulassen. Sofern diese nicht zugelassen wurde, war bei Überschreiten des Beschwerdewertes von 20.000 Euro, § 26 Nr. 8 EGZPO, die Nichtzulassungsbeschwerde statthaft.[125]

Der Gesetzgeber ging davon aus, der Rechtsschutz werde für den Bürger durch den Zurückweisungsbeschluss effektiver ausgestaltet.[126] Gewiss trifft dies für die in der ersten Instanz erfolgreiche Partei zu, denn sie erlangt durch den unverzüglich (§ 522 I S. 1 ZPO) zu erlassenden Beschluss der Zurückweisung zügig Gewissheit über die Endgültigkeit des Obsiegens.[127] Diese Betrachtung ist jedoch zu einseitig und bezieht die Belange des Berufungsführers nicht ausreichend mit ein. Für ihn hat die Zurückweisung der Berufung eine beträchtliche Wirkung, die in einer Rechtsschutzverkürzung – ohne vorherige mündliche Verhandlung, in der beide Seiten ihre Argumente vorbringen, lediglich auf Grundlage der Akten – besteht und schlechthin nicht angreifbar ist. Die Revisionsinstanz wird gesperrt. Der Erlass des Beschlusses führt zur Rechtskraft. Die Regelung ist damit keinesfalls als „bürgerfreundlich" zu qualifizieren; die Möglichkeit einer schriftlichen Stellungnahme nach Hinweis auf die Aussichtslosigkeit vermag das Defizit einer mündlichen Verhandlung nicht zu kompensieren.[128] In diesem Kontext wird vonseiten der Anwaltschaft bemerkt, der Versuch, das Gericht im Rahmen der Stellungnahme umzustimmen, scheitere fast immer, und zwar schon aus psychologischen Gründen.[129] Hier zeigt sich eine Parallele zu den Ausführungen im Rahmen der Anhörungsrüge im Falle eines irrigen Verhaltens des Gerichts.

---

[123] *Meller-Hannich*, NJW 2011, S. 3393 ff. (3395).
[124] *Ball*, in: Musielak/Voit, ZPO, § 522 Rn. 24.
[125] *Meller-Hannich*, NJW 2011, S. 3393 ff. (3393).
[126] BT-Drucks. 14/3750, S. 41.
[127] Vgl. BT-Drucks. 14/3750, S. 41.
[128] Vgl. auch *Musielak*, NJW 2000, S. 2769 ff. (2775).
[129] *Zuck*, NJW 2006, S. 1703 ff. (1704).

Problematisch war die dargestellte Uneinheitlichkeit hinsichtlich der Ausgestaltung des Rechtsschutzes im Fall einer Entscheidung durch Urteil bzw. durch Beschluss. Dies erscheint insofern sehr bedenklich, als die Entscheidungsgrundlage der mündlichen Verhandlung doch bei Erlass eines Urteils gegeben ist, der Rechtsschutz hier aber höher ist.[130]
Der Gesetzgeber versprach sich von dem Instrumentarium des § 522 ZPO erhebliche Effizienzgewinne für die Gerichte.[131] Die gerichtliche Praxis machte von der Möglichkeit der Zurückweisung durch unanfechtbaren Beschluss in regionaler Hinsicht indes sehr unterschiedlich Gebrauch.[132] Teilweise ergaben Statistiken Divergenzen vom Bundesdurchschnitt in Höhe von ca. 14 Prozent.[133] Besonders aus anwaltlicher Sicht wird betont, dass es immer mehr Praktik der Berufungsgerichte wurde, einer mündlichen Verhandlung durch eine einstimmige Beschlusszurückweisung nach § 522 II ZPO auszuweichen.[134] Die Justizstatistik belegt, wie einige Gerichte die Möglichkeit der Zurückweisung durch unanfechtbaren Beschluss derart häufig nutzten, dass die Annahme einer missbräuchlichen, allein am Maßstab der Verfahrensökonomie ausgerichteten Handhabung anzunehmen war.[135] So wurden bei einzelnen Berufungskammern und -senaten über 60 Prozent der Fälle durch unanfechtbaren Beschluss zurückgewiesen.[136]

Die Bestimmung des § 522 ZPO wurde in rechtspolitischer und rechtsdogmatischer Hinsicht diskutiert. Im Zentrum der Kritik – insbesondere vonseiten der Anwaltschaft – stand die Unanfechtbarkeit des die Berufung zurückweisenden Beschlusses. In der Kommentarliteratur heißt es, § 522 ZPO stelle einen der „neuralgischen Punkte" des ZPO-RG von 2001 dar.[137] Die Normkritik beinhaltete auch verschiedene verfassungsrechtliche Bedenken. Diese bezogen sich auf eine Unvereinbarkeit mit Art. 3 I GG, einerseits basierend auf der Ungleichbehandlung von Verwertungsbeschlüssen aufgrund fehlender Zulässigkeit der Berufung und Zurückweisungsbeschlüsse und andererseits wegen einer Ungleichbehandlung der Zurückweisung durch Urteil und der Zurückweisung durch Beschluss.[138] Die unterschiedliche Ausgestaltung des Rechtswegs war davon abhängig, ob die Zurückweisung durch Urteil oder

---

[130] Vgl. *E. Schneider*, Praxis der neuen ZPO, Rn. 838.
[131] BT-Drucks. 14/3750, S. 41.
[132] *Leipold*, in: Globalisierung und Sozialstaatsprinzip, S. 235 ff. (251 f.); *Althammer*, in: Stein/Jonas, ZPO, § 522 Rn. 48; *Greger*, JZ 2004, S. 805 ff. (813): Im Jahre 2002 betrug die Quote beim OLG Saarbrücken 0,4 %, beim OLG Oldenburg hingegen 8 %. Diese Spannbreite nahm im Jahre 2003 laut *Greger* weiter zu.
[133] *Greger*, JZ 2004, S. 805 ff. (813).
[134] *E. Schneider*, in: FS für Madert, S. 187 ff. (192).
[135] *Leipold*, in: Globalisierung und Sozialstaatsprinzip, S. 235 ff. (251).
[136] *Greger*, JZ 2004, S. 805 ff. (813).
[137] *Althammer*, in: Stein/Jonas, ZPO, § 522 Rn. 48.
[138] Vgl. zu der Verfassungskonformität: *M. Weller*, ZZP 2011 (124), S. 343 ff. (346 ff.).

durch Beschluss erfolgte. Ferner wurde in Anbetracht der bereits dargestellten statistisch belegbaren unterschiedlich häufigen Handhabung der Möglichkeit der Zurückweisung durch Beschluss ein Verstoß gegen das Gebot gleichen Rechtsschutzes aus Art. 3 I i.V.m. Art. 20 III GG angenommen. Die Anwaltschaft befürchtete von Anfang an den Missbrauch der Regelung durch die Berufungsgerichte zwecks Entlastung.[139] Dies sei auch mit einer Erhöhung der Gefahr eines Regressverfahrens für den beratenden Rechtsanwalt verbunden. Denn eine einstimmige Zurückweisung der Berufung spreche aus Sicht des Mandanten dafür, dass er falsch beraten wurde.[140] In der Literatur wurde konstatiert, der Gewinn an Effektivität ginge auf Kosten der Bürgerfreundlichkeit.[141] Die Verfassungskonformität von § 522 ZPO wurde durch das BVerfG mehrfach im Hinblick auf Art. 103 GG und Art. 2 I GG i.V.m. dem Rechtsstaatsprinzip festgestellt.[142] Auch der EGMR beanstandete die Vorschrift nicht.[143]

Die Regelung des § 522 ZPO bewirkte im Ergebnis einen hohen Zuwachs an richterlicher Macht verbunden mit der Möglichkeit willkürlicher Rechtsschutzverkürzung zu Lasten der Parteien.

2. Die Neufassung der Zurückweisung der Berufung durch Beschluss gemäß § 522 II, III ZPO

Die Vorschrift wurde mit Wirkung vom 27.10.2011 neu gefasst.[144] Die maßgebliche Änderung lag in der Beseitigung der Unanfechtbarkeit des Zurückweisungsbeschlusses nach § 522 III a.F. Nach der Neufassung von § 522 III ZPO[145] steht dem Berufungsführer gegen den Beschluss dasjenige Rechtsmittel zu, das bei einer Entscheidung durch Urteil zulässig wäre. Das statthafte Rechtsmittel ist damit die Nichtzulassungsbeschwerde nach § 544 ZPO beim BGH, welche dann eingreift, wenn in einem Urteil des Berufungsgerichts die Revision nicht zugelassen wird. Der Wert der mit der Revision geltend zu machenden Beschwer muss 20.000 Euro übersteigen, § 26 Nr. 8 S. 1 EGZPO. Der Gesetzgeber bedient sich also einer Fiktion, denn bei einer Beschlusszurückweisung ist ein Urteil mit einer Nichtzulassung der Revision nicht ergangen. Die Nichtzulassungsbeschwerde richtet sich gegen die fingierte Nichtzu-

---

[139] Vgl. *Hirtz*, MDR 2001, S. 1265 ff. (1267); *E. Schneider*, Praxis der neuen ZPO, Rn. 817 ff.
[140] *E. Schneider*, Praxis der neuen ZPO, Rn. 818, 826.
[141] So *Musielak*, NJW 2000, S. 2769 ff. (2776).
[142] BVerfG NJW 2005, 1931; BVerfG NJW 2008, 3419; BVerfG NJW 2009, 137.
[143] Urt. v. 2.2.2006 – 5398/03, BeckRS 2008, 06633 – *Rippe ./. Deutschland*.
[144] BGBl. I 2082.
[145] Art. 5 des Gesetzes zur Änderung des § 522 der Zivilprozessordnung vom 21.10.2011, BGBl. I 2028.

lassung der Revision.¹⁴⁶ In Konsequenz dieser Konstruktion sind in der Nichtzulassungsbeschwerde die Revisionsgründe darzulegen, §§ 544 II, 543 II ZPO. Es wird diesbezüglich kritisiert, eine Partei, die sich gegen einen Zurückweisungsbeschluss richtet, erreiche gar keine Prüfung der Frage, ob das Berufungsgericht zu Recht oder zu Unrecht den Weg der Zurückweisung durch Beschluss gewählt hat; die Voraussetzungen des § 522 II Nr. 1 und Nr. 4 ZPO werden nicht geprüft.¹⁴⁷ Auch wird dem maßgeblichen Kritikpunkt der ursprünglichen Regelung des Fehlens einer mündlichen Verhandlung nicht Rechnung getragen, denn die Nichtzulassungsbeschwerde bewirkt nicht sofort die mündliche Verhandlung in der Berufungsinstanz und die Entscheidung durch Urteil.¹⁴⁸ Dies hätte durch die Beantragungsmöglichkeit einer mündlichen Verhandlung nach Vorbild des Einspruchs gegen ein Versäumnisurteil nach §§ 330, 338 ZPO erreicht werden können, wie es der Hannoveraner Vorschlag zur Reform des § 522 ZPO vorsah. Danach sollte der Berufungsführer innerhalb einer zweiwöchigen Notfrist ab Zustellung des Zurückweisungsbeschlusses einen Antrag auf Durchführung einer mündlichen Verhandlung stellen können.¹⁴⁹

Jedenfalls werden durch diese Gleichsetzung des Rechtsschutzes zwischen dem Urteil und dem Beschluss auch die Anforderungen an die Begründung vereinheitlicht, d.h. bei Erreichen des Beschwerdewerts muss das Gericht auf die tatsächlichen Feststellungen des Urteils der ersten Instanz Bezug nehmen und diese ergänzen bzw. ändern.¹⁵⁰ Ferner steht die Zurückweisung nun im intendierten Ermessen des Berufungsgerichts („Das Berufungsgericht soll die Berufung durch Beschluss unverzüglich zurückweisen […]"). Auch wurden die Voraussetzungen der Zurückweisung in Nr. 1 und Nr. 4 des Absatzes 2 verschärft. Die Berufung darf nach dem neuen Wortlaut der Vorschrift „offensichtlich" keine Aussicht auf Erfolg haben, § 522 II Nr. 1 ZPO n.F. Darin soll eine Art „Appell" an die Berufungsrichter dahingehend liegen, eine Beschlusszurückweisung nur nach umfassender Prüfung der Sach- und Rechtslage und bei entsprechender Entscheidungsreife vorzunehmen.¹⁵¹ Schließlich wurde das Erfordernis aufgenommen, eine mündliche Verhandlung dürfe nicht geboten sein, § 522 II Nr. 4 ZPO n.F. Ausweislich der Materialien soll dabei maßgeblich sein, ob die Sache für den Berufungsführer existenzielle Bedeutung hat. In diesem Kontext werden insbesondere Arzthaftungssachen und der Fall einer fehlerhaften Begründung eines im Ergebnis richtigen Urteils erster Instanz ge-

---

¹⁴⁶ *Meller-Hannich*, NJW 2011, S. 3393 ff. (3396).
¹⁴⁷ *Meller-Hannich*, NJW 2011, S. 3393 ff. (3396).
¹⁴⁸ *Meller-Hannich*, NJW 2011, S. 3393 ff. (3396).
¹⁴⁹ *M. Weller*, ZZP 2011 (124), S. 343 ff. (357).
¹⁵⁰ *Meller-Hannich*, NJW 2011, S. 3393 ff. (3395).
¹⁵¹ *Meller-Hannich*, NJW 2011, S. 3393 ff. (3394).

nannt.¹⁵² Das Gericht darf das Vorliegen des § 522 II Nr. 4 ZPO nicht damit begründen, eine mündliche Verhandlung verzögere die Erledigung des Rechtsstreits, was den Beschleunigungsaspekt letztlich relativiert.¹⁵³

3. Abschließende Bewertung im Hinblick auf das Spannungsverhältnis von Richtermacht und Parteiherrschaft

Die Vorschrift des § 522 ZPO hat sowohl hinsichtlich ihrer Voraussetzungen als auch ihrer Folgen Veränderungen erfahren. Insgesamt wurden die Möglichkeiten der Zurückweisung einer Berufung beschränkt. Gleichzeitig wird der durch die Einführung des § 522 ZPO durch das ZPO-RG von 2001 erstrebte Effekt der Prozessbeschleunigung wieder verringert.¹⁵⁴ Dies geschah durch Statuierung strengerer Voraussetzungen, durch die Einräumung eines intendierten richterlichen Ermessens und durch die Schaffung einer Anfechtungsmöglichkeit gegen den Zurückweisungsbeschluss. Zwar wird die Konstruktion der Anfechtung im Wege der Nichtzulassungsbeschwerde dem Bedürfnis des Rechtsmittelführers an einer mündlichen Verhandlung nicht gerecht,¹⁵⁵ jedoch ist die Regelung in ihrer Gesamtbetrachtung parteifreundlicher ausgestaltet worden. Die durch das ZPO-RG von 2001 gesteigerte Richtermacht wurde wieder eingeschränkt. Die Neuregelung des § 522 ZPO ist damit im Hinblick auf die vorstehende Thematik als begrüßenswerte Stärkung der Parteirechte anzusehen.¹⁵⁶

---

¹⁵² BT-Drucks. 17/6406, S. 9; BT-Drucks. 17/5334, S. 7; *Meller-Hannich*, NJW 2011, S. 3393 ff. (3395).
¹⁵³ *Meller-Hannich*, NJW 2011, S. 3393 ff. (3395).
¹⁵⁴ *Meller-Hannich*, NJW 2011, S. 3393 ff. (3393, 3395).
¹⁵⁵ *Meller-Hannich*, NJW 2011, S. 3393 ff. (3397).
¹⁵⁶ So *Leipold*, in: Globalisierung und Sozialstaatsprinzip, S. 235 ff. (253).

D. Die Bewertung der dargestellten Entwicklung

I. Die Einwirkung der Prozessgrundrechte auf die konkrete Ausgestaltung des Zivilverfahrens im Hinblick auf das Verhältnis von Parteiherrschaft und Richtermacht

Das Inkrafttreten des Grundgesetzes bildet die Basis für die konkrete Einwirkung der Verfassung auf den Zivilprozess. Die Grundrechte haben damit nicht lediglich Ausstrahlungswirkung auf das materielle Recht, sondern sind bei der Anwendung und Auslegung der Vorschriften des Zivilverfahrens zu berücksichtigen.[1] *Ekkehard Schumann* hat den Wandel durch das Grundgesetz treffend im Sinne einer doppelten Gewichtsverlagerung folgendermaßen beschrieben: Die oberste Definitionshoheit ist vom Prozessgesetz auf die Verfassung übergegangen; die oberste Interpretationshoheit ist vom höchsten Zivilgericht zum BVerfG gewechselt.[2] *Schumann* ging schon im Jahre 1983 davon aus, dass das Zivilprozessrecht in vielen wesentlichen Regelungen auf der zivilprozessualen Judikatur des BVerfG beruhte.[3]

Die Prozessgrundrechte betreffen mittlerweile konkret die technische Ausformung des Zivilprozesses. Ihre Wirkrichtung umfasst den Schutz der Parteien vor richterlicher Machtübung.[4]

Einwirkungen auf das Zivilprozessrecht im Hinblick auf die konkrete Ausgestaltung des Spannungsverhältnisses von Parteiherrschaft und Richtermacht zeitigt in besonderem Maße der Anspruch auf rechtliches Gehör gemäß Art. 103 I GG, welcher vom BVerfG stark ausgeweitet wurde.[5] In der Literatur wird insofern von einem „Dauerauftrag für das BVerfG" gesprochen.[6] Der Anspruch auf rechtliches Gehör entfaltet in Bezug auf die vorstehende Fragestellung von Parteiherrschaft *versus* Richtermacht Wirkungen zugunsten der Parteiherrschaft und fungiert als bedeutsames Gegengewicht gegenüber der Richtermacht. Folgende Schutzaspekte des Art. 103 I GG sind dabei herausgearbeitet worden: Schutz vor richterlicher Machtübung im Rahmen der Präklusion und im Rahmen der Wiedereinsetzung in den vorigen Stand, Schutz vor richterlicher Machtübung durch Erlass von Überraschungsentscheidun-

---

[1] *Krämer*, in: FS für Geiß, S. 437 ff. (440).
[2] *Schumann*, in: FS BGH III, S. 3 ff. (4 f.).
[3] *Schumann*, ZZP 96 (1983), S. 137 ff. (148).
[4] So *Leipold*, in: Globalisierung und Sozialstaatsprinzip, S. 235 ff. (251).
[5] *Schumann*, in: FS BGH III, S. 3 ff. (18); *ders.*, ZZP 96 (1983), S. 137 ff. (156).
[6] *Schumann*, NJW 1985, S. 1134 ff.; *ders.*, in: FS BGH III, S. 3 ff. (18).

gen, Einwirkung auf das Recht der Prozesskostenhilfe und für die Zukunft Schutz vor einer möglichen künftigen Etablierung des *opt out*-Prinzips im Rahmen des kollektiven Rechtsschutzes.

Ferner wurde das Gebot effektiven gerichtlichen Rechtsschutzes gemäß Art. 2 I GG i.V.m. dem Rechtsstaatsprinzip hervorgehoben. Das Gebot effektiven gerichtlichen Rechtsschutzes erfordert Rechtsmittelklarheit zugunsten des Rechtsuchenden sowie eine Entscheidung in angemessener Zeit.

Die Judikatur des BVerfG aus den frühen achtziger Jahre des 20. Jahrhunderts zu der einschränkenden Anwendung der Präklusionen sowie hinsichtlich der Wiedereinsetzung in den vorigen Stand ist bezüglich der vorliegenden Thematik als ein sehr deutlicher Schritt der Einwirkung des BVerfG auf die Ausgestaltung des Zivilprozesses mit dem Ziel des Schutzes der Parteien zu werten. Ferner werden soziale Erwägungen über die Grundrechte des Art. 103 I GG und über den Justizgewährungsanspruch im Rahmen der Auslegung und Anwendung der Vorschriften der Prozesskostenhilfe in den Zivilprozess implementiert, wobei hier teilweise auch auf Art. 3 I GG zurückgegriffen wird.[7]

Wirkungen der dargestellten Grundrechte wurden aber nicht nur hinsichtlich der konkreten Anwendung und Auslegung der ZPO aufgezeigt. Die Entwicklung kulminierte in konkreten Vorgaben für den Gesetzgeber, deren Umsetzung hier beispielhaft anhand der Anhörungsrüge, des Rechtsschutzes bei überlanger Verfahrensdauer sowie der Novellierung der Berufungszurückweisung durch Beschluss dargestellt wurde.

Die Verfahrensgrundrechte haben damit heute eine prägende Kraft im geltenden Zivilprozess. Aufgrund dieser prägenden Wirkung der Verfahrensgrundrechte im Hinblick auf die konkrete Ausgestaltung des Zivilprozesses lässt sich von einer „Konstitutionalisierung" des Zivilverfahrens sprechen. *Althammer* konstatiert hierzu, die Konstitutionalisierung des deutschen Prozessrechts in den vergangenen Jahrzehnten habe „rasante Fortschritte" zu verzeichnen.[8] Es lässt sich jedenfalls feststellen, dass die Praxis sowie die Gesetzgebung im Hinblick auf das Zivilverfahren vom verfassungsrechtlichen Kontrollvorbehalt nachhaltig geprägt werden.[9] Ganz besonders im Bereich des Anspruchs auf rechtliches Gehör zeigt sich die ausschließliche Interpretationskompetenz des BVerfG.[10] Urteilsverfassungsbeschwerden auch aus dem Bereich der Ziviljustiz stellen eine große Belastung für das BVerfG dar. Bei kritischer Würdigung muss darauf hingewiesen werden, dass die Vorgaben des BVerfG für den Zivilprozess auch im Sinne der eigenen Entlastung erfolgten.

---

[7] Vgl. BVerfGE 56, 139.
[8] *Althammer*, in: Weller/Althammer, S. 3 ff. (6 f.).
[9] Vgl. *Hess*, R.L.R. No. 27 (2010), S. 191 ff. (198).
[10] *Schumann*, FS BGH III, S. 3 ff. (10).

In diesem Kontext sei auf die gesetzlich nicht geregelte Gegenvorstellung hingewiesen, deren Akzeptanz durch die Mobilisierung seitens des BVerfG zwecks eigener Entlastung erreicht wurde.[11] Insbesondere lag in der aufgezeigten Schaffung neuer Rechtsbehelfe eine Reaktion des Gesetzgebers auf die zunehmende Belastung des Bundesverfassungsgerichts aufgrund der Möglichkeit der Urteilsverfassungsbeschwerde.[12]

Die Judikatur des BVerfG im Hinblick auf die Stärkung der Parteiherrschaft ging so weit, im Falle der Verletzung rechtlichen Gehörs Rechtsschutz gegen den Richter zu verwirklichen. Als zentral für diese Entwicklung ist die dargestellte Entscheidung des Plenums aus dem Jahre 2003 anzusehen. Zugunsten der Parteiherrschaft wurde unter Aufgabe der bisherigen Rechtsprechung ein verfassungsrechtlich garantierter Rechtsschutz gegen den grundrechtsverletzenden Richter, jedoch ausdrücklich beschränkt auf die erstmalige Verletzung des Anspruchs auf rechtliches Gehör, anerkannt.[13] Grundlage war der allgemeine Justizgewährungsanspruch, der mit dieser Entscheidung eine große Bedeutung für den Zivilprozess erhielt. *Voßkuhle* konstatiert hierzu, die Entscheidung verkörpere den Bruch mit dem Dogma, wonach es keinen Rechtsschutz gegen den Richter gibt.[14] Zu bedenken ist jedoch, dass der Grundsatz, dass das Grundgesetz keinen Instanzenzug garantiert, unangetastet bleibt. Für die vorstehende Thematik kann festgehalten werden, der Beschluss des Plenums ist wegweisend für die Etablierung neuer Rechtsbehelfe im Zivilverfahren, vornehmlich im Rahmen der Weiterentwicklung der Gehörsrüge. Aber auch im Rahmen des Rechtsschutzes bei überlanger Verfahrensdauer erhielt die neue Judikatur Bedeutung. Denn die vor Schaffung eines diesbezüglichen Rechtsschutzes bestehende Möglichkeit der gesetzlich nicht geregelten Untätigkeitsbeschwerde entspricht nicht dem Gebot der Rechtsmittelklarheit, die das Plenum in seiner Entscheidung herausstellt.[15]

II. Die Wirkung der grundrechtlichen Konstitutionalisierung auf die herkömmliche Prozessrechtsdogmatik

Im Rahmen der heutigen Prozessrechtsdogmatik fragt sich, wie die dargestellte zunehmende Konstitutionalisierung des Zivilverfahrens gekennzeichnet werden kann. Wie kann die Erscheinung der zunehmenden Beeinflussung des Zivilverfahrens durch Prozessgrundrechte rechtstechnisch erfasst werden? Anders gewendet fragt sich, wie sich die Entwicklung auf die herkömmliche

---

[11] *Schumann*, FS BGH III, S. 3 ff. (24); vgl. auch *ders.*, in: FS für Baumgärtel, S. 491 ff.
[12] *Hess*, R.L.R. No. 27 (2010), S. 191 ff. (198).
[13] Ausführlich dazu *Voßkuhle*, NJW 2003, S. 2193 ff.
[14] So *Voßkuhle*, NJW 2003, S. 2193 ff.
[15] BVerfG NJW 2008, 503 f.

Systematisierung des Verfahrens durch die klassischen, im engen Sinne verstandenen Prozessmaximen,[16] deren prägende Kraft für den derzeitigen Zivilprozess in Bezug auf die Verhandlungs- und Dispositionsmaxime im zweiten Teil der Arbeit negiert wurde, auswirkt.

Im ersten Teil dieser Arbeit wurde der aktuelle Diskussionsstand um den Wert der Maximen aufgezeigt. Einerseits könnte die Konstitutionalisierung des Zivilprozesses dazu geführt haben, dass sich der Zivilprozess nicht mehr an der herkömmlichen Prozessrechtsdogmatik mit einem Maximendenken, sondern eher an verfassungsrechtlichen Grundwerten zu orientieren hat.[17] Insoweit müsste von einem „Umbruch" im Prozessrecht gesprochen werden. Man könnte angesichts dieser Entwicklung – wie von *Leipold* vertreten wird – so weit gehen, dass es im Zeitalter des richterzentrierten Zivilprozesses sinnlos geworden ist, sich mit den herkömmlichen Prozessmaximen zu befassen.[18]

Andererseits könnte man – den Überlegungen von *Hess* folgend – annehmen, dass die verfassungsrechtlichen Vorgaben in das herkömmliche Maximendenken integriert wurden.[19] Im Ergebnis erscheinen nach dieser Ansicht verfassungsrechtliche Vorgaben bezüglich der Wahrung rechtlichen Gehörs, bezüglich des effektiven Rechtsschutzes und der prozessualen Waffengleichheit sowie bezüglich des gesetzlichen Richters wie allgemeine Verfahrensgrundsätze, welche neben die überkommenen Maximen treten.[20]

Nach *Stürner* führt das Aufblühen der Verfahrensgrundrechte sogar zu einer Erhöhung der Bedeutung der Verfahrensmaximen. Er weist darauf hin, dass die Grund- und Menschenrechte im Ergebnis eine verfassungsrechtliche Rezeption grundlegend überkommener verfahrensrechtlicher Grundprinzipien und eben keine Neuentdeckung seien. Er verdeutlicht dies an dem Verfahrensgrundsatz des rechtlichen Gehörs, welcher lange vor und unabhängig von einer verfassungsrechtlichen Kodifikation existierte.[21] Das Verhältnis von Verfahrensmaximen und Verfahrensgrundrechten beschreibt *Stürner* als konzentrische Kreise. Hierbei stellen die Grundrechte den kleineren Kreis, dessen Existenz vom größeren Kreis – den Verfahrensprinzipien – abhängt.[22] Auf Grundlage dieses Verständnisses habe das Aufblühen der verfahrensrechtlichen Grund- und Menschenrechte die Bedeutung eines Kernbereiches des Maximendenkens erhöht. Dies erkläre zudem, warum die moderne Konstitutionalisierung eine Belebung der Maximendiskussion bewirke.[23] Das von *Stür-*

---

[16] Vgl. 1. Teil A.
[17] *Leipold*, in: Globalisierung und Sozialstaatsprinzip, S. 235 ff. (253).
[18] *Leipold*, in: Globalisierung und Sozialstaatsprinzip, S. 235 ff. (250).
[19] So *Hess*, R.L.R. No. 27 (2010), S. 191 ff. (198).
[20] So *Hess*, R.L.R. No. 27 (2010), S. 191 ff. (198).
[21] *Stürner*, ZZP 127 (2014), S. 271 ff. (308 f.).
[22] *Stürner*, ZZP 127 (2014), S. 271 ff. (308 ff.); zustimmend *Roth*, ZZP 131 (2018), S. 3 ff. (10 Fn. 36).
[23] *Stürner*, ZZP 127 (2014), S. 271 ff. (310).

ner entworfene Bild zweier konzentrischer Kreise wird in der Literatur auch als „versöhnlicher Ausgleich" zwischen den im ersten Teil der Arbeit bereits dargestellten gegenteiligen Ansichten von *Leipold* und *Bruns* bezeichnet.[24]

Es sei vorliegend zunächst festgehalten: Die zunehmende Bedeutung der Verfahrensgrundrechte bewirkt jedenfalls eine neue Akzentuierung des Zivilverfahrens. In der Bearbeitung von *Leipold* in dem Kommentar zur Zivilprozessordnung von *Stein/Jonas* wird die Verschiebung in der Gewichtung sehr deutlich[25], worauf der Verfasser an anderer Stelle selbst verweist.[26] Hier beschränkt sich die Kommentierung nicht auf die klassischen Prozessmaximen, sondern es werden die verfassungsrechtlichen Vorgaben des Anspruchs auf rechtliches Gehör, die Gleichheit vor dem Richter und der Anspruch auf ein faires Verfahren sowie die Konzentrations- und Beschleunigungsmaxime in einen auf die Gestaltung des Verfahrensablaufs und der Verteilung der Aufgaben zwischen Gericht und Parteien bezogenen und „engeren Begriff" der Verfahrensgrundrechte aufgenommen.[27] In diesem Abschnitt über die Verfahrensgrundrechte bildet das Recht auf Gehör einen deutlichen Schwerpunkt.[28] Eine entsprechende Akzentuierung findet sich auch in der Kommentierung von *Kern*.[29] Wie im ersten Teil der Arbeit bereits gezeigt wurde, finden sich in der jüngeren Kommentarliteratur auch gemeinsame Darstellungen der Prozessmaximen und der Prozessgrundrechte unter dem Titel „Verfassungsrechtlich fundierte Verfahrensgrundsätze",[30] was für eine Gleichrangigkeit sprechen könnte.

Die Verfahrensgrundrechte treten damit zumindest neben die herkömmlichen, klassischen Prozessmaximen. Dabei muss beachtet werden, dass sie sich von den herkömmlichen Prinzipien aber rechtstechnisch betrachtet deutlich unterscheiden:[31]

Der Unterschied lässt sich folgendermaßen kennzeichnen: Die herkömmlichen Prozessmaximen bilden Gegensatzpaare. Im ersten Teil wurden die Gegensätze in Bezug auf diejenigen Prozessmaximen, welche die Aufgaben zwischen Gericht und Parteien verteilen, dargelegt. Es handelt sich um Dispositionsgrundsatz und Offizialmaxime, Verhandlungsgrundsatz und Untersuchungsgrundsatz, Amtsbetrieb und Parteibetrieb. Weitere gegenläufige Prinzipien sind: Mündlichkeit und Schriftlichkeit, Unmittelbarkeit und Mittelbarkeit, Öffentlichkeit des Verfahrens und das geheime Verfahren. Zwischen

---

[24] So *Althammer*, in: Weller/Althammer, S. 3 ff. (27).
[25] *Leipold*, in: Stein/Jonas, ZPO, 22. Aufl., Vor § 128 Rn. 3 ff.
[26] *Leipold*, in: Globalisierung und Sozialstaatsprinzip, S. 235 ff. (250 f.).
[27] *Leipold*, in: Stein/Jonas, ZPO, 22. Aufl., Vor § 128 Rn. 3 f.
[28] *Leipold*, in: Globalisierung und Sozialstaatsprinzip, S. 235 ff. (251).
[29] *Kern*, in: Stein/Jonas, ZPO, Vor § 128 Rn. 3 ff.
[30] So bei *Musielak*, in: Musielak/Voit, ZPO, Ein. Rn. 27 ff.; vgl. *Roth*, ZZP 131 (2018), S. 3 ff. (4). 1. Teil A.
[31] So auch *Leipold*, in: Globalisierung und Sozialstaatsprinzip, S. 235 ff. (251).

diesen Alternativen kann der Gesetzgeber wählen.[32] Insoweit wird auch von einer „maximentypischen Antipodenstellung"[33] bzw. von einem „Kontrastprinzip"[34] gesprochen. Die Verfahrensgrundrechte erscheinen demgegenüber auf Grundlage eines solchen systematischen Zugriffs nicht wie allgemeine Verfahrensgrundsätze. Das strikte Gegeneinander von Prinzipien, die als Leitideen den Zivilprozess prägen sollen, wird im Rahmen der Konstitutionalisierung des Zivilprozesses aufgegeben. Einen Gegensatz zum Erfordernis der Waffengleichheit gibt es nicht.[35] Eine Antipode zum Anspruch auf rechtliches Gehör kann sicherlich in einem einseitigen Verfahren gesehen werden.[36] Dies ist indes eine sehr rechtstechnische Betrachtung. Es handelt sich bei dem einseitigen Verfahren eben nicht um eine im deutschen Prozessleben praktizierte Alternative, deren Umsetzung der Gesetzgeber als Leitbild für eine Verfahrensart in Erwägung zieht. Darin besteht der klare Unterschied zu genannten Prozessmaximen im klassischen Sinne, von denen der Gesetzgeber für die Gestaltung eines Verfahrens im Grundsatz ausgeht. Prozessgrundrechte sind hingegen keine Gestaltungsprinzipien, die zur Disposition des Gesetzgebers stehen. Sie stehen auf einer anderen, nämlich auf der verfassungsrechtlichen Ebene. Aus ihrem Charakter als verfassungsrechtlich garantierte Rechte folgt, dass Prozessgrundrechte zwangsläufig und übergreifend für alle Verfahren Geltung beanspruchen. Dies wird vor allem deutlich am Grundsatz auf rechtliches Gehör, der alle Verfahren prägt. Der Grundsatz der Waffengleichheit wirkt auch besonders im Strafprozess.

Folgende Überlegung unter Berücksichtigung der Dreiseitigkeit des Prozessrechtsverhältnisses sowie des Ablaufs des Verfahrens verdeutlicht einen weiteren Unterschied: Die klassischen Prozessmaximen beziehen sich sowohl auf den Kläger als auch auf den Beklagten unter Einbeziehung des Gerichts. Kläger und Beklagter befinden sich im Verlaufe des Prozesses in verschiedenen Rechtslagen, d.h. in einzelnen Stufen der Entwicklung des Rechtsstreits. Das Prozessrechtsverhältnis wird damit durch ständig wechselnde prozessuale Situationen der Beteiligten gekennzeichnet.[37] Charakteristisch ist daher eine gewisse Dynamik. In diese Stufen und in die daraus resultierende Dynamik werden die herkömmlichen Maximen miteinbezogen.[38] Dementsprechend betrifft die Verhandlungsmaxime die Tatsachenbeibringung durch den Kläger sowie durch den Beklagten gegenüber dem Gericht in allen Phasen des Pro-

---

[32] Vgl. *Fasching*, S. 335 Rn. 636.
[33] So *Münch*, in: Die Zukunft des Zivilprozesses, S. 5 (19).
[34] So *Fasching*, S. 335 f. Rn. 636.
[35] Der Grundsatz ist damit – entgegen der Ansicht von *Vollkommer* – keine „klassische" Prozessmaxime. Vgl. *Vollkommer*, in: FS für Schwab, S. 519.
[36] Vgl. *Stürner*, ZZP 127 (2014), S. 271 ff. (309).
[37] Vgl. dazu *Brehm*, in: Stein/Jonas, ZPO, Vor § 1 Rn. 208.
[38] Vgl. auch *Roth*, ZZP 131 (2018), S. 3 ff. (22).

zesses. Die Ausprägungen der Dispositionsmaxime richten sich ebenfalls an den Kläger und den Beklagten in allen Rechtslagen, also von Beginn bis Beendigung des Prozesses. Des Weiteren spannt die Ausgestaltung des Prozessbetriebs den Kläger und den Beklagten unter Mitwirkung des Gerichts mit ein, und zwar ebenfalls im Rahmen des gesamten Prozessverlaufs. Die Fokussierung auf den Gegner lässt sich auch stützen auf die im ersten Teil dieser Arbeit dargestellte These von *Grunsky*, dass die Prozessmaximen – von Grenzfällen abgesehen – als Annex des materiellen Rechts anzusehen sind. Demgegenüber sind die Prozessgrundrechte eher auf den Schutz einer Rechtsposition in einer konkreten Situation ausgerichtet. Sie dienen der Berechenbarkeit und Vorhersehbarkeit des Verfahrens und haben mehr die einzelfallbezogene Gerechtigkeit im Blick. In diesem Zusammenhang sei darauf hingewiesen, dass als maßgebliches „Einfallstor" für die Einwirkung des Verfassungsrechts auf den Zivilprozess die Verfassungsbeschwerde angesehen wurde. Diese ist gerade als Einparteienverfahren zu kennzeichnen, weshalb wohl auch die Betrachtungsweise des BVerfG eindimensional ist.[39] Gewiss schützt das BVerfG auch die Rechtsposition des Beklagten, denn es gibt nicht nur erfolgreiche Verfassungsbeschwerden des zivilprozessualen Klägers, sondern auch des zivilprozessualen Beklagten.[40] Es geht aber mehr um eine Rechtsposition – entweder des Klägers oder des Beklagten – in einer konkreten Situation, weshalb der Ansatz des BVerfG auch als statisch bezeichnet wird.[41] Die Prozessgrundrechte haben – anders als die klassischen Maximen – nicht primär den Gegner im Blick, sondern richten sich immer gegen das dritte Prozesssubjekt im Rahmen des Prozessrechtsverhältnisses, nämlich gegen das Gericht als Träger staatlicher Hoheitsgewalt. Dabei ist die Wirkung teilweise derart stark, dass eine gerichtliche Aktivität erfordert wird. Dies tritt zutage im Bereich des Art. 103 I GG, zu dessen Bestandteilen unter Umständen auch eine gerichtliche Informationspflicht in Form eines gerichtlichen Hinweises gehört. Der Prozessgegner wird im Rahmen der Wirkung der Prozessgrundrechte eher mittelbar miteinbezogen, was am stärksten deutlich wird am Grundsatz der Waffengleichheit gemäß Art. 3 I GG.

In diesem zweiten Ansatz – Eindimensionalität im Sinne des Schutzes einer Partei – verbunden mit der Rechtsposition des Gerichts als Adressat liegt zugleich die Aufgabe der Prozessgrundrechte für das Zivilverfahren: Sie wirken als Schutz gegenüber gesteigerter Richtermacht. In der Begrenzung von Richtermacht liegt indes nicht die eigentliche Zwecksetzung der klassischen Maximen, obgleich der Verhandlungsgrundsatz sowie der Dispositionsgrundsatz eine Nichteinmischung des Richters natürlich rechtfertigen.

---

[39] So *Schumann*, ZZP 96 (1983), S. 137 ff. (165).
[40] So *Schumann*, ZZP 96 (1983), S. 137 ff. (165 Rn. 118).
[41] *Schumann*, ZZP 96 (1983), S. 137 ff. (165).

II. Die Wirkung der Konstitutionalisierung auf die Prozessrechtsdogmatik

Die Bedeutung der Prozessgrundrechte hat für den Zivilprozess stetig – vor allem im Bereich der Rechtsmittel – zugenommen. Gewiss beanspruchte das rechtliche Gehör schon in der Antike Geltung. Doch sei darauf hingewiesen, dass es sich dabei doch um einen einfachen, recht simplen Rechtssatz handelte, der mit dem ausdifferenzierten Gefüge, welches das BVerfG im Wege einer Neubewertung im demokratischen Rechtsstaat aus Art. 103 I GG entwickelt hat, nicht vergleichbar ist.

Die Verfahrensgrundrechte dienen heute der Kontrolle richterlicher Machtübung im Sinne eines Substituts, sofern die Prozessmaximen geschwächt wurden. Es ist daher von einer „bremsenden Wirkung" seitens des BVerfG auszugehen, wohingegen die Bemühungen des einfachen Gesetzgebers – wie im zweiten Teil der Arbeit dargestellt wurde – auf Beschleunigung des Zivilprozesses und auf Entlastung der Gerichte fokussiert waren. Die Prozessgrundrechte verdienen daher – wie es *Leipold* hervorhebt – größte Beachtung.[42]

Zusammenfassend lässt sich im Hinblick auf das Spannungsverhältnis von Parteiherrschaft und Richtermacht aus rechtsdogmatischer Sicht konstatieren, dass die Entwicklung gekennzeichnet ist von einer Schwächung herkömmlicher Prozessmaximen mit der Folge der Stärkung von Richtermacht. Dies geht einher mit Öffnung des Zivilprozesses gegenüber verfassungsrechtlichen Wertungsmaßstäben im Wege einer Konstitutionalisierung zwecks Stärkung der Parteirechte unter Abkehr von dem maximentypischen Kontrastprinzip. Die Stärkung der Prozessgrundrechte führt damit gerade nicht zu einem Aufblühen der Maximen. Die Verfassung gibt dem Zivilprozess mehr als Impulse, sie macht konkrete Vorgaben. Das BVerfG hat in die zivilprozessuale Entwicklung sehr innovativ – teils mittelbar, teils unmittelbar – eingegriffen. Es lässt sich daher durchaus von einer neuen Entwicklung im Sinne einer „Konstitutionalisierung" des Zivilprozesses durch Prozessgrundrechte sprechen. Diese durchbricht die herkömmliche Dogmatik und damit auch die stabilisierende Wirkung der Maximen, die darin zu erblicken ist, dass Prozessmaximen einem Verfahren Konturen zwecks Abgrenzbarkeit zu anderen Verfahrensarten geben. Die dargestellte Entwicklung einer Zuwendung zu anderen Wertmaßstäben könnte neben ihrer großen Bedeutung zum Schutz der Parteien auch insofern als positiv bewertet werden, als sie einer Erstarrung, die dogmatisches Denken in gefestigten Strukturen mit sich bringen kann, entgegenzuwirken vermag. Demgegenüber könnte eine Stärkung der Maximen auch mit Vorteilen – insbesondere mit einer Stabilisierung, Abgrenzbarkeit und Vorhersehbarkeit des Verfahrens – ebenfalls unter Berücksichtigung des Schutzes des Parteien und ihrer Interessen, z.B. im Hinblick auf Geheimhaltung, einhergehen. Das Aufzeigen der Zukunftsperspektiven im Hinblick auf die Verhandlungs- und die Dispositionsmaxime bildet den nachfolgenden fünften Teil der Bearbeitung.

---

[42] *Leipold*, in: Globalisierung und Sozialstaatsprinzip, S. 235 ff. (251).

5. Teil

Entwicklungsoptionen und Zukunftsperspektiven für den deutschen Zivilprozess im Hinblick auf das Verhältnis von Parteiherrschaft und Richtermacht

In einem Ausblick sollen an dieser Stelle *de lege ferenda* Entwicklungsoptionen und Zukunftsperspektiven für den deutschen Zivilprozess im Hinblick auf das Verhältnis von Parteiherrschaft und Richtermacht aufgezeigt werden. Im Fokus steht die Gewichtung von Parteiherrschaft und Richtermacht für die Ausgestaltung eines funktionsfähigen und den rechtspolitischen Bedürfnissen gerecht werdenden Zivilverfahrens. In Betracht kommt hierbei einerseits eine weitere Stärkung von Richtermacht oder aber andererseits ein Rekurs auf den liberalen Zivilprozess durch eine Weiterentwicklung der tradierten Grundsätze der Verhandlungs- und der Dispositionsmaxime und damit einer Stärkung eines freien Interaktionsraumes zwischen den Parteien selbst. In diesem Teil wird die rechtspolitische Implikation der Thematik im Zusammenspiel mit den Prozessmaximen besonders deutlich. Dies gilt vor allem für die aktuelle und im dritten Teil dieser Arbeit bereits thematisierte Frage der Ausrichtung der richterlichen Aktivität bei der Sachverhaltsermittlung im Verbraucherprozess. Wie kann der künftige Zivilprozess insbesondere den im dritten Teil der Arbeit im Rahmen der Klauselrichtlinie und Verbrauchsgüterkaufrichtlinie aufgezeigten Situationen mit Blick auf das europäische Effektivitätserfordernis gerecht werden? Ein Sonderprozessrecht – geprägt von richterlichen kompensatorischen Methoden – könnte weitere Einschränkungen der Verhandlungs- und der Dispositionsmaxime zugunsten einer erweiterten Richtermacht zur Folge haben. Insofern könnte der Verhandlungsgrundsatz durch eine sogenannte Leistungsmaxime ergänzt werden, die den Richter verpflichtet, die strukturell unterlegene Partei vor einem inkorrekten prozessualen Handeln im Wege von Hinweisen und verstärkter Aufklärung zu schützen.[1] Demgegenüber wäre eine Weiterentwicklung gerade der Verhandlungsmaxime unter Zurückdrängung richterlicher Aktivität mit einer Stärkung von Parteiherrschaft entsprechend einer in Grundzügen liberalen Linie verbunden.

---
[1] *Gaier*, NJW 2013, S. 2871 ff. (2872).

A. Die Entwicklung eines sozialen Zivilprozesses des 21. Jahrhunderts – Perspektiven für Veränderungen durch sogenannte Materialisierung

I. Vorbemerkung

1. Die Begrifflichkeit der sogenannten Materialisierung des Verfahrensrechts

Im ersten Teil dieser Arbeit wurden die Vorschläge eines Zivilprozesses mit sozialer Akzentuierung aus den siebziger Jahren des 20. Jahrhunderts verbunden mit Auswirkungen auf die tradierten Maximen dargestellt. Es lässt sich an dieser Stelle fragen, inwieweit die Ausgestaltung des modernen Zivilprozesses die soziale Dimension unter dem Aspekt von Verfahrensgerechtigkeit durch eine besondere Ausrichtung der richterlichen Aktivität bei der Sachverhaltsermittlung aufgreifen sollte. Zur Kennzeichnung des Wandels des Verfahrensrechts durch die beiden Aspekte des Übergreifens der Wertungen des materiellen Rechts auf das Prozessrecht sowie der Bevorzugung einer Partei auf Erwägungen eines materiellen Verständnisses von Waffengleichheit wird das Schlagwort der „Materialisierung" des Verfahrensrechts herangezogen.[1] *Roth* präzisiert die Begrifflichkeit der „Materialisierung" des Prozessrechts dahingehend, dass diese sich dadurch auszeichnet, dass „Wertungen des materiellen Rechts als außerprozessuale Einflüsse auf das Zivilprozessrecht mit so großer Deutlichkeit hervortreten, dass in bestimmten Rechtsgebieten von den allgemeinen Grundsätzen abgewichen wird".[2] An dieser Stelle sei angemerkt, die Bezeichnung der „Materialisierung" kann verschiedene, oftmals schwierig voneinander zu trennende Aspekte umfassen.[3] So kann auch die im dritten Teil der Arbeit dargestellte Prägung nationalen Verfahrensrechts durch das Richtlinienrecht und die Judikatur des EuGH vor dem Hintergrund des gemeinschaftsrechtlichen Effektivitätsgrundsatzes als Materialisierung begriffen werden. Insofern spricht *Roth* in Bezug auf die dargestellte Entwicklung für das Verbraucherrecht treffend von einer „offenen Materialisierung", da der EuGH in diesem Kontext offen die Materialisierung nationaler Verfahrensrechte ein-

---

[1] Vgl. dazu *Roth*, in: FS für Henckel, S. 283 ff.
[2] So *Roth*, in: FS für Henckel, S. 283 ff. (285).
[3] Zu den unterschiedlichen Arten von Materialisierung *Roth*, in: FS für Henckel, S. 283 ff. (S. 287).

gefordert hat.⁴ Die „Materialisierung" erhält aber auch für das materielle Zivilrecht selbst Bedeutung und wurde hier in den siebziger und achtziger Jahren des 20. Jahrhunderts herangezogen. Damit wirkt Materialisierung bereits auf einer dem Prozessrecht vorgelagerten Ebene. Als das prägende gemeinsame Kennzeichen von Materialisierung auf den verschiedenen Gebieten ist jedenfalls die Aufnahme von Gerechtigkeitsstandards anzusehen.

Für die folgende Betrachtung einer möglichen „Materialisierung" des Verfahrensrechts sind vier – teilweise ineinandergreifende – Problemkreise von besonderem Interesse: erstens, die Wirkung materialer Gerechtigkeitsbestrebungen auf das materielle Recht selbst; zweitens, die Frage eines Übergreifens des von diesem materialen Gerechtigkeitsdenken geformten materiellen Rechts auf die Ebene des Prozessrechts; drittens, die Frage eines Übergreifens des verfassungsrechtlichen Grundsatzes der Waffengleichheit auf das Prozessrecht, also der Einfluss der Verfassung auf das Verfahrensrecht unter einer möglichen Materialisierung der Waffengleichheit selbst; schließlich, die denkbare Konsequenz einer Herausbildung von Sonderprozessrechten als konkretes rechtspolitische Ziel und als Spiegelbild des materiellen Rechts.

2. Der Schutz des mutmaßlich Schwächeren im Prozess im Wege der Ergänzung der Verhandlungsmaxime durch eine sogenannte Leistungsmaxime

Anknüpfungspunkt für Veränderungen des Verfahrensrechts durch „Materialisierung" im Wege von Kompensation könnte die strukturelle Unterlegenheit einer Partei sein, wie sie für den Verbraucher angenommen wird. Hier wird die rechtspolitische Dimension der „Materialisierung"⁵ durch ihre Verbindung zu einem sozialen Prozessmodell deutlich. Denkbare Maßnahmen wären eine Abschwächung der Verhandlungsmaxime durch eine Verstärkung der richterlichen Hinweispflicht gemäß § 139 ZPO zur Unterstützung der schwächeren Partei bzw. eine Aufgabe der Verhandlungsmaxime zugunsten der Untersuchungsmaxime,⁶ womit von den allgemeinen Grundsätzen des Verfahrensrechts deutlich abgewichen würde. Insoweit könnte im Hinblick auf die Maximen von einer Ergänzung durch eine sogenannte Leistungsmaxime ausgegangen werden, die den Richter dazu verpflichtet, die strukturell unterlegene Partei durch Hinweise und Aufklärung vor Fehlern im Prozess zu bewahren.⁷

Als Grundlage für derartige Eingriffe könnten die Erwägungen aus dem Bürgschaftsbeschluss des BVerfG aus dem Jahre 1993 hinsichtlich strukturell

---

⁴ *Roth*, in: FS für Henckel, S. 283 ff. (292).
⁵ Vgl. *Roth*, in: FS für Henckel, S. 283 ff.
⁶ Vgl. *Roth*, in: FS für Henckel, S. 283 ff. (285).
⁷ *Gaier*, NJW 2013, S. 2871 ff. (2872).

ungleicher Verhandlungsstärke von Vertragspartnern im Rahmen des materiellen Rechts dienen.⁸ Die Verfassungsbeschwerden betrafen die Frage, inwieweit Zivilgerichte verpflichtet sind, Bürgschaftsverträge mit Banken im Wege zivilrechtlicher Generalklauseln einer Inhaltskontrolle zu unterwerfen, wenn einkommens- und vermögenslose Angehörige von Kreditnehmern im Wege einer Bürgschaft hohe Haftungsrisiken übernehmen.⁹ Das BVerfG konstatierte, Zivilgerichte seien von Verfassungs wegen verpflichtet, grundrechtliche Wertungen im Rahmen der Auslegung und Anwendung von Generalklauseln zu berücksichtigen. Aus der grundrechtlichen Gewährleistung der Privatautonomie, Art. 2 I GG, und dem Sozialstaatsprinzip, Art. 20 I, 28 I GG, folge, dass die Zivilrechtsordnung auf eine typisierende Fallgestaltung, die eine strukturelle Unterlegenheit des einen Vertragsteils offenbart, reagieren und Korrekturen ermöglichen müsse, wenn die Folgen für den unterlegenen Vertragsteil ungewöhnlich belastend sind. Diese Vorgaben für das materielle Recht könnten für den Zivilprozess insofern Bedeutung erlangen, als die Notwendigkeit, dass sich Vertragspartner im Rahmen von Vertragsverhandlungen auf Augenhöhe gegenüberstehen, auf den Zivilprozess übertragen werden könnte.¹⁰ Vor dem Hintergrund der These, die Dispositionsmaxime und die Verhandlungsmaxime seien die Fortsetzung der Privatautonomie im Streitverfahren, könnte die Transformation der Wertungen, die das BVerfG entwickelt hat, als denklogische Konsequenz erscheinen. Zur Erreichung eines annähernd ausgewogenen Kräfteverhältnisses geht der Richter des BVerfG *Gaier* bemerkenswerterweise unter dem Titel „Der moderne liberale Zivilprozess" von einer Notwendigkeit einer Ergänzung der Verhandlungsmaxime durch eine sogenannte Leistungsmaxime aus, die den Richter bei struktureller Unterlegenheit einer Partei verpflichtet, diese durch Hinweise und Aufklärung gemäß § 139 I ZPO vor einem fehlerhaften Agieren zu schützen.¹¹ Auf diese Weise würde sich im Falle einer strukturellen Unterlegenheit einer Partei eine besondere Ausrichtung der richterlichen Aktivität im Wege richterlicher kompensatorischer Maßnahmen entwickeln. Das Verfahren würde sich von einem herkömmlichen Zivilprozess insofern deutlich abheben, als es Modifikationen der Sachverhaltsermittlung im Falle einer situativen Unterlegenheit einer Partei vorsieht. Ein derartiges Sonderprozessrecht hat sich seit den achtziger Jahren des 20. Jahrhunderts aufgrund von Richterrecht bereits für den Arzthaftungsprozess etabliert, in dem deutliche Abweichungen von der Verhandlungsmaxime aufgrund der mutmaßlichen Unterlegenheit des klagenden Patienten greifen.

---

⁸ BVerfGE 89, 214 ff. = NJW 1994, 36.
⁹ BVerfGE 89, 214 ff. = NJW 1994, 36.
¹⁰ Vgl. dazu *Althammer*, in: Weller/Althammer, S. 3 ff. (22).
¹¹ *Gaier*, NJW 2013, S. 2871 ff. (2872).

Im dritten Teil der Arbeit wurde aufgezeigt, dass im Rahmen der zivilprozessualen Sachverhaltsermittlung bereits gewisse Modifikationen zugunsten des Verbrauchers anerkannt sind. Zwar gilt hier nicht die Untersuchungsmaxime, denn der Verbraucher muss nach wie vor den Umstand der Nichtaushandlung der AGB-Klauseln im Einzelnen darlegen und beweisen. Die Anforderungen an die Beibringung werden aber recht niedrig angesetzt. Die Pflicht gilt als erfüllt, sofern dem Gericht – unabhängig von welcher Partei – gedruckte oder auf andere Weise vervielfältigte Klauseln vorgelegt werden oder wenn aus der Formulierung der Klauseln die Intention einer mehrfachen Verwendung folgt.[12]

Freilich ist eine Prognose der zukünftigen Bedeutung des Schutzes des Schwächeren für das Zivilverfahren schwierig.[13] Zwar wird kompensatorische richterliche Hilfe noch überwiegend abgelehnt, jedoch erscheint es – gerade angesichts der im dritten Teil der Arbeit dargestellten und erörterten Judikatur des EuGH – denkbar, dass *de lege ferenda* die Verhandlungs- und Dispositionsmaxime Modifikationen erfahren könnten.

Im Folgenden wird der Versuch unternommen, konkrete gangbare gesetzgeberische Optionen eines sozialen Zivilverfahrens aufzuzeigen und zu bewerten.

3. Vorgehensweise

Die Vorgehensweise kann wie folgt gekennzeichnet werden: Zunächst wird die Terminologie eines sozialen Zivilverfahrens betrachtet und es wird untersucht, ob diese für die Weiterentwicklung des modernen Zivilprozesses angemessen ist. Sodann soll der Blick auf die Ausgestaltung des materiellen Rechts im Hinblick auf den sozialen Charakter gerichtet werden, denn schließlich dient das Prozessrecht der Durchsetzung materiellen Rechts. In einem weiteren Schritt wird die Frage der Notwendigkeit einer Materialisierung des Zivilverfahrens – maßgeblich auf Grundlage von Vorgaben des materiellen Rechts, aber auch aufgrund des verfassungsrechtlichen Grundsatzes der Waffengleichheit – in den Fokus gestellt. Dabei wird zunächst der Arzthaftungsprozess beleuchtet, weil dieser im Hinblick auf das Verhältnis von Parteiherrschaft und Richtermacht eine besondere Ausgestaltung erfahren hat und damit *de lege lata* bereits Teil einer sektoralen Materialisierung des Verfahrensrechts einhergehend mit einer Modifikation der Verhandlungsmaxime ist. Sodann wird die aktuelle Problematik eines Sonderprozessrechts für den Verbraucher im Hin-

---

[12] *Saare/Sein*, euvr 2013, S. 15 ff. (21).
[13] So auch *Althammer*, in: Weller/Althammer, S. 3 ff. (22): „Welche Bedeutung zukünftig der Schutz des Schwächeren über das materielle Zivilrecht hinaus auch im Zivilprozessrecht erlangen könnte, lässt sich kaum prognostizieren."

blick auf die Verhandlungs- und die Dispositionsmaxime untersucht und gefragt, ob *de lege ferenda* Modifikationen im Sinne eines weiteren Sonderprozessrechts angebracht sind. Dabei ist im Hinblick auf die Gestaltungsfreiheit des Gesetzgebers zu beachten, inwiefern die Verhandlungs- und die Dispositionsfreiheit „verfassungsfest" und damit nicht veränderbar sind.[14] Schließlich wird die Frage einer sektoralen Materialisierung des Zivilprozessrechts zugunsten der schwächeren Partei einer grundlegenden rechtsdogmatischen Würdigung unterzogen.

II. Die Begrifflichkeit des sozialen Zivilprozesses im gegenwärtigen Zivilverfahren

Vorab sei bemerkt, dass es in terminologischer Hinsicht befremdlich erscheinen könnte, im Rahmen der Weiterentwicklung des Zivilverfahrens und insbesondere für den Verbraucherprozess im 21. Jahrhundert von der Fortsetzung eines sozialen Zivilprozesses zu sprechen. Schließlich haben die Ausführungen im ersten Teil der Arbeit zum sozialen Zivilprozess gezeigt, dass dieser in die gesellschaftliche Entwicklung der siebziger Jahre des 20. Jahrhunderts in der Bundesrepublik Deutschland mit einer Grundsatzkritik an der westlichen Privat- und Marktgesellschaft eingebettet war. Der generelle Ausgangspunkt für den Zivilprozess war dabei die schwache und unerfahrene Partei, der überlegene Gegner und der Richter als Sozialingenieur. Die Debatte um den sozialen Zivilprozess war ideologisch-politisch geprägt.[15] Man kann damit festhalten, dass der Begrifflichkeit des sozialen Zivilprozesses eine spezielle Kampfrichtung – teilweise basierend auf einer Glorifizierung der Verhältnisse in den Ostblockstaaten – immanent war. So hebt *Leipold* hervor, wie sehr die Verhandlungsmaxime zwei ideologisierten Angriffsrichtungen ausgesetzt war. Zum einen war dies im Rahmen der Bedrohung westlicher Demokratien durch die Ostblockstaaten unter Führung der Sowjetunion mit entsprechend geprägten Zivilprozessordnungen sozialistischer Staaten Realität, zum anderen gab es Angriffe von Teilen der Richterschaft in der Bundesrepublik selbst unter dem Schlagwort „sozialer Zivilprozess".[16] Dementsprechend war es für

---
[14] Dazu *Stürner*, in: FS für Baur, S. 647 ff. (650 ff.).
[15] Vornehmlich unter Kritik an einer rein formalen Chancengleichheit, die als für den Freiheits- und Gleichheitssatz entsprechend dem liberalen Verständnis des 19. Jahrhunderts charakteristisch bezeichnet wird. Das liberale Freiheitsverständnis wird als „die Freiheit des Arbeiters, das Lohndiktat zu akzeptieren oder zu verhungern" gekennzeichnet. Weiter heißt es: „Die sozialen Katastrophen im Gefolge dieser Gleichheitsideologie zählen zu dem negativen Erfahrungstatbestand der gegenwärtigen Reaktion." So *Fechner*, JZ 1969, S. 349 ff. (352).
[16] *Leipold*, in: Die Aktualität, S. 131 ff. (147).

Leipold im Rahmen seiner Freiburger Antrittsvorlesung, publiziert in dem JZ-Beitrag „Zivilprozeß und Ideologie",[17] zeitgeschichtlich bedingt ein ganz besonderes Anliegen, den von Parteifreiheit und Parteiverantwortung geprägten westeuropäischen Zivilprozess gegen ideologisierte Angriffe zu verteidigen.[18] *Leipold* bezeichnete den sozialen Zivilprozess als Antithese zu dem Leitbild des liberalen Zivilprozesses und hob die Bedeutung der Verhandlungsmaxime als Ausfluss des Prinzips von Parteifreiheit und Parteiverantwortung gleichbedeutend mit der Rechtsstaatlichkeit des Zivilverfahrens hervor. Demgemäß lehnte er die sogenannte Kooperationsmaxime auf der Vorstellung des freien, gleichberechtigten und eigenverantwortlichen Bürgers ab.[19] Der maßgebliche Kritikpunkt an der Theorie des sozialen Zivilprozesses richtete sich gegen die Aktivität des Richters zwecks Kompensation des Ungleichgewichts zwischen den Prozessbeteiligten aufgrund deren Unerfahrenheit, Ungewandtheit und Nachlässigkeit.[20]

Zu beachten ist, dass die Diskussion um einen sozialen Zivilprozess in den siebziger Jahren des 20. Jahrhunderts auf Grundlage der politischen Bewegung von 1968 breit angelegt war. Sie umfasste insbesondere auch das Richterbild selbst unter dem Stichwort der Klassenjustiz, die Rekrutierung der Richter,[21] die Prozesskosten als Rechtsweghindernis für den „kleinen Mann im abhängigen Dienstverhältnis" gegenüber dem finanzstarken Gegner unter „Befestigung und Perpetuierung von Machtpositionen auf Kosten Ohnmächtiger"[22] sowie die Forderung nach einer Aktivierung des Sozialstaatsprinzips zum Schutz des sozial Schwächeren unter Abkehr von der Einseitigkeit einer dogmatischen Betrachtung und Loslösung von einer „ideologischen Befangenheit in alten, oft dem 19. Jahrhundert entstammenden Vorstellungen".[23] *Leipold* konstatiert gegenwärtig hierzu, die Zeit sei über die beiden dargestellten Angriffe und damit sowohl über die Begrifflichkeit der sozialistischen als auch der sozialen Rechtspflege hinweggegangen.[24] Denn der soziale Zivilprozess basierte auf einer generellen Einteilung in schwache, unerfahrene Prozessparteien auf der einen und überlegene Gegner auf der anderen Seite.[25] Da-

---

[17] *Leipold*, JZ 1982, S. 441 ff.
[18] *Leipold*, in: Die Aktualität, S. 131 ff. (147).
[19] *Leipold*, JZ 1982, S. 441 (447 f.).
[20] *Takada*, in: Globalisierung und Sozialstaatsprinzip, S. 213 ff. (218 f.).
[21] So heißt es bei *Bender*: „Wird [...] das Rollenbild des Richters von der Vorstellung eines neutralen, apolitischen Funktionäres zur Erhaltung des Bestehenden geprägt, so kann das nicht ohne Auswirkung bleiben auf Rekrutierung richterlichen Nachwuchses und auf die Sozialisation der amtierenden Richter durch ihre berufliche Umgebung und Tätigkeit im Sinne einer bewahrenden, konservativen Grundeinstellung." *Bender*, ZRP 1974, S. 235 ff. (235 Fn. 2).
[22] *Fechner*, JZ 1969, S. 349 ff. (350, 352).
[23] *Fechner*, JZ 1969, S. 349 ff. (354).
[24] *Leipold*, in: Die Aktualität, S. 131 ff. (148).
[25] *Leipold*, in: Die Aktualität, S. 131 ff. (148).

von habe eine Abkehr insoweit stattgefunden, als es heute – wie auch im materiellen Recht – um die Behebung von Informationsdefiziten in einer konkreten Situation gehe. Insofern machte „der Gedanke eines dominant ‚sozialen' Zivilprozesses […] einer differenzierten Betrachtung Platz".[26] *Leipold* meint daher, man solle mit einer „schlagwortartigen Etikettierung bestimmter zivilprozessualer Regelungen als ‚sozial' oder ‚liberal' zurückhaltend sein". Vielmehr sei einer differenzierten Betrachtung der Vorzug zu geben.[27] Zu bedenken ist aber, dass mit einem beabsichtigten Sonderprozessrecht auch heute gerade die Behebung eines Machtgefälles und damit die Implementierung von Gerechtigkeitsstandards intendiert wird. Insofern lebt der Gedanke des Schutzes des sozial Schwächeren wieder auf.[28] Es kann daher nicht davon ausgegangen werden, der soziale Zivilprozess sei eine Episode. Er wird anders – eben nicht getragen von einer Fundamentalkritik an der Gesellschaft – fortgesetzt und fällt heute maßgeblich mit dem rechtspolitischen Ziel des Verbraucherschutzes zusammen. Obgleich das dem Verbraucherschutz zugrunde liegende Verbraucherleitbild nicht auf der Zugehörigkeit des Verbrauchers zu einer Klasse – insbesondere der Arbeiterklasse bzw. Schicht – basiert[29] und es im Rahmen des Schutzes des Verbrauchers um eine Hilfestellung in einer konkreten Situation aus verschiedenen Erwägungen heraus geht – z.B. Überrumpelung des Verbrauchers in der Haustürsituation, § 312b BGB, Kauf einer „unsichtbaren" Ware im Rahmen des Fernabsatzgeschäfts, § 312c BGB, Vorliegen eines komplexen Geschäftsgegenstands im Rahmen des Verbraucherdarlehensvertrags, § 491 BGB[30] –, wird nach wie vor eine Unterstützung des mutmaßlich schwächeren Rechtssubjekts in den Fokus gestellt. Das Rechtssubjekt wird nunmehr konkretisiert, denn betroffen sind der Patient bzw. der Verbraucher. Die Annahme, der Verbraucher sei schutzbedürftig, resultiert aus der Verbindung eines rollenbezogenen Ansatzes mit der situativen Schutzbe-

---

[26] So *Leipold*, in: Die Aktualität, S. 131 ff. (148).
[27] *Leipold*, in: Die Aktualität, S. 131 ff. (148).
[28] So heißt es bei *Roth*: „Der […] bei *Bender* 1974 nachdrücklich betonte Schutz des Schwächeren als vornehmster Zweck des Zivilprozesses lebt heute etwa in dem von *Micklitz* geforderten Verbraucherprozessrecht als Sonderprozessrecht mit einem Klägergerichtsstand zugunsten des Verbrauchers fort." *Roth*, in: FS für Henckel, S. 283 ff. (287) mit Bezugnahme auf *Bender*, ZRP 1974, S. 235, 236 und *Micklitz*, Gutachten A, in: Verhandlungen des 69. DJT, Bd. I (2012), S. A 89.
[29] Dazu *Mohr*, AcP 204 (2004), S. 660 ff. (674).
[30] *Roth*, JZ 2014, S. 801 ff. (807); *Roth* hebt hervor, dass die bloße Rolle als Verbraucher – bei Fehlen der besonderen, im BGB typisierten Sondersituationen der Erschwerung des privatautonomen Handelns z.B. aufgrund von Überrumpelung in einer Haustürsituation, § 312 BGB, anderweitigen gefährlichen Abschlusssituationen wie im Rahmen eines Fernabsatzgeschäftes, § 312b BGB, bei komplexen Vertragsgegenständen wie im Rahmen eines Verbraucherdarlehensvertrages, § 491 BGB – nicht seine „Schwäche" begründet. Vgl. dazu *Roth*, in: Die Zukunft des Zivilprozesses, S. 69 ff. (76).

dürftigkeit[31] in einer konkreten Gefährdungslage.[32] Zudem sei angemerkt, selbst die Vertreter eines sozialen Zivilprozesses fragten schon in den achtziger Jahren des 20. Jahrhunderts nach dem im jeweiligen Prozess prozessual Schwächeren und knüpften damit nicht mehr unbedingt generell an den sozial Schwächeren im schichtspezifischen Sinn an.[33] So wehrte sich *Bender* in seiner Erwiderung auf den Beitrag „Ideologie und Zivilprozess" von *Leipold* gegen eine Kennzeichnung eines sozialen Zivilprozesses als „Klassenjustiz mit umgekehrtem Vorzeichen". Bemerkenswert ist, dass *Bender* schon in diesem Beitrag den Patienten als den sozial Schwächeren charakterisiert. Er konstatiert zum Arzthaftungsprozess, dies könne „durchaus auch der Prozeß des Generaldirektors gegen einen einfachen Landarzt sein".[34] Ferner äußert sich *Bender* dahingehend, die „neue zentrale Funktion der Gerichte" intendiere nicht primär den Schutz der „absolut Stimmlosen und Schwachen", sondern beziehe sich „auf die in der konkreten Konfliktsituation jeweils Schwächeren".[35] Demgegenüber wird die Aufgabe des Richters in dieser Literatur regelmäßig unter den Schlagwörtern „Schutz der Minderheiten" bzw. „Schutz der sozial Schwachen" gekennzeichnet.[36]

Mittlerweile sollen verschiedene Instrumentarien Erleichterungen zugunsten des Verbrauchers bzw. Patienten bei der Rechtsdurchsetzung bringen; das intendierte Sonderprozessrecht soll eben nicht allein auf den Aspekt der Sachverhaltsermittlung – also auf Behebung von Informationsdefiziten – beschränkt sein. Insgesamt besteht das rechtspolitische Anliegen darin, das mutmaßlich schwächere Rechtssubjekt im Wege der Privilegierung auf eine Ebene mit dem Gegner zu heben, um eine Gleichrangigkeit im Sinne von Art. 3 I GG herzustellen. Dieses Zusammenspiel von Art. 3 I GG und sozialstaatlichen Erwägungen wird besonders deutlich in der abweichenden Meinung der Richter am BVerfG *Gaier, Masing* und *Baer* im Rahmen des Urteils zur Privilegierung des Betriebsvermögens bei der Erbschaftssteuer aus dem Jahre 2014.[37] Hier heißt es, das Sozialstaatsprinzip strahle in den Gleichheitssatz hinein.[38]

Darüber hinaus sei in rechtsmethodischer Hinsicht angemerkt, dass die Vorzugswürdigkeit einer differenzierten Betrachtungsweise deshalb zweifelhaft ist, als die Notwendigkeit, konkrete Fragestellungen systematisch manifestierbar einer Antwort zuzuführen, eine abstrahierte Betrachtung im System erfordert. Hierzu ist die Begrifflichkeit des sozialen Zivilprozesses auch im

---

[31] *Micklitz/Purnhagen*, in: Münchener Kommentar BGB, § 13 Rn. 4.
[32] *Tamm*, S. 75.
[33] So *Bender* in seiner Erwiderung auf *Leipold*, JZ 1982, S. 709 ff. (710 f.): „Der konkret Schwächere im jeweiligen Prozeß kann tatsächlich auch der sonst sozial Stärkere sein."
[34] So *Bender*, JZ 1982, S. 709 ff. (711).
[35] *Bender*, ZRP 1974, S. 235 ff. (236).
[36] So auch von *Bender*, ZRP 1974, S. 235 ff. (236).
[37] BVerfGE 138, 136 (252 ff.).
[38] BVerfGE 138, 136 (255).

zeitgenössischen Zivilverfahren des 21. Jahrhunderts durchaus geeignet. Schließlich verbleibt eine gewisse Dimension des Zivilprozesses als sozialer Konflikt, auch ohne ideologische Prägung der damaligen Zeit. Einen Beleg dafür, dass die Terminologie „sozialer Zivilprozess" durchaus beibehalten werden kann, bietet die recht junge Zivilprozessordnung der Schweiz vom 1. Januar 2011. Ein rechtsvergleichender Blick auf dieses Zivilverfahrensrecht scheint im Rahmen der vorstehenden Thematik besonders lohnenswert, da sich die Prozessgrundsätze – obgleich ihre explizite Kodifikation dem französischen Recht entspricht – in inhaltlicher Hinsicht deutlich an den während der deutschen Diskussion des 19. Jahrhunderts entwickelten Maximen orientieren.[39] Bemerkenswert ist, dass in der Literatur in Bezug auf die schweizerische Zivilprozessordnung als eine Leitlinie rechtspolitischer Natur „kein Rückschritt" beim „sozialen Zivilprozess" genannt wird.[40] Im Rahmen der Ausgestaltung zivilprozessualer Sachaufklärung sieht die schweizerische Zivilprozessordnung auf Basis einer Typisierung von Verfahren verschiedene Arten materieller Prozessleitung vor. Hierzu gehört auch eine eingeschränkte Untersuchungsmaxime nach Art. 247 II sZPO. Diese findet unabhängig vom Streitwert Anwendung hinsichtlich verschiedener Materien des „sozialen Privatrechts", die Art. 243 II a-f sZPO enumerativ auflistet. Genannt seien z.B. Streitigkeiten nach dem Gleichstellungsgesetz, Streitigkeiten wegen Gewalt, Drohung oder Nachstellungen nach Art. 28b ZGB, das Krankenversicherungsrecht und die Miete und Pacht von Wohn- und Geschäftsräumen. Darüber greift die eingeschränkte Untersuchungsmaxime nach Art. 247 II sZPO in allen übrigen miet- und pachtrechtlichen Streitigkeiten sowie in arbeitsgerichtlichen Streitigkeiten bis zu einem Streitwert von 30.000 Franken.[41] Dem Gesetzgeber der Schweiz war der Schutz des sozial Schwächeren in den genannten sensiblen Materien ein wichtiges Anliegen.[42] Die eingeschränkte Untersuchungsmaxime wird aufgrund ihres Anwendungsbereichs auch als sozialpolitisch motivierte Untersuchungsmaxime bzw. als „soziale Untersuchungsmaxime" bezeichnet.[43] Mithin wird der Zusammenhang zwischen der Gestaltung zivilprozessualer Sachaufklärung als Aspekt eines sozialen Zivilprozesses im Rahmen einer sehr jungen Prozessrechtskodifikation besonders deutlich.

---

[39] *Oberhammer*, ZEuP 2013, S. 751 ff. (761 f.).
[40] *Sutter-Somm*, R.L.R. No. 29 (2012), S. 81 ff. (83).
[41] *Oberhammer*, ZEuP 2013, S. 751 ff. (767).
[42] Vgl. dazu *Lienhard*, S. 212 Rn. 472.
[43] *Oberhammer*, ZEuP 2013, S. 751 ff. (767).

III. Das Spannungsverhältnis zwischen der Vertragsfreiheit und dem sozialen Ausgleich im materiellen Recht

Zunächst sei der Blick an dieser Stelle auf das materielle Recht gerichtet. Die Betrachtung der Rechtsentwicklung auf dem Gebiet des materiellen Rechts unter besonderer Aufmerksamkeit auf die Begrifflichkeiten „liberal" und „sozial" wird zur Erfassung der prozessualen Problematik des Verhältnisses von Parteiherrschaft und Richtermacht gerade wegen der dienenden Aufgabe des Prozessrechts beitragen.

1. Das Zivilrecht auf Grundlage der weltanschaulich-politischen Grundhaltung des Liberalismus unter formaler Gleichheit

Historisch betrachtet lässt sich im Hinblick auf die deutsche Rechtslage die Prägung des BGB – wie der CPO – vom politischen und wirtschaftlichen Liberalismus der Zeit festhalten.[44] Insofern bildeten das materielle Recht und das Prozessrecht zunächst eine „wertungsmäßige Einheit".[45] Das materielle Recht des liberalen Zeitalters war beherrscht vom Leitbild des vernünftigen, selbstverantwortlichen und urteilsfähigen Rechtsgenossen, dem die Teilnahme an einem freien Markt zugetraut wurde.[46] Mit der Vorstellung individueller Freiheit war die Idee der Freiheit wirtschaftlicher Betätigung verbunden. Das Privatrecht stellte als Mittel zur Koordination der unabhängigen Entscheidungen der einzelnen Wirtschaftssubjekte den Vertrag zur Verfügung. Seinen zivilrechtlichen Ausdruck fand das liberale Wirtschaftsmodell in dem zentralen Prinzip der Vertragsfreiheit,[47] die laut *Radbruch* im liberalen Rechtszeitalter als „eine wirkliche Vertragsfreiheit" interpretiert wurde.[48] Leitbild war der frei ausgehandelte Vertrag, dessen Inhalt das Privatrecht in der Regel zu respektieren hatte.[49] Die überwiegende rechtshistorische Forschung schreibt dem bür-

---

[44] *Wieacker* beschreibt das Bürgerliche Gesetzbuch als „ein spätgeborenes Kind des klassischen Liberalismus". *Wieacker*, Das Sozialmodell, S. 16 ff.; ders., Industriegesellschaft und Privatrechtsordnung, S. 22.
[45] So *Bahnsen*, S. 1.
[46] *Wieacker*, Privatrechtsgeschichte, S. 482; vgl. auch *Radbruch*, Der Mensch im Recht, S. 9: „Die als sämtlich eigennützig, verständig, aktiv, frei gedachten Menschen werden [...] als einander gleich gedacht." Weiter heißt es (S. 10): „Von dieser Auffassung des Menschen wurde unser ganzes Rechtsdenken [...] beherrscht." Dies gilt in Bezug auf das Privatrecht und auch für den Zivilprozess, dessen Verhandlungsmaxime bedeute, dass der Prozess so zu gestalten sei, als „stünden einander zwei gewiegte Schachspieler, zwei gewitzte, von wohlverstandenem Interesse geleitete, richterlicher Unterstützung nicht bedürftige Gegner gleichmäßig gegenüber".
[47] Vgl. zum Zivilrecht auf der Grundlage des Liberalismus auch *Schwab*, Einführung in das Zivilrecht, Rn. 59 ff.
[48] *Radbruch*, Der Mensch im Recht, S. 9.
[49] Zum Rechtsverständnis der Vertragsfreiheit *Limbach*, JuS 1985, S. 10 ff. (11).

gerlichen Recht der Jahrhundertwende weitgehend Neutralität unter Ausblendung sozialer Gegebenheiten zu und erkennt nur vereinzelte soziale Elemente an, welche *Otto von Gierke* im Rahmen seiner Kritik am ersten Entwurf des BGB bekanntlich als „Tropfen sozialistischen Öls" bezeichnete.[50] Hierzu äußert der Erste Senat des BVerfG im Rahmen des Bürgschaftsbeschlusses aus dem Jahre 1993 „die Schöpfer des BGB gingen [...] von einem Modell formal gleicher Teilnehmer am Privatrechtsverkehr aus"[51]. Freilich muss hier, wie vorstehend bereits im Rahmen der Prozessmodelle herausgestellt wurde, kritisch angemerkt werden, dass der historische Gesetzgeber sich eben nicht an einem Modelldenken orientierte, sondern dieses ihm durch die spätere Systemtheorie erst zugewiesen wurde.[52] Jedenfalls beschreibt der Senat den Wandel des Rechtsverständnisses im bürgerlichen Recht unter Bezugnahme auf die Beobachtung von *Wieacker*, das Reichsgericht habe „die formale Freiheitsethik, die der deutschen Privatrechtsordnung zugrunde lag, in eine materiale Ethik sozialer Verantwortung zurückverwandelt"[53], womit der Gedanke der Materialisierung bereits zum Ausdruck kommt. Die Veränderung der Perspektive im Bereich des materiellen Rechts wird als ein Wandel „von der Richtigkeitsgewähr des Vertrages zur Kompensation von Ungleichgewichtslagen" gekennzeichnet.[54] An anderer Stelle heißt es „die Betrachtungsweise des neunzehnten Jahrhunderts habe die formale Gleichheit zu stark im Verhältnis zur materiellen Ungleichheit betont".[55] Die Entwicklung wird auch als Wechsel der Perspektive von dem Entstehungstatbestand des Vertrags, also seinem Aushandeln, hin zu seinem gewünschten Ergebnis, dem angemessenen Interessenausgleich, der gleich gesetzt wird mit der Vertragsgerechtigkeit, beschrieben.[56] Die Aufnahme des Aspekts von Vertragsgerechtigkeit belegt einen Wandel im Verständnis von Vertragsfreiheit. Denn es war dem BGB im Einklang mit einer der liberalen Gesellschafts- und Wirtschaftsordnung entsprechenden Vertragslehre fremd, dass der Inhalt des Vertrags irgendwie ausgeglichen sein sollte bzw. gleichwertige Positionen begründen sollte. Wie sich der Vertrag auf die Interessen der Vertragspartner auswirkte, war allein von deren Geschicklichkeit und daher oftmals von dem Stärkeren

---

[50] *Gierke*, Die soziale Aufgabe, S. 10. Z.B. wurde im Mietrecht das Schutzbedürfnis des Mieters bereits im BGB erkannt; anders die These *Repgens*, wonach bereits der Erste Entwurf des BGB mehr soziale Regelungen enthielt, als die Forschung bisher annahm. *Repgen*, S. 491 ff.
[51] BVerfGE 89, 214 ff. = BVerfG NJW 1994, 36 ff.
[52] So auch *Rittner*, NJW 1994, S. 3330 f. (3330).
[53] So das Zitat von *Wieacker*, Das Sozialmodell, S. 18; *ders.*, Industriegesellschaft und Privatrechtsordnung, S. 24. Zitiert im Rahmen des Bürgschaftsbeschlusses des BVerfG, BVerfGE 89, 214 ff.
[54] *Ruffert*, S. 328.
[55] So *Honsell*, JuS 1993, S. 817 ff.
[56] *Limbach*, JuS 1985, S. 10 ff. (11).

abhängig.⁵⁷ Das im Rahmen der Vorgaben des BGB Vereinbarte wurde ohne inhaltliche Kontrolle durch Rechtszwang gegen Vertragsverletzungen geschützt; als allgemeine Schranken der Vertragsfreiheit anzusehen waren nur der Verstoß gegen ein Gesetz oder gegen die guten Sitten.⁵⁸ So war die Vorschrift des § 138 BGB bereits bei Erlass des BGB ein Instrument zum Schutz der tatsächlichen Entscheidungsfreiheit.⁵⁹ Der Schutz des Verbrauchers erfuhr nur ansatzweise – insbesondere bereits vor Inkrafttreten des BGB mit dem Abzahlungsgesetz von 1894⁶⁰ sowie durch das Verbot irreführender Werbung im UWG von 1896⁶¹ – Beachtung. Zudem entwickelte sich das Arbeitsrecht als Sondermaterie und schied als Sonderrecht aus dem klassischen, noch liberal geprägten Zivilrecht bereits seit der zweiten Hälfte des 19. Jahrhunderts aus.⁶²

2. Rechtstheoretische Konzeptionen zur Aufnahme des Aspektes des Schutzes des sozial Schwächeren

In der Zivilrechtswissenschaft wurde bereits in den fünfziger Jahren des 20. Jahrhunderts ein Wandel von einem individualistischen Zivilrecht hin zu einem sozialen Zivilrecht verzeichnet.⁶³ Hierfür gab es im wissenschaftlichen Schrifttum verschiedene rechtstheoretische Ansätze, die den Aspekt der Vertragsgerechtigkeit in die Vertragslehre (sogenannte Theorie der richtig verstandenen Vertragsfreiheit) einbezogen, die Selbstbestimmung betonten bzw. die Idee vom sozialen Ausgleich unter Rückgriff auf das Sozialstaatsprinzip verwirklichten.

---

⁵⁷ *Limbach*, JuS 1985 S. 10 ff. (12) unter Bezugnahme auf *Bydlinski*, S. 103; *Raiser*, JZ 1958, S. 1 ff. (2).
⁵⁸ *Raiser*, JZ 1958, S. 1 ff. (2).
⁵⁹ *Canaris*, AcP 200 (2000), S. 273 ff. (304).
⁶⁰ RGBl. 450; das Abzahlungsgesetz ist mit dem Inkrafttreten des VerbrKrG zum 1.1.1991 außer Kraft getreten, Art. 10 I S. 1, 2 VerbrKrG. Vgl. zum Verbraucherschutz durch das Abzahlungsgesetz *Mohr*, AcP 204 (2004), S. 660 ff. (663).
⁶¹ Vgl. dazu *Beater*, Nachahmen im Wettbewerb, S. 42 ff., 68.
⁶² *Schwab*, Einführung in das Zivilrecht, Rn. 76. Das BGB betrachtete den Dienstvertrag gemäß § 611 BGB als regulären Austauschvertrag. Indes gab es eine Reihe von Sondergesetzen, z.B. hinsichtlich des Sozialversicherungsrechts, des Jugendarbeitsschutzes, des Verbots von Kinderarbeit. Die Grundstrukturen des heutigen Arbeitsrechts wurden in der Weimarer Republik geschaffen, insbesondere durch Schaffung einer eigenständigen Arbeitsgerichtsbarkeit im Jahre 1926. Seit den fünfziger Jahren ergingen wichtige arbeitsrechtliche Gesetze, wie das Kündigungsschutzgesetz (1951), Betriebsverfassungsgesetz (1952), Arbeitsgerichtsgesetz (1953).
⁶³ Vgl. *Egger*, S. 209 ff. Weitere Nachweise bei *Schwab*, Einführung in das Zivilrecht, Rn. 83.

a) Die Lehre von der Richtigkeitsgewähr des Vertragsmechanismus

Insbesondere in den vierziger und fünfziger Jahren des 20. Jahrhunderts wurde ein Wandel im Verständnis des Grundsatzes der Vertragsfreiheit thematisiert.[64] Das Gestaltungsmittel des Vertrages unterlag auf der Grundlage der Lehre von der Richtigkeitsgewähr des Vertragsmechanismus von *Schmidt-Rimpler* insofern einer fundamentalen Veränderung, als der zentrale Begriff der Richtigkeit verstanden wurde als Gerechtigkeit; zwischen der Vertragsfreiheit und der Vertragsgerechtigkeit wurde von dieser Lehre eine funktionale Beziehung hergestellt.[65] Danach ist der Vertrag „ein Mechanismus, um ohne hoheitliche Gestaltung in begrenztem Rahmen eine richtige Regelung auch gegen unrichtigen Willen herbeizuführen, weil immer der durch die Unrichtigkeit Betroffene zustimmen muss".[66] Rechtspolitische Aufgabe sei es – so *Schmidt-Rimpler* – „in sorgfältiger Analyse die Voraussetzungen festzustellen und die Grenzen zu erforschen, und auf dieser Grundlage dann allerdings den Vertrag da auszuschalten [...] wo er keine genügende Richtigkeitsgewähr bietet, hier dann aber ehrlich und bewusst zu hoheitlicher Gestaltung zu schreiten".[67] Die Lehre von der Richtigkeitsgewähr erhielt ihre tragende Bedeutung als Legitimationsbasis für rechtspolitische Aktivitäten im Vertragsrecht,[68] wobei die Theorie von der Prämisse ausging, Privatautonomie bewirke grundsätzlich die inhaltlich richtige Regel. Lediglich für extreme Situationen bedürfe es äußerster Schranken.[69] Die These von einem funktionalen Bezug von Vertragsfreiheit und Vertragsgerechtigkeit bot im Ergebnis ein juristisches Legitimationsmuster für die sachliche Verträglichkeit gesetzgeberischer Maßnahmen, also für staatliche Eingriffe in das Vertragsgeschehen gerade hinsichtlich des Bereiches des Vertragsinhalts, wie es beispielsweise bei der Inhaltskontrolle von Allgemeinen Geschäftsbedingungen geschieht.[70] Denn die Theorie betrachtet den Vertragsmechanismus als wechselseitige Abhängigkeit von Verhandlungsmacht und Verhandlungsprozess. Ausgangspunkt bildet die

---

[64] Vgl. *Raiser*, JZ 1958, S. 1 ff.; *Schmidt-Rimpler*, AcP 147 (1941), S. 130 ff.
[65] Die Lehre von der Richtigkeitsgewähr des Vertragsmechanismus wurde von *Schmidt-Rimpler* als Gegenentwurf neuer Lehren des nationalsozialistischen Staates begründet. *Schmidt-Rimpler*, AcP 147 (1941), S. 130 ff.; dazu *Limbach*, JuS 1985, S. 10 ff. (12); *Heinrich*, S. 174.
[66] *Schmidt-Rimpler*, AcP 147 (1941), S. 130 ff. (156). Bei ihm heißt es auch: „Der Fehler des Liberalismus war, die Voraussetzungen [des Vertrags] ohne weiteres zu unterstellen und die Grenzen der Funktionsfähigkeit nicht zu erkennen, ja in seiner Hochblüte zu vergessen, dass der Vertrag der Erreichung einer richtigen Rechtsfolge dienen sollte und ihn als Ausfluß der reinen Willensherrschaft zu betrachten, so daß nun in der Tat die Rechtsfolge richtig erschien, nur weil sie gewollt und durchgesetzt war."
[67] *Schmidt-Rimpler*, AcP 147 (1941), S. 130 ff. (157).
[68] *Limbach*, JuS 1985, S. 10 ff. (12).
[69] Vgl. *Zöllner*, AcP 188 (1988), S. 85 ff. (97).
[70] *Limbach*, JuS 1985, S. 10 ff. (12).

Überlegung, bei einem Vertrag verfolgten zwei gegensätzlich interessierte Partner primär ihre eigenen Interessen egoistisch, weswegen die Theorie Parallelen mit der eingangs dargestellten These der sogenannten technischen Rechtfertigung der Verhandlungsmaxime, welche ebenfalls an den Egoismus der Parteien anknüpft, aufweist. Nach der Theorie der Richtigkeitsgewähr vom Vertragsmechanismus prüft jeder Vertragspartner, ob die Rechtsfolge des Vertrages ihm gegenüber nicht rechtlich unrichtig, insbesondere ungerecht ist. Aus eigenem Interesse wird ein Vertragspartner solche Rechtsfolgen ablehnen, die ihm unrichtig erscheinen.[71] Der „Vertragsmechanismus der Richtigkeitsgewähr" ohne hoheitlichen Eingriff wird nach dieser Theorie darin erblickt, dass aufgrund der Notwendigkeit der Einigung beider Vertragspartner die Rechtsfolgen mit großer Wahrscheinlichkeit für keinen der Partner nach dessen Bewertung ungerecht sein werden.[72] Auf diese Weise werde die Richtigkeit des Vertragssystems in gewissen Grenzen mit einer gewissen Wahrscheinlichkeit hergestellt.[73] Demgegenüber wird im Falle typischer Machtungleichheit der Vertrag als richtiges Ordnungsmittel abgelehnt und hoheitliche Gestaltung – sei es durch Modifizierung des Vertrags oder der Machtlage – gefordert.[74] Denn ein überlegenes Machtpotential eines Vertragspartners wirke sich auf den Verhandlungsprozess derart aus, dass dem unterlegenen Partner ein bestimmtes Verhalten und damit ein bestimmtes Ergebnis oktroyiert wird. Je geringer der Unterschied der Machtpotentiale ist, desto weniger sei einer der Vertragspartner imstande, dem anderen ein bestimmtes Vertragsergebnis aufzuzwingen.[75] Damit veranschaulicht das Prinzip die Problematik der Machtbalance im Vertragsgeschehen und weist dem modernen Zivilrecht die Aufgabe zu, die widerstreitenden Prinzipien von Vertragsfreiheit und Vertragsgerechtigkeit aufeinander abzustimmen.[76]

b) Die Selbstbestimmungstheorie

Ein weiterer Ansatz zur Bewältigung von Macht im Vertragsrecht liegt in der nach der Zeit des Nationalsozialismus vertretenen sogenannten Selbstbestim-

---

[71] *Schmidt-Rimpler*, in: FS für Raiser, S. 3 ff. (5).
[72] *Schmidt-Rimpler*, in: FS für Raiser, S. 3 ff. (5 f.).
[73] *Schmidt-Rimpler*, in: FS für Raiser, S. 3 ff. (8).
[74] *Schmidt-Rimpler*, in: FS für Raiser, S. 3 ff. (13, 25). Beispielhaft genannt werden u.a. das Arbeitsrecht, das Mietrecht, die Allgemeinen Geschäftsbedingungen. Nach *Schmidt-Rimpler* muss der Machtunterschied eine „ziemlich hohe Stärke" haben, um den Vertragsmechanismus beseitigen zu können. Er weist in diesem Kontext darauf hin, dass der Macht der Anbieter (Produzenten und Händler) regelmäßig die Macht der Abnehmer gegenübersteht. Ein hoheitlicher Eingriff sei nur dann geboten, wenn die falschen Ergebnisse des Vertrags einen „erheblichen Umfang" einnehmen. So *Schmidt-Rimpler*, in: FS für Raiser, S. 3 ff. (14, 17).
[75] *Limbach*, JuS 1985, S. 10 ff. (13).
[76] *Limbach*, JuS 1985, S. 10 ff. (13).

mungstheorie. Insbesondere *Raiser*[77] und *Flume*[78] hatten den Wert der Selbstbestimmung als Fundament dieser Theorie im Blick. Nach *Flume* ist die Vertragsfreiheit eine Ausprägung der Privatautonomie und ist als „das Prinzip der Selbstgestaltung der Rechtsverhältnisse durch den einzelnen nach seinem Willen"[79] zu verstehen. Die Rechtfertigung des Vertrags beruht danach eben nicht auf dem Gerechtigkeits- sondern auf dem Freiheitsstreben des Einzelnen, indes nur im Rahmen der Rechtsordnung. Privatautonomie und Vertragsfreiheit dienen damit in erster Linie der Selbstbestimmung der Person. Dementsprechend wird der hoheitliche Eingriff dadurch legitimiert, dass der Vertrag dann nicht als Ordnungsmittel wirken kann, wenn die Selbstbestimmung – insbesondere aufgrund von Machtungleichheit der Vertragspartner – beeinträchtigt ist.[80]

c) Die sozialstaatliche Zivilrechtsdogmatik

Schließlich bot das Sozialstaatsprinzip gemäß Art. 20 I GG, 28 I S. 1 GG eine Grundlage zur Bewältigung wirtschaftlicher Macht im Zivilrecht und wirkte auf dieses in der zweiten Hälfte des 20. Jahrhunderts ein. Die sozialstaatliche Zivilrechtsdogmatik betrachtete das Ungleichgewicht der Vertragspartner nicht auf der Ebene von handelnden Individuen (These von der Richtigkeitsgewähr des Vertragsmechanismus), sondern auf der Ebene von ökonomischen Machtstrukturen und hielt im Rahmen einer grundsätzlichen Privatautonomiekritik eine Notwendigkeit des sozialen Ausgleichs für ausschlaggebend.[81] Die Freiheit des Vertrags wird damit nicht isoliert betrachtet, sondern von vornherein nach Maßgabe sozialstaatlicher Ordnung verstanden.[82] Freiheitsrechte erhalten dort, wo sie auf sozialstaatliche Ziele treffen, „Schranken, die in ihr Wesen" hineindefiniert werden.[83] Kennzeichnend ist die überpersönliche Betrachtungsweise der Konfliktsituation, wie es im Hinblick auf Zivilverfahren für die Konzeptionen von *Klein* und *Wassermann* ebenfalls charakteristisch ist. Dies bedeutet, dass Rechtsstreitigkeiten nicht als schlichte Interessenkonflikte der beiden sich individuell bei Gericht streitenden Parteien angesehen werden, sondern im Kontext ihrer gesellschaftlichen und wirtschaftlichen Bezüge gesehen werden.[84]

---

[77] *Raiser*, JZ 1958, S. 1 ff. (4).
[78] *Flume*, Rechtsgeschäft und Privatautonomie, S. 135 ff.; ders. Allgemeiner Teil des Bürgerlichen Rechts, Band II, Das Rechtsgeschäft, § 1 S. 6 ff.
[79] *Flume*, Allgemeiner Teil des Bürgerlichen Rechts, Band II, Das Rechtsgeschäft, § 1 S. 1.
[80] Kritisch gegenüber der Selbstbestimmung im Rahmen des Vertragsabschlusses *Schmidt-Rimpler*, in: FS für Raiser, S. 3 ff. (19).
[81] *Limbach*, JuS 1985, S. 10 ff. (13).
[82] *Schwab*, Einführung in das Zivilrecht, Rn. 81.
[83] So *Schwab*, Einführung in das Zivilrecht, Rn. 81.
[84] *Limbach*, JuS 1985, S. 10 ff. (13).

3. Der Schutz des sozial Schwächeren in der Zivilgesetzgebung

a) Entwicklungen nach dem Ersten Weltkrieg

Die rechtspolitische Leitlinie des Schutzes des sozial Schwächeren im materiellen Zivilrecht wurde vornehmlich in der Zivilgesetzgebung nach dem Ersten und verstärkt nach dem Zweiten Weltkrieg verwirklicht. Sie kann in den folgenden Ausführungen nur skizziert werden. *Radbruch* konstatierte bereits im Jahre 1927, dass immer deutlicher wurde, wie fiktiv die Auffassung vom Menschen im liberalen Rechtszeitalter war. Er stellte fest, der juristische Menschentypus wurde an die Wirklichkeit angepasst und nunmehr die intellektuelle, wirtschaftliche und soziale Machtlage des Rechtssubjekts miteinbezogen werde.[85] *Radbruch* verwies auf die Wuchergesetzgebung, die den „Rechtsschutz für den Rechtsgenossen gegen sich selbst" bewirkte. Zudem rekurrierte er auf Vertragsbeschränkungen im Arbeiterschutzrecht.[86] Es ergingen bereits nach dem Ersten Weltkrieg zahlreiche Sondergesetze auf dem Gebiet des Arbeitsrechts. Bemerkenswert ist, dass sich in diesem Rechtsgebiet ein Zuwachs gruppenbezogenen Denkens durch Bildung und Anerkennung von Arbeitnehmerorganisationen verzeichnen lässt.[87] Diesen Wandel vollzog die Tarifvertragsverordnung von 1918.[88] Damit wurden die Grundlagen für eine Formierung von Interessenverbänden als Gegengewicht zu großen wirtschaftlichen Mächten auch auf anderen Rechtsgebieten geschaffen. Hierdurch wandelte sich die Beziehung zwischen dem Einzelnen und dem Staat. Denn die Theorie des 19. Jahrhunderts war auf das einzelne Individuum ausgerichtet, während nun die weitere Ebene der Gruppe zwischen den Staat und das Individuum trat.[89]

b) Die Verbraucherschutzgesetzgebung aufgrund der Annahme struktureller Unterlegenheit der Vertragspartner

aa) Das Ziel der Behebung von Ungleichgewichtslagen

Ganz besondere Bedeutung erhielt das Verhältnis zwischen den Vertragsparteien und die Überprüfung der Kriterien einer Machtgleichheit bzw. Parität zwischen den Vertragspartnern im Kontext der Verbraucherschutzgesetzgebung. Die Schaffung von Verbraucherschutznormen wird dabei als Erfüllung sozialstaatlicher Aufgaben durch den Gesetzgeber angesehen.[90] Die Annahme eines Schutzbedürfnisses basiert hier auf der Erfahrung der strukturellen Un-

---

[85] *Radbruch*, Der Mensch im Recht, S. 11 f.
[86] *Radbruch*, Der Mensch im Recht, S. 11.
[87] *Schwab*, Einführung in das Zivilrecht, Rn. 77.
[88] *Wieacker*, Industriegesellschaft und Privatrechtsordnung, S. 26 f.
[89] *Schwab*, Einführung in das Zivilrecht, Rn. 78.
[90] *Stern*, Staatsrecht, § 21 II 3 21, S. 899: „Sozialstaatliche Imprägnierung in der Wirtschaft".

terlegenheit von Verbrauchern gegenüber den Herstellern und Vertreibern von Waren und gegenüber Dienstleistungsanbietern, d.h. dass sie infolge mangelnder Kenntnis, Information und Erfahrung leicht benachteiligt werden können.[91] Ausgangspunkt ist demnach, wie es der EuGH annimmt, eine wirtschaftlich und sozial schwächere Verhandlungsposition des Verbrauchers gegenüber dem Unternehmer.[92] Dem Verbraucher und seiner Rolle am Markt wird zumeist eine „isolierte, passive und rezeptive Stellung" zugeschrieben.[93] Das rechtspolitische Anliegen des Verbraucherschutzes besteht darin, diese typischerweise bestehende Ungleichgewichtslage soweit wie möglich zu kompensieren. Verbraucherschutzrecht wird gekennzeichnet als Rechtsmaterie zugunsten derjenigen, die im wirtschaftlichen wie gesellschaftlichen Leben als die „Schwächeren" gelten.[94]

Die Schaffung des Gesetzes zur Regelung des Rechts der Allgemeinen Geschäftsbedingungen von 1976 (AGBG),[95] welches die Aufhebung einer typischen Ungleichheit zwischen dem Verwender eines Formularvertrages und dessen Vertragspartner im Blick hat, markiert den Beginn des modernen Verbraucherschutzes in der Bundesrepublik Deutschland.[96] Diesbezüglich wird herausgestellt, „das Lehrstück der Allgemeinen Geschäftsbedingungen [habe] die Begrenztheit der Vertragsfreiheit und die Unvollkommenheit der Marktwirtschaft offenbart".[97] Zudem beförderte es die Einsicht, dass die Vertragsfreiheit nur im Falle eines ausgewogenen Kräfteverhältnisses der Partner Mittel eines angemessenen Interessenausgleichs sein kann.[98] Der Argumentationstopos in dem Regierungsentwurf des AGB-Gesetzes stellt deutlich auf den funktionalen Bezug von Vertragsfreiheit und Vertragsgerechtigkeit ab. Das primäre rechtspolitische Ziel soll demnach darin bestehen, dass bei der Verwendung von AGB im rechtsgeschäftlichen Wirtschaftsverkehr dem Prinzip des angemessenen Ausgleichs der beiderseitigen Interessen Geltung verschafft wird, das nach den Grundvorstellungen des Bürgerlichen Gesetzbuchs Vertragsfreiheit legitimiert. Die Funktion der Vertragsfreiheit wird darin erblickt, durch freies Aushandeln von Verträgen zwischen freien und zur rechtsgeschäftlichen Selbstbestimmung fähigen Partnern Vertragsgerechtigkeit zu ermöglichen. Daher intendiert der Gesetzgeber des AGB-Gesetzes – wie in dem Regierungsentwurf herausgestellt wird – „nichts anderes als die durch unge-

---

[91] Vgl. zum Verbraucherbegriff und Verbraucherleitbild *Mohr*, AcP 204 (2004), S. 660 ff. (674 f.).
[92] EuGH NJW 2007, 135; EuGH NJW 2012, 1781; EuGH NJW 2012, 2257.
[93] *Tamm*, S. 54.
[94] *Papier*, F.A.Z. vom 9.5.2014, S. 16.
[95] BGBl. I 3317. Das AGB-Gesetz ging – wie im zweiten Teil dieser Arbeit gezeigt wurde – mit der Gerichtsstandsnovelle einher. 2. Teil A. XI.
[96] Vgl. dazu *Tonner*, JZ 1996, S. 533 ff. (536); *Mohr*, AcP 204 (2004), S. 660 ff. (667).
[97] *Limbach*, JuS 1985, S. 10 ff. (11).
[98] *Limbach*, JuS 1985, S. 10 ff. (11).

hemmte Entwicklung im Bereich des AGB gestörte Funktion des Vertragsrechts wiederherzustellen".[99] Im Hinblick auf den prozessualen Bereich sei an dieser Stelle bemerkt, dass die Einführung des Prorogationsverbotes nach § 38 ZPO – wie gezeigt – eine Kehrtwende darstellt, die der vorherigen Erschwerung der Rechtsdurchsetzung seitens des Verbrauchers eine Ende bereitete. In der Literatur wird der Grundsatz des Prorogationsverbots zu den Bestandteilen eines sozialen Zivilprozesses gezählt.[100]

Nach eigenen Initiativen der Bundesrepublik Deutschland zum Zwecke des Verbraucherschutzes verstärkte sich die EU-Entwicklung und Deutschland nahm mehr und mehr eine reagierende Position ein. Dies geschah vor allem durch Umsetzung der in den achtziger Jahren des 20. Jahrhunderts erlassenen – und im dritten Teil dieser Arbeit erwähnten – Richtlinien zum Verbraucherschutz, wie z.B. im Wege der Produkthaftungsrichtlinie, der Verbrauchsgüterkaufrichtlinie und der Haustürgeschäftswiderrufsrichtlinie. Materieller Verbraucherschutz erfolgte zunächst im Wege der Verankerung in Sondergesetzen; genannt seien das Gesetz zur Regelung des Rechts der Allgemeinen Geschäftsbedingungen (AGBG), das Gesetz über den Widerruf von Haustürgeschäften und ähnlichen Geschäften (HaustürWG)[101], das Gesetz über die Haftung für fehlerhafte Produkte (ProdHaftG)[102] sowie das Verbraucherkreditgesetz (VerbrKrG).[103] Insbesondere wurden mit den Widerrufsrechten ganz neue Mittel zum Schutz der Entscheidungsfreiheit geschaffen.[104]

bb) Die Bedeutung der rechtstechnischen Umsetzung im Wege der Sondergesetzgebung und der anschließenden Integration

Das rechtstechnische Mittel zur Umsetzung war damit die Sondergesetzgebung, was einen gewissen Kontrast zwischen dem allgemeinen Zivilrecht und dem Verbraucherschutzrecht als besondere Rechtsmaterie erzeugte[105] und als Argument für eine besondere Eigenständigkeit dieser Rechtsgebiete mit eigenen Wertungsgesichtspunkten spricht.[106] Ein solcher Ansatz eines Ausnahmerechts sieht den sozialen Schutzgedanken gerade nicht als allgemeine Ord-

---

[99] BT-Drucks. 7/3919, S. 13; zitiert bei *Limbach*, JuS 1985, S. 10 ff. (12).
[100] *Trepte* erläutert den Grundsatz des Prorogationsverbots unter „Gerichtsstände eines sozialen Zivilprozesses". *Trepte*, S. 122 ff.
[101] Gesetz v. 16.1.1986, BGBl. I 122.
[102] Gesetz v. 15.12.1989 BGBl. I 2198.
[103] Gesetz v. 17.12.1990, BGBl. I 2840.
[104] *Canaris*, AcP 200 (2000), S. 273 ff. (343).
[105] *Schwab*, Einführung in das Zivilrecht, Rn. 815.
[106] So vornehmlich die Vertreter der Theorie eines sozialen Ausgleichs. Demgegenüber verstanden andere das Sonderrecht im Sinne eines Ausnahmerechts unter Hervorhebung des personellen Geltungsbereichs. Ferner gab es Ansätze, nicht den Normadressaten, sondern die Konfliktsituation und deren Eigenart in den Blick zu nehmen. Vgl. dazu ausführlich *Limbach*, JuS 1985, S. 10 ff. (14).

nungsaufgabe im Privatrecht an. Für einen gewissen Perspektivenwechsel hin zu einer Integration des sozialen Schutzrechts in das allgemeine Zivilrecht spricht die legislatorische Inkorporation der speziellen Gesetze in das BGB.[107] *Schwab* äußert hierzu, die Normierung in Spezialgesetzen entspräche nicht mehr dem Verständnis des Gesetzgebers, der den Verbraucherschutz als ein Grundprinzip der Privatrechtsordnung selbst ansieht.[108]

Die Aufnahmen erfolgten zunächst im Hinblick auf das Wohnraummietrecht, §§ 549 ff. BGB, sowie das Reisevertragsrecht, §§ 651a ff. BGB, sodann durch das Gesetz über Fernabsatzverträge, das §§ 361 a, 361b BGB a.F. hinsichtlich der Durchführung des Widerrufs- und Rückgaberechts in das BGB aufnahm. Der Gesetzgeber implementierte schließlich zahlreiche zivilrechtliche Nebengesetze im Zuge der Schuldrechtsreform mit Wirkung zum 1.1.2002 vornehmlich unter dem neuen Untertitel „Besondere Vertriebsformen" gemäß §§ 312 ff. sowie unter dem Untertitel 3 „Verbrauchsgüterkauf" gemäß §§ 474 ff. in das BGB. Mittlerweile gibt es im BGB ein Sonderrecht für Verbraucher verbunden mit zentralen Definitionen im allgemeinen Personenrecht des Allgemeinen Teils des BGB, §§ 13, 14 BGB, jüngst novelliert durch das Gesetz zur Umsetzung der Verbraucherrechterichtlinie und zur Änderung des Gesetzes zur Regelung der Wohnungsvermittlung.[109] Beispiele für aktuellen materiell-rechtlichen Verbraucherschutz bilden die verbraucherschützenden Widerrufsrechte nach § 312 BGB für Haustürgeschäfte, für Teilzeit-Wohnrechteverträge, § 485 BGB, für Fernabsatzverträge, § 312 d, die Regelungen zum Verbrauchsgüterkauf, §§ 474 ff. und besondere Regelungen im Rahmen von Verbraucherdarlehensverträgen, § 495 BGB.[110] Auch durch Reformierung des UWG im Jahre 2003 wurde Verbraucherschutz verwirklicht. Denn hier wurden Verbraucherinnen und Verbraucher erstmalig als gleichberechtigte Partner in den Schutzbereich des Gesetzes aufgenommen.[111] In methodischer Hinsicht lässt sich feststellen, dass sich im Rahmen des materiellen Verbraucherschutzes zwei grundlegende Rechtsverständnisse gegenüberstehen, die Vertragsfreiheit und das Prinzip des sozialen Ausgleichs.[112] Die soziale Motivation des Gesetzgebers fand indes nicht allein im Hinblick auf den Verbraucherschutz ihren Niederschlag, sondern erfasste auch die Vorschriften des Mietrechts und das Reisevertragsrecht nach §§ 651a ff. BGB. Ferner sei auf das Rechtsgebiet des Arbeitsrechts mit seiner Sonderentwicklung unter Herausbildung spezieller Schutzgesetze zugunsten des Arbeitnehmers hingewiesen.[113]

---

[107] *Limbach*, JuS 1985, S. 10 ff. (15).
[108] *Schwab*, Einführung in das Zivilrecht, Rn. 815.
[109] BGBl. I 3642.
[110] Das Produkthaftungsgesetz ist als selbständiges Verbraucherschutzgesetz verblieben.
[111] BT-Drucks. 15/1487.
[112] *Limbach*, JuS 1985, S. 10 ff. (19); *Canaris*, AcP 2000, S. 289 ff.
[113] *Ruffert*, S. 330 m.w.N. in Fn. 264.

4. Die soziale Akzentuierung des materiellen Rechts bzw. die Materialisierung des Privatrechts

a) Vorbemerkung

Ob das heutige materielle Zivilrecht aufgrund der skizzierten Entwicklung als „soziales Zivilrecht" gekennzeichnet werden kann, erscheint sehr fraglich. Unbestreitbar sind deutliche Wandlungen zum Schutz des Schwächeren. Gehen diese Veränderungen indes soweit, dass man heute in Umkehrung des eingangs herangezogenen Zitats *von Gierkes* zu den „Tropfen sozialistischen Öls" behaupten könnte, dieses Öl sei „kanisterweise hinzugegossen worden",[114] sodass „von einer Ölverschmutzung des Privatrechts"[115] gesprochen werden müsse? Die Inkorporation der verbraucherschützenden Sondergesetze in das BGB stellt jedenfalls eine regelungstechnische Trendwende dar und geht mit einer gewissen Aufwertung des Verbraucherprivatrechts einher.[116] In der amtlichen Begründung zum Schuldrechtsmodernisierungsgesetz wird die Notwendigkeit der Integration damit begründet, der Vertrag zwischen dem Verbraucher und dem Unternehmer sei eine typische Erscheinungsform des schuldrechtlichen Vertrages.[117]

b) Die Neuausrichtung in der Judikatur des BVerfG

aa) Die Bewältigung von Ungleichgewichtslagen aufgrund der Vorgaben im Rahmen des Bürgschaftsbeschlusses

Die Ausführungen des Ersten Senats des BVerfG in dem Bürgschaftsbeschluss aus dem Jahre 1993 deuten in die Richtung eines sozialen Zivilrechts, denn hier wird im Rahmen der Problematik einer Sittenwidrigkeit von Bürgschaftsverträgen gemäß § 138 I BGB gerade volljährig gewordener Kinder der Schuldner bzw. einkommens- und vermögensloser Ehegatten der Schuldner die Notwendigkeit einer Vertragsparität ausdrücklich anmahnt und eine Grundrechtsverletzung von Art. 2 I GG durch Abschluss nicht angemessener Verträge bejaht. Daneben wird auch das Sozialstaatsprinzip herangezogen. Die Richter rekurrieren auf das veränderte Verständnis von einem Modell formal gleicher Teilnehmer am Privatrechtsverkehr und konstatieren, es bestehe mittlerweile weitgehend Einigkeit dahingehend, dass die Vertragsfreiheit nur im Falle eines annähernd ausgewogenen Kräfteverhältnisses der Vertragspart-

---

[114] *Isensee*, in: FS für Großfeld, S. 485 ff. (505); zitiert bei *Canaris*, AcP 200 (2000), S. 273 ff. (292).
[115] So der Richter am BGH *Bungeroth*, in: FS für Schimansky, S. 279 ff. (280 f.); zitiert bei *Canaris*, AcP 200 (2000), S. 273 ff. (292).
[116] *Tamm*, S. 103.
[117] BT-Drucks. 14/6040, S. 91; vgl. *Tamm*, S. 103.

III. Spannungsverhältnis zwischen Vertragsfreiheit und sozialem Ausgleich

ner als Mittel eines angemessenen Interessenausgleichs tauglich ist; der Ausgleich gestörter Vertragsparität zähle nun zu den Hauptaufgaben des geltenden Zivilrechts.[118] Für die Zivilgerichte folge daraus die Pflicht, im Rahmen der Auslegung und Anwendung der Generalklauseln dafür zu sorgen, dass Verträge nicht als Mittel der Fremdbestimmung dienen.[119] Zentral ist die Aussage, der BGH habe „die Frage, ob und inwieweit beide Vertragspartner über den Abschluß und Inhalt des Vertrages tatsächlich frei entscheiden konnten, nicht gestellt". Hierin sehen die Bundesverfassungsrichter „eine Verkennung der grundrechtlich gewährleisteten Privatautonomie".[120] Es ergibt sich nach dieser Judikatur eine Verpflichtung zur Inhaltskontrolle von Verträgen, die einen der beiden Vertragspartner ungewöhnlich stark belasten und das Ergebnis strukturell ungleicher Verhandlungsstärke sind, womit Inhaltsbeschränkungen der Privatautonomie statuiert werden. Die Pflicht zur Korrektur müsse demnach aus der Privatautonomie, Art. 2 I GG, sowie aus dem Rechts- und Sozialstaatsprinzip, Art. 20 I, 28 I GG folgen. Voraussetzung für einen Eingriff in das Vertragsgeschehen im Sinne einer Korrektur seitens der Zivilrechtsordnung ist das Vorliegen einer „typisierbaren Fallgestaltung", „die eine strukturelle Unterlegenheit des einen Vertragsteils erkennen läßt". Ferner müssen „die Folgen des Vertrags für den unterlegene Vertragsteil ungewöhnlich belastend" sein.[121] Ungeklärt bleibt indes, was die drei Voraussetzungen „typisierbare Fallgestaltung", „strukturelle Unterlegenheit" und „ungewöhnlich belastend" *in concreto* beinhalten.[122] Die Postulate aus dem Bürgschaftsbeschluss stellen damit eine Neuausrichtung dar, denn bis *dato* ging der BGH gemäß dem Prinzip *pacta sunt servanda* von der grundsätzlichen Wirksamkeit von Bürgschaftsverträgen selbst bei strukturell unterlegenen Bürgen aus,[123] obgleich der BGH zuvor im Rahmen der Sittenwidrigkeit von Darlehensverträgen die wirtschaftlich schwächere Lage des Darlehensnehmers und dessen Unterlegenheit in eine andere Richtung judizierte.[124]

---

[118] BVerfGE 89, 214 ff. = BVerfG NJW 1994, 36 ff.
[119] BVerfGE 89, 214 ff. = BVerfG NJW 1994, 36 ff.
[120] BVerfGE 89, 214 ff. (231); vgl. dazu auch *Canaris*, AcP 200 (2000), S. 273 ff. (296).
[121] BVerfGE 89, 214 ff. (231).
[122] Kritisch insoweit auch *Rittner*, NJW 1994, S. 3330 f. (3330).
[123] Vgl. dazu die Judikatur des IX. Senats, z.B. BGHZ 106, 269 ff.; BGHZ 107, 92 ff.; BGH WM 1991, 1154 ff.; BGH WM 1992, 93 ff. und des XI. Senats, z.B. BGH WM 1991, 313 ff.; BGH NJW 1993, 322 ff. Ausführlich dazu *Honsell*, JuS 1993, S. 817 ff. (818). Eine Sittenwidrigkeit wurde vom XI. Senat bei Vorliegen besonderer Umstände („Umstandssittenwidrigkeit") angenommen, BGH NJW 1993, 322 ff.
[124] *Canaris* sieht diese Judikatur hinsichtlich der Konsumentenkredite als Vorläufer der Rechtsprechung zu den Bürgschaftsverträgen, aber auch als Kontrast. *Canaris* AcP 200 (2000), S. 273 ff. (300).

330   A. Die Entwicklung eines sozialen Zivilprozesses des 21. Jahrhunderts

bb) Die Bewältigung vertraglicher Ungleichgewichtslagen im Bereich von Eheverträgen

Mit der Störung von vertraglichen Ungleichgewichtslagen und der richterlichen Inhaltskontrolle von Verträgen befasste sich das BVerfG wiederum in einem Urteil aus dem Jahr 2002 im Kontext mit Eheverträgen. Die Verfassungsbeschwerde betraf die Frage, inwieweit Zivilgerichte von Verfassungs wegen verpflichtet sind, Eheverträge einer Inhaltskontrolle zu unterziehen, soweit für den Fall der Ehescheidung auf gesetzliche Unterhaltsansprüche verzichtet und ein Ehegatte von der Unterhaltsleistung für gemeinsame Kinder freigestellt wird.[125] In diesem Urteil rekurrierte das BVerfG – hier in Verbindung mit Art. 6 IV GG und Art. 6 II GG – ebenfalls auf den Grundsatz der Privatautonomie gemäß Art. 2 I GG und konstatiert, diese setze voraus, dass die Bedingungen der Selbstbestimmung auch tatsächlich gegeben sind. In Bezugnahme auf den Bürgschaftsbeschluss heißt es, bei einer „erheblich ungleichen Verhandlungsposition der Vertragspartner", in der „[…] ein Partner ein solches Gewicht hat, dass der den Vertragsinhalt faktisch einseitig bestimmen kann, ist es Aufgabe des Rechts, auf die Wahrung der Grundrechtspositionen beider Vertragspartner hinzuwirken, um zu verhindern, dass sich für einen Vertragsteil die Selbstbestimmung in eine Fremdbestimmung verkehrt".[126]

cc) Die Umsetzung der Vorgaben durch die Judikatur des BGH

Allerdings hat das in dem Votum der abweichenden Richter im Rahmen des Bürgschaftsbeschlusses postulierte Gebot von Vertragsparität, das doch vor dem Hintergrund der Feststellung, das geltende Vertragsrecht genüge den Anforderungen nicht, sehr für eine soziale Ausrichtung des Zivilrechts insgesamt spricht, unter der Ägide des BGH insoweit eine Relativierung im Wege einer Präzisierung erfahren, als eine zivilrechtliche Bereichsdogmatik der Familienbürgschaften entwickelt wurde.[127] Nach diesen Vorgaben bilden weder ein Ungleichgewicht als solches noch eine wirtschaftliche Leistungsschwäche allein die Grundlage für eine Bewertung eines Bürgschafts- bzw. Ehevertrags als ungerecht und deshalb nichtig; diese Aspekte dienen vielmehr nur als Ausgangspunkt der Überlegungen zum Schutz des Bürgen.[128] Ähnliches kann für den Bereich der Eheverträge konstatiert werden, da der BGH die Grundsätze

---

[125] BVerfGE 103, 89 = NJW 2001, 957 ff.; vgl. auch die nachfolgenden Entscheidungen des Bundesverfassungsgerichts BVerfG NJW 2001, 2248 ff. = FamRZ 2001, 985 ff.; NJW 2002, 1185 ff.; NJW 2003, 2819 ff. Ausführlich dazu *E. Brandt*, in: MittBayNot 2004, S. 221 ff.
[126] BVerfGE 103, 89 ff. (101) = NJW 2001, 957 ff. (958).
[127] BGH NJW 2005, 971; *Braun*, JURA 2004, S. 474 ff.
[128] *Ruffert*, S. 358; die Rechtsprechung zwischen dem IX. und dem XI. Senat des BGH war lange uneinheitlich. Vgl. *Tonner*, JuS 2003, S. 325 ff. (326 ff.).

zur Inhaltskontrolle von Eheverträgen im Jahre 2004 konkretisierte. Hier wird nicht allein aus der Tatsache einer einseitigen vertraglichen Regelung auf eine Sittenwidrigkeit des Ehevertrags geschlossen. Vielmehr entwickelte der BGH mit der Kernbereichslehre eine Abstufungsskala. Danach wird eine Nichtigkeit gemäß § 138 I BGB nur dann angenommen, wenn Regelungen aus dem Kernbereich[129] vertraglich abbedungen werden, ohne dass Nachteile durch Vorteile gemildert oder durch wichtige Belange des anderen Ehegatten oder besondere Umstände gerechtfertigt würden.[130]

c) Das Spannungsverhältnis der Prinzipien der Vertragsfreiheit und des sozialen Ausgleichs

Damit lässt sich für den Bereich des materiellen Rechts an dieser Stelle das Aufeinandertreffen von zwei zentralen Konzepten festhalten: das der Vertragsfreiheit und das Prinzip des sozialen Ausgleichs. Letzteres ist getragen von dem Gedanken der sozialen Verantwortung für den sozial und wirtschaftlich schwachen, oftmals geschäftlich unerfahrenen und fremdbestimmten Bürger.[131] Die Rechtsentwicklung im materiellen Recht lässt sich durch die Anerkennung der Schutzbedürftigkeit des Schwächeren unter Einschränkung von Privatautonomie im Wege der Heranziehung des Kriteriums der Parität kennzeichnen. Dabei wird jedoch nicht nach Parität, sondern nach einer rechtlich nicht mehr vertretbaren Imparität, also nicht nach einem Gleichgewicht, sondern nach einem spezifisch relevanten Ungleichgewicht gefragt.[132] In dieses Ungleichgewicht soll dann regulierend eingegriffen werden, sofern das Übergewicht auf einer Seite als typisch erscheint. In Übereinstimmung mit *Schwab* kann daher festgehalten werden, dass der Gedanke des Schutzes des Schwächeren eine zunehmende Bedeutung als Gestaltungselement der Rechtsverhältnisse erhielt.[133]

d) Die sogenannte Materialisierung des materiellen Zivilrechts auf Grundlage der Differenzierung einer formalen und materialen Gerechtigkeitskonzeption

Im Hinblick auf den Begriff der Materialisierung wurde bereits verdeutlicht, dass dieser Veränderungen verschiedener Ebenen des Rechts umfasst. Im Hinblick auf das materielle Recht selbst, das gerade wegen der dienenden Aufgabe

---

[129] Hierzu zählen der Betreuungsunterhalt, § 1570 BGB, der Unterhalt wegen Krankheit, § 1572 BGB, der Unterhalt wegen Alters, § 1571 BGB.
[130] BGHZ 158, 81 = NJW 2004, 930; vgl. dazu *Born*, NJW 2014, S. 1484 ff.
[131] Zu der Leitidee des Konzepts des sozialen Ausgleichs *Limbach*, JuS 1985, S. 10 ff. (11).
[132] *Rittner*, AcP 188 (1988), S. 101 ff. (127).
[133] *Schwab*, Einführung in das Zivilrecht, Rn. 81.

des Verfahrensrechts für die vorliegende Betrachtung relevant ist, sei Folgendes bemerkt:

In den siebziger und achtziger Jahren des 20. Jahrhunderts wurde im wissenschaftlichen Schrifttum zur Kennzeichnung der Rechtsentwicklung des Privatrechts das Schlagwort der Materialisierung des Privatrechts herangezogen.[134] In diesem Zusammenhang soll der Materialisierungsgedanke, der in dem erwähnten Zitat von *Wieacker* hinsichtlich des Wandels von der formalen Freiheitsethik hin zu einer materialen Ethik sozialer Verantwortung deutlich wird, die verstärkte Überlagerung einer formalen Grundkonzeption des Privatrechts durch ein materiales Gerechtigkeitsdenken und Prinzipien sozialer Verantwortlichkeit beinhalten.[135] Gerade in das vermeintlich bloß formale Schuldrecht des BGB sollten nun endlich auch die diesem angeblich fehlenden Gerechtigkeitsstandards implementiert werden.[136] Die Materialisierung verband sich in ausgeprägter Weise mit dem konkreten rechtspolitischen Ziel des Verbraucherschutzes.[137] In theoretisch-methodischer Hinsicht erhielt die Materialisierung im Hinblick auf das Schuldvertragsrecht besonderes Augenmerk bei *Canaris*, der die Materialisierung durch Unterscheidung von drei Aspekten präzisierte und den Antagonismus von formal und material auf die einzelnen Ebenen bezog. Den Trias bilden dabei die Vertragsgerechtigkeit, die Vertragsfreiheit und die weltanschaulich-politische Grundhaltung. Die voneinander zu trennenden Bereiche der Vertragsgerechtigkeit einerseits und der Vertragsfreiheit andererseits können jeweils entweder in einem formalen oder in einem materialen Sinn verstanden werden.[138]

Die Vertragsgerechtigkeit bezieht sich dabei auf die Angemessenheit und das Gleichgewicht des vertraglichen Leistungsaustausches, also auf den Inhalt. Hier gilt: Eine formale Konzeption der Gerechtigkeit ist durch strikte Neutralität gegenüber der freien Willensbildung des einzelnen Individuums ohne inhaltliche Bewertung des zwischen den Individuen Vereinbarten und ohne Ansehung der Person gekennzeichnet. Demgegenüber erstrebt eine materiale Konzeption eine inhaltliche Gleichwertigkeit der ausgetauschten Leistungen bzw. Angemessenheit des Vertragsinhalts.[139] In dem weiteren, von der Frage der Vertragsgerechtigkeit zu trennenden Bereich der Vertragsfreiheit wird unabhängig vom Vertragsinhalt dahingehend differenziert, dass eine formale Auffassung lediglich die neutrale, abstrakte und rein rechtliche Handlungsfreiheit durch eine abstrakt-rechtliche Gleichheit der Parteien garantiert, während das materiale Verständnis eine Entscheidungsfreiheit in tatsächlicher

---

[134] *Ernst*, in: Münchener Kommentar BGB, Einl. Rn. 53.
[135] Dazu *Auer*, S. 22.
[136] *Ernst*, in: Münchener Kommentar BGB, Einl. Rn. 53.
[137] *Ernst*, in: Münchener Kommentar BGB, Einl. Rn. 53.
[138] *Canaris*, AcP 200 (2000), S. 273 ff. (276 ff., 282 ff.); vgl. dazu *Auer*, S. 23 ff.
[139] So *Auer*, S. 23.

Hinsicht unter der Notwendigkeit gleicher Chancen der Parteien erfordert.[140] Die bereits dargestellte Bürgschaftsentscheidung des BVerfG wertet *Canaris* vornehmlich als Ausdruck eines materialen Verständnisses der Vertragsfreiheit; die Entscheidung sei ein materiales Verständnis von Privatautonomie im Sinne tatsächlicher Entscheidungsfreiheit.[141] Darüber hinaus sieht *Canaris* in dem Judikat aufgrund der Diskrepanz zwischen den Folgen für den Bürgen und der Schwäche des Sicherungsinteresses der Bank auch eine Materialisierung des Gerechtigkeitsgedankens.[142]

Über die Ebenen der Vertragsgerechtigkeit und Vertragsfreiheit hinaus bezieht *Canaris* den politisch-weltanschaulichen Diskurs mit ein und hält auch auf dieser Ebene eine Materialisierung für denkbar. Er unterscheidet in Bezug auf die dem Vertragsrecht zugrunde liegende Haltung zwischen einer liberalen und einer sozialen Auffassung,[143] wobei für eine liberale Grundvorstellung mehr eine formale Sichtweise und für eine soziale Grundhaltung eher ein materiales Verständnis unter Überwindung von Defiziten der tatsächlichen Entscheidungsfreiheit prägend ist. Kennzeichen des Liberalismus, der auf der Vorstellung des starken Individuums und mündigen Bürgers fußt, ist nach *Canaris* eine mehr formal geprägte Grundhaltung, wobei die rechtliche Freiheit und die rechtliche Gleichheit der Menschen einen besonders hohen Stellenwert genießen. Hier wird im Zweifel einem formalen Gerechtigkeitsverständnis der Vorrang gegenüber einem inhaltlich bestimmten Verständnis gegeben und unter besonderer Hochschätzung der freien Selbstbestimmung und der Selbstverantwortung Zurückhaltung gegenüber einer Einschränkung des Grundsatzes *pacta sunt servanda* gewahrt.[144] Demgegenüber sind mit dem Wort „sozial" Vorstellungen von der tatsächlichen Ungleichheit der Menschen und Einschränkungen der tatsächlichen Entscheidungsfreiheit verbunden. Hier besteht die Neigung zu Eingriffen unter dem Postulat sozialer Gerechtigkeit und dem Ziel des Schutzes des Schwächeren.[145] Allerdings hebt *Canaris* auch hervor, die Unterscheidung zwischen „liberal" und „sozial" decke sich nicht mit den Begriffspaaren „formal" und „material"; vielmehr gäbe es zwischen beiden gewisse Überschneidungen bzw. Verschränkungen.[146] Denn schließlich erkennen selbst Anhänger des Liberalismus die Notwendigkeit tatsächlicher Entscheidungsfreiheit an, während Vertreter einer sozialen Weltanschauung die Erforderlichkeit des Verfahrensgedankens verbunden mit verfahrensmäßigen Sicherungen nicht leugnen. *Canaris* schreibt den materiellen

---
[140] *Auer*, S. 24.
[141] *Canaris*, AcP 200 (2000), S. 273 ff. (296).
[142] *Canaris*, AcP 200 (2000), S. 273 ff. (298).
[143] *Canaris*, AcP 200 (2000), S. 273 ff. (289 ff.); vgl. dazu *Auer*, S. 23 Fn. 41.
[144] *Canaris*, AcP 200 (2000), S. 273 ff. (290).
[145] *Canaris*, AcP 200 (2000), S. 273 ff. (290).
[146] *Canaris*, AcP 200 (2000), S. 273 ff. (291).

Kriterien im Rahmen des liberalen Privatrechtsmodells ergänzende, jedoch nicht systemprägende Funktion zu.[147] Dementsprechend ordnet er den Bürgschaftsbeschluss, obgleich dieser Ausdruck einer Materialisierung sowohl der Vertragsfreiheit als auch der Vertragsgerechtigkeit ist, nicht als „spezifisch sozial" ein, sondern hält ihn durchaus für mit dem liberalen Verständnis vereinbar.[148]

Damit verdeutlicht sich eine Tendenz der gegenwärtigen rechtstheoretischen Diskussion, die weniger auf ein Nebeneinander von formalen und materialen Strukturen abstellt, sondern versucht, materiale Wertungen in systemkonformer und normativ einheitlicher Weise mit den formalen Grundgedanken des liberalen Modells des Privatrechts in Einklang zu bringen.[149]

e) Zwischenergebnis

Die dargestellte Rechtsentwicklung belegt für das materielle Recht, dass es sozial bzw. material geprägte Rechtsgebiete gibt. Insofern kann von einer sektoralen Materialisierung ausgegangen werden. Die Materialisierung des Privatrechts verbindet sich in besonderer Weise mit der rechtspolitischen Zielsetzung des Verbraucherschutzes. In diesem Prozess der Materialisierung gewinnt der Gerechtigkeitsgedanke erstens als Kriterium der gleichberechtigten Abschlussfreiheit Bedeutung. Hier greifen bestimmte Rechtsfiguren in der Situation eines Fehlens tatsächlicher vertraglicher Entscheidungsfreiheit – insbesondere Widerrufsrechte des Verbrauchers –, ohne dabei das Austauschverhältnis als solches zu kompensieren. Es wird eine Wandlung im Sinne von Eingriffen in den Aspekt der Vertragsfreiheit durch materiale Korrekturen deutlich.[150] Zweitens wird im Rahmen der Materialisierung auch eine gesteigerte Aufmerksamkeit hinsichtlich des vertraglich vereinbarten Inhalts, also des Austauschverhältnisses, *in concreto* der Vertragsbalance und der Wiederherstellung gestörter Vertragsparität deutlich;[151] „Einbruchstellen" sind der bereits bei Inkrafttreten des BGB existente, aber in der richterlichen Handhabung – gerade im Darlehens- und Bürgschaftsrecht – deutlich veränderte § 138 I BGB, sowie das Novum der AGB-Prüfung. Nach der oben dargestellten rechtstheoretischen Erfassung wird damit nicht nur in dem Bereich der Vertragsfreiheit, sondern auch auf der Ebene der Vertragsgerechtigkeit eine Hinwendung von der Anwendung formaler Gerechtigkeitskriterien hin zu einem

---

[147] *Canaris*, AcP 200 (2000), S. 273 ff. (285); vgl. dazu *Auer*, S. 22 Fn. 40.
[148] *Canaris*, AcP 200 (2000), S. 273 ff. (299).
[149] Kritisch dazu *Auer*, S. 22 ff.
[150] *Auer*, S. 28 ff.
[151] Kritisch insoweit gegenüber den „wohlfahrtsstaatlichen Schranken" *Zöllner*, AcP 188 (1988), S. 85 ff. (98).

III. Spannungsverhältnis zwischen Vertragsfreiheit und sozialem Ausgleich

materialen Verständnis deutlich.[152] Es gibt damit auch Eingriffe auf der Ebene der Vertragsgerechtigkeit, obgleich das herrschende Privatrechtsdenken einen (noch) formalen Gerechtigkeitsbegriff zugrunde legt.[153] Die heutige Zivilrechtswissenschaft ist gerade – entgegen der Auffassung des Ersten Senats des BVerfG – nicht „weitgehend" dahingehend einig, dass Vertragsgerechtigkeit „nur im Falle eines ausgewogenen Kräfteverhältnisses der Partner als Mittel eines angemessenen Interessenausgleichs taugt".[154] Schließlich verbleibt es selbst bei den sozial sensiblen und besonders geregelten Materien des Arbeitsrechts, Mietrechts und des Verbraucherschutzrechts grundsätzlich bei dem zentralen Prinzip der Privatautonomie, das die eigenständige Gestaltung der Rechtsverhältnisse durch den einzelnen nach seinem Willen beinhaltet.[155] Eine Materialisierung nicht nur der Vertragsfreiheit, sondern auch des Gerechtigkeitsverständnisses erfolgte in der dargestellten grundsätzlichen Neuausrichtung der Judikatur des BVerfG.[156] Dieses trat einer restriktiven Handhabung des § 138 I BGB entgegen und förderte so ganz deutlich den Schutz des schwächeren Vertragspartners auf der Ebene des materiellen Rechts im Bereich der Vertragsfreiheit und Vertragsgerechtigkeit im Wege einer Durchbrechung von rein formalen Aspekten der Äquivalenz der Vertragspartner durch eine inhaltliche *Ex post*-Kontrolle zum Schutze des Bürgen bei Ehegatten- bzw. Familienbürgschaften bzw. der Ehefrau im Rahmen von Eheverträgen. Die These von einer sozialen Akzentuierung des materiellen Zivilrechts durch Begrenzung von Privatautonomie im Wege der sektoralen Materialisierung zugunsten des schwächeren Vertragspartners erfährt daher Bestätigung durch die dargestellte Entwicklung des Arbeitsrechts und Mietrechts sowie der Sondergesetzgebung auf dem Gebiet des Verbraucherschutzrechts.

---

[152] Nach *Auer* und *Canaris* lassen sich jedoch die meisten anerkannten Grenzen der Privatautonomie als Ausfluss der Materialisierung der Vertragsfreiheit und nicht der Vertragsgerechtigkeit verstehen. Verwiesen wird auf den gesamten Bereich der Vertragsabschlusskontrolle (Regelungen hinsichtlich der Geschäftsfähigkeit, Willensmängel, Widerrufsrechte des Verbraucherschutzrechts, vorvertragliche Aufklärungspflichten). Vgl. *Auer*, S. 28 f.; *Canaris*, AcP 200 (2000), S. 273 ff. (280 f., 296 f., 321 ff., 331, 344 ff.).

[153] *Auer*, S. 25 ff.

[154] So die Kritik von *Rittner*, NJW 1994, S. 3330 ff., nach dessen Ansicht die Lehre von der Vertragsgerechtigkeit als Ziel des Vertragsrechts „ein Trugbild gibt"; vgl. auch *Wiedemann*, JZ 1994, S. 411 ff. (411), der hervorhebt, dass dem gegenwärtigen Meinungsbild die rechtsethische Orientierung der Nachkriegszeit teilweise als überholt angesehen wird und dass demgegenüber die Prinzipien der Gestaltungsfreiheit, der strengen Vertragsbindung und der Verantwortung des mündigen Bürgers betont werden.

[155] Vgl. dazu *Flume*, Allgemeiner Teil des Bürgerlichen Rechts, Band II, Das Rechtsgeschäft, S. 16: *Flume* weist darauf hin, dass selbst im Arbeitsrecht für den Abschluss des Arbeitsvertrags und für dessen Kündigung die Privatautonomie Geltung beansprucht. Ferner würden sich die AGB nur auf Nebenpunkte beschränken.

[156] So auch *E. Brandt*, MittBayNot 2004, S. 221 ff. (222).

Es lässt sich festhalten, dass die dem liberalen Zeitgeist entspringende Vorstellung des verständigen, d.h. zur Selbstverantwortung und Selbstbestimmung fähigen, freien und gleichen Rechtsgenossen stark eingeschränkt wurde. Die Änderungen fielen zusammen mit einer grundsätzlichen Kritik an der Privat- und Gesellschaftsordnung.[157] Dementsprechend haben die Einschränkungen privatautonomer Gestaltung in der 2. Hälfte des 20. Jahrhunderts zugenommen.[158] Von der noch in den fünfziger Jahren des 20. Jahrhunderts geltenden Vorstellung, Privatautonomie produziere die inhaltlich richtige Regel und bedürfe nur in äußersten Fällen einer Einschränkung, hat man sich weit entfernt.[159] Es lässt sich eine Verschiebung von der Sichtweise von der Eigenverantwortung aufgrund eines individualistischen Wertedenkens hin zu einem kollektivistischen Denken festhalten.[160] Die soziale Akzentuierung des gegenwärtigen Privatrechts ist im Ergebnis dahingehend zu verstehen, dass es innerhalb des grundsätzlich am formalen Gerechtigkeitsverständnis ausgerichteten Privatrechts bestimmte stark material bzw. sozial geprägte Rechtsgebiete gibt, in denen – vornehmlich im Bereich der Vertragsfreiheit, aber auch im Rahmen der Vertragsgerechtigkeit – ein materiales, d.h. durch das Bemühen um Herstellung tatsächlicher Freiheit und Gleichheit gekennzeichnetes, Denken begrenzende Wirkung entfaltet.[161] Die Materialisierungswirkung kann wegen ihrer Beschränkung auf bestimmte Rechtsgebiete als sektoral gekennzeichnet werden.

5. Rechtsdogmatische Kennzeichen der Schutzvorschriften zugunsten des mutmaßlich Schwächeren und deren mögliche Konsequenzen im Hinblick auf den Durchsetzungsanspruch im Prozess

a) Mangelnde Dispositivität der Schutzvorschriften

Die in rechtsdogmatischer Hinsicht maßgebliche Besonderheit des materiellen Rechts in den dargestellten Rechtsgebieten besteht darin, dass sich der Gesetzgeber zwecks Erreichung des Sozialschutzes zwingender materiell-rechtlicher Bestimmungen bedient. Damit lässt sich der Materialisierungsprozess auf dem Gebiet des materiellen Rechts auch durch eine Zunahme zwingender Privatrechtsnormen kennzeichnen.[162] Verwiesen sei auf die Regelungen zu den All-

---

[157] *Ernst*, in: Münchener Kommentar BGB, Einl. Rn. 53.
[158] *Zöllner*, AcP 188 (1988), S. 85 ff. (97).
[159] Vgl. auch *Zöllner*, AcP 188 (1988), S. 85 ff. (97).
[160] Vgl. zur Grundstruktur des Wertungsgegensatzes zwischen Individualismus und Kollektivismus *Auer*, S. 12 ff.
[161] Vgl. *Auer*, S. 26.
[162] So die Feststellung von *E. Schmidt* bereits im Jahre 1980. *E. Schmidt*, JZ 1980, S. 153 ff. (156).

III. Spannungsverhältnis zwischen Vertragsfreiheit und sozialem Ausgleich

gemeinen Geschäftsbedingungen gemäß §§ 305 ff. BGB sowie auf die Vorschriften hinsichtlich des Verbrauchsgüterkaufs gemäß § 475 BGB.[163] Damit sind bestimmte Bereiche des Privatrechts der Verfügungsbefugnis der Vertragsparteien entzogen.[164] Insbesondere können zwingende Rechtsvorschriften zugunsten des Verbrauchers als eines der zentralen rechtlichen Instrumente der Verbraucherschutzbestimmungen des materiellen Rechts angesehen werden.[165]

Dieser Befund ist für die vorstehende verfahrensrechtliche Untersuchung deshalb von tragender Bedeutung, da das auf materiell-rechtlicher Ebene nicht der Privatautonomie unterfallende *ius cogens* auch prozessual der Parteiherrschaft entzogen werden könnte.[166] So wird für den Bereich zwingenden materiellen Rechts vornehmlich von *Cahn* – entgegen der überwiegenden Ansicht – eine Tatsachenerforschung durch den Richter postuliert.[167] *Cahn* zieht aus der Einordnung einer Norm als zwingende Vorschrift sowohl Schlüsse auf die Dispositions- als auch auf die Verhandlungsmaxime. Er vertritt die These, eine zwingende Norm, die ein bestimmtes Ergebnis verhindern wolle, erfordere einen Gleichlauf von Beschränkungen betreffend Verfügungen über den Anspruch (Dispositionsmaxime) als auch Beschränkungen im Rahmen der Bestimmung des Sachverhalts (Verhandlungsmaxime).[168] Im Hinblick auf den Durchsetzungsanspruch im Prozess könnte auch folgende Erwägung bedeutsam sein: Für den Bereich der außergerichtlichen Streitbeilegung verbraucherrechtlicher Streitigkeiten gilt nach der ADR-Richtlinie gemäß Art. 11 I a): Die dem Verbraucher auferlegte Lösung darf gerade nicht dazu führen, dem Verbraucher den Schutz zu nehmen, der ihm durch die Bestimmungen gewährt wird, von denen nicht durch Vereinbarung gemäß dem Recht des Mitgliedstaats, in dem der Verbraucher und der Unternehmer ihren gewöhnlichen Aufenthalt haben, abgewichen werden darf. Hier zeigt sich, wie im Rahmen der im Wege außergerichtlicher Streitbeilegung zwischen Unternehmern und Verbrauchern gefundenen einvernehmlichen Lösung durchaus Abweichungen vom materiellen Recht zulässig sind, also gewisse Widersprüche akzeptiert werden. Dies gilt indes nur für das *ius dispositivum*, denn Art. 11 ADR-Richtlinie nimmt den Bereich zwingenden Rechts hiervon aus und weist ihm daher eine besondere Bedeutung zu. Dieser Befund verdeutlicht den Durchsetzungsanspruch zwingender Normen für ein Verfahren, das Aufgaben erfüllt,

---

[163] Die Abdingbarkeit der §§ 474 III, IV BGB ist hingegen umstritten.
[164] *Bahnsen*, S. 2.
[165] Zu den rechtlichen Instrumenten der Verbraucherschutzbestimmungen *Schwab*, Einführung in das Zivilrecht, Rn. 818.
[166] So *E. Schmidt*, JZ 1980, S. 153 ff. (157): „Der Einschränkung der Privatautonomie im materiellen Recht mußte eine demgemäße Fortsetzung im Zivilprozeß folgen."
[167] *Cahn*, AcP 198 (1998), S. 35 ff.
[168] *Cahn*, AcP 198 (1998), S. 35 ff. (51 ff.)

die traditionell der Justiz zugewiesen sind und damit als justizsubstituierend bezeichnet werden können. In diesem Verfahren tritt die Verwirklichung materiellen Rechts in den Hintergrund, da es neben der Verfahrenseffizienz den Rechtsfrieden in den Vordergrund stellt. Wenn aber in einem solchen an sich rechtsfernen Verfahren das zwingende Recht Schutzwirkung für den Verbraucher entfalten muss, könnte man die These aufstellen, dass dies erst recht für den Zivilprozess gelten müsse.

b) Die Umsetzung von EU-Richtlinien und Wirkungen des Effektivitätsgrundsatzes

Neben der Besonderheit, dass es sich bei den in Frage stehenden Normen materiellen Rechts um zwingendes Recht handelt, kann als weitere Bedeutsamkeit festgehalten werden, dass die Vorschriften materiellen Rechts – wie dargestellt – eine Umsetzung von EU-Richtlinien darstellen. Als Folge ist im Rahmen der richtlinienkonformen Auslegung der bereits erwähnte Effektivitätsgrundsatz im Blick zu behalten. Dieser könnte Auswirkungen auf die Verhandlungs- und die Dispositionsmaxime zeigen, wie bereits im dritten Teil dieser Arbeit dargestellt wurde. Denn die praktische Wirksamkeit des Gemeinschaftsrechts könnte eingeschränkt sein, wenn das Gericht aufgrund des Parteiverhaltens daran gehindert wäre, eine einschlägige Vorschrift des Unionsrechts anzuwenden.[169] Damit wird letztlich die Ebene der Gerechtigkeit unter den Parteien selbst verlassen und öffentliche Interessen gewinnen an Bedeutung.

In Bezug auf das zwingende materielle Gemeinschaftsrecht geht *Cahn* davon aus, die Grundsätze von Parteiherrschaft und richterlicher Passivität seien nicht interessengerecht. Es entspreche dem Durchsetzungsanspruch dieser Normen, ihre Anwendung innerhalb und außerhalb des Prozesses unabhängig von dem Willen der Betroffenen zu gewährleisten. Sofern die Aufklärung des Sachverhalts in die Hände der Parteien gelegt wird, würde dies bedeuten, dass die betreffende nicht disponible Norm zur Disposition der Parteien gestellt würde.[170] Diese Annahme soll nicht nur für zwingende Normen gelten, deren Schutz sich nicht auf die Parteien beschränkt, wie etwa die Wettbewerbsregelungen nach Art. 3 lit. b, 85, 90 EWG-Vertrag. Vielmehr bestünden nach der Auffassung von *Cahn* auch Bedenken gegen eine Parteidispositivität bei solchen zwingenden Vorschriften des Gemeinschaftsrechts, die dem Schutz einer oder beider Parteien dienen.[171] Man könnte daher vor dem Hintergrund des Spannungsverhältnisses von Parteiherrschaft und Richtermacht davon ausge-

---

[169] *Herb*, S. 217.
[170] *Cahn*, ZEuP 1998, S. 974 ff. (978 f.).
[171] *Cahn*, ZEuP 1998, S. 974 ff. (979).

hen, die Forderung nach praktischer Wirksamkeit des materiellen Gemeinschaftsrechts spreche gegen eine Parteiherrschaft unter uneingeschränkter Geltung der Verhandlungs- und der Dispositionsmaxime im Zivilprozess.[172]

IV. Materialisierung des Prozessrechts – Der Schutz des Schwächeren durch materiale Begrenzung der Verhandlungs- und der Dispositionsmaxime

Die für die vorstehende Betrachtung entscheidende Frage ist nun, ob ein Übergreifen der Erscheinungsformen des Schutzes des Schwächeren, also des Materialisierungsprozesses auf bestimmten Gebieten des materiellen Rechts – die sektorale Materialisierung – auch im Hinblick auf die prozessuale Ebene im Interesse einer Systemkonformität prognostiziert werden kann mit der Folge prozessualer Sektoralisierung. Anders gewendet fragt sich, ob die Begrenzung von Vertragsfreiheit durch sektorale Materialisierung eine Fortsetzung findet in einer materialen sektoralen Begrenzung der Verhandlungs- und der Dispositionsmaxime. Sollte das Verfahrensrecht auf diese Weise also Schritt halten mit den dargestellten Fortentwicklungen materiellen Rechts oder sollte der von der Verhandlungs- und der Dispositionsmaxime gewährte Interaktionsraum der Parteien uneingeschränkt erhalten bleiben? Man könnte zu der Annahme geneigt sein, die Schutznotwendigkeiten dürften gerade dort nicht unterlaufen werden, „wo die defizitäre Situation *in concreto* am ehesten deutlich und damit erst korrigierbar wird"[173], also im Zivilprozess.

1. Die Materialisierung des Zivilverfahrens im Rahmen von Spezialprozessen unter dem Einfluss des materiellen Rechts und der Waffengleichheit

a) Materialisierung des Verfahrensrechts durch Einwirkung des materiellen Rechts

Als wesentliches Kennzeichen von Materialisierung wurde ein Übergreifen außerprozessualer Wertungen auf die Sphäre des Prozessrechts mit der Folge eines Abweichens von wesentlichen prozessualen Grundsätzen angesehen.[174] Auf diese Weise wird der Aspekt von Gerechtigkeit und damit die soziale Dimension in das Verfahren hineingetragen. Die Problematik des Erfordernisses von Verfahrensgerechtigkeit im Zivilverfahren dabei ist Ausdruck der Frage,

---
[172] Vgl. *Herb*, S. 217.
[173] So *E. Schmidt*, JZ 1980, S. 153 ff. (157).
[174] Siehe 5. Teil A I. 1.

wie stark der Bezug des Prozessrechts zum materiellen Recht sein sollte. In diesem Kontext lässt sich der Begriff der „Materialisierung" demnach als Überformung des Verfahrensrechts durch das materielle Recht begreifen. Der soziale Zivilprozess ist damit maßgeblich gekennzeichnet von einem Übergreifen sozialstaatlich akzentuierter materiell-rechtlicher Wertungen auf das Verfahren. Dementsprechend werden in der neuen Zivilprozessordnung der Schweiz beide Aspekte gemeinsam zu zentralen Leitlinien rechtspolitischer Natur erhoben: Neben dem erwähnten Ziel „kein Rückschritt beim ‚sozialen Zivilprozess'" wird eine „Abstimmung und Koordination mit dem materiellen Privatrecht (insbesondere dem Zivilgesetzbuch (ZGB) und dem Obligationenrecht (OR)" postuliert.[175]

b) Materialisierung des Verfahrensrechts durch Einwirkung des Grundsatzes der Waffengleichheit gemäß Art. 3 I GG

aa) Die konkrete Einwirkung der Waffengleichheit auf das Verfahren

Neben dem Gedanken der Materialisierung des Prozessrechts durch ein Übergreifen des seinerseits in bestimmten Rechtsgebieten sozialstaatlich geprägten materiellen Rechts wird die Frage des sozialen Zivilverfahrens – ohne Vermittlung durch das materielle Recht – entscheidend getragen von der direkten Einwirkung des verfassungsrechtlichen Grundsatzes der prozessualen Waffengleichheit gemäß Art. 3 I GG auf das Verfahren sowie von der entscheidenden Problematik einer Materialisierung der Waffengleichheit selbst.

Das Gebot der Waffengleichheit wirkt auf zwei maßgebliche Bereiche des Zivilverfahrens erheblich ein: Zum einen beeinflusst es Fragen des Beweisrechts – der Darlegungs- und Beweislast –, zum anderen betrifft es die Intensität der richterlichen Hinweis- und Prozessförderungspflicht. Damit kann die Waffengleichheit den für diese Arbeit relevanten Bereich der Richteraktivität zugunsten des mutmaßlich Schwächeren beeinflussen. Von den Vertretern eines sozialen Zivilprozesses – so insbesondere von *Wassermann* – wird die verfassungsrechtliche Einwirkung mit einer Notwendigkeit der richterlichen Fürsorge im Verfahren allerdings nicht vor dem Hintergrund der Gleichheit der Prozessparteien nach Art. 3 I GG, sondern unter dem Blickwinkel des Sozialstaatsprinzips betrachtet,[176] obgleich eine Konnexität,[177] verstanden als wesensmäßige Verknüpfung des Gleichheitsgedankens und der Sozialstaatlichkeit – wie im Rahmen des oben erwähnten Urteils zur Privilegierung des Betriebsvermögens bei der Erbschaftssteuer aus dem Jahre 2014[178] bereits aus-

---

[175] *Sutter-Somm*, R.L.R. No. 29 (2012), S. 81 ff. (82 f.).
[176] *Wassermann*, S. 68 ff.
[177] Vgl. zu dem Zusammenhang zwischen Art. 3 GG und dem Sozialstaatsprinzip auch *Stern*, Staatsrecht, § 21 IV 4 21, S. 939 ff.
[178] BVerfGE 138, 136.

geführt wurde – nicht zu leugnen ist, denn schließlich soll das Sozialstaatsprinzip Chancengleichheit befördern.

bb) Die Reichweite des Grundsatzes der Waffengleichheit – formale versus materiale Waffengleichheit

(1) Der Zusammenhang zwischen der Interpretation der Waffengleichheit und der Notwendigkeit sozialkompensatorischer richterlicher Aktivität. Im vierten Teil der Arbeit wurde der Grundsatz der prozessualen Waffengleichheit gemäß Art. 3 I GG als wichtiges prozessuales Grundrecht mit zivilprozessualen Einwirkungen vornehmlich im Beweisrecht gekennzeichnet. Es wurde konstatiert, dass dem Grundsatz eine unterschiedliche inhaltliche Reichweite beigemessen wird.[179] Auch hier ist auf die beiden im Rahmen des materiellen Rechts dargestellten Konzeptionen von Gerechtigkeit zurückzugreifen. Denn denkbar sind entweder eine rein formale oder eine materielle Betrachtungsweise, mit anderen Worten ein Verständnis des Grundsatzes als eine Gleichheit *vor* dem Richter oder aber eine Gleichheit *durch* den Richter.

(2) Das materiale bzw. soziale Verständnis der Waffengleichheit. Sofern man den Grundsatz der Waffengleichheit im Sinne eines materiellen Verständnisses nur dann als gewahrt sieht, sofern beiden Parteien nicht nur eine formal gleiche Stellung im Verfahren zukommen müsse, sondern dass ihnen tatsächlich, also materiell, gleiche Möglichkeiten im Interesse der Ausübung prozessualer Rechte zustehen müssen, würde das Gebot der Waffengleichheit richterliche sozialkompensatorische Aktivität erfordern,[180] damit die Prozessparteien auch praktisch in den Genuss ihrer Rechte gelangen. Insofern erschiene es nur folgerichtig, von einer „sozialen Waffengleichheit" zu sprechen.[181] Damit wäre im Wege von Richteraktivität eine materiale Gleichwertigkeit der Prozessstellung der Parteien verbunden mit einer gleichwertigen Durchsetzungschance subjektiver Rechte im Verfahren gesichert. An dieser Stelle sei verdeutlicht, allein eine materiell interpretierte Waffengleichheit kann in der dargestellten Vier-Augen-Situation zu einer Steigerung von Richteraktivität führen, sei es im Rahmen einer Parteianhörung nach § 141 ZPO oder im Wege der Parteivernehmung nach § 448 ZPO.[182] Nach *Vollkommer* handelt es sich bei dem so verstandenen Waffengleichheitspostulat um einen „modernen, noch der vollen Anerkennung bedürftigen Grundsatz".[183] Die Entscheidung zwischen forma-

---

[179] 4. Teil A. IV. 1. b) bb).
[180] *Vollkommer*, in: FS für Schwab, S. 503 ff. (518 ff.); *Schwab/Gottwald*, Verfassung und Zivilprozeß, S. 65; *Lüke*, in: Münchener Kommentar, Einl. Rn. 144; *Musielak*, in: Musielak/Voit, ZPO, Einl. Rn. 31 f.
[181] Vgl. *Althammer*, in: *Weller/Althammer*, S. 3 ff. (22).
[182] *Reinkenhof*, JuS 2002, S. 645 ff. (647).
[183] *Vollkommer*, in: FS für Schwab, S. 503 ff. (519).

ler und materialer Waffengleichheit könne seiner Ansicht nach nur zugunsten letzterer ausfallen.[184] Ein Zielkonflikt mit der Unparteilichkeit und Neutralität des Richters bestehe nicht, da dieser gerade die „Grundvoraussetzung einer gerechten Entscheidung" schaffe.[185] *Vollkommer* verweist in diesem Kontext auf die Entscheidung des BVerfG aus dem Jahre 1976 hinsichtlich der Handhabung des § 139 ZPO im Rahmen eines Zwangsversteigerungsverfahrens ohne anwaltliche Vertretung im Versteigerungstermin. In dieser Judikatur heißt es, die richterliche Unparteilichkeit sei kein wertfreies Prinzip, sondern stehe im Dienst der Rechtsverwirklichung.[186] Diese Judikatur spricht – neben weiteren Beschlüssen des BVerfG aus den siebziger Jahren des 20. Jahrhunderts im Rahmen von Zwangsversteigerungsverfahren ohne anwaltliche Vertretung – in der Tat für ein Verständnis richterlicher Neutralität als Streben nach materialer Gerechtigkeit.[187] Ihnen ist eine Tendenz zu einem „verfassungsrechtlich garantierten ‚Richterprozess'", wonach der Richter die Parteien nicht auf deren prozessualen Fehlleistungen sitzen lassen dürfe, immanent.[188] Denn danach besteht eine verfassungsrechtliche Pflicht zum Hinweis, gerichtet an die unerfahrene Partei, auf ein sachgerechtes Prozessverhalten, die maßgeblich dem Rechts- und Sozialstaatsprinzip entspringen soll.[189]

Bemerkenswert für die vorliegende Problematik ist dabei die Heranziehung der „materialen Gerechtigkeit", weshalb die Befürworter eines derartigen Verständnisses u.a. diese Rechtsprechung zur Unterstützung ihrer These heranziehen.[190] Der zweite Senat hebt hervor, die richterliche Unabhängigkeit sei kein wertfreies Prinzip, sondern sei vielmehr „an den Grundwerten der Ver-

---

[184] *Vollkommer*, in: FS für Schwab, S. 503 ff. (519 f.); so auch *Schack*, ZZP 129 (2016), S. 393 ff. (400): „Schon um eine strukturelle Unterlegenheit ausgleichen zu können, muss die prozessuale Chancengleichheit deshalb materiell verstanden werden."

[185] *Vollkommer*, in: FS für Schwab, S. 503 ff. (520).

[186] *Vollkommer*, in: FS für Schwab, S. 503 ff. (520) mit Hinweis auf BVerfGE 42, 64 ff. (78). Eine Einschränkung dieser Judikatur auf die Zwangsvollstreckung hält *Vollkommer* für nicht vertretbar. Auch sei das Judikat im Rahmen des Arzthaftungsbeschlusses viermal zustimmend zitiert worden. So *Vollkommer*, in: FS für Schwab, S. 503 ff. (520 Fn. 120).

[187] *Stürner*, Die richterliche Aufklärung im Zivilprozeß, Rn. 43.

[188] *Stürner*, NJW 1979, S. 2334 ff. (2336).

[189] *Stürner*, NJW 1979, S. 2334 ff. (2336) mit Hinweis (Fn. 21) auf BVerfGE 42, 64 (74 ff.) = NJW 1976, 1391 ff.: Hier wurde eine Verletzung von Art. 3 I GG darin erblickt, dass die unerfahrene Antragstellerin einer Teilungsversteigerung nicht über die Folgen des für sie nachteiligen sofortigen Zuschlags und über das Recht, der Erteilung des Zuschlags entgegenzutreten, im Wege der Ausübung des Fragerechts nach § 139 ZPO (in diesem Fall durch den Rechtspfleger) aufgeklärt worden ist. In dem Verfahren standen das zuletzt abgegebene Gebot und damit der zu erzielende Erlös in keinem Verhältnis zum Wert des Grundstücks. Vgl. auch BVerfGE 46, 325 ff. (334 f.) = NJW 1978, 368 ff. unter Rückgriff auf die „faire Verfahrensführung" auch im Rahmen der Durchführung von Zwangsversteigerungen.

[190] *Vollkommer*, in: FS für Schwab, S. 503 ff. (520) mit Hinweis auf BVerfGE 42, 64 ff. (78).

fassung" orientiert, „insbesondere am Gebot sachgerechter Entscheidungen im Rahmen des Gesetzes unter dem Blickpunkt materialer Gerechtigkeit".[191]

(3) Das formale Verständnis der Waffengleichheit mit besonderem Augenmerk auf den Arzthaftungsbeschluss des BVerfG. Demgegenüber stellt die gegenteilige Interpretation auf eine rein formale, d.h. prinzipielle Garantie gleicher Mitwirkungsrechte der Parteien ab und lässt eine „Gleichwertigkeit der prozessualen Stellung der Parteien vor dem Richter" genügen.[192] Diese Auffassung wendet sich damit nicht der tatsächlichen Gerechtigkeit zu, sondern basiert auf der Freiheit und damit auf der Freiheitlichkeit des Prozessverhaltens der Parteien unter Neutralität und Enthaltung des Richters. Diese Ansicht geht konform mit der Rechtsauffassung der entscheidungstragenden Bundesverfassungsrichter des bereits erwähnten Arzthaftungsbeschlusses aus dem Jahre 1979.[193] Gegenstand des Verfahrens war die Problematik der Waffengleichheit im Beweisrecht im Zusammenhang mit der Beweislastverteilung. In der Verfassungsbeschwerde wurde gerügt, das OLG Stuttgart habe mit der Handhabung des einfachen Beweisrechts gegen Art. 3 I GG (Willkürverbot), gegen Art. 103 I GG sowie gegen das Rechtsstaatsprinzip verstoßen. Es wurde im vierten Teil dieser Arbeit dargestellt, wie das BVerfG explizit für Arzthaftungsprozesse das verfassungsrechtliche Postulat eines fairen Verfahrens und der Waffengleichheit der Parteien angemahnt hat. Gerade in Arzthaftungsprozessen könne den verfassungsrechtlichen Grundsätzen nur durch besondere Beweiserleichterungen, die die Prozesssituation des Patienten berücksichtigen, Rechnung getragen werden. In dem Minderheitenvotum haben vier Richter des BVerfG vertreten, der Grundsatz der Gleichbehandlung der Prozessparteien erfordere eine gleichmäßige Verteilung der Prozessrisiken und daher auch der Beweislast, damit beide Parteien eine faire Chance zum Prozesssieg haben.[194] Damit wurde

---

[191] So BVerfGE 42, 64 (74 ff.) = NJW 1976, 1391.
[192] So *Stürner*, Die richterliche Aufklärung im Zivilprozeß, Rn. 39 ff.; *Leipold*, in: Stein/Jonas, ZPO, Vor § 128 Rn. 8; *Baumgärtel*, in: FS für Matscher, S. 29 ff. (31); *Bötticher*, S. 12; *Baur*, in: Festschrift 500 Jahre Tübinger Juristenfakultät, S. 159 ff. (170).
[193] BVerfGE 52, 131 = BVerfG NJW 1979, 1925.
[194] BVerfGE 52, 131 ff. (143 ff.) = NJW 1979, 1925 ff. (1930 ff.). Es verstoße daher nach Ansicht der vier dissentierenden Richter gegen die Waffengleichheit, wenn in einem Arzthaftungsprozess der Patient das Risiko der Erweislichkeit eines sorgfaltswidrigen kausalen Kunstfehlers zu tragen habe und im Falle des Fehlschlagens des Beweises dann nicht wenigstens eine Pflicht des Arztes zur Aufklärung über offenbar doch bestehende Risiken anzunehmen sei, deren Erfüllung der Arzt beweisen müsse. Daher stelle die Handhabung des Beweisrechts seitens des OLG Stuttgart einen Verstoß gegen den Grundsatz des fairen Verfahrens und Willkürverbots dar. Die abweichenden Richter betonten die materielle Komponente des Rechtsstaatsprinzips, die auf die „Erlangung und Erhaltung materieller Gerechtigkeit" abzielt und Fairness in beweisrechtlicher Hinsicht für den Arzthaftungsprozess erfordere. Der Richter habe hiernach „im konkreten Fall insgesamt gesehen für eine faire, zumutbare Handhabung des Beweisrechts Sorge zu tragen". Danach hätten Gerechtig-

ein unmittelbarer Einfluss der Waffengleichheit auf die Beweisrisikoverteilung angenommen.[195]

Demgegenüber wurde von den vier die Entscheidung tragenden Richtern insoweit Zurückhaltung gewahrt, als in der konkreten Handhabung des Beweisrechts in der angegriffenen Entscheidung des OLG Stuttgart gerade kein Verstoß gegen die Waffengleichheit zu Lasten des Patienten erblickt wurde, wenngleich auch diese Richter eine weitere Entwicklung des geltenden Rechts im Sinne weiterer Beweiserleichterungen bis hin zu einer Beweislastumkehr zugunsten des Patienten nicht auszuschließen vermochten.[196] Seitens der die Entscheidung tragenden Richter wird auf den das Zivilverfahren prägenden Verhandlungsgrundsatz verwiesen.[197] Verfassungsrechtliche Bedenken gegen die bestehende Ausgestaltung des zivilprozessualen Erkenntnisverfahrens seien nicht begründet, und zwar auch nicht hinsichtlich der beweisrechtlichen Grundsätze im Arzthaftungsverfahren.[198] „Waffengleichheit" wird im Hinblick auf das Zivilverfahren verstanden als die verfassungsrechtlich gewährleistete Gleichwertigkeit der prozessualen Stellung der Parteien *vor* dem Richter, welcher den Prozessparteien gleichermaßen die Möglichkeiten geben muss, alles Erhebliche vorzutragen und alle Verteidigungsmittel geltend zu machen. Der Richter habe die Pflicht, diese Gleichstellung der Parteien im Wege objektiver, fairer Verhandlung, unparteiischer Rechtsanwendung und korrekter Erfüllung sonstiger prozessualer Obliegenheiten gegenüber den Prozessbeteiligten zu wahren. Darüber hinaus ließen sich aus der prozessualen Waffengleichheit keine verfassungsrechtlichen Konsequenzen herleiten.[199] Bemerkenswert ist, dass in dem Arzthaftungsbeschluss das richterliche Unterlassen der Umdeutung eines fehlerhaft gestellten Beweisantrags des klägerischen Prozessbevollmächtigten gemäß § 139 I ZPO gerade nicht als Verfassungsverstoß gewertet wurde. Es wurde beantragt, den nachoperierenden Arzt als Sachverständigen zu hören; das Gericht deutete den Beweisantrag nicht dahingehend um, dass der Arzt als sachverständiger Zeuge gehört werden würde, womit das Beweismittel letztlich ausgeschaltet wurde. Damit wurde die bereits erörterte Rechtsprechung zu § 139 ZPO im Rahmen von Zwangsversteigerungen gerade nicht fortgesetzt.[200] Ferner wird von den entscheidungstragenden Richtern auf die zivilprozessuale Rollenverteilung verwiesen und die

---

keitserwägungen im konkreten Fall zu einer anderen Entscheidung führen müssen. BVerfG NJW 1979, 1925 ff. (1925 f.). Kritisch dazu *Stürner*, NJW 1979, S. 2334 ff. (2337); *ders.*, Die richterliche Aufklärung im Zivilprozeß, Rn. 39; *ders.*, in: FS für Gottwald, S. 631 ff. (638 f.).

[195] Dazu kritisch *Stürner*, in: FS für Gottwald, S. 631 ff. (638 f.).
[196] BVerfG NJW 1979, 1925 ff. (1928).
[197] BVerfG NJW 1979, 1925 ff. (1927).
[198] BVerfG NJW 1979, 1925 ff. (1927).
[199] BVerfG NJW 1979, 1925 ff. (1927 f.).
[200] Dies hebt auch *Stürner* hervor, NJW 1979, S. 2334 ff. (2336); in die andere Richtung *Vollkommer*, in: FS für Schwab, S. 503 ff. (520 Fn. 120).

Verantwortung der Anwälte hervorgehoben. Die Aufgabe des Richters wird folgendermaßen gekennzeichnet:

„Die Verfahrensordnung verlangt von ihm, jeden Anschein der Parteilichkeit zu vermeiden und vor allem dort die mit der richterlichen Tätigkeit untrennbar verknüpfte Distanz und Neutralität zu wahren, wo die für den Rechtsstreit wesentlichen Sach- und Rechtsprobleme den anwaltschaftlich vertretenen Parteien bekannt und alle Voraussetzungen für einen sachgemäßen Parteivortrag und für die entsprechende Antragstellung gegeben sind."[201]

Damit wird von den entscheidungstragenden Richtern im Ergebnis das formale Verständnis der Waffengleichheit im Zivilprozess bestätigt und eine Materialisierung des Grundsatzes abgelehnt, wie es die Vertreter der formalen Betrachtungsweise selbst hervorheben.[202] Das Gericht hat eindeutig Stellung dahingehend bezogen, dass das Verfassungsprinzip richterlicher Neutralität und Distanz die verfassungsrechtlich gebotene Fürsorge beschränke.[203] *Stürner* geht davon aus, das BVerfG habe seine Entscheidungen im Rahmen von Zwangsversteigerungsverfahren mit dem Arzthaftungsbeschluss – also für das Erkenntnisverfahren – korrigiert. Er betont, die Besonderheiten von Zwangsversteigerungsverfahren seien zu berücksichtigen. Schließlich betreffen diese den hoheitlichen Vollstreckungszugriff auf das Eigentum verbunden mit gewichtigen wirtschaftlichen Konsequenzen für die Beteiligten.[204] Dementsprechend ist ein gewisser Sozialschutz im Vollstreckungsrecht *de lege lata* integriert, wie es insbesondere die Pfändungsfreigrenzen gemäß § 850c ZPO bzw. die Einführung einer Restschuldbefreiung gemäß §§ 286 ff. in der Insolvenzordnung von 1999 als Abkehr von dem Grundsatz einer unbeschränkten Nachforderung belegen. Gerade in Bezug auf die Einführung einer Restschuldbefreiung wird im Schrifttum konstatiert, das „Wechselspiel der Kräfte zwischen liberaler Marktordnung und Sozialschutz" habe unter dem Gesichtspunkt, dass der Schuldner nicht sein Leben lang auf die Pfändungsfreigrenzen und das Existenzminimum verwiesen werden könne, Bedeutung erlangt.[205]

c) Der Arzthaftungsprozess als paradigmatisches Beispiel für die Herausbildung eines Sonderprozessrechts aufgrund von „Materialisierung"

aa) Vorbemerkung

Die stärkere Verzahnung des materiellen Rechts und des Verfahrensrechts wird bereits *de lege lata* im Hinblick auf Spezialprozesse entsprechend ihrem

---

[201] BVerfG NJW 1979, 1925 ff. (1928).
[202] *Stürner*, NJW 1979, S. 2334 ff. (2337); ders., Die richterliche Aufklärung im Zivilprozeß, Rn. 39.
[203] *Stürner*, Die richterliche Aufklärung im Zivilprozeß, Rn. 43.
[204] *Stürner*, Die richterliche Aufklärung im Zivilprozeß, Rn. 41 ff.
[205] *Honsell*, JuS 1993, S. 817 ff. (817).

Sachgegenstand, der maßgeblich vom materiellen Recht her festgelegt wird, verwirklicht.[206] Wie bereits dargestellt, finden Gerechtigkeitserwägungen Eingang in bestimmte Gebiete des materiellen Rechts, jedoch auch in bestimmte Arten des Zivilverfahrens, weshalb insoweit von Sonderprozessrechten gesprochen wird. Diese haben sich – neben dem normativ verfestigten Arbeitsgerichtsprozess als Sonderprozessrecht – auf verschiedenen Gebieten im Lichte von Gerechtigkeits- und Schutzerwägungen der Rechtsprechung herausgebildet. Die zentralen Gründe für die Entwicklung von Sonderprozessrechten sind bestehende Darlegungs- und Beweisschwierigkeiten sowie ein Informations- und Machtgefälle zwischen den Parteien. Als Konsequenz werden insbesondere die Voraussetzungen an einen substantiierten Sachvortrag nicht überspannt und Beweiserleichterungen durch Veränderungen der Beweislast, z.B. durch widerlegliche Vermutungen, etabliert. Paradigmatisch sind insoweit der Arzthaftungsprozess und der Bauprozess. In dem Schrifttum, welches das Verhältnis von materiellem und Prozessrecht zueinander thematisiert, wird konstatiert, der Bauprozess verlaufe anders als ein Rechtsstreit aufgrund eines Verkehrsunfalls.[207] Typischerweise stellt sich hier die Frage, ob der Vortrag einer Partei im Hinblick auf von ihr behauptete Mängel einer Bauleistung hinreichend substantiiert ist oder nicht weiter, unter Beibringung weiterer Einzelheiten, vorzutragen ist. Die Schwierigkeit besteht darin, dass eine Partei im Rahmen der Schilderung eines Baumangels zumeist mangels eigener technischer Sachkunde weder dessen Ursachen noch weitere Einzelheiten mitteilen kann.[208] Hier wendet die ständige Rechtsprechung des BGH die sog. „Symptomtheorie" an, wonach eine Partei den behaupteten Mangel derart konkret zu bezeichnen hat, dass die Gegenseite genau weiß und nachvollziehen kann, was von ihr an Abhilfe erwartet wird.[209] Es genügt zur Erfüllung der Darlegungslast, wenn eine Partei die Mangelsymptome schildert, also den Mangel nach seinem objektiven Erscheinungsbild beschreibt.[210] Als weitere Beispiele von Sonderprozessrechten seien der Anlegerschutzprozess, der Produkthaftungsprozess, der Wettbewerbsprozess und der Versicherungsprozess genannt.

Für den Arzthaftungsprozess wurde bereits im Rahmen der Darstellung der zunehmenden Konstitutionalisierung des Zivilverfahrens herausgestellt, wie die Entwicklung des Sonderprozessrechts seit den achtziger Jahren des 20. Jahrhunderts auf Grundlage des Arzthaftungsbeschlusses des BVerfG

---

[206] *Zöllner*, in: AcP 190 (1990), S. 471 ff. (494).
[207] *Henckel*, Prozessrecht und materielles Recht, S. 23.
[208] *Seibel*, in: Nicklisch/Weick/Jansen/Seibel, VOB/B, § 13 Rn. 93.
[209] Z.B. BGH NJW 2008, 576; *Seibel*, in: Nicklisch/Weick/Jansen/Seibel, VOB/B, § 13 Rn. 94.
[210] *Seibel*, in: Nicklisch/Weick/Jansen/Seibel, VOB/B, § 13 Rn. 94 m.w.N.

IV. Materialisierung des Prozessrechts

auf Erwägungen der Fairness und Waffengleichheit zwischen Arzt und Patienten fußt.

An dieser Stelle sollen zunächst die für die vorstehende Frage des Verhältnisses von Parteiherrschaft und Richtermacht relevanten und bereits verwirklichten Modifikationen im Rahmen des Arzthaftungsprozesses näher beleuchtet werden. Für den Arzthaftungsprozess wird sogar die Anwendung eines eigenen Regelwerks angenommen.[211] Freilich besteht im Rahmen des Arzthaftungsprozesses im Vergleich zum Verbraucherprozess die Besonderheit, dass Gegenstand des Arzthaftungsprozesses der Eingriff des Arztes in das verfassungsrechtlich geschützte Recht auf Leben und körperliche Unversehrtheit des Patienten gemäß Art. 2 II S. 1 GG ist.

Jedoch ist die Betrachtung des Arzthaftungsprozesses für die vorstehende Thematik relevant. Schließlich steht sowohl im Verbraucherprozess als auch im Arzthaftungsprozess die Problematik der Anspruchsdurchsetzung einer angeblich schwächeren Partei und einer möglichen kompensatorischen Prozessleitung im Fokus. Im Arzthaftungsrecht gilt, neben den zunächst von der Judikatur anerkannten und mittlerweile im materiellen Recht normierten bedeutsamen Beweiserleichterungen, § 630h BGB, dass in prozessualer Hinsicht der Verhandlungsgrundsatz erhebliche Einschränkungen aufgrund der Annahme eines Informationsgefälles zwischen Kläger und beklagtem Arzt erfährt. So heißt es in der Literatur zum Arzthaftungsrecht:

„Gerichtliche Auseinandersetzungen in Arzthaftungssachen sind gekennzeichnet durch eine Ungleichheit der Parteien im Zugang zu dem Prozeßstoff. Typischerweise besteht ein erheblicher Informations- und Argumentationsunterschied zwischen Arzt und Patient. Der Arzt hat regelmäßig einen deutlichen Informationsvorsprung."[212]

Damit erweist sich die Annahme einer Informationsasymmetrie zwischen dem Kläger und dem Beklagten als Anknüpfungspunkt für Modifikationen. Schließlich wird der Arzthaftungsprozess als Paradigma „kompensatorischer Verhandlungsführung" im Interesse der schwächeren Prozesspartei bezeichnet.[213]

bb) Die Berücksichtigung von Gerechtigkeitserwägungen zum Schutz des Patienten

Gerechtigkeitserwägungen unter dem Schlagwort der Waffengleichheit zwischen den Prozessparteien werden hier als Legitimationsgrundlage für Abweichungen vom traditionellen Verfahren durch kompensatorische Verhand-

---

[211] *Reutter* S. 181; *Katzenmeier*, Arzthaftung, S. 375: „[…] besonders ausgestaltete Verfahrensregeln, welche den Zivilprozeß herkömmlicher Art vielfältig modifizieren".
[212] So *Katzenmeier*, Arzthaftung, S. 377; *Greiner*, in: Waffengleichheit, S. 8; laut *Giesen* ist „der schier erdrückende Informationsvorsprung des Arztes" charakteristisch für den Arzthaftungsprozess. Giesen, JZ 1990, S. 1053 ff. (1061).
[213] Vgl. *Katzenmeier*, Arzthaftung, S. 387 m.w.N.

lungsführung im Hinblick auf die Tatsachenfeststellung mit Konsequenzen für die Verhandlungsmaxime herangezogen. In der Erwiderung von *Bender* auf den Beitrag „Zivilprozeß und Ideologie" von *Leipold* wird der Patient explizit als der im konkreten Fall „sozial Schwächere" bezeichnet.[214] *Bender* sieht die Aufgabe des Richters in der Herstellung der Gleichheit der Chancen der Rechtsverwirklichung. So heißt es bei ihm, es würde zunehmend Aufgabe der Richter werden, „im Sinne einer ausgleichenden Gerechtigkeit das Augenmerk von der formalen Gleichheit weg und hin zu einer materialen Gleichheit" zu richten.[215] Mittel zur Herstellung „realer Waffengleichheit" sei die tatrichterliche Aufklärung des Sachverhalts.[216] Das Sonderprozessrecht im Bereich der Arzthaftung wurde schließlich maßgeblich durch die Judikatur des BGH entwickelt, denn seit dem dargestellten Arzthaftungsbeschluss des BVerfG hat das Argument der „Waffengleichheit" unter besonderer Berücksichtigung der Gesamtsituation des klagenden Patienten in dieser Rechtsprechung erhebliche Resonanz erfahren. Die Wirkung bestand in einer deutlichen Akzentverschiebung und Fortbildung des Rechts.[217] Bezeichnend ist die Orientierung der Folgerechtsprechung des VI. Zivilsenats an dem die Entscheidung nicht tragenden Votum.[218] Allgemein lässt sich feststellen, dass diese Judikatur grundsätzliche Ausführungen über die Erfordernisse einer einzelfallbezogenen und flexiblen, an Gerechtigkeitserwägungen orientierten Prozessführung enthält.[219] Insbesondere wurden bereits ein Jahr nach dem Arzthaftungsbeschluss seitens des BGH aus dem Gebot der Waffengleichheit besondere Anforderungen an die Beweisaufnahme durch Sachverständige entwickelt.[220] In zahlreichen Entscheidungen wurden fortan – immer mit Bezug auf die Waffengleichheit – besondere Verfahrensgrundsätze herausgebildet. Für den Arzthaftungsprozess fordert der BGH von den Gerichten eine „besonders kritische Sorgfalt [...] bei sachverständiger Beratung" sowie „gesteigerte Aufmerksamkeit, zu der der Richter hier mehr als im durchschnittlichen Parteiprozeß aufgerufen ist" und eine flexible, dem „Gebot der Waffengleichheit der Parteien" entsprechende Verhandlungsführung, zu der der Richter im Arzthaftungsprozess in besonderem Maße verpflichtet sei.[221]

---

[214] *Bender*, JZ 1982, S. 709 ff. (711).
[215] *Bender*, ZRP 1974, S. 235 ff. (236).
[216] *Bender*, JZ 1982, S. 709 ff. (711).
[217] *Katzenmeier*, Arzthaftung, S. 379; *Giesen*, Arzthaftungsrecht, Rn. 366: „erhebliche Resonanz" in den Entscheidungen des BGH.
[218] So *Krämer*, in: FS für Geiß, S. 437 ff. (444 f.).
[219] *Giesen*, Arzthaftungsrecht, Rn. 366.
[220] BGH VersR 1980, 940.
[221] Zitiert nach *Giesen*, Arzthaftungsrecht, Rn. 366.

IV. Materialisierung des Prozessrechts

cc) Die Modifikationen der Verhandlungsmaxime im Arzthaftungsprozess

Hinsichtlich der prozessualen Rollenverteilung und Ausgestaltung richterlicher Aktivität im Arzthaftungsprozess wird eine besondere Art der Verhandlungsführung mit Konsequenzen für die Verhandlungsmaxime für unerlässlich gehalten.[222]

(1) Die Unterbreitung des Prozessstoffs – Darlegungs- und Substantiierungspflicht des Klägers und sekundäre Darlegungslast des Beklagten. In Bezug auf den klägerischen Vortrag wird davon ausgegangen, dem klagenden Patienten bzw. dem Prozessbevollmächtigten fehle in der Regel die ausreichende Sachkunde zur Erfassung und Darstellung des Streitstoffs.[223] Die ständige Rechtsprechung stellt daher nur „maßvolle und verständige Anforderungen" an die Darlegungs- und Substantiierungspflichten des Klägers.[224] Das Schrifttum konstatiert, an ein schlüssiges Klägervorbringen dürften „nur denkbar geringe Anforderungen" gestellt werden.[225] Der Patient, der einen Behandlungsfehler vorträgt, müsse diesen nicht im Wege von besonderen Indizien untermauern. Eine Klage, die Lücken hinsichtlich des Behandlungsfehlers bzw. Ursachenzusammenhangs aufweise, könne nicht wegen fehlender Schlüssigkeit abgewiesen werden.[226] Zudem dürfen Lücken nicht im Sinne eines Geständnisses bzw. Unstreitigstellens gewertet werden.[227] Denn von dem Patienten könne keine genaue Kenntnis der medizinischen Vorgänge erwartet werden.[228] Demgegenüber habe das Gericht eine verstärkte Pflicht zur Aufklärung des Sachverhalts, von der es Gebrauch machen muss, wenn es die Klage für widersprüchlich oder unschlüssig hält.[229] Insofern besteht eine Gemeinsamkeit mit den bereits dargestellten Erleichterungen der Verpflichtung des Verbrauchers, darzulegen und zu beweisen, dem Vertrag lägen vorformulierte und eben nicht im Einzelnen ausgehandelte Klauseln zugrunde.[230]

Bemerkenswert für den Arzthaftungsprozess ist im Hinblick auf die Verhandlungsmaxime die darüber hinausgehende, von der höchstrichterlichen Rechtsprechung statuierte gerichtliche Pflicht, aufgrund eigener richterlicher Tätigkeit Lücken im klägerischen Vortrag zu schließen sowie die zur Bewertung durch einen Sachverständigen notwendigen zusätzlichen Tatsachen „zu

---

[222] *Katzenmeier*, Arzthaftung, S. 387.
[223] *Reutter*, S. 103 mit Hinweis auf *Spickhoff*, NJW 2002, S. 1758 ff. (1765).
[224] BGH VersR 1981, 752; BGH NJW 2004, 2825; *Reutter*, S. 103.
[225] *Franzki*, MedR 1994, S. 171 ff. (174); *Geiß/Greiner*, Arzthaftpflichtrecht, Rn. E 1.
[226] *Geiß/Greiner*, Arzthaftpflichtrecht, Rn. E 1.
[227] *Greiner*, S. 15.
[228] *Greiner*, S. 9.
[229] *Greiner*, S. 11.
[230] *Saare/Sein*, in: euvr 2013, S. 15 ff. (21) mit Hinweis auf *Basedow*, in: Münchener Kommentar § 310 Rn. 66.

ermitteln".²³¹ Vom Beklagten wird demgegenüber eine aktive Mitwirkung an Sachverhaltsaufklärung erwartet.²³² Dementsprechend steigt die Pflichtigkeit des Beklagten in Bezug auf die Beibringung von Beweismitteln als Facette des Verhandlungsgrundsatzes; beispielsweise muss der Beklagte als Krankenhausträger die an der Behandlung beteiligten Personen bezeichnen, um dem Gegner die Benennung von Zeugen zu ermöglichen.²³³ In Bezug auf die Vorlage von Dokumenten gilt, dass der Beklagte auf Antrag des Gegners die vollständigen Krankenpapiere vorlegen muss, selbst wenn diese belastende Aufzeichnungen enthalten.²³⁴ Der dargestellte Grundsatz *„nemo tenetur se accusare"* wird damit ausgehebelt, denn der Grundsatz der Waffengleichheit verlangt, dass der beklagte Arzt soweit Aufschluss gibt, als es ihm ohne Weiteres möglich ist und dass er in diesem Umfang auch Beweise erbringt.²³⁵ Diese sekundäre Behauptungslast obliegt dem Arzt auch bei unsubstantiiertem Vortrag des klagenden Patienten.²³⁶

(2) Geltung besonderer richterlicher Frage- und Hinweispflichten gemäß § 139 ZPO sowie die Anhörung der Partei nach § 141 ZPO. Die gesteigerte Pflicht des Gerichts zur Aufklärung des Sachverhaltes kommt darin zum Ausdruck, dass im Rahmen der richterlichen Frage- und Hinweispflicht verlangt wird, der Richter müsse „noch sorgfältiger als sonst in der konkreten Prozesssituation prüfen, ob sich die Parteien vollständig, klar und widerspruchsfrei über alle tatsächlich und rechtlich erheblichen Umstände erklärt haben, ob sachdienliche Anträge gestellt und alle Beweismittel benannt worden sind".²³⁷ Damit greifen besondere Frage- und Hinweispflichten gemäß § 139 ZPO.²³⁸ Der Richter muss seiner gesteigerten Fragepflicht insbesondere entsprechen, weil die Beauftragung des Sachverständigen erst nach Feststellung der Anknüpfungstatsachen möglich ist.²³⁹ Dabei soll der Richter aufgrund der geringen Substantiierungsanforderungen sogar Lücken im Sachvortrag durch eigenes Tätigwerden schließen und die zur Bewertung durch einen Sachverständigen erforderlichen Tatsachen ermitteln.²⁴⁰

Zudem geht man davon aus, die Anhörung der Parteien gemäß § 141 ZPO sei regelmäßig zur Aufklärung des Sachverhalts angezeigt, wobei hervorgeho-

---

[231] BGH VersR 1979, 939 ff. (941); *Reutter*, S. 109.
[232] *Franzki*, MedR 1994, S. 171 ff. (174).
[233] OLG Düsseldorf NJW 1984, 670; *Franzki*, MedR 1994, S. 171 ff. (174).
[234] *Franzki*, MedR 1994, S. 171 ff. (174).
[235] *Reutter*, S. 109 f.
[236] *Reutter*, S. 109.
[237] So *Reutter*, S. 108 mit Hinweis auf *Katzenmeier*, Arzthaftung, S. 390.
[238] Vgl. BGH NJW 1984, 1408 ff. (1409).
[239] *Reutter*, S. 108.
[240] *Reutter*, S. 109 m.w.N.

ben wird, hierdurch würden nicht selten „Informationsversehen" zwischen der Partei und dem Prozessbevollmächtigten aufgedeckt und geklärt.[241]

(3) Die Beweiserhebung. Zu den zentralen Beweismitteln im Arzthaftungsprozess gehören die Behandlungsunterlagen, der Sachverständigenbeweis, sachverständige Zeugen sowie die Parteivernehmung. Während im Arzthaftungsbeschluss des BVerfG Zurückhaltung im Hinblick auf richterliche Aktivität dahingehend gewahrt wurde, dass in dem richterlichen Unterlassen eines Hinweises gemäß § 139 I ZPO an den klägerischen Vertreter, der es versäumt hatte, eine assistierende Ärztin als Zeugin zu benennen, nicht als Verstoß gegen die Verfassung bewertet wurde,[242] wird heute auch die Ebene der Beweiserhebung durch den Grundsatz der Waffengleichheit geprägt. Zwar verbleibt es prinzipiell bei dem Grundsatz, wonach jede Partei die für sie günstigen Tatsachen darlegen und beweisen muss, allerdings hat die Rechtsprechung ein differenziertes System von Beweislastverteilung und Beweislasterleichterungen zugunsten des klagenden Patienten geschaffen, welches 2013 im Zuge der Regelung des Behandlungsvertrages positiviert wurde, § 630h BGB.

(a) Die Vorlagepflicht des Beklagten hinsichtlich der Behandlungsunterlagen gemäß § 142 ZPO. Die Behandlungsunterlagen gehören zu den zentralen Beweismitteln im Arzthaftungsprozess. Die Befugnis nach § 142 I ZPO erhält so für den Arzthaftungsprozess eine große Bedeutung. Auch diesbezüglich ist das Gebot der Waffengleichheit prägend. So geht man davon aus, das Gericht habe in Ausübung seiner am Grundsatz der Waffengleichheit ausgerichteten Prozessförderungspflicht für die Vorlage der Behandlungsunterlagen sowie für den Zugang des Sachverständigen zu diesen Unterlagen vor dessen Begutachtung Sorge zu tragen. Dazu hat der Richter dem Beklagten die Vorlage aufzugeben.[243] Dies ist deshalb beachtlich, weil die Befugnis nach § 142 I ZPO an sich im Ermessen des Gerichts steht. Für den Arzthaftungsprozess gilt aber die Besonderheit, dass der Grundsatz der Waffengleichheit für eine amtswegige Anordnung der Urkundenvorlage spricht.[244] So wird darauf hingewiesen, die Beiziehung der Unterlagen durch das Gericht sei gerade wegen der Befugnis nach § 142 I und II ZPO auch ohne einen materiell-rechtlichen Herausgabeanspruch unschwer möglich.[245] Das Gericht verletze seine Pflicht zur Aufklärung des medizinischen Sachverhalts, wenn es die Beiziehung der Kranken-

---

[241] *Reutter*, S. 109 m.w.N.
[242] Vgl. dazu auch *Stürner*, NJW 1979, S. 2334 ff. (2336).
[243] *Greiner*, S. 13; *Katzenmeier*, Arzthaftung, S. 393.
[244] *Von Selle*, in: Beck'scher Online-Kommentar ZPO, § 142 Rn. 15 m.w.N.
[245] *Geiß/Greiner*, Arzthaftpflichtrecht, E. Prozessuale Grundsätze.

akten unterlässt.[246] Der klagende Patient muss diese dem Gericht damit noch nicht im Rahmen der Einreichung der Klageschrift zugänglich machen.[247] Das Gericht habe durch § 142 ZPO die Möglichkeit, sich im Interesse der Sachaufklärung möglichst früh einen umfassenden Überblick über den dem Rechtsstreit zugrunde liegenden Sachverhalt zu verschaffen.[248] Hinsichtlich der Anordnung nach § 142 ZPO zwecks Vorlage von Krankenunterlagen wird vertreten, für die Bezugnahme auf die betreffenden Urkunden bzw. Unterlagen genüge die bloße Erwähnung einer Behandlung.[249] Demgegenüber wird betont, dass Zumutbarkeitsgesichtspunkte zugunsten des Gegners bei der Ermessenausübung zu berücksichtigen seien.[250]

(b) Sachverständige und sachverständige Zeugen. Das Gericht muss – sofern es über einen nicht ganz einfachen medizinischen Sachverhalt entscheidet – regelmäßig die Einholung eines Gutachtens von einem fachkundigen Sachverständigen auch ohne Antrag der Partei von Amts wegen nach § 144 I S. 1 ZPO veranlassen.[251] Das Ermessen, das im Rahmen der Beweiserhebung von Amts wegen gemäß § 144 I S. 1 ZPO grundsätzlich besteht, ist hier ebenfalls durch die höchstrichterliche Rechtsprechung stark reduziert worden.[252] Die Geltung der Verhandlungsmaxime wird auch aus diesem Grunde in Frage gestellt.[253]

Der Wirkungsbereich des Sachverständigen ist im Ergebnis groß. Dieser wird dementsprechend als „Schlüsselstelle" im Verfahren bezeichnet.[254] Bemerkenswert ist in diesem Zusammenhang, dass dem Sachverständigen im Modell des sozialen Zivilprozesses eine Ordnungsfunktion beigemessen und er sogar als „Agent der Allgemeinheit" bezeichnet wird.[255] Jedenfalls kann der Richter, dem im Arzthaftungsprozess die genaue Aufklärung des Sachverhalts obliegt, nur unter Hinzuziehung eines medizinischen Sachverständigen erfassen und klären, ob ein Behandlungsfehler vorliegt oder eine Aufklärungspflicht verletzt ist.[256] Das Gericht soll gemeinsam mit dem bzw. den Sachverständigen eine „Durchdringung der zugrunde liegenden Problematik" an-

---

[246] LG Magdeburg BeckRS 2010, 08697 unter Bezugnahme auf OLG Karlsruhe, Urt. v. 12.12.20017 – U 90/00.
[247] *Katzenmeier,* Arzthaftung, S. 393 mit Bezug auf OLG Düsseldorf MDR 1984, 1033; demgegenüber muss der Patient diejenigen Unterlagen beschaffen, die von an dem Rechtsstreit nicht beteiligten Ärzten geführt werden. *Katzenmeier,* Arzthaftung, S. 393 Fn. 107.
[248] LG Magdeburg BeckRS 2010, 08697.
[249] LG Magdeburg BeckRS 2010, 08697.
[250] *Von Selle,* in: Beck'scher Online-Kommentar ZPO, § 142 Rn. 15 m.w.N.
[251] BGH NJW 1994, 794 f.; BGH NJW 2000, 1446; *Geiß/Greiner,* Arzthaftpflichtrecht, Rn. E 1.
[252] *Katzenmeier,* Arzthaftung, S. 395 m.w.N. in Fn. 121.
[253] *Stadler,* in: FS für Beys, S. 1625 ff. (1643).
[254] *Weyers,* Gutachten 52. DJT, S. A 36; *Katzenmeier,* Arzthaftung, S. 395.
[255] *Stahlmann* in: Pieper/Breunung/Stahlmann, S. 72 ff. (84).
[256] *Reutter,* S. 116.

IV. Materialisierung des Prozessrechts

streben.²⁵⁷ Dabei wird von dem Sachverständigen – selbst bei gezielten Fragestellungen – erwartet, dieser solle „in einer umfassenden Begutachtung die Sache auf den Punkt" bringen.²⁵⁸ Sofern der Sachverständige erkennt, dass das Gericht bzw. die Parteien mit ihrer Vermutung eines Fehlers einen unrichtigen Weg eingeschlagen haben, obliegt es ihm, auf andere erkennbare Fehler hinzuweisen.²⁵⁹

Zwar gibt es aufgrund der durch das Rechtspflegevereinfachungsgesetz im Jahre 1990 eingeführten und hier bereits erwähnten Vorschriften der § 404a und § 407a ZPO rechtliche Vorgaben für eine Zusammenarbeit zwischen dem Richter und dem Sachverständigen. Besondere Bedeutung im Arzthaftungsprozess soll dabei die durch § 404a II ZPO ermöglichte frühzeitige Verfahrensbeteiligung des Sachverständigen haben, um dem Richter die Abfassung des Beweisbeschlusses zu erleichtern.²⁶⁰ Selbst bei einer verbesserten Zusammenarbeit gemäß der genannten Vorschrift, verbleibt es jedoch bei der Problematik, dass der Richter kaum in der Lage ist, die wissenschaftlichen Methoden und deren Anwendung zu überprüfen.²⁶¹ Der Richter bleibt damit von dem Sachverständigen *de facto* abhängig. Dessen überragende Bedeutung erkennt der Gesetzgeber mit der Schaffung der Vorschrift des § 404a II ZPO übrigens selbst an, indem er die frühzeitige Beteiligung als notwendig erachtet. Auch sind die neuen Vorschriften Beleg für die enge Anbindung des Sachverständigen an das Gericht. Im Schrifttum wird von einem ständigen Machtzuwachs des medizinischen Sachverständigen gesprochen.²⁶² Besonders heikel ist die Kompetenzabgrenzung zwischen dem Gericht und dem Sachverständigen.²⁶³ Sie wird in der Theorie bekanntlich dahingehend beantwortet, dass das Gericht den Rechtsstreit in alleiniger Verantwortung unter Beantwortung der Rechtsfragen entscheidet, während der Sachverständige Fachwissen vermittelt.²⁶⁴ Etabliert hat sich in Judikatur und Schrifttum die Bezeichnung „Gehilfe des Gerichts".²⁶⁵ Der BGH hat in einem viel zitierten strafrechtlichen Urteil aus dem Jahre 1955 dem Sachverständigen konstatiert, der Tatrichter sei zu ei-

---

²⁵⁷ So *Geiß/Greiner*, Arzthaftpflichtrecht, Rn. E 1.
²⁵⁸ So *Franzki*, MedR 1994, S. 171 ff. (174). Laut *Rumler-Detzel* „hängt das Schicksal der Klage oft entscheidend von dem Sachverständigen ab, der die medizinischen Zusammenhänge erforscht und erläutert". *Rumler-Detzel*, in: Der medizinische Sachverständige, S. 119 ff. (122).
²⁵⁹ So *Rumler-Detzel*, in: Der medizinische Sachverständige, S. 119 ff. (124) mit Hinweis auf BGH AHRS 6180/14.
²⁶⁰ *Thomas/Putzo*, ZPO, § 404a Rn. 3.
²⁶¹ *Katzenmeier*, Arzthaftung, S. 402.
²⁶² *Katzenmeier*, Arzthaftung, S. 396.
²⁶³ Vgl. *Katzenmeier*, Arzthaftung, S. 396.
²⁶⁴ *Katzenmeier*, Arzthaftung, S. 396.
²⁶⁵ So *Katzenmeier*, Arzthaftung, S. 398 mit Hinweis u.a. auf BGH NJW 1994, 802; *Leipold*, in: Stein/Jonas, ZPO, 22. Aufl., Vor § 402 Rn. 3; vgl. *Berger*, in: Stein/Jonas, ZPO, Vor § 402 Rn. 5.

nem eigenen Urteil auch in schwierigen Fachfragen verpflichtet. „Er hat die Entscheidung auch über diese Fragen selbst zu erarbeiten, ihre Begründung selbst zu durchdenken. Er darf sich dabei vom Sachverständigen nur helfen lassen."[266] Diese tradierte Grenzziehung zwischen der Tätigkeit des Sachverständigen und des Gerichts entspricht der im zweiten Teil dieser Arbeit erörterten und auf den *Code de Procédure de civile* von 1806 zurückzuführenden Vorstellung eines umfassend gebildeten Richters. Sie entspricht indes nicht der Prozesswirklichkeit des Sachverständigenbeweises, wie es empirische Untersuchungen schon in den achtziger Jahren des 20. Jahrhunderts belegen.[267] Danach folgten Richter in 95 % der Fälle den Sachverständigengutachten, ohne sich inhaltlich mit dem Gutachten auseinandergesetzt und eine eigene Meinung gebildet zu haben. Dementsprechend gibt es Stimmen, die dem Sachverständigen faktisch eine streitentscheidende Funktion beimessen.[268] In der medizinrechtlichen Literatur wird der Sachverständige sogar als ein „Beherrscher des Gerichts", welcher den Tathergang ermittelt und die Entscheidung vorprogrammiert, bezeichnet.[269] Dem Sachverständigen wird sogar eine „königliche Stellung" zugesprochen.[270] Ursache für diese Entwicklung ist die hohe Komplexität der Materie, zu deren Verständnis der Richter auf den Sachverständigen angewiesen ist. Der Richter ist vom Sachverständigen praktisch abhängig. Unabhängig von der Kompetenzverteilung zwischen dem Sachverständigen und dem Gericht untereinander ist jedoch für vorliegende Betrachtung entscheidend, dass der Sachverständige – anders als nach angloamerikanischem Verständnis – der Sphäre des Gerichts zuzuordnen ist. Treffend ist insoweit die Charakterisierung als ein funktional von der richterlichen Aufgabenzuweisung abhängiges besonderes Erkenntnismittel.[271] An einer Zuordnung zu der Sphäre des Gerichts vermögen auch gewisse Einwirkungsbefugnisse der Parteien, §§ 403, 404 IV ZPO, die Anwendbarkeit der Vorschriften des Zeugenbeweises auf den Sachverständigenbeweis gemäß § 402 ZPO und die Geltung des § 286 I ZPO gegenüber dem Gutachten des Sachverständigen nichts zu ändern.[272] Es ist eben der Richter, der den Sachverständigen

---

[266] BGH NJW 1955, 1642 ff. (1643); vgl. ferner BGH VersR 1980, 940 ff. (941), wonach sich der Richter in Zusammenarbeit mit dem Sachverständigen innerhalb des für einen Nichtmediziner Möglichen selbst ein Bild davon machen muss.

[267] Grundlegend insofern *Pieper/Breunung/Stahlmann*, Sachverständige im Zivilprozeß, Theorie, Dogmatik und Realität des Sachverständigenbeweises, S. 125–312; vgl. die Besprechung von *Rudolph*, ZZP 97 (1984), S. 114 ff.; zu einem Abweichen des Tatrichters vom Sachverständigen jüngst: BGH, Beschl. v. 27.04.2016 – XII ZB 557/15 NZFam 2016, S. 700 ff. mit Anmerkung von *Tolani*.

[268] Vgl. *Katzenmeier*, Arzthaftung, S. 399 m.w.N. in Fn. 143.

[269] Vgl. *Katzenmeier*, Arzthaftung, S. 399 m.w.N. in Fn. 145.

[270] Vgl. *Katzenmeier*, Arzthaftung, S. 399 m.w.N. in Fn. 145.

[271] Vgl. *Stahlmann*, in: Pieper/Breunung/Stahlmann, S. 80 m.w.N.

[272] Vgl. aber *Stahlmann*, in: Pieper/Breunung/Stahlmann, S. 76, der darin eine beweismäßige Konzeption wie gegenüber einer Zeugenaussage erblickt.

IV. Materialisierung des Prozessrechts

auszuwählen und zu benennen hat, § 404 I S. 1 ZPO. Er bestimmt die Funktion des Sachverständigen im Auftrag; diesem Auftrag kommt konstitutive Bedeutung zu, denn er löst die Sachverständigenfunktion aus.[273] Die enge Anbindung wird durch die Vorschriften der §§ 404 a, 407a ZPO belegt und sogar durch die Präzisierung intensiviert. Zudem wird die Richterähnlichkeit anhand der Vorschrift des § 406 ZPO deutlich.[274] Der sachverständige Zeuge, § 414 ZPO, ist ebenfalls als bedeutsames Beweismittel im Rahmen des Arzthaftungsprozesses anzusehen.[275] Hierzu zählt insbesondere der vor- und nachbehandelnde Arzt.

(c) Die Erhebung der Parteianhörung zum Beweismittel. Die im zweiten Teil der Bearbeitung kritisch gewürdigte forensische Praxis der Parteianhörung gemäß § 141 ZPO soll im Arzthaftungsprozess eine noch größere Bedeutung als in regulären Zivilverfahren haben. Hier wird eine zielgerichtete richterliche Befragung und damit der Zugriff auf die Partei in Anwesenheit eines medizinischen Sachverständigen deshalb empfohlen, weil sie eine Aufklärung derjenigen Punkte bewirken kann, die für eine spätere Begutachtung wesentlich sind.[276] Es soll zulässig sein, die im Rahmen der formlosen Parteianhörung nach § 141 ZPO abgegebenen Erklärungen im Rahmen der Beweiswürdigung zu verwerten,[277] obgleich es sich dabei – wie in dieser Arbeit im Rahmen der Vier-Augen-Konstellation dargelegt wurde – gerade nicht um ein Beweismittel handelt.[278] Damit wird im Rahmen des Arzthaftungsprozesses dem § 141 ZPO ganz eindeutig und entgegen der Konzeption der ZPO Beweisfunktion beigemessen, während in anderen Rechtsgebieten von der Judikatur betont wird, § 141 ZPO sei eben nicht der Aufklärung zu dienen bestimmt.[279] Durch diese Praxis wird die Unterscheidung zwischen § 141 ZPO und § 445 ZPO nivelliert. An anderer Stelle wird demgegenüber hervorgehoben, der Richter sei verpflichtet, von einer Parteivernehmung von Amts wegen Gebrauch zu machen, falls dies zur weiteren Sachaufklärung geboten sei.[280] Hierdurch werden

---

[273] *Stahlmann*, in: Pieper/Breunung/Stahlmann, S. 80 m.w.N.
[274] A.A. *Stahlmann*, in: Pieper/Breunung/Stahlmann, S. 85, wonach diese Vorschrift nicht die Richterähnlichkeit des Sachverständigen zum Ausdruck bringt, sondern die „rechtsstaatlich bedingten gleichen Voraussetzungen" statuiert.
[275] Vgl. *Stürner*, NJW 1979, S. 2334 ff. (2335).
[276] *Katzenmeier*, Arzthaftung, S. 393.
[277] BGH NJW 1992, 1559: „Erklärungen, die eine nach § 141 ZPO geladene Partei abgibt, ohne ausdrücklich als Partei vernommen zu sein (§§ 445 ff. ZPO), dürfen zwar nicht als Beweismittel verwertet werden. Der Tatrichter ist jedoch nicht gehindert, sie im Rahmen der Beweiswürdigung zu verwerten."
[278] Vgl. *Katzenmeier*, Arzthaftung, S. 393.
[279] Vgl. BGH NJW 2002, 2247 ff. (2249); so auch schon BGH LM § 141 ZPO Nr. 3 = MDR 1967, 834.
[280] So *Krämer*, in: FS für Geiß, S. 437 ff. (446).

jedoch die bereits gezeigten strengen Anforderungen, die im Rahmen des § 448 ZPO erfüllt sein müssen, verkannt.

d) Bewertung der Modifikationen im Hinblick auf die Verhandlungsmaxime

Die Entwicklung auf dem Gebiet des Arzthaftungsprozesses verdeutlicht, wie das Zivilprozessrecht für die Gerichtspraxis auch ohne Existenz gesetzlicher Sonderregelungen genügend Spielraum für eine grundlegend unterschiedliche Gestaltung – abhängig von der Rechtsmaterie – belässt.[281] Wie sind die aufgezeigten prozessualen Modifikationen im Hinblick auf die Verhandlungsmaxime zu erfassen? Das diesbezügliche Meinungsspektrum ist sehr differenziert. Es reicht von einer starken Betonung der richterlichen Frage- und Hinweispflicht bis hin zu einer Verdrängung der Verhandlungsmaxime durch den Grundsatz der Amtsermittlung. Die Tendenz dazu, aufgrund der dargestellten Besonderheiten sei von einer Amtsermittlung auszugehen, wird auch in der höchstrichterlichen Judikatur deutlich.[282] So geht das OLG Brandenburg von einer Geltung besonderer Verfahrensgrundsätze in Arzthaftungssachen aus und nimmt eine „verstärkte Pflicht des Gerichts zur Aufklärung des Sachverhalts im Wege der Amtsermittlung" an.[283] Auch das hanseatische Oberlandesgericht Hamburg konstatiert eine „verstärkt geltende Pflicht des Gerichts zur Amtsermittlung", nimmt aber relativierend an, hiermit korrespondiere die Verpflichtung der Parteien, „ihrerseits zu einer zügigen und umfassenden Aufklärung des Streitstoffes beizutragen".[284] Einige Autoren äußern sich dahingehend, anstelle des Verhandlungsgrundsatzes beanspruche weitgehend der Untersuchungsgrundsatz Geltung.[285] Das Postulat tatsächlicher bzw. realer Waffengleichheit soll Grundlage dafür sein, den Verhandlungsgrundsatz aufzugeben. Der Richter habe von Amts wegen auf eine genaue Aufklärung des medizinischen Sachverhalts hinzuwirken und habe die Pflicht, die beweiserheblichen medizinischen Fragestellungen im Wege der Prozessleitung und Rechtshinweise klarzustellen, selbst wenn diese von einer Partei nicht dargelegt worden sind.[286] Zum Teil heißt es, der Arzthaftungsprozess sei, sofern er richtig geführt wird, ein „richterlich instruierter Prozeß, in dem der Richter die Hauptverantwortung für die umfassende sorgfältige Aufklärung des Ent-

---

[281] *Henckel*, Prozessrecht und materielles Recht, S. 23.
[282] So das OLG Brandenburg OLG-NK 2001, 244 ff. (245) m.w.N.
[283] OLG Brandenburg OLG-NK 2001, 244 ff. (245).
[284] Urt. v. 15.09.1995 – 1 U 17/95 zitiert bei LG Magdeburg, Beschl. v. 17.12.2009, BeckRS 2010, 08697.
[285] *Franzki*, MedR 1994, S. 171 ff. (174); *Francke/Hart*, Charta der Patientenrechte, S. 211; *Bergmann*, Die Arzthaftung, S. 186; *Geiß/Greiner*, Arzthaftpflichtrecht, Rn. E 6; *Giesen*, Arzthaftungsrecht, Rn. 369; *Pelz*, DRiZ 1998, 473 (479 f.).
[286] *Katzenmeier*, Arzthaftung, S. 383 f.

scheidungssachverhalts" habe.[287] Grund hierfür sei die vorgegebene Ungleichheit der Parteien im Zugang zum Prozessstoff. Eine gerechte Interessenabwägung verlange einen Ausgleich durch eine Prozesshandhabung durch den Richter, die der Spezialmaterie des Arzthaftungsrechts angepasst und dem Erfordernis der Rechtsanwendungsgleichheit verpflichtet sei.[288] Demgegenüber wird im Schrifttum unter Ablehnung einer Dichotomie von Untersuchungs- und Verhandlungsmaxime nicht der Untersuchungsgrundsatz herangezogen, sondern mehr von einem richterlichen Ausgleich durch eine „flexible, dem Gebot der Waffengleichheit entsprechende Verhandlungsführung und Aufklärung des Sachverhalts" zugunsten der „im konkreten Fall schwächeren Partei" ausgegangen.[289] An anderer Stelle wird eine Relativierung des Verhandlungsgrundsatzes angenommen.[290] Teilweise wird auch mehr Zurückhaltung gewahrt und es wird bezweifelt, ob im Arzthaftungsprozess wirklich pauschal vom Amtsermittlungsgrundsatz gesprochen werden kann und sollte. Jedenfalls soll eine Anwendung verstärkter richterlicher Hinweis- und Fragepflichten notwendig sein.[291] Auch nach der Ansicht von *Katzenmeier* sollte das Streben nach Kooperation im Arzthaftungsprozess nicht zu einer Abkehr von den tragenden Grundsätzen des Zivilverfahrens führen.[292] Andere Autoren heben hervor, die zivilprozessualen Maximen sollten prinzipiell auch das Arzthaftungsrecht bestimmen; „der höchstrichterlich initiierte Amtsermittlungsgrundsatz sollte nicht aus dem Gedanken der Waffengleichheit überspannt werden".[293]

Vorliegend können jedenfalls auf Grundlage der im ersten Teil der Bearbeitung aufgezeigten drei Facetten der Verhandlungsmaxime und dem hierdurch vorgezeichneten System der Risikoverteilung zwischen dem Kläger und dem Beklagten mit Blick auf die erste Ebene der Unterbreitung des Prozessstoffs sowie auf die zweite Ebene des Beweises folgende deutliche Einschnitte in die Verhandlungsmaxime festgestellt werden:

Zunächst ist die Tatsachenbeibringung – getragen von der Annahme eines Informationsvorsprungs des beklagten Arztes – eingeschränkt durch erheblich geringere Anforderungen an die Darlegungs- und Substantiierungspflicht des Klägers; sein Beibringen kann seitens des Patienten aufgrund des Informa-

---

[287] *Geiß/Greiner*, Arzthaftpflichtrecht, Rn. E 1; *Krämer*, in: FS für Geiß, S. 437 ff. (445).
[288] *Geiß/Greiner*, Arzthaftpflichtrecht, Rn. E 1.
[289] So *Bender*, JZ 1982, S. 709 ff. (711).
[290] *Krämer*, in: FS für Geiß, S. 437 ff. (445).
[291] Zurückhaltend *Spickhoff*, NJW 2002, S. 1758 ff. (1765): „Ob [...] im Arzthaftungsprozess wirklich de facto vom Amtsermittlungsgrundsatz gesprochen werden kann und sollte, ist in dieser Pauschalität zweifelhaft. Jedenfalls werden hier verstärkte richterliche Hinweis- und Fragepflichten angezeigt sein."
[292] *Katzenmeier*, Arzthaftung, S. 387.
[293] DGMR, in: Laufs/Dierks/Wienke/Graf-Baumann/Hirsch, Die Entwicklung der Arzthaftung, S. 353, zitiert nach *Katzenmeier*, Arzthaftung, S. 388 Fn. 73.

tionsgefälles zu seinen Lasten nur äußere Umstände betreffen; bei Lücken kann die Klage nicht aufgrund fehlender Schlüssigkeit abgewiesen werden; dementsprechend steigt die sekundäre Darlegungslast des beklagten Arztes selbst bei einem unsubstantiierten Vortrag seitens des Klägers.

Auf der Beweisebene gilt zunächst im Hinblick auf die Beweisbedürftigkeit, das Erfordernis des Bestreitens durch den Kläger wird erheblich abgemildert, nahezu ausgeschaltet. Der Richter darf Lücken in den Stellungnahmen des Klägers zur Beweiserhebung nicht ohne vorherige Klärung als Unstreitigstellen bzw. als zugestanden werten, womit die Beeinflussung des Sachverhalts durch ein bestimmtes Prozessverhalten seitens des Klägers, §§ 138 III, 288 ff. ZPO, gemindert wird. Das Unterlassen von Beweisanträgen wird kompensiert durch § 139 I ZPO. Die Beiziehung von Krankenunterlagen wird verstanden als Ausfluss der Prozessförderungspflicht des Gerichts[294] und erfolgt in den Regel vor Einholung eines Sachverständigengutachtens; ein Antrag einer Partei auf Beiziehung der Krankenunterlagen des behandelnden Arztes stellt keinen unzulässigen Beweisermittlungsantrag dar. Die Beiziehung der Unterlagen soll möglich sein ohne materiell-rechtlichen Anspruch auf Herausgabe oder Vorlage nach § 142 I, II ZPO.[295] Sodann setzt auf Beweisebene der Wirkungsbereich des Sachverständigen ein. Hierbei legt nicht die Partei, sondern das Gericht die Anknüpfungstatsachen fest und gibt diesem dem Sachverständigen vor, § 404a III ZPO.[296] Zudem greift eine Ermessensreduzierung bei der Erhebung des Sachverständigenbeweises. Das Gericht hat den Sachverständigen zu beauftragen. Im ersten Teil wurde gezeigt, wie die Beweiserhebung von Amts wegen lediglich eine Befugnis, also ein „Können" und keine Verpflichtung des Gerichts ist. Dies wurde als maßgebliches Kennzeichen der Verhandlungsmaxime in Abgrenzung zur Untersuchungsmaxime gesehen.[297] Gerade wegen der Verpflichtung des Gerichts zur Beweiserhebung nach § 142 I und § 144 I ZPO muss für den Arzthaftungsprozess von einer Hinwendung zu der Untersuchungsmaxime ausgegangen werden. Die Kennzeichen einer „Subsidiarität und Ergänzungsfunktion" richterlicher Tätigkeit im Rahmen der Geltung der Verhandlungsmaxime[298] treffen auf den Arzthaftungsprozess mithin nicht zu. Zudem erfolgt eine verstärkte Anwendung des § 141 ZPO mit Möglichkeiten zur Inquisition.

---

[294] *Geiß/Greiner*, E 1.
[295] *Geiß/Greiner*, E 1.
[296] *Greiner*, S. 17.
[297] Siehe 1. Teil B. II. 2. c) bb).
[298] Vgl. *Stürner*, JZ 1986, S. 1089 ff. (1093).

2. Verbraucherschutz und Prozessrecht – Legitimation und Dimension eines Sonderprozessrechts im Hinblick auf die Verhandlungs- und die Dispositionsmaxime

a) Vorbemerkung

Zivilprozesse, die ein von einem Verbraucher eingegangenes Vertragsverhältnis betreffen, heben sich nicht von einem Zivilprozess, an dem ein Verbraucher nicht beteiligt ist, ab. Das deutsche Prozessrecht ist mit seinem Verzicht auf kompensatorische Methoden damit bisher neutral. Schließlich hatten – wie in dieser Arbeit bereits gezeigt wurde – die Novellen der CPO von 1877 vornehmlich die Beschleunigung des Zivilverfahrens im Blick, obgleich diesem eine soziale Dimension zuzuschreiben ist.

Verbraucherschutz wurde prozessual – wie bereits erläutert – lediglich im Wege der Reformierung des § 38 ZPO durch die Gerichtsstandsnovelle von 1974 verwirklicht. Jedoch gibt es bisher kein prozessuales Pendant zum materiell-rechtlichen Verbraucherschutz. Die Materialisierung des Privatrechts hat insofern noch keinen Weg in das Zivilverfahren gefunden. Das Prozessrecht wird insofern als „indifferent" bezeichnet.[299] Konsequenz der unterschiedslosen Anwendung der Verhandlungsmaxime ist folgende: Einschlägige zwingende Verbraucherschutzbestimmungen des materiellen Rechts erlangen ausschließlich im Wege der Beibringung von Tatsachen, die sich unter den betreffenden Tatbestand subsumieren lassen, Anwendung.[300] Der EuGH hat hier – wie im dritten Teil der Arbeit dargestellt wurde – zumindest im Bereich von Fragen der Zulässigkeit im Falle von missbräuchlichen Klauseln entgegenzusteuern versucht. Die Problematik wurde ferner in der Entscheidung *Faber* deutlich.

Die Etablierung eines Verbraucherprozessrechts wird indes seit einigen Jahren für den deutschen Zivilprozess als wünschenswert angesehen.[301] *Bender* wies schon in der achtziger Jahren des 20. Jahrhunderts auf den Wandel in den gesellschaftlichen und wirtschaftlichen Verhältnissen seit Inkrafttreten der CPO im Jahre 1879 hin: „Die restriktiv aufgefasste Verhandlungsmaxime mag angemessen gewesen sein, als 1879 die CPO in Kraft trat."[302] Weiter heißt es:

„Man trat damals nur mit Menschen in Rechtsbeziehungen, die man kannte, und denen man vertrauen durfte; man erwarb sowieso nur Gegenstände, die man wirklich brauchte, von denen man wußte, welche Eigenschaften sie haben müssen und was sie kosten dürften. Aber die Verhältnisse sind nicht mehr so."[303]

---

[299] *Wagner*, ZEuP 2008, S. 6 ff. (13); *Roth* hält dies für „übertreibend". *Roth*, in: FS für Henckel, S. 283 ff. (284).
[300] *Bahnsen*, S. 3.
[301] Vgl. dazu *Roth*, in: Die Zukunft des Zivilprozesses, S. 69 ff. (70).
[302] *Bender*, JZ 1982, S. 709 ff. (712).
[303] *Bender*, JZ 1982, S. 709 ff. (712).

Bender verweist auf die Verhältnisse der spätindustriellen Gesellschaft und kennzeichnet diese durch ein komplexes Warenangebot, das der Kunde kaum zutreffend beurteilen könne sowie auf das rücksichtslose und ungehemmte Gewinnstreben. Den „Auswüchsen" und „Missbräuchen der Marktwirtschaft" könne – so *Bender* – die Verhandlungsmaxime schlechthin nicht gerecht werden.[304]

Im Sinne einer „Materialisierung" des Zivilprozessrechts könnten die maßgeblichen Wertungen und erfolgten Änderungen des materiellen Rechts zugunsten des Verbrauchers in das Prozessrecht implementiert werden.[305] Man könnte zu der Annahme geneigt sein, die „Fortbildungen des materiellen Zivilrechts [müssten] angemessene prozessrechtliche Konsequenzen nach sich ziehen".[306] Vor dem Hintergrund der dienenden Funktion des Prozessrechts könnte man die These vertreten, bei einer fehlenden Anpassung des Zivilprozessrechts wären die aus dem materiellen Recht herrührenden Ansprüche nicht ausreichend durchsetzungsstark ausgestaltet, wodurch das materielle Recht letztlich leer liefe.[307] Das materielle Recht hat – wie gezeigt – eine starke soziale Akzentuierung und damit eine Materialisierung jedenfalls auf bestimmten Gebieten erhalten. Müsste das Zivilverfahrensrecht mit dieser Entwicklung „Schritt halten"?[308]

Ein sozialer Zivilprozess ließe sich durch verschiedene prozessuale Maßnahmen verwirklichen. Ein punktueller Schutz des Schwächeren ist z.B. möglich durch Reformierung des Gerichtsstandsrechts. Insbesondere verwirklicht sich in der grundsätzlichen Bevorzugung des Beklagten im Rahmen des örtlichen Gerichtsstandes durch den Grundsatz gemäß § 12 ZPO, dass der Kläger dem Gerichtsstand des Beklagten folgen muss (*actor sequitur forum rei*), ein grundlegendes prozessuales Gerechtigkeitsprinzip vor dem Hintergrund der Waffengleichheit.[309]

---

[304] *Bender*, JZ 1982, S. 709 ff. (712).
[305] Vgl. dazu *Roth*, in: Die Zukunft des Zivilprozesses, S. 69 ff. (70).
[306] Zu diesem Postulat unabhängig vom Verbraucherschutz *Henckel*, Prozessrecht und materielles Recht, S. 409.
[307] *Koch*, Verbraucherprozessrecht, S. 7; vgl. *Tamm*, S. 809.
[308] Vgl. *Tamm*, S. 809.
[309] Vgl. dazu *Roth*, in: Die Zukunft des Zivilprozesses, S. 69 ff. (76). Eine „Materialisierung" des Zivilprozesses wurde indes bereits für den Mietprozess verwirklicht, denn der ausschließliche örtliche Gerichtsstand nach § 29a ZPO bei Miet- oder Pachträumen stellt den zivilprozessualen Part zum sozialen Mietrecht dar. Danach soll u.a. ein Rechtsstreit über Wohnraummietsachen zugunsten des als sozial schwächer eingestuften Mieters möglichst nahe an der Wohnung als dem Lebensmittelpunkt des Mieters geführt werden. Es gibt also flankierende prozessuale Besonderheiten. Parallel hierzu wurde im Zusammenhang mit dem Schutz des Verbrauchers gemäß § 29c ZPO im Zuge des Schuldrechtsmodernisierungsgesetzes 2002 der besondere Gerichtsstand für Haustürgeschäfte geschaffen. Insofern besteht also keine Neutralität des Prozessrechts. Diesbezüglich wird von „Gerichtsständen des sozialen Zivilprozesses" gesprochen. Im Sinne eines umfassenden Schutzes des Verbrauchers wird die

IV. Materialisierung des Prozessrechts

Zudem findet im Hinblick auf eine Umgestaltung des Prozessrechts zugunsten des Verbrauchers die Schaffung eines besonderen vereinfachten Schnellverfahrens – eines „Fast Track" – Eingang in die Diskussion.[310] Erwogen wird, dem Verbraucher am Amtsgericht die Option eines unbürokratischen Verfahrens gegen den Unternehmer zu überschaubaren Kosten zu ermöglichen.[311] Dabei handelt es sich nicht um vollkommen neue Ideen, sondern um Anlehnungen an das bereits erläuterte Bagatellverfahren nach § 495a ZPO. Im Hinblick auf die Maximen erschiene es auch hier, wie im zweiten Teil der Bearbeitung im Rahmen des § 495a ZPO erläutert wurde,[312] bedenklich, aufgrund von prozessökonomischen Erwägungen rechtsstaatliche Verfahrensstandards durch richterliches Ermessen auszuhebeln.[313]

Für die hier relevante Thematik des Verhältnisses von Parteiherrschaft und Richtermacht richtet sich der Fokus jedoch auf die Fragestellung, ob mit dem im materiellen Recht verwirklichten Verbraucherschutz im Sinne der Einheit der Rechtsordnung ein besonderer Schutz im Prozessrecht durch sozialkompensierende richterliche Aktivität und damit im Wege einer Steigerung von Richtermacht korrespondieren sollte. Denkbare Maßnahmen mit Blick auf deren Auswirkungen auf die Verhandlungs- und die Dispositionsmaxime sollen nun näher beleuchtet werden.

b) Einschränkungen der Verhandlungsmaxime

Der Durchsetzungsanspruch zwingender Normen könnte verwirklicht werden im Wege einer Materialisierung des Prozessrechts durch Intensivierung richterlicher Aktivität zwecks Kompensation eines Machtgefälles zwischen den Prozessparteien. Die damit einhergehende Begrenzung prozessualer Parteiherrschaft würde zunächst die Bestimmung des tragenden Sachverhalts, also den Bereich der Verhandlungsmaxime, betreffen. Diese Maxime kann da-

---

Etablierung eines generellen Verbrauchergerichtsstandes ähnlich des europäischen Zuständigkeitsrechts nach Art. 15–17 EuGVO diskutiert. Im Recht der örtlichen Zuständigkeit müsse der Gerichtsstand nach § 29c ZPO zu einem allgemeinen Gerichtsstand des Verbrauchers erweitert werden. Vorbild hierfür solle Art. 32 der schweizerischen ZPO in Bezug auf den sogenannten Konsumentenvertrag sein.

[310] Dies wurde im Rahmen eines Treffens der Präsidenten der Oberlandesgerichte und der Präsidentin des BGH am 23.6.2015 in Frankfurt thematisiert. *Müller*, F.A.Z. vom 24.6.2015, S. 4; einen entsprechenden Vorschlag enthält das Gutachten von *Callies*, in dem es heißt „Verbraucher erhalten ein Optionsrecht auf ein singulärinstanzliches, summarisches und unbürokratisches Schnellverfahren zu überschaubaren Kosten gegen Unternehmer." *Callies*, Gutachten zum 70. DJT, S. A 98, S. A 108; kritisch insoweit: *Althammer*, in: *Weller/Althammer*, S. 3 ff. (26).

[311] *Callies*, Gutachten zum 70. DJT, S. A 98, S. A 108.

[312] 2. Teil B. VIII.

[313] *Althammer*, in: *Weller/Althammer*, S. 3 ff. (26).

mit – wie das Verfahrensrecht für die Arzthaftung deutlich belegt – als maßgebliche „Einbruchstelle" gekennzeichnet werden.

Aus verfassungsrechtlicher Sicht sei an dieser Stelle bemerkt, dass der Verhandlungsgrundsatz lediglich im Hinblick auf die nach Art. 103 I GG geschützte Befugnis der Parteien, Tatsachen und Beweismittel in das Verfahren einbringen zu können, Schutz durch die Verfassung erfährt.[314] Insoweit besteht eine Unantastbarkeit aufgrund der „Verfassungsfestigkeit" der Verhandlungsmaxime. Eine „reine" Untersuchungsmaxime, die die Sachverhaltsaufklärung ausschließlich dem Richter zuweist, wäre daher nicht verfassungskonform.[315] Demgegenüber erscheint ein lediglich partieller Rückgriff auf die Untersuchungsmaxime im Wege einer ausdrücklichen gesetzgeberischen Kodifikation nicht ausgeschlossen.[316] Eine sektorale – d.h. auf den Verbraucherprozess als Sonderprozess bezogene – Modifikation der Verhandlungsmaxime, wie sie hier diskutiert wird und im Arzthaftungsrecht bereits praktiziert wird, begegnet daher keinen verfassungsrechtlichen Bedenken.

Hinsichtlich einer Notwendigkeit der Einschränkung der Verhandlungsmaxime als Konsequenz des Verbraucherschutzes wird auf Grundlage einer Einheit des materiellen Rechts und des Prozessrechts im Schrifttum argumentiert, das Prozessrecht würde neue materielle Rechtspositionen begründen, wenn der Verhandlungsgrundsatz auch dann unterschiedslos Anwendung fände, sofern zwingendes materielles Recht betroffen ist.[317] Die Parteien könnten im Wege ihrer Hoheit über den Tatsachenstoff ein inhaltlich von der wirklichen materiellen Rechtslage abweichendes Urteil erwirken.[318] Ferner wird – unabhängig von Verbraucherschutzerwägungen – konstatiert, die „defizitäre Situation *in concreto* [werde] am ehesten deutlich und damit überhaupt erst korrigierbar" im Zivilverfahren.[319]

Ausgangspunkt der Betrachtung unter dem Blickwinkel der Verhandlungsmaxime ist, dass das Gericht bei ihrer ausnahmslosen Geltung nur über die

---

[314] *Althammer*, in: Weller/Althammer, S. 3 ff. (20); *Stürner*, in: Festschrift für Baur, S. 647 ff. (657). Siehe auch 1. Teil A. I. 6.

[315] *Stürner*, in: Festschrift für Baur, S. 647 ff. (657). Eine andere Fragestellung ist, inwieweit eine reine Verhandlungsmaxime ohne Anwendung einer richterlichen Hinweispflicht verfassungskonform wäre. Hierzu konstatiert *Stürner*, dass Art. 103 I GG jedenfalls Überraschungsentscheidungen verbiete und daher eine dementsprechende zivilprozessuale Regelung verlange. *Stürner*, in: Festschrift für Baur, S. 647 ff. (658). Insgesamt findet sich bei *Stürner* eine Zurückhaltung gegenüber einer Tendenz, zu viele Verfahrenselemente „verfassungsfest" zu machen. *Stürner*, NJW 1979, S. 2334 ff. (2336).

[316] So *Althammer*, in: Weller/Althammer, S. 3 ff. (23): „Ein partieller und wohldosierter Rückgriff auf den Untersuchungsgrundsatz durch ausdrückliche gesetzgeberische Anordnung erscheint auch in angestammten Bereichen der Ziviljustiz zumindest aus verfassungsrechtlicher Sicht nicht ausgeschlossen."

[317] So *Bahnsen*, S. 111.

[318] So *Bahnsen*, S. 111.

[319] *E. Schmidt*, JZ 1980, S. 153 ff. (157).

von den Parteien vorgetragenen Tatsachen entscheiden darf. Folgerichtig würde der gesetzliche Verbraucherschutz im Zivilverfahren insgesamt unberücksichtigt bleiben, „wenn der Betroffene nicht vorträgt, dass er Verbraucher ist und dass er – zum Beispiel – nicht über sein Widerrufsrecht belehrt worden ist oder die Kaufsache überhaupt an der Haustür erworben hat".[320] Eine derartige Situation lag der Entscheidung *Faber* des EuGH vom 4.6.2015 zugrunde.[321] Das Judikat verdeutlicht, dass die Faktenbasis betroffen ist. Maßgeblich betroffen im System der Risikoverteilung ist damit erstens die Fragestellung, wie die Informationsbeschaffung zu erfolgen hat, d.h. ob das Gericht die Informationen sammelt oder ob diese von den Parteien geliefert werden und in letzterem Fall, welche Information von welcher Partei erwartet wird. Sofern dem Gericht die Informationen vorliegen, stellt sich zweitens die Frage, wie das Gericht mit den Fakten umzugehen hat, d.h. welche Anforderungen an die Überprüfung der Tatsachen gestellt werden sollten.[322] Es könnten *de lege ferenda* unter Zugrundelegung einer Differenzierung zwischen den beiden Ebenen der Tatsachenbeibringung und des Beweises verschiedene Maßnahmen zugunsten des Verbrauchers *in concreto* folgendermaßen Eingang in das Zivilverfahren finden.

aa) Modifikation der Verhandlungsmaxime auf der Ebene der Stoffbeibringung

(1) Die Etablierung einer uneingeschränkten bzw. eingeschränkten Untersuchungsmaxime bzw. einer erweiterten gerichtlichen Fragepflicht

(a) Die soziale eingeschränkte Untersuchungsmaxime unter rechtsvergleichender Betrachtung des Zivilprozessrechts der Schweiz. In Betracht kommen Modifikationen der materiellen Prozessleitung *qua* Schaffung neuer bzw. Erweiterung vorhandener gerichtlicher Informationskompetenzen, die unter dem Stichwort der sozialkompensierenden richterlichen Aktivität erfasst werden können. Es könnte demnach bereits die Informationsbeschaffung entweder ganz oder intensiver auf das Gericht verlagert werden.

Denkbar ist zunächst eine völlige Aufgabe der Verhandlungsmaxime im Hinblick auf Zivilverfahren, bei denen (vermeintliche) Ansprüche zwischen einem Verbraucher und einem Unternehmer Gegenstand des Rechtsstreits sind. Eine derartige Verlagerung der Verantwortung für die Tatsachengrundlage auf das Gericht wäre eine Hinwendung zu einer uneingeschränkten Untersuchungsmaxime.

---

[320] *Heiderhoff*, ZEuP 2001, S. 276 ff. (279).
[321] EuGH, Urt. v. 4.6.2015, Rs. C-497/13 – *Faber*.
[322] Vgl. zu dem Sachverhaltsmodell der Verhandlungsmaxime: *Weyers*, FS für Esser, S. 193 ff. (194 f.).

Es könnte aber auch – wie im Rahmen der Diskussion um einen allgemeinen Gerichtsstand für den Verbraucher – das Verfahrensrecht der Schweiz im Bereich der materiellen Prozessleitung als Vorbild dienen. Im schweizerischen Zivilverfahren wird im Rahmen der richterlichen materiellen Prozessleitung von einer „Stufenfolge"[323] der Instrumentarien – von einer gerichtliche Fragepflicht nach Art. 56 sZPO beginnend, über eine verstärkte bzw. erweiterte gerichtliche Fragepflicht nach Art. 247 I sZPO und über eine eingeschränkte Untersuchungsmaxime nach Art. 247 II sZPO hin zu einem uneingeschränkten Untersuchungsgrundsatz nach Art. 296 sZPO – ausgegangen.

Insbesondere könnte eine eingeschränkte Untersuchungsmaxime in Form einer sogenannten sozialen bzw. sozialpolitischen Untersuchungsmaxime in Anlehnung an das Zivilverfahren der Schweiz nach Art. 247 II sZPO zur Anwendung gelangen.[324] Diese bleibt in ihrer Intensität hinter der sogenannten uneingeschränkten Untersuchungsmaxime gemäß Art. 296 sZPO zurück. Letztere basiert auf einem öffentlichen Interesse und wird von der Erwägung getragen, die Parteien sollten über dieses öffentliche Interesse nicht verfügen können.[325] In dem Anwendungsbereich der uneingeschränkten Untersuchungsmaxime – familienrechtliche Verfahren, die Kinderbelange betreffen – „erforscht" das Gericht den Sachverhalt von Amts wegen. Sie ist – anders als die eingeschränkte Untersuchungsmaxime – gepaart mit dem Offizialprinzip. Demgegenüber gilt für den Bereich der eingeschränkten sozialen Untersuchungsmaxime, dass das Gericht den Sachverhalt von Amts wegen festzustellen hat. Das Gericht hat also bei der eingeschränkten Untersuchungsmaxime bei der Sachverhaltsfeststellung lediglich mitzuwirken, den Sachverhalt aber – anders als bei der uneingeschränkten Untersuchungsmaxime – nicht zu „erforschen".[326] Die Parteien haben dabei die wesentlichen Behauptungen vorzubringen und die Beweismittel zu benennen. Sie tragen den Prozessstoff selbst vor. Die richterliche Hilfestellung besteht in der Mitwirkung bei der Sachver-

---

[323] So *Mordasini-Rohner*, S. 181 ff.
[324] Die eingeschränkte Untersuchungsmaxime hat einen weiten Anwendungsbereich. Neben dem Anwendungsbereich des Art. 247 II sZPO im vereinfachten Verfahren, in dem sie als „soziale Untersuchungsmaxime" bezeichnet wird, gilt sie in Verfahren der freiwilligen Gerichtsbarkeit, Art. 255 lit. b sZPO, in Verfahren vor dem Konkurs- und Nachlassgericht, Art. 255 lit. b sZPO, Eheschutzverfahren, sofern nicht Kinderbelange betroffen sind, Art. 272 sZPO, im Rahmen von Scheidungsprozessen, mit Ausnahme bei Fragen des Güterrechts oder des nachehelichen Unterhalts zwischen Ehegatten, Art. 277 III sZPO, für vorsorgliche Maßnahmen in Scheidungsprozessen, Art. 276 I sZPO i.V.m. Art. 272 sZPO und bei entsprechenden Verfahren des Partnerschaftsgesetzes, Art. 306 sZPO i.V.m. Art. 272 sZPO, Art. 307 sZPO i.V.m. Art. 277 III sZPO und zusätzlich nach einem Teil der Lehre in anderen Bereichen, insbesondere im Rahmen der Prüfung der Prozessvoraussetzungen. Siehe zum Anwendungsbereich der eingeschränkten Untersuchungsmaxime *Lienhard*, S. 215 ff. Rn. 478 ff.
[325] *Lienhard*, S. 12 Rn. 30.
[326] Schweizerische Zivilprozessordnung – Basler Kommentar, Art. 247 Rn. 9.

IV. Materialisierung des Prozessrechts

haltsfeststellung. Hingegen ist es dem Gericht im Rahmen der sozialen Untersuchungsmaxime untersagt, den Sachverhalt unabhängig vom Parteivorbringen zu „erforschen".[327] Der Richter darf also keine Tatsachen erheben, welche in den Parteivorträgen nicht ansatzweise anklingen.[328] Der Richter ist folglich nur ergänzend an der Sammlung des Prozessstoffs beteiligt.[329] Dieses Instrumentarium wird daher auch als „gemäßigte soziale Untersuchungsmaxime" bezeichnet.[330]

Die rechtspolitische Legitimation besteht dabei im Schutz des sozial Schwächeren. Die eingeschränkte Untersuchungsmaxime intendiert die Aufhebung des Machtgefälles zwischen der sozial schwächeren und der sozial stärkeren Partei.[331] Der Gesetzgeber wollte eine sozial schwächere Partei in besonders sensiblen Materien speziell schützen.[332] Der sozial schwächeren Partei soll die Durchsetzung ihrer Ansprüche bzw. die Abwehr der Begehren des Prozessgegners erleichtert werden und ihr soll die Prozessführung ohne anwaltliche Vertretung mit entsprechendem Kostenrisiko ermöglicht werden.[333] Die soziale Untersuchungsmaxime soll verhindern, dass „die Ermittlung der materiellen Wahrheit an der Übermacht der sozial stärkeren Partei scheitert".[334] Wichtig ist, dass das Ausmaß der richterlichen Hilfestellung u.a. von dem sozialen Machtgefälle zwischen den Prozessparteien und von der Beteiligung von Anwälten im Verfahren abhängig gemacht wird. Sofern nur eine Partei anwaltlich vertreten ist, kann dies zu einem Machtgefälle führen, das im Wege einer verstärkten richterlichen Mitwirkung zu kompensieren ist.[335] Dementsprechend wird als Zweck der eingeschränkten sozialen Untersuchungsmaxime u.a. neben dem Schutz der sozial schwächeren Partei und dem Leisten eines Beitrags zur Ermittlung der materiellen Wahrheit auch der Ausgleich des fehlenden Anwaltszwangs genannt.[336]

Demgegenüber ist eine derartige Abstufung im Rahmen der Untersuchungsmaxime dem deutschen Verfahrensrecht unbekannt. Indes findet die uneingeschränkte Untersuchungsmaxime des schweizerischen Zivilverfahrens ihre Parallele in der Untersuchungsmaxime nach dem FamFG. Damit wäre – vergleichbar mit § 26 FamFG – eine explizite Normierung einer Untersuchungsmaxime in der ZPO mit folgendem Wortlaut denkbar: „Das Gericht

---

[327] Schweizerische Zivilprozessordnung – Basler Kommentar, Art. 247 Rn. 10 f.
[328] Schweizerische Zivilprozessordnung – Basler Kommentar, Art. 247 Rn. 11.
[329] Schweizerische Zivilprozessordnung – Basler Kommentar, Art. 247 Rn. 13.
[330] Schweizerische Zivilprozessordnung – Basler Kommentar, Art. 247 Rn. 4.
[331] Schweizerische Zivilprozessordnung – Basler Kommentar, Art. 247 Rn. 20; Schweizerische Zivilprozessordnung, Kurzkommentar, Art. 243 Rn. 14; *Lienhard*, S. 12 Rn. 29.
[332] *Lienhard*, S. 212 Rn. 472.
[333] Schweizerische Zivilprozessordnung – Basler Kommentar, Art. 247 Rn. 4.
[334] So *Lienhard*, S. 12 Rn. 29.
[335] Schweizerische Zivilprozessordnung – Basler Kommentar, Art. 247 Rn. 16, 19.
[336] *Lienhard*, S. 218 Rn. 482 ff.

hat von Amts wegen die zur Feststellung der entscheidungserheblichen Tatsachen erforderlichen Ermittlungen durchzuführen, wenn eine Partei Verbraucher und die andere Partei Unternehmer ist." In systematischer Hinsicht könnte hierzu ein eigenständiger Absatz im Rahmen der materiellen Prozessleitung gemäß § 139 ZPO geschaffen werden. Denn anders als nach dem Prozessrecht der Schweiz sind die Maximen in der ZPO nicht explizit bestimmt. Vorab sei bemerkt, eine derartige prozessuale Ausformung von Verbraucherschutz ginge mit einem starken Eingriff in die Prozessdogmatik einher. Das Sachverhaltsmodell würde gerade nicht mehr ausschließlich von den Parteien gebildet werden. *Roth* bezeichnet eine derartige Materialisierung als „verhängnisvoll".[337] Die Untersuchungsmaxime würde auch über die eingeschränkte soziale Untersuchungsmaxime der Schweiz hinausgehen, da diese – wie gezeigt wurde – keine von dem Parteivorbringen unabhängige Ermittlungstätigkeit des Gerichts vorsieht.

(b) Die verstärkte bzw. erweiterte richterliche Fragepflicht unter rechtsvergleichender Betrachtung des Zivilprozessrechts der Schweiz. Weniger intensiv wären demgegenüber Einschränkungen der Verhandlungsmaxime durch Etablierung einer verstärkten bzw. erweiterten richterlichen Fragepflicht, vergleichbar der Regelung des Art. 247 I sZPO. Ein derartiges Instrumentarium erscheint auf den ersten Blick als deutlich schwächerer Eingriff und als rechtsdogmatisch verträglicher. Die Informationsbeschaffung wäre nicht vollkommen auf das Gericht verlagert. Eine verstärkte richterliche Fragepflicht könnte *de lege ferenda* ebenfalls im Rahmen der materiellen Prozessleitung des § 139 ZPO geregelt werden. Denkbar wäre eine Erweiterung des § 139 I ZPO mit folgendem Wortlaut: „Insbesondere soll er [der Richter] in denjenigen Sachen Fragen zur tatsächlichen Situation stellen, in denen der Streitgegenstand Verbraucherrechte betrifft."[338]

Zudem könnten Änderungen im Rahmen der Hinweise seitens des Richters derart erfolgen, dass auch solche Hinweise als zulässig erachtet werden, die – entgegen dem richterliche Neutralitätsgebot – eben nur einer Partei dienlich sind. Auf diese Weise würde sich der Richter aus dem gleichen Abstand zu beiden Parteien heraus begeben und sich dem Verbraucher im Interesse der Fürsorge mit seinem Hinweis widmen. In diesen Kontext gehört etwa ein richterlicher Hinweis an den Verbraucher auf die Einrede der Verjährung gemäß § 214 BGB im Rahmen einer Zahlungsklage des Unternehmers, wenn der verklagte Verbraucher die Einrede unbeabsichtigt übersieht. Zudem wäre der Hinweis auf ein Gestaltungsrecht des Widerrufs des Verbrauchers Teil der

---

[337] *Roth*, in: FS für Henckel, S. 283 ff. (295).
[338] So der Vorschlag von *Bahnsen*, S. 171.

IV. Materialisierung des Prozessrechts

Problematik.[339] Wie im ersten Teil der Arbeit gezeigt wurde, ist das Meinungsspektrum hinsichtlich der Frage, ob der Richter durch seine Hinweise auf Einreden und Gestaltungsrechte aufmerksam machen darf, gespalten.[340] Gegen die Kompetenz des Richters, eine neue Einrede anzuregen spricht indes bereits der Wortlaut der Vorschrift, in der in den Alternativen jeweils darauf abgestellt wird, dass hinsichtlich des Tatsachenvortrags bereits Anhaltspunkte vorgebracht wurden. Denn in der Vorschrift wird davon ausgegangen, dass Tatsachen unvollständig sind und der gestellte Antrag unklar bzw. ungenau ist.[341] Demgegenüber könnte Bestandteil eines sozialen Zivilprozesses eine richterliche Aufklärung der Parteien über den Eintritt der Verjährung und dem daraus folgenden Recht zur Leistungsverweigerung sein.[342] Die Anwendung der Kompetenz nach § 139 ZPO sei nach Ansicht der Vertreter des sozialen Zivilprozesses erforderlich, da nur auf diese Weise eine gerechte Entscheidung erzielt werden könne. Die Vorstellung von der Gerechtigkeit im Rahmen des sozialen Zivilprozesses führt zu einer erweiterten Aufklärungspflicht des Gerichts im Hinblick auf die rechtlichen Folgen des Parteiverhaltens. Grundlage für die Pflicht des Richters zum Hinweis auf die Verjährung sei das Sozialstaatsprinzip. Die Grenze besteht – so die Vertreter des sozialen Zivilprozesses – darin, dass das Gericht der Partei die Entscheidung, wie sie mit dem Hinweis umgeht, nicht abnehmen dürfe. Der Richter dürfe daher nicht eine Partei auffordern, von der Einrede Gebrauch zu machen.[343] Daher wird nach der Konzeption des sozialen Zivilprozesses die Grenzziehung zwischen der Richtermacht und der Parteifreiheit dahingehend gezogen, dass die Partei frei ist, selbst darüber zu entscheiden, welche Rechte sie im Prozess verfolgen will.[344] Freiheit wird nach dieser Ansicht überhaupt erst durch Ausschöpfung des richterlichen Aufklärungsrechts eröffnet und gerade nicht vermindert.[345] Insbesondere sei die Freiheit der Partei, eine Einrede zu erheben oder auch nicht, nur dann gegeben, wenn der Bürger Kenntnis davon habe, dass ihm die Einrede zustehe.[346] Die richterliche Pflicht zum Hinweis auf Verjährung entspreche der materiellen Gerechtigkeit; es wird als unbillig empfunden, jemanden

---

[339] *Heiderhoff*, ZEuP 2001, S. 276 ff. (293).
[340] 1. Teil B. III. 2. a).
[341] *Prütting*, NJW 1980, S. 361 ff. (364).
[342] *Wassermann*, S. 119; *E. Schmidt*, JZ 1980, S. 153 ff. (157); kritisch *Leipold*, in: Stein/Jonas, ZPO, 22. Aufl., § 139 Rn. 24a.
[343] *Wassermann*, S. 119.
[344] *Wassermann*, S. 118 f. unter Bezugnahme auf *Henckel*, Vom Gerechtigkeitswert verfahrensrechtlicher Normen, S. 128.
[345] So *Bender*, JZ 1982, S. 709 ff. (710); vgl. jüngst dazu *Schack*, ZZP 129 (2016), S. 393 ff. (401), nach dessen Ansicht richterliche Hinweise die „Voraussetzungen für eine freie privatautonome Entscheidung der Partei" schaffen.
[346] So *Bender*, JZ 1982, S. 709 ff. (710).

zu verurteilen, nur weil er den Einwand der Verjährung übersehen hat.[347] Insgesamt wird der Verjährungshinweis nur als Anwendungsfall des Rechtsgesprächs angesehen.[348] Befangen sei der Richter erst dann, wenn er darauf Einfluss nehmen würde, dass die Einrede auch erhoben wird.[349] Demgegenüber würde bei Unterbleiben eines entsprechenden richterlichen Hinweises der Verbraucher, der sein Recht nicht kennt, den Prozess verlieren. Dies wurde bisher kritisiert, denn ein Richter im sozialen Rechtsstaat dürfe einen solchen Rechtsverlust nicht sehenden Auges zulassen.[350]

Es könnte also im Rahmen einer Erweiterung des § 139 I ZPO folgender Satz aufgenommen werden: „Der Richter hat die Partei, die Verbraucher ist, auf das Bestehen und die Notwendigkeit der Erhebung von Einreden und der Erklärung von Gestaltungsrechten hinzuweisen." Dann wäre § 139 I ZPO als echte Aufklärungspflicht des Richters zugunsten einer Partei zu verstehen, womit die richterliche Neutralität geopfert wäre. Des Weiteren bleibt zu bedenken, dass sich eine derartige Änderung des Verfahrensrechts schlechthin nicht der materiell-rechtlichen Konzeption einer Einrede entspräche und sich daher eben nicht mit einer Wertungskohärenz von materiellem und prozessualem Recht legitimieren ließe. Das Verfahrensrecht würde daher bei Umsetzung des obigen Vorschlages überschießend reagieren und die eigene Wertung aufstellen, der beklagte Verbraucher sei im Falle der verjährten Forderung *per se* schutzwürdiger als der klagende Unternehmer.[351] Wirft man angesichts der dienenden Aufgabe des Verfahrensrechts den Blick zunächst auf das materielle Recht, so lässt sich feststellen, dass dem materiellen Recht bei der Gestaltung der Verjährung als Einrede die Überlegung zugrunde lag, es dem Schuldner zu überlassen, ob er seine Berufung auf die Verjährung auch aus moralischen Gründen als angemessen erachtet.[352] Das materielle Recht geht davon aus, die Erfüllung einer verjährten Forderung widerspräche nicht der Gerechtigkeit.[353] So heißt es in den Motiven zur Begründung des § 222 II S. 1 BGB a.F., wonach das zur Befriedigung eines verjährten Anspruchs Geleistete nicht zurückgefordert werden kann, auch wenn die Leistung in Unkenntnis der Verjährung

---

[347] Vgl. *Brehm*, S. 224.
[348] Vgl. *Brehm*, S. 223.
[349] *Brehm*, S. 223; *E. Schmidt*, JZ 1980, S. 153 ff. (157).
[350] *Heiderhoff*, ZEuP 2001, S. 276 ff. (294) mit Hinweis u.a. auf *Stürner*, Richterliche Aufklärung im Zivilprozess, S. 27.
[351] Vgl. zu der Erwägung auch *Prütting*, NJW 1980, S. 361 ff. (365) gegen eine Erweiterung der Hinweispflicht aus einem sozialstaatlichen Ansatz. *Prütting* erachtet es als problematisch, zu unterstellen, der Beklagte bzw. der Schuldner einer verjährten Forderung sei wirklich immer schutzwürdiger als der Kläger.
[352] *Leipold*, in: Stein/Jonas, ZPO, 22. Aufl., § 139 Rn. 24a; vgl. dazu *Kern*, in: Stein/Jonas, ZPO, § 139 Rn. 53.
[353] So *Brehm*, S. 223 f.; zustimmend *Leipold*, in: Stein/Jonas, ZPO, 22. Aufl., § 139 Rn. 24a Fn. 124.

IV. Materialisierung des Prozessrechts

bewirkt worden ist, für das natürliche Rechtsgefühl handele es sich bei der verjährten Schuld immer noch um eine Schuld.[354] Bemerkenswert ist zudem, dass es der Gesetzgeber auch im Zuge der großen Schuldrechtsreform trotz grundlegender Umgestaltung des Verjährungsrechts bei der Rechtsfolge einer echten materiell-rechtlichen Einrede, § 214 I BGB, belassen hat.[355] Insofern befindet sich eine Ablehnung der richterlichen Hinweispflicht in Bezug auf die Verjährungseinrede voll auf der Linie des materiellen Rechts. Selbst wenn man heute annehmen darf, dass sich wohl jeder Schuldner, der von dem Ablauf der Verjährungsfrist Kenntnis hat, von der Möglichkeit der Verjährungseinrede Gebrauch macht und generell keine moralischen Bedenken hiergegen hat, müssten derartige Überlegungen zunächst in das materielle Recht Eingang finden,[356] bevor das Prozessrecht – wenn es dem materiellen Recht überhaupt folgen müsste – auf das materielle Recht reagiert, es sei denn, die Maßstäbe an die Gerechtigkeit des Prozessrechts wären höher als diejenigen, die für das materielle Recht gelten. Denkbar wäre nur eine – von den Überlegungen zum Verbraucherschutz und daher von sozialen Gerechtigkeitserwägungen – vollkommen losgelöste Legitimation einer Berücksichtigung der Verjährung von Amts wegen allein aufgrund der Nähe der Verjährung zur Verwirkung und den Ausschlussfristen, die beide von dem Gedanken des Rechtsverlustes aufgrund des Zeitablaufs getragen sind und von Amts wegen zu berücksichtigen sind.[357] Jedenfalls führen Gerechtigkeitserwägungen unter Rückgriff auf das Sozialstaatsprinzip pauschal nicht zu einer Notwendigkeit eines richterlichen Hinweises auf den Eintritt der Verjährung. Hier erweist sich die Argumentation der Vertreter des sozialen Zivilprozesses als zu beschränkt; denn sie hat eben nur einseitig die mutmaßlich schwächere Partei in der Rolle des Beklagten im Blick. Müsste der schwächere Kläger aber nicht ebenso schutzwürdig sein? So zieht *Brehm* das Beispiel eines Handwerkers heran, der mit erheblichem Aufwand gegenüber seinem Kunden eine Leistung erbracht hat und in Bezug auf die Durchsetzung der Forderung zu nachsichtig war.[358] Hier kann es doch unter dem Aspekt des Sozialschutzes nicht Aufgabe des Richters sein, durch einen Hinweis auf Verjährung an den Beklagten, dem Kläger den Lohn seiner Arbeit zu nehmen.[359]

Das aufgezeigte Verständnis würde deutlich über die Veränderungen, welche die Vorschrift des § 139 I ZPO auch durch die Vereinfachungsnovelle er-

---

[354] *Brehm*, S. 223 f. mit Hinweis auf Motive BGB Bd. 1, S. 343.
[355] *Kern*, in: Stein/Jonas, ZPO, § 139 Rn. 53.
[356] *Leipold*, in: Stein/Jonas, ZPO, 22. Aufl., § 139 Rn. 24a mit Hinweis auf *Prütting*, der die Bejahung einer Hinweispflicht als Angriff gegen die materiell-rechtliche Konzeption der Einrede ansieht, NJW 1980, S. 361 ff. (364).
[357] So *Peters/Zimmermann*, in: Gutachten und Vorschläge zur Überarbeitung des Schuldrechts, Bd. 1, S. 77, 263 f.; *Leipold*, in: Stein/Jonas, ZPO, § 139 Fn. 124.
[358] *Brehm*, S. 224.
[359] So treffend *Brehm*, S. 224.

fahren hat, hinausgehen. So enthielt die Vorschrift – wie im historischen Teil der Arbeit dargestellt wurde – zunächst nur ein richterliches Fragerecht, wurde dann mit einer Hinweispflicht verbunden und regelt heute allgemein gemäß der amtlichen Überschrift die „materielle Prozessleitung". Das Gericht ist nach gegenwärtiger Interpretation verpflichtet, den Parteien einen gangbaren Weg zu dem erkennbar angestrebten Rechtsschutzziel aufzuzeigen.[360] Jedoch ist entscheidend, dass die richterliche Mitwirkungspflicht *de lege lata* allgemein, d.h. parteiunabhängig, besteht. Eine Verstärkung des § 139 I ZPO bei Verbraucherprozessen begegnet daher gerade im Hinblick auf das Gebot der richterlichen Unparteilichkeit grundsätzlichen Bedenken. Zudem erscheint es auch im Hinblick auf eine praktische Umsetzung schwierig, wie ein Fragen und ein noch mehr Fragen voneinander abzugrenzen sein sollen. Dieses Problem wird auch in Bezug auf die ZPO der Schweiz gesehen, in der die Prozesspraxis mit der schwierigen Abgrenzungsproblematik der einzelnen dargestellten Arten richterlicher Mitwirkung bei der Stoffsammlung auf Grundlage der Typisierung von Verfahren konfrontiert wird.[361] Insbesondere gab es eine Differenzierung der Fragepflichten in den kantonalen Zivilprozessordnungen bisher nicht. Daher gilt vornehmlich die praktische Umsetzung der vom Gesetz vorgegebenen Abgrenzung zwischen der allgemeinen (Art. 56 sZPO) und der erweiterten Fragepflicht (Art. 247 Abs. 1 sZPO) mit der fein nuancierten Abstufung von einem „Fragen" zu einem „noch mehr Fragen" unter den jeweiligen Voraussetzungen, dass „das Vorbringen einer Partei unklar, widersprüchlich, unbestimmt oder offensichtlich unvollständig" ist bzw. dass „ungenügende Angaben zum Sachverhalt" gegeben sind, als besondere Herausforderung für die juristische Praxis in der Schweiz.[362]

(c) Die uneingeschränkte Untersuchungsmaxime nach Vorbild des FamFG. Die Einführung einer uneingeschränkten Untersuchungsmaxime nach Vorbild des FamFG könnte daher gerade im Hinblick auf die Rechtssicherheit und praktische Umsetzung vorzugswürdig sein. In Betracht kommt eine richterliche Pflicht zur Tatsachenermittlung von Amts wegen zwecks Durchsetzung zwingenden materiellen Rechts. Die Etablierung einer solchen sozialen Untersuchungsmaxime wäre freilich mit einer partiellen Abschaffung der Verhandlungsmaxime – nicht aber der Dispositionsmaxime – und mit einer Einführung des Untersuchungsgrundsatzes verbunden. Damit wäre der Eingriff

---

[360] BVerfGE 52, 131 (153).
[361] Auf die Schwierigkeiten der Umsetzung der Differenzierungen wurde in der Literatur der Schweiz bisher vielfach hingewiesen. Vgl. dazu *Lienhard*, S. 462 Rn. 995 m.w.N.
[362] Laut *Oberhammer* ist es kaum vorstellbar, dass die Prozesspraxis diese „übersubtile Unterscheidung" umsetzen kann. *Oberhammer*, ZEuP 2013, S. 751 ff. (767); vgl. auch *Althammer*, in: Weller/Althammer, S. 3 ff. (23), der die Abstufung in praktischer Hinsicht für „kaum durchführbar" hält.

IV. Materialisierung des Prozessrechts

in die Prozessdogmatik besonders stark; für die Praxis wäre er aber eindeutiger umsetzbar als eine Steigerung der richterlichen Fragepflicht. Die Einführung einer Untersuchungsmaxime könnte in einer Parallele zu der Geltung des Untersuchungsgrundsatzes nach § 26 FamFG aufgrund der Erwägung, dass der Verbraucherprozess mit seinem nicht nur rein parteiinternen Charakter ein vergleichbares öffentliches Interesse an der Sachverhaltermittlung als Legitimationsgrundlage für eine Verdrängung der Verhandlungsmaxime aufweist, erfolgen.[363]

Grundlage für die Überlegung ist die Bedeutung öffentlicher Belange im Verbraucherschutzrecht. Hier besteht das Interesse der Allgemeinheit an der Abwendung unverantwortlicher, einseitig belastender Geschäftspraktiken.[364] Damit lässt sich zunächst festhalten, dass der Verbraucherprozess keinen rein parteiinternen Charakter hat. Die überindividuelle Dimension wurde im ersten Teil der Arbeit im Kontext der Verbandsklage sowie der Verbrauchermusterfeststellungsklage herausgearbeitet, die aber an den klassischen Maximen festhalten. Folgen einer überindividuellen Zwecksetzung für die Ausgestaltung eines Verfahrens wurden indes in Bezug auf das FamFG dargestellt, nach dem der Untersuchungsgrundsatz nach § 26 FamFG Geltung beansprucht. Es wurde dabei hervorgehoben, dass die Aufgabenverteilung im Rahmen der Stoffsammlung zwischen den Parteien und dem Gericht deshalb anders gelagert ist, weil die Bewährung objektiven Rechts, teilweise unter dem Gesichtspunkt eines Institutionenschutzes, im Fokus steht bzw. zumindest – wie bei den Ehesachen – neben den Aspekt des Schutzes subjektiver Rechte tritt.[365]

In Bezug auf den prozessualen Durchsetzungsanspruch ist zu beachten, dass im Rahmen des Verbraucherschutzrechts ein klassischer Bereich des Zivilverfahrens betroffen ist, denn Gegenstand sind subjektive Ansprüche in einer besonderen Situation gekennzeichnet durch das Aufeinandertreffen zweier um ihr Recht kämpfenden Parteien, Verbraucher und Unternehmer. Der Verbraucherprozess ist damit dem streitigen Verfahren zuzuordnen. Betroffen ist die Durchsetzung eines klagbaren subjektiven Rechts.[366] Nach der Einteilung von *Cahn*[367], der die maßgeblichen zwingenden Vorschriften des materiellen Rechts in einem ersten Schritt nach dem Regelungsgegenstand dahingehend unterscheidet, ob diese entweder den Inhalt eines Rechtsgeschäfts begrenzen oder aber das Zustandekommen einer Rechtsbeziehung betreffen, und dann in einem zweiten Schritt nach den von der Norm geschützten Interessen differenziert, lassen sich die einschlägigen Normen, die den Verbrau-

---

[363] Vgl. zu dieser Parallele auch *Bahnsen*, S. 154 ff.
[364] So *Bahnsen* S. 155.
[365] 1. Teil B. IV.
[366] Vgl. zum Verhältnis der Freiwilligen Gerichtsbarkeit zur Streitigen Gerichtsbarkeit *Haußleiter*, FamFG 2011, § 1 Rn. 2.
[367] *Cahn*, AcP 198 (1998), S. 35 ff. (45).

cherschutz betreffen, als solche Normen, die den schwächeren Vertragsteil vor Übervorteilung bewahren sollen, qualifizieren. Es handelt sich demnach um partei- und nicht um institutionenschützende Vorschriften.[368]

Insofern ist die Interessenlage eine andere als in einer Verfahrensgestaltung, in der zwei Parteien oftmals in Übereinstimmung der Interessen eine richterliche Entscheidung begehren.[369] Dementsprechend wird im österreichischen Recht für den Bereich der freiwilligen Gerichtsbarkeit treffend die Terminologie der Angelegenheiten als „Außerstreitsachen" verwendet.[370]

Die Verschiedenheit der Interessenlage ist auch dann anzunehmen, wenn man davon ausgeht, dass im Rahmen des Verbraucherschutzes neben den Zweck der Durchsetzung subjektiver Ansprüche ein öffentliches Interesse tritt. Dann wären die einschlägigen verbraucherschützenden Normen nicht lediglich parteischützend im Sinne der von *Cahn* vorgeschlagenen Klassifizierung. Es ließe sich argumentieren, dass ein gewisses Nebeneinander des Schutzes von subjektiven und öffentlichen Interessen in der weiteren Kategorie der Verfahren nach dem FamFG – Verfahren über Familiensachen gemäß § 111 FamFG – ebenfalls besteht.

Jedoch ist der Befund maßgeblich, dass das Interesse der Allgemeinheit an der Verhinderung oben dargestellter Geschäftspraktiken eine andere Qualität aufweist als die öffentlichen Belange, die für die gesetzgeberische Entscheidung der Einschränkung der Parteiherrschaft nach dem FamFG tragend sind. Kennzeichnend ist das deutliche Zurückbleiben öffentlicher Interessen am Schutz des Verbrauchers hinter dem öffentlichen Interesse im Bereich des FamFG, welches die speziellen Einschränkungen der Verhandlungsmaxime legitimiert.[371] Dies lässt sich – trotz der Verschiedenartigkeit der Lebensverhältnisse, die das Recht der freiwilligen Gerichtsbarkeit regelt[372] – generalisieren. Ähnliches gilt auch für den Bereich der Familiensachen. So sind Ehesachen, Kindschaftssachen, Abstammungs- und Adoptionssachen und die weiteren in § 111 FamFG enumerativ aufgeführten Familiensachen sowie die Familienstreitsachen nach § 112 FamFG von derart großer Bedeutung für den Einzelnen und für die Allgemeinheit, dass das gerichtliche Verfahren darauf zugeschnitten sein muss, eine Entscheidung herbeizuführen, die der wahren Rechtslage entspricht.[373] Der Aspekt des Institutionenschutzes, etwa in Bezug auf die Ehe, wurde im ersten Teil der Arbeit im Kontext mit dem FamFG er-

---

[368] Vgl. *Cahn*, AcP 198 (1998), S. 35 ff. (45).
[369] Vgl. *Bahnsen*, S. 156.
[370] Vgl. *Pabst*, in: Münchener Kommentar FamFG, § 1 Rn. 11 mit Hinweis auf das österreichische Bundesgesetz über das gerichtliche Verfahren in Rechtsangelegenheiten außer Streitsachen (Außerstreitgesetz – AußStrG), österrBGBl. I Nr. 111/2003, zuletzt geändert durch Art. 15 Budgetbegleitgesetz 2011, österrBGBl. I Nr. 111/2010.
[371] So auch *Bahnsen*, S. 155.
[372] *Haußleiter*, FamFG 2011, § 1 Rn. 7.
[373] Vgl. *Bahnsen*, S. 155.

örtert. Jedenfalls werden im Rahmen von Familiensachen die verschiedenen verfassungsrechtlichen Schutzaufträge aus Art. 6 GG – hierzu zählen der Schutz der Ehe und Familie gemäß Art. 6 I GG und der unehelichen Kinder gemäß Art. 6 V GG – sowie der Grundsatz der Menschenwürde – vornehmlich bei der Entmündigung einer Person, in Unterbringungssachen gemäß § 312 FamFG, Betreuungssachen gemäß § 271 FamFG – verwirklicht.[374] Die Ausführungen verdeutlichen, dass sich die Überlegungen zu den speziellen Einschränkungen der Parteiherrschaft in Form der Verhandlungsmaxime nach dem FamFG mangels Vergleichbarkeit der Intensität des öffentlichen Interesses für den Verbraucherschutz im Zivilverfahren, der sich als klassischer Zivilprozess unter Beteiligung einer Partei als Verbraucher charakterisieren lässt, nicht fruchtbar gemacht werden können.

Angemerkt sei hinsichtlich der Bedeutung des öffentlichen Interesses im Hinblick auf eine Notwendigkeit der Einschränkung von Parteiherrschaft im Rahmen der Prüfung von Prozessvoraussetzungen nach § 56 I ZPO an dieser Stelle, dass auch dieses eine andere Qualität hat. Denn schließlich geht es hier um die Einhaltung von Zulässigkeitsvoraussetzungen des ganzen Prozesses.

Indes fragt sich, ob das Ergebnis unter Berücksichtigung europarechtlicher Erwägungen anders ausfällt. Denn das hier betroffene öffentliche Interesse ist auch ein Gemeinschaftsinteresse an der Verwirklichung der Vertragsziele. So soll die Richtlinie über missbräuchliche Klauseln in Verbraucherverträgen eben nicht nur den Verbraucher selbst vor nachteiligen Klauseln schützen, sondern es soll ausweislich von Art. 7 I der Richtlinie allgemein der Verwendung missbräuchlicher Klauseln „ein Ende gesetzt werden".[375] Es ist Pflicht der Mitgliedstaaten, eine effektive richterliche Kontrolle der Einhaltung der einschlägigen Gemeinschaftsbestimmungen und der entsprechenden nationalen Vorschriften sicherzustellen.[376] Der Grundsatz des effektiven Rechtsschutzes könnte mithin von dem nationalen Richter fordern, im Zivilverfahren von sich aus tätig zu werden und selbständig die entscheidungserheblichen Tatsachen zu ermitteln, um die Anwendung und Durchsetzung des materiellen Gemeinschaftsrechts sicherzustellen.[377] Man könnte daher davon ausgehen, der Grundsatz der Effektivität wäre im Falle der Beibehaltung des Verhandlungsgrundsatzes ohne gerichtliche Aufklärungspflichten beeinträchtigt und der Verhandlungsgrundsatz müsse durch die Untersuchungsmaxime ersetzt werden. Die diesbezügliche Judikatur des EuGH wurde vornehmlich zu der Problematik von Zuständigkeitsklauseln zu Lasten des Verbrauchers relevant. Die Entscheidung *Pénzügyi* wurde mit der Etablierung einer Untersuchungs-

---
[374] *Bahnsen*, S. 155 f.
[375] *Herb*, S. 234 mit Hinweis auf ABl. EG Nr. L 95 v. 21.4.1993, S. 29.
[376] *Herb*, S. 217 mit Hinweis auf EuGH Slg. 1986, 1651 Rn. 18 f. – *Johnston ./. Chief Constable*.
[377] *Herb*, S. 217.

pflicht im Bereich der Zulässigkeit als partielle Aufgabe der Verhandlungsmaxime gekennzeichnet. Zusätzlich zu den bereits geäußerten Bedenken wird in der Literatur davon ausgegangen, der Grundsatz effektiven Rechtsschutzes verlange nicht die Geltung der Untersuchungsmaxime anstelle der Verhandlungsmaxime, da durch Anwendung der Untersuchungsmaxime der Rechtsschutz des Einzelnen nicht *per se* verbessert werde. Es wird darauf hingewiesen, das Gericht, das mit der Ermittlung der Tatsachen betraut wäre, würde mit erheblichen praktischen Schwierigkeiten der Sachverhaltsbeschaffung konfrontiert und sei letztlich wieder auf die Parteien angewiesen.[378]

(2) Die Abschaffung der Präklusion gemäß § 296 ZPO zugunsten des Verbrauchers. Auf der Ebene der Stoffbeibringung sind auch Änderungen im Rahmen der Präklusion gemäß §§ 296 ff. ZPO in Betracht zu ziehen. Die Verbindung zu der Verhandlungsmaxime wurde dahingehend hergestellt, dass die richterliche Kompetenz zur Präklusion die Stoffbeibringungshoheit der Parteien beschneidet. Im Rahmen der Schaffung eines Sonderprozessrechts für den Verbraucher käme eine Abschaffung der Präklusion in Bezug auf seine Beibringung von Tatsachen in Betracht, damit die Beibringung der für ihn günstigen Tatsachen nicht abgeschnitten wird. Interessant ist, dass eine derartige Modifikation – anders als die zuvor genannten Optionen – eine Stärkung des Verhandlungsgrundsatzes entsprechend einer liberalen Verfahrensgestaltung mit sich brächte, freilich nur im Hinblick auf eine Partei, denn sie wirkt zugunsten des Verbrauchers und zugleich zu Lasten des Unternehmers. Daher stünde die Maßnahme bei näherer Betrachtung im Lichte eines sozialen Zivilverfahrens. Gegen eine derartige Modifikation kann aber eingewendet werden, dass das Rechtsinstitut der Präklusion verspäteten Vorbringens dem durchaus legitimen Interesse der Beschleunigung des Verfahrens zu dienen bestimmt ist. Es ist nicht ersichtlich, warum nicht auch der Verbraucher dazu motiviert werden darf, seinen Beitrag zur Informationsbeschaffung rechtzeitig zu leisten. Durch die im zweiten Teil aufgezeigte einschränkende Auslegung entsprechend den Vorgaben des BVerfG bleiben die Bestimmungen der §§ 296 ff. ZPO ohnehin nur Ausnahmevorschriften. Eine völlige Ausschaltung zugunsten des Verbrauchers wäre eine rigorose Maßnahme, die mit der Gefahr der Prozessverschleppung – einem Vorwurf, den sich die liberale CPO früh ausgesetzt sah – einherginge.

bb) Modifikationen der Verhandlungsmaxime auf der Ebene des Beweises

Zudem kommen Modifikationen in dem Bereich der Beweiserhebung als weitere Facette des Verhandlungsgrundsatzes in Betracht.

---

[378] *Herb*, S. 218.

IV. Materialisierung des Prozessrechts

(1) Modifikation im Rahmen der Offenkundigkeit gemäß § 291 ZPO. Es ließe sich an eine Modifikation im Rahmen des Grundsatzes, wonach offenkundige Tatsachen nach § 291 ZPO keines Beweises bedürfen, denken. Im ersten Teil der Arbeit wurde gezeigt, dass umstritten ist, ob unter Aufrechterhaltung der Behauptungslast die betreffende Tatsache von einer Partei in den Prozess eingeführt worden sein muss. Möglich erschiene eine Änderung dahingehend, dass im Rahmen der Anwendung einer zwingenden Norm der Richter zugunsten des Verbrauchers eine offenkundige Tatsache auch dann berücksichtigen muss, wenn keine Partei diese in den Prozess eingeführt hat.[379] Auch darin läge eine Einschränkung der Verhandlungsmaxime.

(2) Modifikation des Grundsatzes der Beweisbedürftigkeit nur bei bestrittenen Tatsachen, § 138 III ZPO. Der Umgang des Gerichts mit den angebotenen Informationen wurde im ersten Teil dahingehend gekennzeichnet, dass das Gericht über eine entscheidungserhebliche Tatsache nur dann Beweis erheben darf, wenn diese Tatsache unter den Parteien streitig ist. Nicht ausdrücklich bestrittene Tatsachen gelten nach § 138 III ZPO als zugestanden und sind für das Gericht bindend. Das Nichtbestreiten hat daher die Wirkung der Fiktion eines Geständnisses.[380] Demgegenüber ist nach dem Zivilprozessrecht der Schweiz eine Beweiserhebung ohne Antrag einer Partei zulässig, wenn erhebliche Zweifel an der Richtigkeit einer nicht streitigen Tatsache bestehen, Art. 153 II sZPO.

Der Umgang des Gerichts mit den beigebrachten Informationen kann dahingehend gekennzeichnet werden, dass eine Überprüfungskompetenz des Gerichts nicht besteht, während im Rahmen der Geltung der Untersuchungsmaxime das Gericht die Beweismittel heranzieht und auf ihren Wahrheitsgehalt hin überprüft.

Die Vorschrift des § 138 III ZPO enthält damit eine deutliche Beschränkung der Beweisbedürftigkeit. Hierbei handelt es sich um einen zentralen Aspekt des Verhandlungsgrundsatzes, der dahingehend Änderungen erfahren könnte, dass das Gericht schon bei dem geringsten Zweifel an der Wahrheit einer unstreitigen Tatsache eingreifen muss und zur Beweiserhebung verpflichtet ist.[381] Denkbar wäre eine richterliche Befugnis zur Beweiserhebung auch über unstreitige Tatsachen.[382] Die Grenze der Beweisbedürftigkeit, die § 138 III ZPO vorgibt, wäre damit zugunsten richterlicher Aktivität aufgehoben.

So enthält das FamFG keine Beschränkung der Beweiserhebung auf bestrittene Tatsachen. Allerdings fußt dies auf einem öffentlichen Interesse, das im

---

[379] *Cahn*, AcP 198 (1998), S. 35 ff. (69).
[380] *Rosenberg/Schwab/Gottwald*, § 113 Rn. 21.
[381] *Bahnsen*, S. 159.
[382] *Bahnsen*, S. 159.

Rahmen des Verbraucherprozesses, wie gezeigt wurde, gerade nicht besteht.[383] Zu beachten ist schließlich die fehlende Bindung des Gerichts an einen offenkundig unwahren Tatsachenvortrag.[384]

(3) Modifikation der Geständnismöglichkeit gemäß § 288 ZPO. Auf der Beweisebene wurde auch die Geständnismöglichkeit gemäß § 288 ZPO mit der Folge der gerichtlichen Bindung genannt. Als Folge ist die zugestandene Tatsache nicht beweisbedürftig und vom Richter als wahr zu berücksichtigen. Er ist grundsätzlich nicht befugt, Zweifel an der Wahrheit einer zugestandenen Tatsache zu berücksichtigen.[385] Er tritt gar nicht in die Beweiswürdigung ein.[386] Damit ist auch hier der Umgang des Gerichts mit der beigebrachten Information derart ausgestaltet, dass dem Gericht eine Überprüfungskompetenz schlechthin versagt wird. Die Beweiserhebung wird – wie im Rahmen von § 138 III ZPO – als entbehrlich erachtet.

Die Bindungswirkung der geständigen Partei folgt aus § 290 ZPO, der den Widerruf nur im Falle eines Irrtums ermöglicht. Die Geständniswirkung tritt vor dem Hintergrund der Verfügungsbefugnis auch im Falle eines bewusst unwahren Geständnisses ein.[387] Diese immer noch uneingeschränkt existente Macht der Parteien ist ein wichtiger Beleg dafür, dass der Verhandlungsgrundsatz – trotz der im zweiten Teil dieser Arbeit dargestellten Aushöhlungen – weiterhin Geltung beansprucht.

Im Hinblick auf einen intendierten Verbraucherschutz könnte eine Einschränkung der Geständnismöglichkeit dienlich sein, sofern eine Partei der Wahrheit zuwider eine Tatsache gesteht, die die Anwendung zwingenden Privatrechts verhindert.[388] In Betracht käme die Einführung folgender Vorschrift: „Bezweifelt das Gericht die Wahrheit einer nach § 288 ZPO gestandenen Tatsache, erfolgt eine Erörterung gemäß § 139 I ZPO, sofern ein Verbraucher und ein Unternehmer Partei sind." Das Gericht würde in eine Überprüfung eintreten. Indes bleibt zu bedenken, dass bereits *de lege lata* keine Bindung des Gerichts besteht, wenn das Gegenteil offenkundig ist.[389] Der dargestellte konkrete Änderungsvorschlag ist praktisch kaum zu verwirklichen und trägt zur Rechtsunsicherheit bei.[390]

Schließlich ist im Kontext der verschiedenen Optionen von Modifikationen der Verhandlungsmaxime zugunsten des Verbrauchers auf Folgendes hinzu-

---

[383] *Bahnsen*, S. 160.
[384] *Bahnsen*, S. 160.
[385] *Würthwein*, S. 35.
[386] *Würthwein*, S. 39.
[387] BGH 37, 154; a.A. Olzen ZZP 98 (1985), S. 403 ff. (416 ff.) und *R. Koch*, S. 120 f.
[388] Vgl. *Bahnsen*, S. 161.
[389] BGHZ 37, 154 (156) = NJW 1962, 1395; BGH NJW 1979, 2089.
[390] *Bahnsen*, S. 161.

weisen: Der extreme Fall, dass beide Parteien einvernehmlich unwahre Tatsachen einbringen bzw. Tatsachen verschweigen, wird im Verbraucherprozess aufgrund der Gegenläufigkeit der Interessen wohl keine Rolle spielen. Es sind keine Gründe ersichtlich, die den Verbraucher dazu veranlassen könnten, gemeinsam mit dem Unternehmer dem Richter bewusst den wahren Sachverhalt vorzuenthalten.

(4) Verpflichtung des Gerichts zum Tätigwerden im Rahmen der Beweiserhebung von Amts wegen. In Betracht kommt ferner eine Verpflichtung des Gerichts zum Tätigwerden von Amts wegen im Falle der unverschuldeten Beweisnot der schwächeren Partei, insbesondere dann, wenn Hinweise im Sinne von § 139 I ZPO mit einer entsprechenden Aufforderung zu einem Beweisantrag nicht ausreichend sind.[391] Dies könnte die Situation des beklagten und sich in einer Beweisnot befindenden Verbrauchers betreffen. Allerdings ist zu bedenken: die Beweiserhebung von Amts wegen steht *de lege lata* im Ermessen des Gerichts, worin bereits im ersten Teil der Arbeit ein deutlicher Unterschied zu der Untersuchungsmaxime gesehen wurde. Eine Erhebung der „Kann"-Vorschriften zu „Muss"-Vorschriften würde jeglichen Unterschied zum Verfahren der Untersuchungsmaxime nivellieren.[392]

c) Einschränkungen der Dispositionsmaxime

aa) Vorbemerkung

Schwieriger erscheint die Beantwortung der Frage, ob die „Materialisierung" des Verfahrensrechts zum Zwecke des Verbraucherschutzes auch Konsequenzen für die Ausgestaltung der Dispositionsmaxime zeitigen könnte. Können Dispositionsbefugnisse im Rahmen eines Sonderprozessrechts für den Verbraucher ausgeschaltet werden?

Auch hier stellt sich aus verfassungsrechtlicher Sicht vorab die grundsätzliche Frage, ob eine derartige Ausschaltung verfassungskonform wäre oder ob insoweit der gesetzgeberischen Gestaltungsfreiheit aufgrund einer „Verfassungsfestigkeit" der Dispositionsmaxime Grenzen gesetzt wären. Hierzu findet sich in der zivilprozessualen Literatur die knappe Äußerung, der Grundsatz der Parteidisposition sei verfassungsrechtlich gemäß Art. 2 I GG garantiert.[393] *Stürner* geht davon aus, die Dispositionsfreiheit unterliege denselben Schranken wie die materielle Verfügungsbefugnis und konstatiert, andere verfassungsrechtlich geschützte Güter und Rechte könnten den Ausschluss der Parteidisposition gebieten. Beleg hierfür sei die Einschränkung der Parteidis-

---

[391] Vgl. *Scherpe*, ZZP 129 (2016), S. 153 ff. (181).
[392] *Stürner*, Die Aufklärungspflicht der Parteien des Zivilprozesses, S. 67.
[393] Siehe dazu 1. Teil A. 6.

position in Ehe- und Familienstreitsachen nach dem FamFG vor dem Hintergrund des Schutzes von Ehe und Familie aus Art. 6 GG,[394] wie sie im ersten Teil der Arbeit dargestellt wurde. *Stürner* überprüft detailliert die einzelnen Elemente der Dispositionsfreiheit im Hinblick auf „Verfassungsfestigkeit".[395] Schon im Hinblick auf die Parteifreiheit, das Verfahren durch Klageerhebung einzuleiten, hält er den Eingriff in die Handlungsfreiheit, Art. 2 I GG, zugunsten öffentlicher Interessen im Falle einer Verfahrenseinleitung zur Wahrung objektiven Rechts dann für zulässig, wenn besondere Interessen der Allgemeinheit einen solchen Eingriff rechtfertigen.[396] In gleichem Umfang sei die grundsätzliche Bindung des Gerichts an den Parteiantrag verfassungsrechtlich garantiert, denn eine völlige Lösung des Gerichts vom Antrag käme einer Neueinleitung des Verfahrens gleich. Dementsprechend sei eine völlige Änderung des Streitgegenstands durch das Gericht im Falle einer verfassungsrechtlich gebotenen Verfahrenseinleitung seitens der Partei unzulässig.[397] Hinsichtlich der Streitbeendigung durch die Initiative der Parteien selbst hebt *Stürner* hervor, mit der freien Entscheidung über den Verfahrensbeginn müsse nicht die freie Entscheidung über das Ende korrelieren. Denn die verfassungsrechtliche Abwägung nach Verfahrensbeginn müsse außer den Freiheitsrechten zweier Parteien das öffentliche Interesse an einer geordneten Rechtspflege miteinbeziehen.[398] Jedoch werde – so *Stürner* – die freie Parteidisposition auch im Falle der Streitbeendigung der „insoweit freiheitlichen Grundtendenz der Verfassung eher gerecht".[399] In Bezug auf die Möglichkeit der Parteien, das Verfahren im Wege einer vorausgehenden Vereinbarung oder durch Rügeverzicht abweichend zu gestalten, sieht *Stürner* einen großen gesetzgeberischen Gestaltungsspielraum, insbesondere aufgrund der verfassungsrechtlichen Gebote der Verfahrensfairness, der Rechtssicherheit und Rechtsklarheit, der Gleichheit und der staatlichen Justizgewährung. Er verweist auf die Einschränkung der Prorogation, die aufgrund des Gebots gleichen Zugangs zum Gericht, Art. 3 I GG, gerechtfertigt werden könne.[400] Die Ausführungen zeigen, wie die Frage der Verfassungsfestigkeit der Dispositionsmaxime mit detailreichen und vielschichtigen Einzelfragen verbunden ist. Deutlich wird die Denkbarkeit von Einschränkungen gerade aufgrund eines öffentlichen Interesses, womit die abstrahierende These, wonach die Dispositionsmaxime im Kern verfassungsrechtlich garantiert ist, überzeugen kann. Vor dem Hintergrund, dass vorliegend lediglich sektorale Einschnitte von Modifikationen zu-

---

[394] *Stürner*, in: FS für Baur, S. 647 f. (651).
[395] *Stürner*, in: FS für Baur, S. 647 ff. (651 ff.).
[396] *Stürner*, in: FS für Baur, S. 647 ff. (652 f.).
[397] *Stürner*, in: FS für Baur, S. 647 ff. (654).
[398] *Stürner*, in: FS für Baur, S. 647 ff. (655).
[399] *Stürner*, in: FS für Baur, S. 647 ff. (655 f.).
[400] *Stürner*, in: FS für Baur, S. 647 ff. (656).

gunsten des Verbrauchers diskutiert werden, liegt ein gleicher Lösungsansatz wie bei der oben dargestellten Verfassungsfestigkeit der Verhandlungsmaxime nahe. Daher sollten auch in Bezug auf die Dispositionsmaxime partielle Modifikationen im Wege der Gesetzgebung als verfassungskonform betrachtet werden.

bb) Modifikation der Dispositionsmaxime durch Lockerung der Bindung des Gerichts an den Klageantrag gemäß § 308 I ZPO

Die Problematik wird – wie die bereits dargestellte Entscheidung *Soledad Duarte Hueros*[401] zeigt – virulent im Rahmen der Reichweite der Bindung des Gerichts an den Klageantrag. Insofern könnte die deutsche Bestimmung des § 308 I ZPO als Ausprägung der Dispositionsmaxime zugunsten des Verbraucherschutzes vor dem Hintergrund des gemeinschaftsrechtlichen Effektivitätsgrundsatzes Einschnitte erfahren, sofern man nach der Rechtsauffassung des EuGH eine richterliche Befugnis zur Minderung des Kaufpreises von Amts wegen unter Loslösung von dem Antrag des Klägers auf Rückzahlung des Kaufpreises Zug um Zug gegen Rückgabe der Kaufsache annehmen würde. Sofern der Verbraucher damit wegen eines Mangels der Kaufsache von dem Kaufvertrag zurücktreten möchte, §§ 437 Nr. 2, 323 I BGB, könnte auch nach deutschem Recht der Rücktritt an der Erheblichkeitsschwelle gemäß § 323 V S. 2 BGB scheitern. Insofern ist die Rechtlage mit dem spanischen materiellen Recht, das in dem konkreten Fall eine Vertragsauflösung bei Geringfügigkeit des Mangels ausschließt, vergleichbar. Schließlich fußen die nationalen Ausformungen auf dem unbestimmten Tatbestandsmerkmal der „geringfügigen Vertragswidrigkeit" in der Verbrauchsgüterkaufrichtlinie gemäß Art. 3 VI, wonach der Verbraucher keinen Anspruch auf Vertragsauflösung im Falle einer geringfügigen Vertragswidrigkeit hat.

Zudem besteht auch im Rahmen der Bestimmung des Streitgegenstands eine Übereinstimmung des deutschen mit dem spanischen Konzept, da dieses die von den Parteien vorgetragenen tatsächlichen und rechtlichen Grundlagen und den konkreten Antrag für maßgeblich erachtet, Art. 399 III LEC und Art. 399 V LEC.[402] Kann der deutsche Richter – obgleich dies auch nicht hilfsweise beantragt wurde – statt des Rücktritts den Kaufpreis nach § 441 BGB mindern? Die Preisminderung ist – wie der Rücktritt – ein Gestaltungsrecht des Verbrauchers,[403] womit eine hierauf gerichtete Erklärung als Ausprägung der privatautonomen Entscheidung des Käufers erforderlich ist. Denn schließlich fußen Gestaltungsrechte nach materiellem Recht – wie bereits bei der Verjährung angedeutet wurde – oft auf Gründen, die von einer persönli-

---

[401] EuGH, Urt. v. 3.10.2013, Rs. C-32/12 – *Duarte Hueros*; 3. Teil B. II. 2. b) bb).
[402] Vgl. auch *Sala*, euvr 2014, S. 178 ff. (179).
[403] *Sala*, euvr 2014, S. 178 ff. (181).

chen Wertung abhängen.[404] Sofern man jedoch eine Minderung von Amts wegen ermöglicht, bedeutet dies im Ergebnis, dem Verbraucher eine Vertragsanpassung aufzuerlegen, der er nie zugestimmt hat.[405] Die Minderung wird seinem Interesse unter Umständen überhaupt nicht gerecht, da sie den Käufer dazu verpflichtet, die vertragswidrige Kaufsache zu behalten.[406] Hinsichtlich der spanischen Rechtslage werden in der Literatur anstelle eines empfindlichen Eingriffs in die Dispositionsmaxime durch Ermöglichung der nicht beantragten Preisminderung von Amts wegen Alternativen zugunsten des Verbrauchers aufgezeigt. So wird dargelegt, dass im Rahmen einer erneuten Klage für den Einwand entgegenstehender Rechtskraft die Streitgegenstandsidentität aufgrund eines anderen Antrags schon zu bezweifeln ist, womit eine spätere Klage auf Minderung nicht ausgeschlossen wäre.[407] Des Weiteren wird darauf hingewiesen, wie auf materiell-rechtlicher Ebene schon eine strengere Auslegung des Begriffs der geringfügigen Vertragswidrigkeit mit der Konsequenz der Möglichkeit einer Vertragsauflösung im Interesse des Verbrauchers Abhilfe hätte schaffen können.[408] Zu beachten ist schließlich, dass der EuGH der Situation beggnen möchte, in der der Verbraucher seinen Anspruch nicht geltend macht.[409] Hier ist bedeutsam, dass schon materiell-rechtlich die Freiheit des Verbrauchers besteht, ob er von seinen Ansprüchen – hier konkret von seinen Gestaltungsrechten – Gebrauch macht oder ob er eben von seinem Schutz absieht. Ausschließlich der Verbraucher entscheidet, ob er sein Recht geltend macht oder auf dieses verzichtet.[410] Diese Freiheit der Partei muss sich auch prozessual in Form von richterlicher Zurückhaltung fortsetzen. Insofern besteht überhaupt kein Bedürfnis für einen Eingriff in die Dispositionsmaxime. Nicht zuletzt könnte sich eine Berücksichtigung von Amts wegen für den Verbraucher nachteilig wirken. Denn schließlich handelt es sich bei der Preisminderung um eine subsidiäre Lösung, auf die der Verbraucher nur nachrangig im Falle der Unmöglichkeit einer Vertragsauflösung zurückgreifen möchte. Der Verbraucher darf nicht zu einer Vertragsanpassung gezwungen werden, der er nicht zugestimmt hat.[411] Ein besonderes öffentliches Interesse an der Geltendmachung eines Rechts auf Minderung des Kaufpreises als Legitimation einer Einschränkung der Dispositionsmaxime ist auch nicht ersichtlich.[412] In ihrem Schlussantrag erläutert die Generalanwältin *Kokott*, die Ver-

---

[404] *Brehm*, S. 226.
[405] Vgl. auch *Korth*, GPR 2/2014, S. 87 ff. (90).
[406] *Korth*, GPR 2/2014, S. 87 ff. (90).
[407] Vgl. in diese Richtung *Sala*, euvr 2014, S. 178 ff. (180).
[408] *Sala*, euvr 2014, S. 178 ff. (180 f. Fn. 18) mit dem Hinweis auf die spanische Literaturansicht, wonach im Zweifel die Vetragswidrigkeit nicht als geringfügig einzustufen ist.
[409] *Sala*, euvr 2014, S. 178 ff. (181).
[410] So auch *Sala*, euvr 2014, S. 178 ff. (181).
[411] *Sala*, euvr 2014, S. 178 ff. (181); *Korth*, GPR 2/2014, S. 87 ff. (90).
[412] *Sala*, euvr 2014, S. 178 ff. (181).

IV. Materialisierung des Prozessrechts 381

brauchsgüterkaufrichtlinie erfordere eine Preisminderung von Amts wegen nicht. Zwar handele es sich „[…] zweifelsohne um eine Möglichkeit, dem Verbraucher die Wahrung seiner Rechte zu sichern […]". Jedoch weist die Generalanwältin darauf hin, dies würde zu einem starken Eingriff in die Dispositionsmaxime führen und damit einen der wesentlichen Verfahrensgrundsätze der Mitgliedstaaten empfindlich tangieren.[413] Diese Überlegungen können auch auf das deutsche Zivilverfahren übertragen werden; beispielsweise hätte man der Annahme einer unzulässigen Klageänderung im Wege einer entsprechenden – am materiellen Klägerinteresse orientierten – Auslegung des Streitgegenstands begegnen können.[414]

cc) Modifikation der Dispositionsmaxime durch Einschränkungen im Rahmen der Rechtsinstitute Klagerücknahme gemäß § 269 ZPO, Anerkenntnis gemäß § 307 ZPO und Verzicht gemäß § 306 ZPO

(1) Vorbemerkung. Zudem stehen im Rahmen des Spannungsverhältnisses der Dispositionsmaxime und des Verbraucherschutzes – neben der Klagerücknahme gemäß § 269 ZPO – vornehmlich die beiden prozessualen Rechtsinstitute Anerkenntnis gemäß § 307 ZPO und Verzicht gemäß § 306 ZPO als Bestandteile der parteilichen Dispositionsfreiheit im Fokus. Hier werden durch den Richter weder die Wahrheit der Behauptungen noch die wahre Rechtslage überprüft. Das Gericht nimmt nicht einmal eine Schlüssigkeitsprüfung vor. Die Macht des Richters, die in seinem Recht zu einer freien Beweiswürdigung gemäß § 286 ZPO und freien Rechtsanwendung besteht, wird im Ergebnis zugunsten der Parteiherrschaft beschränkt.[415] Wenn das Urteil von der materiellen Rechtlage abweicht, ist es nicht falsch. Denn nach dem Parteiwillen soll es auf die materielle Rechtslage nicht ankommen.[416] Daher sind ein prozessuales Anerkenntnis sowie ein Verzicht selbst dann zulässig, wenn sie mit zwingenden materiellen Rechtsnormen im Widerspruch stehen. Die Grenzziehung erfolgt dort, wo eine materiell-rechtliche Folge herbeigeführt würde, die gesetzlich verboten oder sittenwidrig ist.[417] Legitimationsgrundlage dieser Einschränkung ist das Bestehen eines zwingenden öffentlichen Interesses.[418] Dieser Befund ist für die vorstehende Betrachtung, die nach Ausnahmen zu-

---
[413] Schlussanträge der Generalanwältin *Kokott* vom 28.2.2013. *Soledad Duarte Hueros* gegen *Autociba SA und Automóviles Citroën España SA*, Rn. 40.
[414] So *Althammer*, in: Weller/Althammer, S. 3 ff. (19).
[415] *Würthwein*, S. 116.
[416] *Brehm*, S. 32.
[417] *Leipold*, in: Stein/Jonas, ZPO, 22. Aufl., § 306 Rn. 11 und § 307 Rn. 33; *Würthwein*, S. 115; a.A. *Henckel*, nach dessen Ansicht eine Einschränkung des Anerkenntnisses auch dann nicht zulässig sei, wenn der anerkannte Anspruch einen offensichtlich sittenwidrigen Inhalt hat. *Henckel*, Prozessrecht und materielles Recht, S. 134 ff.
[418] *Würthwein*, S. 115.

gunsten des Verbrauchers fragt, von tragender Bedeutung. Kann sich der Verbraucher im Wege prozessualer Disposition des materiell-rechtlichen Schutzes begeben? Konkret ließe sich fragen, ob er in der Rolle des Klägers oder Widerklägers im Wege eines Verzichts den geltend gemachten Anspruch aufgeben kann. Im Hinblick auf seine Rolle als Beklagter bzw. Widerbeklagter kann die Problemgestaltung aufgeworfen werden, ob er vor dem Prozessgericht die Erklärung abgeben kann, der Anspruch des Unternehmers sei ganz oder zum Teil begründet. Auch hier ist die Erwägung maßgeblich, wonach es sich bei dem materiellen Recht um nicht disponible, im Falle des Verbraucherschutzes auf dem Gemeinschaftsrecht beruhende Normen handelt. Können die Prozessparteien durch ihr Verhalten die Anwendung der Norm derogieren, obgleich diese nach materiellem Recht nicht ihrer Disposition unterliegt oder muss der Richter dem zwingenden Recht zur Geltung verhelfen, um ein „ungerechtes Urteil" zu verhindern und um dem Gemeinschaftsrecht zur Anwendung zu verhelfen? Die Problematik gilt im Falle des Anerkenntnisses und Verzichts als besonders bedeutsam, da das durch die zwingende Norm geschützte Recht im Falle der Rechtskraft des Urteils in einem erneuten Verfahren nicht mehr geltend gemacht werden kann.[419] Der gemeinschaftsrechtliche Grundsatz der Effektivität könnte gegen eine uneingeschränkte Möglichkeit des Anerkenntnisses und Verzichts sprechen, wenn dadurch die Anwendung zwingender materieller Vorschriften des Gemeinschaftsrechts verhindert würde.[420] Demgegenüber erscheint die Fallgestaltung der Klagerücknahme nach § 269 ZPO weniger virulent, da die Rechtslage hier nicht durch ein Urteil fixiert wird.

(2) Die uneingeschränkte Beibehaltung der Dispositionsbefugnisse. In diesem Kontext wird generell – d.h. unabhängig von Verbraucherschutzerwägungen – eine uneingeschränkte Geltung der Dispositionsmaxime befürwortet.[421] Dies entspricht der im ersten Teil der Bearbeitung dargestellten Konzeption eines sozialen Zivilprozesses von *Wassermann*, wonach das Gericht auch in einem sozialstaatlichen Prozessmodell an die Anträge der Parteien gebunden sein soll und wonach die Rechtsinstitute, welche die Dispositionsfreiheit der Parteien im Prozess über den gesamten Streitgegenstand charakterisieren, erhalten bleiben sollen.[422] Damit läge auch die Möglichkeit eines Anerkenntnisses bzw. eines Verzichts und damit die Macht, ein sofortiges, der Rechtskraft fähiges Urteil herbeizuführen, weiterhin in den Händen der Parteien. Die Erwägungen zum Schutz des sozial Schwächeren würden nicht auf die Dispositionsmaxime übergreifen. Dies entspricht dem tragenden Grundsatz, dass in

---

[419] *Herb*, S. 247.
[420] *Herb*, S. 247 f.
[421] *Henckel*, Prozessrecht und materielles Recht, S. 137 f.; *Würthwein*, S. 50.
[422] *Wassermann*, S. 87; 1. Teil C. III. 2. b).

einem freiheitlichen Staatswesen auch dort, wo der Staat Rechtsschutz gewährleistet, nicht jede Gewährleistung in Anspruch genommen werden muss (*invitus agere nemo cogitur*).[423] Bemerkenswert für die Frage einer Notwendigkeit des Übergreifens des Sozialschutzes auch auf die Dispositionsmaxime ist nicht zuletzt der bereits thematisierte Rechtsvergleich mit dem Zivilverfahren der Schweiz. Hier wirkt die soziale Untersuchungsmaxime unter uneingeschränkter Bindung des Gerichts an den Dispositionsgrundsatz.[424] Sozialschutz wird also im Wege von Einschränkungen der Verhandlungsmaxime ohne Eingriffe in die Dispositionsmaxime verwirklicht. Dies fußt auf den Überlegungen, die Offizialmaxime sei ein Fremdkörper im Zivilprozessrecht und genügender Sozialschutz könne durch die Untersuchungsmaxime gewährleistet werden.[425] Die rechtvergleichende Perspektive spricht damit für die Sichtweise, dass „Einbruchstelle" für soziale Erwägungen im Verfahrensrecht der Verhandlungsgrundsatz ist.

In Bezug auf die Anerkennung von Verbraucherschutz im Zivilverfahren wird ebenfalls eine uneingeschränkte Anwendung mit der Folge der unbeschränkten Anerkenntnis- und Verzichtsmöglichkeit auch bei zwingendem materiellem Recht – insbesondere im Falle des Verbraucherschutzrechts – vertreten.[426] Eine Beschränkung der Herrschaft der Parteien über Beginn und Beendigung des Verfahrens sowie über die Bestimmung des Streitgegenstands sei weder zulässig noch geboten.[427] Dies wird im Wesentlichen mit der materiellrechtlichen Autonomie des Rechtsinhabers begründet.[428] Dieser sei – sofern er sich in der Rolle des Schuldners befinde – schon außergerichtlich dahingehend frei, trotz eines nach materiellem Recht nicht gegebenen Anspruches zu leisten.[429] Eine materiell-rechtlich bestehende Befugnis, von dem bestehenden Schutz abzusehen, wäre durch die Freiheit des Prozessverhaltens fortgeführt. Dies entspräche dem Gebot der Rechtseinheit.[430] Die materiell-rechtliche Freiheit kommt ganz besonders in der Kondiktionssperre des § 814 BGB zum Ausdruck.[431] Danach ist eine Rückforderung ausgeschlossen, wenn der Leistende gewusst hat, dass er zur Leistung nicht verpflichtet ist.

---

[423] Vgl. *Stürner*, Die Aufklärungspflicht der Parteien des Zivilprozesses, S. 75.

[424] Schweizerische Zivilprozessordnung – Basler Kommentar, Art. 247 Rn. 4. Mit dem Offizialgrundsatz gepaart ist lediglich die uneingeschränkte Untersuchungsmaxime.

[425] So der Bundesrat und die Ratsmehrheit gegen die Anregung einer Minderheit im Rahmen der parlamentarischen Beratung hinsichtlich der Lösung des Gerichts von der Bindung an die Parteianträge in bestimmten Angelegenheiten des sozialen Privatrechts. Schweizerische Zivilprozessordnung – Basler Kommentar, Art. 247 Rn. 21 m.w.N.

[426] So *Bahnsen*, S. 151.

[427] So *Bahnsen*, S. 151.

[428] Vgl. unabhängig von Verbraucherschutzerwägungen allgemein für das zwingende materielle Recht *Henckel*, Prozessrecht und materielles Recht, S. 136 ff.; *Würthwein*, S. 50.

[429] *Bahnsen*, S. 151.

[430] *Bahnsen*, S. 151.

[431] Vgl. *Cahn*, AcP 198 (1998), S. 35 ff. (55); *Würthwein*, S. 118.

Im Hinblick auf die umgekehrte Situation der Aufgabe eines materiell nicht disponiblen Rechts durch den Verzicht im Prozess – also im Falle der Gläubigerposition des Verbrauchers – soll gelten, dass auch der Inhaber eines unverzichtbaren Rechts dahingehend frei sei, von einer Geltendmachung seiner Forderung Abstand zu nehmen und eine für ihn ungünstige Position aufzugeben.[432] Dementsprechend bestünde auch keine Verpflichtung, den Anspruch überhaupt gerichtlich geltend zu machen oder eine Entscheidung herbeizuführen.[433] Von den Vertretern dieser These wird zugegeben, dass eine uneingeschränkte Einhaltung der Dispositionsmaxime verbunden mit einer Beibehaltung der Anerkenntnis- und Verzichtsmöglichkeit im Falle zwingender Normen des Verbraucherschutzrechts auf die regelmäßige Erzielung des materiell-rechtlich gewollten Ergebnisses verzichtet.[434] Jedoch wird argumentiert, hierdurch werde die Beschränkung richterlicher Aktivität auf die Ausübung einer Fürsorge- und Hilfeleistung gesichert und staatliche Bevormundung des Einzelnen verhindert.[435]

Auch unter Berücksichtigung des Gemeinschaftsrechts – vornehmlich des Effektivitätsgrundsatzes – gilt, dass die einzelne Partei nicht daran gehindert wird, tatsächlich über die geschützten Rechte zu disponieren. Durch das materielle Gemeinschaftsrecht wird keine Verpflichtung statuiert, Rechte tatsächlich geltend zu machen, nichtige Rechtsgeschäfte nicht zu erfüllen oder erfüllte Rechtsgeschäfte rückabzuwickeln.[436] So wird der Grundsatz der Privatautonomie in Bezug auf die Verbrauchsgüterkaufrichtlinie „als systemprägendes Fundament" bezeichnet.[437] Daher erfordert der Effektivitätsgrundsatz keine Einschränkungen derjenigen Rechtsinstitute des nationalen Verfahrensrechts, die Ausdruck der Dispositionsfreiheit sind, womit aus Sicht des Gemeinschaftsrechts das Anerkenntnis und der Verzicht uneingeschränkt zulässig sind.[438] Diese Ansicht führt dazu, dass letztlich zwingende Normen des Gemeinschaftsrechts keine Anwendung finden.[439] Als „äußerste Grenze der prozessualen Dispositionsfreiheit"[440] ist der *ordre public* anzusehen. In der Rechtssache *van Schijndel* deutete der EuGH an, die Parteifreiheit gelte im Zivilprozess nicht unbegrenzt.[441] Hier heißt es, „dass die Initiative in einem Prozess den Parteien zusteht und das Gericht nur in Ausnah-

---

[432] Vgl. zu dieser Konstellation *Cahn* AcP 198 (1998), S. 35 ff. (57); *Bahnsen*, S. 151.
[433] *Bahnsen*, S. 151.
[434] *Bahnsen*, S. 151.
[435] *Bahnsen*, S. 151.
[436] *Herb*, S. 248.
[437] So *Korth*, GPR 2/2014, S. 87 ff. (90).
[438] *Herb*, S. 248.
[439] Vgl. *Herb*, S. 248.
[440] So *Herb*, S. 248.
[441] So *Herb*, S. 249.

mefällen tätig werden darf, in denen das öffentliche Interesse sein Eingreifen erfordert".[442]

(3) Begrenzungen im Falle zwingender materiell-rechtlicher Normen. Demgegenüber sieht *Cahn* im Hinblick auf den Durchsetzungsanspruch zwingender Normen im Prozess neben Konsequenzen für den Verhandlungsgrundsatz auch die Notwendigkeit einer Begrenzung der Dispositionsmaxime. Zunächst stellt sich die Frage, welche Normen des materiellen Rechts als Anknüpfungspunkt betroffen sein könnten. In Betracht kommen Normen mit zwingendem Charakter, die im Rahmen des Zivilverfahrens im Wege der Parteidisposition beeinflusst werden sollen.[443] Unabhängig von der Frage des Verbraucherschutzes wird im Bereich zwingenden materiellen Rechts von *Cahn* eine Einteilung der maßgeblichen Normgruppen des materiellen Rechts im Hinblick auf deren prozessualen Durchsetzungsanspruch vorgenommen.[444] Bezugnehmend auf den Regelungsgegenstand unterscheidet er zwischen Normen, die den Inhalt einer Rechtsbeziehung gestalten (sogenannte inhaltsgestaltende Vorschriften) und solchen, die das Zustandekommen einer Rechtsbeziehung betreffen. Innerhalb der Gruppen könne nach den geschützten Interessen differenziert werden. Hier gibt es Normen, die den Belangen einer oder beider Parteien dienen, Vorschriften, die institutionenschützend seien sowie solche, die Interessen Dritter zu wahren bestimmt sind.[445] Zu der Kategorie der parteischützenden Vorschriften sollen dabei u.a. solche Normen zählen, die den schwächeren Teil schützen. *Cahn* nennt diesbezüglich §§ 138 BGB sowie §§ 11, 18 VerbrKrG a.F.[446]

Wenn eine zwingende Vorschrift des materiellen Rechts ein bestimmtes Ergebnis verhindern will, verlange dies nach *Cahn* einen Gleichlauf der Beschränkungen betreffend Verfügungen über den Anspruch.[447] Mit jedweder Einschränkung der Privatautonomie wäre daher – über die dargestellten kodifizierten Schmälerungen nach dem FamFG hinausgehend – eine Einschränkung der Dispositionsbefugnisse der Parteien im Prozess verbunden. Nach der Ansicht von *Cahn* habe das zwingende materielle Recht zwar keinen Einfluss auf das Rechtsinstitut der Klagerücknahme gemäß § 269 ZPO, weil hierdurch die Rechtslage nicht fixiert werde. Demgegenüber erfordere das Gebot, das Prozessergebnis mit der materiellen Rechtslage abzustimmen, Modifikationen in Bezug auf die Rechtsinstitute des Anerkenntnisses der beklagten Partei gemäß § 307 ZPO und des spiegelbildlichen Verzichts des Klägers gemäß

---

[442] EuGH Slg. 1995, I-4705, Rn. 21 – *van Schijndel*; *Herb*, S. 249.
[443] Vgl. *Cahn*, AcP 198 (1998), S. 35 ff. (44).
[444] *Cahn*, AcP 198 (1998), S. 35 ff. (45).
[445] *Cahn*, AcP 198 (1998), S. 35 ff. (45 ff.).
[446] *Cahn*, AcP 198 (1998), S. 35 ff. (45).
[447] *Cahn*, AcP 198 (1998), S. 35 ff. (51).

§ 306 ZPO als Ausdruck der Dispositionsmaxime.[448] Denn im Wege des Anerkenntnisses und des Verzichts könnten die Parteien bei uneingeschränkter Fortgeltung ein Sachurteil erwirken, ohne dass der Richter die Übereinstimmung mit der tatsächlichen Sach- und Rechtslage überprüfen dürfe.[449] Die prozessuale Dispositionsfreiheit „unter Zurückdrängung zwingender materiell-rechtlicher Vorschriften würde dazu führen, daß innerhalb und außerhalb des Verfahrens unterschiedliches Recht für die Rechtsbeziehungen der Parteien maßgebend wäre".[450] Nach *Cahn* besteht für zwingende inhaltgestaltende Normen, die dem Schutz eines Beteiligten dienen, im Prozess ebenso ein Geltungsanspruch wie außerhalb des Verfahrens. Derartige Vorschriften können von den Parteien nicht im Wege eines Rechtsgeschäfts abbedungen werden, weshalb prozessuale Verfügungen die Anwendung dieser Normen im Rahmen des Rechtsstreits nicht unterlaufen dürften.[451] Auch gebe es keine spezifischen, aus der prozessualen Situation resultierenden Gründe, die ein Abweichen von zwingenden materiell-rechtlichen Normen rechtfertigen könnten. Insbesondere könne die richterliche Fürsorge bei einvernehmlichem Prozesshandeln den Schutz des materiellen Rechts durch zwingende Normen nicht ersetzen.[452] Gerade im Anwaltsprozess hätten die Parteien keine bzw. zu wenig Berührung mit dem Prozessgeschehen, womit die Mahnung zur Vorsicht, die die Verhandlungssituation mit sich bringe, nicht zur Geltung käme.[453] Als Konsequenz dieser These wären ein Verzichtsurteil sowie ein Anerkenntnisurteil zu Lasten des Verbrauchers ausgeschlossen.

(4) Würdigung. Zu bedenken ist schließlich, dass schon materiell-rechtlich die Freiheit besteht, auf den Schutz zu verzichten.[454] Es ist kaum vorstellbar, wie eine materielle Norm solche Kräfte entfalten kann, den Verbraucher zu zwingen, dass er diese zur Anwendung bringt. Ein derartiger Zwang liefe auf eine Derogation der Privatautonomie hinaus. Die Freiheit im Rahmen der Rechtsdurchsetzung entspricht daher der Freiheit im Rahmen der Rechtsetzung.[455] Beispielsweise ist der Verbraucher dahingehend frei, ob er ein Widerrufsrecht wahrnimmt oder nicht. Verdeutlichen lässt sich die Problematik auch an der Situation, in der ein Verbraucher und ein Unternehmer mündlich einen Darlehensvertrag abschließen, der wegen Verstoßes gegen § 492 I BGB i.V.m. § 494 I BGB formnichtig ist. Schon hier steht es den Parteien frei, ob sie

---

[448] *Cahn*, AcP 198 (1998), S. 35 ff. (71).
[449] Vgl. *Cahn*, AcP 198 (1998), S. 35 ff. (36).
[450] So *Cahn*, AcP 198 (1998), S. 35 ff. (37).
[451] So *Cahn*, AcP 198 (1998), S. 35 ff. (60).
[452] So *Cahn*, AcP 198 (1998), S. 35 ff. (58).
[453] So *Cahn*, AcP 198 (1998), S. 35 ff. (58).
[454] Dies hebt auch *Henckel* hervor. *Henckel*, Prozessrecht und materielles Recht, S. 137.
[455] Vgl. *Würthwein*, S. 158.

den Vertrag dennoch erfüllen. Hier endet das öffentliche Interesse des Staates.[456] Die Formvorschrift ist zwar zwingendes Recht, intendiert jedoch nicht die Verhinderung einer Erfüllung des formnichtigen Vertrags und bildet damit keine absolute Schranke der Privatautonomie.[457] *Henckel* geht insofern zu Recht von einer „Relativität des materiellen Nichtigkeitsbegriffs" aus. Mit Auszahlung der Darlehensvaluta an den Verbraucher wird der Formmangel geheilt, § 494 II S. 1 BGB, jedoch mit der Folge der Ermäßigung des Sollzinssatzes auf den gesetzlichen Zinssatz, wenn die Angabe des Sollzinssatzes, des effektiven Jahreszinses oder des Gesamtbetrags fehlt, § 494 II S. 2 BGB. Sofern nun der Verbraucher einen höheren Zinssatz zahlt, steht ihm ein Rückforderungsanspruch zu. Will der Verbraucher diesen aber nicht geltend machen, so ist er in seiner Entscheidung frei. Das Gesetz will die Rückforderung gerade nicht erzwingen. Die Rückabwicklung ist insofern freiwillig, als sie an die Initiative des Bereicherungsgläubigers geknüpft ist.[458] Es ist daher auch nicht die Aufgabe des Richters, den Verbraucher zur Durchsetzung des Anspruchs zu zwingen. Ein derartiger Zwang entstünde ohnehin nur gegenüber demjenigen, der prozessiert. Demgegenüber wäre der Verbraucher, der nicht prozessiert, weil er nicht zurückfordern möchte, keinem Zwang ausgesetzt.[459] Der Zwang äußert sich nur dahingehend, als der Unternehmer eben keinen Anspruch auf den über dem gesetzlichen Zinssatz (§ 246 BGB) liegenden Zins hat und der Verbraucher eben nicht gezwungen werden kann, diesen zu zahlen. Der Unternehmer darf den Zinssatz – vorbehaltlich der §§ 814, 817 S. 2 BGB – nicht gegen den Willen des Verbrauchers behalten. Wenn der Verbraucher aber keine Interesse daran hat, den Anspruch auf Rückerstattung durchzusetzen und daher schon nicht klagt oder im Laufe des Verfahrens dennoch verzichtet, muss das Prozessrecht diese Entscheidung respektieren. Für die spiegelbildliche Situation, in der umgekehrt der Unternehmer Klage auf Rückzahlung der Darlehensvaluta einschließlich der über dem gesetzlichen Zinssatz liegenden Zinsen erhebt, kann der Verbraucher den Anspruch anerkennen. Denn auch in materieller Hinsicht ist er frei zu leisten.

Im Übrigen sei an dieser Stelle darauf hingewiesen, ein prozessualer Zwang durch Einschränkung der Dispositionsbefugnis wäre im Wege des Anerkenntnisses und des Verzicht des Verbrauchers auch mit einem Zwang zum Tragen der Kostenlast verbunden. Der Weg eines Anerkenntnisses und des Verzicht – unter Ausblendung der materiellen Rechtslage – muss deshalb erhalten blei-

---

[456] Vgl. zu den prozessualen Folgen der Nichtigkeit des Schuldvertrages auch *Henckel*, Prozessrecht und materielles Recht, S. 137.
[457] So bezüglich § 311b I S. 1 BGB *T. A. Heiß*, S. 82. Vgl. auch *Henckel*, Prozessrecht und materielles Recht, S. 138.
[458] Vgl. *Henckel*, S. 138 zur Relativität des Nichtigkeitsbegriffs im Vermögensprozess.
[459] Vgl. zu den prozessualen Folgen der Nichtigkeit des Schuldvertrages *Henckel*, Prozessrecht und materielles Recht, S. 137.

ben, weil er zu einer Kostenreduzierung führt, indem eine Ermäßigung der Gerichtsgebühren nach Nr. 1211 GKG-KV von 3,0 (Nr. 1210 GKG-KV) auf 1,0 erfolgt. Eine Bewährung materiellen Rechts durch Einschränkung prozessualer Disposition würde im Ergebnis dazu führen, eine Prozesspartei in die Kostenlast zu drängen.

d) Besonderheiten für den Bereich kollektiven Rechtsschutzes

Angemerkt sei schließlich, dass eine Modifizierung der Dispositions- sowie der Verhandlungsmaxime in der Bundesrepublik Deutschland zukünftig auch im Rahmen der Etablierung eines kollektiven Rechtsschutzsystems erfolgen könnte. Die Verbindung zu einem Sonderprozessrecht zugunsten des Verbrauchers wäre deshalb gegeben, weil das Instrumentarium kollektiven Rechtsschutzes laut der bereits dargestellten Empfehlung der Kommission aus dem Jahre 2013 neben den Sektoren des Wettbewerbs, des Umweltschutzes, der Finanzdienstleistungen auch das Rechtsgebiet Verbraucherschutz betreffen soll.[460] Wie bereits erörtert, wird von der Kommission die *opt in*-Lösung präferiert. Die Dispositionsmaxime bliebe daher unangetastet. Im ersten Teil der Arbeit wurde gezeigt, dass die Verbandsklage (noch) von der Verhandlungsmaxime beherrscht wird. Demgegenüber gibt es aktuelle Überlegungen, im Hinblick auf Kollektivklagen den Verhandlungsgrundsatz durch eine eingeschränkte bzw. uneingeschränkte Untersuchungsmaxime zu ersetzen.[461] Für den Bereich des deutschen Kapitalanlegermusterverfahrensgesetzes (KapMuG) wird vorgeschlagen, die Verhandlungsmaxime im Wege des Rückgriffs auf das Rechtsinstitut der gerichtsbekannten Tatsachen gemäß § 291 ZPO zu beschränken.[462]

Modifikationen bzw. Einschränkungen der Verhandlungsmaxime im Bereich kollektiven Rechtsschutzes ließen sich auf den Gedanken stützen, hierdurch könnten die von Komplexität gekennzeichneten Verfahren vereinfacht werden. Zudem könnte man eine Abkehr der Verhandlungsmaxime damit legitimieren, dass die Verbandsklage eben nicht nur der Durchsetzung subjektiver Rechte diene, sondern verfolge überindividuelle Zwecke.[463] Zudem erscheint ein zwingender Gleichlauf zwischen Durchsetzung subjektiver Rechte und Geltung der Verhandlungsmaxime und Bewährung der objektiven Rechtsordnung und Geltung der Untersuchungsmaxime als zu vereinfacht. Schließlich spricht für die Beibehaltung der Verhandlungsmaxime, dass die

---

[460] http://europa.eu/rapid/press-release_IP-13-524_de.htm (zuletzt aufgerufen am 25.9.2018).
[461] *Häsemeyer*, in: FS für Spellenberg, S. 99 ff. (110).
[462] Vgl. *Althammer*, in: Weller/Althammer, S. 3 ff. (23) mit Hinweis auf *Stackmann*, NJW 2008, S. 1345 ff. (1345 ff.).
[463] Siehe dazu 1. Teil B. IV. 4.

Verbandsklage, wie dargestellt wurde, im Rahmen eines klassischen Zweiparteienprozesses ausschließlich zwischen dem klagenden Verband und dem Beklagten geführt wird.

V. Rechtsdogmatische Würdigung einer Materialisierung des Prozessrechts zugunsten der schwächeren Partei

Die Frage der Legitimation eines Sonderprozessrechts verbunden mit den aufgezeigten sozial-kompensatorischen Maßnahmen erfolgt an dieser Stelle im Lichte einer rechtsdogmatischen Betrachtungsweise.

1. Grundlagen für eine Kohärenz der Wertungssphären des materiellen Rechts und des Prozessrechts

a) Ausgangspunkt

Ausgangspunkt der Überlegungen sollte generell, d.h. unabhängig von der konkreten Problematik des Sonderprozessrechts für den Verbraucher, die grundlegende rechtsdogmatische Frage sein, wieweit das Prozessrecht und das materielle Recht miteinander verbunden sind und ob dabei die Wertungen des materiellen Rechts und des Prozessrechts zwangsläufig aufeinander abzustimmen oder voneinander abzugrenzen sind.

Eine große Abhängigkeit beider Gebiete existierte im römischen Recht, wonach das Zivilprozessrecht Teil des Privatrechts im Sinne einer Einheit beider Zweige war.[464] Demgegenüber wird heute eine systematische Eigenständigkeit des Zivilprozessrechts, das dem öffentlichen Recht zugeordnet wird, anerkannt.[465] Das materielle Recht und das Verfahrensrecht werden nach gefestigter Ansicht als zwei voneinander getrennte Rechtsmaterien angesehen, welche sich in ihrer Rechtsnatur, in ihrem Gegenstand sowie in ihrem Ziel unterscheiden.[466] Dieses Trennungsdenken ist Konsequenz eines Rechtsdenkens, das für die zweite Hälfte des 19. Jahrhunderts typisch war und aus rechtsvergleichender Perspektive kennzeichnend ist für den kontinental-europäischen Rechtskreis.[467] Die systematische Unterscheidung zwischen materiellem Recht und Prozessrecht wurde maßgeblich forciert durch *von Bülow* mit seiner Lehre

---

[464] Vgl. dazu auch *Diakonis*, S. 27.
[465] *Von Bülow*, Die Lehre von den Proceßeinreden und die Proceßvoraussetzungen, S. 2; Rosenberg/Schwab/Gottwald, § 1 Rn. 35.
[466] *Zöllner*, AcP 190 (1990), S. 471 ff. (471) m.w.N. in Fn. 1 und S. 465 Rn. 17; *Konzen*, S. 45 ff.; *Arens*, AcP 173 (1973), S. 250 ff.
[467] *Arens*, ZZP 173 (1973), S. 250 ff. (250).

vom öffentlich-rechtlichen Prozessrechtsverhältnis.[468] Die Trennung zwischen Anspruch und Klage wurde endgültig von *Windscheid* herausgearbeitet. Nach seinen vielfach zitierten Worten aus dem Jahre 1856 sei das materielle Recht „das Prius" bzw. „das Erzeugende", die Klage hingegen „das Spätere" bzw. „das Erzeugte".[469] Auf Grundlage dieser Differenzierung konnte sich das Verfahrensrecht als eigenständige Rechtsmaterie entwickeln.[470] Dementsprechend wurde das Bürgerliche Gesetzbuch als ein System materiell-rechtlicher Ansprüche konzipiert. Die Klagbarkeit dieser Ansprüche versteht sich von selbst.[471] Als ein Verdienst des Trennungsdenkens wird hervorgehoben, dass die Berücksichtigung von spezifisch prozessualen Notwendigkeiten wesentlich erleichtert wurde.[472] So geht *Jauernig* von einer „Emanzipation des Prozeßrechts aus den Fesseln zivilistischen Denkens" aus.[473]

Bedeutet dies eine völlige Abkoppelung der Wertungen des materiellen Rechts und damit eine Autonomie des Zivilverfahrensrechts? Oder gilt, dass das Zivilprozessrecht trotz der systematischen Zuordnung zum öffentlichen Recht nicht von den materiell-rechtlichen Wertungsmaßstäben des Zivilrechts gelöst werden darf?[474] *Zöllner* stellt hierzu fest, das Trennungsdenken habe nicht die Auffassung beseitigt, das materielle Recht und das Verfahrensrecht seien aufeinander bezogen.[475] Auch *Henckel* wendet sich in seiner grundlegenden Monographie „Prozessrecht und materielles Recht" (1970) gegen die logische Deduktion einer völlig eigenständigen und eigenen Wertungen unterworfenen Materie des Prozessrechts aus der Zuordnung des Verfahrensrechts zum öffentlichem Recht.[476] Nach seiner kritischen Ansicht sei der Zusammenhang des Zivilprozessrechts mit dem materiellen Recht aufgrund des zu starken Rückgriffs auf öffentlich-rechtliche Wertungen nicht immer in der notwendigen Weise berücksichtigt worden.[477]

---

[468] *Von Bülow*, Die Lehre von den Proceßeinreden und die Proceßvoraussetzungen, S. 1 ff.; ders., ZZP 27 (1900), S. 201; vgl. dazu auch *Henckel*, Vortrag Athen, S. 1 ff. (10).

[469] Vgl. auch *Katzenmeier*, Arzthaftung, S. 376 mit Hinweis auf *Windscheid*, Die Actio des römischen Civilrechts vom Standpunkte des heutigen Rechts.

[470] *Katzenmeier*, Arzthaftung, S. 376.

[471] So *Zöllner*, AcP 190 (1990), S. 471 ff. (473).

[472] *Arens*, ZZP 173 (1973), S. 250 ff. (250). *Arens* weist ferner darauf hin, dass das Trennungsdenken bewirkt habe, dass nicht nur die Interessen der Parteien, sondern eben auch die Interessen der Öffentlichkeit das Verfahren und dessen Ausgestaltung bestimmen. Zudem seien dem Trennungsdenken die Untersuchung verschiedener Verfahrensordnungen hinsichtlich ihrer Gemeinsamkeiten und die Herausbildung von Ansätzen einer allgemeinen Verfahrenslehre zu verdanken. So *Arens*, ZZP 173 (1973), S. 250 ff. (250) mit Hinweis auf *Grunsky*, Grundlagen des Verfahrensrechts, 1970.

[473] *Jauernig*, Das fehlerhafte Zivilurteil, S. 1; vgl. *Arens*, ZZP 173 (1973), S. 250 ff. (250).

[474] So *Henckel*, Vortrag Athen, S. 1 ff. (31).

[475] So *Zöllner*, AcP 190 (1990), S. 471 ff. (471).

[476] *Henckel*, S. 23 ff., 32, 49 f., 232, 261; ders., Vortrag Athen, S. 1 ff. (10).

[477] *Henckel*, Prozessrecht und materielles Recht, S. 250.

Die Beantwortung der Frage einer Notwendigkeit der Abstimmung der Wertungssphären auf Grundlage der rechtssystematischen Erfassung des Verhältnisses des materiellen Rechts und des Verfahrensrechts zueinander erscheint angesichts der Komplexität als äußerst schwieriges Unterfangen. Die Problematik war bisher vielfach Gegenstand wissenschaftlicher Auseinandersetzung.[478] Genannt sei die Arbeit von *Henckel*, in der das Verhältnis von materiellem Recht und Verfahrensrecht grundlegend betrachtet und die Verknüpfung beider Rechtsmaterien, aber auch deren Abgrenzung herausgearbeitet werden.[479] Nach seiner Ansicht berge die Trennungsthese die Gefahr, mit einer angeblich eigenständigen Wertung oder Technik die Wertungen des materiellen Rechts zu unterlaufen.[480]

Eine Abhängigkeit im Sinne einer konkreten Einwirkung des Verfassungsrechts auf das Zivilverfahrensrecht konnte im vierten Teil der Arbeit aufgezeigt werden. Insofern besteht folglich keine Autonomie des Zivilverfahrensrechts, das nach der anerkannten Trennungsthese dem öffentlichen Recht zugeordnet wird. Zum Teil wird hierfür der Satz herangezogen, Prozessrecht sei fortgeschriebenes Verfassungsrecht.[481] Vorliegend geht es aber um die Frage des Übergreifens des materiellen Rechts auf das Prozessrecht. In diesem Bereich besteht eben keine Normenhierarchie von Verfassungsrecht und einfachem Recht im Sinne einer Über- und Unterordnung, sondern ein Gleichordnungsverhältnis.[482] Dies heißt natürlich nicht, dass es keinen Bezug zum materiellen Recht gibt oder dass das Zivilprozessrecht gänzlich frei von den Wertungen des materiellen Rechts ist.[483] Vielmehr ist entscheidend, wie intensiv die Verknüpfungen ausgestaltet sind und ob sie die Maximen des Prozessrechts tangieren dürfen oder ob diese vielmehr als Schranken und damit nicht nur als Fortsetzung von Privatautonomie im Verfahren begriffen werden sollten.

b) Die Verknüpfung von materiellem Recht mit dem Verfahrensrecht im Rahmen konkreter Rechtsinstitute

Eine gewisse Verknüpfung lässt sich anhand konkreter zivilprozessualer Rechtsinstitute belegen, wie es *Henckel* herausstellt.[484]

Nach Ansicht *Henckels* sei die richtige Verfahrensgestaltung durch die Eigenart des materiellen Interessenkonflikts bestimmt. Das Zivilverfahrensrecht

---

[478] Paradigmatisch: *Henckel*, Prozessrecht und materielles Recht; *ders.*, Vortrag Athen, m.w.N. in Nr. 6; *Zöllner*, AcP 190 (1990), S. 471 ff. m.w.N. in Fn. 17 (475).
[479] *Henckel*, Prozessrecht und materielles Recht; *ders.*, Vortrag Athen, S. 1 ff. (13).
[480] *Henckel*, Vortrag Athen, S. 1 ff. (11).
[481] *Henckel*, Vortrag Athen, S. 1 ff. (25).
[482] Vgl. dazu auch *E. Schumann*, in: FS für Larenz, S. 571 ff. (577).
[483] Vgl. *Schilken*, Rn. 5; *Henckel*, Prozessrecht und materielles Recht, S. 10 ff.; *Diakonis*, S. 27.
[484] *Henckel*, Prozessrecht und materielles Recht; *ders.*, Vortrag Athen, S. 1 ff. (13).

habe sich an den Wertungen zu orientieren, die das materielle Recht für den Konflikt zwischen Privatpersonen vorzeichnet.[485]

Deutlich wird die Verbindung zwischen dem materiellen Recht und dem Verfahrensrecht an der Verknüpfung der Rechts- mit der Parteifähigkeit gemäß § 50 ZPO, sowie der Geschäfts- mit der Prozessfähigkeit gemäß §§ 51 ff. ZPO. Sofern keine Rechtsfähigkeit gegeben ist, gibt es keine Möglichkeit, Partei eines Zivilprozesses zu sein; Geschäftsfähigkeit ist Voraussetzung für die Wahrnehmung prozessualer Befugnisse. Ferner wird die Wechselbeziehung zwischen materiellem Recht und Verfahrensrecht anhand des Instituts der gewillkürten Prozessstandschaft als Folge der materiell-rechtlichen Einziehungsermächtigung dargestellt; auch sei die notwendige Streitgenossenschaft bei materiell-rechtlicher Beteiligung an einem Rechtsverhältnis, die Zulässigkeit eines unbezifferten Klageantrags bei materiell-rechtlichen Billigkeitsansprüchen, die Widerklage gegen einen Dritten bei einem materiell-rechtlichem Anspruch gegen den Dritten Beleg dafür, wie das Prozessrecht eng mit dem materiellen Recht verwoben ist.[486] Ferner wird betont, dass ein Prozessvergleich nicht richterlich protokolliert werden darf, wenn dieser gegen zwingendes materielles Recht verstößt.[487] Außerdem zeichnet das materielle Recht entsprechende Grenzen für das Anerkenntnis- und Verzichtsurteil vor, denn der Beklagte kann keine verbotene Leistung anerkennen. Ein Anerkenntnisurteil kann auch nicht ergehen, wenn das unterbreitete Rechtsverhältnis nicht der Parteidisposition unterworfen ist oder wenn die Rechtsfolge einer nicht gegebenen staatlichen Mitwirkung bedarf. Im Rahmen des Verzichts gilt, dass ein Verzichtsurteil nicht ergehen darf, wenn ein Kläger beispielsweise auf Feststellung des Nichtbestehens eines Rechtsverhältnisses klagt, welches das deutsche Recht nicht kennt.[488] So wird angenommen, dass das Zivilprozessrecht sei materiell-rechtsfreundlich auszulegen.[489] Ferner wird von einer funktionellen Abhängigkeit des Zivilprozessrechts vom materiellen Recht ausgegangen.[490]

c) Rechtsvergleichende Überlegungen

Eine Verzahnung der Wertungen des materiellen Rechts mit denjenigen des Prozessrechts belegt aus rechtsvergleichender Perspektive auch das bereits erwähnte schweizerische Zivilverfahren. Neben der rechtspolitischen Leitlinie „Kein Rückschritt beim ‚sozialen Zivilprozess'", wird auch das Ziel einer „Abstimmung und Koordination mit dem materiellen Privatrecht, insbeson-

---

[485] *Henckel*, Vortrag Athen, S. 1 ff. (31).
[486] Dazu ausführlich *E. Schumann*, in: FS für Larenz, S. 571 ff. (578 ff.).
[487] *E. Schumann*, in: FS für Larenz, S. 571 ff. (585 f.).
[488] *E. Schumann*, in: FS für Larenz, S. 571 ff. (585).
[489] *E. Schumann*, in: FS für Larenz, S. 571 ff. (577).
[490] *Henckel*, Prozessrecht und materielles Recht, S. 24.

dere mit dem Zivilgesetzbuch und mit dem Obligationenrecht", als zentral bezeichnet.[491] Diese Verknüpfung wird sehr deutlich an der bereits dargestellten sogenannten eingeschränkten Untersuchungsmaxime nach Art. 247 II sZPO, die vornehmlich im Bereich des sozialen Privatrechts – also im materiellen Recht – aktiviert wird und damit das materielle Recht im Prozess widerspiegelt.

d) Grundsätzliche rechtsdogmatische Überlegungen unter Berücksichtigung des Prozesszweckes

Als Argument für einen widerspruchslosen Gleichlauf der Wertungssphären könnte sich schließlich auch der elementare Aspekt der Bewahrung der Einheit der Rechtsordnung[492] heranziehen lassen. Grundsätzliche dogmatische Überlegungen müssen jedoch oberhalb der Ebene der Ausgestaltung des Prozessrechts durch Maximen ansetzen und den Prozesszweck als Ausgangspunkt betrachten.

aa) Der Zivilprozess als Mittel zur Ausübung materieller Rechte

Der Zweck des Prozessrechts könnte für eine Etablierung eines Sonderprozessrechts des Verbrauchers verbunden mit einer Schwächung der Verhandlungsmaxime sowie der Dispositionsmaxime sprechen. Wie im ersten Teil dieser Arbeit gezeigt wurde, ist der Prozess kein Selbstzweck, sondern dient dem Individualrechtsschutz und damit der Verwirklichung des materiellen Rechts. Eine völlige Abschirmung des Prozessrechts, wie sie etwa eine Theorie ermöglichen würde, die dem Verfahrenszweck keinen außerprozessualen Zweck zubilligt – erinnert sei an die bereits dargestellte These *Goldschmidts* –, kommt daher nicht in Betracht.[493] Obgleich heute das oben dargestellte Trennungsdenken herrscht, lässt sich konstatieren, dass das materielle Recht und das Prozessrecht existenziell voneinander abhängig sind; die Existenz materiellen Rechts ist Voraussetzung für die Existenz des Prozessrechts.[494] *Henckel* stützt seine Untersuchung maßgeblich auf die Kennzeichnung des Zivilprozesses als Mittel zwecks Ausübung materieller Rechte und konstatiert, das Verfahren

---

[491] *Sutter-Somm*, R.L.R. No. 29 (2012), S. 81 ff. (83).
[492] Vgl. *E. Schumann*, in: FS für Larenz, S. 571 ff. (577).
[493] Dies wäre gegeben nach der These von *Goldschmidt*, wonach der Prozess allein der Herbeiführung von Rechtskraft zu dienen bestimmt ist und damit auch keinen Einbruch ideologischer Elemente ermöglicht. *Goldschmidt*, Der Prozeß als Rechtslage, S. 151; *Jauernig*, JuS 1971, S. 329 ff. (330); vgl. dazu auch *Henckel*, Prozessrecht und materielles Recht, S. 409: „*Goldschmidts* Definition, die dem Prozeß die Aufgabe zuschrieb, der Herbeiführung eines rechtskräftigen Urteils zu dienen, versteht den Prozeß als Selbstzweck. Die damit angelegte Trennung von Prozeßrecht und materiellem Recht verstellt den Weg zu einer Wertung prozessualer Normen."; vgl. ferner 1. Teil C. III. 3.
[494] *Jauernig*, JuS 1971, S. 329 ff. (329).

kann weder „die Eigenart der Interessenlage noch die materiell-rechtlichen Wertungen ignorieren", „wenn im Zivilprozeß um einen Interessenausgleich gestritten wird, der aus den Normen des materiellen Rechts abgeleitet werden muß".[495] Der Gleichklang zwischen dem Inhalt des materiellen Rechts und der Ausgestaltung des Prozessrechts wäre damit begründbar mit der heute hervorgehobenen und erst auf Basis der Differenzierung von materiellem Anspruch und Klage ermöglichten dienenden Funktion des Prozessrechts.[496] *Henckel* führt hierzu aus: „Wenn der Zivilprozeß der Ausübung materieller Rechte in einem rechtsstaatlich geordneten Verfahren dient, gebietet dieser Zweck, auch wenn er nicht der einzige des Zivilprozesses sein sollte, das Verfahren (auch) auf diesen Zweck zuzuschneiden [...]" Ferner heißt es:

„Der Zivilprozeß dient der Ausübung und Verteidigung materieller Privatrechte und privatrechtlich geschützter Interessen. Um diesem Zweck zu genügen, muß das Prozeßrecht die Rechtsausübung nach Wertungsprinzipien ordnen, die mit denen der außerprozessualen Rechtsausübung zusammenstimmen."[497]

Das materielle Recht und das Prozessrecht sind aufeinander bezogen, es gibt „Sinnzusammenhänge" und – wie dargestellt – Parallelen in einzelnen Rechtsfiguren beider Rechtsmaterien.[498] Das materielle Recht und das Verfahrensrecht bilden damit – wie *Zöllner* treffend formuliert – eine „Sinneinheit".[499] *Henckel* kennzeichnet den Zusammenhang als eine „funktionelle Abhängigkeit des Zivilprozeßrechts vom materiellen Recht"[500] und plädiert dementsprechend dafür, Wertungsmaßstäbe des materiellen Rechts für das Prozessrecht nutzbar zu machen.[501] Die „dienende Aufgabe" von Verfahrensregelungen wurde auch in der Judikatur des BVerfG hervorgehoben. Danach dient das Verfahrensrecht nicht allein dem „Ziel, einen geordneten Verfahrensgang zu sichern, sondern ist im grundrechtlich relevanten Bereich auch das Mittel, im konkreten Fall dem Grundrechtsträger zu seinem verfassungsmäßigen Ziel zu verhelfen".[502]

Als Konsequenz könnte man entsprechend dem Primat des materiellen Rechts auch meinen, das Prozessrecht müsse insgesamt den Wertungen des materiellen Rechts folgen und sollte daher auch Einschränkungen der Verhandlungs- und Dispositionsmaxime zum Schutz des mutmaßlich Schwächeren – des Verbrauchers – anerkennen. Schließlich fragt man zunächst nach der

---

[495] *Henckel*, Vortrag Athen, S. 1 ff. (13).
[496] Vgl. dazu *E. Schumann*, ZZP 96 (1983), S. 137 ff. (153).
[497] *Henckel*, Prozessrecht und materielles Recht, S. 409.
[498] *Henckel*, Prozessrecht und materielles Recht; *Zöllner* AcP 190 (1990), S. 471 ff. (471); *Katzenmeier*, Arzthaftung, S. 376.
[499] *Zöllner*, AcP 190 (1990), S. 471 ff. (481); *Katzenmeier*, Arzthaftung, S. 376.
[500] *Henckel*, Vortrag Athen, S. 1 ff. (24).
[501] *Henckel*, Prozessrecht und materielles Recht, S. 409.
[502] BVerfGE 49, 252 ff. (257).

materiellen Rechtslage, deren Verwirklichung das Verfahrensrecht zu dienen bestimmt ist.[503] So wird im Schrifttum davon ausgegangen, die Ausrichtung des Prozesszwecks auf das Privatrecht müsse „denklogisch" eine Übereinstimmung der Wertungen von Privat- und Verfahrensrecht nach sich ziehen. Es wird angenommen, Wertungswidersprüche begründeten die Gefahr einer Nichterreichung des Prozesszwecks.[504] Der speziellen Ausgestaltung des Arzthaftungsrechts liege die Vorstellung einer besonders ausgeprägten Verbindung zwischen dem materiellen Recht und dem Verfahrensrecht zugrunde. Schließlich handele es sich bei der Arzthaftung maßgeblich um ein Problem der Anspruchsdurchsetzung.[505] Die „Sinneinheit" von materiellem Arzthaftpflichtrecht und Prozessrecht verlange „ein die grundsätzliche Zweiteilung übergreifendes Denken".[506]

bb) Gewährleistung eines geordneten Verfahrens im Interesse der Erzielung von Rechtsfrieden

Demgegenüber ließe sich im Interesse einer Neutralität des Prozessrechts einwenden, den beiden Rechtsgebieten sei insofern eine unterschiedliche Zielrichtung immanent, als das materielle Recht materielle Rechtsverhältnisse regelt, während das Prozessrecht ein geordnetes Verfahren gewährleisten solle.[507] Im ersten Teil dieser Arbeit wurde zwar der Individualrechtsschutz als prioritärer Prozesszweck gekennzeichnet. Daneben wurde aber auch der Befriedungsfunktion Eigenständigkeit und keine bloße Reflexwirkung beigemessen.[508] Diese den Individualrechtsschutz einbeziehende Sichtweise spricht gewiss gegen eine radikale Trennung von Rechtsschutz und Recht und damit gegen eine völlige Ausblendung der Wertungen materiellen Rechts bei der Ausgestaltung des Verfahrens. Das Verfahrensrecht muss demnach das materielle Recht im Blick behalten und darf nicht – wie *Henckel* es zutreffend betont – zur bloßen Technik entarten.[509] Dabei ist es zweifelsohne wichtig und notwendig, materielle Wertungsmaßstäbe für das Verfahren in sinnvoller Weise heranzuziehen. Schließlich erfordert der Zweck der Erzielung von Rechtsfrieden auch das Gefühl des Rechtsgenossen, dass die Entscheidung materiellrechtlich richtig ist. Maßgeblich sollte indes sein, wie weit eine Orientierung

---

[503] *Zöllner*, AcP 190 (1990) S. 471 ff. (473).
[504] So *Bahnsen*, S. 56.
[505] *Katzenmeier*, Arzthaftung, S. 376 m.w.N. in Fn. 11.
[506] So *Katzenmeier*, Arzthaftung, S. 376 f.
[507] Vgl. *Bahnsen*, S. 4.
[508] Laut *Cahn* ist die Friedensfunktion kein Spezifikum des Zivilprozessrechts, denn diese kennzeichne das gesamte Recht. Daher folge auch aus diesem Ansatz keine Erweiterung prozessualer Parteiherrschaft über die Grenzen der rechtsgeschäftlichen Handlungsfreiheit hinaus. So *Cahn*, AcP 198 (1998), S. 35 ff. (43); 1.Teil B. III. 3.
[509] *Henckel*, Vortrag Athen, S. 1 ff. (32).

des Verfahrensrechts am materiellen Recht reichen kann. Haben die Prozessmaximen insofern eine Begrenzungsfunktion?

Die hier vertretene These wirkt gegen Wechselbezogenheit verstanden als Kongruenz der Wertungssphären, denn sie belässt insofern Raum für eine Eigenständigkeit des Prozessrechts, als dieses über die Verwirklichung materiellen Rechts hinausgehend eine selbständige prozessuale Richtung – Erzielung von Rechtsfrieden – verfolgt. Diese Befriedungsfunktion kann im Wege der Neutralität des Verfahrens dann erreicht werden, wenn beiden Parteien die gleiche Startposition gewährt wird. Gewiss fragt man zunächst nach der materiellen Rechtslage, deren Verwirklichung das Verfahrensrecht dienen soll. Jedoch muss das materielle Recht im Wege seiner Positionierung als Primat nicht vorgeben, wie das Verfahrensrecht dieser Durchsetzung *in concreto* gerecht werden soll. Die Rechtsdurchsetzung im Rahmen des Prozesses ist gekennzeichnet durch einen technisierten Ablauf, der entsprechend der Separation beider Rechtsgebiete emanzipiert ausgestaltet sein muss und nicht *per se* durch das materielle Recht vorgegeben wird. Dabei gibt es gewiss Verknüpfungen und Parallelen in einzelnen Rechtsinstituten, die im Hinblick auf die dienende Aufgabe des Prozessrechts auch notwendig sind. Demgegenüber haben sich jedoch auch eigenständige Rechtsinstitute und Begrifflichkeiten herausgebildet, die als Beleg für die Emanzipation des Verfahrensrechts und für die Notwendigkeit eigener Wertentscheidungen anzusehen sind.[510] Beispielhaft genannt sei der Streitgegenstand, der laut *Schwab* ein rein prozessualer Begriff ist und mit dem Anspruch bzw. materiellen Recht nichts gemein habe.[511] Diese eigenständigen Rechtsinstitute sind unabdingbare Voraussetzung für den technischen Verfahrensablauf zur Sicherstellung eines geordneten Verfahrens. Besonders deutlich wird dies auch an den Prozessvoraussetzungen als vollkommen eigenständiger Begriff des Prozessrechts.[512] Zudem sichern Formen und Fristen den geordneten Verfahrensablauf. Auch das vom materiellen Recht losgelöste Rechtsinstitut der Rechtskraft ist für das technische Verfahren unabdingbar und Abbild des eigenständigen Prozesszwecks des Rechtsfrieden. Zudem sei darauf hingewiesen, dass Normen des Verfahrensrechts – z.B. im Rahmen des Versäumnisverfahrens – zu einer vom materiellen Recht abweichenden Entscheidung führen können. Selbst das durch die Doppelnatur gekennzeichnete Rechtsinstitut des Prozessvergleichs basiert nicht auf einer strengen Rechtsorientierung und erlaubt – in gewissen Grenzen – die Außerkraftsetzung materiellen Rechts, was als Beleg für die weitgehende Wirkung des Prozesszwecks des Rechtsfrieden anzusehen ist.

---

[510] Vgl. *Zöllner*, AcP 190 (1990), S. 471 ff. (487).
[511] *Schwab*, Der Streitgegenstand im Zivilprozeß, S. 199. Es sei auch auf die Prozessvoraussetzungen und die Prozesshandlung verwiesen. Vgl. dazu *Zöllner*, AcP 190 (1990), S. 471 ff. (487).
[512] *Zöllner*, AcP 190 (1990), S. 471 ff. (487).

Gewiss muss dieses technische Verfahren nicht nur geordnet, sondern auch für die Parteien fair gestaltet sein. Verfahrensfairness verlangt jedoch nicht Überpositivierung einer Partei im Verfahren. An dieser Stelle wird die These vertreten, dass das Verfahren sowohl im Hinblick auf die Sicherstellung des geordneten Verfahrensablauf als auch im Hinblick auf die Verfahrensfairness auf Neutralität angewiesen ist, ohne dass das Verfahrensrecht dabei als „bloße Technik" zu begreifen ist. Neutralität wird dabei interpretiert als indifferente Anwendung des Verfahrensrechts – insbesondere verbunden mit einer Verwirklichung der Prozessmaximen – in Bezug auf beide Prozessparteien gleichermaßen durch den neutralen Richter. Daher wird Neutralität hier nicht bloß verstanden als Ablösung von Wertungen, die das materielle Recht zugunsten einer schwächeren Person vorsieht, also als Eigenständigkeit des Prozessrechts gegenüber dem materiellen Recht, sondern auch als Prinzip, das Gleichheit nur in formaler Hinsicht absichert und soziale Wertungen nicht durch Bevorzugung einer Partei durch den Richter in das Verfahren hineinzieht. Dies wurde deutlich am Beispiel der Verjährung, in dem eine Reaktion des Verfahrensrechts im Rahmen des § 139 ZPO gar keine Übernahme einer materiellen Wertung wäre, sondern eine eigenständige Verwirklichung des sozialen Gedankens bedeuten würde, welche hier sogar im Widerspruch zum materiellen Recht stünde.

cc) Auswirkungen auf die Verhandlungs- und die Dispositionsmaxime

Diese zumindest partielle Eigenständigkeit wirkt sich damit auf die unterhalb der Ebene des Prozesszwecks gelagerte Frage der Ausgestaltung des Verfahrens durch Maximen – *in concreto* auf die Verhandlungs- und die Dispositionsmaxime – aus. Hier wird nicht generell gefragt nach dem Verhältnis des materiellen Rechts und des Verfahrensrechts zueinander, sondern nach dem Zusammenhang der Privatautonomie und der Verhandlungs- sowie der Dispositionsmaxime. Anders gewendet ist für die Frage nach den Grenzen der Verhandlungs- und der Dispositionsmaxime ein Rückgriff auf die sachlichen Rechtfertigungsgründe der Maximen erforderlich.[513] Auch hier könnte eine Eigenständigkeit für eine Unabhängigkeit von den materiell-rechtlichen Vorgaben der Privatautonomie sprechen. Demgegenüber ließe sich eine Kohärenz gerade dann annehmen, wenn – wie insbesondere von *Grunsky* vertreten – die Verhandlungs- und die Dispositionsmaxime als Annex zu der materiell-rechtlichen Privatautonomie zu qualifizieren wären und als Ausdruck der Materialisierung in das Prozessrecht implementiert wären.[514] Dann müssten auch die Schranken der Verhandlungsmaxime sowie der Dispositionsmaxime am mate-

---
[513] *Cahn*, AcP 198 (1998), S. 35 ff. (38).
[514] *Grunsky*, Grundlagen § 20 I; *ders.*, ZZP 80 (1967), S. 55 ff.

riellen Recht ausgerichtet sein.[515] Insbesondere finden nach dieser These alle prozessualen Dispositionsakte – auch das Anerkenntnis, der Verzicht, das Geständnis – ihre Legitimationsbasis in einer „materiell-rechtlichen Wurzel".[516] Basierend auf dieser – wie im ersten Teil der Arbeit dargestellt wurde – sogenannten ideologischen Rechtfertigung, ließe sich rechtsdogmatisch eine Etablierung eines besonderen Zivilprozessrechts für den Verbraucher begründen. Denn – wie eingangs herausgestellt wurde – handelt es sich bei den materiell-rechtlichen Verbraucherschutzvorschriften um nicht disponibles Recht. Zudem ließe sich generell der vom BVerfG im Rahmen des Bürgschaftsbeschlusses aufgestellte Grundsatz, dass materielle „Vertragsfreiheit nur im Falle eines annähernd ausgewogenen Kräfteverhältnisses der Partner als Mittel eines angemessenen Kräfteverhältnisses taugt und dass der Ausgleich gestörter Vertragsparität zu den Hauptaufgaben des geltenden Zivilrechts gehört"[517] in das Prozessrecht transformieren. Insofern sei die Annahme gestattet, dem Bürgschaftsbeschluss könnte eine mit dem für den Arzthaftungsprozess tragenden Arzthaftungsbeschluss vergleichbare Bedeutung auch für das Prozessrecht zukommen.[518] Von der Einschränkung der materiell-rechtlichen Freiheit ließe sich der Schluss auf eine Einschränkung prozessualer Gestaltungsmöglichkeiten ziehen, jedoch ohne Konsequenzen für die Dispositionsmaxime, da insoweit eine Freiheit des Verbrauchers im Bereich des materiellen Rechts ohnehin existiert. Zwar wird die Vertragsfreiheit hier eingeschränkt; es bleibt aber bei der Abschlussfreiheit.[519] Damit gibt es für entsprechende prozessuale Schranken gerade keine materielle „Wurzel", auch nicht aus dem Gemeinschaftsrecht. Hier müsste es daher auf jeden Fall allein bei den *de lege lata* normierten Einschränkungen nach dem FamFG verbleiben.

(1) Das Aufgabenspektrum der Verhandlungsmaxime. Im Hinblick auf die Verhandlungsmaxime wäre eine Abstimmung – in Parallelität der Betrachtungen zum Prozesszweck – indes nicht erforderlich, wenn diese mehr ist als ein bloßer Annex des materiellen Rechts und damit über Privatautonomie hinausgehen würde. In diese Richtung geht die u.a. von *Weyers* präferierte sogenannte technische Rechtfertigung, die den Geltungsgrund der Verhandlungsmaxime in der Zweckmäßigkeit und der ökonomischen Effektivität der Sachverhaltsermittlung durch die Parteien sieht.[520] An dieser Stelle soll die Verbindung von

---

[515] Vgl. *Cahn*, AcP 198 (1998), S. 35 ff. (40).
[516] *Wolf*, Das Anerkenntnis im Prozessrecht, S. 59; *Würthwein*, S. 43.
[517] So das Bundesverfassungsgericht im Rahmen des Bürgschaftsbeschlusses. BVerfGE 89, 214 ff. = NJW 1994, 36.
[518] Gemeint ist das Minderheitenvotum, das – wie erörtert – prägend für die weitere Entwicklung war.
[519] Vgl. auch *Limbach*, JuS 1985, S. 10 ff. (11): „Die Vertragsfreiheit ist für den Verbraucher auf die Abschlussfreiheit reduziert."
[520] *Weyers*, in: FS für Esser, S. 193 ff. (200).

Privatautonomie und Verhandlungsmaxime nicht geleugnet werden. Jedoch lassen sich weitere Aufgaben der Verhandlungsmaxime festhalten. Dabei ist ein Rückgriff auf Zweckmäßigkeitserwägungen durchaus legitim.[521] Die Verhandlungsmaxime ist adäquates Mittel, Tatsachen kostengünstig und vollständig zu sammeln, womit die Verhandlungsmaxime auch aus pragmatischer Sicht ihre Legitimation findet. Dies erkennen im Übrigen selbst die Vertreter eines sozialen Zivilprozesses. *Wassermann* konstatiert, es sei eine „Erfahrungstatsache, daß diejenigen, die an einer Sache interessiert sind, in der Regel schon allein aus eigenem Antrieb für die Herbeischaffung des nötigen Materials sorgen". Und weiter heißt es bei *Wassermann*: „Die mit der Stoffsammlung befaßte Tätigkeit des Richters setzt […] erst nach den Parteien ein […]".[522] Der Verzicht auf die Verhandlungsmaxime soll nach seiner Konzeption eben nicht ein Bekenntnis zur Inquisitionsmaxime bedeuten, denn das kontradiktorische Verfahren sei ein „vorzügliches technisches, prozeßökonomisches Mittel zur Stoffsammlung". Es sollte jedoch nur nicht durch die Terminologie der Verhandlungsmaxime „ideologisch überhöht" werden.[523] Damit stellt *Wassermann* doch selbst die Vorzüge der Verhandlungsmaxime dar, relativiert diese aber wieder, indem er sich von der Begrifflichkeit der Verhandlungsmaxime distanziert und die Bedeutung der Maximen als Orientierungspunkte schlechthin verneint.[524] Auch *E. Schmidt* hält – trotz seiner Kritik an der Verhandlungsmaxime – aus „pragmatischen Gesichtspunkten" eine primäre Beteiligung der Parteien an der Prozesseinführung der Tatsachen deshalb für geeignet, weil diese als „natürliche" Informanten dem Streitgeschehen am nächsten stünden.[525] Neben dieser selbst von Kritikern des Verhandlungsgrundsatzes anerkannten Bedeutung lassen sich weitere Aufgaben festhalten. So bewirkt die Verhandlungsmaxime den Schutz der Privatsphäre, denn die Partei soll selbst entscheiden, was sie dem Gericht und dem Gegner gegenüber offen legt.[526] Damit kann die Verhandlungsmaxime auch für einen Verbraucher durchaus eine positive Wirkung haben. Der Rechtsgrundsatz der Achtung der Privat- und Individualsphäre ist ferner im Gemeinschaftsrecht anerkannt.[527] In der bereits diskutierten Entscheidung *van Schijndel* wurde festgestellt, wie die Verfahrensgrundsätze auch die Parteien selbst schützen.[528] Ferner erhält die Verhandlungsmaxime Bedeutung im Bereich der Befriedungsfunktion, weil

---

[521] Kritisch insoweit *Schönfeld*, S. 137 f.
[522] *Wassermann*, S. 103.
[523] *Wassermann*, S. 103.
[524] *Wassermann*, S. 103.
[525] *E. Schmidt*, in: AK-ZPO, Einl. Rn. 49; vgl. zu der Darstellung auch *Trepte*, S. 139.
[526] Vgl. dazu *Heiderhoff*, ZEuP 2001, S. 276 ff. (295) mit Hinweis auf *Brehm*, S. 42 f.
[527] *Herb*, S. 218 mit Hinweis u.a. auf EuGH Slg. 1980, 2033, Rn. 17 ff. – *National Panasonic*.
[528] *Herb*, S. 218 mit Hinweis auf EuGH Slg. 1995, I-4705, Rn. 21 – *van Schijndel*.

die Parteien über die gewünschten Tatsachen eine Entscheidung erhalten.[529] Zu bedenken ist schließlich, dass der Richter im Zivilverfahren auf Grundlage der Verhandlungsmaxime – anders als im Rahmen der Geltung des Untersuchungsgrundsatzes – nicht versucht, den Rechtsstreit umfassend zu entscheiden. Der Verhandlungsgrundsatz dient damit in gewisser Weise der Streitbegrenzung.[530] Er entfaltet prozessvereinfachende und prozessbeschleunigende Wirkung.

(2) Zwischenergebnis. Es lässt sich festhalten: Der Verhandlungsgrundsatz ist mehr als ein bloßes Pendant bzw. mehr als ein bloßer Annex der Privatautonomie im Prozess. Seine Wirkung ist insofern überschießend, als er neben der prozessualen Fortsetzung der Privatautonomie Bedeutung in der kostengünstigen und vollständigen Sammlung des Prozessstoffs unter Beachtung der Privatsphäre der Prozessparteien im Interesse der Befriedungsfunktion und Streitbegrenzung sowie der Prozessvereinfachung und Prozessbeschleunigung erlangt.

Aufgrund dieses breiten – über die Fortsetzung von Privatautonomie hinausragenden – Aufgabenspektrums für den Zivilprozess ist daher davon auszugehen, dass es diesen Grundsatz auch ohne Privatautonomie geben kann. Damit verbleibt es entgegen der Auffassung von *Cahn* bei der „Prozessdispositivität zwingenden materiellen Rechts". Die Geltung der Verhandlungsmaxime geht zwar in der Regel, aber nicht notwendig mit der materiellen Verfügungsmacht der Parteien einher.[531] Mit Blick auf diese Überlegungen einer umfassenden Legitimationsbasis sollte auch im Rahmen von Verbandsklagen Raum für die Fortgeltung der Verhandlungsmaxime bleiben, obgleich die Verbandsklage der Bewahrung objektiven Rechts zu dienen bestimmt ist.

Bezüglich der aufgezeigten Optionen eines Sonderprozessrechts für den Verbraucher kann an dieser Stelle festgehalten werden, dass insbesondere die Reichweite der richterlichen Hinweis- und Fragepflicht gemäß § 139 ZPO im Rahmen der Sachverhaltsaufklärung nicht zu erweitern ist. Dies ist auch nicht im Hinblick auf den Anwendungsbereich der europäischen Klauselrichtlinie und Verbrauchsgüterkaufrichtlinie erstrebenswert. Die richterliche Hinweispflicht kann selbst bei zwingendem materiellem Recht erst dann zum Tragen kommen, wenn sich aufgrund von lückenhaftem Parteivorbringen Unklarheiten ergeben.[532] Eine Einführung solcher Tatsachen, aus denen sich die Anwendbarkeit zwingenden Rechts ergibt, bleibt dem Richter verwehrt. Im Übrigen müsste der Richter unter Umständen viele Fragen an den Verbrau-

---

[529] *Heiderhoff*, ZEuP 2001, S. 276 ff. (295).
[530] *Brehm*, S. 35.
[531] *Leipold*, in: Stein/Jonas, ZPO, 22. Aufl., Vor § 128, Rn. 182; *Kern*, in: Stein/Jonas, ZPO, Vor § 128 Rn. 213.
[532] *Heiderhoff*, ZEuP 2001, S. 276 ff. (296).

cher richten. *Heiderhoff* weist in diesem Kontext darauf hin, derartige Fragen könnten „leicht tendenziös" werden und in Bereiche, die die Partei nicht offenlegen möchte, eingreifen.[533] Damit wäre eine gesteigerte richterliche Hinweispflicht mit nachteiligen Effekten für die an sich geschützte Personengruppe verbunden. Die ZPO sieht indes eine so weitreichende Hilfe des Richters im Sinne eines Streithelfers einer Partei im Interesse des Individualrechtsschutzes oder im Wege der Einführung des Untersuchungsgrundsatzes nicht vor.

e) Das Erfordernis von Rechtssicherheit

Schließlich sei bemerkt: Eine neutrale Ausgestaltung der Verfahrensordnung im Wege der Anwendung der Maximen entspräche auch dem fundamentalen Erfordernis der Rechtssicherheit als Ausprägung des Rechtsstaatsprinzips. Zwar ließe sich im Hinblick auf das Rechtsstaatsprinzip argumentieren, dies beinhalte auch das Gebot materieller Gerechtigkeit. Man könnte folgern, ein Zivilurteil sei im Falle des Eingreifens zwingender materieller Verbraucherschutzvorschriften nur dann materiell gerecht, sofern es der zwingend vorgesehenen Rechtsfolge entspricht.[534] Jedoch hat jegliche Privilegierung des Verbrauchers im Verfahrensrecht eine Zweispurigkeit der Prozessordnung mit Einschnitten in Bezug auf ihre Grundfesten zur Folge. Eine derartige Änderung würde aufgrund der fehlenden Gleichförmigkeit die Vorhersehbarkeit und Berechenbarkeit, die eine ausnahmslose Orientierung an Prozessmaximen gewährleistet, gefährden und damit zu Lasten der Rechtssicherheit wirken.[535] Hierzu führt *Roth* zutreffend aus: „Ein für alle zivilrechtliche Streitigkeiten einheitliches Prozessrecht verbürgt prozessuale Rechtssicherheit, die ein zersplittertes Prozessrecht gerade nicht bieten kann."[536]

f) Der Schutz des Schwächeren im Arbeitsgerichtsprozess

Abschließend sei im Rahmen eines Binnenrechtsvergleichs der Blick auf das Verfahren vor den Arbeitsgerichten gerichtet. Die These, wonach die Existenz eines gewissen Machtgefälles zwischen den Parteien eben keine Einschränkungen der Maximen nach sich ziehen muss, belegt auch das Verfahren vor den Arbeitsgerichten als normativ verfestigtes Sonderverfahren zum Schutz des „Schwächeren", nämlich des Arbeitnehmers. In der vorstehenden Darstel-

---

[533] *Heiderhoff*, ZEuP 2001, S. 276 ff. (295).
[534] Vgl. *Bahnsen*, S. 126 f.
[535] A.A. *Bahnsen*. Nach ihrer Ansicht sei die eindeutige Zuordnung der Prozessmaxime zum materiellen Recht für die Berechenbarkeit des Verfahrens entscheidend. *Bahnsen*, S. 128.
[536] *Roth*, JZ 2014, S. 801 ff. (807).

lung der sozialen Motivation des materiellen Rechts wurde auch das Arbeitsrecht genannt, das von der sozialen Idee des Schwächeren getragen ist. Genannt seien die Schutzvorschriften des BGB – §§ 611a, 611b, 612 III, 612a, 613a, §§ 616–619, § 622 – sowie die speziellen Schutzgesetze z.B. des Kündigungsschutzgesetzes, des Arbeitszeitgesetzes, des Entgeltfortzahlungsgesetzes.[537] Diese Wertungen des materiellen Rechts greifen allerdings nicht auf die prozessualen Maximen über. Denn im arbeitsgerichtlichen Verfahren verbleibt es bei der Geltung der Verhandlungs- und der Dispositionsmaxime lediglich mit einer ansatzweisen Abweichung in Bezug auf die Prozessmaximen. So wird den Grundsätzen der besonderen Beschleunigung (§ 9 I S. 1 ArbGG) und der Verbilligung des Rechtsstreits ein großes Gewicht beigemessen. Auf diesen Besonderheiten fußt auch die von der Rechtsprechung des BGH abweichende Ansicht des Bundesarbeitsgerichts zur Beseitigung der prozessbeendigenden Wirkung im Wege der vertraglichen Aufhebung des Prozessvergleichs.[538] Hier wird auf Grundlage der Erwägung, dass rechtsdogmatisch gesehen im Hinblick auf die prozessuale Auswirkung sowohl die Anfechtung als auch der Rücktritt die verfahrensbeendigende Wirkung entfallen lassen können, für die vertragliche Aufhebung des Vergleichs durch die Parteien angenommen, dass auch diese den zunächst beendeten Rechtsstreit wiederaufleben lassen kann. Denn die Fortsetzung des Verfahrens auch in Fällen einer vertraglichen Aufhebung diene der Beschleunigung des Verfahrens.[539] Hierdurch wird die Verfügungsbefugnis der Parteien in einem Teilbereich erheblich gestärkt, denn ihrer einvernehmlichen Aufhebung des Prozessvergleichs wird eine größere Bedeutung beigemessen, indem das Wiederaufleben der zunächst beendeten Rechtshängigkeit in ihre Disposition gestellt wird. Demgegenüber gilt nach der Rechtsprechung des BGH, dass durch die Parteivereinbarung lediglich die materiell-rechtlichen Wirkungen des Prozessvergleichs aufgehoben werden können. Die prozessuale Wirkung der Verfahrensbeendigung bleibt hingegen unberührt.[540] Freilich handelt es sich bei den dargestellten Abweichungen im Arbeitsrecht nur um abweichende Nuancen. Konstatiert werden kann aber anhand des arbeitsgerichtlichen Verfahrens, dass es bei den herkömmlichen Prozessmaximen verbleibt, obgleich der Arbeitnehmer als der „Schwächere" dem Arbeitgeber gegenübersteht. Vielmehr wurden andere Mechanismen entwickelt, die als Schutz des „Schwächeren" interpretiert werden können. Hierzu zählt insbesondere die Laienbeteiligung aus Kreisen der Arbeitnehmer und Arbeitgeber gemäß §§ 20 ff. ArbGG.

---

[537] *Larenz/Wolf*, Allgemeiner Teil des Bürgerlichen Rechts, S. 14 Rn. 58.
[538] BAGE 40, 17 ff. = NJW 1983, 2212 ff.
[539] BAGE 40, 17 ff. = NJW 1983, 2212 ff.
[540] BGHZ 41, 310 = NJW 1964, 1524.

2. Fazit und eigene Stellungnahme

Die vorstehende Betrachtung hat die Materialisierung des Privatrechts sowie die mögliche Konsequenz einer Materialisierung des Zivilprozessrechts näher beleuchtet. Dabei haben sich drei Spannungsfelder offenbart: (1) Vertragsfreiheit und Schutz des Schwächeren, (2) Verhandlungsmaxime und Schutz des Schwächeren, (3) Rechtssicherheit und Einzelfallgerechtigkeit. Während das materielle Recht den Schutz des Schwächeren zu Lasten der Vertragsfreiheit durch sogenannte Materialisierung partiell verwirklicht und damit als sozial akzentuiert gekennzeichnet werden kann, sollte es im Prozessrecht uneingeschränkt bei der Geltung der Verhandlungsmaxime verbleiben. An dieser Stelle wird festgehalten, dass zwar eine gewisse Orientierung des Prozessrechts am materiellen Recht geboten ist. Der enge Zusammenhang zwischen beiden Rechtsgebieten ist – wie gezeigt wurde – nicht zu verkennen. Die Anbindung an das materielle Recht findet jedoch ihre Grenzen. Die Eigenständigkeit des Zivilprozessrechts beruht auf der Notwendigkeit eigener Wertungen im Interesse eines geordneten, auf Rechtssicherheit angewiesenen Verfahrens. Insbesondere sollte die neutrale Ausgestaltung des Prozessrechts in Bezug auf die gleiche Behandlung der Prozessrechtsparteien nicht angetastet werden. Diese Neutralität bedeutet keineswegs eine Disharmonie zwischen beiden Rechtsgebieten oder gar eine zu weitgehende Emanzipation des Prozessrechts vom materiellen Recht im Sinne einer völligen Loslösung. Sie steht mit der dienenden Aufgabe, die das Prozessrecht hat, durchaus im Einklang und wahrt die Wechselwirkung vielmehr insoweit, als sie die Grundfesten des Verfahrensrechts respektiert und das materielle Recht nicht ohne Not zum Feind der Prozessrechtsdogmatik pervertiert. Zu beachten ist schließlich: Nicht allein die Durchsetzung des materiellen Rechts, sondern gerade die Freiheitlichkeit des Prozessverhaltens verbunden mit einer gleichwertigen Startposition der Parteien ist für die Gerechtigkeitsbewertung des Urteils ein wichtiger Faktor.[541]

Mit der derzeit noch überwiegenden Ansicht sind die aufgezeigten denkbaren Durchbrechungen des Verhandlungsgrundsatzes sowie der Dispositionsmaxime in der Situation, dass zwingendes materielles Recht – insbesondere Verbraucherschutzrechte – verletzt sein könnte, im Ergebnis abzulehnen. Die Herausbildung eines weiteren Sonderprozessrechts, nämlich in Bezug auf den Verbraucher, sollte daher unterbleiben. Insofern bedarf es keiner Aufnahme von Gerechtigkeitsstandards durch Materialisierung. Denn schließlich zeigt sich an der Herausbildung von Sonderprozessrechten, wie Materialisierung die Einheit des Prozessrechts zerbrechen kann.[542] Angemerkt sei, dass Legiti-

---
[541] Vgl. *Würthwein*, S. 118.
[542] *Roth*, in: FS für Henckel, S. 286.

mationsgrundlage des Sonderprozessrechts im Rahmen des Arzthaftungsprozesses unter Aushöhlung der Verhandlungsmaxime nicht allein das Informationsgefälle zwischen Arzt und Patienten als Legitimationsgrundlage ist. Maßgeblich ist vielmehr die Tatsache, dass Gegenstand des Arzthaftungsprozesses der Eingriff des Arztes in das verfassungsrechtlich geschützte Recht auf körperliche Unversehrtheit des Patienten gemäß Art. 2 II GG ist. Eine hiermit vergleichbare Legitimationsbasis existiert für den Verbraucherprozess hingegen nicht. Mit dem Verzicht auf ein Sonderprozessrecht für den Verbraucher einhergehende Nachteile für den gemeinschaftlichen Effektivitätsgrundsatz sind hinzunehmen.

Der Verbraucherschutz ist *de lege lata* angesiedelt im materiellen Recht. Hier verbindet sich Materialisierung also mit einer grundlegenden rechtspolitischen Zielsetzung aufgrund der Annahme einer strukturellen Unterlegenheit des Verbrauchers. Ob diese Wertung und die Annahme einer allgemeinen strukturellen Unterlegenheit des Verbrauchers überhaupt berechtigt ist, soll an dieser Stelle nicht vertieft werden. So könnte man auch meinen, das Prinzip der Privatautonomie verlange gar keine völlige oder annähernde Gleichgewichtslage zwischen zwei Vertragspartnern.[543]

Zudem ließe sich in Anlehnung an das im Wettbewerbsrecht vertretene Verbraucherleitbild eines aufmerksamen Verbrauchers argumentieren, der Verbraucher befinde sich gar nicht in einer schwächeren Position, sondern übe durch den Erwerb des Produkts eine Schiedsrichterfunktion aus und entscheide, wer als Sieger aus dem Wettbewerb hervorgeht.[544] Hierdurch erhielte der Verbraucher im Grundsatz eine gleichwertige bzw. sogar eine stärkere Stellung als der Unternehmer, es sei denn, die Schiedsrichterfunktion werde dadurch beeinträchtigt, dass das privatautonome Handeln des Verbrauchers, also seine Entscheidungsfindung, in besonderer Weise erschwert wird.[545] Jedenfalls ist für die vorliegende Betrachtung des Prozessrechts entscheidend, dass die dem materiellen Recht zugrunde liegende Annahme einer strukturellen Unterlegenheit und eines besonderen Schutzbedürfnisses nicht in den Prozess hineingetragen werden sollte. Sofern man ein entsprechendes Schutzbedürfnis bejaht, böten sich Modifikationen der Verteilung der Mitwirkung bei der Informationsbeschaffung im materiellen Recht an. So könnte der Weg einer Risikoverteilung durch Schaffung materiell-rechtlicher widerlegbarer Vermutungen zugunsten des Verbrauchers, wie sie beispielsweise die Bestimmung des § 476 BGB basierend auf der Annahme einer schlechteren Möglichkeit des Beweises für den Verbraucher sowie besserer Erkenntnismöglichkeiten des

---

[543] Kritisch auch *Roth*, der darauf hinweist, dass die durch besondere Anstrengungen einer Partei „verdienten" Ungleichgewichtslagen nicht durch das Gesetz zugunsten des Sorglosen kompensiert werden dürfen. *Roth,* in: Die Zukunft des Zivilprozesses, S. 76.
[544] *Dettmar*, S. 83 f.; vgl. *Beater*, Unlauterer Wettbewerb, S. 608 Rn. 1648.
[545] *Dettmar*, S. 83 f.

Unternehmers[546] enthält, weiter eingeschlagen werden. Durch Modifikationen der Beweislastregeln würde man den Schnittpunkt zwischen materiellem Recht und Verfahrensrecht aktivieren. Hierdurch entstünde ein Aufklärungsanreiz für den Vermutungsgegner, also den Unternehmer,[547] der dann vor die Wahl der Kooperation oder des Erleidens des Prozessnachteils gestellt wird.[548] Wichtige Konsequenz dieses materiell-rechtlichen Weges für den Prozess wäre, die Informationsbeschaffung entsprechend der Verhandlungsmaxime bei den Parteien zu belassen; es wird jedoch die Frage, von wem welcher Beitrag geleistet werden kann, zugunsten des Verbrauchers entschieden.

Zudem gewinnt das Anliegen des Verbraucherschutzes im Rahmen außergerichtlicher Streitbeilegung an Bedeutung. Damit ist Verbraucherschutz gerade nicht als spezifische Aufgabe des Zivilprozesses anzusehen. Eine Stärkung des Verbraucherschutzes in dem Bereich außergerichtlicher Streitbeilegung erfolgte durch die Richtlinie über die alternative Beilegung verbraucherrechtlicher Streitigkeiten (ADR)[549] – umgesetzt durch das am 1.4.2016 in Kraft getretene Verbraucherstreitbeilegungsgesetz (VSBG)[550] – sowie durch die am 9.1.2016 in Kraft getretene Verordnung über die Online-Beilegung verbraucherrechtlicher Streitigkeiten (ODR).[551] Hierdurch wurde bereits ein Sonderrecht für Verbraucher durch ein fakultatives System der außergerichtlichen Streitbeilegung vertraglicher Streitigkeiten aus Warenverkauf oder Dienstleistung, an denen ein Unternehmer und ein Verbraucher beteiligt sind, etabliert („Verbrauchermediation").[552] Aufgrund dieser Auslagerung werden Verbraucherstreitigkeiten der staatlichen Gerichtsbarkeit entzogen und einem Schlichtungsverfahren zugewiesen. Der Gesetzgeber des VSBG erblickt in der außergerichtlichen Streitbeilegung eine „wichtige zusätzliche Möglichkeit zur Rechtsdurchsetzung", die gerichtlichen Rechtsschutz „ergänzt".[553] Ob indes

---

[546] Begründung Regierungsentwurf, BT-Drucks. 14/6040, S. 245.
[547] *R. Koch*, S. 372: „Im Sinne einer gerechten Risikoverteilung sollte das materielle Recht gezielt widerlegbare Vermutungen beinhalten und dadurch zugleich einen Aufklärungsanreiz für den Vermutungsgegner schaffen."
[548] Vgl. *R. Koch*, S. 373.
[549] RICHTLINIE 2013/11/EU DES EUROPÄISCHEN PARLAMENTS UND DES RATES vom 21. Mai 2013 über die alternative Beilegung verbraucherrechtlicher Streitigkeiten und zur Änderung der Verordnung (EG) Nr. 2006/2004 und der Richtlinie 2009/22/EG (Richtlinie über alternative Streitbeilegung in Verbraucherangelegenheiten), L 165/63.
[550] Gesetz zur Umsetzung der Richtlinie über alternative Streitbeilegung in Verbraucherangelegenheiten und zur Durchführung der Verordnung über Online-Streitbeilegung in Verbraucherangelegenheiten, BGBl. I 2016, S. 254 ff.
[551] VERORDNUNG (EU) Nr. 524/2013 DES EUROPÄISCHEN PARLAMENTS UND DES RATES vom 21. Mai 2013 über die Online-Beilegung verbraucherrechtlicher Streitigkeiten und zur Änderung der Verordnung (EG) Nr. 2006/2004 und der Richtlinie 2009/22/EG (Verordnung über Online-Streitbeilegung in Verbraucherangelegenheiten), L 165/1.
[552] Vgl. dazu *Roth*, JZ 2013, S. 637 ff.
[553] BR-Drucks. 258/15, S. 43.

in einem Verfahren, in welchem der Streitmittler, anders als der gesetzliche Richter, ausdrücklich nicht mehr Recht und Gesetz unterworfen ist,[554] wirklich eine sinnvolle Ergänzung des zivilprozessualen Rechtsschutzsystems aus ZPO und GVG gesehen werden darf, erscheint fraglich. Zu erwarten ist doch vielmehr, dass hier ein rechtspolitischer Wandel vom Verbraucherschutz durch die Justiz hin zu einem solchen unabhängig von der Justiz[555] stattfindet, dessen Tendenz darauf gerichtet ist, nicht länger in den von dem Gesetzgeber gesetzten Rechtsregeln die maßgeblichen Normen zur Interpretation von Lebenssachverhalten zu sehen,[556] sondern diese der Willkürlichkeit der Entscheidung durch einen nicht an Recht und Gesetz gebundenen Streitmittler zu unterwerfen und so der Tendenz zur Entmaterialisierung Vorschub zu geben.[557] Im Hinblick auf die Bedeutung der traditionellen Maximen für das Gebiet mediativer außergerichtlicher Verfahren kann eine Ausstrahlungswirkung dahingehend erwartet werden, dass sie „[…] den Parteien mahnend vor Augen führen, was in einem staatlichen Gerichtsverfahren an Rechtsschutzqualität möglich gewesen wäre".[558]

Im Bereich des Zivilprozesses ist eine Besserstellung des Verbrauchers demnach nicht zu erstreben. Sofern der Zivilprozess eingeleitet ist, sollten beide Parteien gleich behandelt werden. Zwar garantiert der Zivilprozess formale Gleichheit, allerdings muss dieser abstrakten Gleichheit faktisch keine gleichwertige Position (materiale Rechtsgleichheit) entsprechen.[559] Der Grundsatz der Waffengleichheit wird vorliegend verstanden als formale Garantie gleicher Mitwirkungsrechte der Parteien vor dem Richter unter Verzicht auf eine Ergänzung im Wege materieller bzw. realer Gleichheit durch den Richter.[560] Insofern ist ebenfalls von einer sogenannten Materialisierung Abstand zu nehmen. Eine derartige materielle Betrachtung würde zudem mit dem Gebot der Unparteilichkeit und Neutralität des Richters kollidieren.[561] Bei *Leipold* heißt es:

„Aber auch vor der Vorstellung, es sei die zentrale Aufgabe des Zivilprozesses, den jeweils ‚sozial Schwächeren' zu schützen, ist zu warnen. Der Zivilrichter hat nicht die Aufgabe, Sozialpolitik zu betreiben, sondern seine Sache ist es, das Recht des Einzelnen

---

[554] Vgl. *Roth*, ZZP 129 (2016), S. 3 ff. (5): „Der die Parteien nicht bindende Schlichtungsvorschlag des Streitmittlers ‚soll' (aber muss nicht) am geltenden Recht ausgerichtet sein […]."
[555] *Roth*, ZZP 129 (2016), S. 3 ff. (5).
[556] Vgl. *Roth*, ZZP 129 (2016), S. 3 ff. (5).
[557] So *Roth*, in: FS für Henckel, S. 285.
[558] So *Althammer*, in: Weller/Althammer, S. 3 ff. (28).
[559] Vgl. zu diesem Gedanken *Böhm*, Ius Commune 7, S. 152.
[560] Siehe oben. Vgl. auch *Katzenmeier*, Arzthaftung, S. 381.
[561] So *Katzenmeier*, Arzthaftung, S. 381 mit Hinweis auf *Wolf*, Gerichtsverfassungsrecht aller Verfahrenszweige, § 29 III 2. und *Schilken*, Gerichtsverfassungsrecht Rn. 122.

zu schützen und durchzusetzen. Daß im Rahmen des jeweiligen materiellen Rechtsverhältnisses in erheblichem Maße Faktoren wie Machtungleichheit, wirtschaftliche Verhältnisse, Unerfahrenheit eine Rolle spielen, steht auf einem anderen Blatt."[562]

Schließlich sollte ein erheblicher Stellenwert dem Willen des historischen Gesetzgebers beigemessen werden. Die legislative Grundidee der ZPO bestand darin, für alle Verfahrensgegenstände ein einheitliches Prozessrecht zu schaffen.[563]
Die die Entscheidung tragenden Richter haben im Arzthaftungsbeschlusses konstatiert, das zivilprozessuale Erkenntnisverfahren verlange von dem Richter, „jeden Anschein der Parteilichkeit zu vermeiden und vor allem dort die mit der richterlichen Tätigkeit untrennbar verknüpfte Distanz und Neutralität zu wahren".[564] Damit wurde Zurückhaltung gewahrt. Es lässt sich festhalten, dass auch die Judikatur des BVerfG kein Recht des sozial Schwächeren auf kompensatorische richterliche Hilfe im Prozess statuiert.[565] Die Ansicht, ein Richter, der im Rahmen der Verfahrensgestaltung und der Prozessleitung materielle Waffengleichheit zwischen den Parteien herstelle, handele nicht parteiisch zum Vorteil der einen und zum Nachteil der anderen, „ungleich" behandelten Prozesspartei, sondern schaffe vielmehr „eine Grundvoraussetzung einer gerechten Entscheidung", kann nicht überzeugen.[566] Im Schrifttum wird zu Recht darauf hingewiesen, mit einer Materialisierung der Waffengleichheit im Sinne einer Herstellung realer Waffengleichheit durch den Richter könnte die Gefahr einer zu starken Kontrolle des BVerfG als „Superrevisionsinstanz" verbunden sein.[567] Dementsprechend äußert sich auch *Stürner* kritisch gegenüber der „verfassungsrechtlichen Überflutung des Rechtsdenkens"[568] und begrüßt die Zurückhaltung des BVerfG im Rahmen des Arzthaftungsbeschlusses. Er warnt davor, in das „dogmatisch hoch entwickelte und filigrane System des Zivil- und Zivilprozeßrechts all zu oft mit dem groben Raster der Verfassung regulierend einzugreifen".[569]
Basierend auf dieser Annahme gibt es keinen Grund, im Rahmen des Zivilprozessrechts von geltenden Prozessmaximen der Verhandlungs- und der Dispositionsmaxime im Sinne einer Sonderbehandlung – selbst bei Annahme einer spezifischen Ungleichgewichtslage – abzuweichen.[570] Auf dieser Grund-

---

[562] *Leipold*, in: Stein/Jonas, ZPO, 22. Aufl., Vor § 128, Rn. 149; vgl. auch *Kern*, in: Stein/Jonas, ZPO Vor § 128 Rn. 178.
[563] So *Leipold*, in: FS für Meier, S. 421 ff. (430).
[564] BVerfG NJW 1979, 1925 ff. (1928); vgl. *Katzenmeier*, Arzthaftung, S. 381.
[565] Vgl. *Roth*, in: Recht und Gesellschaft, S. 149 ff. (169).
[566] So aber *Vollkommer*, in: FS für Schwab, S. 503 ff. (520).
[567] *Katzenmeier*, Arzthaftung, S. 382.
[568] *Stürner*, in: FS für Baur, S. 647 ff.
[569] *Stürner*, NJW 1979, S. 2334 ff. (2338).
[570] Gegen die Anerkennung eines allgemeinen Gerichtsstands aus diesem Grunde *Roth*, in: Die Zukunft des Zivilprozesses, S. 76.

lage muss auch die sogenannte Kooperationsmaxime mit einer verstärkten richterlichen Sachverhaltsermittlung und einer Annäherung an den Untersuchungsgrundsatz abgelehnt werden. Denn diese Auffassung verkennt die bestehenden Interessengegensätze zwischen den Parteien, die im Zivilprozess um ihr Recht kämpfen und gerade nicht kooperieren wollen.[571] Der Richter soll mit den Parteien keine Arbeitsgemeinschaft bilden, sondern als neutrale Instanz den Streit entscheiden.[572]

Die Autonomie bzw. Neutralität des Prozessrechts, die partiell bereits im Rahmen des Arzthaftungsprozesses aufgegeben wurde, sollte damit nicht weiter eingeschränkt werden.[573] Auch das vorstehend aufgeworfene Argument der Einheit der Rechtsordnung kann in rechtsdogmatischer Hinsicht für eine derartige Privilegierung des Verbrauchers und Aufgabe der Neutralität des Prozessrechts nicht herangezogen werden. Denn an den Wertungen des Prozessrechts „endet die Herrschaft materiellen Rechts".[574] Die Einheit der Rechtsordnung darf die Wertungsunterschiede nicht nivellieren und die Einheit des Verfahrensrechts gefährden. Erstrebenswert ist im Ergebnis die Neutralität als Direktive für richterliches Handeln.[575]

Letztlich sei angemerkt, dass soziale Gesichtspunkte gewiss bei der Ausgestaltung des Zivilverfahrens bedacht werden. An dieser Stelle sei auf die deutlichen Ausführungen von *Roth* hingewiesen. Danach sind die geeigneten institutionellen Mittel zum Ausgleich von Ungleichgewichten im deutschen Zivilprozessrecht die Beratungshilfe nach dem Beratungshilfegesetze und vor allem die Prozesskostenhilfe mit der Möglichkeit der Beiordnung eines Rechtsanwalts gemäß § 121 I, II ZPO.[576] Sofern die soziale Komponente indes mit großem Einfluss gegeben ist, klammert der Gesetzgeber den betreffenden Regelungsbereich bereits aus dem materiellen Recht heraus und ordnet ihn dem Sozialrecht mit der verfahrensrechtlichen Durchsetzung vor Sozialgerichten mit abweichenden Prozessmaximen, insbesondere mit der Geltung des Untersuchungsgrundsatzes, zu.[577] Als Beispiel hierfür kann die Differenzierung zwischen Privatversicherungsrecht und Sozialversicherungsrecht genannt werden.[578] Demgegenüber ist dem Zivilprozess die Durchsetzung von Gemeinschaftsinteressen im Sinne des öffentlichen Rechts nicht zugewiesen[579] und

---

[571] *Roth*, in: Recht und Gesellschaft, S. 171.
[572] So *Roth*, in: Recht und Gesellschaft, S. 171.
[573] Vgl. auch *Roth*, in: Die Zukunft des Zivilprozesses, S. 85.
[574] So *Roth* im Kontext des Gerichtsstandsrechts, in: Die Zukunft des Zivilprozesses, S. 80.
[575] *Katzenmeier*, Arzthaftung, S. 381.
[576] *Roth*, in: Recht und Gesellschaft, S. 149 ff. (169); *ders.*, in: Die Zukunft des Zivilprozesses, S. 69 ff. (84 f.); *ders.*, JZ 2014, S. 801 ff. (807).
[577] So *Roth*, in: Die Zukunft des Zivilprozesses, S. 171.
[578] *Roth*, in: Die Zukunft des Zivilprozesses, S. 171.
[579] *Roth*, in: Die Zukunft des Zivilprozesses, S. 171.

eine Auffassung vom Zivilrichter als „Sozialingenieur" verließe den „Boden der Privatrechtsordnung".[580]

Im Ergebnis ist eine Materialisierung des Prozessrechts nicht erstrebenswert. Schließlich darf das materielle Recht nicht „Feind" der Prozessrechtsdogmatik im Wege der Aushöhlung der Prinzipien werden. Der Zivilprozess muss damit im Hinblick auf seine Zukunftsfähigkeit nicht im Wege der Einschränkung der Maximen neu gerüstet werden. Mit anderen Worten lässt sich feststellen: Änderungen im materiellen Recht zeitigen keine Änderungen im Verfahren. Auch bei ganzheitlicher Betrachtung ist keine zunehmende Rückkoppelung mit den Determinanten des materiellen Verbraucherschutzrechts erstrebenswert.

---

[580] So *Katzenmeier*, Arzthaftung, S. 390.

B. Der liberale Zivilprozess des 21. Jahrhunderts

I. Vorbemerkung

Die künftige Entwicklung des Zivilprozesses könnte eine liberalere Linie durch Stärkung von Parteiherrschaft – wie es z.B. im Rahmen der Insolvenzrechtsreform von 1999 durch Deregulierung im Sinne der Stärkung der Gläubigerautonomie, als spezieller Fall der Privatautonomie, geschah – verfolgen und damit dem Trend der Materialisierung des Prozessrechts widerstehen.

Die Intensivierung der Parteiherrschaft ist zwar denkbar durch eine Stärkung der Prozessgrundrechte als Gegengewicht der Parteien gegenüber der gesteigerten Richtermacht. Allerdings erscheint eine Wiederaktivierung der Verhandlungs- und der Dispositionsmaxime als klassische Ausdrucksformen der Parteiherrschaft im Zivilprozess sowohl mit Blick auf die Rechtsdogmatik als auch die Verfahrenseffizienz als vorzugswürdig. In rechtsdogmatischer Hinsicht ist die Erwägung maßgeblich, dass die Prozessmaximen dem zivilprozessualen Erkenntnisverfahren einen sicheren Rahmen geben. Die Orientierung an den klassischen Maximen bewirkt eine bessere Konturierung des Zivilverfahrens, womit sich der Zivilprozess wieder eindeutiger von den übrigen Verfahrensarten abgrenzen lassen könnte. In praktischer Hinsicht ist unter dem Gesichtspunkt der Verfahrenseffizienz zu beachten, dass richterliche Aktivität zeitintensiv ist[1] und es wenig plausibel erscheint, zu behaupten, der Arbeitsaufwand des Richters werde dann verringert, wenn er zusätzliche Aufgaben wahrnimmt.[2] Insofern könnte also von einer stärkeren Konturierung des Zivilverfahrens im Sinne einer Ökonomisierung gesprochen werden.[3]

---

[1] *Gaier*, NJW 2013, S. 2871 ff. (2874).
[2] Vgl. dazu *Brehm*, AnwBl 1983, S. 196.
[3] Vgl. *Gaier*, NJW 2013, S. 2871 ff. (2875).

II. Möglichkeiten der Weiterentwicklung des Verhandlungsgrundsatzes

1. Die Strukturierung des Parteivortrags durch die anwaltlich vertretenen Parteien

a) Verhandlungsmaxime, Substantiierungsgebot und Relationstechnik

aa) Grundlagen

Die Verwirklichung der Verhandlungsmaxime erfordert einen systematischen Zugriff auf den Streitstoff. Unter Geltung der Verhandlungsmaxime ist es Sache der Parteien, den entscheidungserheblichen Sachverhalt in den Prozess einzuführen. Dabei werden in der Regel bestimmte Tatsachen zwischen den Parteien streitig sein, womit divergierende Darstellungen des Geschehens seitens des Klägers und des Beklagten vorliegen. Die Tatsachen, die der Kläger und der Beklagte beibringen, müssen hinreichend konkret, d.h. substantiiert, vorgetragen werden. Der Grundsatz der Substantiierung richtet sich sowohl an den Kläger als auch an den Beklagten. Die juristische Arbeitsmethode zum Umgang mit dem Informationsmaterial, d.h. zur Erfassung, Ordnung und Beurteilung des Streitstoffes, ist die Relationstechnik, welche auf der Erwägung der Erforderlichkeit verschiedener Denkschritte (Stationen) beruht, um den entscheidungserheblichen Sachverhalt zu erarbeiten und sodann zu klären, ob eine Beweisaufnahme erforderlich ist.[4] Die Methode fußt auf dem Wechselspiel der Erklärungen des Klägers und des Beklagten („Zug und Gegenzug"). Die Erklärungspflichten setzen dabei „automatisch" ein.[5]

Brehm verweist in diesem Kontext auf die der Relationstechnik zugrunde liegende Trennung von Behauptung und Beweis. Gewiss gibt es kein striktes System der Beweistrennung so wie es der gemeine Prozess aufgrund der Übernahme aus dem sächsischen Prozess kannte,[6] jedoch diene die mündliche Verhandlung nach der Konzeption der ZPO der Klärung, welche Behauptungen aufgestellt werden und was streitig ist. Die mündliche Verhandlung ist von der Beweisaufnahme separiert.[7]

Notwendig ist also, dass die Parteien bereits vor der Beweisaufnahme ihren Vortrag halten. Dieser Vortrag muss hinreichend konkret, d.h. substantiiert sein, damit schließlich die rechtliche Prüfung ermöglicht wird. Würde die Partei hier nur unbestimmte und pauschale, d.h. unsubstantiierte Behauptungen

---

[4] *Prütting/Gehrlein*, ZPO, § 284 Rn. 3 ff.
[5] *Stürner*, Die Aufklärungspflicht der Parteien des Zivilprozesses, S. 63.
[6] Siehe 2. Teil A. I. 1. c).
[7] *Brehm*, S. 65 f. mit Hinweis u.a. auf die Vorschrift des § 357 I ZPO, wonach die Beweisaufnahme parteiöffentlich ist, während gemäß § 169 GVG die mündliche Verhandlung öffentlich ist.

aufstellen, welche dann erst in der Beweisaufnahme konkretisiert werden, würde sie nicht im Einklang mit der vom Gesetz vorgezeichneten und vorausgesetzten Arbeitsmethode agieren.[8] Denn idealiter soll der Streitstoff im Zeitpunkt des Eintrittes in die mündliche Verhandlung vorliegen; über die Behauptungen der Parteien soll verhandelt werden; und eben nicht unter Anleitung und Ausforschung des Gerichts ermittelt werden, auf welche Tatsachen das Rechtsbegehren gestützt wird.[9] Die dargestellte Arbeitsteilung dient im Ergebnis der Entlastung des Gerichts und bildet die wesentliche Grundlage des Anwaltszwangs.[10]

bb) Der Ablauf der Stoffbeibringung durch den Kläger und den Beklagten unter Einhaltung des Substantiierungsgebots und die Anwendung der Relation aus anwaltlicher Perspektive

Der ideale Ablauf der Stoffbeibringung kann folgendermaßen skizziert werden: Zunächst trägt der Kläger die Tatsachen vor, die zu einer schlüssigen Begründung des Anspruches führen. Schlüssig ist sein Vortrag dann, wenn die unterbreiteten Tatsachen den Anspruch rechtfertigen, also das geltend gemachte Recht als in der Person des Klägers entstanden erscheinen lässt.[11] Damit muss der Kläger im Grunde genommen bereits eine konkrete Anspruchsgrundlage in den Blick nehmen und selbst überprüfen, ob sein Tatsachenmaterial die entsprechenden Tatbestandsmerkmale der Anspruchsgrundlage erfüllt.[12] Der Kläger trägt daher entsprechend ausgerichtet auf sein Klageziel vor. Tut er dies nicht, ist die Klage unschlüssig und wird abgewiesen. Das Vorgehen erfordert demnach von dem Anwalt eine entsprechend sorgfältige Prüfung der Tatsachen sowie der Rechtslage, um dem Substantiierungsgrundsatz gerecht zu werden.

Im Hinblick auf den Beklagten gilt, dass er sich verteidigen muss; er kann der Klage entgegentreten, indem er äußert, was er beanstandet und dazu das Vorbringen des Klägers bestreitet oder Gegenrechte (prozessuale Einreden) geltend macht. Verletzt der Beklagte seine Erklärungspflicht oder unterlässt er das Bestreiten, gilt der gegnerische Vortrag als wahr, § 138 III ZPO. Der Beklagte wird also aufgrund der Darlegungen des Klägers zu einer Äußerung verpflichtet. Auch seine Äußerung unterliegt der Erheblichkeits- und Schlüssigkeitsprüfung. Das Bestreiten ist dann unsubstantiiert, wenn die bestreitende Partei das Vorbringen des Klägers lediglich negiert, ohne dabei eine positive Gegendarstellung zu liefern.[13]

---

[8] *Brehm*, S. 66.
[9] *Brehm*, S. 66.
[10] So *Brehm*, S. 66.
[11] BGH BeckRS 2013, 10649 Rn. 40.
[12] Vgl. *Gaier*, ZRP 2015, S. 101 ff. (102).
[13] *Brehm*, S. 85.

Damit beruht das Informationssystem innerhalb des kontradiktorischen Verfahrens auf einem Wechselspiel des Vorbringens der Parteien in Form einer jeweiligen Erklärung und korrespondierenden Gegenerklärung (Klage, Klageerwiderung, Replik des Klägers, Duplik des Beklagten); die darlegungspflichtige Partei stellt Behauptungen auf und verpflichtet damit unmittelbar den Gegner, sich zu erklären. Damit steuert eine Partei das Informationsverhalten des Gegners; dieser muss gemäß der nach § 138 II ZPO bestehenden Erklärungspflicht zu den behaupteten Tatsachen des Gegners Stellung nehmen. Wie konkret diese Gegendarstellung zu erfolgen hat, bemisst sich danach, ob der Partei eine „nähere Substantiierung" zugemutet werden kann.[14] Nach der Vorstellung des Gesetzes schreiben sich die Parteien ohne ein Eingreifen des Richters gegenseitig einen Aufklärungsbeitrag vor und konstruieren so eigenständig das Streitprogramm. Dabei erlangt die Erklärungspflicht die Bedeutung der Festlegung des Streitprogramms.[15] Dem Richter kommt eine Beteiligung über seine Hinweispflicht nach § 139 ZPO zu.[16] Wichtig ist, dass eine umfassende richterliche Aufklärungs- und Ermittlungspflicht den erläuterten Mechanismus der Sachverhaltsrekonstruktion auf Basis von Parteiverantwortung zerstören würde, da hiermit die Aufteilung des Streitstoffs in einzelne Aufklärungsbeiträge seitens des Klägers und seitens des Beklagten nicht vereinbar ist.[17]

cc) Die Parteiherrschaft im Rahmen der Beweiserhebung

Eng mit den Ausführungen zu einer Strukturierung des Parteivortrages verknüpft ist die Problematik der Beweiserhebung. Denn diese ist in die Systematik der Informationsbeschaffung derart eingebunden, dass ihr – zumindest in der Theorie – folgende Voraussetzungen an Stoffbeibringung vorgeschaltet sind: Erstens erfolgt eine Beweiserhebung nur über streitige Tatsachen und zweitens muss der zugrunde liegende Sachvortrag schlüssig sein.[18] Während der Aspekt der Schlüssigkeit aufgrund eines entsprechenden richterlichen Hinweises gemäß § 139 I ZPO von der Richteraktivität beeinflusst werden kann, liegt die Voraussetzung einer streitigen Tatsache nach der Konzeption der ZPO jedoch im ausschließlichen Kompetenzbereich der Parteien, vgl. § 138 III ZPO. Weitere Ausprägung von Parteiherrschaft im Verfahren der Beweiserhebung ist der Beweisantritt durch einen Beweisantrag der Partei unter genauer Angabe des Beweisthemas und der Nennung des Beweismittels. Das Gericht darf demnach – bei sequentieller Betrachtung – nicht bereits mit der

---
[14] *Brehm*, S. 85.
[15] *Brehm*, S. 88 ff.
[16] So treffend *Brehm*, S. 69 f.
[17] *Stürner*, Die Aufklärungspflicht der Parteien im Zivilprozess, S. 63.
[18] *Stackmann*, NJW 2007, S. 3521 ff. (3523).

Zustellung der Klage oder dem Eingang der Klageerwiderung oder eines anderes Schriftsatzes, der eine neue Einwendung gegen das Klagevorbringen enthält, eine Beweiserhebung anordnen.[19] Die Richteraktivität stellt sich damit bei der Beweiserhebung als Reaktion auf das Verhalten beider Prozessparteien dar, womit die richterlichen Befugnisse an sich beträchtlich eingeschränkt sind. Die Begrenzung aufgrund von Parteiherrschaft ist eindeutig im Falle der Beweiserhebung auf Antrag, gilt aber auch im Rahmen der Ausübung der Befugnis zur Beweiserhebung von Amts wegen, bei der aufgrund der Verhandlungsmaxime ebenfalls nur Beweis über solche Tatsachen erhoben werden darf, die eingeführt wurden und streitig sind. Dies bedeutet, die Beibringungslast ist bei der Beweiserhebung von Amts wegen nicht beseitigt; das Gericht stellt eben nicht von sich aus Ermittlungstätigkeiten an, sondern beschränkt sich auf den von den Parteien beigebrachten Tatsachenstoff und greift sich auf dieser Grundlage die ihm tauglichen Beweismittel heraus.[20] Damit ändert die Beweiserhebung von Amts wegen an sich nichts an der Geltung der Verhandlungsmaxime. Denn auch hier ist das Gericht nicht zur Beweiserhebung verpflichtet.[21] Wenn das Gericht von Amts wegen Beweis erheben müsste, dann wären die Vorschriften sinnlos, die einen Beweisantritt der Parteien erfordern.[22] Insgesamt kann festgehalten werden, dass das Parteiverhalten damit zwei voneinander zu trennende Aspekte steuert, indem es zunächst den Akt der Beweiserhebung selbst auslöst und sodann den inhaltlichen Umfang der Beweisaufnahme festlegt.

dd) Das systematische Vorgehen des Richters – Relation aus richterlicher Perspektive

Der Richter ordnet in systematischen Schritten den Streitstoff. Seine Vorarbeit besteht aus folgendem Programm: Die gedankliche Arbeit beginnt mit der Schlüssigkeitsprüfung in der Klägerstation. Der Richter ermittelt in einem ersten Schritt das Klagebegehren, wobei er erfragt, was der Kläger zuletzt, d.h. im Zeitpunkt des zuletzt gestellten Klageantrags, will. Sodann fragt er in einem zweiten Schritt, welche Anspruchsgrundlagen hierfür zur Verfügung stehen. In einem dritten Schritt wird geprüft, ob die Voraussetzungen der Anspruchsgrundlage(n) vorliegen. Hierbei muss genau beachtet werden, wer die Darlegungs- und Beweislast für die jeweiligen Voraussetzungen trägt. Schließlich muss in einem vierten Schritt genau ermittelt werden, was dazu vorgetragen ist. Der streitige Sachverhalt muss den Voraussetzungen der Anspruchsgrundlage zugeordnet werden. Dazu werden sinnvollerweise der Kläger- und der

---

[19] *Stackmann*, NJW 2007, S. 3521 ff. (3524).
[20] *Stürner*, Die Aufklärungspflicht der Parteien des Zivilprozesses, S. 8.
[21] Vgl. *Prütting*, in: Münchener Kommentar ZPO, § 284 Rn. 89.
[22] *Stürner*, Die Aufklärungspflicht der Parteien des Zivilprozesses, S. 63.

Beklagtenvortrag synoptisch zu einem direkten Vergleich Punkt für Punkt entsprechend den Voraussetzungen der Anspruchsgrundlage zugeordnet.

Erst nach dieser Vorarbeit beginnt die eigentliche Begründetheitsprüfung, zunächst des Kläger-Vorbringens (Klägerstation) dahingehend, ob die Klage schlüssig ist, der Kläger also seiner Darlegungslast nachgekommen ist. Im Rahmen der Prüfung des Beklagten-Vorbringens (Beklagtenstation) wird untersucht, ob das Vorbringen des Beklagten erheblich ist. Schließlich prüft der Richter, ob die entscheidungserheblichen und streitigen Tatsachen entsprechend der Beweislast festgestellt werden konnten (Beweisstation).

ee) Vorteile der Relationsmethode – Effizienzgewinne

Für die vorliegende Betrachtung sei hervorgehoben: Die Methode der Relation kann sowohl aus anwaltlicher als auch aus richterlicher Sicht angewendet werden. Für den Richter dient die Methode einer zügigen und richtigen Entscheidung im Zivilprozess. Für den Rechtsanwalt ist es Ziel der Methode, ein zweckmäßiges Vorgehen für seinen Mandanten zu ermitteln. Daher gewährleistet die Relationsmethode für alle Beteiligten eine möglichst effektive und kostengünstige Ermittlung des entscheidungserheblichen Sachverhaltes.[23] Idealiter wird der Streitstoff nach der dargestellten Vorgehensweise – so wie es der Verhandlungsmaxime entspricht – ohne richterliche Mitwirkung hergestellt. Nachdem die Parteien die notwendigen Behauptungen aufgestellt und ihre Erklärungen abgegeben haben, die Schlüssigkeit der Behauptungen und die Erheblichkeit der Einlassung des Gegners geprüft wurden, wird untersucht, welche der von den Parteien beigebrachten und entscheidungserheblichen Tatsachen bestritten sind und daher des Beweises bedürfen. Erst dann erfolgt die Durchführung der Beweisaufnahme.[24] Die dargestellte Arbeitsmethode verlangt von den Parteien die sorgfältige Erfüllung ihrer Aufgaben. Auf dieser Grundlage kann sich der Richter seiner originären Aufgabe widmen, den Fall in rechtlicher Hinsicht zu prüfen und Streitiges aufzuklären und eben nicht unvollständige Sachvorträge zu vervollständigen. Im Ergebnis führt daher die anwaltliche Tätigkeit zu einer Entlastung des Richters, womit dem Anwalt eine zentrale Rolle zukommt.[25]

ff) Systemimmanente Auflockerungen der Relation

Eine gewisse Auflockerung des dargestellten Informationssystems ist in der Relationslehre selbst angelegt, indem eine Vermengung der Rollenverteilung zugelassen wird. Dies lässt sich anhand der folgenden zwei Situationen verdeutlichen.

---

[23] *Anders/Gehle*, Rn. A 2 ff.
[24] *Brehm*, AnwBl 1983, S. 193 ff. (194).
[25] *Brehm*, AnwBl 1983, S. 193 ff. (194 f.).

Die erste Sachverhaltskonstellation betrifft die Fallgestaltung, in der eine Partei, z.B. der Kläger, einen ungünstigen Vortrag beibringt. Bemerkenswert ist die Einbeziehung dieses Vortrages in die Schlüssigkeitsprüfung, ungeachtet, ob der Gegner, z.B. der Beklagte, dafür die Darlegungslast trägt. Denn das Parteivorbringen wird als eine Einheit betrachtet und in seiner Gesamtheit der Schlüssigkeitsprüfung unterzogen. Bei einem ungünstigen Parteivortrag handelt es sich durchaus um eine in der Praxis häufig anzutreffende Situation, wenn der Kläger das vorprozessuale Verteidigungsvorbringen des Beklagten selbst in seiner Klage aufgreift und mit vermeintlich besseren Argumenten zu bekämpfen versucht, um einen antizipierten Gegenvortrag „gleich im Keim zu ersticken".[26]

Ähnliches gilt in einer zweiten Konstellation, die die umgekehrte Sachlage betrifft, in der der Beklagte Varianten des vom Kläger vorgetragenen Sachverhalts beibringt, die sich aber nicht als Minus darstellen, sondern mit dem klägerischen Vorbringen gleichwertig sind und daher aus diesem Grunde ebenfalls eine Anspruchsgrundlage für das Begehren des Klägers ergeben (gleichwertiges bzw. äquipollentes Parteivorbringen). Der Beklagte kann also die konkret dargelegte Anspruchsgrundlage ausräumen; aber aus seinem Vortrag ergibt sich unglücklicherweise eine andere, das Klagebegehren ebenfalls rechtfertigende Anspruchsgrundlage. Im Ergebnis wird der Beklagte auf Grundlage seines eigenen tatsächlichen Vorbringens verurteilt. Denn auch hier werden nun der Vortrag des Klägers in Bezug auf die Schlüssigkeit seiner Klage und der Vortrag des Beklagten und des Klägers dergestalt miteinander vermengt, als aufgrund objektiver Gleichwertigkeit des Vorbringens der Parteien die Klage wegen des gleichwertigen Beklagtenvortrags schlüssig ist, wobei die Rechtsprechung die Einbeziehung nur dann annimmt, wenn sich der Kläger den Vortrag des Beklagten – zumindest hilfsweise – zu eigen gemacht hat.[27] Zwar wird aufgrund dieses Erfordernisses damit die Rollenverteilung im Zivilprozess an sich derart eingehalten, indem sich der Erfolg der Klage nur aus dem Sachvortrag des Klägers ergibt, der sich den Beklagtenvortrag zu eigen macht, jedoch wird dies im Zweifel ohne Weiteres angenommen, da es in der Regel sogar stillschweigend erfolgen kann. So nimmt die Judikatur an, im Allgemeinen sei davon auszugehen, der Kläger mache sich den für ihn günstigen Vortrag des Beklagten jedenfalls hilfsweise zu eigen,[28] was letztlich auch über einen Hinweis nach § 139 ZPO erwirkt werden kann.

---

[26] *Knöringer*, S. 358.
[27] BGH NJW 1989, 2756; nach Ansicht von Teilen des Schrifttums ist es nicht erforderlich, dass sich der Kläger das Vorbringen des Beklagten zu eigen macht. Der Klage sei vielmehr ohne Weiteres aus dem Gesichtspunkt der Gleichwertigkeit des Parteivorbringens stattzugeben. *Prütting/Gehrlein*, ZPO, § 284 Rn. 5; *E. Schneider*, MDR 2000, S. 189 ff. (194).
[28] BGH NJW-RR 1995, 684.

gg) Die Umsetzung der Relationstechnik in der zivilprozessualen Praxis

Die Praxis beklagt allerdings oftmals die fehlende Struktur anwaltlicher Schriftsätze und einen hieraus resultierenden richterlichen Mehraufwand.[29] Aus anwaltlicher Sicht scheint es weniger bedeutsam zu sein, die zur Begründung eines Anspruchs notwendigen Einzeltatsachen vorzutragen. Vielmehr wird häufig mehr Gewicht auf den Gesamteindruck des Schriftsatzes gelegt, ohne dabei die tatbestandlichen Anspruchsvoraussetzungen dezidert darzulegen. Die Entwicklung kulminiert darin, dass man das Gericht mitunter schon „rein vorsorglich" um einen Hinweis nach § 139 ZPO bittet.[30] Dementsprechend gehört es häufig zu den vorrangigen Aufgaben des Richters, den unkoordinierten, oftmals ausufernden und überladenen Vortrag aus den gewechselten Schriftsätzen abzugleichen und auf das Bestreiten und entsprechende Beweisangebote zu durchforsten.[31] *Brehm* spricht insoweit von einer Abkehr von der Relationslehre und konstatiert, die Grenzen der Verantwortlichkeit zwischen Gericht und Parteien würden zunehmend verwischt.[32] Der Richter klärt auf, sofern er dies mit dem Rechtsschutzbegehren der Partei für erforderlich hält. Er lässt die Parteien selbst erzählen, schiebt teilweise das Vorbringen aus den Schriftsätzen beiseite und nimmt Zugriff auf die Partei. Damit lässt sich in der Praxis eine Abkehr von einem förmlichen Verfahren entlang einer festgefügten Verfahrensordnung hin zu einer freien und nicht förmlich gefassten Verhandlungsweise verzeichnen. Im Rahmen des richterlichen Zugriffs auf die Partei erfolgen die Befragungen nicht nur hinsichtlich der unklaren Punkte, sondern stellen sich als ausforschende „Rundumbefragung" im Wege der Anwendung des § 141 ZPO dar.[33] Dieses richterliche Vorgehen ist von der Erwägung getragen, die Einbeziehung der Partei sei im Wege der Parteianhörung nach § 141 ZPO ein geeignetes Mittel zügiger Prozesserledigung.[34] Die Praxis nutzt die Aussage der Partei, um sie im Rahmen der Würdigung gemäß § 286 ZPO gegen die Behauptung des Anwalts abzuwägen. Dabei wird im Zweifel davon ausgegangen, die Auskünfte der Partei seien zutreffend, da der Anwalt schließlich keine Kenntnis vom Sachverhalt habe.[35] Zudem dient die Parteianhörung sogar der Verhaltenssteuerung, indem einer Partei, die bei der richterlichen Aufklärung durch Anhörung nicht mitwirkt, dieses Verhalten nachteilig ausgelegt wird.[36] Im Ergebnis gibt das Mittel der Parteianhörung dem Rich-

---
[29] *Hirtz*, NJW 2014, S. 2529 ff. (2531).
[30] *Brehm*, S. 196.
[31] *Gaier*, ZRP 2015, S. 101 ff. (103).
[32] *Brehm*, AnwBl 1983, S. 195.
[33] Vgl. die Ausführungen bei *Brehm*, S. 195.
[34] *Habscheid*, ZZP 81 (1968), S. 175; *Kollhosser*, ZZP 91 (1978), S. 106; vgl. dazu *Brehm*, AnwBl 1983, S. 193 ff. (196).
[35] Vgl. die Ausführungen bei *Brehm*, AnwBl 1983, S. 193 ff. (195).
[36] *Brehm*, S. 230.

ter die Möglichkeit einer aktiven Einwirkung auf das Vorbringen der Partei, um die Beurteilungsgrundlage zu erweitern bzw. einzuengen.[37]

In der zivilprozessualen Realität erfolgen demnach deutliche Eingriffe in das dargestellte theoretische Wechselspiel der Erklärungen von Kläger und Beklagtem und damit in das Informationssystem insgesamt. Erstens führt der richterliche Zugriff zu Eingriffen in die Regeln der Darlegungslast. Schließlich werden die Parteien sogar dann herangezogen, wenn sie ihrer Darlegungslast nachgekommen sind.[38] Zweitens wirkt sich die Gesamtbetrachtung des Geschehens unter dem Zeichen der Effizienz auch auf die Ebene der Beweiserhebung aus, indem sich manche Richter schon durch die Klageerhebung zur vollständigen Ermittlung des Sachverhalts aufgerufen fühlen. Dies bedeutet für die Beweiserhebung, dass der Richter, ohne den erforderlichen Vortrag des Beklagten abzuwarten, aktiv wird und die Beweiserhebung veranlasst.[39] Der klägerische Vortrag wird demnach von vornherein als insgesamt streitig betrachtet,[40] womit die Parteiherrschaft im Rahmen der Aktivierung der Beweiserhebung ausgehebelt wird. Hinsichtlich des Umfangs der Beweisaufnahme zeichnet sich die Praxis zum Teil sogar durch eine richterliche Tatsachenermittlung unabhängig vom Parteivortrag aus.[41] Hierbei handelt es sich gewiss um extreme Fälle, bei denen Parteiautonomie damit sowohl hinsichtlich der Auslösung der Beweiserhebung, als auch hinsichtlich des Umfangs der Beweiserhebung erheblich zurückgedrängt wird. Und auch an dieser Stelle beklagt das Schrifttum, dass zur Legitimation auf die Nachlässigkeit und Dummheit einiger Anwälte zurückgegriffen würde.[42]

Die dargestellte Entwicklung wurde im Schrifttum der siebziger Jahre des 20. Jahrhunderts als „Rollenverteilung [...] zugunsten des Untersuchungsgrundsatzes" beschrieben.[43] *Birk* bezeichnet das auf Beschleunigung des Verfahrens ausgerichtete richterliche Verhalten unter vollständiger Ausblendung des Beklagtenvortrages und eigener Sachaufklärung treffend als „funktional" ausgerichtet.[44] Die Klage bildet einen „Startpunkt", ab dem der Rechtsstreit möglichst rasch zu erledigen ist.[45] Letztlich handelt es sich um ein „Selbermachen" bzw. eine „Überaktivität" des Richters; dabei habe der anwaltliche Vortrag nur eine hierarchisch dem Gericht nachgeordnete „Hilfsfunktion".[46] Eine derartige richterliche Überaktivität zerstört damit das von der ZPO vorgege-

---

[37] *Brehm*, S. 230.
[38] Vgl. die Ausführungen bei *Brehm*, AnwBl 1983, S. 193 ff. (196).
[39] *Birk*, NJW 1985, S. 1489 ff. (1492 m.w.N.).
[40] *Birk*, NJW 1985, S. 1489 ff. (1492).
[41] So *Birk*, NJW 1985, S. 1489 ff. (1492).
[42] Vgl. dazu *Birk*, NJW 1985, S. 1489 ff. (1492 Fn. 44 m.w.N).
[43] *Nagel*, DRiZ 1977, S. 321 ff. (322).
[44] *Birk*, NJW 1985, S. 1489 ff. (1492).
[45] So *Birk*, NJW 1985, S. 1489 ff. (1492).
[46] So *Birk*, NJW 1985, S. 1489 ff. (1492 f.).

bene System der Sachverhaltsrekonstruktion aufgrund Parteiaktivität entsprechend der jeweiligen Aufklärungsbeiträge.[47] Die Gefahr einer „Überaktivität" des Richters wird schließlich durch die Informationsmöglichkeiten im Internet gefördert. Der internetinformierte Richter kann mit der Verhandlungsmaxime in Konflikt geraten, insbesondere, wenn er durch Erkenntnisse, die er durch seine Internetrecherche gewinnt, – auch im Rahmen des § 291 ZPO[48] – Parteivortrag ersetzt.[49]

b) Die Schlüssigkeits- und Erheblichkeitsprüfung unter Anwendung der Relationslehre nach dem sozialen Prozessmodell

aa) Der Zusammenhang zwischen der Relationslehre und der Prozessauffassung auf Grundlage des Richterbildes

Die Problematik, wie streng man die Relation anwendet, steht in engem Zusammenhang mit dem jeweiligen Richterbild auf Grundlage der jeweiligen Prozessauffassung. Denn schließlich ist die Relation Spiegel des Zweikampfes der Parteien unter richterlicher Zurückhaltung auf Grundlage der Verhandlungsmaxime. Verzerrt man diese aufgrund von Richteraktivismus, verzerrt man zwangsläufig die Relation. Welche Bedeutung man der Relationslehre beimisst, ist demnach eng mit der Frage verbunden, welchem Richterbild und welcher Prozessauffassung man folgt. Dementsprechend zeitigt die Auffassung vom sozialen Zivilprozess eindeutige Auswirkungen auf die Relationstechnik.

So stritt man gerade in den siebziger Jahren des 20. Jahrhunderts über den „Wert oder Unwert der Relationstechnik",[50] womit der Angriff auf die Verhandlungsmaxime mit einem Angriff auf die hergebrachte Relationslehre verknüpft wurde. Bedenken wurden gegenüber der Relationstechnik unter anderem dahingehend gesehen, dass der Richter als „Subsumtionsmaschine" erscheine, den Sachverhalt mit einem technischen Verfahren, einem starren Schema, das streng zwischen dem Vorbringen des Klägers und des Beklagten trenne, erfasse und dabei nicht den Gerechtigkeitswert hinterfrage.[51] Die Relationslehre sah sich dem Vorwurf ausgesetzt, sie fuße auf einer formalen, wertfreien Prozessauffassung und der Verhandlungsmaxime in reiner Form, die

---

[47] Vgl. *Stürner*, Die Aufklärungspflicht, S. 63 f. *Stürner* konstatiert, dass sich richterliche Aktivität, damit sie sich in den Grenzen des gesetzlich vorgegebenen Systems der ZPO bewegt, auf eine Unterstützung der Parteien bei der Sachverhaltsaufklärung beschränken muss. Dabei seien die Parteien anzuhalten, ihren durch Risikozuweisungen und Parteipflichten umrissenen Aufklärungsbeitrag zu erbringen.
[48] Siehe dazu 1. Teil B. II. 2. c) bb).
[49] Vgl. dazu *Greger*, in: FS für Stürner, S. 289 ff. (293 f.).
[50] Vgl. *Grunsky*, JuS 1972, S. 29 ff.
[51] Vgl. *Martens*, JuS 1974, S. 785 ff.

nicht mehr zeitgemäß sei.[52] Mit der formalen Prozessauffassung sei eine klare Rollenzuweisung der Beteiligten vorgesehen und ein einheitlicher Lebensvorgang werde unter dem Aspekt der Darlegungs- und Beweislast „zerpflückt", womit die Arbeitsweise des Richters korreliere.[53] Die liberal-individualistische Vorstellung des Zivilprozesses vom Zweikampf der Parteien habe sich jedoch bereits seit Anfang des 20. Jahrhunderts im Niedergang befunden.[54] So zeitigten die Modifikationen der ZPO Konsequenzen für die gesamte Struktur des Prozesses und bewirkten einen Abbau des Kampfdenkens;[55] verwiesen wird dabei vornehmlich auf Wahrheits- und Vollständigkeitspflicht der Parteien, die verlange, dass jede Partei – ohne Rücksicht auf die Behauptungs- und Beweislast – ihr bekannte Tatsachen vorträgt.[56] Ferner erblickt man in der Ausweitung des richterlichen Fragerechts sowie in der Befugnis zur Beweiserhebung von Amts wegen einen maßgeblichen Beitrag zur ganzheitlichen Erfassung des Sachverhalts. Schließlich wird die Abschaffung des zugeschobenen Parteieides als maßgeblich im Hinblick auf den Bedeutungsverlust der Verteilung der Behauptungs- und Beweislast und damit der Relationstechnik erachtet, denn auf Grundlage des Prinzips des zugeschobenen Eides musste der Richter besonders schematisch bestrittene Behauptungen herausfiltern, tabellarisch gegenüberstellen und sich immer verdeutlichen, welche Partei beweisbelastet ist. Denn nur der beweisbelasteten Partei konnte in der Situation eines *non liquet* der Eid wirksam zugeschoben werden.[57] Durch die dargestellten Veränderungen sei die Verhandlungsmaxime abgeschwächt worden und damit habe sich im Ergebnis die Bedeutung von Behauptungs- und subjektiver Beweislast reduziert. Aufgrund einer Abkehr vom passiven Richterbild biete das Relationsschema ein „Zerrbild" des heutigen Zivilprozesses.[58]

Brehm erläutert hierzu, die Arbeitsmethode der Relation sei eher am schriftlichen Verfahren orientiert und setze einen hinreichend substantiierten Vortrag der Parteien bereits vor der Beweisaufnahme voraus.[59] Demgegenüber hätten die Reformen der ZPO zu einem Bedeutungsverlust des Substantiierungsgrundsatzes aufgrund der richterlichen Aufklärungstätigkeit geführt.[60] Denn der Sachverhalt werde erst in der mündlichen Verhandlung unter Leitung des Gerichts erarbeitet; *Brehm* verweist dabei insbesondere auf die Vorschrift des § 141 ZPO, die die Ermittlung des Streitstoffs unter Anhörung der

---

[52] *Martens*, JuS 1974, S. 785 ff. (788, 792).
[53] *J. Schmidt*, JuS 1974, S. 441 ff. (444).
[54] So *J. Schmidt*, JuS 1974, S. 441 ff. (443, 445).
[55] So *J. Schmidt*, JuS 1974, S. 441 ff. (445).
[56] So *J. Schmidt*, JuS 1974, S. 441 ff. (445).
[57] So *J. Schmidt*, JuS 1974, S. 441 ff. (444).
[58] So *J. Schmidt*, JuS 1974, S 441 ff. (445).
[59] *Brehm*, S. 73.
[60] *Brehm*, S. 72 f.

Parteien begünstige, sowie auf die Stärkung der Stellung des Richters im Rahmen von § 139 I ZPO.[61] Auch *Stürner* konstatiert, die ZPO wolle mit ihrem System von Risikozuweisungen und Parteipflichten die Parteien zu einer gerichtsunabhängigen Sachverhaltsaufklärung antreiben; es sei unmöglich, auf dieses System „einfach eine umfassende richterliche Aufklärungs- und Ermittlungspflicht aufzupfropfen, ohne es zu zerstören".[62] *Brehm* stellt fest, eine sorgsame Prüfung der Schlüssigkeit sowie der Erheblichkeit anhand der vorbereitenden Schriftsätze unterbleibe, da der Richter nicht annehmen könne, das Ergebnis seiner Ermittlungen in der mündlichen Verhandlung entspräche dem Inhalt der Schriftsätze.[63] Ein Verfahren, welches die schriftsätzliche Vorbereitung vernachlässige und in dem der Sachverhalt erst im Termin aufgeklärt wird, entspreche indes nicht dem Leitbild der ZPO.[64]

bb) Die Ansicht von Wassermann

Die Vertreter eines sozialen Prozessmodells gehen von der Vorstellung aus, das dargestellte System der Informationsbeschaffung in den Händen von Kläger und Beklagtem überfordere die Parteien bei komplexen Sachverhalten. *Wassermann* meint, nur wenige Prozesse könnten so ablaufen, wie es den Verfassern der CPO mit dem „fein stilisierten Spiel von Zug und Gegenzug" vorschwebte.[65] In diesem Zusammenhang ist bemerkenswert, dass dem Anwalt nicht die Kompetenz zugetraut wird, die Verantwortung für die Stoffsammlung zu übernehmen, einen entsprechend schlüssig auf das Klageziel ausgerichteten Tatsachenvortrag als Kläger beizubringen und den umrissenen Streitgegenstand in einen Klageantrag zu fassen, der schließlich derart formuliert ist, dass er in den Tenor des Urteils eingehen kann. Eine entsprechende Überforderung wird auch in Bezug auf den Beklagten angenommen.[66]

Wassermann behauptet hinsichtlich der Tatsachenbeibringung, gerade bei komplexen Sachverhalten – dazu zählt er Schadensersatzansprüche aus Verkehrsunfällen, Vertragsverhandlungen, Auseinandersetzungen über Baumängel – könne eine entsprechende Zerlegung in schlüssige Einzeltatsachen nicht verlangt werden und stattdessen müsse das Geschehen als „durchlaufender Vorgang" angesehen werden.[67] Zudem weist *Wassermann* darauf hin, es sei im Hinblick auf die Verwertbarkeit von Informationen im Rahmen der Rollenverteilung wegen der Einheitlichkeit des Parteivorbringens ohnehin gleichgül-

---

[61] *Brehm*, S. 72 f.
[62] *Stürner*, Die Aufklärungspflicht der Parteien des Zivilprozesses, S. 63.
[63] *Brehm*, S. 72 f.
[64] *Brehm*, S. 74.
[65] *Wassermann*, S. 104; ders., AnwBl 1983, S. 481 ff. (481).
[66] So *Wassermann*, S. 104; ferner *Brüggemann*, S. 118 ff.; vgl. die kritischen Ausführungen bei *Brehm*, S. 195.
[67] *Wassermann*, S. 104.

tig, welche Partei eine Tatsache eingebracht habe.[68] Insgesamt müsse nach Ansicht *Wassermanns* die Verantwortung auf den Richter verlagert werden; dieser habe sich über die Regeln der Verhandlungsmaxime und die damit einhergehende Relationstechnik hinwegzusetzen und schließlich über ganze Sachverhaltskomplexe Beweis zu erheben.[69] Denn wenn das Gericht – so *Wassermann* – die strenge Verhandlungsmaxime nicht beiseiteschöbe, „würde es den Parteien Steine statt Brot geben".[70]

cc) Würdigung einer Gesamtbetrachtung der Aufklärungsbeiträge unter Berücksichtigung der Aufgaben der Substantiierungslast

Auch wenn sich *Wassermann* gegen die Vorwürfe von *Brehm*, seine Ansicht führe im Ergebnis zu einem Verzicht auf die Schlüssigkeits- und Erheblichkeitsprüfung bzw. bedeute eine Abkehr von der Relationstechnik, vehement wehrte und hervorhob, seine Vorschläge bestünden vielmehr in einer Verbesserung und Verfeinerung und damit in Fortschritten der Relationstechnik,[71] sind deutliche Eingriffe in die von der Verhandlungsmaxime vorgegebene Schlüssigkeits- und Erheblichkeitsprüfung auf Grundlage der Relationslehre signifikant. Schließlich wird schon die erste Stufe des Schlüssigkeitserfordernisses aufgegeben, da den Parteien nicht zugemutet wird, substantiiert vorzutragen. Die einzelnen Aufklärungsbeiträge des Klägers und des Beklagten werden aufgrund einer Gesamtbetrachtung miteinander vermengt, womit die von der ZPO zugrunde gelegten Risikozuweisungen letztlich bedeutungslos werden. Damit einher geht ein Bedeutungsverlust der Substantiierungslast, deren Aufgaben in der Anregung von Parteiaktivität und in dem Schutz des Gegners vor missbräuchlicher Verfahrenseinleitung bzw. vor missbräuchlicher Einleitung von Beweisverfahren sowie der Ermöglichung seiner sachgerechten Verteidigung bestehen.[72] Auf diese Weise dient die Substantiierungslast aber auch dem Schutz gerichtlicher Tätigkeit vor rechtsgrundloser und mutwillig veranlasster Inanspruchnahme. Schließlich kann der Prozess eine soziale Zweckrichtung auch nur dann erfüllen, wenn „mit Überlegung und Verstand prozessiert wird".[73] Auf Grundlage der Ansicht *Wassermanns* ist die Methodik der Schlüssigkeits- und Erheblichkeitsprüfung für das Gericht indes nicht durchführbar.[74] Außerdem stellt sich die grundsätzlichere Frage, warum noch von einer Arbeitsgemeinschaft gesprochen werden kann, wenn eine

---

[68] *Wassermann*, S. 105.
[69] Vgl. die Ausführungen bei *Brehm*, S. 195.
[70] *Wassermann*, S. 104.
[71] *Wassermann*, AnwBl 1983, S. 481 ff. (482).
[72] Zum Zweck der Substantiierungslast eingehend *Stürner*, Die Aufklärungspflicht der Parteien des Zivilprozesses, S. 112 ff.
[73] *Stürner*, Die Aufklärungspflicht der Parteien des Zivilprozesses, S. 114.
[74] *Brehm*, S. 80.

echte Arbeitsteilung aufgegeben wird. Die Ansicht ist von einem Misstrauen gegenüber der Anwaltschaft geprägt, denn die Aufgabe des Anwalts als gewissenhafter Stoffsammler wird nicht anerkannt. Stattdessen wird dem Richter ein großer Teil der Verantwortung bei der Sammlung des Streitstoffs zugewiesen.[75]

Die Gesamtbetrachtung der einzelnen Beiträge der Parteien bedeutet eine Abkehr von einem förmlich gefassten Zugriff auf den Streitstoff und damit eine Abkehr von Formalismus im Verfahren insgesamt. Wie bereits dargestellt wurde, handelt es sich bei dem Aspekt von Formalismus um ein grundlegendes Unterscheidungsmerkmal der beiden Prozessmodelle, denn eine liberale Konzeption zeichnet sich durch eine mehr formale Sichtweise aus.[76] Zudem wurde die Zurückdrängung von Formalismus mehr zu einem allgemeinen Gerechtigkeitsdenken als zentrales Anliegen der Materialisierung des Rechts herausgestellt. Allgemeiner betrachtet scheinen die Verfechter dieser Ansicht zu glauben, schwierige Rechtsstreitigkeiten ließen sich im Wege einer Zurückdrängung von Formalismus und unter Zurückdrängung der Anwaltschaft vereinfachen. Komplexe Probleme werden im Ergebnis simplifiziert. Der Ansatz ist in Anbetracht der Tatsache, dass Simplifizierung in ihrer Tendenz zu unzulänglichen Antworten führt, sehr bedenklich.

c) Relation und Verhandlungsmaxime nach einem modernen liberalen Zivilverfahren

aa) Arbeitsteilung durch gesteigerte Mitwirkung des Anwaltes im Rahmen der Stoffbeibringung im Interesse der Stärkung der Verhandlungsmaxime

Demgegenüber müsste eine liberale Prozessauffassung die Relation entsprechend ihrer mehr formal geprägten Sichtweise voll verwirklichen. In diesem Zusammenhang ist der Blick eben nicht auf den Richter, sondern auf die zentrale Rolle des Anwalts und auf seine Aufgaben und Kompetenzen für die Stoffsammlung zu richten. Die Bedeutung der anwaltlichen Tätigkeit im Rahmen der Stoffbeibringung wurde interessanterweise schon im Schrifttum des frühen 20. Jahrhunderts hervorgehoben. Bei *Levin* heißt es, der Anwalt soll nach den Verfassern der CPO nicht einmal das „Sprachrohr der Partei" sein, sondern gerade die Aufgabe haben, den ihm von der Partei mitgeteilten Sachverhalt „in juristisch bearbeiteter Form darzubieten", indem er offenbar Unwesentliches eliminiert und rechtlich Erhebliches hervorhebt.[77] In einem Vortragen der Tatsachen „in der rechtlichen Form" wird eine wesentliche Erleich-

---

[75] *Brehm*, S. 196.
[76] Vgl. dazu *Canaris*, 5. Teil A. III. 4. d).
[77] So *Levin*, Die rechtliche und wirtschaftliche Bedeutung des Anwaltszwangs, S. 82 m.w.N.

terung für das Gericht gesehen. Diese rechtliche Form könne eben nur der Anwalt erkennen.[78] Dieser solle in vorbereitenden Schriftsätzen „die wesentlichen Tatsachen in gedrängter Kürze" darlegen.[79]

Ausgangspunkt einer Fortentwicklung des Zivilverfahrens könnte damit die Erwägung sein, gerade eine Arbeitsentlastung des Richters durch stärkere Verantwortung des Anwaltes könnte zur Beschleunigung des Rechtsstreits führen. Denn wenn die Parteien ihre Aufgaben sorgfältig und korrekt erfüllen, kann sich das Gericht der originären Aufgabe der rechtlichen Prüfung des Falles und der Aufklärung streitiger Punkte widmen.[80] Damit würde die Bedeutung der Verhandlungsmaxime in der besonderen Effektivität unter Schonung öffentlicher Ressourcen – im Kontrast zur Inquisitionsmaxime – besonders zur Geltung kommen.[81] Dabei handelt es sich um einen Gedanken, den *Brehm* bereits in den achtziger Jahren äußerte, indem er konstatierte, eine Arbeitsteilung zwischen Parteien und Gericht unter sorgsamer Vorbereitung durch die Parteien entlaste das Gericht.[82] Die stärkere Einbindung des Rechtsanwalts könnte im Rahmen der Stoffbeibringung erfolgen. Insoweit würde man an die Ansicht von *Levin*, der Anwalt sei der ideale „Stoffsammler", anknüpfen.

bb) Die anwaltliche Strukturierung des Parteivortrags – Der Vorschlag von Gaier auf Grundlage der Beschlüsse des 70. Deutschen Juristentags

Im Rahmen des 70. Deutschen Juristentags im Jahre 2014 wurde festgehalten, die Diskussion um den Richter im Zivilprozess berühre ebenso den Anwalt im Zivilprozess.[83] Mit knapper Mehrheit wurde hier der Beschluss „Über verbindliche Regelungen ist sicherzustellen, dass die Parteien ihren Vortrag zum tatsächlichen und rechtlichen Vorbringen strukturieren" angenommen.[84] In dem Fachprogramm heißt es unter der Fragestellung: „Der Richter im Zivilprozess – Sind ZPO und GVG noch zeitgemäß?", ein zeitgemäßer Zivilprozess könnte bedeuten, die Prozessparteien einer Schriftsatzstruktur zu unterwerfen und eine Zusammenfassung der Fakten anordnen zu können.[85] Diese Forderung hat jüngst der Bundesverfassungsrichter *Gaier* in seinem Beitrag

---

[78] So *Levin*, Die rechtliche und wirtschaftliche Bedeutung des Anwaltszwangs, S. 82.
[79] So *Levin*, Richterliche Prozeßleitung und Sitzungspolizei, S. 265.
[80] *Brehm*, S. 195.
[81] Vgl. auch *Gaier*, ZRP 2015, S. 101 ff. (102).
[82] *Brehm*, S. 66.
[83] Tagungsprogramm des 70. DJT S. 10. Abrufbar unter http://www.djt.de/fileadmin/downloads/70/djt_70_Programmheft_140401.pdf (zuletzt aufgerufen am 26.9.2018).
[84] Siehe die Beschlüsse des 70. DJT Hannover 2014, Abteilung Prozessrecht III (Reform des Erkenntnisverfahrens), Beschluss Nr. 13; kritisch im Hinblick auf die Verhandlungsmaxime *Althammer*, in: *Weller/Althammer*, S. 3 ff. (24).
[85] Tagungsprogramm des 70. DJT S. 10. Abrufbar unter http://www.djt.de/fileadmin/downloads/70/djt_70_Programmheft_140401.pdf (zuletzt aufgerufen am 26.9.2018).

"Strukturiertes Parteivorbringen im Zivilprozess"[86] sowie in dem Aufsatz „Der moderne liberale Zivilprozess"[87] aufgegriffen und präzisiert, wie eine Strukturierung konkret erfolgen kann. In der Strukturierung des Parteivortrags sieht *Gaier* eine Weiterentwicklung des Verhandlungsgrundsatzes, indem die anwaltlich vertretenen Parteien eben nicht nur zur Stoffbeibringung in irgendeiner Form, sondern zur Koordination und Strukturierung ihres Vortrags anhand einer konkreten Anspruchsgrundlage verpflichtet werden.[88] Diese Strukturierung bezeichnet *Gaier* aufgrund der parteibezogenen Ausrichtung als „vertikal". Die Überlegungen einer Steigerung der Stoffsammlungs- und Stoffbeibringungskompetenz der Parteien besteht in einer anwaltlich sorgfältig und systematisch nach Anspruchsgrundlagen strukturierten Ordnung des Stoffs, womit das Gericht erheblich unterstützt werden könnte. Dies stellt sich *Gaier* derart vor, dass sich der Kläger in der Klageschrift bereits für eine bzw. mehrere konkrete Anspruchsgrundlagen entscheiden muss. Deren tatbestandliche Voraussetzungen trägt er vor.[89] Hierzu müsste der Rechtsanwalt Schritt für Schritt vorgehen und den jeweilig geltend gemachten Anspruch anhand der Anspruchsgrundlage mit entsprechenden Tatsachenbehauptungen und Beweisangeboten nachweisen. Sodann müsse der Beklagte im Rahmen seiner Klageerwiderung an die vom Kläger vorgegebene Struktur anknüpfen und sich präzise zu jeder einzelnen Behauptung äußern bzw. Gegennormen darlegen, sofern er nicht den klägerischen Vortrag unstreitig stellen will.[90] Im Rahmen der Replik habe der Kläger konkret an die Antwort des Beklagten anzuknüpfen. Entsprechendes gilt für die Duplik und Triplik. Im Ergebnis erfolgt eine Strukturierung in jeder Station. Die Schriftsätze würden derart aufeinander bezogen sein, dass das Vorbringen genau der Meinung des Gegners zugeordnet werden kann.

Dem Vorschlag liegt die Annahme von „Strukturdefiziten des geltenden Rechts" zugrunde.[91] Die Vorschriften der §§ 253, 130 ZPO geben – neben technischen Formalien, wie die Bezeichnung der Parteien gemäß § 130 Nr. 1 ZPO und das Erfordernis der Unterschrift nach § 130 Nr. 6 ZPO – nur ansatzweise inhaltliche Vorgaben. Hierzu zählen Angaben hinsichtlich der zur Begründung „dienenden tatsächlichen Verhältnisse", § 130 Nr. 3 ZPO, die Erklärung über die tatsächlichen Behauptungen des Gegners, § 130 Nr. 4, die Bezeichnung der Beweismittel, § 130 Nr. 5 ZPO.[92] Im Rahmen der Klageschrift ist nach § 253 II Nr. 2 ZPO die bestimmte Angabe des Gegenstandes und des

---

[86] *Gaier*, ZRP 2015, S. 101 ff.
[87] *Gaier*, NJW 2013, S. 2871 ff.
[88] *Gaier*, NJW 2013, S. 2871 ff. (2874).
[89] So *Gaier*, ZRP 2015, S. 101 ff. (103).
[90] So *Gaier*, ZRP 2015, S. 101 ff. (103).
[91] *Gaier*, ZRP 2015, S. 101 ff. (103).
[92] Vgl. *Gaier*, ZRP 2015, S. 101 ff. (103).

Grundes des erhobenen Anspruchs erforderlich. Änderungen inhaltlicher Hinsicht ergeben sich schließlich auch nicht aufgrund einer Übermittlung des Parteivortrages auf elektronischem Wege bzw. aufgrund der elektronischen Akte.[93]

Die Ursache für die Oberflächlichkeit der Regelung des § 130 ZPO erblickt *Gaier* in der vollen Verwirklichung des Mündlichkeitsprinzips nach der ursprünglichen Konzeption der ZPO. Danach sollte allein das mündliche Vorbringen der Parteien Erkenntnisquelle sein.[94] Dementsprechend hat man den Schriftsätzen und deren Inhalten eine geringere Bedeutung beigemessen; zum Teil stützte man dies auch auf die Erwägung, man wolle der Partei ermöglichen, vor ein unbefangenes Gericht zu treten.[95] Dies erkannte die CPO in der Vorschrift des § 120 CPO sogar explizit an, indem angeordnet wurde, dass keine Rechtsnachteile in der Sache eintreten, wenn entgegen der gesetzlichen Verpflichtung im Anwaltsprozess keine vorbereitenden Schriftsätze ergingen.[96] Schriftsätze waren vornehmlich für den Gegner und erst nachrangig für das Gericht bestimmt.[97] Ein Beleg für den Bedeutungszuwachs der Schriftlichkeit ist die seit der *Emminger*-Novelle von 1924 nach § 137 III ZPO bestehende Möglichkeit der Parteien, in der mündlichen Verhandlung auf Schriftsätze Bezug zu nehmen.[98] Ein deutlicherer Schritt hin zu mehr Schriftlichkeit erfolgte durch die im Rahmen der Vereinfachungsnovelle von 1976 geschaffenen Vorschriften der §§ 275 I, III, IV, 276, 277 ZPO, die ausdrücklich die schriftliche Vorbereitung des Verhandlungstermins bzw. ein schriftliches Vorverfahren betreffen.[99] Ob die Entwicklung derart gekennzeichnet werden kann, „[…] dass das ursprüngliche Konzept der Mündlichkeit längst gescheitert ist und durch starke Elemente der Schriftlichkeit ersetzt worden ist",[100] mag bezweifelt werden. Schließlich erhebt § 128 ZPO den Mündlichkeitsgrundsatz zu einer zentralen Maxime des Zivilverfahrens; es gilt das in der mündlichen Verhandlung Erklärte. Allerdings lässt sich eine Hinwendung mehr zu schriftlichen Elementen und eine stärkere Bedeutung der vorbereitenden Schriftsätze für das Verfahren deutlich verzeichnen. Entsprechend ih-

---

[93] *Gaier*, NJW 2013, S. 2871 ff. (2874).
[94] *Gaier*, ZRP 2015, S. 101 ff. (103).
[95] Nachweise bei *Brehm*, S. 67.
[96] Vgl. dazu *Brehm*, S. 67; die geringe Bedeutung der Schriftsätze wurde schon bald nach Inkrafttreten der CPO kritisiert. So *Brehm*, S. 67 m.w.N.
[97] *Brehm*, S. 68.
[98] *Brehm*, S. 68. Vgl. zur verstärkten Schriftlichkeit des Verfahrens auch *Leipold*, ZZP 93 (1980), S. 237 ff. (261 f.).
[99] *Von Selle*, in: Beck'scher Online-Kommentar ZPO, § 128 Rn. 2. Demgegenüber wird auch betont, dass das ZPO-RG von 2001 durch Einführung einer vorgeschalteten Güteverhandlung den Stellenwert der mündlichen Verhandlung erhöht habe.
[100] So *Gaier* ZRP 2015, S. 101 ff. (103) mit Hinweis auf *Lüke*, Zivilprozessrecht, 9. Aufl. 2006, Rn. 26 f.

rer verfahrensvorbereitenden Funktion sind Schriftsätze heute an das Gericht gerichtet.[101] Gegenüber diesem Wandel ist es in der Tat bemerkenswert, dass die Vorschrift des § 130 ZPO im Wesentlichen unverändert geblieben ist.[102] Es liegt damit die Annahme nahe, die Vorschrift sei aufgrund eines Regelungsdefizits nicht mehr zeitgemäß.[103] Zwar erfordert der neu gefasste § 130a II ZPO, dass die elektronischen Dokumente „für die Bearbeitung durch das Gericht geeignet" sind. Diese Eignung soll indes allein die technischen Rahmenbedingungen – und nicht inhaltliche Vorgaben – betreffen.[104]

cc) Bewertung unter Berücksichtigung der Effizienz des Verfahrens, der Neutralität des Richters und der Prozessförderungspflicht der Parteien sowie Bedürfnisse des elektronischen Rechtsverkehrs

(1) Strukturierung im Interesse der Partei. Die zur Anwendung des vorgeschlagenen Arbeitsprogramms erforderliche intellektuelle Kompetenz zur logisch nachvollziehbaren Aufarbeitung des Prozessstoffes ist dem Anwalt *qua* seiner Ausbildung zuzutrauen und zuzumuten. Insbesondere muss der Anwalt die juristische Arbeitsmethode der Relation beherrschen, schließlich dient deren Durchführung – wie gezeigt – dem optimalen Vorgehen im Interesse des Mandanten. *Gaier* meint, vom Anwalt würde letztlich das verlangt werden, was er ohnehin in gedanklicher Vorprüfung leisten muss.[105] Dies ist zutreffend, denn von dem Kläger wird gemäß § 253 II Nr. 2 ZPO die Angabe des Gegenstandes und des Grundes des erhobenen Anspruches sowie die Stellung eines bestimmten Antrages verlangt. Dies wird so interpretiert, dass der Kläger die Gesamtheit der zur Begründung des Anspruches erforderlichen Tatsachen behaupten und einen Antrag formulieren muss. Dazu muss der Streitstoff konkretisiert und dem Antrag zugeordnet werden.[106]

Die Parteien müssen das Recht kennen. Bei anwaltlicher Vertretung – und einen solchen Prozess hat *Gaier* im Blick – muss der Anwalt die tatbestandlichen Voraussetzungen immer darlegen, wenn er einen bestimmten Antrag unter Behauptung der klagebegründenden Tatsachen stellt. Nach dem Vorschlag von *Gaier* soll der Anwalt nun seine Überlegungen gewissermaßen nur transparent in seinen Schriftsätzen dem Richter gegenüber zugänglich machen. Ein vermeintlicher Vorteil der geschilderten Methode könnte darin bestehen, dass

---

[101] Vgl. dazu auch *Brehm*, S. 68 f.
[102] So *Gaier*, der allerdings davon ausgeht, dass das Konzept der Mündlichkeit längst gescheitert ist und durch „starke Elemente der Schriftlichkeit ersetzt worden ist". *Gaier*, ZRP 2015, S. 101 ff. (103) mit Hinweis auf *Lüke*, Zivilprozessrecht, 9. Aufl. 2006, Rn. 26 f.
[103] So *Gaier*, ZRP 2015, S. 101 ff. (103).
[104] Vgl. *Gaier*, NJW 2013, 2874; BT-Drucks. 17/12634, S. 25.
[105] *Gaier* meint, der Anwalt müsse nur seine „gedankliche Vorarbeit zu Papier" bringen. *Gaier*, ZRP 2015, S. 101 ff. (104).
[106] *Foerste*, in: Musielak/Voit, ZPO, § 253 Rn. 24 ff.

der Anwalt zu einem besonderen Maß an Selbstkontrolle angehalten wird, womit der Vorschlag dem Interesse anwaltlicher Fehlervermeidung dienen würde.[107] Denkbar ist beispielsweise eine Verringerung der obig aufgezeigten Gefahr, wonach der Anwalt für den Kläger einen ungünstigen Vortrag beibringt und so seinem Mandanten schadet. Gleiches könnte auf die Konstellation zutreffen, in der dem Beklagten der Fehler unterläuft, dass er unter Bestreiten der klagebegründenden Behauptungen Tatsachen vorträgt, die einen anderen Klageanspruch rechtfertigen.

(2) Strukturierung zum Zweck der Vorbereitung richterlicher Tätigkeit und der Verfahrensbeschleunigung. Der Vorschlag könnte zudem deutliche Vorteile im Hinblick auf die richterliche Arbeit zeigten, zum einen aus dem Gesichtspunkt der Neutralität, zum anderen aus Erwägungen der Effizienz. Man könnte zu der Annahme geneigt sein, die Beibringung entsprechend einer formalistischen Struktur führe dazu, den Richter im Rahmen des dreiseitigen Prozessrechtsverhältnisses in die Lage zu versetzen, zum Streitstoff und zu beiden Parteien gleichermaßen die notwendige Distanz zu wahren. Denn die Strukturierung erfordert eine eigene intellektuelle Leistung, die mit einem Näheverhältnis verbunden ist. *Gaier* sieht den wesentlichen Vorzug seines Vorschlags in der Entlastung des Richters, indem dieser bei komplexeren Sachverhalten einen Aktenauszug erstellen bzw. bei einfach gelagerten Fällen unmittelbar einen Überblick erhalten und sich zügig der rechtlichen Würdigung widmen können soll.[108] Die notwendige richterliche Mitwirkung in jedem Verfahrensabschnitt soll dadurch erfolgen, dass der Richter von seiner Hinweispflicht nach § 139 ZPO Gebrauch machen muss, z.B. wenn er erkennt, dass der Rechtsanwalt gerade nicht die taugliche Anspruchsgrundlage gewählt hat.[109]

(3) Strukturierung und Einsatz von EDV. *Gaier* hebt schließlich hervor, sein Vorschlag bewirke, dass das Potential, das der EDV-Einsatz am Arbeitsplatz ermöglicht, in besonderer Weise genutzt werden könne. Dem Richter würde es ermöglicht, das Parteivorbringen elektronisch zuzuordnen und auf diese Weise einen Aktenauszug zu erstellen. Hierdurch könnten die durch das am 13.6.2013 verabschiedete Gesetz zur Förderung des elektronischen Rechtsverkehrs vorgesehenen Änderungen effektiv eingesetzt werden.[110] Laut *Gaier* wären sogar *Tools* vorstellbar, die die Erstellung der Verknüpfungen ermöglichen.[111] *Gaier* betont, die bloße Übermittlung des Parteivortrags in elektroni-

---

[107] Vgl. *Gaier*, ZRP 2015, S. 101 ff. (104).
[108] So *Gaier*, ZRP 2015, S. 101 ff. (104).
[109] So *Gaier*, ZRP 2015, S. 101 ff. (104).
[110] *Gaier*, NJW 2013, S. 2871 ff. (2874).
[111] *Gaier*, ZRP 2015, S. 101 ff. (104); *ders.*, NJW 2013, S. 2871 ff. (2874).

scher Form und die Verfügbarkeit in einer elektronischen Akte würden die richterliche Arbeit nicht ausreichend erleichtern, denn das Auffinden und Zuordnen des Vorbringens werde nicht vorbereitet, sondern läge im alleinigen Aufgabenbereich des Richters.[112] Vielmehr müssten die Möglichkeiten, die die moderne IT-Technik bietet, auch für die Erleichterung und Beschleunigung richterlicher Entscheidungsfindung nutzbar gemacht werden.[113]

(4) Strukturierung, Prozessförderungspflicht der Parteien und Sanktionierung. Der dargestellte Vorschlag könnte auch mit der Prozessförderungspflicht der Parteien korrelieren und diese im Ergebnis präzisieren. Denn schließlich obliegt den Parteien im Zivilverfahren eine gesteigerte Mitwirkungspflicht, wohingegen in Verfahren mit Amtsermittlung lediglich eine allgemeine Prozessförderung der Parteien Geltung beansprucht.[114] Eine Sanktionierung fehlender Strukturierung könne vergleichbar mit der Präklusion verspäteten Vorbringens erfolgen.[115] Dies ist plausibel, denn für die mit der Strukturierung verbundene Mehrarbeit müssten Anreize geschaffen werden. Freilich bedeutet eine derartige Sanktionierung eine erhebliche Belastung der Parteien, welche wegen der teilweisen Stoffausblendung mit Einschnitten in die Verhandlungsmaxime einherginge. So riskiert der Kläger, der zwar die Voraussetzungen der Anspruchsgrundlage vorträgt, die aber präkludiert ist, Klageabweisung wegen Unschlüssigkeit.

d) Eigene Stellungnahme

aa) Bedenken im Hinblick auf eine mögliche Verkürzung des Prozessstoffs

Im Rahmen der Würdigung des Vorschlags ist zu bedenken, dass die Verpflichtung, einen Anspruch schlüssig zu begründen, von dem Anwalt eine gewissenhafte und sorgfältige Durchdringung des Stoffs erfordert und eine entsprechende rechtliche Vorprüfung, ob seine Klage überhaupt dem Test der Schlüssigkeit standhält, ohnehin *de lege lata* besteht. Sofern der Anwalt dieser Vorprüfung gewissenhaft nachkommt, wird das Gericht entlastet, denn es können so bereits sehr früh aussichtslose Fälle herausgefiltert werden.[116] *Gaier* meint, sein vorgeschlagener Ansatz sei bereits im Kern in der ZPO angelegt und auch erkennbar, vgl. § 138 III ZPO.[117]

Der Vorschlag von *Gaier* ist von der Erwägung der besseren Vorbereitung durch den Anwalt, durch Verschärfung und Verdichtung der Stoffbeibringung

---

[112] *Gaier*, NJW 2013, S. 2871 ff. (2874).
[113] *Gaier*, ZRP 2015, S. 101 ff. (104).
[114] *Brehm*, S. 66.
[115] So *Gaier*, ZRP 2015, S. 101 ff. (104).
[116] Vgl. dazu bereits *Brehm*, AnwBl 1983, S. 193 ff. (194).
[117] *Gaier*, ZRP 2015, S. 101 ff. (102).

und Konzentration getragen. Dies ist gewiss ein sehr überlegenswerter Ansatz. Die Idee begegnet aber Bedenken, da der – im Ausgangspunkt an sich richtige – Zugriff auf den Prozessstoff im Sinne eines „wenn, dann" bzw. „ja" oder „nein" doch sehr schematisch erscheint. Es muss kritisch hinterfragt werden, ob ein derartiges schematisches – nahezu lehrbuchartiges – Vorgehen komplexe Vorgänge nicht zu sehr vereinfacht und im Ergebnis der Würdigung eines Lebenssachverhalts voll gerecht werden kann. Die Konzeption entspricht durchaus dem Wechselspiel von Kläger und Beklagtem; auch trifft es zu, dass man von dem im Prozess auftretenden Anwalt verlangen kann und muss, dass er sich bei der Stoffbeibringung Mühe gibt und den Sachverhalt schlüssig unterbreitet. Die erforderliche Schärfung seines Vortrags kann zudem gewiss den Erkenntnisgewinn fördern, da sich der Anwalt zu einer Auseinandersetzung mit den Tatsachen gezwungen sieht. Allerdings kann der schematische Zugriff unter Filterung auch zu einer riskanten Verkürzung des Prozessstoffs führen, denn man verkürzt den Tatsachenstoff auf diejenigen Angaben, die der Anspruchsgrundlage entsprechen. Mit anderen Worten lässt sich feststellen, der Versuch des Verdichtens geht immer einher mit dem Risiko des Verlustes. Denn im Rahmen der Verdichtung besteht die Gefahr, dass Probleme, die sich später als relevant erweisen, durch den Filter hindurchfallen. In diesem Kontext muss beachtet werden, dass der Prozess von der Vorstellung einer Entwicklung der Rechtsfindung im Verlaufe des Verfahrens – auch innerhalb mehrerer Instanzen – aufgrund des Diskurses der Parteien mit dem Gericht getragen ist. Eine Verkürzung unter der Prämisse eines „richtigen" Vordenkens und unter dem Zeichen der Effizienz erscheint indes mit einer Entwicklung im Sinne eines *procedere* schwierig vereinbar und könnte die Chance von Erkenntnisgewinn durch die Vermittlung der Illusion von Einfachheit insgesamt verringern, entfernt vergleichbar damit, dass die Zurückdrängung des Kollegialprinzips unter der Maxime der Effizienz ebenfalls zu Lasten der Erkenntnisgewinnung wirken kann, weil hiermit der Diskurs innerhalb des Kollegiums verkürzt wird.

bb) „Da mihi facta, dabo tibi ius" bzw. „iura novit curia",
argumentum e contrario § 293 ZPO

Der Vorschlag von *Gaier* verlangt aber ein Vordenken nicht nur im Hinblick auf die Strukturierung, sondern auch mit Blick auf das Recht. Darin besteht der eigentliche Kritikpunkt. In der Verpflichtung der Parteien zu einer Beibringung anhand einer konkreten Anspruchsgrundlage im Rahmen der Schriftsätze liegt ein Novum. Dabei soll die Möglichkeit des Gerichts erhalten bleiben, auf eine inkorrekte Anspruchsgrundlage hinzuweisen und auf eine entsprechende Auswechslung hinzuwirken. Schon dies lässt den von *Gaier* erwarteten Beschleunigungseffekt wegen der weiterhin bestehenden – und notwendigen – Einbindung des Richters bezweifeln. Zudem bleibt unklar, wie mit veränderten Strukturierungsvorgaben in der Situation eines Richterwechsels bzw. in der nächsten Instanz umzugehen ist.[118]

Die These *Gaiers* ist aber im Ergebnis deswegen heikel, weil die prozessuale Aufgabenverteilung der ZPO keine Rechtsausführungen der Partei verlangt. Erforderlich ist ein schlüssiger Tatsachenvortrag. Die rechtliche Würdigung und Prüfung ist dem Richter zugewiesen. Er muss den Vortrag der Parteien unter allen in Betracht kommenden rechtlichen Aspekten daraufhin prüfen, ob das Klagebegehren gerechtfertigt ist.[119] Es gilt – ermittelbar im Wege eines Umkehrschlusses aus § 293 ZPO – der Grundsatz *iura novit curia* – das Recht kennt der Richter – und im Verhältnis des Richters zu den Parteien gilt *da mihi facta, dabo tibi ius*, auch bei Einschaltung eines Anwalts. Damit unterliegt die Rechtsanwendung nicht der Verhandlungsmaxime.[120] Freilich sind Rechtsausführungen seitens des Anwalts förderlich, weil sie den Parteivortrag in bestimmte Richtungen lenken und das Gericht unterstützen und in die Lage versetzen können, auf übersehene rechtliche Aspekte hinzuweisen.[121] Voraussetzung der Stoffbeibringung sind Rechtsausführungen jedoch nicht.

(1) Tendenzen der Rechtsprechung zu einer Verpflichtung des Anwalts zur Beibringung rechtlicher Gesichtspunkte unter Abschwächung des Grundsatzes „iura novit curia". Bemerkenswerterweise verfährt die jüngere Rechtsprechung des BGH im Rahmen der Haftung des Anwalts gegenüber seinem Mandanten mit dem Grundsatz *iura novit curia* anders. Sie verpflichtet den Anwalt dazu, die zugunsten seiner Partei sprechenden tatsächlichen und rechtlichen Gesichtspunkte so umfassend wie möglich darzustellen, womit mehr als eine reine Faktenbeibringung erwartet wird. Diese Verpflichtung soll nach Ansicht des BGH laut einem Urteil aus dem Jahre 2015 durch den Grundsatz *iura novit curia* keine Einschränkung erfahren.[122] Gegenstand dieses Judikats war die Haftung des Anwalts gegenüber seinem Mandanten. In dem dem Regressverfahren zugrunde liegenden Vorprozess war im Rahmen der Klärung einer Versicherungsdeckung streitentscheidend, ob seitens des verklagten Spediteurs eine Allgefahrenversicherung (*All Risk*) oder abredewidrig lediglich eine Strandungsfalldeckung („C-Klausel") abgeschlossen worden war. In dem späteren Regressverfahren gegen den von der Klägerin des Ausgangsverfahrens betrauten Anwalt machte die Klägerin geltend, der beklagte Anwalt habe in dem Vorprozess nicht hinreichend geltend gemacht, dass die Beklagte des

---

[118] So kritisch *Hirtz*, NJW 2014, S. 2529 ff. (2532).
[119] *Rauscher,* in: Münchener Kommentar ZPO, Einl. Rn. 322.
[120] *Rauscher,* in: Münchener Kommentar ZPO, Einl. Rn. 322.
[121] *Wagner,* in: Münchener Kommentar ZPO, § 130 Rn. 7.
[122] BGH NJW 2016, 957 ff. unter Bezugnahme auf BGH NJW 2013, 2965.

Ausgangsverfahrens zum Abschluss einer Allgefahrenversicherung verpflichtet gewesen war und daher weisungswidrig nur eine Mindestversicherung abgeschlossen hatte. Wichtig dabei ist, dass das Erstgericht überhaupt nicht auf den Aspekt der vertragswidrigen Abdeckung eingegangen war und der Anwalt sodann gegenüber dem Berufungsgericht erst in der mündlichen Verhandlung hierauf aufmerksam machte. Der BGH geht von einer objektiven Pflichtverletzung des Anwalts aus. Denn es sei Aufgabe des Rechtsanwalts, der einen Anspruch seines Mandanten klageweise geltend machen soll, die zugunsten seiner Partei sprechenden „tatsächlichen und rechtlichen Grundsätze so umfassend wie möglich darzustellen, damit sie das Gericht bei seiner Entscheidung berücksichtigen kann".[123] Problematisch ist, ob der BGH Anforderungen an die Schlüssigkeit bemängelt oder dem Anwalt rechtliche Ausführungen auferlegt. Einerseits heißt es in Urteil, der Anwalt habe der „Verpflichtung zu schlüssigem Sachvortrag" hinsichtlich des versäumten Abschlusses einer sogenannten *All-Risk*-Versicherung nicht genügt.[124] Demgegenüber wird aufgeführt, es widerspräche der rechtlichen und tatsächlichen Stellung der Anwälte, ihre Aufgabe allein auf die Beibringung des Tatsachenmaterials zu beschränken.[125] Dementsprechend war es *in casu* erforderlich, dass der Anwalt den streitentscheidenden Aspekt der Verpflichtung zu einer Allgefahrenversicherung und des stattdessen verwirklichten unzureichenden Versicherungsschutzes deutlich zum Gegenstand des Rechtsstreits machte. Als nicht ausreichend wurde der Vortrag des Anwalts, dass von dem Beklagten eine vereinbarte *All-Risk*-Versicherung nicht abgeschlossen worden sei, erachtet. Denn es handelte sich dabei „nicht um einen – wie etwa Eigentum – jedermann geläufigen einfachen Rechtsbegriff". Es bedurfte vielmehr einer näheren Erläuterung, eine derartige Versicherung hätte verschuldensunabhängig sämtliche Schäden kompensiert, also eine Erklärung, was eine *All-Risk*-Versicherung ist. Darauf aufbauend hätte der Anwalt sein Vorbringen durch weitere Darlegungen untermauern müssen, dahingehend, dass im Falle des umfassenden Versicherungsschutzes der eingetretene Schaden wegen der Inanspruchnahme des Versicherers hätte vermieden werden können. Diese Erläuterungen habe der beklagte Anwalt – auch im Berufungsrechtszug – unterlassen, womit er seiner Verpflichtung zu schlüssigem Sachvortrag nicht nachgekommen sei.[126] Der Anwalt habe die Möglichkeit, auf die rechtliche Beurteilung des Gerichts Einfluss auszuüben, woraus sich im Verhältnis zum Mandanten die Verpflichtung ergibt, diese Möglichkeit auch zu nutzen. Aus den Vorgaben des BGH im Hinblick auf die Aufgaben des Anwalts im Rahmen der Stoffbeibringung ge-

---

[123] BGH NJW 2016, 957 ff. (957).
[124] BGH NJW 2016, 957 ff. (958).
[125] BGH NJW 2016, 957 ff. (958).
[126] BGH NJW 2016, 957 ff. (958).

genüber dem Gericht resultieren beträchtliche Folgen für den Regressanspruch des Mandanten.

Der BGH verschiebt letztlich die Haftung auf den Rechtsanwalt. Bezeichnend ist, dass zwecks Haftungsverlagerung das „auch bei Richtern unvollkommene menschliche Erkenntnisvermögen und die niemals auszuschließende Möglichkeit eines Irrtums"[127] zugrunde gelegt werden, während die Notwendigkeit richterlicher Überaktivität und richterlicher Eingriffe in die Parteiherrschaft im Wege des § 139 ZPO sowie des § 141 ZPO auf eine angebliche Inkompetenz der Anwälte gestützt werden. Damit wird zur Begründung von Regressansprüchen zugunsten des Mandanten von dem Bild eines dem Anwalt überlegenen Richters deutlich abgerückt und dem Anwalt werden erhebliche Aufgaben mit gravierenden Konsequenzen im Hinblick auf dessen Haftung zugewiesen. An die Rechtsausführungen des Anwalts wird dabei – entgegen der zivilprozessualen Grundkonzeption – der hohe Maßstab einer „umfassenden Darlegung des Rechtsstandpunktes seiner Partei" angesetzt, während das Unterbleiben notwendiger richterlicher Hinweise im Hinblick auf die Haftung des Anwalts keine Konsequenzen zeitigt, denn diese fehlerhafte Handhabung beruhe schließlich auf dem Versagen des Anwalts, das durch sachgemäßes Verhalten hätte verhindert werden können. Damit wird letztlich die Wirkrichtung des § 139 I ZPO verkannt. Denn der Hinweis soll an die Partei gerade dann erfolgen, wenn ein lückenhafter Tatsachenvortrag vorliegt und soll so die Partei zur Vervollständigung anhalten. Nicht aber soll der schlüssige Vortrag des Anwalts den Hinweis des Richters auslösen.

Die gegebene Entscheidung ist deshalb sehr bedenklich, da der Anwalt im Rahmen der Klageschrift gegenüber dem Erstgericht dargelegt hatte, es habe eine vertragliche Verpflichtung des Gegners zum Abschluss einer *All-Risk*-Versicherung anstelle der tatsächlich abgeschlossenen Versicherung mit C-Klausel bestanden. Der Umfang der Deckung durch eine *All-Risk*-Versicherung werde aus dem Wortlaut „All Risk" deutlich; eine derart umfassende Deckung werde nicht im Wege einer Mindestversicherung erreicht, was sich konkludent daraus ergebe, dass die abgeschlossene Versicherung den Schaden nicht deckte und daher geklagt wurde.[128] Damit waren die Tatsachen im Hinblick auf den Schadensersatz wegen einer Pflichtverletzung des Spediteurs in Form der fehlerhaften Eindeckung der Versicherung seitens des Anwalts – wie das OLG Frankfurt als Vorinstanz es annahm – auch vollständig und schlüssig vorgetragen.[129] Etwas anderes könnte sich daher nur ergeben, wenn ein besonderer Maßstab in Form eines Hinweises an das Berufungsgericht erforderlich gewesen wäre, weil das erstinstanzliche Urteil nicht auf die Frage der unzurei-

---

[127] BGH NJW 2016, 957 ff. (958).
[128] OLG Frankfurt BeckRS 2016, 01189; zutreffend *Borgmann*, NJW 2016, S. 959.
[129] OLG Frankfurt BeckRS 2016, 01189; zutreffend *Borgmann*, NJW 2016, S. 959.

chenden Deckung eingegangen war. In der Berufungsbegründung und den nachfolgenden Schriftsätzen hatte der Anwalt den Gesichtspunkt des vertragswidrigen Unterlassens des Abschlusses der *All-Risk*-Versicherung nicht vorgebracht. Man könnte vertreten, der Anwalt müsse einen Gesichtspunkt, den das Erstgericht erkennbar übersehen hatte, in der zweiten Instanz ganz besonders mit Nachdruck hervorheben.[130] Jedoch hatte der Anwalt mit seinem Hinweis auf seinen erstinstanzlichen Vortrag verdeutlicht, sein Vorbringen insgesamt weiterzuverfolgen. Damit lag dem Berufungsgericht ein umfassendes Prüfungsprogramm – auch hinsichtlich des Streitpunkts der Versicherungsdeckung – vor.[131] Der Kläger hatte im Ergebnis die notwendigen Tatsachen vollständig vorgetragen.[132] Dass das Berufungsgericht dem nicht nachging, fällt gemäß dem Grundsatz *iura novit curia* in den Verantwortungsbereich des Gerichts. Die Anforderungen des BGH an den Vortrag des Anwalts werden im Ergebnis überspannt, da von ihm rechtliche Ausführungen verlangt werden.

Gestattet sei die Anmerkung, dass das Judikat die Haftung in bedenklicher Weise komplett auf den Anwalt verlagert. Denn wegen der aufgrund des Spruchrichterprivilegs nach § 839 II S. 1 BGB regelmäßig nicht gegebenen Haftung des Richters bzw. des Bundeslandes kommt nicht einmal eine Einbeziehung in eine gesamtschuldnerische Haftung in Betracht. Das dargestellte Urteil steht in einem klaren Widerspruch zu bisheriger Rechtsprechung des BGH, in der es klar heißt, der Anwalt hafte nicht für Fehler des Gerichts, wenn er keine prozessualen Fehler gemacht hat und ausreichend vorgetragen hat.[133]

(2) Die Judikatur des BVerfG. Zudem verhält sich das dargestellte Urteil konträr zu der Rechtsprechung des BVerfG, nach der Rechtskenntnis und Rechtsanwendung vornehmlich Aufgabe der Gerichte sind. Trägt der Anwalt hinreichend substantiiert vor, dann soll er nach dem Beschluss des BVerfG aus dem Jahre 2002 seinem Mandanten nicht für Fehler des Gerichts haften.[134] Denn als Organe der Rechtspflege haften die Rechtsanwälte nicht ersatzweise für Fehler der Rechtsprechung, nur weil sie nach § 51 BRAO haftpflichtversichert sind. Weiter heißt es hier, kein Anwalt könne einem Mandanten zur Anrufung der Gerichte raten, wenn er deren Fehler zu verantworten hätte. Nach dem Zivilprozessrecht träfen die Gerichte Hinweis- und Belehrungspflichten; die Parteien und deren Anwälte trügen in erster Instanz im Wesentlichen Verantwortung hinsichtlich des Sachverhaltsvortrags und der Antragstellung.

---

[130] So *Mäsch*, JuS 2016, S. 457 ff. (458).
[131] *Borgmann*, NJW 2016, S. 959.
[132] So das OLG Frankfurt BeckRS 2016, 01189.
[133] BGH BeckRS 2015, 12102; vgl. dazu *Borgmann*, NJW 2016, S. 959.
[134] BVerfG NJW 2002, 2937.

Schließlich wird hervorgehoben, die Gerichte seien verfassungsrechtlich im Hinblick auf Art. 12 GG nicht legitimiert, den Rechtsanwälten über den Umweg über den Haftungsprozess auch die Verantwortung für die korrekte Rechtsanwendung aufzubürden.[135]

cc) Stellungnahme

Damit ist die Grenzziehung zwischen anwaltlicher und richterlicher Tätigkeit durch das BVerfG klar abgesteckt. Dem Anwalt obliegt die Unterbreitung des Sachverhalts; sein Sachvortrag muss schlüssig sein. Und das ist viel. Der Anwalt wird auf diese Weise auch ohne Strukturierung im Sinne *Gaiers* zu einem wertvollen Filter und Katalysator im Hinblick auf das Verfahren. Gewiss muss der Anwalt seinen Mandanten auch in rechtlicher Hinsicht sorgfältig beraten; einen Freibrief für Fehler erhält er nicht. Allerdings arbeitet der Anwalt bei korrekter Beibringung des Prozessstoffs und Abfassung schlüssiger bzw. erheblicher Schriftsätze ohnehin anspruchsgrundlagenorientiert. Wenn mehrere Anspruchsgrundlagen in Betracht kommen, muss der Sachvortrag entsprechend differenziert ausfallen. Der Anwalt muss die Anspruchsgrundlagen daher bei der Beratung seines Mandanten und bei der Erstellung der Klageschrift ständig gezielt im Blick haben. Über die Schlüssigkeit in der Klage schlägt der Anwalt sodann die Brücke zur rechtlichen Prüfung, die dem Richter obliegt und damit auch nicht – unter dem Deckmantel bloßer Vorbereitung – in den Verantwortungsbereich des Anwalts delegiert werden darf. Der Anwalt hat folglich die Aufgabe, das „Gestrüpp" im Rahmen der Sachverhaltsermittlung zu überblicken. Diese Aufgabe ist als durchaus anspruchsvoll zu bewerten; ihre Erfüllung kann aber von dem Anwalt verlangt werden. Schließlich macht man es sich doch zu einfach, wenn man Anwälten – wie es die Vertreter der sozialen Prozessauffassung annehmen – pauschal die Fähigkeit abspricht, einen komplexen Sachverhalt schlüssig zu unterbreiten.[136] Voraussetzung der schlüssigen Darlegung ist auch die Befähigung, den Sachverhalt nach rechtlichen Aspekten zu prüfen.[137] Sofern der Anwalt die Klage ohne vorherige Prüfung der Erfolgsaussichten erhebt, begeht er eine Pflichtverletzung und missbraucht das ihm vom Mandanten entgegengebrachte Vertrauen.[138] Daher muss der Anwalt gegenüber seinem Mandanten auch auf eine möglichst genaue Schilderung des Sachverhalts hinwirken, damit er überhaupt eine zureichende Basis für eine verantwortungsvolle Beratung hat.[139] Je besser, d.h. genauer, geschärfter und präziser der Anwalt dem Gericht den Prozessstoff unterbreitet, desto

---

[135] BVerfG NJW 2002, 2937.
[136] *Brehm*, S. 79.
[137] *Brehm*, S. 79.
[138] So *Brehm*, S. 79.
[139] So *Brehm*, S. 79.

höher sind seine Aussichten des Obsiegens. Schließlich wird sich das Gericht, das den Rechtsstreit einfach und zügig erledigen will, umgekehrt intensiver um einen Vergleich bemühen, je verworrener und unlösbarer sich der Fall aufgrund des Parteivortrags darstellt.[140] Damit kann sich die gut vorbereitete anwaltliche Arbeit gerade bei Verfahren wie bei Bauprozessen, die sich wie ein gordischer Knoten darstellen können und daher oft auf einen Vergleich zusteuern, als sehr wertvoll erweisen.

Jedoch muss der Anwalt gegenüber dem Gericht nicht das „Rechtsdickicht" lichten,[141] worauf die Ansicht des BGH in der dargestellten Entscheidung und auch der Vorschlag von *Gaier* im Ergebnis hinauslaufen. Im Hinblick auf den Vorschlag einer anspruchsgrundlagenorientierten Strukturierung ist zu beachten, dass die rechtliche Beurteilung des Gerichts oft nur schwierig vorhergesagt werden kann.[142] Wie soll der Anwalt das Vorgehen des Richters dann im Wege der Vorgabe einer konkreten Anspruchsgrundlage antizipieren? Der Anwalt hat bei der Darlegung des Sachverhalts alle in Betracht kommenden Rechtsansichten zu bedenken, welche das Gericht vertreten könnte.[143] Der Richter wird auf Grundlage des schriftsätzlichen Parteivortrags in die rechtliche Prüfung eintreten und hat dabei die Schlüssigkeits- und Erheblichkeitsprüfung ebenso anzuwenden. Es ergeben sich – wie im Rahmen der Relationslehre dargestellt wurde – selbst im Rahmen der rechtlichen Prüfung hohe Anforderungen an das Gericht. Denn die Verhandlungsführung verlangt, dass der Richter den Streitstoff in tatsächlicher und rechtlicher Hinsicht beherrscht, damit die mündliche Verhandlung auch ihren Sinn ergibt.[144] Damit ergeben sich klare Verantwortungsbereiche des Anwalts und des Richters und damit korrespondierende Anforderungen an die jeweilige Vorbereitung. Es wird deutlich, dass die sorgfältige Vorarbeit des Anwalts Auswirkungen auf die richterliche Arbeit zeitigt. Aber auch der Richter muss die Schlüssigkeits- und Erheblichkeitsprüfung vornehmen. Ohne entsprechende Vorbereitung kann der Richter in der mündlichen Verhandlung keine gezielten Fragen stellen, wird seiner Verpflichtung nach § 139 ZPO nicht gerecht und wird stattdessen zu einer „Rundumbefragung" der Parteien im Wege des § 141 ZPO neigen.[145] Die Ausführungen zeigen, wie die sorgsame Vorbereitung des Anwalts und die sorgsame Prozessführung des Richters miteinander korrelieren. So konstatiert *Brehm* treffend, der Prozess sei ein Handlungsgefüge, bei dem sich die Verhaltensweisen wechselseitig beeinflussen.[146]

---

[140] So *Brehm*, S. 80.
[141] Anmerkung von *Borgmann*, NJW 2016, S. 959.
[142] So *Brehm*, S. 79.
[143] So *Brehm*, S. 79.
[144] *Brehm*, S. 80.
[145] *Brehm*, S. 80.
[146] *Brehm*, AnwBl 1983, S. 193 ff. (196).

II. Möglichkeiten der Weiterentwicklung des Verhandlungsgrundsatzes

Gaiers Vorschlag ist damit in seinem Ansatz insofern interessant und überzeugend, als er eine sorgsame Vorbereitung des Prozesses unter Schärfung des Tatsachenvortrags durch die Stärkung anwaltlicher Verantwortung postuliert. Insofern sollte wieder mehr Wert auf eine bessere schriftliche Vorbereitung und eine möglichst weitgehende Informationsbeschaffung vor der mündlichen Verhandlung gelegt werden. Es liegt auch nahe, die Vorgaben des § 130 ZPO als unzureichend anzusehen und es böte sich zur Sicherstellung prozessordnungsgemäßen Vortrages *de lege ferenda* an, die Anforderungen an die Schlüssigkeit in die Vorschriften des § 130 Nr. 3 ZPO und des § 253 II Nr. 2 ZPO zu inkorporieren und § 130 ZPO von einer Sollvorschrift zu einer Mussvorschrift zu erheben. Eine Sanktionierung könnte dadurch erreicht werden, dass der Richter die anwaltlich vertretene Partei nicht mehr auf eine fehlende Schlüssigkeit hinweist und eine solche Klage abweist. Dies wäre freilich eine scharfe Sanktion, würde aber zu einem geringeren Maß an richterlicher Aktivität führen und für den Anwalt einen Ansporn zu sorgfältiger Prozessvorbereitung unter dem Druck des Risikos des Verlierens bei unvollständigem Sachvortrag darstellen. Nicht zuletzt könnte auch verhindert werden, dass ein verwirrender Schriftsatz als Prozessstrategie eingesetzt wird.[147]

Die Gedanken *Gaiers* gehen aber unter dem Gesichtspunkt der Orientierung an einer Anspruchsgrundlage zu weit. Sie führen bei voller Verwirklichung gerade nicht zu einer Fortentwicklung der Verhandlungsmaxime, sondern zu deren Verwässerung, indem sie die Aufgaben der Parteien und des Richters *contra legem* miteinander vermengt. Hierfür bilden auch die Zunahme schriftlicher Elemente im Zivilverfahren sowie künftige Möglichkeiten und Bedürfnisse der elektronischen Kommunikation keine ausreichende Legitimationsbasis.[148]

2. Einführung eines vorgerichtlichen Verfahrens zur Beweiserhebung für bestimmte Verfahrensarten

a) Vorprozessuale Sachverhaltsermittlung nach dem Vorschlag von Gaier

Der Vorschlag von *Gaier* kulminiert schließlich darin, eine dritte Person wie ein neutraler Anwalt – vergleichbar mit einem *special master* nach amerikanischem Recht – in den Prozess der Stoffbearbeitung und Prozessvorbereitung einzuschalten. Dieser – von *Gaier* als „Prokurator" bezeichnete Dritte – soll zwecks Zeitersparnis und Beschleunigung sowie zur Förderung außergerichtlicher Einigung im Rahmen eines vorverlagerten, antezedierten Verfahrens in komplexeren, z.B. baurechtlichen Auseinandersetzungen oder Rechtsstreitig-

---

[147] Vgl. *Brehm*, S. 80.
[148] Vgl. auch *Hirtz*, NJW 2014, S. 2529 ff. (2531).

keiten zwischen Wirtschaftsunternehmen tätig werden.[149] Er soll die Stoffbeibringung koordinieren und sogar mit der Kompetenz ausgestattet werden, eine Beweisaufnahme durch Hinzuziehung von Sachverständigen zu veranlassen und einen Ortstermin mit den Parteien durchzuführen.[150] Hierdurch könnten Verfahrensverzögerungen gerade bei Prozessen von Wirtschaftsunternehmen und bei hoch komplexen Sachverhalten vorbereitet werden.[151] Dies solle im Ergebnis der Verantwortung wirtschaftlich starker Parteien für die erhöhte Inanspruchnahme der Justiz entsprechen.[152] Das Gericht werde schließlich insoweit in das Vorverfahren eingebunden, als es ihm vorbehalten bleibt, die Person für die Durchführung und Leitung des Vorverfahrens auszuwählen und zu überwachen.[153] Sofern Vergleichsbemühungen im Rahmen des Vorverfahrens scheitern, soll die erfolgte Sachverhaltsaufklärung für den Richter verwertbar sein.[154]

b) Würdigung

Auch dieser Vorschlag *Gaiers* ist von der als durchaus positiv zu bewertenden Betonung einer besseren Vorbereitung des eigentlichen Prozesses getragen.

Der ZPO sind von dem Hauptsacheverfahren abgelöste Formen der Beweisaufnahme nicht fremd, vgl. §§ 485 ff. ZPO. Allerdings verbleibt es dabei, dass die Durchführung in den Händen des Gerichts liegt. Beweisanordnung und Beweiswürdigung sind originäre Aufgaben des Richters, die nicht ausgelagert werden dürfen. Zudem sei darauf hingewiesen, dass ein kostenintensiver Sachverständigenbeweis erst veranlasst wird, wenn das Parteivorbringen schlüssig und erheblich ist. Nach dem dargestellten Vorschlag soll indes eine dritte Person in das Prozessrechtsverhältnis eingebunden werden und befugt sein, gerichtsverwertbare Tatsachen zu ermitteln. Die von *Gaier* intendierten Effizienzgewinne sind schon deswegen zweifelhaft, als der „Prokurator" dieselbe Arbeit macht, die der Richter erledigen müsste.[155]

Entscheidend ist jedoch, ob sich der Vorschlag noch innerhalb verfahrens- und verfassungsrechtlicher Vorgaben bewegt. Der neuralgische Punkt besteht darin, dass ein Nichtrichter im Ergebnis richterliche Befugnisse – insbesondere Beweisanordnung und Beweiserhebung durch Augenschein und Sachverständige – erhält. Dies ist umso mehr bedenklich, als die Ergebnisse des Vorverfahrens später im gerichtlichen Verfahren zugrunde zu legen sind und

---

[149] So der Vorschlag von *Gaier*, NJW 2013, S. 2871 ff. (2875 f.); *ders.*, DS 2013, S. 175 ff.; ablehnend *Hirtz*, NJW 2014, S. 2529 (2531).
[150] *Gaier*, NJW 2013, S. 2876.
[151] *Gaier*, ZRP 2013, S. 27 ff. (29).
[152] So *Gaier/Freudenberg*, ZRP 2013, S. 27 ff. (29).
[153] *Gaier*, NJW 2013, S. 2871 ff. (2876).
[154] *Gaier*, NJW 2013, S. 2871 ff. (2876).
[155] So *Hirtz*, NJW 2014, S. 2529 ff. (2531).

weiterverwertet werden sollen, denn sie sollen ja – so *Gaier* – nicht „nutzlos" sein.[156] Unter diesem Aspekt der intendierten Verwendung der von einem Nichtrichter erhobenen Beweise in einem späteren Gerichtsverfahren verstößt die These gegen den Unmittelbarkeitsgrundsatz gemäß § 355 ZPO, sofern der Richter die Beweise eben nicht neu erhebt und dabei insbesondere im Rahmen des Sachverständigenbeweises den von der Judikatur aufgestellten Anforderungen einer hinreichenden Auseinandersetzung mit dem Gutachten selbst gerecht wird, sondern an die Beweiserhebung eines Nichtrichters uneingeschränkt gebunden wird. Denn nach dem Gebot der Unmittelbarkeit gemäß § 355 ZPO im formellen Sinne müssen Beweise von dem erkennenden Gericht selbst ohne Dazwischentreten von Mittelspersonen erhoben werden.[157] Angemerkt sei, dass es sich bei dem Prinzip der Unmittelbarkeit doch um einen Grundsatz handelt, dem der historische Gesetzgeber eine große Bedeutung beimaß, indem „nur in dringendsten Fällen" die Beweisaufnahme nicht vor dem Prozessgericht zugelassen werden sollte.[158] Das Prinzip wurde auch während der Reformgesetzgebung – insbesondere durch die Abschaffung des vorbereitenden Einzelrichters durch die Einzelrichternovelle von 1974 – zunehmend gestärkt;[159] die Rechtsprechung wendet den Unmittelbarkeitsgrundsatz gegenwärtig – insbesondere bei einem Richterwechsel innerhalb einer Instanz – recht streng an.[160] Vor diesem Hintergrund erscheinen Eingriffe in den Unmittelbarkeitsgrundsatz als schwierig vertretbar. Der Unmittelbarkeitsgrundsatz ist schließlich mit dem Anspruch auf rechtliches Gehör gemäß Art. 103 I GG derart verknüpft, dass er das Recht beinhaltet, dem Gericht – und nicht dem *special master* – Tatsachen vorzutragen, deren Beweis anzutreten und auf diese Weise Einfluss auf die Entscheidung auszuüben.[161] Gewichtige Bedenken bestehen letztlich im Hinblick auf das Rechtsprechungsmonopol des Staates gemäß Art. 92 GG, wonach die rechtsprechende Gewalt den Richtern zugewiesen ist.[162] Dabei handelt es sich um Argumente, die das Schrifttum bereits

---

[156] *Gaier*, NJW 2013, S. 2871 ff. (2876).
[157] *Rosenberg/Schwab/Gottwald*, § 80 Rn. 1; *Heinrich*, in: Münchener Kommentar ZPO, § 355 Rn. 1.
[158] *Heinrich*, in: Münchener Kommentar ZPO, § 355 Rn. 1 mit Hinweis in Fn. 9 auf Materialien II 1 S. 304 und auf die Allgemeine Verfügung des Reichsjustizministers vom 11.11.1935, DJ 1935, 1655 f., wonach die Unmittelbarkeit der Beweisaufnahme „strengstes Gebot" sei.
[159] 2. Teil A. XII. Ferner wird angenommen, dass der Unmittelbarkeitsgrundsatz mittelbar durch die Stärkung des Einzelrichterprinzips sowie durch die Vereinfachungsnovelle von 1976, nach der die Beweisaufnahme wesentlicher Bestandteil des Haupttermines nach § 278 II ZPO a.F. ist, durchgesetzt wurde. Dazu ausführlich *Heinrich*, in: Münchener Kommentar ZPO, § 355 Rn. 1.
[160] *Stadler*, NJW 1998, S. 2479 ff. (2486) m.w.N.
[161] *Stadler*, NJW 1998, S. 2479 ff. (2487).
[162] Vgl. dazu die Erwägungen von *Stadler* gegen eine außergerichtliche obligatorische Streitschlichtung. *Stadler*, NJW 1998, S. 2479 ff. (2487).

gegen die obligatorische außergerichtliche Streitschlichtung vorgebracht hat mit dem Hinweis, eine Durchbrechung des Rechtsprechungsmonopols des Staates im Rahmen der Schiedsgerichtsbarkeit nach §§ 1025 ff. ZPO sei nur deshalb zulässig, weil die Parteien auf die Anrufung des staatlichen Gerichts verzichten.[163] Letztlich betrifft auch der Vorschlag von *Gaier* eben nicht die Verhandlungsmaxime, sondern die Auslagerung von schwierigen Prozessen wie Bauprozessen, bei denen ohnehin oftmals auf einen Vergleich zugesteuert wird, in den außergerichtlichen – maximenfreien – Bereich, wie es im Rahmen außergerichtlicher obligatorischer Streitschlichtung erfolgt.

Der Vorschlag hält im Ergebnis wegen der Übertragung richterlicher Aufgaben an einen Nichtrichter den Maßstäben einfachen Rechts sowie den Maßstäben des Verfassungsrechts nicht stand.

c) Alternative Möglichkeiten zwecks Vorstrukturierung des Parteivorbringens

aa) Die Etablierung eines vorgeschalteten Erörterungstermins

Die Erwägung einer besseren Vorbereitung des Verfahrens durch Strukturierung und Filterung des Prozessstoffes hat jüngst auch *Greger* aufgegriffen und die ausdrückliche Anordnung eines Erörterungstermins im Zivilprozess durch Aufnahme in die Vorschrift des § 273 II ZPO empfohlen.[164] Er verweist hierzu im Rahmen eines Binnenrechtsvergleichs auf die Anwendung eines Erörterungstermins im Rahmen des verwaltungs- und sozialgerichtlichen Verfahrens, vgl. § 87 I S. 2 Nr. 1 VwGO, § 106 III Nr. 7 SGG, obgleich diesen Verfahren die Untersuchungsmaxime zugrunde liegt. Laut *Greger* bestehe zwischen der Anwendung eines Erörterungstermins und der Amtsaufklärung jedoch kein Zusammenhang.[165] Neben der Möglichkeit der Strukturierung und Filterung des Prozessstoffs liege die Bedeutung des Erörterungstermins darin, den Prozessablauf abzustecken und Möglichkeiten einvernehmlicher Streitbeilegung aufzuzeigen.[166] *Greger* hebt zudem das heutige Verständnis des Zivilrichters hervor, der eben nicht mehr auf eine passive Schiedsrichterrolle beschränkt sei, sondern die Aufgabe aktiver Prozessleitung übernehme.[167] Demgegenüber habe die CPO von 1877 die öffentliche mündliche Verhandlung und die Parteiherrschaft als Errungenschaften eines liberalen Prozessverständnisses in den Fokus gerückt.[168]

---

[163] *Stadler*, NJW 1998, S. 2479 ff. (2486).
[164] *Greger*, NJW 2014, S. 2554 ff. (2555 f.).
[165] *Greger*, NJW 2014, S. 2554 ff. (2555 f.).
[166] *Greger*, NJW 2014, S. 2554 ff. (2555 f.).
[167] *Greger*, NJW 2014, S. 2554 ff. (2556).
[168] *Greger*, NJW 2014, S. 2554 ff. (2555).

Greger argumentiert, auch ausländische Rechtsordnungen kämen dem Bedarf nach Vorstrukturierung nach. So zeigen sich z.B. Parallelen in den *case management conferences* nach den englischen *Civil Pocedure Rules* (Rule 29.3.), in der Möglichkeit des Richters, in der Schweiz gemäß Art. 226 sZPO sogenannte Instruktionsverhandlungen durchzuführen, in den sogenannten vorbereitenden Tagessatzungen nach § 258 öZPO und in den *pre-trial conferences* nach den F.R.C.P. bzw. dem im amerikanischen Strafprozess angewandten *preliminary hearing*.

Das Konzept von *Greger* weist mit dem Vorschlag *Gaiers* insoweit eine auffällige Gemeinsamkeit auf, als die Komplexität des Streitstoffs unter dem Zeichen der Effizienz reduziert werden soll.[169] *Greger* bindet aber den Richter selbst ein, um dem Unmittelbarkeitsgrundsatz gemäß § 355 ZPO Rechnung zu tragen. Auch dürfte – und darin unterscheidet er sich von dem Vorschlag von *Gaier* – Urteilsgrundlage nur dasjenige sein, was in die mündliche Verhandlung eingeführt wird.[170] Es wird deutlich, wie die Empfehlung von *Greger* Effizienzgewinne wiederum mit Richteraktivität verbindet. Die ZPO sieht die Möglichkeit eines frühen ersten Termins gemäß § 272 II ZPO seit der Vereinfachungsnovelle schon vor. Gewiss kann dieser nicht einem besonderen Vorbereitungstermin, wie ihn *Greger* vorschlägt, gleichgesetzt werden, denn schließlich kann der Rechtsstreit in dem frühen ersten Termin abgeschlossen werden, womit sich der frühe erste Termin in der Sache oftmals als Haupttermin erweist.[171] Auch ist zuzugeben, dass sich die frühe Wahl der Verfahrensweise nach § 272 ZPO bereits bei Zustellung der Klageschrift für den Richter als schwierig erweisen kann. *Greger* intendiert mit der Vorschaltung eines Erörterungstermins maßgeblich die Stärkung der Effizienz des Verfahrens aufgrund der Forcierung einvernehmlicher Einigung durch gemeinsame Kommunikation. *Greger* hat damit eben nicht die Strukturierung des Prozessstoffs innerhalb der adversatorischen Schriftsätze zur Sicherstellung eines zügigen Ablaufes der streitigen Verhandlung im Blick. Abgesehen davon, dass das Gesetz bereits eine vorausgehende Güteverhandlung gemäß § 278 II ZPO vorsieht, sei darauf hingewiesen, dass es sich bei der Stärkung der Kommunikation, der gewiss eine positive Konnotation beizumessen ist, um ein Schlagwort der sozialen Prozessauffassung handelt. Unter dem Deckmantel der Kommunikation wird indes die Stärkung von Richteraktivismus forciert. An dieser Stelle fragt sich wieder, warum das Verfahren effizienter gestaltet wird, wenn dem Richter zusätzliche Aufgaben, hier sogar in einer Vorerörterung in einem gesonderten Termin mit der Konsequenz einer Aufblähung des Verfahrens, aufgebürdet werden.

---

[169] *Greger*, NJW 2014, S. 2554 ff. (2554).
[170] *Greger*, NJW 2014, S. 2554 ff. (2556).
[171] *Foerste*, in: Musielak/Voit, ZPO, § 279 Rn. 4.

bb) Differenzierung anhand der Spezialisierung der Anwaltschaft hinsichtlich gerichtlicher und außergerichtlicher Tätigkeit

Die Idee von *Gaier* erinnert jedoch wegen des überzeugenden Ansatzes des Erfordernisses einer sorgsamen Vorbereitung und Erhöhung anwaltlicher Verantwortung durch eine vorgeschaltete Instanz, die schließlich dem Gericht einen verdichteten Prozessstoff präsentiert, an das im englischen Recht praktizierte System einer Differenzierung zwischen *Solicitor* und *Barrister*. Hier wird im Rahmen der Rechtsvertretung anhand des Kriteriums der Spezialisierung hinsichtlich gerichtlicher und außergerichtlicher anwaltlicher Tätigkeit unterschieden. Nach dem traditionellen Rollenverständnis tritt allein der *Barrister* vor Gericht auf und entwirft aufgrund der Vorarbeiten des *Solicitors* gerichtsrelevante Schriftstücke. Der *Solicitor* wird als beratender Anwalt verstanden und agiert gewissermaßen als „Vordenker", indem er den Tatsachenstoff mit dem Mandanten erarbeitet und den *Barrister* instruiert.[172]

Gewiss können ausländische Vorbilder nur bedingt auf das deutsche Verfahrensrecht übertragen werden. Dies gilt umso mehr, als zur Weiterentwicklung eines *civil law*-Systems auf das angelsächsische *common law*-System und damit auf ein anders strukturiertes System zurückgegriffen werden soll. Im Rahmen der Strukturunterschiede ist vorliegend die Bedeutung mündlicher und schriftlicher Elemente für das Verfahren ganz besonders relevant. Denn der englische Prozess verwirklichte das Prinzip der Mündlichkeit – naturgemäß bedingt durch die Beteiligung von Laienrichtern – insofern anders, als der englische Richter traditionell keine Schriftsätze las, sondern sich sein Bild während der mündlichen Verhandlung machte.[173] Demgegenüber sollen an dieser Stelle Optionen einer besseren Vorbereitung der Schriftsätze diskutiert werden.

Dennoch kann hier durchaus die Frage nach einer Sinnhaftigkeit der Einschaltung spezialisierter Prozessanwälte in Deutschland aufgeworfen werden. Insofern kann der Blick auf die Zweiteilung im englischen Verfahren eine gewisse Anregung geben. Schließlich lag die Erwägung von Spezialisierung im Hinblick auf Prozessführung dem deutschen Recht bereits zugrunde, denn die bis zum Jahre 2007 gemäß § 20 I Nr. 2 BRAO a.F. geltende Fünf-Jahres-Wartefrist bis zur Postulationsmöglichkeit bei den Oberlandesgerichten fußte auf

---

[172] Allerdings wurde die rechtliche Stellung von *Barrister* und *Solicitor* durch den *Courts and Legal Services Act* von 1990 angenähert. Nach dem *Access to Justice Act* von 1999 haben mittlerweile auch die *Solicitors* in annähernd gleichem Umfang wie die *Barristers* die Befugnis, vor jedem Gericht und in allen Verfahren zu prozessieren. Damit schwindet die Unterscheidung in der Praxis zunehmend. Dazu *Kocher*, S. 164 f.

[173] *Brehm*, S. 81; *Bücker*, S. 11, 64 ff. Die Mündlichkeit der Hauptverhandlung beruhte in England – anders als in Deutschland – nicht auf einer politischen Bewegung, sondern ergab sich wegen der Mitwirkung von Laienrichtern im Zivilprozess von selbst. So *Bücker*, S. 11.

dem Gedanken der Qualitätserhöhung durch Erfahrung.[174] Dies gilt weiterhin für die gemäß § 164 BRAO bestehende besondere Rechtsanwaltschaft beim BGH. Überlegenswert ist demnach nicht die verfassungsrechtlich bedenkliche Zwischenschaltung einer Instanz, die richterliche Aufgaben wahrnimmt, sondern die Zwischenschaltung einer weiteren anwaltlichen Prüfungsinstanz im Hinblick auf die Verdichtung des Prozessstoffs. Insofern ließe sich an die Linie von *Gaier* anknüpfen, der die Gesichtspunkte der Verschärfung, Konzentration und Vorbereitung zu Recht als sinnvoll erachtet. Durch die Vorschaltung spezieller Prozessanwälte würde man deren Fähigkeit zu einem schärferen Denken mit entsprechender Prozesserfahrung einschließlich der Prozesstaktik im Hinblick auf das Verfahren durch eine Intensivierung des *„procedere"* nutzbar machen und könnte im Ergebnis auch komplexe Fälle – wie Bauprozesse – im maximengeprägten Zivilprozess durchführen anstatt diese in einen maximenfernen Raum zu verbannen. Auf diese Weise würde man der sowohl durch die Zurückdrängung der Anwaltschaft als auch durch die Auslagerung komplexer Rechtsstreitigkeiten in den Bereich der Streitschlichtung in Gang gesetzten – bereits dargestellten – Entwicklung einer Simplifizierung von komplexen Problemen ebenso entgegenwirken, wie der sich vertiefenden Gefahr der Entwicklung der Rechtsferne der Gesellschaft und damit dem Verlust des Ansehens der staatlichen Rechtsordnung.[175] Im Lichte von Art. 92 GG erscheint es vielmehr geboten, den klassischen Zivilprozess, der mit den Prinzipien der Öffentlichkeit und der Orientierung am materiellen Recht eine wesentliche Errungenschaft der bürgerlichen Gesellschaft darstellt, durch die Tätigkeit von Prozessanwälten zu stärken, womit der Verfahrensgang – auch ohne anspruchsgrundlagenorientierte anwaltliche Vorstrukturierung – entlang dem materiellen Recht rechtsnah und effizient gestaltet wäre. Diese Fortentwicklung im Wege eines neuen Ansatzes im System selbst würde den modernen liberalen bzw. neoliberalen Zivilprozess auszeichnen. Dabei ist es natürlich eine Wertungsfrage, ab welcher Instanz der Prozessanwalt tätig werden sollte und welches Herausstellungsmerkmal ihn auszeichnen würde. Denkbar wäre es, nur die oberen Instanzen zu verschließen und dem Prozessanwalt vorzubehalten. Eine geeignete, aber der deutschen Tradition fremde Option bestünde darin, dass der Prozessanwalt in allen Instanzen ausschließlich postulationsfähig wäre. Voraussetzung für die Zulassung als Prozessanwalt könnte eine fünfjährige Berufserfahrung als ein beratender Anwalt sein. Jedenfalls wäre der anwaltliche Wirkungsbereich durch die Etablierung von Anwälten auf zwei Ebenen gestärkt. Der juristische Laie – also auch der Verbrau-

---

[174] Der Wegfall der Wartezeit erfolgte durch das Gesetz zur Stärkung der Selbstverwaltung der Rechtsanwaltschaft vom 26.3.2007, BGBl. 2007 I 358 ff.
[175] Laut *Roth* ließe sich den aufgrund von Privatisierungsbestrebungen drohenden Bedeutungsverlusten der Ziviljustiz und des Zivilprozessrechts nur mit einer Weiterentwicklung des Verfahrensrechts begegnen. *Roth*, ZZP 120 (2016), S. 3 ff. (4).

cher – würde zunächst einen den Fall „aufnehmenden" Anwalt aufsuchen, welcher als erste Anlaufstelle vorbereitend tätig wird und dazu den Tatsachenstoff mit dem Mandanten erörtert. Sodann würde dieser Anwalt – sofern er das Vorgehen im Wege der Klage für sinnvoll erachtet – den Prozessanwalt kontaktieren, der die Klage verfasst und den Prozess schließlich führt.

3. Die Etablierung eines generellen Anwaltszwangs

a) Vorbemerkung

Das Fehlen des Anwaltszwangs nach § 78 I ZPO vor den Amtsgerichten kann als wichtiger Unterschied zwischen den Verfahren vor den Amts- und den Landgerichten markiert werden. In einem weiteren Schritt kann an dieser Stelle überlegt werden, den Anwaltsprozess, den *Gaier* bei seinen Vorschlägen im Blick hat,[176] zum Paradigma zu erheben. Anders gewendet lässt sich fragen, ob die Etablierung eines generellen Anwaltszwangs überlegenswert und sinnvoll erschiene. Bemerkenswert ist, dass der Anwaltszwang auch für Verfahren vor den Amtsgerichten vor dem Hintergrund der Bedeutung anwaltlicher Tätigkeit gerade für die Aufbereitung des Prozessstoffs bereits im Schrifttum des frühen 20. Jahrhunderts in Verbindung mit entsprechender Beiordnung von Armenanwälten postuliert wurde.[177] Demgegenüber gab es in den Kreisen konservativer Richter, die – wie bereits gezeigt wurde – für eine Stärkung der Richtermacht eintraten, Stimmen für die Abschaffung des Anwaltszwangs. So war der Anwaltszwang ein zentrales Thema in der Deutschen Richterzeitung, in der dessen Abschaffung gefordert wurde.[178]

In rechtsdogmatischer Hinsicht würde die Änderung sowohl die Verhandlungsmaxime als auch die Dispositionsmaxime vor den Amtsgerichten stärken, wenn man als Auswirkung auf die richterliche Praxis unter dem Zeichen der Effizienz richterliche Aktivität unterschiedslos minimieren würde. Dies ließe sich dann legitimieren, wenn auch vor den Amtsgerichten ausschließlich der besonders qualifizierte Prozessanwalt postulationsfähig wäre. Maßgebliche Einfallstore für die Herabsetzung richterlicher Aktivität wären insoweit § 139 ZPO und § 141 ZPO. Die stärkere Verantwortung der Anwaltschaft – auch vor den Amtsgerichten – könnte sowohl dem Aspekt der Effizienz, welchen *Gaier* in seiner Vorstellung von einem „modernen liberalen Zivilprozess" verwirklicht sieht, als auch dem Gesichtspunkt der Waffengleichheit, den der

---
[176] *Gaier* beschränkt seinen Vorschlag auf den Anwaltsprozess. *Gaier*, ZRP 2015, S. 101 ff. (103).
[177] Vgl. dazu *Levin*, Die rechtliche und wirtschaftliche Bedeutung des Anwaltszwangs, S. 83 m.w.N.
[178] *Brehm*, S. 165.

soziale Zivilprozess zu verwirklichen versucht, gerecht werden. Angemerkt sei, dass die Etablierung eines generellen Anwaltszwangs unter Anerkennung besonderer Prozessanwälte zweifelsohne mit einer Stärkung der Advokatur als Organ der Rechtspflege einherginge, welches traditionell als Element eines liberalen Verfahrensverständnisses anzusehen ist.

b) Verfahrens- und parteibezogene Zweckrichtungen des Anwaltszwangs

Der Anwaltszwang besteht nicht im Interesse der Anwaltschaft selbst.[179] Der Zweck anwaltlicher Arbeit dient einerseits dem Interesse des Schutzes der Partei, indem der Anwalt die fachliche Beratung der rechtsunkundigen Partei – auch schon vor dem Prozess und daher vor Einschaltung des Richters – sicherstellt, die Partei vor unüberlegten Handlungen während des Prozesses schützt und warnt und so eine Fürsorgefunktion für den Mandanten übernimmt. Diese Schutzdimension dient der Verwirklichung des Gebots der Waffengleichheit. Andererseits dient der Anwaltszwang auch dem Verfahren und dem Interesse der geordneten Rechtspflege insgesamt, indem der Anwalt den raschen und reibungslosen Prozessverlauf und die Versachlichung des Rechtsstreits fördert. Zudem wird angenommen, der Rechtsanwalt könne eine Partei von der Führung eines aussichtslosen Prozesses abhalten bzw. eine außergerichtliche Einigung begünstigen und so zur Entlastung der Justiz beitragen.[180] Damit ist der Gesichtspunkt der Effizienz angesprochen, welchem – auf Grundlage der vorstehend vertretenen These einer Funktionsdifferenzierung im Rahmen der Anwaltschaft – bereits der dem Prozessanwalt vorgeschaltete Anwalt gerecht werden könnte. Insoweit wird dem Anwaltszwang sowohl eine verfahrensbezogene als auch eine parteibezogene Zweckrichtung zugeschrieben.[181] Dem entspricht die Doppelfunktion des Rechtsanwalts als Vertreter der Partei und Organ der Rechtspflege. *Stürner* nimmt in dem Zusammenhang eine weitere Untergliederung der Zwecke anwaltlicher Tätigkeit in vier Aspekte vor, die in der Prozessverhütung, der Förderung der Sachlichkeit und Objektivität des Verfahrens, der Kontrolle des Gerichts und Waffengleichheit sowie in der Wahrnehmung der Parteiverantwortung liegen.[182]

---

[179] *Vollkommer*, Die Stellung des Anwalts im Zivilprozeß, S. 16 mit Hinweis auf *Levin* (Fn. 34), Die rechtliche und wirtschaftliche Bedeutung des Anwaltszwangs, S. 102: „Der Anwaltszwang ist aus sachlichen Gründen eingeführt worden, nicht um den Anwälten eine Einnahmequelle zu sichern."
[180] *Jacoby*, in: Stein/Jonas, ZPO, § 78 Rn. 13.
[181] Vgl. dazu *Vollkommer*, Die Stellung des Anwalts im Zivilprozeß, S. 16 ff.; Zuck, JZ 1993, S. 500 ff. (504); vgl. auch *Levin*: „[…] es ist ein großer Irrtum, zu glauben, die Arbeit des Anwalts könne nicht Arbeit für das Recht sein, weil sie Arbeit für die Partei sein müsse." *Levin*, Die rechtliche und wirtschaftliche Bedeutung des Anwaltszwangs, S. 85.
[182] *Stürner*, JZ 1986, S. 1089 ff. (1090 f.).

c) Die parteibezogene soziale Schutzdimension des Anwaltszwangs unter dem Gesichtspunkt der Waffengleichheit

aa) Der Aspekt der Waffengleichheit

Die Bedeutung der Waffengleichheit für das Zivilverfahren wurde in der vorliegenden Arbeit bereits aufgezeigt. Es steht fest, die den Parteien im Zivilprozess eingeräumte Freiheit ist nicht bereits dann gewahrt, wenn den Parteien gleiche Chancen vor dem Richter im Sinne einer rechtlichen Gleichheit eingeräumt werden. Vielmehr muss sichergestellt werden, dass die gleichen Chancen auch im Sinne einer tatsächlichen – faktischen – Wahrnehmungsmöglichkeit gleichmäßig genutzt werden.[183] Folglich stellt sich die Frage, wer im Rahmen des Spannungsverhältnisses von Richtermacht und Parteiherrschaft diese Aufgabe am besten wahrnehmen kann. Damit gibt es zwei Wege, dem Gebot der Waffengleichheit gerecht zu werden. Die Aufgabe der Herstellung der prozessualen Chancengleichheit wird einerseits durch die richterliche Frage- und Hinweispflicht nach § 139 ZPO erfüllt und korreliert mit der Stärkung von Richtermacht, andererseits ist sie – wie obig gezeigt – institutionell der Rechtsanwaltschaft zugewiesen.[184] *Leipold* konstatiert im Rahmen des § 139 ZPO und der Problematik, ob der Richter auf die Verjährung hinweisen dürfe, dem Prinzip des sozialen Rechtsstaates sei in erster Linie dadurch zu entsprechen, dass auch die sozial schwächere Partei den Zugang zum Gericht und zur Vertretung durch einen Rechtsanwalt erhält.[185] Dem Gebot der Waffengleichheit könnte insbesondere der Prozessanwalt in besonderer Weise gerecht werden.

bb) Die Vorschrift des § 121 II 2. Alt. ZPO als Ausformung zivilprozessualer Waffengleichheit

Die Bedeutung der anwaltlichen Beiordnung im Interesse des Schutzes der rechtsuchenden Partei zur Herstellung von Waffengleichheit wird insbesondere an der Vorschrift des § 121 II 2. Alt. ZPO ersichtlich.[186] § 121 ZPO regelt die Problematik, wann im Falle der bewilligten Prozesskostenhilfe nicht nur Gerichtskostenbefreiung bzw. Zahlungserleichterung eintreten, § 122 ZPO, sondern wann darüber hinaus auf Kosten der Staatskasse ein Anwalt beigeordnet werden kann.[187] Für den Parteiprozess gilt gemäß § 121 II 2. Alt. ZPO, dass auf Antrag ohne Einschränkung ein Rechtsanwalt beigeordnet wird, wenn die Gegenseite durch einen Anwalt vertreten ist und die Voraussetzungen der Bewilligung von Prozesskostenhilfe vorliegen. Die Regelung ist vor-

---

[183] *Roth*, in: Recht und Gesellschaft, S. 170.
[184] *Roth*, in: Recht und Gesellschaft, S. 170.
[185] *Leipold*, in: Stein/Jonas, ZPO, 22. Aufl., § 139 Rn. 24a.
[186] Vgl. dazu 4. Teil B. IV.
[187] Vgl. *Fischer*, in: Musielak/Voit, ZPO, § 121 Rn. 1.

stehend deshalb von Bedeutung, weil sie die Erforderlichkeit einer Vertretung durch den Rechtsanwalt vor dem Hintergrund der Waffengleichheit anerkennt.[188] Ihr kann damit eine kompensierende Aufgabe zuerkannt werden.[189] Im Schrifttum heißt es, die Vorschrift habe die Bedeutung einer Kompensation von Ungleichgewichten und könne damit faktisch an die Stelle einer kompensierenden Verfahrensleitung treten.[190] Interessant ist an dieser Stelle ein Blick auf die Gesetzeslage nach dem FamFG für den Bereich der freiwilligen Gerichtsbarkeit sowie den Familiensachen gemäß § 111 Nr. 2–11 FamFG. Nach der mit der Regelung des § 121 ZPO korrespondierenden Vorschrift des § 78 FamFG ist für Verfahren ohne Anwaltszwang eine Beiordnung eines Anwalts nicht bereits dann vorgesehen, wenn der Gegner anwaltlich vertreten ist. Die Vorschrift des § 78 II FamFG stellt vielmehr für Verfahren ohne Anwaltszwang allein auf das Kriterium der Schwierigkeit der Sach- und Rechtslage im Hinblick auf die Anwaltsbeiordnung ab.[191] Eine Anwaltszuordnung allein unter dem Gesichtspunkt der Waffengleichheit kommt damit nicht in Betracht.[192] In der Kommentarliteratur zum FamFG wird hervorgehoben, dass sich das für das ZPO-Verfahren geltende Erfordernis der Beiordnung eines Anwalts bei anwaltlicher Vertretung durch den Gegner aus dem Grundsatz der Waffengleichheit ergebe, welcher mit der im ZPO-Verfahren geltenden Parteiherrschaft zusammenhänge, die für die Verfahren der freiwilligen Gerichtsbarkeit, in denen kein Anwaltszwang herrscht, gerade gelte.[193]

cc) *Anwaltliche Tätigkeit und Kompensation*

Die Schutzdimension anwaltlicher Arbeit aufgrund kompensatorischer Wirkung wird auch bei *Baur* deutlich, der bereits im Jahr 1977 hervorhob, wie die Bedeutung eines Anwaltszwangs nicht genügend Würdigung erfühle.[194] Nach seiner Ansicht zielt die Verpflichtung der Parteien, sich durch Anwälte vertreten zu lassen, nicht nur darauf ab, den Richter mit gleichwertigen Gesprächspartnern zu konfrontieren und die Gerichte vor aussichtslosen und ungenügend vorbereiteten Prozessen zu schützen, sondern soll vornehmlich ein Defizit an Bildung, Rechtskenntnis und Geschäftsgewandtheit kompensieren.[195] Die Parteien sollen durch die anwaltliche Vertretung die gleiche Start-

---

[188] Vgl. *Bork*, in: Stein/Jonas, ZPO, § 121 Rn. 10; *Motzer*, in: Münchener Kommentar ZPO, § 121 Rn. 4.
[189] *Kwaschik*, S. 193; *E. Kocher*, S. 440.
[190] *E. Kocher*, S. 439 f.
[191] Demgegenüber galt der Grundsatz der Waffengleichheit nach der bis zum 31.8.2009 bestehenden Rechtslage auch im Bereich der freiwilligen Gerichtsbarkeit. *Motzer*, in: Münchener Kommentar ZPO, § 121 Rn. 5 m.w.N.
[192] Vgl. OLG Celle, FamFR 2011, 425.
[193] *Haußleiter*, in: Haußleiter FamFG, § 78 Rn. 4.
[194] *Baur*, in: Tradition und Fortschritt im Recht, S. 159 ff. (169).
[195] So *Baur*, in: Tradition und Fortschritt im Recht, S. 159 ff. (169).

position im Sinne der gleichen Fähigkeit hinsichtlich der Rechtsausübung erhalten.[196] *Baur* weist darauf hin, gerade der für die unteren Schichten der Bevölkerung bedeutsame Prozess vor dem Amtsgericht unterliege nicht dem Anwaltszwang, was zu einem Ungleichgewicht vor diesem Gericht führen könne.[197]

Die Konsequenz der Einschaltung des Anwalts könnte darin bestehen, dass eben nicht der Richter als Anwalt des Schwächeren agieren muss. Im Schrifttum wird zur Kennzeichnung der derartigen Rolle des Gerichts auch die Bezeichnung „Hilfsanwalt" herangezogen.[198] In diesem Kontext fragt *Stürner*, ob die Partei gleich zwei Helfer benötige und spricht von einer „Bemutterung des Anwalts durch die richterliche Amme."[199]

dd) Die Schutzdimension anwaltlicher Tätigkeit im Verbraucherprozess

Der Gedanke von *Baur*, wonach gerade der für bestimmte Bevölkerungsgruppen bedeutsame und mit einem besonderen Schutzbedürfnis verbundene Prozess vor dem Amtsgericht nicht dem Anwaltszwang unterliegt, lässt sich auf den Verbraucherprozess durchaus übertragen, da sich dieser mangels Erreichens eines Streitwerts von mehr als 5.000 Euro (§ 23 Nr. 1 GVG) in der Regel vor dem Amtsgericht zutragen wird.[200] Der Gesetzgeber hat durch Festsetzung dieser Summe eine Grenze gezogen, obgleich die Wichtigkeit einer Sache doch immer relativ ist.[201] Das Schutzbedürfnis des Verbrauchers, dem der europäische und nationale Gesetzgeber – wie ausführlich dargelegt wurde – einen außerordentlichen Stellenwert beimessen, verdeutlicht, wie sich eine Differenzierung hinsichtlich des Anwaltszwangs zwischen dem amtsgerichtlichen und dem landgerichtlichen Verfahren gerade nicht (mehr) mit der Verschiedenheit des Streitgegenstands hinsichtlich der Wertigkeit zwischen beiden Verfahren rechtfertigen lässt. Die These, Verfahren vor den Amtsgerichten nach § 23 Nr. 1 GVG hätten wegen ihres Streitwerts ein geringeres Gewicht bzw. beträfen lediglich einfachere Streitigkeiten des täglichen Lebens nach § 23 Nr. 2 GVG und Verfahren geringeren Gewichts erforderten weniger Aufwand hinsichtlich des Rechtsschutzes[202], vermag mithin nicht zu überzeugen. Insbesondere die Motive der CPO rechtfertigten die unterschiedliche Be-

---

[196] *Baur*, in: Tradition und Fortschritt im Recht, S. 159 ff. (169).
[197] *Baur*, in: Tradition und Fortschritt im Recht, S. 159 ff. (169).
[198] *Brehm*, AnwBl 1983, S. 193 ff. (197); kritisch *Wassermann*, AnwBl 1983, S. 481 ff. (482).
[199] *Stürner*, Die richterliche Aufklärung im Zivilprozeß, S. 19.
[200] Vgl. dazu BR-Drucks. 258/15, wonach „viele Streitigkeiten aus Verbraucherverträgen geringe Streitwerte betreffen".
[201] Vgl. dazu auch *Levin*, Die rechtliche und wirtschaftliche Bedeutung des Anwaltszwanges, S. 83.
[202] So aber *Vollkommer*, Die Stellung des Anwalts im Zivilprozeß, S. 30 f.; zustimmend *Stürner*, JZ 1986, S. 1089 ff. (1091).

handlung des amts- und landgerichtlichen Verfahrens hinsichtlich des Anwaltszwangs einerseits mit der Geringfügigkeit der Streitigkeiten vor den Amtsgerichten, andererseits mit den Verfahrensunterschieden, insbesondere des Kollegialgerichtsprozesses, der auf den anwaltlichen Prozessbetrieb zugeschnitten sei.[203] Während der erste Aspekt einer Abgrenzung nach der Art der Streitgegenstände aufgrund der Anerkennung eines besonderen Schutzes bestimmter Personen in konkreten Situationen nicht mehr gewichtig genug ist, kann auch der zweite Aspekt der Verfahrensunterschiede angesichts der in dieser Arbeit dargestellten Entwicklung der ZPO nicht einleuchten. So gesteht *Vollkommer* ein, die ursprünglich für das Amtsgericht vorgesehene stärkere Stellung des Richters im Verhältnis zu den Parteien im Rahmen der Novellengesetzgebung habe auch in den Landgerichtsprozess Eingang gefunden; *Vollkommer* weist in seiner Untersuchung aus dem Jahre 1984 – vornehmlich mit Blick auf die Vereinfachungsnovelle von 1976 – auf die Auflockerung des Kollegialprinzips hin, sieht aber gleichwohl weiterhin erhebliche Verfahrensunterschiede vor Amts- und Landgerichten und hält eine Differenzierung hinsichtlich des Anwaltszwangs im Ergebnis für sachgerecht.[204]

Von einer bloßen Auflockerung kann allerdings seit der Reform von 2001 nicht mehr gesprochen werden, denn das Kollegialprinzip wurde inzwischen gänzlich zurückgedrängt, indem heute der Einzelrichter am Landgericht gemäß § 348 ZPO originäre Zuständigkeit beansprucht.[205] Interessant ist an dieser Stelle auch, dass der Gesetzgeber der CPO die richterliche Hinweisbefugnis nach § 464 CPO – wie im historischen Teil dieser Arbeit aufgezeigt wurde – nur für das amtsgerichtlichen Verfahren und damit für den Parteiprozess vorsah,[206] während heute für das amts- und das landgerichtliche Verfahren die gleiche Vorschrift gilt. Damit bieten im Ergebnis die Aspekte der Geringfügigkeit der Streitigkeiten vor den Amtsgerichten und der verfahrensmäßigen Unterschiede zwischen dem amts- und dem landgerichtlichen Verfahren keine Legitimation einer unterschiedlichen Behandlung hinsichtlich des Anwaltszwangs. Die Bedeutung des Schutzes des Verbrauchers durch den Anwalt wird in der Literatur betont, indem man davon ausgeht, die Gefahr, ein Verbraucher agiere in Unkenntnis oder in mangelnder Erfassung eigener Rechte, bestehe in Verfahren mit Anwaltszwang nicht.[207] Darin liegt letztlich auch ein entscheidendes Argument dafür, bereits das Prozessieren in der ersten Instanz ausschließlich dem Prozessanwalt vorzubehalten.

---

[203] *Hahn/Mugdan*, Band 2, Abt. 1, S. 187; *Vollkommer*, Die Stellung des Anwalts im Zivilprozeß, S. 30.
[204] *Vollkommer*, Die Stellung des Anwalts im Zivilprozeß, S. 30 ff.
[205] Siehe 2. Teil A. XVII. 3.
[206] Siehe 2. Teil A. II. 3. b) bb) (1); eine Überführung im Sinne einer allgemeinen richterlichen Hinweispflicht erfolgte erst durch die *Emminger*-Novelle 1924. Siehe 2. Teil A. VII. 2.
[207] So *Sala*, euvr 2014, S. 178 ff. (181).

ee) Die Qualität anwaltlicher Arbeit

Eine derartige Liberalisierung des Zivilprozesses setzt einen hohen Qualitätsmaßstab an die anwaltliche Rechtsberatung an. Die Qualität anwaltlicher Arbeit erlangt gerade deshalb große Bedeutung für den Mandanten, da nach § 85 II ZPO das Verschulden des Bevollmächtigten seinem Verschulden gleichsteht. Vor diesem Hintergrund könnte es als vermeintlicher Vorteil eines sozialen Zivilprozesses gesehen werden, dass der Richter etwaige anwaltliche Beratungsmängel oder Fehler korrigiert und die Aufgabe der Fürsorge wahrnimmt. Gerade die angeblich unzureichende Qualität der anwaltlichen Tätigkeit wird als Argument für die Berechtigung richterlicher Aktivität angesehen: So wird die Entwicklung einer Ausdehnung der richterlichen Pflichten dadurch legitimiert, man schaffe „für den schlecht arbeitenden Anwalt ein dichtes Auffangnetz", „in das er bei prozessualem Fehltritt sanft fällt".[208] Extensive Richteraktivität wird damit als Reaktion auf ein Versagen der Anwaltschaft bewertet und dadurch sogar legitimiert. Indes äußert sich *Vollkommer* klar gegen die These von einem Versagen der Anwaltschaft auf Basis von Untersuchungen über den Zusammenhang zwischen anwaltlicher Vertretung und Erfolgsquote im Amtsgerichtsprozess und weist auf fehlende entsprechende Begründungen des Gesetzgebers in der Vereinfachungsnovelle hin.[209]

Abgesehen davon, dass auch der Richter rechtsfehlerhafte Arbeit leisten kann, für welche er – wie gezeigt wurde – im Übrigen nicht haftet, sind dem Anwalt angesichts der (immer noch) geltenden Einheitlichkeit der Juristenausbildung die gleichen Kompetenzen wie dem Richter zuzutrauen. Schließlich bleibt die Möglichkeit des Mandanten, Haftungsansprüche gegen seinen Rechtsanwalt im Regressverfahren geltend zu machen, zu bedenken. Der Mandant ist insofern nicht schutzlos. Dies wird auch im Rahmen des Verbraucherprozesses im gegenwärtigen Schrifttum hervorgehoben. Dort heißt es: „Der Anwalt hat die Aufgabe, Verbraucherschutz in Form von Rechtsberatung und geschickter Prozessführung zu leisten. Werden diese Aufgaben nicht erfüllt, kann er für den resultierenden Schaden haftbar gemacht werden."[210] Insofern kann – zumindest in Streitigkeiten vermögensrechtlicher Art – der Rechtsverlust der Partei durch den Regressanspruch gegen den Rechtsanwalt, der dann im Ergebnis nicht „sanft fällt", kompensiert werden. Insoweit ist *Stürner* zuzustimmen, der annimmt, es gebe „keine bessere Lösung" als die Verweisung auf den Haftungsprozess.[211] Angesprochen wäre hier vornehmlich der Prozessanwalt.

---

[208] Vgl. *Stürner*, JZ 1986, S. 1089 ff. (1094).
[209] *Vollkommer*, Die Stellung des Anwalts im Zivilprozeß, S. 48 m.w.N.
[210] So *Sala*, euvr 2014, S. 178 ff. (181).
[211] Laut *Stürner* gibt es keine bessere Lösung. Er hebt aber auch kritisch hervor, dass in nichtvermögensrechtlichen Streitigkeiten die Möglichkeit adäquater Kompensation fehle. So *Stürner*, JZ 1986, S. 1089 ff. (1092).

d) Die verfahrensbezogene Dimension anwaltlicher Tätigkeit unter dem Aspekt der Effizienz

Im zweiten Teil dieser Arbeit wurde die Entwicklung der ZPO dahingehend gekennzeichnet, dass neben dem Ausbau von Richtermacht auch die Pflichtigkeit der Parteien stieg. Dieser Befund dient für die Einführung eines Anwaltszwangs als maßgebliches Argument, denn wer kann die Pflichten besser wahrnehmen als der rechtskundige Fachmann, der im Ergebnis der Pflichtenempfänger der ZPO wäre? Dementsprechend wird im Schrifttum – gerade mit Blick auf die Präklusionsvorschriften – geäußert, es erscheine vielfach so, als habe der Gesetzgeber in erster Linie ohnehin an den Rechtsanwalt als Adressat prozessualer Pflichten gedacht.[212] Ausschlaggebend ist allerdings, dass die Einschaltung des Anwalts Vorteile im Hinblick auf die Effizienz zeitigen kann. Effizienzgewinne sind aber nur dann zu erwarten, wenn der Anwaltszwang eine Abmilderung richterlicher Aktivität nach sich ziehen würde. Maßgebliches Einfallstor ist insoweit – neben § 141 ZPO – die richterliche Hinweis- und Fragepflicht gemäß § 139 ZPO. Die richterliche Arbeitsersparnis könnte sich im Falle der Vertretung durch Anwälte – insbesondere im Falle der Einschaltung besonders spezialisierter Prozessanwälte – im Rahmen der Ausübung der Befugnis zur Parteianhörung nach § 141 ZPO und in der Anwendung der richterlichen Hinweis- und Aufklärungspflicht gemäß § 139 I ZPO durch maßvolle Zurückhaltung niederschlagen.

aa) Die innere Berechtigung des Anwaltszwangs

Freilich könnte man im Hinblick auf die beiden Aspekte der richterlichen Frage- und Hinweispflicht nach § 139 ZPO und die Institution der Anwaltschaft und damit auf das Spannungsverhältnis von Richtermacht und Parteiherrschaft dazu geneigt sein, den bestehenden Anwaltszwang und die mit einer Kostensteigerung verbundene Ausweitung des Anwaltszwangs deshalb von vornherein in Frage zu stellen, weil dem Anwalt angesichts des dargestellten Zuwachses an Richtermacht im zeitgenössischen Zivilverfahren ohnehin wenig Handlungsraum verbliebe.[213] So warf *Stürner* bereits im Jahre 1986 die Frage nach der „inneren Berechtigung des Anwaltszwangs und hoher Anwaltskosten" auf. Bei ihm heißt es: „Wozu kostenträchtige Monopolisierung, wenn der anwaltliche Verantwortungsbereich laufend schrumpft?"[214] Der Ansatz begegnet aber Bedenken, soweit er einseitig die Kostenträchtigkeit anwaltlicher Arbeit zugrunde legt, ohne demgegenüber die Aufwendungen für die Justiz aufzuzeigen. Denn schließlich steigt der richterliche Arbeitsaufwand

---

[212] Vgl. *Leipold*, ZZP 93 (1980), S. 237 ff. (256).
[213] Zur Frage der „inneren Berechtigung" *Stürner*, JZ 1986, S. 1089 ff. (1092).
[214] *Stürner*, JZ 1986, S. 1089 ff. (1092).

je häufiger der Richter Hinweise verfügt. Zudem werden Ursache und Wirkung des Verlustes von Arbeitsteilung zwischen den Anwälten und dem Richter nicht verdeutlicht. Denkbar ist, richterlichen Aktivismus als eine Reaktion auf die schlechte Arbeit des Anwalts zu begreifen. Es könnte aber auch zutreffen, dass sich der Anwalt zurücknimmt, weil er richterliche Hilfe erwarten kann und darauf auch vertraut. Es ist daher durchaus vorstellbar, dass eine Erhöhung anwaltlicher Verantwortung für den Streitstoff unter richterlicher Zurückhaltung erhebliche Auswirkungen auf die Qualität anwaltlicher Arbeit im positiven Sinne zeitigt. Die Beurteilung der Ursachen gestiegener richterlicher Einflussnahme und Aufklärung ist jedenfalls schwierig; schließlich ist der Prozess ein Handlungsgefüge, in dem sich die Verhaltensweisen der Beteiligten gegenseitig beeinflussen.[215] *Brehm* stellt dies treffend heraus, indem er hervorhebt, Ursachen und Wirkungen seien nicht voneinander zu trennen, wenn Wechselwirkungen bestehen.[216] Schließlich lässt sich einwenden, im Hinblick auf die Herstellung von Waffengleichheit müsse das Erfordernis richterlicher Aktivität nicht absolute Richtigkeit beanspruchen und sollte daher ebenso der Prüfung der „inneren Berechtigung" unterzogen werden. So stellt *Birk* zu Recht fest, dass die „soziale Richtigkeit richterlichen Prozessverhaltens alles andere als sicher und selbstverständlich" ist.[217]

bb) Die Auswirkungen eines Anwaltszwangs auf die Intensität der richterlichen Frage- und Hinweispflicht gemäß § 139 ZPO mit Blick auf die Verhandlungs- und die Dispositionsmaxime

Zunächst fragt sich, ob die Einschaltung des Anwalts Auswirkungen auf die Intensität der Hinweispflicht zeitigen kann.

Die Problematik, ob sich die richterliche Aufklärungspflicht im Falle anwaltlicher Beratung einer oder beider Parteien reduziert oder weniger Anlass für Aufklärung gegeben ist, ist sehr umstritten.[218] Hinsichtlich der Handhabung der Vorschrift kommen drei Wege in Betracht. Erstens könnte man die These vertreten, § 139 ZPO müsste auch bei anwaltlicher Vertretung uneingeschränkt Geltung beanspruchen, denn die Vorschrift bezwecke auch den Schutz der Partei vor Nachteilen infolge eines Anwaltsversagens, also den Schutz der Partei vor ihrem Anwalt. Der Hinweis nach § 139 ZPO könnte im Ergebnis das Regressverfahren und damit einen zweiten Prozess vermeiden.[219]

---

[215] *Brehm*, AnwBl 1983, S. 193 ff. (196).
[216] *Brehm*, AnwBl 1983, S. 193 ff. (196).
[217] *Birk*, NJW 1985, S. 1489 ff. (1494).
[218] Vgl. *Stadler*, in: Musielak/Voit, ZPO, § 139 Rn. 6.
[219] *Koch*, NJW 1966, S. 1648 ff. (1648 f.); *E. Schneider*, MDR 1977, S. 969 ff. (971): „Die Einschränkung der Aufklärungspflicht bei anwaltlicher Vertretung ist […] schlicht gesetzeswidrig, da auch der tüchtigste Anwalt die Rechtslage nicht immer überschaut." Und weiter hinsichtlich der Anwendung des § 139 ZPO: „Lediglich eine Unterscheidung ist gerechtfer-

Zudem entspreche die umfassende Hinweispflicht der von den Vertretern eines sozialen Zivilprozesses postulierten Arbeitsgemeinschaft zwischen Anwalt und Gericht. In die Richtung einer uneingeschränkten richterlichen Aktivität im Rahmen der Sachverhaltsermittlung im Kontext des Verbraucherschutzes geht auch der EuGH in der bereits dargestellten Entscheidung *Faber*, indem er annimmt, die Frage, ob der Verbraucher anwaltlich vertreten wird oder nicht, führe zu keiner Änderung an der Schlussfolgerung, das nationale Gericht habe zu ermitteln, ob die betreffende Partei überhaupt Verbraucher ist, „da die Auslegung des Unionsrechts sowie die Tragweite der Effektivität und der Äquivalenz von den konkreten Umständen des Einzelfalls unabhängig sind".[220] Demgegenüber könnte man den extremen Standpunkt vertreten, die Hinweispflicht müsse bei anwaltlicher Vertretung gänzlich entfallen. Eine vermittelnde Lösung würde in der Geltung in abgemilderter Form bestehen.[221] Zu beachten sind ferner die verschiedenen Gegenstandsbereiche der Frage- und Hinweispflicht, zu denen die drei Aspekte einer Aufklärung des erheblichen tatsächlichen Vorbringens, einer Hinwirkung auf die Beweismittel und auf eine klare Beweisantretung durch die beweisbelastete Partei, sowie auf die Sachdienlichkeit der Anträge gehören.[222]

(1) Die Ansichten innerhalb der Rechtsprechung. In der Judikatur des BGH lässt sich eine gewisse Tendenz zu einer differenzierten Handhabung des § 139 ZPO im Hinblick auf die Naturalpartei einerseits und die anwaltlich vertretene Partei andererseits feststellen.[223]

In einer Entscheidung aus dem Jahre 1977 formulierte der BGH zurückhaltend, bei einer rechtskundig beratenen Partei sei anders als im Parteiprozess vielfach eine Rückfrage oder Anregung entbehrlich, weil der Vorsitzende annehmen könne, die in Betracht kommende Frage sei schon von dem Rechtsanwalt mit dessen Mandanten erörtert worden.[224] Allerdings äußert sich der BGH hier noch gegen eine Reduzierung der richterlichen Hinweispflicht gegenüber der anwaltlich vertretenen Partei, denn der Richter müsse – unter

---

tigt, nämlich die, dass der Richter beim Anwalt Rechtskenntnisse voraussetzen darf, die der Partei fehlen [...] Der Grundsatz, dass die Aufklärungspflicht des Richters im Anwaltsprozess gemindert sei, ist daher unhaltbar und verstößt wohl auch gegen Art. 3 GG, soweit dadurch die anwaltlich vertretene Partei schlechter gestellt wird."; *ders.*, MDR 1979, S. 974 ff. (976); für eine umfassende Anwendung des § 139 ZPO auch *Vollkommer*, Die Stellung des Anwalts im Zivilprozeß, S. 51 f.; auch *Wassermann*, S. 119 ff.

[220] EuGH, Urt. v. 4.6.2015, Rs. C-497/13, Rn. 47 – *Faber*; vgl. 3. Teil B. III. 2. a) bb) (1).
[221] *Stürner*, Die richterliche Aufklärung im Zivilprozeß, S. 20 f. Rn. 17 f.
[222] Siehe 1. Teil B. III. 2.; *Leipold*, in: Stein/Jonas, ZPO, 22. Aufl., § 139 Rn. 10 ff.
[223] A.A. *Bern*, wonach § 139 I ZPO nicht zu einer Unterscheidung zwischen anwaltlich vertretener und nicht vertretener Partei ermächtige. *Bern*, S. 161; vgl. auch *Zuck*, JZ 1993, S. 500 ff. (505).
[224] BGH WM 1977, 1203.

Einhaltung der Verhandlungsmaxime und dem Grundsatz der Unparteilichkeit – auch bei einer anwaltlich beratenen Partei eine Unklarheit im Wege der Rückfrage klären, wenn in Betracht kommt, dass der Rechtsanwalt etwas übersehen und daher den Sachverhalt unvollständig vorgetragen hat oder die Stellung eines sachdienlichen Antrages unterlassen hat.[225] Später hat der BGH in einem vielfach kritisierten Urteil die Grenzen der richterlichen Hinweispflicht dahingehend gezogen, dass das Gericht in Zivilprozessen, in denen beide Parteien anwaltlich vertreten sind, den Kläger nicht darauf hinzuweisen habe, sein Klagevorbringen sei nicht substantiiert und nicht schlüssig. Damit geht der BGH von einem Entfallen der Hinweispflicht im Falle anwaltlicher Vertretung aus. In dem Judikat heißt es eindeutig: „In Zivilprozessen, in denen beide Parteien anwaltlich vertreten sind, darf die Vorschrift des § 139 ZPO nicht dazu führen, unschlüssige Klagen schlüssig zu machen."[226] Der BGH hat mit dem Urteil die Abweisung einer unschlüssigen Widerklage gebilligt, wobei dem Fall die Besonderheit zugrunde lag, dass der Gegner bereits auf den Mangel fehlender Substantiiertheit aufmerksam gemacht hatte. Der BGH hat sich *in casu* auch auf diese Erwägung gestützt. In einer anderen Entscheidung hat der BGH einen Hinweis an den Anwalt, sich zum neu substantiierten Vortrag im Rahmen der Berufungsbegründung auch neu zu äußern, für nicht erforderlich gehalten.[227] Demgegenüber hat sich die jüngere höchstrichterliche Rechtsprechung im Zusammenhang mit der richterlichen Hinweispflicht bei unzureichend substantiiertem Klagevorbringen dahingehend positioniert, dass die Vorschrift des § 139 I S. 2 ZPO ihrem Wortlaut nach eben nicht zwischen Anwalts- und Parteiprozessen differenziere. Daher müsse der Richter grundsätzlich auch eine anwaltlich vertretene Partei auf Bedenken gegen die Zulässigkeit und Schlüssigkeit der Klage hinweisen. Allerdings wird eine Einschränkung dahingehend vorgenommen, dass die Hinweispflicht jedenfalls dann gelte, wenn der Rechtsanwalt die Rechtslage falsch beurteilt oder „ersichtlich darauf vertraut, sein schriftsätzliches Vorbringen sei ausreichend".[228]

---

[225] BGH WM 1977, 1203; vgl. Anmerkung von *Deubner*, NJW 1984, S. 311.
[226] BGH NJW 1984, 310 ff.; kritisch: *Deubner*, NJW 1984, S. 311, der das Ergebnis des BGH als „verfehlt" erachtet; kritisch auch *Leipold*, in: Stein/Jonas, ZPO, 22. Aufl., § 139 Rn. 6, der allerdings annimmt, dass es an der Erforderlichkeit des richterlichen Hinweises fehlen kann, wenn schon der Gegner die mangelnde Substantiierung bzw. Schlüssigkeit der Klage gerügt hat. Vgl. auch *Kern*, in: Stein/Jonas, ZPO, Vor § 128, Rn. 32, der davon ausgeht, eine Pflicht zum Hinweis auf eine fehlende Schlüssigkeit bestehe auch gegenüber der anwaltlich vertretenen Partei. Für eine Minderung der Hinweispflicht nach § 139 ZPO gegenüber der anwaltlich vertretenen Partei BGH NJW 1980, 223 ff. (224).
[227] BGH NJW 1980, 223 ff. (224); *Stürner*, Die richterliche Aufklärung im Zivilprozess, S. 20 m.w.N. in Fn. 93. Die Notwendigkeit des Hinweises gegenüber der anwaltlich vertretenen Partei im Hinblick auf die Lückenhaftigkeit des Parteivortrages wurde indes in BGH NJW 2016, 957 offen gelassen.
[228] So das OLG Brandenburg BeckRS 2013, 22388 II. 1. b) aa) m.w.N.

Im Rahmen der Hinweispflichten bei Beweisantritten ist bemerkenswert, dass das BVerfG im Rahmen des Arzthaftungsbeschlusses entschieden hat, im Falle anwaltlicher Vertretung müsse nicht auf Fehler beim Beweisantritt hingewiesen werden, sofern der Fehler von dem Gegner gerügt worden ist.[229] Wie bereits dargelegt wurde, ging es um die Änderung des Beweisantrags dahingehend, dass der nachoperierende Arzt nicht als Sachverständiger, sondern als sachverständiger Zeuge zu vernehmen war.[230] Bei einem völlig fehlenden Beweisantritt wird hingegen eine Hinweispflicht bejaht.[231] Demgegenüber wird die Erforderlichkeit des Hinweises auf neue Beweisantritte unterschiedlich behandelt. So hat der V. Zivilsenat des BGH im Rahmen des § 279 III ZPO eine generelle Verpflichtung des Gerichts, im Anschluss an die Beweisaufnahme seine vorläufige Beweiswürdigung mitzuteilen und die beweisbelastete Partei nach § 139 I ZPO darauf hinzuweisen, dass es den Beweis als nicht erbracht ansieht, vor allem deshalb negiert, um der Partei die Möglichkeit eines entsprechenden Taktierens – Abwarten der Beweisaufnahme und der Beweiswürdigung des Gerichts und dann gegebenenfalls Nachschieben weiterer Zeugen – abzuschneiden.[232] Demgegenüber wird seitens des IV. Zivilsenates für die Situation, in der unter dem Gesichtspunkt der Zweifel des Berufungsgerichts an der Glaubwürdigkeit eines Zeugen erst weitere Zeugen relevant werden, ein Hinweis im Rahmen des § 279 III ZPO für erforderlich gehalten, um der Partei die Reaktion durch Stellung neuer Beweisanträge zu ermöglichen.[233]

Schließlich wurde entschieden, ein anwaltlicher Prozessbevollmächtigter habe die Auswahl des Rechtsmittels – im konkreten Fall Berufung oder Einspruch – eigenverantwortlich zu prüfen. Die Partei treffe daher im Rahmen der Wiedereinsetzung in den vorigen Stand gemäß § 233 ZPO Verschulden nach § 85 II ZPO in Bezug auf die Fristversäumung auch dann, wenn ein entsprechender Hinweis des Gerichts auf das statthafte Rechtsmittel der Berufung unterblieben war und der Anwalt rechtsfehlerhaft vom Einspruch Gebrauch gemacht hat.[234]

(2) Würdigung. Die Überführung der richterlichen Hinweispflicht durch die *Emminger*-Novelle im Jahre 1924 aus den Sondervorschriften für das amtsgerichtliche Verfahren heraus in die allgemeinen Vorschriften spricht gegen eine

---

[229] BVerfGE 52, 131 ff. (161).
[230] BVerfGE 52, 131 ff. (160 f.); 5. Teil A. IV. 1. b) bb) (3); kritisch insoweit *Stürner*, der in der Unterlassung eine Verletzung einfachen Rechts sieht. *Stürner*, Die richterliche Aufklärung im Zivilprozess, S. 55.
[231] BGHZ 39, 306 ff. (308); OLG Düsseldorf NJW 1971, 1707 ff.; OLG Köln MDR 1980, 674 ff.
[232] BGH NJW 2016, 3100 ff.; zustimmend *Tolani*, Anmerkung NJW 2016, S. 3103 f.
[233] BGH Beschl. vom 25.01.2012 BeckRS 2012, 04075.
[234] OLG Celle NJW 1980, 2140 ff.

absolute Beschränkung im Falle anwaltlicher Vertretung. Zwar könnte diese systematische Änderung auch – wie es *Wassermann* hervorhebt – bedeuten, die richterliche Hinweispflicht, die es bis dato nur im amtsgerichtlichen Verfahren gab, solle nach dem Willen des Gesetzgebers fortan auch den Verfahren mit Anwaltszwang eben in dem gleichen Umfang zugutekommen.[235] Diese Folgerung erscheint jedoch zu weitgehend. Es lässt sich aus der Änderung lediglich die Geltung der richterlichen Hinweispflicht auch gegenüber der anwaltlichen Partei folgern.[236]

Entscheidend sind indes das Maß und die Intensität der richterlichen Hilfe. Im Rahmen der Determination der Reichweite richterlicher Hinweispflichten bei anwaltlicher Vertretung sollte der Gesichtspunkt tragend sein, dass eine umfassende richterliche Hinweispflicht mit der extremen Folge, dass der Anwalt sich auf den Richter verlassen kann und lediglich ausführendes Organ richterlicher Anweisungen wird, der gebotenen Arbeitsteilung zwischen Gericht und Anwalt widerspricht.[237]

So hebt auch *Stürner* hervor, die Aufklärungspflicht des Richters dürfe nicht zum „Freibrief für anwaltliche Nachlässigkeit und anwaltliches Versagen" werden.[238] Auch wäre ein striktes Unterbleiben richterlicher Hinweise aufgrund der Einschaltung des Anwalts im Rahmen eines sozialstaatlichen Verfahrens schwierig vertretbar[239], obgleich hier einer Interpretation der Vorschrift des § 139 ZPO allein bzw. vorrangig aus dem Gesichtspunkt des Sozialstaatsprinzips entgegengetreten wird. Maßgeblich ist im Hinblick auf die verfassungsrechtliche Vorgabe des Art. 103 GG indes die Funktion des richterlichen Hinweises, vor Überraschungsentscheidungen zu schützen.[240] Der richterliche Hinweis, dies ist zu beachten, ist nicht nur zeitintensiv und kann zur Folge haben, dass sich die Erledigung des Rechtsstreits verzögert, z.B.

---

[235] *Wassermann*, S. 120. So auch *E. Schneider*, MDR 1977, S. 969 ff. (971) mit Hinweis auf *Henckel*, Prozessrecht und materielles Recht, S. 131.

[236] Die überwiegende Ansicht nimmt eine Geltung sowohl im Partei- als auch im Anwaltsprozess an. *Leipold*, in: Stein/Jonas, ZPO, 22. Aufl., § 139 Rn. 3, 6 m.w.N. in Fn. 16: „Ob die Partei anwaltlich vertreten ist oder nicht, macht keinen prinzipiellen Unterschied aus." So auch *Kern*, in: Stein/Jonas, ZPO, § 139 Rn. 26, 80 f.

[237] Zu diesem Argument auch *Stadler*, in: Musielak/Voit, ZPO, § 139 Rn. 6: „Die gebotene Arbeitsteilung zwischen Gericht und Anwalt im Prozess verträgt sich mit einer umfassenden gerichtlichen Hinweis- und Aufklärungspflicht kaum." In eine andere Richtung *Wagner*, in: Münchener Kommentar ZPO, § 139 Rn. 4: „Die richterliche Hinweispflicht besteht prinzipiell uneingeschränkt auch im Anwaltsprozess."

[238] *Stürner*, Die richterliche Aufklärung im Zivilprozeß, S. 19 ff.

[239] Vgl. dazu die Erwägung von *Stürner* im Rahmen der Thematik der richterlichen Aufklärung und der Gewährleistung eines fairen, rechts- und sozialstaatlichen Verfahrens dahingehend, dass die Verfassung unter dem gegenwärtigen prozessualen Gesamtsystem nur extreme Positionen verbiete. Nach seiner Ansicht sei die These, die richterliche Hinweispflicht sei im Kern verfassungsrechtlich geboten, mit Vorsicht zu behandeln. *Stürner*, Die richterliche Aufklärung im Zivilprozeß, S. 39.

[240] Siehe 4. Teil B. I. 1. d).

wenn die Parteien infolge der Erörterung des Richters veranlasst werden, den Streitstoff auszuweiten,[241] sondern kann auch prozessbeschleunigend wirken. Denn schließlich erfahren die Parteien rechtzeitig, welche Aspekte das Gericht für wesentlich erachtet und können sich darauf einstellen.[242] Die Notwendigkeit richterlicher Hinweise in bestimmten Prozesssituationen auch gegenüber einem besonders qualifizierten Prozessanwalt tritt ganz deutlich zutage in der geschilderten Situation, in der das Gericht nach Durchführung der Beweisaufnahme Zweifel an der Glaubwürdigkeit eines Zeugen hat und es daher auf die Vernehmung weiterer Zeugen ankommt. Hier führt der entsprechende Hinweis unter Preisgabe der Beweiswürdigung des Gerichts dazu, dass die Partei die Chance erhält, einen neuen Beweisantrag zu stellen.[243] Schließlich kann auch der besonders qualifizierte Prozessanwalt die Notwendigkeit der Vernehmung weiterer Zeugen nicht vorhersehen. Damit sei festgestellt, ein Erfordernis richterlicher Unterstützung für bestimmte Prozesssituationen kann sich auch bei Einschaltung eines Anwalts bzw. auch im Falle der Einschaltung eines besonders befähigten Prozessanwalts ergeben, gerade wenn es darum geht, eine nach Art. 103 I GG unzulässige Überraschungsentscheidung zu vermeiden. Allerdings ließe sich die Richteraktivität auf ein minimales Maß herabsetzen, womit man den Anwälten die Verantwortung für die Richtigkeit und Zweckmäßigkeit der Rechtsverfolgung zu einem großen Teil zuweisen würde. Gedacht sei insbesondere an das Erfordernis, den Tatsachenvortrag dezidiert, d.h. schlüssig beizubringen. Damit würde man dem Anwalt das Substantiierungsrisiko zuweisen. Insofern sollte § 139 I ZPO auch nur als Hinweispflicht betrachtet werden und es wäre auf Grundlage dieser Interpretation gänzlich verfehlt, von einer richterlichen „Aufklärungspflicht" zu sprechen.[244]

Im Hinblick auf die verfassungsrechtliche Ebene stellt *Stürner* fest, die Grenze „verfassungswidrigen ‚Stolpernlassens'" wäre in richterlich geleiteten Verfahren bei fehlender anwaltlicher Vertretung oder inkompetenter Vertretung früher erreicht als im Parteienprozess mit „gut ausgebildeten Gerichtsanwälten". Dabei richtet *Stürner* bemerkenswerterweise den Blick auch auf den englischen Prozess und stellt dort ebenfalls einen Zusammenhang zwischen der Einschaltung besonderer Gerichtsanwälte mit minimaler Richteraktivität her.[245] Wie bereits im dritten Teil dieser Arbeit in Bezug auf Art. 103 I GG ge-

---

[241] *Brehm*, S. 220.
[242] *Stürner*, Die richterliche Aufklärung im Zivilprozeß, S. 33.
[243] BGH BeckRS 2012, 04075.
[244] Vgl. hinsichtlich der Terminologie bereits den Vorschlag von *Baur*, den Begriff der „Aufklärungspflicht" durch den Terminus der „Hinweispflicht" zu ersetzen, um der Gefahr einer Vermengung mit inquisitorischer richterlicher Tätigkeit entgegenzuwirken. *Baur*, in: Rechtsschutz und Sozialrecht, S. 35 Fn. 2; vgl. *Stürner*, Die Aufklärungspflicht der Parteien des Zivilprozesses, S. 65.
[245] *Stürner*, Die richterliche Aufklärung im Zivilprozeß, S. 39.

zeigt wurde, wäre ein stärkeres Maß an Selbstverantwortung im Zivilprozess durchaus verfassungskonform.[246]

Unter der Prämisse der Beteiligung hoch qualifizierter Prozessanwälte müsste die Abmilderung des § 139 ZPO im Interesse der Arbeitsersparnis für den Richter alle drei Aspekte des Hinweises umfassen: In Bezug auf die Ebene des mangelhaften Tatsachenvortrages gilt, dass die Kompetenzen des Anwalts im Sinne eines „Stoffsammlers" besonders ausgeprägt sind. Konsequenterweise dürfte der Richter eine unschlüssige Klage nicht mehr schlüssig machen. Bei fehlender Schlüssigkeit erfolgt Klageabweisung. Das Absehen von einem richterlichen Hinweis würde gleichermaßen auch auf die Schlüssigkeit des Bestreitens bezogen werden. Auf diese Weise würden die dargestellten Funktionen der Substantiierungslast voll zur Entfaltung gelangen. Einerseits wäre der Gegner ganz besonders vor mutwilliger und missbräuchlicher Einleitung eines Prozesses gegen ihn geschützt, wenn der Kläger das volle Substantiierungsrisiko trüge, d.h. nicht auf die richterliche Unterstützung vertrauen dürfte; andererseits bliebe das Gericht selbst vor unvernünftiger Inanspruchnahme verschont. Der Grundsatz der gerichtlichen Zurückhaltung müsste aber eine äußerste Grenze finden. Im Hinblick auf Art. 103 I GG müsste ein Hinweis geboten sein, wenn eine Mitteilung zur Vermeidung einer unzulässigen Überraschungsentscheidung notwendig ist. Nicht zuletzt müsste die Zurückhaltung hinsichtlich der klaren Beweisantretung sowie des Hinwirkens auf die Stellung sachdienlicher Anträge erfolgen. Dies würde bereits eine Zurückhaltung im Hinblick auf den Klageantrag erfassen, § 253 II Nr. 2 ZPO. Der Richter müsste einen falschen Antrag kommentarlos entgegennehmen und auf dieser Grundlage die Klage abweisen.[247] Diese weitreichende Konsequenz ist gegenüber einem hoch qualifizierten Prozessanwalt durchaus vertretbar.

In rechtsdogmatischer Hinsicht kann daher mit Blick auf die Maximen konstatiert werden, dass eine entsprechende Einschränkung der richterlichen Hinweispflicht bei anwaltlicher Vertretung beider Parteien erstens mit einer Stärkung der Verhandlungsmaxime unter dem Aspekt der Tatsachenbeibringung und dem Aspekt des Beweises unter Wahrung richterlicher Unabhängigkeit einherginge. So rechtfertigt auch die Kommentarliteratur eine verhaltenere Aufklärung durch das Gericht mit dem systematischen Zusammenhang mit der Verhandlungsmaxime bzw. mit dem Anwaltszwang.[248] Zweitens muss auch die Dispositionsmaxime insoweit von der Reichweite der richterlichen Hinweis- und Aufklärungspflicht betroffen sein, als es um richterliche Hilfe durch Hinweise im Rahmen der Hinwirkung auf sachdienliches Prozessver-

---

[246] Siehe 4. Teil B. I. 1. d).
[247] Auf dieser Linie liegt die Entscheidung BGHZ 7, 211, in der hervorgehoben wurde, dass die Vorschrift des § 139 ZPO das Gericht nicht verpflichte, die Parteien zu veranlassen, „ihrem Wesen nach andere, auf andere Anspruchsgrundlagen gestützte Anträge zu stellen".
[248] *Stadler*, in: Musielak/Voit, ZPO, § 139 Rn. 6.

halten durch Anregung von Änderungen bzw. Ergänzungen von Anträgen geht, womit das „Worüber" des Verfahrens (§ 253 II Nr. 2 ZPO) tangiert wäre. Denn die Hinweispflicht kann *de lege lata* auch so weit reichen, dem Antragsteller durch das Gericht die Rücknahme eines an sich begründeten Antrages zu empfehlen.[249]

Das vorgezeichnete Ergebnis wäre ein starker Eingriff in das System der Risikozuweisung, verstanden als Erfolgsaussicht der Klage bzw. Klageverteidigung, durch weitgehende Verlagerung von Verantwortung auf die anwaltlich vertretene Partei, die *idealiter* von einem besonders qualifizierten Prozessanwalt vertreten wird. Folge in rechtspolitischer Hinsicht wäre die Stärkung der Parteiherrschaft, in rechtsdogmatischer Hinsicht die Stärkung der Maximen.

cc) Die Auswirkungen eines Anwaltszwangs auf den Umgang mit dem Institut der Parteianhörung gemäß § 141 ZPO

Die obligatorische Einschaltung des besonders qualifizierten Prozessanwalts ergibt nur Sinn, wenn dessen Tätigkeit aus richterlicher Perspektive auch ernst genommen wird. Gerade in der bereits dargestellten praktischen Anwendung des § 141 ZPO als Instrument der Wahrheitsfindung unter gezielter Ausschaltung des Anwalts durch Fragen am Anwalt vorbei wird die Schutzfunktion des Anwalts untergraben, andererseits aber auch Richteraktivität und damit richterlicher Arbeitsaufwand forciert, denn von der Befugnis nach § 141 ZPO wird extensiv Gebrauch gemacht. Die Praxis wurde bereits dahingehend gekennzeichnet, dass der Richter im Rahmen der Parteianhörung gemäß § 141 ZPO aktiv in die Sachverhaltsdarstellung einwirkt, um eine bessere Grundlage für die Beweiswürdigung zu erlangen, indem er die Beurteilungsgrundlage erweitert oder einengt.[250] Voraussetzung für die Anwendung der Befugnis nach § 141 ZPO ist damit – entgegen dem im zweiten Teil der Arbeit dargestellten Willen des historischen Gesetzgebers – nicht mehr die Unklarheit des Sachverhaltes.[251] Die Grenze zur Ausforschung kann hierdurch überschritten werden, denn auf Grundlage eines Verständnisses des § 141 ZPO als ein Mittel zur Wahrheitssuche wird die Partei von einigen Richtern ähnlich wie der Angeklagte im Strafprozess vor der Beweisaufnahme einer Art Verhör unterzogen und es wird nicht als ausreichend erachtet, wenn die Partei einen Sachverhalt unterbreitet, der für die Schlüssigkeit ausreichend wäre. Bei der Anhörung werden Details wie Zeit, Ort, Anlass des Geschehens genau erfragt.[252] Wenn der Richter auf die Partei zugreift, dann greift er automatisch selektiv und sug-

---

[249] BVerfGE 42, 64 ff. (77) = NJW 1976, 1391 ff.; BVerfG NJW 1993, 1699 ff.; vgl. *Piekenbrock*, NJW 1999, S. 1360 ff. (1361).
[250] *Brehm*, S. 230.
[251] *Brehm*, S. 234.
[252] *Brehm*, S. 235.

gestiv zu. Dem ist die Naturalpartei aber nicht gewachsen. Es besteht die Gefahr eigenschädigender Autoritätshörigkeit, wie es das psychologische Phänomen eines falschen Geständnisses für den Strafprozess deutlich belegt. Die eigene Unfähigkeit der Partei, ihre Interessen objektiv in der Befangenheit, in der sie sich befindet, zu vertreten, ist für den Strafprozess bekannt und akzeptiert. Es besteht aber ebenso im Zivilprozess eine absolute Notwendigkeit der Einschaltung des Anwalts, damit nachteilige Erklärungen der Partei verhindert werden. Dementsprechend sah bereits *Levin* aus psychologischen Gründen ein Bedürfnis für den Anwaltszwang für Fälle auch vor den Amtsgerichten und zog die Parallele zum Strafprozess, indem er Anwaltszwang in „wichtigen Zivilsachen" als ein Gegenstück zu der obligatorischen Verteidigung in „wichtigeren Strafsachen" betrachtete.[253] *Levin* führt überzeugend aus, in der für die Partei besonderen und ungewohnten Situation der gerichtlichen Verhandlung bestünde die Gefahr, dass die Partei unter psychischem Druck Erhebliches vergisst, verwirrt ist und den Faden verliert.[254] Auch hierbei handelt es sich um einen zeitlosen Gedanken. Die Umgehung des Anwalts führt nicht zu Nachteilen für diejenige Partei, die dem Richter intellektuell gleichwertig ist und erkennt, worauf die Fragen des Richters hinauslaufen, sondern kann dem Unbeholfenen schaden.[255]

In der zivilprozessualen Praxis wird die Partei automatisch zu jedem Termin geladen und es wird die Anhörung nicht auf den streitigen Sachverhalt begrenzt,[256] womit die festen Regeln der Darlegungslast missachtet werden.[257] Negative Auswirkungen der Verhandlungsmaxime sind durch die richterliche Aufklärungsaktivität evident. *Stürner* meint zu dieser Praxis, „man kann vor diesem richterlichen prozessualen Freirecht nur deutlich warnen".[258] *Brehm* erläutert hinsichtlich des Zusammenhangs zwischen der Parteianhörung und möglicher Beförderung von Chancengleichheit, in der Praxis führe die Umgehung des Anwalts gerade dazu, Ungleichheiten der Parteien in viel stärkerem Maße zu Tage treten zu lassen.[259]

Die Einschränkungen der Verhandlungsmaxime könnten jedenfalls nur dann verhindert werden, wenn die zwingende Einschaltung des Anwalts eine Zurückhaltung der Anordnung persönlichen Erscheinens gemäß § 141 ZPO

---

[253] *Levin*, Richterliche Prozeßleitung und Sitzungspolizei, S. 60.
[254] *Levin*, Richterliche Prozeßleitung und Sitzungspolizei, S. 59.
[255] *Brehm*, S. 268.
[256] *Birk*, NJW 1985, S. 1489 ff. (1490).
[257] Vgl. auch *Stürner*, Die Aufklärungspflicht der Parteien des Zivilprozesses, S. 66: „Es scheint, daß die Praxis häufig so verfährt: Der Richter bespricht mit den Parteien den Streitstoff und verteilt durch Auflagen die Beibringungspflicht ohne feste Regeln. Zu Recht wird deshalb häufig darauf hingewiesen, in der Praxis habe sich der Unterschied zwischen Verhandlungs- und Untersuchungsgrundsatz verwischt."
[258] *Stürner*, Die Aufklärungspflicht der Parteien des Zivilprozesses, S. 66.
[259] *Brehm*, S. 268.

in dem Sinne zur Folge hat, dass von der Befugnis – gemäß der traditionellen Lehre und Vorstellungen des historischen Gesetzgebers – nur dann Gebrauch gemacht wird, wenn die Anwesenheit der Partei zur Klarifizierung bzw. Präzisierung allgemeiner Parteibehauptungen nötig ist, womit sich die Befugnis in den Grenzen des § 139 ZPO bewegen würde.[260] Das Recht, Fragen an die Partei zu richten, würde beschränkt und die Parteianhörung würde so wieder auf ein bloßes informatorisches Mittel zurückgeführt werden. Ein derartiges Verständnis des § 141 ZPO müsste im Übrigen ganz konsequent auch auf die Situation der im zweiten Teil der Arbeit dargestellten Heranziehung des § 141 ZPO im Rahmen der Vier-Augen-Gespräche gelten.[261] Auch hier dürfte zur Aufklärung des Sachverhalts ausschließlich auf die Parteivernehmung abgestellt werden. Dazu könnten die seitens des Schrifttums geäußerten Vorschläge einer Modifikation des § 448 ZPO fruchtbar gemacht werden. Hierzu zählt insbesondere die Lösung, die im Rahmen von § 448 ZPO geltenden Anforderungen an eine „Anfangswahrscheinlichkeit" nicht zu hoch anzusetzen. Es könnte ausreichen, wenn das Vorbringen einer Partei plausibel erscheint.[262] Auf diese Weise würde man auch dem vom EGMR aus dem Grundsatz der Waffengleichheit statuierten Erfordernis, eine Partei müsse die Möglichkeit haben, über den Inhalt eines Vier-Augen-Gesprächs auszusagen, wenn der Repräsentant des Prozessgegners insoweit als Zeuge vernommen wird,[263] entgegenkommen, ohne die Grenzen zwischen Parteianhörung und Parteivernehmung weiterhin zu verwischen.

Das Gericht dürfte bei Interpretation des § 141 ZPO als bloßes informatorisches Mittel eine Partei keinesfalls dazu veranlassen, den Sachverhalt, der bereits durch die Prozessanwälte in den Schriftsätzen eindeutig vorgetragen wurde, selbst darzustellen, um einen persönlichen Eindruck zwecks Beurteilung der Glaubwürdigkeit der Partei zu erlangen.[264] *Brehm* weist hier auch auf den interessanten Unterschied hin, wonach das Gericht bei der Anwendung des § 139 ZPO die Parteien als Prozesssubjekte anspricht, während es die Parteianhörung zur Glaubwürdigkeitsprüfung der Partei einsetzt und diese damit zum Beobachtungsobjekt degradiert.[265] Für die Parteianhörung im Anwaltsprozess muss eine Zurückhaltung deshalb gewahrt werden, um die Schutzfunktion des Anwaltes zu respektieren und das Prinzip, dass im Anwaltsprozess wirksame Erklärungen nur vom Prozessbevollmächtigten abgegeben werden können, nicht zu durchbrechen. Zwar lässt es § 137 IV ZPO zu, neben dem Anwalt auch der Partei das Wort zu gestatten. Hieraus kann aber nicht

---

[260] *Brehm*, S. 231.
[261] 2. Teil B. III.
[262] Siehe 2. Teil B. III.
[263] NJW 1995, 1413 ff. – *Dombo Beheer B.V. ./. Niederlande.*
[264] *Brehm*, S. 232 m.w.N. in Fn. 5.
[265] *Brehm*, S. 233.

zwangsläufig gefolgert werden, eine Partei könne selbst wirksam Prozessstoff einbringen und sei postulationsfähig.[266] Wenn das Gesetz davon ausgeht, es sei durchaus sinnvoll, wenn die Partei in der mündlichen Verhandlung selbst das Wort ergreifen könne, dann bedeutet dies keineswegs im Umkehrschluss, dass das Gericht die Befugnis habe, die Partei einem Verhör zu unterziehen. Damit dürfte die Parteianhörung im Ergebnis nicht in die nach § 286 ZPO erforderliche Würdigung miteinbezogen werden, um Widersprüche zwischen der Aussage des Anwaltes und der Partei zu lösen. Die Bestimmung des § 286 ZPO darf dem Richter demnach nicht die Macht verschaffen, den Anwalt auszuschalten.[267] Im Rahmen der Verhandlungswürdigung ist also nur der Inhalt der Parteiausführung und nicht die Glaubwürdigkeit der Partei zu berücksichtigen; es entscheidet gemäß der Verhandlungsmaxime nicht der Richter darüber, was Prozessstoff werden soll, sondern die Partei selbst. Die Prozesssituation der widersprüchlichen Aussagen des Anwalts und der Partei ist nicht im Wege der Anwendung des § 286 ZPO unter Ausschaltung der Aussage des Anwalts zu bewältigen, sondern über eine Frage gemäß § 139 ZPO mit dem Ziel der Klärung, was behauptet werden soll.[268] Auch hieran verdeutlicht sich im Übrigen die Notwendigkeit der richterlichen Befugnis nach § 139 I ZPO selbst bei anwaltlicher Vertretung.

e) Vorteile des Anwaltszwangs im Hinblick auf die Rechtsdogmatik

Für die vorliegende Betrachtung ist in rechtsdogmatischer Hinsicht indes entscheidend: Die Einführung eines generellen Anwaltszwangs unter Einschaltung besonders qualifizierter Prozessanwälte ist weit weniger tief greifend und vor allem rechtsdogmatisch verträglicher als eine Verkürzung der Verhandlungs- und der Dispositionsmaxime im Wege der Steigerung von Richteraktivität. Die Aufgabenverteilung zwischen dem Gericht und dem Anwalt im Sinne einer Parteiherrschaft und damit der Verhandlungsmaxime wird durch die Zuweisung der Beibringung des Tatsachenstoffs zu dem Anwalt erreicht. Jede Steigerung der richterlichen Mitwirkung bei der Stoffsammlung sei für ein Prozessmodell mit reiner Verhandlungsmaxime eine Erweiterung der Richtermacht auf Kosten der anwaltlichen Befugnisse und erschiene im Ergebnis als eine Übertragung der Funktionen des Anwalts auf das Gericht.[269] Gerade bei der Aufgabenverteilung der Stoffsammlung wurden bereits in den achtziger Jahren des 20. Jahrhunderts von *Brehm* eine eindeutige Richterdo-

---

[266] *Brehm*, S. 260.
[267] *Brehm*, S. 270.
[268] So *Brehm*, S. 270.
[269] *Brehm*, AnwBl 1983, S. 193 ff. (195); vgl. *Vollkommer*, Die Stellung des Anwalts im Zivilprozeß, S. 46.

minanz und eine entsprechende Schwächung des Anwalts gesehen.[270] Demgegenüber sah die Literatur des frühen 20. Jahrhunderts die Sammlung und Ordnung des Streitstoffs noch als Hauptaufgabe der Rechtsvertretung gegenüber dem Gericht, während dem Gericht bei der Feststellung des Entscheidungsstoffes lediglich ergänzende Mitwirkung zugeschrieben wurde.[271]

Der Zusammenhang zwischen der anwaltlichen Tätigkeit und den Maximen wurde von *Leipold* dahingehend beschrieben, dass eine Hinwendung zur Untersuchungsmaxime Ausdruck fehlenden Vertrauens in Leistungen der Anwälte sei.[272] Auch *Birk* stellt kritisch fest, die richterliche Aktivität nach § 139 ZPO diene dazu, die Parteien vor unfähigen bzw. überlasteten, die Information der Parteien missverstehenden Anwälten zu schützen.[273] *Leipold* hob schon in seinem Beitrag „Ideologie und Zivilprozeß" aus dem Jahre 1982 den freiheitssichernden Wert und die kompensatorische Kraft der Anwaltschaft hervor.[274] Hierbei handelt es sich – trotz der dargestellten Einbettung in den damaligen zeitgeschichtlichen Zusammenhang – um einen zeitlosen Gedanken, auch wenn die kompensatorische Kraft – ebenso wie diejenige des Richters – heute angesichts der zunehmenden Komplexität bestimmter Prozesse gewiss ihre Grenzen haben kann, wie es für den Arzthaftungsprozess hervorgehoben wird.[275] Im Hinblick auf die vorstehende Thematik einer Gewichtung von Parteiherrschaft und Richtermacht unter Berücksichtigung der Dispositions- und der Verhandlungsmaxime zeigt sich, wie die obligatorische Beteiligung von Prozessanwälten die Funktionsbedingungen der Maximen sichern und optimieren würde. Die sich im Zivilprozess kontradiktorisch gegenüberstehenden und anwaltlich vertretenen Parteien begegnen sich auf gleicher Augenhöhe und können so von der Freiheit, welche die Verhandlungs- und die Dispositionsmaxime eröffnen, optimal Gebrauch machen. Parteiverantwortung und Parteiherrschaft im Zivilverfahren ließen sich durch fachkundige Beratung und Vertretung verwirklichen. Materiale Schranken der Dispositions- und der Verhandlungsmaxime zum Schutze der Parteien und zu Lasten der parteibezogenen Freiheitsräume wären entbehrlich. Die Vorschrift des § 139 ZPO wäre das Mittel zur Kommunikation zwischen dem Richter und dem Anwalt, indem der Richter fragen kann, was der Anwalt meint, und der Anwalt erfragen kann, was der Richter verstanden hat.[276] Zudem wäre § 139 I ZPO das Mittel, um gemäß Art. 103 I GG unzulässige Überraschungsent-

---

[270] *Brehm*, S. 6 f., 19.
[271] *Levin*, Die rechtliche und wirtschaftliche Bedeutung des Anwaltszwanges, S. 77.
[272] *Leipold*, JZ 1982, S. 441 ff. (447).
[273] *Birk*, NJW 1985, S. 1489 ff. (1495).
[274] *Leipold*, JZ 1982, S. 441 ff. (447).
[275] Vgl. *Bender*, JZ 1982, S. 709 ff. (712): „Beim Arzthaftungsprozeß ist es jedem selbstverständlich, daß die Vertretung der Patienten durch einen Rechtsanwalt den Prozeßvorteil des Arztes nicht zu kompensieren vermag."
[276] *Peters*, S. 110 f.; *Birk*, NJW 1985, S. 1489 ff. (1491).

scheidungen zu vermeiden. Die Parteianhörung gemäß § 141 ZPO wäre das sich im Rahmen des § 139 ZPO bewegende Informationsmittel zur Klärung des Tatsachenstoffs und wäre so dogmatisch streng von der förmlichen Parteivernehmung gemäß § 445 ZPO als besonderes Beweismittel zu unterscheiden.

f) Bedenken gegen eine Ausweitung des Anwaltszwangs

aa) Fehlende Unmittelbarkeit im Rahmen der Ermittlung des Tatsachenstoffes im Zusammenhang mit den Entwicklungen zur Verstärkung der Parteianhörung gemäß § 141 ZPO

Während einerseits hervorgehoben wird, dass gerade durch den Vortrag der Anwälte in denjenigen Fällen, die soziale Konfliktsituationen betreffen, die Problemstellung verdeutlicht würde und Ansätze zur Lösung aufgezeigt werden könnten,[277] äußern insbesondere die Vertreter eines sozialen Zivilprozesses Bedenken im Hinblick auf die kompensatorische Kraft einer anwaltlichen Vertretung. Der maßgebliche Kritikpunkt an der Einschaltung des Rechtsanwalts ist die unzureichende Unmittelbarkeit im Zusammenhang mit der Notwendigkeit eines Zugriffs des Richters auf die Partei selbst zur Ermittlung des Tatsachenstoffs. Zum Problem einer Sachverhaltsbeibringung über den Anwalt äußerte sich bereits *Klein*, der die richterliche Befugnis zur Vorladung der Parteien als ein besseres Mittel als den „Umweg" über den Anwalt ansah.[278] Hier wird der Anwalt also als Hindernis betrachtet und ein direkter Zugriff auf die Partei wird im Wege der Parteianhörung – wie im zweiten Teil dieser Arbeit gezeigt wurde – unter Ausschaltung des Anwalts ermöglicht.

So meint *Cahn*, die Parteien kämen bei Einschaltung eines Rechtsanwalts mit dem Prozessgeschehen zu wenig in Berührung, um durch die Verhandlungssituation zu einer besonderen Vorsicht angehalten zu werden.[279] Die anwaltliche Beratung allein vermöge daher – so *Cahn* – ein Abweichen von zwingenden Normen nicht zu rechtfertigen.[280] *Wassermann* sieht in der fehlenden Unmittelbarkeit einen deutlichen Mangel des Anwaltsprozesses und hält es für erforderlich, dass der Richter von den Parteien selbst – „[…] den Akteuren des Geschehens einen unmittelbaren Eindruck […]" – gewinnt.[281] Auch für den dargestellten Arzthaftungsprozess wird angenommen, die formlose Anhörung nach § 141 ZPO könne dazu dienen, „Informationsversehen" zwischen dem Prozessbevollmächtigten und der Partei aufzudecken und zu klären.[282]

---

[277] *Birk*, NJW 1985, S. 1489 ff. (1494).
[278] *Klein*, Pro Futuro, S. 33.
[279] *Cahn*, AcP 198 (1998), S. 35 ff. (58).
[280] *Cahn*, AcP 198 (1998), S. 35 ff. (58).
[281] *Wassermann*, S. 124.
[282] *Reutter*, S. 109.

II. Möglichkeiten der Weiterentwicklung des Verhandlungsgrundsatzes 465

Während *Levin* noch Anfang des 20. Jahrhunderts feststellte, insbesondere die Kollegialgerichte machten von der bereits in der CPO enthaltenen Befugnis der Anordnung des persönlichen Erscheinens einer Partei deswegen kaum Gebrauch, weil man der Auffassung war, ein „Mißtrauensvotum gegen die Geschicklichkeit oder gegen die Redlichkeit der Anwälte" vermeiden zu müssen,[283] wird die Befugnis zur Anhörung der Partei später sogar als „notwendiges Korrelat des Anwaltszwangs" erachtet.[284] In dieser Entwicklung im Zusammenhang mit dem Wandel in der Anwendung der Befugnis nach § 141 ZPO liegt ein deutlicher Beleg für die Zunahme fehlenden Vertrauens in die anwaltliche Arbeit.[285] Während dem Anwalt früher die Bezeichnung „wichtiger Stoffsammler" im Rahmen einer „natürlichen Arbeitsgemeinschaft" und dem Richter nur eine ergänzende Mitwirkung bei der Stoffsammlung zugeschrieben wurde,[286] wobei hervorgehoben wurde, dass der Anwalt gerade nicht der Gegner des Gerichts sei,[287] so wird dem Anwalt heute zum Teil Verzerrung bzw. sogar Verdunkelung des Sachverhaltes vorgeworfen.[288]

Stürner konstatiert, die Verstärkung der Parteianhörung gemäß § 141 ZPO zeige, dass nicht nur die Parteien, sondern auch deren Anwälte die Rechtssache „verdunkeln" können. Damit hat sich die Parteianhörung gerade im Anwaltsprozess als eine Methode entwickelt, dem Richter eine freiere Stellung gegenüber den Behauptungen der Partei zu schaffen.[289] Der Anwalt wird so ausgeschaltet und der Richter bezieht die Information direkt von der Partei, ohne dass dieser das persönliche Element herausfiltern kann.[290]

---

[283] *Levin*, Richterliche Prozeßleitung und Sitzungspolizei, S. 131. Zudem wurde der Anwaltszwang im Schrifttum des 19. Jahrhunderts als das Gegenteil der Verpflichtung der Partei zum persönlichen Erscheinen bezeichnet. So *Schwarz*, S. 667.
[284] So *Hellwig*, System, S. 418. Zitiert bei *Wassermann*, S. 124.
[285] Anders *Wassermann*, S. 124: „Keineswegs kommt darin, daß sich das Gericht an die Partei wendet, ein Mißtrauen gegenüber dem Anwalt zum Ausdruck."
[286] Vgl. dazu auch *Levin*, Die rechtliche und wirtschaftliche Bedeutung des Anwaltszwangs, S. 77.
[287] *Levin*, Die rechtliche und wirtschaftliche Bedeutung des Anwaltszwangs, S. 86.
[288] Vgl. auch die Ausführungen von *Nagel*, DRiZ 1977, S. 321 ff. (324): „In der Praxis hat sich das persönliche Erscheinen der Parteien außerordentlich bewährt. Oft stellte sich bei der Erörterung des Sachverhalts mit den Parteien ein ganz anderer Sachverhalt heraus, als er sich bisher aus den Akten ergab. Aus Zeitmangel oder wegen Ungeschicklichkeit hatten die Parteien ihre Rechtsanwälte nur unvollkommen oder gar falsch instruiert. Das Prinzip der Unmittelbarkeit kommt in besonderer Weise zum Tragen, wenn die Parteien bei der Verhandlung persönlich anwesend sind [...]." Bemerkenswert ist, dass in Kreisen konservativer Richter bereits vor dem Ersten Weltkrieg im Zusammenhang mit der Debatte um die Wahrheitspflicht und die Verhandlungsmaxime der Anwalt bereits sehr kritisch als reiner Parteivertreter angesehen wurde, der eben nicht die Wahrheitsfindung fördere. *Brehm*, S. 163.
[289] *Brehm*, S. 230.
[290] *Brehm*, S. 230.

Freilich wird die anwaltliche Kenntnis des Tatsachenstoffs durch die Partei vermittelt, die den alleinigen unmittelbaren Eindruck des Geschehens besitzt. Der Rechtsanwalt hat damit keine direkte persönliche Beziehung zum Prozessstoff.[291] Dies wäre bei einer Zwischenschaltung eines Prozessanwalts, der den Fall selbst nicht aufgenommen hat, noch ausgeprägter. Der Aspekt ist allerdings nicht als negativ zu bewerten. Schließlich leistet der Anwalt in der Analyse und dem Filtern des Tatsachenstoffs eine wichtige Aufgabe. Im Wege der Schwerpunktsetzung seitens des Anwalts in der Argumentation sowie in der Anwendung einer neutralen Sprache in den Schriftsätzen wird der Rechtsstreit versachlicht[292] und so einer notwendigen Objektivierung zugeführt, was dem Interesse einer geordneten Rechtspflege entspricht. Der Aspekt der Versachlichung erhält besonders in Verfahren vor den Amtsgerichten, in denen kleinere, oftmals mit Emotionen behaftete Streitigkeiten Gegenstand des Verfahrens sind, eine wichtige Bedeutung. So greift der in den Motiven zur CPO aufgezeigte Gedanke, wonach „durch die Leidenschaftlichkeit und Rechtsunkunde der verhandelnden Partei die Lage der Sache verdunkelt, die Erkenntnis des Rechts erschwert, der Ernst und die Würde der gerichtlichen Verhandlung verletzt werden könnten"[293], schließlich auch im amtsgerichtlichen Verfahren. Auch wird bei *Levin*, der schon Anfang des 20. Jahrhunderts den Terminus der „prozessualen" bzw. „natürlichen" Arbeitsgemeinschaft prägte, die Bedeutung anwaltlicher Tätigkeit im Hinblick auf die Stoffsammlung für den amtsgerichtlichen Prozess bereits im Jahre 1913 unter der Überschrift „Prozessleitung und Anwaltschaft" hervorgehoben,[294] obgleich *Levin* eine weite Handhabung des Fragerechts und der Anhörung vertrat.[295] Die Arbeitsgemeinschaft wurde dabei verstanden als eine Art Arbeitsteilung und ein Zusammenwirken zu einem gemeinsamen Zwecke. Die Betonung und Begrenzung dieser Gemeinschaft sah *Levin* als eine der wichtigsten Fragen der richterlichen Prozessleitung.[296] Die Hauptaufgaben anwaltlicher Tätigkeit bestünden in der rechtzeitigen und vollständigen Informationseinholung.[297] Entsprechend wird der Anwalt in der Literatur Ende des 19. Jahrhunderts sogar als „rechtsverständiger Stoffsammler" bezeichnet.[298] In diesem Kontext weist *Levin* auf die im Rahmen des 31. Deutschen Juristentages geäußerte These hin, wonach „es viele Leute gibt, die im anwaltlichen Sprechzimmer die materielle Wahrheit besser sagen als an Gerichtsstelle".[299]

---

[291] *Schwarz* spricht von einer „neuen Unmittelbarkeit". *Schwarz*, S. 667.
[292] Vgl. BGH NJW-RR 2005, 1237; vgl. *Brehm*, S. 230.
[293] *Hahn/Mugdan*, Band 2, Abt. 1, S. 186; *Stürner*, JZ 1986, S. 1089 ff. (1090).
[294] *Levin*, Richterliche Prozeßleitung und Sitzungspolizei, S. 56 ff.
[295] *Levin*, Richterliche Prozeßleitung und Sitzungspolizei, S. 130 ff.
[296] *Levin*, Richterliche Prozeßleitung und Sitzungspolizei, S. 56.
[297] *Levin*, Richterliche Prozeßleitung und Sitzungspolizei, S. 61.
[298] *Levin*, Richterliche Prozeßleitung und Sitzungspolizei, S. 60 Fn. 1.
[299] *Levin*, Richterliche Prozeßleitung und Sitzungspolizei, S. 60.

Hinsichtlich des für die vorstehende Arbeit bedeutsamen Aspekts der Chancengleichheit der Parteien, gehen die Vertreter des sozialen Zivilprozesses davon aus, diese Aufgabe habe der Richter wahrzunehmen. Auf dieser Grundlage habe der Zugriff des Richters auf die Partei nur positive Effekte.

Diese Betrachtung ist zu einseitig und verkennt, dass eine Umgehung des Anwalts Chancengleichheit der Parteien eben auch gefährden kann. Die absolute Notwendigkeit der Einschaltung des Anwalts zum Schutz der Partei wurde aufgezeigt. Damit kann sich die Ausschaltung des Anwalts in bestimmten Situationen letztlich als unsozial erweisen.

An den genannten Aspekten wird deutlich: Die Aufgabe des Anwalts liegt damit nicht allein im Schutz der Parteien, sondern dient auch dem Verfahren selbst. Im Hinblick auf die Parteien erfüllt der Anwaltszwang in besonderem Maße eine Warn- und Beratungsfunktion[300] und wahrt den Schutz der eigenen Interessen, der durch die im zweiten Teil dieser Arbeit dargestellte aktuelle Anwendung des § 141 ZPO mit der Nivellierung zwischen den Rechtsinstituten der Parteivernehmung nach § 448 ZPO und der Parteianhörung nach § 141 ZPO gefährdet wird. Daran wird deutlich, wie das unmittelbare Verhandeln mit der Partei, das die Praxis im Wege der Anwendung des § 141 ZPO ermöglicht, nicht geeignet ist, Chancengleichheit zu befördern. Schließlich wird die unerfahrene Partei benachteiligt, wenn man ihren Anwalt ausschaltet.[301] Dies ist umso mehr bedenklich, als für die Partei selbst Weigerungsrechte, wie sie das Gesetz für Zeugen vorsieht, §§ 383 f. ZPO, nicht existieren. Dieses Fehlen basiert darauf, dass nach dem Willen des Gesetzgebers Parteien nur subsidiär nach §§ 445 ff. ZPO als Beweismittel heranzuziehen sind. Der Gesetzgeber hat demnach keine Notwendigkeit zur Normierung besonderer Weigerungsrechte gesehen, weil die Parteien in der Regel nicht beweisrechtlich relevant werden.[302]

In Bezug auf den Schutz der Partei erscheint die im Schrifttum geäußerte Annahme, der Verbraucher werde vom Anwalt oft wenig ernst genommen,[303] sehr befremdlich. Schließlich stellt diese These die Anwaltschaft als Organ der Rechtspflege und die Aufgabe der Anwälte als Berater und Vertreter des Bürgers *per se* in Frage.

bb) *Verfassungsrechtliche und gemeinschaftsrechtliche Bedenken gegen eine Ausweitung des Anwaltszwangs*

Heiderhoff äußert gegen eine Stärkung der Position der Anwaltschaft in der ersten Instanz dahingehend Bedenken, dass auf europarechtlicher Ebene sei

---

[300] BGH NJW-RR 2005, 1237 mit Hinweis auf *Philippi*, in: Zöller, ZPO, 25. Aufl., § 78 Rn. 2.
[301] So zutreffend *Brehm*, S. 270.
[302] *R. Koch*, S. 200.
[303] *Howells/Wilhelmsson*, EC Consumer Law, S. 282.

wohl kein Konsens für eine Stärkung der Anwaltschaft zu erwarten sei.[304] Jedoch ist eine völlige Konsensorientierung bereits deshalb verfehlt, weil sie ein Hemmnis im Rahmen der Rechtsfortentwicklung darstellt und sogar mit der Gefahr einhergeht, die Fortentwicklung des Rechts zum Erliegen zu bringen. Hinsichtlich der Stärkung der Positionierung der Anwaltschaft könnte die Bundesrepublik Deutschland eine Avantgardestellung einnehmen.

Der gemäß § 78 I ZPO bestehende Anwaltszwang begegnet nach ganz überwiegender Ansicht keinen verfassungsrechtlichen Bedenken.[305] Zwar werden hierdurch die eigenen Handlungsmöglichkeiten der Parteien – *in concreto* deren Postulationsfähigkeit – beschnitten. Ihre Mitwirkungsbefugnisse umfassen im Falle einer Postulationsunfähigkeit lediglich korrigierende bzw. klarstellende Befugnisse, vgl. §§ 137 I, 141 ZPO.[306] Ein möglicher Verstoß gegen Art. 2 I GG sei aber aufgrund der partei- und verfahrensbezogenen Wirkungen des Anwaltszwangs gerechtfertigt.[307] Gewiss könnte eine weitere Ausdehnung des Anwaltszwangs eine Einschränkung der Handlungsoptionen der Partei bedeuten. Die für den geltenden Anwaltszwang dargestellten Erwägungen der positiven Wirkungen sowohl im Interesse der Partei als auch in Bezug auf das Verfahren beanspruchen indessen gleichermaßen Geltung bei obligatorischer Einschaltung eines Anwalts vor den Amtsgerichten. Hier kämen die beiden Dimensionen der Zwecke der anwaltlichen Vertretung ganz besonders zum Tragen.

Der Anwaltszwang könnte zudem eine Verkürzung des Anspruches auf rechtliches Gehör gemäß Art. 103 I GG bewirken. Dies wird in Bezug auf die bestehende Rechtslage deshalb verneint, da die Partei durch ihren Anwalt und gemäß §§ 137 IV, 85 I S. 2 GG zu Wort kommt. Die Vertretung durch Anwälte könne gesetzlich angeordnet werden, sofern dem Gehörsberechtigten entscheidender Einfluss auf die Rechtsausübung gesichert ist.[308] In der anwaltlichen Vertretung liegt aber vielmehr eine Stärkung des Anspruchs auf Gehör – und zwar auch vor den Amtsgerichten –, wenn dieses durch den rechtskundigen Profi – einem Prozessanwalt – wahrgenommen wird.

Schließlich greifen Bedenken dahingehend, der Anwaltszwang mache wegen der damit verbundenen Kosten Rechtsschutz unerreichbar und verletze

---

[304] *Heiderhoff*, ZEuP 2001, S. 276 ff. (299 Fn. 94) mit Hinweis auf *Howells/Willhelmsson*, EC Consumer Law, S. 282.
[305] Zu den verfassungsrechtlichen Bedenken *Husmann*, DRiZ 1971, S. 311 f. (311 f.); *ders.*, DB 1970, S. 2305 ff. (2309): Verstoß gegen Art. 1, 2 und 3 GG aufgrund einer „Entmündigung des Bürgers" sowie Verstoß gegen den Anspruch auf rechtliches Gehör, Art. 103 I GG; vgl. ferner auch *Sauer*, DRiZ 1970, S. 293 ff. (294 f.): „gesetzlich vorgesehene Teilentmündigung erwachsener Bürger"; dagegen: *Jacoby*, in: Stein/Jonas, ZPO, § 78 Rn. 12; *Zuck*, JZ 1993, S. 500 ff. (507).
[306] Vgl. *Stürner*, JZ 1986, S. 1089 ff. (1089).
[307] Vgl. *Jacoby*, in: Stein/Jonas, ZPO, § 78 Rn. 12 ff.
[308] *Schmidt-Aßmann*, in: Maunz/Dürig, GG Kommentar, Rn. 107.

daher das Gebot effektiven Rechtsschutzes nach Art. 19 IV GG,[309] wegen der Möglichkeiten der Prozess- und Beratungshilfe nicht ein. Freilich geht mit der Einführung eines allgemeinen Anwaltszwangs eine weitere Belastung der Prozesskostenhilfe einher. Diese Entwicklung verliefe entgegen der Tendenz der Eindämmung der Prozesskostenhilfe. Allerdings darf in diesem Zusammenhang auch nicht verkannt werden, dass die Problematik der Kostenbelastung heute zudem durch die starke Zunahme von Rechtsschutzversicherungen wenigstens teilweise entschärft wird. Zudem sollen nicht sinnlose Prozesse angestrengt werden; an dieser Stelle sei auch auf die Aufgabe des Anwalts hingewiesen, aussichtslose Prozesse zu vermeiden, indem er von aussichtslosen Klagen abrät, die Erfüllung begründeter Ansprüche durch die eigene Partei anregt und damit insgesamt der Entlastung des Richters auch während des Prozesses dient.[310]

Im Zusammenhang mit der Problematik des Zugangs zum Gericht als Bestandteil des Rechts auf ein faires Verfahren gemäß Art. 6 I EMRK ist der Anwaltszwang auch gemeinschaftsrechtlich unbedenklich.[311]

Letztlich sei im Hinblick auf das Verfassungsrecht angemerkt, dass die Einführung eines generellen Anwaltszwanges möglichen Verstößen gegen das Grundrecht auf Gleichbehandlung aus Art. 3 I GG vorbeugt. Denn ein Richter wird sich *de lege lata* zu einer intensiveren Anwendung seiner Hinweispflicht gemäß § 139 ZPO gegenüber der nicht anwaltlich vertretenen und damit unterlegenen Partei veranlasst sehen. Eine unterschiedliche Handhabung würde sich jedoch bei Einführung eines allgemeinen Anwaltszwangs unter der hier vorgeschlagenen Herabsetzung richterlicher Aktivität ohnehin erübrigen.

g) Abschließende Stellungnahme

Vorliegend wird nicht der These gefolgt, eine Abschwächung der Verhandlungsmaxime sorge unter Erhöhung richterlicher Aufklärungstätigkeit für effektiven Rechtsschutz. Ein solcher Weg wäre gekennzeichnet durch die Einbindung der Partei selbst, insbesondere über die Parteianhörung nach § 141 ZPO unter Zurückdrängung der Anwaltschaft. An dieser Stelle wird vielmehr davon ausgegangen, dass eine Aktivierung der Verhandlungsmaxime unter Abmilderung der Anwendung des § 139 ZPO sowie einer Zurückhaltung im Rahmen des § 141 ZPO Effektivitätsgewinne für das Verfahren bewirken kann. Dazu ist der Anwalt zwingend zu beteiligen. Im Ergebnis wird daher nicht ein Infragestellen anwaltlicher Tätigkeit unter weiterer Ausdehnung von Richteraktivität, sondern die Etablierung eines generellen Anwaltszwangs

---

[309] Vgl. dazu *Zuck*, JZ 1993, S. 500 ff. (507).
[310] Vgl. dazu bereits *Levin*, Die rechtliche und wirtschaftliche Bedeutung des Anwaltszwangs, S. 99 f.
[311] Vgl. EGMR NJW 2008, 2317 ff. (2319 Rn. 130).

vorgeschlagen. Wünschenswert wäre dabei die Einbindung qualifizierter Prozessanwälte. Die Neuorientierung hat aber nicht nur Rationalisierungseffekte, sondern entspricht auch dem Erfordernis der Chancengleichheit und Fairness. So erfordert das Gebot der Verfahrensfairness einen solchen Prozess, in der die Parteien ihre prozessualen Möglichkeiten voll ausschöpfen können und insbesondere Tatsachen und Beweismittel vollständig einbringen können.[312] Der Anwaltszwang bewirkt ein gewisses Maß an Chancengleichheit, weil jede Partei einen rechtskundigen Berater erhält.[313] Freilich kann hierdurch keine völlige Gleichheit der Parteien hergestellt werden. Bedenken ergeben sich gerade aus dem Gesichtspunkt des Durchschlagens der wirtschaftlichen Potenz einer Partei auf die Entscheidung des Rechtsstreits. Es besteht die Gefahr der Vertiefung des Ausgangsungleichgewichts, soweit die wirtschaftliche Stärke einer Partei im Zuge der Beauftragung eines hochqualifizierten und wahrscheinlich dementsprechend überdurchschnittlich honorierten Anwalts ihren Niederschlag findet. So erscheint es denkbar, dass die Zulässigkeit der freien Vereinbarkeit von Honoraren, vgl. § 3a RVG, die Ungleichheit der Parteien tendenziell verschärft, da die wohlhabendere Partei sich vermittels der Vereinbarung eines höheren Honorars eine höhere Qualität der Rechtsberatung und Rechtsvertretung zu verschaffen vermag. Es liegt auf der Hand: Der höher dotierte Rechtsberater kann sich zur Unterstützung der juristischen Aufarbeitung idealtypisch eines Apparats juristischer Hilfskräfte und in der Regel einer besseren Ausstattung der Kanzlei im Interesse seines Mandanten bedienen und ist damit strukturell im Vorteil. Auch ist ein Einhergehen von Honorarvereinbarungen mit einer höheren Spezialisierung des Rechtsanwalts auf bestimmte Rechtsgebiete zu erwarten, womit ein Wissensvorsprung gegenüber dem durchschnittlich qualifizierten Anwalt bestehen kann. Die Untersagung von Honorarvereinbarungen wäre ein probates Mittel, diesen strukturellen Unterschieden entgegenzuwirken und die Arbeitsvoraussetzungen zu egalisieren. Im Interesse der Waffengleichheit müsste der Prozessanwalt daher unbedingt streng nach der Gebührenordnung tätig werden, womit freilich ein Postulat gegen Liberalisierung verwirklicht wäre. So sollte die Gebührenordnung für Rechtsanwälte von Beginn an auch eine soziale Aufgabe erfüllen.[314] Unter der Prämisse der obligatorischen Einschaltung von Prozessanwälten und der Unzulässigkeit von Gebührenvereinbarungen wären die Unterschiede zwischen den Parteien aber deutlich geringer, als wenn allein die Geschicklichkeit der Parteien für den Prozesserfolg ausschlaggebend wäre.[315] Auch im Zeitpunkt des Erlasses der CPO hat man nicht verkannt, dass Uner-

---

[312] *Stürner*, in: FS für Baur, S. 658.
[313] So *Brehm*, S. 268.
[314] *Undritz*, AnwBl 1996, S. 113 ff. (116) m.w.N.
[315] Vgl. zur Einschaltung des Anwalts: *Brehm*, S. 268.

fahrenheit, Ungewandtheit oder Nachlässigkeit den einzelnen Rechtsuchenden behindern können, von den Möglichkeiten, welche der Verhandlungsgrundsatz eröffnet, Gebrauch zu machen. Man sah schon damals als wichtigstes Gegenmittel das Recht auf einen Rechtsanwalt an.[316] Bei *Planck* heißt es zum Standpunkt des Gesetzgebers der CPO, dass das „wohl organisierte Institut der Rechtsanwaltschaft eine unabweisliche Forderung bei der Durchführung der Verhandlungsmaxime" sei.[317]

Nicht zuletzt sei auf die positiven Effekte anwaltlicher Tätigkeit im Hinblick auf weitere Verfahrensgrundsätze hingewiesen. Ein uneingeschränkter Anwaltszwang unter Einbindung qualifizierter Prozessanwälte würde einerseits zu einer sachgemäßen Durchführung des Mündlichkeitsgrundsatzes führen;[318] er wird aber andererseits auch der Zunahme schriftlicher Elemente im Verfahren gerecht. Zudem würde die Änderung zu einer Stärkung des Prozessbetriebs beitragen, der freilich – wie gezeigt wurde – nach zahlreichen Novellen nur noch in geringem Maße in den Händen der Parteien liegt.[319] Im Übrigen sei angemerkt, dass durch die Einführung des Anwaltszwangs Verfahrensbesonderheiten im Hinblick auf die Naturalpartei hinfällig wären. Hierzu zählen die Bestimmungen der §§ 495 ff. ZPO und die im Jahre 2014 als Fremdkörper in das Zivilverfahren eingeführte Rechtsbehelfsbelehrung nach § 232 ZPO, die als Ausdruck einer besonderen Fürsorge des Gerichts zum Schutz der rechtsunkundigen Partei anzusehen ist und gemäß § 232 S. 2 ZPO grundsätzlich nicht für Verfahren, in denen sich die Parteien durch einen Anwalt vertreten lassen müssen, gilt.

4. Möglichkeiten einer Erweiterung der Parteiherrschaft im Rahmen der Beweiserhebung von Amts wegen

Abschließend sei der Blick auf die Beweiserhebung im Zusammenhang mit dem Spannungsverhältnis von Parteiherrschaft und Richtermacht gerichtet. Als eine zentrale richterliche Befugnis im Rahmen der Sachverhaltsrekonstruktion wurde – neben der richterlichen Hinweis- und Fragepflicht nach § 139 ZPO sowie der Kompetenz zur Anordnung des persönlichen Erscheinens nach § 141 ZPO – die Befugnis zur amtswegigen Anordnung der Vorlage von Urkunden gemäß § 142 ZPO gekennzeichnet, die im Folgenden einer näheren Betrachtung unterzogen werden soll. Denn auch hier wird ein Spannungsver-

---

[316] *Leipold*, JZ 1982, S. 447 mit Hinweis auf *Von Planck*, Lehrbuch, 1. Bd. Allg. Theil, S. 197.
[317] *Von Planck*, Lehrbuch, 1. Bd. Allg. Theil, S. 197.
[318] *Toussaint*, in: Münchener Kommentar ZPO, § 78 Rn. 2 mit Hinweis auf *Vollkommer*, Die Stellung des Anwalts im Zivilprozeß, S. 18 und *Zuck*, JZ 1993 S. 500 (507).
[319] Vgl. auch *Toussaint*, in: Münchener Kommentar ZPO, § 78 Rn. 2 Fn. 7.

hältnis zwischen der Aufklärung des Sachverhalts und dem Einsatz der Kompetenz nach Maßgabe des § 142 ZPO und der Verhandlungsmaxime aufgebaut.[320] Kann auch in diesem Bereich Richteraktivität zugunsten stärkerer Parteiherrschaft gemildert werden?

a) Das Spannungsverhältnis zwischen Richteraktivität und Parteiherrschaft im Rahmen der Beweiserhebung gemäß § 142 I ZPO
aa) Richterliche Aktivität im Rahmen der Beweiserhebung von Amts wegen
Wie bereits dargestellt wurde, erfordert die Beweiserhebung das Vorliegen eines erheblichen und zwischen den Parteien streitigen Sachverhalts. Dies gilt sowohl für die Beweiserhebung auf Antrag als auch für die Beweiserhebung von Amts wegen, weshalb sich Richteraktivität im Rahmen der Beweiserhebung als Reaktion auf das Verhalten beider Prozessparteien darstellt. Eine gewisse Zurückdrängung von Parteiherrschaft ist zwar auch im Rahmen der Beweiserhebung auf Antrag der Partei nicht ausgeschlossen, da der Beweisantrag durch einen – nach vorstehender Ansicht nur im äußersten Falle zu erteilenden – richterlichen Hinweis ausgelöst werden kann und dann eben nicht mehr Ausdruck reiner Parteiautonomie ist. Der Vorwurf, das Gericht übe Amtsermittlung aus, wird aber maßgeblich aufgrund der richterlichen Möglichkeit, auch ohne einen entsprechenden Antrag einer Partei, Beweise von Amts wegen zu erheben, ausgelöst.[321] Wie bereits gezeigt, darf das Gericht von Amts wegen die Vorlage von Urkunden, auf die sich eine Partei bezogen hat, § 142 ZPO, die Einholung eines Sachverständigengutachtens oder die Einnahme eines Augenscheins, § 144 ZPO, und die ergänzende Vernehmung einer Partei, § 448 ZPO, anordnen. Die Befugnis zur Beweiserhebung von Amts wegen ist damit das maßgebliche Einfallstor für die richterliche Überaktivität, da die Beweiserhebung eben nicht durch einen Akt der Parteien – einen entsprechenden Antrag – ausgelöst wird. Dabei ist die Problematik der Anordnung der Vorlage einer Urkunde besonders virulent, denn schließlich kann gerade die Urkundenvorlage – wie z.B. die Herausgabe wichtiger Vertragsunterlagen, im Arzthaftungsprozess Krankenunterlagen einschließlich Röntgenaufnahmen bzw. die Dokumentation über den Behandlungsverlauf oder Vorerkrankungen, oder im Patentrechtsstreit Pläne, aus denen sich die Rechtsverletzung ergibt – für den Prozesserfolg ausschlaggebend sein.[322]

Richtig ist, dass diese richterlichen Befugnisse im Bereich der Beweiserhebung nur im Rahmen der Ausübung richterlichen Ermessens genutzt werden dürfen. Dass die Beweiserhebung von Amts wegen anders als die Beweiserhe-

---

[320] Vgl. auch *Kuhn/Löhr*, JR 2011, S. 369 ff.
[321] Vgl. *Stackmann*, NJW 2007, S. 3521 ff. (3522).
[322] Vgl. *R. Koch*, S. 185.

II. Möglichkeiten der Weiterentwicklung des Verhandlungsgrundsatzes

bung auf Antrag im Ermessen des Gerichts steht, betont auch der BGH.[323] Indes erfolgte eine erhebliche Stärkung der Befugnisse des Gerichts im Rahmen der Beweiserhebung von Amts wegen nach § 142 ZPO durch die Reform von 2001, indem der Schutz der betreffenden Partei durch das Erfordernis der *eigenen* Bezugnahme ausgehebelt wurde. Während nach alter Rechtslage eine Urkundenvorlage nur gegenüber der beweispflichtigen Partei ergehen konnte, kann die Vorlageanordnung nun auch gegenüber dem Gegner der beweisbelasteten Partei angeordnet werden.[324] Durch die Neufassung sollten die Prozessparteien bewusst mehr als bisher verpflichtet werden,[325] indem eine Loslösung von der strikten Bindung prozessualer Aufklärungspflichten der Parteien an das Bestehen materieller Pflichten erfolgte. Die Änderung wurde bereits im zweiten Teil der Arbeit vertieft dargestellt.[326] Die Stärkung von Richteraktivität wird besonders deutlich im Zusammenspiel mit terminvorbereitenden Anordnungen nach § 273 II Nr. 5 ZPO, denn nun besteht die Möglichkeit, Urkunden im Besitz des Gegners, welche den Parteien ansonsten nicht zur Verfügungen stünden, in den Prozess einzuführen.[327] Jedenfalls wurde der richterliche Zugriff gestärkt, was im Hinblick auf die Verhandlungsmaxime als Einmischung des Gerichts zu werten ist.

bb) Begrenzung von Richtermacht

(1) Vorliegen eines streitigen Tatsachenvortrags. Im ersten Teil wurde hervorgehoben, dass auch die Beweiserhebung von Amts wegen einen streitigen Tatsachenvortrag und damit eine Reaktion des Gegners erfordert. Die dargestellte funktional ausgerichtete Richteraktivität unter Ausblendung des Beklagtenvortrags[328] ist ein Verstoß gegen die Verhandlungsmaxime. Damit entscheiden die Parteien über die Beweisbedürftigkeit und lösen gewissermaßen auch die richterliche Befugnis zur Beweiserhebung von Amts wegen aus. Der BGH konstatierte hinsichtlich des Zusammenhangs von Parteiherrschaft und der Beweiserhebung von Amts wegen im Jahre 2000 in Bezug auf die Bestimmung des § 142 ZPO, die Beweiserhebung müsse von Amts wegen nach § 142 ZPO ihre Grundlage im streitigen Parteivorbringen finden und dürfe nicht in die Ausforschung eines weitergehenden, also anderen Sachverhalts ausufern.[329] Damit darf der Richter auch von der Befugnis nach § 142 ZPO keinen Gebrauch machen, wenn der Sachverhalt zwischen den Parteien unstreitig ist und der Richter nicht veranlasst ist, an der Darstellung der Parteien zu zwei-

---

[323] BGH NJW 2007, 2989.
[324] Vgl. dazu *Stadler*, in: FS für Beys, S. 1625 ff. (1637, 1639).
[325] *Stadler*, in: FS für Beys, S. 1625 ff. (1640).
[326] 2. Teil A. XVII. 1. b); 2. Teil B. V.
[327] *Stadler*, in: FS für Beys, S. 1625 ff. (1646).
[328] Siehe dazu 5. Teil B. II. 1. a) gg).
[329] BGH NJW 2000, 3488 ff. (3490).

feln.³³⁰ Schließlich dient die Vorlageanordnung dem Beweis streitiger Tatsachen.³³¹ Das systemimmanente Erfordernis des Vorliegens eines streitigen Sachverhalts besteht bereits *de lege lata*; auf dessen Einhaltung sollte besonderer Wert gelegt werden, was durch die Einschaltung qualifizierter Prozessanwälte begünstigt wäre.

(2) Anforderungen an die Substantiierung des Parteivortrages im Rahmen der amtswegigen Sachverhaltsaufklärung im Wege von § 142 I ZPO. Wie im zweiten Teil dieser Arbeit gezeigt wurde, muss auf das Substantiierungserfordernis unter bestimmter Bezeichnung der Urkunde Wert gelegt werden, damit die Grenze zum Untersuchungsgrundsatz gewahrt bleibt. Dies erfordert erstens das Vorliegen konkreter Tatsachenbehauptungen; zweitens muss die Urkunde in der Bezugnahme konkret bezeichnet werden. Dabei ist unklar, wie genau dies zu erfolgen hat. Der BGH hebt hervor, die Anordnung der Urkundenvorlegung erfordere einen schlüssigen und hinreichend konkreten Tatsachenvortrag und betont, die Urkundenvorlegung dürfe nicht zum Zwecke der Informationsgewinnung erfolgen.³³² Dementsprechend war ein pauschaler Antrag, die Vorlage von Aktenordnern anzuordnen, erfolglos.³³³ Die Grenze war auch in dem im ersten Teil dieser Arbeit dargestellten Beschluss des BVerfG aus dem Jahre 2004, in dem die protokollierte Aussage einer Zeugin im Wege der Erhebung des Urkundenbeweises von Amts wegen durch Beiziehung der Akten eines anderen Verfahrens herangezogen werden sollte, überschritten. Hier fehlte es eindeutig an einer entsprechenden Bezugnahme, da die Beklagten die Akten des anderen Verfahrens lediglich in der Klageerwiderung angesprochen hatten, ohne dabei auf die Aussage einer Zeugin und damit auf den fraglichen Vorgang und damit auf die erheblichen Tatsachen Bezug zu nehmen. Das Gericht stützte seine Entscheidung jedoch auf diese Aussage,³³⁴ was der extensive Umgang der Praxis mit der Vorschrift – auch schon vor der Reform von 2001 – belegt. Allerdings soll eine Anordnung der Vorlage von Kontoauszügen, Betriebskostenabrechnungen und Verwalterabrechnungen trotz der sehr allgemeinen Bezeichnung der Urkunden möglich sein.³³⁵ Aufgrund der Geltung des Substantiierungsgebotes ist bereits *de lege lata* ein konkretisierter Tatsachenvortrag desjenigen zu verlangen, der die Vorlageanordnung nach § 142 ZPO begehrt. Um Ausforschung zu verhindern, muss die Urkunde

---

[330] *R. Koch*, S. 191.
[331] *Leipold*, in: Stein/Jonas, ZPO, 22. Aufl., § 142 Rn. 9 und *Althammer*, in: Stein/Jonas, ZPO, § 142 Rn. 9.
[332] BGH NJW 2007, 2989 ff. (2992).
[333] BGH NJW-RR 2007, 1393 ff. (1394); *Leipold*, in: Die Aktualität, S. 131 ff. (142).
[334] BVerfG NJW 1994, 1210 f. (1211).
[335] BGH NJW 2007, 155 ff.; *Leipold*, in: Die Aktualität, S. 131 ff. (142).

bestimmt bezeichnet werden.³³⁶ Die Anordnung darf sich also nur auf konkrete Unterlagen beziehen und sich eben nicht als ein „globales" Vorlageverlangen darstellen.³³⁷ Dementsprechend darf sich das Verlangen eben nicht auf eine Vorlage der „gesamten Korrespondenz" oder auf eine Sammlung von Dokumenten, wie sie etwa der Aktenordner darstellt, beziehen, obgleich sich das betreffende Dokument natürlich durchaus in einem Aktenordner befinden kann.³³⁸ Auch kann die bloße Erwähnung einer ärztlichen Behandlung zwecks Vorlage der Behandlungsunterlagen sich nur auf den bereits dargestellten Arzthaftungsprozess als Sonderprozess beschränken. Keinesfalls kann eine Behauptung, Urkunden der vorzulegenden Art würden üblicherweise erstellt, womit sie auch im konkreten Fall existieren müssen, ohne nähere Anhaltspunkte genügen.³³⁹ Das Erfordernis der konkreten Bezugnahme als immanente Begrenzung sollte strikt beachtet werden, denn die Bestimmung des § 142 ZPO befreit die Parteien nicht von ihrer Darlegungs- und Substantiierungslast.³⁴⁰ Daher darf das Gericht die Vorlage der Urkunde nicht zum bloßen Zwecke der Informationsgewinnung, sondern nur dann anordnen, wenn ein schlüssiger, auf konkrete Tatsachen bezogener Vortrag der Partei gegeben ist.³⁴¹ Sofern die eine Partei indes nur eine Vermutungsbasis geltend macht, läuft die Beziehung der Urkunde auf einen unzulässigen und unbeachtlichen Beweisermittlungsantrag zur Erkundung von Tatsachen bzw. Erschließung neuer Erkenntnisquellen, die es erst ermöglichen sollen, bestimmte Tatsachen zu behaupten und sodann unter Beweis zu stellen, hinaus.³⁴²

b) Das Verhältnis der Beweiserhebung von Amts wegen gemäß § 142 ZPO und §§ 422, 423 ZPO

Im dem Verhältnis zwischen den Regelungsregimen nach § 142 ZPO und zur Beweiserhebung auf Parteiantrag nach §§ 422, 423 ZPO wurde vorliegend bereits ein Wertungswiderspruch aufgedeckt. Während § 423 ZPO die eigene Bezugnahme des Urkundenbesitzers sowie das Bestehen eines materiellen Herausgabeanspruches verlangt, führt die Vorschrift des § 142 ZPO letztlich zu einer Anordnungskompetenz unabhängig von einem materiell-rechtlichen Herausgabe- oder Vorlageanspruch und lässt die ausdrückliche oder konklu-

---

³³⁶ So die überwiegende Literatur. Vgl. *Stadler*, in: Musielak/Voit, ZPO, § 142 Rn. 1; *Leipold*, in: Stein/Jonas, ZPO, 22. Aufl., § 142 Rn. 9; *Althammer*, in: Stein/Jonas, ZPO, § 142 Rn. 18; Thomas/Putzo, ZPO, § 142 Rn. 1.
³³⁷ Vgl. BGH NJW-RR 2007, 106 ff. (107) m.w.N. im Hinblick auf die Instanzrechtsprechung.
³³⁸ Vgl. *R. Koch*, S. 168 mit Hinweis auf LG Ingolstadt ZinsO 2002, 990 ff.
³³⁹ *Stadler*, in Musielak/Voit, ZPO, § 142 Rn. 4 m.w.N.
³⁴⁰ OLG Düsseldorf NVZ 2014, 34 ff. (37).
³⁴¹ OLG Düsseldorf NVZ 2014, 34 ff. (37) mit Hinweis auf BGH NJW 2007, 2989 ff.
³⁴² OLG Düsseldorf NVZ 2014, 34 ff. (37).

476   B. Der liberale Zivilprozess des 21. Jahrhunderts

dente Bezugnahme irgendeiner Partei genügen.[343] Hierdurch kann gewiss der Beweisnot einer Partei Rechnung getragen werden. Und auch hier geht es letztlich wieder um die Erwägung, einer situativ schwächeren Partei durch richterliches Einschreiten zu helfen.[344] Als Beispiel hierfür nennt *Leipold* die Fälle sogenannter Schrottimmobilien, bei denen die Bank interne Aufzeichnungen zur Verfügung stellen muss, welche sie im Rahmen der Prüfung ihres Kreditrisikos über Immobilien oder über erzielbare Mieteinnahmen angefertigt hat, damit der klagende Käufer und Darlehensnehmer daraus ableiten kann, die Bank hätte ihn auf sein ungewöhnlich hohes Risiko hinweisen müssen.[345]

c) *Optionen der Fortentwicklung zwecks Begrenzung der Reichweite der amtswegien Anordnung der §§ 142, 144 ZPO*

aa) *Vorbemerkung unter Berücksichtigung des Grundsatzes „nemo contra se edere tenetur"*

Abgesehen von den Anforderungen an die Bezugnahme lässt sich grundsätzlich fragen, ob eine – wie auch immer ausgestaltete Bezugnahme – für eine Vorlageanordnung überhaupt ausreichen kann. Denn schließlich schafft das Gericht eine Vorlagepflicht ohne jeglichen Rechtsgrund. Die Bezugnahme selbst kann diese Pflicht jedenfalls nicht konstituieren. In rechtsdogmatischer Hinsicht müsste nach dem Standort einer solchen Pflicht gefragt werden. Es käme hier das materielle Recht in Betracht oder eben das Prozessrecht. Ein Rückgriff auf eine allgemeine prozessuale Aufklärungspflicht kommt nicht in Betracht. Eine solche hat der BGH – wie im ersten Teil der Arbeit gezeigt wurde – in seinem grundlegenden Urteil aus dem Jahre 1990 abgelehnt.[346] Hiernach sei es eine Frage des materiellen Rechts, ob eine Partei gegen die andere Ansprüche auf Erteilung von Auskünften, Rechnungslegung, Herausgabe von Urkunden etc. hat. Demgegenüber kenne das materielle Recht eine allgemeine Aufklärungspflicht nicht und es sei auch nicht die Aufgabe des Prozessrechts, eine solche einzuführen. Die höchstrichterliche Rechtsprechung hält mithin an dem Grundsatz fest, die Prozessparteien seien nicht gehalten, dem Gegner für seinen Prozesssieg das Material zu verschaffen, über das er nicht schon verfügt.[347] Damit ist es eine Frage des materiellen Rechts, ob

---

[343] Vgl. dazu auch *Leipold*, in: Die Aktualität, S. 131 ff. (139 f.).
[344] *Leipold*, in: Die Aktualität, S. 131 ff. (139 f.).
[345] BGH NJW 2007, 2989 ff.; *Leipold*, in: Die Aktualität, S. 131 ff. (141).
[346] BGH NJW 1990, 3151 f.; vgl. auch BGH NJW 2007, 155: „eine allgemeine prozessuale Aufklärungspflicht der nicht darlegungs- und beweispflichtigen Partei besteht nicht"; ferner: BGH NZI 2008, 240 ff.; BGH NJW 2013, 2015 ff.; vgl. 1. Teil B. II. 2. c) aa).
[347] BGH NJW 1958, 1441 ff. (1442); BGH NJW 2007, 155 ff. (156); vgl. dazu *Leipold*, in: Die Aktualität, S. 131 ff. (140) mit Hinweis auf BGH, Beschl. v. 26.10.2006, NJW 2007, 155 ff. (156).

eine Partei gegen eine andere Partei einen Anspruch auf Erteilung von Auskünften, Herausgabe von Urkunden etc. hat.[348] Derartige materiell-rechtliche Ansprüche sind sowohl in Sondergesetzen zum Geistigen Eigentum, z.B. in § 101a UrhG, 14a III GeschmMG, § 140b, c PatG, § 19 MarkenG, sowie in dem allgemeinen Vorlage- und Besichtigungsanspruch nach § 809 BGB sowie in dem Anspruch auf Einsicht von Urkunden gemäß § 810 BGB geregelt. Insofern lässt sich feststellen, dass das deutsche Recht hinsichtlich des Rechts auf Beweismittelvorlage und Auskunft traditionell einen materiell-rechtlichen Weg verfolgt[349] und sich insofern von dem österreichischen Prozessrecht unterscheidet, das von der Beweislast unabhängige prozessuale Vorlagepflichten mit dem Ziel einer möglichst vollständigen Sammlung von Beweismitteln vorsieht, §§ 304 ff. öZPO.[350] Seit der Neufassung des § 142 I ZPO durch die ZPO-Reform von 2001 gibt es nun auch eine prozessuale Vorlagepflicht. Allerdings lässt sich aus der Änderung des § 142 ZPO durch die ZPO-Reform von 2001 nicht folgern, dass von dem Prinzip einer fehlenden allgemeinen prozessualen Aufklärungspflicht abgerückt werden sollte. Jedenfalls ist der Gesetzbegründung ein dahingehender Wille nicht zu entnehmen.[351] Im Schrifttum wird diesbezüglich hervorgehoben, insbesondere das Wort „Bezugnahme" sei nicht eingefügt worden, um eine allgemeine Vorlagepflicht des Gegners zu legitimieren, sondern als Element der Parteiautonomie, um dem Einwand entgegenzuwirken, die Vorschrift ermögliche es, Tatsachen und Beweismittel losgelöst von einem Parteiwillen zum Prozessstoff zu machen und so die Untersuchungsmaxime einzuführen.[352]

An dem Festhalten am Rechtsgrundsatz, wonach es keine prozessuale Aufklärungspflicht der Parteien gibt, lässt sich folgern, dass der BGH nicht in Erwägung zieht, dass sich aufgrund der Änderung des § 142 ZPO an der Geltung des Grundsatzes *nemo contra se edere tenetur* etwas geändert haben könnte.[353] Dennoch erscheint dies in einem Widerspruch zu der Neufassung des § 142 ZPO, wonach eine erhebliche Mitwirkung der nicht beweisbelasteten Partei zum Vorteil des Gegners amtswegig angeordnet werden darf. Jedenfalls hat sich der BGH im Rahmen der Befassung mit § 142 ZPO n.F. mehrfach explizit geäußert, dass selbst die Prozessparteien nicht dazu gehalten sind, dem Gegner für seinen Prozesssieg das Material zu liefern, über das er nicht selbst verfügt.[354]

---

[348] BGH NJW 1990, 3151 f.; BGH NJW 1999, 2887 f.; BGH NJW 2000, 1108 f. (1109).
[349] Vgl. dazu auch *McGuire*, GRUR Int 2005, S. 15 ff. (15).
[350] *McGuire*, GRUR Int 2005, S. 15 ff. (15).
[351] *Leipold*, in: FS für Meier S. 421 ff. (435) mit Hinweis auf BT-Drucks. 14/4722, S. 78 und BT-Drucks. 14/6036, S. 120.
[352] *Leipold*, in: FS für Meier, S. 421 ff. (435).
[353] Vgl. *Leipold*, in: Die Aktualität, S. 131 ff. (141).
[354] BGH NJW 2007, 155; bestätigt durch BGH NZI 2008, 240; BGH NJW 2013, 2015; vgl. dazu *Leipold*, in: FS für Meier, S. 421 ff. (427 f.); *ders.*, in: Die Aktualität, S. 131 ff. (140 f.).

Allerdings widerspricht es – wie *Leipold* hervorhebt – diesem Prinzip, wenn man eine nicht beweispflichtige Partei nach § 142 ZPO zur Vorlage von Urkunden verpflichtet, obgleich sie aus keinem materiell-rechtlichen Grunde hierzu verpflichtet ist.[355] Denn schließlich verlangt die Voraussetzung der Bezugnahme von der beweispflichtigen Partei nur noch, die Existenz der Urkunde und ihres prozessrelevanten Inhalts ausfindig zu machen. Ansonsten bleibt – so *Leipold* – an sich nichts von dem Grundsatz, die nicht beweisbelastete Partei müsse sich nicht durch Vorlage von Beweismitteln selbst belasten, übrig.[356] Will man an dem tradierten Grundsatz festhalten, müsste man also konsequenterweise die Reichweite der §§ 142, 144 ZPO begrenzen, um Widersprüche zu dem Regime nach §§ 422, 423 ZPO zu vermeiden.[357]

bb) Die Rechtsprechung bezüglich der Handhabung des § 142 I ZPO

Mit grundlegenden Fragen hinsichtlich der Vorlageanordnung gemäß § 142 ZPO hat sich der XI. Zivilsenat im Jahre 2007 im Kontext der Vorlage von Einwertungsunterlagen befasst.[358] Das Judikat betraf Schrottimmobilien, bei denen die Bank interne Aufzeichnungen zur Verfügung stellen musste, welche sie im Rahmen der Prüfung ihre Kreditrisikos über Immobilien oder über erzielbare Mieteinnahmen angefertigt hat, damit der klagende Käufer und Darlehensnehmer daraus ableiten kann, die Bank hätte ihn auf sein ungewöhnlich hohes Risiko hinweisen müssen.[359] In diesem Urteil nimmt der BGH eindeutig dahingehend Stellung, es reiche für eine gerichtliche Anordnung gemäß § 142 I ZPO – anders als im Falle des § 423 ZPO – aus, wenn sich eine Partei auf die Urkunde bezogen habe. Dies soll auch für Urkunden im Besitz der anderen Partei gelten, und zwar auch dann, wenn diejenige Partei, die die Urkunde besitzt, nicht beweispflichtig ist.[360] Damit wendet sich der Zivilsenat gegen die Ansicht, nach der einer nicht beweisbelasteten Partei die Vorlage einer in ihrem Besitz befindlichen Urkunde nicht von Amts wegen nach § 142 I ZPO, sondern nur unter den Voraussetzungen nach §§ 422, 423 ZPO aufgegeben werden kann, §§ 142, 144 ZPO also nur gegenüber einer Partei eingreife, die selbst den Beweis zu führen hat oder wenn die Partei aus materiell-rechtlichen Gründen eine Vorlagepflicht hat.[361] Ein Wertungswiderspruch zwischen § 142 I ZPO einerseits und §§ 422, 423 ZPO andererseits sei nicht gegeben. Dementsprechend bestehe auch keine Notwendigkeit einer Einschränkung des An-

---

[355] *Leipold*, in: FS für Meier, S. 421 ff. (428).
[356] *Leipold*, in: FS für Meier, S. 421 ff. (428).
[357] *Leipold*, in: Die Aktualität, S. 131 ff. (141).
[358] BGH NJW 2007, 2989 ff.
[359] *Leipold*, in: Die Aktualität, S. 131 ff. (141); BGH NJW 2007, 2989 ff.
[360] BGHZ 173, 23 = NJW 2007, 2989 ff.; bestätigt durch BGH WM 2010, 1448.
[361] So *Leipold*, in: Stein/Jonas, ZPO, 22. Aufl., § 142 Rn. 20 f.; *Baumbach/Lauterbach/Albers/Hartmann*, ZPO, § 142 Rn. 6; OLG Frankfurt BeckRS 2007, 01566 Rn. 19.

wendungsbereiches des § 142 I ZPO, welche mit dem Wortlaut der Vorschrift nicht vereinbar wäre. Die Anordnung des § 142 I ZPO stehe im Ermessen des Gerichts; hierbei könne das Gericht den möglichen Erkenntniswert und die Verhältnismäßigkeit einer Anordnung sowie berechtigte Belange des Geheimnis- und Persönlichkeitsschutzes berücksichtigen.[362] Einen Wertungswiderspruch zwischen §§ 422, 423 ZPO und § 142 ZPO leugnet der Senat vor dem Hintergrund, dass die Bestimmungen der §§ 422, 423 ZPO ihren eigenständigen Anwendungsbereich behielten. Denn diese Vorschriften würden im Falle des Vorliegens ihrer Voraussetzungen eine unbedingte Vorlagepflicht des Gegners mit der Rechtsfolge des § 427 ZPO begründen, wohingegen die Anordnung nach § 142 I ZPO im richterlichen Ermessen steht.[363] Betont wird in diesem Zusammenhang auch, in der Anwendung des § 142 I ZPO liege keine prozessordnungswidrige Ausforschung des Gegners. Denn die Vorschrift befreie die Partei, die sich auf eine Urkunde bezieht, nicht von ihrer Darlegungs- und Substantiierungslast.[364] Das Gericht dürfe die Urkundenvorlegung daher nicht zum Zwecke bloßer Informationsgewinnung, sondern nur im Falle des Vorliegens eines schlüssigen und auf konkrete Tatsachen bezogenen Parteivortrags anordnen.[365]

d) Berücksichtigung von Besonderheiten im Rahmen von Patentrechts- und Kartellrechtsverletzungen

aa) Europäische Vorgaben vor dem Hintergrund des Effektivitätserfordernisses und eines typischerweise bestehenden Informationsgefälles

Im dritten Teil der vorliegenden Arbeit wurden die Bestrebungen des EU-Gesetzgebers zur Erleichterung von Ansprüchen auf dem Gebiet der Patentrechtsverletzungen durch die *Enforcement*-Richtlinie sowie auf dem Gebiet der Kartellrechtsverletzungen durch die Kartellschadensersatzrichtlinie dargestellt.[366] Anknüpfungspunkt ist eine zwischen dem Schädiger und dem Geschädigten typischerweise bestehende Informationsasymmetrie, wobei der Geschädigte zur Substantiierung seiner Klage auf Informationen aus der Sphäre des mutmaßlichen Schädigers angewiesen ist.[367]

Auf dem Rechtsgebiet des gewerblichen Rechtsschutzes ist es für denjenigen, der eine Verletzung von Rechten des geistigen Eigentums geltend machen

---

[362] BGH NJW 2007, 2989 ff. (2992).
[363] BGH NJW 2007, 2989 ff. (2991).
[364] So auch BGH BeckRS 2010, 17011.
[365] BGH NJW 2007, 2989 ff. (2992); BGH BeckRS 2010, 17011.
[366] Teil 3 B. II. 2. b).
[367] *R. Koch*, S. 90; vgl. auch *Hauck*, NJW 2016, S. 2218 ff. (2221); vgl. *McGuire*, GRUR Int 2005, S. 15 ff. (15).

möchte, oftmals ein schwieriges Unterfangen, Tatsachen dezidiert darzulegen und zu beweisen, aus denen sich ergibt, dass der Gegner vom Gegenstand des Patentanspruches Gebrauch gemacht hat.[368] Schließlich benötigt er zum Nachweis der Rechtsverletzung Gegenstände bzw. Pläne, die sich eben nicht in seinem Besitz, sondern im Besitz des Gegners oder eines Dritten befinden.[369] Zwar gewährt in diesem Zusammenhang die Bestimmung des § 809 BGB einen Vorlage- und Besichtigungsanspruch für denjenigen, der gegen den Besitzer einer Sache einen Anspruch in Ansehung der Sache hat, oder sich Gewissheit darüber verschaffen will, ob ihm ein derartiger Anspruch zusteht. Allerdings erhielt der Anspruch aus § 809 BGB in der Vergangenheit keine praktische Bedeutung, weil der BGH zunächst sehr strenge Anforderungen stellte, indem er verlangte, es müsse bereits ein erheblicher Grad an Wahrscheinlichkeit vorgetragen sein, wonach eine Verletzung unter Nutzung der geschützten Lehre tatsächlich stattgefunden hatte. Von dieser restriktiven Handhabung hat sich die Judikatur sodann Schritt für Schritt entfernt.[370] Während es nach der „Druckbalken"-Entscheidung des BGH zu § 809 BGB noch darauf ankam, dass ein „erheblicher Grad an Wahrscheinlichkeit dargetan ist, wonach die Sache unter Anwendung der geschützten Lehre hergestellt worden ist",[371] wurden die Voraussetzungen in der Entscheidung „Faxkarte" derart gelockert, dass für die Verletzung „eine gewisse Wahrscheinlichkeit" als ausreichend erachtet wurde.[372]

bb) Die Auslegung des § 142 I ZPO entsprechend der Vorgaben durch die Enforcement-Richtlinie durch den BGH

Noch vor der Umsetzung der *Enforcement*-Richtlinie durch den deutschen Gesetzgeber im Wege des Gesetzes zur Verbesserung der Durchsetzung von Rechten des geistigen Eigentums[373] hat sich der X. Zivilsenat des BGH im Rahmen der Problematik der Urkundenvorlegung in einem Rechtsstreit über technische Schutzrechte in Bezug auf § 142 I ZPO n.F. geäußert.[374]

In dem zugrunde liegenden Rechtsstreit begehrte der Patentinhaber und Kläger von der Beklagten, der er durch Lizenzvertrag ein Mitbenutzungsrecht eingeräumt hatte, die vereinbarte Lizenzgebühr. Denn nach Ansicht des Klägers sei in bestimmten von der Beklagten gelieferten Komponenten einer Müllverbrennungsanlage von Patentansprüchen des Lizenzpatentes Gebrauch

---

[368] So *Leipold*, in: FS für Meier, S. 421 ff. (429) unter Hinweis auf BGH NJW-RR 2007, 106 ff.
[369] Vgl. zu der Problembeschreibung die Anmerkung von *Leible*, LMK 2007, 208363.
[370] *Osterrieth*, Patentrecht, Rn. 1051 f.
[371] BGHZ 93, 191 = NJW-RR 1986, 480.
[372] BGHZ 150, 377 = NJW-RR 2002, 1617.
[373] Vom 7.7.2008, BGBl. I 1191 ff.
[374] BGH NJW-RR 2007, 106 ff.

gemacht worden. Der Kläger beantragte, dem Erwerber der Anlage die Vorlage eines bestimmten technischen Plans nebst einem Fließbild aufzugeben, aus welchem sich die Patentverletzung ergebe. Die Beklagte meinte, eine Urkundenvorlage dürfte vom Gericht nicht auf Grundlage eines ins Blaue hinein erfolgten Parteivortrages angeordnet werden.[375] Das Berufungsgericht verneinte eine Vorlagepflicht, da es den rechtserheblichen Bezug der Darstellung zum Streitstoff für unzureichend hielt. Der BGH äußerte sich dahingehend, dass die Reichweite der Bestimmung des § 142 ZPO noch nicht abschließend geklärt sei. Im Fokus der Entscheidung stand die Problematik, ob die Vorschrift des § 142 I ZPO durch ein Ausforschungsverbot begrenzt werde. Während das Berufungsgericht davon ausging, der rechtserhebliche Bezug der Darstellung zum Streitstoff sei vom klagenden Patentinhaber nicht ausreichend dargelegt worden, setzte der BGH die Anforderungen an seinen Vortrag deutlich niedriger an und nahm aufgrund einer richtlinienkonformen Anlegung signifikante Abschwächungen in Bezug auf die Anforderungen an einen hinreichend substantiierten Tatsachenvortrag zwecks Ausschöpfung des Streitstoffs vor. Ausreichend müsse „eine gewisse Substantiierung des beweiserheblichen Inhalts zusammen mit einer Darlegung der Quelle für den Vortrag" sein.[376] Der BGH lehnt sogar explizit die prinzipielle Auffassung ab, die Vorschrift des § 142 ZPO n.F. dürfe nicht zu einer Ausforschung der Gegenseite führen.[377] Voraussetzung könne nur „ein im Wesentlichen schlüssiger Klagevortrag und eine schlüssige Darlegung [...], dass die Unterlagen entscheidungserheblich sein könnten", sein.[378] Dabei ist die Aussage des BGH zentral, eine differenzierte Betrachtung und Anwendung von generell formulierten Vorschriften wie § 809 BGB und § 142 ZPO sei entsprechend dem jeweiligen Rechtsgebiet, wie etwa im gewerblichen Rechtsschutz und gerade bei den technischen Schutzrechten, erforderlich.[379] Dies folgert der BGH aus Art. 6 der Durchsetzungsrichtlinie sowie Art. 43 TRIPS.[380] Damit scheint der Senat seine Folgerungen wohl speziell auf Rechtsstreitigkeiten über technische Schutzrechte zu beziehen, um gerade hier die Rechtsdurchsetzung zu erleichtern. Letzteres ist angesichts der – im Kontext einer möglichen Etablierung von Sonderprozessrechten bereits dargestellten – legislativen Idee der ZPO, für alle Verfahrensgegenstände ein einheitliches Verfahrensrecht zu schaffen, bedenklich.[381] Jedenfalls könne nach Ansicht des BGH eine Vorlage bei

---

[375] BGH NJW-RR 2007, 106 ff. (107).
[376] BGH NJW-RR 2007, 106 ff. (107).
[377] BGH NJW-RR 2007, 106 ff. (107).
[378] BGH NJW-RR 2007, 106 ff. (107).
[379] BGH NJW-RR 2007, 106 ff. (107).
[380] Übereinkommen über handelsbezogene Aspekte der Rechte des geistigen Eigentums bzw. *Agreement on Trade-Related Aspects of Intellectual Property Rights*.
[381] So *Leipold*, in: FS für Meier S. 421 ff. (430).

Rechtsstreitigkeiten über technische Schutzrechte dann angeordnet werden, wenn dies zur Aufklärung des Sachverhalts geeignet, erforderlich, verhältnismäßig und angemessen, d.h. nach Abwägung der kollidierenden Interessen zumutbar ist.[382] Zu berücksichtigen ist dabei auch die Intensität des Eingriffs in das Schutzrecht und die rechtlich geschützten Interessen des von der Vorlage Betroffenen. Interessant ist dabei, dass das Zumutbarkeitserfordernis in Bezug auf die Prozesspartei nach Ansicht des Senats unmittelbar aus verfassungsrechtlichen Vorgaben – wie etwa aus Art. 12 I GG – abgeleitet werden kann, womit die Einschaltung einer zur Verschwiegenheit verpflichteten Person nicht ohne Weiteres in Betracht kommt.[383]

Bemerkenswert ist: Der Senat lässt im Rahmen seiner Auseinandersetzung mit dem Substantiierungserfordernis im Rahmen von § 142 I ZPO die Wahrscheinlichkeit einer Benutzung des Gegenstands des Schutzrechts ausreichen. Hier greift der Senat auf die Judikatur hinsichtlich des materiell-rechtlichen Anspruchs gemäß § 809 BGB zurück. Ferner erachtet der Senat die Vorschrift des § 142 ZPO – wie die materiell-rechtliche Bestimmung des § 809 BGB – als ein Mittel, dem Beweisnotstand des Klägers zu begegnen, wie er sich insbesondere im Bereich der besonders verletzlichen technischen Schutzrechte ergeben kann. Diese Erwägung ermöglicht es dem BGH, in beiden Vorschriften eine parallele Interessenbewertung anzunehmen. Er zieht daher Wertungen, die bei der Handhabung des § 809 BGB in früherer Judikatur – Druckbalken und Faxkarte – entscheidend waren, bei der Anwendung des § 142 ZPO entsprechend heran. Damit lässt es der BGH hinsichtlich der Vorlageanordnung gemäß § 142 ZPO ausreichen, wenn eine Benutzung des Gegenstandes des Schutzrechts wahrscheinlich ist. Daraus folgert *Leipold*, eine Vorlage sei nach § 142 ZPO im Patentverletzungsprozess jedenfalls dann zulässig, wenn der Partei auch materiell-rechtlich ein Vorlageanspruch zusteht. Allerdings sei dem Urteil keine Grenzziehung für Vorlageanordnungen einer nicht beweispflichtigen Partei zu entnehmen.[384]

cc) Die Umsetzung der Enforcement-Richtlinie und der Kartellschadensersatzrichtlinie

Mit der Umsetzung der *Enforcement*-Richtlinie durch den deutschen Gesetzgeber durch das Gesetz zur Verbesserung der Durchsetzung von Rechten des geistigen Eigentums[385] wurden materiell-rechtliche Vorlageansprüche nach dem Vorbild des § 809 BGB in die Spezialgesetze zum geistigen Eigentum ein-

---

[382] BGH NJW-RR 2007, 106 ff. (107).
[383] BGH NJW-RR 2007, 106 ff. (107).
[384] So *Leipold*, in: FS für Meier, S. 421 ff. (431).
[385] BGBl. I 2008, 1191 ff.

gefügt.[386] Durch Art. 2 des Gesetzes wurde z.B. die Vorschrift des § 140c PatG in das PatG aufgenommen. Danach kann der vermeintliche Verletzer auf Vorlage einer Urkunde oder Besichtigung einer Sache in Anspruch genommen werden, wenn mit hinreichender Wahrscheinlichkeit eine Patentverletzung gegeben ist und die Vorlage zur Begründung von Ansprüchen des Rechtsinhabers erforderlich ist. Die Geheimhaltungsinteressen des vermeintlichen Verletzers werden – ähnlich wie in anderen neu eingefügten materiell-rechtlichen Vorschriften – in § 140c I S. 3 PatG berücksichtigt, wonach das Gericht die „erforderlichen Maßnahmen trifft, um den im Einzelfall gebotenen Schutz zu gewährleisten". Gemäß § 140c II PatG gilt die Begrenzung der Verhältnismäßigkeit. Nach § 140c PatG ist die Durchsetzung des Anspruchs im Wege der einstweiligen Verfügung möglich. Insgesamt setzt die Vorschrift des § 140c PatG die bisher zu § 809 BGB entwickelte Praxis um.[387]

Der deutsche Gesetzgeber ging davon aus, zur Umsetzung der Vorgaben des Art. 6 der Richtlinie sei sowohl die Option eines Ausbaus prozessualer Instrumente als auch die Möglichkeit einer Erweiterung materiell-rechtlicher Ansprüche gegeben, obwohl die Bestimmung des Art. 6 ein prozessuales Instrument zur Herbeiführung einer Vorlageanordnung enthalte, ohne das Bestehen eines materiell-rechtlichen Anspruches hierfür zur Voraussetzung zu erheben.[388] Der deutsche Gesetzgeber hat indes keine neuen prozessualen Kompetenzen hinsichtlich der Anordnung der Vorlage von Urkunden begründet, sondern sich gemäß § 140c I, II PatG für die materiell-rechtliche Regelungstechnik entschieden. Gleiches gilt für das Kartellrecht als Folge des am 9.6.2017 in Kraft getretenen, die Vorgaben der Kartellschadensersatzrichtlinie[389] umsetzenden Neunten Gesetzes zur Änderung des Gesetzes gegen Wettbewerbsbeschränkungen (GWB),[390] da gemäß § 33g I, II GWB n.F. sowohl für den potentiell Geschädigten als auch für den potentiellen Schädiger ein selbständiger materieller Rechtsanspruch auf Auskunft und Herausgabe von Beweismitteln implementiert wurde.

---

[386] *R. Koch*, S. 92. Neben § 140c PatG wurden § 24c GebrMG, § 19a MarkenG, § 9 HalblSchG, § 101a UrhG, § 46a GeschmMG, § 37c SortSchG durch das Gesetz zur Verbesserung der Durchsetzung von Rechten des geistigen Eigentums eingefügt.

[387] Vgl. dazu *Osterrieth*, Patentrecht, Rn. 1051 ff.

[388] So spricht nach der Auffassung von *Leipold* der Wortlaut des Art. 6 der Richtlinie mehr für ein prozessrechtliches Verständnis und will damit nicht an einen materiell-rechtlichen Herausgabeanspruch anknüpfen. So *Leipold*, Die Aktualität, S. 145. *McGuire* hebt hervor, dass sich die Richtlinie mit Art. 6 und 8 eines kombinierten Ansatzes bedient. *McGuire* betont aber selbst, dass die prozessuale Editionspflicht gemäß Art. 6 das Bestehen eines materiell-rechtlichen Anspruches eben nicht verlangt. Art. 6 und Art. 8 würden aber ineinander greifen, denn soweit der Anspruch auf Auskunft die Vorlage von Belegen usw. erfasse, seien diese zugleich Beweismittel i.S.v. Art. 6. *McGuire* GRUR Int 2005, S. 15 ff. (16).

[389] Diese war bis zum 27.12.2016 umzusetzen.

[390] BGBl. I 2017, S. 1416.

Allerdings ist eine Klärung der Anforderungen an die Substantiierung des Tatsachenvortrags des Klägers und an die konkrete Bezeichnung der vorzulegenden Beweismittel im Hinblick auf die Anordnung nach § 142 ZPO nicht erfolgt.[391] *Leipold* konstatiert im Hinblick auf die Umsetzung der *Enforcement*-Richtlinie, der deutsche Gesetzgeber habe sich bemüht, Veränderungen im herkömmlichen System zu vermeiden.[392] In der Gesetzesbegründung wird hierzu zudem ausgeführt, die ZPO mache die Pflicht zur Vorlage von Beweismitteln im Grundsatz vom materiellen Recht abhängig, § 422 ZPO und § 371 II ZPO. Weiter heißt es, dieser Grundsatz werde durch §§ 142, 144 ZPO durchbrochen, wobei hervorgehoben wird, eine derartige Anordnung stehe im richterlichen Ermessen und der Rechtsinhaber habe darauf keinen Anspruch. Ferner sei die Anordnung des Gerichts nicht durchsetzbar.[393] Der Gesetzgeber führt aus, die Bestimmungen der §§ 142, 144 ZPO genügten nicht den Anforderungen der Richtlinie und geht davon aus, zur Umsetzung kämen zwei verschiedene Möglichkeiten in Betracht.[394] Hierzu zählen der Ausbau prozessrechtlicher Instrumente oder die Ausweitung bzw. Schaffung materiell-rechtlicher Ansprüche auf Informations- und Beweismittelbeschaffung.[395] Denn die bestehenden materiell-rechtlichen Bestimmungen – §§ 809, 810 BGB – wären bei der Verletzung geistigen Eigentums oft nicht einschlägig. Bemerkenswert ist für die vorliegende Betrachtung jedenfalls, dass der Gesetzgeber zur Umsetzung eine Regelungstechnik auf Grundlage materiell-rechtlicher Ansprüche favorisiert. Dies wird damit begründet, dass dieser Weg der Systematik des deutschen Rechts entspreche und – anders als prozessrechtliche Institute – problemlos eine direkte Erzwingbarkeit der Rechtsfolgen ermögliche.[396] Dementsprechend erfolgte die Einführung materiell-rechtlicher Ansprüche auf Vorlage von Urkunden und Besichtigung von Sachen und auf Vorlage von Bank-, Finanz- oder Handelsunterlagen gemäß § 140c I, II PatG.[397] Der Gesetzgeber hat folglich im Hinblick auf die erfolgte Umsetzung der *Enforcement*-Richtlinie eine Lösung nach materiellem Recht gewählt und damit der beweispflichtigen Partei ermöglicht, einen Beweis nach §§ 421, 422 ZPO durch den Antrag, dem Gegner die Vorlage der Urkunde aufzuerlegen, ermöglicht.[398] Hinsichtlich einer Anordnung einer Urkundenvorlage nach § 142 I ZPO gilt nach der Rechtsprechung, dass das Gericht hierzu nicht verpflichtet ist, wenn die Voraussetzungen für einen Anspruch nach § 140c PatG

---

[391] *Leipold*, Die Aktualität, S. 145.
[392] *Leipold*, Die Aktualität, S. 145.
[393] BT-Drucks. 16/5048, S. 26.
[394] BT-Drucks. 16/5048, S. 27.
[395] BT-Drucks. 16/5048, S. 27.
[396] BT-Drucks. 16/5048, S. 27: kritisch dazu *R. Koch*, S. 361, für den eine umfassende prozessuale Lösung wünschenswert gewesen wäre.
[397] *Leipold*, Die Aktualität, S. 131 ff. (145).
[398] Ausführlich dazu *Leipold*, in: FS für Meier, S. 421 ff. (431 ff.).

nicht vorliegen.³⁹⁹ Eine Schaffung von materiell-rechtlichen Vorlageansprüchen erfolgte ebenso in Bezug auf die Kartellrichtlinie mit der Einfügung des § 33g GWB.

Ob es sich hierbei um eine Bestätigung der klassischen Betrachtungsweise – Vorlage nur im Falle eines materiell-rechtlichen Anspruchs – oder nur um eine Ausnahme von dem Grundsatz einer Anordnung auch ohne einen solchen Anspruch handelt, bleibt jedoch offen.⁴⁰⁰ Jedenfalls erfährt die Umsetzung der *Enforcement*-Richtlinie durch den deutschen Gesetzgeber Kritik durch das Schrifttum.⁴⁰¹ Ausgangspunkt dafür ist, dass die Richtlinie im Interesse des effektiven Rechtsschutzes davon ausgeht, die Vorlageanordnung könne bereits im anhängigen Verletzungsprozess ergehen. Art. 3 der Richtlinie verlangt von dem nationalen Gesetzgeber explizit, die Maßnahmen und Verfahren dürften „nicht unnötig kompliziert und kostspielig sein" […] „und keine unangemessenen Fristen oder ungerechtfertigte Verzögerungen mit sich bringen".

Die Umsetzung im Wege eines materiell-rechtlichen Vorlageanspruchs zeitigt aber folgende Konsequenzen:⁴⁰² Durch die Einbindung des materiell-rechtlichen Anspruchs in das Beweisverfahren hat die Partei die Möglichkeit, den Beweis nach §§ 421, 422 ZPO anzutreten, indem sie beantragt, dem Gegner die Vorlage der Urkunde aufzuerlegen. Das unkooperative Verhalten der Nichtvorlage führt jedoch nicht zur Anwendung von Zwangsmaßnahmen, sondern hat nur beweisrechtliche Folgen. Das Gericht hat die Nichtvorlage in den Urteilsgründen gemäß § 286 ZPO frei zu würdigen; es kann Angaben des Beweisführers als zutreffend ansehen, indem es eine vom Beweisführer beigebrachte Abschrift nach § 427 S. 1 ZPO als richtig betrachtet. Sofern auch eine Abschrift nicht beigebracht wurde, können gemäß § 427 S. 2 ZPO die Behauptungen des Beweisführers über die Beschaffenheit bzw. über den Inhalt der Urkunde als bewiesen angenommen werden.⁴⁰³ Zwar kann der materiell-rechtliche Anspruch selbst eingeklagt werden, allerdings erfordert dies eine eigenständige Klage über den Vorlage- und Besichtigungsanspruch.⁴⁰⁴ Im Fall der Verurteilung zur Herausgabe, kann erst in einem zweiten Schritt die Durchsetzung im Wege der Zwangsvollstreckung erfolgen.⁴⁰⁵ Sofern sich wäh-

---

³⁹⁹ Vgl. dazu *Leipold*, in: FS für Meier, S. 421 ff. (434) unter Bezugnahme auf BGH GRUR 2013, 316.
⁴⁰⁰ Laut *Althammer* ist „[…] zumindest rechtsgebietsspezifisch eine materiell-rechtliche Ausrichtung der prozessualen Vorlageanordnung gegenüber der nicht beweispflichtigen Partei erkennbar […]". *Althammer*, in: Stein/Jonas, ZPO, § 142 Rn. 21.
⁴⁰¹ Vgl. *Leipold*, Die Aktualität, S. 146 f.; *McGuire*, GRUR Int 2005, S. 15 ff. (16); *Koch*, S. 93.
⁴⁰² Vgl. hinsichtlich einer Gegenüberstellung der prozessualen und materiell-rechtlichen Lösung *McGuire*, GRUR Int 2005, S. 15 ff. (16).
⁴⁰³ *Leipold*, in: FS für Meier, S. 421 ff. (433).
⁴⁰⁴ *McGuire*, GRUR Int 2005, S. 15 ff. (16); *R. Koch*, S. 93.
⁴⁰⁵ *Leipold*, in: FS für Meier, S. 421 ff. (433).

rend des Verletzungsprozesses die Erforderlichkeit der Vorlage bzw. Besichtigung zeigt, müsste parallel ein einstweiliges Rechtsschutzverfahren angestrengt werden. Folglich erweist sich die Durchsetzung als schwerfällig.[406] Ob die Umsetzung des deutschen Gesetzgebers durch Rückgriff auf eine materiell-rechtliche Ausgestaltung angesichts der dargestellten fehlenden direkten Erzwingbarkeit der Vorlage den Vorstellungen des europäischen Gesetzgebers – gerade vor dem Hintergrund der Effektivitätsbestrebungen – genügt, vermag daher bezweifelt werden.[407] Denn zwischen der prozessualen und der materiellen Regelung besteht gerade im Hinblick auf die Durchsetzbarkeit – wie gezeigt – keine Äquivalenz.[408] Diese Beobachtung findet sich bereits bei *Klein*, der die materiell-rechtliche Ausgestaltung wegen ihrer Umständlichkeit ablehnte.[409] Die Frage der Ausgestaltung von Vorlageansprüchen ist im Übrigen ein deutlicher Beleg für die Zeitlosigkeit der Erwägungen und Vorschläge von *Klein*.

Schließlich weist auch eine Vorlage nach § 142 ZPO den Nachteil der fehlenden Erzwingbarkeit der gerichtlichen Anordnung an den Gegner auf.[410]

Damit haben sich in Bezug auf die Rechtslage auch nach Inkrafttreten des § 140c PatG keine Änderungen ergeben. Eine Anordnung der Vorlage einer Urkunde von Amts wegen kann auch im Patentverletzungsverfahren weiterhin nur nach § 142 ZPO erfolgen.

Der X. Zivilsenat hat nach Inkrafttreten des § 140c PatG einen Zusammenhang zwischen dem materiell-rechtlichen Anspruch aus § 140c PatG und der Vorlageanordnung nach § 142 ZPO dahingehend gesehen, dass das Gericht nicht zu einer Anordnung einer Urkundenvorlegung nach § 142 ZPO verpflichtet sei, wenn die Voraussetzungen aus § 140c PatG nicht gegeben sind.[411] Daraus kann aber nur gefolgert werden, dass im Falle des Fehlens des materiell-rechtlichen Anspruchs keine Pflicht zur Anordnung nach § 142 ZPO besteht, die Anordnung aber dennoch zulässig ist.[412] Allerdings rekurriert der Senat hier auch auf seine Rechtsprechung aus dem Jahre 2006, wonach im Patentverletzungsprozess eine Vorlage nach § 142 ZPO angeordnet werden dar, wenn „ein gewisser Grad an Wahrscheinlichkeit für eine Patentverletzung spricht und wenn die Vorlegung zur Aufklärung des Sachverhalts geeignet und erforderlich sowie auch unter Berücksichtigung der rechtlich

---

[406] So auch die Kritik von *McGuire*, GRUR Int 2005, S. 15 ff. (21).
[407] Nach *Leipold* „erscheint es daher sehr zweifelhaft, ob die deutsche Regelung den Anforderungen der Richtlinie entspricht". *Leipold*, Die Aktualität, S. 146; vgl. auch *Leipold*, in: FS fürMeier, S. 421 ff. (433) m.w.N. in Fn. 27; kritisch gegenüber einer materiell-rechtlichen Lösung auch *McGuire*, GRUR Int 2005, S. 15 ff. (20).
[408] So auch *McGuire*, GRUR Int 2005 S. 15 ff. (16).
[409] *Klein*, Pro Futuro, S. 36 f.; *Leipold*, in: Die Aktualität, S. 135.
[410] *McGuire*, GRUR Int 2005, S. 15 ff. (20).
[411] BGH GRUR 2013, 316 ff. (318).
[412] *Leipold*, in: FS für Meier, S. 421 ff. (434).

geschützten Interessen des zur Vorlage Verpflichteten verhältnismäßig und angemessen ist".[413]

dd) Die Berücksichtigung von Geheimhaltungsinteressen

Die Bedeutung von Geheimhaltungsinteressen des Vorlagepflichtigen wird in einer jüngeren Entscheidung des III. Zivilsenats des BGH in Bezug auf die Notarhaftung relevant.[414] Hier hatte das Berufungsgericht wegen der Verschwiegenheitspflicht des Notars gemäß § 18 BNotO davon abgesehen, dem Beklagten in Bezug auf die Abwicklung eines vorangegangenen Kaufvertrags das Massenbuch und die Notarnebenakte vorzulegen. Des Weiteren hatte das Berufungsgericht in die Ermessenserwägung miteinfließen lassen, das Unterbleiben einer Anordnung nach § 142 I ZPO habe die Klägerin nicht in Beweisnot gebracht, da *in casu* die Möglichkeiten bestanden, Zeugen zu benennen bzw. die Beteiligten um eine Befreiung des Notars von seiner Verschwiegenheitspflicht zu ersuchen.[415] Der III. Zivilsenat bestätigte, es sei im Rahmen der Ermessensentscheidung ermessensfehlerfrei gewesen, den Geheimhaltungsinteressen, auf die sich der Beklagte berufen hatte, ausschlaggebendes Gewicht beizumessen.[416] Im Rahmen der Ermessensausübung könne das Gericht den Erkenntniswert, die Verhältnismäßigkeit sowie berechtigte Belange des Geheimnis- und Persönlichkeitsschutzes berücksichtigen. Der III. Zivilsenat behandelt demnach die Geheimhaltungspflicht im Rahmen der Ermessensfrage, obwohl es sich dabei doch eher um eine rechtliche Schranke handelt. Grundlegende Ausführungen hinsichtlich der Vorlageanordnung gemäß § 142 ZPO enthält das Urteil hingegen nicht.[417] Sofern man dieser Rechtsprechung folgt und die Berücksichtigung von Geheimhaltungsinteressen im Rahmen einer Anordnung nach § 142 I ZPO lediglich als Bestandteil der Ermessensentscheidung betrachtet, dann würde dies bedeuten, das Gericht könnte befugt sein, die Vorlage trotz der Geheimhaltungsinteressen anzuordnen, sofern es davon überzeugt wäre, dass nur dadurch eine Beweisnot der Partei vermieden werden könne.[418]

ee) Zwischenergebnis

Im Rahmen der dargestellten Entwicklung ist bemerkenswert, dass sich auf dem Gebiet des gewerblichen Rechtsschutzes auf Grundlage der Einführung

---

[413] BGH GRUR 2013, 316 ff. (318) unter Rückgriff auf BGHZ 169, 30.
[414] BGH DNotZ 2014, 837 = WM 2014, 1611; vgl. dazu auch *Leipold*, in: FS für Meier, S. 421 ff. (422 ff.).
[415] *Leipold*, in: FS für Meier, S. 421 ff. (423).
[416] BGH DNotZ 2014, 837 ff. (839).
[417] Vgl. auch *Leipold*, in: FS für Meier, S. 421 ff. (423).
[418] *Leipold*, in: FS für Meier, S. 421 ff. (423).

von § 140c PatG eine gewisse Verknüpfung zwischen der Vorlageanordnung gegenüber der nicht beweispflichtigen Partei und dem materiellen Recht in der Rechtsprechung des X. Zivilsenats abzeichnet.[419] Jedoch ist fraglich, ob in dieser – auf ein spezielles Rechtsgebiet beschränkten – Judikatur ein Rückgriff auf die herkömmliche Linie, wonach es Aufgabe des materiellen Rechts ist, Vorlagepflichten zu etablieren, gesehen werden kann. Die nicht auf den Sonderbereich der Patentverletzungen bezogene Rechtsprechung des XI. Zivilsenates hinsichtlich der Schrottimmobilien, wonach eine „Bezugnahme" genügt und § 142 ZPO klar gegenüber §§ 422, 423 abgegrenzt wird, spricht jedenfalls gegen eine solche Interpretation. Auch deutet das dargestellte Judikat hinsichtlich der Notarhaftung auf eine rein prozessuale Betrachtung des § 142 I ZPO, denn hier wird ein besonderes Augenmerk auf die Ausgestaltung des § 142 I ZPO als Ermessensvorschrift gelegt und auf diese Weise wird den Geheimhaltungsinteressen Rechnung getragen. *Leipold* bewertet diese Entwicklung als kritisch und bezweifelt, dass eine Orientierung am materiellen Recht überholt ist. Auch diese Entwicklung der Informations- und Vorlagepflichten ist im Hinblick auf das Verhältnis von Parteiherrschaft und Richtermacht als Erweiterung der Richtermacht zu Lasten der „gläsernen Prozesspartei"[420] anzusehen.

ff) Lösungsvorschläge de lege ferenda unter besonderer Berücksichtigung des Bedürfnisses des Geheimnisschutzes

Damit fragt sich, welcher Weg beschritten werden kann, um § 142 ZPO sachgerecht zu begrenzen.

(1) Materiell-rechtliche und prozessuale Lösungsansätze. Leipold schlägt vor, eine gerichtliche Anordnung gegenüber einer Partei nur dann zuzulassen, wenn diese Partei selbst beweisbelastet ist oder wenn sie gegenüber der anderen Partei eine materiell-rechtliche Pflicht zur Herausgabe der Urkunde trifft.[421] Aufgrund des Erfordernisses eines materiell-rechtlichen Anspruchs wäre in rechtsdogmatischer Hinsicht ein Einklang mit dem Regime nach §§ 422, 423 ZPO geschaffen. Auch *Althammer* betont die Diskrepanz zwischen § 142 ZPO und §§ 422, 423 ZPO, sofern man die Bezugnahme der die Urkunde nicht besitzenden Partei für eine Vorlageanordnung nach § 142 ZPO ausreichen ließe, und vertritt die Ansicht, die Bezugnahme einer Partei könne die Vorlageverpflichtung nicht generell auslösen.[422] Nach der einschränkenden

---

[419] *Leipold*, in: FS für Meier, S. 421 ff. (429 ff.).
[420] Vgl. *Leipold*, in: FS für Meier, S. 421 ff. (436): „[…] was […] die Reichweite von Informations- und Vorlagepflichten angeht, so ist die Vorstellung von einer ‚gläsernen Prozesspartei' vielleicht alles andere als zeitgemäß".
[421] So *Leipold*, in: Die Aktualität, S. 131 ff. (141).
[422] *Althammer*, in: Stein/Jonas, ZPO, § 142 Rn. 19.

Ansicht *Althammers* könne in der Situation, in der die Partei, welche sich auf die Urkunde bezogen hat, die Beweislast trägt, dem nicht beweispflichtigen Gegner gegenüber die Vorlage der Urkunde nur bei Bestehen einer Vorlagepflicht gemäß §§ 422, 423 ZPO angeordnet werden. Es müsste sich demnach auch der Gegner auf die Urkunde bezogen haben oder dieser müsste eben nach materiellem Recht zu einer Vorlage verpflichtet sein.[423]

Dieser Weg scheint angesichts des gesetzgeberischen Willens und der entsprechenden Judikatur des BGH, in der die klare Unterscheidung zwischen § 142 I ZPO und §§ 422, 423 ZPO anerkannt wird, als schwierig umsetzbar. Wie vorstehend aufgezeigt, vertritt der BGH die Ansicht, die Einschränkung des Anwendungsbereichs des § 142 I ZPO sei nicht mit dem Wortlaut der Vorschrift vereinbar. Ein Wertungswiderspruch zu den §§ 422, 423 ZPO bestehe nach Ansicht des BGH nicht, weil diese Vorschriften eine unbedingte Vorlagepflicht statuieren, während § 142 ZPO im Ermessen des Gerichts steht.[424] Im Rahmen dieser Ermessensentscheidung könne das Gericht den möglichen Erkenntniswert, die Verhältnismäßigkeit der Anordnung sowie berechtigte Belange des Geheimnis- und Persönlichkeitsschutzes berücksichtigen.[425] Daraus wird ersichtlich, dass nicht schon die Bezugnahme einer Partei im Rahmen des Ermessens *per se* bedeutet, die Vorlage müsste regelmäßig geboten sein.[426] Es könnte aber die Parteiherrschaft im Rahmen der Beweiserhebung nach §§ 142, 144 ZPO durch eine prozessuale Lösung gestärkt werden.

(2) Anforderungen an die Substantiierung und Hilfe für eine Partei in Beweisnot durch Grundsätze über die sekundäre Darlegungslast. Die zentrale Zielsetzung sollte darin bestehen, sicherzustellen, dass § 142 ZPO eben nicht als Mittel zur Ausforschung ins Blaue hinein im Sinne einer vorverlagerten Informationsbeschaffung führt, sondern dazu dient, auf ein konkretes Beweismittel zuzugreifen.

Vorab sei darauf hingewiesen, dass eine systemimmanente Schranke hinsichtlich der Handhabung des § 142 I ZPO ohnehin bereits besteht, denn es müssen die allgemeinen Voraussetzungen der Beweiserhebung – wie oben dargestellt – gegeben sein, damit eine Anordnung nach § 142 I ZPO überhaupt ergehen kann. Hierzu gehört das Vorliegen eines zwischen den Parteien streitigen Sachverhaltes. Zudem müssen Substantiierungs- und Bestimmtheitsanforderungen – also Substantiierung des Tatsachenvortrags und eine bestimmte Bezeichnung der Urkunde – eingehalten werden, um ein wirkliches Hindernis für die Vorlageanordnung zu schaffen, das erst überwunden werden muss, bevor eine Anordnung überhaupt ergehen kann. Bemerkenswert ist insoweit,

---
[423] *Althammer*, in: Stein/Jonas, ZPO, § 142 Rn. 19.
[424] BGH NJW 2007, 2989.
[425] BGH NJW 2007, 2989.
[426] So *Leipold*, in: Die Aktualität, S. 131 ff. (142).

dass diese Voraussetzungen in der österreichischen Regelung des § 303 II öZPO explizit genannt werden, indem verlangt wird, die antragstellende Partei müsse, wenn sie keine Abschrift der Urkunde beibringen kann, einerseits den Inhalt der Urkunde „möglichst genau und vollständig" angeben und andererseits die Tatsachen anführen, welche durch die Vorlage bewiesen werden sollen.

Problematisch ist indes die Situation, in der einer beweisbelasteten Partei, welche die Urkunde selbst nicht vorlegen kann, die für eine Substantiierung notwendigen Informationen fehlen. Wie kann der Partei in der Situation dieser Beweisnot sinnvoll geholfen werden? Freilich ist die Problematik der Beweisnot nicht nur auf den Bereich des geistigen Eigentums beschränkt, wie die Fälle der Schrottimmobilien als weiteres typisches Beispiel belegen. Die Frage, ob der Beweisnot durch eine entsprechende Handhabung des § 142 ZPO entgegengewirkt werden kann, betrifft letztlich wieder die rechtspolitische Problematik, ob der situativ schwächeren Partei durch kompensatorische Richteraktivität geholfen werden sollte.[427]

Jedenfalls greifen hier die von der Rechtsprechung entwickelten Grundsätze der sekundären Darlegungslast,[428] sofern eine Partei nähere Angaben zu den Tatsachen und der Urkunde deshalb nicht machen kann, weil ihr das notwendige Wissen zwangsläufig entzogen ist. Daher können gerade bei Urkunden aus fremder Sphäre die Anforderungen an die Bezeichnung der Urkunde geringer angesetzt werden und der nicht beweisbelastete Gegner kann dazu gehalten sein, nähere Informationen zu den ihm verfügbaren Unterlagen zu machen.[429] Die Grundsätze der sekundären Darlegungslast sind aber sehr restriktiv zu handhaben. In Bezug auf das Zusammenspiel mit § 142 ZPO ist zu beachten, dass die Grundsätze der sekundären Darlegungslast in Ausnahmesituationen der Beweisnot desjenigen, der die Vorlage begehrt, gewisse Auswirkungen auf das Maß seiner Substantiierung zeitigen können, aber umgekehrt sich die Vorlagepflicht nicht auf die Darlegungslast der darlegungs- und beweispflichtigen Partei auswirken darf.[430] Mit anderen Worten darf die Vorlageanordnung nicht einer Ausforschung des Gegners dienen, damit eine Partei überhaupt erst in die Lage versetzt wird, ihren Vortrag substantiiert vorzutragen und zu obsiegen. Denn schließlich soll § 142 ZPO die Beweisführung und nicht die Substantiierung ermöglichen. Darüber hinaus finden die Grundsätze zu der sekundären Darlegungslast, wie es der XI. Zivilsenat in seinem Urteil zu den Schrottimmobilien zutreffend ausführt, ihre eindeutige Grenze darin, dass der Gegner nach diesen Grundsätzen eben nicht verpflichtet wird, die

---

[427] *Leipold*, in: Die Aktualität, S. 131 ff. (143).
[428] Siehe 1. Teil B. II. 2. c) aa).
[429] *Stadler*, in: Musielak/Voit, ZPO, § 142 Rn. 4; *von Selle*, in: Beck'scher Online-Kommentar ZPO, § 142 Rn. 10.
[430] BGH NJW-RR 2008, 1008 ff. (1011).

II. Möglichkeiten der Weiterentwicklung des Verhandlungsgrundsatzes

Urkunde vorzulegen.[431] Eine Partei kann nach den Grundsätzen über die sekundäre Darlegungslast nur verpflichtet sein, „dem Beweispflichtigen eine ordnungsgemäße Darlegung durch nähere Angaben über zu ihrem Wahrnehmungsbereich gehörende Verhältnisse zu ermöglichen",[432] wenn diese Tatsachen dem Wissen des Gegners zwangsläufig entzogen sind. Darin beschränkt sich ihre Mitwirkungspflicht an der Aufklärung des Sachverhalts hinsichtlich der Art und des Ausmaßes. Eine zivilprozessuale Pflicht zur Vorlage von Urkunden lässt sich aus der sekundären Darlegungslast keinesfalls ableiten, sondern eben nur aus den speziellen Vorschriften der §§ 422, 423 ZPO oder aus einer gerichtlichen Anordnung nach § 142 I ZPO.[433] Schließlich handelt es sich bei § 142 ZPO um eine Kompetenz des Gerichts, die ohnehin bereits zu einer erheblichen Machterweiterung führt. Die Einführung einer sekundären Vorlegungslast als weitere Mitwirkungspflicht der Parteien wäre jedoch ein zu weitreichender Eingriff in das System der Risikoverteilung.[434] Es ist gemäß dem Verhandlungsgrundsatz eben nicht Aufgabe des Gerichts, den entscheidungserheblichen Sachverhalt durch Beiziehung von Unterlagen selbst zu ermitteln.[435] Ansonsten würde man über einen Umweg der Ausforschung im Wege von § 142 ZPO in die erste Ebene der Verhandlungsmaxime – Beibringung der Tatsachen durch die Parteien – eingreifen und sich nicht nur auf die zweite Ebene der Beweiserhebung beschränken. Bei einer derartigen weiten Interpretation des § 142 I ZPO wäre die Verhandlungsmaxime indes ausgehöhlt. Es sollte daher – im Einklang mit der Judikatur des IX. Zivilsenates des BGH – bei dem Grundsatz verbleiben, dass die Vorlageanordnung einen ausreichenden Parteivortrag voraussetzt und nicht „in die Ausforschung eines weitergehenden, bis dahin nicht vorgetragenen Sachverhalts ausufern darf".[436] Die Vorlage soll der Partei nicht die für ihren Prozesssieg notwendige Erkenntnisgrundlage verschaffen. Damit hat sich der IX. Zivilsenat auch von einer Verallgemeinerung der auf Rechtsstreitigkeiten über technische Schutzrechte bezogenen Ansicht des X. Zivilsenats distanziert, § 142 I ZPO sei ein Mittel, um dem Beweisnotstand des Klägers zu begegnen. Dem Beweisnotstand des Klägers, der eine Vorlage nach § 142 I ZPO begehrt, kann in einem gewissen Maß durch die Grundsätze der sekundären Darlegungslast abgeholfen werden, um ihm den Zugriff auf ein Dokument zu ermöglichen.

Ein Lösungsweg zur Bewältigung des Problems des Informationsdefizits hinsichtlich der Urkunde besteht in der Schaffung zusätzlicher vorgeschalteter

---

[431] *Koch* plädiert für eine Einfügung einer sekundären Vorlegungslast in das Gesetz. *R. Koch*, S. 186 ff.
[432] BGH NJW 2007, 2989 ff. (2991).
[433] BGH NJW 2007, 2989 ff. (2991).
[434] A.A. *R. Koch*, S. 186 ff.
[435] BGH NJW-RR 2008, 1008 ff. (1011).
[436] BGH NJW-RR 2008, 1008 ff. (1011).

prozessualer Instrumente, wie insbesondere von Auskunftspflichten, wie sie z.B. § 184 öZPO vorsieht.[437]

(3) Antrag. Die prozessuale Lösung könnte zusätzliche Editionsschranken implementieren. So könnte zumindest ein Antragserfordernis der beweispflichtigen Partei – so wie es die österreichische Bestimmung des § 303 I öZPO ebenfalls verlangt – als Ausdruck von Parteiherrschaft aufgenommen werden.[438] Dementsprechend sieht *R. Koch* in der Maßnahme, die Vorlage von § 142 ZPO vom Beweisantrag abhängig zu machen, eine Stärkung von Parteiverantwortung im Sinne des Verhandlungsgrundsatzes.[439]

(4) Die Berücksichtigung von Geheimhaltungsinteressen. Zudem könnte – unter Berücksichtigung der Judikatur des X. Zivilsenats, der explizit sagte, dass die „Einschaltung einer zur Verschwiegenheit verpflichteten Person [...] nicht ohne Weiteres in Betracht kommen [...]" würde[440] – der Aspekt von Geheimhaltungsinteressen als Begrenzung in die Bestimmung des § 142 I ZPO implementiert werden. Gerade die dargestellte Entscheidung zur Notarhaftung verdeutlicht ein Bedürfnis für einen Geheimnisschutz auch außerhalb des besonders sensiblen Rechtsgebiets des geistigen Eigentums. Die Notwendigkeit einer Verwirklichung effektiven zivilprozessualen Geheimnisschutzes durch den Gesetzgeber sowohl im Hinblick auf technische Informationen als auch auf nicht technische Informationen ist zudem vor dem Hintergrund der jüngst in Kraft getretenen EU-Richtlinie „Über den Schutz vertraulichen Knowhows und vertraulicher Geschäftsinformationen (Geschäftsgeheimnisse) vor rechtswidrigem Erwerb sowie rechtswidriger Nutzung und Offenlegung"[441] gestiegen.

Gerade in Bezug auf die Problematik von Geheimhaltungsinteressen wird der *de lege lata* bestehende Unterschied zwischen einer Vorlageanordnung gegenüber der Partei selbst und der Regelung hinsichtlich der Vorlageverpflichtung Dritter deutlich, denn nur in Bezug auf Dritte gilt nach § 142 II S. 1 ZPO, dass diese nicht zu einer Vorlage verpflichtet sind, soweit ihnen die Vorlage nicht zumutbar ist oder ihnen ein Recht zur Zeugnisverweigerung nach §§ 383–385 ZPO zusteht. So wäre in dem dargestellten Fall zur Notarhaftung § 383 I Nr. 6 ZPO einschlägig gewesen, wenn der Notar nicht Prozesspartei,

---

[437] Insoweit spricht *Koch* von einer sekundären Informationslast. *R. Koch*, S. 189.
[438] So erblickt *Koch* in einem Antragserfordernis überzeugend eine Stärkung von Parteiverantwortung im Sinne der Stärkung der Mitverantwortung der beweisbelasteten Partei. Dies würde dem Verhandlungsgrundsatz besonders gerecht werden. Eine solche Änderung würde – so *Koch* – sich auch im Interesse der Arbeitsgemeinschaft zwischen Richtern und Anwälten als sinnvoll erweisen. *R. Koch*, S. 191, 365.
[439] *R. Koch*, S. 365.
[440] BGH NJW-RR 2007, 106 ff. (107).
[441] RL (EU) 2016/943.

II. Möglichkeiten der Weiterentwicklung des Verhandlungsgrundsatzes 493

sondern Dritter gewesen wäre. Dann aber hätte eine Berufung auf eine Geheimhaltungspflicht zwingend zu einer Unzulässigkeit der Vorlageanordnung geführt.[442] Dieser Unterscheidung liegt die Wertung zugrunde, die Schwelle zur Heranziehung eines Dritten müsse höher angesetzt werden, weil gerade nicht die eigene Rechtsdurchsetzung betroffen ist, sondern weil Dritte zur Rechtsdurchsetzung bzw. Verteidigung einer Partei herangezogen werden.[443] Daraus folgert *Koch*, die Partei könne wertungsmäßig stärker belastet werden.[444] Dem Fehlen der Weigerungsrechte im Rahmen des § 142 I ZPO könnte man natürlich durch Berücksichtigung der Belange der von der Vorlage betroffenen Partei im Rahmen des Ermessens gerecht werden, wie es der BGH wegen der berechtigten Geheimhaltungsinteressen in einem Fall der Notarhaftung annahm.[445] Damit stuft der BGH die Berücksichtigung der Geheimhaltungsinteressen als Ermessenfrage ein. Der Aspekt der Geheimhaltung wurde bereits als eine Facette der Verhandlungsmaxime gekennzeichnet. *Koch* hingegen empfiehlt, Weigerungsrechte sollten *de lege ferenda* explizit geregelt werden und so von Ermessenserwägungen klar getrennt werden.[446] Als besonders schützenswert erachtet *Koch* u.a. die Betriebs- und Geschäftsgeheimnisse, die Privatsphäre sowie – in Anlehnung an das US-amerikanische Zivilprozessrecht – die Beziehung zwischen Anwalt und Mandant.[447] Letzterer Aspekt gewinnt insbesondere im Falle obligatorischer Einschaltung der Anwälte im Hinblick auf die Kommunikation zwischen dem Mandanten und dem Anwalt, vgl. § 383 I Nr. 6 ZPO, noch stärker an Bedeutung. *Koch* verweist darauf, dass eine Vorlage einer Urkunde aus dem Vertrauensbereich zwischen Anwalt und Mandant nach § 142 ZPO a.F. regelmäßig nicht erfolgen konnte, weil nach § 142 I ZPO a.F. das Erfordernis bestand, dass sich die Partei, die sich auf die Urkunde bezogen haben musste, diese auch in den Händen hielt.

(5) Abstimmung des § 142 ZPO mit §§ 422, 423 ZPO. Denkbar wäre, einen Vorrang der §§ 422, 423 ZPO gegenüber § 142 ZPO anzuordnen, wie es *Koch* vorschlägt.[448] Denn wenn bereits die Voraussetzungen der §§ 422, 423 ZPO gegeben seien, kann die Partei einen entsprechenden Antrag stellen und es bedarf einer Anordnung von Amts wegen nicht.[449] Auch dieser Vorschlag kann insofern überzeugen, als auf diese Weise der Aktivierung von Richtermacht aufgrund von vorrangiger parteibetriebener Beweiserhebung entgegengewirkt

---

[442] So *Leipold*, in: FS für Meier, S. 421 ff. (423).
[443] *R. Koch*, S. 365.
[444] *R. Koch*, S. 365.
[445] BGH DNotZ 2014, 837 = WM 2014, 1611; vgl. *Leipold*, in: FS für Meier, S. 421 ff. (422 ff.).
[446] *R. Koch*, S. 365.
[447] *R. Koch*, S. 204 ff., 365.
[448] *R. Koch*, S. 190 f.
[449] *R. Koch*, S. 191.

würde. Demgegenüber würde eine gerichtliche Befugnis zur Frage nach der Existenz von Urkunden und die Möglichkeit der zwangsweisen Durchsetzung der Vorlage eine Steigerung von Richtermacht bedeuten.

(6) Fazit. Insoweit könnte *de lege ferenda* in Anlehnung an Art. 6 der *Enforcement*-Richtlinie erstens die Aufnahme des Antragserfordernisses – unter einem konkreten Tatsachenvortrag der antragstellenden Partei – sowie zweitens der Gesichtspunkt des Schutzes von Vertraulichkeit eingebunden werden. § 142 I S. 1 ZPO könnte insoweit lauten:

„Das Gericht kann auf Antrag einer Partei anordnen, dass eine Partei oder ein Dritter die in ihrem oder seinem Besitz befindlichen Urkunden und sonstigen Unterlagen, auf die sich eine Partei bezogen hat, vorlegt, sofern der Schutz vertraulicher Informationen gewährleistet ist."

6. Teil

Schluss

A. Die Zukunft der Verhandlungs- und der Dispositionsmaxime auf Grundlage einer praktischen Konkordanz des liberalen und des sozialen Zivilprozesses

Die vorstehende Arbeit hat im Hinblick auf die Verhandlungs- und die Dispositionsmaxime gezeigt, wie diese im Verlauf der Novellengesetzgebung sehr früh deutlich an Bedeutung verloren haben. Zwar waren die drei insoweit zentralen richterlichen Befugnisse im Rahmen der Sachverhaltskonstruktion bereits in der CPO angelegt. Hierzu zählen die richterliche Frage- und Aufklärungspflicht gemäß § 130 CPO, die aber lediglich als Informationsmittel verstanden wurde; die Befugnis, das Erscheinen der Parteien anzuordnen, § 132 CPO, die als sanktionslose Ermessenvorschrift gestaltet war und wegen des Parteieides keine Beweismittelqualität hatte; und schließlich die restriktiv gehandhabte Kompetenz, die Vorlage von Urkunden anzuordnen, § 133 CPO, die an die Voraussetzung geknüpft war, dass die Partei, die die Urkunde in den Händen hielt, selbst auf diese Bezug genommen hatte.

Die genannten Bestimmungen haben indes einen Wandel erfahren. Erste Ansätze zur Umbildung des Zivilverfahrens unter Berücksichtigung sozialer Erwägungen erfolgten bereits durch die Novelle von 1898 unter dem Blickwinkel der Verkürzung der Dauer und damit der Effizienz des Verfahrens. Eine grundlegende soziale Tendenz ist in der Amtsgerichtsnovelle von 1908 zu erblicken, denn hier wurde die richterliche Aktivität zu Lasten der Parteiherrschaft vor den Amtsgerichten deutlich verstärkt, indem das richterliche Fragerecht in eine richterliche Pflicht der Erörterung des Sach- und Streitverhältnisses umgewandelt wurde. Damit war der Grundstein zu der fortan stetig steigenden Richtermacht gelegt. Der eindeutige Wandel zum sozialen Zivilprozess war mit der Wahrheitsnovelle von 1933 vollzogen.[1] Wesentlich war insoweit aber nicht der Gedanke, der Richter müsse der schwächeren Partei durch Kompensation helfen. Entscheidendes Moment für die Wandel in der Prozesskonzeption war vielmehr die Einführung der Wahrheitspflicht der Parteien im Zivilprozess.[2]

Nach der vorstehenden Analyse lässt sich festhalten: Die Verhandlungs- und die Dispositionsmaxime beanspruchen keine prägende Kraft im Sinne von

---

[1] So auch *Wassermann*, S. 61; nach *Hess* war die Abkehr vom Leitbild des ursprünglich „liberalen" Zivilprozesses mit der Vereinfachungsnovelle von 1977 endgültig vollzogen, allerdings mit der Einschränkung, dass eine prinzipielle Abkehr von der Verhandlungsmaxime nicht erfolgte. *Hess*, R.L.R. No. 27 (2010), S. 197.

[2] So *Brehm*, AnwBl 1983, S. 193 ff. (196); *ders.*, S. 42.

allgemeinen Programmsätzen für den gegenwärtigen Zivilprozess mehr. Dies ist erstens auf ihre Durchbrechungen durch den Novellengesetzgeber und zweitens auf die Überformung des Zivilverfahrens durch die Prozessgrundrechte zurückzuführen. Insofern ist der eingangs dargestellten These *Leipolds* zuzustimmen.

Jedoch vermag bezweifelt werden, dass die zahlreichen Durchbrechungen der Verhandlungsmaxime eine gewisse Hinwendung hin zu der Untersuchungsmaxime oder zu einem maximenfreien Verfahren bedeuten. Der heutige Zivilprozess ist nicht inquisitorisch, obgleich er dem Richter durchaus Möglichkeiten zur Inquisition eröffnet. Allerdings erfordert die Untersuchungsmaxime eine Verpflichtung des Richters zur Sachverhaltserforschung. Der hierfür notwendige Ermittlungsapparat steht dem Zivilrichter aber nicht zur Verfügung. Auch ginge es zu weit, den gegenwärtigen Zivilprozess als maximenfrei, d.h. frei von jedweder Maxime, zu betrachten. Dies wäre ein freies Spiel der Kräfte im Sinne eines anarchischen Prozesses. Die Charakterisierung des heutigen Zivilverfahrens als dialogisch oder das Zurückgreifen auf eine Kooperationsmaxime kann ebenfalls nicht überzeugen. Eine derartige Beschreibung löst nicht die Frage der Machtverteilung im Verfahren und lässt das Spannungsverhältnis zwischen den Prozessbeteiligten außer Betracht. Der moderne deutsche Zivilprozess ist vielmehr – gemäß der heutigen Einschätzung der Vertreter des anglo-amerikanischen Rechtskreises – als richterzentriert und bürokratisch anzusehen. Dieser Richterprozess ist durch ein Übermacht des Richters bei der Stoffsammlung gekennzeichnet.[3] Die dominierende Rolle des Richters bei der Beschaffung des Tatsachenstoffes führt zu einem Eingriff in das von der ZPO vorgegebene System der Sachverhaltsrekonstruktion aufgrund der jeweiligen Erklärungspflichten der Parteien und korreliert mit einer Schwächung der Stellung des Anwalts. Insofern handelt es sich um einen „Rollenwechsel des Zivilprozeßanwalts vom eigentlichen Betreiber des Verfahrens zum Adressaten richterlicher Handlungsanweisungen".[4]

Zu einer Überformung des Zivilprozessrechts unter Aushöhlung der Maximen wird das Schlagwort einer sogenannten Materialisierung des Verfahrensrechts herangezogen. Dieser Begriff ist vielschichtig und nicht spezifisch auf das Prozessrecht bezogen.[5] Im Allgemeinen zeichnet sich Materialisierung durch Überlagerungen formaler Grundkonzeptionen des Rechts durch Korrekturen im Interesse einer Verwirklichung des Gerechtigkeitsgedankens zu Lasten von Neutralität aus. Das zentrale Anliegen ist damit die Aufnahme von Gerechtigkeitsstandards. Die Materialisierung wirkt auf verschiedenen Rechtsgebieten; im Privatrecht verbindet sich die Vorstellung von Materiali-

---

[3] *Brehm*, S. 6 f., 19.
[4] *Rudolph*, in: FS Richterakademie, S. 151 ff. (172).
[5] Grundlegend *Auer*, Materialisierung, Flexibilisierung, Richterfreiheit.

sierung in besonderer Weise mit dem rechtspolitischen Ziel des Verbraucherschutzes. Die Materialisierung beinhaltet Wechselwirkungen auf unterschiedlichen Ebenen. Im Hinblick auf das Zivilverfahren lässt sich unter Materialisierung die Einwirkung außerprozessualer Wertungen auf das Verfahrensrecht unter der Zielsetzung des Schutzes des mutmaßlich Schwächeren mit der Auswirkung eines Abweichens von allgemeinen Grundsätzen des Verfahrensrechts fassen. Daher vermag der Terminus die maßgeblichen Veränderungstendenzen in Bezug auf die Verhandlungs- und die Dispositionsmaxime einzufangen. Einerseits sollen dabei die Wertungen materiellen Rechts, das seinerseits sozial akzentuiert, also ebenfalls materialisiert ist, auf das Verfahren übergreifen. Andererseits soll der sozialen Dimension durch eine direkte Einwirkung der Verfassung auf das Verfahrensrecht entsprochen werden. Die heute prägende Kraft der Verfahrensgrundrechte für den geltenden Zivilprozess kann unter dem Aspekt des Schutzes der Parteien und damit der Stärkung der Parteiherrschaft gegenüber der gesteigerten Richtermacht als bedeutsam für den heutigen Zivilprozess betrachtet werden. Der Einfluss auf das Verfahrensrecht unter dem Gesichtspunkt von Gerechtigkeit zugunsten der mutmaßlich schwächeren Prozesspartei wird dabei zum Teil auf eine Materialisierung der Waffengleichheit gemäß Art. 3 I GG im Sinne einer realen Gleichheit *durch* den Richter bzw. auf das Sozialstaatsprinzip direkt, wie es der Auffassung vom sozialen Zivilprozess entspricht, gestützt. Zudem kann die Einwirkung des EU-Rechts – maßgeblich des Richtlinienrechts und der entsprechenden EuGH-Judikatur – auf das nationale Zivilverfahrensrecht vor dem Hintergrund des gemeinschaftsrechtlichen Effektivitätsgrundsatzes mit dem Begriff der Materialisierung beschrieben werden.[6] Aufgrund der direkten Vorgaben des EuGH – insbesondere im Kontext der missbräuchlichen Klauseln im Verbraucherrecht – kann insofern sogar von „offener Materialisierung" gesprochen werden.[7]

Deutliche Ausprägungen von Gerechtigkeitserwägungen zum Schutze einer mutmaßlich schwächeren Partei sind zudem Eingriffe in das von der ZPO vorgegebene System der Stoffbeschaffung auf Grundlage der entsprechenden Darlegungs- und Substantiierungspflichten und damit in das System der Risikoverteilung. Diese Eingriffe werden auf eine zwischen bestimmten Prozessparteien typischerweise bestehende Informationsasymmetrie gestützt. Paradigmatisch für diese Entwicklung ist der Arzthaftungsprozess, bei dem die Anforderungen an die Darlegungs- und die Substantiierungspflichten des klagenden Patienten – auch hinsichtlich der Voraussetzung der Bezugnahme im Rahmen von § 142 I ZPO – sehr niedrig angesetzt werden. Für den Arzthaftungsprozess kann demnach eine sektorale Materialisierung des Verfahrens-

---

[6] Vgl. zur Verbindung beider Gedanken *Tamm*, Europäisierung und Materialisierung.
[7] *Roth*, in: FS für Henckel, S. 283 ff. (292).

rechts einhergehend mit einer deutlichen Modifikation der Verhandlungsmaxime angenommen werden. Aber auch der EU-Gesetzgeber versucht – vornehmlich mit Blick auf den Effektivitätsgrundsatz – in bestimmten Rechtsgebieten, wie dem Schutz des geistigen Eigentums, Informationsdefizite einer Partei zu beheben und auf die nationalen Regelungen der Vorlage von Beweismitteln einzuwirken. Insoweit wird das sekundäre Gemeinschaftsrecht für das nationale Verhältnis von Parteiherrschaft und Richtermacht relevant. Die Auswirkungen betreffen aber nicht allein die Problematik der Vorlage von Dokumenten gemäß § 142 ZPO, sondern auch die Stoffbeibringung selbst und damit die erste Ebene der Verhandlungsmaxime. Als Schnittpunkt zu der vorliegenden Thematik von Parteiherrschaft *versus* Richtermacht im nationalen Zivilverfahren wurde in diesem Zusammenhang maßgeblich die Überlegung erachtet, dass nach der Verhandlungsmaxime das Gericht an sich nur über solche Tatsachen entscheiden darf, welche die Parteien vorgetragen haben. Dies wird besonders virulent im Bereich des Verbraucherschutzes.

Es ist trotz der gestiegenen Bedeutung der Prozessgrundrechte für das Zivilverfahren in der Gegenwart durchaus nicht sinnlos, sich mit der Verhandlungs- und der Dispositionsmaxime zu befassen. Gewiss verdienen die Prozessgrundrechte eine große Beachtung.[8] Der heutige Zivilprozess sollte aber wieder intensiver an der Verhandlungs- und der Dispositionsmaxime ausgerichtet werden.

Im Interesse der Stärkung der Maximen sowie für den Schutz der Partei wird vorliegend für eine Neupositionierung der Anwaltschaft und deren verstärkte Einbindung in die Vorbereitung des Prozesses plädiert. Dieser Vorschlag fußt auf der Erwägung, dass Effektivität des Verfahrens eben nicht durch eine Abschwächung der Verhandlungs- und der Dispositionsmaxime unter erhöhter Richteraktivität und Ergänzung des Maximen durch eine sogenannte Leistungsmaxime, sondern *vice versa* durch eine Stärkung der Verhandlungs- und der Dispositionsmaxime unter Einbindung der Anwaltschaft erreicht werden kann. Hier wird der Arbeitsaufwand des Richters vornehmlich durch eine sorgsame Prozessvorbereitung im Hinblick auf den Prozessstoff verringert. Dafür sind unter Einführung eines generellen Anwaltszwangs besonders qualifizierte Prozessanwälte einzuschalten. Zur Sicherstellung prozessordnungsgemäßen Vortrages böte sich *de lege ferenda* an, die Anforderungen an die Schlüssigkeit in die Vorschriften des § 130 Nr. 3 ZPO und des § 253 II Nr. 2 ZPO zu inkorporieren und § 130 ZPO von einer Sollvorschrift zu einer Mussvorschrift zu erheben. Mit der obligatorischen Einschaltung besonders qualifizierter und erfahrener Prozessanwälte ließe sich eine Abmilderung

---

[8] Vgl. die These von *Leipold*, in: Globalisierung und Sozialstaatsprinzip, S. 235 ff. (250): „Als Gegengewicht gegenüber der heute so sehr gesteigerten Richtermacht verdienen die Prozessgrundrechte stärkste Beachtung."

A. Die Zukunft der Verhandlungs- und der Dispositionsmaxime

der richterlichen Aktivität im Rahmen der drei entscheidenden Kompetenzen gemäß § 139 I ZPO, § 141 ZPO und § 142 ZPO rechtfertigen. Diese richterlichen Befugnisse dürfen keinesfalls eine selbständige richterliche Aufklärungstätigkeit ermöglichen. Notwendig ist eine strenge Bindung des Richters an die Darlegungs- und die Beweislast. Die sich *contra legem* herausgebildete Praxis einer richterlichen Sachverhaltsermittlung aufgrund einer Gesamtbetrachtung des Prozessstoffs unter Missachtung der Verteilung der Aufklärungsbeiträge zwischen dem Kläger und dem Beklagten ist unzulässig. Der mit dem Gesetz nicht zu vereinbarenden Nutzung des § 141 ZPO als Beweismittel und der Ausschaltung des Anwalts im Rahmen des § 286 ZPO ist entgegenzuwirken. In Bezug auf die Beweiserhebung von Amts wegen müsste das *de lege lata* bereits aus der Verhandlungsmaxime resultierende Erfordernis, dass eben auch eine Beweiserhebung von Amts wegen ihre Grundlage im streitigen Parteivorbringen findet, wieder unbedingte Beachtung finden. Zudem ist im Rahmen des § 142 I ZPO auf eine entsprechende Substantiiertheit besonderen Wert zu legen, um eine Ausforschung zu verhindern. Denkbare Maßnahmen zur Stärkung von Parteiautonomie im Hinblick auf § 142 I ZPO bestehen in der Aufnahme eines Antragserfordernisses der beweisbelasteten Partei, der Berücksichtigung der Notwendigkeit des Schutzes von Geheimhaltungsinteressen sowie der Regelung eines Vorrangs der Beweiserhebung auf Antrag nach §§ 422, 423 ZPO, um das Spannungsverhältnis zwischen der Beweiserhebung auf Antrag und der Beweiserhebung von Amts wegen hinsichtlich der Vorlage von Urkunden zu lösen. Die genannten Maßnahmen gingen mit einer Stärkung der Verhandlungs- und der Dispositionsmaxime einher.

Insgesamt sollte die Ausgestaltung des modernen Zivilprozesses einer liberaleren Linie zugeneigt sein. Ein moderner liberaler Zivilprozess wird vorstehend freilich nicht als grenzenlose Freiheit im Sinne der „Freiheit des freien Fuchses im freien Hühnerstall" verstanden,[9] sondern als ein Verfahren von größerer Parteiverantwortung unter richterlicher Zurückhaltung. Durch die Akzentuierung des Zivilprozesses als kontradiktorisches Verfahren und der damit einhergehenden Stärkung der Parteien wird die zu führende Auseinandersetzung geschärft und so Erkenntnisgewinn gefördert. Dies wirkt den Gefahren der Herausbildung einer rechtsfernen Prozesskultur entgegen, weil die Parteivertreter vor Gericht mit am Recht orientierten Argumenten streiten müssen.

Die Einschaltung des besonders qualifizierten Prozessanwalts unter Etablierung eines generellen Anwaltszwangs wird indes nicht nur im Hinblick auf die Effizienz des Verfahrens, sondern gerade unter dem Blickwinkel des Schutzes der Parteien und damit zur Kompensation durch den Anwalt und

---

[9] So die Beschreibung des französischen Sozialphilosophen *Garaudy*. Zitiert bei *Honsell*, JuS 1993, S. 817 ff. (817) und EWiR 1994, S. 555 ff. (556).

nicht durch den Richter im Sinne des Sozialingenieurs als notwendig erachtet, womit auch die Etablierung von Sonderprozessrechten – etwa zum Schutze des Verbrauchers – durch eine sogenannte Materialisierung überflüssig wäre. Der Schutz des sozial Schwächeren ist schließlich vorrangig Aufgabe des materiellen Rechts,[10] in dem die Verbindung von Materialisierung und Verbraucherschutz deutlich ausgeprägt ist. Im Prozess müssen Ungleichgewichtslagen durch den Rechtsanwalt ausgeglichen werden.[11] Damit zeigt sich für das Verfahrensrecht auch, wie die Begriffe „sozial" und „liberal" durchaus miteinander harmonieren können, denn auch ein liberales Verfahren kann sozialen Erfordernissen – Effizienz des Verfahrens und Schutz des mutmaßlich Schwächeren – gerecht werden. Anders gewendet lässt sich feststellen, dass die Sozialstaatsidee mit Mitteln, die eigentlich dem Gedankengut des Liberalismus entspringen, Verwirklichung finden kann. Insofern könnten der Konflikt zwischen dem sozialen und dem liberalen Zivilprozess in Anlehnung an das Prinzip der praktischen Konkordanz gelöst werden. Das Konfliktlösungsmodell der praktischen Konkordanz gehört bekanntermaßen dem Verfassungsrecht an.[12] Danach sind kollidierende Grundrechtspositionen in ihrer Wechselwirkung zu sehen und so zu begrenzen, dass sie für alle Beteiligten über den Weg eines sinnvollen Ausgleichs möglichst weitgehend wirksam werden.[13] Der Gedanke einer Zusammenführung konträrer Positionen kann aber auch im Zivilprozessrecht fruchtbar gemacht werden. Dabei ist zu bedenken, dass es sich genau genommen bei den Attributen „sozial" und „liberal" nicht um Gegensatzpaare handelt, denn der Gegensatz von „sozial" wäre „kapitalistisch"; der Gegensatz von „liberal" wäre „konservativ". Dementsprechend wird auch in Bezug auf das materiell-rechtliche Spannungsverhältnis der beiden Rechtsverständnisse der Vertragsfreiheit und des sozialen Ausgleichs hervorgehoben, diese stünden sich nicht konträr in dem Sinne gegenüber, als das eine Prinzip das genaue Gegenteil des anderen beinhaltet,[14] sondern dass auch Verschmelzungen der Sozialstaatsidee mit Elementen des Liberalismus der Wirklichkeit entsprechen könnten.[15]

---

[10] So *Roth*, in: Recht und Gesellschaft, S. 149 ff. (176).
[11] So *Roth*, in: Recht und Gesellschaft, S. 149 ff. (176).
[12] Geprägt von *Hesse*, Grundzüge des Verfassungsrechts der Bundesrepublik Deutschland, Rn. 72 m.w.N. in Fn. 30.
[13] So der Erste Senat des Bundesverfassungsgerichts im Rahmen des Bürgschaftsbeschlusses. BVerfGE 89, 214.
[14] Vgl. zu dem Verhältnis des Rechtsverständnisses der Vertragsfreiheit und des sozialen Ausgleichs *Limbach*, JuS 1985, S. 10 ff. (11): „Die beiden Konzepte stehen sich […] nicht unvermittelt gegenüber und lassen sich daher auch nicht gemäß einem Kodex der Symmetrie nachzeichnen, demzufolge das eine Rechtsverständnis das genaue Gegenteil des konkurrierenden besagt."
[15] So werden die Vertrags- und die Eigentumsfreiheit von vornherein im Sinne eines sozialstaatlichen Verständnisses gedeutet. *Schwab*, Einführung in das Zivilrecht, Rn. 81; vgl. das Zitat bei *Limbach* JuS 1985, S. 10 ff. (11).

B. Abschließende Thesen

1. Der gegenwärtige Zivilprozess ist ein Richterprozess. Dieser ist zunehmend dadurch gekennzeichnet, dass der Richter an den Anwälten vorbei mit den Parteien direkt verhandelt. Eine Arbeitsteilung wird insofern aufgegeben. Historisch gesehen beginnen die Einschnitte in die Parteiherrschaft mit den Novellen von 1898 und 1909. Das vornehmliche Ziel der Novellengesetzgeber kann in der Beschleunigung gesehen werden. Der Richterprozess geht einher mit Eingriffen in die Verhandlungs- und die Dispositionsmaxime unter Zurückdrängung der Bedeutung der Anwaltschaft. Die zentralen richterlichen Kompetenzen liegen in der richterlichen Frage- und Hinweispflicht gemäß § 139 ZPO, in der Befugnis der Anordnung des persönlichen Erscheinens nach § 141 ZPO sowie in der amtswegigen Vorlage von Urkunden nach § 142 ZPO.

2. Demgegenüber haben die Verfahrensgrundrechte im Rahmen einer Konstitutionalisierung des Prozessrechts einen deutlichen Bedeutungszuwachs erfahren. Sie haben die herkömmlichen Prozessmaximen jedoch nicht abgelöst, sondern treten neben diese. Die Aufgabe der Prozessgrundrechte im reformierten Verfahrensrecht besteht im Schutz der Parteien gegenüber der gesteigerten Richtermacht. In rechtsdogmatischer Hinsicht unterscheiden sich die Verfahrensgrundrechte von den Prozessmaximen durch ihre fehlende Antipodenstellung sowie durch ihre vornehmlich einseitige Wirkrichtung im dreiseitigen Prozessrechtsverhältnis.

3. Die Verhandlungs- und die Dispositionsmaxime haben eine stabilisierende und abgrenzende Funktion. Sie geben einem Verfahren Konturen im Interesse der Abgrenzbarkeit zu anderen Verfahrensarten. Gerade die auf eine Stärkung der richterlichen Aufklärungstätigkeit zielenden Aufweichungen durch den Novellengesetzgeber und ihre richterliche Handhabung bedeuten eine Gefahr für den hohen Abstraktionsgrad, den die Maximen verdeutlichen. Die Verhandlungsmaxime ist mehr als ein Annex der Privatautonomie im Verfahren. Sie ist ein adäquates Mittel, Tatsachen kostengünstig und vollständig zu sammeln, womit sie der Prozessökonomie gerecht wird. Eine weitere Aufgabe besteht im Schutz der Privatsphäre, denn auf Grundlage der Verhandlungsmaxime entscheidet eine Partei selbst, welche Tatsachen sie preisgibt. Schließlich dient sie der Befriedung und der Streitbegrenzung. Aus diesem breiten Aufgabenspektrum ergibt sich, dass die Schranken der Verhandlungs- und der Dispositionsmaxime als Ausdruck der Parteiherrschaft im Prozess nicht am materiellen Recht auszurichten sind.

4. Der Verhandlungs- und der Dispositionsmaxime ist im Sinne einer Wiederbelebung wieder Geltung zu verschaffen. Darin – und nicht etwa in einer Abschwächung der Maximen bzw. einer Ergänzung der Verhandlungsmaxime durch eine Leistungsmaxime – ist eine geeignete Methode zur Beschleunigung des Zivilverfahrens zu erblicken.

5. Der Verhandlungsgrundsatz ermöglicht eine Arbeitsteilung zwischen den Parteien und dem Gericht; die sich daraus ergebenden Chancen sind zu nutzen. Dazu ist die Verantwortung der Anwaltschaft im Rahmen der Stoffbeibringung wieder zu erhöhen. Von ihr kann zwar kein anspruchsgrundlagenorientiertes und entsprechend strukturiertes, jedoch ein substantiiertes Vorbringen erwartet werden. Dies geht idealiter einher mit der Etablierung eines generellen Anwaltszwangs und der Einschaltung besonders qualifizierter Prozessanwälte.

6. Als Konsequenz könnte im Interesse der Effektivität die Intensität der richterlichen Mitwirkung gemäß § 139 ZPO deutlich abgemildert werden. Die Bestimmung wäre entsprechend der ursprünglichen Konzeption nur noch richterliches Mittel zur Klärung; das Substantiierungsrisiko wäre den Parteien zugewiesen, womit der Zweck der Substantiierungslast – Schutz des Gegners und Schutz des Gerichts vor mutwilliger Prozesseinleitung – voll zur Geltung käme. Äußerste Grenze richterlicher Zurückhaltung wäre das Verbot unzulässiger Überraschungsentscheidungen gemäß Art. 103 I GG. Die Stärkung der Anwaltschaft hätte Folgen für den gegenwärtig exzessiven Umgang mit der Parteianhörung gemäß § 141 ZPO in der richterlichen Praxis. Diese wäre im Einklang mit der gesetzgeberischen Konzeption nicht mehr als Beweismittel unter Umgehung des Anwalts zu verwenden.

7. Die stärkere Einbindung der Anwaltschaft wird der sozialen Dimension des Zivilverfahrens gerecht, denn Chancengleichheit ist auf dem Weg der Beratung und der Vertretung jeder Partei durch einen Rechtskundigen am besten zu erreichen. Chancengleichheit erfordert damit nicht zwingend eine Erhöhung der Aktivität und der Macht des Richters, sondern im Gegenteil eine Stärkung der die Interessen ihrer Partei vertretenden Anwaltschaft, durch die einerseits der Sachverhalt umfassend erfasst und dargestellt, und andererseits das Prozessziel der Partei mit juristisch präzisem Vortrag verfolgt wird.

8. Die rechtsdogmatische Grundlage der vorstehenden Überlegungen ist die Selbständigkeit des Verfahrensrechts gegenüber dem materiellen Recht. Für das materielle Recht wurde eine sektorale soziale Akzentuierung festgestellt. Das ist auch der richtige Standort. Gewiss hat das Prozessrecht eine dienende Aufgabe. Es sollte indes Neutralität wahren und nicht durch prozessrechtsfremde Wertungen unter dem Schlagwort der sogenannten Materialisierung mit einhergehender Fragmentierung überformt werden. Einem

Abdriften in ein Sonderprozessrecht – wie es sich im Rahmen des Arzthaftungsprozesses etabliert hat – unter fortschreitender Aushöhlung der Maximen ist entgegenzuwirken. Schließlich darf das materielle Recht nicht Feind der Prozessrechtsdogmatik werden.

Literaturverzeichnis

Ahrens, Martin: Prozessreform und einheitlicher Zivilprozess, Tübingen 2007.
Ders.: Mediationsgesetz und Güterichter – Neue gesetzliche Regelungen der gerichtlichen und außergerichtlichen Mediation, NJW 2012, S. 2465 ff.
Alternativkommentar ZPO, hrsg. von Klaus Menne/Klaus F. Rühl/Eike Schmidt/ Rudolf Wassermann, Neuwied 1987. (zit.: *Bearbeiter*, in: AK-ZPO, § Rn.)
Althammer, Christoph: Schmerzensgeld wegen überlanger Dauer von Zivilverfahren – Bemerkungen zum künftigen deutschen Entschädigungsmodell, JZ 2011, S. 446 ff.
Ders.: Streitgegenstand und Interesse, Tübingen 2012. (zit.: *Althammer*, Streitgegenstand, S.)
Ders.: Zwischen Freiwilligkeit und Zwang, in: Grundfragen und Grenzen der Mediation, hrsg. von Christoph Althammer/Jörg Eisele/Heidi Ittner/Martin Löhnig, Frankfurt am Main 2012, S. 9 ff. (zit.: *Althammer*, in: Grundfragen und Grenzen, S.)
Ders.: Mindeststandards im Zivilprozess, ZZP 126 (2013), S. 3 ff.
Ders.: Die Zukunft des Rechtsmittelsystems, in: Die Zukunft des Zivilprozesses: Freiburger Symposium am 27.12.2013 anlässlich des 70. Geburtstages von Rolf Stürner, hrsg. von Alexander Bruns/Joachim Münch/Astrid Stadler, Tübingen 2014, S. 89 ff. (zit.: *Althammer*, in: Die Zukunft, S.)
Ders.: Mindeststandards und zentrale Verfahrensgrundsätze im deutschen Recht, in: Mindeststandards im europäischen Zivilprozessrecht, hrsg. von Matthias Weller/ Christoph Althammer, Tübingen 2015, S. 3 ff. (zit.: *Althammer*, in: Weller/ Althammer)
Althammer, Christoph/Schäuble, Daniel: Effektiver Rechtsschutz bei überlanger Verfahrensdauer – Das neue Gesetz aus zivilrechtlicher Perspektive, NJW 2012, S. 1 ff.
Althammer, Christoph/Tolani, Madeleine: Perspektiven für einen gemeineuropäischen Rechtskraftbegriff in der zivilprozessualen Rechtsprechung des EuGH, ZZPInt 19 (2014), S. 227 ff.
Anders, Monika/Gehle, Burkhard: Das Assessorexamen im Zivilrecht, 12. Aufl. Düsseldorf 2015.
Andrews, Neil: English Civil Procedure, Oxford 2003.
Arens, Peter: Proceßrecht und materielles Recht, AcP 173 (1973), S. 250 ff.
Auer, Marietta: Materialisierung, Flexibilisierung, Richterfreiheit, Tübingen 2005.
Auerbach, Jerold S.: Justice without Law? Resolving Dispute without lawyers, New York u.a. 1984.
Bahnsen, Frauke: Verbraucherschutz im Zivilprozeß, Neuried 1997. (zit.: *Bahnsen*, S.)
Ballon, Oskar J.: Der Einfluss der Verfassung auf das Zivilprozeßrecht, in: ZZP 96 (1983), S. 409 ff.
Ders.: Einführung in das österreichische Zivilprozessrecht – Streitiges Verfahren, 12. Aufl. Graz 2009. (zit.: *Ballon*, S.)
Bamberger, Heinz Georg: Die Reform der Zivilprozessordnung, ZRP 2004, S. 137 ff.

Baumbach, Adolf: Zivilprozeßordnung, 4. Aufl. Berlin 1928. (zit.: *Baumbach*, ZPO, 4. Aufl. 1928, § Rn.)

Baumbach, Adolf / Lauterbach, Wolfgang, Zivilprozeßordnung, 28. Aufl. Berlin und München 1965 (zit: *Baumbach/Lauterbach*, ZPO, 28. Aufl. 1965, § Rn.)

Baumbach, Adolf / Lauterbach, Wolfgang / Albers, Jan / Hartmann, Peter: Zivilprozessordnung, 76. Aufl. München 2018.

Baumgärtel, Gottfried: Ausprägung der prozessualen Grundprinzipien der Waffengleichheit und der fairen Prozeßführung im zivilprozessualen Beweisrecht, in: Verfahrensgarantien im nationalen und internationalen Prozessrecht: Festschrift für Franz Matscher zum 65. Geburtstag, hrsg. von Oskar J. Ballon/Johann J. Hagen, Wien 1993, S. 29 ff. (zit.: *Baumgärtel*, in: FS für Matscher, S.)

Baur, Fritz: Sozialer Ausgleich durch Richterspruch, JZ 1957, S. 193 ff.

Ders.: Richterliche Hinweispflicht und Untersuchungsmaxime, in: Rechtsschutz und Sozialrecht, hrsg. von Werner Weber/Carl Hermann Ule/Otto Bachof, Köln u.a. 1965, S. 35 ff. (zit.: *Baur*, in: Rechtsschutz und Sozialrecht, S.)

Ders.: Die Aktivität des Richters im Prozess, in: Deutsche zivil- und kollisionsrechtliche Beiträge zum IX. Internationalen Kongress für Rechtsvergleichung in Teheran 1974, S. 187 ff., Tübingen 1974. (zit.: *Baur*, Die Aktivität des Richters, S.)

Ders.: Funktionswandel des Zivilprozesses?, in: Tradition und Fortschritt, Festschrift gewidmet der Tübinger Juristenfakultät zu ihrem 500jährigen Bestehen 1977 von ihren gegenwärtigen Mitgliedern, hrsg. von Joachim Gernhuber, Tübingen 1977, S. 159 ff.

Ders.: Zivilprozessrecht, 3. Aufl. Neuwied 1979.

Ders.: Vom Wert oder Unwert der Prozessrechtsgrundsätze, in: Studi in onore di Tito Carnacini, 1984, S. 27 ff. (zit.: *Baur*, in: Studi in onore di Tito Carnacini, S.)

Beater, Axel: Nachahmen im Wettbewerb, Tübingen 1995.

Ders.: Unlauterer Wettbewerb, Tübingen 2011.

Becker-Eberhard, Ekkehard: Grundlagen und Grenzen des Verhandlungsgrundsatzes, in: Zivilprozessrecht im Lichte der Maximen, hrsg. von Kamil Yildirim, S. 15 ff., Istanbul 2001, S. 15 ff.

Ders.: Anmerkung zu BGH, Beschluss vom 02.10.2003 – V ZB 22/03, LMK 2004, S. 32 f.

Beckhaus, Gerrit M.: Die Bewältigung von Informationsdefiziten bei der Sachverhaltsaufklärung, Tübingen 2010.

Beck'scher Online-Kommentar ZPO, hrsg. von Volkert Vorwerk/Christian Wolf, 21. Edition, München 2016. (zit.: *Bearbeiter*, in: Beck'scher Online-Kommentar ZPO, § Rn.)

Bender, Rolf: Funktionswandel der Gerichte?, ZRP 1974, S. 235 ff.

Ders.: Nochmals: Zivilprozeß und Ideologie, JZ 1982, S. 709 ff.

Bergmann, Karl-Otto / Wever, Carolin: Die Arzthaftung, 4. Aufl. Berlin 2013.

Bern, Michael: Verfassungs- und verfahrensrechtliche Probleme anwaltlicher Vertretung im Zivilprozeß, Bonn, Essen 1992.

Bernhardt, Wolfgang: Die Parteiherrschaft im Zivilprozeß, DGWR Band 1 1935/1936, S. 70 ff.

Bettermann, Karl August: Verfassungsrechtliche Grundsätze und Grundlagen des Prozesses, JBl 1972, S. 57 ff.

Ders.: Hundert Jahre Zivilprozeßordnung – Das Schicksal einer liberalen Kodifikation, ZZP 91 (1978), S. 365 ff.

Birk, Hans-Jörg: Wer führt den Zivilprozeß – der Anwalt oder der Richter?, NJW 1985, S. 1489 ff.
Blomeyer, Arwed: Zivilprozeßrecht: Erkenntnisverfahren, Enzyklopädie der Rechts- und Staatswissenschaft, Berlin u.a. 1963 (zit.: *Blomeyer*, Zivilprozeßrecht, § S.)
Bomsdorf, Falk: Prozessmaximen und Rechtswirklichkeit, Berlin 1971.
Borges, Georg: AGB-Kontrolle durch den EuGH, NJW 2001, S. 2061 ff.
Borgmann, Brigitte: Anmerkung zu BGH, Urteil v. 10.12.2015 – IX ZR 272/14, NJW 2016, S. 957 ff.
Born, Winfried: Eheverträge und „Gleichgewichtsstörungen", NJW 2014, S. 1484 ff.
Brandt, Eva Maria: Vertragsfreiheit bei Eheverträgen?, MittBayNot 2004, S. 221 ff.
Braun, Johann: Lehrbuch des Zivilprozessrechts, Tübingen 2014.
Braun, Susanne: Von den Nahbereichspersonen bis zu den Arbeitnehmern als Bürgen: ein Überblick über die Rechtsprechung des BGH zur Sittenwidrigkeit von Bürgschaften, Jura 2004, S. 474 ff.
Braun, Thomas: Die Rolle des Federal District Court Judge im Verhältnis zu den Parteien, Berlin 1986.
Bräutigam, Frank: Lasst den BGH sprechen!, AnwBl 2012, 533.
Brehm, Wolfgang: Die Bindung des Richters an den Parteivortrag und Grenzen freier Verhandlungswürdigung, Tübingen 1982. (zit.: *Brehm*, S.)
Ders.: Arbeitsteilung zwischen Gericht und Anwalt – eine ungenutzte Chance, AnwBl 1983, S. 193 ff.
Ders.: Freiwillige Gerichtsbarkeit, 4. Aufl. Stuttgart u.a. 2009.
Brinkmann, Hans Josef: Wer führt den Zivilprozeß – der Anwalt oder der Richter?, NJW 1985, S. 2460 ff.
Böhm, Peter: Der Streit um die Verhandlungsmaxime, Ius Commune 7 (1978), S. 136 ff.
Bötticher, Eduard: Die Gleichheit vor dem Richter, Hamburg 1954.
Bruns, Alexander: Einheitlicher kollektiver Rechtsschutz in Europa?, ZZP 125 (2012), S. 399 ff.
Ders.: Gruppenklagen als Erscheinungsformen eines sozialen Zivilprozesses in der Marktgesellschaft?, hrsg. von Rolf Stürner/Alexander Bruns, Globalisierung und Sozialstaatsprinzip, Tübingen 2014, S. 255 ff. (zit.: *Bruns*, in: Globalisierung und Sozialstaatsprinzip, S.)
Ders.: Maximendenken im Zivilprozessrecht – Irrweg oder Zukunftchance?, in: Die Zukunft des Zivilprozesses: Freiburger Symposium am 27.12.2013 anlässlich des 70. Geburtstages von Rolf Stürner, hrsg. von Alexander Bruns/Joachim Münch/Astrid Stadler, Tübingen 2014, S. 53 ff. (zit.: *Bruns*, in: Die Zukunft, S.)
Brüggemann, Dieter: Judex statuor und judex investigator, Bielefeld 1968.
Bungeroth, Erhard: Schutz vor dem Verbraucherschutz?, in: Festschrift für Herbert Schimansky von Norbert Horn/Hans-Jürgen Lwowski/Gerd Nobbe, Köln 1999, S. 279 ff. (zit.: *Bungeroth*, in: FS für Schimansky, S.)
Bücker, Ursula E.: Mündliche und schriftliche Elemente und ihre rechtsgeschichtlichen Hintergründe im englischen Erkenntnisverfahren, Berlin 1978.
Bülow, Oskar von: Die Lehre von den Proceßeinreden und die Proceßvoraussetzungen, Gießen 1868.
Ders.: Die neue Prozeßrechtswissenschaft und das System des Civilprozeßrechts, ZZP 27 (1900), S. 201 ff.
Bydlinski, Franz: Privatautonomie und objektive Grundlagen des verpflichtenden Rechtsgeschäfts, Wien 1967.

Cahn, Andreas: Prozessuale Dispositionsfreiheit und zwingendes materielles Recht, AcP 198 (1998), S. 35 ff.

Ders.: Zwingendes EG-Recht und Verfahrensautonomie der Mitgliedstaaten, ZEuP 1998, S. 974 ff.

Callies, Gralf-Peter: Gutachten A zum 70. Deutschen Juristentag, Der Richter im Zivilprozess – Sind ZPO und GVG noch zeitgemäß?, München 2014. (zit.: *Callies*, Gutachten zum 70. DJT)

Canaris, Claus-Wilhelm: Wandlungen des Schuldvertragsrechts. Tendenzen zu seiner „Materialisierung", AcP 200 (2000), S. 273 ff.

Canstein, Raban Frhr. von: Die rationellen Grundlagen des Civilprozesses, Wien 1877.

Chase, Oscar G.: Legal Process and National Culture, 5 Cardozo J. Int'l & Comp. L. Spring 1997, S. 1 ff.

Coester-Waltjen, Dagmar: Parteiaussage und Parteivernehmung am Ende des 20. Jahrhunderts, ZZP 113 (2000), S. 269 ff.

Coing, Helmut (Hrsg.): Handbuch der Quellen und Literatur der neueren europäischen Privatrechtsgeschichte, Dritter Band: Das 19. Jahrhundert, München 1982. (zit: *Bearbeiter*, in: Coing, Handbuch, S.)

Conrad, Hermann: Deutsche Rechtsgeschichte Band II, Karlsruhe 1966.

Dahlmanns, Gerhard: Der Strukturwandel des deutschen Zivilprozesses im 19. Jahrhundert, Aalen 1971.

Damrau, Jürgen: Die Entwicklung einzelner Prozeßmaximen seit der Reichszivilprozeßordnung von 1877, Paderborn 1975.

Ders.: Der Einfluß Franz Kleins auf den Deutschen Zivilprozeß, in: Forschungsband Franz Klein (1854–1926): Leben und Wirken, hrsg. von Herbert Hofmeister, Wien 1988, S. 157 ff. (zit.: *Damrau*, in; Forschungsband Franz Klein, S.)

De Boor, Hans Otto: Die Auflockerung des Zivilprozesses: Ein Beitrag zur Prozessreform, Tübingen 1939. (zit.: *De Boor*, Die Auflockerung, S.)

Ders.: Zur Reform des Zivilprozesses, Leipziger rechtswissenschaftliche Studien, Heft 109, 1938. (zit.: *De Boor*, Zur Reform, S.)

Dettmar, Jasmin Isabel: Unlauterer Wettbewerb durch Rechtsbruch nach Maßgabe des § 4 Nr. 11 UWG n.F., Berlin 2007.

Deubner, Karl G.: Gedanken zur richterlichen Aufklärungs- und Hinweispflicht, in: Festschrift für Schiedermeier, hrsg. von Gerhard Lüke/Othmar Jauernig, München 1976, S. 79 ff.

Ders.: Anmerkung zu BGH, Urteil v. 9.11.1983 – VIII ZR 349/82, NJW 1984, S. 311.

Deutsch, Erwin: Reform des Arztrechts, NJW 1978, S. 1657 ff.

Ders.: Rechtsstaat und Prozess vor zwei Einzelrichtern, NJW 2004, S. 1150 ff.

Deutsche Gemeinschaft für Medizinrecht, in: Die Entwicklung der Arzthaftung, hrsg. von Adolf Laufs/Christian Dierks/Albrecht Wienke/Toni Graf-Baumann/Günter Hirsch, 1997.

Diakonis, Antonios: Grundfragen der Beweiserhebung von Amts wegen im Zivilprozess, Tübingen 2014.

Dietrich, Michael: Prozessvergleiche „auf dringendes Anraten des Gerichts" und Staatshaftung, ZZP 120 (2007), S. 443 ff.

Dölemeyer, Barbara: Vom Staatsdiener zum „Sozialingenieur". Zum Richterbild in der Habsburgermonarchie, in: Europäische und amerikanische Richterbilder, hrsg. von André Gouron/Laurent Mayali/Antonio Padoa Schiopa/Dieter Simon, Frankfurt

am Main 1996, S. 359 ff. (zit.: *Dölemeyer*, in: Europäische und amerikanische Richterbilder, S.)
Düll, Rudolf: Das Zwölftafelgesetz, 7. Aufl. Zürich 1997.
Dombek, Bernhard: ZPO-Novelle, BRAK-Mitt. 2001, S. 122 ff.
Ehmann, Eugen / Selmayr, Martin (Hrsg.): Datenschutzgrundverordnung: DS-GVO, München 2017. (zit.: *Bearbeiter*, in: Ehmann/Selmayr, EU-DSGVO, Art. Rn.)
Egger, August: Ausgewählte Schriften und Abhandlungen, hrsg. von Walther Hug, Erster Band: Beiträge zur Grundlegung des Privatrechts, Zürich 1957. (zit.: *Egger*, S.)
Egli, Urs: Vergleichsdruck im Zivilprozeß, Berlin 1996. (zit.: *Egli*, S.)
Entwurf einer Zivilprozessordnung, veröffentlicht durch das Reichsjustizministerium, Berlin 1931. (zit.: Entwurf einer Zivilprozessordnung, S.)
Fasching, Hans Walter: Lehrbuch des österreichischen Zivilprozeßrechts, 2. Aufl. Wien 1990. (zit.: *Fasching*, S.)
Fasching, Hans Walter / Konecny, Andreas: Zivilprozeßgesetze, Band 3, 2. Aufl. Wien 2011. (zit.: *Bearbeiter*, in: Fasching/Konecny, ZPO Band 3, § Rn.)
Fechner, Erich: Kostenrisiko und Rechtswegsperre – Steht der Rechtsweg offen?, JZ 1969, S. 349 ff.
Fischer, Christian: Topoi verdeckter Rechtsfortbildungen im Zivilrecht, Tübingen 2007.
Flume, Werner: Rechtsgeschäft und Privatautonomie, in: Festschrift zum 100jährigen Bestehen des Deutschen Juristentages 1860–1960, hrsg. von Ernst v. Caemmerer u.a., Band I, S. 135 ff., Karlsruhe 1960. (zit.: *Flume*, Rechtsgeschäft und Privatautonomie, S.)
Ders.: Allgemeiner Teil des Bürgerlichen Rechts, Band II, Das Rechtsgeschäft, 4. Aufl. Berlin 1992.
Förster, U. / Kann, Richard: Die Zivilprozeßordnung für das Deutsche Reich, Erster Band, 3. Aufl. Berlin 1913. (zit.: *Förster/Kann*, Zivilprozeßordnung, § S.)
Francke, Robert / Hart, Dieter: Charta der Patientenrechte, Baden-Baden 1999.
Franzki, Harald: Das Gesetz zur Vereinfachung und Beschleunigung gerichtlicher Verfahren (Vereinfachungsnovelle), DRiZ 1977, S. 161 ff.
Franzki, Harald: Von der Verantwortung des Richters für die Medizin, Entwicklungen und Fehlentwicklungen der Rechtsprechung zur Arzthaftung, MedR 1994, S. 171 ff.
Freer, Richard D.: Civil Procedure, 3. Aufl., Austin, Boston u.a. 2012.
Friedenthal, Jack H. / Miller, Arthur R. / Sexton, John E. / Hershkoff, Helen: Civil Procedure, 11. Aufl. St. Paul, Minn. 2013.
Friedenthal, Jack H. / Kane, Mary K. / Miller, Arthur: Civil Procedure, 4. Aufl. St. Paul, Minn. 2005.
Fuchs, Christian Otmar: Einschränkungen der Dispositionsmaxime in der Revisionsinstanz: Werden alle Ziele erreicht?, JZ 2013, S. 990 ff.
Gaier, Reinhard: Der moderne liberale Zivilprozess, NJW 2013, S. 2871 ff.
Ders.: Die Rolle des Sachverständigen in einem antezedierten Verfahren, DS 2013, S. 175 ff.
Ders.: Strukturiertes Parteivorbringen im Zivilprozess, ZRP 2015, S. 101 ff.
Gaier, Reinhard / Freudenberg, Tobias: Ist die Zivilprozessordnung noch ein modernes Verfahrensrecht?, ZRP 2013, S. 27 ff.
Gaul, Hans Friedhelm: Zur Frage nach dem Zweck des Zivilprozesses, AcP 1968, S. 27 ff. (zit.: *Gaul* AcP 1968, S.)
Ders.: Der Zweck des Zivilprozesses – Ein anhaltend aktuelles Thema, in: Zivilprozessrecht im Lichte der Maximen, hrsg. von Kamil Yildirim, Istanbul 2001, S. 68 ff. (zit.: *Gaul*, in: Zivilprozessrecht im Lichte der Maximen, S.)

Gensler, Johann Caspar: Beitrag zu der Gesetzgebung über die Verfassung der teutschen Gerichte und des Verfahrens und von demselben. Heidelberg, 1818. (zit.: *Gensler*, Beitrag zu der Gesetzgebung, S.)
Ders.: Anmerkungen zu Mittermaier, „Der neue Entwurf eines Gesetzbuches über das gerichtliche Verfahren in Civil-Rechtssachen. Bern 1819.", AcP Band 3 (1820), S. 289 ff.
Gierke, Otto von: Die soziale Aufgabe des Privatrechts, Berlin 1889. (zit.: *Gierke*, Die soziale Aufgabe, S.)
Giesen, Dieter: Wandlungen im Arzthaftungsrecht, JZ 1990, S. 1053 ff.
Ders.: Arzthaftungsrecht, Tübingen 1995.
Glendon, Mary Ann / Carozza, Paolo / Picker, Colin: Comparative Legal Traditions in a Nutshell, St. Paul, Minn. 1982.
Goldschmidt, James: Der Prozeß als Rechtslage, 2. Neudruck der Ausgabe Berlin 1925, Aalen 1986. (zit.: *Goldschmidt*, Der Prozeß, S.)
Ders.: Zivilprozessrecht, Berlin 1929.
Gönner, Nikolaus Thaddäus von: Handbuch des deutschen gemeinen Prozesses Band I, Erlangen 1801. (zit.: *Gönner*, Handbuch, S.)
Ders.: Entwurf eines Gesetzbuches über das gerichtliche Verfahren in bürgerlichen Rechtssachen, Band 2, 2: Motive, Erlangen 1816. (zit: *Gönner*, Entwurf, S.).
Gottwald, Peter: Die Bewältigung privater Konflikte im gerichtlichen Verfahren, ZZP 95 (1982), S. 245 ff.
Ders.: Aktive Richter – managerial judges, in: Law in East and West, Tokyo 1988, S. 705 ff. (zit.: *Gottwald*, in: Law in East and West, S.)
Ders.: Gutachten A zum 61. Deutschen Juristentag, Karlsruhe 1996.
Gottwald, Walther: Streitbeilegung ohne Urteil, Tübingen 1981. (zit.: *W. Gottwald*, Streitbeilegung, S.)
Gottwald, Walther / Treuer, Wolf-Dieter: Vergleichspraxis, Stuttgart 1991. (zit.: *W. Gottwald / Treuer*, S.)
Dies.: Verhandeln und Vergleichen im Zivilprozess, 2. Aufl. Stuttgart 2005. (zit.: *W. Gottwald / Treuer*, Verhandeln, S.)
Graf von Westphalen, Friedrich: Verbraucherschutz nach zwei Jahrzehnten, NJW 2013, S. 961 ff.
Greger, Reinhard: Vom „Kampf ums Recht" zum Zivilprozeß der Zukunft, JZ 1997, S. 1077 ff.
Ders.: Justizreform – und nun?, JZ 2002, S. 1020 ff.
Ders.: Zweifelsfragen und erste Entscheidungen zur neuen ZPO, NJW 2002, S. 3049 ff.
Ders.: Der deutsche Zivilprozess im Umbruch, in: Festschrift für Kostas E. Beys, hrsg. von Hideo Nakamura / Hans W. Fasching / Hans Friedhelm Gaul / Apostolos Georgiades, Band 2, Athen 2003, S. 459 ff. (zit.: *Greger*, in: FS für Beys, S.)
Ders.: Die ZPO-Reform – 1000 Tage danach, JZ 2004, S. 805 ff.
Ders.: Veränderungen und Entwicklungen des Beweisrechts im deutschen Zivilprozess, BRAK-Mitt. 2005, S. 150 ff.
Ders.: Justiz und Mediation – Entwicklungslinien nach Abschluss der Modellprojekte, NJW 2007, S. 3258 ff.
Ders.: Der surfende Richter – Sachverhaltsaufklärung per Internet, in: Festschrift für Rolf Stürner, hrsg. von Alexander Bruns / Christoph Kern / Joachim Münch / Andreas Piekenbrock / Astrid Stadler / Dimitrios Tsikrikas, 1. Teilband, Tübingen 2013, S. 289 ff. (zit.: *Greger*, in: FS für Stürner, S.)

Ders.: Erörterungstermin im Zivilprozess – warum nicht?, NJW 2014, S. 2554 ff.
Greiner, Hans-Peter: Tatsachenermittlung im Arzthaftungsprozess, in: „Waffengleichheit". Das Recht der Arzthaftung, hrsg. von der Arbeitsgemeinschaft Rechtsanwälte im Medizinrecht e.V., Berlin, Heidelberg, New York 2001, S. 7 ff. (zit.: *Greiner*, in: „Waffengleichheit", S.)
Greiner, Hans-Peter / Greiß, Karlmann: Arzthaftpflichtrecht, 7. Aufl. München 2014.
Griess, Adalbert E.: Zivilrechtliche Arzthaftung in Europa, Bericht vom 5. Kolloquium des Europarats zum Europäischen Recht, JZ 1975, S. 581 ff.
Grunsky, Wolfgang: Prozeß- und Sachurteil, ZZP 80 (1967), S. 55 ff.
Ders.: Wert und Unwert der Relationstechnik, JuS 1972, S. 29 ff.
Ders.: Grundlagen des Verfahrensrechts, Bielefeld 1974. (zit.: *Grunsky*, Grundlagen, S.)
Ders.: Die Straffung des Verfahrens durch die Vereinfachungsnovelle, JZ 1977, S. 201 ff.
Habscheid, Walther J.: Richtermacht oder Parteifreiheit, ZZP 81 (1968), S. 175 ff.
Ders.: Das Recht auf Beweis, ZZP 96 (1983), S. 306 ff.
Hahn, Bernhard: Kooperationsmaxime im Zivilprozeß? Köln, Berlin, Bonn, München 1983.
Ders.: Der sogenannte Verhandlungsgrundsatz im Zivilprozeß, JA 1991, S. 319 ff.
Hahn, Carl / Mugdan, Benno: Die gesamten Materialien zu den Reichs-Justizgesetzen, Band 2. Materialien zur Zivilprozeßordnung Abteilung 1, 2. Aufl., hrsg. von Eduard Stegemann, Neudruck der Ausgabe Berlin 1881, Aalen 1983. (zit.: *Hahn/Mugdan*, Band 2, Abt. 1, S.)
Dies.: Die gesamten Materialien zu den Reichs-Justizgesetzen, Band 2. Materialien zur Zivilprozeßordnung Abteilung 2, 2. Aufl. hrsg. von Eduard Stegemann, Neudruck der Ausgabe Berlin 1881, Aalen 1983. (zit.: *Hahn/Mugdan*, Band 2, Abt. 2, S.)
Haft, Fritjof / Schlieffen, Katharina von: Handbuch Mediation, 3. Aufl. München 2016. (zit.: *Haft/Schlieffen*, S.)
Hartmann, Peter: Zivilprozess 2001/2002: Hunderte wichtiger Änderungen, NJW 2001, S. 2577 ff.
Häsemeyer, Ludwig: Die Verbandsklage als Instrument öffentlicher Kontrolle kraft Beleihung, in: Festschrift für Ulrich Spellenberg, hrsg. von Jörn Bernreuther/Robert Freitag/Stefan Leible/Harald Sippel/Ulrike Wanitzek, München 2010, S. 99 ff. (zit.: *Häsemeyer*, in: FS für Spellenberg, S.)
Hau, Wolfgang: Vorgaben des EuGH zur Klausel-Richtlinie, IPRax 2001, S. 96 ff.
Hauck, Ronny: Geheimnisschutz im Zivilprozess – was bringt die neue EU-Richtlinie für das deutsche Recht?, NJW 2016, S. 2218 ff.
Hausmaninger, Herbert / Selb, Walter: Römisches Privatrecht, Wien 1999. (zit.: *Hausmaninger/Selb*, S.)
Haußleiter, Martin (Hrsg.): FamFG, Kommentar, 2. Aufl. München 2017.
Hazard, Geoffry C., JR. / Taruffo, Michele: American Civil Procedure. An Introduction, New Haven and London 1993.
Heiderhoff, Bettina: Einflüsse des europäischen Privatrechts zum Schutz des Verbrauchers auf das deutsche Zivilprozessrecht, ZEuP 2001, S. 276 ff.
Heinisch, Julius: Anmerkung zu BGH, Urteil v. 14.11.2013, NJW 2014, S. 220 ff.
Heinrich, Christian: Formale Freiheit und materiale Gerechtigkeit, Tübingen 2000.
Heinze, Christian: Europäisches Primärrecht und Zivilprozess, EuR 2008, S. 655 ff.
Heiß, Thomas A.: Anerkenntnis und Anerkenntnisurteil im Zivilprozess, Tübingen 2012.

Hellwig, Konrad: Das System des Deutschen Zivilprozeßrechts, Erster Teil, Leipzig 1912. (zit.: *Hellwig*, System, S.)
Henckel, Wolfram: Vom Gerechtigkeitswert verfahrensrechtlicher Normen, Göttingen 1966.
Ders.: Prozessrecht und materielles Recht, Göttingen 1970.
Ders.: Prozessrecht und materielles Recht, Thrazische juristische Abhandlungen Band 18, Athen, Komotini 1988. (zit.: *Henckel*, Vortrag Athen, S.)
Herb, Anja: Europäisches Gemeinschaftsrecht und nationaler Zivilprozess, Tübingen 2007. (zit.: *Herb*, S.)
Hermisson, Vollrath: Die Rechtsprechung des BGH und des BVerfG zur Zurückweisung von verspätetem Vorbringen im Zivilprozess, NJW 1983, S. 2229 ff.
Hernandez-Marcos, Maximiliano: Die Prozeßrechtsreform und das ALR sowie die Polemik um die Inquisitionsmaxime in der ersten Hälfte des 19. Jahrhunderts, in: 200 Jahre Allgemeines Landrecht für die preußischen Staaten, hrsg. von Barbara Dölemeyer/Heinz Mohnhaupt, Vittorio 1995, S. 327 ff. (zit.: *Hernandez-Marcos*, in: 200 Jahre Allgemeines Landrecht, S.)
Herr, Robert: Partei- oder Amtsmaxime, DRiZ 1988, S. 57 ff.
Hess, Burkhard: Musterverfahren im Kapitalmarktrecht, ZIP 2005, S. 1713 ff.
Ders.: Europäisches Zivilprozessrecht, Heidelberg 2010.
Ders.: Deutsches Zivilprozessrecht zwischen nationaler Eigenständigkeit und europäischem Anpassungszwang, R.L.R. No. 27 (2010), S. 191 ff.
Ders.: Carl Josef Anton Mittermaier – Zivilprozessrecht in Europa: vom 19. Jahrhundert bis in die Gegenwart, in: Heidelberger Thesen zu Recht und Gegenwart, hrsg. von Christian Baldus/Herbert Kronke/Ute Mager, Tübingen 2013, S. 143 ff. (zit.: *Hess*, in: Heidelberger Thesen, S.)
Hesse, Konrad: Grundzüge des Verfassungsrechts der Bundesrepublik Deutschland, 20. Aufl. Heidelberg 1999.
Hinz, Manfred: Verbesserter Schutz vor Überraschungsentscheidungen im Zivilprozeß – eine unnötige Reform?, NJW 1976, S. 1187.
Hippel, Fritz von: Wahrheitspflicht und Aufklärungspflicht der Parteien im Zivilprozeß, Frankfurt am Main 1939. (zit.: *von Hippel*, S.)
Hirsch, Günter, NJW-Editorial Heft 18, 2012.
Hirtz, Bernd: Die Zukunft des Zivilprozesses, NJW 2014, S. 2529 ff.
Ders.: Reform des Zivilprozesses – Einführung der Beschlussverwerfung, MDR 2001, S. 1265 ff.
Honsell, Heinrich: Die Mithaftung naher Angehöriger, JuS 1993, S. 817 ff.
Ders.: Zur Bürgschaft eines mittellosen geschäftsunerfahrenen Kindes, EWiR 1994, S. 555 f.
Howells, Geraint/Wilhelmsson, Thomas: EC Consumer Law, Aldershot, Brookfield USA, Singapore, Sidney 1997.
Husmann, J.H.: Nochmals: Postulationsfähigkeit und Grundgesetz, DRiZ 1971, S. 311 f.
Ders.: Zum Dienstleistungszwang des Rechtsanwalts ohne sozialadäquate Vergütung, DB 1970, S. 2305 ff.
Isensee, Josef: Vertragsfreiheit im Griff der Grundrechte – Inhaltskontrolle von Verträgen am Maßstab der Verfassung, in: Festschrift für Bernhard Großfeld zum 65. Geburtstag, hrsg. von Ulrich Hübner/Werner F. Ebke, Heidelberg 1999, S. 485 ff. (zit.: *Isensee*, in: FS für Großfeld, S.)

Jacob, Jack I.: The Fabric of English Civil Justice, London, 1987. (zit.: *Jacob*, S.)
Jahn, Isabel: Das Europäische Verfahren für geringfügige Forderungen, NJW 2007, S. 2890 ff.
Jauernig, Othmar: Das fehlerhafte Zivilurteil, Frankfurt 1958.
Ders.: Verhandlungsmaxime, Inquisitionsmaxime und Streitgegenstand, Tübingen 1967.
Ders.: Materielles Recht und Prozeßrecht, JuS 1971, S. 329 ff.
Ders.: Der Bundesgerichtshof und das Zivilprozessrecht – Ein Rückblick auf 40 Jahre, in: 40 Jahre Bundesgerichtshof, hrsg. von Othmar Jauernig/Claus Roxin, Heidelberg 1991.
Jauernig, Othmar/Hess, Burkhard: Zivilprozessrecht: Ein Studienbuch, München 2011.
Jhering, Rudolf von: Der Kampf ums Recht, hrsg. von Felix Ermacora. Neudruck nach der 18. Aufl. Wien 1913, Frankfurt am Main, Berlin 1992. (zit.: *von Jhering*, S.)
Jonas, M., Gedanken zur Prozeßreform. Verhandlungs- und Offizialmaxime, DR 1941, S. 1697 ff.
Kahlke, Thomas: Zulassung der Berufung wegen Verletzung des rechtlichen Gehörs, NJW 1985, S. 2231 ff.
Kaplan, Benjamin/von Mehren, Arthur T./Schaefer, Rudolf: Phases of German Civil Procedure I, 71 Harv. L. Rev. (1958), S. 1193 ff.
Dies.: Phases of German Civil Procedure II, 71 Harv. L. Rev. (1958), S. 1443 ff.
Kaser, Max/Hackl, Karl: Das römische Zivilprozessrecht, 2. Aufl. München 1996.
Katzenmeier, Christian: Arzthaftung, Tübingen 2002.
Keders, Johannes/Walter, Frank: Langdauernde Zivilverfahren – Ursachen überlanger Verfahrensdauer und Abhilfemöglichkeiten, NJW 2013, S. 1697 ff.
Kellner, Horst: Zivilprozeßrecht, Berlin (Ost) 1980. (zit.: *Kellner*, S.)
Kerameus, Konstantinos D.: Angleichung des Zivilprozessrechts in Europa, RabelsZ 66 (2002), S. 3 ff.
Kern, Christoph: Das europäische Verfahren für geringfügige Forderungen, JZ 2012, S. 389 ff.
Kilian, Matthias: Musterfeststellungsklage – Meinungsbild der Anwaltschaft, ZRP 2018, S. 72 ff.
Klein, Franz: Pro Futuro, Leipzig und Wien 1891.
Ders.: Vorlesungen über die Praxis des Civilprozesses, Wien 1900. (zit.: *Klein*, Vorlesungen, S.)
Ders.: Zeit- und Geistesströmungen im Prozesse, 2. Aufl. Frankfurt am Main 1958. (zit.: *Klein*, Zeit und Geistesströmungen, S.)
Ders.: Zeit- und Geistesströmungen im Prozesse (Vortrag 1901), in: Reden, Vorträge, Aufsätze. Briefe, Erster Band, Wien 1927.
Klein, Franz/Engel, Friedrich: Der Zivilprozess Oesterreichs, Mannheim u.a. 1927. (zit.: *Klein/Engel*, S.)
Knöringer, Dieter: Die Assessorklausur im Zivilprozess, 10. Aufl. München 2003.
Koch, Elisabeth: Zum Einfluss des Code de procédure civile auf die deutsche Zivilprozeßrechtsreform, in: Französisches Zivilprozessrecht in Europa während des 19. Jahrhunderts, hrsg. von Reiner Schulze, Berlin 1994, S. 157 ff. (zit.: *E. Koch*, in: Französisches Zivilprozessrecht, S.)
Koch, Harald: Verbraucherprozessrecht, Heidelberg 1990.

Ders.: Grenzüberschreitende strategische Zivilprozesse: Ein Weg für mehr Recht?, AnwBl 2015, S. 454 ff.
Koch, Raphael: Mitwirkungsverantwortung im Zivilprozess, Tübingen 2013.
Koch, Wolfgang: Darf der Amtsrichter auf die Einrede der Verjährung hinweisen?, NJW 1966, S. 1648 ff.
Kocher, Eva: Funktionen der Rechtsprechung, Tübingen 2007.
Kodek, Georg. E.: Die Verwertung rechtswidriger Tonbandaufnahmen und Abhörergebnisse im Zivilverfahren, in: ÖJZ 2001, S. 281 ff.
Ders.: „Instrumentalisierung" von Zivilprozessen?, in: Instrumentalisierung von Zivilprozessen, hrsg. von Christoph Althammer/Herbert Roth, Tübingen 2018, S. 93 ff. (zit.: *Kodek*, in: Instrumentalisierung von Zivilprozessen, S.)
Kohler, Marius: Die Entwicklung des schwedischen Zivilprozeßrechts, Tübingen 2002.
Kollhosser, Helmut: Besprechung von Polyzogopoulos, Parteianhörung und Parteivernehmung in ihrem gegenseitigen Verhältnis, ZZP 91 (1978), S. 102 ff.
Kollroß, Karl: Wahrheitspflicht und Parteiaussage, ZJP 1937, S. 81 ff.
Konzen, Horst: Rechtsverhältnisse zwischen den Prozeßparteien, Berlin 1976.
Korth, Ulrich: Zur Auslegung des Tatbestandes der „geringfügigen Vertragswidrigkeit" in der Verbrauchsgüterkaufrichtlinie, GPR 2/2014, S. 87 ff.
Kötz, Hein: Civil Justice Systems in Europe and the United States, in: 13 Duke Journal of Comparative and International Law, 2003, S. 61 ff.
Krämer, Achim: Verfassungsrechtliche Fragen im Arzthaftungsprozeß, in: Festschrift für Karlmann Geiß zum 65. Geburtstag, hrsg. von Hans Erich Brandner/Horst Hagen/Rolf Stürner, Köln 2000, S. 437 ff. (zit.: *Krämer*, in: FS für Geiß, S.)
Krüger, Wolfgang: Unanfechtbarkeit des Beschlusses nach § 522 II ZPO, NJW 2008, S. 945 ff.
Kugler, Klaus F.: Die Kooperationsmaxime, Linz 2002.
Kuhn, Sascha/Löhr, Marcel: Die Urkundenvorlage nach § 142 ZPO im Spannungsfeld zwischen Sachverhaltsaufklärung und Beibringungsgrundsatz, JR 2011, S. 369 ff.
Kunze, Axel: Das amtsgerichtliche Bagatellverfahren nach § 495a ZPO, Bielefeld 1995. (zit.: Kunze, S.)
Kutschaty, Thomas/Freudenberg, Tobias/Gerhardt, Rudolf: „Wir brauchen eine verbraucherrechtliche Musterfeststellungsklage", ZRP 2017, S. 27 ff.
Kwaschik, Annett: Die Parteivernehmung und der Grundsatz der Waffengleichheit im Zivilprozess, Tübingen 2004.
Lames, Peter: Rechtsfortbildung als Prozesszweck, Tübingen 1993. (zit: *Lames*, S.)
Langbein, John H.: The German Advantage in Civil Procedure, 52 U. Chi. L. Rev. 823 (1985).
Lange, Hans Dieter: Parteianhörung und Parteivernehmung, NJW 2002, S. 476 ff.
Larenz, Karl: Methodenlehre der Rechtswissenschaft, 6. Aufl. Berlin u.a. 1991.
Larenz, Karl/Wolf, Manfred: Allgemeiner Teil des Bürgerlichen Rechts, 9. Aufl. München 2004.
Laumen, Hans-Willi: Das Rechtsgespräch im Zivilprozeß, Köln u.a. 1984. (zit.: *Laumen*, S.)
Leible, Stefan: Anmerkung zu BGH, Urteil v. 1.08.2006 – X ZR 114/03, LMK 2007, 208363.
Ders.: Gerichtsstandsklauseln und EG-Klauselrichtlinie, RIW 2001, S. 422 ff.
Leipold, Dieter: Beweislastregeln und Vermutungen, Berlin 1966.

Ders.: Prozeßförderungspflicht der Parteien und richterliche Verantwortung, ZZP 93 (1980), S. 237 ff.
Ders.: Zivilprozeß und Ideologie, JZ 1982, S. 441 ff.
Ders.: Auf der Suche nach dem richtigen Maß bei der Zurückweisung verspäteten Vorbringens, ZZP 97 (1984), S. 395 ff.
Ders.: Verfahrensbeschleunigung und Prozessmaximen, in: Festschrift für Hans W. Fasching zum 65. Geburtstag, hrsg. von Richard Holzhammer/Wolfgang Jelinek/Peter Böhm, Wien 1988, S. 329 ff. (zit.: *Leipold*, in: FS für Fasching, S.)
Ders.: Wahrheit und Beweis im Zivilprozeß, in: Festschrift für Hideo Nakamura zum 70. Geburtstag am 2. März 1996, hrsg. von Andreas Heldrich/Takeyoshi Uchida, Tokyo 1996, S. 301 ff. (zit.: *Leipold*, in: FS für Nakamura, S.)
Ders.: Schlichtung, Mediation und Zivilprozess, R.L.R. No. 30 (2013), S. 135 ff.
Ders.: Sozialer Zivilprozess, Prozessmaximen und Prozessgrundrechte im 21. Jahrhundert, in: Globalisierung und Sozialstaatsprinzip, hrsg. von Rolf Stürner/Alexander Bruns, Tübingen 2014, S. 235 ff. (zit.: *Leipold*, in: Globalisierung und Sozialstaatsprinzip, S.)
Ders.: Die liberale und die soziale Dimension der zivilprozessualen Sachaufklärung als Aspekte der Verfahrensgerechtigkeit, in: Die Aktualität der Prozess- und Sozialreform Franz Kleins, hrsg. von Marini Marinelli/Ena-Marlis Bajons/Peter Böhm, Österreich 2015, S. 131 ff. (zit.: *Leipold*, in: Die Aktualität, S.)
Ders.: Anordnung der Urkundenvorlage von Amts wegen ohne Vorlagepflicht der Parteien?, in: Tatsachen, Verfahren, Vollstreckung, Festschrift für Isaak Meier zum 65. Geburtstag, hrsg. von Peter Breitschmid/Ingrid Jent-Sørensen/Hans Schmid/Miguel Sogo, Zürich, Basel, Genf 2015, S. 241 ff. (zit.: *Leipold*, in: FS für Meier, S.)
Ders.: Der Zivilprozess zwischen Rechtsschutz und gütlicher Konfliktbeilegung, in: Festschrift für Nikolaos K. Klamaris, Athen, Thessaloniki 2016, S. 443 ff. (zit.: *Leipold*, in: FS für Klamaris, S.)
Levin, Louis: Die rechtliche und wirtschaftliche Bedeutung des Anwaltszwangs, Berlin 1916.
Ders.: Richterliche Prozeßleitung und Sitzungspolizei in Theorie und Praxis, Berlin 1913.
Lienhard, Andreas: Die materielle Prozessleitung der Schweizerischen Zivilprozessordnung, Zürich, St. Gallen, 2013.
Limbach, Jutta: Forum – Das Rechtsverständnis in der Vertragslehre, JuS 1985, S. 10 ff.
Linkhorst, Kurt: Autoritative Zivilrechtspflege und gerichtliches Güteverfahren, JW 1934, S. 1322.
Linz, Karl: Zeitspiegel, DRiZ 1933, S. 315 ff.
Liu, Ming-Sheng: Die richterliche Hinweispflicht, Frankfurt am Main u.a. 2009.
Lorenz, Stephan: Die Neuregelung der pre-trial-Discovery im US-amerikanischen Zivilprozeßrecht – Inspiration für den deutschen und europäischen Zivilprozeß?, ZZP 111 (1998), S. 35 ff.
Ludwig, Kristiana: Union blockiert Sammelklagen für Verbraucher, SZ vom 6.2.2017, S. 17.
Lüke, Wolfgang: Zivilprozeßrecht, 9. Aufl. München 2006.
Martens, Joachim: Noch einmal: Wert und Unwert der Relationstechnik, JuS 1974, S. 785 ff.

Mäsch, Gerald: Schuldrecht: Die Haftung des Anwalts bei Fehlern des Gerichts, gestörte Gesamtschuld, JuS 2016, S. 457 ff.
Mattei, Ugo A./Ruskola, Teemu/Gidi, Antonio: Schlesinger's Comparative Law, 7. Aufl. New York 2009.
Mauet, Thomas A.: Trial Techniques, 8. Aufl. Austin u.a. 2010. (zit.: *Mauet*, S.)
Maunz, Theodor/Dürig, Günter: Grundgesetz, Loseblatt-Kommentar, 77. Aufl. München 2016.
McGuire, Mary-Rose: Beweismittelvorlage und Auskunftsanspruch nach der Richtlinie 2004/48/EG zur Durchsetzung der Rechte des Geistigen Eigentums, GRUR Int 2005, S. 15 ff.
Melissinos, Gerassimos: Die Bindung des Gerichts an die Parteianträge nach § 308 I ZPO, Berlin 1982.
Meller-Hannich, Caroline: Kollektiver Rechtsschutz in Europa und Europäischer Kollektiver Rechtsschutz, GPR 2/2014, 92 ff.
Dies.: Die Neufassung von § 522 ZPO – Unbestimmte Rechtsbegriffe, Ermessen und ein neuartiges Rechtsmittel, NJW 2011, S. 3393 ff.
Menger, Anton: Das bürgerliche Recht und die besitzlosen Volksklassen, Tübingen 1890. (zit.: *Menger*, S.)
Meyer, Petra Claudia: Die Positionierung des Sachverständigen im deutschen und US-amerikanischen Zivilprozess, ZDAR 2/2014, S. 55 ff.
Meyke, Rolf: Zur Anhörung der Parteien im Zivilprozeß, MDR 1987, S. 358 ff.
Ders.: Darlegen und Beweisen im Zivilprozess, Bonn 1998.
Micklitz, Hans-Wolfgang: Brauchen Konsumenten und Unternehmen eine neue Architektur des Verbraucherrechts? Gutachten A, in: Verhandlungen des 69. Deutschen Juristentages, Band I, München 2012.
Ming-Sheng, Liu: Die richterliche Hinweispflicht, 2009.
Mohr, Jochen: Der Begriff des Verbrauchers und seine Auswirkungen auf das neu geschaffene Kaufrecht und das Arbeitsrecht, AcP 204 (2004), S. 660 ff.
Möllers, Thomas M.J./Weichert, Tilman: Das Kapitalanleger-Musterverfahrensgesetz, NJW 2005, S. 2737 ff.
Mordasini-Rohner, Claudia M.: Gerichtliche Fragepflicht und Untersuchungsmaxime nach der Schweizerischen Zivilprozessordnung, Basel 2013.
Möslein, Florian: Richtlinienkonforme Auslegung im Zivilverfahrensrecht?, GPR 2003–2004, S. 59 ff.
Motive zu dem Entwurfe eines Bürgerlichen Gesetzbuches für das Deutsche Reich, Band 1: Allgemeiner Teil, Berlin und Leipzig 1888. (zit.: Motive BGB Bd. 1)
Müller, Reinhard: Strafbarkeit und elektronische Akte, F.A.Z. vom 24.6.2015, S. 4.
Münch, Joachim: Grundfragen des Zivilprozesses – Sinngehalt der Lehre vom Prozesszweck, in: Die Zukunft des Zivilprozesses: Freiburger Symposium am 27.12.2013 anlässlich des 70. Geburtstages von Rolf Stürner, hrsg. von Alexander Bruns/Joachim Münch/Astrid Stadler, S. 5 ff., Tübingen 2014. (zit.: *Münch*, in: Die Zukunft des Zivilprozesses, S.)
Münchener Kommentar zum Bürgerlichen Gesetzbuch, hrsg. von Franz-Jürgen Säcker/Roland Rixecker, München: Band 1, 7. Aufl. 2015; Band 2, 7. Aufl. 2016. (zit.: *Bearbeiter*, in: Münchener Kommentar BGB, § Rn.)
Münchener Kommentar zum FamFG, hrsg. von Thomas Rauscher/Dagmar Coester-Waltjen, 2. Aufl. München 2013. (zit.: *Bearbeiter*, in: Münchener Kommentar FamFG, § Rn.)

Münchener Kommentar zur Zivilprozessordnung, hrsg. von Wolfgang Krüger/ Thomas Rauscher, München, Band 1, 5. Aufl. 2016; Band 2, 5. Aufl. 2016 (zit.: *Bearbeiter*, in: Münchener Kommentar ZPO, § Rn.)

Murray, Peter, L./Stürner, Rolf: German Civil Justice, Durham, 2004. (zit.: *Murray/Stürner*, S.)

Musielak, Hans-Joachim: Reform des Zivilprozesses – Zum Entwurf eines Gesetzes zur Reform des Zivilprozesses, NJW 2000, S. 2769 ff.

Musielak, Hans-Joachim/Borth, Helmut: FamFG, 5. Aufl. München 2015. (zit.: *Bearbeiter*, in: Musielak/Borth, § Rn.)

Musielak, Hans-Joachim/Voit, Wolfgang: Zivilprozessordnung, 13. Aufl. München 2016. (zit.: *Bearbeiter*, in: Musielak/Voit, ZPO, § Rn.)

Nagel, Heinrich: Die rechtliche Stellung, Aufgaben und Pflichten der Richter der Bundesrepublik Deutschland im Zivilprozeß, DRiZ 1977, S. 321 ff.

Nakamura, Hideo: Die Institution und Dogmatik des Zivilprozesses, ZZP 1986, S. 1 ff.

Ders.: Japan und das deutsche Zivilprozeßrecht, in: Das deutsche Zivilprozeßrecht und seine Ausstrahlung auf andere Rechtsordnungen, hrsg. von Walther J. Habscheid, Bielefeld 1991, S. 437 ff.

Nörr, Knut Wolfgang: Naturrecht und Zivilprozeß, Tübingen 1976. (zit.: *Nörr*, S.)

Oberhammer, Paul: Parteiaussage, Parteivernehmung und freie Beweiswürdigung am Ende des 20. Jahrhunderts, ZZP 113 (2000), S. 295 ff.

Ders.: Das schweizerische Zivilprozessrecht und seine Kodifikation, ZEuP 2013, S. 751 ff.

Olzen, Dirk: Die Wahrheitspflicht der Parteien im Zivilprozeß, ZZP 98 (1985), S. 403 ff.

Osterloh, Robert: Lehrbuch des gemeinen, deutschen ordentlichen Civilprocesses, 1. Band, Leipzig, 1856.

Osterrieth, Christian: Patentrecht, 5. Aufl. München 2015.

Papier, Hans-Jürgen: Rechtspolitik im Namen des Verbrauchers, F.A.Z. vom 9.5.2014, S. 16.

Pelz, Franz Joseph: Entwicklungstendenzen des Arzthaftungsrechts, DRiZ 1998, S. 473 ff.

Peters, Bele Carolin: Der Gütegedanke im deutschen Zivilprozeßrecht, 2004. (zit.: *Peters*, Der Gütegedanke, S.)

Peters, Egbert: Richterliche Hinweispflichten und Beweisinitiativen im Zivilprozeß, Tübingen 1983.

Peters, Frank/Zimmermann, Reinhard: Verjährungsfristen. Der Einfluss von Fristen auf Schuldverhältnisse; Möglichkeiten der Vereinheitlichung von Verjährungsfristen, in: Gutachten und Vorschläge zur Überarbeitung des Schuldrechts, Band I, hrsg. vom Bundesminister der Justiz, S. 77 ff., Köln 1981.

Piekenbrock, Andreas: Umfang und Bedeutung der richterlichen Hinweispflicht, NJW 1999, S. 1360 ff.

Ders.: Nichtannahme der Berufung? – Kritische Gedanken zu § 522 ZPO, JZ 2002, S. 540 ff.

Planck, Julius Wilhelm von: Lehrbuch des deutschen Civilprozeßrechts, 1. Bd. Allgemeiner Theil, 1887. (zit.: *Von Planck*, Lehrbuch, 1. Bd. Allg. Theil, S.)

Podszun, Rupprecht: Procedural autonomy and effective consumer protection in sale of goods liability: Easing the burden for consumers (even if they aren't consumers), EuCML 2015, 149 ff.

Poelzig, Dörte: Normdurchsetzung durch Privatrecht, Tübingen 2012.
Polyzogopoulos, Konstantin P.: Parteianhörung und Parteivernehmung in ihrem gegenseitigen Verhältnis, Berlin 1976.
Popp, Hans: Die nationalsozialistische Sicht einiger Institute des Zivilprozeß- und Gerichtsverfassungsrechts, Frankfurt am Main, Bern u.a. 1986. (zit.: *Popp*, S.)
Pound, Roscoe: Liberty of Contract, 18 Yale L.J. (1909), S. 454 ff.
Probst, Martin: Zivilprozess und Verhandlungsstruktur – Mut zur Zukunft, JR 2011, S. 507 ff.
Prütting, Hanns/Gehrlein, Markus: ZPO, Kommentar, 8. Aufl. Köln 2016. (zit.: *Bearbeiter*, in: Prütting/Gehrlein, ZPO, § Rn.)
Prütting, Hanns: Die Grundlagen des Zivilprozesses im Wandel der Gesetzgebung, NJW 1980, S. 361 ff.
Ders.: Der Zivilprozess im Jahre 2030: Ein Prozess ohne Zukunft?, AnwBl 2013, S. 401 ff.
Puchta, Wolfgang Heinrich: Über die Grenzen des Richteramts in bürgerlichen Rechtssachen, Nürnberg 1819.
Putzo, Hans: Die Vereinfachungsnovelle, NJW 1977, S. 1 ff.
Radbruch, Gustav: Der Mensch im Recht, in: Recht und Staat in Geschichte und Gegenwart, Band 46, 1927, S. 5 ff. (zit: *Radbruch*, Der Mensch im Recht, S.)
Ders.: Vom individualistischen zum sozialen Recht, in: der Mensch im Recht, 1957.
Ders.: Rechtsphilosophie, 8. Aufl. Leipzig 1973.
Raiser, Ludwig: Vertragsfreiheit heute, JZ 1958, S. 1 ff.
Rechberger, Walter H.: Die Ideen Franz Kleins und ihre Bedeutung für die Entwicklung des Zivilprozessrechts in Europa, Ritsumeikan Law Review No. 25, 2008, S. 101 ff. (zit.: *Rechberger*, R.L.R. No. 25 (2008), S.)
Ders.: Instrumentalisierung von Zivilprozessen, in: Instrumentalisierung von Zivilprozessen, hrsg. von Christoph Althammer/Herbert Roth, Tübingen 2018, S. 1 ff. (zit.: *Rechberger*, in: Instrumentalisierung von Zivilprozessen, S.)
Reimann, Mathias: Präventiv-Administrative Regulierung oder Private Law Enforcement?, in: Bitburger Gespräche: Jahrbuch 2008/1, München 2009, S. 105 ff.
Ders.: Private Enforcement in the United States and in Europe, in: Enforcement of Corporate and Securities Law, hrsg. von Robin Hui Huang/Nicholas Calcina Howson, Cambridge 2017, S. 14 ff.
Reinkenhof, Michaela: Parteivernehmung und „Vier-Augen-Gespräche" – BVerfG NJW 2001, 2531, JuS 2002, S. 645 ff.
Rensen, Hartmut: Die richterliche Hinweispflicht, Bielefeld 2002. (zit.: *Rensen*, S.)
Repgen, Tilman: Die soziale Aufgabe des Privatrechts, Tübingen 2001.
Reuschle, Fabian: Das Kapitalanleger-Musterverfahrensgesetz – ein neuer Weg zur prozessualen Bewältigung von Massenschäden auf dem Kapitalmarkt, AnwBl 2006, S. 371 ff.
Reutter, Helmut: Der Arzthaftungsprozess, Regensburg 2006.
Riedemann, Susanne: Zur Entwicklung des Konkursrechts seit Inkrafttreten der Konkursordnung unter dem Aspekt der Gläubigerautonomie, Norderstedt 2004.
Rimmelspacher, Bruno: Zur Prüfung von Amts wegen im Zivilprozess, Göttingen 1966. (zit.: *Rimmelspacher*, S.)
Rinsche, Franz-Josef: Prozeßtaktik, 4. Aufl. Köln u.a. 1999.
Rinkler, Axel: Revisionsrücknahme ohne gegnerische Zustimmung – Fragwürdige Neuregelung, NJW 2002, S. 2449 ff.

Ritter, Franziska/Schwichtenberg, Simon: Die Reform des UKlaG zur Eliminierung des datenschutzrechtlichen Vollzugsdefizits – neuer Weg, neue Chancen?, VuR 2016, S. 95 ff.
Rittner, Fritz: Über das Verhältnis von Vertrag und Wettbewerb, AcP 188 (1988), S. 101 ff.
Ders.: Die gestörte Vertragsparität und das Bundesverfassungsgericht, NJW 1994, S. 3330 ff.
Rosenberg, Leo/Schwab, Karl Heinz/Gottwald, Peter: Zivilprozessrecht, 18. Aufl. München 2018. (zit.: *Rosenberg/Schwab/Gottwald*, §)
Roth, Herbert: Höchstrichterliche Rechtsprechung zum Zivilprozeßrecht – Teil 1, JZ 2009, S. 194 ff.
Ders.: Das Spannungsverhältnis im deutschen Zivilprozeßrecht, in: Recht und Gesellschaft in Deutschland und in Japan, hrsg. von Peter Gottwald, Köln, München 2009, S. 149 ff. (zit.: *Roth*, in: Recht und Gesellschaft, S.)
Ders.: Bedeutungsverluste der Zivilgerichtsbarkeit durch Verbrauchermediation, JZ 2013, S. 637 ff.
Ders.: Empfiehlt sich ein Sonderprozessrecht für Verbraucher?, in: Die Zukunft des Zivilprozesses: Freiburger Symposium am 27.12.2013 anlässlich des 70. Geburtstages von Rolf Stürner, hrsg. von Alexander Bruns/Joachim Münch/Astrid Stadler, Tübingen 2014, S. 69 ff. (zit.: *Roth*, in: Die Zukunft des Zivilprozesses, S.)
Ders.: Modernisierung des Zivilprozesses, JZ 2014, S. 801 ff.
Ders.: Veränderungen des Zivilprozessrechts durch „Materialisierung"?, in: Prozessrecht und materielles Recht, Liber Amicorum für Wolfram Henckel, hrsg. von Joachim Münch, Tübingen 2015, S. 283 ff. (zit.: *Roth*, in: FS für Henckel, S.)
Ders.: Die Zukunft der Ziviljustiz, ZZP 129 (2016), S. 3 ff.
Ders.: Gewissheitsverluste in der Lehre vom Prozesszweck?, ZfPW 2017, S. 129 ff.
Ders.: Prozessmaximen, Prozessgrundrechte und die Konstitutionalisierung des Zivilprozessrechts, ZZP 131 (2018), S. 3 ff.
Rottleuthner, Hubert: Umbau des Rechtsstaats? Zur Entformalisierung des Zivilprozesses im Bereich der Bagatellverfahren – Ergebnisse einer rechtstatsächlichen Untersuchung zur Praxis von § 495a ZPO, NJW 1996, S. 2473 ff.
Rudolph, Kurt: Beschleunigung des Zivilprozesses, in: Justiz und Recht: Festschrift aus Anlaß des 10jährigen Bestehens der Deutschen Richterakademie in Trier, hrsg. von Werner Schmidt-Hieber/Rudolf Wassermann, Heidelberg 1983, S. 151 ff. (zit.: *Rudolph*, in: FS Richterakademie, S.)
Ders.: Buchbesprechung Pieper, Helmut/Breunung, Leonie/Stahlmann, Günther, Sachverständige im Zivilprozeß, Theorie, Dogmatik und Realität des Sachverständigenbeweises, ZZP Band 97 (1984), S. 114 ff.
Ruffert, Matthias: Vorrang der Verfassung und Eigenständigkeit des Privatrechts, Tübingen 2001.
Rumler-Detzel, Pia: Die Sachverhaltsfeststellung im Arzthaftungsprozess, in: Der medizinische Sachverständige: Richter in Weiß?, hrsg. von der Arbeitsgemeinschaft Rechtsanwälte im Medizinrecht e.V., 1995, S. 119 ff. (zit.: *Rumler-Detzel*, Der medizinische Sachverständige, S.)
Rüping, Hinrich: Der Grundsatz des rechtlichen Gehörs und seine Bedeutung im Strafverfahren, Berlin 1976.
Saare, Kalev/Sein, Karin: Amtsermittlungspflicht der nationalen Gerichte bei der Kontrolle von missbräuchlichen Klauseln in Verbraucherverträgen, euvr 2013, S. 15 ff.

Saenger, Ingo: Handkommentar ZPO, 6. Aufl. Baden-Baden 2015. (zit.: *Bearbeiter*, in: HK ZPO, § Rn.)
Sala, Rosa Miquel: Verbraucherschutz auf Kosten der Dispositionsmaxime: War das erforderlich? Zugleich eine Besprechung der Rs C-32/12, euvr 2014, S. 178 ff.
Sauer, Gisbert: Postulationsfähigkeit und Grundgesetz, DRiZ 1970, S. 293 ff.
Savigny, Friedrich Carl von: System des heutigen Römischen Rechts, Band I, Berlin 1840. (zit.: *Savigny*, System I, S.)
Schack, Haimo: Einführung in das US-amerikanische Zivilprozessrecht, 4. Aufl. München 2011. (zit.: *Schack*, Einführung)
Ders.: Waffengleichheit im Zivilprozess, ZZP 129 (2016), S. 393 ff.
Schäfer, Hans-Bernd: Kein Geld für die Justiz, was ist uns der Rechtsfrieden wert?, BRAK-Mitt. 1996, S. 2 ff.
Schellhammer, Kurt: Zivilprozessreform und erste Instanz, MDR 2001, S. 1081 ff.
Scherpe, Julia Caroline: Recht auf Beweis und Beibringungsgrundsatz im Zivilprozess, ZZP 129 (2016), S. 153 ff.
Schilken, Eberhard: Die Rolle des Richters im Zivilprozess, in: Zivilprozessrecht im Lichte der Maximen, hrsg. von Kamil Yildirim, Istanbul 2001, S. 36 ff.
Ders.: Zivilprozessrecht, 7. Aufl. München 2014. (zit.: *Schilken*, Zivilprozessrecht, S.)
Schlosser, Hans: Situation, Zielsetzung und Perspektiven der rechtshistorischen Forschung zum Zivilprozeß, ZNR 4 (1982), S. 42 ff.
Schlosser, Peter: Die lange Reise in die prozessuale Moderne, JZ 1991, S. 599 ff.
Schmidt, Eike: Von der Privat- zur Sozialautonomie, JZ 1980, S. 153 ff.
Ders.: Die Verhandlungsmaxime als Methodenproblem, DuR 1984, S. 24 ff.
Ders.: Verbraucherschützende Verbandsklagen, NJW 2002, S. 25 ff.
Schmidt, Joachim: Noch einmal: Wert und Unwert der Relationstechnik, JuS 1974, S. 441 ff.
Schmidt-Rimpler, Walter: Grundfragen einer Erneuerung des Vertragsrechts, AcP 147 (1941), S. 130 ff.
Ders.: Zum Vertragsproblem, in: Funktionswandel der Privatrechtsinstitutionen, Festschrift für Ludwig Raiser 1974 zum 70. Geburtstag, hrsg. von Fritz Baur/Josef Esser/Friedrich Kübler/Ernst Steindorff, Tübingen 1974, S. 3 ff. (zit.: *Schmidt-Rimpler*, in: FS für Raiser, S.)
Schnabl, Daniel: Die Anhörungsrüge nach § 321a ZPO, Tübingen 2007.
Schneider, Egon: Anmerkung zu OLG Frankfurt, Beschluss vom 3.3.1970 – 5 W 4/70, NJW 1970, S. 1884 f.
Ders., Beiträge zum neuen Zivilprozeßrecht (Teil II), MDR 1977, S. 881 ff.
Ders., Beiträge zum neuen Zivilprozeßrecht (Teil III), MDR 1977, S. 969.
Ders.: Befangenheit des auf Verjährungsfristablauf hinweisenden Richters?, MDR 1979, S. 974 ff.
Ders.: Richterlicher Hinweis auf Verjährungsablauf, NJW 1986, S. 1316 ff.
Ders.: Tendenzen und Kontroversen in der Rechtsprechung, MDR 2000, S. 189 ff.
Ders.: Praxis der neuen ZPO, Recklinghausen 2003.
Ders.: Die Gehörsrüge – eine legislative Missgeburt, in: RVG – Probleme und Chancen, Festschrift für Wolfgang Madert zum 75. Geburtstag, hrsg. von Hans Helmut Bischof, München 2006, S. 187 ff. (zit.: *E. Schneider*, in: FS für Madert, S.)
Schönfeld, Klaus Eckhard: Zur Verhandlungsmaxime im Zivilprozeß und in den übrigen Verfahrensarten – Die Modifikation des Prozeßrechts durch das Sozialstaatspostulat, Frankfurt am Main 1981.

Schönke, Adolf: Zivilprozeßrecht, Berlin 1938.
Ders.: Das Rechtsschutzbedürfnis, AcP 150 (1949), S. 216 ff.
Ders.: Das Rechtsschutzbedürfnis, Detmold 1950.
Schöpflin, Martin: Die Beweiserhebung von Amts wegen im Zivilprozeß, Frankfurt am Main, Bern, New York, Paris, 1991.
Ders.: Die Parteianhörung als Beweismittel, NJW 1996, S. 2134 ff.
Schreiber, Klaus: Der Verhandlungsgrundsatz im Zivilprozeß, Jura 1989, S. 86 ff.
Schubert, Werner: Das Streben nach Prozessbeschleunigung und Verfahrensgliederung im Zivilprozeßrecht des 19. Jahrhunderts, ZRG GA 85 (1968), S. 127 ff. (148).
Schumann, Ekkehard: Die materiellrechtsfreundliche Auslegung des Prozeßgesetzes, in: Festschrift für Karl Larenz zum 80. Geburtstag, hrsg. von Claus-Wilhelm Canaris/Uwe Diederichsen, München 1983, S. 571 ff. (zit.: *Schumann*, in: FS für Larenz, S.)
Ders.: Bundesverfassungsgericht, Grundgesetz und Zivilprozeß, ZZP 96 (1983), S. 137 ff.
Ders.: Bundesverfassungsgericht, Grundgesetz und Zivilprozeß, Köln 1983.
Ders.: Die Wahrung des Grundsatzes des rechtlichen Gehörs – Dauerauftrag für das BVerfG?, NJW 1985, S. 1134 ff.
Ders.: Die Gegenvorstellung im Zivilprozeßrecht, in: Festschrift für Gottfried Baumgärtel zum 70. Geburtstag, hrsg. von Hanns Prütting, Köln, Berlin, Bonn, München 1990, S. 491 ff. (zit.: *Schumann*, in: FS für Baumgärtel, S.)
Ders.: Der Einfluss des Grundgesetzes auf die zivilprozessuale Rechtsprechung, in: 50 Jahre Bundesgerichtshof. Festgabe aus der Wissenschaft, Band III München 2000, S. 3 ff. (zit.: *Schumann*, in: FS BGH III, S.)
Schwab, Dieter: Einführung in das Zivilrecht, 16. Aufl. Heidelberg 2005.
Schwab, Karl Heinz: Der Streitgegenstand im Zivilprozeß, München 1954.
Schwab, Karl Heinz/Gottwald, Peter: Verfassung und Zivilprozeß, Bielefeld 1984.
Schwarz, Johann Christoph: Vierhundert Jahre deutscher Civilproceß-Gesetzgebung, Berlin 1898.
Schweizerische Zivilprozessordnung, Kurzkommentar, hrsg. von Paul Oberhammer/Tanja Domej/Ulrich Haas, 2. Aufl. Basel 2010. (zit.: Schweizerische Zivilprozessordnung, Kurzkommentar, § Rn.)
Schweizerische Zivilprozessordnung, Basler Kommentar, hrsg. von Karl Spühler/Luca Tenchio/Dominik Infanger, 2. Aufl. Basel 2013. (zit.: Schweizerische Zivilprozessordnung – Basler Kommentar)
Seelig, Horst: Die prozessuale Behandlung materiellrechtlicher Einreden, heute und einst, Köln u.a. 1980.
Sonnen, Theodor: Das neue Zivilprozeßrecht, Berlin 1924. (zit.: *Sonnen*, S.)
Spickhoff, Andreas: Die Entwicklung des Arztrechts 2001/2002, NJW 2002, S. 1758 ff.
Stackmann, Nikolaus: Richterliche Anordnungen versus Parteiherrschaft im Zivilprozess?, NJW 2007, S. 3521 ff.
Ders.: Grundsatzprobleme im Anlegerschutzprozess, NJW 2008, S. 1345 ff.
Stadler, Astrid: Außergerichtliche obligatorische Streitschlichtung – Chance oder Illusion?, NJW 1998, 2479 ff.
Dies.: Inquisitionsmaxime und Sachverhaltsaufklärung: erweiterte Urkundenvorlagepflichten von Parteien und Dritten nach der Zivilprozessrechtsreform, in: Festschrift für Kostas E. Beys, hrsg. von Hideo Nakamura/Hans W. Fasching/Hans Friedhelm Gaul/Apostolos Georgiades, Band 2, Athen 2003, S. 1625 ff.

Dies.: Individueller und kollektiver Rechtsschutz im Verbraucherrecht – Wege zu einem ausgewogenen Verhältnis, in: Verbraucherrecht in Deutschland – Stand und Perspektiven, hrsg. von Hans. W. Micklitz, Baden-Baden 2005, S. 319 ff. (zit.: *Stadler*, in: Verbraucherrecht in Deutschland, S.)

Dies.: Die Vorschläge der Europäischen Kommission zum kollektiven Rechtsschutz in Europa – der Abschied von einem kohärenten europäischen Lösungsansatz?, GPR 2013, S. 281 ff.

Dies.: Die Umsetzung der Kommissionsempfehlung zum kollektiven Rechsschutz, ZfPW 2015, S. 61 ff.

Dies.: Musterfeststellungsklagen im deutschen Verbraucherrecht?, VuR 2018, S. 83 ff.

Dies.: Harmonisierung des Europäischen Zivilprozessrechts – Mindeststandards oder Modellregeln?, JZ 2017, S. 693 ff.

Stahlmann, Günther: Der Sachverständigenbeweis im Modell des sozialen Zivilprozesses – Eine prozesstheoretische Konzeption, in: Sachverständige im Zivilprozeß, Theorie, Dogmatik und Realität des Sachverständigenbeweises, hrsg. von Helmut Pieper/Leonie Breunung/Günther Stahlmann, München 1982, S. 72 ff. (zit.: *Stahlmann*, in: Pieper/Breunung/Stahlmann, S.)

Stein, Friedrich: Zur Justizreform, Sechs Vorträge, Tübingen 1907. (zit.: *Stein*, Zur Justizreform, S.)

Stein, Friedrich/Jonas, Martin: Kommentar zur Zivilprozeßordnung, Band 1, 20. Aufl. Tübingen 1984. (zit.: *Bearbeiter*, in: Stein/Jonas, ZPO, 20. Aufl., § Rn.)

Stein, Friedrich/Jonas, Martin: Kommentar zur Zivilprozeßordnung, Band 2, 21. Aufl. Tübingen 1994. (zit.: *Bearbeiter*, in: Stein/Jonas, ZPO, 21. Aufl., § Rn.)

Stein, Friedrich/Jonas, Martin: Kommentar zur Zivilprozeßordnung, Tübingen: Band 2 (§§ 41–127 a), 22. Aufl. 2004; Band 3 (§§ 128–252), 22. Aufl. 2005; Band 4 (§§ 253–327), 22. Aufl. 2008; Band 5 (§§ 328–510 b), 22. Aufl. 2006; Band 6 (§§ 511–703 d), 22. Aufl. 2013. (zit.: *Bearbeiter*, in: Stein/Jonas, ZPO, 22. Aufl., § Rn.)

Stein, Friedrich/Jonas, Martin: Kommentar zur Zivilprozessordnung, Tübingen: Band 1 (Einleitung, §§ 1–77), 23. Aufl. 2014; Band 2 (§§ 78–147), 23. Aufl. 2017; Band 3 (§§ 148–270), 23. Aufl. 2016; Band 4 (§§ 271–327), 23. Aufl. 2018; Band 5 (§§ 328–510 c), 23. Aufl. 2015 (zit.: *Bearbeiter*, in: Stein/Jonas, § Rn.)

Steinberg, Georg: Richterliche Gewalt und Mediation, DRiZ 2012, S. 19 ff.

Steinert, Karl-Friedrich/Theede, Kai-Uwe/Knop, Jens: Handbuch der Rechtspraxis, Band 1 a, Zivilprozess, 9. Aufl. München 2011. (zit.: *Steinert/Theede/Knop*, Zivilprozess, Kapitel Rn.)

Stern, Klaus: Das Staatsrecht der Bundesrepublik Deutschland Band 1, 2. Aufl. München 1984. (zit.: *Stern*, Staatsrecht, §)

Stoll, Jutta: Überlegenheit des deutschen Zivilprozesses bei der Zeugenvernehmung?, ZRP 2009, S. 46 ff.

Stürner, Michael: Das Verfahren vor der Schlichtungsstelle, in: Alternative Streitschlichtung: Die Umsetzung der ADR-Richtlinie in Deutschland, hrsg. von Martin Schmidt-Kessel, Sipplingen 2015, S. 87 ff. (zit.: *M. Stürner*, in: Alternative Streitschlichtung, S.)

Stürner, Rolf: Die Aufklärungspflicht der Parteien des Zivilprozesses, Tübingen 1976.

Ders.: Die Einwirkungen der Verfassung auf das Zivilrecht und den Zivilprozeß, NJW 1979, S. 2334 ff.

Ders.: Verfahrensgrundsätze des Zivilprozesses und Verfassung, in: Festschrift für Fritz Baur, hrsg. von Wolfgang Grunsky/Rolf Stürner, Tübingen 1981, S. 647 ff. (zit.: *Stürner*, in: FS für Baur, S.)

Ders.: Die richterliche Aufklärung im Zivilprozeß, Tübingen 1982.

Ders.: Die Stellung des Anwalts im Zivilprozeß, JZ 1986, S. 1089 ff.

Ders.: Prinzipien der Einzelzwangsvollstreckung, ZZP 99 (1986), S. 291 ff.

Ders.: U.S.-amerikanisches und europäisches Verfahrensverständnis, in: Festschrift für Ernst C. Stiefel zum 80. Geburtstag, hrsg. von Marcus Lutter/Walter Oppenhoff/Otto Sandrock/Hanns Winkhaus, München 1987, S. 763 ff.

Ders.: Prozeßzweck und Verfassung, in: Festschrift für Gottfried Baumgärtel zum 70. Geburtstag, hrsg. von Hanns Prütting, Köln u.a. 1990, S. 545 ff. (zit.: *Stürner*, in: FS für Baumgärtel, S.)

Ders.: Richterliche Vergleichsverhandlung und richterlicher Vergleich aus juristischer Sicht, in: Recht und Rechtsdurchsetzung, Festschrift für Hans Ulrich Walder, hrsg. von Isaak Meier/Hans Riemer/Peter Weimar, Zürich 1994, S. 273 ff. (zit.: *Stürner*, in: FS für Walder, S.)

Ders.: Aktuelles Forum. Eckpunkte einer Justizreform, NJW 2000, Beilage Heft 5, S. 31 ff.

Ders.: Zur Struktur des europäischen Zivilprozesses, in: Festschrift für Schumann zum 70. Geburtstag, hrsg. von Peter Gottwald/Herbert Roth, Tübingen 2001, S. 491 ff.

Ders.: Die Parteidisposition über Anfang, Ende, Gegenstand und Umfang des Verfahrens in Europa, in: Festschrift für Per Hendrik Lindblom, hrsg. von Torbjörn Andersson, Uppsala 2004, S. 659 ff. (zit.: *Stürner*, in: FS für Lindblom, S.)

Ders.: The Principles of Transnational Civil Procedure. An Introduction to Their Basic Conceptions, in: RabelsZ 69 (2005), S. 201 ff.

Ders.: Markt und Wettbewerb über alles? München 2007.

Ders.: Parteiherrschaft versus Richtermacht, ZZP 123 (2010), S. 147 ff.

Ders.: Recht und Rechtswirklichkeit, Die deutschen Erfahrungen, in: Recht und Rechtswirklichkeit in Deutschland und in China, hrsg. von Yuanshi Bu, Tübingen, 2011, S. 19 ff. (zit.: *Stürner*, in: Recht und Rechtswirklichkeit, S.)

Ders.: Der Liberalismus und der Zivilprozess, in: Grundlagen und Dogmatik des gesamten Strafrechtssystems, Festschrift für Wolfgang Frisch zum 70. Geburtstag, hrsg. von Georg Freund/Uwe Murmann/René Bloy, Berlin 2013, S. 187 ff. (zit.: *Stürner*, in: FS für Frisch, S.)

Ders.: Die Rolle des dogmatischen Denkens im Zivilprozessrecht, ZZP 127 (2014), S. 271 ff.

Ders.: Liberalismus und Zivilprozess, ÖJZ 2014, S. 629 ff.

Ders.: Die Zivilrechtswissenschaft und ihre Methodik – zu rechtsanwendungsbezogen und zu wenig grundlagenorientiert?, AcP 2014 (2014), S. 7 ff.

Ders.: Der zivilprozessuale Grundsatz der Gleichheit der Parteien in Europa, in: Festschrift für Peter Gottwald zum 70. Geburtstag, hrsg. von Burkhard Hess/Stephan Kolmann/Jens Adolphsen/Ulrich Haas, München 2014, S. 631 ff. (zit.: *Stürner*, in: FS für Gottwald, S.)

Sutter-Somm, Thomas: Die neue schweizerische Zivilprozessordnung (ZPO), R.L.R. No. 29 (2012), S. 81 ff.

Takada, Masahiro: Die Theorie des sozialen Zivilprozesses und deren Bedeutung für den japanischen Zivilprozess, in: Globalisierung und Sozialstaatsprinzip, hrsg. von

Rolf Stürner/Alexander Bruns, Tübingen 2014, S. 213 ff. (zit.: *Takada*, in: Globalisierung und Sozialstaatsprinzip, S.)
Tamm, Marina: Verbraucherschutzrecht, Tübingen 2011.
Tavolari, Pia: Das Recht auf Gehör und die Anhörungsrüge, Hamburg 2008.
Thomas, Heinz/Putzo, Hans: Zivilprozessordnung, 37. Aufl. München 2016. (zit.: *Thomas/Putzo*, ZPO, § Rn.)
Tolani, Madeleine: Anmerkung zu BGH, Beschluss v. 27.4.2016, NZFam 2016, S. 702 f.
Dies.: Anmerkung zu BGH, Urteil v. 15.4.2016 – V ZR 42/15, NJW 2016, S. 3103 f.
Tonner, Klaus: Die Rolle des Verbraucherrechts bei der Entwicklung des europäischen Zivilrechts, JZ 1996, S. 535 ff.
Tonner, Martin: Neues zur Sittenwidrigkeit von Ehegattenbürgschaften – BGHZ 151, 34 und BGH NJW 2002, 2230, JuS 2003, S. 325 ff.
Trepte, Peter: Umfang und Grenzen eines sozialen Zivilprozesses, Frankfurt am Main u.a. 1994. (zit.: *Trepte*, S.)
Trstenjak, Verica/Beysen, Erwin: "European Consumer Protection Law: Curia semper dabit remedium?" 48 Common Market Law Review 2011, S. 95 ff. (zit.: *Trstenjak/Beysen*, 48 CMLRev 2011, S. 95 ff.)
Undritz, Sven-Holger: Advocatus Calculat – Erfolgshonorar und Wettbewerb, AnwBl 1996, S. 113 ff.
Verhandlungen des 62. Deutschen Juristentages, hrsg. von der Ständigen Deputation des Deutschen Juristentages, Band II/1, München 1998.
VOB Teil B: Vergabe- und Vertragsordnung für Bauleistungen, Kommentar, hrsg. von Günther Arnold Jansen/Mark Seibel, 4. Aufl. München 2016 (zit.: *Bearbeiter*, in: Nicklisch/Weick/Jansen/Seibel, § Rn.)
Vollkommer, Max: Anmerkung zu OLG Düsseldorf, Beschluss v. 7.11.1977, RPfleger 1978, S. 62.
Ders.: Die Stellung des Anwalts im Zivilprozeß, Köln 1984.
Ders.: Der Grundsatz der Waffengleichheit im Zivilprozeß – eine neue Prozeßmaxime?, in: Festschrift für Karl Heinz Schwab, hrsg. von Peter Gottwald/Hanns Prütting, München 1990, S. 503 ff. (zit.: *Vollkommer*, in: FS für Schwab, S.)
Ders.: Zur Einführung der Gehörsrüge in den Zivilprozess, Festschrift für Ekkehard Schumann zum 70. Geburtstag, hrsg. von Peter Gottwald, Tübingen 2001, S. 507 ff. (zit.: *Vollkommer*, in: FS für Schumann, S.)
Voßkuhle, Andreas: Rechtsschutz gegen den Richter, München 1993.
Ders.: Bruch mit dem Dogma: Die Verfassung garantiert Rechtsschutz gegen den Richter, NJW 2003, 2193 ff.
Voßkuhle, Andreas/Sydow, Gernot: Die demokratische Legitimation des Richters, JZ 2002, S. 673 ff.
Wach, Adolf: Vorträge über die Reichs-Civilprozeßordnung, zweite veränderte Aufl. Bonn 1896. (zit.: *Wach*, Vorträge, S.)
Ders.: Handbuch des Deutschen Civilprozeßrechts, Erster Band Leipzig 1885. (zit.: *Wach*, Handbuch, S.)
Ders.: Der Entwurf einer deutschen Civilproceßordnung, KritVjschr. 14 (1872), S. 329 ff. (zit.: *Wach*, KritVjschr. 14 (1872), S.)
Ders.: Der Rechtsschutzanspruch, Zeitschrift für Deutschen Zivilprozess, Band XXII, 1904, S. 1 ff. (zit.: *Wach*, ZZP 32 (1904), S.)
Wagner, Gerhard: Entwicklungstendenzen und Forschungsperspektiven im Zivilprozess- und Insolvenzrecht, ZEuP 2008, S. 6 ff.

Wassermann, Rudolf: Der soziale Zivilprozess, Neuwied 1978. (zit.: *Wassermann*, S.)
Ders.: Zur Zusammenarbeit zwischen Anwalt und Gericht im modernen Zivilprozeß, AnwBl 1983, S. 481 ff. (zit.: *Wassermann*, AnwBl 1983, S.)
Weller, Matthias: Rechtsfindung und Rechtsmittel: Zur Reform der zivilprozessualen Zurückweisung der Berufung durch Beschluss, ZZP 2011 (124), S. 343 ff.
Wendt, Nassal: Verfassungsgerichtliche Lawinensprengung? – Das BVerfG und die Berufungs-Beschlusszurückweisung, NJW 2008, S. 3390 ff.
Weyers, Hans-Leo: Über Sinn und Grenzen der Verhandlungsmaxime im Zivilprozess, in: Dogmatik und Methode. Festschrift für Josef Esser zum 65. Geburtstag, hrsg. von Roland Dubischar, Kronberg Ts. 1975, S. 193 ff. (zit.: *Weyers*, in: FS für Esser, S.)
Ders.: Gutachten zum 52. DJT (1978).
Wieacker, Franz: Das Sozialmodell der klassischen Privatgesetzbücher und die Entwicklung der modernen Gesellschaft, Vortrag gehalten vor der Juristischen Studiengesellschaft in Karlsruhe am 12. Dezember 1952, in: Juristische Studiengesellschaft Karlsruhe Heft 3, 1953. (zit.: *Wieacker*, Das Sozialmodell, S.)
Ders.: Privatrechtsgeschichte der Neuzeit, 2. Aufl. Göttingen 1967. (zit.: *Wieacker*, Privatrechtsgeschichte, S.)
Ders.: Industriegesellschaft und Privatrechtsordnung, Frankfurt a.M. 1974.
Wiedemann, Herbert: Verfassungsrechtliche Inhaltskontrolle privatrechtlicher Verträge, Anmerkung zu BVerfG, Beschluss v. 19.10.1993, JZ 1994, S. 411 ff.
Windscheid, Bernhard: Die Actio des römischen Civilrechts vom Standpunkte des heutigen Rechts, Düsseldorf, 1856.
Winter, Thomas: Revisionsrücknahme und Anerkenntnisurteil in dritter Instanz, NJW 2014, S. 267 ff.
Winzer, Thomas: Anmerkung zu BAG, Urteil v. 12.5.2010, in FD-ArbR 2010, 310428.
Wolf, Manfred: Das Anerkenntnis im Prozessrecht, Bad Homburg v.d.H. u.a. 1969.
Würthwein, Martin: Umfang und Grenzen des Parteieinflusses auf die Urteilsgrundlagen im Zivilprozeß, Berlin 1977.
Zettel, Günther: Der Beibringungsgrundsatz, Berlin 1977.
Zöller, Richard: Kommentar ZPO, 32. Aufl. Köln 2018 (zit.: *Bearbeiter*, in: Zöller, ZPO, § Rn.)
Zöller, Richard: Kommentar ZPO, 25. Aufl. Köln 2005 (zit.: *Bearbeiter*, in: Zöller, ZPO, 25. Aufl., § Rn.)
Zöllner, Wolfgang: Zivilrechtswissenschaft und Zivilrecht im ausgehenden 20. Jahrhundert, in: AcP 188 (1988), S. 85 ff.
Ders.: Materielles Recht und Prozeßrecht, AcP 190 (1990), S. 471 ff.
Zuck, Rüdiger: Postulationsfähigkeit und Anwaltszwang, JZ 1993, S. 500 ff.
Ders.: Rechtliches Gehör im Zivilprozess – Die anwaltlichen Sorgfaltspflichten nach dem In-Kraft-Treten des Anhörungsrügengesetzes, NJW 2005, S. 1226 ff.
Ders.: Die Berufungszurückweisung durch Beschluss und rechtliches Gehör, NJW 2006, S. 1703 ff.

Sachwortregister

ADR-Richtlinie 337, 405
Adversatorisch 89 f.
Allgemeine Gerichtsordnung für die Preußischen Staaten 10 f., 106 ff.
Allgemeine Geschäftsbedingungen 152, 321, 325 f.
Allgemeinkundig 28
Amtsbetrieb 9
Amtsermittlung 22, 356 f.
Amtsgerichtsnovelle 136, 169, 497
Amtshaftung 285
Anerkenntnis 20, 195, 206, 381 ff., 392
Angriffs- und Verteidigungsmittel 154, 156
Anhörungsrüge 273 ff.
Anwaltshaftung 431 ff.
Anwaltszwang 444 ff., 459 ff., 467 ff., 500, 504
Äquivalenzgrundsatz 211
Arbeitsgemeinschaft 63 f., 422, 465 f.
Arbeitsgerichtsprozess 401 f.
Arzthaftungsbeschluss 343 ff., 407
Arzthaftungsprozess 311, 343 ff., 398, 408
Aufklärungspflicht der Parteien 26, 30, 44, 98, 126 f., 160 ff., 186
Augenschein 472
Außergerichtliche Streitschlichtung 158 f.

Bagatellverfahren 140, 198 ff., 361
Banif 225
Barrister 442
Bauprozess 346
Behandlungsunterlagen 351 f.
Beibringungsmaxime 23 ff.
Berufung 164, 181, 274
Berufungszurückweisung 292 ff.
Beschleunigung 61, 155
Beweisbedürftigkeit 375
Beweiserhebung 413 f.
Beweiserhebung von Amts wegen 27 ff., 120 f., 182 ff., 377, 471 ff.
Beweisführung 27 ff.
Beweislast 27 ff., 343, 346
Beweisnot 177 f.

Bürgschaftsbeschluss 310 f., 319, 328 f.

Class action 87 f., 90 f., 245
Code de Procédure Civile 51, 109 ff., 182
Codifis 224, 229 ff.
Comet 212
Common Law 86 ff.
Competitive Society 86

Da mihi facta, dabo tibi ius 430 ff.
Darlegungslast 25 ff., 346, 349 ff., 489 ff.
Datenschutzgrundverordnung 77
Dialogischer Zivilprozess 173 f., 207, 291, 498
Dienstaufsichtsbeschwerde 285
Dispositionsmaxime 1 ff., 7, 18 ff., 42 f., 153, 191 204 ff., 222 ff., 305, 337, 377 ff., 397 ff., 458 ff.
Dombo Beheer 176

EDV 428 f.
Effektiver gerichtlicher Rechtsschutz 264 f.
Effektivitätsgrundsatz 212, 222, 248, 309, 338 f., 382, 384, 404
Eheverträge 330
Einrede 41 f., 367
Einzelrichter 145 f., 152, 157, 163, 171, 196, ff., 201, 449
Einzelrichternovelle 152, 439
Elektronischer Rechtsverkehr 166
Emminger-Novelle 140, 168, 171, 183, 426, 455
Enforcement-Richtlinie 237 ff., 479 ff.
Entlastungsnovelle 139
Entschädigungsanspruch 286 ff.
Erörterungstermin 440 ff.
Europäisches Verfahren für geringfügige Forderungen 218 ff.
Eventualprinzip 105 f.

Faber 234 ff., 359
Faires Verfahren 8, 40, 254 f., 277, 279 ff., 284, 343 ff., 345 ff., 378, 397, 469 ff.

Familiensachen und Freiwillige Gerichtsbarkeit 35 f., 38, 72 ff., 84, 365, 370 ff., 385, 447
Federal Rules of Civil Procedure 91
Frage-, Hinweis- und Aufklärungspflicht 1, 38 ff., 58 f., 116 f., 127, 129 ff., 142 ff., 159, 170 ff., 178, 203, 230, 260, 262 ff., 310 f., 342, 344, 350, 368 ff., 400 f., 413, 417 ff., 431 ff., 446, 452 ff.
Freibeweis 220 f., 228

Gebühren 265 f.
Geheimhaltung 487 f., 492 f.
Gemeinrechtlicher Zivilprozess 103 ff.
Gemeinschaftsrecht 212 ff.
Gerichtskundig 28, 388
Gerichtsstandsnovelle 151 f., 359
Gerichtsstandsvereinbarung 151 f., 226, 231, 378
Geständnis 376
Gleichheit vor dem Richter 9
Gleichheitssatz 31, 86 ff., 269 ff., 378, 469
Gütegedanke 121 f., 132, 139, 144, 149 f., 162 f., 188 ff.
Güterichter 70, 165, 192 ff.
Güteverhandlung 192, 441

Hannoverscher Entwurf 111

Ideologie 65 ff.
Inquisitorisch 89 f., 98
Instruktion 107
Instrumentalisierung des Zivilprozesses 82 f.
Iura novit curia 430 ff.

Justizgewährungsanspruch 32, 265 ff., 378
Justizmodernisierungsgesetz 164

Kapitalanleger-Musterverfahren 76, 79, 388
Kapitalanleger-Musterverfahrensgesetz 76, 79, 242, 388
Kartellrecht 479 ff.
Kartellschadensersatzrichtlinie 239 ff.
Klageänderung 20, 146
Klagerücknahme 20, 381 f., 385
Klauselrichtlinie 222 ff., 248, 335
Kollektiver Rechtsschutz 240 ff., 249
Kommunikation 64 f.
Konstitutionalisierung 299 ff., 346
Konzentrationsmaxime 201
Kooperation 58 ff.

Kooperationsmaxime 63 f., 173, 207, 314, 408, 498
Kreuzverhör 94 f.

Leistungsmaxime 310
Liberalismus 202, 318 ff.

Managerial judge 90, 99, 245
Materialisierung 309 ff., 328 ff., 339 ff., 498
Maximendiskussion 13 ff., 301 ff.
Maximenkritik 12 ff.
Mediation 70, 165 f., 194
Mediationsgesetz 165 f.
Mostaza 224
Mündlichkeit 17, 24, 63 ff., 111, 202, 218, 426
Musterfeststellungsklage 76 ff., 79, 240 ff.

Nationalsozialismus 66 ff.
Ne eat iudex ultra petita partium 19 f.
Nemo tenetur edere contra se 26, 186, 476 ff.
Nemo tenetur se accusare 26, 186, 476 ff.
Nichtzulassungsbeschwerde 295 ff.
Norddeutscher Entwurf 111
Novelle von 1898 135 f.

Océano 222 f., 229 ff.
ODR Verordnung 405
Offenkundig 28, 375
Öffentlichkeit 17, 111, 302
Offizialmaxime 9, 21, 107, 302
Opt-in 243 f., 249
Opt-out 243 f.
Österreichischer Zivilprozess 49, 122 ff., 196

Parteianhörung 143, 174 ff., 341, 350 f., 355 f., 459 ff., 464 ff.
Parteibetrieb 9
Parteieid 119 f., 149, 174 ff.
Parteivernehmung 30, 118 ff., 149, 174 ff., 341, 472
Patentrecht 479 ff.
Persönliches Erscheinen 117 f., 154
Peterbroeck 232
Präklusion 155 ff., 180 f., 259 ff., 374
Pre-trial-conference 92, 441
Pre-trial-discovery 91 f., 97 f., 99, 186, 245, 441
Preußischer Zivilprozess 106 ff.

Principles of Transnational Civil Procedure 16 f., 21, 39, 49, 187
Privatautonomie 36, 311, 329, 336 f., 386, 397, 400
Private law enforcement 76 ff., 80 f., 84, 86, 90, 248
Prorogationsverbot 151 f., 226, 231, 378
Prozessanwalt 443 ff., 457 ff., 468 ff., 500 ff., 504
Prozessgrundrechte 4, 9, 14, 300 ff., 253 ff., 298 ff.
Prozessmodell
– liberales 1 ff., 51 f., 62 ff., 314 ff., 423 ff.
– soziales 1 ff., 55 ff., 62 ff., 122 ff., 182, 193, 201, 312, 419 ff.
Prozessökonomie 8, 146, 280
Prozesskostenhilfe 265 f., 262, 408, 446 f.
Prozessleitung 37 ff.
– formelle 37 f., 90, 113 f., 125 f., 136 f., 141 f., 153, 168 ff., 193
– materielle 38 ff., 170 ff., 366
Prozessmaximen 9, 254, 300 ff., 317, 410, 458 f.
Prozessvergleich 20, 69 f., 189 ff., 396, 402
Prozessverschleppung 122 f., 144 f., 180
Prozesszweck 3, 44 ff., 87 ff., 393 ff.
– gesamtgesellschaftlich 55 ff.
– individualistisch 51 ff.
Prüfung von Amts wegen 226 ff.
Rechtliches Gehör 8 f., 18, 244, 254 f., 256 ff., 298 ff., 468
Rechtseinheitsgesetz 151
Rechtsfrieden 49, 68 ff., 139, 159, 188, 395 ff.
Rechtskraft 49, 71
Rechtspflegeentlastungsgesetz 157 f., 198
Rechtspflegevereinfachungsgesetz 157
Rechtssicherheit 378, 401
Rechtsstaatsprinzip 254 f., 264 f.
Rechtsweggarantie 267
Regress 433
Reichsjustizgesetze 112
Relationstechnik 411 ff.
Revision 74 ff., 84, 166 f., 195 f., 274, 293, 295
Rewe 212
Ruhen des Verfahrens 141, 168

Sachverständiger 96 f., 351, 352 ff., 472
Schlüssigkeit 422, 437
Schriftlichkeit 219 f., 302, 426
Schweizerische Zivilprozessordnung 317, 363 f., 366, 370, 392 f.

Selbstbestimmungstheorie 322 f.
Selbsthilfe 53
Soledad Duarte Hueros 236 f., 248, 379 f.
Sollicitor 442
Sonderprozessrecht 306, 311, 316, 345 ff., 359 ff.
Sozialingenieur 1, 124, 313
Sozialstaatsprinzip 311, 316, 323, 328, 369, 456
Special Master 437, 439
Strafprozess 35 f., 303
Strategische Prozessführung 82 f., 85
Streitschlichtung 158 f.
Strukturiertes Parteivorbringen 411 ff., 424 ff.
Stuttgarter Modell 174
Substantiierung 412 ff., 481

Überlange Verfahrensdauer 284 ff.
Überraschungsentscheidung 154, 262 ff., 456 f., 463 f.
Unabhängigkeit des Richters 254, 288
Ungleichgewicht 269 ff., 324 ff., 330 ff., 407
Unmittelbarkeit 17, 437
Unterlassungsklagen 214 ff.
Untersuchungsmaxime 2, 10 ff., 24, 31 f., 34 ff., 46, 66, 106 ff., 129 ff., 248, 302, 374, 498
– abgeschwächte 129 ff.
– eingeschränkte 317, 363 ff.
– soziale 317, 363 ff.
Urkundenvorlage 27, 32 f., 115, 120 f., 127 f., 160 ff., 183 ff., 351 f., 358, 471 ff.

Van Schijndel 215 ff., 399
Van Veen 215 ff.
VB Pénzügyi Lízing Zrt. 225, 248, 373
Verbandsklage 76 ff., 240 ff.
Verbraucherprozess 313, 448 ff.
Verbraucherschutz 152, 320, 324 ff., 359 ff.
Verbraucherstreitbeilegungsgesetz 194, 405
Verbrauchsgüterkaufrichtlinie 222 ff., 305
Vereinfachungsnovelle 152 ff., 157, 202, 369, 426
Vereinfachungsverordnung 150
Verfahrensautonomie der Mitgliedstaaten 211 f.
Verfassungsbeschwerde 285
Vergleichsdruck 190 f.
Verhandlungsmaxime 1 ff., 7 ff., 22 ff., 104 f., 110 ff., 124, 153, 179, 204 ff.,

222 ff., 302, 305, 311, 337, 347 ff., 356 ff., 361 ff., 397 ff., 431, 450, 460 ff.
Verjährung 41 f., 366 ff., 397
Verspätetes Parteivorbringen 122, 132, 144 f., 179 ff., 259 ff., 273 f., 278, 281, 374, 429
Vertragsfreiheit 318 ff., 339 ff., 403
Vertragsgerechtigkeit 320, 322 f.
Verzicht 20, 195, 206, 381 ff., 392
Verzögerungsrüge 286 ff.
Vier-Augen-Konstellation 174 ff., 271, 341, 461
Vorprozessuale Sachverhaltsermittlung 437 ff.

Waffengleichheit 8, 177, 255, 269 ff., 277, 303, 337, 339 ff., 360, 446 f.
Wahrheit 27, 33 f., 55, 60, 181, 365
Wahrheitsnovelle 147 ff., 497
Wahrheitspflicht 44, 115, 126, 148 f., 180 ff., 497
Wettbewerbsrecht 404
Widerruf von Haustürgeschäften 326
Wiedereinsetzung 156, 261 f., 299 ff.
Willkürverbot 8, 343
Wohnungseigentum 164
Woolf-Reforms 98

Zeugenvernehmung 93 ff., 131

Jus Privatum

Beiträge zum Privatrecht

Die Schriftenreihe *Jus Privatum. Beiträge zum Privatrecht* (JusPriv) soll den privatrechtlichen Habilitationsschriften, aber auch Monographien der Ordinarien, eine ansprechende Heimstatt geben. Die Reihe deckt das Bürgerliche Recht ebenso ab wie das Handels- und Gesellschaftsrecht, das Wirtschaftsrecht, das Arbeitsrecht und das Verfahrensrecht. Das schließt fächerübergreifende, aber auch fachgebietsübergreifende Themenstellungen nicht aus, solange der Schwerpunkt der Arbeit im Privatrecht zu finden ist. Kaum eine Arbeit beschränkt sich auf das deutsche Recht, denn die Fragestellungen sind oft vom Europarecht beeinflusst und auch der rechtsvergleichende Blick in fremde Rechtsordnungen gewinnt zunehmend an Bedeutung. Die anspruchsvolle und auch äußerlich ansprechende Reihe bietet mehr als nur einen zufälligen Ausschnitt gegenwärtiger Forschung im Zivilrecht: Sie spiegelt auch den Standard dessen wider, was (Privat-)Rechtswissenschaft gegenwärtig in Deutschland bedeutet und ist deshalb schon in kurzer Zeit im In- und Ausland zu einem Begriff geworden.

ISSN: 0940-9610
Zitiervorschlag: JusPriv

Alle lieferbaren Bände finden Sie unter *www.mohrsiebeck.com/juspriv*

Mohr Siebeck
www.mohrsiebeck.com